2024 고용노동백서

고용노동부

발간사

새 정부 출범 이후, 2022년은 노동 개혁의 기틀과 청사진을 마련하였고, 2023년은 개혁의 원년으로 법치를 확립하고, 일하는 국민이 제대로 존중 받을 수 있도록 최선의 노력을 다한 한해였습니다.

우선, 노동 개혁의 출발점인 노사법치 확립에 역량을 집중했습니다.

노동조합 회계 공시(참여율 91.3%)를 통해 노동조합의 투명성과 자주성을 높였고, 고용세습 등 위법한 단체협약을 전부 시정(63건)하여 공정채용의 기틀을 마련하였으며, 건설현장 등에서의 누적된 불법적 관행에 노사를 불문하고 법과 원칙에 따라 엄정 대응함에 따라 역대 정부 최저수준의 근로 손실일수를 이어가는 등 법을 지키고 현장에서 대화와 타협을 중시하는 노사관행이 자리잡히고 있습니다.

아울러, 노동 개혁의 핵심 목표인 노동시장 이중구조 해소 및 노동약자 보호에 힘썼습니다.

「상생임금위원회」를 발족해('23.2월), 임금체계 개편 및 이중구조 개선을 위한 논의를 착수하였고, 조선업('23.2월)을 시작으로 석유화학('23.9월), 자동차('23.11월) 등 업종단위로 원·하청 상생협약을 체결하여 상생과 연대를 위한 새로운 사회적 대화 모델을 확산하고 있습니다.

또한, "상습체불 근절대책"을 발표('23.5월)하고, 사상 최초로 포괄임금 오남용 의심사업장 및 직장 내 괴롭힘에 대한 기획감독과 청년·여성·외국인에 대한 맞춤형 근로감독을 실시하여 25,103개소에서 99,826건의 위반사항을 적발·시정하였습니다.

둘째, 민간중심의 일자리 정책으로 패러다임을 전환하였습니다.

"고용서비스 고도화방안"을 발표('23.1월)하여, 효과성 없는 재정지원 일자리 사업은 과감하게 폐지하고, 맞춤형 고용서비스와 직업훈련이 중심되는 적극적 노동시장 정책으로 효율화 하였습니다.

청년에게는 민·관 협업으로 다양한 양질의 일경험 기회 및 훈련을 지원하고, 육아지원 제도의 실질적인 사용 여건 조성 및 구직급여 제도의 재취업 기능을 강화하는 등 지속가능한 일자리 창출에 힘썼습니다

또한, 극심한 인력난을 해소하기 위해 「범정부 일자리 TF」를 구성하여 업종별·지역별 빈일자리 해소 대책을 마련·추진하였습니다. 그 결과, 생산인구 감소에도 취업자수는 32.7만명 증가하여 역대 최고의 고용률(69.2%)과 역대 최저수준의 실업률(2.7%)을 기록하였습니다.

마지막으로, 자기규율과 책임 원칙에 근거한 다양한 재해예방 정책을 입체적으로 추진하였습니다.

2003년은 "중대재해 감축 로드맵" 이행의 원년으로 위험성 평가 제도를 쉽고 간편한 방법으로 전면 개편하였고, 고위험 사업장에 대한 위험성평가 특화점검 도입 및 안전보건관리 체계구축 컨설팅을 확대 실시하였습니다.

「중대재해 사이렌」을 통해 산업현장에 재해위험을 신속하게 전파(4.5만명)하고, 「대중소기업 안전보건 상생협력사업」을 통해 재해 취약분야를 집중 지원하였습니다. 그 결과 2023년 사고사망만인율은 0.39‱로 과거 0.4~0.5대에서 벗어나 최초로 0.3대에 진입하게 되었습니다.

위와 같은 성과가 높이 평가되어, 고용노동부는 2023년도 정부업무평가 (4관왕: ①기관종합, ②규제혁신, ③정부혁신, ④정책소통)에서 우수부처 선정의 영예를 안았습니다.

고용노동부는 노동개혁을 완수하여 "안전한 일터에서 일하는 만큼 보상받고 존중받으며, 미래세대를 위한 더 좋은 일자리가 창출되는 상생과 연대의 노동시장"을 이뤄내겠습니다.

2023년 주요 정책의 내용 등을 정리한 백서가 발간되어 기쁘게 생각하며, 이 백서가 고용노동분야에 관심이 있는 분들께 유용하게 활용되기를 바랍니다.

2024년 7월
고용노동부 장관 이정식

01 노사법치 확립을 통한 노사관계 안정

- **역대 정부 최저 수준**의 근로손실일수 및 분규 지속일수 등을 기록, 현장의 관행과 인식 변화

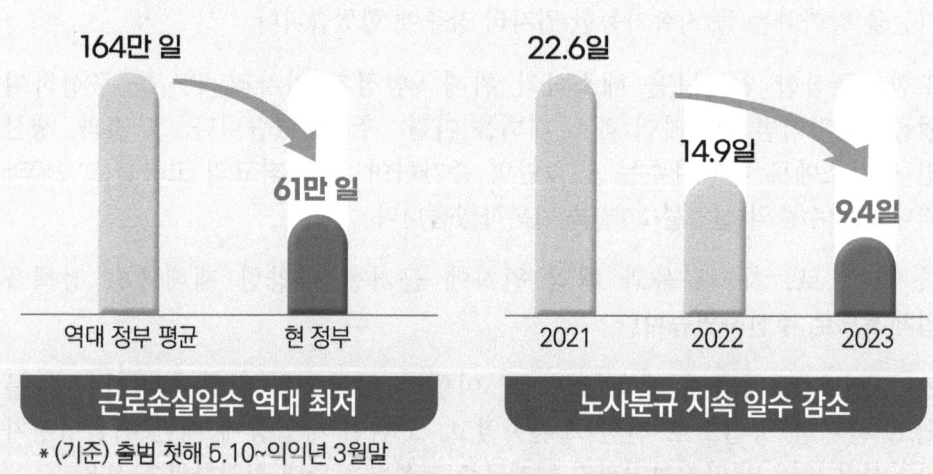

* (기준) 출범 첫해 5.10~익익년 3월말

- **노조 회계 투명성** 강화 및 **위법 단협**(63개) **전부 시정** 등 노사를 불문하고 **불법·부조리 엄정 대응**

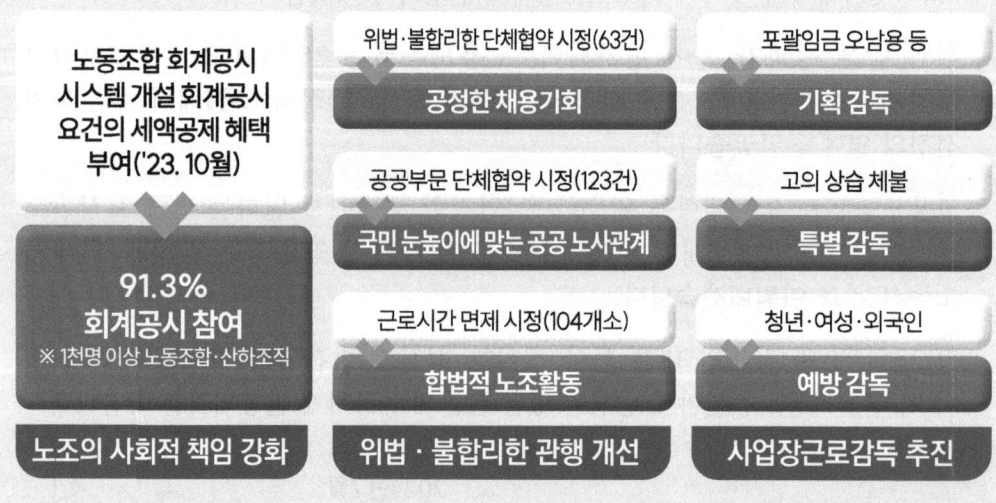

2023 고용노동정책 추진 성과

02 노동시장 이중구조 개선과 노동약자보호

- 업종단위로 노동시장 이중구조 개선을 위한 상생과 연대 방식의 새로운 사회적 대화 모델 확산
  * 조선업 재직자 희망공제(100억원), 지역주도 이중구조 개선지원 사업(41억원) 사업 신설('24)

원·하청 상생협력 모델 확산

| 조선업 ('23.2월) | 석유화학 ('23.9월) | 자동차 ('23.11월) | 항공우주 ('24.2월) | 식품제조 ('24.2월) |

- 「상습체불 근절대책」('23. 5월) 마련, **체불근로자 지원** 및 **5대 불법·부조리* 기획 감독** 등 **노동 약자 보호**
  * 임금체불, 포괄임금 오남용, 부당노동행위, 불공정 채용, 직장 내 괴롭힘

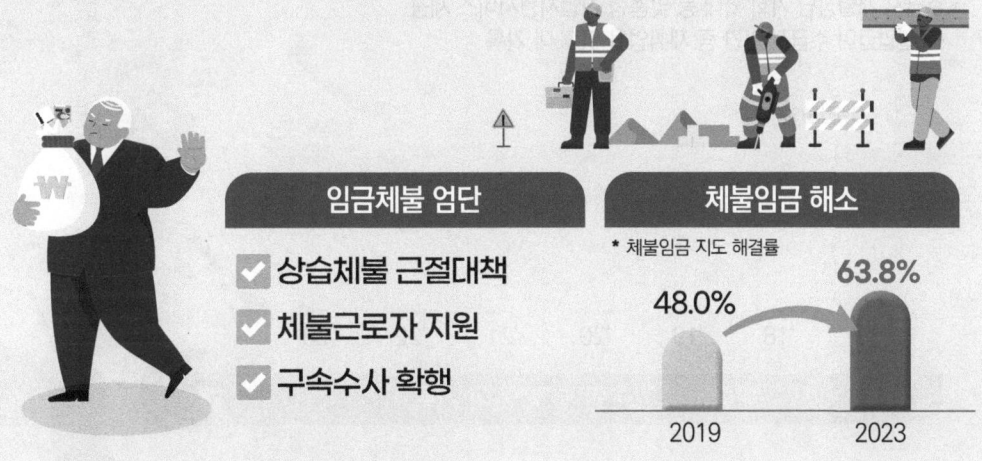

임금체불 엄단
- ✓ 상습체불 근절대책
- ✓ 체불근로자 지원
- ✓ 구속수사 확행

체불임금 해소
* 체불임금 지도 해결률
2019: 48.0% → 2023: 63.8%

03 일자리 정책 패러다임 전환, 일자리 창출 효과 극대화

- **효과성 없는 재정지원 일자리 사업 과감하게 폐지**
  맞춤형 고용서비스와 **직업훈련 중심의 고용정책으로 효율화**
  * 22개 사업 폐지(1,342억원), 93개 사업 감액(2조 4천억원)
    → 첨단산업 인재양성, 모성보호, 창업지원, 장애인 지원·재활 등 투입

연도	'11	'12	'13	'14	'15	'16	'17	'18	'19	'20	'21	'22	'23
고용률(%)	63.9	64.3	64.6	65.6	65.9	66.1	66.6	66.6	66.8	65.9	66.5	68.5	69.2

'23년 역대 최고 고용률(69.2%)달성(생산연령기준)

- **실업급여제도**의 **재취업기능** 강화
  * 수급자 개별상담 기회 확대 등 맞춤형 취업지원서비스 제공
    → 실업급여 수급자 기간 중 재취업율 30%대 기록

연도	'17	'18	'19	'20	'21	'22	'23
재취업율(%)	29.9	28.9	25.8	26.8	26.9	28.0	30.3

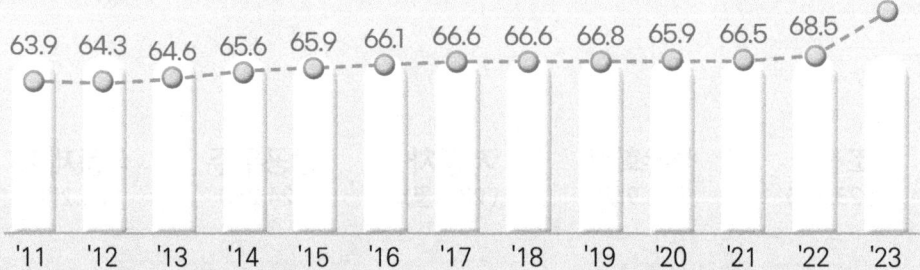

재취업율 7년 만에 30%대 기록

2023 고용노동정책 추진 성과

04 인력난 해소 및 지속가능한 일자리 창출

- 업종별 **빈일자리 해소대책**('23. 3월, 7월, 10월) 시행, **취업자 수 32.7만명 증가, 빈일자리 수 9개월 연속 감소**('23.12월 기준 14천개 감소)

- '**청년일경험지원**' 및 '**대학 재학생 맞춤형 고용서비스**' 사업 추진
  * 2만 6천명의 청년에게 인턴, 프로젝트, 기업탐방 등 다양한 양질의 일경험 기회 제공
  ** 전국 12개 대학 4만 3천명 재학생 지원

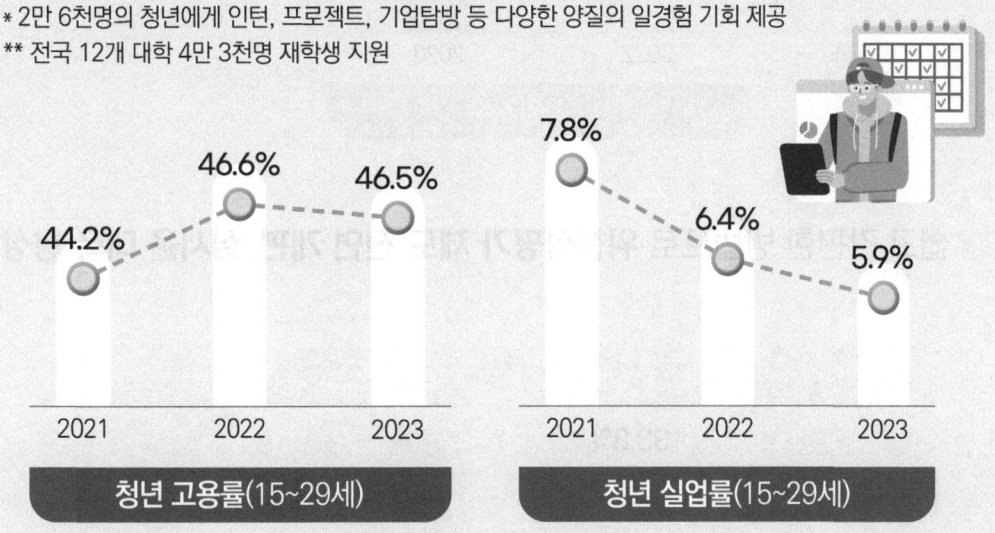

05 중대재해 예방, 자기규율 예방체계로 전환

- **중대재해 감축로드맵 이행**
  * 사고사망만인율 최초 0.3‱대 진입

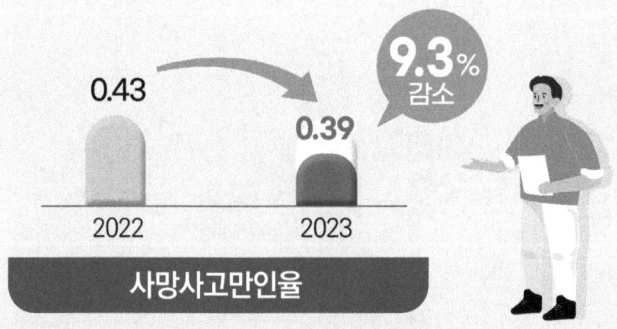

- **위험성평가 활성화 자기규율과 책임 원칙의 중대재해 예방**
  * 재해 발생일 기준, '23년 사고사망자 역대 최초로 500명대 진입

- 쉽고 간편한 방법으로 **위험성평가 제도 전면 개편, 실시율 대폭 향상**

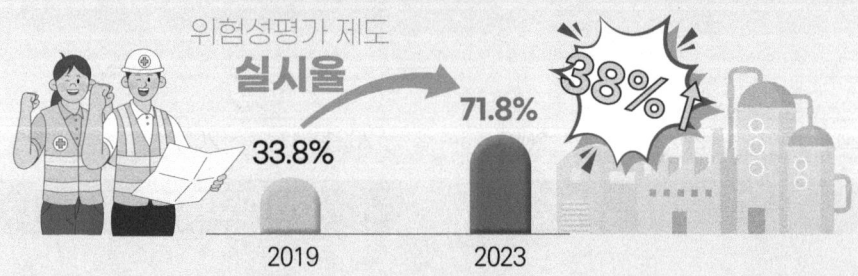

2023 **고용노동정책 추진 성과**

06 다양한 산업재해 예방정책 입체적 추진

- 중대재해 사이렌을 통해 안전관리자 등 4.5만명에게 재해위험 신속 전파
  * 중대재해 속보, 계절별 위험요인, 안전수칙 등

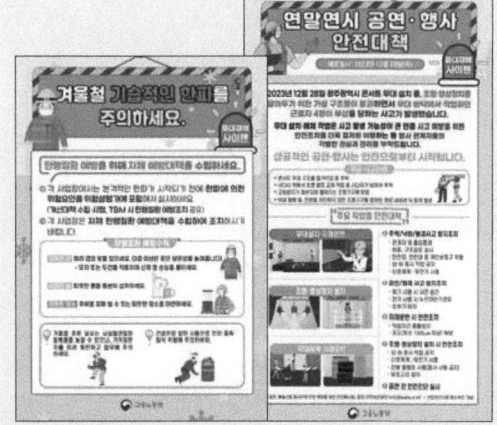

- 위험성 평가 특화점검 도입, 현장 점검의 날 운영 등 감독체계 혁신
  * 고위험 사업장 8만개소 중심 점검, 매월2회 현장점검 실시

- 신기술 기반 **스마트 안전장비** 1,691개사 제공(250억원)

인공지능 인체감지 경보시스템

고위험 기계설비 안전시스템

제1장 2023년 고용노동정책 개관 및 평가 / 1

제1절 2023년 고용노동시장 여건 ··· 2
   1. 실물 경제 동향 ··· 2
   2. 고용노동시장 동향 ··· 4

제2절 2023년 정책 추진성과 ·· 13
   1. 고용정책 ··· 13
   2. 노동개혁 정책 ··· 23
   3. 노사관계 정책 ··· 26
   4. 근로기준 정책 ··· 28
   5. 산재예방보상 정책 ··· 35
   6. 국제 고용노동협력 ··· 39

제2장 일하는 기회 확대 / 43

제1절 고용친화적 일자리 정책 추진 ··· 44
   1. 일자리 중심 국정운영 지원 ·· 44
   2. 고용영향평가 확대 및 활용도 제고 ································· 46
   3. 재정지원 일자리사업 효율화 ······································· 48
   4. 지역별·산업별 맞춤형 고용정책 추진 ······························· 51
   5. 건설근로자 고용복지 개선 ··· 58
   6. 산업·일자리 전환 지원 ·· 63
   7. 노동시장 분석 강화 ··· 65
   8. 조사통계 일자리 정책 지원 강화 ··································· 67

Contents

제2절 청년 고용촉진 및 취업기회 확대 ································· 70
    1. 일경험 등 청년 수요 맞춤형 고용서비스 강화 ························ 70
    2. 구직단념청년 등 취약 청년의 노동시장 진입 촉진 ·················· 75
    3. 청년고용 활성화 기반 구축·운영 ·· 78
    4. 공정채용문화 확산 ·· 82

제3절 여성의 일자리 기회 확대 ·· 85
    1. 여성고용 현황 및 여성 일자리 여건 개선 ······························ 85
    2. 차별 없는 일자리 환경 구축 ·· 88
    3. 경력단절 예방을 위한 일·육아 양립 지원 확대 ······················ 93
    4. 경력단절 후 재취업 지원 ··· 106

제4절 노동시장에서의 고령층 인적자원 활용도 제고 ················ 111
    1. 고령층이 오래 일할 수 있는 여건 조성 ································· 111
    2. 중장년 대상 맞춤형 전직·재취업 지원 ································· 114
    3. 초고령사회에 대비한 고용인프라 구축 ································· 124

제5절 장애인, 일을 통한 자립 지원 ·· 127
    1. 장애인 고용의무 이행 촉진 ·· 127
    2. 맞춤형 장애인 직업훈련 확대 ·· 131
    3. 장애인 인식개선 지원 ··· 135

제6절 사회적기업의 지속가능한 사회적가치 창출 지원 ············· 137
    1. 사회적기업 성장생태계 조성 ·· 137
    2. 사회적기업의 사회적가치 실현 제고 ···································· 139

제3장 중층적 고용안전망 체계 구축 / 143

제1절 취업 중심의 고용복지 통합서비스 제공 ·········· 144
    1. 구직자·기업도약보장패키지 사업 추진 ·········· 144
    2. 고용복지플러스센터 확산 ·········· 146
    3. 온라인 고용서비스 전달체계인 '워크넷' 기능 강화 ·········· 149

제2절 촘촘한 고용안전망 구축 ·········· 153
    1. 고용·산재보험의 적용 및 피보험자 관리 ·········· 153
    2. 실업급여 제도개편 등 고용보험제도 개선 ·········· 155
    3. 예술인·노무제공자 고용보험 적용 ·········· 161
    4. 자영업자 고용보험 운영 ·········· 163
    5. 사회보험 사각지대 해소 ·········· 164
    6. 한국형 실업부조(국민취업지원제도) 운영 ·········· 166
    7. 고용보험 재정 및 운영 ·········· 169

제4장 4차 산업혁명에 대비한 직업능력개발 체계 구축 / 173

제1절 4차 산업혁명 직업능력개발 인프라 구축 ·········· 174
    1. 공공·민간 우수훈련기관 주도 신기술 분야 고급인력 양성 ·········· 174
    2. 신기술 인력양성을 위한 범정부 협업체계 구축 ·········· 176
    3. 재직근로자의 창의력·문제해결 능력을 제고하는 훈련시스템 ·········· 178
    4. 직업능력개발 인프라 강화 ·········· 179

제2절 포용적 평생직업능력개발 체계 구축 ·········· 185
    1. 일학습병행을 통한 현장기반 직업교육·훈련 강화 ·········· 185
    2. 직업능력개발 사각지대 해소 ·········· 189

제3절 실력중심사회 기반 조성 ··· 191
   1. 국가직무능력표준(NCS) 활용(개발 및 개선) ································· 191
   2. 국가기술자격 개편 ·· 196
   3. 숙련기술에 대한 사회적 인식 제고 ·· 205

제5장 노사법치 확립과 노동시장 이중구조 개선 / 209

제1절 부당노동행위 근절 및 노조 회계 투명성 강화 ······························· 210
   1. 부당노동행위 근절 및 근로시간면제제도 기획 감독 ················· 210
   2. 노동조합 회계투명성 강화 ··· 210

제2절 포괄임금 오남용 및 장시간 근로관행 개선 ······································· 213
   1. 포괄임금 오남용 개선 ·· 213
   2. 장시간 근로 개선 ·· 214

제3절 근로시간 제도개편 추진 ··· 215

제4절 국민 눈높이에 맞는 공무원·교원 등 노사관계 구축 ····················· 218
   1. 공무원·교원 노사관계 현황 ·· 218
   2. 공무원·교원 근무시간 면제제도 시행 ·· 219
   3. 공공부문 단체협약 및 노조 규약 실태확인 ····································· 221

제5절 원하청 상생모델 구축 및 확산 ·· 223
   1. 조선업 원하청 상생협약 체결 및 이행 ··· 223
   2. 원하청 상생모델의 타 업종 확산 ·· 227

제6절 공정임금 확산 지원 ·· 229

제6장 상생과 협력을 통한 노동존중사회 실현 / 231

제1절 노사정 사회적 대화 활성화 및 노동자 이해 대변 강화 ········· 232
    1. 중앙 및 지역 단위 노사정 대화 ································· 232
    2. 미조직 노동자 이해 대변 여건 조성 ··························· 235
    3. 노사 상생·협력 문화 확산 ·· 237

제2절 성과 높은 일터로 전환 지원 ····································· 241
    1. 일터혁신 지원 강화 ·· 241
    2. 노사파트너십 프로그램 지원 ····································· 242

제3절 공정과 책임의 노사문화 확립 ····································· 244
    1. 노사갈등의 체계적·예방적 관리 ································ 244
    2. 노동위원회의 분쟁 예방·조정기능 강화 ···················· 245

제7장 근로조건의 보호 및 고용관행 개선 / 249

제1절 신고사건 처리 및 사업장 감독 강화 ·························· 250
    1. 근로감독행정 역량강화 ··· 250
    2. 신고사건 처리 ·· 250
    3. 취약근로자 대상별 지도·점검 지속 ··························· 252
    4. 청소년 근로자 근로조건 보호 ··································· 254
    5. 임금체불 예방 및 청산 활동 강화 ····························· 255
    6. 임금체불근로자 지원 강화 ·· 259
    7. 근로감독행정 정보시스템(노사누리) 개선 ··················· 265

제2절 직장 내 괴롭힘 예방 및 근절 ····································· 266

| 제3절 | 최저임금 결정 | 269 |

1. 2024년 적용 최저임금 심의·결정 · 269
2. 최저임금 준수 분위기 확산 · 270

| 제4절 | 비정규직 고용관행 개선 | 272 |

1. 비정규직 차별 해소를 위한 차별시정제도 개편 · 272
2. 파견·사내하도급 근로자 보호 및 불법파견 근절 · 274
3. 민간의 자율적 고용구조개선 지원 · 275
4. 특고·플랫폼 종사자 등 다양한 고용형태 보호 · 276
5. 필수업무종사자 보호·지원 제도 시행 · 277
6. 고용형태별 고용공시제 시행 · 278
7. 공공부문 비정규직 고용개선 추진 · 281

| 제5절 | 공인노무사 제도개선 및 운영 | 283 |

| 제6절 | 기업복지제도 활성화 | 285 |

1. 근로자퇴직급여제도 확충 · 285
2. 우리사주제도 운영 활성화 · 293
3. 사내·공동근로복지기금 운영 활성화 · 295

| 제7절 | 근로복지진흥기금 사업 운영 | 298 |

제8장 건강하고 안전한 일터 조성 / 305

| 제1절 | 중대재해 예방 | 306 |

1. 사망사고 집중관리 · 306
2. 고위험 사업장 관리 강화 · 308
3. 위험기계·기구 근원적 안전성 확보 · 321
4. 재해예방 재정·기술 지원 · 328
5. 사업장 자율 안전보건관리체계 구축 지원 · 335

제2절 　직업성 질병 예방 ·· 338
　　　1. 화학물질 관리 ··· 338
　　　2. 작업환경 관리 ··· 342
　　　3. 근로자 건강관리 ··· 346
　　　4. 석면에 의한 근로자 건강장해 예방 ····························· 347
　　　5. 진폐의 예방과 진폐근로자 보호 ·································· 350

제3절 　근로자 건강증진 ··· 353
　　　1. 작업관련성 질환 예방 강화 ··· 353
　　　2. 소규모 사업장 보건관리 기술지원 ······························ 356
　　　3. 근로자 건강센터 운영 ·· 357

제4절 　노사 자율적 산재예방 활성화 ··································· 358
　　　1. 대·중소기업 안전보건 상생협력 확산 ························ 358
　　　2. 산업안전보건교육 및 홍보 ·· 361
　　　3. 산업안전보건문화 선진화 ·· 369
　　　4. 산재예방요율제 ··· 372

제5절 　산재예방 인프라 개선 및 산재취약 근로자 보호 ·············· 375
　　　1. 중대재해감축 로드맵 이행 추진단 신설 ···················· 375
　　　2. 위험성평가 확산 추진 ·· 376
　　　3. 산업안전보건법 제도 ·· 379
　　　4. 중대재해처벌법 시행 ·· 380
　　　5. 산재취약계층 근로자 보호 ·· 383
　　　6. 산재예방 협력 거버넌스 구축 ····································· 385

제6절 　산재보험의 사회안전망 역할 강화 ···························· 386
　　　1. 산재보험제도 개선 ·· 386
　　　2. 산재보험 재정 건전성 확보 및 운영 효율화 ············· 406

제9장 국제노동협력 증진 / 411

제1절 국제 고용노동 외교의 추진 ·· 412
    1. 국제기구 활동 참여 강화 ·· 412
    2. ILO 협약 비준 및 이행 내실화 ······································ 414
    3. 국제 고용노동 홍보활동 강화 ·· 417

제2절 국제협력사업의 확대 및 내실화 ·· 418
    1. 개발협력사업 확대 노력 ·· 418
    2. 국제기구와 사업 연계성 강화 ·· 419
    3. 양자 간 지원 확대 및 다양화 ·· 420

제3절 고용노동분야 FTA 협상 적극 추진 ··································· 421

제4절 외국인 투자기업, 해외진출기업 지원 강화 ······················ 423
    1. 외국인 투자기업 노무관리 지원 확대 ··························· 423
    2. 해외진출기업 노사관계 안정 지원 ································ 424

제5절 우수 외국인력 도입을 통한 중소기업 인력난 해소 지원 ············ 425

제10장 고용노동행정 역량강화 / 431

제1절 고용노동행정 혁신 및 조직역량 강화 ········· 432
    1. 정부혁신 추진 ········· 432
    2. 구성원 및 조직의 역량강화 지원 ········· 434
    3. 고객과 소통하는 고용노동행정 추진 ········· 436

제2절 현장 중심의 조직관리 ········· 441

제3절 고용노동행정의 성과 평가 ········· 443
    1. 국정 성과를 높이기 위한 고용노동부 평가 추진 ········· 443
    2. 성과 중심 조직문화 확산을 위한 성과계약 평가 실시 ········· 443
    3. 부처 성과 창출과 연계한 소속기관 평가체계 운영 및 역량강화 ········· 444

제4절 규제혁신 ········· 445
    1. 국민 불편·부담은 줄이고, 자율성은 확대하는 규제혁신 추진 ········· 445
    2. 규제개혁신문고 건의과제의 체계적 처리 ········· 447
    3. 신설·강화 규제에 대한 심사 강화 ········· 447

제5절 고용노동분야 양성평등 정책 실현 ········· 449
    1. 고용노동부 양성평등 추진기반 조성 ········· 450
    2. 성주류화 제도 운영을 통한 양성평등 실현 ········· 451
    3. 성희롱·성폭력 방지 및 성평등 문화 조성 ········· 453

제6절 고용노동행정 정보화 추진 ········· 456
    1. 정보화 기반 조성 ········· 456
    2. 정보보안 및 개인정보 보호 강화 ········· 458
    3. 대국민 소통 및 정보서비스 제공 강화 ········· 461
    4. 고용노동행정 업무의 효율성 향상 ········· 466

제7절 홍보역량 강화 ········· 468
    1. 고용노동정책 대국민 홍보 ········· 468
    2. 뉴미디어 홍보 강화 ········· 469

참고자료 › 제도 소개 및 통계 / 471

- Ⅰ. 고용노동경제 동향(패널통계 수록) ·· 472
- Ⅱ. 고용노동행정 주요대상 ·· 506
- Ⅲ. 노동시장 및 고용서비스 ·· 511
- Ⅳ. 직업능력개발 ··· 521
- Ⅴ. 여성·장년·장애인 고용 ·· 559
- Ⅵ. 고용보험·산재보험 ·· 585
- Ⅶ. 노동조합 및 노사관계 ··· 614
- Ⅷ. 근로조건 및 근로복지 ··· 640
- Ⅸ. 산업안전보건 ··· 684

부록 / 711

- Ⅰ. 행정조직 ··· 712
- Ⅱ. 2023년도 제·개정 법령 주요내용 ·· 719
- Ⅲ. 2023년도 예산 ··· 742
- Ⅳ. 2023년도 기금운용계획 ··· 744
- Ⅴ. 고용노동통계 일람표 ·· 745
- Ⅵ. 주요 웹사이트 ·· 747
- Ⅶ. 2023년도 주요 고용노동 일지 ··· 748

| 표 목차 |

표 1-①-1. 국내총생산의 연간 성장률 ·· 2
표 1-①-2. 수출 및 수입 현황 ··· 3
표 1-①-3. 산업생산 관련지표 증감률 현황 ·· 3
표 1-①-4. 설비 및 건설투자 증감률 현황 ·· 4
표 1-①-5. 연간 고용동향 ··· 5
표 1-①-6. 종사상 지위별 취업자 현황 ·· 5
표 1-①-7. 연령층 및 성별 취업자 현황 ·· 6
표 1-①-8. 실업급여 신규 신청자 수 현황 ·· 7
표 1-①-9. 활동상태별 비경제활동인구 현황 ······································ 7
표 1-①-10. 근로형태별 근로자 규모 ··· 9
표 1-①-11. 규모별 구인인원 및 채용인원 ··· 9
표 1-①-12. 직능수준별 구인인원 및 채용인원 ······························· 10
표 1-①-13. 규모별 인력부족률 현황 ··· 11
표 1-①-14. 연간 임금내역별 월평균 임금총액 현황 ······················· 11
표 1-①-15. 연간 월평균 근로시간 현황 ·· 12
표 2-①-1. 지역·산업 맞춤형 일자리창출 지원사업 연도별 실적 ···· 55
표 2-①-2. 건설일용근로자 기능향상지원사업 연도별 실적 ··········· 59
표 2-①-3. 건설근로자 무료취업지원사업 연도별 실적 ··················· 60
표 2-①-4. 건설근로자 복지지원사업 실적 ······································· 62
표 2-③-1. 연도별 고용평등 및 모성보호 지도·점검 현황 ············· 89
표 2-③-2. 연도별 직장 내 성희롱 관련 지도·점검 현황 ··············· 90
표 2-③-3. 적극적 고용개선조치 적용 분석사업장 현황 ················· 91
표 2-③-4. 여성근로자 및 여성관리자 비율 현황 ···························· 92
표 2-③-5. 연도별 근로자 출산전후(유산사산)휴가급여 지원실적 현황 ···· 95
표 2-③-6. 연도별 육아휴직급여 지원실적 현황 ······························ 98
표 2-③-7. 출산육아기 고용안정장려금 지급 현황 ························ 100
표 2-③-8. 육아휴직 지원금 1인당 지원금액 변동 내역 ··············· 100
표 2-③-9. 육아기 근로시간 단축 지원금 1인당 지원금액 변동 내역 ···· 100
표 2-③-10. 대체인력 지원금 1인당 지원금액 변동 내역 ············· 100
표 2-③-11. 연도별 직장보육교사 등 인건비 지원 현황 ··············· 102

Contents

표 2-③-12. 연도별 기업의 직장어린이집 설치 현황 ·········· 103
표 2-③-13. 연도별 직장어린이집 설치비 융자·지원 현황 ·········· 104
표 2-③-14. 여성새로일하기센터 집단상담 프로그램 추진실적 현황 ·········· 107
표 2-③-15. 유연근무 제도별 구분 ·········· 109
표 2-④-1. 고령자 계속고용장려금 연도별 지원실적 현황 ·········· 112
표 2-④-2. 신중년 경력형 일자리 지원 현황 ·········· 122
표 2-④-3. 2023년 연령차별 모니터링 현황 ·········· 126
표 2-⑤-1. 장애인 고용 현황('23년 12월 기준) ·········· 127
표 2-⑤-2. 표준사업장 운영 현황 ·········· 128
표 2-⑤-3. 직업능력개발원별 기관별 장애유형별 특성화훈련 운영 현황 ·········· 133
표 2-⑥-1. 사회적가치지표(SVI) 측정지표별 세부 내용 ·········· 141
표 3-②-1. 고용·산재보험 적용 사업장 현황 ·········· 153
표 3-②-2. 고용보험 피보험자 현황 ·········· 154
표 3-②-3. 실업급여 신청 및 지급 현황 ·········· 158
표 3-②-4. 자영업자 고용보험 기준보수, 보험료 ·········· 163
표 3-②-5. 가입기간에 따른 자영업자 실업급여 수급기간 ·········· 164
표 3-②-6. 국민취업지원제도 지원현황 ·········· 169
표 4-①-1. 이러닝 콘텐츠 분야별 개발 현황 ·········· 182
표 4-①-2. 분야별 가상훈련 콘텐츠 개발 현황(과정 수) ·········· 183
표 4-①-3. 온라인훈련 운영현황 ·········· 183
표 4-②-1. 일학습병행 현황(누적) ·········· 188
표 4-③-1. 국가직무능력표준(NCS) 기반 자격개편 현황 ·········· 199
표 4-③-2. 과정평가형자격 운영 종목 현황 ·········· 203
표 4-③-3. 우수 숙련기술인 선정 기준 및 현황('23.12.31. 기준) ·········· 205
표 5-①-1. 2023년도 1,000인 이상 노동조합·산하조직 공시 현황 ·········· 211
표 5-④-1. 공무원 노동조합 현황 ·········· 218
표 5-④-2. 교원 노동조합 현황 ·········· 218
표 5-④-3. 공무원 노사관계 교육실적 ·········· 219
표 5-④-4. 교원 노사관계 교육실적 ·········· 219
표 5-④-5. 위법, 비효력인 단체협약 ·········· 221
표 5-④-6. 위법 규약 ·········· 221
표 5-④-7. 불합리한 단체협약 ·········· 222
표 5-⑤-1. 주요 조선사 영업이익 변동 추이 ·········· 223

표 5-⑤-2. 조선업 상생협약 27개 실천과제	225
표 6-①-1. 자치단체 국고보조금 지원 현황	233
표 6-②-1. 연도별 재정지원 실적 현황	243
표 7-①-1. 근로감독관 현원 현황(근로기준 분야)	250
표 7-①-2. 신고사건 처리 유형별 현황	251
표 7-①-3. 연도별 사업장감독 및 자율점검 등 실적 비교	253
표 7-①-4. 청소년 근로권익센터 주요실적	255
표 7-①-5. 연도별 체불임금 발생 및 지도해결률(청산율) 통계 추이	255
표 7-①-6. 2023년 사업추진 실적	258
표 7-①-7. 대지급금 지급 실적	260
표 7-①-8. 도산대지급금 상한액('20.1.1. 이후 적용)	261
표 7-①-9. 간이대지급금 상한액('19.7.1. 이후 적용)	261
표 7-①-10. 대지급금 조력지원 실적	262
표 7-①-11. 체불청산지원 사업주 융자실적	263
표 7-①-12. 체불근로자 생계비 융자실적	264
표 7-①-13. 무료법률구조사업 추진현황	264
표 7-①-14. 업무별 처리 현황	265
표 7-③-1. 최저임금 근로감독 결과	270
표 7-④-1. 2023년 차별시정 신청 처리 현황	272
표 7-④-2. 차별적 처우 적발 및 조치 현황	273
표 7-④-3. 불법파견 적발 인원 및 조치 현황	274
표 7-④-4. 고용형태별 근로자 공시 현황	280
표 7-⑤-1. 공인노무사 자격취득 현황	284
표 7-⑤-2. 공인노무사 자격시험 합격자 현황	284
표 7-⑥-1. 퇴직연금제도 도입 현황	285
표 7-⑥-2. 사업장 규모별 퇴직연금 도입 현황	286
표 7-⑥-3. 퇴직연금 교육사업 주요 추진실적	291
표 7-⑥-4. 연도별 우리사주조합 운영 현황	293
표 7-⑥-5. 연도별 우리사주대상 시상 현황	294
표 7-⑥-6. 연도별 사내·공동근로복지기금 운영 현황	295
표 7-⑦-1. 근로자복지지원 실적	299
표 7-⑦-2. 근로자생활안정자금융자 지원실적	300
표 7-⑦-3. 최근 5년간 신용보증 지원실적	300

표 8-①-1. 사고성 재해 집중관리 추진실적 ·· 307
표 8-①-2. 공정안전관리 대상 사업장 현황 ·· 315
표 8-①-3. 공정안전보고서 심사·확인 및 점검실적 ······························ 315
표 8-①-4. 안전보건개선계획 수립 대상 사업장 ··································· 317
표 8-①-5. 제조업 등 유해·위험방지계획서 제출 현황 ························ 318
표 8-①-6. 제조업 등 유해·위험방지계획서 제출 대상 ························ 319
표 8-①-7. 제조업 등 유해·위험방지계획서 제출 현황 ························ 319
표 8-①-8. 밀폐공간 질식재해 발생 현황 ·· 320
표 8-①-9. 안전인증·자율안전확인 신고·안전검사 대상 ······················ 323
표 8-①-10. 위험기계·기구에 대한 안전인증·자율안전확인 신고·방호조치 대상 개정내용 ···· 324
표 8-①-11. 위험기계·기구 안전인증 및 안전검사 결과 ······················ 326
표 8-①-12. 방호장치 안전인증 실적 ··· 327
표 8-①-13. 보호구 안전인증 실적 ··· 327
표 8-①-14. 유해위험요인 시설개선 지원내용 ······································ 328
표 8-①-15. 안전동행 지원사업 지원내용 ·· 331
표 8-①-16. 산재예방시설자금 융자지원 현황 ······································ 334
표 8-②-1. 작업환경측정대상 유해인자(규칙 제186조제1항, [별표 21]) ···· 343
표 8-②-2. 최근 5년간 작업환경측정 실시 현황 ·································· 344
표 8-②-3. 최근 5년간 작업환경측정 실시 결과 ·································· 345
표 8-②-4. 건강관리카드 발급 현황 ·· 346
표 8-②-5. 석면으로 인한 직업병 발생 현황 ······································· 347
표 8-②-6. 에너지 및 자원사업 특별회계 세출결산 요약 ···················· 350
표 8-②-7. 진폐 건강진단 실적('23년) ·· 352
표 8-④-1. 경영층 대상 교육실적 ··· 363
표 8-④-2. 산재예방요율제 사업주교육 ·· 363
표 8-④-3. 중간관리층 대상 교육실적 ··· 364
표 8-④-4. 안전보건관리담당자 양성교육실적 ······································ 364
표 8-④-5. 노동자 대상 교육실적 ··· 364
표 8-④-6. 산재취약계층 대상 교육 실적 ·· 365
표 8-④-7. 안전체험교육 실적 ··· 365
표 8-④-8. 안전보건 전문인력 양성교육 실적 ····································· 366
표 8-④-9. 안전보건관리책임자 등에 대한 직무교육 현황('23년) ·········· 366
표 8-④-10. 건설업 기초안전보건교육 현황 ·· 367

표 8-④-11. 2023년『현장점검의 날』운영실적 ······ 371
표 8-④-12. 산재예방요율제 인정사업장 현황 ······ 374
표 8-④-13. 산재예방요율제 인정사업장 재해 현황 ······ 374
표 8-⑤-1. 위험성평가 컨설팅 및 인정 추진실적 ······ 378
표 8-⑤-2. 외국인 근로자 산업재해 현황 ······ 383
표 8-⑤-3. 외국인 근로자 교육 및 고용사업주 교육실시 현황 ······ 384
표 8-⑤-4. 외국인 근로자 교육자료 제작·배포 실적 ······ 384
표 8-⑤-5. 연도별 장년 및 여성근로자 재해자 수 현황 ······ 384
표 8-⑥-1. 연도별 보험급여 지급 현황 ······ 389
표 8-⑥-2. 사회복귀기간 및 직업복귀율 ······ 400
표 8-⑥-3. 재활프로그램 연구개발 현황 ······ 404
표 8-⑥-4. 보험급여 및 연금 지급 현황 ······ 407
표 8-⑥-5. 재정수지 및 보험료율 현황 ······ 407
표 8-⑥-6. 산재보험 적립금 현황 ······ 407
표 9-①-1. 우리나라 비준 ILO 협약: 32개('22.12월 현재) ······ 415
표 10-④-1. 규제개혁신문고 건의 처리 현황 ······ 447
표 10-④-2. 2023년 규제심사 현황 ······ 448
표 10-⑤-1. 2023년 고용노동부 성인지예산 현황 ······ 451
표 10-⑤-2. 2023년 일반성별영향평가 추진현황 ······ 452
표 10-⑤-3. '23년 민간단체 고용평등상담실 실적 ······ 454
표 10-⑥-1. 연도별 주요 정보화 사업 집행액 ······ 457
표 10-⑥-2. 연도별 전자정부 성과관리 수준측정 결과 ······ 458
표 10-⑥-3. 고용노동 사이버안전센터 사이버공격 유형별 침해 대응현황 ······ 461
표 10-⑥-4. 고용노동 공공데이터 데이터셋 개방 현황(2023년 누계) ······ 464
표 10-⑥-5. 공공데이터를 활용한 사회문제 해결을 위한 파트너십 구축 내역 ······ 465
표 10-⑥-6. OPEN API 개방 목록·건수('23년 신규 개방) ······ 465
표 10-⑥-7. 온-나라 시스템 활용실적 ······ 466
표 10-⑥-8. 핵심지식 관리 현황 ······ 467

그림 목차

그림 1-①-1. 실업자 및 실업률 추이 ·· 6
그림 1-①-2. 비경제활동인구 추이 ·· 8
그림 1-①-3. 경제성장률, 취업자증감률, 고용탄력성 추이 ··· 8
그림 1-①-4. 제조업 노동생산성 및 단위노동비용 증감률 추이 ································· 12
그림 1-②-1. 연도별 체불임금 발생 현황 ·· 31
그림 2-①-1. 지역일자리 목표 공시제 평가 체계 ·· 53
그림 2-③-1. 여성고용률 추이(15~64세) ·· 85
그림 2-③-2. 여성고용률 국제비교(15~64세, '22년) ··· 85
그림 2-③-3. 연령대별 여성고용률('07년, '23년) ·· 86
그림 2-③-4. 성별 고용률 ··· 86
그림 2-③-5. 성별 근로조건 급여액 ·· 87
그림 2-③-6. 스마트 근로감독 체계 ·· 88
그림 2-④-1. 재직자 과정 ··· 116
그림 2-④-2. 재직자 과정 연령별 구분 ·· 116
그림 2-④-3. 생애경력설계 통합 모듈 구성 내용 ·· 117
그림 2-④-4. 전직스쿨 프로그램 통합모듈 ··· 119
그림 2-⑥-1. 사회적기업 현황 및 고용 규모 ··· 138
그림 2-⑥-2. 사회적가치지표(SVI) 개발 경과 ·· 140
그림 4-③-1. 국가직무능력표준(NCS)의 구성 ·· 192
그림 4-③-2. NCS 예시: 빅데이터 분석 ·· 193
그림 4-③-3. 국가직무능력표준 개발·개선 과정 ·· 194
그림 5-⑤-1. 조선업 상생협약 이행실적 ·· 226
그림 6-③-1. 노사분규·근로손실일수 추이('13년~) ·· 245
그림 7-①-1. 노동분쟁사건의 상담 및 청산 지원체계 ·· 257
그림 8-①-1. 제조·유통단계의 검사·검정제도 개선 ··· 325
그림 8-①-2. 사용단계의 위험기계·기구 검사제도 개선 ······································· 325
그림 8-①-3. 유해위험요인 시설개선 추진절차도 ··· 329
그림 8-①-4. 안전동행 지원사업 추진방향 ·· 330
그림 8-①-5. 안전동행 지원사업 추진절차 ·· 331
그림 8-①-6. 스마트 안전장비 보급확산 추진절차 ··· 332

그림 8-①-7. 건강일터 조성지원 추진절차 ··· 333
그림 8-①-8. 산재예방시설 융자지원사업 추진 체계도 ······························· 334
그림 8-④-1. 추진절차 ··· 359
그림 8-④-2. 대·중소기업 안전보건 상생협력 확산사례 ····························· 360
그림 8-⑥-1. 요양·보상·재활업무 프로세스 발전단계 ································ 390
그림 8-⑥-2. 제6차 산재보험 재활사업 중기발전계획('23년~'27년) ······· 397
그림 8-⑥-3. 맞춤형 통합서비스 운영체계 개선 ·· 398
그림 8-⑥-4. 산재근로자 직업복귀 통합지원시스템 구축·운영 ················· 400
그림 8-⑥-5. 산재재활서비스 제공체계 ··· 402
그림 8-⑥-6. 재활의학연구센터 운영체계 ··· 403
그림 10-⑥-1. 연도별 홈페이지 방문 수(연간) ··· 462
그림 10-⑥-2. 연도별 전자민원 접수건수(연간) ··· 463

제1장

2023년 고용노동정책 개관 및 평가

제1절 2023년 고용노동시장 여건
제2절 2023년 정책 추진성과

제1절 2023년 고용노동시장 여건

1 실물 경제 동향

2023년 경제성장률(실질국내총생산, GDP)은 1.4%로 증가폭이 둔화('22년 2.6% → '23년 1.4%)하였다. 지출항목별로는 건설투자와 설비투자가 증가 전환하였으나, 민간소비, 정부소비, 수출 및 수입은 증가폭이 축소되었다. 경제활동별로는 건설업은 증가폭이 확대되었으나, 제조업과 서비스업은 증가폭이 축소되었다. 실질 GDI 증가율(1.4%)은 교역조건이 전년 수준을 유지하여 실질 GDP 성장률(1.4%)과 동일하였다.

표 1-①-1. 국내총생산의 연간 성장률   (전년대비, %)

	2018년	2019년	2020년	2021년	2022p	2023p
국내총생산(GDP)	2.9	2.2	-0.7	4.3	2.6	1.4
민간소비	3.2	2.1	-4.8	3.6	4.1	1.8
정부소비	5.3	6.4	5.1	5.5	4.0	1.3
건설투자	-4.6	-1.7	1.5	-1.6	-2.8	1.4
설비투자	-2.3	-6.6	7.2	9.3	-0.9	0.5
지식재산생산물투자	4.4	3.1	3.4	6.1	5.0	1.6
재고증감	0.3	0.0	-0.8	-0.1	0.1	-0.1
수 출	4.0	0.2	-1.7	11.1	3.4	2.8
수 입	1.7	-1.9	-3.1	10.1	3.5	3.0
농림어업	0.2	3.9	-5.8	5.2	-1.0	-2.2
제조업	3.3	1.1	-1.1	7.1	1.5	1.0
전기가스수도사업	-1.7	4.3	4.1	2.7	1.9	-4.5
건설업	-2.8	-2.6	-1.3	-1.9	0.7	2.8
서비스업	3.8	3.4	-0.8	3.8	4.2	2.0
국내총소득(GDI)	1.6	-0.1	0.0	3.2	-1.0	1.4

* 자료: 한국은행, 국민계정('15년 기준)
  주: 1) 2022년은 잠정치, 2023년은 속보치
      2) 서비스업은 도소매 및 숙박음식업, 운수업, 금융 및 보험업, 부동산업, 정보통신업, 사업서비스업, 공공행정 국방 및 사회보장, 교육서비스업, 의료보건 및 사회복지서비스업, 문화 및 기타서비스업 포함

2023년 수출은 6,327억 달러(-7.4%), 수입은 6,427억 달러(-12.1%), 무역수지는 99.7억 달러 무역적자가 발생하였다. 수출은 세계적인 고금리 기조, 글로벌 경제성장 둔화 및 교역량 위축 등 어려운 대외여건 속 최대 수출품목인 반도체 업황 부진 등으로 전년대비 7.4% 감소하였으나, 월평균 수출 527억 달러를 기록하며 역대 연간 수출액 중 3위 기록하였다. 반면, 친환경차에 대한 글로벌 수요 확대, 전기차·SUV 등 高부가차량 판매 호조 등에 힘입어 자동차는 역대 최고 수출실적 기록하였다.

수입은 에너지가격 안정화 흐름으로 전년대비 12.1% 감소하였다. 무역수지는 99.7억 달러 적자로 '22년(-478억 달러) 대비 378억 달러 축소되었다.

표 1-①-2. 수출 및 수입 현황 (단위: 억 달러, 전년동기 대비, %)

	연 간		2022년 분기			
	2021년	2022년	1분기	2분기	3분기	4분기
수출액	6,836 (+6.1)	6,327 (-7.4)	1,512 (-12.8)	1,558 (-12.0)	1,572 (-9.7)	1,685 (+5.9)
수입액	7,314 (+18.9)	6,427 (-12.1)	1,740 (-2.2)	1,593 (-13.2)	1,507 (-21.6)	1,586 (-10.7)
무역수지	-477.8	-99.7	-228.1	-34.9	+64.9	+98.4

* 자료: 산업통상자원부(수출입 동향)

광공업 생산은 자동차, 의약품 등에서 늘었으나, 전자부품, 반도체 등에서 줄어 전년대비 3.8% 감소하였다. 제조업평균가동률은 71.3%로 전년대비 3.5%p 하락하였다. 서비스업 생산은 도소매 등에서 생산이 줄었으나, 금융·보험, 운수·창고 등에서 생산이 늘어 전년대비 2.9% 증가하였다.

표 1-①-3. 산업생산 관련지표 증감률 현황 (단위: 전년동기 대비, %)

		연 간		2023년 분기			
		2022년	2023년	1분기	2분기	3분기	4분기
광공업	생산	1.4	-3.8	-9.7	-7.6	-2.0	4.2
	출하	0.0	-1.2	-4.9	-2.5	-0.8	3.4
	내수	-0.3	-2.1	-2.0	-2.2	-1.8	-2.4
	수출	0.5	0.2	-8.9	-2.7	0.7	12.2
제조업 가동률		74.8	71.3	70.6	71.8	72.0	71.0
서비스업 생산		6.7	2.9	6.4	2.3	1.9	1.1

* 자료: 통계청, 산업활동 동향
주: 2023년 자료는 잠정치

설비투자는 특수산업용기계 등 기계류(-7.2%) 및 자동차 등 운송장비(-0.4%)에서 투자가 모두 줄어 전년대비 5.5% 감소하였다. 국내기계수주는 공공운수업 등 공공(85.4%)에서 늘었으나, 전자·통신 등 민간(-8.7%)에서 줄어 전년대비 3.2% 감소하였다.

건설기성(불변)은 건축(9.8%) 및 토목(1.3%)에서 공사 실적이 모두 늘어 전년대비 7.7% 증가하였다. 건설수주(경상)는 철도·궤도 등 토목(20.0%)에서 늘었으나, 주택 등 건축(-30.6%)에서 줄어 전년대비 19.1% 감소하였다.

표 1-①-4. 설비 및 건설투자 증감률 현황 (단위: 전년동기 대비, %)

		연 간		2023년 분기			
		2022년	2023년	1분기	2분기	3분기	4분기
설비	설비투자지수	3.3	-5.5	-0.5	-1.2	-10.6	-9.2
	국내기계수주	1.4	-3.2	-7.8	-2.0	-13.9	13.3
건설	건설기성(불변)	2.7	7.7	11.5	8.9	10.5	1.3
	건설수주(경상)	10.1	-19.1	-11.1	-31.5	-44.7	18.9

* 자료: 통계청, 산업활동 동향
주: 2023년 자료는 잠정치

② 고용노동시장 동향

2023년 취업자 수는 전년대비 327천 명(1.2%) 증가하였다. 고용률(15 ~ 64세, OECD 기준)은 69.2%로 전년보다 0.7%p 상승하였다. 업종별로는 코로나19 종결로 인해 일상생활 회복이 이루어지면서 대면서비스가 증가하면서 보건복지업, 숙박음식업, 전문과학, 정보통신 중심으로 취업자가 증가하였으나, 제조업, 도소매업, 부동산업에서 감소하였다.

경제활동참가율은 64.3%로 전년대비 0.4%p 상승하였고, 비경제 활동인구는 16,204천 명으로 전년대비 134천 명 감소하였다. 2023년 실업자는 787천 명으로 전년대비 46천 명(5.5%) 감소하였고, 실업률은 2.7%로 전년대비 0.2%p 감소하였다.

표 1-①-5. 연간 고용동향 (단위: 전년대비, 천 명, %, %p)

	2021년	2022년	증 감	증감률	2023년	증 감	증감률
○ 15세 이상 인구	45,080	45,260	180	0.4	45,407	147	0.3
○ 경제활동인구	28,310	28,922	612	2.2	29,203	281	1.0
경제활동참가율	62.8	63.9	1.1	1.8	64.3	0.4	0.6
○ 취 업 자	27,273	28,089	816	3.0	28,416	327	1.2
고 용 률	60.5	62.1	1.6	2.6	62.6	0.5	0.8
15-64세	66.5	68.5	2.0	3.0	69.2	0.7	1.0
○ 실 업 자	1,037	833	-205	-19.7	787	-46	-5.5
실 업 률	3.7	2.9	-0.8	-21.6	2.7	-0.2	-6.9
○ 비경제활동인구	16,770	16,339	-432	-2.6	16,204	-134	-0.8

* 자료: 통계청, 경제활동인구조사

종사상 지위별로는 임금근로자 중 상용근로자 중심으로 고용이 증가하였고, 비임금근로자 중 고용원 없는 자영업자와 고용원 있는 자영업자는 증가하였으나, 무급가족 종사자는 감소하였다.

임금근로자는 21,828천 명으로 327천 명 증가하였으며, 세부적으로는 상용근로자가 전년대비 478천 명(+3.0%) 증가하였으나, 임시근로자는 전년대비 61천 명(-1.3%) 일용근로자는 90천 명(-8.0%) 각각 감소하였다. 비임금근로자는 6,588천 명으로 전년과 동일하였고, 세부적으로는 고용원 있는 자영업자는 전년대비 54천 명(4.0%)과 고용원 없는 자영업자가 3천 명(0.1%) 증가한 반면, 무급가족종사자는 56천 명(-5.9%) 감소하였다.

표 1-①-6. 종사상 지위별 취업자 현황 (단위: 전년대비, 천 명, %)

	2021년	2022년	증 감	증감률	2023년	증 감	증감률
〈 전 체 〉	27,273	28,089	816	3.0	28,416	327	1.2
○ 임금근로자	20,753	21,502	749	3.6	21,828	327	1.5
- 상용근로자	14,887	15,692	805	5.4	16,170	478	3.0
- 임시근로자	4,634	4,678	43	0.9	4,617	-61	-1.3
- 일용근로자	1,231	1,132	-100	-8.1	1,042	-90	-8.0
○ 비임금근로자	6,520	6,588	68	1.0	6,588	0	0.0
- 자영업자	5,513	5,632	119	2.2	5,689	57	1.0
- 무급가족종사자	1,007	955	-52	-5.1	899	-56	-5.9

* 자료: 통계청, 경제활동인구조사

연령별로 취업자를 살펴보면, 50대 이상을 제외한 전 연령층의 생산연령인구 감소에도 불구하고 모든 연령대에서 취업자가 증가하였다. 다만 고령화로 인해 고령층(60대 이상, 366천 명(1.0%))중심으로 증가하였다. 고용률은 10대 후반을 제외한 전 연령대에서 증가하였다.

표 1-①-7. 연령층 및 성별 취업자 현황   (단위: 전년대비, 천 명, %p)

	2022년			2023년			증감		
	인구	취업자	고용률	인구	취업자	고용률	인구	취업자	고용률
〈전 체〉	45,260	28,089	62.1	45,407	28,416	62.6	147	327	0.5
15~19세	2,245	179	8.0	2,258	163	7.2	13	-16	-0.8
20~29세	6,323	3,818	60.4	6,132	3,736	60.9	-190	-82	0.5
30~39세	6,860	5,303	77.3	6,787	5,357	78.9	-73	54	1.6
40~49세	8,084	6,314	78.1	7,963	6,260	78.6	-121	-54	0.5
50~59세	8,581	6,618	77.1	8,593	6,678	77.7	12	59	0.6
60세 이상	13,167	5,858	44.5	13,674	6,223	45.5	507	366	1.0
15~29세	8,567	3,996	46.6	8,390	3,899	46.5	-177	-98	-0.1
〈남 자〉	22,273	15,928	71.5	22,362	15,952	71.3	89	24	-0.2
〈여 자〉	22,988	12,161	52.9	23,045	12,464	54.1	58	303	1.2

* 자료: 통계청, 경제활동인구조사

2023년 실업자는 787천 명으로 전년대비 46천 명(-5.5%) 감소하였고, 실업률은 2.7%로 전년대비 0.2%p 감소하였다. 한편, 2023년 실업급여 신규 신청자는 1,254천 명이다.

그림 1-①-1. 실업자 및 실업률 추이

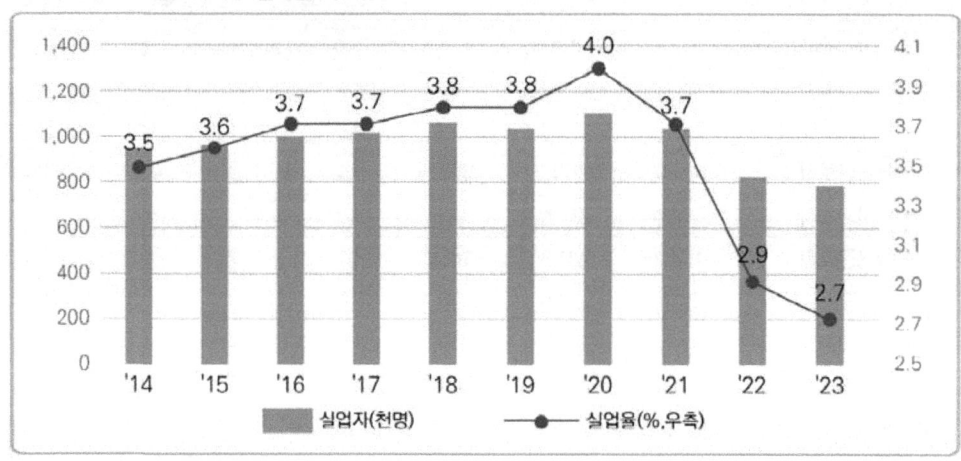

* 자료: 통계청, 경제활동인구조사

표 1-①-8. 실업급여 신규 신청자 수 현황
(단위: 천 명)

구분	2021년	2022년	2023년
신규 신청자 수	1,290	1,204	1,254

* 자료: 고용보험시스템
  주: 1) 신규 신청자: 해당기간에 실업급여를 신청한 자(임금근로자만 포함)
    2) '19.10월 구직급여 지급요건 등 변경으로 기존 통계와 시계열 단절되어 '19.10월~'21.6월 통계수치의 전년동월대비 비교는 부적절

2023년 비경제활동인구는 16,204천 명으로 전년대비 134천 명(-0.8%) 감소하였다. 활동상태별로 보면 쉬었음(74천 명), 재학·수강(11천 명)에서 증가한 반면, 육아(-140천 명), 취업준비(-88천 명) 등에서 감소하였다. 구직단념자(-81천 명)도 감소하였다.

표 1-①-9. 활동상태별 비경제활동인구 현황
(단위: 전년대비, 천 명, %)

	2021년	2022년	증 감	증감률	2023년	증 감	증감률
〈전 체〉	16,770	16,339	-432	-2.6	16,204	-134	-0.8
육 아	1,120	996	-125	-11.1	856	-140	-14.1
가 사	6,018	5,964	-53	-0.9	5,963	-1	0.0
재학·수강 등[1]	3,452	3,317	-135	-3.9	3,328	11	0.3
연 로	2,388	2,509	121	5.1	2,477	-31	-1.3
심신장애	448	445	-2	-0.5	474	28	6.3
기 타[2]	3,345	3,108	-237	-7.1	3,107	-1	0.0
-쉬었음	2,398	2,277	-121	-5.1	2,351	74	3.3
※ 취업준비[3]	841	763	-78	-9.3	676	-88	-11.5
구직단념자[4]	628	443	-185	-29.4	362	-81	-18.3

* 자료: 통계청, 경제활동인구조사
  주: 1) "재학·수강 등"은 정규 교육기관 재학, 입시학원, 취업을 위한 학원·기관 수강 등을 포함
    2) 학원·기관 수강 외 취업준비, 진학준비, 군입대 대기, 쉬었음 등을 포함
    3) 취업준비 = 취업을 위한 학원·기관 수강 + 학원·기관 수강 외 취업준비
    4) 구직단념자는 조사기준 변경으로 취업 희망 및 가능성 개념이 확대·변경되었으므로 2014년 이전 자료와 비교 시 유의

그림 1-①-2. 비경제활동인구 추이

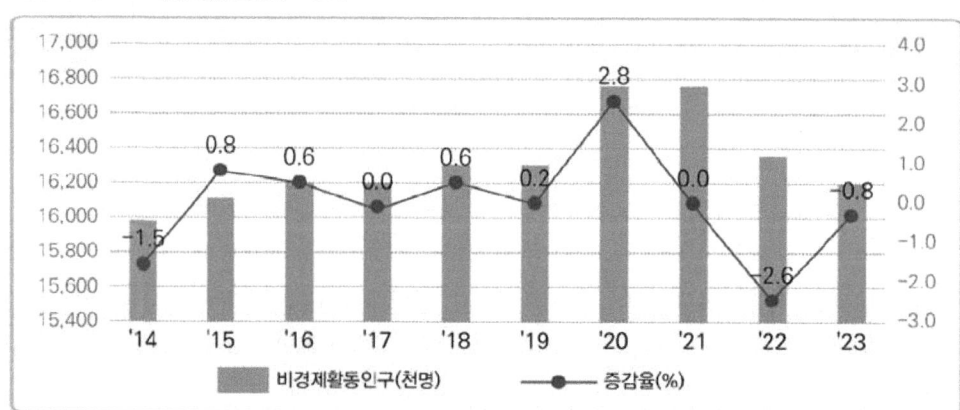

* 자료: 통계청, 경제활동인구조사

2023년 경제성장률(1.4%)과 취업자 증감률(1.2%)이 둔화되면서, 경제의 고용창출력을 보여주는 고용탄력성(취업자 증가율/경제성장률)은 지난해보다 증가('22년 1.15 → '23년 0.86)하였다.

그림 1-①-3. 경제성장률, 취업자증감률, 고용탄력성 추이

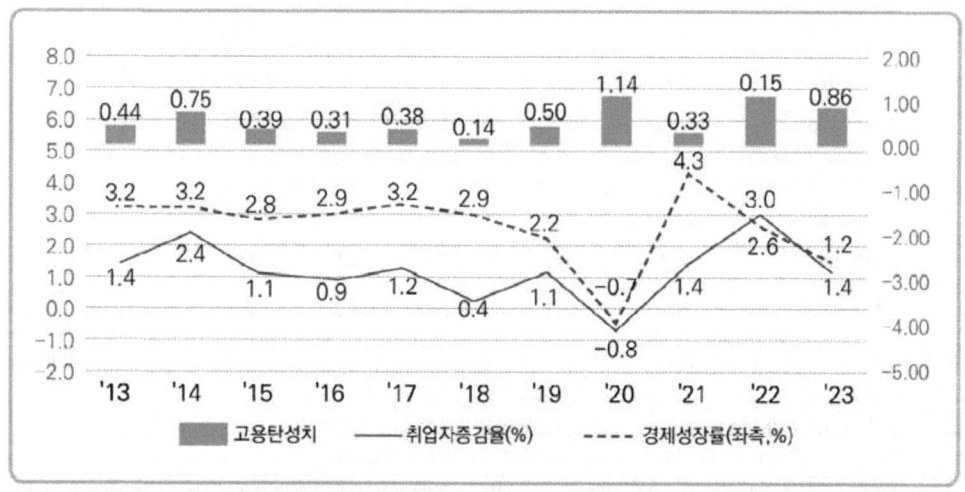

* 자료: 한국은행, 국민계정, 통계청, 경제활동인구조사

취업자는 임금근로자 중심의 고용개선이 되었고, 임금근로자 대비 비정규직 비중은 전년대비 소폭 축소('22년 37.5% → '23년 37.0%)한 것으로 나타났다. 시간제 근로자(3,873천 명)는 186천 명 증가하였고, 비전형 근로자(1,957천 명)와 174천 명, 한시적 근로자(5,259천 명)는 89천 명 감소하였다.

표 1-①-10. 근로형태별 근로자 규모   (단위: 전년대비, 천 명, %)

	2021년 8월	구성비	2022년 8월	구성비	2023년 8월	구성비
〈임금근로자〉	20,992	100.0	21,724	100.0	21,954	100.0
ㅇ 정 규 직	12,927	61.6	13,568	62.5	13,832	63.0
ㅇ 비정규직[1)2)]	8,066	38.4	8,156	37.5	8,122	37.0
- 한시적	5,171	24.6	5,348	24.6	5,259	24.0
- 시간제	3,512	16.7	3,687	17.0	3,873	17.6
- 비전형	2,278	10.9	2,131	9.8	1,957	8.9

* 자료: 통계청, 경제활동인구조사 근로형태별 부가조사
　주: 1) 비정규직 내 근로형태별 중복인원을 제외한 순계임
　　　2) 비정규직 내 유형별 중복으로 규모 및 비중의 합계는 불일치함

2023년 3분기 종사자 1인 이상 사업체의 구인인원은 1,230천 명으로 전년동기대비 2.6% 감소, 채용인원은 1,090천 명으로 전년동기대비 1.8% 증가하였다. 사업체 규모별로는 300인 미만 사업체는 구인인원 1,073천 명으로 전년동기대비 1.7% 감소, 채용인원은 944천 명으로 전년동기대비 3.6% 증가하였으며, 300인 이상 사업체의 구인인원은 157천 명, 채용인원은 146천 명으로 전년동기대비 각각 8.6%, 8.9% 감소하였다.

표 1-①-11. 규모별 구인인원 및 채용인원   (단위: 천 명, %)

	구인인원				채용인원				
	총계	내국인		외국인	총계	내국인		외국인
			상용	기타				상용	기타	
1인 이상	1,230	1,193	718	475	37	1,090	1,058	596	462	32
	[-2.6]	[-2.3]	[-7.5]	[6.9]	[-12.3]	[1.8]	[2.0]	[-3.0]	[9.2]	[-6.1]
300인 미만	1,073	1,038	592	446	35	944	914	481	433	30
	[-1.7]	[-1.2]	[-6.8]	[7.3]	[-13.8]	[3.6]	[4.0]	[-0.6]	[9.8]	[-7.7]
300인 이상	157	156	126	30	2	146	144	116	29	2
	[-8.6]	[-9.0]	[-11.1]	[1.6]	[38.6]	[-8.9]	[-9.2]	[-11.6]	[1.4]	[39.3]

* 자료: 고용노동부, 직종별사업체노동력조사('23년 하반기, 잠정치)
　주:1) 구인인원: 대외적인 구인활동을 통해 구인한 인원으로 채용인원을 위해 최초 모집공고 당시에 채용하려고 했던 인원
　　2) 채용인원: 조사기준일 이전 3개월 사이에 최종적으로 채용하기로 확정했거나 채용한 인원
　　3) [ ]는 전년동기대비 증감률

구인인원은 2-1수준이 448천 명(37.5%)으로 가장 많고, 1수준 371천 명(31.1%), 2-2수준 203천 명(17.0%), 3수준 152천 명(12.8%), 4수준 19천 명(1.6%) 순이다. 채용인원 역시 2-1수준이 397천 명(37.5%)으로 가장 많고, 1수준 343천 명(32.4%), 2-2수준 173천 명(16.3%), 3수준 129천 명(12.2%), 4수준 16천 명(1.5%) 순이다.

구인인원에서 채용인원을 뺀 인원인 미충원인원의 구인인원 대비 비율인 미충원율은 3수준 15.3%, 2-2수준 15.0%, 4수준 12.0%, 2-1수준 11.4%로 전체 미충원율(11.3%)보다 높은 반면, 1수준은 7.6%로 낮은 것으로 나타났다.

표 1-①-12. **직능수준별 구인인원 및 채용인원**   (단위: 천 명, %)

직능수준	구인인원	상용	기타	채용인원	상용	기타	미충원인원	
계	1,193	718	475	1,058	596	462	135	
	[100.0]	[100.0]	[100.0]	[100.0]	[100.0]	[100.0]	[100.0]	(11.3)
1수준	371	139	232	343	116	227	28	
	[31.1]	[19.4]	[48.9]	[32.4]	[19.5]	[49.1]	[20.9]	(7.6)
2-1수준	448	266	182	397	220	177	51	
	[37.5]	[37.0]	[38.3]	[37.5]	[36.9]	[38.3]	[37.7]	(11.4)
2-2수준	203	163	40	173	135	38	30	
	[17.0]	[22.7]	[8.4]	[16.3]	[22.6]	[8.2]	[22.5]	(15.0)
3수준	152	133	19	129	111	18	23	
	[12.8]	[18.5]	[4.0]	[12.2]	[18.6]	[4.0]	[17.3]	(15.3)
4수준	19	17	2	16	15	2	2	
	[1.6]	[2.3]	[0.4]	[1.5]	[2.5]	[0.4]	[1.7]	(12.0)

* 자료: 고용노동부, 직종별사업체노동력조사('23년 하반기, 잠정치)
주: 1) [ ]는 각 인원 내 구성비, ( )는 미충원율, 직능수준별 조사에서는 외국인근로자 제외
   2) 직능수준
     - 1수준: 현장경력 없어도 됨, 자격증 취득 수준을 요하지 않음(중졸 이하 수준의 업무)
     - 2-1수준: 1년 미만의 현장경력 또는 국가기술자격법상의 기능사 수준(고졸 수준의 업무)
     - 2-2수준: 1~2년 미만의 현장경력 또는 국가기술자격법상의 산업기사 수준(전문대졸 수준의 업무)
     - 3수준: 2~10년 미만의 현장경력 또는 국가기술자격법상의 기사 수준(대졸/석사 수준의 업무)
     - 4수준: 10년 이상의 현장경력 또는 국가기술자격법상의 기술사 수준(박사 수준의 업무)
     * 경력과 자격증으로 판단이 어려운 경우 보조지표로 학력을 활용

2023년 10월 1일 현재 종사자 1인 이상 사업체의 부족인원은 545천 명으로 전년동기대비 13.5% 감소하였다. 인력부족률은 2.9%로 전년동기대비 0.5%p 하락하였다.

규모별로 보면, 300인 미만 규모 사업체의 부족인원은 500천 명으로 전체 부족인원의 91.8%를 차지하며, 전년동기대비 14.4% 감소하였다. 300인 이상 사업체의 경우에는 45천 명으로 2.1% 감소하였다. 인력부족률은 300인 미만 사업체는 3.1%로 전년동기대비 0.6%p 하락, 300인 이상 사업체는 1.6%로 유사한 수준이었다.

표 1-①-13. 규모별 인력부족률 현황   (단위: 천 명, %, %p)

규모	부족인원					인력부족률				
	총계	내국인			외국인	총계	내국인			외국인
			상용	기타				상용	기타	
1인 이상	545	518	425	93	27	2.9	2.8	2.8	3.1	6.1
	[-13.5]	[-13.8]	[-13.9]	[-13.4]	[-7.6]	(-0.5)	(-0.5)	(-0.5)	(-0.2)	(-0.6)
300인 미만	500	474	385	89	26	3.1	3.1	3.0	3.1	6.3
	[-14.4]	[-14.8]	[-14.9]	[-14.2]	[-8.2]	(-0.6)	(-0.5)	(-0.7)	(-0.2)	(-0.6)
300인 이상	45	45	41	4	0	1.6	1.6	1.5	3.9	1.4
	[-2.1]	[-2.5]	[-3.3]	[7.2]	[148.8]	(0.0)	(0.0)	(-0.1)	(-0.1)	(0.7)

* 자료: 고용노동부, 직종별사업체노동력조사('23년 하반기, 잠정치)
주: [ ]는 전년동기대비 증감률, ( )는 전년동기대비 증감. 인력부족률 = [부족인원/(현원+부족인원)]×100

2023년 전체근로자의 연간 월평균 임금총액(3,966천 원)은 전년대비 2.5% 증가하였고, 상용근로자(4,211천 원)는 전년대비 2.8%, 임시일용근로자(1,785천 원)는 2.2% 증가하였다.
2023년 물가수준을 반영한 전체근로자 1인당 연간 월평균 실질임금(3,554천 원)은 전년대비 1.1% 감소하였다.

표 1-①-14. 연간 임금내역별 월평균 임금총액 현황   (단위: 천 원, %, 전년대비)

구 분			2022년		2023년	
명목 임금	전체근로자		3,869	(4.9)	3,966	(2.5)
	상용근로자		4,095	(5.2)	4,211	(2.8)
		정액급여	3,319	(4.3)	3,444	(3.8)
		초과급여	220	(5.7)	227	(3.3)
		특별급여	556	(10.4)	540	(-2.9)
	임시·일용 근로자		1,747	(2.8)	1,785	(2.2)
소비자 물가지수			107.72	(5.1)	111.59	(3.6)
실질임금	전체근로자		3,592	(-0.2)	3,554	(-1.1)

* 자료: 고용노동부, 사업체노동력조사(상용 1인 이상 사업체)
주: 실질임금 = (명목임금/소비자물가지수)×100

2023년 연간 월평균 근로시간은 156.2시간으로 전년보다 1.6% 감소한 것으로 나타났다. 상용근로자의 연간 월평균 근로시간은 163.6시간으로 전년대비 0.9% 감소하였으며, 임시일용근로자의 연간 월평균 근로시간은 90.0시간으로 전년대비 8.3% 감소하였다.

표 1-①-15. 연간 월평균 근로시간 현황

(단위: 시간, %, 전년대비)

근로시간	2022년			2023년		
	전체 근로자	상용	임시·일용	전체 근로자	상용	임시·일용
총 근로시간	158.7(-1.2)	165.1(-1.1)	98.1(-0.9)	156.2(-1.6)	163.6(-0.9)	90.0(-8.3)

* 자료: 고용노동부, 사업체노동력조사(상용 1인 이상 사업체)

노동생산성(제조업) 증감률은 전년에 비해 증가('22년 6.2% → '23년 7.4%) 하였으며, 단위노동비용 증감률은 2022년 0.8%에서 2023년 -3.1%로 감소하였다.

그림 1-①-4. 제조업 노동생산성 및 단위노동비용 증감률 추이

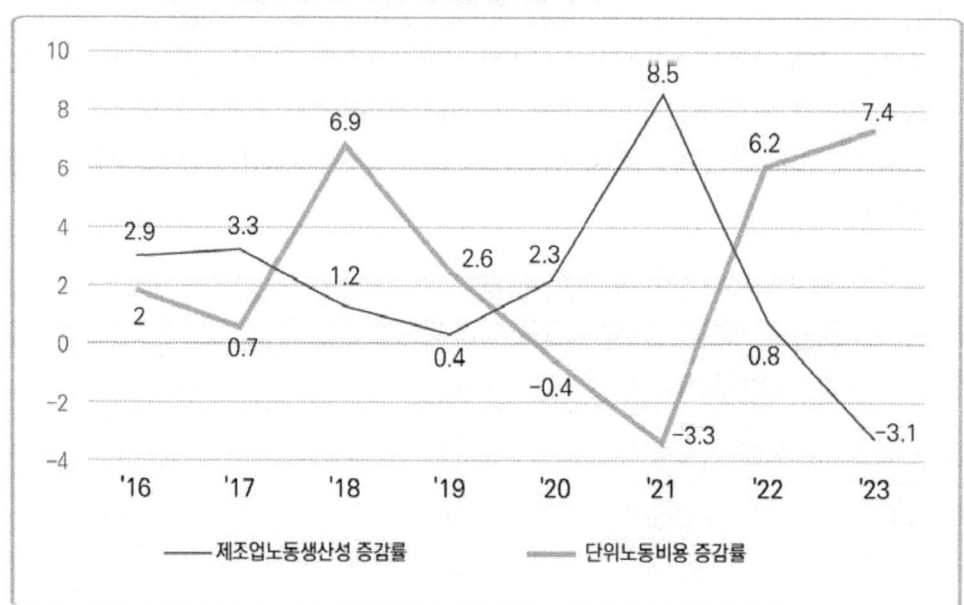

* 자료: 한국생산성본부, 노동생산성 동향
주: 1) 단위: 2020=100, 시간당, 전년대비, %
   2) 산출량은 통계청 산업생산지수임
   3) 노동생산성지수: [산출량지수(산업생산지수)/노동투입량지수] × 100
   4) 단위노동비용지수: (노동1단위당 비용/노동생산성) × 100

제2절 2023년 정책 추진성과

① 고용정책

가. 고용정책 개관

일자리는 국민들의 삶의 기반으로, 양질의 일자리는 국민 행복과 국가 경제성장의 핵심이다. 그러나 저출생·고령화로 인한 인구구조의 급격한 변화와 디지털·저탄소 중심의 산업구조 전환으로 인해 우리 노동시장의 일자리 창출력은 저하되고 있다.

이러한 상황에서 윤석열 정부는 '지속가능한 양질의 일자리는 민간에서 창출된다'는 국정기조에 따라 재정투입을 통한 정부 중심의 일자리 창출에서 취업역량 강화 및 구직활동 촉진을 통한 민간 일자리 창출력을 강화하는 방향으로 일자리정책의 패러다임을 전환하였다.

이를 위해 첫째, 약 30조 원의 범부처 일자리사업을 고용서비스와 직업훈련 중심으로 체질 개선하였다. 엄격한 성과평가를 토대로 일자리사업의 통폐합·기능조정·개편 등 강도 높은 구조조정을 실시하였으며(22개 사업 폐지, 93개 사업 감액, 총 2조 4천억 원 규모), 특히 감액 등급을 받은 20개 사업은 '24년 예산안에 모두 감액 반영하였다. 감액된 재원은 신산업 인재양성, 모성보호지원 확대 등 노동시장 체질개선과 고용 취약계층의 취업장벽 제거와 같은 지속 가능한 일자리 창출 여건 조성에 중점 투자될 것이다.

둘째, 범정부 대응체계를 통해 빈일자리 해소 노력을 지속하였다. 경기 불확실성, 고용 둔화에 선제적으로 대응하기 위한 「범정부 일자리 TF」를 구성하였으며, 이를 통해 일자리 이슈 전반에 대한 선제적 논의를 진행하고, 업종별·지역별 빈일자리 해소 방안을 마련('23. 3월, 7월, 10월)하였다. 대책 발표 이후 '23.12월 빈일자리 수는 20.1만 개로 전년 동월 대비 1.4만 개 감소하였다.

셋째, 대상별 맞춤형 지원을 통해 생산가능인구의 노동시장 진입을 촉진하였다. 우선 '청년도전지원사업'으로 구직단념청년 0.7만 명에게 맞춤형 프로그램을 제공하였으며, '청년일자리도약장려금'을 통해 3.3만 개 기업에 취업애로청년 7.2만 명의 채용 또한 지원하였다. 여성의 육아부담을 완화하고 일·가정 양립을 지원하기 위해 육아기 근로시간 단축 확대, 육아휴직 기간 추가, '6+6 육아휴직제' 등을 추진하였다. 또한, '고령자 계속고용제도'(재고용,

정년연장 등)를 도입하여 근로자 계속고용 기업에 장려금을 지원하고, 임금체계 개편과 연계한 계속고용을 위한 사회적 논의를 착수하였다.

마지막으로 구직급여 수급자의 적극적 구직활동을 촉진하기 위해 대면 실업인정을 확대하고, 입사지원·면접 등 구직활동 지정을 강화하는 한편 부정수급은 강력히 단속한 결과, 수급 중 재취업률이 2.5%p 상승하는 등 수급자의 노동시장 진입 촉진에 유의미한 성과를 거두었다.

'23년 한국의 노동시장은 일자리정책 패러다임 전환을 통한 여성·고령자 중심의 노동공급 확대와 보건복지·정보통신 등 서비스업의 견조한 노동수요에 기인하여 예상보다 양호한 고용흐름을 지속하고 있다.

고용의 양적인 측면에서 '23년 고용률은 15세 이상 62.6%, 15~64세 69.2%이고 실업률은 2.7%로 역대 최고·최저 수준이며, 노동시장 진입연령대(25~29세) 청년 및 30대 여성 고용률 역시 각각 72.3%, 68%로 역대 최고 수준을 기록했다. 특히, 기혼·유자녀 여성의 고용률 상승이 높았다. 고용의 질적인 측면에서는 비정규직 규모·비중이 모두 감소하였고, 정규직과 비정규직 간 시간당 임금격차도 완화되었으며, 53시간 이상 장시간 근로관행 개선의 움직임도 보였다.

정부는 견조한 고용흐름을 이어가는 한편 일자리정책 패러다임 전환을 정착시키기 위해 노동시장의 구조적 변화에 적극 대응하고, 정책 사각지대를 해소하는 등 국민이 체감할 수 있는 고용정책을 추진해 나갈 것이다. 구체적으로 대상별(청년·여성 등), 목적별(빈일자리 해소, 인재양성) 다양한 고용정책을 체계적으로 수립·추진하고, 다양한 정책 수요에 대응하기 위해 경제·산업·고용정책 간 연계 강화를 통해 일자리 창출력을 확대해 나갈 예정이다.

나. 고용서비스 정책

정부는 고용정보의 제공, 직업소개, 직업지도, 직업능력개발 등의 고용서비스를 통해 개인의 평생 직업생활, 기업의 경영활동 및 국가 인적자원의 효율적인 활용을 지원한다. 경제의 일자리 창출 능력이 낮아지고, 직업·직장 이동이 빈번해짐에 따라 사람과 일을 이어주는 고용서비스의 역할이 중요해지고 있다.

국가고용정책의 핵심 전달체계로서 취업상담·알선, 실업급여, 직업지도, 직업능력개발, 기업지원 등 종합적인 고용서비스를 수행하는 고용센터는 1998년 외환위기를 기점으로 기존 직업안정과·고용보험과를 통합하여 전국 99개소가 설치되었고, 2000년 「기초생활

보장제도」 시행에 따른 자활정책 수요에 대비하여 2001년 168개소까지 증가되었으나, 규모의 경제를 통한 업무효율성 제고를 위하여 2005년부터 고용센터의 통합·대형화를 추진하여 2008년 고용센터는 82개소로 조정되었다.

이후 고용과 복지서비스의 연계를 통한 수요자 중심 서비스 제공, 국민의 편의와 정부의 효율성 제고 등을 위해 다양한 고용·복지 서비스기관이 한 장소에서 함께 서비스를 제공하는 '고용복지플러스센터'를 추진하고, 2014년 남양주고용복지플러스센터를 시작으로 2023년까지 총 102개소(제주 포함)의 고용복지플러스센터를 설치하였다.

2020년은 한국형 실업부조인 「국민취업지원제도」 시행 기반을 마련하고 고용보험에 이은 2차 고용안전망의 기틀을 세운 한 해였다.

2021년 1월부터 시행된 한국형 실업부조 「국민취업지원제도」는 2022년 6월 제1차 국민취업지원 기본계획을 수립하는 등 취업지원서비스와 소득보장을 강화하여 중층적 고용안전망으로의 역할을 공고히 하는데 집중하였다.

예술인 및 노무제공자에 대한 고용보험 적용 확대(2020.12.10.) 및 국민취업 지원제도 시행(2021.1.1.) 등에 따라 공공 고용서비스 수요는 늘어나고 있으나 고용복지플러스센터 수는 유사 사회서비스 전달기관과 비교할 때 상대적으로 적어 도움이 필요한 주민들이 충분한 서비스를 제때 받지 못하는 상황이 우려되었다.

이에 저소득층, 청년, 여성 등 취업취약계층이 집에서 '1시간 이내'에 있는 고용복지플러스센터를 방문하여 심층상담과 취업연계 서비스를 받을 수 있도록 고용-복지 서비스 접점의 확대를 추진하여 전국 70개 시군에 작은 규모의 고용복지센터(중형고용센터)와 출장센터를 설치하였다. 이로써 2022년말 기준 174개의 고용센터가 설치되었다.

한편, 코로나 19로 약화된 고용서비스의 취업촉진 기능 강화를 위해, 고용서비스 고도화(국정과제 52) 일환으로 2022년 8월, 구직자·기업에게 '진단-컨설팅-맞춤형 취업·채용지원'에 이르는 서비스를 종합으로 제공하는 「구직자·기업도약보장패키지」를 시범으로 도입(구직자 6개·기업 9개 고용복지플러스센터)하였다.

2023년 3월부터는 구직자·기업 도약보장패키지 운영관서를 각 24개소, 35개소로 확대하였고, 같은 해 8월부터 전국 48개 고용복지플러스센터로 확대하여 더 많은 구직자·기업을 대상으로 서비스를 제공하였다.

또한, 코로나19 이후 심화된 구인난에 적극적으로 대응하기 위한 구인기업·산업에 대한 지원도 강화하였다. 먼저, 2022년 8월부터 고용복지플러스센터 내 '신속취업지원TF'를 설치하여 구조적·일시적 인력난을 겪고 있는 조선업, 뿌리산업, 서비스업을 대상으로 채용

대행, 채용행사 등 적극적인 구직자 매칭에 나섰다. 그 결과 2023년 12월까지 신속취업지원 TF를 통해 총 60,398명의 구직자가 채용되는 등 채용수요를 신속히 뒷받침하였다.

또한, 2023년부터는 입지, 경제여건 등에 따라 관할 구역을 넘어서 산업권역으로 성장하고 있는 국가 중요산업 분야의 인력난 해소를 효과적으로 지원하기 위해 산업 특화 취업·채용 지원서비스를 제공하는 업종별 취업지원허브 설치를 추진하고 있다.

2023년 4월에는 부산청에 「조선업 취업지원허브」를 설치하였으며, 11월에는 반도체기업이 밀집되어 있는 수원·용인·부천·성남·이천·평택·천안고용센터가 함께 참여하는 「반도체 취업지원허브 네트워크」를 구성하여 기업과 구직자의 시각에서 인력 문제 해결에 필요한 취업·채용지원서비스를 맞춤 제공하고 있다. 그리고, 해당 산업분야와 관련있는 자치체, 협회 등 유관기관과 대표기업이 함께 참여하는 취업지원체계를 구축하여 인력난 해소를 위한 공동과제를 적극 발굴·추진해 나갈 계획이다.

다. 고용지원정책

최근 디지털 기술을 활용한 맞춤형 서비스의 확산으로 국민의 디지털 서비스에 대한 수요와 눈높이가 높아진 상황에서 디지털과 데이터 서비스의 혁신을 통해 국민이 체감할 수 있도록 디지털 고용서비스를 강화하고 있다.

그간 온라인 고용서비스는 워크넷(취업지원), 고용보험(실업급여), HRD-Net(내일배움 카드) 등 서비스 종류에 따라 각각 운영되어 고용서비스를 받으려면 여러 사이트를 오가야 하고, 종이 서식을 그대로 옮긴 어려운 용어와 복잡한 서식으로 이용에 불편함이 있었다. 이에 각종 온라인 고용서비스를 한 곳에서 편리하게 신청·신고·조회할 수 있도록 하고 인공지능, 빅데이터 등 신기술을 활용한 맞춤형 서비스를 강화한 차세대 디지털 고용플랫폼인 '고용24'를 구축 완료하였다.

또한, AI·빅데이터 등 신기술을 활용하여 AI 일자리 매칭 및 잡케어 상담서비스 등 디지털 고용서비스 지원도 강화하였다. AI일자리 매칭 서비스를 위해 최신 데이터 학습 등 알고리즘을 고도화하였고, 민간취업포털(사람인, 잡코리아, 인크루트 등) 일자리 정보를 연계·추천을 확대하였다. 맞춤형 직업상담지원 서비스(잡케어)를 모든 국민이 사용할 수 있도록 대국민 잡케어('23.3월)를 개시하였다. 그 결과, 'AI 일자리 매칭 서비스' 취업자 수는 2023년 7만 5,546명으로 전년 대비 31%가 증가하였고, '맞춤형 직업상담지원 서비스 잡케어' 이용자도 2023년 8만 7,749명으로 전년 대비 179.4%가 증가하였다.

한편, 고용분야에서의 행정데이터를 민간에 개방하여 활용을 촉진하기 위해 고용행정데이터 개방 확대방안을 발표(국가데이터정책위원회, '23.1월)하고 고용행정데이터제공 규정 제정('23.5월), 고용행정데이터 정책심의위원회 구성('23.6월) 등 데이터 개방을 위한 인프라를 구축하였다. 이를 통해 고용행정통계 기초데이터셋 31종(1단계, '23.6월) 개방에 이어 고용보험 사업장별 피보험자 현황(2단계, '23.12월)을 단계적으로 개방하였고, 고용행정데이터의 개방 데이터셋을 활용한 노동시장 분석과 맞춤형 정책 수립을 지속 지원해 나갈 예정이다.

고용상황을 정기 모니터링하는 한편, 고령화, 디지털 전환 등 노동시장 주요이슈를 반영한 노동시장 정밀 진단을 실시하여 제공하였으며, 대상·산업·지역별 고용 심층분석을 실시하고 제공함으로써 효과적인 고용노동정책 수립 및 추진을 적극 지원하였다. 또한, 지역 노동시장 분석, 설명회 등을 통해 지역 상황에 맞는 고용대책 수립을 지원하였다.

사업체를 기반으로 한 6종(부가조사, 가공통계 포함 시 9종)의 고용노동통계를 적기 생산하여 고용·노동정책 자료로 제공하였고, 산업전환, 인구구조 변화 과정에서 산업별 고용구조 변화 탐지를 위해 산업소분류별 고용통계를 생산하였으며, 임금체계 개편 지원을 위한 세분화된 직종별 임금통계를 생산하여 맞춤형 고용노동정책지원을 강화하였다.

근로시간 및 장소의 유연화를 통해 출퇴근 부담 경감 및 출퇴근에 소요되는 시간과 비용을 개인 생활이나 가족돌봄 등에 활용할 수 있도록 근로자의 일·생활 균형을 지속 지원해오고 있다. 유연근무를 활성화하기 위해 유연근무 활용 사업주에 대한 유연근무 장려금, 일·생활 균형을 위한 인프라 구축비, 유연근무 컨설팅을 지원하여 근로자의 일·생활 균형 및 가족돌봄에 기여하고 기업의 생산성 향상 및 인재 유치 등에도 도움을 주고 있다. 또한 근로자가 가족돌봄, 본인건강 등의 사유로 일을 그만두지 않고 일정기간 근로시간을 단축하여 근무할 수 있도록 근로자의 고용안정을 지속 지원해오고 있다.

한편, 「가사근로자의 고용개선 등에 관한 법률」에 따른 정부인증 가사서비스 시장 활성화를 위하여 복지부·지자체 가사서비스 지원사업에서 정부인증기관을 우대하도록 하고, 행안부의 '지자체 합동평가지표'에 가사서비스 활성화 성과를 반영하였으며, 민간기업의 직원들이 복지포인트로 정부인증 가사서비스를 구매할 수 있도록 하였다. 인증기관 컨설팅 사업을 통해 기관 발굴 및 가사근로자 고용계획·노무관리 등을 지원하고, 가사서비스종합지원센터를 신설하여 가사근로자 직무훈련, 고충·법률상담 서비스도 제공하였다. 또한 가사근로자에 대한 인식 개선을 위해 '가사관리사' 호칭 사용을 권장하고, 정부인증 가사서비스 인지도 제고를 위해 온·오프라인 홍보를 실시하였다.

라. 여성 정책

우리나라는 세계에서 출생률이 가장 낮고 고령화가 가장 빠르게 진행되고 있다. 2019년 이후 생산연령인구가 매년 감소하는 상황에서 국가의 성장잠재력을 제고하기 위해서는 노동시장에서 여성의 참여가 확대되는 것이 중요하다.

이에 정부는 일·가정 양립을 지원하고 양성평등한 일자리 기반을 조성하는 정책을 추진하여 여성의 노동시장 참여를 촉진하고 있다. 이러한 노력의 결과 여성(15~64세) 취업자 수는 전년 대비 15.3만 명이 증가했고, 여성 고용률도 61.4%로 전년 대비 1.4%p 증가했다. 그리고 육아휴직자는 12.6만 명으로 증가하고 있는 추세이고, '3+3 부모육아휴직제' 사용자수 역시 23,910명으로 전년 대비 61.2% 증가하여 부모 맞돌봄이 확산되고 있다.

먼저, 일하는 여성의 출산·육아 부담 경감, 부모의 맞돌봄 문화 확산을 위해 노력하고 있다. 부모 공동의 육아문화 확산을 위해 부모가 동시에 또는 순차적으로 자녀 생후 12개월 내 육아휴직을 사용한 경우 첫 3개월에 대한 부모 각각의 육아휴직 급여를 통상임금의 100%로 상향 지원(200~300만 원 한도)하는 '3+3 부모육아휴직제'를 시행하였고, 2024년 1월부터는 '6+6 부모육아휴직제'로 개편하여 대상 자녀 연령을 생후 12개월에서 18개월로, 적용기간을 부모 각각 첫 3개월에서 첫 6개월로 확대하였으며, 해당기간 육아휴직 급여 또는 통상임금의 100%(상한액 200~450만 원)으로 인상하였다.

또한, 노동시장에서의 양성평등한 일자리 환경을 조성하기 위해 제도적 기반을 마련하고 있다. 고용상 성차별 등 불이익을 받은 근로자가 노동위원회를 통해 직접 구제를 신청할 수 있는 시정제도를 시행하여 차별을 받은 근로자가 실질적으로 구제를 받을 수 있게 제도를 운영 중이다. 아울러 건강-고용보험 연계 정보를 활용하여 스마트 근로감독을 실시하고 있고, 직장 내 성희롱 예방을 위한 교육을 지원하고 있으며, 적극적고용개선조치를 통해 불합리한 성별 임금격차를 해소하도록 지도하고 있다.

마. 고령자 및 장애인 고용정책

우리나라는 2025년에 초고령사회(65세 이상 인구 비중 20%)에 진입할 것으로 예상되는 등 고령층이 생산연령인구에서 큰 비중을 차지하게 되면서, 고령자가 노동시장에서 더 오래 일하고, 퇴직 후에도 원활한 재취업을 할 수 있도록 여건을 조성할 필요성이 대두되었다.

이에 정부는 경사노위 내 학계 전문가, 관계부처 등으로 구성된 「초고령사회 계속고용 연구회」를 통해 고령자 계속고용 법적 쟁점과 정부 고용지원제도 개편방안 검토 등 고령자 계속고용 관련 논의를 지속('23.7.~'24.2.)하였으며, 기업의 고령자에 대한 자율적 계속고용을 지원하기 위해 '고령자 계속고용장려금'을 2,649개 사업장에 191억 원 지원하였고, 60세 이상 근로자 수가 증가하는 사업주에게 근로자 1인당 분기 30만 원씩 지원하는 '고령자 고용지원금'을 14,563개 사업장에 717억 원을 지원하였다.

퇴직을 앞두거나 퇴직한 중장년층을 대상으로 맞춤형 재취업을 지원하기 위해 중장년 내일센터의 운영기관 간 기능을 개편하여 산업·지역·기업별 채용 수요를 발굴, 적격 구직자를 선발하여 맞춤형 직무 교육, 채용지원전담반 등 특화서비스 제공을 확대하였고, 중장년 내일센터와 고용복지플러스센터 연계 협력을 강화하여 고용복지플러스센터 내 중장년 전담 창구를 마련(48개)하고 중장년 재취업지원 패키지를 통한 원스탑 고용서비스를 제공하였다.

한편, 고령자 고용의 중요성을 일깨우고, 연령에 상관없이 능력에 맞게 일할 수 있도록 인식개선 홍보에 집중하여 '연령차별 없는 일터'를 주제로 2030대가 직접 참여할 수 있는 웹툰 공모전을 통해 고령자 고용 인식개선 캠페인을 확산하였다. 고령자 고용 우수사업장 등 우수사례를 발굴하여 영상콘텐츠 및 카드뉴스 등을 제작·배포하고, 고령자 계속고용 광고를 제작하여 유튜브, 생활매체(KTX, 엘리베이터 등), 옥외전광판 등 다양한 매체를 통해 고령자 고용 중요성에 대한 메시지를 전달하였다.

이러한 지속적 노력 결과 '23년도 고령자(55~64세) 고용률은 전년대비 1.1% 증가한 69.9%를 기록하였다.

정부는 장애인 고용촉진을 위해 1991년부터 장애인 고용의무제도를 시행 중이며, 그동안 공무원의 적용제외 직종 축소, 민간기업의 업종별 적용제외율 폐지 등 장애인 고용 의무영역을 확대해왔다. 정부 부문과 민간기업의 장애인 의무고용률도 지속적으로 상향 조정하여 장애인 고용을 견인하였고, 장애인 고용의무인원 미달 시 고용부담금 부과, 의무고용률 초과 시 고용장려금 지급, 장애인 고용이 현저히 저조한 기업체에 대한 명단공표 등 장애인 고용의무 이행을 강화하여 장애인 고용촉진을 위해 노력하고 있다.

그 결과, 2023년 12월 기준, 장애인 고용의무 사업체(32,316개소)의 장애인 근로자는 221,522명(순인원)이고 장애인 고용률은 3.17%로서, 지난 10년 동안 장애인 고용인원은 순인원 기준 67,567명(43.9%) 증가하고 고용률은 0.69%p 상승하였다.

아울러, 빠른 고령화, 발달장애인 비중 증가, 산업구조 재편 등으로 인해 미래 장애인 노동시장의 어려움이 커질 것으로 전망되어 '23년 5월에는 장애인 고용의무 이행수단을 다양화하여 의무고용 사업체의 의무준수 비율을 높이고, 디지털 훈련인원 확대 등 장애인 대상 적극적 노동시장 정책을 강화하는 등의 내용을 담은 제6차 장애인고용촉진 및 직업재활 기본계획을 발표하여 추진 중이다.

바. 사회적기업 육성 정책

지난 16년간 사회적기업에 대한 다양한 지원제도를 통해 2007년 55개소(근로자 수 2,539명)에 불과했던 사회적기업은 2023년 3,737개소, 근로자 수 70,321명으로 대폭 증가하였다. 사회적기업의 평균 근로자 수는 약 19명으로 전체 산업 평균 종사자 수 4.1명('22년 전국사업체 조사)보다 고용창출 효과가 크다. 특히, 취약계층 근로자가 44,263명(62.9%)으로 일반 노동시장에서 취업에 어려움을 겪는 취업애로계층의 노동시장 진입을 촉진하고 있다.

매년 사회적기업의 총 매출액('21년 5조 9,760억 원 → '22년 6조 8,541억 원)은 증가하였으며 기업당 평균 매출액('21년 19.5억 원 → '22년 20.2억 원) 또한 증가하였다. 매출액 10억 원 이상 기업 수('21년 1,107개소 → '22년 1,241개소)는 증가하였으며, 정부지원금 대비 매출액 비율이 증가('12년 668.6% → '22년 2,302.2%)하는 등 정부에 대한 직접적 재정 의존도가 낮아지고 자생력이 높아지는 추세다. 사회적기업 3년 생존율은 94.4%로 일반기업 3년 생존율 46.3%(통계청 기업생명행정통계, '21년)보다 매우 높은 수준이다.

또한, 2022년 사회적기업 실태조사 결과, 사회적기업 종사자 고용보험 가입률은 98.5%로 전체 임금근로자(91.8%)보다 높은 수준이다.

사. 청년정책

청년층(15~29세) 고용률은 2017년 42.1%, 2018년 42.7%, 2019년 43.5%로 지속 증가하다 2020년에는 코로나19 바이러스로 인한 고용 위기로 다소 낮아진 42.2%를 기록하였으나, 엔데믹으로 2021년 44.2%, 2022년 46.6%, 2023년 46.5%로 회복하였다. 특히 2023년 20대 후반(25~29세) 고용률은 72.3%로 2000년 이후 역대 최고 수준이다.

2023년 청년층(15~29세) 실업률은 전년대비 0.5%p 하락한 5.9%로 1995년 이후 역대 최저치를 기록하였으며 청년층확장실업률(16.6%) 또한 전년대비 2.4%p 하락하여 통계 작성('15년) 이후 최저치를 기록하였다. 다만 2023년 청년층 취업자 수는 389.9만 명으로 청년인구 감소 등 영향으로 전년대비 9.8만 명 감소하였다.

이러한 전반적인 청년 고용지표의 양적 개선세에도 불구하고 취업 준비 중이거나 그냥 쉬었다는 청년 규모는 작지 않은 점, 신산업에 따른 새로운 역량 요구 등 노동시장 상황이 크게 변한 점, 기업의 수시·경력직 채용 경향 등으로 청년들이 체감하는 일자리 사정은 여전히 녹록지 않은 상황이다.

이에 '직무경험 및 경력개발 기회 확대' 등 청년의 수요를 고려하고 민간에서 창출한 양질의 일자리와 청년고용이 선순환이 이룰 수 있도록 정부 주도에서 민·관 협업으로, 공급자 중심에서 수요자 중심으로 청년고용정책의 패러다임을 전환하는 내용의 '청년고용 정책방향'('22.10.26.)을 발표하였으며, 후속조치로 재학생 맞춤형 고용서비스 추진계획 및 일경험 활성화 방안 등을 내용으로 하는 '청년고용서비스 혁신방안('23.1.27.)'을 발표하였다. 또한 2023년 들어 별다른 경제활동 없이 그냥 쉰다는 청년 증가세에 대응하기 위해 다양한 청년 상황을 고려하여 '재학-재직-구직' 등 단계별 맞춤형 지원방안과 고립·은둔청년, 자립준비청년 등 취약청년 유형별 맞춤형 지원방안 등을 포함하는 '청년층 노동시장 유입 촉진방안('23.11.15.)'을 관계부처 합동으로 발표하였다.

앞으로도 청년들이 실제 체감할 수 있는 지원이 이루어질 수 있도록 취업 현장에서 청년과의 소통을 통해 어려움을 확인하고 취약청년에 대한 선제적 지원과 현장에서 필요로 하는 맞춤형 지원을 확대해 나갈 계획이다.

아. 직업능력개발정책

4차 산업혁명 등 산업구조 변화에 대응하기 위해 공공·민간 훈련기관을 통한 신기술·신산업 훈련을 확대하였다. 공공부문에서는 공공훈련기관인 폴리텍대학이 신기술·신산업 분야 훈련과정(하이테크과정)을 확대 운영('22년 1,230명 → '23년 1,530명)하였고, 민간부문에서도 대학 등 우수훈련기관 등이 4차 산업혁명·신기술 분야 등의 훈련을 확대 실시하였다.

특히 2017년부터 시작된 4차 산업혁명 선도인력양성과정은 복합문제 해결능력 향상을 위한 프로젝트 기반 훈련 및 협약기업·현장전문가의 참여로 훈련생과 기업의 긍정적인 평가를 얻었으며, 2020년 '디지털 신기술 핵심 실무인재 양성훈련(K-Digital Training)'으로 재편하여 시범사업으로 실시하고, 2021년 정규 사업으로 본격 추진하였다.

'23년 약 3.2만 명의 신기술 인재를 양성한 K-디지털 트레이닝은 '기업이 원하는 인재는 기업이 가장 잘 안다'라는 관점에서 KT·삼성·포스코 등 신기술 분야 선도기업의 우수한 훈련모델을 활용하여 민간과 함께 현장형 인재를 양성하는 직업훈련사업으로, '23년부터 디지털 중심이 훈련분야를 첨단산업 분야까지 확대하였으며, 기업의 중·고급 프로젝트가 70% 이상 편성된 심화과정을 새롭게 운영하여 훈련생들이 다양한 프로젝트 경험을 바탕으로 고급 인재로 거듭날 수 있도록 지원하였다.

현장성 높은 훈련을 제공하는 한국형 도제훈련제도인 일학습병행은 2013년 시범사업으로 시작된 이래 2023년 12월 말 기준 20,412개 기업이 선정되었고, 145,302명의 학습근로자가 일학습병행 훈련에 참여하는 등 제도 시행 10년 만에 양적·질적으로 가시적 성과를 나타내고 있다. 일학습병행은 졸업생 위주의 사업 운영에서 고교에서 대학 재학생 단계까지 확장해 가고 있다.

또한, 중소기업의 경쟁력 강화를 위해 사업주직업훈련 사업을 지원해 왔으나, 까다로운 지원요건과 훈련비 부담 등으로 참여를 기피하여 '21년 기준 고용보험 가입 사업장 중 4.5%만이 훈련 사업에 참여하였다. 이에 2022년 7월 보다 많은 중소기업이 필요한 훈련을 보다 자유롭게 실시할 수 있도록 혁신방안을 마련하고, 기업직업훈련 혁신 3대 시범사업(기업직업훈련카드, 패키지구독형 원격훈련, 자체훈련 탄력운영제)을 시행하였다. 또한 한국산업인력공단 15개 지부·지사에 능력개발전담주치의를 배치하여 훈련이 필요하나 훈련정보 등이 부족한 중소기업에 찾아가 맞춤형 서비스를 제공하였다.

그리고 2023년 장기유급휴가 지원대상을 확대(지역·업종제한 폐지, 모든 우선지원대상기업)하였고, 비전문외국인력(E-9) 특화훈련 시범사업을 시행하였다. 또한 중소기업 전담 직업훈련지원센터(9개소) 외 전국에 분포한 한국산업인력공단 소속기관(32개소)에서 체계적 현장훈련(S-OJT)을 수행하였으며, 참여요건을 완화하는 규제완화를 통해 참여기업을 확산하였고, 일반훈련·신기술특화훈련을 지원하였다.

한편, 체계적인 훈련을 지원하기 위해 2013년부터 개발한 NCS는 2023년 12월 말 현재 24대 직업분야, 13,237개 능력단위(1,093개 세분류)가 개발되어 있다. 취업알선 등에서 사용되는 한국고용직업분류(KECO)를 중심으로 한국표준직업분류, 한국표준산업분류 등을 참고하여 금융, 기계, 화학, 문화, 정보통신 등 대부분의 산업분야를 포괄하고 있으며, 산업현장의 변화에 맞춰 매년 지속적으로 보완할 예정이다.

앞으로도 미래 변화에 신속히 대응하기 위한 직업능력개발 체제를 구축하는 한편, 모든 국민에게 평생에 걸쳐 필요한 직업능력개발 기회를 확대하고, 중소기업 등의 맞춤형 훈련 지원을 계속하여 강화해 나갈 것이다.

② 노동개혁 정책

우리 노동시장은 초저출산과 초고령화, 경제활동인구 감소, AI·디지털화와 같은 산업구조 변화 등에 직면하고 있다. 정부는 노동시장을 둘러싼 환경이 급변하는 가운데, 지속 가능한 일자리 창출과 미래세대를 위한 노동개혁을 국정 주요 과제로 삼고, 노사 법치주의 확립, 노동시장 이중구조 개선 등을 추진하고 있다.

가. 노사 법치주의 확립

정부는 노동개혁의 출발점으로 '노사 법치주의'를 삼았다. 법치주의가 없는 노사관계에는 힘과 세력의 논리가 작용하게 되는데, 이는 노사관계의 갈등과 혼란을 일으키고, 노동시장과 기업 활동의 불확실성은 높이며, 결과적으로 노동시장의 약자 보호도 어렵게 만든다.

그러나 우리나라의 노동시장에서 법치는 종종 무시되어 왔다. 일부 사업주들은 임금체불 등을 가볍게 여기거나, 경영에 방해가 된다는 이유로 노조 활동을 방해하는 사례가 있었다. 또한, 일부 노조들은 요구를 관철하기 위해 불법행위를 불사하는 사례도 계속되었다.

노사관계에서 불법행위를 저지르는 노사 당사자는 소수이지만, 소수의 불법행위로 인해 우리 노사관계 전반의 갈등이 증폭되고, 대립적 노사관계는 개선되지 않는 악순환이 반복됐다. 노사 일방이 불법행위로 일시적 이득을 볼 수는 있지만, 장기적으로는 노사 간 불신을 부추기고, 극단적 대립과 갈등을 일으키는 원인이 되기 때문이다.

이에 정부는 있는 법·제도부터 지키는 의식과 관행을 만들기 위한 노사 법치주의 확립을 노동개혁의 출발점으로 삼고, 현장의 불법·부조리한 행위를 개선하기 위한 다각적인 정책을 시행하였다.

먼저, 관계부처 합동(고용노동부, 국토교통부, 법무부, 경찰청)으로 「건설현장 불법·부당행위 근절대책」을 발표('23.2월)하여, 노사의 불법행위에 대한 점검·단속 강화, 건설근로자 보호조치 등을 시행하였다.

또한, 공짜 야근 등을 유발하는 포괄임금 오남용에 대해 사상 처음으로 기획감독('23.1월)을 실시하였고, 상습적 임금체불에 대한 수사·감독 등을 강화하기 위한 「상습체불 근절대책」('23.5월) 발표, 반복적 직장 내 괴롭힘 발생 사업장에 대한 즉시 과태료 부과('23.8월) 등 임금체불, 직장 내 괴롭힘 근절을 위한 제도 개선과 함께, 지속적인 기획감독도 병행하였다.

아울러, 사용자의 노조에 대한 불법 경비원조 등 근로시간면제제도 기획감독을 실시하고('23.9월), 공무원·교원 등 공공부문에서도 합리적인 노사관계가 자리 잡을 수 있도록 규약·단체협약 등에 대한 실태를 조사하였으며, 위법행위 등에 대해서는 시정을 지도하였다('23.5월).

또한, 노동조합의 투명한 회계 운용을 촉진하기 위한 노조회계공시제도도 시행하였다('23.10월).

이러한 일관된 노사법치주의로 현장에서는 파업으로 인한 근로손실일수가 역대 정부 최저수준을 기록하고, 파업이 발생하여도 대화와 타협을 통해 신속하게 해결되는 등 현장의 노사관계가 안정되는 성과가 나타났다.

구분	노무현 정부	이명박 정부	박근혜 정부	문재인 정부	4개 정부 평균	윤석열 정부
근로손실일수(만일)	239	126	127	135	157	58

※ 정부 출범연도 5.10.부터 다음해 말일까지의 근로손실일수

구분	'18년	'19년	'20년	'21년	'22년	'23년
분규지속일수(일)	21.5	21.1	19.9	22.6	14.9	9.4

나. 노동시장 이중구조 개선

우리나라의 노동시장은 전체 임금근로자의 약 12%에 해당하는 대기업(종사자 300인 이상 사업장) 정규직근로자의 1차 노동시장과 그 외 88%에 해당하는 2차 노동시장으로 구성되어 있다('23.8월 통계청 경제활동인구조사 부가조사). 이러한 1·2차 노동시장의 비중은 '08년 금융위기 이후 큰 변화 없이 유지되고 있으며, '20년 한국노동패널조사 결과, 비정규직에서 정규직으로의 이동은 전체 근로자의 4.8%, 중소기업에서 대기업으로의 이동은 3.9%만 경험하는 등 노동시장 간 이동도 어렵다.

이렇게 노동시장 이중구조가 고착되는 가운데, 1차 노동시장과 2차 노동시장 간에는 임금과 복지에도 큰 격차를 보인다. 대기업·정규직근로자의 시간당 임금총액을 100으로 환산할 경우, 중소기업·비정규직근로자의 시간당 임금총액은 44로 집계되고('23년 고용형태별근로실태조사), 상여금 지급률, 퇴직연금 가입률 등도 대기업 정규직근로자와 그 외 근로자 간의 격차가 큰 것으로 나타난다.

노동시장 이중구조는 기업 간의 생산성 격차, 거래 관행, 불공정한 임금·복지 격차 등 여러 문제가 복합적으로 작용하여 발생한다. 이를 정부의 일방적인 행·재정적 지원을 통해

개선하기는 어려우며, 대기업과 중소기업, 원청과 하청기업이 상생하는 의식과 관행이 뒷받침되어야 근본적인 해결이 가능하다.

이에 정부는 원청과 하청이 자율적으로 불공정한 격차를 해소하기 위한 과제를 발굴하고 이행하면 정부가 행·재정적인 지원을 하는 새로운 '원하청 상생모델'을 확산하기 위해 노력하고 있다. 특히, 원하청 상생모델에서 원청과 하청이 자율적으로 논의하여 체결하는 원하청 상생협약은 현장의 이행을 담보하여, 근로조건의 격차를 줄이고, 산업 경쟁력을 높여 지속가능한 노동·산업생태계 구축에 기여할 것으로 기대된다.

'23년 2월 27일 사상 최초로 조선업 5사(현대중공업, 삼성중공업, 한화오션, 현대미포조선, 현대삼호중공업)가 협력사와 원하청 상생협약을 체결하고 다양한 과제를 이행하고 있으며, 정부는 이를 지원하고 있다. 또한, 원하청 상생모델을 다른 지역과 업종별로 확산하기 위해 현장의 수요를 지속적으로 발굴하고 지원해 나간 결과, 9월 26일에 석유화학산업, 11월 20일에는 자동차산업에서 상생협력 공동선언이 이루어졌으며, 이를 토대로 상생협약 체결을 논의해 나가고 있다.

한편, 노동시장 이중구조에는 계속고용, 청년고용을 저해하는 임금체계의 과도한 연공성 등도 영향을 주고 있다. 이에 정부는 기업이 임금체계의 과도한 연공성을 완화하고, 능력과 성과를 반영한 임금체계로 개편할 수 있도록 지원하고 있다.

노동시장 이중구조를 개선하기 위해 상생임금위원회를 발족('23.2월)하고, 임금체계 개편, 불공정 격차 해소 등을 위한 다양한 정책적·제도적 지원방안 등을 논의하였으며, 상생임금위원회의 그간의 논의 결과를 토대로 경사노위 사회적 대화를 통해 필요한 법·제도 개선방안을 발굴·추진할 계획이다.

다. 사회적 대화 추진

정부는 이중구조 해소, 법·제도 현대화 등 주요 노동 현안에 대한 합리적 방안을 모색하기 위해 다양한 방식의 사회적 대화를 추진하였다. 경제사회노동위원회는 노사관계 제도·관행개선 자문단(2.9.)과 노동시장 이중구조 개선 연구회(2.8.)를 발족하여, 노사관계 법·제도 개선과 근로기준 현대화 방안을 논의하였다. 또한, 고용노동부는 임금격차 해소, 임금체계 개편을 위해 상생임금위원회(2.2.)를 발족하여 학계·현장 전문가가 참여하는 사회적 대화를 추진하였다.

이러한 토대 위에서, 노사정이 참여하는 중앙 단위의 사회적 대화도 본격 추진되었다. 한국노총이 사회적 대화 복귀를 결정(11.13.)한 이후, 노사정 부대표자 회의가 개최(11.24.)

되었다. 노사정은 노동시장 이중구조, 저출산·고령화 등 노동시장이 직면한 어려운 위기 상황을 극복하기 위해 사회적 대화가 중요하다는 기본 방향에 공감대를 형성하였다.

이후, 여러 차례 노사정 부대표자들이 만나 사회적 대화에서 논의할 의제와 일정 등에 대해 의견을 나누었으며, 마침내 한국노총 위원장, 한국경영자총협회 회장, 고용노동부 장관, 경제사회노동위원회 위원장이 참여한 가운데 노사정 대표자 회의가 개최(12.14.)되었다.

노사정 대표자 회의(12.14.)에서는 현재 우리 노동시장이 직면한 문제들의 심각성을 인식하고, 산업전환, 계속고용, 근로시간 등 노동 현안에 대한 조속한 사회적 대화 필요성에 공감하였으며, 빠른 시일 내에 경제사회노동위원회 본회의를 개최하고 노동 현안에 대한 회의체(의제별 위원회 등)를 밀도 있게 운영하자고 의견을 모았다.

이를 통해, 이중구조 해소 등 우리 사회의 당면과제와 미래 노동시장의 변화 등 다양한 노동 현안에 대해 경제사회노동위원회를 중심으로 참여 주체들의 상호 신뢰와 협력으로 성실히 사회적 대화를 지속해 나갈 토대가 마련되었다.

③ 노사관계 정책

가. 총괄

2023년 노사관계는 전반적으로 안정적 기조를 유지하였다. 노사갈등은 당사자 간 자율적인 대화와 타협을 통해 해결하고, 불법행위는 법과 원칙에 따라 엄정히 대응한다는 확고한 기조 아래 사전·사후 체계적인 노사갈등 관리를 통하여 적기에 노사갈등이 해결될 수 있도록 지원하였다. 그 결과 작년에는 노사분규가 증가(132 → 223건)했음에도 불구하고 근로손실일수는 전년도와 유사한 수준(34.4 → 35.5만일)으로 유지되었고, 노사분규 1건당 평균 지속일수(9.4.)는 역대 가장 짧게 나타나는 등 노사관계가 비교적 안정적으로 유지되었다.

나. 중층적 사회적 대화 활성화

중앙단위에서는 경제사회노동위원회를 중심으로 당면 위기 극복 및 노동존중사회 실현을 위한 노사정 사회적 대화가 활발히 추진되었다. 디지털·저탄소 전환 등 노동환경 변화, 새로운 고용형태 확산 등 노사관계 환경변화에 선제적으로 대응하기 위해 다양한 의제·업종별 위원회 및 연구회를 신설 및 운영하였고, 아울러 4개의 계층별 위원회(청년, 여성, 비정규직,

소상공인)에서는 사회 각 계층의 다양한 목소리를 담아내는 발판을 마련(1기)하였으며, 취약 계층을 대변하기 위해 지속적으로 사회적 대화(2기)를 이어 나가고 있다.

또한 '대리운전업의 지속가능한 산업생태계 조성과 대리운전 종사자 보호 확대를 위한 합의문(6.10.)'과 '가사·아이돌봄 산업생태계 조성과 종사자 보호 확대를 위한 합의문(6.16.)' 등 취약계층 보호를 위한 노사정 합의를 도출하였다.

앞으로도 양극화 해소 등 우리 사회의 당면과제와 미래 노동시장의 변화 등 다양한 노동현안에 대해 경제사회노동위원회를 중심으로 참여 주체들의 상호 신뢰와 협력으로 성실히 논의를 지속해 나가야 할 것이다. 정부도 참여주체로서 책임을 인식하고, 충분한 논의와 상호 양보를 통해 실천적 해법을 찾을 수 있도록 지원을 아끼지 않을 것이다.

지역 단위에서는 지역노사민정협의회를 중심으로 지역 주체 간 사회적 대화를 통해 일자리 창출, 산업 전환 등 지역의 고용·노동 현안을 논의하고, 해결방안을 모색하고 있다. 지역 노사민정 주체들은 지역경제 활성화, 안전일터 조성 등 지역 노사민정 주체 간 상생과 협력을 위한 합의점을 도출하기 위해 노력하였는데, '함께 혁신, 함께 성공, 새로운 전북 전라북도 新 노사정 상생 공동선언(전라북도, 4.26.)', '노동시장 이중구조 개선과 부천시민 인권보호를 위한 2023 부천 노사민정 인권경영 선언(경기 부천시, 12.14.)'이 그 예이다.

향후에도 직무성과 중심 임금체계 개편, 노동시장 이중구조개선, 다양한 근무형태 도입 등 당면 과제들의 해결을 위해 지역의 사회적 대화의 중요성과, 사회적 대화의 장(場)인 지역노사민정협의회의 역할은 점차 확대될 것으로 보인다.

다. 미조직 취약 노동자 보호

청년·여성·비정규직 등 미조직 단체들을 대표(대변)하는 계층별 위원들이 경제사회노동위원회에 새롭게 참여하게 되었다. 한편, 고용노동부는 정부와의 지속적인 소통을 위하여 청년·여성·비정규직 노동자의 중앙·지역 단위 단체들과 고용노동부 본부 및 8개 청·대표 지청 간 협의체를 최초로 운영하였다. 또한 미조직 단체들과 정례협의를 통해 관련 정책 의견수렴 및 노동현안 공유 등의 노력을 해왔다.

아울러, 2019년부터 노사관계 비영리법인 지원사업을 통해 취약 노동자들의 이해 대변, 노사관계 교육·상담 등의 사업을 지원하여 민간 영역의 미조직 취약노동자 권익보호 여건이 촉진될 수 있도록 예산당국과 협의하여 기초 토대를 마련하였다.

또한, '노동'에 대한 올바른 인식 정립과 사회적 공감대 확산을 위해 노동인권교육 활성화를 추진하였다. 중·고등학생 등 청소년 약 52,619명을 대상으로 노동인권교육을 실시하였고, 30인 이하 소규모 사업장 및 신규 사업장을 중심으로 약 11,473명에게 노동법의 주요 내용을 교육하였다. 특히 단순 지식 전달에서 벗어나 청소년들의 흥미를 끌어낼 수 있도록 노동인권캠프 등 참여형 심화 교육을 병행하고, 소규모 사업장의 교육참여 부담을 고려하여 온라인교육, 1일 노동법교육 등 다양한 형태의 교육을 추진하였다.

또한 2022년에는 가사노동자, 방송보조출연자 등 프리랜서 노동자 1,339명을 대상으로 노동인권 및 노동관계법에 대한 교육을 시행하였다. 아울러, 전문강사 양성, 강의 콘텐츠 개발 등 교육기반을 확충하려는 노력을 병행하였다. 한편, 교육부, 시·도교육청 등과 정례 협의회를 구성하여 청소년 인권교육의 발전방안을 모색하고 있고, 다양한 교육사례를 공유·활용하는 등 협조체계를 구축하여 상시소통의 기반을 마련하였다.

④ 근로기준 정책

가. 직장 내 괴롭힘 예방 및 근절

대기업 오너 일가의 폭언, 부당한 업무지시 등 직장 내 괴롭힘이 사회적 이슈로 제기된 가운데 정부는 직장 내 괴롭힘으로부터 근로자를 보호하기 위해 종합대책을 마련하고 시행하는 것을 국정과제 목표로 삼고, 2018년 7월 18일 관계부처 합동으로 「직장 등에서의 괴롭힘 근절대책」을 수립·발표하였다.

이에 대한 법적 근거를 마련하기 위해 노력한 결과, 근로기준법, 산업재해 보상보험법, 산업안전보건법 개정안이 2018년 12월 27일 국회 본회의에서 의결되었고, 근로기준법과 산업재해보상보험법은 2019년 7월 16일, 산업안전보건법은 2020년 1월 16일 각각 시행되었다.

근로기준법은 직장 내 괴롭힘을 "사용자 또는 근로자가 직장에서의 지위 또는 관계의 우위 등을 이용하여 업무상 적정범위를 넘어 다른 근로자에게 신체적·정신적 고통을 주거나 근무환경을 악화시키는 행위"로 정의하고 이를 금지하며 직장 내 괴롭힘 발생 시 사용자의 조사 및 가해자와 피해자에 대한 적절한 조치의무 부과, 피해근로자 등에 대한 불리한 처우 금지, 직장 내 괴롭힘의 예방 및 발생 시 조치사항을 취업규칙에 필수적으로 반영하도록 하는 내용을 담고 있다.

아울러, 『근로감독관 집무규정』을 개정하여 직장 내 괴롭힘으로 사회적 물의를 일으킨 사업장에 대해 특별근로감독을 실시할 수 있는 근거를 마련하였고, 이를 통해 해당 사업장에 대해 노동관계법 위반 등에 대해 법과 원칙에 따라 엄정히 대응하며 직장 내 괴롭힘 근절을 실천하고 있다.

이후 직장 내 괴롭힘 피해근로자에 대한 사용자의 조치의무를 강화하는 내용의 근로기준법 개정안이 2021년 3월 24일에 국회 본회의에서 의결되었고, 2021년 10월 14일에 시행되었다. 개정법에서는 사용자가 직장 내 괴롭힘 행위를 하거나 조사 및 조치의무를 이행하지 않은 경우에 대한 과태료 등 제재 규정을 신설하였고, 조사과정에서 알게 된 비밀 누설 금지 의무를 신설하는 등 2차 피해를 방지하는 내용을 담고 있다.

2019년 10~12월 시범운영(전국 2개소)을 시작으로, 2020년부터 직장 내 괴롭힘 상담센터를 본격 운영(전국 8개소)하고, 2020년 4월 근로자지원프로그램(EAP) 상담분야에 직장 내 괴롭힘 상담 서비스를 제공하는 등 피해자에 대한 심리 및 법률상담 서비스 제공을 꾸준히 진행하고 있다. 2021년부터 2023년까지 직장 내 괴롭힘 상담수요의 증가를 고려하여 10개소의 상담센터를 운영하였고, 2023년 12월말부터는 고용노동부 소속 전문상담기관인 고객상담센터(☎1350)에서 괴롭힘 상담 기능을 통합 수행함으로써 괴롭힘을 포함한 다양한 고용노동분야의 통합 상담 서비스를 제공하고 있다.

또한, 사업장 내 직장 내 괴롭힘 예방교육 실시를 적극 지원하고자 2021년부터 직장 내 괴롭힘 교육 전문강사 양성 및 사업장 강사 무료지원사업을 운영하고 있으며, 직장 내 괴롭힘 예방교육 수요가 꾸준히 증가됨에 따라 지원 규모를 매년 확대하고 있다.

나. 최저임금 심의·의결 지원 및 현장안착 노력

고용노동부는 최저임금위원회에서 최저임금을 합리적으로 결정할 수 있도록 지원하여 최저임금에 대한 국민의 수용도를 높이기 위한 노력을 지속하였다. 최저임금위원회는 심층연구를 진행(근로자와 사용자에 대한 정부 지원정책 현황파악 및 지원규모 추정 등 2건)하는 등 전문성을 강화하였고, 2023년 4~5월 이해관계자 현장의견 청취(4회) 등 의견수렴을 확대·강화하였으며, 생계비전문위원회·임금수준전문위원회 및 전원회의(총 15회) 등 심층적인 심의를 통해 2023년 7월 19일, 2024년 적용 최저임금을 의결하였다. 고용노동부장관은 이의제기 절차를 거쳐 2023년 8월 4일, 2024년 적용 최저임금을 결정·고시하였다.

아울러 최저임금의 현장안착을 위해 청소년근로권익센터, 노무관리지도·점검, 현장예방점검 등 최저임금 준수 지도·점검과 함께, 생활접점 매체를 통한 최저임금 홍보·정책 캠페인을 실시하고 있다.

다. 취약근로자보호 정책

경기적 요인과 높은 영세사업장 비율과 같은 구조적 문제, 사업주의 잘못된 인식 등이 복합적으로 작용하여 임금체불 문제가 발생하였다. 이에 따라, 임금체불 문제 해결을 위해 지방고용노동관서의 근로감독관들을 통해 상습·악의적 체불사업주에 대한 체포 등 강제수사를 강화하여 법 준수 의식을 제고하는 한편, 대지급금 지급, 체불청산지원 융자 제도를 통한 청산 지원과 근로자 생계지원, 위반사업주 제재 강화 등에 역량을 집중하였다.

2013년 상습·악의적인 임금체불 사업주에 대한 제재를 강화하기 위해 임금체불 사업주 명단공개 제도를 시행하였으며, 2023년까지 3,160명의 명단을 공개하고 5,406명을 금융기관에 정보를 제공하여 신용을 제재하는 등 체불에 대한 사업주의 인식 전환을 위해 꾸준히 노력하고 있다.

2014년에는 변호사·공인노무사 등 전문가와 노동권익 지원관 등 전문역량을 갖춘 민간 자원으로 구성된 「권리구제지원팀」을 신설, 임금체불에 대한 전문상담·청산지원을 실시하였다. 2015년에는 체불근로자가 법원으로부터 임금을 지급하라는 확정판결 등을 받은 경우, 300만 원 한도로 간이대지급금(구, 소액체당금)을 지급할 수 있게 하는 간이대지급금 제도를 최초로 시행('15.7.1.)하여 체불피해근로자의 생계지원을 두텁게 하는 계기를 마련하였다.

2021년에는 임금채권보장법을 개정(시행일 '21.10.14.)하여 '체당금'이라는 용어를 '대지급금'(일반체당금 → 도산대지급금, 소액체당금 → 간이대지급금)으로 변경하였으며, 재직자 대지급금 신설, 간이대지급금의 지급절차 간소화 등 제도 개편을 통하여 코로나19 위기 상황에서 체불근로자 및 그 가족들의 생활안정에 기여하고 권리구제를 강화하였다.

그림 1-②-1. 연도별 체불임금 발생 현황

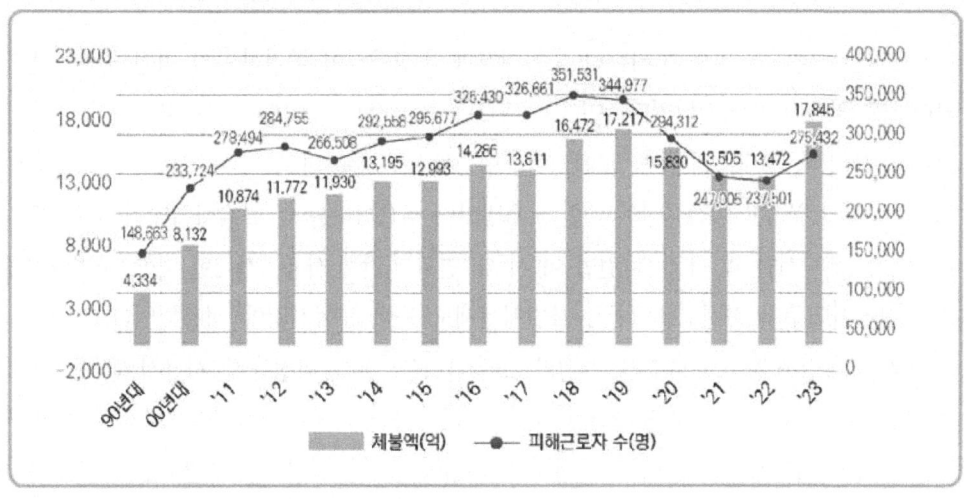

　체불과 같은 노동관계법 위반 사건은 근로감독을 통한 사전 예방이 보다 중요하다. 이에 따라 산업현장 전반의 근로조건 준수와 부당한 대우 등에 대한 사업장 감독을 지속적으로 추진하였다. 또한 직장 내 괴롭힘·성희롱 등 사회적 물의를 일으킨 사업장은 즉각적이고 강도 높은 근로감독을 실시하여 노동현장의 위법·불합리한 관행 및 사업주의 인식을 개선하기 위해 노력하였다. 아울러 노동환경이 열악하거나 노무관리가 미흡한 지역 중소금융기관, 청년을 다수고용하는 IT, 플랫폼기업, 연구개발업 등에 대한 기획형 감독 및 반복·상습체불, 직장 내 괴롭힘 등 사회적 현안에 대한 특별감독을 통해 노동인권 사각지대 해소를 위해 적극 노력하였다.

　또한 반복·상습적으로 임금을 체불하는 등 신고사건이 다수 접수되는 사업장을 대상으로 실시하는 신고형 수시감독 제도에 대해 기존 1년 1회 이상 신고사건이 접수된 사업장을 대상으로 실시하던 것을 2023년부터는 기간, 횟수와 무관하게 신고사건이 접수된 사업장을 대상으로 실시하는 것으로 개편하고, 최근 3년 이내 근로감독 실시 후 신고사건 접수 사업장을 대상으로 실시하는 재감독을 신설함으로써 취약계층의 임금체불 보호를 위한 방안을 두텁게 하였다.

라. 비정규직 보호 및 차별해소 정책

1997년 외환위기 이후 우리나라 노동시장에 비정규직이 증가하면서 비정규직에 대한 권리보호 필요성이 제기되었다. 이에, 2002년 노사정은 합의를 통해 비정규직에 대한 범위를 한시적근로자, 시간제근로자, 비전형근로자로 분류하고, 상대적으로 근로조건과 고용안정성이 열악한 비정규직에 대한 보호방안이 필요하다는 데 공감하였다. 2007년 7월 1일 제정「기간제법」과 개정「파견법」이 시행되면서 기간제 사용기간 2년 제한, 불법파견에 대한 사용사업주의 직접고용 의무, 차별시정제도 등이 노동시장에 적용되었다.

정부는 비정규직의 근로조건 개선과 고용안정을 위해 비정규직 사용사업장에 대해 현장지도와 점검을 강화하고 불합리한 차별적 처우, 불법파견에 대한 시정조치를 하고 있다. 아울러, 근로계약기간의 합리적 설정, 사내하도급 업체 변경 시 사내하도급 근로자의 고용안정 등 기간제근로자와 사내하도급 근로자의 근로조건 보호를 위해 사업주가 준수해야 할 사항에 대한「기간제·사내하도급 근로자 보호 가이드라인」을 운영하여 합리적 인력운용 관행의 현장 안착을 위해 노력하고 있다.

이와 함께 기업의 자율적인 고용구조개선 및 차별 개선을 위해 민간전문가로 구성된 사업장 진단·개선 컨설팅을 제공하고 있으며, 비정규직을 정규직으로 전환한 기업에 대해서는 정규직 전환 지원금 및 세액공제를 지원하고 있다. 또한, 2023년 12월에는 사업장이 스스로 차별을 진단하고 개선할 수 있도록「차별 예방 및 자율 개선 가이드라인」을 제정 및 발표하였다.

한편,「기간제법」과「파견법」에 도입된 차별시정제도는 사용자가 비정규직 근로자(기간제·단시간·파견근로자)를 비교대상 근로자(무기계약 근로자, 통상근로자, 직접고용 근로자)보다 임금, 정기상여금, 경영성과금, 그 밖에 근로조건 및 복리후생에 관한 사항에서 합리적 이유 없이 불리하게 처우하는 것을 금지하는 제도이며, 차별적 처우에 대해서는 노동위원회를 통한 시정절차를 마련하고 있다. 아울러, 2012년 법 개정을 통해 근로감독관이 차별적 처우에 대해 시정명령을 할 수 있도록 근거규정을 마련하였으며, 3개월이었던 차별시정신청의 신청기간을 6개월로 연장하였다. 2013년에는 차별적 처우 금지 영역을 임금, 상여금, 성과금, 그 밖에 복리후생에 관한 사항 등으로 구체화하였으며, 2014년에는 징벌적 금전배상명령 제도 도입, 확정된 차별시정명령 효력 확대, 취업규칙·단체협약 등 제도개선 명령 등 차별시정 제도 강화 규정을 도입하였다.

그럼에도 불구하고 차별시정신청에 따른 불이익 또는 고용불안 우려, 동종·유사한 업무에 종사하는 비교대상의 부재 등으로 차별시정제도 활용에 어려움이 있는 것이 현실이다. 이에, 정부는 비정규직 근로자에 대한 차별감독을 강화하고 차별시정제도 실효성 강화를 위한 법·제도 개선 논의도 지속해나가고 있다.

마. 근로자복지증진 정책

근로자의 노후생활 보장을 위한 퇴직연금은 적립금액이 335.9조 원('22년 12월 기준, 금융감독원), 가입자 수, 도입사업장 수는 각 653.4만 명, 428천 개소('22년 12월 기준, 통계청)로 퇴직연금 도입률이 도입대상 사업장의 26.8%를 돌파하는 등 지속적으로 성장세에 있다.

퇴직연금 적립금이 증가함에 따라 퇴직연금 운용·자산업무를 담당하는 퇴직연금 사업자에 대한 감독이 중요한 바, 퇴직연금 사업자가 재무건전성 및 인적·물적 요건 등의 등록요건을 갖추지 못하게 된 경우나 법 위반행위로 인해 고용노동부장관 또는 금융위원회로부터 시정명령 등의 조치에 따르지 아니한 경우 등록취소 등을 할 수 있는 구체적인 처분기준을 보완·마련함으로써 퇴직연금 사업자에 대하여 실효성 있는 처분을 할 수 있도록 2016년 4월 28일 시행규칙을 개정하였다. 또한, 자영업자 등 소득이 있는 모든 취업자들의 노후소득 보장을 위해 IRP 가입대상을 확대하도록 근로자퇴직급여보장법시행령 개정을 추진하였다.

2018년에는 근로시간 단축 입법 시행에 따른 근로시간 감소로 퇴직급여액이 줄어드는 것을 방지하기 위하여 사용자의 책무 규정을 신설하였다. 2019년에는 퇴직연금적립금의 중도인출 남용으로 인한 노후소득재원 고갈 방지를 위해 근로자의 중도인출 사유를 엄격히 제한하고, 사용자의 적립금 재정검증 이행의무를 엄격히 준수하도록 하여 퇴직연금의 적립을 강화하는 등 근로자의 수급권 보호를 위한 제도개선을 하였다.

2020년에는 코로나19 등으로 경제적 어려움을 겪고 있는 근로자의 생활 안정에 이바지하기 위하여 수급권 담보제공 사유에 사업주의 휴업 실시로 임금이 감소하거나 「재난 및 안전관리 기본법」에 따른 재난으로 피해를 입는 경우를 추가하고, 적립금 중도인출 사유에 퇴직연금 담보대출 원리금을 상환하기 위한 경우를 추가하였다.

2021년에는 퇴직연금제도 도입에 어려움을 겪고 있는 영세·중소기업(상시근로자 30명 이하)의 퇴직연금제도 도입을 지원하기 위해 근로복지공단에서 중소기업퇴직연금기금제도를 운영할 수 있게 되었다. 제도의 합리적인 운영과 주요사항의 심의·의결을 위해 근로복지공단에 노·사·정 및 전문가로 구성되는 중소기업퇴직연금기금제도 운영위원회를 두고, 국가는 사용자 및 가입자부담금 또는 기금제도 운영에 따른 비용 일부를 예산의 범위에서 지원할 수 있도록 하였다. 2023년도 12월 기준, 지원 사업장은 13,685개소, 근로자는 65,123명, 적립금은 4,734억 원에 이르고 있으며 기금 운용수익률은 6.97%를 기록하는 등 양적·질적 성장을 거두었다.

전문적 자산운용과 기금화를 통한 규모의 경제 실현으로 중소·영세사업장 노동자들의 노후소득 보장이 강화되도록 제도개선을 하였다. 확정급여형퇴직연금제도(DB)를 도입한 300명 이상 사업장 대상으로 적립금 운용목적 및 방법, 목표수익률 설정, 운용성과 평가 등이 포함된 적립금운용계획서 작성을 의무화하였으며, 이를 심의하기 위한 적립금운용위원회를 구성하도록 하였다.

또한, 확정급여형퇴직연금제도(DB)의 최소적립금 충족 여부에 대한 고지의무를 위반한 퇴직연금사업자 및 적립금 부족을 해소(최소적립금 대비 부족분 비율의 1/3 이상)하지 않은 사용자에 대한 제재규정(1천만 원 이하의 과태료)을 마련하여 근로자의 수급권 보호를 한층 더 강화하였다. 사용자가 퇴직연금 가입자 교육을 위탁할 수 있는 대상을 현행 퇴직연금사업자 이외에 전문교육기관으로 확대하였고, 퇴직금도 퇴직연금과 같이 개인형퇴직연금계정(IRP)으로 지급하도록 하여 일시금 수령으로 퇴직금을 모두 소진하는 상황을 예방하였다.

2022년에는 퇴직연금사업자가 운용관리업무, 자산관리업무 등의 수행에 따라 사용자 및 가입자로부터 받는 수수료를 업무수행에 따라 발생되는 비용과 적립금의 운용 손익 등을 고려하여 합리적으로 정하도록 하였다.

2023년에는 확정기여형(DC형)퇴직연금제도·개인형퇴직연금제도(IRP)에서 가입자(근로자)의 운용지시가 없을 때 가입자가 사전에 정해 놓은 방법으로 퇴직연금을 운용하는 제도인 사전지정운용제도가 7월부터 본격 시행되었다. 2023년도 12월 기준, 41개 금융기관이 정부로부터 승인받은 306개 사전지정운용제도 상품 중 300개 상품이 판매 중이며, 적립금액은 12조 5,520억 원 수준이고, 지정 가입자 수는 479만 명에 달하였다. 제도 도입의 주된 목적이 퇴직연금 수익률 제고인 만큼 정부는 안정적인 수익 실현이 가능하도록 보다 내실 있게 제도를 관리·운영해 나갈 예정이다.

저소득 취약계층 근로자 대상 근로복지사업을 지속적으로 추진하는 가운데 2022년에는 코로나19 장기화로 피해를 입은 고용 취약계층 생계지원을 위한 융자사업을 수행하는 등 경제적 어려움을 겪고 있는 취약계층의 실질적 생활안정 개선에 도움이 되도록 하였다.

한편, 2020년 12월 8일 「근로복지기본법」 개정을 통해 생활안정자금 융자 및 신용보증 지원사업의 대상을 특수형태근로종사자 및 산재보험 가입 1인 자영업자까지 확대하였다.

또한, 2015년 3월부터 새롭게 시작된 사내근로복지기금지원사업과 2016년 1월 시작된 공동근로복지기금지원사업의 지속적인 실시로 2023년에는 98개 기금법인, 수혜 중소협력업체 1,196개소, 수혜 근로자 204,687명을 지원하여 대·중소기업 상생협력 및 복지격차 해소와 중소기업 근로자 복지증진에 기여하였다.

그리고 상시근로자 수 300인 미만의 중소기업 소속 근로자의 정신건강 보호를 위해 근로자지원프로그램(EAP)를 무상으로 제공하고 있으며, 2023년에는 14,510건의 근로자지원프로그램(EAP)를 제공하였다. 이처럼, 중소기업 근로자도 기업복지제도를 이용할 수 있도록 하여 근로의욕 고취, 삶의 질 향상에 기여하였다.

⑤ 산재예방보상 정책

우리나라는 세계 10위권인 경제적 위상에 걸맞지 않게 2022년 산업현장에서의 사고사망만인율은 0.43‱로 OECD 평균인 0.29‱보다 높은 수준이며, OECD 38개 국가 중 34위로 하위권에 머물러 있었다.

이에, 정부는 개인의 생명, 가족의 행복을 파괴하고 사회적 갈등과 국가적 손실을 초래할 수 있는 산재 사망사고로부터 국민의 생명과 안전을 지키는 것을 고용노동분야 핵심 국정과제로 설정하고, 2026년까지 사고사망만인율을 OECD 평균 수준으로 감축하여 우리나라를 산업안전 선진국으로 도약시키기 위한 산업안전보건정책의 비전과 목표를 담은 「중대재해 감축 로드맵」을 2022년 11월 30일에 발표하였다.

로드맵 과제 이행의 원년인 2023년에는 "근로자의 생명은 무엇과도 바꿀 수 없는 가장 소중한 가치"라는 정책 기조 하에 산재 사망사고를 근본적으로 줄이기 위하여 기존의 처벌과 감독 중심의 타율적 규제에서 '자기규율 예방체계'로 산업안전보건정책 패러다임의 전환을 추진하였다.

그 결과, 2023년 사고사망만인율은 역대 처음으로 0.3‱대를 달성할 것으로 예상된다.

가. 중대재해 감축 로드맵 마련 추진

지난 2022년 11월 30일 발표한 「중대재해 감축 로드맵」에 포함된 과제 이행을 위해 모든 역량을 집중하여 중대재해 예방을 위한 산업현장의 변화를 이끌었다.

로드맵의 주요 전략 중 하나인 '자기규율 예방체계' 확립의 핵심 수단으로 위험성평가 제도가 현장에 자리매김할 수 있도록 평가 방법을 다양하고 근로자의 참여 범위를 확대하는 등 쉽고 간편한 방식으로 위험성평가 제도를 전면 개편했다.

위험성평가의 현장 확산을 위해 약 7개월간 총 166회에 걸쳐 전국 설명회를 개최했다. 이와 더불어, 현장 실행력을 높이기 위해 업종·규모별 위험성평가 안내서 7종을 제작하고, 고위험요인 정보 공개, 위험성평가 시스템 고도화 작업 등을 추진한 결과 현장의 긍정적인 반응을 이끌어 낼 수 있었고 2019년 33.8%에 불과했던 위험성평가 실시율이 2023년에는 71.8%로 두 배 이상 증가하는 성과를 거두었다.

2023년부터 노·사 스스로 위험요인을 찾고 개선하도록 지원하는 위험성평가 특화점검을 신설하여 데이터 분석을 통해 선정된 고위험사업장 8만 개소를 중심으로 점검을 실시하였으며, 중대재해 취약분야에 대한 주제를 정해 이를 중점 확인하는 '현장점검의 날'도 매월 2회씩 운영하여 재해예방 효과를 극대화하였다.

범국민적인 안전의식 제고와 문화 확산을 위해 2023년 3월부터 전국 39개 지역에 900여개 민·관단체가 참여하는 '안전문화 실천추진단'을 구성하여 안전 메시지를 전파하고 지역 기업 및 축제 등을 활용한 지역 특성화 안전문화 홍보를 적극 추진하였다.

아울러, 누구나 가입 가능한 오픈채팅방 '중대재해 사이렌'을 통해 일반국민 등 가입자 약 5만 명에게 중대재해 속보, 계절별 위험요인, 안전수칙 등에 관한 정보를 신속하게 제공하는 한편, 주요 중대재해 사건의 재해원인·작업환경·조직문화 등 사고를 초래한 전반적인 상황을 스토리텔링 방식으로 기술한 '중대재해 사고백서'를 발간하여 안전에 대한 경각심을 높이기 위해 노력하였다.

나. 산업재해 사각지대 해소 및 안전보건 상생협력 확산

2023년에는 중소기업의 재해예방을 위한 위험성평가 중심의 '안전보건관리체계 구축 컨설팅'을 전년도 4천 개소에서 1.6만 개소로 대폭 확대·시행하였다.

컨설팅을 받은 사업장을 대상으로 실시한 설문조사 결과, '경영책임자 안전의식 향상에 도움(95.8%)', '산업재해 예방에 도움(95.2%)' 등 사업 만족도가 전반적으로 매우 높게 평가되어 2024년도에도 계속해서 '안전보건관리체계 구축 컨설팅'을 확대해 나갈 계획이다.

뿐만 아니라, 전체 사망사고의 절반가량을 차지하는 건설업 재해를 예방하기 위해 공사규모 1억 원 미만 초소규모 건설현장을 대상으로 14만회에 걸쳐 무료 기술지원을 실시하여 핵심 위험요인에 대한 개선을 지도하고, 시공순위 200위 밖의 중소건설사 중 사망사고 발생 등 안전관리에 취약한 업체 1,077개사를 대상으로 본사의 안전보건관리체계 구축을 컨설팅을 지원하였다.

특히, 여름철 등 중대재해 취약 시기에는 장·차관이 수차례에 걸쳐 건설현장의 위험요인

대비현황을 직접 점검하고 철저한 안전조치 이행을 당부하는 등 건설업 맞춤형 재해예방 정책을 통해 2023년도에는 전년 대비 건설업 사고 사망재해가 11.4% 감소('22년 402명 → '23년 356명)하는 성과를 거두었다.

아울러, 대기업(원청)이 중소기업(하청)의 안전보건 역량향상을 지원하는 '대·중소기업 안전보건 상생협력 사업'을 2023년도에 처음 시행하여 대기업 329개사와 협력업체 3,844개사의 참여를 이끌었으며, 위험성평가 기법 전수 컨설팅, 교육, 캠페인 동참, 안전보건 물품 보급 등 다양한 상생협력 활동을 정부와 대기업이 분담 지원하여 사업에 참여한 협력업체 등의 사고사망만인율이 전년 대비 40% 감소('22년 0.15‰ → '23년 0.09‰)하는 성과를 도출하여 대·중소기업 간 안전보건 수준 격차를 해소하는데 크게 기여하였다.

다. 신기술 기반의 산재예방 기법 확산

2023년 한 해 동안 50인 미만 중소기업 등을 대상으로 안전투자 혁신사업을 추진하여 위험기계 1,347대 교체 및 위험공정 2,581개 개선 등 총 2,693억 원을 지원하였다.

특히, 2023년에는 노후·위험 기계·설비의 교체 비용지원뿐만 아니라 재해예방 효과가 입증된 스마트 안전장비 보급·확산사업을 새롭게 추진하여 인공지능 인체감지 경보 시스템 등 13개 품목을 총 1,132개 사업장에 지원하여 재래식 안전조치의 한계를 극복하기 위해 노력했다. 앞으로도 중소기업 등의 근원적 안전확보와 효율적인 안전관리를 위한 스마트 안전장비 지원사업을 지속 확대·강화해 나갈 계획이다.

또한, 이륜차 배달종사자, 택배기사 등 플랫폼 종사자의 안전관리를 강화하기 위해 재해사례, 사고다발구역 알림 등 '산재예방 정보공유 시스템'을 구축·운영하였다. 배달플랫폼 운영사와 협업하여 업무용 어플리케이션을 통해 배달종사자의 도로교통법 준수, 안전모 착용 등 안전의식 향상 활동을 지속 전개하는 한편, 국토교통부·경찰청과 협력하여 플랫폼 운영사가 종사자의 이륜차 운전면허 유효성을 실시간으로 확인할 수 있는 운전면허 유효성 검증 시스템을 도입하였다.

라. 근로자 건강보호 체계 구축

폭염 최절정기인 8월에 비상대응체계를 최고수준으로 격상하여 장·차관 등 주요 간부가 매주 1회 이상 현장을 점검하고, 산업안전감독관, 안전공단, 민간재해예방기관 등 가용 인력을 모두 현장에 투입하였다. 또한, 209억 원 규모로 온열질환 예방을 위한 이동식에어컨 등을 긴급 지원하고, 옥외작업 등 취약 근로자 11,791명에게 근로자건강센터를 활용한 찾아가는 건강서비스를 제공하였다.

그 결과, 2023년 기록적인 폭염으로 인해 전체 온열질환 사망자는 255% 증가('22년 9명 → '23년 32명)했음에도 불구하고 산업현장 근로자의 온열질환 사망자는 전년 수준을 유지('22년 및 '23년 모두 4명)할 수 있었다.

전국 6개권역·10개 종합병원을 직업병 안심센터로 지정·운영하고, 2022년에 81개였던 협력병원을 111개까지 확대하여 직업성질병 조기발견과 모니터링 체계를 고도화했다.

아울러, 전국 45개 근로자건강센터(분소 22개 포함)를 통해 50인 미만 사업장의 근로자, 특수형태근로종사자 등에 대한 건강상담과 건강진단 결과 건강이상자에 대한 사후관리(24만 명)를 실시하고, 전국 14개 직업트라우마센터를 통해 충격적 사고를 직·간접적으로 경험한 근로자를 대상으로 트라우마 전문상담을 제공(5.5천 명)하여 신속한 일상 복귀를 지원하였다.

마. 산재예방, 보상, 재활, 직업복귀 연계 강화

2023년 7월 1일 노무제공자의 전속성 요건을 폐지하는 산재보험법의 개정·시행을 통해 법 시행 이전 대비 약 36만 명의 노무제공자가 추가로 산재보험에 가입하는 등 사각지대를 대폭 해소(80만 명 → 119만 명, '23.12월 기준) 하였다.

또한, 산재근로자에게 적합한 취업 직종, 직업훈련, 일자리 정보 등을 일괄 추천하고, 메타버스 환경에서 상담서비스를 제공하는 직업복귀통합지원시스템을 도입('23년 57,917명 이용)하고, 직장복귀계획서 제출제도 활성화 등을 통해 산재근로자의 직업복귀율을 '22년 69.2%에서 '23년 70.6%로 향상시켰다.

바. 자율과 책임이 조화된 산업안전보건법령 정비

「중대재해 감축 로드맵」의 핵심과제인 '자기규율 예방체계' 확립을 뒷받침하기 위해 2023년 3월부터 '산업안전보건 법령정비추진반'을 구성·운영하여 합리적인 개선방안을 마련하였다.

안전보건규칙은 근로자의 안전보건을 확보하고 실효적으로 작동할 수 있도록 노후 규정은 현행화, 산업현장의 기술변화를 반영한 규정 정비와 규제 합리화 등 총 41건의 제도개선을 마무리하였다. 특히, 이 과정에서 반도체·화학·건설업 등 주요 업종별로 총 14회에 걸쳐 진행한 '찾아가는 간담회'를 통해 공장 내 비상구 설치기준을 현실화하여 약 3천억 원에 달하는 비용 절감 효과를 가져올 수 있었다.

정부는 앞으로도 법령정비추진반 운영 등을 통해 지속적으로 노·사 및 현장의 의견을 수렴하는 과정을 거쳐 추가적인 규제혁신과 규정 정비를 지속할 예정으로 업종·작업유형별로 활용할 수 있는 다양한 기술지침 등을 마련하여 산업안전보건법령이 현장에서 수용도 높게 작동할 수있도록 최선을 다할 예정이다.

6 국제 고용노동협력

국제노동기구(ILO: International Labour Organization)는 1998년 6월 제86차 총회에서 ILO 기본협약의 비준 및 준수를 촉구하기 위한 '근로자 기본권선언(Declaration on Fundamental Principles and Rights at Work)'을 채택하고, 가장 기본적인 4대 노동기본권(강제노동 근절, 결사의 자유 보장 및 단체교섭 촉진, 아동노동 근절, 차별 금지)과 관련된 8개 협약(기본협약) 비준 확대를 중대 과제로 추진해왔다. 우리나라는 1991년 ILO 가입 이후 이들 협약의 비준을 계속 추진해 왔으며, 2021년 3개의 기본협약(제29호 강제노동 협약, 제87호 결사의 자유 및 단결권 보호 협약, 제98호 단결권 및 단체교섭권 협약)을 비준하였다.

또한 안전한 직장을 위한 산업안전보건 협약(제155호 산업안전보건협약, 제187호 산업안전보건증체계협약)이 ILO 기본 협약에 포함됨에 따라 우리나라가 비준한 ILO 기본협약은 총 9개가 되었다.

정부는 연 3회(3월, 6월, 10월) 개최되는 ILO 이사회와 연 1회(6월) 개최되는 총회에 참석하여, 주요 의제 논의 시 우리 정부의 입장을 적극적으로 개진하고 고위급 고용노동 외교의 장으로 활용하고 있다. 이 외에도 한·ILO협력사업을 수행하여 개도국의 국제노동기준 이행역량 강화 지원을 통하여 ILO의 양질의 일자리 목표 실현 및 한국의 국제 위상 제고에 기여하고 있다.

한편, 우리나라가 체결한 자유무역협정(Free Trade Agreement, FTA) 중 10개의 FTA(한·미, 한·호주, 한·뉴질랜드 FTA 등)에는 공정한 교역관계 구축을 위한 국제노동기준 준수 및 노동분야 상호협력을 증진한다는 내용의 노동章이 포함되어 있다. 노동章은 환경 분야와 함께 '무역과 지속가능발전 章'의 형태로 반영되는 경우도 있으며, 한·EU FTA가 그 대표적인 사례이다.

한·미 FTA의 경우 노동장 이행 감독을 위하여 정부 간 협의체인 노동협의회를 규정하고 있다. 이에 따라, 2022년 4월 제2차 한·미 FTA 노동협의회를 화상으로 개최하여 한·미 FTA 10주년을 기념하고 노동 기준 및 노동자 보호 관련 협력 강화를 위한 공동의 의지를 표명하였다.

한·EU FTA의 경우, '23년 9월 제9차 무역과 지속가능발전위원회를 브뤼셀(화상)에서 개최하여 양국의 협력을 강화하고, 지속가능발전에 대한 서로의 생각과 정책을 공유하였다.

또한, 미국 주도로 한·일·호·뉴, 아세안 7개국(싱·태국·베·브루나이·말련·필·인니), 인도, 피지(총 14개국)가 참여한 경제협력체계인 인도태평양경제프레임워크(IPEF, Indo-Pacific Economic Framework)가 '22년 5월 공식 출범하였다. '22년 9월 IPEF 장관회의를 통해 4개 필러(무역, 공급망, 청정경제, 공정경제)의 각료선언문을 채택하고, 협상 개시 선언 후 2023년 11월 타결을 목표로 2022년 12월부터 협상을 진행하고 있으며, 전체 필러에서 노동 관련 사안이 논의되고 있다.

한편, 인도 인도르에서 개최된 G20 고용노동장관 회의('23.7.21.)에서 수석대표 발언을 통해 "글로벌 직업능력 격차 해소", "긱(Gig)·플랫폼 종사자 사회보호", "지속 가능한 사회보장 재정"이라는 의제하에 각국의 정책적 노력을 공유하였다. 다만, 러시아의 우크라이나 침공에 관한 문안 합의 실패로 공동선언문은 미채택되었고 의장국 요약본(Chair's Summary)이 대체 발표되었다.

OECD에서는 인플레이션 시대의 임금과 사회적 대화, 녹색전환을 위한 노동사회 정책, 청년 지원을 위한 프로젝트 등을 중심으로 논의하였다. 우리나라는 OECD의 고용노동사회위원회(ELSAC) 정례회의(제143차(4월), 제144차(11월))에 참가하여 회원국과 인플레이션에 따른 노동 시장 현황, 녹색 전환에 따른 기술 훈련 등에 대한 고용노동 정책을 공유하였다.

우리나라는 2010년 선진 공여국 간 협의체인 OECD 개발원조위원회(Development Assistance Committee)에 가입한 후 국제개발협력(ODA) 규모를 지속 확대하여 2010년 총 1조 3,487억 원에서 2023년 4조 8천억 원 규모로 성장하였으며, 국무총리 주재 국제개발협력위원회를 중심으로 국제개발협력(ODA)을 체계화하고 주요 대외정책과의 연계를 강화하였다. 이에, 고용노동부도 개발도상국에 고용노동 분야 정책모델·시스템 발전 경험을 공유하는 등 ODA 사업을 강화하고 있다.

해외에 진출한 우리나라 기업에 대한 지원도 계속하였다. 2023년에는 인도, 인도네시아에 진출하려는 우리 기업들을 대상으로 현지 문화, 노동법·제도 등에 대한 정보를 제공하기 위해 해외진출 예정 기업을 대상으로 설명회를 개최하였고, 旣 진출한 우리 기업의 노사관계 안정 및 합리적인 노무관리체계 구축을 지원하기 위해 베트남(호치민, 동나이성)과 캄보디아에서 현지 노무관리 세미나, 진출기업 간담회 등을 개최하였다.

고용노동부는 「외국인근로자의 고용 등에 관한 법률」에 따라, 인력난을 겪고 있는 중소기업에 적정규모의 외국인력을 공급하고, 내실 있는 체류지원 서비스를 통하여 외국인근로자의 안정적 근로여건을 조성, 기업의 생산성 향상에 기여하고 있다. 고용허가제를 통해 입국하는 외국인근로자에 대한 정부의 지원 노력과 국제기준에 부합하는 제도 운용은 16개 송출국에 대한 경제·사회적 기여뿐만 아니라, 국가 간 활발한 인적교류의 토대가 되고 있다.

외국인력 증가는 중소기업 인력난 해소, 지식·기술 전파, 다양성 증진 등 긍정적인 측면이 있으나, 국내 일자리 잠식, 임금 하락 등 부정적인 면도 상존한다. 이에 따라, 정부는 노동시장 수급 상황을 고려한 적정규모의 우수한 외국인력 도입을 통해 중소기업의 인력난 해소와 국내 노동시장 보호가 조화를 이룰 수 있도록 노력하고 있다.

이를 위해, 기존 한국어시험 외에 근무경력·자격·훈련 및 직무기능수준 등을 평가하는 선발포인트제를 도입하여 양질의 외국인근로자를 선발·공급하였고, 체계적인 고용관리로 사업주 편익 증진 및 외국인근로자의 권익향상을 도모하였으며, 외국인근로자의 안정적 국내 적응을 위한 맞춤형 체류지원 서비스를 강화하는 등 다양한 정책을 추진하였다.

제 2 장

일하는 기회 확대

제1절 고용친화적 일자리 정책 추진
제2절 청년 고용촉진 및 취업기회 확대
제3절 여성의 일자리 기회 확대
제4절 노동시장에서의 고령층 인적자원 활용도 제고
제5절 장애인, 일을 통한 자립 지원
제6절 사회적기업의 지속가능한 사회적가치 창출 지원

제1절 고용친화적 일자리 정책 추진

1 일자리 중심 국정운영 지원

가. 추진배경

일자리는 국민들의 삶의 기반으로 지속가능한 양질의 일자리 창출은 국민행복과 국가 경제성장의 핵심이다. 그러나 그간 정부의 일자리정책은 지속가능한 일자리를 만드는 것보다는 코로나19 위기 대응을 위해 재정투입을 통한 단기일자리와 고용장려금, 실업소득 지원에 집중하였다. 그 결과, 적극적 노동시장 정책의 효과는 저하되고, 인구구조 변화에 대한 대비도 부족하였다.

이러한 문제를 극복하기 위해 윤석열정부는 '일자리가 최고의 복지'라는 철학하에 노동시장 내 일자리 창출을 뒷받침하기 위한 고용정책의 패러다임을 전환하였고, 지속가능한 민간의 일자리 창출 역량을 제고하기 위한 주요 정책과제를 추진하였다.

나. 주요내용

먼저, '23.1월 지속가능한 양질의 일자리로 혁신성장 국가 도약을 위해 5대 분야, 16개 세부과제의 중·장기 일자리 정책을 담고 있는 고용정책 기본계획을 수립하였다.

경기 불확실성, 고용둔화에 선제적으로 대응하기 위한 범정부 일자리TF를 구성(고용노동부·기획재정부 공동 주재)하여 '23년 일자리TF(총 10회) 및 실무TF (총 7회)를 통해 일자리 이슈 전반에 대한 선제적 논의를 진행하였고, 그 결과 관계부처 합동으로 업종별('23.3월, 7월), 지역별('23.10월) 빈일자리 해소방안을 마련하였다.

또한, 5차례의 고용정책심의회(위원장: 고용노동부장관)를 개최, 노사 및 전문가 의견 수렴을 거쳐 재정지원 일자리사업 평가 및 개선방안, 고령자 고용촉진 기본계획 등 주요 일자리 정책을 마련하였다.

다음으로 '23.7월 재정지원 일자리사업 효율화 방안을 마련하여 취업률, 고용유지율 등 객관적 데이터에 기반하여 정책 효과성을 평가한 결과, 저성과·코로나19 대응사업은 단계적으로 폐지·축소하고 직업훈련, 고용서비스의 사업구조를 원점에서 재검토하여 전달체계를 혁신하고 서비스를 고도화하는 등 일자리사업을 효율화하였다.

아울러 재정지원 일자리사업, SOC사업, R&D사업 등 433개 사업(약 21조 원 규모)에 대해 재정사업 고용영향평가를 실시하고 예산편성 담당부처에 전달하여 예산편성 시 우선순위 판단의 지표로 활용하도록 하였다. 또한, 그동안 정량적 평가로만 이루어진 한계를 보완하기 위해 대표적인 재정사업들에 대해 질적 평가를 보완하였다.

지역·산업 특성에 맞는 일자리정책도 강화하였다. 먼저 자치단체가 중앙-지역 간 협업을 통해 지역특성에 맞는 일자리 정책을 수립할 수 있도록 지역 일자리사업 재편을 추진하였다. 고용위기가 우려되는 지역을 대상으로 고용안정 선제대응 패키지 지원사업과 지역의 일자리 창출을 지원하기 위한 지역혁신프로젝트 이외에 '23년부터 자치단체가 지역특성을 고려해 중앙 일자리 사업과 연계한 맞춤형 일자리 사업을 설계·수행할 수 있도록 지역형 플러스 (PLUS) 사업을 신설('23년 348억 원)하였다. 또한, 울산 동구, 군산시 등 기존 6개 고용위기 지역의 충격 완충 및 고용회복 연착륙 지원을 위해, 이들 지역을 대상으로 조선업 도약센터 설립 등 지역고용위기 대응 지원이 계속 이뤄질 수 있도록 지역고용위기 대응 지원사업도 확대 개편('22년 60억 원 → '23년 70억 원)하였다.

한편, 탄소중립 사회로의 이행 및 디지털전환 등 산업구조의 변화에 따라 기존 산업의 침체 및 실업 등 일자리 위험이 우려되고 있다. 이에 따라 선제적으로 근로자의 고용안정, 일자리 이동 등을 지원하여 산업전환으로 인한 고용불안을 최소화하기 위해 「산업전환에 따른 고용안정 지원 등에 관한 법률」을 제정('23.10.24.) 하였다. 또한 탄소중립 사회로의 이행과정에서 석탄화력발전소, 자동차, 철강 산업에서 발생하는 고용상태의 영향을 조사·분석하였고, 산업구조 전환과정에서 자동차 산업의 고용상황 변화를 파악할 수 있도록 전국 자동차 부품제조업 대상 산업·일자리 전환지도도 제작하였다.

다. 추진성과 및 향후 계획

고용의 양적인 측면에서 '23년 고용률은 15세 이상 62.6%, 15~64세 69.2%이고 실업률은 2.7%로 역대 최고·최저 수준이며, 노동시장 진입연령대(25~29세) 청년 및 30대 여성 고용률 역시 각각 72.3%, 68%로 역대 최고 수준을 기록했다. 특히, 기혼·유자녀 여성의 고용률 상승이 높았다. 고용의 질적인 측면에서는 비정규직 규모·비중이 모두 감소하였고, 정규직과 비정규직 간 시간당 임금격차도 완화되었으며, 53시간 이상 장시간 근로관행 개선의 움직임도 보였다.

앞으로도 정부는 민간 중심의 일자리 창출 기조를 유지하고 적극적 노동시장 정책을 지속 강화할 것이다. 민간의 고용모멘텀이 둔화되지 않도록 일자리 사업의 조기 집행과 더불어 「범정부 일자리 TF」를 통해 향후 고용상황을 면밀히 모니터링하고, 일자리 과제를 발굴하는 한편 후속 일자리 대책도 적기에 마련, 추진할 계획이다.

② 고용영향평가 확대 및 활용도 제고

가. 추진배경

1990년대 이후 저고용형 경제·산업구조가 심화되어 경제가 성장하더라도 국민은 이를 체감하지 못하고, 일자리 양과 질의 개선이 더딘 상황이 계속되었다. 정부는 일자리에 직접적으로 영향을 미치는 고용정책뿐만 아니라, 경제·산업·복지 등 정부 정책 전반에 대해 더 많은 일자리를 창출할 수 있는 정책 대안을 찾기 위해 정부정책이 고용에 미치는 영향을 객관적으로 분석·평가하여 이를 바탕으로 고용친화적 운영을 도모할 필요가 대두되었다.

나. 추진성과

2006~2009년 사이에 고용영향평가 시행을 위한 기초연구를 수행하고, 2009년에 고용정책기본법을 개정함으로써 고용영향평가의 법적 근거를 마련하였다.

이를 토대로 2010년에는 국토해양부 소관 4대강 사업, 신재생에너지기술 개발 및 이용·보급정책 등 총 7개 사업의 고용영향평가를 시범적으로 실시하였다. 시범실시 결과 대부분이 대규모 재정지출이 수반되는 사업임에도 사업 추진과정에서 고용효과를 실질적으로 고려하지 않는 경우가 많았다. 이에 고용효과를 검토하여 일자리 창출 효과가 높은 방향으로 예산을 편성하고, 직업훈련 등 인력개발에 대한 투자 확대 필요성 등 고용효과를 높이기 위한 정책제언을 제시하였다. 이러한 고용영향평가 결과를 고용정책심의회를 통해 처음으로 대외에 발표함으로써 정부의 정책 및 사업들을 고용관점에서 바라보게 되는 계기를 마련하였다.

2011년부터는 정부 정책에 대한 상시적·지속적인 고용영향평가를 수행하기 위해 한국고용정보원을 고용영향평가센터로 지정하였다. 특히, 시의성 있는 정책의 평가를 위해 일반국민, 고용관련 전문가, 중앙부처 및 자치단체를 대상으로 평가대상 과제에 대한 수요조사를 실시하여 광범위한 의견을 청취하고 고용영향평가에 대한 관심을 제고하였다. 그 결과 2011~

2012년 각각 19개 과제의 고용영향평가가 실시되었다.

2013년부터 고용영향평가센터로 한국노동연구원을 지정, 지속적으로 평가해 왔으며, 고용영향평가 절차 및 방법론 체계화를 위한 '고용영향평가지침'을 마련('13.7월)하였다. 또한, 사전 고용영향평가와 직권대상선정제 등의 도입을 내용으로 한 고용정책기본법 개정안이 국회에서 통과('13.12월)되어 고용영향평가 확대·강화를 위한 법적 근거를 마련하였다. 아울러, 일자리 중심의 국정운영체계 구축을 위해 '고용영향평가 강화방안'을 마련('17.8월)하여 평가의 실효성을 제고하도록 하였다.

2019년에는 평가 운영의 내실화를 위해 전문가들과 '고용영향평가 개선 TF'를 운영하고, 고용영향평가 운영위원회 구성 등 단계별 내실화 방안을 마련하였다. 또한 이를 바탕으로 과제선정부터 최종발표까지 평가의 전 단계에 대한 지침으로서 '정책고용영향평가 업무지침'을 마련('20.2월)하여 평가가 장기적인 지속성과 안정성을 갖고 운영될 수 있도록 하였다.

2021년에는 고용영향평가 운영위원회의 기능, 구성, 임기(3년), 공석 등에 관련한 규정을 업무지침에 마련하였고, 위원장 등 일부 위원 교체, 위촉장 수여 등을 실시하여 정비하였다.

2022년에는 시의성 있는 정책 현안 발굴을 위해 '산업별 노동시장 진단 포럼'을 운영하고, 고용영향평가 방법론 개선을 위한 해외사례 연구, '정책시나리오 구성 방안' 연구 등을 진행하였다. 최근 5년('19~'23년)간 실시한 정책고용영향평가 과제는 119개로, 2019년 28개, 2020년 23개, 2021년 20개, 2022년 24개, 2023년 24개 과제를 수행하였다.

정책 고용영향평가 외에, 재정사업 고용영향평가는 2016년 시범 도입 이후 매년 실시되고 있다. 재정사업 고용영향평가는 재정투입에 따른 정량적 고용효과를 산출하는 제도로 예산편성 시 보조지표로 활용될 수 있도록 실시하고 있다. 2016년 제도 시행 초기에는 각 부처가 소관 예산사업에 대해 스스로 고용효과를 평가하고 그 결과를 예산 요구 시 제출하도록 하여 예산편성 단계부터 고용효과를 고려하도록 하였다.

2018년부터 한국노동연구원이 직접 고용효과를 산출하여 각 부처에 제공하는 방식으로 평가를 개편하고, 명칭도 「재정사업 고용영향평가」로 변경하였다. 2022년부터는 평가 결과의 활용성을 높이기 위해 순 고용효과 중심으로 산출식을 단순화하여 각 부처에서 스스로 산출하도록 하고, 고용노동부는 결과를 검증하도록 변경하였다.

2023년에는 재정지원 일자리사업, SOC사업, R&D사업 등 433개 사업(약 21조 원 규모)에 대해 재정사업 고용영향평가를 실시하고 예산편성 담당부처에 전달하여 예산편성 시 우선순위 판단의 지표로 활용하도록 하였다. 또한, 그동안 정량적 평가로만 이루어진 한계를 보완하기 위해 대표적인 재정사업들에 대해 질적 평가를 보완하였다.

다. 향후 계획

앞으로도 고용노동부는 고용영향평가가 일자리 중심의 국정운영을 지원하는 핵심 인프라로 정착될 수 있도록 지속적으로 발전시켜 나갈 예정이다. 시의성 높은 고용영향평가 대상 정책을 상시 발굴하고, 포럼 개최, 브리프 발간 등을 통해 고용영향 평가 결과 활용도 제고를 위한 노력을 지속할 것이다.

③ 재정지원 일자리사업 효율화

가. 추진배경

2008년 글로벌 금융위기 이후 일자리 문제가 국정의 최우선 과제로 부각되면서 정책의 우선순위도 '일자리를 원하는 국민'에 두고 대책을 한층 강화할 필요가 있었다. 그러나 기존의 복잡한 사업구조와 전달 체계로는 예산을 추가해도 사업의 성과를 올리기보다는 낭비와 비효율을 키울 우려가 있는 상황이었다. 또한, 부처 간 및 중앙-지방 간 칸막이로 인해 사업집행기관과 국민의 불편이 발생하고 있었고, 정부 지원이 필요한 취약계층의 참여가 적고, 민간기관을 통해 시장친화형으로 시행할 수 있음에도 정부가 직접 수행하여 지속가능한 일자리로 연결되지 못하는 한계가 있었다.

이에, 2010년 1월 25일 국무총리실 고용 및 사회안전망 대책 T/F 회의에서 이를 논의하게 되었다. 이후 본격적으로 재정지원 일자리사업 효율화 실무방안 마련을 위한 각 부처 의견수렴 및 협의가 진행되었고, 2023년까지 총 11차례 재정지원 일자리 사업 효율화 방안을 추진하였다.

나. 주요 추진경과

1) 2010년도 주요 효율화 방안

「수요자 중심의 재정지원 일자리사업 효율화 방안」('10년 7월 6일)에서 고용상황에 따라 일자리사업 예산을 효율적으로 관리하기 위해 OECD 노동시장 프로그램 기준으로 사업을 재분류한 결과, 2010년 재정지원 일자리사업은 6개 분야 24개 부처, 202개 사업, 9조 2천억 원 규모로 파악되었다.

2010년 1차 효율화 추진을 통해 그간 부처별로 산재되어 추진되어온 유사·중복 사업들을 수요자 친화적으로 정비하고 고용서비스 사업과 연계를 강화하는 성과를 거두었다. 또한, 통합관리시스템 「일모아시스템」 구축, 일자리사업 분류·평가·조정 등 재정지원 일자리사업의 효율화를 위한 법적근거 마련(「고용정책기본법」 개정, '11.6.30.) 등 사업운영의 토대를 구축하였다.

2) 2014년 재정지원 일자리사업 효율화 추진

직접일자리사업의 탄력적 운영과 상시 평가체계 구축을 위해 직접일자리사업을 공공업무지원형, 경기 대응형, 사회서비스형, 인턴형, 사회봉사·복지형 5개로 유형화하였다.

또한, 일자리사업 효과성 제고를 위해 직접일자리사업 참여자 이력관리 강화, 모집·선발기간 단축(한 달 → 5일 이내), 직업상담서비스 제공 의무화 조치 등을 시행하였다. 또한 일자리정보망-복지정보망 연계형의 '차세대 일모아시스템'을 구축하여 고용·복지 통합정보를 제공하고 행정업무를 간소화하였다.

3) 2018년 재정지원 일자리사업 효율화 방안 마련

2018년 재정지원 일자리사업 효율화의 목표는 전체 일자리사업의 성과평가·모니터링을 실시하고, 평가결과에 따라 일자리사업 운영 개선방안을 마련하며, 평가결과에 따른 사업별 성과등급(5단계)을 예산편성과 연계하는 것이다.

효율화 방안을 통해 성과가 낮거나 유사·중복성이 있는 것으로 분류된 사업은 폐지, 통합, 중복 조정 또는 사업내용 개편 등을 추진하였다. 성과평가 결과에 따라 성과가 좋은 사업의 예산은 늘리고, 저성과 사업의 예산을 줄이는 것을 원칙으로 성과평가 결과를 2019년 일자리사업 예산편성에 반영하였다.

4) 2020년 재정지원 일자리사업 효율화 방안 마련

2019년 참여자 정보를 바탕으로 성과 분석, 현장 모니터링 등을 실시해 일자리사업 개편, 코로나19에 대응한 탄력적 운영방안 등을 마련하였다. 비대면 방식, 디지털 일자리 등 신규 일자리사업을 적극 발굴·추진하여 실직·폐업 등의 어려움에 신속 대처하였다. 또한, 사업 유형별 연계·시너지 효과를 높여 일자리사업의 민간 노동시장으로의 이행을 돕는 디딤돌 역할을 충실히 할 수 있도록 보완하였다. 일자리사업의 평가시스템을 정비하고, 자치단체 자체 일자리사업도 성과향상 방안을 마련·추진하였다.

5) 2021년 재정지원 일자리사업 효율화 방안 마련

2021년에는 성과평가 체계를 대폭 개편하고, 평가-예산 연계도 강화하였다. 평가와 관련하여 유형별 전문가로 구성된 평가위원회를 구성하고, 정성평가 도입과 함께 평가등급을 조정(5 → 4단계)하였다. 특히 저성과사업(감액등급)은 평균 28.1%의 예산감액이 이루어졌고 성과평가 결과를 최초로 국민에게 공개하여 평가의 투명성도 확대하였다.

2020년에 이어 코로나19 위기 대응을 위한 직접일자리사업 발굴, 장려금 확대 등 신규 일자리사업도 지속적으로 추진하였으며, 일모아시스템을 개편하여 2022년부터 단계적으로 제출서류 간소화, 소득·재산정보 조회기간 단축(7~10일 → 1일)이 가능하도록 하였다.

한편, 재정지원일자리사업 관련 정보를 취합·분석하는 시스템(일자리정보분석시스템, EPAS)을 신규 구축('21.10월)하여 2022년부터 평가에 활용하였다.

6) 2022년 재정지원 일자리사업 효율화 방안 마련

2022년에는 인프라, 법정 지출사업도 평가대상에 포함하여 평가의 사각지대를 해소하였고 (평가대상: '21년 171개 → '22년 207개 사업), 코로나19 위기 이후 일자리사업 재정비를 위해 보다 엄격하고 높은 기준을 적용(감액등급 비율 '21년 9.7% → '22년 18.9%)하였다.

평가결과 재정지원 일자리사업의 적정 규모는 유지하면서 저성과 사업에 대해 단계적으로 폐지(직접일자리 7개·장려금 4개)하고, 32개 사업에 대해 감액등급을 부여하였다.

한편, 행정안전부와 협업을 통해 직접일자리 참여요건 증빙서류를 행안부 공공마이데이터를 통해 전산으로 제출하도록 일모아시스템을 개편하여 참여자의 편의성을 제고하였다.

7) 2023년 재정지원 일자리사업 효율화 방안 마련

2023년에는 성과평가 체계를 일부 정비하고, 평가결과 환류를 보다 강화하였다. '지원고용 및 재활 유형' 평가위원회를 신설하여 평가의 전문성을 높였고, 정성평가 반영 비율도 정량평가 반영 비율과 일치하도록 상향(40% → 45%)하였다.

성과평가에서 '감액' 등급을 받은 사업(20개) 모두 '24년 정부 예산안에 반영하는 등 '평가-예산' 간 연계가 충분히 이루어졌으며, 저성과 사업(개선필요·감액 등급)에 대한 전문가 컨설팅을 실시하여 해당 사업의 실질적 제도 개편도 유도하였다.

한편, 직접일자리 사업 참여자가 민간일자리로 이동하는 것을 지원하기 위해 반복 참여자에 대한 취업지원을 의무화(14개 사업)하고, 코로나19로 급증한 고용장려금 규모 재조정 등 일자리 사업을 효율화하였다.

다. 향후 계획

'실업소득 유지 및 지원', '지원고용 및 재활' 유형도 성과평가 등급을 부여하고, 예산 실집행률 구간별 배점기준을 마련하는 등 평가 고도화를 위해 지속 노력할 예정이며, 일자리 예산을 미래세대·취약계층 맞춤형 취업 지원, 민간일자리 창출 여건 조성 등에 집중 투자할 계획이다.

④ 지역별·산업별 맞춤형 고용정책 추진

가. 지역일자리 목표 공시제 추진

1) 추진배경

정부는 중앙재정을 기반으로 재정이 취약한 지역의 지원을 높임으로써 일자리 사업의 전국적 불균형을 완화하기 위해 노력해왔다. 아울러, 중앙과 지방이 소통·협업하면서 자치단체는 지역특성에 부합하는 내실 있는 일자리대책을 추진하고, 중앙정부는 자치단체의 일자리정책 수립 및 추진과정을 적극적으로 지원해야 한다는 요구가 커지고 있다.

이에 고용노동부는 단순한 구호 수준의 일자리 공약을 넘어 자치단체 특성에 맞는 일자리창출 모델을 만들고, 중앙정부와 자치단체가 협력적 네트워크를 형성하여 지역고용을 활성화할 수 있도록 지원하기 위해 '지역일자리 목표 공시제'를 도입하였다.

2) 지역일자리 목표 공시제 개요 및 추진경과

'지역일자리 목표 공시제'란 자치단체장이 임기 동안 지역 주민들에게 제공할 일자리 목표와 일자리 대책을 공시하면 중앙정부가 그 대책을 다양한 방법으로 지원함으로써 지역일자리 정책의 성과를 높이는 지역고용 활성화 전략이다. 자치단체의 장은 지역 고용심의회(지역노사민정협의체), 지역고용전략개발포럼 등 지역 내 고용 관련 기구와의 협조를 바탕으로 구체적인 일자리 목표와 대책을 수립하고 지역 언론, 자치단체 홈페이지, 주민대상 설명회 등을 통해 지역주민들에게 공시한다.

이때, 일자리 목표는 고용률 증가, 취업자 수 증가 등 통계조사를 통해 확인가능한 공통목표와 함께 일자리 창출, 일자리 유지 및 미스매치 해소, 직업능력 개발 등 지역 특성을 고려한 분야별 목표를 수립하게 된다.

'지역일자리 목표 공시제'는 2010년 고용노동부 업무보고('09년 12월) 및 제1, 3차 국가고용전략회의('10년 1월 3일)에서 발표되었다. 주요 내용은 지방이 중앙정부와 함께 일자리 창출을 위해 노력하도록 「지역일자리 목표 공시제」를 도입하고, 그 추진성과를 평가하여 우대 지원한다는 것이다. 이후 관계 부처, 시·도 고용정책 담당과장, 전문가 등을 대상으로 지역별 일자리 목표 공시제 도입을 위한 의견수렴 및 협의('10년 3월~5월), 관련 연구용역 추진('10년 4월~9월)을 거쳐 2010년 7월에 사업계획을 확정·공표하였다.

같은 해 7월부터 자치단체로부터 참여의향서를 접수하고, 2010년 12월 17일에 '2010 지역일자리정책 한마당'을 개최하였다. 이 행사에서 고용노동부장관 - 안전행정부장관 - 자치단체 대표(광역: 부산시장, 기초: 천안시장) 간 지역고용협력을 위한 MOU를 체결하고, '일자리 대책 경진대회' 우수 자치단체의 사례발표 등을 진행하였다.

2011년 들어 지역일자리 목표 공시제에 참여한 자치단체가 증가함에 따라 자치단체 스스로 지역특성에 맞는 일자리 대책을 추진할 수 있도록 컨설팅 지원을 강화하는 한편 '지역브랜드 일자리 경진대회'('11.8.30., '12.9.5.), '지역일자리정책 한마당'('12.3.13., '13.3.28.)을 개최하여 자치단체 공무원의 사기를 높이고 우수 사례를 공유하였다.

2013년부터는 '지역브랜드 일자리 경진대회' 명칭을 '전국 자치단체 일자리 경진대회'로 변경하여 개최('13.9.4.)하였고, 2014년부터는 '지역 일자리정책 한마당'을 '전국 자치단체 일자리 대상'으로 변경·개최('14.3.12.)하였다. 2017년부터는 '전국 자치단체 일자리 경진대회'를 '전국 자치단체 일자리 대상'('17.7.24.)에 통합하여 개최하였다.

3) 지역일자리 목표 공시제 참여 현황 및 성과

2010년 7월 '지역일자리 목표 공시제'가 도입된 이후, 2011년까지 총 244개 자치단체(17개 광역 포함) 중 227개 자치단체가 참여하였고, 2012년 서울특별시, 세종특별자치시 등 17개 자치단체가 참여를 신청함에 따라 2012년 7월부터는 모든 자치단체가 지역일자리 목표 공시제에 참여하고 있다. 고용노동부에서는 지역일자리 목표 공시제가 지역고용정책의 핵심 기반으로 자리매김 하도록 평가를 통해 자치단체의 관심과 책임성을 확보하고 우수자치단체를 선정하여 성과에 대한 인센티브를 지원하고 있다.

자치단체의 다양한 경제 상황 및 여건을 반영(자치단체의 취업자 수, 사업체 수, 주민등록인구, 재정자립도 등)하여 7개 평가 군으로 구분하여 평가하고 정량평가(10%)와 정성평가(90%)를 혼합하여 대책추진에 따른 성과뿐만 아니라 그 과정에서 자치단체의 적극적인 노력 및 업무수행의 질적 요소도 평가한다.

자치단체는 컨설팅 기관의 협조를 받아 전년도 추진실적을 제출하고, 시도별로 구성된 시도 평가단에서 1차 평가를 받게 된다. 1차 평가에서 우수한 평가를 받은 상위 30%는 중앙평가단에 추천되며, 중앙평가단은 광역자치단체와 시도평가단에서 추천한 기초자치단체를 평가하게 된다.

그림 2-①-1. 지역일자리 목표 공시제 평가 체계

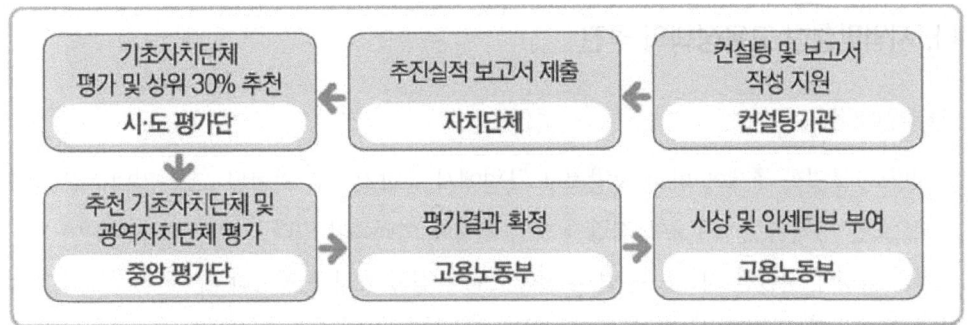

최종 평가는 익년 5월~6월에 이루어지며, 서면심사와 대면심사를 거쳐 최종적으로 우수자치단체('23년도 실적(58개): 종합대상 1, 부문별 대상 2, 최우수상 11, 우수상 33, 특별상 11)가 선정된다. 선정된 우수자치단체는 대통령상 등 기관포상 및 담당공무원 표창과 함께 추가적인 지역맞춤형 일자리창출 지원사업 사업비를 배정받게 된다.

지역일자리 목표 공시제가 도입된 이후 자치단체는 공시한 목표를 달성하기 위해 일자리 전담부서를 신설하거나 인력을 보강하고, 일자리 관련 예산을 확대하는 등 자치단체장의 관심과 의지를 바탕으로 지역일자리 문제 해결을 위한 투자가 증가하였다.

또한, 자치단체의 일자리 대책 수립·추진과정에 지속적인 컨설팅을 제공함으로써 체계적이고 효과적인 일자리 사업 추진이 가능하게 되었고, 일자리 담당자의 업무 역량도 향상되는 등 성과가 나타나고 있다.

4) 향후 계획

향후 지역일자리 목표 공시제를 내실화하기 위한 과제는 다음과 같다.

첫째, 자치단체가 스스로 지역의 산업현황 및 노동시장 실태 등을 파악하도록 하여 지역 고용상황을 정확하게 진단하고, 이에 맞는 일자리 대책을 수립하도록 지원하고자 한다. 이를 위해 우리부는 '지역일자리맵(MAP)'을 구축하여 자치단체가 지역의 산업특성, 일자리 관련 통계 등을 한눈에 파악할 수 있도록 정보를 제공할 예정이다.

둘째, 지역 일자리창출을 위해서 자치단체는 지역 특성을 반영하고, 지역 정책 전반과 연계한 일자리정책을 수립하여야 한다. 특히, 일자리창출과 연관된 중앙부처·자치단체 사업과 일자리사업 간의 연계를 통한 시너지 효과를 도모하는 것이 중요하다. 우리부에서는 지역·산업별 특성에 맞는 일자리사업을 수립·시행할 수 있도록 지원하고자 한다. 이를 통해 지역 특성에 맞는 일자리가 창출될 것으로 기대된다.

나. 지역맞춤형 고용정책의 추진

1) 추진배경

지방화·분권화 추세에 따라 중앙정부 차원에서 종합적으로 기획된 고용·직업능력 개발 정책으로는 지역과 산업수요에 적합한 사업 추진에 어려움이 있다. 자치단체가 중심이 되어 지역의 특성에 적합한 정책을 수립·추진함으로써 정책 효과를 제고하고, 지역 간 고용기회 불균형 해소를 목적으로 '지역맞춤형 일자리창출 지원사업'을 2006년부터 실시해왔다. 2016년부터는 지역의 산업과 연계한 일자리 창출을 지원하자는 취지로 '지역·산업 맞춤형 일자리창출 지원사업'으로 명칭을 변경하게 되었다.

2) 지역·산업 맞춤형 일자리창출 지원사업 추진성과

지역·산업 맞춤형 일자리창출 지원사업은 지역의 고용문제 해결을 위해 해당 지역의 자치단체 주도로 비영리법인(또는 단체) 등과 컨소시엄을 구성하여 지역주민의 일자리 창출, 고용촉진, 직업능력개발 등을 추구하는 사업으로, 지역혁신프로젝트, 고용안정 선제대응 패키지 지원사업, 지역고용위기 대응 지원사업, 지역형 플러스 일자리 사업 등으로 구성된다.

첫째, 지역혁신프로젝트는 광역자치단체 주도로 지역 내 다양한 인적·물적 자원을 활용하여 지역의 종합적인 일자리 창출 및 일자리 질 개선을 지원하는 사업이고, 둘째, 고용안정 선제 대응 패키지 지원사업은 고용위기가 예상되는 지역이 주도적으로 일자리 사업을 계획·추진하여 고용위기에 선제적으로 대응할 수 있도록 지원하는 사업이다. 셋째, 지역고용위기 대응 지원 사업은 조선업 등 지역 주력산업의 구조조정 등으로 고용위기가 발생한 지역의 고용회복, 충격 완화 등을 지원하는 사업이며, 넷째, 지역형 플러스 일자리 사업은 중앙-지역간 정책 협업을 기반으로 중앙정부 일자리사업과 연계, 지역·산업별 특성에 따라 지원범위·수준·내용 등 우대지원(PLUS)하여, 지역 주력산업의 일자리창출 지원하는 사업이다.

한편, 그간 고용노동부가 실시하였던 일반 지역·산업맞춤형 일자리창출 지원사업과 기숙사·통근버스 임차 등을 지원하는 산업단지 고용환경개선 사업은 2022년부터 지방으로 이양되어 지방자치단체에서 자체적으로 실시되고 있다.

2023년 지역·산업맞춤형 일자리창출 지원사업은 공모를 통해 총 132개 사업을 선정, 1,337억 원을 지원하였다. 구체적으로는 '지역혁신프로젝트' 33건(270억 원), '고용안정 선제대응 패키지 지원사업' 30건(471억 원), 고용위기지역의 조선업 희망센터 및 군산고용위기지역 종합센터 3건(70억 원), 지역형 플러스 일자리 사업 22건(373억 원) 등을 선정·지원하였다.

세부사업 유형별로는 교육훈련을 통해 2,032명이 취업·창업하였으며, 지역 내 필요한 맞춤형 고용서비스(취업지원 및 기업지원 등)를 통해 33,532명의 일자리를 창출하였다.

표 2-①-1. 지역·산업 맞춤형 일자리창출 지원사업 연도별 실적 (단위: 개, 명)

구 분	'19년	'20년	'21년	'22년	'23년
사업 수(개)	458	428	511	132	132
취업자 수(명)	25,445	26,238	29,994	28,367	33,532

3) 지역고용아카데미 개최

중앙과 지역 간 상호 정보공유, 교류 확대 및 지역고용 활성화를 위한 협력을 강화하기 위해 전국 지방자치단체 등을 대상으로 지역고용아카데미를 2회 개최하였다. 이를 통해 지역 일자리사업 현안과 추진방안에 대한 논의, 지역일자리사업 우수사례 공유 등을 진행하였다.

4) 지역·산업 맞춤형 일자리창출 지원사업 향후 추진방안

중앙-지역간 협업, 지역·산업의 특성에 맞는 지역고용정책이 활성화될 수 있도록 관련 지원을 지속 확대·강화해 나갈 계획이다. 지역 특성을 반영하여 지역이 주도적으로 일자리 문제를 해결할 수 있도록 지역의 산업·기업 지원정책을 연계하고 지역 내 다양한 인적·물적 자원을 활용할 수 있도록 지원하고, 지역이 주도하는 이중구조개선 지원 등 노동시장 이중구조 해소도 정책적으로 지원해 나갈 예정이다.

다. 고용위기지역 및 산업(업종) 지원 제도

1) 추진배경

국내·외 경제사정의 변화 등으로 고용사정이 급격히 악화된 지역의 경우 기존의 파편적인 지원만으로는 효과적으로 위기를 극복하기 어렵다. 특히, 지역별 산업집적으로 인해 특정 산업의 위기 또는 불황이 지역수준의 경제불황으로 연결되는 경우가 많아 지역과 산업의 여건을 고려한 특화된 지원이 필요하게 되었다. 이러한 이유로 2009년부터 고용개발촉진지역

지정제도를 신설, 고용개발촉진지역으로 지정된 지역에 대해 고용창출, 고용유지, 전직지원 등을 집중적으로 지원하였다.

다만, 기존의 고용개발촉진지역 지정제도가 고용위기를 사전에 감지하고 대응하는 기능이 미흡하여 사후 대응에 그치고 있다는 지적을 반영, 고용위기 정도에 따라 단계별(관리·위기·재난)로 지원을 차등화하도록 개선하고 '고용개발촉진지역'을 '고용촉진특별구역'으로 개정('14.1.), 다시 '고용위기지역'으로 개정하였다('14.8.). 이후 위기단계를 간소화·효율화하여 2단계(위기·재난) 체계로 조정하였다('17.8.). 고용위기지역 지정여부 판단을 위한 정량지표(고용보험 피보험자 수, 구직급여 신규 신청자 수)가 위기를 선제적으로 파악하기 어렵다는 점을 고려하여, 지역의 공장폐쇄 발표 등 주력 산업의 위기 발생으로 대규모 고용조정이 명확히 예상되는 경우 예외적으로 고용위기지역으로 신청할 수 있도록 고시를 개정하였다('18.3.).

한편, 고용위기는 특정 기업·지역이 아니라 산업전반에 나타나고 있는 점을 감안하여, 구조조정 등으로 고용상황이 악화되거나 악화될 우려가 있는 업종에 대한 종합적 지원 필요성이 대두되고 있다. 이에 고용노동부는 특별고용지원업종 제도를 신설하여 시행 중에 있다('15.12.15. 고시 제정).

최근에는 고용상황 등의 다변화로 고용위기지역 및 특별고용지원업종의 합리적 지정·연장기준 마련 필요성이 제기되어 그간의 운영경험 및 전문가 연구용역을 바탕으로 「고용위기 지역의 지정 기준 등에 관한 고시」와 「특별고용지원업종 지정 기준 등에 관한 고시」를 개정·시행하였고('20.1.20. 고시 개정), 지정기간 연장에 관한 내용을 추가하였다('21.10.29. 고시 개정).

2) 추진성과

평택시에 소재한 쌍용자동차 구조조정 등으로 인한 대량 해고 등 지역 고용상황 악화가 예상됨에 따라 2009년 8월 평택을 1년간 고용개발촉진지역으로 지정하였다. 1년 동안 고용유지, 직업능력개발 지원, 고용촉진 및 고용서비스 지원에 112억 원이 지원되었다. 이후 통영시 내 중소 조선업체의 불황으로 지역 고용상황이 급격히 악화되자 2013년 1월 통영시를 1년간 고용개발 촉진지역으로 지정하였으며, 통영시 요청 및 고용정책심의회 결정으로 지정기간이 1년 더 연장되었다. 2년간 8,429명에 대해 고용유지, 고용촉진, 고용서비스 지원 등에 총 171억 원이 지원되었다. 평택, 통영의 지원을 통해 지역의 피보험자 수 증가세 전환, 비자발적 이직자 수 감소, 신규 일자리 창출 확대 등의 성과를 달성하였다.

또한, 군산 GM공장 폐쇄 발표('18.2.), 조선업 밀집지역의 경기 침체 지속에 따른 지역 고용상황 악화를 극복하기 위해 군산, 울산 동구, 경남 거제시, 통영시, 고성군, 창원시

진해구('18.4.), 목포시, 영암군('18.5.)을 고용위기지역으로 지정하였다.

지정 이후 관계부처 합동으로 고용유지, 실직·퇴직자의 생계유지 및 재취업 지원, 직업능력개발, 지역 소상공인 지원, 지역산업육성 등을 지원하고 있으며, 지정기간 연장의 필요성이 인정되어 군산, 울산 동구, 경남 거제시, 통영시, 고성군, 창원시 진해구는 2020년 4월 5일까지, 목포시, 영암군은 2020년 5월 4일까지 지원기간을 연장하였다.

이후 조선업 등 제조업의 본격적인 고용회복을 지원하고 코로나19 확산에 따른 불확실성에 대응하기 위하여 군산 등 7개 고용위기지역의 지정기간을 총 4회에 걸쳐 2022년 12월 31일까지 추가 연장 후 지정이 종료되었다.

거제는 대우조선 하청 노사분규·러시아 수주취소 등 예상치 못한 사유로 경영상황(매출· 영업 이익) 악화 등 피해가 지속됨을 고려해 2023년 1월 1일부터 고용위기지역으로 신규 지정 하였다. 아울러, 세계경제 침체와 해운시장 불황에 따른 조선수요 감소, 중국, 일본과의 치열한 경쟁, 해양플랜트의 기술수준 부족으로 대규모 위기가 발생한 조선업을 2016년 7월, 특별고용지원업종으로 지정하였다.

우리 조선산업은 1970년대 이후 성장을 거듭하였고, 2000년대 이후에는 조선강국으로 자리매김하며 주력 산업으로서의 위상을 강화해 왔으나, 2008년 금융위기 이후 세계 조선산업의 글로벌 경제부진 및 과잉 공급, 2014년 이후 저유가로 인한 해양플랜트 발주급감 등으로 침체기에 접어들면서 우리나라 조선업은 주요 경쟁국인 중국, 일본과 경쟁 과열로 어려움에 직면하게 되었다.

조선업 불황은 철강·조선기자재 등 연관 산업과 지역경제의 연쇄적인 어려움으로 이어졌고, 대량고용조정 등 노동시장 불안으로 이어졌다. 이에 대응하기 위해 대규모 위기가 발생한 조선업을 2016년 7월 특별고용지원업종으로 지정, 이후 조선업황 회복을 위한 고용지원대책을 수립·지원하여 2022년 12월까지 지정기간 연장 후 종료하였다. 6년 6개월의 기간 동안 403,674명의 근로자에게 고용유지, 직업능력개발, 생활안정 등을 위하여 8,701억 원을 지원하였다.

2020년에는 코로나19로 피해가 심각한 8개 업종을 특별고용지원업종으로 지정하였다. 2020년 3월 여행업, 관광숙박업, 관광운송업, 공연업 등 코로나19에 따른 피해가 집중된 업종을 특별고용지원업종으로 지정하였다. 4월에는 이들 업종과 밀접히 연관된 업종인 항공기취급업, 면세점, 전시·국제회의업, 공항버스 4개 업종을 특별고용지원업종으로 추가 지정하였다.

2021년 4월에는 위 8개 업종에 추가로 6개 업종을 특별고용지원업종으로 지정하였다. 코로나19 장기화로 인한 고용위기는 다른 업종으로도 확산되었고, 집중적 피해를 입은 영화업, 수련시설, 유원시설, 외국인전용 카지노, 항공기부품제조업, 노선버스 6개 업종을 특별고용지원업종으로 지정하였다.

2022년 4월에는 영업시간 제한 등으로 인해 22시 이후 심야 영업 비율이 높은 택시업계의 운행 수익성이 악화되어 고용 사정이 어렵고 추후 고용회복까지 상당 기간이 소요될 것으로 예측됨에 따라 택시운송업을 특별고용지원업종으로 지정하였다.

여행업 등 15개 업종에 대하여 고용유지, 직업능력개발, 근로자 생활안정 등을 위하여 2022년까지 280,793명의 근로자에게 1조 5,719억 원을 지원하였고, 지정기간 연장된 외국인전용카지노, 시외버스, 택시운송업에 대해 2023년에 27,178명의 근로자에게 600억 원을 추가로 지원하였다.

3) 향후 계획

현재 고용위기지역으로 지정된 거제에 대한 지원상황, 고용상황 등을 지속적으로 모니터링할 예정이다.

⑤ 건설근로자 고용복지 개선

가. 건설일용근로자 기능향상지원

1) 추진배경

기존의 건설직종 훈련시스템은 훈련기준과 방식 등이 정형화되어 있고 상용직 근로자 위주로 훈련일정이 구성되어 있어 건설일용근로자가 훈련에 참여하는 데 한계가 있었다. 「건설일용근로자 기능향상지원사업」은 이러한 사정을 고려하여 건설일용근로자들이 일과 훈련을 병행하면서 기능을 향상시킬 수 있도록 2013년부터 시행하였다.

2) 사업내용 및 추진성과

건설일용근로자가 주로 종사하는 직종으로서 숙련인력 공급이 부족한 직종과 실업자 훈련 등에서 공급이 부족한 15개[1] 직종에 대해 훈련을 실시하였다. 사업기간은 2023년 1월부터

---

[1] 조적, 미장, 타일, 방수, 배관, 도장, 건축목공, 형틀목공, 문화재시공, 철근, 일반용접, 플랜트용접, 비계, 콘크리트, 석공

2023년 12월까지이며, 훈련은 1일 완성형 모듈 과정으로 구성하여 주간과정 20일(1일 6시간)을 원칙으로 편성하되, 훈련의 실효성과 현장에서 근로 중인 건설일용근로자를 위해 야간과정(40일, 1일 3시간)도 개설하여 탄력 있게 운영하였다.

또한, 현장수요에 따라 다기능공 양성을 위해 기본과정을 단일과 혼합 직종으로 구분 운영하였으며, 별도의 심화과정을 운영하여 훈련생의 기능 수준별 맞춤훈련을 실시하였다.

2023년에는 훈련 목표인원(7,150명) 대비 91.2%인 6,518명을 모집하여 훈련을 실시하였다.

연령대별로는 20대 이하 880명(13.6%), 30대 734명(11.4%), 40대 1,093명(16.7%), 50대 1,574명(24.3%), 60대 이상 2,237명(34.0%)이었으며, 수료율[2]은 95.7%(5,818명)로 전년도(90.6%, 5,986명) 보다 5.1%p 높았다. 취업률[3]은 58.5%(3,660명)로 전년도 46.1%(2,833명)에 비해 12.4%p 상승하였다.

표 2-①-2. 건설일용근로자 기능향상지원사업 연도별 실적 (단위: 명, %)

구 분	참여 목표인원	참여		수료		취업	
		참여인원	모집률	수료인원	수료율	취업인원	취업률
2023년	7,150	6,518	91.2	5,818	95.7	3,660	58.5
2022년	8,320	6,763	81.3	5,986	90.6	2,623	42.7
2021년	8,320	7,914	95.1	7,130	93.3	4,146	56.0

'20년~'22년 3년간 취업인원과 취업률이 하락추세에 있었으나, 2023년에는 훈련생 고용보험 취득정보 연계, 훈련기관 취업률 평가 점수 상향 등과 같이 훈련생의 취업지원 기능을 적극적으로 강화한 결과, 취업인원 및 취업률이 크게 상승하는 성과를 달성하였다.

「건설일용근로자 기능향상지원사업」 참여 훈련생은 건설경기 상황, 코로나 등의 대외 환경으로 감소세에 있지만 훈련 내실화를 위해 노력하여 고객만족도 점수가 전년 대비 0.3점 상승하여(87.3 → 87.6점) 역대 가장 높은 점수를 획득하였다. 또한 자격증 취득 지원을 통하여 건설근로자들의 숙련기술을 제고하는 데에도 기여하였다.

---

2) 수료율(%) = [(수료자 수)/(참여자 수-조기취업자 수)] × 100
3) 취업률 산정을 위한 취업자 수에는 조기취업자 수(436명)가 포함됨

나. 건설근로자 무료취업지원

1) 추진배경

「건설근로자 무료취업지원사업」은 건설현장의 공공 취업지원서비스 확대를 통해 직업소개 수수료 부담을 경감하고 취약계층인 건설근로자의 취업촉진을 도모하기 위해 2015년부터 시행하였다.

2) 사업내용 및 추진성과

많은 비숙련 일용근로자가 취업을 위해 유료 직업소개소를 통해 취업하고 있으나 소개료 부담을 느끼는 것이 현실적인 구조였다. 이에 정부는 소개료 부담 절감 및 취업알선이라는 공공 취업지원서비스 확대를 위해 새벽인력시장 인근 건설현장이 밀집된 지역 등에 무료취업 지원센터 17개소[4]를 운영하여 취업지원 서비스를 제공하였다.

2015년 최초 시행된 이 사업은 사업초기 취업지원센터 전담인력의 업무 노하우 습득, 건설현장 구인처 발굴 애로 등의 이유로 조기 정착까지 시간이 다소 소요되었다. 이에 사업의 시행 주체인 정부와 건설근로자공제회는 운영과정에서의 전담인력 직무향상 교육 실시, 한국토지주택공사(LH) 등 유관기관 협력강화 등을 추진하여 이 사업의 활성화를 위해 지속적으로 노력한 결과, 2023년에는 일용근로일수 기준 연간 목표일수(620,100일) 대비 14%를 초과달성(706,659일)하였다.

취업지원전산망과 전자카드 근무관리시스템 연계로 구직자에게 전자카드 적용 사업장에 우선하여 알선 서비스를 제공하였고, GPS 기반 출퇴근 관리 기능 및 고용보험·퇴직공제내역 검증 등을 통해 취업실적의 공공성을 확보하는 기반을 마련하였다. 또한 고객만족도 설문관리를 실시하여 취업지원 서비스를 이용하는 고객들이 편하게 이용할 수 있도록 노력하여 사업개시 이후 고객만족도에서 가장 높은 점수를 획득하였다.

표 2-①-3. 건설근로자 무료취업지원사업 연도별 실적 (단위: 개, 일)

구 분	2021년		2022년		2023년	
	운영개소	일용근로일수	운영개소	일용근로일수	운영개소	일용근로일수
운영현황	17	715,827	17	723,959	17	706,659
전년대비 증감	-	+25%	-	+3%	-	-2%

---

[4] 2016년부터는 사업을 개시한 2015년보다 1개소를 추가하여 전국적으로 17개소를 운영

아울러 조달청 '건설일자리 지킴이' 및 근로복지공단 산재근로자 정보 등 다른 공공기관과 정보연계를 지속적으로 추진하여 건설일자리 공공플랫폼 기반을 구축·운영하였다. 더불어 공공 발주공사의 일자리 정보 게시, 비대면 노무상담 등 특화된 공공 취업지원서비스 제공을 통해 건설근로자의 직업소개 수수료 부담 절감에 기여하였다.

다. 건설근로자 복지향상 지원

1) 추진배경

「건설근로자 복지지원사업」은 정규직이나 상용직에 비해 고용이 불안정한 건설일용근로자를 대상으로 복지 사각지대를 해소하고자 2010년도부터 시행하고 있다.

2) 사업내용 및 추진성과

건설근로자 복지지원사업은 산업적 특수성과 사업 대상자인 건설일용근로자의 고령화 추세를 고려하여 '건강관리', '가족친화', '자녀교육' 분야 등을 중점적으로 지원하고 있다.

2020년부터는 '건설근로자 복지 로드맵'을 구축하여 우선순위별 복지서비스를 선별하고 서비스별 공급제약 요인을 검토하여 생애주기별 맞춤형 복지지원 체계를 마련하였다.

그간 상대적으로 위험한 작업환경에 노출되기 쉬운 건설일용근로자의 예측 불가능한 사고에 대비하는 '단체보험 가입', 건설근로자의 맞춤형 건강관리 기회를 제공하는 '종합 건강검진', 청년층의 건설업 유입을 도모하고자 '결혼·출산을 축하하고 유산을 위로하는 지원금 지급', 평소 여행·문화체험 기회가 부족한 건설근로자를 위해 국내여행 및 여가생활 지원을 위한 '가족 휴가지원', 자녀 양육주기별 맞춤형 교육지원 및 교육비 부담 경감을 위한 '초등학교 취학자녀 지원', '중학생 자녀 진로캠프', '고교생 자녀 인터넷 수강지원', '대학생 자녀 장학금' 등 다양한 복지지원사업을 통해 126,444명에게 약 293억 원을 지원하였다.

표 2-①-4. 건설근로자 복지지원사업 실적

(단위: 명, 백만 원)

구 분		누적('10년 이후)		2023년	
		지원인원	지원금액	지원인원	지원금액
건강관리	단체보험 가입	80,981	11,123	10,925	1,855
	종합 건강검진	10,043	2,327	2,295	574
가족친화	결혼·출산(유산) 지원	15,918	5,950	2,131	867
	가족 휴가지원	6,230	1,771	2,109	600
	가족 힐링캠프 (2020년 잠정 중단)	898	621	-	-
자녀교육	초등학교 취학자녀 지원	3,542	685	1,242	232
	중학생 자녀 진로캠프	210	30	140	16
	고교생 자녀 인터넷 수강지원	1,294	368	312	150
	대학생 자녀 장학금	6,818	6,332	1,054	1,000
	학자금대출 이자 지원 (2019년 사업종료)	510	42	-	-
수해복구	수해복구 (2020년 한시적 사업)	86	86	-	-
기타	건설기능인의 날	(정부포상) 108명 (장관표창) 304명		(정부포상) 8명 (장관표창) 28명	
	사진·영상 공모전	(수상작) 242점		(수상작) 16점	

※ 건설근로자 단체보험: [보험금 지급액] 누적(8,092건, 7,419백만 원) / 2023.10월(383건, 243백만 원)

특히, 2023년에는 건설근로자의 생애주기를 반영한 맞춤형 복지지원을 확대하여 수혜자의 눈높이에 맞는 복지서비스를 제공하고자 노력하였다. 먼저 근로자의 편의성 제고를 위하여 종합 건강검진 수검기관을 기존 68곳에서 83곳으로 확대하였다. 또한 다자녀가정 및 복지 취약계층인 한부모 가족에게 자녀 진로캠프 등 서비스를 우선 지원하여 복지 사각지대 해소를 위하여 노력하였다.

이를 통해 2010년부터 건설근로자 복지지원사업을 추진한 이래, 2023년에는 복지 수혜인원이 2년 연속 2만 명을 넘어섰다.

※ 2022년 20,018명, 2023년 20,208명(사업연도 기준)

그 밖에도 건설산업 발전에 기여한 유공 건설기능인들을 발굴하여 정부포상을 수여하고 격려하기 위한 '건설기능인의 날 기념식'를 개최하고, '사진·영상 공모전 및 전시회'를 통해 자긍심 고취와 직업이미지 개선을 위해 노력하고 있다.

3) 향후 계획

정부와 건설근로자공제회는 건설일용근로자의 눈높이에 맞는 지속가능한 복지서비스 제공을 위하여 새로운 복지서비스를 적극적으로 발굴하고 지원인원을 지속적으로 확대해 나갈 계획이다.

6 산업·일자리 전환 지원

가. 추진배경 및 경과

현재 전 세계는 저탄소·디지털 경제로의 대전환을 경험하고 있다. 우리나라도 '국가 탄소중립·녹색성장 기본계획('23.4.)'에 따라 온실가스 배출량을 2030년까지 40% 감축하고, '제10차 전력수급기본계획('23.1.)'에 따라 석탄화력발전소 폐지를 계획하는 등 산업구조의 전환을 추진하고 있다. 이러한 산업구조 변화 과정에서 신산업·신기술 일자리는 늘어나지만, 고탄소·전통 산업의 정체와 축소라는 이면도 존재한다. 특히, 석탄화력발전소 등 축소·전환되는 에너지·제조산업 분야의 기업 퇴출 및 근로자 실업 등 피해발생이 우려되고 있다.

산업구조 전환은 유망산업의 성장뿐만 아니라, 충격이 발생하는 기업 및 근로자의 피해가 최소화되어야 지속가능하게 추진될 수 있다. 따라서 기술·산업 혁신을 통해 저탄소·디지털 경제 전환을 지원하는 한편 산업구조 전환의 영향을 받는 기업과 근로자에 대한 선제적·체계적 지원방안 마련이 필요하다. 정부도 원활한 산업구조 전환을 위해 국정과제(53-1. 산업구조 전환과정에서의 고용불안 최소화)를 채택하여 추진하고 있다.

나. 추진내용 및 성과

탄소중립 사회로의 이행 및 디지털전환 등 산업구조의 변화에 따라 기존 산업의 침체 및 실업 등 일자리 위험이 우려되고 있다. 이에 따라 선제적으로 근로자의 고용안정, 일자리 이동 등을 지원하여 산업전환으로 인한 고용불안을 최소화하기 위해 「산업전환에 따른 고용안정 지원 등에 관한 법률」이 제정('23.10.24.)되었다. 동 법에는 산업전환에 따른 고용안정 지원을 위하여 '산업전환에 따른 고용안정 지원 기본계획 수립', 산업전환이 고용에 미치는 영향을 사전에 파악하기 위해 '고용영향 사전평가' 실시, 고용안정 지원이 필요한 산업·지역, 사업주, 근로자 등을 종합적으로 지원할 수 있는 '지원체계 구축' 등의 내용이 포함되어 있다.

그리고 「기후위기 대응을 위한 탄소중립·녹색성장 기본법」 시행에 따라 탄소중립 사회로의 이행과정에서 고용상태의 영향을 최초로 조사하였다. 2023년은 전력수급기본계획에 따라 폐지가 예정된 '석탄화력발전소', 내연차에서 미래차로의 전환이 이루어지고 있는 '자동차', 온실가스 다배출 업종인 '철강' 산업에 대한 조사를 실시하였다.

또한 산업구조 전환과정에서 영향을 받는 산업·기업에 종사하는 근로자들의 고용안정을 위해 선제적·체계적 지원을 실시하였다. 구체적으로는 산업구조변화에 대응하여 현장 기반 훈련을 수시로 공급하는 '산업구조 대응 특화훈련', 대기업 등이 협력사 등 중소기업 재직자들을 대상으로 자체 훈련 인프라를 제공하는 등 지역 근로자도 양질의 직무전환 훈련을 받을 수 있도록 지원하는 '산업전환 공동훈련센터', 사업주가 재직자에게 산업·일자리 전환을 위한 직무훈련이나 전직지원서비스를 제공할 경우 훈련비를 지원하는 '산업·일자리전환 지원금', 산업전환 과정에서 고용유지를 하는 경우 고용환경개선 비용을 지원하는 '산업·일자리전환 고용환경개선지원금'이 있다. 그리고 탄소중립·디지털 전환에 따라 어려움을 겪는 기업에 재직자의 직무전환 및 신속한 재취업지원을 위한 직무전환 방향 및 각종 정부 지원 사업 연계 등 컨설팅을 제공하는 '산업일자리전환 지원센터'도 운영하였다.

산업·일자리 전환 분석센터를 통해 산업·일자리 전환이 예상되는 산업에 대한 연구도 실시하였다. 전기·수소차 등 미래차로의 전환이 진행되고 있는 자동차 산업의 고용상황 변화를 파악할 수 있도록 전국 자동차 부품제조업 대상 산업·일자리 전환지도를 제작하였으며 향후 다양한 산업분야에 대한 전환지도를 추가제작할 계획이다.

다. 향후 계획

우선 「산업전환에 따른 고용안정 지원 등에 관한 법률」 제정에 따라 법 시행에 필요한 구체적인 사항을 규정한 시행령·시행규칙을 마련하고, '고용안정 지원 기본계획' 수립, '고용영향 사전평가' 실시 등 동 법 시행에 따른 과제들이 원활하게 추진될 수 있도록 준비할 계획이다.

산업전환 과정에 대응한 심도깊은 논의 및 이해관계자 의견수렴 등을 위해 고용정책 심의회内 '산업전환 고용안정 전문위원회' 신설도 추진한다. '산업전환 고용안정 전문위원회'를 구성하고 석탄화력발전소, 자동차 등 산업전환의 영향을 받는 산업의 고용안정 정책 등을 논의할 예정이다.

앞으로도 산업전환의 영향을 받는 산업·업종에 대한 모니터링을 계속하고 이를 기반으로 맞춤형 근로자 고용안정 방안 등을 추진할 계획이다.

⑦ 노동시장 분석 강화

가. 추진배경

2023년 우리나라 노동시장은 대내·외 여건 위축에도 불구하고, 고용률(15세이상, 15~64세), 경제활동참가율, 실업률 모두 관련 통계 작성 이래 역대 최고·최저를 기록하며 견조한 고용흐름을 지속하였다. 취업자수는 생산연령인구 감소에도 불구하고, 보건업 및 사회복지 서비스업, 숙박 및 음식점업 등 대면서비스업을 중심으로 증가하는 모습을 보였다. 다만, 도매 및 소매업 등 일부 서비스업의 고용감소, 제조업과 건설업 등 주요 산업의 성장세 둔화, 3高 현상(고물가, 고금리, 고환율) 지속 등 노동시장 주변 여건 급변으로 시의성 있는 대상·산업·지역별 노동시장 심층분석과 데이터 기반 맞춤형 고용노동정책 수립 지원의 중요성이 높아지고 있다.

또한, 노동시장 고령화, 디지털 전환 가속화 등에 따라 이에 대한 심층분석과 전망을 통해 고용상황 변화에 선제적인 대응을 위한 준비가 필요하다.

나. 추진상황

노동시장 동향을 매월 분석하여 고용상황 정보를 시의성 있게 제공하였고, 고령화, 디지털 전환 등 최근 노동시장 이슈를 포함하여 고용상황 정밀 진단 및 전망을 실시하였으며, 분석결과를 주요 고용정책 회의 등에 제공함으로써 효과적이고 신속한 고용노동 정책 결정을 지원하였다.

또한, 고용보험 DB 등 고용행정 통계를 활용하여 전월의 고용상황을 가장 빠르게 파악하고, 매월 보도자료 배포 및 브리핑을 실시함으로써 시의성 높은 노동시장 정보를 제공하였다. 고용행정 데이터와 함께 다양한 산업지표를 활용하여 업황을 반영한 고용상황 분석을 실시함으로써 입체적·다각적인 고용정보를 제공하였다.

청년, 여성, 고령층 등 주요 고용정책 대상에 대한 정책 연계형 심층분석을 통해 노동시장 상황에 맞는 고용정책 기본계획 수립 기반을 제공하였다. 특히, 대상별 고용상황과 일자리 특성 및 대응방향 분석을 통해 수요맞춤형 정책 수립을 지원하였다.

산업구조 변화를 분석하여 중장기 산업구조 변화에 따른 효과적인 고용노동 정책 수립을 지원하였으며, 구인난 현황 및 업종 분석을 통해 산업별 인력 부족 문제를 해결하기 위한 기반을 마련하였다. 아울러, 산업전환 예상 산업 종사자들의 노동이동에 따른 일자리 질의 변화와 영향 요인 분석을 통해 산업구조 전환 과정에서의 고용불안 최소화를 위한 정책 수립을 지원하였다.

지역 노동시장 분석, 지역 고용 설명회 등을 통해 지역 상황에 맞는 효과적인 고용노동 정책 수립을 지원하였다.

수요자 맞춤형 노동시장 정보 제공을 위해 전국 단위뿐만 아니라 업종별, 시도별로 구분하여 고용, 경제, 임금·근로시간, 직업훈련, 산업안전 등을 총망라하여 우리나라 노동시장의 상황을 종합적으로 볼 수 있도록 「통계로 보는 우리나라 노동시장의 모습」을 발간하고 대내·외에서 적극 활용할 수 있도록 하였다.

한편, 경제활동 및 노동시장 상황 변화에 대한 노동시장 종단면 기초 데이터 생산을 위해 한국노동패널조사, 청년패널조사, 고령화연구패널조사 및 고령화고용패널조사를 실시하였다. 한국노동패널조사는 26차('23년 기준) 조사까지 완료하였고 25차 자료 보고서 및 데이터를 공개하였다. 1차 년도 표본 5,000가구 중 24차 년도에 조사 성공한 원표본 유지율은 61.1%로 선진국 패널에 비해 높은 수준이다. 청년패널과 고령화연구패널 조사는 연령 증가에 따른 패널 적합성 및 데이터 활용도 개선을 위해 '21년 신규 패널을 구축하였고, '23년 신규 구축 패널에 대한 3차 조사를 실시하였다.

또한, 다양한 노동시장 심층분석 시 한국노동연구원, KDI, 한국고용정보원 등 고용노동 분야 전문가와 함께 고용동향 모니터링 및 주요 이슈별 분석회의 등을 실시하여 분석결과의 전문성 향상을 위해 노력하였다.

다. 향후 계획

시의성 있는 고용노동 정책 지원을 위해 노동시장 동향을 면밀히 모니터링하고, 대상별, 산업별, 지역별 심층 분석을 실시할 계획이다. 특히, 저출생, 고령화에 따른 노동시장 구조 변화에 효과적인 대응을 위해 청년, 고령, 여성 등에 주요 정책 대상별 심층 분석을 추진하고자 한다. 이와 함께 인구구조변화 대응을 위한 인력수급 전망 고도화 및 개선을 통한 정책 활용도 제고와 중장기 고용정책 방향 설정 지원 추진하고자 한다. 아울러, 경기둔화에 따른 지역·산업 이슈분석, 고용위기 지역 및 특별고용 업종 분석을 통해 지역·산업 맞춤형 고용정책 수립을 지원할 계획이다.

한편, 유관기관 전문과와 협업 강화로 분석 결과의 질적 향상 도모하고, 각종 분석 이슈 발생시 전문가 및 부처협의체와의 논의를 통해 정책 수용도를 제고해나갈 계획이다.

8 조사통계 일자리 정책 지원 강화

가. 추진배경

사업체 또는 기업체 대상의 표본조사를 실시하여 매월·반기·연간 주기로 고용노동 통계조사 결과를 지속적으로 공표하고 있다. 동 조사통계(부가조사 포함 시 조사통계 8종, 가공통계 1종) 결과를 생산·공표하는 것은 노동시장 산업구조 및 고용동향 등을 적기에 파악함으로써 대상별 고용노동 정책 수립·모니터링·평가 등에 기초자료로 활용되도록 지원하는 것이다.

특히, 빅데이터 등 데이터 고도화가 요구되는 상황에서 신뢰성 있는 조사통계에 기반한 자료분석·평가 등은 정책 수립시 필수적인 과정이 되었다.

또한, 저탄소·디지털경제 전환 등 산업구조 재편이 가속화·현실화되는 상황에서 산업·직업별 세부 고용·임금 통계는 일자리 정책 논의·입안·추진과정에서 반드시 필요한 자료로 활용되어 조사통계의 가치가 높아지고 있는 상황이다.

이에 정책부서의 다양한 통계수요에 적극 대응하고 산업별 고용특성이나 그 변화에 대한 시사점을 도출하고 대내외적으로 활용할 수 있도록 고용노동 통계를 적기에 효과적으로 제공하는 등 각종 정책을 위한 조사통계에 대한 요구는 더 커질 것으로 보인다.

◎ 고용노동 통계 현황

조사명	조사 주기 (조사 기준)	조사 개요
사업체 노동력조사	월 1회 (매월)	① (조사목적) 종사자 수, 노동이동(입·이직), 빈 일자리 수, 임금·근로시간 등을 파악하여 고용·임금정책의 기초자료 제공 ② (조사대상) • 고용: 종사자 1인 이상 사업체(50천 개소) • 근로실태: 상용근로자 1인 이상 사업체(13천 개소) ③ (조사항목) • 고용: 종사자 수, 빈 일자리 수, 입·이직자 수 • 근로실태: 임금 및 근로시간
시도별 임금 및 근로시간 (부가조사)	연 1회 (4월 급여기준)	① (조사목적) 시도별 임금 등을 파악하여 지역 임금정책 자료로 활용 ② (조사대상) 상용근로자 5인 이상 사업체의 상용근로자 ③ (조사항목) 임금 및 근로시간
임금체계, 정년제, 임금피크제 현황 (부가조사)	연 1회 (6월 말)	① (조사목적) 임금정책, 고령자 제도 개선 및 정책 개발 등에 활용 ② (조사대상) 상용근로자 1인 이상 사업체 ③ (조사항목) 기본급 체계(호봉, 직능, 직무급 등), 정년제, 임금피크제, 유연근로시간제 등 도입 현황

조사명	조사 주기 (조사 기준)	조사 개요
직종별 사업체노동력조사	연 2회 (4월, 10월)	① (조사목적) 산업별, 직종별, 규모별, 시도별 미충원인원, 부족인원, 채용계획 등을 파악하여 외국인력 도입계획, 인력수급전망 및 훈련수요 등 정책 수립의 기초자료로 활용 ② (조사대상) 종사자 1인 이상 사업체(72천 개소) ③ (조사항목) 구인·채용인원, 미충원인원, 부족인원 등
지역별 사업체노동력조사	연 2회 (4월, 10월)	① (조사목적) 시·군·구 단위로 사업체 종사자 수, 노동이동(입·이직), 빈 일자리수 등을 조사하여 지역단위 고용정책 참고자료 제공 ② (조사대상) 종사자 1인 이상 사업체(200천 개소) ③ (조사항목) 종사자 수, 빈 일자리 수, 입·이직자 수
고용형태별 근로실태조사	연 1회 (6월 급여기준)	① (조사목적) 고용형태별(정규/비정규) 근로자의 근로조건 실태를 인적·사업체 속성별로 조사하여 비정규직 보호대책, 근로기준 및 노사정책 등 정책 기초자료로 활용 ② (조사대상) 근로자 1인 이상(특고 포함) 사업체(33천 개소 약 99만 명) ③ (조사항목) 고용형태별, 직종별 임금, 근로시간 등
사업체 기간제근로자 현황조사	연 2회 (6,12월)	① (조사목적) 「기간제 및 단시간 근로자 보호 등에 관한 법률」 시행효과 분석 및 비정규직 정책수립의 기초자료 제공 ② (조사대상) 근로자 5인 이상 사업체(10천 개소) ③ (조사항목) 기간제 근로자 수 및 계약 만료자 조치현황
기업체 노동비용조사	연 1회 (회계연도)	① (조사목적) 근로자 고용에 소요되는 제반 비용을 조사·파악하여 정책 기초자료로 활용 ② (조사대상) 상용근로자 10인 이상 회사법인 기업체(3.6천 개소) ③ (조사항목) 직·간접 노동비용 • 직접: 임금(정액·초과급여, 상여금·성과급), 간접: 법정(외) 복지비용
사업체 노동실태현황	연 1회 (매년 12.31.)	「전국사업체조사(통계청)」 자료를 활용하여 일정한 물리적 장소가 없는 사업체, 공무원 재직기관, 자영업주, 무급가족 종사자로만 구성된 사업체 등을 제외하고 가공·집계(사업체 및 종사자 수)

나. 추진상황

산업·직업별 통계 세분화를 통한 산업구조 모니터링, 임금체계 개편 등 정책지원 강화 및 통계의 정확성·신뢰성 제고를 위해 생산체계를 고도화하였다.

산업전환·인구구조 변화 과정에서 세부 산업별 고용구조 변화 파악을 위해 지역별사업체노동력조사 자료로 산업소분류별 고용통계를 생산하였고, 임금체계 개편, 임금구조 분석 등에 활용하기 위해 고용형태별근로실태조사에서 세분화된 직종별 임금 통계를 생산하였다.

통계 세분화는 연구용역, 전문가 논의, 통계청 협의 등 공표수준 검토 및 결정 등에 상당한 기간이 소요되었으며, 철저한 사전 준비과정을 거쳐 단계적으로 추진하였다. 또한, 산업소분류

고용통계를 과거자료('21.4월 기준~)부터 소급 공표하여 이용자 편의를 증대시켰다.

통계청의 기업체 조사모집단 제공 중단 및 대체정보 활용 권고에 따라 '23년 최초로 자체 기업체모집단을 구축하였다. 이는 연구자와 협력하여 해외사례, 유관기관 협의, 구축방안별 장·단점 시뮬레이션, 시계열 단절 가능성 검토 등 장기간 노력이 필요하였으며, 자체 모집단 구축으로 안정적 통계생산의 기반을 마련하게 되었다.

또한, 직업정보의 정확성 제고를 위해 AI 기술을 적용한 지능형 직업검색기를 개발하였다. 기존 전산시스템상의 직업검색 기능은 직업명칭·직업코드로만 검색이 가능하고, 기술·전문 용어, 신생 직무 등의 추가 확인·검토 등에 상당한 시간이 소요되어 저숙련 조사인력은 이용이 곤란하였다. 이에 우리 부내 활용사례 등을 적극적으로 발굴하여 관계기관, 지방관서 등과의 적극적인 협업을 통해 지능형 직업검색기를 개발하여 자료수집단계에서의 통계 정확성 강화 및 조사인력 업무부담 경감에 크게 기여하였다.

고용노동통계조사는 국민의 알권리와 정보제공 측면에서 원자료·집계표 등 각종 통계 자료를 통계청 국가통계포털 외에 자체 공식사이트를 통해 신속 제공하고 있으며, 이용 건수가 지속 증가하여 3년 연속 100만 건을 돌파하였다.

다. 향후 계획

최근 근로기준법 5인 미만 사업장 적용, 산업별·지역별 최저임금 논의 등 지역별 영세 사업체의 근로실태 통계에 대한 수요에 부응하기 위해 상용 5인 이상 사업체 대상 통계를 상용1인 이상 사업체로 확대 공표할 예정이다. 이를 위해서 공표범위 및 과거 시계열 소급 등에 대한 전문가 자문회의 등을 추진할 계획이다.

이와 함께, 고용노동통계의 정책 지원 및 저변 확대를 위하여 수시로 정책부서 및 외부 전문가 등의 의견과 정책 수요를 파악하고, 고용노동통계 자문위원회 개최 등을 통해 통계의 신뢰성과 활용성을 지속적으로 높여나갈 계획이다.

제2절 ▶ 청년 고용촉진 및 취업기회 확대

일경험 등 청년 수요 맞춤형 고용서비스 강화

가. 미래내일 일경험

1) 추진배경

청년 일경험 지원사업은 최근 채용시장 경향이 수시·경력직 중심으로 전환함에 따라 관심 직무에 대한 실무경험이나 직무능력 향상 기회가 부족한 미취업 청년에게 다양한 양질의 일경험을 제공하기 위해 새롭게 확대·개편한 사업이다('22년 1만 명(기업탐방형) → '23년 2.6만 명(인턴형, 프로젝트형, 기업탐방형 등).

최근 청년들은 직무를 통한 자신의 성장을 중요시하고 일경험 및 경력개발 기회가 가장 필요하다고 이야기하나, 대기업은 상대적으로 채용에 어려움이 적어 일경험 기회를 제공할 동기가 적고, 중소기업은 인력·재정이 부족하여 자체적으로 일경험을 제공하기 어려운 실정이다. 이에, 그간 정부 주도의 정책 패러다임에서 탈피하여 민간에서 양질의 일경험 프로그램을 설계·제공하고 정부가 뒷받침하는 방식의 민·관 협업을 통해 청년이 희망하는 경험과 기회를 제공하는 「미래내일 일경험 사업」을 신설하게 되었다.

2) 추진성과

'23년은 본 사업을 확대·개편한 첫해임에도 민·관이 협업하여 양질의 프로그램을 제공한 결과, 많은 청년(2만 명)과 기업(1,800여개소)이 참여하는 양적인 성과뿐만 아니라 사업에 참여한 청년과 기업 모두 만족도가 높고 청년의 직무역량 향상과 기업의 인재 탐색을 돕는 질적 성과를 도출하였다.

특히, 청년은 일경험 참여에 아주 만족하고 기업에 대한 이해와 직무역량 강화에 도움이 된다 하였고, 기업 역시 산업에 대한 청년들의 이해도가 높아지고 인식이 개선되는 등 긍정적인 효과가 있고 우수한 미래인재가 유입될 것이라는 기대 등으로 사업 참여에 만족하였다.

3) 향후 계획

'24년에는 일경험 기회를 대폭 확대하고(2.6만 명 → 4.8만 명), 지역 청년에게도 양질의 일경험 프로그램을 제공하기 위해 '권역별 일경험 지원센터(6개소)'를 신설·운영한다. 아울러, 일경험 관련 정보를 통합 제공·매칭하는 플랫폼을 구축하여 청년·기업 모두의 편의성과 정보 접근성을 제고할 계획이다.

또한, 기업이 환경·사회·투명(ESG) 경영 차원에서 제공하는 일경험 프로그램의 운영비 등을 지원하는 「청년친화형 기업 ESG 지원사업」을 미래내일 일경험 사업으로 통폐합(ESG 지원형)하여 효율화를 추진한다.

2024년 청년 일경험 지원 프로그램 유형

- (인턴십) 국내외 기업에서 직접 직무·과업 수행을 통해 실전형 직무역량 강화 지원(1~5개월 내외)
- (프로젝트) 기업 현업·과업에 기반한 실전형 프로젝트 수행을 통해 직무역량 강화 지원(2개월 내외)
- (ESG지원) 기업이 편성한 일경험·직무훈련·취업역량 강화 프로그램 등을 자율 수행(6개월 이내)
- (기업탐방) 기업에 방문하여, CEO 대화, 멘토링 등을 통해 진로 설정 및 직무 탐색 지원(5일 내외)

나. 재학생 맞춤형 고용서비스

1) 추진배경

정부는 청년고용상황 개선세에도 불구하고 청년 취업 지연 현상이 악화되어 니트 청년 증가가 우려됨에 따라 고용서비스 사각지대에 있는 대학 재학청년에게 저학년부터 맞춤형 고용서비스를 조기에 지원하여 졸업 이후 원활한 '학교-노동시장' 이행을 촉진하기 위해 2023년 '대학 재학생 맞춤형 고용서비스'를 도입하였다.

정부는 또한 특성화고 등 직업계고 고교생이 재학 중 겪는 취업 및 진로 설계의 어려움을 완화하고자 2024년부터 '고교생 맞춤형 고용서비스' 시범사업을 도입하였다.

2) 주요 추진내용

① 대학 재학생 맞춤형 고용서비스

대학일자리플러스센터의 인프라를 활용하여 1:1 상담을 바탕으로 저학년부터 직업·진로 탐색과 설계를 지원하고 고학년에는 설정된 진로를 바탕으로 훈련·일경험 연계 등 맞춤형 취업지원 서비스까지 체계적으로 제공하여 청년들이 적성에 맞는 직업을 탐색하고 졸업이후 전공·적성에 맞는 일자리에 취업을 할 수 있도록 지원한다.

대학 재학생 맞춤형 고용서비스는 저학년 중심의 '빌드업 프로젝트'와 고학년 중심의 '점프업 프로젝트'로 구성된다. 빌드업 프로젝트에서 청년은 관심있는 직업에 대해 임금과 일자리 수요 등의 구체적인 정보를 제공받을 수 있고(AI 기반 잡케어서비스), 1:1 심층상담을 통해 "희망 직업 포트폴리오"를 만들 수 있다. 이후 포트폴리오에 맞게 청년 스스로 직업체험을 설계하여 참여하고(자기주도적 역량강화 프로그램), 기업탐방, 현직자 멘토링 등 취업지원 프로그램에 참여하거나 신직업·창직 관련 교과목 등을 수강함으로써 다양한 진로를 탐색하고 희망 직업을 결정할 수 있도록 한다.

본격적으로 취업을 준비하는 고학년을 중심으로 '점프업 프로젝트'를 운영하고 있다. 청년들은 이제까지 준비한 취업역량을 진단해보고 전문상담원과 함께 목표 직업을 설정하여 '개인별 취업활동계획'을 수립한다. 이 계획에 따라 필요한 훈련, 일경험, 이력서·면접 관련 취업스킬 향상 등 대학에서 제공하는 취업지원 프로그램을 활용할 수 있다. 아울러 취업활동계획을 성실하게 수행한 청년은 소정의 수당도 받을 수 있다.

재학생 맞춤형 고용서비스 주요 내용

대상		주요 내용	전달체계
대학 저학년 중심	빌드업 프로젝트	■ 개인별 직업지도 및 진로탐색 역량 제고 * 관심 직업정보 제공 → 희망직업 직업포트폴리오 설계 → 다양한 진로탐색 기회제공	대학 일자리 플러스 센터
대학 고학년 중심	점프업 프로젝트	■ 취업역량 진단 → 목표직업 설정 → 개인별 취업활동계획 수립 → 훈련·일경험·취업스킬 프로그램 연계 + 수당지원	

② 고교생 맞춤형 고용서비스

고교생 맞춤형 고용서비스는 특성화고 등 직업계고의 취업률 하락, 재학생의 진로 미결정률 지속 증가 등 취업 및 진로 설계의 어려움이 가중됨에 따라 고교생을 대상으로 대학일자리플러스센터를 통해 진로탐색·상담, 취업활동계획 수립 지원 등 찾아가는 맞춤형 고용서비스를 제공하고 직업훈련, 일경험 등 연계를 통해 졸업 이후 청년의 노동시장 진입을 촉진한다. 2024년 시범 운영대학 20개소를 선정하여 추진 중이다.

2) 추진성과

2023년 3월, 12개 대학에서 '대학 재학생 맞춤형 고용서비스' 시범사업을 시행하여, 약 4.3만 명의 청년이 사업에 참여하였다. '빌드업 프로젝트'에 참여한 청년 2.4만 명 중 약 1.9만 명에게 희망직업 포트폴리오 설계를 지원하였고, '점프업 프로젝트'에 참여한 청년 1.9만 명 중 약 1.5만 명에게 '개인별 취업활동계획' 수립 및 맞춤형 서비스를 제공하였다.

3) 향후 계획

2024년 '대학 재학생 맞춤형 고용서비스'를 50개 대학으로 확대하였다. 앞으로도 저학년 단계부터 진로탐색 및 맞춤형 고용서비스를 조기에 제공하여 졸업 이후 전공·적성에 맞는 취업을 할 수 있도록 지원할 예정이다.

다. 해외취업지원

1) 추진배경

정부는 지난 20여 년간 여러 부처를 통해 해외취업, 인턴, 봉사 등 청년의 해외진출을 지속적으로 추진하였다. 2018년 3월 15일에는 해외진출을 활성화하기 위해 범정부「청년 해외진출 TF」구성·운영, 직종별 전문가 및 관계부처 회의, 청년 및 운영기관 간담회 등을 통해 관계부처 합동으로「해외지역 전문가 양성방안」을 마련하였다.「해외지역 전문가 양성방안」은 청년을 양질의 일자리로 매칭하기 위해 일본·ASEAN 지역 취업 집중지원 및 K-Move 트랙Ⅱ 신설과 정착지원 확대 등을 주요 내용으로 한다. 국제화·세계화 시대에 청년들이 다양한 해외 경험을 하고 해외취업에 대한 수요가 높아지고 있으며, 정부에서도 청년들의 수요에 맞는 글로벌 경력개발을 지원하기 위해 해외취업 관련 다양한 지원사업을 운영하고 있다.

2) 추진성과

고용노동부의 해외취업지원사업을 통한 해외취업자 수는 코로나19 발생으로 2020년 4,400명, 2021년 3,727명으로 감소되었다가 2022년 5,024명 2023년 5,463명으로 다시 증가추세로 전환되었다. 취업자의 평균 연봉은 2020년 3,240만 원, 2021년 3,547만 원, 2022년 3,664만 원, 2023년 3,995만 원으로 지속적으로 상승하면서 질적 측면에서도 개선 추세를 보이고 있다. 아울러, 2016년부터 2023년까지 해외취업지원연수(K-Move스쿨)를 통해 취업한 자 중 지방대학 출신이 11,149명(85.7%)이고, 같은 기간 취업자 중 인문·사회계열 전공자가 6,652명(51.3%)로 상대적으로 국내 취업이 어려운 지역소재 대학 및 인문계열 등 취업애로 청년의 취업기회 확대에 기여하였다.

① 해외취업연수(K-Move 스쿨)

해외취업연수사업은 2000년부터 신규 실시하여 2013년 9월부터 「K-Move스쿨」을 추진하고 2015년부터 전체 연수과정을 K-Move스쿨로 통합 운영하고 있으며, 2020년에는 184개 과정(2,905명), 2021년에는 203개 과정(2,979명), 2022년에는 231개 과정(3,239명), 2023년에는 141과정(2,188명)을 운영하였다.

2018년부터 IT분야 등 직무 난이도가 높은 양질의 일자리로 연계하는 K-Move 트랙Ⅱ 과정을 신설하여 2018년 276명, 2019년 296명, 2020년 339명, 2021년 469명, 2022년 460명, 2023년 415명을 지원하였다.

② 해외취업알선

한국산업인력공단(이하 '공단')은 해외취업 희망자가 해외취업통합전산망(월드잡플러스 www.worldjob.or.kr)에 구직 등록을 하면, 해외 일자리 발굴을 통해 수집된 구인업체에 취업을 알선한다. 해외취업을 할 수 있는 합법적인 비자 발급이 가능하면 누구나 월드잡플러스를 통해 구직등록을 할 수 있으며, 공단은 해외취업 상담, 일자리 알선, 근로계약, 비자 발급 등 해외 취업에 필요한 모든 정보를 제공한다. 공공알선 해외취업자 수는 2020년 2,836명, 2021년 2,270명, 2022년 2,634명, 2023년 3,156명으로 코로나19 엔데믹 선언 이후 다시 증가하는 추세이다.

아울러, 국내·외 민간 인프라를 활용하여 우량 구인처 발굴 및 전문인력 진출을 활성화되도록 「민간취업알선」 사업도 추진하여, 2020년 500명, 2021년 690명, 2022년 690명, 2023년 600명의 취업을 지원한 바 있다.

③ K-Move센터 운영 확대 등 해외진출 인프라 구축

2013년 8월 해외일자리 개척을 위한 현지 거점 구축을 위해 코트라 해외무역관에 해외 K-Move센터 3개소 설치를 시작으로 2014년 4개소, 2015년 11개소, 2016년 15개소, 2017년 이후 2023년까지 17개소(국내 1개소 포함)를 운영하여 양질의 해외 일자리를 적극 발굴하고 해외취업자의 현지 사후관리 지원업무를 수행하고 있다.

④ 해외취업 정착지원금 지원

해외취업에 성공한 도전적인 청년의 원활한 현지 정착과 장기근속을 위해 청년층에게 정착 비용의 일부를 지원하는 해외취업 정착지원금 사업을 추진하고 있다. 지원대상은 만 34세 이하의 일정 요건에 해당하는 해외 취업자 중 본인·부모 또는 본인 및 배우자·자녀 합산 소득이 건강보험료 기준 6분위 이하인 자이다. 해외취업 정착지원금은 2020년 3,392명, 2021년 2,481명, 2022년 3,255명, 2023년 3,344명에게 지원되었다.

3) 향후 계획

역량 있는 대한민국 청년이 해외취업을 통해 글로벌 인재로 성장할 수 있도록 맞춤형 지원을 강화할 예정이다. 2024년부터 K-Move스쿨 참여인원을 대폭(1,000명) 확대하고, 참여 청년의 재정적 부담 완화 및 사업 참여 활성화를 위해 1인당 월 최대 20만 원 (총 160만 원 내)의 연수장려금을 지원할 예정이다. 아울러, 국가별 특성에 맞는 취업전략을 수립하여 취업을 지원하고, 월드잡플러스의 기능을 확대하여 AI기반 챗봇, 구직자의 해외 취업 역량 진단, 수요자 중심의 콘텐츠 개발 등 해외취업 성공을 위한 등 온라인 서비스를 강화할 계획이다.

2 구직단념청년 등 취약 청년의 노동시장 진입 촉진

가. 청년도전지원사업

1) 추진배경

취업도 실업도 아닌 상태에 있는 청년층 경제활동 인구가 증가 추세를 보이는 가운데 저출산, 고령화현상이 심화되면서 잠재력 저하, 미래 핵심 근로 계층의 부양 부담 가중 등의 우려가 커지고 있다.

청년층의 구직이 장기화되거나, 경제 활동을 포기하기 전에 정부와 지자체가 적극적으로 개입하여, 구직단념청년들의 경제활동 참여 및 사회복귀를 집중 지원할 필요성이 높아지고 있다.

이에, '21.3월 청년고용활성화 대책을 발표하여 구직단념청년 등 미취업 청년에 구직의욕 고취 및 취업지원서비스를 지원하는 청년도전지원사업을 신설하였다.

2) 추진성과

지역·복지·교육기관과 연계하여 구직단념청년 등을 발굴한 뒤, 심리 상담 및 맞춤형 프로그램을 제공하여 동 사업을 통해 구직의욕 고취 및 노동시장 진입을 도모하기 위하여 사업을 추진하고 있으며, 구직단념 청년들이 적극적 구직활동을 시작하고, 최종적으로 취업활동으로 이어지는 등 고용활성화에 적극 기여하고 있다.

또한, 근로기회 제공을 통한 개인의 인간다운 삶을 보장할 수 있을 뿐만 아니라 균형있는 국가·경제·사회적 발전을 하는데 매우 중요하다.

청년도전지원사업은 구직단념청년 등 발굴에 강점이 있는 지자체의 청년센터 인프라를 활용하여 '21.4월에 지자체 공모사업으로 시작되었으며, '21년 14개, '22년 28개, '23년 49개 지자체가 참여하는 등 점차 사업이 확산되었고, 참여청년수도 '21년 3,287명, '22년 5,795명, '23년 7,147명 등 전반적으로 크게 향상되었다.

사업추진 중 구직단념청년의 수요를 반영하여 기존 단기(5주)와 장기 프로그램(5개월)을 '23년도에는 단기(5주), 중기(15주), 장기(25주) 프로그램으로 다양화하였고, 도전(도전+) 프로그램 이수 청년이 국민취업제도 즉시 연계할 수 있도록 제도 개편 등을 추진하였다.

마지막으로, 청년도전지원사업 참여자의 심리적 상태 및 사회적 관계 변화를 살펴보면 프로그램 사업 초기와 이수 후 크게 향상된 것으로도 나타났다.

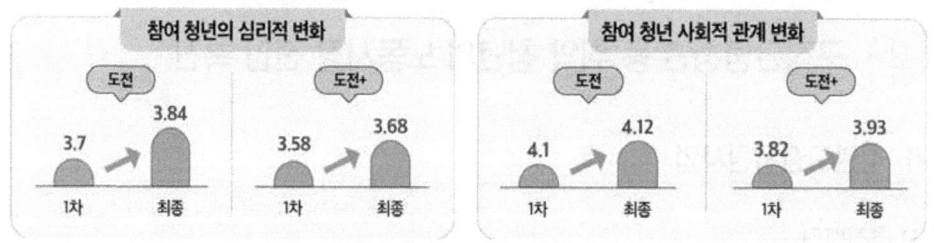

* 도전프로그램: 5주 이상, 도전+프로그램: 15주, 25주 이상

3) 향후 계획

최근 청년인구 감소에도 불구하고 청년 쉬었음 인구는 약 40만 명 수준*을 유지하는 등 청년도전지원사업의 중요성이 더욱 커지고 있다. 향후, 청년도전지원사업의 지원 규모를 확대하면서 운영을 내실화하여, 해당 사업을 통한 자신감 고취부터 국민취업지원제도 연계, 취업인센티브 지급 등을 통한 취업지원까지 맞춤형 지원을 강화할 예정이다.

* '20년 44만, '21년 42만, '22년 39만, '23년 41만

나. 청년일자리도약장려금

1) 추진내용 및 주요성과

청년일자리도약장려금 사업은 5인 이상 우선지원대상기업에서 취업애로청년을 정규직으로 신규 채용하여 6개월 이상 고용유지 시 최장 2년간 최대 1,200만 원을 지원함으로써 청년 일자리를 창출하는 제도이다.

코로나19 등으로 인해 청년고용이 악화된 상황에서, 주요 청년채용장려금 사업(청년추가고용장려금, 청년채용특별장려금, 청년디지털일자리사업)이 '21년 일괄 종료되고, 청년실업의 악화 및 장기화 가능성 등을 감안하여 '22년부터 청년일자리도약장려금 사업을 신설하여 시행하였다.

청년일자리도약장려금 사업을 통해 2023년 3.9만 개 기업에서 8.8만 명의 청년이 채용되어 신규 일자리가 창출되었다.

특히, 가정 밖·학교 밖 청년 등 안정적인 자립을 위해 정부지원이 필요한 청년과 북한이탈 청년도 포함하는 등 지원대상 취업애로청년의 범위를 확대하고 사업 참여기업에 대해서는 재정건전성(매출액) 심사를 도입하고 지원수준을 최대 1년간 960만 원에서 2년간 1,200만 원으로 상향하여, 청년들이 안정적인 일자리에서 원하는 만큼 일을 할 수 있도록 지원함으로써 중소기업에게는 청년채용에 따른 부담을 덜어주고 취업애로청년은 취업으로 이어질 수 있었다.

2) 향후 계획

'24년에는 더 많은 취업애로청년들이 취업할 수 있도록 신규지원 인원을 확대하고 사업참여 요건을 대폭 완화할 예정이다. 실업기간이 4개월 이상인 청년으로 대상을 확대하고, 학교를 졸업했지만 아직 취업하지 못한 청년, 일경험 사업 수료자, 대규모 이직이 발생한 사업장에서 이직한 청년도 지원대상에 포함하고, 여행업, 우수 사회적 기업 등은 1인 이상 기업이라도 사업에 참여할 수 있도록 할 계획이다.

③ 청년고용 활성화 기반 구축·운영

가. 대학일자리플러스센터

1) 추진배경

고용노동부의 취업지원관, 대학청년고용센터 사업, 여성가족부의 여성 커리어개발센터 지원사업, 대학별 자체 취업지원기능 등 각 부처별 사업들이 분절적으로 제공되어 학생들이 체계적인 지원을 받기가 어려운 상황이었다.

이에 진로지도 및 취업지원 서비스를 공간적으로 통합하고 기능적으로 연계하여 체계적인 원스톱 통합서비스를 제공하기 위해 2015년 '대학일자리센터' 사업을 추진하였다. 2021년부터는 상담 등 서비스를 강화하고, 서비스 대상을 2년 이내 졸업생 및 지역청년으로 확대한 '대학일자리플러스센터' 시범사업을 16개 대학에 추진하였다.

2) 추진성과

2015년 10월, 숙명여대 등 21개 대학을 선정해 시범사업을 시행하였고, 2017년에는 전문대 및 지방 중소규모 대학의 지원을 위한 '대학일자리센터 소형'을 신설하여 10개교를 선정, 71개 대학이 대학일자리센터를 운영하였다. 지속적인 참여대학 선정으로 2021년에는 사업규모가 84개 대학으로 확대되었다. 2022년에는 후술할 후속사업 '대학일자리플러스센터'의 시행으로 대학일자리센터는 16개소를 제외하고 모두 '대학일자리플러스센터'로 전환하여 운영하였다.

사업비는 고용노동부가 50%, 대학과 자치단체가 분담하여 50%를 매칭하는 방식으로, 대형사업의 경우 6억 원, 2017년부터 추가한 소형사업은 2억 원이다.

대학일자리센터 운영을 통해 학생들은 한 곳에서 전문 컨설턴트의 맞춤형 진로상담과 지도를 받고, 자신에게 맞는 정부 청년일자리사업 관련 정보를 얻을 뿐 아니라, 저학년부터 졸업까지 교과목 및 비교과프로그램 참여를 통해 단계별로 진로탐색-진로설정-역량함양-취업지원으로 이어지는 체계적인 서비스를 받을 수 있게 되었다.

한편, 시범사업으로 추진한 '대학일자리플러스센터'는 '대형' 및 '소형' 사업을 신설하여 2021년 16개 대학에서 운영하였으며, 사업이 본격 추진된 2022년에는 '거점형'과 '일반형'으로 개편하여 100개소로 확대하여 운영하였다. 2024년에는 '거점형'과 '일반형'을 합하여 120개소로 확대하여 운영하고 있다. 사업비 규모는 거점형 사업의 경우 7.2억 원,

일반형 사업의 경우 3억 원이며 거점형의 경우 고용노동부가 58%, 대학 및 자치단체가 42%를, 일반형의 경우 고용노동부가 66.7%, 대학 및 자치단체가 33.3%를 부담하였다.

2023년에는 99개 대학에서 대학일자리플러스센터를 운영하여 재학생, 졸업생, 지역청년에게 상담 152만 건, 진로·취업지원 프로그램 124만 건을 제공하였다. 또 '거점형' 대학일자리플러스센터에서 지역청년을 중심으로 지역산업·학교 특성 등을 반영한 특화 취업지원 프로그램을 운영하였다.

대학일자리플러스센터의 경우 서비스 제공 대상을 자대생뿐만 아니라 졸업생(2년 이내) 및 지역청년으로 확대하여 서비스 사각지대를 해소하였고, 취업지원전담자를 배치하는 등 취업알선 및 상담서비스를 강화하여 더욱 효과적인 취업지원서비스를 제공하고자 노력하였다.

외부 전문기관을 통한 정책 체감도 및 만족도 조사결과, 대학일자리플러스센터를 통해 진로·취업상담서비스, 정규교과, 취업지원프로그램 등의 '프로그램 수혜율'이 향상되었고, 청년사업의 인지도 및 만족도가 높아졌으며, 정부 청년고용정책의 가장 효과적인 인지경로로 자리매김하는 성과를 거두었다.

3) 향후 계획

2024년 '거점형'과 '일반형'을 합하여 121개 대학으로 대학일자리플러스센터를 확대하였다. 앞으로 고용복지플러스센터, 등과 협력하여 지원이 필요한 청년이라면 누구든지 고용서비스를 받을 수 있도록 할 예정이다.

나. 청년친화강소기업

1) 추진내용 및 주요성과

청년친화강소기업은 중소·중견기업에 대한 인식개선 및 양질의 일자리 정보 제공 등을 위해 청년이 선호하는 근로여건을 갖춘 기업을 청년친화강소기업으로 선정하여 기업정보 제공 및 홍보 등을 지원하는 사업이다.

2012년부터 매년 중앙부처, 공공기관 및 자치단체가 추천한 우수기업과 신청기업을 대상으로 결격요건*에 해당하는 기업을 제외하여 '강소기업'을 선정하고 있으며, 2023년에는 27,790개소를 선정하였다.

* (결격요건) ①3년 이내 근로기준법에 따른 명단 공개 체불기업(사업주), ②3년 이내 2회 연속 동종 업종규모 평균 대비 고용유지율이 낮은 기업, ③3년 이내 산재사망 발생 기업, ④기업 신용등급이 B- 미만인 기업, ⑤상호출자제한기업집단 및 공기업, ⑥10인 미만 기업, ⑦소비·향락업, 중소기업인력지원특별법제외업종, 고용알선업, 인력공급업 등
** (선정 규모) ('20) 15,658, ('21) 15,962, ('22) 16,655, ('23) 27,790

2016년부터는 강소기업의 결격요건과 청년이 선호하는 근로여건(임금, 일·생활 균형, 고용안정 등) 등을 반영한 '청년친화 강소기업'을 별도로 선정하여 기업 정보 제공 및 홍보 등을 지원하고 있다. 2024년에는 청년, 전문가 등의 의견을 수렴하여 결격요건에 부당해고, 직장 내 괴롭힘 등 노동관계법 위반사항을 포함하고, 통합선정지표*에 공정채용 이슈를 반영하는 등 선정기준을 강화하였다.

* ① 일생활균형, ② 임금, ③ 고용안정, ④ 혁신역량, ⑤ 기업문화, ⑥ 가·감점
** (선정 규모) ('20) 1,280, ('21) 1,222, ('22) 1,214, ('23) 1,000, ('24) 533

청년친화강소기업으로 선정된 기업은 채용지원 서비스, 병역특례업체 선정 시 가점 부여, 정기 세무조사 선정 제외 우대, 공유재산 임대 시 우대, 재정금융 우대 등의 지원을 받을 수 있다. 특히, 중소·중견기업에 대한 인식개선 등을 위해 매년 청년친화강소기업 서포터즈(대학생 등)를 선발하여 기업을 청년들의 눈높이에서 생생하게 취재해 SNS로 전달하고 있다.

2) 향후 계획

청년이 우수한 중소·중견기업에 대한 정보 부족으로 취업에 어려움을 겪지 않도록 청년친화강소기업 홍보를 강화하고, 청년친화강소기업 서포터즈 제도를 확대할 계획이다.
아울러, 강소기업과 청년친화강소기업에 제공하는 혜택을 확대하여 우수한 기업이 참여할 수 있도록 할 계획이다.

다. 4차 산업혁명 등 대비한 청년 직업·진로지도

1) 추진배경

디지털 전환시대를 맞아 산업구조와 직업세계도 급격한 변화를 겪고 있다. 변화하는 고용환경에 유연하게 대응하기 위해 개인의 진로개발·경력관리 역량에 대한 필요성이 강조되고, 미래직업 정보제공 중요성도 커지고 있다. 청년 일자리 문제의 경우, 전공-일자리 미스매치, 대기업 쏠림현상, 노동시장 진입 시기 지연, 초기 입직 후 조기 이직 등의 문제가 심화되고 있고 이를 해소하기 위한 청년 대상 직업·진로지도의 중요성이 강조되고 있다. 또한, 생성형 AI기술 발전 등 과학기술에 따른 직업세계의 급격한 변화로 기존 직업·진로지도 콘텐츠 역시 다양한 방식과 형태로 제공할 필요성이 커지고 있다.

2) 추진성과

미래직업 세계 변화에 대비하기 위해 정부는 2013년부터 일자리 창출 잠재력이 있는 신직업을 발굴해왔으며, 정부가 육성·지원할 121개 신직업을 관계부처 협의 하에 발표하였고, 신직업 실태조사 등을 통해 활성화 방안을 모니터링하고 있다. 또한 신직업 및 미래직업에 대한 콘텐츠를 개발하여 직업변화에 따른 취업준비 및 경력개발 자료로 활용할 수 있도록 제공하고 있다. 2001년부터 실시한 재직자 조사는 우리나라 대표직업의 직무특성을 비롯해 산업현장에서 실제 요구되는 업무수행능력, 지식, 성격, 업무환경, 임금수준, 향후 일자리 전망 등을 조사하며, 워크넷 등을 통해 일반인에 제공함으로써 변화하는 직업세계에 대한 정보를 활용하도록 하고 있다.

한편, 청소년 및 성인 구직자 등 대상별 특성에 적합한 직업심리검사를 개발·보급하여 연간 약 220만 명 이상의 청소년 및 구직자들이 활용하도록 하였고, 개별 직업심리검사 온라인 해석상담을 통해 효과적인 직업상담 및 진로지도 서비스를 제공하였다. 동시에 구직자 대상별 특성에 맞춘 20여 종의 취업역량강화 프로그램을 개발·보급하여 구직자 및 취업취약계층에 필요한 취업지원 서비스를 제공하였다.

2021년부터는 기업 채용동향 조사·분석사업(기업채용인식조사)을 수행하여 채용트렌드 파악 및 취업정책 수립에 기여하였다. 그 외 사이버진로교육센터 운영을 통해 대학생 및 성인 구직자의 취업역량강화에 필요한 콘텐츠를 제공하였으며 직업 및 취업 관련 동영상 자료를 개발, 민간 동영상 플랫폼 등에 보급함으로써 진로 선택과 효율적인 취업정보 탐색을 지원하였다

3) 향후 계획

청년의 노동시장 조기 진입을 위해 대학 재학 단계에 맞는 맞춤형 진로설계 및 취업준비 과정을 지원하고자 한다. 이를 위해 청년층의 미래지향적 진로탐색 지원을 위한 산업별 신직업 발굴 연구, 미래직업 콘텐츠 다양화, 직업세계 변화 관련 연구의 고도화 등을 추진하고, 그 결과를 워크넷 및 대학일자리센터 등에 제공하고자 한다.

취업에 직접 영향을 주는 채용트렌드를 지속적으로 분석하여 취업준비를 지원하고, 사이버진로교육센터 등 디지털 인프라 확충을 통해 다양한 콘텐츠를 쉽게 접하도록 하며, 청년층 대상을 세분화하여 개인의 수요에 부응하는 고용서비스를 제공하고자 한다.

④ 공정채용문화 확산

가. 추진배경

채용은 청년이 사회에 진출하여 사회 공동체에 대한 신뢰가 형성되는 단계이자, 기업이 유능한 인재를 선발하는 단계로 채용에서의 공정성은 "시대적 과제"이다. 이에 따라 구직자에게는 자신의 능력을 펼칠 기회가 공정하게 제공되어야 하며, 기업은 외부의 압력 없이 직무능력에 따라 적절한 인재를 선발할 필요가 있다.

그러나, 채용의 공정성에 대한 우리 사회의 신뢰는 높지 않은 것이 현실이다. 공공기관 및 금융권 등 청년들이 선호하는 직장에서 발생한 채용비리 사건은 물론 건설현장의 채용강요 등 채용의 공정성을 뒤흔드는 행위들이 반복되면서 채용과정에 대한 불신이 우리 사회에 만연한 실정이다. 이는 공정이라는 가치에 민감한 청년세대의 일자리 체감도를 더욱 악화시킬 가능성이 있다.

이와 같은 채용에 대한 불신을 해결하고 우리 사회에 공정한 채용문화가 확산되어 뿌리내릴 수 있도록 정부는 "공정"을 핵심 국정운영 원칙으로 하고 "공정한 채용기회 보장"을 국정과제(50-①. 공정한 채용기회 보장)로 선정하여 추진하고 있다. 채용과정에서의 공정성은 직무·성과 중심의 공정한 보상과 함께 청년 친화적인 노동시장 개혁의 주요 과제로서, 노사 법치주의에 기반한 공정한 노동시장이 구축될 수 있도록 채용 강요 등 법 위반에 대해 엄정한 대응을 요구하고 있으며 정부는 다양한 방식의 정책을 시행하고 있다.

우선,「채용절차의 공정화에 관한 법률」을 제정하고, 위법행위를 지도·점검하여 채용 과정에서 발생할 수 있는 불합리한 차별을 방지하고 건전한 채용질서가 자리잡을 수 있는 기반을 마련하고 있다.

현재 채용의 공정성과 투명성을 보다 높이고자 현행 법률을 「공정채용법」으로 전면 개정하는 과정 중에 있다. 또한 공정채용문화 확산을 위해 「공공부문 공정채용 확립 및 민간 확산 방안('19.11.8., 관계부처 합동)」과 「취업준비생 애로 경감 방안('21.10월)」을 마련하고 공정채용 인프라구축 사업으로 다양한 정책적 지원을 수행하고 있다.

나. 주요내용

① 「채용절차의 공정화에 관한 법률」 제·개정

채용서류의 반환 등 채용과정의 최소한의 공정성을 확보하고 구직자의 권익을 보호하기 위해 '14년 「채용절차의 공정화에 관한 법률」이 제정되었다. 동법은 거짓 채용광고를 금지하고, 채용여부를 고지하도록 하며, 구직자가 요청하는 경우 채용서류를 반환하도록 하는 등 채용과정에 있어 구인자에 최소한의 의무를 규정하였다는 점에서 의의가 있다.

'19년에는 일부 조항들에 대한 개정을 통해 구직자의 권익을 보다 폭넓게 보호하고, 채용에 관한 부정한 청탁 및 채용강요 행위를 근절하고자 하였다. 이를 통해 채용과정 및 일정을 고지하도록 하고, 기초심사자료 수집 시 불필요한 개인정보를 수집하지 못하게 하는 등 구직자의 권익을 보다 두텁게 보호하고자 하였다.

또한, 부정한 채용 청탁 및 채용과 관련한 금품 수수, 채용강요 행위 등 불공정한 채용 행위들을 금지하고 위반 시 과태료를 부과하도록 하여 채용의 공정성을 높이고자 하였다. 이와 함께 채용심사비용을 구직자에게 부담시키지 못하도록 개정하여 구직자가 채용 과정에서 금전적 피해를 보는 것을 방지하도록 하였다.

'23년 정부는 채용절차법을 공정채용법으로 전면 개정하는 것을 국정과제이자 노동개혁 핵심과제로 채택하여 입법을 추진하였다. 공정채용법에는 불공정채용 근절을 위해 채용강요·세습 등에 대한 제재를 신설·강화하는 한편, 구직자의 권익을 보다 두텁게 보호할 수 있도록 채용결과 등 채용과정 상 정보 제공 의무 강화 및 면접에서도 불필요한 개인정보 요구 금지 등의 내용이 담겼다. 공정채용법은 발의('23.5.22., 윤재옥 의원) 후 현재 상임위에 계류 중이다.

② 「채용절차의 공정화에 관한 법률」법 집행력 제고

정부는 채용절차법의 법 집행력 제고 및 현장의 채용질서 확립을 위해 '23년 총 1,235개 사업장에 대한 지도·점검을 실시하였다. 이를 통해 위반사항 468건을 확인하고 개선조치 (과태료 25건, 시정명령 25건, 개선권고 418건)하였다.

건설현장의 불법행위 예방 및 근절을 위한 상·하반기 점검(上 408개소, 下 211개소)을 진행하였고, 고용시장에서 약자인 청년들이 겪는 불공정 채용을 시정하기 위해 청년 다수고용 사업장에 대한 상시 점검(413개소)을 진행하였다. 하반기에는 그간 채용절차법 지도·점검의 사각지대였던 온라인 채용공고 사업장에 대한 점검(203개소)을 최초로 실시하여 법 위반사항을 시정하였다.

③ 공정채용문화 확산 도모

정부는 민간의 공정채용문화 조성을 위해 기업이 직무능력과 역량 중심으로 평가할 수 있도록 스마트 물류, e-비즈니스 등 채용수요가 증가한 분야를 중심으로 능력중심 채용 모델을 개발·보급('23년 10개 개발, 10개 고도화)하였다.

능력중심 채용제도를 도입하기 원하는 기업을 대상으로 채용모델 활용 컨설팅을 지원(350개소)하고 채용모델의 이해를 제고하기 위해 인사담당자, 면접위원, 청년 구직자 대상 교육도 총 145회 실시하였다.

중소기업이 공정한 채용제도를 통해 직무능력을 갖춘 우수 인재를 확보할 수 있도록 채용제도 진단에서 공정채용 제도 설계까지 맞춤형 컨설팅을 무료로 제공하는 공정채용컨설팅 사업을 신설하여 151개소에 공정채용 제도 도입을 지원하였다.

채용과정의 공정성 강화를 위해 채용계획이 있는 중소기업 등에는 온라인채용플랫폼 개설(60건)과 채용전형별 평가도구 개발(311건)을 지원하였다. 또한 공정채용에 대한 구직자와 기업의 수용성 제고를 위해 청년과 기업이 공감하는 공정채용 실천 우수사례(22개 기업)를 발굴·홍보하고 실무에 바로 활용할 수 있도록 공감채용 가이드북(핸드북)도 제작·보급하였다.

다. 향후 계획

정부는 공정채용 문화의 확산을 위해 조속히 「채용절차의 공정화에 관한 법률」을 「공정채용에 관한 법률」로 전면 개정할 수 있도록 최선을 다할 예정이다. 이를 위해 국회, 청년, 기업 등 이해관계자들과 적극적인 소통을 통해 법 시행 필요성을 알리고, 통과 시 현장의 안착을 지원하기 위한 다양한 홍보·교육을 실시할 계획이다.

또한, '24년 건설사업장, 익명신고 사업장, 민간 온라인 채용공고 사업장 등 채용절차법 주요위반 사업장들을 대상으로 상·하반기 집중 지도·점검기간 등을 진행하여 채용 현장에 공정채용 문화가 정착하도록 지원할 예정이다. 건설현장의 경우 관계부처(지역 실무협의체 활용)는 물론, 지방관서 관련 부서(근로감독과)와 연계·협업을 통해 효과적인 점검을 진행할 계획이다. 또한, 익명신고 센터를 운영하여 채용광고와 다른 근로계약 등 채용절차법 위반 사항에 대한 신고·점검을 진행한다. 아울러, 민간 온라인 채용공고에 대한 모니터링을 통한 점검도 실시한다. 또한 언론보도, 동향 등을 통해 파악된 채용갈등 현장에 대해서는 신고가 없더라도 적극적인 직권조사도 진행할 예정이다.

공정채용문화 정착을 위해 '24년부터는 중소기업을 대상으로 기업 맞춤형 공정채용제도 설계를 지원하는 공정채용 컨설팅을 확대(200개소 내외)하고, 기업들이 능력중심 채용모델을 더 쉽게 활용할 수 있도록 능력중심 채용모델 검색 시스템을 개발할 계획이다.

제3절 여성의 일자리 기회 확대

1. 여성고용 현황 및 여성 일자리 여건 개선

가. 여성고용 현황

여성고용률은 출산·육아에 대한 사회보험이 시작된 2000년(50.1%)부터 꾸준히 증가하여 2023년(61.4%)까지 11.3%p 상승하였으나, OECD 국가('22년 평균 66.5%)보다는 여전히 미흡한 상황이다.

그림 2-③-1. 여성고용률 추이(15~64세) (단위: %)

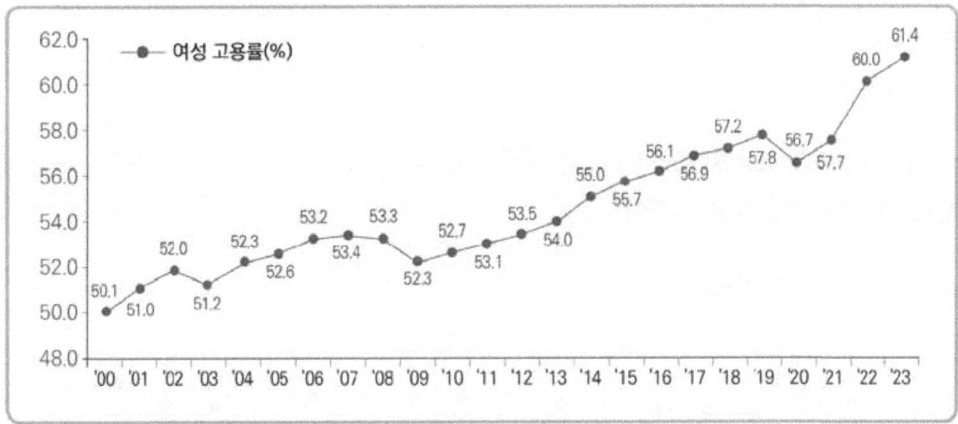

* 자료: 통계청, 경제활동인구조사

그림 2-③-2. 여성고용률 국제비교(15~64세, '22년) (단위: %)

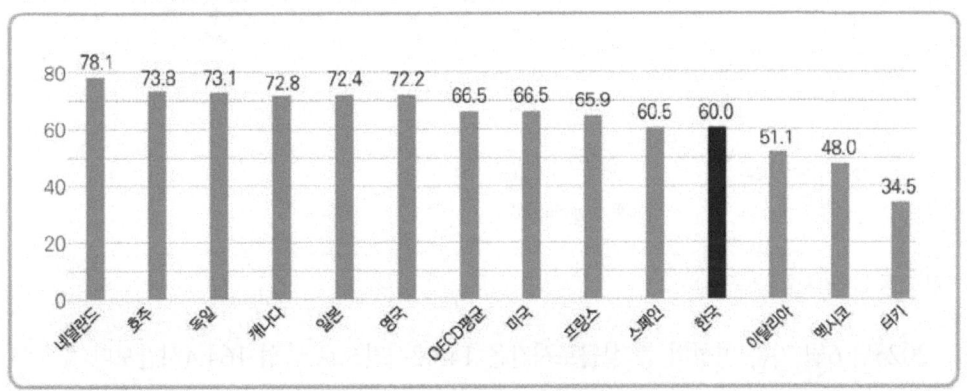

* 자료: OECD.stat

여성고용률 최저점은 30대 초반('07년 52.2%)에서 30대 후반·40대 초반('23년 64.7%)으로 이동하는 등 경력단절현상(M-Curve)도 다소 완화되었다.

그림 2-③-3. 연령대별 여성고용률('07년, '23년)   (단위: %)

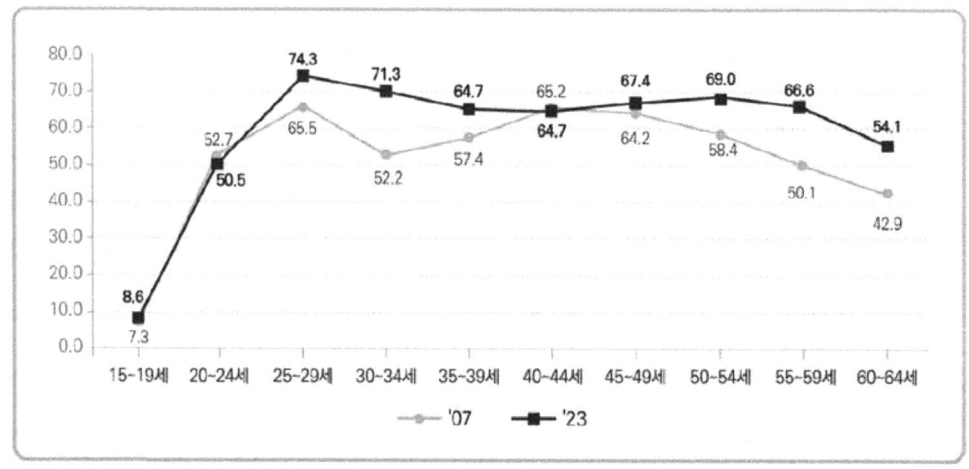

* 자료: 통계청, 경제활동인구조사

하지만, 성별 고용률(15~64세)은 남성 76.9%, 여성 61.4%로 여성고용률은 여전히 남성보다 15.5%p 낮은 상황이다.

그림 2-③-4. 성별 고용률   (%, 천 명)

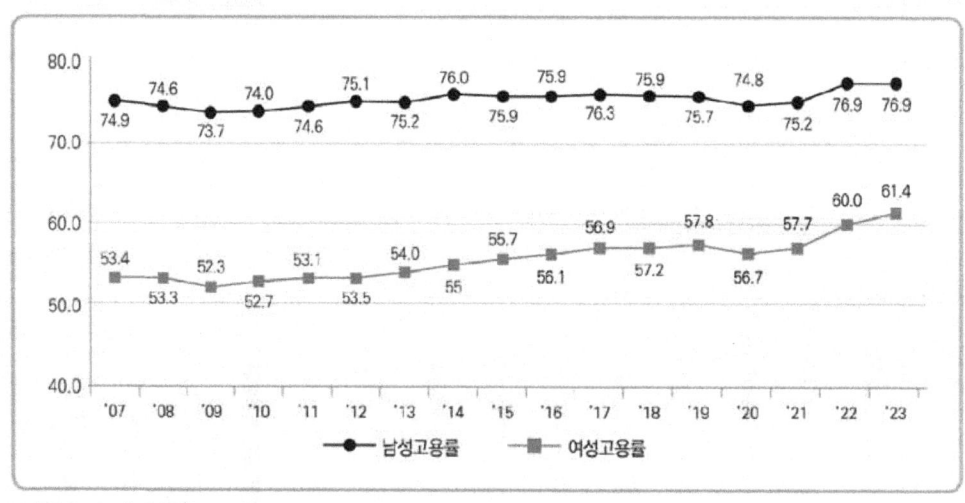

* 자료: 통계청, 경제활동인구조사

2023년 6월 기준 여성의 총 실근로시간은 148.2시간으로 남성 164.4시간보다 짧으며, 시간당 정액급여액은 17,107원으로 남성(22,927원)의 74.6% 수준이다.

그림 2-③-5. 성별 근로조건 급여액 (단위: 원)

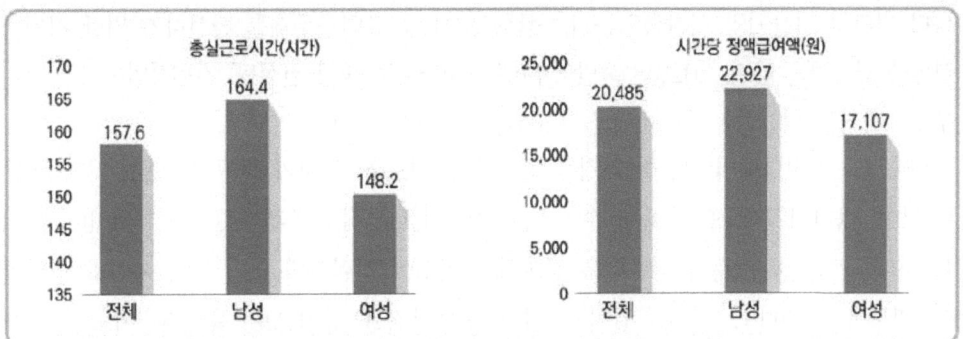

* 자료: 고용노동부, 고용형태별근로실태조사('23.6월), 근로자 1인 이상(특고 제외)

따라서 여성 일자리는 양적으로 확대되고 있으나 OECD 및 남성에 비해 여전히 저조하고 임금격차, 비정규직 등 질적 저하 속에서 유리천장 현상은 지속되고 있다.

나. 여성 일자리 여건 개선

정부는 차별 없는 여성 일자리 환경을 구축하기 위해 건강-고용보험 연계 정보를 활용하여 스마트 근로감독을 지속적으로 확대하여 실시하고 있고, 적극적 고용개선조치 대상 사업장을 모든 지방 공기업 및 대규모 기업집단(300인 이상)까지 확대하였으며, 고용상 성차별 등 불이익을 받은 근로자가 노동위원회를 통해 직접 구제를 신청할 수 있는 시정제도를 시행하였다.

출산·육아로 인한 여성의 경력단절을 예방하기 위해 출산전후휴가 급여를 지속적으로 인상하였고, 기간제·파견근로자가 출산전후휴가기간 중 계약이 만료되더라도 남은 휴가기간에 대한 출산전후휴가 급여를 보장받을 수 있도록 제도를 개선하였으며, 배우자 출산휴가 확대(유급 10일)와 더불어 배우자 출산휴가급여 제도를 신설하였다.

그리고 육아휴직 4개월 이후 육아휴직급여와 아빠육아휴직 보너스제 상한액 및 한부모 근로자 육아휴직급여를 인상하였고, 임신 중인 여성 근로자도 육아휴직을 허용하였으며, 부모가 동시에 또는 순차적으로 자녀 생후 18개월 내 육아휴직을 사용한 경우 첫 3개월에 대한 부모 각각의 육아휴직급여를 통상임금의 100%로 상향지원(200~450만 원 한도)하는 '6+6 부모육아휴직제'로 확대 개편하였다.

아울러 경력단절여성의 재취업을 지원하기 위해 여성새로일하기센터를 지정하여 경력단절여성의 구인·구직상담, 직업훈련, 인턴십 지원, 취업알선 및 취업 후 사후관리 등의 취업지원 서비스를 종합적으로 제공하고 있다. 또한 여성이 일하는 시간과 장소를 유연하게 활용할 수 있도록 일과 가정을 양립할 수 있는 여건을 조성하기 위한 노력도 병행하고 있다. 특히 전환형 시간제와 시차출퇴근제, 선택근무제 등 유연근무제를 확산하기 위한 지원금 사업을 지속하는 한편, 2020년 하반기부터는 '재택근무 종합 컨설팅' 지원사업을 신설하여 우수사례집을 발간하는 등 재택근무 도입을 장려하고 있다.

향후 일·가정 양립이 가능한 환경을 조성할 수 있도록 "부모가 함께, 더 쉽고 더 편하게, 더 많이" 육아지원제도를 활용할 수 있도록 지속적으로 제도를 확대해나갈 계획이다. 특히 육아휴직 기간 중 소득지원을 더욱 강화하여 여성이 경력단절 없이 일과 육아를 병행할 수 있도록 지원하고, 중소기업이 밀집한 산업단지를 중심으로 육아지원제도 활용을 확산하기 위한 컨설팅, 대체인력 채용지원 등을 통해 사용여건을 개선해 나갈 계획이다.

② 차별 없는 일자리 환경 구축

가. 성차별 고용관행 타파

1) 스마트 근로감독 및 모성보호 알리미 서비스 실시

2016년 6월부터 근로자가 눈치 보지 않고 모성보호 및 일·가정 양립 지원제도를 활용할 수 있도록 건강보험상의 임신·출산 정보와 고용보험상의 근로자 정보를 연계하여 출산휴가 미부여, 출산휴가자 대비 육아휴직자 비율 30% 미만, 출산휴가 등으로 인한 부당해고 의심 사업장에 대해 예방적 차원의 근로감독을 실시하고 있다. 2023년에는 총 1,028개소를 점검한 결과 1,017개소, 6,007건의 법 위반을 적발하였다.

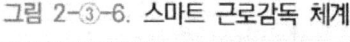

그림 2-③-6. 스마트 근로감독 체계

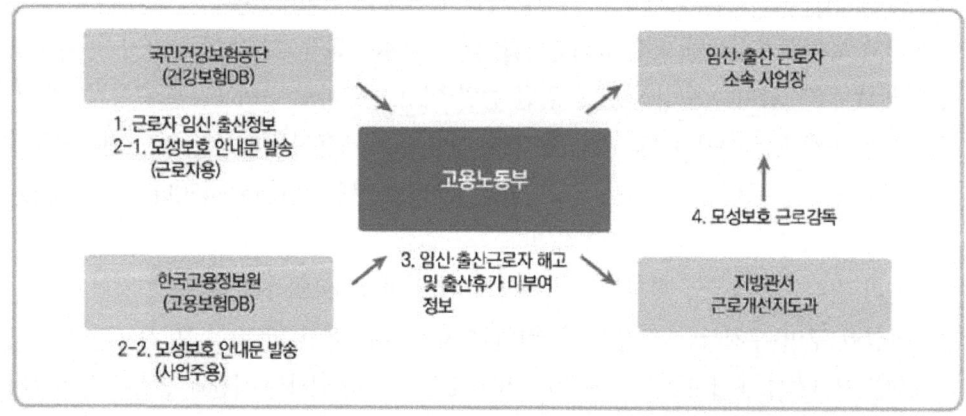

아울러, 2016년 5월부터 임신근로자와 그 소속사업장에 생애주기에 따른 모성보호 및 일·가정 양립제도 알리미 서비스를 실시하고 있다. 건강보험의 임신·출산정보와 고용보험 정보를 연계하여 임신·출산근로자에게 보장되는 근로자의 권리와 사업주의 법정 의무, 각종 정부지원제도 등을 사전 안내하는 서비스로, 국민행복카드를 신청한 임신 근로자에게 이메일 및 임신 주수에 따른 LMS 서비스를 제공하고 있다.

가임기 여성근로자가 10인 이상, 임신 32주가 경과한 근로자가 있는 사업장에는 매월, 팩스 및 이메일 서비스를 제공하였다. 2023년 임신 근로자 312,477명, 소속사업장 77,003개소에 모성보호 알리미 서비스를 안내하였다.

2) 성차별 예방 및 지도·점검사업 실시

현행 「남녀고용평등과 일·가정 양립 지원에 관한 법률」은 사업주로 하여금 모집과 채용, 임금, 임금 이외의 금품, 교육·배치 및 승진, 정년·퇴직 및 해고 등에 이르기까지 고용의 전 과정에서 성(性)을 이유로 한 각종 차별을 금지하고 있고 위반 시 벌금(최저 500만 원에서 최고 3,000만 원) 또는 형사처벌에 이르는 벌칙 규정을 두고 있다. 또한 지방고용노동관서 근로감독관을 통해 성차별 금지 등이 준수될 수 있도록 각종 예방 및 지도·점검사업을 실시하고 있다.

2023년도에는 모성보호 관련 법 위반이 의심되는 사업장을 중심으로 차별적 고용관행을 지도·점검한 결과 6,007건의 법 위반 사항을 적발하여 시정조치하였다.

표 2-③-1. **연도별 고용평등 및 모성보호 지도·점검 현황** (단위: 건수)

구분	'17년	'18년	'19년	'20년	'21년	'22년	'23년
점검사업장	555	659	700	400	868	996	1,028
위반사업장	492	555	683	368	814	953	1,017
총 위반 건수	1,698	2,129	3,085	1,268	3,198	4,362	6,007
조치내용	사법처리 18 과태료 54	사법처리 14 과태료 84	사법처리 2 과태료 41	사법처리 6 과태료 6	사법처리 5 과태료 16	사법처리 1 과태료 22	사법처리 4 과태료 26

3) 성희롱 예방교육 및 관련 지도·점검

직장 내 성희롱은 피해근로자에게 심각한 정신적·심리적 후유증을 남길 뿐만 아니라, 기업과 가해자에게도 큰 손실을 가져온다. 성희롱 피해는 사후적으로 원상 회복에는 한계가 있어 사전예방이 중요하므로 근로자가 직장 내 성희롱이 없는 밝고 건강한 환경에서 일할 수 있도록 「남녀고용평등과 일·가정 양립 지원에 관한 법률」에 직장 내 성희롱 예방 의무를 부여하고 지속적으로 교육·홍보해 왔다.

그 결과 직장 내 성희롱에 대한 사회적 관심이나 이해가 높아진 것은 사실이나 일부 사업장에서 여전히 직장 내 성희롱이 발생하여 사회적 물의를 일으키고 있다. 특히, 사업장 규모가 영세할수록 직장 내 성희롱 예방교육 실시율이 낮은 반면 성희롱 발생률은 높게 나타나고 있다. 정부는 성희롱예방교육 무료강사 풀(pool)을 구성하여 성희롱 발생 개연성은 높지만 여건상 예방교육을 자체적으로 실시하기가 어려운 영세 사업장에 강사를 지원하고 있다. 2023년도에 431개 사업장에 13,102명을 대상으로 직장 내 성희롱 예방교육을 실시하였다.

직장 내 성희롱 예방에 대한 사업장의 법 준수를 위해 남녀고용평등 분야 사업장 지도·점검 시 직장 내 성희롱 등을 집중적으로 점검하고 있으며, 2023년 1,028개소 점검 사업장 중 직장 내 성희롱 관련 위반 사업장 등 1,017개소를 적발하였고, 시정조치 하였다.

표 2-③-2. 연도별 직장 내 성희롱 관련 지도·점검 현황 (단위: 건수)

구 분	'17년	'18년	'19년	'20년	'21년	'22년	'23년
점검사업장	555	659	700	400	868	996	1,028
직장 내 성희롱 관련 위반사업장	220	375	298	368	814	953	1,017

4) 고용상 성차별등 노동위원회 시정제도

고용상 성차별, 직장 내 성희롱 피해근로자에 대한 적절한 조치 의무 위반 및 불리한 처우에 대한 노동위원회 시정제도가 시행되었다('22.5.19.).

노동위원회를 통한 시정제도는, 기존 고용상 성차별 등에 대하여 사업주에게 벌칙만을 부과하던 것에서 나아가 차별받은 근로자가 차별적 처우 등의 중지, 근로조건의 개선, 적절한 배상명령 등의 시정조치를 받을 수 있게 함으로써 차별을 적극적으로 시정하여 근로자가 실질적인 구제를 받을 수 있는 방식으로 제도를 운영하고 있다.

나. 양질의 일자리환경 조성

1) 적극적 고용개선조치(Affirmative Action)

'적극적 고용개선조치'란, 사업주가 현존하는 고용상의 차별을 해소하거나 고용평등을 촉진하기 위해 잠정적으로 취하는 모든 조치와 그에 수반하는 절차를 말하는 것으로 능력주의나 업적주의를 침해하지 않는 방법으로 소수집단의 대표성을 확대시켜 나가는 조치를 뜻한다.

적극적 고용개선조치는 동종 산업 유사규모 기업들을 비교 평가하여 여성을 현저히 적게 고용하거나 여성관리직 비율이 낮은 기업에 여성고용 촉진을 위한 개선방안을 찾고, 이를 시행할 것을 요구하는 제도로서 2006년 3월 1일부터 정부투자기관, 정부산하기관, 1,000인 이상 사업장에 시행되었다.

2008년 3월 1일부터는 500인 이상 사업장(공공기관 50인 이상)으로 확대 적용되었으며, 2013년 5월 1일부터는 전 공공기관으로 확대 적용되었다. 2014년 1월 14일 남녀고용평등법 개정으로 명단 공표 제도가 신설되었고 이에 따라 2017년 3월 27개 기업, 2018년 3월 42개 기업, 2019년 3월 50개 기업, 2020년 9월 51개 기업, 2021년 5월 30개 기업, 2022년 5월 33개, 2023년 5월 43개 기업의 명단을 공표하였다.

2018년부터 지방공기업법에 따른 지방공사 및 지방공단으로 확대되었으며('18년 300인 이상, '19년 300인 미만), 2019년부터는 공정거래법상 대규모 기업집단(자산총액 5조 원 이상) 중 300인 이상 기업으로 확대되었다.

표 2-③-3. 적극적 고용개선조치 적용 분석사업장 현황

구 분	합 계	공공기관	지방공사 및 공단	민간기업	
				1,000인 이상	1,000인 미만
2019년	2,442	339	151	816	1,136
2020년	2,486	340	151	799	1,196
2021년	2,553	352	154	793	1,254
2022년	2,547	353	156	841	1,197
2023년	2,598	351	158	886	1,203

사업장 형태별로는 공공기관이 민간기업보다 여성 근로자 비율이 높은 반면, 관리자 비율은 민간기업보다 약간 낮게 나타났다.

규모별로는 1,000인 이상 사업장의 여성 근로자 비율은 39.45%, 여성 관리자 비율은 23.80%이고, 1,000인 미만 사업장의 여성 근로자 비율은 37.55%, 여성 관리자 비율은 21.07%로 확인되었다.

표 2-③-4. 여성근로자 및 여성관리자 비율 현황

구분		여성고용 비율(%)				여성관리자 비율(%)			
		전체	공공기관	지방공기업	민간기업	전체	공공기관	지방공기업	민간기업
2015년	계	37.41	36.42		37.59	19.37	15.94		20.01
	1,000인 이상	38.22	32.35		38.79	20.25	14.22		20.83
	1,000인 미만	36.87	37.60		36.68	18.79	16.44		19.39
2016년	계	37.79	37.31		37.88	20.09	16.44		20.77
	1,000인 이상	38.74	33.49		39.25	21.08	14.52		21.73
	1,000인 미만	37.15	38.45		36.82	19.41	17.01		20.03
2017년	계	37.80	38.27		37.71	20.39	16.47		21.16
	1,000인 이상	39.38	34.39		39.88	22.08	15.80		22.71
	1,000인 미만	36.64	39.46		35.85	19.15	16.68		19.84
2018년	계	38.18	38.55	26.07	38.40	20.56	17.28	8.02	21.56
	1,000인 이상	39.28	34.92	19.62	39.88	21.86	16.39	4.54	22.55
	1,000인 미만	37.40	39.66	27.32	37.17	19.66	17.55	8.70	20.63
2019년	계	37.38	39.92	30.70	37.45	19.76	18.79	7.21	20.90
	1,000인 이상	39.24	35.95	20.40	39.74	22.20	17.39	4.79	22.85
	1,000인 미만	36.28	41.23	31.20	35.81	18.31	19.25	7.33	19.50
2020년	계	37.69	41.71	30.97	37.51	20.92	20.69	8.46	21.91
	1,000인 이상	38.65	36.34	22.41	39.07	22.18	17.22	7.18	22.89
	1,000인 미만	37.14	43.65	31.45	36.46	20.21	21.94	8.53	21.25
2021년	계	37.78	42.70	30.83	37.46	21.30	21.53	9.46	22.15
	1,000인 이상	38.74	38.58	22.86	38.96	22.76	19.12	8.28	23.37
	1,000인 미만	37.26	44.20	31.39	36.51	20.50	22.41	9.55	21.37
2022년	계	38.05	43.61	31.37	37.60	21.75	22.40	10.68	22.48
	1,000인 이상	39.46	39.41	23.96	39.63	23.67	20.93	9.86	24.12
	1,000인 미만	37.22	45.13	31.83	36.17	20.62	22.93	10.73	21.33
2023년	계	38.28	44.52	31.88	37.71	22.11	24.28	11.70	22.54
	1,000인 이상	39.45	39.61	23.81	39.63	23.80	21.82	9.88	24.19
	1,000인 미만	37.55	46.32	32.48	36.30	21.07	25.19	11.83	21.32

적극적 고용개선조치의 원활한 시행에 필요한 중요사항을 심의하기 위하여 고용노동부장관 소속으로 고용정책심의회 산하 적극적고용개선전문위원회를 운영하고 있다. 동 전문 위원회에서는 ① 여성근로자 고용기준에 관한 사항 ② 적극적 고용개선조치 시행 계획의 심사에 관한 사항 ③ 적극적 고용개선조치 이행실적의 평가에 관한 사항 ④ 적극적 고용개선조치 우수기업의 표창 및 지원에 관한 사항 ⑤ 그 밖에 적극적 고용개선조치에 관하여 고용노동부장관이 토의에 부치는 사항을 심의한다.

2023년 10월 적극적고용개선전문위원회를 개최하여 2023년 남녀근로자현황 분석 및 2024년도 시행계획서 제출 대상 사업장 선정을 심의하였다.

정부는 적극적 고용개선조치와 관련하여 사업주 및 국민의 인식을 개선하기 위하여 교육용 동영상을 제작하여 AA-NET 홈페이지(www.aa-net.or.kr)에 게재하고, 남녀근로자현황 분석결과 및 시행계획서, 이행실적보고서 심사결과에 대한 공문발송시스템을 구축하는 등 적극적 고용개선조치 관련 정보를 의무적용 대상 사업장에 제공하고 있다.

그리고 적극적 고용개선조치 적용대상 기업들에게 양성평등 인사제도 및 일·가정 양립이 가능한 조직문화 구축을 지원하기 위하여 양성평등 전문가로 구성된 적극적 고용개선조치 퍼실리테이터 POOL을 구축하여 2023년에 AA 통합지원 서비스(컨설팅, 28개사), AA 기초 컨설팅(79개사), 시행계획서 자문서비스(21개사)를 지원하였다. 또한, 기업의 정책결정자인 CEO, CHO 대상으로 남녀고용평등 및 일·가정 양립 직장문화 조성을 위한 특별교육(68개사)을 실시하여 기업의 자발적 실천을 유도하였다.

③ 경력단절 예방을 위한 일·육아 양립 지원 확대

가. 출산·육아 사각지대 해소

여성 근로자는 노동력을 제공하는 근로자이기도 하지만 임신·출산과 관련하여 모성보호의 대상이 되기도 하므로 정책적인 지원이 없으면 근로 부담으로 임신·출산을 포기하거나, 반대로 임신·출산 부담으로 경력이 단절되는 문제가 발생할 수 있다.

따라서 정부는 출산전후휴가, 임산부의 시간외근로 금지 및 야간이나 휴일근로 제한, 보건상 유해·위험한 사업 사용금지, 생리휴가, 육아시간(수유시간) 보장, 임신기 근로시간 단축 등의 정책을 수립·시행하고 있다.

한편, 일 중심에서 가정생활과의 균형을 중시하는 근로자들의 의식변화와 일·가정 양립 지원을 통한 기업의 경쟁력 강화를 위해 국가에서 각종 제도를 도입·시행하고 있다. 영유아의 양육을 위한 육아휴직, 근로자의 육아부담을 완화하기 위한 직장어린이집 설치 등이 이에 해당된다.

1) 모성보호를 위한 출산전후휴가제도 및 급여지원

출산전후휴가제도는 1953년 근로기준법 제정 시부터 도입된 제도로 당시 60일의 출산전후휴가기간을 여성근로자에게 부여하였으나, 2001년 11월부터는 30일을 연장하여 총 90일(출산 후 45일)의 출산전후휴가를 보장하고 있다.

2006년부터는 종전 행정 해석으로 인정하던 유산·사산휴가를 법제화하여 임신 16주 이후 유산 또는 사산한 여성근로자에게도 임신기간에 따라 30일에서 90일간의 유산·사산 휴가를 부여하여 여성의 모성을 보호하고 있다.

2012년에는 임신·출산여성 근로자의 모성보호를 강화하기 위해 근로기준법을 개정, 출산전후휴가 분할사용을 허용하고, 임신 16주 전에 유산 또는 사산한 경우도 유산·사산 휴가를 사용할 수 있도록 유산·사산 휴가의 사용범위를 확대하는 등 제도개선을 하였다.

2014년에는 다태아의 출산전후휴가 기간을 90일에서 120일로 확대하였고, 임신 12주 이내, 36주 이후 1일 최대 2시간의 단축근무를 허용하는 임신기 근로시간 단축제도를 도입하였으며, 2016년에는 임신기 근로시간 단축제도 적용 사업장을 300인 이상에서 전 사업장으로 확대하였다.

한편, 정부는 여성근로자가 임신·출산하는 경우라도 안정적으로 근무할 수 있는 고용기반을 조성하기 위해 2001년 8월 근로여성 모성보호 관련 3법(근로기준법, 남녀고용평등법, 고용보험법)을 개정하여 출산전후휴가를 60일에서 90일로 연장하면서 연장된 30일분의 급여는 고용보험에서 부담하도록 하였다.

이후 2005년 5월 모성보호 관련 3법을 개정하여 2006년 1월 1일부터 우선지원대상기업에 대해 90일의 휴가기간 동안 출산전후휴가급여를 고용보험에서 지급하게 되었다(대규모기업은 종전대로 30일 지급). 고용보험에 180일 이상 가입한 피보험자가 근로기준법에 의한 출산전후휴가(유산·사산휴가 포함)를 부여받은 경우 우선지원대상기업 소속 피보험자는 90일분, 그 외의 기업 소속 피보험자는 30일분의 출산전후휴가급여를 월 상한액 범위 내에서 지급받을 수 있다.

출산전후휴가급여 상한액은 2001년에 월 135만 원이었으나, 이후 2017년에는 150만 원, 2018년도에는 160만 원으로 인상하였고, 2019년에는 180만 원, 2020년에는 200만 원, 2023년에는 210만 원으로 인상하였다.

모성보호 사각지대 해소를 위해 2021년 7월 1일부터는 기간제·파견 근로자가 출산전후휴가기간 중 계약만료된 경우 기업규모와 관계없이 남은 휴가기간에 대한 법정 출산전후휴가 급여 등의 지급을 보장받을 수 있도록 개선하였고, 2023년 7월 1일부터는 유산·사산휴가기간 중 계약만료된 경우도 지원대상에 포함하였다.

출산전후(유산사산)휴가급여제도 도입 초기에는 사업주 및 근로자의 인식 부족과 홍보 부족으로 인하여 급여수급 실적이 부진하였으나, 동 제도에 대한 지속적인 홍보 및 사업장 지도감독과 제도개선을 실시하여 지원인원과 지원금액이 크게 증가하였다.

그러나 2015년 95,259명으로 정점을 찍은 이후 저출산 기조로 인해 감소 추세이며, 다만 2022년은 2021년 대비 수급자 수와 지원금액 모두 증가하였고, 2023년에는 수급자수는 감소하였으나 지원금액이 증가하였는데, 이는 2022년에 여성고용율 증가 및 2023년 상한액 인상과도 어느 정도 관련성이 있는 것으로 보인다.

2023년에는 출산전후(유산사산)휴가급여로 근로자 72,979명에게 321,191백만 원을 지급하여 2022년 대비 수급자 수는 0.6% 감소하였으나, 지급액은 6.1% 증가하였다.

표 2-③-5. 연도별 근로자 출산전후(유산사산)휴가급여 지원실적 현황 (단위: 명, 백만 원)

구 분	인 원	지 급 액
2014년	88,756	236,845
2015년	95,259	259,011
2016년	90,467	248,034
2017년	81,708	243,400
2018년	77,062	249,330
2019년	74,095	269,686
2020년	71,943	287,170
2021년	71,330	290,570
2022년	73,387	302,825
2023년	72,979	321,191

2) 육아휴직제도 및 급여 지원

육아휴직제도는 1988년 「남녀고용평등법」 제정 시부터 도입된 제도로 근로자가 피고용자의 신분을 유지하면서, 일정기간 자녀의 양육을 위해 휴직을 할 수 있는 제도로 근로자의 직장생활과 가정생활의 양립을 지원하기 위한 제도이다.

육아휴직제도는 몇 차례의 제도개선을 거쳐 2010년 2월 4일 남녀고용평등법 개정으로 육아휴직 대상 자녀를 만 6세 이하의 초등학교 취학 전까지로 사용할 수 있도록 확대하였고, 2014년 1월 14일부터는 육아휴직 대상 자녀 연령을 만 8세 이하 또는 초등학교 2학년 이하까지 사용할 수 있도록 대폭 상향하였다. 이후 2021년 11월 19일부터는 법 개정을 통해 임신 중인 여성 근로자에 대해서도 육아휴직을 허용하였다.

또한, 2012년 8월 일과 가정의 양립 지원 강화를 위하여 육아기 근로시간 단축 및 가족돌봄휴직제의 의무화, 배우자 출산휴가 확대 등을 내용으로 하는 남녀고용평등법을 개정하였다.

근로자가 육아휴직기간에는 사업주에게 근로를 제공하지 않고 사업주도 급여지급 의무가 없으므로 생계가 불안정한 근로자는 제도 활용이 쉽지 않다. 따라서 2001년 고용보험법 개정 시 근로자의 생계지원을 위한 육아휴직 급여제도를 마련하여 휴직기간 중 매월 지원하고 있다.

육아휴직급여는 2001년 월 20만 원을 지급하다 2002년 월 30만 원, 2004년 월 40만 원, 2007년 월 50만 원으로 정액 지급해왔다. 2010년에는 지급수준을 높이되(통상임금의 40%, 상한액 100만 원, 하한액 50만 원) 직장복귀율을 높이기 위해 육아휴직급여 중 일부(15%)는 복귀 후 6개월 이상 계속 근무한 경우에 지원하도록 고용보험 법령을 개정하였다(2015년 7월부터는 25%).

이후 2017년 9월부터는 육아휴직 첫 3개월 급여를 통상임금의 80%(상한액 150만 원, 하한액 70만 원)로 인상하였다. 2019년 1월부터는 4개월 이후 급여를 통상임금의 50%(상한액 120만 원, 하한액 70만 원)로 인상하였고, 2022년 1월부터는 육아휴직 4개월 이후 급여를 통상임금의 80%(상한액 150만 원, 하한액 70만 원)로 인상하였다.

또한, 2014년에는 육아휴직특례제도("아빠의 달")를 시행하여 동일한 자녀에 대하여 부모가 순차적으로 육아휴직을 사용할 경우 두 번째 육아휴직자의 첫 1개월 급여는 통상임금의 100%(상한 150만 원)를 지급하도록 하였으며, 2016년에는 이를 3개월로 확대하였다.

2017년 7월부터 둘째 자녀에 대한 아빠육아휴직 보너스제도 상한액을 150만 원에서 200만 원으로 인상하였고, 2017년 9월부터는 육아휴직 첫 3개월간 육아휴직 급여를 통상임금 80%(상한액 150만 원, 하한액 70만 원)로 인상하였다.

2018년 5월부터 육아휴직 기간을 연차휴가 산정 시 출근한 것으로 인정하고 육아휴직 허용요건을 완화하여 해당 사업장에서 1년 미만(6개월 이상) 근속한 근로자도 육아휴직을 사용할 수 있도록 하였다. 2018년 7월부터는 아빠육아휴직 보너스제도를 모든 자녀로 확대한 후 2019년 1월부터 상한액을 250만 원으로 인상하였다(2022년까지 운영).

한편, 한부모 근로자의 안정적인 자녀 양육을 위하여 2020년에는 한부모 근로자 육아휴직 급여 특례를 도입, 육아휴직 첫 3개월은 통상임금 100%(상한액 250만 원), 4~6개월은 통상임금 80%(상한액 150만 원), 7개월 이후에는 통상임금 50%(상한액 120만 원)를 지급하였고, 2022년 1월부터는 7개월 이후 급여를 통상임금의 80%(상한액 150만 원)로 인상하였다.

또한, 2022년 1월부터 '3+3 부모육아휴직제'를 시행하여 자녀 생후 12개월 이내에 부모가 동시에 또는 순차적으로 육아휴직을 사용한 경우, 부모 각각의 첫 3개월간 급여를 통상임금의 100%(상한액 200~300만 원)로 인상하였으며, 2024년 1월부터는 '3+3 부모육아휴직제'를 '6+6 부모육아휴직제'로 확대·개편하여 기존 '3+3 부모육아휴직제'의 대상 자녀 연령을 생후 12개월에서 18개월로, 적용기간을 부모 각각 첫 3개월에서 첫 6개월로 확대하였으며, 해당기간 육아휴직 급여 또한 통상임금의 100%(상한액 200~450만 원)으로 인상하였다.

출생아 수가 급격히 감소하는 상황에서도 육아휴직자 수는 추세적으로 증가하고 있으며, 2023년에는 126,008명에게 1,796,995백만 원을 지급하였다. 이 중 2023년 남성 육아휴직자는 35,336명으로 그 수가 계속 증가하는 추세에 있으며 가정과 육아에 대한 남성의 인식이 바뀌고 있어 현재의 증가 추세는 지속될 것으로 전망된다. 한편, 2023년 평균 육아휴직일 수는 8.9개월로 여성 9.5개월, 남성 7.5개월로 여성이 남성보다 육아휴직을 2개월가량 더 많이 사용한 것으로 나타났다.

표 2-③-6. 연도별 육아휴직급여 지원실적 현황 (단위: 명, 백만 원)

구분	인 원			지 급 액	월 급여액
	전체	여성	남성		
2005년	10,700	10,492	208	28,242	40만 원
2006년	13,670	13,440	230	34,521	40만 원
2007년	21,185	20,875	310	60,989	50만 원
2008년	29,145	28,970	355	98,431	50만 원
2009년	35,400	34,898	502	139,724	50만 원
2010년	41,732	40,913	819	178,121	50만 원
2011년	58,134	56,732	1,402	276,261	통상임금의 40%
2012년	64,069	62,279	1,790	357,798	
2013년	69,616	67,323	2,293	420,248	
2014년	76,833	73,412	3,421	500,663	
2015년	87,323	82,452	4,871	619,666	
2016년	89,772	82,156	7,616	625,243	
2017년	90,110	78,068	12,042	680,430	3개월 통상임금 80% 9개월 통상임금 40%
2018년	99,198	81,533	17,665	839,083	
2019년	105,165	82,868	22,297	1,058,853	3개월 통상임금 80% 9개월 통상임금 50%
2020년	112,040	84,617	27,423	1,215,500	
2021년	110,555	81,514	29,041	1,297,525	
2022년	131,084	93,199	37,885	1,657,231	통상임금 80%
2023년	126,008	90,672	35,336	1,796,995	

3) 출산육아기 고용안정장려금

육아휴직지원금 제도는 육아휴직을 활성화하기 위해 1995년 도입한 제도로서 근로자에게 육아휴직 및 육아기 근로시간 단축을 부여한 사업주는 해당 기간 동안 당해 근로자의 퇴직충당금, 제 보험금 등 고용유지비용의 일부를 부담하여야 하고, 근로자의 육아휴직 등 기간 중 업무를 대체할 인력을 신규 채용할 경우 이에 대한 인건비도 부담하여야 한다.

정부는 이들 사업주에게 소요되는 간접노무비 및 인건비 일부를 지원함으로써 육아휴직을 활성화함과 동시에 육아휴직 등을 실시하는 근로자의 고용을 안정시킬 수 있다.

2011년에는 동 장려금의 지급방식으로 육아휴직 종료 후 30일 이상 고용을 유지한 경우 육아휴직 등 장려금의 50%를 지급하고 6개월 이상 고용을 유지한 경우 나머지 50%를 지급하도록 고용친화적으로 개선하였다. 2013년에는 임신·출산여성 고용안정 지원금을 '출산육아기 고용안정 지원금'으로 전체 명칭을 변경하고, 육아휴직 등 장려금을 '출산육아기 고용지원금(육아휴직 등 부여)'으로, 대체인력채용장려금을 '출산육아기 대체인력지원금'으로 개정하면서 우선지원대상기업의 대체인력지원금을 30만 원에서 40만 원으로 상향조정 하였다.

2014년에는 육아휴직 등 부여 지원금에 대해 이미 육아휴직이 정착되어 있는 대규모기업은 지원금을 하향조정(10만 원) 하였고, 2015년에는 1,000인 이상 대기업은 5만 원으로 다시 하향조정 하였다. 육아휴직 활성화 및 일·가정 양립을 지원하기 위하여 대체인력 지원금은 우선지원대상기업의 경우 40만 원에서 60만 원, 대규모 기업은 20만 원에서 30만 원으로 상향조정하였다.

2017년에는 육아휴직 등 부여 장려금은 육아휴직을 부여한 대규모기업 지원을 폐지하고, 우선지원대상기업은 월 30만 원을, 최초 육아휴직자는 1호 인센티브로 10만 원을 추가지원하고, 육아기 근로시간 단축을 부여한 우선지원대상기업은 월 20만 원, 대규모기업은 월 10만 원을 지원하는 것으로 변경하였다.

대체인력지원금은 대체인력에게 출산전후휴가, 육아휴직 등을 사용한 기간에 대해 지원하던 것을 휴가 및 휴직 시작 전 2주일의 업무 인수인계기간도 지원하는 것으로 지원기간을 확대하였다.

2018년 7월부터는 근로자의 개인 사정으로 자진 퇴사하여 사업주가 30일 이상 계속 고용하지 못한 경우에도 지원금을 지급하도록 지원요건을 완화하였다.

2019년 1월부터 육아휴직 등 부여 장려금은 육아기 근로시간 단축을 부여한 우선지원대상기업은 월 30만 원, 대규모기업은 월 10만 원을 지원하는 것으로 변경하였다.

대체인력지원금은 대체인력에게 휴가 및 휴직 시작 전 2주일의 업무 인수인계기간에 대해서도 지원하던 것을 2개월에 대해 지원하는 것으로 기간을 확대하고, 인수인계기간에는 월 60만 원에서 120만 원을 지원하는 것으로 지원금을 상향조정하였다.

2020년 1월에는 우선지원대상기업에 대한 대체인력지원금을 월 60만 원에서 월 80만 원으로 상향조정하였다. 2020년 3월부터는 지원금의 100분의 50을 육아휴직 등의 기간 중에 3개월 주기로 지급하고, 나머지 100분의 50은 육아휴직 등이 끝난 후 해당 근로자를 계속 고용하는 경우에 지급하는 것으로 제도를 개선하여, 정책 체감도를 높이고자 하였다.

육아휴직 등 부여 지원금과 대체인력지원금은 제도 도입 이후 육아휴직의 활성화와 함께 지속적으로 증가 추세에 있으며, 2020년에는 17,036개 사업장에 28,824명 87,976백만 원의 지원금을 지원하였다.

2021년에는 육아기 근로시간 단축을 최초로 허용한 사업주에게 지원하는 인센티브를 세 번째 허용 시까지로 확대하였고, 2022년부터 '육아휴직 지원금'을 신설하여 육아휴직을 만 12개월 이내 자녀를 대상으로 허용하면 지원금을 첫 3개월간 월 200만 원으로 대폭 인상한 이후, 2023년 적극적인 홍보를 통해 개편된 제도에 대한 활용률을 높였다. 출산육아기 고용안정 장려금의 지원은 지속적으로 증가 추세에 있으며, 2023년에는 54,686명 170,635백만 원의 지원금을 지원하였다.

표 2-③-7. 출산육아기 고용안정장려금 지급 현황 (단위: 개소, 명, 백만 원)

구 분	'11년	'12년	'13년	'14년	'15년	'16년	'17년	'18년	'19년	'20년	'21년	'22년	'23년
연건수 (사업장수)	7,977 (6,798)	9,596 (8,262)	10,211 (8,493)	11,670 (9,927)	15,412 (12,693)	16,243 (13,619)	18,282 (14,900)	16,634 (12,851)	17,562 (14,199)	23,872 (17,036)	41,119 (22,974)	62,918 (24,265)	71,342 (30,151)
인 원	17,566	23,602	28,010	27,616	38,599	41,669	48,611	32,410	26,484	28,782	37,904	48,895	54,686
총지원금액	30,440	43,412	51,343	52,795	76,805	75,288	77,398	64,871	67,909	87,976	117,177	149,521	170,635

* 대체인력뱅크 제외

표 2-③-8. 육아휴직 지원금 1인당 지원금액 변동 내역 (단위: 천 원)

	'97	'98	'99	'01	'14	'15.7월	'17	'21	'22	'23
대기업	90	110	120		100	100(50①)	-	-	-	-
중소기업	135	140	150	200	200	200	300 (400②)	300 (400③*)	300 (2,000④*)	300 (2,000④*)

① '15.7월 ~ '16년 대기업 100천 원, 단 1,000인 이상 대기업은 50천 원 지원
② 사업장별 첫 육아휴직 부여 시 100천 원 추가 지원
③ 사업장별 첫 번째 ~ 세번째 육아휴직 부여 시 100천 원 추가지원
④ 만 12개월 이내 자녀 대상 연속하여 3개월 이상 육아휴직 부여 시 첫 3개월간 매월 2,000천 원 지원

표 2-③-9. 육아기 근로시간 단축 지원금 1인당 지원금액 변동 내역 (단위: 천 원)

	'14	'15.7월	'17	'19	'21	'22	'23
대기업	100	200	100	100	100	-	-
중소기업	200	300	200	300	300(400①)	300(400①)	300(400①)

① 사업장별 첫 번째 ~ 세번째 육아기 근로시간 단축 지원금 부여 시 100천 원 추가지원

표 2-③-10. 대체인력 지원금 1인당 지원금액 변동 내역 (단위: 천 원)

	'06	'13	'14	'19	'20	'22	'23
대기업	200	200	300	300	300	-	-
중소기업	300	400	600	600(1,200)*	800(1,200)	800(1,200)	800(1,200)

* '19년부터 인수인계기간 동안 지원금 상향 지원

한편, 근로자가 사업주, 동료의 눈치를 보지 않고 출산휴가, 육아휴직 등 일·가정 양립 제도를 활용할 수 있도록 2014년부터 민간 위탁기관을 통해 대체인력 채용지원 서비스를 실시하였으며, 2015년부터는 고용센터 중심의 유관기관(새일센터, 자치단체 일자리센터, 민간 위탁기관 등) 협업으로 보다 효과적인 서비스 제공에 노력하였다. 그 결과, 2015년 1,274명, 2016년 4,487명, 2017년 6,537명, 2018년 4,447명, 2019년 4,592명, 2020년 5,080명, 2021년 5,292명, 2022년에는 5,437명, 2023년에는 5,184명을 대체인력으로 알선·채용하여 일·가정 양립 활성화에 기여하였다.

나. 직장어린이집 활성화

우리나라는 아직도 여성의 육아부담률이 남성보다 크고, 이러한 경향이 여성의 고용안정과 취업에 가장 큰 걸림돌이 되고 있는 것으로 나타나고 있다. 저출산·고령화 경향에 따라 여성, 고령자 등 잠재인력 활용이 국가경쟁력 확보에 중요한 요인이 되고 있는 상황에서 가사와 육아에 대한 책임을 더는 한 개인이나 가족에게 부담 지울 수 없는 상황이다.

상시근로자 500인 이상 또는 여성 상시근로자 수 300인 이상 사업장의 사업주는 소속 근로자를 위하여 단독 또는 공동으로 사업장 내 또는 그에 준하는 인근지역과 사원주택 등 사업장 근로자 밀집 주거지역에 수유·탁아 등 육아에 필요한 보육시설을 설치·운영하여야 한다.

그러나 사업장 내 공해 또는 위험시설이 있거나 보육대상 아동 수의 부족 등으로 설치할 수 없는 불가피한 사유가 있을 경우 위탁보육을 실시할 수 있다.

정부는 사업장의 직장어린이집 설치·운영을 확대하기 위하여 직장보육 시설 설치비 및 개·보수비, 보육교사 인건비 지원, 세제 지원[5] 등 다양한 방법으로 사업주의 직장어린이집 운영을 지원하고 있다.

사업주가 단독 또는 공동으로 근로자를 위해 5인 이상의 영유아 보육이 가능하도록 어린이집을 설치·운영할 경우 그 운영비용 부담을 경감해 주기 위해 유급 고용일 수가 20일이 넘는 보육교사, 어린이집의 장, 조리원의 인건비를 지급하고 있다.[6] 중소기업에서

---

[5] 어린이집 취득 시 부동산 관련 세제 지원, 소득세 또는 법인세 공제, 개별소비세 면제, 어린이집 운영 비용의 필요경비 인정 등(지방세특례제한법 제19조, 조세특례제한법 제94조제1항, 개별소비세법 제18조제1항, 소득세법 시행령 제55조제1항제23호).

[6] 보육교사 등 인건비: 2003년 1인당 월 65만 원 → 2004년 1인당 월 70만 원(어린이집의 장 확대) → 2005년 1인당 월 80만 원 → 2006년 1인당 월 80만 원(조리원 확대) → 2012년 1인당 월 80만 원(우선지원대상기업은 1인당 월 100만 원으로 확대) → 2014년 1인당 월 80만 원(우선지원대상기업은 1인당 월 120만 원으로 확대) → 2016년 1인당 월 60만 원으로 축소(우선지원대상기업은 1인당 월 120만 원으로 동일) → 2022년 우선지원대상기업 인건비 지원단가 인상(1인당 최대 월 138만 원)

운영하는 직장어린이집에 대해서는 운영비 추가 지원을 통해 사업주의 어린이집 운영에 따른 경비 부담을 덜어주고 있다.[7]

2023년 직장어린이집 보육교사 등 인건비로 716개 어린이집(8,741건), 112,001명에 76,807백만 원을 지원하였다. 중소기업 직장어린이집 운영비로는 127개 어린이집(529건)에 3,795백만 원을 지원하였다.

표 2-③-11. 연도별 직장보육교사 등 인건비 지원 현황 (단위: 개소, 명, 백만 원)

구 분	'15년	'16년	'17년	'18년	'19년	'20년	'21년	'22년	'23년
건	4,925	6,508	7,393	7,739	7,719	7,982	8,564	8,639	8,741
연인원	62,109	80,508	91,974	98,818	101,389	104,222	110,987	110,735	112,001
금액	52,376	55,440	60,624	65,518	67,770	70,004	74,334	77,303	76,807

그리고 정부는 사업주 단독 또는 공동으로 사업장의 근로자를 위하여 직장어린이집을 건립, 매입, 임차하거나 운영 중인 시설의 개·보수 등에 소요되는 비용에 대하여, 시설비 4억 원(공동 20억 원 한도), 교재교구비 7천만 원까지 무상으로 지원하고 있고, 2024년부터 중소기업 직장어린이집에게 시설임차비(연 3억 원 한도)를 지원하고 있다. 2023년에는 시설비와 교재교구비로 69개 사업장에 12,165백만 원을 지원하였다.

또한, 2012년부터 중소기업 근로자의 어린이집 부족 현상을 해소하고 실질적인 일·가정 양립을 지원하고자 공동 직장어린이집의 건립비(증, 개축 등) 및 설치비에 소요되는 비용을 최고 20억 원까지 무상 지원하고, 교육교구 및 장비구입비 등을 70백만 원까지 무상으로 지원하고 있다.

2012년 산업단지형 공동 직장어린이집 2개소에 30억 원, 2013년 10개소에 79억 원, 2014년 20개소에 93억 원, 2015년 12개소에 66억 원, 2016년 12개소에 132억 원, 2017년 14개소에 172억 원, 2018년 15개소에 185억 원을 지원하였다.

2019년 1월부터는 직장어린이집 설치·운영 사업주단체에 참여하는 기업규모 및 기업 수에 따라 공동형, 컨소시엄형, 산단형 등 다양한 형태로 중소기업을 지원하던 것을 '공동형'으로 통합하면서 사업주단체 내 우선지원대상기업의 비율을 60% 이상인 경우로

---

[7] 중소기업 운영비 지원: 2011년 보육아동 규모별로 월 120만 원~480만 원 지원 → 2012년 보육아동 규모별로 월 120만 원~520만 원 지원(지원 확대) → 2016년 보육아동 규모별로 월 200만 원~520만 원 지원(지원 확대)

완화하고, 사업주단체에 참여하는 우선지원대상기업의 수에 따라 지원한도에 차등을 두었다.

아울러, 정부는 직장어린이집 설치 활성화를 위하여 2012년 7월 1일부터 직장 어린이집 설치 의무 미이행(미회신 포함) 사업장 명단을 공표하는 제도를 시행하고 있으며, 2016년 1월부터 설치 의무 미이행 사업장을 대상으로 이행강제금 제도를 시행하고 있다. 2023년부터는 실태조사에 불응한 사업장을 대상으로 과태료 부과 제도를 시행하고 있다.

2022년 설치의무 사업장은 1,602개소로 이중 어린이집 설치 사업장 수는 1,088개소, 위탁보육 사업장은 378개소로 의무 이행 사업장은 모두 1,466개소(91.5%)이고 미이행 사업장은 136개소(8.5%)이다.

표 2-③-12. **연도별 기업의 직장어린이집 설치 현황** (단위: 개소, %)

| 연도 | 계 | 설치의무사업장 | | | | | 미이행사업장 | |
| | | 이행사업장 | | | | | | |
		소계	이행률	어린이집 설치	보육수당 지급	어린이집 위탁		미이행률
2014년	1,204	903	75.0	635	175	93	301	25.0
2015년	1,143	605	52.9	578	-	27	538	47.1
2016년	1,153	940	81.5	729	-	211	213	18.5
2017년	1,253	1,086	86.7	839	-	247	167	13.3
2018년	1,389	1,252	90.1	957	-	295	137	9.9
2019년	1,445	1,303	90.2	987	-	316	142	9.8
2020년	1,432	1,301	90.9	980	-	321	131	9.1
2021년	1,486	1,351	90.9	1,016	-	335	135	9.1
2022년	1,602	1,466	91.5	1,088	-	378	136	8.5
2023년	1,639	1,526	93.1	1,120	-	406	113	6.9

※ 2006년 1월 30일부터 설치의무사업장이 상시 여성근로자 300인 이상 또는 500인 이상 사업장으로 확대
※ 2007년 12월 말부터는 순수 민간사업장을 기준으로 조사
※ 2015년부터 의무이행수단에서 '보육수당지급' 제외(의무이행률 대폭 하락)

표 2-③-13. 연도별 직장어린이집 설치비 융자·지원 현황 (단위: 개소, 명, 백만 원)

구 분		'15년	'16년	'17년	'18년	'19년	'20년	'21년	'22년	'23년
융자	사업장 수	5	5	-	2	2	1	-	-	-
	금 액	1,096	1,681	-	350	258	60	-	-	-
지원	사업장 수	114	144	153	122	134	120	60	110	69
	금 액	28,709	36,904	40,538	36,125	48,974	28,211	14,711	19,711	12,165

※ 2020년 7월부터 융자사업 중단

또한, 직장어린이집을 설치하기 어려운 영세사업장의 근로자들을 위하여 근로복지공단에서 공단 등 근로자 밀집지역에 공공직장어린이집을 설치·운영하고 있다. 1995년부터 근로자복지진흥기금 및 고용보험기금을 재원으로 공공직장어린이집 24개소[8]를 운영하고 있으며, 2009년부터 고용보험기금으로 재원을 통합·운영하고 있다.

2018년부터는 직장보육의 사각지대에 있는 중소기업 노동자들에 대한 실효성 있는 보육지원을 위해 이들이 많이 거주하는 지역의 역세권을 중심으로 2018년 3개소, 2019년 10개소 등 총 13개 지역을 선정하여 거점형 공공 직장어린이집을 설치하였다.

다. 일·생활 균형 문화 확산

일·가정 양립은 단순히 제도만으로는 달성되기 어렵다. 사업주와 근로자 등 노동시장 참여주체들 간에 인식이 공유되고, 문화로 정착되어야만 뿌리내릴 수 있다. 정부는 이러한 인식전환과 문화 확산을 위해 경영계 등과 협력해 다양한 노력을 기울여 왔다.

"일·생활 균형" 문화를 기업현장에 뿌리내리고 전 사회적으로 확산시키기 위해 2015년 12월 경제 5단체와 '저출산 극복 동참을 위한 경제계 실천 선언'을 한 이후, 2016년 경제단체·전문가 등과 '일·생활 균형 민관협의회'를 구성·운영하였다. 고용노동부, 기획재정부 등 관계부처, 경제5단체, 여성경제인단체 및 민간 전문가가 참여하였으며, 일·생활 균형 문화 확산을 위한 자발적 참여 독려 및 남성 육아휴직, 전환형 시간선택제 확산, 유연근무 확산 및 대체인력 채용 활성화 등 일·생활 균형 중점과제를 전담 추진하였다.

특히, '근무혁신 10대 제안'(① 정시 퇴근, ② 퇴근 후 업무연락 자제, ③ 업무집중도 향상, ④ 유연한 근무, ⑤ 똑똑한 회의, ⑥ 명확한 업무지시, ⑦ 똑똑한 보고, ⑧ 건전한 회식,

---

[8] 공공직장어린이집(24개소): 안산, 창원, 서울 금천, 인천 서구, 대전, 대구, 동해, 광양, 천안, 청주, 부산, 수원, 정읍, 경주, 부천, 군포, 조치원, 울산, 진해, 포항, 인천 남동구, 제주, 군산, 고양

⑨ 연가사용 활성화, ⑩ 관리자부터 실천하기)을 마련하여, 지역기업·자치단체·경제단체 등 449개소가 릴레이 실천선언에 동참하였다.

또, 법정 제도이자 근로시간을 단축해도 임금이 감소하지 않아 근로자와 사용자의 수용성이 높은 '임신기 근로시간 단축제도'를 집중 확산하였다. 적극적 고용개선조치(AA) 부진기업 명단공표 시 임신기 근로시간 단축제도 활용여부를 반영하고, 분기별로 활용실적을 점검하는 등 기업들의 관심을 환기시키고자 하였다.

2017년에는 "제5차 일·가정 양립 민관협의회"에서 관계부처 합동으로 「일하는 문화 개선 추진방안」을 발표하였고, 2018년에도 "제6차 일·생활 균형 민관협의회"를 개최하여 관계부처와 경제계가 일·생활 균형 분위기를 자발적으로 조성하고, 주 52시간 근로제 정착을 위한 근무혁신을 약속하였다. 또한 2017년에 '일'과 '가정'의 균형 개념을 확장해 '일'과 '생활'의 균형으로 목표를 전환하여 기존의 '일家양득 캠페인'을 '일·생활 균형 캠페인'으로 명칭 변경 후, 정시퇴근·유연근무제 확대·휴가 활성화 등 캠페인에 참여하는 기업을 지속 발굴하고 있다.

또한, 일·생활 균형에 대한 사회적 공감대 확산 및 현장 변화를 유도하기 위해 공익광고를 제작하여 TV·라디오·옥외·온라인 매체 등을 통해 송출하고, 기업·근로자 참여형 현장 행사 및 캠페인을 추진하였으며, 일·생활 균형 홈페이지 및 SNS 홍보 채널을 운영하는 등 다각적인 홍보를 추진하고 있다.

한편, 중앙단위의 실천 캠페인을 넘어 지역별 일·생활 균형 여건 개선을 위한 특화된 전달체계를 마련하여 중앙단위의 일·생활 균형 정책과 사업이 현장에 정착하도록 "일·생활 균형 지역추진단"을 공모하고 운영비를 지원하는 사업을 2017년부터 시행하였다.

지역추진단은 자치단체, 고용노동관서 등과 일·생활 균형 네트워크를 추진하여 일·생활 우수기업 발굴, 자치단체 및 지역별 유관기관과의 일·생활 균형 사업 추진체계 구축 등 일·생활 균형 문화 분위기 조성 등에 기여하였다.

시범사업으로 6개소에만 지원하던 것을 2019년에 15개 광역시·도(경북, 제주 제외)로 확대하였고, 2020년부터는 전체 17개 광역시·도 설치를 통해 민간 주도의 일·생활 균형 지역거버넌스로 운영하였고, 2022년과 2023년에는 17개 광역 지역에서 16개 지역추진단 (세종·대전 통합운영)을 선정·운영하였다.

아울러, 2019년부터는 장시간 및 비효율적 근무관행을 개선하여 일·생활 균형의 고용문화를 조성하기 위해 '근무혁신 인센티브제'를 도입하였다. 근무혁신 인센티브제는 중소·중견기업의 자발적이고 적극적인 근무혁신을 유도하기 위해 도입되었으며, 근무혁신의 핵심요소인

'근로시간'과 '유연근무' 등에 대해 기업이 계획을 수립하고 실천하면, 그 이행정도를 평가하여 우수기업에 인센티브를 제공하는 제도이다.

우수기업은 SS, S, A 등급으로 나누어지며, 근로감독 면제, 컨설팅 우대 지원, 각종 정부사업 우대, 금리 우대 등 다양한 혜택을 누릴 수 있다. 2019년에는 근무혁신 우수기업 45개소(SS등급 11개소, S등급 17개소, A등급 17개소)를 선정하였다. 2020년에는 코로나19 이후 일하는 방식의 변화를 보여주는 기업 우수사례를 육성·발굴하려는 목표 아래 161개소의 참여기업이 근무혁신 계획을 이행하였다.

하반기부터는 재택근무 특화 부문을 신설하고 이에 부합하는 정성·정량 평가지표를 개발하여 중소기업이 재택근무를 보다 적극적으로 도입·시행할 수 있도록 유인을 확대하였다. 2020년부터 매년 100개소 내외('20년 100개소, '21년 107개소, '22년 100개소, '23년 100개소)의 근무혁신 우수기업을 선정하고 근무혁신을 실천한 기업들의 선도적인 업무혁신 노력을 널리 전파하고 있다.

경력단절 후 재취업 지원

가. 경력단절여성 재고용·고용유지 촉진

1) 여성새로일하기센터(새일센터) 지정·운영

육아·가사부담 등으로 비경제활동 상태에 있는 경력단절여성의 취업을 지원하기 위해 고용노동부와 여성가족부는 2008년 4월 「여성새로일하기센터」를 지정·운영하기로 합의하고 같은 해 6월 「경력단절여성등의 경제활동 촉진법」을 제정하였다.

이에 따라 5개 기관을 통해 시범운영 실시 후, 2009년 「여성새로일하기지원센터」 72개소를 시작으로 2023년 말 현재 158개 센터를 지정·운영해오고 있다.

* 72개소('09년) → 85개소('10년) → 98개소('11년) → 110개소('12년) → 130개소('13년) → 140개소 ('14년) → 147개소('15년) → 150개소('16년) → 155개소('17년) → 158개소('18년) → 159개소 ('22년) → 158개소('23년)

2) 집단상담 및 취업지원

고용노동부와 여성가족부는 「여성새로일하기센터」를 통하여 경력단절여성 등을 대상으로 구인·구직상담, 직업훈련, 인턴십 지원, 취업알선 및 취업 후 사후관리 등의 취업지원 서비스를 종합적으로 제공하고 있다.

고용노동부는 새일센터의 집단상담프로그램 운영을 지원하여, 구직희망 여성 대상 생애경력설계, 자신감 향상, 이미지 메이킹, 구직기술 향상 등의 서비스를 제공하고 있으며, 2023년 26,823명이 수료하고 8,147명이 취업하였다.

표 2-③-14. 여성새로일하기센터 집단상담 프로그램 추진실적 현황 (단위: 명, %)

구분	참여자 수	수료자 수	취업자 수	취업률
2010년	17,482	16,992	6,594	38.8
2011년	19,851	19,348	5,196	26.9
2012년	20,739	20,362	5,245	25.8
2013년	24,429	23,991	4,765	19.8
2014년	25,838	25,514	6,014	23.6
2015년	26,675	26,355	6,550	24.9
2016년	28,045	27,999	7,738	27.6
2017년	27,135	26,949	9,356	34.7
2018년	28,665	28,513	9,703	34.0
2019년	28,174	28,069	8,645	30.8
2020년	17,207	17,119	5,531	32.3
2021년	26,808	26,669	8,499	31.9
2022년	26,950	26,807	8,233	30.7
2023년	26,999	26,823	8,147	30.4

나. 근로시간 및 장소의 유연화(근로시간 단축, 유연근무 활성화)

1) 추진배경

디지털·정보통신 기술의 발달 등 노동시장 환경의 변화와 함께 일·생활 균형에 대한 사회적 인식이 높아짐에 따라 일하는 방식도 전통적인 '9 to 6' 등 틀에 박힌 형태를 벗어나 근로시간 및 장소의 유연성에 대한 요구가 높아지고 있다.[9] 또한 저출산 문제 완화를 위해서는 육아 등 가정과 일의 양립이 관건인데, 근로자 개인 사유에 따른 근로시간 단축 및 시차출퇴근·재택근무 등 유연근무 활용은 이러한 일과 가정의 양립을 가능하게 하는 근로방식이라는 점에서 의의가 크다고 하겠다.

---
9) 일·생활 균형 선호 비율(%): ('13) 33.4 → ('23) 47.4(통계청, 사회조사)

정부는 사업주 대상 재정지원과 인식개선 등 분위기 확산을 통해 단축, 유연근무 등 활성화를 통한 일·생활 균형을 적극 지원하고 있다.

2) 근로시간 단축제도 확산(전환형 시간제 확산)

2015년부터 전일제 근로자가 출산, 육아, 간병 등 개인 사유로 소정근로시간을 단축하여 근무할 수 있는 전환형 시간제도 확산을 추진하였다. 근로자의 임금감소 부담을 완화하고, 사업주의 인사·노무관리 비용을 보전해주기 위해 전환형 시간제를 도입하는 사업주에게 인건비 등 일부를 지원하는 제도를 신설하였다.

2019년 「남녀고용평등과 일·가정양립 지원에 관한 법률」 개정을 통해 가족돌봄 등을 위한 근로시간 단축제도가 도입되어 2020년부터 사업장 규모에 따라 단계적으로 시행되었다.

* 2020.1.1. 300인 이상 및 공공기관, 2021.1.1. 30인 이상 사업장, 2022.1.1. 전 사업장 적용

이에 따라 근로자들은 가족돌봄, 본인건강, 은퇴준비, 학업의 사유로 최대 3년간(학업은 최대 1년) 근로시간을 단축할 수 있게 되었다.

한편, 시간선택제 전환지원 사업은 2020년 '워라밸일자리 장려금'으로 사업명칭을 변경하였으며, 근로시간 단축에 따른 사업주의 부담 및 근로자의 임금감소에 대한 지원을 통해 근로자의 일·생활 균형 및 고용안정을 지원하고 있다.

이러한 노력의 결과 근로시간 단축제도를 활용한 근로자 지원은 크게 늘었다('15년 556명 → '23년 7,206명).

3) 유연근무제 활성화

시간선택제와 함께 시간과 장소의 제약을 뛰어넘어 일과 생활의 균형을 이루며 일할 수 있도록 시차출퇴근제, 선택근무제, 재택근무제, 원격근무제 등 유연근무제를 활성화하기 위한 노력도 기울이고 있다.

2016년 근로자의 필요에 따라 유연근무제 사용을 허용한 중소기업 사업주에게 인사·노무관리비용을 지원하는 유연근무제 장려금 지원사업을 시행하였다.

표 2-③-15. 유연근무 제도별 구분

구 분	내 용
선택근무제	1개월 이내의 정산기간을 평균하여 1주 소정근로시간이 40시간을 초과하지 않는 범위에서 1주 또는 1일 근무시간을 조정하는 제도
재택근무제	근로자가 정보통신기기 등을 활용하여 주거지에 업무공간을 마련하여 근무하는 제도
원격근무제	주거지, 출장지 등과 인접한 원격근무용 사무실에서 근무하거나 사무실이 아닌 장소에서 모바일 기기를 이용하여 근무하는 제도
시차출퇴근	기존의 소정근로시간을 준수하면서 출퇴근시간을 조정하는 제도

2017년 지원수준을 주당 최대 7만 원에서 주당 최대 10만 원으로 인상하고 지원대상을 중소기업에서 중소·중견기업으로 확대하였다. 2018년에는 소정근로시간 요건을 주 40시간에서 주 35~40시간으로 완화하는 등 지속적인 제도 개편과 함께 노사 인식개선 캠페인, 사업주단체 등과 연계한 사업 홍보를 강화하였다. 그 결과 2016년 657명 (101개소)이던 지원실적이 2017년 3,880명(465개소), 2018년 6,571명(976개소), 2019년 6,824명(1,160개소)으로 크게 증가하였다.

2020년, 2021년에는 코로나19 확산과 함께 재택근무, 시차출퇴근제 등 유연근무제 활용이 크게 증가하면서 지원실적도 2020년에는 30,088명(4,947개소)으로, 2021년에는 39,194명(7,820개소)으로 크게 증가하였다.

2022년과 2023년에는 코로나19 방역이 완화되고 일상으로 회복되는 과정에서 유연근무제에 대한 수요가 줄어들면서 지원인원이 2022년 16,333명, 2023년 3,544명으로 감소 추세에 있다.

재택·원격근무 확산을 유도하기 위해 2017년 재택·원격근무 인프라 구축비 지원사업을 신설하여 중소·중견기업에 시스템 구축비용으로 최대 2천만 원을 지원하였다. 사업주 투자부담을 완화하기 위해 2018년 지원비율을 투자비용의 25%에서 50%로 인상하였다.

2019년 지원대상을 재택·원격근무 활용 기업에서 근무혁신 우수기업으로 확대하였으며, 2020년 인프라 사용의무기간을 4년에서 3년으로 단축하였다. 그 결과 지원실적은 2018년 11개소, 2019년 28개소, 2020년 81개소, 2021년 113개소, 2022년 69개소, 2023년 50개소로 2020년 이후 목표 지원 실적을 초과 달성하고 있다.

아울러, 2020년 하반기부터 코로나19 이후 비대면 근무방식으로의 전환을 활성화하기 위해 '재택근무 종합 컨설팅' 지원사업을 신설하였다. 이를 통해 현장에 약 12주간 인사·노무 관리 및 IT 인프라 관련 전문가를 투입하고, 기업의 특성을 반영한 재택근무 도입·시행 기반 마련을 지원하고 있다.

2020년 하반기 212개소의 중소·중견기업 및 공공기관이 컨설팅을 받았고, 20개의 우수사례를 토대로 '재택근무 종합 컨설팅 우수사례집'을 발간하였다. 2021년부터 2023년까지 각각 400개 사업장에 대하여 사업장 맞춤형 재택근무, 인사·노무·관리체계 구축, IT 서비스 도입 등 기업 내 재택근무 도입 제도화를 지원하였다.

제4절 노동시장에서의 고령층 인적자원 활용도 제고

1 고령층이 오래 일할 수 있는 여건 조성

가. 계속고용 제도화 논의

우리나라는 2025년에 초고령사회(65세 이상 인구 비중 20%)에 진입할 것으로 예상되는 등 고령층이 생산연령인구에서 큰 비중을 차지하게 되면서, 고령층 근로자들은 오랜 기간 노동시장에 잔류하기를 희망하고 정년연장을 희망하는 비율도 높은 편이다. 반면 경영계에서는 현행 연공성 위주의 임금체계 하에서의 인건비 등으로 정년연장을 부담스러워 하는 입장을 보이고 있다.

이러한 상황에서 정부는 고령자의 고용연장에 대한 사회적 논의가 필요한 시점이라고 판단하여 노동시장에서 더 오래 일할 수 있는 여건을 조성할 필요를 가지게 되었다.

2021년 9월부터 2022년 2월까지 경사노위 고령사회대응연구회를 운영하면서 노·사·전문가와 의견 수렴을 통하여 고용연장 관련 쟁점을 도출하고, 2022년 7월 발족한 미래노동시장연구회에서는 고령자 계속고용 방안 등을 논의하여 같은 해 12월 '임금체계 개편과 연계한 60세 이상 계속고용 법제 마련을 위한 사회적 논의를 조속히 시작하라'는 권고안을 발표하였다.

2023.7월부터 2024년 2월까지는 경사노위 내 학계 전문가, 관계부처 등으로 구성된 「초고령사회 계속고용 연구회」를 통해 고령자 계속고용 법적 쟁점과 정부 고용지원제도 개편방안 검토 등 고령자 계속고용 관련 논의를 지속하였으며, '23.11월 한국노총의 경사노위 참여 복귀 선언으로 사회적 대화 착수를 위한 협의를 진행하고 있다.

나. 기업의 자율적 계속고용 지원 확대

정부에서는 2020년 1월부터 60세 이상 고령자가 주된 일자리에서 안정적으로 일할 수 있도록 정년을 운영 중인 중소·중견기업이 계속고용제도(재고용 또는 정년연장 등)를 도입·시행하고 이후 종전의 정년에 도달한 근로자를 1년 이상 계속고용하면 계속고용 1인당 분기별로 90만 원을 최대 2년간 지원하는 '고령자 계속고용장려금' 사업을 도입하였다.

2020년 제도 시행 초기에는 지나치게 엄격한 지원 요건, 코로나19에 따른 고용여건 악화로 정년에 도달한 근로자의 계속고용 유인에 한계가 있었으나, 2021년에는 정년퇴직자 재고용 기준을 전체 근로자 의무 고용에서 재고용 제외 기준을 정한 경우까지 지원대상에 포함하였고, 지원기간 기준일 2년 이내 정년도달자와 정년퇴직 이후 3개월 이내 재고용된 근로자만 인정했던 것을 계속고용제도 시행일로부터 5년 이내 정년 도달자와 정년퇴직 이후 6개월 이내 재고용된 근로자로 확대하였다. 또한 지급기간도 최초 정년도달자의 재고용일로부터 2년 이내 정년도달자였던 것을 지원대상 근로자별 계속고용일 각각 2년 지급으로 확대하여 더 많은 고령자가 현재의 일자리에서 계속고용 될 수 있었다.

2022년에는 한정된 예산 범위 내에서 더 많은 기업이 지원 받을 수 있도록 지원인원을 30명으로 제한하면서 고령자 수가 피보험자 수의 30% 초과 시 지원 제외 하였고, 취업규칙 신고 의무가 없는 10인 미만 기업의 계속고용제도 시행일의 객관적 기준 마련 등 제도를 정비하는 한편, 우수사례 발굴·전파, 포상, 홍보 등 제도 활성화 노력을 병행하였다. 그 결과, 2021년도에 비해 1,086개소 증가한 3,028개 사에서 계속고용 제도를 도입하여 정년에 도달한 근로자 7,994명(전년 대비 84.2% 증가)에 대해 고용연장하였다.

2023년에는 종전의 지원 제외대상 근로자 요건인 '최저임금 미만자'를 '월 평균 보수총액이 110만 원 미만인 자'로 대체하여 제출 서류 간소화 및 자동심사를 통해 효율성을 높이는 등 제도 안정화에 중점을 두는 한편, 우수사례집 발간·배포를 통한 제도 확산노력도 계속하였다.

표 2-④-1. 고령자 계속고용장려금 연도별 지원실적 현황   (단위: 개소, 명, 백만 원)

연도별	지원사업장	지원인원	지원금액
2020년	367	690	955
2021년	1,942	4,341	10,407
2022년	3,028	7,994	22,631
2023년	2,649	7,888	19,101

다. 고령자 고용지원금 지원

정부에서는 계속고용제도를 도입하지 않았으나 고령자의 고용이 증가한 우선지원기업·중견기업 사업주를 지원하기 위해 2022년 1월부터 고령자 고용지원금 사업을 도입하였다.

고령자 고용지원금은 만 60세 이상이면서 근무기간이 1년을 초과하는 고령자 (또는 신청 분기 신규 채용 고령자는 근로계약기간 1년 초과-'23.6.30. 이전 채용자에 한정)가 증가한 경우 증가 고령자 1명당 분기 30만 원을 최대 2년까지 지원함으로써 고령자의 주된 일자리에서의 고용연장 및 신속한 재취업을 지원하는 제도이다.

2022년에는 시행 초기임에도 기업기업의 수요가 높아 고령자 고용이 증가한 9,208개사에 226억 원을 지원하였고,

2023년에는 제도 시행 2년차로서 전년도 9,208개사 대비 58.2% 증가한 14,563개 사에 총 717억 원을 지원하였다.

라. 장년 고용촉진 및 안정을 위한 홍보

고령사회에 따른 노동인구 부족, 일하고자 하는 의지와 능력을 가진 고령층의 증가, 계속고용(재고용, 정년연장 등)에 관한 사회적 관심이 증대됨에 따라, 고령자 고용의 중요성을 일깨우고, 연령에 상관없이 능력에 맞게 일할 수 있도록 인식개선 홍보에 집중하였다. 인기 유튜브 채널(삼프로TV)에 '고령자 고용의 중요성'을 주제로 콘텐츠를 송출하였고, '연령차별 없는 일터'를 주제로 2030대가 직접 참여할 수 있는 웹툰 공모전을 통해 고령자 고용 인식개선 캠페인을 확산하였다. 고령자 고용 우수사업장 등 우수사례를 발굴하여 영상콘텐츠 및 카드뉴스 등을 제작·배포하고, 고령자 계속고용 광고를 제작하여 유튜브, 생활매체(KTX, 엘리베이터 등), 옥외전광판 등 다양한 매체를 통해 고령자 고용 중요성에 대한 메시지를 전달하였다. 아울러, 「2023 일자리창출 유공 정부포상」 장년고용촉진 부문으로 장년고용 우수기업 및 유공자 등 10명(산업포장 1, 대통령표창 2)에 대한 시상을 하고 장년고용 촉진을 장려하였다.

② 중장년 대상 맞춤형 전직·재취업 지원

가. 퇴직예정자 등에 대한 재취업지원서비스 제공

우리나라는 2025년에 초고령사회(65세이상 인구 비중 20%)에 진입할 것으로 예상되는 등 고령층이 생산연령인구에서 큰 비중을 차지하게 되면서 이들이 노동시장에서 활발히 오랫동안 경제활동을 할 수 있도록 주된 일자리에서 오래 일할 수 있는 여건 마련과 동시에 재취업지원이 해결과제로 등장하였다.

이에, 급증하는 고령인력의 노동시장에서의 활동 기간을 늘리고 퇴직 이후 제2, 제3의 인생을 준비할 수 있도록 퇴직 이전의 진로설계, 직업훈련 등의 재취업에 필요한 서비스를 제공하여 고령의 근로자가 재직상태에서 이직을 준비하도록 함으로써 퇴직 이후 다음 일자리로의 원활한 이동을 지원하는 제도적 여건을 마련하기 위해 2019년 4월 30일 「고용상 연령차별 금지 및 고령자고용촉진법률」 개정법안이 공포되었다.

개정된 법안에 따르면 2020년 5월 1일부터 사업주는 이직예정 근로자를 대상으로 경력·적성 등의 진단 및 향후 진로설계, 취업알선, 재취업 또는 창업에 관한 교육 등 재취업에 필요한 서비스 제공을 위해 노력해야 한다.

다만, 일정규모(근로자 수 1,000인) 이상의 기업은 비자발적 이직예정 노동자에게 재취업지원서비스를 의무적으로 제공하도록 하였다.

◎ 재취업지원서비스 의무화 주요내용('20.5.1. 시행)

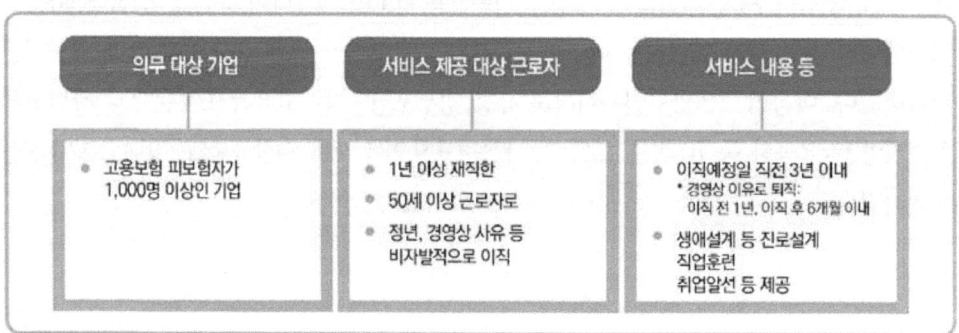

2022년 의무대상 기업(근로자 수 1,000인 이상)의 제도 실시율은 59.8%로 전년 제도 실시율(51.7%) 대비 8.1%p 증가하여 제도에 대한 관심이 점차 높아지고 있음이 확인된다.

구분	20년	21년	22년
제도 실시율	35.2%	51.7%	59.8%
의무이행률	75.7%	88.4%	79.3%

나. 생애경력설계 서비스 확대

생애경력설계 서비스는 40세 이상 중장년을 대상으로 경력진단 및 제2의 인생 경력설계를 통해 체계적인 재취업 계획을 수립하고 능력개발 및 적극적 구직활동을 할 수 있도록 지원하는 정책으로 정부합동 장년고용대책('14년 9월)에 따라 2015년부터 중장년 내일센터를 통해 제공되고 있다.

장년고용서비스 강화방안('16년 10월)에 따라 2017년부터는 사전 검진에 기반한 직업훈련·취업준비 등 체계적인 생애고용 준비를 할 수 있도록 지원하기 위해 재직자뿐만 아니라 구직자에게도 생애경력설계서비스를 제공하고 있다.

또한, 더 많은 중장년층이 경력 진단을 바탕으로 평생 직업생활을 미리 준비할 수 있도록 참여대상을 확대('15년 50세 이상 재직자 → '16년 45세 이상 재직자 → '17년 40세 이상 재직자 및 구직자) 하였다.

생애경력설계서비스는 재직자과정과 구직자과정으로 구분되어 운영된다. 재직자과정은 일반과정 1·2로 나누어 4개 프로그램 16개 모듈로 구성하여 진행되며 여기에 건강, 재무 등의 과정을 추가 선택하여 수강할 수 있다.

2018년부터는 연령대별(40대·50대·60대)로 차별화된 프로그램을 제공하고, 생애경력설계를 바탕으로 경로별·단계별 맞춤형 서비스를 제공하는 등 서비스를 내실화하였다.

2019년에는 기존 사무직 위주에서 벗어나 업·직종별 경력개발 특성을 고려한 생애경력설계서비스를 제공하기 위해 시장수요가 큰 제조업 생산직, 서비스직에 대한 프로그램을 개발하여 2020년부터 서비스를 제공하고 있다.

아울러, 대체자 부족 등으로 서비스 참여가 어려운 중소기업 근로자 참여를 확대하기 위해 주말·야간과정 운영, 온라인과정 컨텐츠 개발(제공 '20년) 등 중소기업 근로자의 접근성 강화를 위한 다양한 방안을 마련하였다.

2020년에는 코로나19로 인한 비대면 서비스 확대 필요성에 따라 온라인 과정(업·직종별, 구직자)을 추가 개발하여 2021년도에는 3,399명, 2022년에는 2,359명에게 서비스를 제공하였다.

생애설계의 중요성을 확산하기 위해 2020년 12월 우수사례집을 발간, 생애설계를 통해 성공적으로 인생 3모작을 준비 또는 실행하고 있는 사례를 소개하여 중장년층의 미래 경력설계에 대한 인식 개선 및 동기 부여에 도움을 주었다.

2023년부터 프로그램 내용을 통합·모듈화하여 프로그램 운영자가 참여자 특성을 반영한 재구조화를 통해 맞춤형 서비스를 제공할 수 있도록 하였다.

생애경력설계 서비스 이용자는 2015년 9,736명, 2016년 12,576명, 2017년 23,009명, 2018년 28,112명, 2019년 32,514명, 2020년 23,334명, 2021년 37,984명, 2022년 41,451명, 2023년에는 50,207명으로 꾸준히 증가하고 있다.

업·직종별 생애경력설계서비스

- (프로그램 구성) 업·직종 종사자 특성, 노동시장에서의 경력이동경로, 경력개발 특성 등을 반영한 프로그램 구성, 교수법 설계
    - (제조업 생산직) 참가자 특성이 50대 후반, 남성, 상대적 저학력임을 고려하여 프로그램의 흥미를 유도하고 내용에 대한 이해도를 높일 수 있도록 구성하고, 동영상 자료를 적극 활용하여 정보 제공
    - (서비스직) 참가자 특성이 50대, 여성이 주 타겟임을 고려하여 조별 토의 활동과 팀워크 활동을 통해 학습할 수 있도록 설계, 감정노동에 따른 스트레스 대처법 등 구성 검토

그림 2-④-1. 재직자 과정

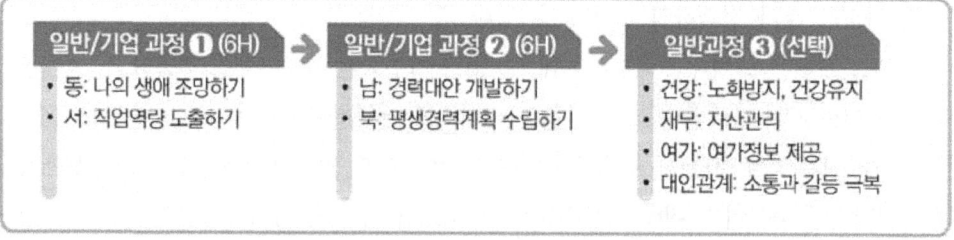

그림 2-④-2. 재직자 과정 연령별 구분

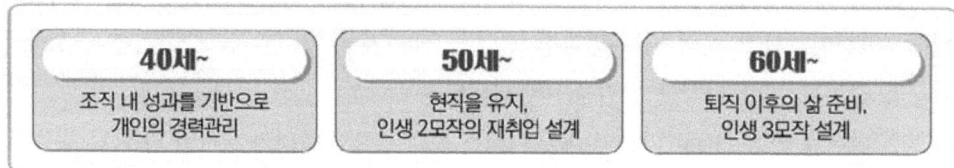

그림 2-④-3. 생애경력설계 통합 모듈 구성 내용

모듈명	서브모듈	진행내용	활동목표
①생애경력설계 이해하기	①100세까지 산다면?	호모헌드레드 시대, 기대수명 알아보기(선택), 인생곡선 그리기(선택), 서드에이지의 개념, 100세 시대의 경력개발, 해리엇 할머니의 도전(동영상)	생애경력설계의 의미와 중요성 인식
	②생애설계의 영역	삶의 6대 영역, 실습(선택), 강점 영역 만들기 방향성 있는 생애경력 설계 생각하기	
②내 일을 위한 강점 발견	①성과에 대한 이해	성과의 이해, 성과 창출을 위한 능력, 채용게임	성과와 관련된 역량 이해, 경력개발 계획 수립
	②성취업적 분석, 경력개발계획 수립	성취업적 기술하기, 경력개발 실행력 높이기, '내 일'을 위한 경력개발 계획서 작성하기	
③내 일을 위한 자기탐색	①'내 일'을 찾기 위한 새로운 시각	'내 일'을 찾기 위해 알아야 할 것들 자기 이해의 중요성	흥미와 재능을 활용하여 '내 일' 찾기
	②흥미/재능/일 탐색	흥미 검사, 재능 찾기 다양한 일에 대한 탐색과 사례 재능을 활용한 '내 일' 후보 찾기	
④직업가치관 검사를 통한 자기이해	①경력관리의 과정	경력의 의미와 과정 직업가치관의 소개와 필요성	직업가치관을 파악하여 인생 3모작 설계
	②직업가치관 진단	직업가치관검사 진단, 직업가치관 8가지 유형 소개, 직업 가치관의 활용	
	③직업가치관 결과 나누기	가치에 따른 경력설계 가이드, 경력목표 결정, 가치 게시	
⑤중장년 인적 자산관리	①일의 성공요소	일의 성공 요소, 평판의 개념과 특성, 평판 실습	성공적인 내 일 찾기를 위한 신뢰의 의미와 구축방법
	②신뢰의 의미와 중요성, 신뢰구축 방법	신뢰받는 사람들의 특징, 조하리창 진단, 신뢰의 의미와 중요성, 평판과 네트워킹의 관계 이해, 네트워킹 지수 측정	
	③네트워크 확장하기	효과적인 네트워킹 방법 나의 네트워킹 노하우	

다. 전직스쿨 과정 내실화

고령화의 급속한 진전 및 베이비부머 대량퇴직 등 장년 고용불안에 대처하기 위해 40대 이상 재직자(퇴직예정자 포함)를 대상으로 중장년내일센터를 통해 심리안정·변화코칭 등 전직지원 프로그램, 취·창업 정보제공, 1:1상담, 교육, 컨설팅 등 종합적인 전직지원서비스를 제공하고 있다.

전직지원프로그램(전직스쿨)은 주된 일자리에서 퇴직 후 원활한 전직 및 재취업이 이루어질 수 있도록 1~3일 과정으로 운영하고 있다. 대기업에는 자율적으로 서비스를 제공할 수 있도록 무료 프로그램을 제공하는 등 전직지원 여건 조성에 주력하는 한편, 중소기업에 대해서는 기업 단위 서비스를 제공하면서 참여 여건이 어려운 경우에도 개인별 수요를 파악하여 서비스를 제공하였다.

서비스는 퇴직예정자를 대상으로 6종 테마, 30개 모듈 중 기업·노동자의 요청에 따라 프로그램을 구성하여 제공하였다.

2023년부터는 프로그램 내용을 통합·모듈화하여 프로그램 운영자가 참여자 특성을 반영한 재구조화를 통해 맞춤형 서비스를 제공할 수 있도록 하였다.

2013년 888명, 2014년 1,630명, 2015년 2,471명, 2016년 4,512명, 2017년 6,216명, 2018년 8,553명, 2019년 9,095명, 2020년 4,742명, 2021년 7,321명, 2022년 7,850명, 2023년에는 8,411명을 대상으로 전직지원서비스를 제공하였다.

2024년부터 누구든지, 언제, 어디서든 전직지원서비스를 받을 수 있도록 온라인 전직스쿨 프로그램 운영을 강화할 예정이다.

그림 2-④-4. 전직스쿨 프로그램 통합모듈

모듈명	서브모듈	진행내용
①중장년 취업 시장 뽀개기	①고용동향의 이해	중장년 경제활동 동향과 고용동향 이해, 연령별 이직 현황
	②노동시장과 채용 시장의 변화	노동시장의 변화 이해, 중장년 채용정보 찾아보기
②고용복지 서비스의 활용	①실업급여 제도와 국민취업지원제도 활용	실업급여 및 국민취업지원제도 신청요건, 절차 및 지원내용
	②직업훈련제도와 중장년 고용지원 제도의 활용	국민내일배움카드제, 한국폴리텍 등 직업훈련기관, 중장년 고용장려금 활용 등
③다양하게 일하기	①다양하게 일하는 방식의 이해	자기 이해의 창의적 융합을 통한 '내 일' 후보 찾기, 다양하게 일하는 방식 이해
	②다양하게 일하는 방식 소개	1인 지식기업, 창업, 창직, 귀농·귀촌·귀어, 전문가 창업 등 다양하게 일하는 방식 소개
④경력자산 정리	①경력자산의 이해	경력자산의 의미, 경력자산의 중요성, 경력자산의 종류
	②내 경력자산 찾기	핵심 직무 찾기, 필요지식과 기술 정리, 전문성, 재능, 흥미 정리, 경력자산 활용 사례 제시, 사례분석(실습)
⑤내 일(My job) 아이디어 발견하기	①인생후반기 프로틴 경력	커리어 모델의 변화
	②내 일을 찾는 방법	경력자산, 흥미, 재능 조합, 경력대안 정리하기
⑥경력대안 탐색하기	①경력목표 중요성 및 경력설계의 3요소	경력목표 설정의 중요성 경력설계 3요소 이해(경력자산, 직무적성, 고용가능성)
	②내게 맞는 최적의 일	나의 전용성 소질이란?, 직무적성 확인을 위한 소질 찾기
	③경력대안 선택하기	경력대안 우선순위 찾기
⑦경력목표 설정 및 실행전략	①장·단기 경력목표 설정	경력대안 확인 및 정리, 장·단기 경력목표 설정
	②'내 일 계획서'	'내 일 계획서' 작성 및 발표
	③목표실행을 위한 정보탐색	전략 실행을 위한 정보탐색, 경력개발을 위한 팁
⑧변화 동기부여	①나만의 브랜드 만들기	생애주기에 따른 변화 이해, 퍼스널 브랜드 필요성, SWOT 분석을 통한 이미지 만들기
	②라이프 포트폴리오	미래사회의 주요 변화와 특성 이해, 라이프 포트폴리오 구축, 인생 설계표 작성
⑨시간관리	①시간관리 매트릭스 이해	시간관리의 의미와 핵심 가치 이해, 시간관리 매트릭스 이해하기
	②시간관리 전략	시간 도둑을 체포하라, 시간관리 기술(목표설정), 우선순위와 실행
⑩성과관리	①성과에 대한 이해	조직 내에서 성과란, 성과 창출을 위한 노력, 채용게임, 고성과자의 행동 특성
	②역량진단 및 개발	성취업적 기술하기, 경력개발 실행력 높이기, 성과 창출을 위한 경력개발 계획서 작성.

라. 퇴직전문인력의 전문성 활용기회 확대

1) 신중년 적합직무 고용장려금('24년도 신규지원 종료)

신중년 적합직무 고용장려금은 경력과 노하우를 지닌 신중년들이 50세 전후에 주된 일자리에서 퇴직하고, 주된 일자리 퇴직자의 규모도 꾸준히 늘어나는 상황에서 신중년 고용을 촉진하기 위해 2018년 처음으로 도입되었다. 이는 관계부처 합동으로 발표한 「신중년 인생 3모작 기반구축 계획」('17.8.8.)의 후속조치로 국무회의('17.12.19.)에서 근거 법령이(「고용보험법 시행령」 제17조제1항제7호) 의결되었다.

사업주가 만 50세 이상 구직자를 신중년 적합직무에 채용하면 우선지원대상기업은 월 80만 원, 중견기업은 월 40만 원씩 최대 1년간 인건비를 지원한다.

신중년 적합직무는 신중년의 특성 및 경력 등을 감안했을 때 신중년이 노동시장에 재진입하는데 적합한 직무로, 구직자·구인기업 수요조사 및 노사·관계부처·전문가 의견수렴을 토대로 2018년 경영·진단 전문가, 노년플래너 등 74개의 적합직무를 선정하였다. 2019년에는 이를 213개 직무로 지원대상을 확대하였다.

2023년부터는 한국고용직업분류의 소분류에 따른 직무 중 50세 이상 비중이 높아 취업이 용이한 직무, 전문성·경험·노하우를 요구하지 않는 저숙련 직무, 학위·면허·전문자격 등의 취득으로 취업이 가능하여 정부지원 필요성이 낮은 직무, 국가·지자체·공공기관의 직무 등 42개 직무를 제외한 모든 직무를 허용하여 지원대상을 확대·운영하기로 2022년 12월 결정하였다.

신중년 적합직무 장려금 지원제외 직무(42개)

지원제외 사유	소분류 코드 및 직무명(한국고용직업분류 기준)			
❶ 50세 이상 비중이 높아 취업이 용이하고 사중손실이 큰 직무 (19개)	011	의회의원·고위공무원 및 기업 고위임원	014	미용·여행·숙박·음식·경비·청소관리자
	232	보육교사 및 기타 사회복지종사자	233	성직자·기타 종교종사자
	531	주방장 및 조리사	542	경비원
	550	요양보호사·간병인·육아도우미 등 돌봄 서비스 종사자	561	청소·방역 및 가사서비스원
	562	검침·주차관리·검표원· 기타서비스 단순 종사자	622	택시·버스·화물차·특수차· 기타 자동차 운전원
	704	건설·채굴 기계 운전원	705	기타 건설·채굴 기능원 (광원·채석원·석재절단원·철로설치 및 보수·기타 채굴·토목 종사원 등)
	861	섬유 제조·가공기계 조작원	862	패턴사·재단사·재봉사
	863	의복 제조원·수선원	901	작물재배 종사자(조경원 포함)
	903	임업 종사자	904	어업 종사자
	905	농림·어업 단순 종사자		
❷ 전문성·경험· 노하우를 요구하지 않는 저숙련·저임금 직무(10개)	523	도어맨·룸서비스맨·벨맨 등 숙박시설 서비스원	524	노래방·PC방 등 오락시설 서비스원
	532	식당 서비스원(음식 배달원 포함)	613	텔레마케터
	615	판매 종사자(가스충전·주유원 포함)	616	매장 계산원 및 매표원
	617	판촉 및 기타 판매 단순 종사자	624	택배원·기타 운송 종사자 (납품원, 배달대행업체 배달원, 배송기사, 배송운전원, 퀵서비스배달원, 택배배달원·분류원, 우편물집배원, 선박승무원, 하역·적재종사원, 기타 배달원)
	706	건설·채굴 단순 종사자	890	제조 단순 종사자
❸ 학위, 면허, 전문자격 취득으로 취업이 가능하여 정부지원 필요성이 낮은 직무(9개)	023	회계사·세무사·관세사·감정전문가	211	대학교수 및 강사
	212	학교 교사	221	변호사·변리사 등 법률 전문가
	301	의사·한의사·치과의사	302	수의사
	303	약사·한약사	414	화가·국악인·지휘자·연주가·성악가· 무용가 등 창작·공연 전문가
	621	항공기·선박·철도 조종사 및 관제사		
❹ 국가, 지자체, 공공기관의 직무(4개)	021	정부·공공행정 전문가	025	정부·공공행정 사무원
	240	경찰관·소방관·교도관	250	군인

지원자 수는 매년 증가하여 사업 초창기인 2018년에는 1,159명에 불과하였으나 2023년에는 4,995명으로 증가하는 등 신중년 일자리 확대에 기여하였다.

* [지원자 수(명)] ('18)1,159 → ('19)3,119 → ('20)3,522 → ('21)3,996 → ('22)5,034 → ('23)4,995

> ● **신중년 적합직무 고용장려금을 이용해 재취업한 사례**
>   (광주, 경영·진단 전문가로 재취업한 54세 김○○님)
> - 30여 년간 은행에서 해외업무를 담당해온 김○○님은 퇴직 → 광주중장년일자리희망센터의 상담·알선을 통해 중소기업에 경영진단 전문가로 재취업
> - 은행 근무경력을 살려 중소기업에서 ① 경영전반 자문 ② 해외 합자회사 설립을 지원하는 업무 수행

2) 신중년 경력형 일자리 제공

정부는 2019년부터 퇴직전문인력에게 자신의 경력과 전문성을 활용할 수 있는 지역사회에 필요한 일자리를 제공하여 전문성 유지 및 민간일자리로의 재취업을 지원하고 있다.

동 사업은 사업 참여 개시일 기준 당해연도 중 만 50세 이상 70세 미만 미취업자 중 해당 분야 3년 이상의 경력 및 산업기사 이상에 준하는 자격증을 보유한 자가 참여할 수 있고, 참여자는 노동관계법상 근로자에 해당된다.

> ● **'신중년 경력형 일자리 사업' 지역서비스 사례**
> - **(서울)** 지역 내 청년 창업기업 지속 증가 → 대기업 및 중소기업 경영 경험이 있는 퇴직전문인력을 채용하여 지역 내 청년창업가 대상 아이템 발굴 등 창업 멘토링 실시
> - **(부산)** 도시 안전관리 인력 필요 → 드론자격증 보유한 신중년을 활용하여 산불점검·해수욕장 안전관리 등 도시 안전 시스템 지원

매년 참여자 수가 증가하여 정부에서는 2019년 2,051명, 2020년 2,394명, 2021년 3,089명, 2022년에는 3,560명, 2023년에는 2,848명을 지원하는 등 중장년 공공일자리 창출에 기여하고 있다.

표 2-④-2. 신중년 경력형 일자리 지원 현황 (단위: 명, 백만 원, 개소)

구 분	참여인원	예산집행	자치단체 지원
2019년	2,051	8,507	89
2020년	2,394	16,538	104
2021년	3,089	24,474	114
2022년	3,560	28,940	120
2023년	2,848	25,684	126

마. 중장년 취업지원 기관 운영

1) 중장년내일센터

2006년 12월부터 퇴직 중견전문인력에 대한 재취업 알선·상담을 통해 고용안정을 도모하고 전문인력 활용으로 중소기업 등의 경영애로를 해소하기 위해 비영리법인 및 공익단체 등을 중견전문인력 고용센터로 지정('12년, 6개소)하여 취업알선·구인업체의 고용상담 및 직무능력향상 교육프로그램 운영 등의 사업비를 지원하였다.

2013년부터는 고령화의 급속한 진전과 베이비부머 대량퇴직 등 장년 고용불안에 대처하기 위해 기존 중견전문인력 고용지원센터와 노사발전재단 전직지원센터를 중장년일자리희망센터로 통합하였고, 2023년부터 중장년일자리희망센터의 인지도 제고 등을 위해 '중장년내일센터'로 명칭 변경하여 운영중이다.

40세 이상의 중장년 퇴직(예정)자들에게 생애경력설계, 전직 및 재취업지원서비스 등을 제공하기 위해 '23년 12월 현재 전국 31개소의 중장년내일센터를 운영 중이며, 고용복지플러스센터와 연계·협업하여 중장년에게 원스탑 서비스를 제공하기 위하여 48개 고용센터 내에 중장년내일센터 컨설턴트가 입주하여 한 곳에서 통합된 고용지원 서비스를 제공하고 있다.

2) 고령자 인재은행(2024년부터 민간 보조사업 폐지)

장년의 취업능력을 강화하고 일자리 제공 기회를 넓히기 위해 무료직업소개 사업을 하는 비영리법인 또는 공익단체를 고령자인재은행으로 지정('23년 전국 40개 기관)하여 운영하였다.

2011년부터는 장년 구직자의 취업의욕 고취 및 직무능력향상을 통해 양질의 일자리 취업을 지원하고자 취업능력향상프로그램을 운영하였으며, 이를 통해 「상담-훈련-취업지원」의 체계화된 서비스 구조를 구축하였다.

또한, 2011년부터 고용센터와 고령자인재은행 간 협력을 강화하고자 고용안정 정보망(워크넷) 이용권한을 부여하여 효율적이고 체계적인 장년 취업지원서비스를 제공하였다.

다만, 2024년부터 지자체 등 여타 고령자 취업지원기관과 전달체계 유사·중복으로 효율화를 위해 민간보조사업을 폐지하게 되었다.

③ 초고령사회에 대비한 고용인프라 구축

가. 제4차 고령자 고용정책 기본계획 발표

고령층의 숙련과 경험이 미래성장동력으로 이어지기 위한 고용전략으로 제 4차 고령자 고용촉진 기본계획(2023~2027)을 발표하였다.

초고령화사회 대비, 고령층이 노동시장내 핵심인력으로 자리매김 할 수 있도록 "재직·전직·사회공헌" 등 전 영역에서 지원 강화하고,

* ❶ 재직단계: 자율적 계속고용 유도, 사회적 논의를 통해 임금체계 개편과 연계한 계속고용 도입 추진,
  ❷ 전직·실직: 연령(50·60대, 노령층)별 특성에 맞는 맞춤형 재취업·창업 서비스를 통한 효과 극대화,
  ❸ 사회공헌: 다양한 경력 활용 일자리 제공을 통해 전문인력의 기술·경험 전수 활성화

경기 불활실성에 대비하여 원활하게 직무전환, 이·전직을 할 수 있도록 재취업·직업훈련 강화하며, 고용상 연령차별을 유발하는 제도·사회적 요인을 제거하기 위한 법·제도적 기반 구축을 주요 내용으로 한다.

나. 고령자 고용 인식개선 광고 제작 및 송출

고용노동부는 고령자 고용에 대한 인식을 개선하고, 고령자 계속고용 문화를 조성하기 위해 방송광고를 제작·송출하였다. 경험도 많고, 업무도 잘 알고, 애사심도 넘치는 정년퇴직하는 근로자를 계속 고용하므로서 '회사는 계속 탄탄하고, 직원은 계속 든든하다'는 메시지를 전달하였다.

정년퇴직하는 분을 다시 채용하면 되죠

회사는 계속 탄탄하고, 직원은 계속 든든하고

경험과 지혜는 정년이 없습니다

다. 장년 고용현황 조사

2022년 상시 근로자 300인 이상 사업장('22년 말 기준) 3,887개소를 대상으로 장년 근로자 고용현황 및 기준고용률 이행 현황을 조사하였다.

조사대상 사업장의 근로자(4,217천 명) 중 17.8%인 752천 명이 장년근로자로서, 전년대비 0.6%p 증가한 것으로 나타났다.

업종별로는 부동산업 53.8%, 사업시설 관리 및 사업지원 서비스업 41.4%, 공공행정, 국방 및 사회보장 행정 34.3%, 운수 및 창고업 20.7% 순으로 장년근로자의 비율이 높은 것으로 나타났다(근로자 규모가 작은 광업, 농업, 제외).

또한 300인 이상 사업장 중 81.8%인 3,178개소가 기준고용률*을 준수하고 있는 것으로 나타났으며, 업종별 기준고용률 미달 사업장 비율은 도매 및 소매업 62.6%, 정보통신업 57.4%, 숙박 및 음식점업 31.8%, 금융 및 보험업 26.4% 순으로 높았다.

  * (기준고용률) 「고용상 연령차별 금지 및 고령자 고용촉진에 관한 법률」 제12조에 의거, 상시 300인 이상 근로자를 고용하는 사업주는 기준고용률(제조업 2%, 운수업·부동산 및 임대업 6%, 기타 3%) 이상의 고령자를 고용하도록 노력할 의무가 있음

라. 고용상 연령차별 금지

모집·채용 등 고용의 전 단계에 걸쳐 연령차별을 금지하는 "고용상 연령차별금지 및 고령자 고용촉진에 관한 법률"(약칭 고령자고용법)은 기존의 고령자고용법을 대폭 개정하여 모집·채용분야는 2009년 3월 21일, 그 외 분야는 2010년 1월 1일부터 시행되었다.

고령자고용법 제4조의4(모집·채용 등에서의 연령차별 금지) 제1항은 모집·채용, 임금, 임금 외에 금품지급 및 복리후생, 교육·훈련, 배치·전보·승진, 퇴직·해고에서 사업주가 합리적인 이유 없이 연령을 이유로 근로자 또는 근로자가 되려는 자를 차별하는 것을 금지하고 있다.

  * 제4조의4(모집·채용 등에서의 연령차별 금지) ① 사업주는 다음 각 호의 분야에서 합리적인 이유 없이 연령을 이유로 근로자 또는 근로자가 되려는 사람을 차별하여서는 아니 된다.

또한, 고령자고용법 제4조의4 제2항은 '합리적인 이유 없이 연령 외의 기준을 적용하여 특정 연령집단에 특히 불리한 결과를 초래하는 경우'에도 연령차별로 간주하는 규정을 두어 이른바 연령을 이유로 하는 간접차별까지 명시적으로 금지하고 있다.

아울러, 연령차별적인 그릇된 모집·채용 관행을 개선하기 위하여 워크넷에 등록된 직업정보제공업체 홈페이지 방문 및 각종 자료를 참고하여 매년 연령차별 모니터링을 실시하고 있다.

2023년 모집·채용 광고 20,000건에 대해 연령차별 모니터링을 실시한 결과 1,010건의 위반사례를 발견하여 경고(683건) 및 시정지시(314건)하고 3년 이내 재차 위반한 사업장(13개소)은 사법처리하였다.

표 2-④-3. 2023년 연령차별 모니터링 현황 (단위: 건)

구 분		총 계
모니터링 건수		20,000
적발 건수		1,010
조치	경고	683
	시정지시	314
	사법처리	13

제5절 장애인, 일을 통한 자립 지원

1. 장애인 고용의무 이행 촉진

가. 장애인 고용의무 현황

정부는 장애인 고용의무인원 미달 시 고용부담금 부과, 의무고용률 초과 시 고용장려금 지급, 장애인 고용이 현저히 저조한 기업체에 대한 명단공표 등 장애인 고용의무 이행을 강화하고 개별기업 맞춤형 장애인 고용컨설팅, 연계고용 등 고용의무이행 수단을 다양화하여 고용의무 기업(관)의 장애인 고용촉진을 위해 노력하고 있다.

특히, 장애인 고용컨설팅을 통해 기업의 장애인고용 여건에 대한 진단·분석으로 고용부진요인을 도출하고 진단결과를 토대로 이에 적합한 공단의 맞춤서비스를 제공하였다. 특히 2023년에는 법정 의무고용률 미달성 정부부처·공공기관에 컨설팅을 의무화하고, 대기업 전담팀을 신설하여 장애인 고용저조 대기업(1,000인 이상, 고용률 1% 미만)을 집중관리 하는 등 장애인 일자리 확대를 위해 노력하여 '22년 168건, '23년 229건의 공공·민간부문 컨설팅을 제공하였다.

그 결과, 2023년 12월 기준, 장애인 고용의무 사업체(32,316개소)의 장애인 근로자는 221,522명 (순인원)이고 장애인 고용률은 3.17%로서, 전년대비 장애인 고용인원은 순인원 기준 7,869명(3.68%) 증가하고 고용률은 0.05%p 상승하였다.

표 2-⑤-1. 장애인 고용 현황('23년 12월 기준) (단위: 개소, 명, %)

구 분		대상사업주	적용대상인원	고용의무인원	장애인 수	고용률
계		32,316	9,175,615	277,654	291,323 (221,522)	3.17
정부	공무원	318	968,828	35,034	27,707 (23,558)	2.86
	비공무원	307	412,689	14,706	25,346 (18,946)	6.14
공공기관		794	590,925	20,877	23,075 (19,159)	3.90
민간기업		30,897	7,203,173	207,037	215,195 (159,859)	2.99

※ ( )은 중증장애인 2배수제 미적용 순인원 기준

한편, 장애인 직접고용이 어려운 고용의무 사업주가 장애인 표준사업장 또는 직업재활 시설과 도급계약을 체결·이행한 경우 부담금 일부(부담금 60%, 도급액 50% 이내)를 감면해 주는 연계고용 제도를 활용하여 간접고용을 통한 중증장애인의 고용기회 역시 확대되고 있으며, 이를 통해 '22년 부담금 납부 사업주 810개소가 부담금 205억 원을 감면받았으며, '23년에는 852개소가 233억 원을 감면받았다. 특히 '24년부터는 부담금 감면 대상이 국가 및 지자체, 교육청까지 확대됨에 따라 부담금 납부 사업주(기관)와 장애인 표준사업장, 직업 재활시설 등 중증장애인 다수고용 사업장과의 동반성장 확대가 기대된다.

나. 중증장애인지원 확대

장애인 중 근로능력이 현저하게 상실된 중증장애인을 위해 장애인 표준사업장 설립지원, 중증장애인 지원고용 및 장애인 인턴제 등 다양한 일자리 창출 정책을 시행하고 있다.

중증장애인에게 다수의 일자리를 제공하는 장애인 표준사업장 설립지원으로 169개소에 385억 원을 지원하였다. 2023년 12월 말 현재 694개의 표준사업장이 운영되고 있으며 12,930명의 중증장애인(장애인근로자 총 16,093명)을 고용하고 있다.

표 2-⑤-2. 표준사업장 운영 현황
(단위: 개소, 명, %)

'23.12월 현재 총계	인 증 업체 수	상 시 인 원	장 애 인 원	중 증 인 원	장애인 고용률
총 괄	694	27,610	16,093	12,930	58.3
일반	543	16,903	9,010	7,239	53.3
자회사형	150	10,659	7,040	5,649	66.0
컨소시엄형	1	48	43	42	89.6

지원고용은 중증장애인을 대상으로 직무 및 직장 적응을 위해 '선 배치·훈련 후 고용'하는 방식으로 지원하며 직무지도원이 배치되는데, 2021년 6,250명, 2022년 6,406명, 2023년 6,598명이 지원을 받았다.

장애인 인턴제는 고용률이 현저히 낮은 특정 장애유형의 중증장애인, 만 50세 이상의 장년장애인, 발달장애인 등을 대상으로 인턴 근무 제공을 통해 직무 적응능력을 향상하고 정규직 전환을 지원하는 제도로, 2015년부터 시행되고 있다. 2021년에 523명이 수료하여 465명이 정규직으로 전환되었고, 2022년에는 713명이 수료하여 622명이 정규직으로 전환되었으며, 2023년에는 970명이 수료하여 848명이 정규직으로 전환되었다.

한편, 중증장애인 근로자의 직장 내 이동 및 업무를 지원하기 위하여 근로지원인 서비스를 2010년부터 시행하고 있다. 2021년에는 11,203명의 근로지원인이 12,407명의 중증장애인 근로자에게, 2022년에는 13,800명의 근로지원인이 15,015명의 중증장애인 근로자에게, 2023년에는 13,571명의 근로지원인이 16,400명의 중증장애인 근로자에게 서비스를 제공하였다.

이밖에, 2023년 장애인 고용관리비용(작업지도원)은 900개의 업체, 2,317명에게 8억 4천만 원을 지원하였다. 장애인고용시설·장비개선을 위해 192개소에 34.5억 원을 지원하였으며, 장애인고용 시설자금으로 38개소에 1.4억 원을 이자차액 보전*하는 등 장애인 고용에 필요한 환경을 개선할 수 있도록 지원하였다.

* 이자차액 보전: 은행을 통한 대출 실행 시 발생되는 이자액의 일부를 지원

다. 보조공학기기 지원

2004년 12월 복권기금 지원('14년 장애인고용촉진기금으로 전환)을 통해 보조공학기기 지원업무를 시작한 이래 장애인 직업능력을 보완하기 위해 보조공학기기 구입·대여 비용 지원 및 맞춤 보조공학기기 지원과 새로운 보조공학기기 개발 등의 사업을 수행하고 있다. 2023년에는 3,840개 사업장, 5,867명의 장애인에게 8,139점의 보조공학기기를 지원하여 장애로 인한 직무수행의 어려움을 해소하는 데 일조하였다. 특히, 2023년에 5,867명의 장애인 중 중증장애인은 5,042명으로 중증장애인 지원 비중이 85.9%인 점을 감안할 때 보조공학기기 지원사업은 중증장애인의 취업기회 확대에 기여하고 있다.

또한, 보조공학서비스를 더 많은 장애인이 접할 수 있도록 2006년에 상용 보조공학기기 지원 전달체계를 공단 산하 지사로 확대하였고, 2012년에는 맞춤 보조공학기기 지원 전달체계를 공단 산하 지사로 일원화하였다.

장애인 고용에 대한 인식개선 및 보조공학산업 활성화를 위해 개최한 보조공학기기 박람회는 2006년부터 매년 개최하였으며, 2023년 5월에는 '사람을 위한 따뜻한 기술'이라는 주제로 aT센터에서 2일간 보조공학기기 박람회를 개최하여 47개 기업(기관), 126개 부스, 총 8,157명이 관람하였다.

2010년부터는 국가·자치단체가 고용한 공무원이 아닌 근로자도 장애인 의무고용제가 적용되는 점을 감안하여 보조공학기기 지원대상을 국가·자치단체에 고용된 장애인 근로자로 확대하였다.

2011년에는 4인 이하의 근로자를 고용한 장애인 사업주에게도 보조공학기기를 지원

함으로써 보조공학기기 지원의 사각지대를 해소하였다. 2014년에는 차량 개조 및 차량용 보조공학기기 지원사업을 신설하여 장애인 근로자의 직업생활을 적극적으로 지원하고 있다.

2015년 5월「국가공무원법」및「지방공무원법」개정에 따라 인사혁신처와 협약을 통해 2015년 10월부터 국가직 장애인공무원을 대상으로 보조공학기기 및 근로지원인 지원사업을 시행하고 있으며, 2016년부터는 자치단체의 조례 개정과 예산출연으로 지방직 장애인 공무원에게도 지원하게 되었다. 2022년 1월부터는 「장애인고용촉진 및 직업재활법」 개정으로 국가기관·지자체의 별도 예산 출연 없이 장애인고용촉진기금을 통해 장애인 공무원에게도 지원이 가능하게 되었다.

2022년 7월「장애인고용촉진 및 직업재활법」일부개정으로 장애인근로자가 전 품목의 보조공학기기 신청으로 확대하였으며, 2024년 1월부터 지원 한도내 본인부담금 최대 10% 부과방식이 추가 되었다.

라. 장애인 취업성공패키지 지원

장애인 취업성공패키지는 장애인의 개인 역량 및 특성 등을 고려한 통합적인 프로그램을 제공하여 성공적인 취업과 안정적인 직업적응 지원을 목표로 한다. 1단계 장애인 전문 심층상담, 취업신난과 설계에 따른 개인별 취업활동계획을 통해 2단계 직업능력 향상 및 집중 취업알선 후 3단계 고용안정에 이르는 단계별 전문적인 취업지원서비스이다.

2012년도에 많은 장애인에게 맞춤형 서비스를 제공하고 참여자 혜택을 강화하기 위해 한국장애인고용공단에 위탁하여 수행하였다.

2012년 2,865명, 2013년 3,480명, 2014년 1,485명, 2015년 917명 총 8,747명의 장애인 구직자가 참여하여 총 3,685명이 취업에 성공하였다. 2017년에는 장애에 대한 특수성, 전문성 등을 고려해 공단에서 직접 수행하는 방식으로 개선하였고 2020년에는 저소득층 장애인의 경제적 어려움 완화 및 적극적 구직활동 지원을 위해 장애인취업성공패키지 2유형을 신설하였다. 2022년에는 2유형 중위소득을 기존 50% 이하에서 60% 이하로 확대 하여 저소득층의 취업지원을 확대하였다. 2024년에는 기존 1,2 유형을 통합하고, 저소득층 참여자들의 빠른 취업을 지원하기 위하여 조기취업성공수당을 신설하였다.

2018년 8,987명, 2019년 8,266명, 2020년 8,580명, 2021년 10,042명, 2022년 10,401명, 2023년 10,917명, 총 57,193명이 참여하여 6년 동안 총 30,467명이 취업하였다.

② 맞춤형 장애인 직업훈련 확대

가. 기업연계를 통한 맞춤훈련

맞춤훈련은 기업수요에 적합한 인력을 양성하기 위하여 교과과정 설계부터 취업에 이르기까지 전 과정을 기업체와 연계하여 진행하고 있다. 기업으로부터 사전에 요구받은 특정 기술 및 직무 등 실제 직무수행과 밀접한 훈련을 중점적으로 훈련하기 때문에 수료생의 현장 적응력이 높아 기업과 장애인의 만족도가 높다.

2004년 시범 실시 후 2005년 404명, 2006년 420명, 2007년 479명, 2008년 529명, 2009년 688명, 2010년 750명, 2011년 777명, 2012년 839명, 2013년 962명, 2014년 772명, 2015년 914명, 2016년 933명, 2017년 1,135명, 2018년 1,343명, 2019년 1,440명, 2020년 1,594명, 2021년 1,439명, 2022년 1,682명이 훈련을 받았고, 2023년에는 1,682명에게 훈련을 실시하고 이중 1,533명이 취업하여 91%의 높은 취업률을 보였다.

특히, 2005년 체결한 '대기업 장애인 고용증진 협약'을 계기로 삼성전자, 삼성전기, 하나마이크론, 삼성중공업 등 대기업과 연계한 맞춤훈련이 활성화되어 장애인이 양질의 일자리를 얻을 수 있는 기회가 되고 있다.

또한 기업 및 장애인의 접근이 용이한 도심지 내에 맞춤훈련센터를 설립[서울맞춤훈련센터('14년), 천안아산맞춤훈련센터 및 창원맞춤훈련센터('17년), 인천맞춤 훈련센터, 전주맞춤훈련센터 및 제주맞춤훈련센터('18년), 경기맞춤훈련센터('19년)]하여 운영하고 있다.

IT인력 수요에 대응하기 위해서는 경기맞춤훈련센터를 판교디지털훈련센터('21년)로, 천안아산맞춤훈련센터·인천맞춤훈련센터를 천안아산디지털훈련센터·인천디지털훈련센터 ('23년)로 전환하고, 신설형 디지털훈련센터로 구로디지털훈련센터('21년), 광주디지털훈련센터('22년), 부설형 디지털훈련센터로 대구디지털훈련센터('23년, 대구직업능력개발원 부설)를 설립하여 운영하고 있다.

나. 장애유형별 특화훈련

장애유형별 특화훈련은 취업이 어려운 장애유형(시각, 청각, 정신, 발달 등 4개)에 대해 유형별 특성에 적합한 직무개발과 훈련을 실시하여 경쟁력 있는 인적자원으로 육성하는 것이다.

미국 로체스터 공과대학 내 청각장애기술대학(NTID)의 청각장애인 훈련기법을 도입하여 2005년에 처음으로 일산직업능력개발원에서 시각, 청각 등 2개 유형의 특성화훈련을 실시하였다. 2008년부터는 5개 직업능력개발원으로 확대하여 직업능력개발원별로 2개 유형의 특성화훈련을 실시하였으며, 2009년에는 지적 장애유형을 추가하였다. 2012년에는 5개 직업능력개발원에서 5개 유형(시각, 청각, 정신, 뇌병변, 지적·자폐성)에 대한 특성화훈련을 실시하는 등 장애유형을 점차 확대해 나갔다. 또한, 2013년부터 직업능력개발원별로 장애유형별 전용반을 운영하였으며, 음성유도장치, 무반사 칠판 및 안내시스템을 설치하는 등 훈련환경 개선을 통해 시·청각장애인에게 훈련 편의를 제공하고 있다.

2014년에는 일산·대구직업능력개발원으로 분리되어 있던 시각장애 특성화훈련을 일산 직업능력개발원으로 통합·운영하고, 시각장애 전용실습장 환경을 구축하였다.

2017년에는 뇌병변 장애유형을 제외하여 5대 장애유형에서 4대 장애유형으로 축소하였다. 이는 다년간의 특성화훈련 운영 결과 뇌병변 장애인은 보조공학기기 지원 외에 타 장애유형과 차별되는 지원이 없고, 통합훈련으로도 직업능력개발 훈련이 가능하다고 판단되었기 때문이다.

2005년 84명(재학생 포함)에게 훈련을 시작하여 2006년 101명(취업 76명), 2007년 118명(취업 98명), 2008년에는 146명이 훈련을 받았으며, 훈련규모를 점차 확대하여 2009년 332명, 2010년 341명, 2011년 381명, 2012년 339명, 2013년 352명, 2014년 333명, 2015년 351명, 2016년에는 353명, 2017년 460명, 2018년 673명, 2019년 1,068명, 2020년 1,278명, 2021년 1,801명, 2022년 1,882명에게 훈련을 실시하였다.

장애유형별 특성에 적합한 직무개발 및 훈련기법 적용을 통해 중증장애인에 대한 훈련 성과를 제고하였으며 이를 통해 2023년도 말 기준으로 수료생 1,544명 중 1,260명이 취업(취업률 81.6%)하는 성과를 보였다.

특히, 2016년부터 발달장애인이 노동시장으로 원활하게 이동(School to Work)할 수 있도록 시·도교육청과 협업하여 서울, 인천지역에 발달장애인훈련센터설립을 시작으로, 2017년에는 광주광역시, 대구광역시, 2018년에는 경기도, 대전광역시, 전라북도, 2019년에는 부산광역시, 울산광역시, 강원도, 충청북도, 경상북도, 경상남도, 2020년에는 세종특별자치시, 충청남도, 전라남도, 제주특별자치도와 발달장애인 인구가 집중된 서울남부, 경기 북부에 설립하는 등 전국 19개 시도에 발달장애인훈련센터를 설립하여 산업현장의 모습을 그대로 재현한 직업체험관에서 직업훈련서비스를 제공하고 있다.

표 2-⑤-3. 직업능력개발원별 기관별 장애유형별 특성화훈련 운영 현황

□ 장애유형별 특화훈련 운영 현황

구 분	장애유형	주요 훈련직종
일산직업능력개발원	시각장애 청각장애 발달장애	• 시 각: 정보접근성 • 청 각: 융합기계, 전기시스템제어, 지능형시스템 • 발 달: 제조기술, 스마트사무행정, 서비스산업
부산직업능력개발원	청각장애 발달장애	• 청 각: 네일아트 • 발 달: 데이터라벨링, 커피바리스타, 외식응용제빵, 스마트사무행정, 제조기술
대구직업능력개발원	청각장애 발달장애	• 청 각: 반도체디스플레이 • 발 달: 스마트사무행정, 제조기술
대전직업능력개발원	청각장애 발달장애	• 청 각: 전기시스템제어, 외식응용제과 • 정 신: 온라인사무행정 • 발 달: 스마트사무행정, 제조기술, 외식응용제빵
전남직업능력개발원	발달장애	• 발 달: 제조기술, 스마트사무행정, 서비스산업
발달장애인훈련센터	발달장애	• 발 달: 제조기술, 스마트사무행정, 서비스산업

□ 장애유형별 특화훈련 운영 현황(2017년 ~)

특화유형	훈련기관	훈련직종 및 주요 훈련내용
시각장애	일산직업능력개발원	• 정보접근성: 웹, 모바일 등 정보접근성 표준개발 및 진단평가 기술
청각장애	일산직업능력개발원	• 융합기계: 기계 활용 제품 설계 및 생산관리 • 지능형시스템: 소프트웨어, 3D프린팅 활용 전기·전자기기 제작
	부산직업능력개발원	• 네일아트: 네일기초관리, 네일미용, 네일숍 운영관리
	대구직업능력개발원	• 반도체디스플레이: 전자회로 및 반도체회로 설계기술
	대전직업능력개발원	• 외식응용제과: 제과·제빵 제조 기술 • 전기시스템제어: 전기시스템 공정설계 및 제어 기술
발달장애 (지적·자폐성장애)	5개 직업능력개발원 (일산·부산·대구·대전·전남) 19개 발달장애인훈련센터 (서울·서울남부·경기북부·부산·인천·대구·광주·대전·세종·울산·경기·강원·충북·충남·전북·전남·경북·경남·제주)	• 제조기술: 조립·포장·운반 등 제품 생산·제조능력 및 태도 • 스마트사무행정: 사무기기 및 스마트기기 활용 등 사무행정지원능력 및 태도 • 서비스산업: 외식, 유통, 환경미화 등 서비스 직무수행 능력 및 태도

※ 2017년 이후 정신·뇌병변장애 특성화훈련을 다른 장애유형과 통합훈련으로 전환 실시

향후 장애유형별 훈련효과에 따라 훈련 장애유형을 재조정하고 경쟁력 있는 직종은 훈련기관을 확대하여 훈련효과를 높이는 노력을 지속할 계획이며, 친 특화훈련 환경 조성, 특화훈련 관련 선진 기술교육을 실시하고 있는 해외 우수기관과의 교류협력을 통하여 해당교사의 전문성을 강화하는 등 중증장애인 대상 훈련의 전문성을 배양해 나갈 계획이다.

다. 한국장애인고용공단 직업능력개발원 역량강화

한국장애인고용공단 산하 5개 직업능력개발원, 28개 훈련센터 교사의 역량강화를 위한 연수를 체계적으로 운영하고 있다. 2012년에 개편한 교사 연수 체계에 따라 현장 전문가를 초청한 분야별 "기술워크숍", 사업체 연계 "기업연수" 등의 전문역량연수와 교수기법, 교직연수 등 공통역량연수를 운영 중이고, 2017년부터 4차 산업혁명 변화에 대응하기 위해 공통역량연수로 "맞춤형 신기술과정"을 운영 중에 있다. 이러한 훈련 교사의 역량 개발과 수료생에 대한 적극적인 취업알선을 통해 취업관련과정 수료생의 취업률이 2020년 87.4%, 2021년 88.9%, 2022년 91.4%, 2023년 82.7%로 높은 성과를 나타내고 있다.

또한, 민간·공공 훈련기관과 연계를 강화하여 장애인이 훈련받을 수 있는 기관을 확대함과 동시에, 직업능력개발원은 타 훈련기관에서 훈련받기 어려운 중증장애인과 여성장애인에 대한 훈련에 집중하였다. 그 결과, 2023년 전체 훈련생의 76.6%가 중증장애인, 35.7%가 여성장애인으로 나타났으며, 중증 및 여성장애인 훈련의 내실화를 위해 지원을 더욱 강화할 계획이다.

③ 장애인 인식개선 지원

가. 장애인 인식개선 교육

2008년 1월부터 「장애인고용촉진 및 직업재활법 제5조(사업주의 책임)」에 사업주의 장애인 인식개선 교육 의무가 명시되어 있었으나 구체적인 내용을 규정하고 있지 않아 실효성에 한계가 있었다. 그러나 2017년 11월 28일 「장애인고용촉진 및 직업재활법」 개정으로 교육실시 점검, 과태료 부과 등이 추가됨으로써 선언적으로 규정되어있던 사업주의 장애인 인식개선 교육 의무가 실효성을 확보하였고 2018년 5월 29일 법 시행으로 '직장 내 장애인 인식개선 교육' 의무가 강화되었다.

2023년 말 기준으로 한국장애인고용공단의 강사양성 과정을 통해 총 6,798명의 강사가 양성되었으며, 총 645개 기관이 직장 내 장애인 인식개선 교육기관으로 지정되었다.

나. 장애인기능경기대회

장애인기능경기대회는 우수한 기능 장애인을 발굴하고 표창하여 장애인 개인에게는 기능 습득에 대한 의욕을 고취시켜 기능을 장려하고, 사회적으로는 기능 장애인을 우대하는 풍토를 조성함으로써 장애인이 자신의 기능에 맞는 안정된 직업을 갖게 하여 어엿한 사회 구성원으로 보람 있게 살아가도록 하는 데 목적이 있다.

기능경기대회는 국내대회와 국제대회로 나누어진다. 국내대회는 매년 개최하는 전국장애인기능경기대회와 지방장애인기능경기대회 및 발달장애인기능경기대회로 나누어진다.

국제대회는 4년마다 개최되는 국제장애인기능올림픽대회가 있다.

1981년부터 전국장애인기능경기대회를 개최해오다 1996년부터 시도별 지방대회가 먼저 열리고 여기서 선발된 선수를 중심으로 전국대회를 개최하여 운영하는 방식으로 개편되었다.

한편, 전국대회 입상자들은 국가대표로 국제장애인기능올림픽대회에 참가하여 우수한 성적으로 입상하여 국위를 선양하고 기능 한국의 위상을 세계에 알렸다.

국제대회는 1981년 UN이 정한 국제 장애인의 해를 기념하여 일본에서 49개국 304명의 선수가 참가한 가운데 처음 열렸으며 한국은 제1회 대회에 10명이 참가하여 종합 2위를 차지하였다. 이어 47개국이 참가한 1985년 제2회 콜롬비아대회에서는 12명의 선수가 참가해 금 3·은 4·동 2의 성적으로 종합 1위의 자리에 오르는 쾌거를 이룩하였다.

이후 4회('95년, 호주)·5회('00년, 체코)·6회('03년, 인도)·7회('07년, 일본)·8회('11년, 서울)·9회('16년, 프랑스) 종합우승을 차지하였다. 2023년 제10회 대회(프랑스)에서는 34명의 선수가 참가해 금메달 18개, 은메달 4개, 동메달 9개를 획득하여 7회 연속 종합우승을 달성함으로써 기능 강국의 위상을 다시 한번 드높였다.

제6절 사회적기업의 지속가능한 사회적가치 창출 지원

1 사회적기업 성장생태계 조성

가. 사회적기업 확산 이후 정책 패러다임 전환

외환위기 이후 짧은 기간 동안 공공근로, 자활 등 정부 재정지원에 의한 일자리가 확대되었으나, 안정적인 일자리로 연결되지 못함에 따라 정부 재정지원의 효과성과 관련된 논의가 지속적으로 제기되어 왔다.

고용노동부는 2003년부터 재정지원 일자리 사업의 효율성을 제고하기 위한 모델로 사회적 일자리 사업을 도입하였으나 여전히 국가 재정지원 의존도가 높고, 단기·저임금 일자리가 다수를 차지하는 등 근본적 개선 필요성이 대두되었다.

유럽에서 개선 논의가 본격화되었고 그 과정에서 사회적 일자리 사업이 수익을 창출하고 자립을 도모할 수 있는 모델로서 기업연계형 모델을 시도하여 어느 정도 성과를 거두자 비영리법인·단체 등 제3섹터를 활용한 안정적 일자리 창출 및 양질의 사회서비스 제공 모델로서 사회적기업 도입 논의가 구체화되었다.

이러한 논의를 통해 2007년 사회적기업을 제도화하고 이를 보다 체계적으로 육성하기 위하여 국민적 공감대를 토대로 「사회적기업 육성법」이 제정('07년 1월 3일) 되었고 사회적기업 확산을 위한 종합적 지원, 인증요건 완화 등으로 2007년 55개에 불과하던 사회적기업이 2023년 3,737개소에 달하고, 총 고용인원은 70,321명, 그중 취약계층이 42,747명에 이를 만큼 성장하였다.

다만, 대다수 사회적기업의 규모가 작고 취약계층에게 일자리를 제공하는 일자리제공형(67%)에 해당하여 다양한 사회서비스 제공이 부족하며 영업활동을 수행하는 기업임에도 정부 재정지원 의존도가 높고 지속가능성 및 국민 인지도 제고에도 한계가 있어 「제4차 사회적기업 기본계획」 발표('23.9.1.)를 통해 우리 사회가 직면한 다양한 사회문제 해결에 기여할 수 있도록 획일적 육성에서 사회적기업의 자생에 중점을 두는 방향으로 정책 패러다임 전환을 추진하였다.

그림 2-⑥-1. 사회적기업 현황 및 고용 규모

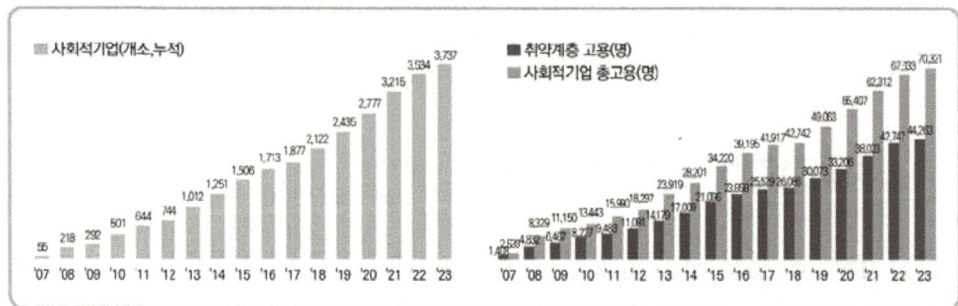

나. 사회적기업 역할 확대 및 자생력 제고

사회적기업이 생산하는 제품이나 서비스를 판매할 수 있는 다양한 판로 개척을 지원하여 사회적기업이 정부의 직접적인 지원(인건비 등) 없이도 자립할 수 있는 기반을 마련하였다.

우선, 사회적기업 제품·서비스에 대한 공공기관의 우선구매가 촉진될 수 있도록 공공기관의 사회적기업 제품 구매실적 및 계획을 매년 취합하여 공고하고 있다.

2023년 공공기관의 사회적기업 제품 구매실적은 2조 2,558억 원으로 전년 구매실적 2조106억 원 대비 12.1% 증가하였고, 구매실적과 계획을 공고하기 시작한 2013년 이후 가장 많은 구매액을 달성하였다.

또한, 사회적기업 상품 판매 및 공공조달 정보 제공, 판로지원 사업에 대한 정보 등을 관리하기 위해 사회적경제 판로지원 통합플랫폼(e-store 36.5, www.sepp.or.kr)을 운영하고 있다. 92개 전국 협력매장(Store 36.5) 운영 및 백화점과 TV홈쇼핑 등 대중적 인지도가 높은 유통채널을 확보하는 등 사회적기업 상품 및 브랜드에 대한 인지도를 높였고, 상품 품질 등 시장경쟁력 강화지원사업을 통해 지속적인 판매 가능성을 높이기 위한 노력도 병행하였다.

이와 더불어, 사회적기업이 경영에 필요한 자금을 적기에 조달할 수 있도록 자금조달 경로를 다양화하였다. 2023년에는 11월 결성한 총 100억 원 규모의 사회적기업 모태펀드 제9호 투자조합을 통해 (예비)사회적기업이 R&D 비용 및 시설비 등을 조달받을 수 있도록 하였다.

아울러, 신용보증기금 및 지역신용보증재단 등 금융권과의 협력을 통하여 사회적기업에 특화된 대출 및 보증상품 등을 지원하고, 온라인 사회적기업 크라우드 펀딩대회를 통해 우수 사회적기업에 대한 일반 국민의 사회적 가치투자 활성화 기회를 제공하였다('23년 기준, 펀딩금액 10.5억 원 조성).

민간 및 지역과의 자원연계를 통하여 사회적기업 생태계 조성도 지원하였다. 대학, 금융기관, 공공기관, 대기업 등과의 업무협약 등으로 다양한 분야의 민간자원을 연계하였고, 고용부·기재부 등 정부는 2023년 사회적경제 박람회를 공동개최 하였으며 시·도 및 민간단체와의 네트워크를 통해 사회적기업과 지역·민간센터 간 파트너십을 구축하여 인적·물적자원 공유 및 협력체계 강화를 추진하였다.

② 사회적기업의 사회적가치 실현 제고

사회적가치란 경제적 회계가 측정할 수 없는 공공의 이익과 공동체 발전 등에 기여하는 가치를 의미한다. 정부는 사회적기업이 사회적 목적에 기초한 조직운영과 경영활동을 통해 창출하는 성과와 그 영향을 보다 종합적·객관적으로 측정하기 위해 사회적가치지표(Social Value Index)를 개발하였다. 2010년~2016년 사회적가치지표 개발 연구를 거쳐 2017년 7월 사회적가치지표를 공표하였고, 현재까지 약 2,000여개의 사회적기업이 측정에 참여했다.

측정을 통해 사회적기업이 창출한 가치를 가시적으로 평가하고 대외적으로 확산·홍보할 수 있게 되었으며, 기업 스스로도 측정결과에 기초해 경영상 취약한 부분을 개선·보완할 수 있는 평가·환류체계가 마련되었다.

최근 국제적으로도 사회적기업의 사회성과 측정 및 관련 데이터 생산·축적의 중요성이 강조되고 있다. 코로나19 팬데믹으로 인한 경제위기에도 여성·장애인 등 취약계층 고용을 유지하고, 돌봄 등 사회서비스를 공급한 사회적경제의 잠재력과 지속가능성에 세계가 주목하게 되었고, OECD(사회연대경제 및 사회혁신 권고안, '22.6월)와 UN(사회연대경제 활성화 결의안, '23.4월) 등 주요 국제기구는 사회적경제를 활성화하기 위한 계획을 발표했다.

계획을 이행하기 위한 추진과제의 일환으로 사회적경제가 창출하는 사회적가치와 성과를 측정할 수 있는 객관적인 측정도구의 개발, 데이터 축적 등을 강조하고 있다. 사회적경제 지원을 위한 자원을 효율적으로 배분하고, 사회적경제에 대한 긍정적 인식을 확산시키기 위해서는 이들이 창출한 성과에 대한 객관적, 체계적 측정이 선행되어야 한다는 것이다.

국내에서도 민간·공공자금 투자유치, 공공기관 우선구매 등 확대를 위해 사회적기업을 평가할 수 있는 객관적이고 투명한 기준 마련에 대한 요구가 높아졌다. 이에 정부도 국내외 요구에 따라 국내 사회적기업의 성과를 객관적으로 측정하고, 활용도를 높이기 위해 '제4차 사회적기업 육성 기본계획('23년~'27년)'을 마련하여 사회적가치 측정을 확대하고 정부 지원사업과 연계를 강화하겠다는 방향을 발표했다.

그림 2-⑥-2. 사회적가치지표(SVI) 개발 경과

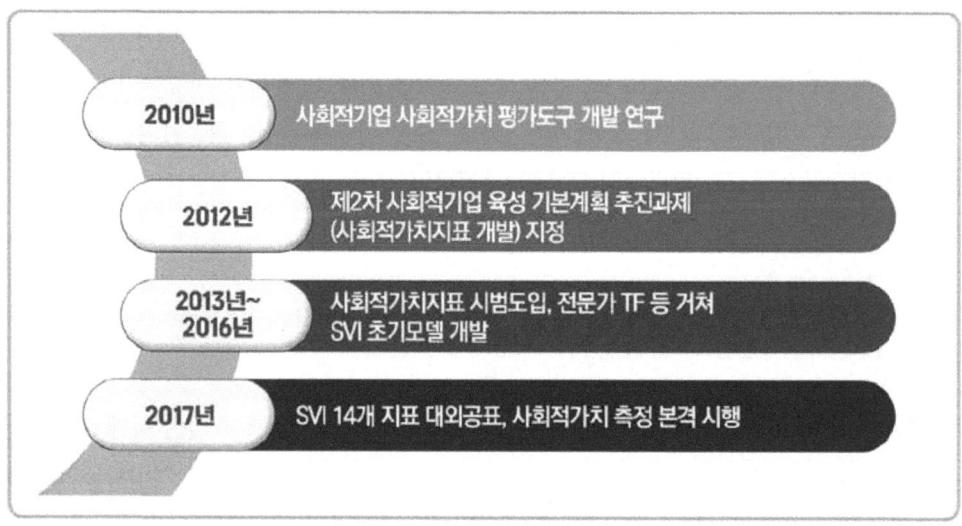

정부가 개발한 사회적가치지표는 사회적기업의 사회적성과, 경제적성과, 혁신 성과를 종합적으로 측정할 수 있도록 설계되었으며, 총 14개의 지표로 구성되어 있다. 사회적성과는 기업이 조직미션, 사업활동, 의사결정구조 등을 사회적가치 실현에 적합하게 갖추고 있는지 측정한다. 경제적성과는 고용인원, 매출액 등 기업이 효율적으로 인적·물적 자원을 투입하여 나타난 사업활동의 경제적인 결과를 측정하며, 혁신성과는 조직운영, 상품·서비스 개발, 사회문제 해결 등과 관련한 기업의 혁신 노력을 측정한다.

지표별 세부 내용은 〈표 2-⑥-1〉과 같으며, 사회적지표의 활용 목적에 따라 각 세부 지표를 유연하게 적용할 수 있도록 구성하여 범용성을 높였다. 사업활동의 사회적가치 지향성, 사회적 환원 노력도, 혁신 노력도 등에는 비계량지표를 도입하여 계량지표 만으로 측정할 수 없는 사회적기업의 특성을 정성적으로 측정할 수 있도록 했다. 또한 업종별 편차로 인해 불이익이 발생하지 않도록 계량지표 측정시 동종업종의 수치와 비교하여 측정할 수 있는 평가기준을 마련했다. 예를 들어, '근로자 임금 수준(지표8)'은 '근로자 평균 시급이 동종업종 근로자 시급 분포의 80% 이상'일 때 최고점수(8점)를 받을 수 있다.

표 2-⑥-1. 사회적가치지표(SVI) 측정지표별 세부 내용

관점	범주	영역	측정지표	배점
사회적 성과	조직 미션	사회적 미션	1. 사회적가치 추구 여부	2
			2. 사회적성과 관리체계 구축 여부	5
	사업 활동	주 사업 활동의 사회적가치	3. 사업활동의 사회적 가치 지향성(비계량 지표)	15
		사회적경제 생태계 구축	4. 사회적경제기업과의 협력 수준	5
			5. 지역사회와의 협력 수준	5
		사회적목적 재투자	6. 사회적 환원 노력도(비계량 지표)	10
	조직 운영	운영의 민주성	7. 참여적 의사결정 비율	5
		근로자 지향성	8. 근로자 임금수준	8
			9. 근로자 역량강화 노력	5
경제적 성과	재정 성과	고용창출 및 재정성과	10. 고용성과	10
			11. 매출성과	10
			12. 영업성과	5
		노동성과	13. 노동생산성	5
혁신 성과	기업 혁신	기업 활동의 혁신성	14. 혁신노력도(비계량 지표)	10
계			14개 지표	100

14개의 지표의 총점은 100점으로 사회적성과 60점, 경제적성과 30점, 혁신성과 10점으로 구성된다. 총점을 기준으로 탁월(90점 이상), 우수(75점 이상 90점 미만), 보통(60점 이상 75점 미만), 미흡(60점 미만) 4단계의 등급으로 산출된다. 매년 사업공고를 통해 사회적가치 지표 측정기업을 모집하며, 측정신청 접수 후 3개월 이내에 계량지표(서면 측정) 및 비계량지표 (현장실사, 인터뷰 등) 측정을 통해 최종 종합점수와 등급 안내가 이루어진다. 2017년부터 2023년까지 사회적기업 약 2,000여개소의 측정을 완료하였다.

측정 결과는 정부 및 자치단체의 재정지원사업 뿐만 아니라 대기업 등 민간의 사회적기업 지원사업, 금융기관의 투자심사 등에도 활용되고 있다. 정부는 사회적가치 측정 활성화 및 관련 데이터의 체계적인 생산·관리를 위해 '23년 한국사회적 기업진흥원에 사회적가치 측정을 위한 전문센터를 신설하고, 측정 전문가를 양성하는 등 기반을 마련했다. 또한 측정의 품질 제고를 위해 매년 민간 전문가 및 현장의견을 수렴하여 지표를 개선하고, 온라인을 통해 측정신청 기업 대상 자가진단 시스템을 제공하는 등 이용자 편의성 제고를 위해 지속적으로 노력하고 있다.

제 3 장

중층적 고용안전망 체계 구축

제1절 취업 중심의 고용복지 통합서비스 제공
제2절 촘촘한 고용안전망 구축

제1절 취업 중심의 고용복지 통합서비스 제공

1 구직자·기업도약보장패키지 사업 추진

2022년 6월 기준 빈일자리 수는 2018년 2월 이후 최대치인 23.3만 개로 나타나는 등 코로나19 이후 구인난이 매우 심화되었다. 또한 디지털 경제로의 이행, 산업구조 전환 등으로 노동환경이 급변하면서 노동시장 내 약자에 대한 어려움이 가중되었다.

구직자는 보다 안정적인 일자리를 찾기 위해 생애별 경력설계와 취업역량 향상 기술에 대한 욕구가 크게 증가하였고 기업도 단기적인 구직자 알선이나 채용지원금 지급 보다 근로자들의 장기근속을 유도하려는 노력에 대한 관심이 높아졌다.

이에 노동시장 내 빈 일자리 문제를 해소하고 구직자·구인기업에 대한 맞춤형·종합적 고용서비스를 제공하기 위해 2022년 8월부터 고용복지플러스센터에 구직자·기업 도약보장 패키지를 도입한 후 2023년 8월까지 단계적으로 확산하였다.

가. 추신경과 및 성과

구직자 도약보장 패키지는 구직자에게 '진단-심층경력설계-맞춤형 취업지원'을 패키지로 제공하는 사업으로, 2022년 8월 전국 6개 고용복지플러스센터에서 시범적으로 도입한 후 2023년 8월 48개 고용복지플러스 센터로 확대하였다. 진로고민 중인 청년, 경력보유여성, 전직희망 중장년 등에게 심층상담을 통해 구직자의 역량에 대해 정확한 진단을 하고, 중장기적 관점에서 경력설계를 지원해준다. 그간 평균 10~15분에 불과했던 구직 상담시간을 평균 50분 이상으로 끌어올려 선진국 수준(40~60분)의 심층상담 서비스를 제공하였다.

구직자도약보장패키지 제공 사례

- 취업을 위해 거주지를 변경하였지만 진로 목표가 명확하지 않아 무엇을 해야할지 막막했던 청년 구직자
→ 고용복지플러스센터 상담사와 1:1심층상담으로 직업흥미를 발견하고 자신감을 회복, 잡케어 진단으로 직무역량을 파악한후 경력개발 계획을 수립, 직업훈련으로 부족한 역량과 기술을 지원받은 후 보건의료 분야로 취업에 성공

기업 도약보장 패키지는 기업의 구인애로유형별로 '진단-컨설팅-맞춤형 채용지원'을 패키지로 제공하는 사업으로, 전국 9개 고용복지플러스센터에서 시범 운영 후 2023년 8월 전국 48개 고용복지플러스센터로 확대 운영하였다. 기업 도약보장 패키지는 기업의 구인난을 해소하기 위해 구인애로요인을 면밀하게 분석하고 컨설팅 설계에 따라 정부의 다양한 지원수단을 연계·지원하여 근본적인 문제를 해소한다는 점에서 보다 적극적인 기업 대상 서비스 특히 기업의 고용환경 등을 전반적으로 개선하기 위해 인사·노무 및 산업안전 컨설팅 등을 제공하고, 기업 인지도 확산을 위해 기업 채용브랜딩을 통한 홍보 등을 적극 지원하였다.

기업 도약보장 패키지 제공 사례

- 높은 기술력을 보유하고 있으나 근로환경과 인사관리체계가 마련되지 않아 기업운영에 어려움을 겪고 있던 자동차 부품제조 업체
  - 고용센터와 자치단체 합동컨설팅으로 근로환경을 개선하고, 중소기업육성기금 등 각종 지원금 제도를 통해 자금경쟁력 확보

맞춤형 취업·채용서비스를 제공하는 구직자·기업 도약보장 패키지는 그간 코로나19로 급여 중심으로 운영되었던 고용정책의 패러다임을 고용서비스 중심으로 전환하는 역할을 했다는 점에서도 의의를 지닌다.

나. 향후 계획

향후 사업의 안정적인 운영을 위해 전문성 제고, 인프라 개선 등 맞춤형 서비스 품질을 제고하고 더 많은 구직자, 기업에 양질의 서비스를 제공할 계획이다.

② 고용복지플러스센터 확산

가. 추진배경

고용센터는 지난 1995년 「고용보험제도」 도입과 함께 설치되어 전국 규모로 성장해 온 우리나라 대표 공공 고용서비스 기관이다.

그간 코로나로 인한 경제위기 등 국가적 고용위기 상황에서 고용센터는 실업급여, 취업상담·알선, 직업능력개발 및 기업지원 등 종합 고용서비스 제공을 통해 대규모 실업 등에 적극 대응·극복하였다.

이후 지속적으로 증가하는 대국민 고용서비스 수요에 맞춰 여성새로일하기센터(여성가족부), 제대군인지원센터(국가보훈부), 지자체 일자리센터(직영 또는 위탁) 등 대상별 특화기관이 확충되었으며, 생계급여 등 복지 관련 서비스는 자치단체가 중심이 되어 제공해 왔다.

그러나 서비스별·대상별로 각각 존재하는 전달체계로 인해 서비스 이용자가 필요충분한 서비스를 받으려면 여러 기관을 방문해야 하는 어려움이 있었고, 서비스를 제공하는 기관 간의 칸막이 현상이 나타나는 등 문제점이 발생하였다.

또한, 취약계층의 탈수급을 통한 노동시장 진입을 위해 고용-복지서비스 연계, 통합 제공의 중요성도 부각되었다.

이에, 고용서비스와 복지서비스의 연계를 통한 수요자 중심 서비스 제공, 국민의 편의와 정부의 행정효율 제고 등을 위해 다양한 고용·복지 서비스기관이 한 장소에서 함께 서비스를 제공하는 '고용복지플러스센터'를 추진하였다.

나. 추진경과 및 성과

고용복지플러스센터에 대한 논의는 남양주고용센터 설립과 함께 시작되었다. 남양주 고용센터를 신설하면서 기존의 고용센터에서 한 단계 더 나아가, 주민들에게 통합적 서비스를 제공할 수 있도록 여러 기관이 함께 서비스를 제공하자는 공감대가 형성되었다.

이러한 공감대를 바탕으로 중앙부처(고용노동부, 보건복지부, 행정자치부, 여성가족부), 자치단체(경기도, 남양주시), 민간단체(남양주 YWCA, YMCA)가 여러 차례 협의를 거쳤고, 그 결과 전국 최초로 남양주시에 고용복지플러스센터가 개소하게 되었다('14.1.6.).

남양주고용복지플러스센터가 주목받으면서, 국민경제자문회의('13.11.28.), 사회보장 위원회('13.12.24.)에서 고용복지플러스센터 확산을 보고·의결하였고, 2014년에는 기초자치단체 수요조사 및 현장실사 등을 거쳐 10곳을 추진하기로 결정하였다.

남양주고용복지플러스센터를 시작으로 부산북부, 구미, 천안, 서산 고용복지플러스센터가 문을 열었고, 2014년 12월에 동두천, 칠곡, 순천, 해남, 춘천 고용복지플러스센터를 추가 개소하여 총 10곳이 설치되었다.

다음 해 2015년에는 서울동부, 수원, 양산, 대구동부, 광주광산, 청주 등 30개소, 2016년에는 인천, 서울, 대구, 울산, 부산, 대전, 전주 등 30개소, 2017년에는 서울서부, 인천북부, 부산사하, 광양, 아산 등 28개소가 추가·설치되어 2017년 말까지 총 98개소의 고용복지플러스센터를 설치하며 1차 확산을 마무리하였다.

고용복지플러스센터 참여기관 및 체계도

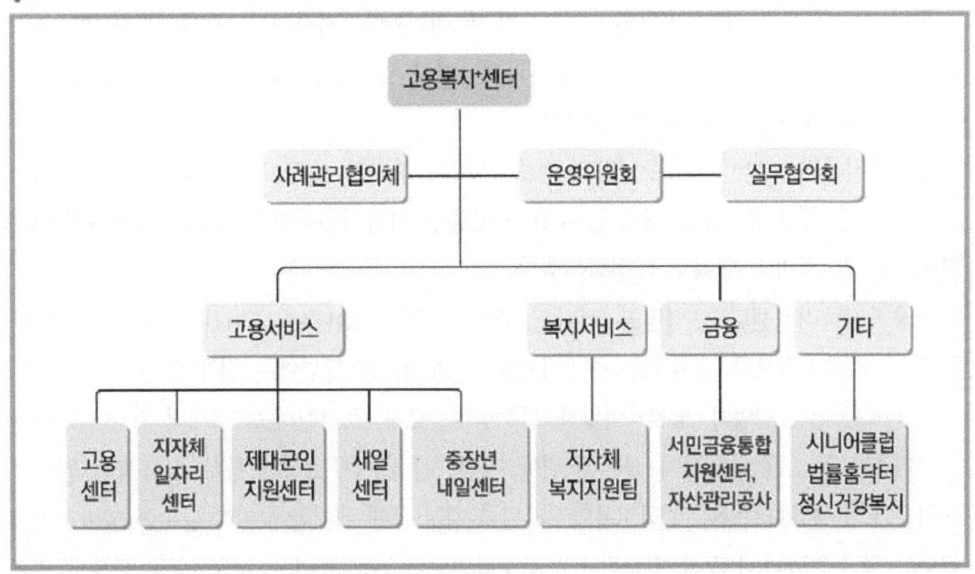

2020년은 한국형 실업부조인 「국민취업지원제도」의 시행 기반을 마련하는 등 고용보험에 이은 2차 고용안전망의 기틀을 세운 한 해였다.

「국민취업지원제도」의 근거법인 「구직자 취업촉진 및 생활안정지원에 관한 법률」이 제정(2020.6.9., 시행: 2021.1.1.) 되었으며 「고용보험법」 등 개정(2020.6.9., 시행: 2020.12.10.)을 통해 예술인 고용보험이 적용되었다.

이러한 취약계층 고용안전망 강화 정책에 따라 공공 고용서비스 수요는 늘어나고 있으나 고용복지플러스센터 수는 유사 사회서비스 전달기관과 비교할 때 상대적으로 적어 도움이 필요한 주민들이 충분한 서비스를 제때 받지 못하는 상황이 우려되었다.

이에 저소득층, 청년, 여성 등 취업취약계층이 집에서 '1시간 이내'에 있는 고용복지플러스센터를 방문하여 심층상담과 취업연계 서비스를 받을 수 있도록 고용-복지서비스 접점의 확대를 추진하였다.

고용서비스 접점 확충 및 운영방안은 범부처 합동 「공공 고용서비스 발전방안」('19.6.4., 일자리위원회) 및 「제1차 고용서비스 전문위원회('20.6.25.)」 심의·의결을 통해 결정하였으며, 행정수요와 지역규모에 따라 수행업무 및 운영방식을 차별화하였다.

고용센터까지 이동시간(대중교통)이 1시간을 넘으면서 인구수가 5만 명 이상인 지역에는 고용센터·지자체·새일센터 직원(5명 내외)이 상근하면서 국민취업지원제도, 취업·구인기업 지원 등의 업무를 수행하는 고용복지센터 30개소를 설치하였고, 2022년부터는 방문민원이 많은 실업급여 업무를 확대 시행하였다.

한편, 행정수요가 적은 지역(인구수가 5만 명 미만)에는 지자체 등 관계기관과 협의하여 고용센터 직원이 관할 지자체 등에서 제공한 청사 내 공간으로 주 1~2회 비상근하는 출장센터 40개소를 설치, 운영하고 있다.

고용복지플러스센터 설치로 일자리 정보 공유, 참여기관 간 프로그램 상호 개방, 서비스 연계를 통한 취업 장애요인 해소 등 수요자 맞춤형 취업지원서비스 제공이 용이해졌으며, 참여기관 간 서비스 연계도 활성화되었다.

고용복지플러스센터당 월평균 서비스 연계 건수는 2017년 278건, 2018년 295건, 2019년 400건 등으로 그 수치는 증가하였으나, 2020~2022년에는 전례 없는 코로나19로 직접 피해를 입은 실업자, 영세자영업자, 특수형태근로자, 프리랜서 등 경제적 위기에 직면한 취약계층을 보호할 필요성이 절실해 짐에 따라, 긴급 사무조정을 통해 고용센터 인력을 실업급여, 고용유지지원금, 긴급고용안정지원금 지급 등에 배치함에 따라 월평균 서비스연계 건수는 각각 274건, 147건, 102건으로 감소하였으나 2023년에는 115건으로 회복 추세를 보이고 있다.

이러한 성과로 고용복지플러스센터는 언론·전문가 등으로부터 협업을 일궈낸 대표사례, 수요자 중심의 서비스 구현, 융합형 사회서비스 전달체계의 효시 등 높은 평가를 받고 있다.

아울러, 전국 70개 시군에 고용복지센터·출장센터 등을 추가 신설, 지리적 요인으로 고용센터 접근이 쉽지 않았던 구인·구직자 및 경제적 취약계층이 고용서비스를 편리하게 받을 수 있는 기반이 조성되었다. 일부 지자체(7개소)에서는 유휴공간을 자발적으로 무상 제공하여, 연평균 7~8억 원의 운영경비를 절감할 수 있게 되었다.

2021년은 국민취업지원제도 시행 원년으로 취업취약계층에게 내실 있는 밀착상담 및 취업지원서비스를 제공하기 위해 현장 상담인력 총 736명을 증원, 고용센터에 추가 배치하였다. 이에 따라 그 규모가 지나치게 커진 고용센터 2개소를 분할·추가 설치하여 대국민 고용서비스 질 제고 및 고용서비스 접점을 확대하였고, 서울북부고용센터·서초고용센터 2개소를 고용복지플러스센터로 전환하면서 2021년 말까지 고용복지플러스센터를 총 102개소 설치하였다.

2023년 부터는 고용복지플러스센터 장점을 극대화하면서 참여기관 간 협업 및 서비스 통합·연계를 통해 대국민 편의성을 제고하고 효율성을 강화하기 위한 "고용서비스 통합네트워크" 구축을 추진하고 있다. 서울북부·시흥·평택·진주 등 4개 고용복지플러스센터에 통합네트워크를 운영하여 진입상담 기능 강화 및 지역 특성을 반영한 맞춤형 서비스를 확대하였다.

다. 향후 계획

고용서비스 전달체계의 질적 고도화를 위한 고용-복지-금융 유관기관 연계·협업 체계 강화를 위해 지자체, 새일센터, 중장년센터 등 협업기관의 참여를 확대하고, 심층상담을 위한 인프라를 확충하는 한편, 도시 지역의 과밀한 고용센터는 관할구역을 분할, 추가 설치하여 대국민 고용서비스 접점을 확대하는 등 지역의 일자리 문제 해결에 주도적 역할을 수행해 나갈 계획이다.

③ 온라인 고용서비스 전달체계인 '워크넷' 기능 강화

가. 추진배경

고용센터의 취업지원서비스는 구직자에게는 적성과 능력에 맞는 적합한 일자리를 찾아주고, 구인기업에는 필요한 인재를 찾아줌으로써 개인의 직업생활과 기업의 경영활동을 지원하는 것이다. 이러한 취업지원서비스는 노동시장에서 원활한 인력 흐름을 유도하고, 인력수급의 미스매치를 해소하는 기능을 수행한다.

인터넷 등 온라인 서비스의 이용이 확대됨에 따라 수요자의 필요와 고용목적을 달성하기 위해 1998년 온라인 고용서비스 전달체계인 '워크넷'을 구축하게 되었다.

나. 추진성과

1998년 최초 구축 이후 워크넷을 통해 구직자와 구인기업에 취업과 채용을 지원하는 서비스를 제공하였고, 취업지원기관에는 고용서비스 업무를 지원하는 등 온라인 고용서비스를 제공해왔다.

2019년에는 구인·구직, 직업·진로, 직업훈련 등 취업 관련 정보를 통합 제공하는 일자리포털로 전면 개편하는 한편, 빅데이터 기술을 기반으로 일자리를 추천하는 서비스를 시작으로 고용서비스를 개인 맞춤형으로 제공하기 위한 디지털 고용서비스를 다양하게 개발·제공하였다.

또한 워크넷 이용자의 행동데이터를 분석하여 일자리를 추천하는 행동 기반 매칭 서비스를 제공하였고, 2020년에는 직무정보 및 구인·구직 속성 정보를 기반으로 일자리와 인재, 직업훈련 및 기업 등을 추천하는 직무 기반 매칭 서비스를 제공하였다.

2021년 5월에는 코로나 팬데믹 환경에서 상담, 강의, 설명회, 면접 등 비대면 고용서비스를 지원하기 위해 화상시스템 및 전 생애에 걸친 경력단계에서 직업선택 및 취업준비를 지원하기 위한 「잡케어 서비스(JobCare)」를 도입하였다.

「잡케어 서비스(JobCare)」는 워크넷 이력서 정보를 바탕으로 구직자의 보유 직무능력과 구인기업의 필요 직무능력을 분석하여 직종별 경력개발경로를 제시하고, 노동시장 정보와 일자리, 훈련, 자격증 등의 추천정보를 개인 맞춤형으로 제공한다. '21년 9월 고용센터에서 시범적으로 구직자 상담에 활용하면서 서비스를 개선하여 '22년에는 여성새로일하기센터 및 대학일자리플러스 센터에서도 활용할 수 있도록 확대하였다.

기존에 상담용으로만 활용할 수 있었던 잡케어 서비스를 2023년에는 국민 누구나 온라인에서 스스로 활용할 수 있도록 대국민 서비스로 개발하였고, '23.3월부터 12월까지 24만 명이 방문하여 5만2천여 건의 보고서를 생성하였다.

2022년에는 구직자가 필요한 채용정보를 보다 손쉽게 찾을 수 있도록 채용정보를 주제별로 모아서 제공하는 「테마별 채용관」을 확대 개편하였다.

'강소기업관', '일학습병행 학습기업관' 등과 같이 정부 인증 우량 기업이나 정책 중심으로 운영하던 테마별 채용관을 '기업유형별' 테마와 '직종·직군별' 테마를 추가하여 총 8개 테마, 60개 채용관으로 구성하고, 이용자가 보다 쉽게 서비스를 이용할 수 있도록 UI·UX도 개선하였다.

기업 유형별 테마에서는 기존 중소·중견기업 뿐만 아니라 대기업, 공기업, 스타트업, 외국계 기업 등 다양한 기업 유형을 테마로 묶어 채용정보를 제공하고, 직종·직군별 테마에서는 정보기술(IT), 반도체를 포함해 건설, 영업, 보건·의료 등 10개 직군에 대해 유사 직종별 채용정보를 제공한다.

잡케어 서비스 구성도

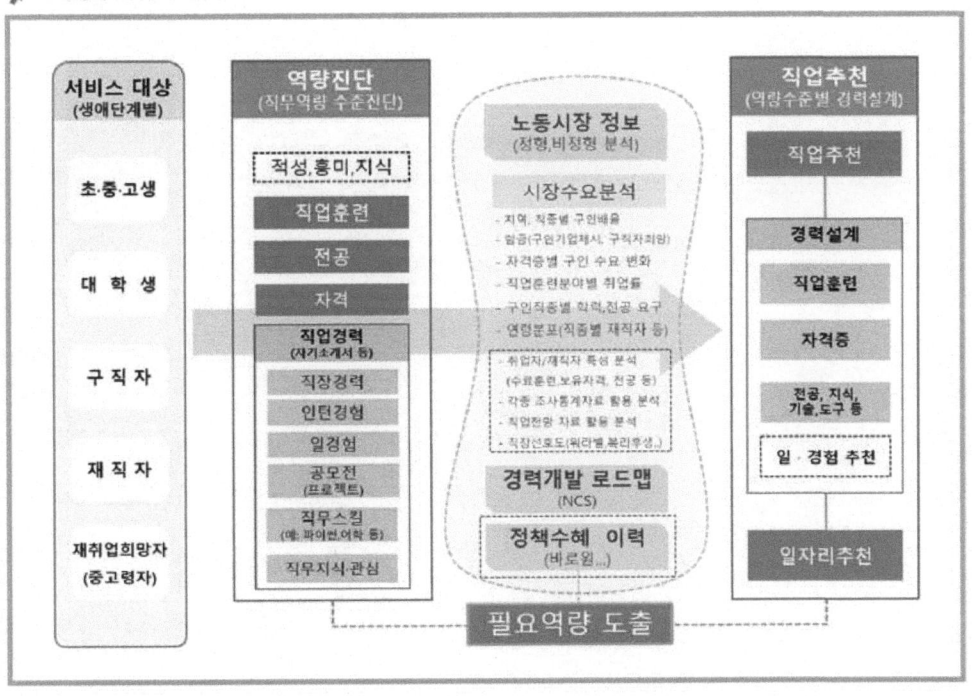

또한 워크넷, 고용보험, HRD-Net, 취업이룸(국민취업지원제도) 등 다양한 디지털 고용서비스 이용자의 접근성 제고를 위해 9개로 분산되어 운영했던 온라인 고용서비스를 「고용24」 하나로 통합하였다. 「고용24」는 데이터 연계를 강화하여 각종 증빙서류와 입력항목을 대폭 간소화하고, 개인 맞춤형 추천 서비스 등도 강화하였다.

다. 향후 계획

디지털 고용서비스는 구인기업의 인재채용과 구직자의 취업과정에서 발생하는 일자리 미스매치를 완화할 수 있는 핵심수단으로, 최근 chatGPT, Google Bard 등 인공지능(AI) 기술 발전의 계기로 개인화 서비스에 대한 수요가 증가하고 있다.

이에 따라 AI일자리매칭, 잡케어, 고용24 등을 지속 고도화하는 한편 국민체감 효과가 높은 킬러서비스를 중심으로 인공지능(AI)기반 디지털 고용서비스를 강화하고, 디지털 이력서 서비스를 구축하는 등 디지털 고용서비스를 AI기반 서비스로 체계 전환을 추진할 계획이다.

제2절 촘촘한 고용안전망 구축

1 고용·산재보험의 적용 및 피보험자 관리

가. 고용·산재보험 신규가입 촉진

2023년 12월 말 현재 적용사업장은 고용보험 2,579,905개소, 산재보험 2,945,136개소이며 고용보험과 산재보험은 명실상부한 사회보험으로서의 사회안전망 역할을 하고 있다. 이는 신규 사업장에 대한 보험관계 성립신고 안내 등 다각적인 노력을 기울인 결과로 평가된다.

근로복지공단에서는 국세청 사업자등록 및 근로소득지급조서 현황, 지방자치단체 건축공사 인·허가 자료를 활용하여 미신고 사업장을 발굴하고, 보험관계 성립신고를 안내하였다. 또한 자진신고 활성화를 위해 고용·산재보험 집중 홍보 기간(5월, 10월)을 운영하였고, 중점 가입 대상 사업장 114,549개소를 선정하여 조사한 결과 총 3,928개 사업장을 신규 가입시켰다.

표 3-②-1. 고용·산재보험 적용 사업장 현황 (단위: 개소)

구 분	연도 중 소멸신고 사업장 수	연도 중 신규성립 사업장 수	연도 말 현재 적용사업장 수
고용보험	1,402,673	1,337,330	2,579,905
산재보험	1,470,735	1,439,845	2,945,136

또한 강원도('18년 4월)를 시작으로 충청남도('19년 1월) 및 제주특별자치도('19년 8월)와 업무협약을 체결하여 고용보험에 가입한 사업장에 사회보험료를 추가 지원함으로써 소규모사업장의 사회보험 가입을 촉진하였다. 2021년은 코로나19로 피해가 큰 자영업자와 예술인·노무제공자 지원을 위해 경기도 등 5개소와 추가 협약을 체결하여 2021년 말 현재 11개 광역지자체 및 5개 기초지자체와 업무협약 중이다.

2023년도에 보험관계가 소멸된 사업장은 고용보험 1,402,673개소, 산재보험 1,470,735개소이고, 보험관계 신규 성립 신고 사업장은 각각 1,337,330개소, 1,439,845개소이다.

나. 고용보험 피보험자 관리 개선

피보험자 관리업무는 고용보험 수급권 보장 및 실업급여 적정 지급 등과 직결된 고용보험 제도의 근간을 이루는 업무이지만 1995년 고용보험 도입 이래 적용대상이 큰 폭으로 증가했음에도 인프라 보강이 미흡하여 고용보험 관리에 어려움이 있었다.

이에 따라 피보험자 관리업무 전반에 대한 개선과 내실화를 위해 전자적 방법에 의한 신고·취득 확대, 과태료 부과 절차 간소화, 신고서식 단순화, 국세청 등 유관기관 협업 강화 등을 추진하였다.

전자적 방법에 의한 피보험자격 취득·신고에 대해 그동안 사업주에 대해서만 허용하던 것을 2018년 12월 시행규칙을 개정하여 근로자에게도 가능하도록 제도를 개선하였다.

또한 초 단시간(소정근로시간 월 60시간 〈또는 주 15시간〉 미만) 근로자의 적용 요건인 "생업 목적으로 3개월 이상 근로"에서 "생업 목적"을 삭제하여 고용보험 적용대상자의 범위가 넓어졌다.

한편 근로자의 수급권 보장 등 법 시행 실효성 확보를 위해 고용보험 피보험자격 신고 관련 위반행위에 대한 과태료 제도는 부과기준 명확화, 산정방식 단순화(상습(고의) → 위반 횟수별로 적용) 등을 통해 민원 분쟁을 줄이고 업무부담도 경감시켰다.

2020년 12월, 2021년 7월에는 각각 예술인과 노무제공자 고용보험이 시행되면서 고용보험 적용대상이 확대되었고, 노무제공자 고용보험 적용직종은 '22.7.1.까지 지속적으로 추가되었다.

표 3-②-2. 고용보험 피보험자 현황 (단위: 천 명)

구 분	피보험자				
	'19년	'20년	'21년	'22년	'23년
상 용	13,864	14,112	14,550	14,899	15,200
일 용	4,482	4,222	4,717	5,397	5,085

※ 상용: 자영업자 포함
※ 일용: 해당 연도 1일 이상 근로내용이 신고 된 근로자 수(자료추출일: '24년 1월)

② 실업급여 제도개편 등 고용보험제도 개선

가. 실업급여의 기능

전통적 의미의 실업급여는 실업이라는 보험사고가 발생하였을 때 지급하는 실업 보험사업만을 의미하였으나, 오늘날에는 고용촉진사업을 추가한 의미로 사용된다. 즉 실업급여는 단순히 실직근로자가 실직기간에 생계를 유지할 수 있도록 급여를 지급하는 것뿐만 아니라 적극적인 재취업 촉진 노력을 요구하며, 그러한 노력을 하지 않는 경우에는 지급이 제한된다.

실업급여제도는 자본주의의 단점을 보완하는 수단의 하나이다. 자본주의 경제 체제에서 근로자는 노동력을 사용자에게 제공하고, 그 대가인 임금으로 경제생활을 영위하게 된다. 그러나 실업이 발생하게 되면 근로자는 노동력을 제공할 수 있는 기회마저 잃게 되므로, 실업은 근로자와 그 가족에게 있어서는 부상·질병·노령·사망과 마찬가지로 생활의 안정을 저해하는 원인이 된다.

그리고 실업자라고 하는 유휴노동력의 존재는 국가 인적자원의 손실을 의미할 뿐만 아니라, 근로자가 자신의 능력을 발휘할 기회를 상실함으로써 오랜 시간 갈고닦은 지식과 기능의 질적 저하를 초래하기도 한다. 국민경제 차원에서 보면 실업자의 발생은 실업자와 그 가족의 구매력을 저하시켜 소비 수요를 감소시키며, 이는 다시 생산의 저하와 고용의 감소를 초래하여 실업을 더욱 증가시키고 국민경제를 혼란에 빠뜨릴 수 있다.

자유경쟁을 원칙으로 하는 자본주의 경제체제 하에서는 호경기에도 기업의 생존과 소멸이 끊임없이 이루어지며, 기술혁신에 따른 산업의 구조조정, 경기변동 등에 따라 실업은 누구에게나 닥칠 수 있는 사회적 위험이다. 따라서 실업의 발생을 단순히 근로자 개인과 개별기업의 책임으로만 돌리며 방치할 수는 없으며, 국민경제 전체 차원에서의 책임이 커지고 있다. 이와 같은 인식에 입각하여 많은 국가에서는 실업보험 또는 고용보험 제도를 도입하여 정부, 사용자 및 근로자가 연대하여 실업자의 생활안정을 도모하고 있다.

고용보험법상 실업이란 근로 의사와 능력이 있음에도 불구하고 취업하지 못한 상태를 말한다. 이러한 실직자들의 생활안정을 도모하고 구직활동을 용이하게 하기 위하여 실업급여를 지급한다.

실업급여는 크게 구직급여와 취업촉진수당으로 구분된다. 구직급여는 소정의 수급요건을 만족시키는 수급자격자의 생활안정을 도모하는 동시에 안정적으로 구직활동에 임할 수 있도록 지급되는 기본적 성격의 급여이다. 취업촉진수당은 재취업활동을 적극적으로 할 수 있도록 지원하기 위한 조기재취업수당과 직업안정기관의 지시로 실직근로자가 재취업에 필요한 직업훈련을 받는 경우 수강을 용이하게 하기 위한 직업능력개발수당, 직업안정기관의 소개로 넓은 지역에 걸쳐 구직활동을 하는 자에게 교통비 등 실비를 지급하는 광역구직활동비, 재취업 또는 직업안정기관이 지시한 직업훈련을 위해 주거를 이전하는 자에게 지급하는 이주비 등으로 구분된다.

구직급여를 지급받기 위해서는 첫째, 이직일 이전 18개월 간(1주 소정근로시간이 15시간 미만이고, 1주 소정근로일수가 2일 이하인 근로자는 24개월 간) 피보험단위기간이 180일 이상인 피보험자로서 고용되어 임금을 목적으로 근로를 제공하였을 것, 둘째, 자신의 중대한 귀책사유로 해고되거나 정당한 이유 없이 자기사정으로 이직한 것이 아닐 것, 셋째, 근로할 의사와 능력이 있음에도 불구하고 취업하지 못한 상태에 있을 것, 넷째, 적극적으로 재취업을 위한 노력을 할 것 등 4가지 요건을 충족해야 한다. 일용근로자는 위 4가지 요건 외에 수급자격인정신청일 이전 1개월 중 근로일 수가 10일 미만일 것(건설일용근로자는 수급자격인정신청일 이전 14일간 연속하여 근로내역이 없는 경우도 포함), 최종 이직일 이전 기준기간의 피보험단위기간 중 다른 사업에서 법 제58조에 따른 수급자격 제한 사유로 이직한 사실이 있는 경우에는 그 피보험단위기간 중 90일 이상을 일용근로자로 근로하였을 것 등의 요건을 추가로 충족시켜야 한다.

구직급여 소정급여일수는 피보험기간 및 이직 당시 연령, 장애 유무 등에 따라 120~270일('19년 9월까지는 90~240일)이며, 이직일의 다음 날부터 12개월 이내에 조속히 수급할 수 있도록 함으로써 실직자의 구직활동을 촉진시키는 효과를 도모하고 있다. 또한, 취업이 특히 곤란하고 생활이 어려운 수급자격자는 60일 한도로 구직급여를 연장하여 개별연장급여를 지급하고, 연령·경력 등을 고려할 때 재취업을 위하여 직업능력개발훈련 등이 필요하다고 판단되어 직업안정기관의 장의 지시에 따라 직업훈련을 수강하는 경우에는 최대 2년간 훈련연장급여를 지급하고 있다.

구직급여일액은 평균임금(급여기초임금일액)의 60%('19년 9월까지는 50%)에 해당하는 금액이다. 1일 구직급여일액이 6.6만 원을 초과하는 경우에는 6.6만 원을 한도로 한다.

구직급여일액이 1일 소정근로시간에 상응한 최저임금의 80%('19년 9월까지는 90%)에 해당하는 금액보다 적을 경우에는 최저임금의 80%에 1일 소정근로시간을 곱한 금액으로 한다. 2022년 1일 소정근로시간이 8시간인 근로자의 최저 구직급여일액은 60,120원이다.

구직급여를 지급받으려면 실업을 신고한 날부터 1주 내지 4주의 범위 내에서 직업안정기관의 장이 지정한 날에 출석하여 직전 실업인정일의 다음 날부터 그 실업인정일까지

재취업활동 사실을 신고하여 실업인정을 받아야 하고, 직업안정기관의 정당한 지시에도 불구하고 수급자가 직업소개, 직업지도, 직업훈련 지시 등을 거부하면 지급이 정지된다.

실업급여 제도는 1995년 7월 1일 도입되어 1996년 7월 1일부터 급여가 지급되기 시작하였으며 그동안 피보험대상자 확대, 구직급여일액 상한액 및 하한액 인상, 소정급여일수 확대, 피보험단위기간 단축 등 꾸준한 제도 개선을 통해 실업급여 수급액 및 수혜율 등이 지속적으로 증가해왔다.

주요 제도개선 내용

- 적용대상 확대: 30인 이상 → 10인 이상('98년 1월) → 5인 이상('98년 3월) → 1인 이상('98년 10월)
- 구직급여일액 상한액 인상: 3만 원('99년 7월) → 3.5만 원('01년 1월) → 4만 원('06년 1월) → 4.3만 원('15년 1월) → 5만 원('17년 4월) → 6만 원('18년 1월) → 6.6만 원('19년 1월)
- 최저구직급여일액 변경: 미설정 → 최저임금 70%('98년 3월) → 90%('00년 1월) → 80%('19년 10월)
- 소정급여일수 확대: 30~210일 → 60~210일('98년 3월) → 90~240일('00년 1월) → 120~270일('19년 10월)
- 피보험단위기간 단축: 이직 전 18개월 중 12개월 이상 → 이직 전 18개월 중 180일 이상('00년 4월)
- 기준기간 연장: 1주 소정근로시간이 15시간 미만이고, 1주 소정근로일수가 2일 이하인 근로자는 24개월 중 180일 이상('19년 10월)

2017년에는 노동계, 경영계, 전문가 등이 참여한 「고용보험 제도개선 TF」를 운영하여 실업급여 보장성 강화 및 1995년 제도 도입 이후 제기된 문제점 개선 등에 대해 논의하고 「고용보험위원회」의 의결을 거쳐 구직급여 지급수준(평균임금의 50% → 60%), 지급기간 (90~240일 → 120~270일) 등의 대폭 개선을 내용으로 한 「고용보험법」이 2019년 8월 27일 개정되어 2019년 10월 1일부터 시행하게 되었다.

고용보험법 개정 주요내용

- 실업급여 지급수준 인상: 평균임금의 50% → 60%(자영업자 기준보수의 50% → 60%)
- 실업급여 지급기간 연장: 90~240일 → 120~270일(자영업자 90~180일 → 120~210일)
  * 연령별 구분 '30세 미만-30~50세 미만-50세 이상' → '50세 미만-50세 이상'
- 하한액 인하: 최저임금의 90% → 80%
- 초 단시간 근로자 기준기간 연장: 18개월 → 24개월

나. 실직자의 생계안정을 위해 실업급여 지급 및 관리

2023년에는 1,768천 명에게 11조 7,755억 원의 실업급여를 지급하였다. 이는 제도 시행 초기인 1996년(7,300명, 105억 원 지급)에 비해 지급자 수는 241배, 지급액은 1,120배 증가한 것으로 실직자의 생계안정 지원 등 사회안전망으로의 역할이 크게 강화되었다. 2008년 글로벌 금융위기 영향으로 2009년에는 실업급여 지급액이 최고치(4조 1,164억 원)를 기록하였으나 2010년부터 경기가 다소 회복되면서 감소하다가 2012년 이후 증가 추세에 있다.

실업급여 신규신청자도 2009년 처음으로 100만 명을 넘어섰으나 2010년 이후 매년 감소하다가 2013년부터는 사회안전망 강화 등으로 고용보험 가입자가 늘어남에 따라 증가 추세에 있다. 2004년 1월 1일부터는 일용근로자에 대해서도 실업급여 제도가 적용되었다.

표 3-②-3. 실업급여 신청 및 지급 현황   (단위: 명, 백만 원)

구분	신규 신청자	자격 인정자	지급자	초 회 지급자	지 급 종료자	실업인정 건 수	지급액 총 액	구직급여	취업촉진 수 당
'09년	1,073,989	1,068,389	1,301,132	1,050,612	1,014,481	5,205,740	4,116,404	3,598,973	517,430
'10년	978,575	973,026	1,236,637	957,267	952,169	4,915,719	3,686,233	3,487,280	100,944
'11년	906,422	902,362	1,201,165	889,097	898,732	4,520,607	3,561,121	3,346,375	214,746
'12년	901,588	898,054	1,186,602	887,639	884,964	4,482,808	3,676,473	3,441,847	234,626
'13년	921,678	918,421	1,209,349	905,784	899,167	4,568,173	3,881,918	3,622,011	259,907
'14년	974,150	969,841	1,251,201	942,946	924,477	4,869,875	4,152,544	3,976,839	175,705
'15년	955,184	949,699	1,271,180	935,148	958,800	4,916,383	4,544,113	4,382,259	161,854
'16년	957,888	953,003	1,277,685	938,502	942,089	4,935,607	4,892,144	4,686,203	205,942
'17년	944,069	939,311	1,272,223	924,789	937,849	4,980,736	5,239,358	5,024,838	214,520
'18년	1,066,911	1,061,963	1,390,597	1,042,502	1,012,212	5,605,096	6,684,709	6,454,869	229,841
'19년	1,147,900	1,143,165	1,526,023	1,128,881	1,107,048	6,220,968	8,382,027	8,091,735	290,292
'20년	1,371,733	1,364,296	1,783,204	1,353,853	1,210,693	8,514,506	12,176,941	11,855,625	321,316
'21년	1,288,777	1,281,735	1,866,032	1,272,193	1,336,840	8,656,621	12,505,305	12,062,473	442,832
'22년	1,202,023	1,196,641	1,727,958	1,182,023	1,211,201	7,878,102	11,378,522	10,910,504	468,018
'23년	1,251,818	1,246,837	1,768,191	1,241,345	1,236,839	8,075,632	11,775,474	11,307,120	468,354

2006년부터는 고용지원서비스 선진화 정책에 맞춰 실업급여 수급자의 재취업지원 시스템 강화로 구직급여 수급종료자의 수급기간 중 재취업률 제고를 위해 노력하였다.

- 구직급여 수급종료자 수급 중 재취업률: 30.5%('05년) → 36.5%('07년) → 37.4%('09년) → 31.9%('10년) → 33.3%('11년) → 34.0%('12년) → 34.7%('13년) → 33.9%('14년) → 31.9%('15년) → 31.1%('16년) → 29.9%('17년) → 28.9%('18년) → 25.8%('19년) → 26.8%('20년) → 26.9%('21년) → 28.0%('22년) → 30.3%('23년)

한편, 2009년에는 8개 고용센터에서 수급자 본인이 먼저 「재취업활동계획서(IAP)」를 수립하고, 동 계획서에 따라 직업훈련, 심층상담, 집단상담 프로그램 및 동행면접 등 취업서비스에 참여·이행한 경우에는 12주 동안 센터방문 없이 실업을 인정하는 「새로운 실업인정시스템」을 도입하였고, 2010년에는 「새로운 실업인정시스템」 제도에 저소득 실업급여 수급자의 취업지원서비스 강화를 목적으로 '취업주치의' 제도를 도입하였다.

그럼에도 불구하고 실업인정 업무량 과다로 수급자의 구직활동 여부만 단순확인하는 형식적 실업인정 관행이 여전하여 실업급여 수급자의 재취업지원을 강화할 근본적인 제도변화가 요구되었다. 이에 『선택과 집중』의 원칙 아래 수급자 특성별 재취업지원서비스를 활성화하기 위해 2010년 8월부터 2011년 2월까지 18개 고용센터를 통하여 집체교육형, 온라인형, 집체교육·온라인 조화형, 실업인정 강화형 등 4가지 유형의 시범센터를 운영하였다. 그 결과, 형식적인 업무가 감소하고 상담시간이 증가하여 센터 담당자 및 수급자의 만족도가 상승하는 등 전반적으로 긍정적인 반응이 나타난 것으로 확인되었다. 이에 따라 2011년 3월부터 스스로 재취업 활동이 가능한 유형의 수급자는 인터넷(온라인형)으로 실업인정을 받을 수 있도록 하는 등 새로운 실업인정 방식을 전국 고용센터로 확대·시행하였다.

2011년 11월부터 실업급여 지급 위주에서 취업상담 중심으로 전환하여 수급자에 대한 서비스의 질을 높이기 위해 수급자를 균분하는 취업상담 예약제를 실시하였다. 특히, 2012년에는 고용센터 창구담당자 1인당 1일 40명 이하의 수급자를 상담하도록 제한하였다.

아울러, 취업상담 시 실업인정과 재취업지원을 동시에 한 명의 담당자가 전담하여 수행토록 하고, 예약자 중 간편하게 실업인정할 자와 집중 취업상담할 자를 구분하여 적정하게 예약 처리토록 함으로써 고용센터 주요 고객인 실업급여 수급자에 대한 고용서비스를 향상시켰다.

2014년 3월부터는 실업인정 및 재취업지원 방식을 실업기간에 따라 달리 적용하여 제한된 인력 하에서 장기수급자 등 취업취약계층에 대한 재취업지원 서비스를 강화하였다. 1단계(실업신고일~3차 실업인정일)는 인터넷 실업인정을 원칙으로 수급자의 자기주도적 재취업활동을 최대한 보장하고, 2단계(4차 실업인정일~수급종료일)는 출석 실업인정을 원칙으로 하여 수급자에 대한 심층상담을 실시함으로써 실업인정의 실효성을 제고하였다.

2016년 7월부터는 실업인정 업무를 취업상담 중심으로 개편하였다. 수급자 취업의지에 근거하여 유형분류(1·4차 실업인정일)를 하여 맞춤형 재취업지원서비스를 제공하고, 재취업촉진위원회를 운영하여 취업알선·훈련 등 안내와 재취업활동 내역심사를 실시하였다. 또한, 그간 2·3차 실업인정일에만 가능했던 인터넷 실업인정을 5차 실업인정일 이후에도 허용하고 필요시 수급자에게 출석을 요청하여 심층상담을 실시함으로써 실업인정의 효율화를 도모하였다.

2017년 1월부터는 인터넷뿐만 아니라 스마트폰 등 모바일을 통해서도 실업인정 신청을 할 수 있도록 개선하였다. 또한, 취업을 목적으로 해외에서 재취업활동을 하고자 하는 수급자가 해외 재취업활동계획을 미리 수립하고 신고하면 해외에서 인터넷 실업인정 신청이 가능하도록 해외취업 수급자의 재취업활동 편의성을 제고하였다.

2018년 5월부터는 재취업활동 의무 횟수를 종전 1~4차 실업인정일에는 4주 2회, 5차 실업인정일부터는 4주 4회였던 것을 모든 회차 동일하게 4주 2회로 완화하였다. 또한 재취업활동 인정 프로그램 범위를 확대하여 민간의 각종 취업프로그램 참여도 재취업활동으로 인정하고, 실업급여 반복수급자와 장기수급자에 대한 취업알선을 강화하는 한편, 형식적 구직활동자는 인터넷 실업인정을 금지하는 등 허위·형식적 구직활동에 대한 관리를 강화하였다.

2019년 2월부터는 재취업활동 의무 횟수를 모든 회차 동일하게 4주 2회였던 것을 1차~4차 실업인정일까지는 4주 1회로 완화하였다. 또한 재취업활동계획서(IAP)와 유형분류를 "수급자 재취업지원 설문지"로 일원화하여 실업인정 절차를 효율화하였다. 동시에 형식적인 입사지원을 방지하기 위해 워크넷 이메일 입사지원 횟수를 소정급여일수 120일 이하 수급자는 총 3회로, 150일 이상 수급자는 총 5회로 제한하였다. 또한 출석형 수급자는 집체교육이나 취업특강으로 재취업활동을 인정함으로써 실업인정 방식의 효율화를 기하였다. 한편, 취업지원서비스를 원하는 수급자와 장기수급자의 재취업지원을 강화하여 장기수급자의 경우 수급기간 만료 직전 실업인정일에 출석하도록 하여 취업알선 등 서비스 지원을 강화하였다.

2020년 2월부터는 코로나19 영향으로 2019년 2월 실업인정 지침을 한시적으로 다소 완화하여 모든 실업인정 회차에 대해 비대면 실업인정을 허용하였고, 워크넷 입사지원 횟수 제한을 해제하고 의무 재취업활동 횟수도 4주 1회로 운영하고 있다.

2020년 12월 10일부터는 예술인, 2021년 7월 1일부터는 노무제공자, 2022년 1월

1일부터 플랫폼 노무제공자도 고용보험 적용이 됨에 따라 실업급여 대상이 확대되었다.

2022년 7월부터는 코로나 거리두기 해제 및 일상회복 등에 따라 감염병 예방 중심의 간소화된 실업인정을 정상화하고, 본연의 취업지원 기능을 회복하기 위해 「구직급여 촉진을 위한 실업인정 및 재취업지원 강화」 방안을 시행하였다. 이에 재취업활동 인정 기준을 수급자별 특성에 맞게 차별화하여 반복·장기 수급자에 대해서는 강화된 기준을, 만 60세 이상 장애인 수급자에 대해서는 완화된 기준을 적용하였다. 또한 수급자 선별관리를 통해 집중 취업알선 등 맞춤별 재취업지원서비스를 제공하고, 허위·형식적 구직활동에 대한 모니터링도 강화하였다.

2023년 실업급여 수급 중 재취업률은 수급자의 수급기간 중 적극적인 재취업 활동 노력과 함께 정부의 재취업지원 노력에 힘입어 '16년 이후 7년 만에 30%대를 기록했다. 그간 코로나19 등으로 간소화된 실업인정 방식을 정상화하는 「실업인정 강화방안('22.7.~)」을 전면 적용('23.5.~)하여, 대면 실업인정 확대, 구직활동 필수 지정 등을 통해 수급자의 Activation을 강화하였으며, 수급자의 구직의욕·능력에 따라 적합한 취업지원 서비스로 연계하는 등 맞춤형 취업지원을 강화하였다. 또한 허위·형식적 구직활동 모니터링을 통해 정당한 사유 없이 면접 불참·취업 거부 시 엄중 경고, 부지급 조치를 적극 실시하였다. 한편 구직급여 산정 시 근로시간이 4시간 미만인 경우도 실제 근로시간을 반영하도록 고용보험법 시행규칙·관련 예규를 개정('23.12.~)하여 국민 눈높이에 맞지 않는 불합리한 문제를 개선하였다.

③ 예술인·노무제공자 고용보험 적용

고용보험 사각지대 해소를 위해 2018년 7월 고용보험위원회는 '예술인·특수형태근로종사자 고용보험 적용방안'을 의결하였고, 2020년 5월 「고용보험법·보험료징수법」이 국회를 통과하면서 2020년 12월 10일부터 예술인 고용보험 적용이 시행되었다.

이를 통해 「예술인 복지법」에 따른 문화예술용역 관련 계약을 체결하고, 자신이 직접 노무를 제공하는 예술인은 고용보험 적용 대상이 되었다. 예술인이 실직한 경우 이직일 전 24개월 중 9개월 이상 보험료를 납부하고, 수급 자격 제한 사유 없이 적극적인 재취업 노력을 하면 120일~270일간 구직급여를 받을 수 있다. 임신한 예술인이 출산일 전 3개월 이상 보험료를 납부하고, 출산일 전후로 노무를 제공하지 않으면 출산전후급여를 90일(다태아의 경우 120일)간 받을 수 있게 되었다.

또한, 특수형태근로종사자 등 노무제공자에 대한 고용보험 적용을 위한 「고용보험법·보험료징수법」 개정안이 2020년 12월 국회를 통과하여 2021년 7월 1일부터 보험설계사, 학습지 방문강사, 교육교구 방문강사, 택배기사, 대출모집인, 신용카드 회원모집인, 방문판매원, 대여제품 방문점검원, 가전제품 배송·설치기사, 방과후학교 강사(초·중등), 건설기계조종사, 화물차주(컨테이너, 시멘트, 철강재, 위험물질) 등 12개 직종에 종사하는 노무제공자에게 고용보험이 적용되었다.

2022년 1월 1일부터는 플랫폼을 기반으로 노무를 제공하는 퀵서비스기사와 대리운전기사에게도 고용보험이 적용되었으며, 2022년 7월 1일부터 화물차주(택배지·간선기사, 특정품목운송차주, 유통배송기사), 정보통신(IT) 소프트웨어 기술자, 관광통역안내사, 어린이 통학버스기사, 골프장 캐디 등 5개 직종에 종사하는 노무제공자에게도 고용보험이 적용되었다.

이를 통해 근로자가 아니면서 자신이 아닌 다른 사람의 사업을 위해 노무를 제공하고 일정한 대가를 지급받는 특수형태근로종사자 등 노무제공자도 고용보험을 적용받을 수 있게 되었다. 노무제공자가 실직한 경우 이직일 전 24개월 중 12개월 이상 보험료를 납부하고 자발적 이직 등 수급자격 제한사유 없이 적극적인 재취업 노력을 하면 120일~270일간 구직급여를 받을 수 있고, 임신한 노무제공자가 출산일 전 3개월 이상 보험료를 납부하고 출산일 전후로 노무를 제공하지 않을 경우 출산전후급여를 90일(다태아의 경우 120일)간 받을 수 있도록 고용보험 제도개선이 이루어졌다.

2023년 7월 1일부터는 외국인이 문화예술용역 관련 계약 또는 노무제공계약을 체결한 경우에는 체류자격의 활동 범위 및 체류 기간 등을 고려하여 이 법의 전부 또는 일부를 적용하도록 하고, 예술인·노무제공자 고용보험적용 최저연령을 15세로 설정하여 15세 미만인 예술인·노무제공자는 고용보험의 적용을 제외하되, 이들이 원할 때는 고용보험에 가입할 수 있도록 제도 개선이 이루어졌다.

④ 자영업자 고용보험 운영

우리나라의 경우 생계형 자영업자가 많아 자영업자에 대한 사회안전망의 보호 필요성이 지속적으로 제기되었다. 특히, 창업자의 절반 이상이 3년 이내에 폐업하고 있어, 자영업자가 불가피하게 사업을 그만두는 경우에도 생계를 유지하고 안정적으로 재취업 또는 재창업을 준비할 수 있도록 할 필요가 있었다.

이에 따라 2012년 1월 22일부터 자영업자도 실업급여를 받을 수 있도록 고용안정·직업능력개발에 국한되던 자영업자 고용보험제도를 실업급여까지 확대하였다. 자영업자 고용보험은 근로자가 없거나 50인 미만인 사업자등록을 보유한 자영업자 또는 고유번호증을 보유한 민간·가정어린이집 또는 장기요양기관 대표자가 가입할 수 있다.

보험료는 고용노동부 장관이 고시하는 기준보수액에 따라 7종류가 있으며, 가입자는 기준보수액 중 하나를 선택하여 가입할 수 있다. 보험료율은 기준보수의 2.25%(실업급여 2%, 고용안정·직능사업 0.25%)이다.

자영업자 고용보험의 혜택은 크게 두 가지이다. 가장 대표적인 것으로 실업급여 혜택이 있다. 자영업자가 실업급여를 받기 위해서는 1년 이상 자영업자 고용보험에 가입하고 비자발적인 사유로 폐업하여야 한다. 비자발적 폐업 사유에는 6개월 연속 적자가 지속되는 경우, 매출액이 전년대비 20% 이상 감소하는 경우, 건강이 악화되어 폐업하는 경우 등이 있다. 실업급여는 가입 기간에 따라 120~210일간 지급한다.

두 번째로 직업능력개발을 지원한다. 자영업자 고용보험 가입자가 고용노동부장관이 인정한 훈련과정을 수강하면 300~500만 원 한도로 훈련비의 일부를 지원하며, 140시간 이상 과정 수강 시, 월 최대 36만 원의 훈련장려금을 지원한다.

표 3-②-4. 자영업자 고용보험 기준보수, 보험료

구 분	기준 보수	월 보험료
1등급	1,820,000원	40,950원
2등급	2,080,000원	46,800원
3등급	2,340,000원	52,650원
4등급	2,600,000원	58,500원
5등급	2,860,000원	64,350원
6등급	3,120,000원	70,200원
7등급	3,380,000원	76,050원

표 3-②-5. 가입기간에 따른 자영업자 실업급여 수급기간

가입기간	1년 이상~ 3년 미만	3년 이상~ 5년 미만	5년 이상~ 10년 미만	10년 이상
소정급여일수	120일	150일	180일	210일

한편, 중소벤처기업부는 자영업자 고용보험에 가입한 소상공인의 고용보험료 납부 부담을 완화하기 위해 보험료의 일부(50~80%)를 최대 5년간 지원하고 있으며, 일부 지방자치단체는 예산 규모 및 사업내용에 따라 보험료의 일부(30~60%)를 추가적으로 지원하고 있다.

⑤ 사회보험 사각지대 해소

2012년 7월 사업 시행 이후 지역별 「사회보험가입확대협의체」 등 추진체계를 구축하고, 보험가입조사원이 산업현장을 직접 방문하여 가입서비스를 제공하는 「찾아가는 가입서비스」 지원 등 가입 촉진을 통한 근로자 및 사업주의 사회보험료 지원으로 소규모 사업장 사회보험 가입률이 지속적으로 상승한 것으로 나타났다. 「사회보험사각지대해소사업(두루누리)」이 규모가 작은 사업장과 임금이 낮은 근로자 등의 사회보험 가입 확대 및 사회안전망 강화에 어느 정도 기여하고 있는 것으로 보인다. 그러나 소규모사업장 근로자 및 사업주는 여전히 사회보험료 부담분을 비용증가나 소득감소로 인식하는 경향이 있고, 사업장의 잦은 신생·소멸과 열악한 행정력, 근로자의 빈번한 입·이직 등은 가입 확대의 장애요인으로 작용하고 있다.

이러한 사정을 고려하여 지역별 「사회보험가입확대협의체」를 구심점으로 가입촉진 활동을 전개해 왔으며, 민간전문가, 보험가입조사원, 사업주 및 근로자, 국회 등 이 사업의 성공적 수행을 바라는 다양한 의견들과 자체 모니터링 결과를 토대로 가입 확대 방안을 꾸준히 모색하였다. 한편, '사회보험 사각지대 해소'라는 사업목적을 고려하여 신규가입자 위주로 지원제도를 개편하여 旣 가입자 지원에 따른 사중손실을 최소화하고, 여성근로자 경력단절 방지를 위해 육아휴직 등 발생 시 지원 근로자 수 산정에서 제외하였다.

건설업·벌목업은 다른 사업장과 동일한 기준을 적용하여(총 공사금액 및 벌목적재량 → 근로자 10인 미만 사업) 영세 소규모기업 근로자임에도 총 공사금액에 따라 보험료를 지원받지 못하는 점을 개선하였다. '저임금 근로자 보호'라는 제도 취지에 맞게 고액자산가('23년 기준, 재산세 과세표준 합이 6억 원 이상 또는 종합소득 연 4,300만 원 이상)는 보험료 지원을 제한하였다. 사회보험 인식 확산과 미가입사업장 공익 신고 활성화를 위해

전 국민을 대상으로 가입발굴단 및 사회보험 미가입 신고센터를 운영하고, 고용·산재보험 미가입사업장 찾기 캠페인, 알바천국 등 7개 포털 사이트에서 구인업체의 사회보험 가입여부 확인서비스 제공 등 가입촉진 활동을 내실 있게 추진하였다.

또한, 11개 광역자치단체(경기도 등) 등과의 업무협약를 통해 사회보험 가입 안내 및 보험료 추가지원을 실시하였고, 보험가입조사원을 통해 중점 조사대상 사업장의 현장중심 「찾아가는 가입서비스」 지원 및 홍보활동도 전개하였다. 특히, 전 국민의 사회보험에 대한 인지도 제고를 위하여 생활밀착형 홍보를 강화하고 전통시장, 은행 전국 영업점, 지방자치단체 등 기관과도 협업하였다.

미가입 사업장을 발굴하기 위해 사업수행기관별로 국세청의 일용근로소득자료 및 워크넷 자료를 활용하여 중점관리대상사업장을 선정하고, 보험가입조사원 사회보험 사각지대 해소 우수사례 경진대회를 개최하여 우수사례를 공유 하는 등 가입확대를 위한 체계적이고 촘촘한 가입 활동 노력을 이어왔다.

2021년부터는 새롭게 고용보험이 적용된 예술인·노무제공자(특수형태근로종사자)로 고용보험료 지원대상을 확대하였고, 2023년부터는 고용안정·노무관리 측면의 특수성이 있는 예술인·노무제공자에 대한 지원 강화를 위해 사업 규모와 상관없이 종사자의 경우 소득 기준만으로 보험료를 지원할 수 있도록 제도를 개선하였다.

그 결과 소규모 사업의 저소득 근로자·예술인·노무제공자(특수형태근로종사자)에게 2023년 한해 월평균 약 97만 명의 보험료를 지원하였다.

주요내용

- 대상보험: 고용보험, 국민연금
- 지원대상: ① 근로자 10인 미만 사업, 월 260만 원 미만의 보수를 받는 근로자·예술인·노무제공자와 해당 사업주, ② 근로자 10인 이상 사업, 월 260만 원 미만의 보수를 받는 예술인·노무제공자
- 지원수준: 보험료 부담분의 80% 지원(단, 예술인·노무제공자는 고용보험료만 지원)
- 지원방식: 사업주 등의 신청이 있고 전월 보험료를 완납한 경우 다음달 보험료에서 차감하고 지원

6 한국형 실업부조(국민취업지원제도) 운영

가. 중층적 고용안전망 구축 필요성 및 도입 경과

고용보험 적용 확대를 추진하고 있으나, 실업급여는 실직 전 일자리에서 고용보험료의 납부 이력을 전제로 하고 있어 생애 처음으로 노동시장에 진입하려는 청년, 장기구직자, 경력단절여성 등은 여전히 고용안전망의 사각지대에 남게 되는 한계가 있었다.

이에 보험료 납부 등의 기여에 기반하지 않고 일반회계(조세)에 기반하여 소득을 지원(실업수당)하는 실업부조제도는 1998년 외환위기 때부터 학계를 중심으로 도입 필요성에 대한 논의가 있어 왔다. 특히, 단순 소득지원제도가 아닌 취업지원서비스 제공에 중점을 두고 고용활성화 조치(activation)가 강화된 '한국형 실업부조' 제도 도입에 대한 논의가 진척되어왔으나, 근거법률 제정 등 제도화까지 나아가지는 못했다.

'09년부터 저소득층 등 취업취약계층을 위한 취업성공패키지 사업이 시행되어, 이후 10년이 넘는 기간 동안 한국형 실업부조의 전신(前身)으로서 운영되어 왔다. 다만, 제도적 기반 없이 예산사업으로 운영되다 보니 예산사정에 따라 지원규모가 매년 바뀌고, 취약계층 지원을 적시에 일관되게 하지 못하는 한계가 있었다. 소득지원에 대한 법적 근거가 미약하여 구직활동기간 중 생계에 어려움을 겪는 저소득 구직자 등의 지원도 제대로 이루어지지 못했다.

이에, 기존 고용안전망의 사각지대에 놓인 취업취약계층을 취업지원서비스와 소득지원을 통해 보호하는 한국형 실업부조를 도입하기 위한 사회적 논의가 본격화되면서 2018년 6월에는 경제사회노동위원회를 통해 노·사·정이 한국형 실업부조를 조속히 도입하기로 합의하였으며, 2019년 3월에는 법제화, 지원수준·기간, 전달체계 강화 등 세부 내용을 포함한 합의에 이르러 한국형 실업부조 도입 논의가 탄력을 받게 되었다.

2019년 상반기 제도설계 및 법안 마련 과정에서 전국민을 대상으로 한다는 점과 한국형 실업부조가 단순 소득지원제도가 아닌 취업지원서비스인 점을 감안하여 한국형 실업부조의 명칭을 '국민취업지원제도'로 정하게 되었다.

2019년 6월 4일 일자리위원회를 통해 〈국민취업지원제도 추진방안〉이 발표되었으며, 같은 날 정부 법률안 「구직자 취업촉진 및 생활안정지원에 관한 법률」(이하 「구직자취업촉진법」)이 입법예고 되었고 마침내 2020년 5월 20일 법률안이 국회를 통과하였다.

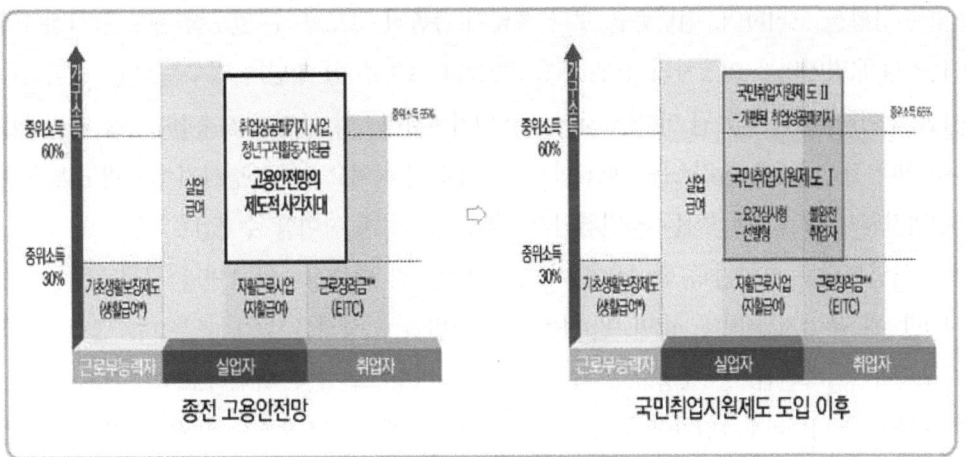

나. 한국형 실업부조(국민취업지원제도) 시행

2021년 1월 1일부터 저소득 구직자 등 취업취약계층에게 취업지원서비스와 소득지원을 함께 제공하는 국민취업지원제도가 시행되었다.

국민취업지원제도는 단순한 소득지원이 아닌 취업취약계층의 취업을 지원하는 제도로서, 근거 법률인 「구직자취업촉진법」에 국가·지자체는 취업 및 생활안정을 위한 지원을, 구직자는 취업활동계획에 따른 구직활동을 성실히 이행할 상호 의무의 원칙을 명시하고 있다. 이에 따라, 국민취업지원제도에 참여한 구직자는 취업활동계획의 이행 여부가 확인되어야만 구직촉진수당을 지급받을 수 있다. 구직촉진수당은 2019년 3월 경제사회노동위원회 합의 시 '최저생계를 보장하는 수준의 정액급여'로 명시한 점, OECD 주요 국가의 실업부조 수당 수준 등을 고려하여 시행 첫해 월 50만 원의 정액으로 6개월간, 최대 300만 원까지 지급하기로 하였다.

소득지원과 함께, 국민취업지원제도 참여자는 상담사와의 심층상담을 토대로 본인에게 맞는 취업활동계획을 수립하고, 직업훈련, 일경험, 구직기술 향상지원 및 취업알선 등 맞춤형 취업지원서비스를 제공받는다. 심층상담 과정에서 취업애로요인이 발견된 경우, 이를 해소하기 위한 복지·금융 등 관계부처·지자체 연계 서비스를 함께 지원한다.

'24년 2월 말 기준 국민취업지원제도는 근로능력과 구직의사가 있는 15세~69세, 가구단위 기준 중위소득 60% 이하, 재산 4억 원 이하의 저소득층에게 취업지원서비스와 함께 구직촉진수당을 지원한다(Ⅰ유형). 다만, 새롭게 노동시장에 진입하려는 청년들이 구직에 어려움을 겪는 상황을 고려하여, 청년층을 보다 폭넓게 촘촘히 보호할 수 있도록 제도를 설계하여 15~34세(병역의무 이행자의 경우 해당기간(최대 3년) 추가) 청년의 경우는 기준 중위소득 120% 이하, 재산 5억 원 이하인 자까지 취업지원서비스와 함께 구직촉진수당을 지원받을 수 있다. 또한, 기준 중위소득, 재산 합계액이 Ⅰ유형 참여요건에 해당하지 않더라도 맞춤형 취업지원서비스를 제공하는 국민취업지원제도 Ⅱ유형에 참여할 수 있다.

'23년부터는 부양가족 중 18세 이하, 70이상 및 중증장애인 1인당 구직촉진수당을 10만 원 추가지급(최대 40만 원)하여 생계지원의 보장성을 확대하였으며, '23년 8월 「구직자취업촉진법」을 개정으로 '24년 2월부터 청년연령이 확대하고, 아르바이트 등 소득활동을 하더라도 1인가구 중위소득 60% 범위 내에서는 구직촉진수당을 지급할 수 있게 되어 참여자의 안정적인 일자리탐색 및 적극적인 구직활동을 지원한다.

주요 제도개선 내용

- 소득요건 완화: Ⅰ유형 중위소득 50% 이하 → 60% 이하('21.9월)
- 재산요건 완화: Ⅰ유형 청년 재산 3억 원 → 4억 원('21.7월) → 5억 원('22.7월)
  Ⅰ유형 청년 외 재산 3억 원 → 4억 원('21.9월)
  지역별 재산공제액 상향 및 지역구분 세분화*('23.3월)
    * 대도시/중소도시/농어촌 35~69백만 원 → 서울/경기/광역시/그외 53~99백만 원
- 참여대상 확대: 특정계층 내 직접일자리 참여자 추가('23.1월), 정책서민금융이용자 및 성실경영실패자 추가('24.2월) 청년 연령 확대: 18~34세 → 15~34세 + 병역의무 이행기간('24.2월)
- 구직촉진수당 보장성 강화: 부양가족* 1인당 10만 원(최대 40만 원) 추가 지급('23.1월)
    * 18세 이하, 70세 이상, 중증장애인(연령 무관)
- 일자리 탐색 및 구직활동 촉진: 소득활동을 하더라도 구직촉진수당을 지급하도록 지급기준 개선*('24.2월)
    * 1인가구 중위소득 60%('24년 133.7만 원) 한도 내 구직촉진수당 지급

국민취업지원제도는 제도 시행 후 3년간 100.5만 명을 대상으로 취업지원서비스를 제공하였으며, 79만 명 종료, 46.6만 명이 취·창업하였다.

표 3-②-6. 국민취업지원제도 지원현황
(단위: 명, 백만 원)

구 분	신 규 지원인원	총 지원인원 (이월자 포함)	구직촉진수당		종료인원	취업인원
			지급인원	지급규모		
'21년	421,917	421,917	320,799	711,465	175,479	119,507
'22년	284,811	528,686	313,439	586,950	342,867	186,549
'23년	298,677	482,852	293,281	586,822	271,495	159,903

아울러 복지수급자 등 취약계층이 취업을 통해 경제적으로 자립할 수 있도록 관계부처와 협력모델을 구축하는데 주력하여, '23년 3월 서울시와의 업무협약을 시작으로 5월 서민금융진흥원, 8월 경기남부경찰청, 12월 보건복지부 등 40개 기관과 업무협약을 체결하였다.

이를 통해 취업이 필요한 취약계층을 적극 발굴하여 고용서비스와 연계하고, 구직활동 중에는 금융·복지·주거 등 복합 서비스를 제공하고 있다.

특히 보건복지부 및 자립지원전담기관과 연계하여 자립준비청년이 취업할 수 있도록 보호단계부터 체계적으로 지원할 계획이며, 금융위원회와 협업으로 소액생계비대출 등 정책서민금융 이용자도 국민취업지원제도 등 고용서비스를 연계하여 취업을 통해 궁극적으로 부채상환 및 경제적 자립을 이룰 수 있도록 적극 지원한다.

⑦ 고용보험 재정 및 운영

가. 고용보험 재정

2023년 고용보험기금 수입은 18조 5,410억 원으로 '22년 대비 1.2% 감소하였다. 보험료 등 자체 수입은 18조 2,410억 원으로 '22년 대비 12.9%(2조 789억 원) 증가하였고, 정부내부수입(일반회계 전입금 등)은 3,000억 원으로 '22년 대비 88.5%(△2조 3,000억 원) 감소하였다.

2023년 고용보험기금 지출은 17조 591억 원으로 '22년 대비 5.6% 감소하였다. 구직급여 등 사업비는 16조 7,729억 원으로 '22년 대비 3.8%(△6,549억 원) 감소하였고, 불용액은 6,308억 원으로 '22년 대비 56.5%(8,183억 원) 감소하였다.

* 내일배움카드(고보) 2,319억 원, 청년추가고용장려금 1,590억 원, 고용유지지원금 704억 원 등

고용유지지원금 등 사업비 지출 감소 및 자체 수입 증가에 따라 2023년 재정수지는 1조 4,819억 원 흑자('22년 6,974억 원 흑자)로 나타냈고, 적립금은 7조 8,196억 원으로 '22년 대비 1조 4,818억 원 증가하였다(공자기금에서 차입한 예수금 10조 3,049억 원 제외 시 △2조 4,853억 원).

* 재정수지(조원): ('19) △2.1 → ('20) △0.6 → ('21) △1.1 → ('22) 0.7 → ('23) 1.5
  적립금(조원): ('19) 7.4 → ('20) 6.7 → ('21) 5.6 → ('22) 6.3 → ('23) 7.8

나. 효율적인 자산운용을 위한 운용프로세스 구축

고용보험기금은 보다 안정적이고 체계적인 여유자산 운용을 위해 자산운용 프로세스 개선 및 정착에 많은 노력을 기울여왔다.

첫째, 자산운용 전담부서(자산운용팀)를 고용노동부 직제상 별도 조직으로 분리하여 자산운용의 독립성을 강화하였고, 리스크관리 전문가 등 내부인력 확충을 통하여 전문성을 확보하였다. 또한, 2015년 7월부터 전담자산운용체계를 도입하여 효율적인 자산운용 체계를 확립하였고, 외부 전문가 위주로 구성된 자산운용위원회·리스크관리 위원회 및 성과평가위원회를 통해 객관적·전문적 판단의 의사결정을 이루었다.

둘째, 전담자산운용체계에 부합하는 규정체계 정비를 통해 전담자산운용체계 당사자 간 책임과 역할을 세분화하였고, 정기 실무협의회 등을 통해 기금운용 제 부분에 대한 각 이슈 점검 및 해결책 도출을 통해 전담자산운용체계의 안착을 이루었다.

셋째, 기금 사업비 지출 확대 등에 따라 기금 운영의 안정성 및 유동성 확보를 위해 단기자산(유동성)을 중점 관리하는 등 기금의 운영 목적과 특성에 부합한 자산운용을 위해 노력하였다.

넷째, 기금 재정환경 변화에 따른 ALM(자산부채종합관리) 기반 자산운용 고도화를 통해 자산운용계획을 수립하였다. 특히 2023년에는 중장기적 관점에서 거시경제지표 및 기금 재정상황 변동을 반영한 재정추계 모델을 개발하였고, 이를 자산배분안에 연결하여 외부 환경 변화에 유기적으로 반응하는 기금의 중장기 자산배분안을 제시하는 등 자산배분전략 수립 방식을 개선하였다.

다섯째, 최근 글로벌 금융시장 변동성 확대에 따라 위기상황 모니터링 지표 개선 등을 통해서 위험 모니터링 및 관리 체계를 개선하였다. 이를 통하여 금융시장 상황 변화에 적극 대응하면서 투자자산 관리와 회수에 집중하는 체계를 마련하였다.

특히, 2023년에는 글로벌부동산 시장 불안 등에 따라 전문가 간담회 개최를 통한 의견수렴 및 리스크관리위원회 수시 보고 등을 통하여 기투자자산에 대한 적극적인 회수·관리를 실시하였다.

향후에도 효율적이고 체계적인 자산운용을 위하여 자산운용, 리스크관리, 성과평가 체계 및 관리방식에 대한 고민과 고도화 노력을 지속할 계획이며, 이를 통하여 전담자산운용체계가 모범적으로 운영·관리되도록 지속 노력할 예정이다.

제 4 장

4차 산업혁명에 대비한 직업능력개발 체계 구축

제1절 4차 산업혁명 직업능력개발 인프라 구축
제2절 포용적 평생직업능력개발 체계 구축
제3절 실력중심사회 기반 조성

제1절 4차 산업혁명 직업능력개발 인프라 구축

① 공공·민간 우수훈련기관 주도 신기술 분야 고급인력 양성

가. 추진배경

4차 산업혁명, 저출산·고령화와 같은 정책환경 변화로 일자리의 변동성이 커지고 평생 직장·직업의 개념이 약화되고 있다. 2016년 1월 다보스포럼에서 4차 산업혁명으로 사회적 불평등, 빈부격차의 심화와 함께 기계가 사람을 대체하면서 나타나는 노동시장의 붕괴 문제도 제기되었다. 월드뱅크에서는 경제협력개발기구(OECD) 국가에서 사라질 위험에 처하는 일자리가 57%로 절반 이상일 것이라는 보고서가 나오기도 했다. 한편으로는 새로운 인력수요의 증가도 예측되고 있다. 2020년까지 드론, 지능형 로봇, 바이오 의약 등 13개 신산업 분야에서 총 21만 명의 인력수요 증가 예측이 보고된 바 있으며(한국산업기술진흥원 -산업연구원, '16.2.), 2015년 한국고용정보원은 '중장기 인력수급 수정전망'을 통해 향후 산업구조의 고도화나 지식정보화 등의 진행에 따른 영향으로 2014년부터 10년간 80만 명 이상의 전문직 인력수요 확대를 예측한 바 있다.

이에 따라 선진국에서는 4차 산업혁명 시대의 성공적 전환을 위한 선결조건이 인적자원 개발에 있다고 보고 각종 혁신대책을 수립·추진하고 있다. 독일의 경우 「Arbeiten 4.0」을 통해 노동분야 디지털 전환을 위해 재직자 능력개발 혁신을 추진하고 있으며, 미국의 경우 「Techhire initiative」를 통해 IT 융·복합 인재양성을 위한 국가주도 직업훈련을 추진하고 있다.

정부는 '4차 산업혁명의 흐름 속에서 국민의 평생 고용가능성을 높이고 신기술에 대한 적응과 미래 핵심역량 함양 등을 지원'하기 위해 「노동시장 변화에 대응한 직업능력개발 혁신방안(2019년 4월)」, 「한국판 뉴딜(2020년 7월)」, 「국민 평생 직업능력개발 지원방안 (2021년 9월)」 등을 통해 4차 산업혁명, 신기술·신산업 등 변화의 흐름에 대응하고 있다.

나. 신산업·신기술 분야 훈련 확대

공공직업훈련기관인 한국폴리텍대학은 미래산업 및 인구구조 변화를 반영하여 신산업· 신기술 분야 중심으로 학과 신설 및 개편을 추진하고 있다.

한국폴리텍대학은 4차 산업혁명 심화에 따른 미래 선도인력 양성을 위해 매년 신산업·신기술분야 학과 신설·개편을 추진하는데 2023년에는 반도체, AI+x, 저탄소분야 학과 20개 과를 신설하고, 기존 학과 15개 과를 미래성장동력 분야 학과로 개편하였다. 아울러 신중년의 디지털 전환 역량 강화를 지원하기 위해 DX-아카데미 2개과를 구축하였다.

또한 대학졸업자 등 고학력 청년을 주요 대상으로 하는 고숙련·신기술 훈련 과정인 '하이테크 과정'을 확대('22년 1,230명 → '23년 1,530명)하여 실시하였다. 신기술 분야 융·복합 교육훈련을 위해 전용 교육훈련시설로 2016년 3월 분당융합기술교육원을 개원(AI응용소프트웨어, AI금융소프트웨어 생명의료시스템)한 데 이어 2020년 3월에는 광명융합기술교육원을 개원하여 데이터분석, 바이오의약시스템, 전기에너지시스템, 증강현실시스템, 3D제품설계 등 5개 학과를 운영하고 있다.

민간의 경우 실업자·재직자 등 직업훈련이 최신 산업 트렌드를 반영할 수 있도록 국가기간·전략산업직종 훈련(기간산업·전략적 육성이 필요한 산업 중 인력양성 필요성이 큰 직종의 기술·기능인력을 양성·공급하는 직업훈련으로 일반 계좌제 훈련에 비해 정부지원 훈련비를 100% 지원)을 4차 산업혁명, 신기술 관련 훈련으로 더 많이 이루어질 수 있도록 개선해 나가고 있다. 「국가기간·전략산업직종 훈련」 직종 개편('22년 81개 → '23년 86개)을 통해 직업훈련을 통한 인력양성이 필요한 신기술 분야를 확대하였다.

'21년부터 추진 중인 K-디지털 트레이닝은 신기술 선도기업과 함께 과정을 설계·운영하는 기업 주도형 신기술 직업훈련사업으로, '23년에는 디지털 분야로 한정되어 있던 훈련분야를 첨단산업 분야까지 넓히기 시작하였으며 기업의 중·고급 프로젝트가 70% 이상 편성되어 있는 심화과정을 새롭게 신설하여 훈련생들이 다양한 프로젝트 경험을 바탕으로 고급인력으로 성장할 수 있도록 지원하였다.

아울러 노동시장 전 분야의 디지털화에 대응하여 노동시장 참여자들이 디지털 격차로 인해 노동시장의 진입·적응에 어려움을 겪지 않도록 정부 지원을 강화하고 있다.

K-디지털 기초역량훈련(K-Digital Credit)은 디지털 기초직무역량 강화에 필요한 크레딧 50만 원을 국민내일배움카드 한도 외에 추가로 지급하는 사업으로 민간의 디지털 스타트업 훈련기관을 대거 유치하여 실시간 코드 리뷰, 프로젝트 과제 부여 등을 통해 100% 원격훈련이지만 집체 훈련에 준하는 효과적인 훈련방식을 구현하고 있다. 2023년에는 디지털 기초역량 습득 이후 K-디지털 트레이닝 등 상위과정과 연계 가능한 과정을 추가 발굴하여 공급하고 있으며, 37개 훈련기관에서 264개 과정을 운영하여 86,071명이 훈련을 실시하였다.

다. 향후 계획

신산업·신기술분야에 대한 훈련을 지속적으로 확대할 예정이다.

먼저, 한국폴리텍대학은 미래산업구조 변화를 반영한 학과신설 및 개편을 지속적으로 추진하며, 특히 2024년에는 반도체, AI+x, 저탄소분야 등 20개 과를 신설, 미래혁신성장동력분야 15개 과를 개편하여 교육훈련 인프라를 확충할 예정이다. 또한, 이와 연계하여 고학력 청년층 대상인 「하이테크 과정」을 확대하여 신산업 분야 대표 브랜드로 육성할 계획이다.

한국기술교육대학교는 VR·AR·XR 기반 훈련콘텐츠 개발·보급과 메타버스 등 신기술 접목훈련 및 학습관리시스템(LMS, Learning Management System) 활용 원격·혼합훈련 등 최신 훈련기법 확산 역할을 강화할 수 있도록 지원할 예정이다.

K-디지털 트레이닝은 2024년부터 첨단 및 융합 분야를 포괄하는 신기술 분야 전반으로 훈련분야를 넓히고, 재직자 및 사업주까지 지원대상을 확대하여 다양한 영역으로 훈련공급을 확대할 계획이다.

② 신기술 인력양성을 위한 범정부 협업체계 구축

가. 추진배경

4차 산업혁명, 저탄소 전환 등으로 산업현장의 기술 및 인력 수요가 급격하게 변화하는 상황에서 체계적인 신기술 인력 양성은 산업 현장의 인력수요 대응 및 향후 선도국가로 도약하는 기반을 확보하는 핵심적인 국가적 과제이다. 반면, 그간 우리나라의 신기술 인력양성은 각 부처 단위에서 분절적으로 이루어져 신기술 인력 양성에 있어서 국가적 전략이 부재하고 재정투자의 비효율이 발생하는 등 일부 한계가 존재하였다.

이에 정부는 2020년 1월 11일 국무위원 워크숍을 통해 체계적 인력양성을 위한 부처 협업의 필요성에 대해 부처 간 공감대를 형성하였고, 2020년부터 신기술 분야 전반의 수급 상황을 종합적으로 파악할 수 있도록 관계부처 협업을 통한 신기술 분야 인력수급전망 도출을 추진하였다.

나. 추진성과

2023년 신기술 분야 중장기 인력수급전망 도출 추진 결과, 2022년 대비 전망의 완성도 및 활용도가 제고되는 성과가 발생하였다. 주요 추진성과는 다음과 같다.

첫째, 다방면에서 고도화된 인력수급전망이 도출되었다. 관계부처 협업을 통해 전망 기초자료인 주요 신기술 산업별 실태조사의 문항·기준 등을 통일성 있게 정비하여 전망 전반의 정합성을 높였으며, 대체수요 전망방식 개선 및 관계부처·전문기관 논의를 통해 인력양성의 핵심 주체인 대학 학위과정 전망 방법론도 개선하여 정합성을 제고하였다.

아울러, 채용공고 분석을 통한 단기변동을 분석하여 중장기 인력수급 전망을 보완하기 위한 기초 토대를 마련하였으며, 단순 양적 수급차 도출에 그치지 않고 현장 수급상황·기술 동향 등을 세부적으로 파악하기 위해 현장전문가 및 업계 종사자와의 포럼을 개최하였다.

둘째, 인력양성 관련 범부처 핵심 협업체계인「첨단산업 인재양성 특별 TF (고용부·기재부·교육부·산업부·과기부 등 핵심 관계부처 참여)」논의를 통해 범부처가 동 인력수급전망을 분야별 인력현황 파악의 기준으로 활용하기로 하였으며,「바이오헬스 인재양성 방안」('23.4.),「바이오헬스 인재양성 방안」('23.5.), 에서 동 전망에서 도출한 인력수요전망 수치가 활용되었다.

다. 향후 계획

신기술 인력수급전망은 기존 각 부처 중심의 분절적 인력양성을 극복하고, 범부처 차원의 전략적·체계적 신기술 인력양성을 위한 토대를 구축하였다는 점에 중요한 의의가 있다. 향후에도 현행 인력수급전망을 지속 고도화하는 한편, 이를 토대로 한 부처 간 협업을 지속 강화하여 범부처 차원의 전략적·체계적 인력양성이 이루어질 수 있도록 지속적으로 노력할 계획이다.

재직근로자의 창의력·문제해결 능력을 제고하는 훈련시스템

가. 추진배경

우리 사회는 인공지능 등 신기술에 의한 4차 산업혁명 진행에 따라 정형화된 업무는 물론 비정형화된 업무의 소멸 가능성이 높아지고, 노동 이동성이 증가할 전망이다. 또한, 기술의 노동대체 가능성과 기대수명이 증가하면서 직업능력개발에 대한 국민의 욕구와 수요도 증가하고 변화할 것으로 예상된다. 따라서 4차 산업혁명 변화에 부응하는 새로운 직업능력개발 훈련 체계를 구축해 노동자의 고용안정을 제고할 필요가 있다.

나. 추진성과

컨소시엄 공동훈련센터에 4차 산업혁명 관련 훈련과정을 개설하고 과정운영 자율성 확대 및 훈련비·시설·장비비 지원한도를 증액하는 등 신산업·신기술분야 재직자 훈련을 확대하였다. 중소기업 대상 신기술·고숙련 훈련은 훈련비 지원 단가의 300%까지 우대 지원해 사업주훈련 지원체계를 기술향상 분야로 전환하였다. 2018년 중소기업 훈련 활성화를 위해 도입한 기업맞춤형 현장훈련에서는 2022년 중소기업의 SW인력 양성을 위한 SW특화 훈련프로그램도 설계·지원하여 4,998개 사업장에 대하여 기업맞춤형 현장훈련을 실시하였다.

또한, 디지털·저탄소화 등 산업구조 변화에 대응하고, 반도체·바이오 등 첨단산업 인력을 육성하기 위해 K-디지털 플랫폼, 산업전환 공동훈련센터 등을 신규로 도입하였다. 2021년부터 추진된 K-디지털 플랫폼은 AI·SW 등 디지털전환 기반 분야에서 중소기업 재직자, 구직청년, 직업계고 학생 등 지역 내 다양한 훈련수요자에게 디지털 융합훈련을 제공하고, 시설·장비를 공유·개방하는 플랫폼으로 2022년 기준 SKT, 삼성중공업 등 20개소 이어 2023년에는 15개소 공동훈련센터를 신규 선정하였다. 또한 2023년에는 반도체·바이오 등 신기술 분야 훈련을 위한 첨단산업 공동훈련센터를 신규 추진하여 삼성전자, 한국과학기술원 등 5개소를 선정하였다. 2022년부터 추진된 산업전환 공동훈련센터는 친환경 자동차·에너지 등 산업전환에 선제적으로 대응하여 근로자 직무전환 등을 지원하고 있으며, 현대자동차, SK에너지 등 산업별 대기업을 중심으로 2023년 20개소를 선정·운영 중이다.

다. 향후 계획

신기술·신산업 분야 선도 대기업 등을 중심으로 공동훈련센터를 지속적으로 확대하는 등 대·중·소 상생 공동훈련 모델을 적극 확산하여 미래인재 육성과 노동시장 이중구조 개선 등에 기여할 예정이다.

④ 직업능력개발 인프라 강화

가. 추진배경

직업교육훈련의 패러다임이 변화하고 있다. 기존의 획일적이고 일방적인 암기·주입식에서 자기주도적이고 문제해결 능력을 갖추면서 주변과 협업할 수 있는 창의적 인재양성 중심으로 교육훈련 방향이 전환되고 있으며, 모바일, 스마트러닝 등 훈련 방법도 다양하게 진화하고 있다.

새로 등장하고 있는 다양한 훈련방식

- MOOC(Massive Open Online Courses): 대규모의 사용자 대상 온라인 공개강좌
- 플립러닝(Flipped Learning): 관련 정보 등 이론에 대한 선행학습 후 강의실에서는 실습, 사례에 대한 토의-토론식 수업을 진행하는 '역진행 학습'
- 혼합훈련(Blended Learning): 온라인과 오프라인을 병행하는 학습방식

이에 따라 정부는 다양한 공급-수요자 간 훈련이 이루어지도록 촉진하는 역할을 강화하고 획일적·중앙집권적 훈련에서 벗어나 쌍방향성, 소통, 협업이 가능한 새로운 직업훈련 플랫폼을 구축하여 가치 네트워크를 창출할 수 있도록 지원한다.

제4차 산업혁명 연계형 직업훈련 모델

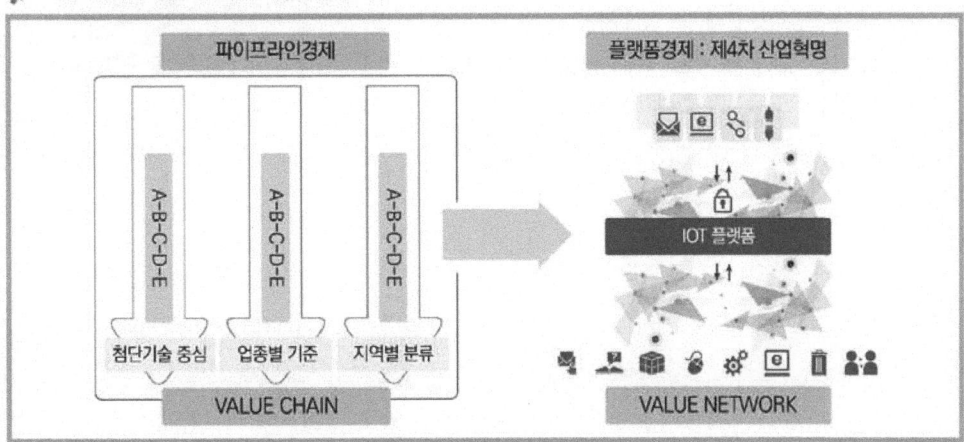

나. 스마트 직업훈련 플랫폼 구축

2019년 10월, 『스마트 직업훈련 플랫폼(STEP, Smart Training Education Platform)』의 구축을 완료하였다. 공공 및 민간기관에서 보유한 다양한 유형의 온라인 훈련 콘텐츠를 『스마트 직업훈련 플랫폼』에 탑재하였으며, 2023년에는 개인별 최적의 훈련과정 추천과 온라인상에서의 다양한 협업 학습 구현을 위한 프로젝트 기반 훈련시스템 구축 등 『스마트 직업훈련 플랫폼』 고도화 사업을 완료하였다. 또한, '스마트 직업훈련 플랫폼 학습관리 시스템(LMS, Learning Management System)'을 653개 직업훈련기관과 기업에 보급하여 디지털 기반의 온·오프라인 연계 훈련방식(플립러닝 등) 도입·운영을 지원하였다.

스마트 직업훈련 플랫폼 주요 기능

① 직업능력개발훈련의 질적 향상을 위한 온라인 학습관리 시스템(LMS) 분양 지원
  ▶ 원격훈련 인프라가 부족한 집체훈련 기관을 중심으로 온라인 학습관리 시스템 분양
  ▶ STEP 마켓 플레이스에 탑재된 유·무료 콘텐츠과정 운영 가능
  ▶ 원격훈련, 집체훈련, 혼합훈련, 화상회의, 토론, 팀 프로젝트 등의 서비스 기능 활용
② 산업현장 적합 훈련 콘텐츠 개발·탑재
  ▶ 분야: 빅데이터, 사물인터넷, 인공지능 등 4차 산업혁명 주요 분야 및 기간산업 등
  ▶ 형식: MOOC, 플립러닝, 블렌디드 러닝 등 신(新) 훈련방식 중심
  ▶ 대상: 재·구직자 등 전 국민, 민간 직업 훈련기관 및 기업, 공공기관 등
    * 이러닝 분야의 약 74.7%가 직무(24.0%), 초·중·고 교과과정(21.9%), 자격(18.5%), 외국어(13.1%), 취미/교양(9.9%) 등에 편중('23.5월, 2022년 이러닝산업 실태조사, 산업통상자원부)
③ 공공 훈련기관 등에서 개발된 무료 이러닝 콘텐츠 통합관리
  ▶ 다양한 유형의 온라인 훈련 콘텐츠 탑재
  ▶ NCS 학습모듈 기반 실습훈련 콘텐츠, 한기대·폴리텍 등의 기술공학 분야 실험 실습형 콘텐츠
④ 지식공유 오픈마켓 플레이스 형성 지원
  ▶ 훈련기관 외에 지식, 기술, 노하우 보유자(명장, 전문가 등)가 프로슈머가 되어 콘텐츠를 구성하고 제공할 수 있도록 마켓 플레이스 형성

다. 온라인훈련 콘텐츠 개발·보급 활성화

재직자, 실업자 등 누구나 참여·학습할 수 있도록 『스마트 직업훈련 플랫폼』 등 온라인 기반의 훈련환경을 구축하는 한편, 이러닝 및 가상훈련 콘텐츠 등 온라인훈련 프로그램을 개발하고 보급하기 위해 노력하고 있다.

이러닝 콘텐츠는 NCS 대분류(24개) 중 민간 공급이 저조한 기술·공학 9대 분야 및 4차 산업혁명 관련 미래 유망직종(신산업) 20대 분야를 중심으로 개발하고 있다. 2023년에는 디지털 전환 등에 따른 산업구조 변화에 대응하여 재직자 등의 신기술 활용 역량 up-skill, 일자리 대체 고위험 직무에 대한 re-skill 강화를 위해 기술·공학 분야(150개), AI·빅데이터 등 디지털 신기술 분야(160개) 콘텐츠를 신규 개발하였다.

아울러, 취업준비생 특화 콘텐츠 개발(100개) 분야를 구직스킬·인문소양 중심에서 디지털 기초 분야로 확대하여 필요 역량개발을 위한 훈련과정 선택의 폭을 넓혔다.

> **이러닝 콘텐츠 개발 분야**
>
> - NCS 대분류 기준 9개 기술·공학 분야: ① 기계 ② 전기·전자 ③ 정보통신 ④ 건설 ⑤ 재료 ⑥ 화학·바이오 ⑦ 인쇄·목재·가구·공예 ⑧ 문화·예술·디자인·방송 ⑨ 환경·에너지·안전
> - 4차 산업혁명 관련분야: ① 빅데이터 ② 클라우드 ③ 블록체인 ④ AI(인공지능) ⑤ 항공드론 ⑥ 시스템반도체 ⑦ 3D 프린팅 ⑧ 5G, 6G, IoT ⑨ 바이오헬스 ⑩ 신재생에너지 ⑪ 수소 ⑫ 메타버스 ⑬ 지능형로봇 ⑭ 협의의 SW ⑮ 그린에너지 ⑯ 미래자동차 ⑰ 스마트시티(도시교통) ⑱ 스마트팩토리 ⑲ 실감형 콘텐츠 ⑳ 스마트모빌리티

표 4-①-1. 이러닝 콘텐츠 분야별 개발 현황

NCS 분류번호	NCS 분야	합계	'14	'15	'16	'17	'18	'19	'20	'21	'22	'23
	총계	1,755	120	90	80	68	65	110	101	308	403	410
01	사업관리	2	0	0	0	0	0	0	0	1	0	1
02	경영·회계·사무	20	0	0	2	1	0	1	3	8	1	4
04	교육·자연·사회과학	1	0	0	0	0	0	0	0	1	0	0
05	법률·경찰·소방·교도·국방	1	0	0	0	0	0	0	0	0	0	1
06	보건·의료	1	0	0	0	0	0	0	0	1	0	0
07	사회복지·종교	5	0	0	0	0	0	1	1	3	0	0
08	문화·예술·디자인·방송	94	1	0	0	6	4	6	12	16	19	30
09	운전·운송	2	0	0	0	0	0	0	0	1	0	1
14	건설	28	0	0	6	0	0	1	2	1	8	10
15	기계	266	44	40	11	13	8	31	13	35	17	54
16	재료	23	0	2	7	0	0	1	0	3	10	0
17	화학·바이오	36	0	0	2	4	4	5	0	4	10	7
19	전기·전자	310	33	18	16	11	15	11	17	29	97	63
20	정보통신	538	34	27	30	32	30	38	43	89	90	125
21	식품가공	1	0	0	0	0	0	0	0	0	1	0
22	인쇄·목재·가구·공예	19	2	3	4	0	1	3	0	4	2	0
23	환경·에너지·안전	58	0	0	2	0	0	6	3	8	25	14
공통	직업기초능력	30	6	0	0	1	2	5	5	1	0	10
공통	법정의무교육	4	0	0	0	0	1	1	2	0	0	0
공통	취업준비생 특화	296	0	0	0	0	0	0	0	103	103	90
공통	플랫폼종사자 특화	20	0	0	0	0	0	0	0	0	20	0

한편, 고위험·고가 장비의 주 기능을 가상현실로 대체하여 훈련단계에서 훈련생의 안전을 담보하고 기업체 및 교육훈련기관의 훈련비용을 절감하고자 VR(Virtual Reality, 가상현실) 등 최신 ICT 기술을 적용한 가상훈련(Virtual Training) 콘텐츠를 개발하고 있으며, 개발된 콘텐츠는 공공·민간 직업훈련기관, 직업계고(특성화고·마이스터고) 등 100여 개 기관에 보급함과 동시에, 개인이용자도 효과적으로 활용할 수 있도록 STEP을 통해 서비스를 제공하고 있다. 특히, 2023년에는 기존 가상훈련 콘텐츠의 시나리오 기반 훈련에 따른 낮은 자유도와 교수자-학습자간, 동료 학습자간 상호작용 부족 등의 한계 보완을 위해 메타버스·XR(eXtended Reality, 확장현실) 기술 접목 콘텐츠 6종을 신규 개발하여 8개 기업·기관과의 협업을 통해 시범운영 후, 효과성을 검증하였다.

표 4-①-2. 분야별 가상훈련 콘텐츠 개발 현황(과정 수)

NCS 분류 번호	NCS 분야	합계	'07~'15	'16	'17	'18	'19	'20	'21	'22	'23
	총 계	150	31	4	10	10	14	10	20	30	21
05	법률·경찰·소방·교도·국방	1	0	0	0	0	0	0	0	0	1
08	문화·예술·디자인·방송	1	1	0	0	0	0	0	0	0	0
09	운전·운송	1	0	0	0	0	0	0	0	1	0
14	건설	21	4	1	1	1	0	0	2	8	4
15	기계	73	15	2	5	6	8	5	15	5	12
16	재료	7	0	0	1	1	1	1	0	3	0
17	화학·바이오	6	0	1	1	1	0	0	0	2	1
19	전기·전자	28	8	0	2	1	2	4	3	6	2
20	정보통신	1	0	0	0	0	0	0	0	1	0
23	환경·에너지·안전	11	3	0	0	0	3	0	0	4	1

라. 수요자 맞춤 온라인훈련 운영

2020년은 코로나19로 인한 비대면 훈련 수요가 급증하면서 온라인훈련 운영 인원이 전년대비 2배 이상 증가하였으나 2021년부터는 코로나19 엔데믹에 따른 정부 방역 정책 완화 등으로 대면 교육·훈련이 일부 정상화됨에 따라, 온라인훈련 운영인원이 감소하는 추세이다. 다만, 개인·기업·기관 맞춤 이러닝 연수 및 가상훈련 콘텐츠 활용지원 확대, 디지털·첨단산업 분야의 체계적인 학습지원을 위한 로드맵 기반의 패키지(묶음)과정 운영 확대 등 훈련 프로그램 다양화를 통해 연 23만 명 수준을 유지하고 있다.

표 4-①-3. 온라인훈련 운영현황 (단위: 명, 순 인원)

구 분	'15년	'16년	'17년	'18년	'19년	'20년	'21년	'22년	'23년
계	91,714	111,742	119,664	124,412	158,086	343,055	231,830	225,900	238,561
이러닝	84,534	103,924	104,056	106,239	119,631	313,920	208,362	205,780	207,140
가상훈련	7,180	7,818	15,608	18,173	38,455	29,135	23,468	20,120	31,421

마. 향후 계획

2024년에는 현장 수요에 기반한 이러닝, VR(Virtual Reality, 가상현실)·XR(Extended Reality, 확장현실) 접목 3D 실감형 실습 콘텐츠 등 공공 원격훈련 콘텐츠를 지속 개발·보급하고, 『스마트 직업훈련 플랫폼』 인프라를 활용한 원격·혼합훈련 활성화와 내실화를 통해 온·오프라인 연계 직업훈련 우수사례를 적극 발굴·확산해 나갈 계획이다. 또한, 메타버스 기반 직업훈련 등 미래지향적 훈련방식의 안정적인 정착과 확산을 위해 훈련 운영·제공 방식과 내용을 다각적으로 검토하고 실행·고도화해 나갈 예정이다.

아울러, 한국폴리텍대학은 4차 산업혁명 및 디지털 전환에 따른 새로운 훈련수요에 대응하기 위하여 전통산업 학과를 AI와 융합하는 등 교과과정 개발·연구를 통한 AI+x 기술인재 양성 체계를 고도화하고, 직업교육 분야 특화 『메타버스 플랫폼』과 스마트학습시스템 구축 및 미래형 초연결 직업교육 환경 조성을 위한 콘텐츠 개발을 추진하고 있으며, VR·AR 등 원격형 콘텐츠를 갖춘 공유스튜디오 등 전국 캠퍼스의 시설·장비의 『꿈드림공작소』 개방을 확대하여 국민의 직업기술체험 활성화에도 힘쓸 계획이다.

제2절 포용적 평생직업능력개발 체계 구축

1 일학습병행을 통한 현장기반 직업교육·훈련 강화

가. 추진배경

우리나라의 청년 고용률은 OECD 국가 평균과 비교하여 약 7.4%p 낮은 수치인 46.6% ('22년 기준)를 보이고 있다. 우리나라는 대학진학률이 높고, 대학을 졸업해도 취업 문턱을 넘기 위해 다시 각종 공모전, 스펙쌓기에 열중하고 고군분투해야 하는 것이 현실이다.

청년들의 늦은 사회진출로 인한 사회적 비용도 높다. 기업의 입장에서는 교육에 이렇게 많은 비용을 쓰고 있음에도 불구하고, 정작 쓸만한 인재는 부족하다고 토로하며 신입직원 재교육에 많은 비용을 투자하는 등 비효율이 발생하고 있다.

삼성경제연구원에 따르면('12년) 과잉 학력으로 노동시장 진출이 늦어져 발생하는 대학 등록금, 임금 등의 기회비용이 국가 전체적으로 매년 19조 원이나 발생하고, 이런 비용들이 GDP 성장률을 1% 이상 잠식하고 있다고 한다.

이러한 문제점에 대한 대응방안으로 직무와 관련 없는 학벌이나 스펙에 의존해 왔던 관행에서 실력이 존중받는 사회를 조성하기 위한 변화를 추진하였고, 그 핵심적인 제도로서 2013년 10월부터 일학습병행이 도입되었다. 일학습병행은 세계적으로 주목받고 있는 기업현장에서 인력양성이 이루어지는 직업교육훈련 시스템이다.

이러한 도제훈련 시스템이 제대로 작동하고 있는 독일과 스위스는 2008년 금융위기 때에도 청년고용률이 우리보다 약 15%p 높았으며, 전세계적으로 청년실업률이 상승했던 2022년에도 독일의 청년실업률은 5.0%로 OECD 평균(10.3%)보다 낮은 수준이다.

나. 주요내용

일학습병행은 스위스·독일의 도제제도, 영국 및 호주의 견습제 등 세계적으로 확산되고 있는 일터 기반 학습(Work based learning)을 한국의 현실에 맞게 설계한 것으로, 기업이 청년 등을 먼저 채용한 후 국가직무능력표준(NCS)에 기반한 현장훈련을 실시하고, 학교·공동훈련센터 등의 보완적 이론 교육을 통해 숙련 형성 및 자격 취득까지 연계하는 현장중심의 교육훈련제도이다.

일학습병행의 주요 특징은 첫째, 국가직무능력표준(NCS)에 기반한 교육훈련 내용, 교육훈련 운영방법 등을 외부 전문가의 도움을 받아 기업이 주도하고, 둘째, 교육훈련 과목·시간, 현장교사, 평가기준 등 훈련계획이 사전에 수립되어 이에 따라 훈련이 이루어진다. 셋째, 생산활동이 이루어지는 생산현장에서 실제로 사용되는 시설·장비를 활용하여 교육훈련을 하고 넷째, 습득한 직무능력을 산업현장 전문가 등이 평가하여 일학습병행 자격을 부여하게 된다.

다. 추진경과

일학습병행은 2013년 9월 '한국형 듀얼시스템 도입방안'이 경제관계장관회의에서 확정된 후, 범정부 차원의 지원방안이 마련('13.12월)되었다.

2013년 10월 51개 시범기업을 시작으로 2023년 12월 말 기준 20,412개 기업이 선정되었고, 145,302명의 학습근로자가 일학습병행 훈련에 참여하였다. 제도 시행 10년 만에 양적·질적으로 가시적인 성과를 나타내고 있다.

일학습병행 제도 시행 초기에는 기업 주도의 직업교육훈련을 통해 현장에 필요한 직무수행능력을 도제식으로 배울 수 있도록 하는 데에 목적을 두고 재직자를 중심으로 사업을 운영하였다. 2014년 752개 기업이 참여한 일학습병행은 2023년까지 6,466개 기업이 참여할 정도로 규모가 크게 확대되었으며, 채용 후 1년 이내의 신규 인력을 체계적 훈련을 통해 기업에 맞는 숙련인재로 양성하고 장기근속을 유도함으로써 기업의 생산성 증대에도 기여하고 있다.

2014년에는 능력중심사회 구현을 위한 일학습병행제 확산방안(성과제고를 위한 제도 확산방안: 국가정책조정회의)을 마련하여 재직자 위주의 사업 운영에서 재학생 단계까지 확장해 나가고 있다.

산학일체형 도제학교는 2015년 3월 9개 학교 500여 명의 학생을 시작으로 2023년에는 139개 특성화 고교, 29,103명으로 참여규모가 크게 확대되었다. 도입 초기 도제학교 대부분은 기계, 금속 등 공업계열 특성화고였으나, 경영회계·IT·서비스 등 비공업 계열까지 확대되어 참여 학생 및 기업 규모가 크게 늘었다.

전문대 재학단계 일학습병행은 잔여학기가 2개 학기 남은 전문대 2학년 1학기 재학생(군필)을 대상으로 직업교육 중심으로 운영되는 1년 산업형과정으로 2017년 12월 3개교를 시작으로 2023년 12월 17개교까지 확대 운영되었다.

4년제 대학 재학생 일학습병행은 4년제 대학교 3~4학년 학생들이 교과과정 일부를 산업체 현장에서 장기간에 걸쳐 실무경험을 습득하고 체계적인 현장훈련을 지원 받을 수 있도록 지원하는 제도이다. 현장실습을 통한 IPP형 일학습병행으로 제도를 시작하여 '23년부터 4년제 대학 재학생 중심으로 운영대학을 2023년 기준 35개교를 지정하여 운영하였다.

P-TECH(Pathways in Technical Education, oriented Convergent High-Technology)은 산학일체형 도제학교 졸업생이 고교단계에서 습득한 기술 수준을 향상시킬 수 있도록 2017년 도입하였다. 한국폴리텍대학, 전문대 등과 연계하여 융합형·최신기술 위주로 훈련과정을 편성하여 미래산업 수요변화에 대응한 직무능력을 심화시킬 수 있도록 지원한다.

2017년에는 6개 폴리텍대학에서 시범실시하여 130여 명이 훈련에 참여하였으며, 2023년에는 한국폴리텍대학 외 역량 있는 전문대까지 59개 대학으로 확대 운영하고 있다.

유니테크는 특성화고와 전문대학, 그리고 기업이 연계되어 하나의 사업단을 구성하고, 학교와 기업을 오가며 통합교육과정을 운영하는 사업이다. 2015년 7월 지속적인 인력이 필요하다고 판단되는 기반기술 분야 11개와 정보통신 분야 3개, 유망서비스 분야 2개 등 총 16개 사업단을 선정하였다.

2015년 12월에는 훈련프로그램에 대한 적응력 및 이해도 향상을 돕기 위해 1기 참여 학생 480명(사업단별 30명)을 대상으로 예비 훈련을 실시하고, 예비훈련을 거친 학생을 대상으로 2016년 3월부터 특성화고, 전문대, 기업이 본격적으로 연계되어 일학습병행훈련을 실시, 2021년에는 1,414명의 학생이 훈련에 참여하였다. 다만, 2017년에 학생의 학교·진로 선택권을 강화하고 훈련 효과를 높이기 위해 유니테크사업을 산학일체형 도제학교와 P-TECH(전문대 단계)로 분리 전환하여 운영하기로 결정하였고 이에 따라 2021년 8월 사업을 종료하였다.

라. 추진성과

일학습병행은 제도 시행 10년 만에 2만여개 기업에서 14만 5천여 명 이상의 학습근로자가 참여하는 등 양적 확산을 통해 한국형 도제제도로 발전하고 있다.

표 4-②-1. 일학습병행 현황(누적) (단위: 개소, 명)

연 도	선정 기업	훈련 기업	학습근로자
2014년	1,897	752	3,154
2015년	5,212	2,816	14,318
2016년	8,492	6,207	34,378
2017년	11,688	9,228	57,423
2018년	14,110	11,217	76,076
2019년	15,369	12,652	91,195
2020년	16,603	13,733	104,967
2021년	17,936	14,775	118,155
2022년	19,165	15,786	131,737
2023년	20,412	16,762	145,302

2020년 8월에는 「산업현장 일학습병행지원에 관한 법률」 시행에 따라 안정적인 일학습병행 추진 기반이 마련되었으며, 법 시행에 맞춰 '제1차 일학습병행 추진계획('21~'23)을 수립하여 학습기업 참여 활성화, 학습근로자 지원 강화, 일학습병행 기반 구축, 일학습병행 자격 통용성 확대 등 사업의 질적 내실화 및 효율화를 위한 4개 중점과제를 차질 없이 추진하여 훈련실시 기업 중 50인이상 기업 증가, 중도탈락률 감소, 외부평가 합격률 상승 등의 효과를 나타내었다.

마. 향후 계획

일학습병행이 현장에서 확산되어 가면서 기업은 좋은 인재를 확보할 수 있고, 청년들은 대학이나 불필요한 스펙을 쌓지 않아도 실력으로만 성공할 수 있는 기회를 얻고, 청년 일자리 확대를 통해 청년의 입직기간 단축, 인력수급 미스매치 해소 등으로 청년 고용률을 개선할 수 있을 것으로 기대된다. 제도의 정착과 활성화를 위해서는 중도탈락률 개선 등 훈련 성과를 높이기 위한 노력을 지속하고, 훈련 품질과 직결되는 기업현장교사의 역량 개발에 중점을 두고 훈련 실시 이후에도 학습 도구에 대한 컨설팅을 강화하는 등 내실 있는 현장훈련이 이루어질 수 있도록 지속적인 제도 개선이 필요하다.

② 직업능력개발 사각지대 해소

가. 추진배경

환경변화 적응력 제고를 위한 직업능력개발의 중요성이 강조되고 있으나 직업훈련 여건은 미흡한 현실이다. 직업훈련 사각지대가 크고, 기업규모별, 고용형태별 격차도 여전한 상황이며, 고용보험 기반 훈련으로 인해 비정규직, 특수형태근로종사자, 영세 자영업자 등 광범위한 훈련 사각지대도 상존하여 직업능력개발 사각지대 해소를 위한 새로운 비전과 과제를 제시할 필요가 있다.

나. 추진성과

개인의 생애에 걸친 평생직업능력개발의 필요성이 커지면서 취약계층이 훈련에서 소외되지 않도록 기존 실업자와 재직자로 분리 운영하였던 내일배움카드를 통합·개편하여 '국민내일배움카드'를 도입·확대하였다.

청년실업 문제를 완화하기 위하여 대학생 중 국민내일배움카드의 지원 범위를 기존 졸업예정자에서 졸업까지의 수업연한이 2년 이내로 남은 경우로 확대하는 등 직업훈련이 필요한 국민을 위해 지원 대상을 지속 확대하였다.

2021년 7월부터 2022년 12월까지 2차에 걸쳐 플랫폼 종사자의 직무능력향상, 산업안전·권익보호를 위해 플랫폼 종사자 특화훈련 과정을 시범적으로 공급하여 97천 명을 대상으로 훈련을 실시하였고, 2023년부터 정규사업으로 전환하여 1년간 총 14만 명에게 플랫폼 종사자 맞춤형 훈련을 제공하였다.

2021년에는 시설을 퇴소한 보호종료아동이 취·창업으로 경제적 자립을 할 수 있도록 국민내일배움카드를 통해 훈련과정에 참여할 경우 자기 부담금액을 대폭 축소하였다.

2022년에는 코로나19로 실습 등 대면교육이 부족하여 취업역량 약화가 우려되는 코로나 학번 대학생을 대상으로 직업훈련 참여 지원을 확대하기 위해 국민내일배움카드 훈련과정에 참여할 경우 자기 부담금액을 경감하였다.

직업훈련이 필요한 국민을 위한 다양한 제도 개선 조치 등에 따라 2021년 국민내일배움카드 훈련 참여인원이 100만 명을 초과하는 등 직업능력개발을 위한 주요 제도로서 자리매김하였다.

2022년에는 코로나 상황이 완화됨에 따라 기존의 훈련 참여 시 자기부담금 경감 및 훈련장려금 한시 인상 등의 우대조치를 중단하였으며, 산업구조변화대응 등 특화훈련을 신설하는 등 다양한 맞춤형 프로그램 구성으로 내실있는 훈련과정 공급을 추진하여 94만 명에게 훈련 기회를 제공하였다.

2023년에는 훈련비 지원율 특례(우대)대상에 차상위계층을 추가하고, 훈련비 특례 지원 대상과 훈련비 추가지원 대상을 일치하도록 개선하여 취약계층에 대한 지원을 더욱 강화하였으며, 생계급여 조건 부과 유예자도 국민내일배움카드 발급받을 수 있도록 지원대상을 확대하는 등 취약계층에 대한 지원을 강화하였다.

다. 향후 계획

모든 국민에게 직업훈련의 기회를 제공하기 위해 국민내일배움카드 대상을 계속해서 확대하고 있으며, 특히 취업 취약계층인 자영업자 및 특수형태근로종사자들에 대한 국민내일배움카드 발급기준을 완화하여 적용할 예정이다. 기존에는 연매출 1.5억 원 미만 자영업자와 월소득 300만 원 미만 특수형태근로종사자에게 국민내일배움카드를 발급하였으나, 2023년 제도개선을 통해 연매출 4억 원 미만 자영업자와 월소득 500만 원 미만 특수형태근로종사자에게 국민내일배움카드를 발급할 예정이다(2024년~).

또한 2024년부터는 저출산·고령화 등 인구구조 변화에 따라 돌봄 인력의 사회적 수요가 증가함에 따라 돌봄서비스 분야(요양보호사, 아이돌보미) 특화훈련을 실시할 예정이다. 돌봄서비스 훈련은 높은 수준의 훈련비를 선부담하고 훈련받은 분야에 취업하면 선 부담한 훈련비를 전액 환급하는 방식으로 지원체계를 개편할 예정이다. 이러한 제도개편에 따라 훈련 후 현장에 종사하는 인력에 대한 지원을 강화하고 양성된 인력이 현장에 체계적으로 공급될 수 있도록 기반을 마련해 나갈 계획이다.

제3절 실력중심사회 기반 조성

1 국가직무능력표준(NCS)[10] 활용(개발 및 개선)

가. 추진배경

최근 무한경쟁의 글로벌 시대를 맞이하여 국가경쟁력 향상과 유지를 위해 우수한 인재 육성 및 확보의 필요성이 그 어느 때보다도 중요해졌다. 산업현장과 기업에서 직무를 수행하는데 필요한 능력을 갖춘 인재를 육성해야 한다는 요구가 계속되었으며, 이를 위해서는 산업현장의 직무에 대한 체계적인 분석과 정리가 필요하였다. 또한, 이를 통해 국가 차원에서도 다양한 형태로 진행되고 있는 인적자원개발 방법을 체계화해야 한다는 목소리가 대두되었다.

우리나라는 교육훈련 및 자격제도가 산업현장과 괴리되어 기업이 신입직원을 채용하더라도 업무 적응을 위한 재교육에 과도한 기간과 비용이 소요되고 있었다. 사회 전반의 과잉학력으로 직무와 관계가 없는 스펙이 중요한 취업요소로 인식되면서 취업 준비생들이 스펙을 쌓기 위해 휴학과 졸업연기 등으로 시간을 소모하고, 사교육을 받는 등 노동시장 진입시기가 늦어지고 있었다. 또한, 채용·승진·임금 등 노동시장에서의 보상이 직무 능력이 아닌 학벌과 연공서열에 따라 결정되어 노동시장 진입 이후 근로자들의 평생능력 개발 참여의욕과 노동생산성이 저조한 상황이었다.

이러한 교육훈련시장과 노동시장의 문제를 해결하고, 산업현장에서 필요로 하는 인력을 양성하기 위해 산업현장의 지식과 기술수준을 체계화하여 일자리와 교육훈련, 자격에 적용하는 새로운 인적 자원개발 인프라의 구축을 위해 국가직무능력표준(NCS) 개발을 본격화하기로 하였다.

---

10) 국가직무능력표준(National Competency Standards)은 산업현장에서 직무를 수행하는데 필요한 능력 (지식·기술·태도)을 국가가 표준화한 것

나. 추진성과

1) 국가직무능력표준(NCS) 개발

2013년부터 개발한 NCS는 2023년 12월 말 현재 24대 직업분야, 13,237개 능력단위(1,093개 세분류)가 개발되어 있다. 취업알선 등에 사용되는 한국고용직업분류(KECO)를 중심으로 한국표준직업분류, 한국표준산업분류 등을 참고하여 금융, 기계, 화학, 문화, 정보통신 등 대부분의 산업 분야를 포괄하고 있다. 다만, 법률, 의료분야와 같이 고도의 전문성이나 창의성이 요구되거나, 별도로 국가 차원의 질 높은 인력양성 및 활용 체계가 구축되어 있는 분야는 국가직무능력을 개발하지 않고 있다.

NCS는 능력단위 또는 능력단위의 집합으로 구성되며, 능력단위는 복수의 능력단위요소, 적용범위 및 작업상황, 평가지침, 직업기초능력으로 구성된다. 능력단위요소는 능력단위를 구성하는 중요 핵심 하위능력으로 능력단위요소별로 성취여부를 판단하기 위하여 개인이 도달해야 하는 수행의 기준인 수행준거를 제시한다. 또한, 이 수행준거의 내용에 따라 업무수행에 필요한 지식·기술·태도를 체계적으로 제시하고 있다.

그림 4-③-1. 국가직무능력표준(NCS)의 구성

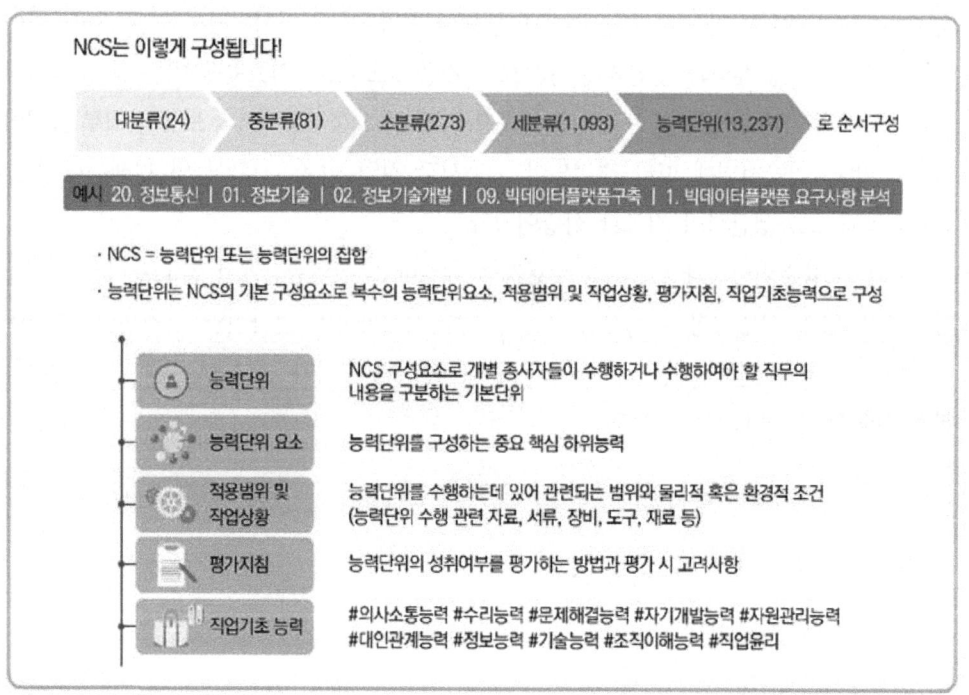

그림 4-③-2. NCS 예시: 빅데이터 분석

[예시]	빅데이터 플랫폼구축		
NCS	능력단위	능력단위 요소	수행준거(일부내용만 발췌)
빅데이터 플랫폼 구축	빅데이터 플랫폼 요구사항 분석	빅데이터 플랫폼 요구사항 수집하기	2.1 플랫폼 구축 목적을 달성하기 위한 요구사항 검증 기준에 따라 요구사항의 명세 표준항목을 정의할 수 있다.
		빅데이터 플랫폼 요구사항 정의하기	2.2 요구사항을 정확하고 간결하게 작성하기 위해 정형적 명세기법과 비정형적 명세시법을 활용할 수 있다.
		빅데이터 플랫폼 요구사항 검증하기	2.3 빅데이터플랫폼 구축의 기능 및 비기능 요구사항과 제약 사항을 정리하고 명세서로 작성할 수 있다.
	빅데이터 플랫폼 아키텍쳐 설계	빅데이터 플랫폼 입출력구조 설계하기	[지식] ·빅데이터 플랫폼 요구사항 명세 표준항목 ·빅데이터 플랫폼 요구사항 정형·비정형 명세기법 [기술] ·요구사항 명세서 작성기술 ·요구사항 분리 및 조합기술
	빅데이터 플랫폼 수집시스템 개발	빅데이터 수집시스템 구성하기	[태도] ·완성도 높은 요구사항 명세서를 작성하기 위한 책임감 ·양식에 따라 요구사항 명세서를 작성하고자 하는 태도

2013년부터 고용노동부 주관 하에 교육부 등 관계부처, 산업계가 참여하여 본격적으로 NCS를 개발하였다. 특히, 산업현장의 수요를 정확히 반영하기 위해 3가지 사항에 중점을 두었다.

산업현장에서 요구하는 직무를 체계적으로 정리하기 위해 직무별 산업현장 전문가 7명, 교육·훈련 전문가 3명, 자격전문가 1명이 참석하였으며, 개발된 직무의 적정성을 검토하기 위해 직무별로 6명의 전문가가 NCS 점검위원으로 참여하였다. 2015년부터는 산업계 의견을 효율적으로 수렴하기 위해 19개 산업별 인적자원개발위원회 (ISC)[11]를 개발주체로 선정하여 산업계가 주도하는 NCS 개발체계를 구축하였다.

2013년부터 개발된 NCS는 개발완료 전부터 그 과정을 모두 홈페이지에 공개하여 국민이 제시한 개선의견을 반영하는 검증작업을 실시하였다. 또한, 개발된 NCS를 교육·훈련기관과 기업에서 활용하면서 제시한 의견도 검증하는 절차를 진행하였다.

---

[11] (Industrial Skills Council) 2015년부터 산업계를 대표하는 협회·단체를 중심으로 산업별 인적자원개발위원회를 구성하고, 산업별 인력수급 분석, NCS와 일학습병행제 프로그램 개발 등에 주도적 참여(정보기술, 관광·레저, 기계, 건설 등 19개).

그림 4-③-3. 국가직무능력표준 개발·개선 과정

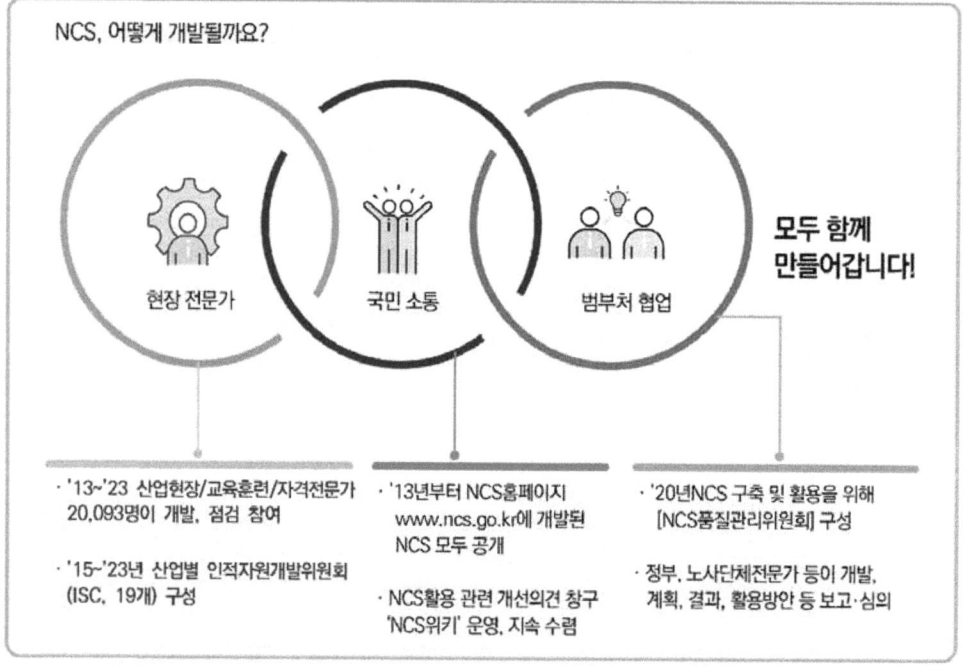

2023년까지 1,093개의 국가직무능력표준을 개발하였으며, 2023년 11월 29일 확정·고시하였다. 이후에도 신규직무 수요 등을 검토하여 매년 10개 내외의 NCS를 개발하고, 산업현장의 변화에 맞춰 매년 지속적으로 보완할 예정이다.

2) 국가직무능력표준(NCS)을 활용한 교육훈련과정 개편

그동안 학교교육 또는 직업교육의 문제점으로 항상 지적된 것은 산업현장의 수요를 반영하지 못하고 있고, 지나치게 학문 및 지식 중심으로 운영한다는 것이었다. 이를 해결하려면 산업현장의 수요를 철저히 분석하고 교육 대상자의 수준과 진출하고자 하는 노동시장의 특성에 적합한 교육과정을 설계하여 운영해야 한다.

산업계 참여로 개발된 NCS를 현장 중심의 교육과정에 반영하여 전환을 유도하고, 이를 통해 교육기관은 별도의 직무분석 과정을 거치지 않고도 현장의 목소리를 담은 교육과정의 설계가 가능해졌다.

중등직업교육과정 총론·각론을 NCS 기반으로 개발·고시('15.9.23.)하여 특성화고 및 마이스터고에서 현장성 있는 NCS 기반의 직업교육이 이루어질 수 있도록 하였다. '2015 개정 교육과정' 본격 적용('18년~)에 앞서 2016년 3월부터 NCS 기반 교육과정(실무과목)을 적용하여 특성화고·마이스터고 전체 584개교 중 576개교에서 실무과목(368개)을 NCS 기반 교육과정으로 편성·운영 중이다. 2018년부터는 모든 특성화고·마이스터고에서 NCS 기반 교육과정이 전면 적용되고 있다.

> **교육과정 개편에 대한 현장 목소리**
>
> - "학과 수업이 상당히 어려웠지만, 주변 친구들과 달리 빨리 취업이 되었고, 회사 일에 바로 적응하는데 큰 도움이 되었다."(특성화고 학생)
> - "NCS 기반 교육을 받은 특성화고 졸업생 3명을 채용하면서 4년제 대학교 출신보다 NCS 기반 교육을 받은 고등학생이 일을 훨씬 잘한다는 것을 알게 되었다. 앞으로는 대졸자 대신 특성화고 출신만 채용할 것이다."(IT기업 대표)

훈련분야의 경우에도 교육분야와 마찬가지로 NCS를 활용하여 산업현장 직무단위로 교육 과목, 학과를 재구성하여 직무능력을 기준으로 학습목표를 설정하고 평가하였다. 2015년 한국폴리텍대학(공공훈련)에 NCS기반 훈련과정을 전면 도입하였으며, 2016년에는 민간 훈련과정에 전면 적용하였다. 이를 위해 훈련 교·강사의 교육연수를 확대하고, NCS를 활용한 훈련과정에 대해 훈련비 우대지원, 훈련기관의 시설·장비 대부 지원 등 훈련 여건을 조성하였다.

3) 직무능력은행제 구축·운영

그동안 자격·교육·훈련·경력 등 개인이 다양한 방식으로 습득한 직무능력을 관리·인정하기 위한 체계가 없어 학습이력 등을 활용하기 어려웠다. 이에, 여러 직무능력정보를 통합관리하고 필요에 따라 노동시장 진입·이동 및 자기계발 등에 활용할 수 있도록 2022년부터 직무능력은행제 구축을 추진하였다.

직무능력은행제는 개인이 평생에 걸쳐 습득한 자격·훈련·교육·경력 등 직무능력정보를 저축·통합관리하고, 필요한 때 '직무능력 인정서' 형태로 발급받아 취업이나 인사 배치 등에 활용할 수 있도록 지원하는 제도이다.

2023년 1월 국민평생직업능력개발법 개정을 통해 직무능력은행제에 대한 법적 근거를 마련하였으며, 이후 직무능력은행제 운영을 위한 정보시스템을 구축하여 2023년 9월 1일부터 직무능력은행제 서비스가 개시되었다. 2023년 12월 현재 직무능력계좌를 발급받은 사람은 국가기술자격, 일학습병행자격, 과정평가형 자격 취득정보와 내일배움카드 훈련이나 사업주 훈련 등 훈련 이수내역, 폴리텍 대학 교육·훈련과정, NCS 기반 교과로 인정된 대학 교과 이수 내역 등을 본인의 직무능력계좌에 자동 저축할 수 있으며, 원하는 직무능력정보만 선택하여 직무능력 인정서를 발급받아 취업 등에 간편하게 활용할 수 있다.

다. 향후 계획

NCS가 능력중심사회 구축을 위한 인력양성의 기반이 되기 위해서는 교육훈련 현장에서의 교육과정 개편에 따른 적용이 원활하게 이뤄질 수 있는 환경이 조성되어야 한다. 교·강사의 역량강화를 위해 새로운 산업과 기술분야에 대한 교육연수가 이루어져야 하며, 미래 산업수요에 대응할 수 있는 교재개발도 뒷받침되어야 할 것이다. 교육훈련기관의 시설·장비를 확충하거나 기업에서의 실습이 활발하게 이루어져 실무 위주의 교육이 이루어질 수 있는 환경도 조성 되어야 한다.

또한, NCS가 기업의 채용과 재직자 훈련과정뿐만 아니라 승진·배치전환, 직무급 등 인사관리까지 활용될 수 있고, NCS를 기반으로 한 국가기술자격 개편을 통해 자격이 직무능력의 신호(signal) 기제로 작동할 수 있도록 정부의 지속적인 지원이 필요할 것이다.

한편, 직무능력은행제는 고용보험 가입이력, 고교생 NCS 기반 교과 이수 내역, 개인사업자등록정보 등 지원 서비스 범위를 확대하고, 직무능력은행의 개인별 직무능력정보를 활용한 맞춤형 훈련추천 등 고용서비스와의 연계도 추진해 나갈 예정이다.

앞으로도 모든 분야 산업현장 전문가의 자발적인 참여와 협력이 이루어질 때 NCS의 현장성은 강화되고, 국가직무능력표준(NCS)이 교육·산업현장에서 자유롭게 활용될 수 있을 것이다.

② 국가기술자격 개편

가. 추진배경

기존 국가기술자격제도는 산업현장에 필요한 기술 인력을 양성함으로써 경제발전에 이바지하였다. 그러나, 최근 기술 및 노동시장의 급속한 변화에 따라 현장에서 필요로 하는 자격의 직무내용이 달라지면서 국가기술자격제도 또한 변화의 필요성이 제기되고 있다.

특히 현재의 국가기술자격은 지속해서 개선됐으나, 이론·학문 중심으로 직무능력을 평가하고 있어 산업계에서 요구하는 직무내용·범위와는 차이가 있다. 따라서 산업계 수요를 정확히 반영하여 자격의 신호(signal) 기능을 회복하고 노동시장에서 적합하게 활용되도록 국가기술자격을 현장직무 중심으로 개선해야 할 뿐만 아니라, 종목의 신설·통합·분할·폐지 등 종목체계의 정비도 필요하다.

나. 추진성과

1) 4차 산업혁명 대비 미래유망분야 자격 신설

제4차 산업혁명 대비 국가기술자격 개편방안을 국무회의에 보고('17.3.28.)하고, 4차산업 핵심기술, 환경 및 안전 등 미래유망 분야 자격의 신속한 신설을 위해 노력하였다.

2017년 3D프린터개발산업기사, 3D프린터운용기능사 종목을 신설·시행하였으며, 2018년에는 로봇기구개발기사, 로봇소프트웨어개발기사, 로봇하드웨어개발기사, 바이오화학제품제조산업기사 등 4개 종목을 신설·시행하였다. 또한 환경변화 및 자연재해로부터 국민의 건강을 보호하고 안전을 유지하기 위해 환경위해관리기사, 방재기사 2개 종목을 신설하였다. 2019년에는 빅데이터분석기사, 서비스경험디자인기사, 정밀화학기사 3개 종목을 추가로 신설하였다. 2020년에는 한복기능장, 공간정보융합 산업기사 및 기능사, 이러닝운영관리사 등 4개 종목을 개발하여 2021년에 신설하였으며, 2022년에는 ICT 기술 발전에 따라 이를 지원하는 체계적인 전문인력 양성 및 공급을 위해 경영정보시각화능력을 개발하여 2024년에 시행하고, 2023년에는 이륜자동차의 전문화 및 바이오 분야 기능인력 공급을 위하여 이륜자동차정비기능사, 바이오공정기능사를 개발하여 2026년에 시행할 예정이다.

2) 국가직무능력표준(NCS)에 기반한 자격종목 개편

국가직무능력표준(NCS)을 활용하여 현장직무 및 최신 트렌드 반영과 함께 구체적인 실용능력을 갖출 수 있도록 시험과목 및 내용을 개선하고, 현장 연계 및 활용에 적합하도록 자격종목을 통합·분할하였으며, 응시 인원 및 현장수요 등 효용성이 낮은 종목은 폐지하는 등 개편을 추진하였다.

자격의 개편은 직무분야별로 산업체 및 교육·훈련기관, 산업단체, 주무부처 전문가 등으로 구성된 '자격개편분과'를 통해 자격 종목의 개편방향 및 타당성 검토, 시험과목 구성 및 출제기준 개발, 개편(안) 심의 및 법제화 등의 과정을 통해 진행되었다. 또한, 자격 개편을 통해 해당 종목의 핵심직무와 관련된 공통의 NCS 능력단위를 정하고, 검정형 자격의 출제기준 및 과정평가형 자격의 편성기준 개발에 활용하여 동일 종목의 자격유형 간 직무범위와 내용의 동질성을 확보하도록 하였다.

NCS 기반의 국가기술자격 개편 추진을 통해 2017년도에는 로봇기구개발기사 등 12개 종목 신설과 함께 세탁기능사, 한식조리사 등 현행 23개 종목의 내용을 개선하고 국가기술자격 법령을 개정(2018.6.22.)하였다. 2018년에는 서비스·경험디자인기사 등 5개 종목 신설과 현행 47개 종목의 내용 개선, 기계설계산업기사와 치공구 설계산업기사의 통합, 자격수요가 낮은 연삭기능사 등 4개 종목의 폐지 등 개편(안)을 마련하고 법령을 개정(2019.6.11.)하였다.

2019년에는 제과·제빵산업기사를 신설하고 현행 19개 종목의 내용을 개선하였으며 조선기사를 조선선체기사와 조선의장기사로 나누는 등 2개 종목을 4개 종목으로 분할하였다. 산업기술 변화에 따라 농림토양평가관리산업기사 등 2개 종목을 폐지하고 법령을 개정(2020.9.8.)하였다. 2020년에는 현행 32개 종목의 내용을 개선·정비하고 일반기계기사와 기계설계기사를 일반기계기사로 통합하는 등 6개 종목을 3개 종목으로 통합하고 임산가공기능사 종목을 목재가공기능사, 펄프종이제조기능사로 분할하였으며, 자격수요가 낮은 온실가스관리 산업기사 등 2개 종목을 폐지하여 2021년 법령을 개정(2021.8.25.)하였다.

2022년에는 산업현장의 수요를 반영하여 광학기능사 등 3개 종목을 폐지하고, 공유압기능사 등 2개 종목을 설비보전기능사로 통합하는 내용의 법령을 개정(2022.10.27.)하였고, 2023년에는 전자부품장착산업기사 등 3개 종목을 폐지하며, 국가기술자격 종목의 직무 유사성 등을 고려하여 전자계산기기사 등 일부 종목을 통합하거나 명칭을 변경하고, 산업현장의 직무에 맞게 사회조사분석사1급 등 47개 종목의 시험과목을 변경하는 내용의 법령을 개정(2023.11.14.)하였다.

표 4-③-1. 국가직무능력표준(NCS) 기반 자격개편 현황

법령 개정	구분	자격 등급	종목명	시행 (비고)
'17.12.15. 개정	신설 (5)	기능사(1)	3D프린터운용기능사	'18.7.1.
		산업기사(1)	3D프린터개발산업기사	
		기사(2)	농작업안전보건기사, 식육가공기사	
		기능장(1)	잠수기능장	
	통합 (3)	기능사(3)	아스팔트피니셔운전기능사, 모터그레이더운전기능사, 롤러운전기능사 → 롤러운전기능사	'17.12.15.
'18.6.22. 개정	신설 (12)	기능사(1)	떡제조기능사	'19.1.1.
		산업기사(6)	바이오화학제품제조산업기사, 보석감정산업기사, 보석디자인 산업기사, 화훼장식산업기사, 버섯산업기사, 가구제작산업기사	
		기사(5)	로봇기구개발기사, 로봇소프트웨어개발기사, 로봇하드웨어개발기사, 방재기사, 환경위해관리기사	
	내용 개선 (23)	기능사(17)	귀금속가공기능사, 금속도장기능사, 제강기능사, 제선기능사, 천장크레인운전기능사, 자동차차체수리기능사, 지게차운전기능사, 화훼장식기능사, 세탁기능사, 제과기능사, 제빵기능사, 복어조리기능사, 양식조리기능사, 일식조리기능사, 중식조리기능사, 한식조리기능사, 건축도장기능사	'20.1.1.
		산업기사(2)	패션디자인산업기사, 패션머천다이징산업기사	
		기사(4)	(舊 생물공학기사)바이오화학제품제조기사, 신재생에너지발전설비기사(태양광), 정보처리기사, 화학분석기사	
'19.6.11. 개정	신설 (5)	기능사(1)	타워크레인설치·해체기능사	'20.1.1.
		산업기사(1)	신발산업기사	
		기사(3)	빅데이터분석기사	
			서비스·경험디자인기사	
			정밀화학기사	'22.1.1.
	내용 개선 (47)	기능사(23)	기계가공조립기능사, 생산자동화기능사, 표면처리기능사, 전산응용기계제도기능사, 주조기능사, 공조냉동기계기능사, 자동차보수도장기능사, 자동차정비기능사, 열처리기능사, 조경기능사, 조주기능사, 천공기운전기능사, 굴삭기운전기능사, 도자공예기능사, 컴퓨터응용밀링기능사, 컴퓨터응용선반기능사, 화학분석기능사, 철도토목기능사, 미용사(피부), 미용사(네일), 미용사(메이크업), 미용사(일반), 이용사	
		산업기사(16)	기계조립산업기사, 신재생에너지발전설비산업기사(태양광), 생산자동화산업기사, 주조산업기사, 자연생태복원산업기사, 공조냉동기계산업기사, 자동차정비산업기사, 조경산업기사, 한식조리산업기사, 양식조리산업기사, 중식조리산업기사, 일식조리산업기사, 복어조리산업기사, 컴퓨터응용가공산업기사, 정보처리산업기사, 실내건축산업기사	'22.1.1.

법령개정	구분	자격등급	종목명	시행(비고)
'19.6.11. 개정	내용개선(47)	기사(7)	자연생태복원기사, 공조냉동기계기사, 소음진동기사, 화공기사, 광해방지기사, 철도차량기사, 실내건축기사	'22.1.1.
		서비스(1)	컨벤션기획사2급	
	통합(2)	산업기사(2)	기계설계산업기사, 치공구설계산업기사 → 기계설계산업기사	
	폐지(4)	기능사(1)	연삭기능사	
		산업기사(1)	철도토목산업기사	
		기사(2)	반도체설계기사, 메카트로닉스기사	
'20.9.8. 개정	신설(2)	산업기사(2)	제과산업기사, 제빵산업기사	'22.1.1.
	내용개선(19)	기능사(6)	건설기계정비기능사, 금형기능사, 압연기능사, 에너지관리기능사, 정밀측정기능사, (現 용접기능사)피복아크용접기능사	'23.1.1.
		산업기사(10)	건축목공산업기사, 건축설비산업기사, 건축일반시공산업기사, 귀금속가공산업기사, 시각디자인산업기사, 사출금형산업기사, 에너지관리산업기사, 정밀측정산업기사, 종자산업기사, 프레스금형산업기사	
		기사(1)	의류기사	
		서비스(2)	사회조사분석사2급, 텔레마케팅관리사	
	분할(4)	기사(2)	(現 조선기사) → 조선선체기사, 조선의장기사	
		기능사(2)	(現 특수용접기능사) → 가스텅스텐아크용접기능사, 이산화탄소가스아크용접기능사	
	폐지(2)	산업기사(2)	농림토양평가관리산업기사, 한복산업기사	
'21.8.25. 개정	신설(4)	기능장(1)	한복기능장	'23.1.1.
		산업기사(1)	공간정보융합산업기사	
		기능사(1)	공간정보융합기능사	
		서비스(1)	이러닝운영관리사	
'21.8.25. 개정	내용개선(32)	기능사(14)	반도체장비유지보수기능사, 3D프린터운용기능사, 신발류제조기능사, 금속재료시험기능사, 방수기능사, 타일기능사, 가구제작기능사, 목공예기능사, 사진기능사, 롤러운전기능사, 불도저운전기능사, 원예기능사, 전자기기기능사, 한복기능사	'24.1.1.
		산업기사(8)	의공산업기사, 3D프린터개발산업기사, 표면처리산업기사, 조선산업기사, 항공산업기사, 방수산업기사, 산업안전산업기사, 전자산업기사	
		기사(9)	의공기사, 해양자원개발기사, 항공기사, 사출금형설계기사, 프레스금형설계기사, 산업안전기사, 임산가공기사, 온실가스관리기사, 전자기사	
		서비스(1)	스포츠경영관리사	

법령 개정	구분	자격 등급	종목명	시행 (비고)
'21.8.25. 개정	통합 (6)	기사(2)	일반기계기사, 기계설계기사 → 일반기계기사	'24.1.1.
		기능사(4)	항공기체정비기능사, 항공기관정비기능사 → 항공기정비기능사 / 항공장비정비기능사, 항공전자정비기능사 → 항공전기·전자정비기능사	
	분할 (2)	기능사(2)	(現 임산가공기능사) → 목재가공기능사, 펄프종이제조기능사	
	폐지 (2)	산업기사(2)	온실가스관리산업기사, 임산가공산업기사	
'22.10.27. 개정	내용 개선 (22)	기능사(8)	방사선비파괴검사기능사, 자기비파괴검사기능사, 초음파비파괴검사기능사, 침투비파괴검사기능사, 기중기운전기능사, 양화장치운전기능사, 컨테이너크레인운전기능사, 타워크레인운전기능사	'25.1.1.
		산업기사(5)	방사선비파괴검사산업기사, 자기비파괴검사산업기사, 초음파비파괴검사산업기사, 침투비파괴검사산업기사, 화약류제조산업기사	
		기사(7)	누설비파괴검사기사, 방사선비파괴검사기사, 와전류비파괴검사기사, 자기비파괴검사기사, 초음파비파괴검사기사, 침투비파괴검사기사, 화약류제조기사	
		서비스(2)	직업상담사1급, 직업상담사2급	
'23.11.14. 개정	신설 (3)	서비스(1)	경영정보시각화능력	'24.1.1.
		기능사(2)	이륜자동차정비기능사, 바이오공정기능사	
	내용개선 (45)	기술사(2)	어업기술사(명칭변경, '24.1.1.), 교통기술사	
		기능장(1)	금형기능장(명칭변경, '24.1.1.)	
		기능사(12)	프로그래밍기능사(명칭변경), 금속재창호기능사, 플라스틱창호기능사, 전산응용건축제도기능사, 제품응용모델링기능사, 표면실장장비기능사(명칭변경), 임베디드기능사(명칭변경), 식육처리기능사, 화약취급기능사, 의료전자기능사, 자동화설비기능사(명칭변경, '24.1.1.), 정보기기운용기능사	
		산업기사(13)	제품디자인산업기사, 섬유산업기사, 용접산업기사, 컬러리스트산업기사, 대기환경산업기사, 반도체커스템레이아웃산업기사(명칭변경), 폐기물처리산업기사, 소음진동산업기사, 축산산업기사, 화약류관리산업기사, 사무자동화산업기사, 자동화설비산업기사(명칭변경, '24.1.1.), 광산보안산업기사	
		기사(16)	시각디자인기사, 제품디자인기사, 건축설비기사, 섬유기사, 용접기사, 자동차정비기사, 컬러리스트기사, 대기환경기사, 토양환경기사, 폐기물처리기사, 축산기사, 화약류관리기사, 정밀화학기사, 광산보안기사, 자동화설비기능사, 수산제조기사	
		서비스(1)	사회조사분석사1급	
	통합 (3)	기사(3)	전자계산기조직응용기사, 전자계산기기사 → 컴퓨터시스템기사 정보통신산업기사, 통신선로산업기사 → 정보통신산업기사 통신기기기능사, 통신선로기능사 → 정보통신기능사	
	폐지 (3)	산업기사(3)	전자계산기제어산업기사, 전자부품장착산업기사, 재료조직평가산업기사	

이러한 현장직무 중심의 NCS 기반 국가기술자격 개편을 통해 실제 직무수행과 연관성이 낮은 내용에 대한 수험자의 학습부담 경감과 유사한 종목의 취득 부담 완화, 현장에서 필요로 하는 직무수행능력 향상 등 자격 운영의 효율성과 신호 기능이 강화될 수 있을 것으로 기대된다.

3) 과정평가형 자격 확대

기존 직업교육훈련 및 자격제도가 산업현장과 불일치되어 '일(산업현장) 따로, 교육·훈련 따로, 자격 따로'라는 지적이 있어 산업현장의 '일'을 중심으로 직업교육·훈련과 자격을 유기적으로 연결시켜 인적자원개발의 효율성 제고를 위해 과정평가형 자격을 도입하였다.

과정평가형 국가기술자격은 ▲지정 교육·훈련기관에서 실시하는 NCS 기반 교육·훈련과정을 충실히 이수하고, ▲해당 교육·훈련기관에서 실시하는 내부평가와 ▲공단에서 산업현장 전문가(기업체, 학계 등)가 참여·실시하는 외부평가를 거쳐 ▲일정 합격기준을 충족하면 취득하게 된다. 기존에는 주로 '무엇을 알고 있는지'를 판단하여 자격을 부여하는 방식이라면, 과정평가형 자격은 '무엇을 할 수 있는지'를 집중평가하는 방식이어서 현장성이 더욱 강화되었다. 또한, 2022년까지 178종목을 시행하였으며, 2023년에는 특수용접기능사가 가스텅스텐아크용접기능사와 이산화탄소아크용접기능사로 분리되어 179종목이 시행되었고, 2024년에는 기계설계기사 등 5종목이 통합되었으나 일반기계기사 등 10종목이 추가되어 186종목으로 확대 운영될 예정이다.

표 4-③-2. 과정평가형자격 운영 종목 현황

년도	구분	종목현황		
'15년 (15종목)	산업기사	① 기계설계 ② 치공구설계* ③ 정밀측정 ④ 기계조립 ⑤ 컴퓨터응용가공 ⑥ 사출금형 ⑦ 프레스금형		
	기능사	① 컴퓨터응용밀링 ② 컴퓨터응용선반 ③ 연삭* ④ 정밀측정 ⑤ 기계가공조립 ⑥ 전산응용기계제도 ⑦ 공유압 ⑧ 금형		
'16년 (15종목)	산업기사	① 용접 ② 생산자동화 ③ 귀금속가공	서비스	① 컨벤션기획사 2급
	기능사	① 미용사(일반) ② 이용사 ③ 화학분석 ④ 용접 ⑤ 가스텅스텐아크용접** ⑥ 이산화탄소아크용접** ⑦ 전자기기 ⑧ 전자캐드 ⑨ 생산자동화 ⑩ 귀금속가공 ⑪ 천장크레인운전 ⑫ 타워크레인운전		
'17년 (31종목)	기사	① 기계설계 ② 메카트로닉스*	산업기사	① 공조냉동기계 ② 실내건축 ③ 시각디자인 ④ 컬러리스트 ⑤ 금속재료 ⑥ 기계정비 ⑦ 위험물 ⑧ 농업기계 ⑨ 정보처리
	서비스	① 텔레마케팅관리사		
	기능사	① 자동차정비 ② 자동차보수도장 ③ 항공기체정비 ④ 전산응용토목제도 ⑤ 콘크리트 ⑥ 측량 ⑦ 조경 ⑧ 공조냉동기계 ⑨ 웹디자인 ⑩ 컴퓨터그래픽스운용 ⑪ 열처리 ⑫ 전산응용건축제도 ⑬ 제과 ⑭ 제빵 ⑮ 한식조리 ⑯ 양식조리 ⑰ 조주 ⑱ 축산 ⑲ 전자계산기		
'18년 (50종목)	기사	① 조경 ② 용접 ③ 의류	산업기사	① 조경 ② 전자 ③ 패션머천다이징 ④ 주조 ⑤ 패션디자인 ⑥ 표면처리 ⑦ 양식조리 ⑧ 중식조리 ⑨ 식품 ⑩ 승강기
	서비스	① 전산회계운용사 3급 ② 직업상담사 2급		
	기능사	① 건설기계정비 ② 항공기관정비 ③ 항공전자정비 ④ 자동차차체수리 ⑤ 제강 ⑥ 제선 ⑦ 금속재료시험 ⑧ 표면처리 ⑨ 제품응용모델링 ⑩ 신발류제조 ⑪ 금속도장 ⑫ 도자공예 ⑬ 양장 ⑭ 주조 ⑮ 한복 ⑯ 염색(침염) ⑰ 염색(날염) ⑱ 압연 ⑲ 축로 ⑳ 배관 ㉑ 미용사(네일) ㉒ 미용사(메이크업) ㉓ 미용사(피부) ㉔ 정보처리 ㉕ 정보기기운용 ㉖ 전자출판 ㉗ 화훼장식 ㉘ 중식조리 ㉙ 복어조리 ㉚ 일식조리 ㉛ 식품가공 ㉜ 승강기 ㉝ 농기계정비 ㉞ 종자 ㉟ 원예		
'19년 (32종목)	기사	① 화공 ② 컬러리스트 ③ 식육가공	산업기사	① 지적 ② 건축목공 ③ 자동차정비 ④ 항공 ⑤ 에너지관리 ⑥ 제품디자인 ⑦ 사무자동화 ⑧ 잠수 ⑨ 자연생태복원 ⑩ 식물보호 ⑪ 수질환경 ⑫ 의공 ⑬ 한식조리 ⑭ 일식조리 ⑮ 복어조리
	서비스	① 전산회계운용사 2급 ② 사회조사분석사 2급		
	기능사	① 건설재료시험 ② 항공장비정비 ③ 에너지관리 ④ 사진 ⑤ 수산양식 ⑥ 잠수 ⑦ 환경 ⑧ 유기농업 ⑨ 의료전자 ⑩ 위험물 ⑪ 산림 ⑫ 3D프린터운용		

년도	구분	종목현황		
'20년 (16종목)	기사	① 실내건축 ② 금속재료 ③ 바이오화학제품제조	산업기사	① 화훼장식 ② 측량및지형공간정보 ③ 재료조직평가 ④ 소방설비(전기) ⑤ 소방설비(기계) ⑥ 보석디자인 ⑦ 건설안전 ⑧ 바이오화학제품제조 ⑨ 정보보안
	서비스	① 전산회계운용사 1급		
	기능사	① 타워크레인설치해체 ② 실내건축 ③ 건축목공		
'21년 (8종목)	서비스	① 직업상담사 1급	산업기사	① 가스 ② 3D프린팅개발 ③ 가구제작 ④ 산업안전
	기능사	① 떡제조 ② 가스 ③ 가구제작		
'22년 (14종목)	기사	① 산업안전 ② 건설안전 ③ 자동차정비 ④ 그린전동자동차	산업기사	① 건설기계장비 ② 제과 ③ 제빵
	기능사	① 건축도장 ② 거푸집 ③ 타일 ④ 굴삭기운전 ⑤ 지게차운전 ⑥ 화약취급 ⑦ 목공예		

* 폐지 및 통합종목(시행일: 2022.1.1.) 메카트로닉스기사, 치공구설계산업기사, 연삭기능사
** 분할종목(시행일: 2023.1.1.) 가스텅스텐아크용접기능사, 이산화탄소아크용접기능사

과정평가형 자격 확산을 위해 고용노동부는 2019년도 제1차 국가기술자격 정책심의위원회를 통해 「과정평가형 국가기술자격 확산방안」을 심의·의결(2019년 3월)하였고, 「국가기술자격법」에 근거하여 2024년 1월 「제5차 국가기술자격 제도발전 기본계획」을 수립하였다. 동 계획에는 과정평가형 자격에 대한 先학습을 인정하고, 직업계고 전공실무 과목을 과정평가형 자격 과정으로 편성토록 컨설팅을 지원하며, 과정평가형 자격 편성기준과 유사한 훈련과정(현재 국가기간전략산업직종 11종목)을 과정평가형 자격 과정으로 인정을 확대하는 방안 등이 포함되어 있다.

다. 향후 계획

제5차 국가기술자격 제도발전 기본계획(2024년 1월) 및 과정평가형 자격 확산방안(2019년 3월)에 따라 과정평가형 자격 확산을 차질 없이 추진할 계획이다.

③ 숙련기술에 대한 사회적 인식 제고

가. 추진배경

숙련기술인의 경제적·사회적 지위 향상을 도모하기 위하여 1989년 4월 1일 「기능장려법」을 제정·공포하였다.

이후 16차례의 법 개정을 통하여 우수숙련기술인을 발굴하고 사기를 진작시키며, 숙련기술 인력에 대한 사회적 인식을 제고하고 있다.

나. 추진성과

숙련기술에 대한 사회적 인식 제고를 위해 대한민국명장, 우수숙련기술자, 숙련기술전수자, 국내·외 기능경기대회 등 다양한 사업을 실시하였다.

대한민국명장 등 다양한 분야의 우수숙련기술인을 선정하여 이들의 자기개발 과정을 발굴·홍보함으로써 숙련기술인의 사기를 진작시키고, 세대 간 단절우려가 있는 분야의 기술전수를 촉진하는 등 다양한 숙련기술장려사업으로 숙련기술인의 지위향상과 자긍심 고취에 일익을 담당하였다.

또한, 2006년 8월부터 직업계고 등을 졸업하고 사회적으로 성공한 우수숙련 기술인을 매월 1명씩 기능한국인으로 선정·홍보함으로써 청소년에게 우수 숙련기술인 모델을 제시하여 숙련기술과 직업에 대한 관심도를 제고하고 있다.

표 4-③-3. 우수 숙련기술인 선정 기준 및 현황('23.12.31. 기준)

구 분	인원	지원금액
대한민국명장	695명	• 일시장려금 2,000만 원 - 매년 계속종사장려금(215~405만 원)
우수 숙련기술자	700명	• 일시장려금 200만 원
숙련기술전수자	145명	• 전수지원금(2~5년) - 전수자 월 80만 원, 전수대상자 월 20만 원
숙련기술장려모범사업체	77개소	-
이달의 기능한국인	202명	-

아울러, 기능경기대회 개최를 통해 숙련기술 수준 향상과 지역 간 정보교류에 이바지하였다. 1966년부터 개최되어 58번째를 맞은 2023년 지방기능경기대회는 서울을 비롯한 17개 시·도의 기능경기위원회 주최로 4월 3일부터 7일까지 5일간 개최되었으며, 폴리메카닉스 등 50개 직종과 각 시·도별 지역의 특성을 고려한 특성화 직종 등 경연직종에 4,729명의 선수들이 참가하였다.

지방기능경기대회 입상자들이 출전하는 전국기능경기대회는 지역 간 숙련기술 수준 상향 평준화 도모, 범국민적 숙련기술인 우대 풍토 조성 등을 위해 국제기능올림픽대회 한국위원회 주관으로 개최되고 있다. 2023년에는 10월 14일부터 10월 20일까지 50개 직종 1,691명의 선수들이 보령해양머드박람회장 등 6개 경기장에서 7일간의 열전을 펼쳤다. 기술 개발과 연마에 대한 동기부여와 사기진작을 위해 2010년부터는 직종별 1위 입상자 중 최고 득점자(팀)에게 대통령상, 차점자에게는 국무총리상을 시상하였다.

1950년부터 개최된 국제기능올림픽대회는 회원국 청소년 간의 상호 기능교류로 기능 수준을 향상시키고 국제적으로 기능 수준의 우열을 겨루는 경기로 격년제로 시행되고 있다. 2022 국제기능올림픽 특별대회에서 대한민국은 46개 직종에 참가하여 금메달 11개, 은메달 8개, 동메달 9개, 우수상 16개를 수상하여 종합순위 2위의 성과를 이루었다.

한편, 고용노동부는 1989년 제정되어 우수숙련기술인 지원 등 각종 숙련기술 장려 사업의 중추적 역할을 수행하던 「기능장려법」을 산업현장의 변화에 부응하기 위하여 법 제정 21년 만에 「숙련기술장려법」으로 전부개정하여 2011년 1월 1일부터 시행하였다. 「숙련기술장려법」은 장려의 대상을 기능에서 숙련기술로 확대하고 명장을 대한민국 명장으로 변경하였으며 산업변화에 따른 시대적 흐름에 맞게 숙련기술인과 숙련기술 민간단체를 지원하며, 장기적이고 체계적인 숙련기술 장려를 위해 5년마다 숙련기술 장려 기본계획을 수립하여 시행하도록 법제화하였다. 또한, 민간단체나 사업체에서 숙련기술 장려를 위한 사업을 실시할 경우 지원할 수 있는 근거를 마련하는 등 다양한 주체가 숙련기술을 장려할 수 있도록 했다.

또한, 2023년 7월 18일 「숙련기술장려법」을 일부개정하여 숙련기술인에 대한 국민의 인식을 제고하고 숙련기술인의 사회적·경제적 지위 향상을 위해 숙련기술인의 날(매년 9월 9일)을 제정·시행하였다.

다. 향후 계획

2024년에는 산업현장 기술변화에 발맞춰 우수 숙련기술인을 적극 발굴하고 발굴된 숙련기술인이 자긍심을 가지고 활약할 수 있도록 기술전수 기반 확충에 노력할 예정이며, 기능경기대회 활성화를 통해 숙련기술 우대 풍토를 조성할 계획이다.

제 5 장

노사법치 확립과 노동시장 이중구조 개선

제1절 부당노동행위 근절 및 노조 회계 투명성 강화
제2절 포괄임금 오남용 및 장시간 근로관행 개선
제3절 근로시간 제도개편 추진
제4절 국민 눈높이에 맞는 공무원·교원 등 노사관계 구축
제5절 원하청 상생모델 구축 및 확산
제6절 공정임금 확산 지원

제1절   부당노동행위 근절 및 노조 회계 투명성 강화

① 부당노동행위 근절 및 근로시간면제제도 기획 감독

2023년에는 부당노동행위 예방·지도를 위해 노사분규 발생 가능성이 높은 노사관계 취약·핵심사업장과 고소·고발이 다수 발생한 사업장 등을 대상으로 모니터링을 실시(402개소)하였으며, 기획 근로감독을 강화(1차 건설 : 144개소, 2차 근면 : 202개소)하였다. 특히, 사용자가 불법 운영비원조 등을 통해 노동조합 활동에 지배·개입하거나 노동조합 간 근로시간면제 한도를 둘러싼 갈등 사례가 지속됨에 따라 관련 실태조사와 기획 근로감독을 실시하였다.

5월부터 실시한 '기업의 근로시간면제제도 운영 현황 등 실태조사'는 유노조 사업장 중 근로시간면제제도를 운영하고 있는 480개소를 대상으로 실시하였으며, 사업장의 근로시간면제 및 운영비원조 관련 운영 현황과 위법사항 등을 구체적으로 확인하였다. 조사결과, ① '법상 근로시간면제 한도'를 초과한 것으로 조사된 사업장이 63개소(13.1%), ② '무급 노조 전임자임에도 사측이 일부 급여를 지원하거나 노조 사무실 직원의 급여를 지원한 사업장'이 9개소(1.9%), ③ '근로시간면제자에게만 전임자수당, 업무수행수당 등 명목으로 특별수당을 지급한 사업장'이 37개소(7.7%) 등으로 확인되었다.

이에 따라 정부는 9월부터 '근로시간면제제도 운영 및 운영비원조 기획 근로감독'을 2015년 이후 약 9년 만에 재개하였으며, 점검 결과 대상 사업장 202개소 중 109개소(54.0%)에서 위법사항을 적발하여 개선하는 등 현장의 노사법치 확립을 위해 노력하였다.

② 노동조합 회계투명성 강화

노동조합법이 조합민주주의와 조합재정의 투명성을 담보하기 위한 여러 의무와 원칙을 제시하고 있음에도 불구하고 그 집행을 위해 필요한 구체적인 사항을 규율하고 있지 않아, 그와 같은 제도와 장치들이 현장에서 제대로 기능하고 있지 못한다는 지적이 꾸준히 제기되었다.

구체적으로 노동조합법 제25조는 노동조합의 대표자에게 회계감사원으로 하여금 정기적으로 회계감사를 실시하도록 하는 규정을 두고는 있으나, 회계감사원의 자격이나 요건은 규정된 바가 없었다. 또한 노동조합법 제26조는 노동조합의 대표자에게 매 회계연도마다 결산결과와 운영상황을 공표하도록 하고 조합원의 요구가 있을 때에는 이를 열람하게 하여야 한다는 내용을 규정하고 있으나, 공표의무 이행의 구체적인 시기에 관한 정함이 없어 공표의무 이행이 제대로 이행되지 않거나, 노동조합이 조합원의 열람 요구에 응하지 않아 조합원들이 소속 노동조합의 결산결과를 제대로 확인하지 못하는 경우도 빈번하게 발생하였다.

이에 정부는 2023년 1월부터 회계·세법, 노동법 등 전문가 논의를 진행하여 제도개선 방안 및 노동조합법 시행령 개정안을 마련하였고, 입법예고·간담회 등 이해관계자의 의견 수렴과 국무회의를 거쳐 2023년 9월 26일 최종 공포하였다. 주요 내용은 (i) 회계감사원의 자격 및 결산결과 공표의 시기를 구체화함으로써 노동조합법 제25조에 따른 회계감사 의무와 동법 제26조에 따른 결산결과 및 운영상황 공표 의무가 보다 적정하게 이행될 수 있도록 하고, (ii) 노동조합이 결산결과를 공표할 때에 활용할 수 있는 회계 공시시스템을 구축하여 제공하는 한편, (iii) 소득세법 시행령의 개정을 통해 공시시스템의 활용을 장려할 수 있도록 하는 지원방안을 마련하는 것 등이다.

이러한 제도개선을 토대로 노동조합의 핵심가치인 민주성과 자주성의 기반인 투명성 제고를 지원하고, 노조의 사회적 지위와 책임에 걸맞은 투명성을 확보하는 한편, 복수노조, 초기업단위 노조가 증가하는 상황에서 조합원과 전체 근로자의 단결권·선택권을 보장하기 위해 노동조합 회계 공시제도를 도입하였다. 회계공시를 원하는 노동조합과 산하조직은 고용노동부 노동포털에 마련된 노동조합 회계공시 시스템에서 자율적으로 결산 결과를 공표할 수 있도록 하는 것이 주된 내용으로 시행 첫해부터 양대 총연합단체가 회계공시에 참여하는 등 조합원수 1,000인 이상 노조·산하조직의 91.3%가 회계 공시에 참여하여 노동조합법 제정('53년)이후 70년 만에 노동조합의 회계 투명성을 높이는 새로운 전기를 마련하였다.

표 5-①-1. 2023년도 1,000인 이상 노동조합·산하조직 공시 현황 (단위: 개소)

구 분	전체(A)	공시(B)	공시율(B/A)
합계	739	675	91.3%
한국노총	285	268	94.0%
민주노총	331	312	94.3%
미가맹 등	123	95	77.2%

노동조합 회계공시 시스템 도입으로 조합원은 편리한 재정정보 접근을 통해 알 권리가 강화되었고, 노동조합에 가입하려는 근로자는 선택권과 단결권을 실질적으로 보장받을 수 있게 되었다. 특히, 회계를 공시한 노동조합에 대해 조합비 세액공제 혜택을 부여하여 국민 세금을 통한 노조 활동 지원이라는 세액공제 제도에 상응하는 공공성과 투명성 확보를 도모하였다.

정부는 노조 회계공시 제도가 현장에 안착할 수 있도록 노동조합 회계공시 시스템 개선 및 노동조합 대상 전문가 회계 컨설팅, 회계감사원 역량 강화 등을 추진하는 한편, 노동조합의 불투명한 회계 관리 관행을 지속적으로 개선해 나가고, 노동조합법 개정 등 법제도 개선을 통해 노조 회계 투명성을 강화하여 노동조합의 민주적 운영을 지원하고 조합원의 권리를 보호하여, 조합원과 전체 근로자의 노동3권을 실질적으로 보장하고, 노동조합이 일터에서 사회적 책임을 다할 수 있도록 지원해 갈 것이다.

제2절 포괄임금 오남용 및 장시간 근로관행 개선

1. 포괄임금 오남용 개선

소위 포괄임금제(포괄임금·고정OT 계약)는 근로기준법 상 제도가 아닌, 판례에 의해 형성된 임금지급 계약 방식으로서 각각 산정해야 할 복수의 임금항목을 포괄하여 일정액으로 지급하는 계약을 의미한다. 그러나 현장에서는 이러한 포괄임금제를 오남용하여 실근로시간에 따른 임금을 지급하지 않는 임금체불이 발생하였고, 이에 포괄임금 오남용을 개선하기 위해 인식 개선 및 지도·감독에 착수하였다.

포괄임금 오남용 등 잘못된 관행에 대한 경각심 제고와 인식 개선을 위해 현장 밀착형 매체(지하철 스크린도어, 수도권 광역버스 등)를 통하여 '공짜야근 근절'을 홍보 하였다. 그리고, 현장의 불법·부당한 행위를 신원 노출 우려 없이 안심하고 신고할 수 있도록 2023년 2월 2일부터 포괄임금·고정OT 오남용 의심·신고센터를 개설·운영하고 있다.

공정과 법치의 밑바탕을 다지는 노동개혁의 중요한 과제 중 하나인 '포괄임금 오남용' 문제 해결을 위해 2023년 1월부터 8월까지 포괄임금 오남용 의심사업장 103개소 대해 기획감독을 실시하였고, 적발된 위반사항에 대해서는 행정·사법 조치하였다.

포괄임금 오남용 의심사업장 기획감독 결과

- (현황) 「포괄임금·고정OT 오남용 신고센터」 제보 등 의심사업장 103개소 대상 감독, 이 중 포괄임금 도입사업장은 87개소(84.5%)
- (결과) 87개소 중 포괄임금을 이유로한 ▲수당 미지급 26.3억 원(64개소, 73.6%) ▲연장한도 위반 (52개소, 59.8%) 적발 → 적발률 제고
  * 그 외 연차·퇴직금 등 노동관계법령 위반 102개소 41.5억 원 체불 적발
- (조치사항) 즉시 범죄인지 6개소*, 과태료 11개소, 시정지시 679건
  * 연장한도 재위반 2개소, 연차 및 주휴수당 등 상습적인 체불 4개소

대상	포괄계약 사업장	포괄임금 오남용		그 외 법 위반
		①공짜 야근(수당미지급)	②연장한도 위반	
103개소	87개소	64개소 26.3억 원 (6,904명)	52개소(2,151명)	102개소 41.5억 원

한편, 영세사업장의 근로시간 기록·관리를 지원하고자 공공 '출퇴근 기록관리 프로그램'을 2023년 11월 13일부터 무료로 배포하였으며, 근로자 및 사용자가 간편하게 사용할 수 있도록 설치 방법 및 이용 방법에 대한 정보성 영상 등을 제작하고, 2023년 12월 프로그램 이용 확산을 위해 지하철 역사 광고를 통해 홍보하였다.

② 장시간 근로 개선

근로시간을 주 52시간으로 단축하는 개정 근로기준법이 2018년 3월 20일 공포되어 주52시간제가 기업규모별 단계적으로 실시되었으며, 그간 근로시간 단축 현장지원단, 조기단축 기업에 대한 장려금 지원, 근로시간 및 유연근로제도 설명자료 책자 배포 등을 통해 주52시간제가 정착되도록 노력하였다.

* 300인 이상 사업장('18.7.1.~), 50~300인 미만 사업장('20.1.1.~), 5~50인 미만 사업장('21.7.1.~)

다만, '22.12월 30인 미만 사업장의 8시간 추가 연장근로제의 일몰 등으로 여전히 근로시간 단축 및 운영에 어려움을 겪는 사업장이 있는 상황으로 주52시간제 적용과 관련하여 현장의 어려움을 해소하고자 근로시간 단축 컨설팅을 지원하였다. 전문가가 사업장을 방문하여 현 상황을 진단하고, 교대제 개편, 실근로시간 단축, 유연근무제 도입 등 근로시간 단축을 위한 솔루션 제공과 함께 각종 정부 지원제도를 안내하였다. 2022년 1,600개소, 2023년 1,355개소 사업장을 대상으로 컨설팅을 지원하였으며, 2023년에는 근로시간 관리체계(맞춤형 유연근무제 도입, 근로시간 기록·관리 시스템 도입, 직군·직무별 근로시간 개선안 마련, 휴일·휴가제도 개선, 인력재배치 등)뿐만 아니라 임금 관리체계(임금 구성항목 개편, 임금 계산·지급방식 점검, 직군·직무별 임금체계 개선안 마련, 적법한 포괄임금제 운영을 위한 방안 마련 등)를 추가하여 심화한 서비스를 제공하였다.

한편, 현장의 장시간 근로 관행 개선과 근로자의 건강권 보호 등을 위해 매년 연장근로한도 등 법 준수 여부에 대한 지도·감독하였다. 사업장의 자발적·사전적 시정을 적극적으로 유도하기 위해 사업장에서 먼저 교육·자가진단(온라인)을 하고, 이후 근로감독을 하는 방식으로 진행하였다. 2023년은 장시간 근로에 취약한 제조업, IT업종 사업장 중심으로 총 799개소에 대해 감독을 실시하였고, 총 5,206건의 법 위반을 확인하여 행정·사법 조치하였다.

제3절 근로시간 제도개편 추진

2022년 7월 노동시장 개혁의 우선 추진과제인 근로시간 제도 및 임금체계 개편을 집중적으로 논의하는 「미래노동시장 연구회」를 발족하였다. 민간전문가로 구성된 「미래노동시장 연구회」는 전체회의 20회, 워크숍, 외부전문가 발제 등 집중적인 논의를 진행하였고, 업종·규모·직종·연령별 노·사 심층 인터뷰, 현장방문 및 간담회, 온라인 소통회, 노사단체 및 전문가 토론회 등을 실시하였다. 그리고 2022년 12월 4차 산업혁명, 고령화 등이 초래한 변화에 대비하는 근로시간 제도 개편 과제를 권고하였다.

고용노동부는 전문가, 노·사가 참여한 근로시간 제도 개편 대국민 토론회('23.2.24.)를 거쳐 근로자의 선택권, 건강권, 휴식권 보장을 위한 근로시간 제도개편 방안을 2023년 3월 6일 발표하였고, 근로시간 제도개편안을 담은 근로기준법 개정안을 입법예고(3.6.~4.17.)하였다.

근로시간 제도개편 방안 주요내용

- 연장근로관리단위 확대(노사 합의로 '월·분기·반기·연' 단위로 운영할 수 있도록 선택지 부여)
- 연장근로 총량관리시 근로일간 11시간 연속휴식 부여 등 건강보호조치 시행
- 현행 보상휴가제를 근로시간저축계좌제로 대체·강화
- 단체 휴가, 시간단위 휴가 사용 등 대국민 캠페인 추진
- 선택근로제 확대(전업종 1개월 → 3개월, 연구개발 3개월 → 6개월)
- 탄력근로제 실효성 제고(사전 확정사항을 변경할 수 있는 절차 신설)

근로시간 제도개편 방안 발표 이후, 장시간 근로와 정당한 보상에 대한 현장의 우려가 있어 장·차관, 전국 지방관서장 등이 총 41회에 걸쳐 401명의 다양한 연령, 업종, 직종의 현장 노사를 만나 現 근로시간 제도와 개편안 관련 다양한 현장 의견을 수렴하였다.

이해관계가 첨예한 근로시간에 대한 객관적인 의견 수렴을 위해 근로자 3,839명, 사업주 976명, 국민 1,215명 등 총 6,030명을 대상으로 방문 면접 방식의 근로시간 관련 설문조사를 실시하였다. 근로시간 개편 방향(노·사, 국민), 현행 주52시간제(법정 40+연장 12시간)에 대한 인식(노·사, 국민), 근로시간 실태(노·사) 등을 중심으로 설문을 구성하여 조사하고, 그 결과를 분석하였다.

근로시간 관련 설문조사 결과 주요내용

- 최근 6개월간 현행 근로시간 규정으로 ▲어려움을 겪은 적이 있는 사업주는 14.5% ▲어려움 유형은 업무량 변동 대응 73.6%, 일시적 인력 부족에 대한 대응 60.4% 순으로 응답

〈현 근로시간 규정으로 인한 애로사항 경험(사업주)(단위: %)〉

사례수(명)	애로사항 경험			어려움 유형(2개까지 선택, 2개까지 선택)				
	있음	없음	합계	사례수(명)	외부의 긴급한 발주 등 예측하기 어려운 업무량 변동에 대응이 어려움	직원의 급박한 휴가 사용, 이직 등으로 일시적으로 인력이 부족하여 대응이 어려움	기계고장, 원재료 부패 등 돌발상황에 대응이 어려움	기타
(976)	14.5	85.5	100.0	(142)	73.6	60.4	16.9	1.4

- 어려움에 대한 사업주의 대응 방법은 포괄임금, 추가인력 채용, 수주 등 포기 순으로 나타남

〈 근로시간 규정으로 인한 애로사항에 대한 대응(2개 선택, 단위: %) 〉

포괄임금 활용	추가인력 채용	납기를 맞추기 힘들어 수주 등 포기	근로시간 법·규정 무시	근로시간 기록·관리 없이 연장근로 운영	출퇴근 시간을 임의로 처리	유연 근로제 도입	해외 공장 이전	기타
39.9	36.6	30.6	17.3	10.6	5.8	3.4	0.6	3.6

- 현행 근로시간 제도로 근로자 48.5%, 사업주 44.8%, 국민 48.2%는 장시간 근로가 감소하고, 근로자 45.9%, 사업주 45.1%, 국민 48.5%는 업무시간에 대한 예측가능성이 높아졌다고 평가한 반면, 근로자 28.2%, 사업주 33.0%, 국민 39.0%는 업무량이 갑자기 늘었을 때 유연하게 대응하기가 어렵고, 근로자 44.2%, 사업주 44.6%, 국민 54.9%는 업종·직종별 다양한 수요를 반영하기 어렵다는 점에서 한계가 있다고 답함

〈현 근로시간제도에 대한 인식 (단위: %)〉

구분	장시간 근로 감소		업무시간의 예측 가능성		갑작스러운 업무량 증가 대응 어려움		업종·직종별 다양한 수요를 반영하기 어려움	
	동의	비동의	동의	비동의	동의	비동의	동의	비동의
국민	48.2	23.0	48.5	19.2	39.0	29.8	54.9	15.7
근로자	48.5	16.1	45.9	14.4	28.2	30.9	44.2	17.7
사업주	44.8	15.0	45.1	14.8	33.0	31.5	44.6	16.5

- 근로시간 제도 개편에서 가장 먼저 고려해야 할 사항은 노·사와 국민 모두 실제 일한 만큼 확실한 임금보장과 평소보다 더 일했을 경우 확실하게 쉴 수 있는 제도적 장치 마련으로 꼽았음

〈근로시간 제도 개편 시 우선적으로 고려해야 할 사항(2개 선택, 단위: %)〉

구분	실제 일한만큼 확실하게 임금 보장	평소보다 더 일했을 경우 확실하게 쉴 수 있는 제도적 장치	기업이 근로자의 의사를 반영한 근로시간 제도 개편 시스템 마련	근로시간을 단축하더라도 임금 감소가 없어야 함
국민	63.7(1)	44.8(2)	29.2(3)	24.8
근로자	57.0(1)	34.3(2)	26.0	31.8(3)
사업주	49.5(1)	29.6(2)	28.0(3)	17.1

설문조사 결과를 토대로 2023년 11월 13일 근로시간 제도 개선 정책 방향을 마련하였으며, 구체적인 근로시간 제도 개선 방안에 대해서는 노사정 사회적 대화를 통해 논의할 계획이라고 발표하였다.

근로시간 제도 개선 정책 방향

- 현행 주52시간제의 틀을 유지하면서 필요한 업종·직종에 한해, 노·사가 원하는 경우 연장근로 관리 단위 확대
- 장시간 근로, 건강권 문제 등에 대한 현장의 우려를 해소할 수 있는 안전장치 마련
- 일한만큼 보상받을 수 있도록 행정역량 집중

제4절 국민 눈높이에 맞는 공무원·교원 등 노사관계 구축

공무원·교원 노사관계 현황

공무원노동조합은 2022년 말 현재 총 151개가 설립되어 있으며, 법상 공무원노조 가입이 가능한 공무원 50.1만여 명(지휘감독자 등 업무상 공무원노조 가입이 제한되는 공무원, 현업공무원, 교원인 공무원 등은 제외) 중 66.0%에 해당하는 총 33.1만여 명이 가입하여 우리나라 전체 노조 조직률 13.1%에 비해 높은 조직률을 보이고 있다.

표 5-④-1. 공무원 노동조합 현황 ('22.12월 말 기준)

구분	계	연합	전국	헌법기관	행정부	자치단체	교육청
조합 수	151	14	8	-	3	97	29
조합원(명)	331,068	-	151,319	-	44,632	100,160	34,957

* 출처: 2022 전국노동조합 조직현황(2023.12.)
 (「노동조합 및 노동관계조정법」에 따라 노조 가입이 가능한 공무원은 본 통계에서 제외)

교원노동조합은 2022년 말 현재 총 122개가 설립되어 있으며, 가입대상 교원 56.8만 명 중 12.0만 명(21.1%)이 가입되어 있다.

표 5-④-2. 교원 노동조합 현황 ('22년 12월 말 기준)

구분	계	연합	전국	시·도	개별학교
조합 수	122	2	22	23	75
조합원(명)	119,915	-	72,140	41,879	5,896

* 출처: 2022 전국노동조합 조직현황(고용노동부, 2023.12.)

고용노동부는 공무원·교원의 합리적 노사관계 구축을 위해 고용노동연수원 등을 통해 체계적인 교육을 제공하고 있다. 공무원 노사관계의 경우 담당자 전문성 제고를 위해 2023년에는 205회에 걸쳐 총 11,730명에 대해 교육을 실시하였다.

표 5-④-3. 공무원 노사관계 교육실적　　　　　　　　　　　　(기준일: '23.1.1. ~ '23.12.31.)

구 분	횟 수(회)	인 원(명)
기본교육과정	46	1,206
심화교육과정	39	1,057
맞춤교육과정	43	1,561
지원교육과정	77	7,906
소 계	205	11,730

아울러, 교원 노사관계에 대한 인식 제고 및 업무 담당자의 전문성 제고 등을 위해 교원 노사관계 담당자를 대상으로 2023년에 75회에 걸쳐 총 3,539명에 대해 교육을 실시하였다.

표 5-④-4. 교원 노사관계 교육실적　　　　　　　　　　　　(기준일: '23.1.1. ~ '23.12.31.)

구 분	횟 수(회)	인 원(명)
기본교육과정	27	993
심화교육과정	29	978
맞춤교육과정	10	692
지원교육과정	9	876
소 계	75	3,539

② 공무원·교원 근무시간 면제제도 시행

「노동조합법」은 '10년부터 복수노조 허용과 함께 근로시간 면제제도를 도입하였으나, 「공무원노조법」('05 제정), 「교원노조법」('99 제정)은 제정 당시부터 공무원·교원의 특수성, 국민 정서 등을 고려하여 무급 원칙을 유지하였다. 이에 노동계는 공무원·교원의 노동권이 민간부문에 비해 형평성 측면에 문제가 있다고 지적하며, 공무원·교원을 대상으로 한 근로시간 면제제도 도입을 위한 노력을 계속해 왔다.

현 정부는 '공무원·교원 근무시간 면제제도 도입'을 국정과제로 선정하였고, 국회는 공무원·교원의 정당한 노조활동을 보장하기 위하여 공무원·교원에 대해서도 단체협약으로 정하거나 정부교섭대표(교원은 임용권자)가 동의하는 경우 근무시간 면제시간 및 사용인원

한도를 초과하지 아니하는 범위에서 보수의 손실 없이 정부교섭대표 등과의 협의·교섭, 고충처리, 안전·보건활동 및 노조의 유지·관리업무 등을 할 수 있도록 법 개정 절차를 진행하였다.

국회 환경노동위원회는 그동안 발의된 법안과 정부의견을 포함한「공무원·교원노조법」개정을 위해 수 차례 논의를 거쳤고, 개정법안을 의결('22.5.4.)하였다. 개정법안은 법사위 의결('22.5.26.) 및 국회 본회의 의결('22.5.29.)을 거쳐 공포되었다('22.6.10. 공포, '23.12.11. 시행).

개정법은 ▲공무원·교원 노동조합이 단체협약 또는 정부교섭대표(교원은 임용권자)의 동의로 근무시간 면제한도 내에서 보수의 손실없이 사용자와의 협의·교섭, 노조 유지·관리업무를 수행할 수 있도록 하고, ▲ILO 권고를 반영하여 전임자 임금지급 금지 규정을 삭제하였으며, ▲국민의 알 권리 보호를 위해 근무시간 면제 사용인원·시간·지급된 보수 등을 공개하도록 규정하였다.

법 개정의 후속조치로 개정법의 위임범위 내에서 시행령도 개정되었다. 개정「공무원노조법 시행령」과「교원노조법 시행령」은 공무원·교원에 적용되는 근무시간 면제한도(면제시간·사용인원)를 결정하기 위한 공무원·교원근무시간면제심의위원회 구성·운영에 관한 사항을 규정하였다. 또한 근무시간 면제자가 면제 시간을 사용하기 위해 필요한 절차와 연간 근무시간 면제자의 월별 사용실적 제출, 정부교섭대표(또는 임용권자)의 정보공개(면제시간·사용인원·지급된 보수)에 관한 사항을 구체화 하였다.

한편, 근무시간 면제제도 관련 사전 논의를 위해 경제사회노동위원회에 고용부를 비롯한 관계부처(인사처·행안부·교육부)와 공무원·교원 노동계가 함께 참여하는 '공무원노사관계위원회'를 발족('21.12.8.)하였다. 공무원노사관계위원회는 ▲해외 근로시간 면제제도 사례, ▲소방·경찰공무원 노사관계, ▲국내 유사 운영사례, ▲타임오프 실태조사 등 13차에 걸쳐 회의를 진행하고 종료('23.12.7.)되었다. 이후 경제사회노동위원회는 개정법과 시행령에 따라 '공무원·교원 근무시간면제심의위원회'의 위원구성을 개시하였고, '24년에 심의위원회 논의결과로 면제한도(사용시간·인원)가 결정되면 공무원·교원을 대상으로 한 근무시간 면제제도가 현장에 본격적으로 적용될 것으로 예상된다.

③ 공공부문 단체협약 및 노조 규약 실태확인

노동개혁은 현장 노사의 불법과 특권을 바로잡는 노사법치에서 출발하고, 특히 공공부문은 모범적 역할을 해야 한다. 공공부문은 업무의 공공성, 신분보장, 국민의 세금 지원 등으로 높은 수준의 책임성, 도덕성, 민주성이 요구되기 때문이다. 또한 공공부문 노사관계는 국민의 직접 통제가 어려워, 노사 간의 담합 등 도덕적 해이가 발생하면 그 비용이 고스란히 국민과 미래세대인 청년들에게 전가된다. 이에 고용노동부는 법과 국민의 눈높이에서 공공부문의 단체협약과 노조 규약에 대한 전반적인 실태를 확인하였다.

고용노동부는 '23.3월부터 공공부문(공무원·교원·공공기관) 단체협약(479개 기관)과 노동조합 규약(연합단체 및 전국단위 공무원·교원 노조 규약 48개)의 실태를 확인하였다. 구체적으로, 179개 기관(37.4%)의 단체협약에 관계 법령을 위반한 불법, 비효력으로 판단되는 내용들이 포함된 것을 확인하였고, 6개 규약에 노동조합법 위반 소지가 있음을 확인하여, '23.5.17. 이를 발표하였다.

또한 135개 기관(28.2%)의 단체협약에 노동조합과 조합원에 대한 불공정한 특혜, 인사·경영권 침해 등 공정과 상식의 국민 눈높이에서 볼 때 불합리하다고 여겨지는 내용이 포함되었음을 확인하였다.

표 5-④-5. 위법, 비효력인 단체협약

구분	계	공무원	교원	공공기관			
				소계	공기업	준정부기관	기타공공기관
대상	479개	165개	42개	272개	32개	52개	188개
위반	179개	137개	6개	36개	3개	3개	30개
비율	37.4%	83.0%	14.3%	13.2%	9.4%	5.8%	16.0%

표 5-④-6. 위법 규약

구분	계	공무원	교원
대상	48개	24개	24개
불법	6개	5개	1개
비율	12.5%	20.8%	4.2%

표 5-④-7. 불합리한 단체협약

구분	계	공무원	교원	공공기관			
				소계	공기업	준정부	기타공공
대상	479개	165개	42개	272개	32개	52개	188개
위반	135개	11개	14개	110개	15개	13개	82개
비율	28.2%	6.7%	33.3%	40.4%	46.9%	25.0%	43.6%

발표에 따른 후속조치로 고용노동부 본부 및 지방고용노동관서는 '위법한 단협·규약에 대한 시정명령'을 위해 노동위원회에 의결을 요청하였고, 전국 12개 노동위원회는 124개 기관(단협 120개 기관, 규약 4개 노조)에 대하여 '인용' 결정을 하였다.

이에 고용노동부는 노동위원회의 인용 결과를 토대로 해당 기관 노·사(위법 단협) 또는 노조(위법 규약)에 대하여 시정명령을 하였고, 시정명령대상 124개 기관·노조 중 123개 기관·노조는 시정을 완료하였다.

한편, 위법 규약 시정에 불응한 1개 노동조합에 대하여는 형사처벌 절차를 진행하였다.

구 분		대상	시정완료	시정불응
합 계		124	123	1
단체협약	소계	120	120	0
	공무원	92	92	0
	교원	4	4	0
	공공기관	24	24	0
노조규약	소계	4	3	1
	공무원	3	2	1
	교원	1	1	0

이는 공공부문에 있어 노동개혁의 구체적 성과를 도출한 사례이며, 노사관계를 선도해야 할 공공부문의 법치가 민간부문으로 확산되는 계기를 마련하였다. 또한, 공공부문 노사관계의 불법적 관행으로 인한 국민의 불신을 극복하고, 공공성을 회복하는 등 국민 공감대를 확보하였다.

특히, ▲시정명령에 앞서 19개 기관·노조의 자율 시정, ▲위법 단체협약 시정은 노·사 합의로 단체협약을 개정해야 하는 점을 볼 때, 이 과정에서 위법 상황 해소를 위한 노·사의 노력 및 합의정신은 대화와 협력의 노사관계를 위한 밑거름이자 소중한 경험으로 평가된다.

한편, 고용노동부는 위법·불합리한 단체협약 사례집을 마련하여 노사에 불합리한 사항을 알리고, 기관 교섭담당자 교육 등에 사용할 수 있도록 하였다.

제5절 ▶ 원하청 상생모델 구축 및 확산

① 조선업 원하청 상생협약 체결 및 이행

가. 추진배경

2022년 7월 대우조선해양 하청노조 파업을 계기로 조선업 원하청 이중구조가 사회적 이슈로 부각되었다. 조선업 노동시장의 이중구조는 지난 30여 년간 누적되어 고착화된 문제이다. 조선업은 글로벌 경쟁이 치열하고, 수주와 공정 상황에 따라 인력수요 변동이 크기 때문에, 그간 원청, 하청, 물량팀으로 다단계 하도급 구조가 확대되어왔다. 그 결과 2022년도 소속외 근로자 비중이 전산업 평균으로 17.9%인 반면, 조선업종은 62.3%로 전체 업종 중 가장 높은 수치를 기록하였다.

특히 2016년 이후 심각한 불황을 겪으면서 주요 조선사의 경영 상황은 더욱 악화되었다. 원청은 2016년 이후 임금을 동결하고, 희망퇴직을 실시하면서 2015년 대비 생산직 근로자 수가 1/3로 감소하였다. 하청은 불황 중 상여금 삭감의 영향으로 연봉을 기준으로 할 때 원청 대비 50~70%의 임금 수준에 머물렀다.

표 5-⑤-1. 주요 조선사 영업이익 변동 추이 (단위: 억 원)

구 분	'17년	'19년	'21년	'22년 6월
대우조선	7,330	2,928	-17,547	-5,696
삼성중공업	-5,242	-6,166	-13,120	-3,507
현대중공업	-	1,295	-8,003	-3,257

최근 2020년 이후 조선업은 다시 호황기를 맞이하여 친환경 선박 수주는 증가하고 인력 수요도 늘고 있지만, 조선업은 저임금, 고위험, 불안정한 일자리라는 인식으로 인해 청년들은 물론 구조조정으로 떠났던 숙련인력도 돌아오지 않는 상황이었다. 생산직 근로자 수는 2015년 최고점 대비 2021년은 약 60%로, 총 10만 명(원청 1.3만 명, 하청 8.6만 명) 가까이 감소하여 인력난이 심각한 상황이다.

이러한 상황에서 조선업의 지속가능성을 확보하기 위해, 2022년 10월 정부는 관계부처 합동으로 원하청 공정거래 질서 확립과, 인재 채용-숙련-보상 시스템, 산재·체불 문제 등의 개선을 내용으로 하는 「조선업 격차해소 및 구조개선 대책」을 발표하였다. 대책의 후속 조치로 2022년 11월 주요 조선사와 협력업체 등이 이중구조 개선을 위한 실천방안을 논의하고 자율적 해법을 마련하기 위해 「조선업 상생협의체」를 발족했다.

조선업 상생협의체는 '조선업 원하청 상생협력 실천협약'을 체결하고 이행하기 위한 협의 기구로 주요 조선 5사 원청 및 협력사, 다양한 분야의 전문가, 정부(고용부·산업부·공정위), 자치단체(울산·경남·전남)로 구성되었다. 상생협의체는 노사 의견청취 및 현장 방문 등을 토대로 실효성 있는 논의 의제와 개선사항을 발굴하고, 실천협약안을 마련하는 역할을 하였다.

나. 조선업 상생협약 체결

2023년 2월 27일 상생협의체 운영의 결과로 「조선업 노동시장 이중구조 개선을 위한 상생 협약」이 체결되었다. 이번 협약은 법적 강제나 재정투입만으로는 이중구조 문제 해결에 한계가 있다는 인식하에, 원하청이 자율적으로 상생·연대하여 대화를 통해 해법을 마련하고, 정부는 이행과 실천을 적극 지원하는 새로운 패러다임이 현장에서 구현된 첫 사례이다.

이는 기존의 중앙 단위 사회적 대화 방식과는 달리, 전문가가 논의의제 및 개선사항을 발굴하여 대안을 마련하고, 이해 당사자는 이에 대한 공감과 지지를 바탕으로 상호 설득과 조율의 과정을 거쳐 실천가능한 과제에 대해 합의하는 새로운 사회적 대화 모델을 제시한 것이다. 특히, 조선업은 그간 원·하청 간 상호 신뢰가 요구되었던 업종이었음을 감안할 때, 그 의미가 크다.

상생 협약은 전문을 포함하여 총 8장(章), 27개의 실천과제로 구성되어 있고, 현장에서 바로 실천 가능한 과제에서부터 조선업의 발전 및 미래 경쟁력 확보를 위한 중장기 과제까지 모두 포함되어 있다. 특히, 원청의 적정 기성금 지급 및 하청의 임금인상률 제고, 에스크로 결제 제도*의 적극적 활용 등이 구체적으로 표현되어, 원·하청이 이중구조를 풀 수 있는 계기가 마련되었다.

* 원청이 기성금 지급시 인건비를 에스크로 계좌에 이체, 하청이 임금 지급 시 원청 확인 후 지급

상생 협약의 주요 내용은 ① 원청은 적정 기성금을 지급하고, 하청은 임금인상률을 높임으로써 원하청 간 보상 수준 격차 최소화, ② 원하청은 일한 만큼 정당한 보상이 지급될 수 있도록 숙련 중심의 임금체계 개편을 위해 노력하기로 하여, 용접 등 특정 공정에 임금체계 개편을 우선 적용하고, 정부는 지원방안을 병행하여 실효성 제고, ③ 원하청은

에스크로 결제 제도의 적극적인 활용을 통해 하청 근로자에 대한 임금체불 예방, ④ 원하청은 상시적인 업무에 재하도급(물량팀) 사용을 최소화하고, 이를 위해 단계적으로 재하도급을 프로젝트 협력사 등으로 전환하기 위해 노력, ⑤ 하청의 보험료 성실 납부를 전제로, 원청은 하청의 보험료 납부가 정상적으로 이루어지도록 지원방안을 모색하고, 정부는 연체금의 면제, 체납처분 유예 등의 조치 시행 등이다.

표 5-⑤-2. 조선업 상생협약 27개 실천과제

장(후)	실천 과제
공정과 연대의 실천	1. 생산성 향상 노력 기성금에 반영, 원하청 보상 수준 격차 최소화 2. 공정임금 실현, 임금체계 개편·구축 노력 3. 임금체불 예방을 위한 에스크로 결제 시스템 적극 활용 4. 종사자 복지 증진을 위해 공동근로복지기금 등의 출연 확대
원청과 협력업체의 상생협력 도모	1. 협력업체의 4대 보험 체납 상황 해소를 위한 다양한 방안 모색 2. 하도급법상 관련 규정과 상생협력법을 철저하게 준수 3. 상생협력법상 성과공유제 등 시스템을 적극 활용 4. 조선 5사는 협력업체의 전문화와 관리능력 제고를 지원
인력의 유입-육성-유지 시스템 구축	1. 직영 생산직을 조선사별 상황에 맞추어 일정 규모 유지·확대 2. 상시적인 업무에 재하도급 사용 최소화 3. 청년인력 확보와 함께 여성 및 고령 인력 활용 방안 모색 3-1. 정부는 특성화고·폴리텍대학과의 연계 지원 등 일자리 사업 지원 4. 사내 기술교육원을 활용하여 우수 인력 체계적 양성 방안 모색 4-1. 정부는 '대중소상생형 공동훈련센터' 활용하여 인력양성 지원 5. 지자체와 정부는 조선업 내일채움공제 등 취업 인센티브 제도 운영 6. 외국인력 배치, 교육훈련 등 외국인력의 체계적 활용방안 모색
조선업의 지속 가능한 발전 모색	1. 산업안전보건법 등의 법상 의무 사항을 철저하게 준수 2. 노사 상생을 통한 안전 및 생산 효율성 향상을 추진 3. 임금체불 등이 없도록 기초질서 확립에 동참, 정부는 근로감독 지원 4. 근로자의 건강을 고려하면서 특별연장근로제도를 적극 활용 5. 조선업 이미지 개선을 위해 다양한 방안을 상호 협의 하에 마련·시행
조선업의 상생협력 체제 구축	1. 지자체와 정부는 상생형 지역일자리를 통해 양질의 일자리모델 창출 2. 산업·지역 단위 협의회를 구성하여 미래 과제에 공동 대응 방안 모색
조선업 발전을 위한 장기과제	1. 기성금 지급 기준과 투명한 운영 방안을 마련 2. 조선업 미래발전 기금을 조성하는 등 다양한 방안 지속 협의
이행평가 및 정부 지원	1. 협약의 내용을 충실히 이행하고, 공동협의회 등은 이행여부를 평가 2. 정부와 지자체는 참여 및 이행 수준에 따라 지원 여부 등을 결정

다. 조선업 상생협약 이행 실적 및 향후 계획

　2023년 2월 상생협약 체결 이후 원·하청, 전문가 등이 참여하는 조선업 상생협의체는 매월 협약 이행을 점검하고 향후 계획 등을 논의하고, 현장 방문 등을 통해 협력사 근로자들의 애로사항 및 건의사항 등에 대한 의견 청취도 병행하였다.

　조선업계는 협약을 이행하기 위해 자율적으로 다양한 분야에서 노력해 왔다. 주요 실적으로 조선 원청 5사는 모두(한화오션은 2016년 既도입) 2024년 상반기 내로 협력사 근로자의 임금체불을 방지하기 위해 에스크로 제도를 도입하기로 결정하였고, 근로자들의 복지 증진을 위해 공동근로복지기금 출연도 기존 10억에서 20억으로 증액하여, 학자금·의료비·휴양시설·복지시설 등을 신설하거나 지원 수준을 확대하였다.

　인력을 확보하고, 산업 경쟁력을 제고하기 위하여, 정부와 조선 원청사는 채용장려금, 정착지원금 등을 제공하고, 외국인력 도입을 신속하게 확대함으로써 생산인력 부족을 해소하는 데 일정 부분 기여했다. 또한, 산업전환 공동훈련센터와 사내기술교육원을 통한 내·외국인 직무훈련을 강화하였다. 일터혁신 컨설팅 등을 통해 협력사의 노무관리 능력을 제고하고, 협력사 근로자에게 성과금 인센티브를 지급하는 등 산업 경쟁력 강화를 위해서도 노력하였다.

그림 5-⑤-1. 조선업 상생협약 이행실적

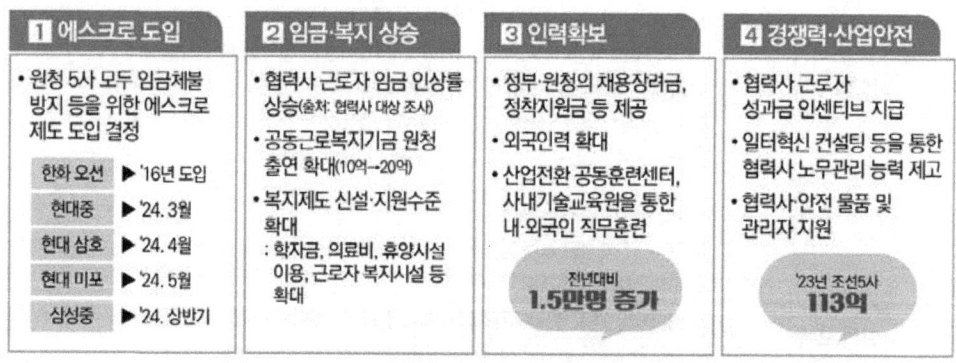

　지난 1년간의 변화를 통해 원청 및 협력사의 종사자 수가 증가하기 시작했다. 2023년 말을 기준으로 조선 5사의 종사자 수는 전년 대비 1천2백여 명이 증가하여 2만2천여 명에 이르렀고, 협력업체 종사자 수는 전년 대비 1만3천여 명이 증가하여 6만2천여 명이 되었다. 협력사 근로자의 임금·복지 수준도 상승하는 추세에 있다. 협력사 근로자의 임금인상률이 2021년 5.36%에서 2022년 6.02%, 2023년 7.51%로 지속적으로 상승(협력사 설문조사)하고 있다.

　조선업 상생협의체에 1년간 참여했던 전문가는 조선업 상생협약이 일회성 이벤트에

그치지 않고 구조적 문제 해결을 위해 원·하청이 꾸준히 소통하고 실천방식을 논의한 새로운 사회적 대화모델이며, 협의체를 통해 서로 우수사례를 벤치마킹 함으로써 협력사 복지 수준이 상향 평준화되는 계기가 마련되었다고 평가하며, 조선업 상생협의체를 운영하는 과정에서 원·하청 간의 신뢰가 싹 트기 시작한 만큼, 앞으로도 공정하고 투명한 기성금 결정, 원하청 보상 격차 축소, 재하도급 최소화 등 근본적인 과제들에 대한 논의를 지속하여 해결해 나갈 필요가 있다고 제안하였다.

② 원하청 상생모델의 타 업종 확산

가. 추진경과

조선업 상생모델을 타업종으로 확산하기 위하여 정부는 현장의 원하청 노·사 등 다양한 이해관계자와 전문가들의 의견을 수렴해왔다. 조선업 상생협약의 결실을 기업·지역·업종 단위로 확산하기 위해 업종별 이중구조 현황을 분석하고, 현장의 의지와 이중구조 개선의 필요성 등을 종합적으로 고려하여 다양한 접근을 시도해왔다.

2023년 9월 정부는 「석유화학산업 상생협력 확산을 위한 공동선언」을 롯데케미칼과 함께 발표했다. 이는 조선업 상생모델이 타업종으로 확산된 첫 사례로서, 24시간 설비가 가동·운영됨에 따라 하도급 비중이 높고, 근로조건 격차로 협력사의 인력난 등을 겪는 석유화학업계의 이중구조를 개선하는 전기(轉機)가 될 것으로 기대된다.

공동선언은 원청(롯데케미칼)의 ① 협력사 근로자의 근로조건 향상, ② 협력사의 기술경쟁력 제고, ③ 공정거래질서 확립, ④ 중소플라스틱 업체와의 상생 등을 위한 방안 마련과, 협력업체의 ① 자사 근로자의 근로조건 개선, ② 생산성 향상 등을 위한 노력 등을 주요 내용으로 하고 있다. 또한, 정부는 원청과 협력사가 마련한 실천과제가 원활히 이행될 수 있도록 적극 지원한다는 내용도 포함되어 있다.

석유화학산업에 이어서 2023년 11월 정부는 「자동차산업 상생협력 확산을 위한 공동선언」을 현대자동차, 기아와 함께 발표했다. 자동차산업은 부품협력사의 열악한 근로조건과 낮은 지불여력 등으로 이중구조가 심화될 수 있다는 우려가 있어왔다. 세계 자동차 시장을 선도하는 현대자동차와 기아가 이번 상생모델에 참여함으로써 지속가능하고 약자를 두텁게 보호하는 자동차산업 노동시장으로 가는 새로운 이정표가 될 것으로 기대된다.

공동선언은 원청(현대차·기아)의 ① 협력사의 숙련인력 확보, ② 협력사 근로자의 근로조건

개선, ③ 협력사의 기술경쟁력 제고, ④ 경영기반 강화 등을 위한 방안 마련·실행과, 협력업체의 ① 자사 근로자의 근로조건 향상 및 역량 강화, ② 연구개발·생산성 향상 노력 등을 주요 내용으로 하고 있다. 또한, 정부는 원청과 협력사의 자발적인 노력에 상응하여 제반 사항을 적극 지원한다는 내용도 포함되어 있다.

나. 향후 계획

정부는 석유화학산업과 자동차산업의 공동선언을 통해 발족한 상생협의체를 각각 운영하여 2024년 상반기 내로 상생협약을 체결할 계획이다. 조선업 상생협약과 같이 원·하청의 자율적인 상생·연대에 기반하여 이중구조를 개선하기 위한 구체적인 실천과제를 도출하고 합의하는 데 역량을 집중할 계획이다.

아울러, 업종별 상생모델을 넘어 더욱 폭넓은 상생모델 확산을 위하여, 지역 주요 산업을 중심으로 하는 지역 단위 상생모델의 확산을 추진할 계획이다. 원하청 기업과 지방자치단체가 지역적 여건과 산업 특성 등을 고려하여 현장에 기반한 합리적인 상생협력 방안을 논의하여 중앙·업종 단위의 사회적 대화와 함께 중층적인 사회적 대화를 활성화해나갈 계획이다.

제6절 공정임금 확산 지원

　우리나라는 여전히 근속연수 등에 따라 임금이 상승하는 연공성이 강한 임금체계를 가지고 있다. 연공성 임금체계는 고성장 시기 장기근속 유도에는 적합하나 저성장, 저출산 등 최근의 변화된 노동환경에는 더 이상 지속가능하지 않다. 연공급제는 고령층에게는 고용불안을, 청년층에게는 일자리 창출 저해와 불공정함 등 다양한 문제를 야기하므로 미래에도 지속가능한 노동시장을 구축하기 위해서는 인구구조·근무환경·세대특성 등 시대적 변화를 반영한 합리적이고 공정한 임금체계를 준비해야 한다.

　다만, 임금체계 개편은 기본적으로 노사 자율의 영역으로 수십년간 논의가 있었음에도 진전이 더딘 과제로, 과거와는 다른 접근이 필요하였다.

　이에 정부는 노동시장 개혁의 일환으로 임금체계 개편을 우선 추진과제로 선정하여 추진하였다. 이를 위해 임금을 매개로 불공정 격차 해소를 지원하는 다양한 정책·제도 방안을 논의하기 위해 관련 전문가와 관계부처가 참여하는 '상생임금위원회'를 2023년 2월 발족하여 토론회, 현장 방문을 통하여 현장의 의견을 수렴하고, 심도 있는 논의를 지속하였다.

　또한, 현장에서 직무와 능력에 따라 공정하게 보상받을 수 있는 보상체계를 만들 수 있도록 인프라 구축 노력을 지속하였다. 2004년 '일자리 만들기 노사정 사회협약'에 따라 노동연구원 내에 설치된 임금직무혁신센터를 통해 임금격차 완화, 임금체계 개편 등 각종 조사·연구사업을 진행하고 있으며, 노사발전재단 등 전문기관을 통해 임금·평가체계 개편과 관련한 무료 컨설팅을 지속적으로 확대 제공하였다.

　아울러, 정부는 시장임금에 대한 정보제공이 노동시장 내 자율적인 임금격차 완화 기제로서 역할을 할 수 있도록 2020년부터 매년 규모·산업, 직업·경력, 성·학력·근속별 임금수준이 포함된 「사업체 특성별 임금분포현황」을 임금직무정보시스템(www.wage.go.kr)을 통해 지속적으로 공표하는 등 임금·직무 관련 정보를 제공하고 있으며, 현장에서 보다 많은 정보를 활용할 수 있도록 직종별 임금 통계를 확대·공표하였다.

　이러한 다양한 정책활동을 통해 100인 이상 기업의 호봉급 운영 비중도 2012년 이후 지속적으로 감소 추세를 보이는 등 현장에서도 임금체계의 호봉성을 완화하는 모습이 나타나고 있다. 정부는 앞으로도 임금체계 개편 지원·확산을 위한 과제발굴 노력과 현장 지원을 확대하여 산업과 기업에 적합한 공정 임금체계가 현장에 안착할 수 있도록 노력하고, 특히 기업이 스스로 필요성을 느끼고 자발적인 임금체계 개편 노력에 착수할 수 있는 환경과 생태계 조성에 정부 역량을 강화할 예정이다.

제 6 장

상생과 협력을 통한 노동존중사회 실현

제1절 노사정 사회적 대화 활성화 및 노동자 이해 대변 강화
제2절 성과 높은 일터로 전환 지원
제3절 공정과 책임의 노사문화 확립

제1절 노사정 사회적 대화 활성화 및 노동자 이해 대변 강화

1 중앙 및 지역 단위 노사정 대화

가. 중앙단위 노사정 대화 활성화

중앙단위 노사정 대화 공식기구인 경제사회노동위원회는 2018년 11월 22일 공식 출범하여, 청년·여성·비정규직 및 중소·중견기업, 소상공인 등을 포용하는 동시에 의제 또한 고용노동정책 및 산업, 경제, 사회, 복지정책까지 확장된 사회적 대화 기구로 전면 개편되었다.

노사정 대화 중단의 위기를 겪기도 하였으나, 사회적 대화 지속을 위한 공감대 형성을 통해 제2기 경제사회노동위원회가 출범('19.11.22.)하게 되었다. 2021년에 이어 2022년에도 경제사회노동위원회를 중심으로 디지털 전환, 탄소중립, 저출생 고령화 등 노동환경 변화에 대응하고, 다양한 정책 수요를 반영하기 위한 사회적 대화가 추진되었다.

플랫폼 종사자 보호, 취약계층 이해 대변, 산업안전 강화 등 노동환경 변화에 대응하여 노사정이 대화를 통해 대응할 수 있는 기반을 마련하였으며, 특히 사회적 이슈가 되는 「가사·아이돌봄(6.9.)」, 「대리운전업(6.10.)」에 대해 산업생태계 조성 및 종사자 보호에 대한 합의를 도출하였다.

취약계층의 목소리를 담아냈던 여성·청년·비정규직·소상공인 등 계층별 위원회는 1기 운영을 통해 사회 각 계층의 목소리가 될 수 있도록 제도적 기반을 구축하였으며, 2기에서도 취약계층을 대변하기 위해 지속적으로 사회적 대화를 이어나가고 있다.

나. 지역 노사민정 협력 활성화

정부는 노사민정 간 협력을 바탕으로 상생·협력의 노사관계를 구축하고, 일자리 창출 등 지역의 노동시장 활성화 및 경제 발전을 지원하고자 지역노사민정협의회 운영을 중심으로 노사민정 협력 활성화를 지원하고 있다. 지역노사민정협의회는 자치단체를 중심으로 지역의 노·사, 시민단체, 언론계, 지역 전문가, 지방고용노동관서 등 해당 지역의 노·사·민·정을 대표할 수 있는 30명 이내의 위원으로 구성된다. 동 협의회는 일자리 창출이나 노사관계

안정 및 협력 증진 등 지역 현안 사업들을 논의·결정하며, 연구·포럼, 교육·훈련, 홍보·캠페인 등 각종 사업들을 직·간접적으로 수행한다.

2008년부터 매년 자치단체를 공모방식으로 선정하여 상생의 노사관계를 구축하고 일자리 창출 등 다양한 의제를 논의하고, 관련 사업 추진에 필요한 비용을 지방비와 매칭해서 지원(지방재정 상황에 따라 3단계 차등, 광역 45 ~ 55%, 기초 75 ~ 85%)하며, 사업수행 성과를 평가하여 정부 시상 및 포상금을 지급하고 있다.

2023년에는 지역 노사민정 협력 활성화를 위해 광역자치단체 17개소에 641백만 원, 기초자치단체 51개소에 761백만 원 등 총 68개 자치단체에 1,402백만 원의 국고 보조금을 지원하였다.

표 6-①-1. 자치단체 국고보조금 지원 현황

구분	참여 자치단체	보조금 교부액	비고
2008년	15개소(광역 10, 기초 5)	874백만 원	
2009년	42개소(광역 16, 기초 26)	3,188백만 원	추경예산 편성
2010년	39개소(광역 16, 기초 23)	1,760백만 원	
2011년	39개소(광역 16, 기초 23)	1,760백만 원	
2012년	42개소(광역 16, 기초 26)	2,210백만 원	
2013년	55개소(광역 17, 기초 39)	2,411백만 원	
2014년	66개소(광역 17, 기초 49)	2,411백만 원	
2015년	77개소(광역 16, 기초 61)	2,158백만 원	
2016년	79개소(광역 17, 기초 62)	2,000백만 원	
2017년	80개소(광역 17, 기초 63)	1,900백만 원	
2018년	80개소(광역 17, 기초 63)	1,630백만 원	
2019년	65개소(광역 17, 기초 48)	1,630백만 원	
2020년	65개소(광역 17, 기초 48)	1,556백만 원	
2021년	63개소(광역 17, 기초 46)	1,476백만 원	
2022년	63개소(광역 17, 기초 46)	1,402백만 원	
2023년	68개소(광역 17, 기초 51)	1,402백만 원	

또한, 협의회 인프라 및 운영, 지역 노사민정 사회적 대화, 지원사업 수행성과 등을 평가하여 지역단위에서 선도적인 역할을 한 우수자치단체 16개소를 선정하여 시상과 포상금을 지급하였고, 우수 자치단체 노사민정 관계자 등 유공자 16명을 발굴하여 표창하였다.

❯ 2023년 지역 노사민정 우수자치단체 주요 사례

구분	우수 지역노사민정협의회 주요 활동 내용
충청남도 (대상)	❖ 산업구조 변화에 대응한 경제 및 노동전환 지원 기반 구축 사업 - 글로벌 기후 위기 및 코로나19 등 저탄소·디지털 경제로 대전환이 가속화에 대응한 경제전환 및 선제적인 노동전환 지원 체계 기반 구축을 위한 노사민정 공동선언과 실효성 확보를 위한 '이행점검단', '노동전환 지원단(노동전환 특별위원회)'를 구성·운영 등 충남형 정의로운 노동전환 모델 도입
제주특별 자치도 (최우수)	❖ 코로나시대 제주지역 사업체 근로 환경조사 및 토론회 - 코로나19 확산에 따른 지역 사업체의 고용·임금, 일과 삶의 균형 등 산업적 구조의 변화에 따른 제주지역의 사업장 근로환경 조사·분석을 통한 제주지역 노동환경 질적 개선, 고용복지 확대, 좋은 일자리 창출을 위한 정책개발 모색 (관광서비스업 분야 운수업, 요식업 등 전문기능인력의 유출을 방지하기 위해 '관광산업 비수기 적정임금보존정책' 시행, 제주지역의 특수한 근로환경을 위한 '지속가능한 제주형 근로환경 ESG모형' 설계, 제주노동권익센터 신설 등의 과제 도출)
원주시 (대상)	❖ 지역경제 활성화 지원사업 - 강소기업 지원 - 사업대상 : 원주지역 중소기업 및 소상공인기업, 원주시민, 노사민정 관계자 - 사업내용 : 강소기업 지원 - 원주형 강소기업 공모 및 선정, 원주형 강소기업 간담회, 원주형 강소기업 홍보지원 - 노사 상생·협력을 기반으로 한 원주지역의 우수 강소기업을 대내외적으로 알리고 중소기업에 대한 인식개선과 기업 이미지 인식전환에 긍정적인 영향
부천시 (최우수)	❖ 시민참여 창의혁신 공론화_작은연구「희망블랜」 - 부천지역 고용노동 현안 이슈 발굴, 시민연구 지원 및 정책 의제화, 경진대회 최우수/우수 연구를 차년도 사무국 우선과제로 채택, 의제발굴 협업모델 제시 - 지원대상 : 부천시민 전체(현장 활동가, 개인 및 단체 등) - 세부내용 : 연구과제 4개, 지원협업 1회, 경진대회 최우수/우수 연구과제 선정
여수시 (최우수)	❖ 여수국가산단 산업재해 희생자 추모 및 안전기원탑 건립 추진 - 잇따른 산업재해를 줄이고 보다 안전한 산업도시를 만들기 위해 근로자와 시민들의 안전사고에 대한 경각심을 높이기 위해 추진 - 추모 및 안전기원탑 건립 기본계획(안) 심의·의결 : '22. 5. 16. / 추모 및 안전기원탑 건립 사업비 확보(시비 및 지정기탁) : '22. 8. ~ 11. - 추모탑이 위치한 공원(2,346㎡) 및 인접 주차장(4,707㎡)을 활용함으로써 그동안 산발적으로 진행되었던 다중집합 추모행사를 집중하고 의미 있는 공간으로 지속 활용
용인시 (최우수)	❖ 상생형 일자리 구축·확산 - 반도체 클러스터, 플랫폼 시티, 첨단 시스템 반도체 국가산단 등 조성 중심으로 기업 및 인구유입으로 지역특성에 맞춘 인적자원 개발과 지속가능한 양질의 창출, 일자리 안전망 강화 등 노사민정 거버넌스 구축을 통해 원하는 일자리에서 역량을 발휘할 수 있도록 일자리 지원 활동 강화 - 일터혁신 지원 홍보 및 지역경제살리기 홍보, 용인형 일자리 구축 및 연구조사, 취업연계 지원 및 토론회, 상생형 일자리 구축 토론회 실시

* 이외에도 경북, 세종, 속초, 이천, 청주, 화성, 아산, 안산, 순천, 삼척(10개소)에는 '우수상' 수여

한편, 사업에 대한 이해를 높이고 사업 참여를 독려하기 위해 자치단체 등을 대상으로 사업설명회를 비롯하여, 신규담당자 교육(3회) 및 미활성화 지자체 컨설팅(9개소)을 진행하였다. 또한 지역노사민정협의회의 성과 향상 등을 지원하고자 협의회 관계자를 대상으로 고용·노동정책 설명회를 진행하였다. 자치단체의 수요를 반영하여 대면 방식의 '광역-기초 담당자 회의', '권역별 워크숍'을 개최하고, 지속적으로 전문가·현장 의견을 수렴하여 지역 노사민정 협력 활성화를 위한 여건 조성에도 힘을 기울였다.

이러한 노력의 결과로 지역노사민정협의회가 설치된 자치단체는 2023년 말 166개소까지 늘어났고, 협의회 운영 및 지역 고용정책·사업개발 추진을 위해 수원시, 부천시 등 53개 자치단체에서는 사무국을 설치·운영하고 전담인력을 활용하는 등 인적·물적 인프라가 확충되었다.

지역노사민정협의회 활동 등을 통해 지역단위 사회적 대화를 활성화하고, 지역현안에 대한 공감대 형성 및 이행방안을 마련하기 위해 다양한 노력을 기울인 결과, 2023년에도 지역노사민정협의회에서 지역경제 활성화·안전한 일터 조성 등의 내용을 담은 공동선언·협약(51개 지자체)을 체결하였다. 앞으로도 지역노사민정협의회가 지역 사회적 대화의 중심축으로서 지역특성을 고려한 의제를 발굴하여 성과도출 중심의 사업을 운영·구축할 수 있도록 부처 내 및 유관기관과의 협의 등을 통해 지속적으로 지원해 나갈 계획이다.

② 미조직 노동자 이해 대변 여건 조성

가. 노사협의회를 통한 여건 조성

노사협의회는 근로자참여 및 협력증진에 관한 법률에 따라 근로조건 결정권이 있고 상시 30인 이상의 근로자를 사용하는 사업이나 사업장에 설치하는 노사협의기구로서, 노사협의회 근로자위원은 사업(장) 내 전체 근로자를 대표한다는 측면에서 90% 미조직 노동자의 이해를 대변하는 유용한 창구로 활용될 수 있다.

이에 노사협의회 근로자위원 선거, 노사협의회 안건, 노사협의기법 전수 등 노사협의회 설치 및 운영을 적극 지원하여 노사협의회가 노사 파트너십 구축 및 상생의 노사관계 정립·확산을 위한 핵심기구로서 역할을 수행할 수 있도록 노력해 왔다.

특히, 경사노위 본위원회에서 의결된 '근로자대표제도 개선에 관한 노사정 합의문(2021년)'의

내용을 반영하여 노사협의회의 민주성·대표성 및 기능 강화를 통해 미조직 노동자들의 실질적인 이해 대변이 가능하도록 2022년에는 근로자참여 및 협력증진에 관한 법률을 개정하였다.

법 개정을 통해 근로자위원 선출 시 근로자 과반수 참여를 의무화하고, 근로자위원 선출 원칙(직접 비밀 무기명 투표)을 시행령에서 법률로 상향 입법함으로써 노사협의회 근로자 위원의 민주성과 대표성을 강화하였다. 또한, 시행령 개정을 통해 "근로자위원 입후보 시 해당 사업 또는 사업장의 근로자 10명 이상 추천 요건"을 삭제하여 불필요한 규제를 개선하고 사업장 규모·특성에 따라 노사협의회를 적절하게 운영할 수 있도록 하였다. 한편 2023년 6월부터는 노사협의회 운영의 신뢰성을 확보하게 하기 위해서 노사협의회 규정 개정시 신·구 조문대조표도 함께 제출하도록 시행규칙을 개정하였다

나. 미조직 노동자 이해 대변 단체를 통한 여건 조성

우리나라의 노동시장은 대기업·정규직 노동자와 중소기업·비정규직 노동자 사이에서 임금, 기업복지, 고용안정성, 사회복지와 법정 근로기준 보호, 교육훈련 및 산업안전 등의 격차가 나타나고 있다. 노조 조직률은 정체되어있는 가운데, 기업규모와 고용형태별로 불균등한 상황이다. 따라서 중소기업·비정규직 노동자 대다수가 열악한 고용조건에도 불구하고 노동조합의 조직적 보호를 받지 못하고 있는 현실을 감안할 때, 미조직 노동자들의 이해 대변 및 권익보호를 위한 지원방안 모색이 요구된다.

이에 2018년 4월 노사정대표자회의 합의내용을 반영한 경제사회노동위원회법 시행에 따라('18.6.12.) 본위원회 위원 범위가 확대되어 청년·여성·비정규직 대표가 본위원회에 참여하게 되었고('18.11.22.), 미조직 노동자들이 스스로 의제를 제안하고 정책을 개발할 수 있는 사회 각 계층 관련 위원회 구성을 위한 근거가 마련되었다. 2020년 8월 경사노위 내에 최초의 계층별 위원회인 청년·여성·비정규직위원회가 신설됐고 수차례 논의를 통해 다양한 의제를 공론화하고 있다. 2021년 11월에는 청년·비정규직위원회 2기가 출범, 관련 의제 발굴 및 논의를 지속하였으며, 2022년에는 여성위원회(1.17.), 소상공인위원회(6.21.) 2기가 출범하여 논의를 확대하였다.

중앙 단위에서는 미조직 노동자 대변단체와 협의를 통해 미조직 취약 노동자 지원에 대한 의견 수렴 및 권익보호 사업 공유 등을 실시하는 한편, 지역 단위에서도 지역노사민정협의회를 중심으로 미조직 노동자들의 권익 보호를 위한 노력이 전개되었다.

또, 민간 영역의 자발적 미조직 취약노동자 권익보호 여건을 촉진하기 위하여 노사관계

비영리법인 지원사업을 통해, 청년·여성·비정규직 등 노동조합에 가입되지 않은 취약 노동자들의 이해 대변, 노사관계 교육·상담 등의 사업을 지원했다(9개 단체, 9개 사업).

이러한 미조직 노동자 이해 대변·권익보호 여건 조성을 통해 미조직 노동자의 노동복지 개선·제도적 보호 증진이 가능해지고, 나아가 노동시장 격차의 실질적 완화가 가능해질 것으로 보인다. 또한, 미조직 노동자의 대표성 확보 및 행사를 통해 국가 차원의 사회적 대화에 참여함으로써, 우리 사회의 노사관계 안정에 기여할 것으로 예상된다.

3 노사 상생·협력 문화 확산

가. 노사문화 우수기업 인증 및 근로자의 날 포상

노사협력 분위기 확산을 위하여 상생의 노사문화를 모범적으로 실천하는 기업을 인증, 시상하는 노사문화 우수기업·대상 선정과 관련하여 2023년 노사문화 우수기업 신청기업은 총 100개 사로 전년(85개 사)에 비해 17.6% 증가하였다. 신청기업 중 有 노조 기업이 54개 사(54%)이고 無 노조 기업은 46개 사(46%)로 전년에 비해 有 노조 기업의 신청비율은 5%p 증가(49% → 54%)한 반면, 無 노조 기업의 신청비율은 5%p 감소(51% → 46%) 한 것으로 나타났다. 1·2차 심사를 통하여 선정된 노사문화 우수기업은 총 28개 기업으로 대기업 10개 사(35.7%), 중소기업 14개 (50%), 공기업 4개 사(14.2%)이며 업종별로는 제조업이 10개 사(35.7%)로 가장 많고, 그 외 정보통신업 등이 있었다.

노사문화 대상(大賞)은 22개 기업의 신청을 받아 그 중 10개 사를 노사문화 대상 수상기업으로 선정하였다. 주요 심사내용은 노사협력 프로그램 실시, 열린 경영과 노동자 참여, 인적자원개발 및 활용, 사내 복지 및 근무환경 개선, 성과 배분제도, 노사의 사회적 책임 등으로 특히, 원·하청 상생협력, 정년연장 및 임금체계의 합리적인 개편, 양질의 일자리 창출 실적 등도 주요 고려사항이다. 노사문화 우수기업 및 대상(大賞) 수상 기업에는 정기근로감독 면제, 세무조사 유예(모범납세자에 한함), 정부물품 조달·신용평가 시 가점부여 등 다양한 혜택이 주어진다.

근로자의 날 정부포상은 산업현장에서 성실하고 창의적인 자세로 일하며 노동자의 삶의 질 향상에 기여한 노동자 및 노조간부를 발굴하여 1975년부터 매년 근로자의 날('93년 이전에는 3월 10일, '94년부터 5월 1일)에 정부포상을 하고 있다. 2023년 근로자의 날에는 노동자 134명, 노동조합 간부 40명, 해외근로자 3명, 청년근로자 4명, 노사관계 발전 유공자 4명, 공무원 3명 등 총 188명에게 산업훈장, 산업포장, 대통령표창 등을 수여하였다.

또한, 대화와 상생의 노사문화 정착을 위해 산업현장에서 상생의 노사파트너십을 실천한 노사대표를 발굴하여 2008년부터 매년 포상하는 2023년 노사문화 유공 정부포상('23. 12. 29.)은 노동자대표 18명, 사용자 21명, 일반유공 1명 등 총 40명에게 산업훈장, 산업포장, 대통령표창 등을 수여하였다.

이 밖에도 노사협력 분위기를 확산하고 많은 기업이 벤치마킹할 수 있도록 2023년도 노사문화대상 수상기업의 우수사례집(10개사)을 제작·배포하였다.

나. 노사발전재단 지원

정부는 상생의 노사문화 구축을 위하여 노사파트너십 기구인 노사발전재단을 지속적으로 지원하였다. 2006년 11월 30일 노사정 대표자의 「노사발전재단」 설립에 대한 합의 이후 2007년 4월 5일 공식 출범한 노사발전재단은 노사가 주도하는 공동 협력사업을 적극 추진함으로써 상생과 협력의 노사문화를 조성하는 데 주력하고 있다.

2011년 3월 21일 국제노동협력원과 노사공동전직지원센터를 노사발전재단에 통합함으로써 재단이 노사공동의 고용·노동·국제협력 관련 기관으로 자리매김할 수 있는 기관 역량을 확보하도록 하였다.

노사발전재단은 '함께 발전하는 우리 함께 여는 내일'이라는 비전과 '행복한 노사 활기찬 일터'라는 미션 실현을 위해 노사상생협력사업, 일터혁신 지원사업, 중장년종합고용지원사업, 고용노동분야 국제협력 사업을 추진하고 있다.

기업 내 협력적 노사관계를 위한 노사파트너십 프로그램 지원사업은 2023년 105개 기업을 지원하여 파트너십 활동을 통한 조직 내 근로자의 노사관계 인식 제고와 태도 변화를 구현하였고, 기업의 노사상생 문화 확산을 촉진하는 노사상생협력교육 사업을 통해 1,496명의 현장 단위 노사관계자가 참여하여 노사상생협력, 노사갈등 해결, 노사 관계 리더십 등을 중심으로 최신 고용노동 동향과 사례를 포괄하는 전문 노사관계 교육으로 진행함으로써 협력적 노사관계 확산을 도모하였다.

차별없는일터지원단 사업은 성별·고용형태·연령·장애 등의 고용차별 예방 및 개선을 위해 전국 6개 지역의 센터 운영을 통해 2023년 356개 사업장에 차별진단 및 개선을 권고하고, 차별 관련 상담 639건, 교육 13,585명을 실시하여 차별개선에 기여하고 있다.

사업장의 고용·노동환경 개선을 위한 일터혁신 지원사업은 1,565개소(3,203개 영역)에 컨설팅을 지원하여 노사가 함께 기업의 일하는 방식 개선, 합리적인 인사시스템 구축을 통해 생산성, 근로자의 삶의 질 향상을 도모하였다. 특히 직무·성과중심 임금체계개편 확대를 위해「임금체계 구축 패키지」신설하여 중소기업 61개소에 컨설팅을 지원하였다.

중장년 고용안정을 위해 이·전직 및 체계적인 경력관리를 지원하는 중장년종합고용지원사업은 맞춤형 전직지원 및 생애경력설계 서비스를 제공하여 19,301명이 취업하였다. 또한 재취업지원서비스 의무화에 따라 418개소 대상으로 재취업지원서비스 기업 컨설팅을 지원하여 기업 내 재취업지원서비스 제도 정착 및 확산에 기여하였다.

노동분야 국제교류협력사업은 2023년 총 16개국, 50명의 국제노동기구(ILO) 전문가 및 개도국 노사정 대표 등 관계자를 초청하여 한국 노사관계 및 고용노동 정책에 대한 국제사회의 이해도를 높이고 노동분야 국제 네트워크를 강화하였다. 또한, 외국인투자기업 및 해외투자기업 지원사업, 고용노동분야 국제개발협력사업(ODA), 외국인 노동자 취업교육 및 지원사업 등 국제노동 교류 지원을 통하여 해외 진출 우리기업 및 국내 외국인 투자기업의 안정적 노사관계를 도모하고, 국제사회에서 우리나라의 위상을 높이는데 기여한 것으로 평가된다.

다. 한국고용노동교육원 지원

한국고용노동교육원은 1989년 노사정 합의를 통해 전문노동교육기관인 '한국노동교육원'으로 출범하였으나, 2008년 공공기관 선진화 방안의 일환으로 한국노동교육원법이 폐지됨에 따라, 2009년부터는 한국기술교육대학교 부속기관으로 운영되었다. 2018년 교육원의 독립기관화 방안이 마련된 후, 2020년 10월 1일 한국고용노동교육원법이 제정·시행됨에 따라 한국고용노동교육원으로 새롭게 재출범하였으며 2021년 1월 29일 기타공공기관으로 지정되었다.

한국고용노동교육원은 '미래 고용노동문화 선도'라는 비전 실현을 위해 건전한 고용노동 인식 확대, 미래 고용노동문화 기반 구축, 고용노동교육 네트워크 구축 및 활성화, 고용노동 미래를 위한 교육원 혁신이라는 경영전략을 적극 실천하고 있다.

한국고용노동교육원은 '고용노동 인재양성을 통한 지속 가능한 고용노동문화를 촉진함으로써 고용안정 및 공정한 노사관계 구축에 기여'라는 미션 아래 정부 정책 및 국정과제에 대응하는 사업을 확대 강화하여 2023년에 총 3,386회 215,916명을 교육하였다.

22,365명의 근로감독관, 산업안전감독관, 고용서비스 전담인력 등 고용노동행정 업무 종사자들에게 직무 전문성 강화 교육을 실시하였다. 특히 근로감독관 교육체계 고도화 및 업무역량 향상 위해 전문적인 수사역량 강화를 위한 수사핵심역량과정 체계를 신설·도입하였고, 산업안전감독관의 전문성 향상을 위해 신규 편성한 심화-전문과정의 교육과정 신설로 지속적·체계적 학습이 가능하도록 지원하였다. 또한 고용서비스 전담인력을 위한 기업·구직자 도약보장 패키지과정을 신설하여 운영하였다.

　공공부문노사관계 교육분야에서는 공무원, 교원 등 공공부문 종사자를 대상으로 협력적 노사관계 구축 및 자율적 갈등해결 능력 제고를 위한 교육을 실시하였고, 취약근로자의 근로조건 보호를 위하여 소규모사업장, 특수고용직 등 노동교육 사각지대의 교육참여를 강화하였다.

제2절 성과 높은 일터로 전환 지원

1. 일터혁신 지원 강화

일터혁신은 일하는 방식의 변화를 통해 기업의 성과(생산성·품질수준)와 근로생활의 질을 함께 높이기 위한 현장의 지속적·조직적 혁신활동으로 저출산·고령화, 4차 산업혁명 등 급격한 환경 변화 속에서 기업의 생존을 위한 일터혁신의 필요성은 커지고 있다. 정부는 사업장의 일터혁신을 체계적으로 지원하기 위하여 컨설팅 지원사업을 시행하고 있다.

2016년에는 개별적으로 운영되던 4개의 사업(중소기업 고용구조 개선, 시간선택제 일자리, 내일희망일터혁신, 고성과근무체계 개선)을 '일터혁신 컨설팅 지원사업'으로 통합, 컨설팅 효율성을 제고하면서 실질적인 효과를 높이고자 하였다.

일터혁신 컨설팅 지원사업은 노사파트너십 기반 위에 실근로시간 단축 목표의 장시간 근로개선, 합리적인 인적자원관리시스템 구축, 지식노동자 육성, 성과 높은 작업조직·환경 개선 등을 지원하여 노동자의 삶의 질 제고와 기업의 생산성 향상을 지향한다. 일터혁신 컨설팅 지원사업은 크게 총괄관리 및 인프라 부문, 컨설팅 부문으로 나누어 볼 수 있다.

총괄관리 부문은 컨설팅 수행기관에 대한 관리, 컨설팅 지원 사업장 선정, 성과관리 및 우수사례 발굴 등 컨설팅 사업이 원활히 수행되기 위한 총괄관리 및 지원 업무를 한다. 인프라 부문은 노사대표, 노동자 등에 대한 일터혁신 교육, 중소기업 CEO 코칭, 일터혁신 실태조사, 우수사례 컨퍼런스 등의 사업이 이에 해당한다.

컨설팅 부문은 전문컨설팅과 지역일자리 컨설팅으로 구성된다. 전문컨설팅은 총 9개 영역 중 최대 3개 영역에 10~21주간 전문적인 컨설팅을 제공하며 컨설팅 효과 제고를 위해 컨설팅 디자인팀 구성 등 컨설팅 수행에 노사의 참여를 강화하였다. 지역일자리 컨설팅은 양질의 지역일자리 창출을 목표로 지역별 실태조사 및 일자리모델 개발 컨설팅을 중점 실시하면서 지역일자리 창출의 주체로서 지역노사민정협의회의 참여를 강조한다.

2023년 일터혁신 컨설팅은 총 1,565개 사업장에 3,203건의 전문컨설팅을 지원했으며 10개 자치단체(경북, 대전, 인천, 전주, 고창, 순천, 여수, 아산, 논산, 원주)에 지역일자리 컨설팅을 제공하였다.

또한, 중소기업 CEO 코칭 70개소, 일터혁신 교육 1,920명, 사례공유 포럼 12회, 컨퍼런스 개최 1회, 우수기업 인증 13개소(누적 53개소) 등 일터혁신 분위기 조성과 기반 확충을 위해 노력하였다.

> **2023년 일터혁신 전문컨설팅 유형 및 세부영역**
>
> 〈컨설팅 유형〉
> - (기본) 진단 - 제도설계 - 이행관리의 내용으로 진행되는 컨설팅
> - (이행) 제도설계 이후 실행과정에서 발생하는 다양한 이슈 대응, 낮은 단계에서 심화 단계로의 발전, 혁신 내재화 등을 지원하는 컨설팅
> - (패키지형) 50인 미만 사업장에 대해 제공되는 영역 통합형 컨설팅
>   - 주된 영역을 중심으로 2~3개 과제를 번들로 묶어 사업장 단위로 제공
> - (컨소시엄형) 연관성 있는 추진 배경하에서 다수 기업이 공통의 관심사를 해결하기 위해 동일한 영역에 대해 공동 진행하는 컨설팅
> - (임금체계구축 패키지형) 임금격차 해소, 직무성과중심 인사관리체계 필요 사업장에게 지원하는 컨설팅
>
> 〈컨설팅 세부 영역〉
> ① 장시간 근로개선 ② 장년고용안정 ③ 고용문화개선 ④ 임금체계개선 ⑤ 평가체계개선
> ⑥ 노사파트너십 ⑦ 작업조직·환경개선 ⑧ 평생학습체계 구축 ⑨ 안전일터 구축

정부는 앞으로도 일터혁신 컨설팅을 통해 일하기 좋은 일터 구축, 기업 생산성 제고, 일자리 창출로 이어질 수 있도록 사후관리, 우수사례 모델화 및 확산 등 컨설팅 품질관리 노력을 병행할 계획이다.

② 노사파트너십 프로그램 지원

노사파트너십 프로그램 지원사업은 산업현장의 협력적 노사관계 정착을 위하여 2003년부터 노사 공동으로 추진하는 노사협력 프로그램 수행을 지원하는 사업으로 우리나라 노사관계 향상에 기여하는 대표적 사업으로 자리매김하고 있다. 동 사업은 2009년부터 신규 업체와 중소기업 지원 확대 등을 위하여 연속지원 제한, 지원한도액 조정, 대기업 및 공공부문의 자체부담비율 확대(20% → 30%), 발굴지원제도 신설 등 제도를 개선하였고, 2010년에는 지원대상 변경(지역별 노사단체 → 원·하청기업단체 등 단체사업장), 발굴지원제도 개선(물량 조정: 단위사업장 분야의 30% → 단위사업장 분야의 20%, 대상자 순차 선정: 연 1회 → 연 2회) 등을 통해 사업의 효율성을 제고하였다.

2023년에는 105개 사업장에 총 22억 원을 지원하였고, ▲공생발전 ▲정규직·비정규직 협력 증진 ▲정책적·사회적 이슈 ▲사회적 책임 실천 ▲지역노사 민정 활성화 등의 프로그램을 통해 조직 내 노사관계 인식 제고를 마련하였다. 노사파트너십 프로그램의 원활한 운영 및 성과 향상을 위해 지역별 실무 워크숍, 간담회, 우수사업장 벤치마킹 등을 지원하고 우수사례 경진대회를 통해 노사상생과 협력을 위한 파트너십 문화를 구축하고 우수 사업장 10개소를 선정·시상하였다.

표 6-②-1. 연도별 재정지원 실적 현황 (단위: 백만 원, 건)

연 도	예산액	지원대상					
		계	단위사업장	단체사업장			비영리법인
				사업장단체	업종단체	지역단체	
2010년	4,000	127	115	5	7	-	-
2011년	4,400	130	117	4	9	-	-
2012년	4,400	136	124	6	6	-	-
2013년	4,400	132	120	6	6	-	-
2014년	3,530	135	115	10	10	-	-
2015년	3,130	121	101	9	11	-	-
2016년	2,674	101	89	8	4	-	-
2017년	2,673	107	92	11	4	-	-
2018년	2,673	119	111	6	2	-	-
2019년	2,673	117	106	9	2	-	-
2020년	2,673	113	110	2	1	-	-
2021년	2,500	96	93	1	2	-	-
2022년	2,500	109	106	-	3	-	-
2023년	2,500	105	100	3	2	-	-

제3절 공정과 책임의 노사문화 확립

1 노사갈등의 체계적·예방적 관리

현 정부는 '노동기본권 존중, 법과 원칙을 지키는 공정한 노사관계 구축', '체계적 노사갈등 예방·조정기능 강화'를 국정과제로 채택하는 등 "노사 간 법과 원칙 테두리 내의 자율적인 대화와 타협을 통해 갈등을 해결하고, 불법행위는 노사를 불문하고 엄정 대응한다."는 기조를 확고히 견지하였다. 이러한 원칙적 기조하에 정부는 노사갈등을 예방하여 분규 발생을 최소화하고, 상생과 협력의 노사관계를 확산하기 위한 다각적인 노력을 기울였다.

먼저, 노사분규가 빈발 또는 발생 가능성이 높은 사업장 267개소를 '취약·핵심 사업장'으로 지정하여 밀착 관리하였다. 각 사업장별로 담당 근로감독관을 지정하여 임단협 만료 3개월 전부터 교섭 타결까지 단계별 모니터링을 강화하면서, 노사 간 갈등 요인을 사전에 파악하여 원활한 교섭이 이루어질 수 있도록 지원하는 등 안정적인 노사관계가 유지될 수 있도록 노력하였다.

아울러, '노동동향 점검 주요 기관장 회의' 등을 수시로 개최하여 본부와 지방관서가 함께 주요 사업장의 동향 및 현안을 공유하고 갈등 해소를 위한 지원방안을 논의하는 등 상호 간 협조체계를 강화하였다. 이를 통해 주요 현안 사업장의 갈등을 조기에 해결함으로써 전체 노사관계로 부정적인 영향이 확산되지 않도록 다양한 방안을 강구하였다.

한편, 정부는 중앙·현장단위 노사단체와 수시로 소통하면서 상생과 협력의 분위기 확산을 위한 노력도 지속해왔다. 양 노총 및 주요 경제단체 등과 노동 현안에 대한 대화를 진행하였고, 지방노동관서를 통해 지역 노동단체, 사업장별 노사 등과 유기적인 소통체계를 유지하며 현장 노사갈등 이슈를 사전에 파악하고 교섭을 지원하였다.

현장에서는 완성차 등에서 무분규로 임단협을 타결하고, 조선·철도 등 경제·생활 밀접 분야의 주요 대형사업장에서도 단기간 파업이 있었으나 비교적 빠르게 타결되는 등 노사관계의 안정 기조를 이어나갔다. 그 결과, 작년에는 노사분규 증가(132 → 223건)에도 불구하고 근로손실일수는 유사한 수준(34.4 → 35.5만일)으로 유지되고, 노사분규 1건당 평균 지속일수(9.4일)는 역대 가장 짧게 나타나는 등 비교적 안정적인 노사관계를 보였다.

* 근로손실일수 = (파업 참가자 수 × 파업 시간) ÷ 8시간

그림 6-③-1. 노사분규·근로손실일수 추이('13년 ~)

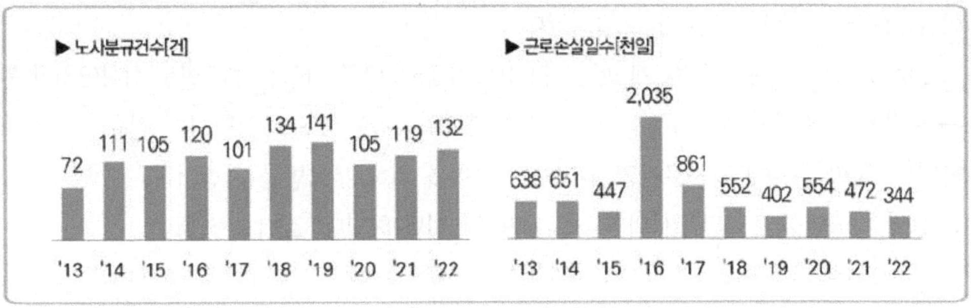

▶ 노사분규건수[건]
- '13: 72
- '14: 111
- '15: 105
- '16: 120
- '17: 101
- '18: 134
- '19: 141
- '20: 105
- '21: 119
- '22: 132

▶ 근로손실일수[천일]
- '13: 638
- '14: 651
- '15: 447
- '16: 2,035
- '17: 861
- '18: 552
- '19: 402
- '20: 554
- '21: 472
- '22: 344

② 노동위원회의 분쟁 예방·조정기능 강화

가. 개요

1953년 노동위원회법의 제정에 따라 설치된 노동위원회는 노·사·공익 3자로 구성된 행정위원회로서 부당해고·부당노동행위 등에 대한 판정과 노동쟁의 조정 등을 주된 업무로 하는 준사법적 행정기관이다.

그간 노사 간의 분쟁 예방 및 조정기능 강화를 위해 기존의 노동쟁의 조정·중재, 부당해고 및 부당노동행위 구제신청 제도 이외에 2007년 「기간제 및 단시간근로자 보호 등에 관한 법률」 및 「파견근로자 보호 등에 관한 법률」에 따른 차별시정제도, 2008년 「노동조합 및 노동관계조정법」에 따른 필수유지업무제도, 2010년 복수노조제도, 2011년 교섭창구 단일화제도, 2014년 차별시정과 관련한 배액 금전배상명령제도를 도입하였다. 2015년도에는 노동위원회법 및 하위법령을 개정하는 등 관련 제도를 대폭 개선하였고, 내용은 다음과 같다. ① 공인노무사로 제한하였던 취약계층 노동자의 권리구제 업무대리인을 변호사까지 확대하여 권리보호 강화 ② 위원의 행위규범 및 제척사유, 면직규정 강화, 위원 회피규정, 사건배정 절차 등을 신설하여 사건처리의 중립성·공정성 제고 ③ 심판사건으로 제한된 화해대상을 복수노조 공정대표의무 위반 결정사건으로 확대 ④ 사건 당사자의 노동위원회 접근성 및 편의성 제고를 위해 순회조정·심판 근거 마련 ⑤ 사건처리 절차의 명확성 및 투명성 제고를 위해 사건의 이송, 행정심판법 및 민사소송법 준용, 공시송달 관련 법적근거를 마련하는 등으로 노동위원회 기능과 역할을 강화해 오고 있다.

2017년에는 울산지역의 노사 간 권리분쟁을 신속하게 조정하고 노동행정의 효율성 제고를 위해 울산지방노동위원회를 신설('17년 2월)하였다.

2020년에는 「산업현장 일학습병행 지원에 관한 법률」 제정('20.8.28. 시행)에 따라 학습근로자 차별시정 제도가 도입되었다.

2021년에는 「근로기준법」 개정('21.11.19. 시행)에 따른 이행강제금 한도 상향(2천만 원 → 3천만 원)을 반영한 「이행강제금 세부부과요령」 마련으로 구제명령의 실효성을 제고하였다. 또한 취약계층 근로자의 권리구제 강화를 위해 무료법률 지원서비스 수혜대상을 확대(월 평균임금 250만 원 미만 → 300만 원 미만)하였다('22.1.1.시행).

※ 지원 현황 : ('18) 2,046건, ('19) 2,244건, ('20) 2,057건, ('21) 1,888건, ('22) 2,716건

한편, 2021년 「남녀고용평등과 일·가정 양립 지원에 관한 법률」 개정('22.5.19. 시행)에 따라 2022년 5월부터 고용상 성차별 등 시정제도가 도입되었다.

나. 노사분쟁 조정사건 처리 현황

2023년 노동위원회의 전체 조정건수는 1,056건이며, 조정성립률은 43.3%로 나타났다. 최근 디지털 전환에 따른 플랫폼 노동 등 다양한 고용형태 등장, 일하는 방식 변화 등으로 노사분쟁의 쟁점이 복잡·다양해지고, 사건 수도 증가하는 추세이다. 이에 노동위원회는 적극적·예방적 조정서비스를 강조하며 대안적 분쟁해결제도(ADR: Alternative Dispute Resolution) 기법을 활용한 사전·사후조정을 중점적으로 추진하였다. 노사의 자율적 노동분쟁 해결 지원을 위해 다수 사업장과 공정노사솔루션 협약을 체결하였으며, 준상근조정위원제도를 활용하여 현장중심 맞춤형·적극적 조정 서비스를 제공하였다. 또한 조정기법 및 우수조정 사례를 공유함으로써 공익위원의 전문성을 강화하는 등 조정서비스 질 제고를 위해서도 다각적인 노력을 기울였다.

그 결과 당사자 간 자율적인 대화와 타협으로 갈등을 해결하는 등 노사 법치주의의 토대 하에 상생·협력의 노사관계의 기틀을 마련할 수 있었다. 특히, 철도·버스·병원 등 국민 일상에 밀접한 영향을 미치는 대규모 사업장에서 임단협 조기 타결을 이끌었고, 파업의 조기 해결을 지원*하여 국민 불편을 최소화하였다.

* ▲'23.3월 서울·부산시 버스, 4월 대구시 버스 임·단협 타결, ▲'23.7월 보건의료노조 파업 종료 및 임·단협 타결, ▲'23.9월 철도파업 조기 해결 등 지원

다. 부당해고 등 심판사건 및 차별시정사건 처리 현황

2023년 부당해고·부당노동행위 등 심판사건 접수건수는 19,554건이다. 차별시정 사건 접수건수는 223건으로 총 19,777건의 구제신청사건이 접수되었으며, 이중 심판사건 16,984건, 차별시정 사건 178건 등 17,162건이 처리되었다(복수노조 사건 제외).

이는 2022년 구제신청사건 접수건수(16,098건) 대비 22.9% 증가한 것으로, 구제신청사건 유형별로는 부당해고 등 구제신청사건이 18,167건(91.9%)으로 대다수를 차지하고 있다. 부당노동행위 구제신청 사건 1,005건(5.1%), 근로조건 위반을 이유로 한 손해배상 청구 등 기타 심판사건 382건(1.9%), 차별시정 사건이 223건(1.1%)을 차지하였으며, 2023년 화해·취하율은 62.4%이다.

앞으로도 노동위원회는 노사 당사자 간 충분한 소통과 대화를 통해 자율적 분쟁해결이 이루어질 수 있도록 중재자로서 지속적인 노력을 기울일 것이다.

라. 복수노조 관련사건 처리현황

2023년에 복수노조 교섭창구 단일화 및 교섭단위 분리·통합 신청, 공정대표의무 위반 심판사건 등 복수노조 관련사건은 총 753건이 접수되었고 그중 701건이 처리되었다.

사건유형별로는 교섭요구 공고 관련 사건이 총 753건 중 230건(30.5%)으로 가장 많았고, 공정대표 의무 위반 심판 사건 209건(27.8%), 교섭대표 결정 관련 사건 167건(22.2%), 교섭단위 분리 신청사건 147건(19.5%) 순으로 나타났다.

노동위원회는 노사관계의 안정화에 기여할 수 있도록 교섭창구 단일화 관련 시정신청, 공정대표의무 위반 시정신청 사건 등의 특성을 감안하여 노동위원회별 여건에 맞게 집단노동분쟁사건 전담부서·위원·조사관을 지정·운영하고 있다.

또한, 집단노동분쟁 사건처리기법 공유 및 사례연구 등을 통해 위원 및 조사관의 역량을 강화하는 등 사건처리의 공정성 및 전문성을 제고하기 위해 다각적으로 노력하고 있다.

제 7 장

근로조건의 보호 및 고용관행 개선

제1절 신고사건 처리 및 사업장 감독 강화
제2절 직장 내 괴롭힘 예방 및 근절
제3절 최저임금 결정
제4절 비정규직 고용관행 개선
제5절 공인노무사 제도개선 및 운영
제6절 기업복지제도 활성화
제7절 근로복지진흥기금 사업 운영

제1절 신고사건 처리 및 사업장 감독 강화

1 근로감독행정 역량강화

신고사건, 근로감독 증가 등에 따라 신속·효율적인 근로감독행정을 위하여 근로감독관을 증원하고, 교육을 체계화하는 등 근로감독행정 역량 강화에 집중하였다.

특히, 근로감독관의 역량강화를 위해 신규자 및 재직자(기본·심화·전문·수사핵심과정)로 구분하여 직무·경력별 교육과정(28개 교육과정, 연인원 2,500여 명)을 운영하였다. 먼저, 2023년에는 신규자의 충분한 이론·실무교육 및 적응훈련 체계화로 내실화를 꾀하고, 재직자 교육 과정도 직무·경력 단계별로 차별화(기본과정-1~3년차, 심화과정-3~5년차, 전문과정-5년차 이상)하였다.

또한, 일하면서 전문교육을 이수하는 현장형 근로감독행정 전문과정, 검찰 협업의 특사경 노동수사 실무과정 등 수사 핵심역량과정을 도입·운영하여 노동관계법 전반에 대한 보다 심층·전문적인 교육체계를 구축하였다.

아울러, MZ 감독관 증가, 쇼츠 영상 선호 등 환경변화를 고려하여 핵심 위주로 간결히 전달하는「노동법 원포인트 동영상 강의」를 개설·운영하고「지식SOS 온라인 멘토링」을 신설 운영하는 등 교육 경로를 다양화하였다.

표 7-①-1. **근로감독관 현원 현황(근로기준 분야)** (단위: 명)

연 도	'17년	'18년	'19년	'20년	'21년	'22년	'23년
현원	1,278	1,456	1,918	1,874	2,001	2,126	2,141

2 신고사건 처리

사용자로부터 위법·부당하게 권리를 침해당한 근로자는 진정·고소·고발의 형태로 지방고용노동관서에 그 사실을 신고하여 권리를 구제받을 수 있다.

근로감독관은 근로자 및 사용자를 상대로 신고 된 내용을 조사하여 노동관계법 위반 여부를 판단하며, 근로자의 피해를 신속히 구제하기 위하여 노력하고 있다. 근로감독관의 시정지시에도 불구하고 근로자의 피해가 회복되지 않으면 사용자를 근로기준법 등 노동관계법 위반혐의로 입건 수사 후 검찰에 송치하여 형사처분 조치하고 있다.

2023년에 지방고용노동관서에 접수된 신고사건은 371,116건이며, 처리한 사건은 전년도 이월사건을 포함하여 370,653건으로서 이 중 326,805건(88.2%)이 피해근로자의 권리구제 등으로 행정종결 처리되었고, 43,848건(11.8%)은 사법처리되었다.

표 7-①-2. 신고사건 처리 유형별 현황 (단위: 건수, %)

구분	접수	처리	행정종결	사법처리
2011년	303,293	305,657(100.0)	224,327(73.4)	81,330(26.6)
2012년	320,582	323,133(100.0)	236,382(73.2)	86,751(26.8)
2013년	329,261	334,007(100.0)	244,844(73.3)	89,163(26.7)
2014년	331,370	336,308(100.0)	248,680(73.9)	87,628(26.1)
2015년	341,704	343,731(100.0)	259,611(75.5)	84,120(24.5)
2016년	363,291	366,361(100.0)	279,698(76.3)	86,663(23.7)
2017년	372,330	374,006(100.0)	294,525(78.7)	79,481(21.3)
2018년	390,736	399,207(100.0)	318,153(79.7)	81,054(20.3)
2019년	403,023	417,708(100.0)	335,764(80.4)	81,944(19.6)
2020년	364,355	380,138(100.0)	313,462(82.5)	66,676(17.5)
2021년	314,308	322,994(100.0)	271,119(83.9)	51,875(16.1)
2022년	305,519	310,805(100.0)	267,987(86.2)	42,818(13.8)
2023년	371,116	370,653(100.0)	326,805(88.2)	43,848(11.8)

신고사건 접수 건수는 2019년까지는 지속적으로 증가하였으나, 2019년 이후 감소 추세를 보이며, 2022년에는 전년(314,308건)보다 2.8% 감소하였으나, 2023년에는 전년(305,519건) 대비 21.5% 증가하였다.

신고사건을 법 위반 유형별로 보면 근로기준법 위반이 87.9%로 가장 많고, 그 외 근로자퇴직급여보장법, 남녀고용평등과 일·가정 양립 지원에 관한 법률, 최저임금법, 노동조합 및 노동관계조정법, 파견근로자보호 등에 관한 법률 등의 순이다.

아울러, 2023년 신고사건 1건당 평균처리일 수는 37.1일로 전년대비 2.6일 감소하였다.

③ 취약근로자 대상별 지도·점검 지속

가. 사업장 근로감독 종합 시행계획 수립 및 추진

2023년은 노·사 법치주의 확립을 통한 공정한 노동시장 구축을 목표로 법과 원칙을 확립하고, 취약한 노·사 모두에 대한 보호·지원을 강화하는 방향으로 「2023년 사업장 근로감독 종합 시행계획」을 수립·시행하였다.

포괄임금 오남용, 임금체불, 부당노동행위, 직장 내 괴롭힘 등 주요 불법·부조리 근절을 위한 기획감독을 적극 실시하고, 고의·상습 체불, 직장 내 괴롭힘 등 중대한 법위반으로 사회적 물의를 야기한 사업장은 무관용 원칙하에 특별감독을 실시하였다.

또한, 근로감독 결과를 전국적으로 확산하여 동종·유사 업종의 위법·불합리한 관행까지 개선할 수 있도록 하는 등 감독의 효과성을 높이는데 집중하였다.

특히, 어려움이 클 것으로 예상되는 청년 등 취약 계층의 기본권익 보호 강화, 사각지대 없는 촘촘한 보호를 위해, 청년·여성·외국인 등 취약 계층별 특성에 따라 특히 보호가 필요한 분야에 대해 계층별 맞춤형 예방감독을 실시하고, 현장 예방점검의 날을 분기별 취약분야에 집중하는 방식으로 개편하였으며, 30인 미만 사업장에는 노무관리지도를 실시하는 등 영세 사업장에 대한 노동법 준수 지원 역시 강화하였다.

그 결과 28,120개소에 대해 감독을 실시하여 25,103개소(89.3%)에서 99,826건의 위반사항을 적발하였고, 98,880건 시정되었다.

아울러, 국토부와 건설현장에 대한 임금체불 근절 기획 감독을 합동 실시하는 등 사각지대 해소 및 실질적 후속 조치를 강화하였다.

표 7-①-3. 연도별 사업장감독 및 자율점검 등 실적 비교 (단위: 개소, %)

구분	총계		감독				노무관리 지도	기타 (자율 점검 등)
	사업장 수	증감률		정기	수시	특별		
2011년	39,980	14.1	23,688	17,157	6,511	20	-	16,292
2012년	31,048	▽22.3	21,719	7,093	14,424	202	-	9,329
2013년	22,245	▽28.4	13,280	5,844	7,386	50	-	8,965
2014년	24,281	12.2	16,889	1,897	14,985	7	-	7,392
2015년	29,425	18.9	19,536	5,873	13,651	12	-	9,889
2016년	31,867	7.4	22,094	6,297	15,770	27	-	9,773
2017년	29,454	▽7.6	22,574	5,869	16,604	101	-	6,880
2018년	34,594	17.5	26,082	21,751	4,319	12	-	8,512
2019년	35,077	1.4	25,415	20,714	4,666	35	-	9,662
2020년	25,686	▽26.8	5,740	3,625	2,110	3	10,057	9,889
2021년	33,319	29.7	11,191	7,471	3,711	9	11,061	11,067
2022년	38,892	16.7	27,180	22,416	4,753	11	-	11,712
2023년	38,218	▽1.7	28,120	22,151	5,964	5	-	10,098

※ 2020년, 2021년은 코로나19에 따른 현장 여건 등을 고려하여 감독 대상 조정
※ 2022년은 노무관리지도를 노무관리지도·점검(정기감독)으로 개편 시행

④ 청소년 근로자 근로조건 보호

가. 청소년 근로권익 보호 방안 수립·시행

청소년(연소자와 대학생)들은 성인 근로자에 비해 정신적·신체적으로 연약하여 특별한 보호가 필요하므로 근로기준법에 특별히 연소자에 대한 보호 규정을 두고 있다. 최근에는 연소자뿐만 아니라, 대학생의 아르바이트가 증가하고 있으나 이들을 고용하고 있는 사업체 대부분이 영세하여 노동법 준수에 대한 인식이 부족한 경우가 많다.

청소년 또한 법 내용을 제대로 모르는 경우가 많아 부당하게 노동권을 침해받는 사례가 빈번하게 발생하고 있는 실정이다.

이에 따라 고용노동부는 2014년 5월 「청소년 근로권익 보호방안」을 마련하여, 사업장 점검, 신고체계 정비, 인식 개선 등을 지속적으로 추진해 오고 있으며, 특히 '22년부터는 청소년 근로권익센터의 상담·권리구제 등 지원 대상 연령을 29세에서 34세로 확대하는 등 청년 근로권익 보호 강화를 위해서도 노력하고 있다.

나. 청소년·청년 근로권익 보호를 위한 청소년·청년 근로권익센터 운영

청소년에 대한 열정페이, 최저임금, 서면근로계약 등 기초노동질서에 대한 사회적 관심이 증가하고 있으나, 일부 업종에서는 청소년·아르바이트 권리침해가 여전히 발생하고 있다.

이에 청소년의 임금체불 등 부당한 처우에 대하여 상담, 홍보, 신고 사건 대리 등 손쉽게 상담·무료 권리구제를 지원받을 수 있도록 청소년 근로권익센터를 설치·운영('15년~)하고 있으며, 예방활동 강화를 위해 노력하고 있다.

청소년·청년 근로권익센터는 청소년 신고 대표전화(1644-3119)를 전국 통합하여 운영하고 있으며, 온라인(www.youthlabor.co.kr), 모바일(앱, 카카오톡 ID: 청소년 근로권익센터)을 통하여 실시간 댓글 상담을 제공하고 있다.

아울러, 청소년·청년 근로권익센터를 통한 상담 후 임금체불 등 권리구제가 필요하거나 청소년 또는 청년이 지방고용노동관서에 진정 제기를 희망할 경우, 관할 지역 보호위원을 배정하여 임금체불 신고 및 소송을 무료로 지원하는 등 청소년·청년 근로권익 보호를 위한 통합 상담·권리구제 지원체계를 마련하였다.

또한, 수요자 요구에 맞는 교육 콘텐츠를 개발하고, 교육청·지방고용노동관서 등과 협업하여 특성화고 등을 대상으로 찾아가는 근로권익 교육을 실시하였다.

표 7-①-4. 청소년 근로권익센터 주요실적 (단위: 건, 회)

연도	상담	권리구제	현장캠페인	교육
2023년	37,733건	1,105건	5회	4,734회
2022년	19,028건	610건	5회	771회
2021년	18,678건	582건	4회	724회

⑤ 임금체불 예방 및 청산 활동 강화

2023년 체불 신고사건을 기준으로 집계한 결과, 93,559개 업체에서 275,432명의 근로자들에게 1조 7,845억 원의 임금이 체불된 것으로 나타났다. 이는 금액 기준으로는 2022년(1조3,472억 원)보다 4,373억 원(32.5%) 증가, 근로자 수 기준으로는 2022년(237,501명)보다 37,931명(16.0%) 증가한 수치이다.

표 7-①-5. 연도별 체불임금 발생 및 지도해결률(청산율) 통계 추이 (단위: 억 원, %)

연 도	'14년	'15년	'16년	'17년	'18년	'19년	'20년	'21년	'22년	'23년
체불 발생액	13,195	12,993	14,286	13,811	16,472	17,217	15,830	13,505	13,472	17,845
지도해결액 (지도해결률)	6,452 (48.9)	6,020 (46.3)	6,866 (48.2)	6,751 (48.9)	7,292 (44.3)	8,260 (48.0)	8,307 (52.5)	7,403 (54.8)	8,060 (59.8)	11,385 (63.8)
청산액 (청산율)	9,575 (72.6)	9,761 (75.1)	10,998 (77.0)	10,450 (75.7)	10,741 (64.8)	12,095 (70.3)	12,544 (79.2)	11,308 (83.7)	11,352 (84.3)	14,112 (79.1)

※ 지도해결액 = 권리구제 + 행정종결(반의사불벌) + 송치종결(반의사불벌)
※ 청산액 = 지도해결액 + 대지급금 등 지급액 - 지도해결과 대지급금 등 중복액, 청산율은 체불 발생액 대비 청산액 비율

체불임금을 내역별로 살펴보면, 업종별로는 제조업(30.5%), 건설업(24.4%), 도·소매 및 음식숙박업(12.7%) 등의 순으로 많이 발생하였고, 규모별로는 근로자 수 5~29인 사업장(39.6%), 5인 미만 사업장(34.5%) 등 대부분 소규모 영세 사업장에서 발생하였다. 가동 상황별로는 가동 91.8%, 휴·폐업 8.2%로 나타났다.

2023년에 임금체불이 확정된 사건은 185,211건(전년도 이월사건 포함)으로 이 중 182,487건을 처리하였으며, 141,275건은 지도해결하였고, 41,212건은 사법처리하였다.

체불임금은 사업주를 상대로 한 청산지도, 민사절차 지원, 대지급금(구. 체당금) 지급 등을 통하여 해결하고 있다.

※ 법 개정에 따라 '21.10.14.부터 '체당금'이라는 용어를 '대지급금'으로 변경

지방고용노동관서에서는 사업주를 상대로 체불청산을 우선 지도하고, 미청산 시에는 형사처벌 절차를 진행하는 한편 체불 임금등·사업주 확인서를 발급하여 법률구조공단을 통해 무료법률구조지원을 받도록 함으로써 민사소송을 지원하고 있다.

또한, 설과 추석 명절에는 「체불임금청산 집중지도기간」을 운영하여 체불 근로자 보호에 행정력을 집중하고 있다.

가. 체불사업주 명단공개 및 신용제재

2013년부터 시작된 체불사업주에 대한 명단공개 및 신용제재를 2023년에도 진행하였다. 이는 악의·상습적인 임금체불사업주의 명단을 공개하고 금융기관의 신용거래를 제재할 수 있도록 하여 임금체불을 예방하는 제도로 2011년 근로기준법 개정을 통해 2012년 8월 2일부터 시행되었으며, 2023년에는 297명에 대해 명단공개, 530명에 대해 신용제재 조치('22년 명단공개 265명, 신용제재 438명)하였다.

명단이 공개된 체불사업주는 기준일 이전 3년 이내에 임금체불로 2회 이상 유죄가 확정되고 기준일 이전 1년 이내에 체불 총액이 3천만 원 이상인 경우이고, 신용제재 대상자는 형사처벌의 기준은 같지만 기준일 이전 1년 이내에 체불 총액이 2천만 원 이상인 사업주이다. 다만, 체불사업주가 사망했거나 실종선고를 받은 경우, 체불임금 등을 전액 청산한 경우, 회생절차 개시 결정을 받거나 파산선고 받은 경우, 도산을 인정받은 경우 등 명단공개의 실효성이 없는 경우에는 대상에서 제외하였다.

명단공개 대상자는 '개인정보'(성명, 나이, 주소, 사업장명, 소재지)와 '3년간 임금 등 체불액'을 고용노동부 홈페이지 및 지방고용노동관서 홈페이지 게시판 등에 3년간 공개하고, 신용제재 대상자는 '인적사항'(성명, 상호, 주소, 사업자등록번호, 법인등록 번호 등) 및 '임금 등 체불액'을 종합신용정보집중기관(한국신용정보원)에 제공하여 7년간 신용관리 대상자로 등재되며 금융기관의 신용도 평가에 영향을 받게 된다.

2023년 명단공개자의 평균 체불금액(3년간)은 약 7,901만 원(신용제재 약 5,998만 원)이며, 명단공개 대상자 중 49명(신용제재 52명)은 1억 원 이상 체불한 것으로 나타났다.

나. 권리구제지원팀 운영

근로시간 개편, 최저임금 인상, 대지급금 지급 개선 등 노동관계법 및 노동환경이 급변함에 따라 노동분쟁 해결 서비스 수요는 지속적으로 증가하고 있다.

특히, 근로자성 문제, 직장 내 괴롭힘 및 성희롱 등 노동분쟁 사건이 다양화·복잡화됨에 따라 사건처리 과정에서 심층적인 법률 소양, 노동관계 전반에 대한 지식과 경험을 갖춘 전문인력의 필요성은 증대되고 있다.

이에 따라 기존의 퇴직공무원·민간경력자 등으로 구성된 체불제로서비스팀 운영을 개편하여, 변호사 및 공인노무사와 같은 전문인력을 활용한 전문적·효율적인 노동분쟁 해결시스템 구축을 추진하였다.

이를 위해 2012년 8월 노동분쟁해결지원팀 운영방안을 마련하여, 변호사 및 공인노무사를 계약직으로 채용하고, 전국 43개 지방고용노동관서에 배치하여 노동분쟁해결지원팀을 신설하였다.

노동분쟁해결지원팀의 주 업무는 ▲취약근로자의 임금체불 등 노동분쟁 사건 전반에 대한 법률상담 및 체불청산 지원, ▲지방관서의 노동관련 업무 수행과정에서 법리적 검토가 필요한 쟁점사항에 대한 법률검토 및 자문 등이다.

2014년부터는 노동권익 지원관(舊 민간조정관)의 청산지원 능력과 변호사·공인노무사의 전문성을 효과적으로 발휘할 수 있도록 변호사, 공인노무사, 노동권익 지원관으로 구성된 「권리구제지원팀」으로 확대·개편하여 운영 중이며, 2021년부터는 전문교육 강화, 업무 효율화를 위한 내부 시스템 구축, 운영방식 개선 등을 통해 권리구제지원팀의 역량을 강화하여 신속한 권리구제는 물론 근로감독관의 업무 경감 등 높은 성과를 거두고 있다.

그림 7-①-1. 노동분쟁사건의 상담 및 청산 지원체계

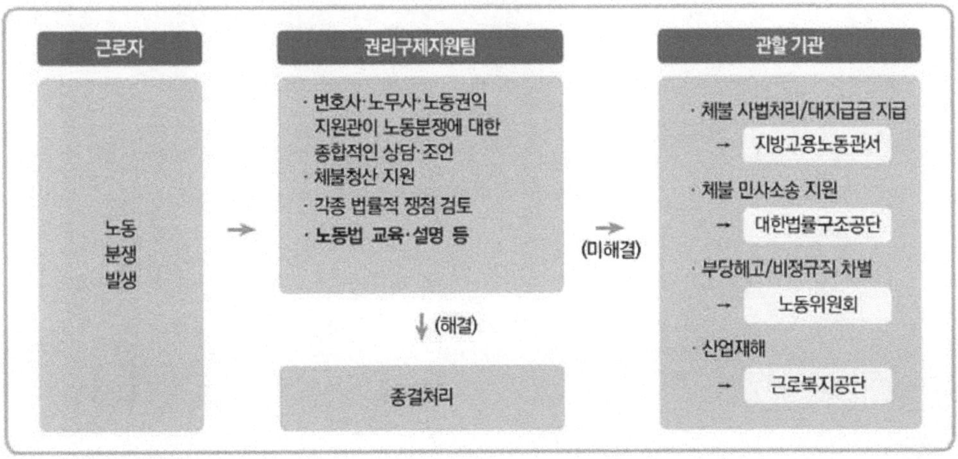

근로자	권리구제지원팀	관할 기관
노동분쟁 발생 →	· 변호사·노무사·노동권익 지원관이 노동분쟁에 대한 종합적인 상담·조언 · 체불청산 지원 · 각종 법률적 쟁점 검토 · 노동법 교육·설명 등 ↓ (해결) 종결처리	· 체불 사법처리/대지급금 지급 → 지방고용노동관서 · 체불 민사소송 지원 → 대한법률구조공단 · 부당해고/비정규직 차별 → 노동위원회 · 산업재해 → 근로복지공단

(미해결)

표 7-①-6. 2023년 사업추진 실적   ('23.1.1.~12.31, 단위: 건, %)

구 분	상담건수	전체 민원 (진정사건)	청산지원 대상	청산지원 해결	청산지원 미해결	청산지원 진행중 (이월)	청산지원 대상 대비 해결률
합 계	1,353,771	350,318	52,739	38,967	13,082	690	73.9

다. 임금명세서 교부 의무화 현장 안착

근로자가 본인 임금의 구체적인 내역을 알 수 있도록 하고, 임금 체불 관련 분쟁을 사전에 예방하기 위하여 사용자가 임금을 지급하는 때 근로자에게 임금명세서를 주도록 「근로기준법」이 개정(시행 '21.11.19.)되었다.

임금명세서에는 임금의 구성항목·계산방법, 공제내역 등 대통령령으로 정하는 사항을 반드시 기재하여야 하는데, 교부 의무를 위반한 사용자에게는 위반행위 및 횟수에 따라 최대 500만 원의 과태료를 부과하도록 규정하고 있다.

임금명세서 교부 제도가 전 사업장에 적용되는 만큼, 제도 시행 이후 사업장 집중 홍보를 실시하고 있고, 임금명세서 작성에 어려움을 겪는 소규모 사업장 등을 지원하기 위해 무료로 내려받아 사용가능한 임금명세서 작성 프로그램도 배포하고 있다.

2023년 12월말에는 임금명세서 작성 프로그램에 연장근로에 따른 가산수당이나 세금·사회보험료 계산, 출퇴근 기록으로 임금이 자동계산되는 기능을 추가하여 사업주들의 편의성이 높아지고 근로자도 본인의 임금 내역 확인이 더욱 쉬워졌다.

6 임금체불근로자 지원 강화

가. 대지급금 지급

기업의 도산 등으로 인하여 근로자가 임금 등을 지급받지 못한 경우 정부가 사업주를 대신하여 일정 범위의 미지급임금(최종 3개월분의 임금·휴업수당, 출산전후휴가기간 중 급여, 최종 3년간의 퇴직급여) 등을 지급보장 해주는 임금채권보장제도는 1998년 2월 20일 제정(법률 제5513호)된 임금채권보장법에 따라 같은 해 7월 1일부터 시행되었다.

개정(2021.4.13. 일부개정)된 임금채권보장법(법률 제18042호)이 2021년 10월 14일부터 시행됨에 따라 제도 시행 이후부터 사용되어 오던 '체당금'이라는 용어가 '체불 임금등 대지급금'(약칭 '대지급금', 일반체당금 → 도산대지급금, 소액체당금 → 간이대지급금)으로 변경되었고, 간이대지급금의 지급절차 간소화 및 재직자 대지급금 신설 등 제도 개편이 이뤄졌다.

도산대지급금의 지급사유는 사업주에게 파산선고 결정, 회생절차개시 결정, 지방고용노동관서장의 도산등사실인정이 있는 경우이다. 도산대지급금을 받을 수 있는 근로자는 지급사유(파산선고, 회생절차개시결정, 도산 등 사실인정) 신청일 기준 1년 전이 되는 날부터 3년 이내에 퇴직한 근로자이며, 청구기한은 지급사유 발생일로부터 2년 이내이다.

간이대지급금은 2021년 10월 14일부터 지급절차 간소화로 종전처럼 체불 근로자가 법원으로부터 임금을 지급하라는 확정판결 등을 받은 경우뿐만 아니라 일정 요건 충족 시 지방 관서로부터 체불 임금등·사업주 확인서를 발급받은 경우에도 간이대지급금을 지급받을 수 있다. 간이대지급금의 지급대상 근로자(퇴직자)는 확정판결의 경우에는 퇴직 다음날부터 2년 이내에 소송을 제기해야 하며, 체불 임금등·사업주 확인서의 경우에는 퇴직 다음날부터 1년 이내에 진정을 제기해야 하고, 청구기한은 확정판결일부터 1년 이내 또는 체불 임금등·사업주 확인서 최초 발급일부터 6개월 이내이다.

또한, 2021년 10월 14일부터는 그동안 퇴직자에게만 지급해오던 대지급금을 저소득 재직 근로자에게도 간이대지급금을 지급하도록 제도가 개선되었다. 재직 근로자 간이대지급금의 지급사유는 체불 근로자가 법원으로부터 임금을 지급하라는 확정판결 등을 받은 경우와 일정요건 충족 시 지방관서로부터 체불 임금등·사업주 확인서를 발급받은 경우이다.

근로자의 요건은 소송, 진정 제기 당시 근로계약을 유지(일용근로자 제외)해야 하고, 3개월간 통상시급이 최저임금 110% 미만이어야 하며, 마지막 체불일의 다음 날부터 2년 이내 소송

(확정판결의 경우) 또는 1년 이내 진정(체불 임금등·사업주 확인서의 경우)을 제기해야 한다. 청구기한은 확정판결일부터 1년 이내 또는 체불 임금등·사업주 확인서 최초 발급일부터 6개월 이내이다.

대지급금은 사업주가 납부하는 부담금을 재원으로 하고 있으며, 사업주 부담금은 2016년부터 근로자의 보수총액에 0.8/1000을 곱한 금액에서 0.6/1000으로 인하하여 징수하고 있다.

대지급금은 2008년 말 글로벌 경제위기 이후 국내 경기 악화로 급증('08년 1,881억 원 → '09년 3,080억 원)하는 등 경기변동에 따라 그 지급액이 증감하는 특징이 있으며, 2021년, 2022년에는 체불규모가 일시적으로 감소하여 대지급금도 함께 감소하였으나, 2023년 다시 체불액이 급증함에 따라 6,869억 원의 대지급금이 지급되었다. 2023년 12월 말까지 누적된 대지급금 지급액은 6조 9,241억 원이며, 총 수혜근로자 수는 1,539,703명이다.

표 7-①-7. 대지급금 지급 실적

(단위: 개소, 명, 백만 원)

구 분	계		
	사업체	인원	금액
2023년	18,112	131,177	686,905
2022년	15,858	107,444	536,864
2021년	17,227	106,926	546,571
2020년	18,020	110,177	579,690
2019년	16,830	100,085	459,880
2018년	15,055	92,376	373,998

※ 출처: 근로복지공단(임금채권보장사업 추진현황, 2023.12월)
※ 연도별 대지급금 누계는 백만 원 단위 합계의 절사금액으로, 원 단위 합계와는 차이가 있을 수 있음

한편, 대지급금은 임금 1월분과 퇴직금 1년분에 해당하는 도산대지급금의 상한액을 정하여 고시하고 있으며, 2020년에 적용된 상한액은 2020년 1월 1일 고시(고용노동부 고시 제2019-83호)에 따른 것이다. 체불근로자의 실질적인 권리구제를 강화하기 위해 2019년 7월 1일에는 간이대지급금의 상한액을 400만 원에서 1,000만 원으로 인상했고, 2020년 1월 1일에는 도산대지급금의 상한액을 최대 1,800만 원에서 2,100만 원으로 인상했다.

표 7-①-8. 도산대지급금 상한액('20.1.1. 이후 적용) (단위: 만 원)

대지급금 종류 \ 퇴직당시 연령	30세 미만	30세 이상 40세 미만	40세 이상 50세 미만	50세 이상 60세 미만	60세 이상
임금·퇴직급여 등	220	310	350	330	230
휴업수당	154	217	245	231	161
출산전후휴가기간 중 급여	310				

* 비고: 임금, 휴업수당, 출산전후휴가기간 중 급여는 1월분, 퇴직급여등은 1년분 기준임

표 7-①-9. 간이대지급금 상한액('19.7.1. 이후 적용) (단위: 만 원)

항 목	상한액
임금(휴업수당), 출산전후휴가기간 중 급여	700
퇴직급여 등	700

* 총 상한액은 1,000만 원
* 퇴직급여등은 법 제7조제1항제4호·제5호에 따른 퇴직 근로자에 대한 대지급금에 한하여 적용됨

아울러, 체불 근로자가 지급받은 대지급금을 압류로부터 보호하기 위하여 대지급금을 압류가 금지되는 전용계좌로 받을 수 있도록 하는 대지급금수급계좌 제도도 신설(2021.6.9. 시행)되었다.

나. 대지급금 조력지원 제도

근로자가 도산 등 사실인정이나 도산대지급금을 신청하는 경우 무료로 공인노무사의 도움을 받을 수 있는 대지급금 조력지원 제도를 도입('10.5.25., 임금채권보장법 개정 법률 제10320호) 하고, 임금채권보장법 시행규칙 개정('11.11.28.)을 통해 지원대상 근로자, 공인노무사 비용 지원금액 및 절차 등을 마련하여 2012년 1월 1일부터 시행하였다.

대지급금 관련 업무지원 대상 근로자는 도산 등 사실인정을 위한 실질적 요건을 갖춘 상시근로자 10명 미만 사업장이면서 해당 사업장 전체 상시근로자의 월평균 보수가 고용노동부장관이 고시하는 금액(350만 원) 이하인 사업장에서 퇴직한 근로자로 한정되었으나, 제도 활성화를 위해 2023년 7월 1일부터 상시근로자 30명 미만 사업장이면서 신청 근로자 본인의 퇴직 전 월평균 보수가 고용노동부장관이 고시하는 금액(350만 원) 이하인 경우로 확대하였다.

공인노무사에게 지원하는 금액은 공인노무사가 수행하는 지원업무의 내용, 대지급금 지급근로자의 수 등을 고려하여 사업장별로 300만 원 한도로 도산 등 사실인정 90만 원, 도산 등 사실불인정 45만 원, 대지급금 지급 1명당 6만 원씩 지급하고 있다.

표 7-①-10. 대지급금 조력지원 실적 (단위: 건, 백만 원)

구분		계	도산 등 사실인정신청서		확인신청서(명)
			인정	불인정	
2023년	건수	45	41	4	109
	금액	45	37	2	6

다. 체불청산지원 사업주 융자제도

일시적 경영상 어려움 등으로 체불이 발생한 경우 체불청산 의지가 있는 사업주에게 융자를 실시하여 퇴직근로자의 임금체불 청산을 지원할 수 있도록 임금채권보장법을 개정('12.2.1. 개정, 법률 제11277호)하였으며, 그 후속조치로 임금채권보장법 시행 규칙을 개정('12.6.15., 고용노동부령 제58호)하여 2012년 8월 2일부터 체불청산지원 사업주 융자제도를 시행하고 있다.

체불청산지원 사업주 융자를 받을 수 있는 사업주는 일시적 경영상의 어려움 등을 사유로 체불이 발생한 '상시근로자 300인 이하인 사업장으로서 1년 이상 사업을 계속하고 있는 사업주'로 한정되었으나, 2023년 7월 1일부터 '상시근로자 수 제한 없이 6개월 이상 사업을 계속하고 있는 사업주'로 확대하였다.

지원대상인 근로자는 6개월 이상 근무하고 융자신청일 기준으로 1년 이내에 퇴직한 자이며, 2015년 7월 1일부터 6개월 이상 재직 중인 근로자도 포함되도록 개선하였다.

2023년 7월 1일부터 융자금액은 근로자당 1천만 원에서 1천 5백만 원까지로, 사업주당 1억 원에서 1억 5천만 원까지 상향 조정하였고, 융자금액의 상환 조건은 1년 거치 2년 분할 상환에서 1년 또는 2년 거치, 3년 또는 4년 분할 상환으로 확대하였다. 융자금에 대한 이자는 융자방식에 따라 담보 2.2%, 신용·연대보증 3.7%로 2017년부터 0.5%p 인하되었다.

2023년에는 추석 명절 대비 체불임금 대책의 일환으로 추석('23.9.11.~10.31.) 기간에 융자 이자를 한시적으로 1%p(2.2%, 3.7% → 1.2%, 2.7%) 인하하였으며, 2023년 총 25,579백만 원을 융자로 지원하였다.

표 7-①-11. 체불청산지원 사업주 융자실적 (단위: 개소, 명, 백만 원)

구분	지원 건수	근로자 수	금액
2023년	570	4,210	25,579
2022년	377	2,678	14,259
2021년	662	4,178	21,255
2020년	640	5,344	19,240
2019년	622	4,488	18,046
2018년	460	3,038	12,777
2017년	336	2,176	8,392

라. 체불근로자 생계비 융자제도

종전 제도에서는 사업주의 신청에 의해서만 융자를 실시하여 체불임금을 지급하도록 하여 근로자가 생계에 필요한 비용을 적기에 지원받기 어려운 문제가 있었다. 이에 필요한 경우 사업주 외에 근로자(퇴직근로자 포함)도 생계비 융자를 신청할 수 있도록 「임금채권보장법」을 개정(법률 제17604호, 2020.12.8. 일부개정)하여 2021년 6월 9일 시행되었다.

체불근로자 생계비 융자를 받을 수 있는 근로자는 체불 사업장(폐업 사업장 제외)에서 재직 중이거나 체불 사업장에서 융자신청일 이전 6개월 이내 퇴직한 근로자(건설일용근로자는 신청일 이전 180일 이내에 고용보험 근로내용 확인신고서상 근로일수가 30일 이상)로, 신청일 이전 1년간 1개월분 이상 임금 등이 체불된 근로자(건설일용근로자는 전년도 건설업 임금 실태조사(개별직종노임단가) 중 하반기 보통인부 노임단가 5일분('23년 768,355원) 금액 이상이 체불)이어야 한다.

융자금액은 재직자의 경우 총 1천만 원 한도로, 체불액의 범위에서 해당 근로자가 신청한 금액을 융자로 지원하고 있다. 퇴직자의 경우 총 1천만 원 한도로, 최종 3개월간의 임금(휴업수당, 출산전후휴가기간 중 급여), 최종 3년분의 퇴직급여 등 중 체불액을 융자로 지원하고 있다. 융자금액의 상환 조건은 1년 거치 3년 또는 4년 원금균등분할상환 중 선택(고용위기지역 또는 특별고용지원업종 사업장에 재직 중인 근로자는 2년 거치 4년 상환, 3년 거치 5년 상환도 선택 가능)할 수 있으며, 이자율은 연 1.5%이다(신용보증료 연 1% 별도).

이와 같이 2021년 6월 9일부터 시행된 체불근로자 생계비 융자는 2023년 총 47,207백만 원을 지원하였다.

표 7-①-12. 체불근로자 생계비 융자실적   (단위: 명, 백만 원)

구분	근로자 수	금액
2023년	5,910	47,207
2022년	3,080	18,918
2021년	3,884(2,842*)	26,906(19,724*)

* 근로복지진흥기금에서 지원해오다가 '21.6.9.부터 임금채권보장기금에서 지원 중

마. 무료법률구조 지원

사용자가 임금을 지급하지 아니하여 근로자가 임금채권 행사를 위한 민사소송 절차를 밟는 경우 많은 시간과 비용이 요구되고, 상당한 법률지식이 있어야 하기에 어려움이 많았다. 이에 임금을 받지 못한 근로자로서 월평균 임금 400만 원 미만인 근로자에게 민사소송 일체를 무료로 지원하는 법률구조제도를 2005년 7월 1일부터 시행해오고 있다.

2023년 무료법률구조 지원실적을 보면 약 62천 명 가량(부대사건 포함)의 근로자들이 무료법률구조 지원서비스(소송가액 약 4,738억 원)를 이용하였다.

이를 구체적으로 살펴보면 36천 명(2,372억 원)이 소액심판사건 지원 및 민사 본안지원을 받았으며, 25천 명(2,366억 원)이 보전처분지원 및 강제집행 지원을 받았다. 이를 위해 임금채권 보장기금에서 대한법률구조공단에 총 133억 원을 출연하였다.

표 7-①-13. 무료법률구조사업 추진현황   (단위: 명, 건, 백만 원)

구 분	출연	총 계		본안사건		부대사건	
		인원(건수)	금액	인원(건수)	금액	인원(건수)	금액
2023년	13,293	61,394 (44,813)	473,779	36,165 (24,549)	237,218	25,229 (20,264)	236,561
2022년	14,057	61,757 (43,078)	452,682	36,180 (23,823)	236,582	25,577 (19,255)	216,100
2021년	26,112	116,465 (77,668)	830,382	84,115 (53,674)	542,047	32,350 (23,994)	288,335
2020년	28,204	137,637 (90,174)	1,009,918	102,355 (65,283)	664,931	35,282 (24,891)	344,987
2019년	28,204	162,977 (106,249)	1,118,822	115,645 (73,663)	697,953	47,332 (32,586)	420,869
2018년	25,384	150,447 (95,137)	983,438	96,979 (59,270)	527,506	53,468 (35,867)	455,932
2017년	25,684	143,095 (90,151)	965,727	86,557 (52,217)	485,523	56,538 (37,934)	480,204

⑦ 근로감독행정 정보시스템(노사누리) 개선

노사누리시스템은 노동관계법령에 대한 사업장 감독, 신고사건 처리, 각종 인·허가, 산업재해 예방 등의 업무를 일선 근로감독관들이 원활하게 수행할 수 있도록 지원하는 시스템이며, 수집된 정보를 체계적으로 분석하여 제공함으로써 노동정책 수립의 기초를 마련하고 있다.

2002년 최초 구축 이후, 2016년~2017년에 걸친 개편을 통해 전자정부 프레임워크를 기반으로 공통업무를 모듈화하고 프로세스를 재설계하여 운영의 효율성을 높였으며, 2018년~2020년에는 형사사법공통시스템(KICS)과 연계하여 검찰청과 수사 관련 문서 유통, 산업안전보건법 전부개정 반영, 통신사실조회시스템 구축, 건설근로자공제회와 퇴직공제 미납과태료 업무 연계 등 지원업무를 지속적으로 확대하였다.

2021년에는 신설 중대재해처벌법과 개정 임금채권보장법을 반영하였고, 권리구제지원팀의 체불청산지원업무, 최저임금적용제외인가 관련 장애인고용공단 연계 등을 추가하였다.

한편, 근로자, 사업주가 노동행정 서비스를 원스톱으로 제공받을 수 있는 노동행정 포털사이트 구축 및 빅데이터 기반 감독대상 선정 등 과학적인 감독이 가능하도록 정보화 전략계획(ISP)을 수립하였다. 이를 바탕으로 2022년~2023년 스마트 노사누리 구축 1, 2차 사업을 추진하여 언제 어디서나 온라인·모바일로 노동행정 서비스를 받을 수 있도록 대국민 노동포털을 구축하였고, 기존 노사누리를 전면 개편하고, 진술조서 작성, 자체 전자결재시스템 도입, 자동 우편발송 등 신속한 업무처리 지원 기능을 개발하였다.

표 7-①-14. 업무별 처리 현황 (단위: 건, 개소)

주요업무 구분		정보처리 현황				
		'19년	'20년	'21년	'22년	'23년
신고사건처리 (진정, 고소·고발)	사건접수	403,023	364,355	314,308	305,519	371,116
	사건처리	417,708	380,138	322,994	310,805	370,653
근로감독분야 사업장 지도감독	점검실시	35,077	15,629	22,259	38,892	38,218
	행정조치	97,575	22,269	42,494	73,943	105,157
산업안전분야 사업장 지도감독 (재해조사 등 포함)	사업장 수	40,224	35,888	50,902	39,721	
	조치 건수	156,985	104,090	108,635	131,722	

제2절 직장 내 괴롭힘 예방 및 근절

가. 법·제도 도입 및 개선

　대기업 오너 일가의 폭언, 사업장에서의 부당한 업무지시 등 직장 내 괴롭힘이 사회적 문제로 대두되는 가운데 정부는 직장 내 괴롭힘으로부터 근로자를 보호할 수 있도록 종합대책을 마련하고 시행하는 것을 국정과제 목표로 삼고, 2018년 7월 18일 관계부처 합동으로 「직장 등에서의 괴롭힘 근절대책」을 수립, 발표하였다.

　직장 내 괴롭힘 관련 입법을 위한 노력도 적극 추진하여 근로기준법, 산업재해보상보험법, 산업안전보건법이 2019년 1월 15일 개정되어 근로기준법과 산업재해보상보험법은 2019년 7월 16일, 산업안전보건법은 2020년 1월 16일 각각 시행되었다.

　2019년 개정 시행한 근로기준법은 직장 내 괴롭힘을 "사용자 또는 근로자가 직장에서의 지위 또는 관계의 우위 등을 이용하여 업무상 적정범위를 넘어 다른 근로자에게 신체적·정신적 고통을 주거나 근무환경을 악화시키는 행위"로 정의하고 이를 금지하며, 괴롭힘 발생 시 사용자의 조사 및 가해자와 피해자에 대한 적절한 조치의무 부과, 피해근로자 등에 대한 불리한 처우 금지, 직장 내 괴롭힘의 예방 및 발생 시 조치사항을 취업규칙에 필수로 기재하도록 하는 내용을 담고 있다.

　또한 2019년 개정 시행한 산업재해보상보험법은 직장 내 괴롭힘으로 인한 질병을 업무상 질병에 포함하도록 하였고, 개정 산업안전보건법은 직장 내 괴롭힘 예방을 위한 조치기준 마련, 지도 및 지원을 정부의 책무로 규정하였고, 동법 시행규칙을 개정하여 직장 내 괴롭힘 관련 '직무스트레스 예방 및 관리에 관한 사항'을 안전보건교육 내용에 포함하였다.

　이후 직장 내 괴롭힘 피해근로자에 대한 사용자의 조치의무를 강화하는 내용의 근로기준법이 2021년 4월 13일 개정되어 2021년 10월 14일에 시행되었다.

　사용자가 직장 내 괴롭힘 행위를 하거나 조사 및 조치의무를 이행하지 않은 경우에 대한 과태료 등 제재 규정을 신설하였고, 조사과정에서 알게 된 비밀 누설 금지 의무를 신설하는 등 2차 피해를 방지하는 내용을 담고 있다.

나. 법·제도 운영

정부는 법 시행에 맞춰『직장 내 괴롭힘 판단 및 예방·대응 매뉴얼』, 홍보 소책자, 설명자료 등 정책자료를 마련하여 사업주와 근로자 등이 제도를 쉽게 이해할 수 있도록 하였고, 2023년 4월에는 개정 법률과 각종 판례 및 행정해석 등을 반영한『직장 내 괴롭힘 예방·대응 매뉴얼』을 개정 및 배포하였다.

또한,『근로감독관 집무규정』을 개정하여 직장 내 괴롭힘으로 사회적 물의를 일으킨 사업장에 대하여 특별근로감독을 실시할 수 있는 근거를 마련하였다. 아울러, 사업장의 취업규칙이나 사규에 직장 내 괴롭힘 예방 및 발생 시 조치 사항에 대한 적정한 규정을 마련하고 있는지 여부를 적극적으로 지도하였다.

직장 내 괴롭힘으로 사회적 물의를 일으킨 사업장에 대해서는 특별 감독을 실시하는 등 법과 원칙에 따라 엄정하게 대응하고 있다.

다. 현장 안착을 위한 사업장 및 근로자 지원

2019년 10~12월 시범운영(전국 2개소)을 시작으로, 2020년부터 직장 내 괴롭힘 상담센터를 본격적으로 운영(전국 8개소)하고, 2020년 4월 근로자지원프로그램(EAP) 상담분야에 직장 내 괴롭힘을 포함하여 근로자 상담 서비스를 제공하는 등 피해자에 대한 심리 및 법률상담 서비스를 제공하였다.

2021년에는 직장 내 괴롭힘 상담수요의 증가를 고려하여 상담센터를 추가 설치(2개소)하였고, 2022년에는 상담 실적 등을 고려하여 전국 10개소의 권역을 서울·강원 3개소, 인천·경기 3개소, 부산·대구·경상 1개소, 광주·전라 1개소, 대전·충청 2개소로 조정하여 운영하였다.

2023년 12월부터는 기존 직장 내 괴롭힘 관련 상담 업무를 고용노동부 고객상담센터(☎1350)로 이관하여 직장 내 괴롭힘을 포함한 고용노동분야에 대한 통합 상담을 제공하고 있다.

2020년 300인 이상 사업장 및 공공기관 3,309개소 대상으로는 취업규칙상 괴롭힘 예방·대응체계 구축 여부를 점검하고 지도(~'20.3월)하였고,「산업안전보건법 시행규칙」 개정으로 괴롭힘 예방교육 활성화를 위한 근거를 마련('20.11~12월 입법예고)하고 교육콘텐츠 확대·보급 등 사업장의 자율적인 예방노력을 지원하였다.

이에 더해, 2021년부터는 직장 내 괴롭힘 예방 및 근절교육을 사업장에서 원활하게 실행할 수 있도록 직장 내 괴롭힘 전문강사를 양성하고, 양성된 강사를 통해 사업장(50인 미만 영세사업장 위주)에 대해 무료 교육을 지원하고 있다.

이에 따라 2021년도에 260개 사업장에 8,811명, 2022년도에 459개 사업장 12,479명, 2023년도에는 규모를 확대하여 564개 사업장에 16,808명을 대상으로 직장 내 괴롭힘 예방교육을 실시하였으며, 2023년도부터는 사업장 내 괴롭힘 업무 담당자에 대한 역량 강화 과정도 운영하고 있다.

직장 내 괴롭힘 신고사건 처리 시 괴롭힘 해당 여부의 객관적이고 전문적인 판단을 위하여 교수, 변호사, 공인노무사 등 외부 전문가를 포함하여 지방관서별 '괴롭힘 판단 전문위원회'(자문위)를 자체적으로 운영하고 있다.

한편 2023년부터는 사업장의 괴롭힘 대응 체계 구축 및 조직문화 개선 등을 위해 공인노무사 등 전문가의 컨설팅을 통한 직장 문화 개선을 지원하고 있다.

제3절 최저임금 결정

1. 2024년 적용 최저임금 심의·결정

최저임금제도는 근로자가 받는 임금의 최저수준을 정하여 사용자로 하여금 그 수준 이상의 임금을 지급하도록 함으로써 근로자의 생활안정과 노동력의 질적 향상을 도모하기 위한 제도이다. 최저임금의 결정은 최저임금위원회에서 최저임금액을 심의·의결하여 고용노동부장관에게 제출하면 이의제기 절차를 거친 후 고용노동부 장관이 고시함으로써 결정된다.

최저임금위원회(근로자위원 9명, 사용자위원 9명, 공익위원 9명, 총 27명)에서는 근로자의 생계비, 유사근로자의 임금, 노동생산성 및 소득분배율 등을 고려하여 최저임금을 심의한다.

2024년에 적용되는 최저임금 결정을 위해 고용노동부장관은 2023년 3월 31일 "근로자의 생계비, 유사 근로자의 임금, 노동생산성 및 소득분배율 등을 고려하여 정하되, 저임금 근로자의 소득을 향상하고 노동시장 내 격차를 해소하여 소득분배 상황이 단계적으로 개선될 수 있도록 합리적 수준으로 심의·의결할 것"을 최저임금위원회에 요청하였다.

최저임금위원회는 이해관계자 의견수렴, 현장방문 등 현장의견을 수렴하기 위해 노력하는 한편, 전원회의를 15차례 개최하는 등 심도있는 논의를 통해 7월 19일 2024년 적용 최저임금안(시간급 9,860원)을 의결하였다.

최저임금위원회는 7월 19일 고용노동부장관에게 2024년 적용 최저임금안을 제출하였고, 고용노동부장관은 최저임금위원회에서 심의·의결한 최저임금안에 대한 의견을 수렴하기 위해 7월 20일 최저임금안을 고시하였다. 이후 최저임금안에 대한 이의제기 기간(7월 20일~7월 31일)을 거쳐 8월 4일 2024년 적용 최저임금을 최종 결정·고시하였다.

② 최저임금 준수 분위기 확산

가. 최저임금 준수 홍보·캠페인 전개

2023년 8월 4일 2024년도 적용 최저임금을 결정 고시한 후 국민과 사용자 및 근로자들이 그 사실을 알 수 있도록 홍보 리플릿과 전단지를 전국 사업장에 배포하였다. 또한 카드뉴스·영상물·생활매체광고·현수막 등 다각적인 방법으로 홍보하여 최저임금에 대한 인식을 제고하고 최저임금 준수 분위기를 확산하고자 노력하였다.

나. 최저임금법 위반에 대한 지도·점검

2023년에는 충분한 사전계도 및 현장조사, 자율개선 지원 등을 통해 최저임금 준수 분위기를 확산하였다. 특히 30인 미만 소규모 사업장을 대상으로 노무관리지도 점검 및 현장예방점검을 실시하여 최저임금 등 기초노동질서가 준수되도록 지도하였다.

표 7-③-1. 최저임금 근로감독 결과 (단위: 개소, 건)

구 분	감독 업체 수	위반 업체 수	최저임금법 위반 건수				조치내역 건수			
			계	6조	11조	기타	계	시정 조치	사법 처리	과태료
2023년	28,120	5,901	6,064	666	5,398	0	6,064	6,054	5	5
2022년	27,180	4,117	4,165	444	3,721	0	4,165	4,157	7	1
2021년	11,191	3,256	3,313	215	3,098	0	3,313	3,308	3	2
2020년	5,738	710	731	171	560	0	731	726	2	3
2019년	25,415	4,762	4,965	1,377	3,588	0	4,965	4,954	9	2

※ 사업장감독(정기·수시·특별감독) 결과 전산입력 집계자료
※ '20, '21년은 코로나19 방역 상황을 고려하여 감독 실시
※ 위반조항: ▲제6조: 최저임금 미지급, 종전 임금수준 저하, 도급인 연대책임 등, ▲제11조: 최저임금 주지의무 위반,
  ▲기타: 6조, 11조 외의 조항 위반 건수

다. 「청소년 근로조건 알리미」 활동 및 「청소년 근로권익센터」 운영

취약근로자인 청소년 근로자의 근로권익 보호를 위하여 「청소년 근로조건 알리미」 및 「청소년 근로권익센터」를 운영하였다. 2023년에는 전국 49개 지방노동관서에서 「청소년 근로조건 알리미」 119명을 위촉하여 186,922개 사업장을 대상으로 최저임금 준수, 서면 근로계약 체결 등 현장 홍보를 하였다. 아울러, 공인노무사 등 민간 법률전문가와 협업하여 「청소년 근로권익센터」를 운영하고, 상담 37,733건 및 무료 권리구제 1,105건, 찾아가는 근로권익교육 4,734회(100,245명), 청소년 맞춤형 홍보(콘텐츠 제작·전파, 현장캠페인, 청소년 서포터즈 운영 등) 등 적극적인 청소년 근로권익 보호 활동을 전개하였다.

제4절 ▶ 비정규직 고용관행 개선

비정규직 차별 해소를 위한 차별시정제도 개편

가. 비정규직 차별시정제도 개편 추진

2007년 7월 1일부터 시행된 「기간제 및 단시간근로자 보호 등에 관한 법률」과 개정 「파견근로자 보호 등에 관한 법률」에서는 차별시정제도를 두어 기간제·단시간 근로자 및 파견근로자의 근로조건 개선을 도모하고 있다. 이 제도는 사용자가 비정규직 근로자(기간제·단시간·파견근로자)를 비교대상근로자(무기계약근로자, 통상근로자, 직접고용 근로자)에 비하여 임금, 정기 상여금, 경영 성과금, 그 밖에 근로조건 및 복리후생에 관한 사항에 있어서 합리적 이유 없이 불리하게 처우하는 것을 금지하는 제도이며, 차별적 처우에 대해서는 노동위원회를 통한 시정절차를 마련하고 있다.

나. 비정규직 차별시정제도 운영

2023년에 노동위원회에서 처리된 차별시정 신청은 128건으로 처리사건 중 판정이 이루어진 사건은 71건(55.5%), 조정·중재가 성립된 사건이 18건(14.1%), 취하된 사건은 39건(30.5%)이다. 판정사건 71건 중 차별을 인정한 건이 44건(62.0%), 차별을 불인정(기각·각하)한 사건이 27건(38.0%)이다.

표 7-④-1. 2023년 차별시정 신청 처리 현황 (단위: 건)

처리	초심 (지방노동위원회)							재심 (중앙노동위원회)						
	소계	인정	기각	각하	취하	조정	중재	소계	인정	기각	각하	취하	조정	중재
128	106	36	17	1	34	18	0	22	8	8	1	5	0	0

다. 비정규직 차별시정 지도·점검

2016년부터는 모든 근로감독 시 비정규직 차별 유무를 필수 점검항목에 포함하여 불합리한 차별 개선을 유도하고 법 위반 사항에 대해서는 엄정하게 처리하는 한편, 법 위반이 아니더라도 각종 복리후생 등이 차별 없이 적용되도록 행정지도를 하였다. 아울러,

지방고용노동관서에 차별 담당 감독관을 지정하여 적극적인 차별시정 현장 지도·점검 체계를 마련하였다.

2023년에는 전체 근로감독 과정에서 총 254건의 차별사례를 적발하였고, 251건에 대해 시정을 완료하였다. 특히, 은행 등 금융기관 14개소에 대한 중점 점검을 통해 비정규직 근로자에 대한 중식비·교통비 미지급 등 근로자 1,482명에 대한 21.6억 원 규모의 차별적 처우 7건을 적발하였고, 감독 종료 후 금융업권 간담회를 통해 차별 해소 메시지를 확산하였다.

표 7-④-2. 차별적 처우 적발 및 조치 현황 (단위: 건)

적발 건수	조치	
	시정완료	미시정*
254	251	3

* 기간제 및 단시간근로자 보호 등에 관한 법률 제15조의2, 파견근로자 보호 등에 관한 법률 제21조의2에 따라 노동위원회 통보

라. 차별예방 교육·상담·컨설팅 등

비정규직 근로자의 고용상 불합리한 차별을 예방·개선하기 위해 「차별없는 일터 지원단[12]」을 통해 기업 및 근로자 등을 대상으로 차별예방 교육 및 상담을 실시하고, 사업장 차별해소를 위한 자율진단 및 컨설팅을 지원하였다.

2023년에는 총 356개 사를 대상으로 진단을 실시하여 300개 사에 대해 고용차별 개선지원을 하였으며 이 중 255개 사가 개선을 이행하였다. 그리고 총 13,585명에게 차별 예방교육을 실시하고, 총 639회의 온·오프라인 및 방문상담서비스를 제공하였다. 차별에 대한 근본적 문제 해결을 위해 임금체계 개편 등 보상체계를 정비하도록 적극 지원하는 한편, 대형병원 포함 의료업, 공공기관 및 연구기관 등 노동위원회에 차별시정이 다수 제기된 업종 중심으로 진단을 실시하여 해당 업종 근로자들의 근로조건을 개선시켰다.

또한, 12월에는 사업장 스스로 비정규직 차별을 진단하고 개선할 수 있도록 「기간제·단시간·파견근로자 차별 예방 및 자율 개선 가이드라인」을 발표하였다. 해당 가이드라인은 식비, 교통비와 같이 근로의 내용과 관계없이 지원되는 복리후생·근로조건에 대해서는 비교대상 근로자가 없어도 기간제·단시간·파견근로자에게 차별적 처우를 하지 않도록 권고하고 있다.

또한 현장에서 종종 발생하는 개선이 필요한 사례들과 이를 확인할 수 있는 자율점검표를 제공하고 있다. 정부는 향후 가이드라인이 현장에 안착할 수 있도록 홍보 및 상담 지원 등을 계속해 나갈 계획이다.

---

12) 차별 없는 일터 지원단은 전국 6개소(서울, 인천, 대전, 대구, 경남, 전북)에 설치되었으며, 노사발전재단을 통해 사업수행 중

파견·사내하도급 근로자 보호 및 불법파견 근절

가. 파견법을 통한 파견제도 규율

「파견법」은 산업구조 및 노동시장의 여건 변화에 따라 파견근로자의 근로조건을 개선하고 기업의 원활한 인력수급을 지원하기 위해 1998년 제정·시행되었다. 「파견법」에서는 무분별한 간접고용 확산을 방지하기 위해 근로자파견 대상 업무를 법령에서 정하는 업무 32개로 제한하고 있고, 파견근로자가 정규직을 대체하여 장기간 사용되는 것을 방지하기 위해 파견기간을 최대 2년으로 제한하고 있다. 이와함께 파견사업주의 자질 및 능력 등은 파견근로자의 근로조건 및 고용안정 등에 상당한 영향을 미칠 수 있어 파견사업체의 난립 등으로부터 파견근로자를 보호하기 위해 파견사업에 대한 허가제를 두고 있다.

나. 파견·사내하도급 사업장 불법파견 지도·점검

정부는 파견사업의 적법한 운영과 형식상 용역·도급의 형태이나 실질적으로 근로자 파견 관계에 해당하여 파견법 위반 소지가 있는 불법파견 위법 시정을 위해 파견·사내하도급 사용사업장에 대한 정기·수시 근로감독을 진행하고 있다. 불법파견이 확인된 3,776명의 근로자에 대해 사용사업주에게 해당 근로자를 직접 고용하도록 조치하고, 파견근로자에 대한 상여금 미지급 등 차별적 처우가 확인된 사업장은 미지급액을 지급하도록 시정지시하였다.

표 7-④-3. 불법파견 적발 인원 및 조치 현황   (단위: 명, 개소)

적발 인원	조치		
	직접고용	근로자가 직접고용 거부	미시정[1]
3,776 (91개소[2])	958 (73개소)	2,807 (77개소)	11 (1개소)

1) 미시정 사업장은 범죄인지하여 수사 후 송치
2) 사업장 내 일부 직고용, 일부 근로자 고용 거부, 일부 미시정 등이 혼재하여 사업장 개소의 합계가 일치하지 않음

3 민간의 자율적 고용구조개선 지원

가. 가이드라인 운영 및 고용구조개선 컨설팅 지원

정부는 사내하도급 근로자의 처우 개선 및 격차 해소와 기업의 경쟁력 강화 등 건전한 노동시장 발전을 위해 「사내하도급 근로자 보호 가이드라인」 등을 현장에 확산하고, 사내하도급 근로자 보호 노력을 지속 강화하고 있다.

2023년에는 고용구조개선컨설팅 사업을 통해 425개 사업장에 대해 사내하도급 등 비정규직 사용 실태 및 고용형태, 근로조건 등 고용구조를 진단하였다. 그 결과 사업장 특성에 맞는 개선안을 도출하여 사내하도급 근로자의 고용안정 등 근로조건을 보호하도록 권고하고, 사업장의 자율적인 합리적 인력운용 방안 마련을 지원하였다. 컨설팅에 참여한 50개 사업장을 대상으로 「기간제, 사내하도급 근로자 보호 가이드라인 준수 협약」을 체결하는 등 원청과 하청 사업장 모두에 준법근로 인식을 확산하는 데 많은 노력을 기울였다.

나. 정규직 전환 인센티브 지원

정부는 사업장 비정규직을 정규직으로 전환한 기업에 대한 인센티브 제공을 위해 '정규직 전환 지원금'과 '정규직 전환 세액공제'도 지원하고 있다. 정규직 전환 지원은 6개월 이상 고용되고 계속근로한 총 기간이 2년 이내인 기간제·파견·사내하도급 근로자 또는 6개월 이상 주로 해당 사업장에서 상시적으로 노무를 제공한 특수형태업무종사자를 정규직으로 전환한 경우 근로자 1인당 최대 월 50만 원을 1년간 지원하는 사업으로 2023년에는 4,044명, 1,504기업을 대상으로 9,150백만 원을 지원하였다.

또한, 정규직 전환 지원금과 별개로 기간제 등 비정규직 근로자를 정규직으로 전환하거나 직접 고용하는 경우 근로자 1인당 1,300만 원(중견기업의 경우에는 900만 원)을 법인세 또는 소득세에서 공제하고 있으며, 이를 통해 2022년에는 약 314억 원의 세액공제 혜택이 있었다.

④ 특고·플랫폼 종사자 등 다양한 고용형태 보호

급속한 디지털화로 일하는 방식이 다변화되면서 특고·플랫폼종사자 등 다양한 고용형태 종사자들이 급격히 증가하고 있다. 통계청 경제활동인구조사 부가조사에 따르면, 특수형태근로종사자(특고)의 규모가 2020년 50만 명에서 2023년 55만 명으로 늘어났다. 한국고용정보원 연구결과에 따르면 2021년 일의 배정 등에 영향을 미치는 플랫폼을 매개로 한 종사자는 66만 명(취업자의 2.6%)이었으나, 2022년 조사에서는 80만 명(취업자의 3.0%)으로 나타났다.

노동시장에서 다양한 고용형태 종사자의 비중이 증가하고 있음에도 이들을 보호하기 위한 법·제도적 기반은 미비한 실정이다. 이들의 기본적 권리를 보호하고, 최소한의 사회안전망 보장을 위해 입법적 보호와 함께 실질적 애로 해소를 위한 정책적·행정적 지원이 병행될 필요가 있다.

플랫폼 종사자, 특고 등 다양한 노무제공자가 보편적으로 보장받아야 할 사항에 대한 제도적 기반 마련을 추진하고 있다. 일하는 방식이 다양하고, 이해관계자가 광범위한 만큼 전문가 논의, 이해관계자 의견수렴 등을 통해 방안 마련을 추진할 계획이다.

아울러, 다양한 고용형태 종사자들의 실질적 애로 해소를 위한 정부의 정책적·행정적 보호도 이루어졌다. 공정한 계약관행 형성을 지원하기 위해 공통·직종별 표준계약서 제·개정을 위한 연구용역을 추진하였고 '23.12월 노무제공자 공통 표준계약서 및 가전제품 방문점검·방문판매 직종의 표준계약서를 마련하여 발표하였다. 공통표준계약서에는 업무의 내용, 범위 등에 대한 사항, 계약 체결·기간·변경 등 노무제공 조건에 관한 사항, 계약 해지에 관한 사항, 수수료 또는 보수의 지급 및 명세서 교부, 불공정거래 또는 부당한 처우 금지 및 안전·보건에 관한 사항 등이 포함되었다.

또한, 플랫폼 종사자의 안전·건강 등을 위한 보조사업도 지원되고 있다. '23년 '플랫폼 종사자 일터개선 사업'을 통해 배달 라이더·대리운전기사 등 약 9.4만 명의 플랫폼 종사자가 보다 안전한 환경에서 일할 수 있도록 쉼터 설치, 안전장비 지급, 심리상담 등을 지원했다.

▶ 플랫폼 종사자 일터개선 지원사업 추진 결과(2022년~2023년) (단위: 명)

구분	플랫폼 기업		자치단체	
	기업수	수혜인원	자치단체수	수혜인원
2022년	8	25,837	-	-
2023년	9	78,042	15	16,346

* 플랫폼 기업은 2022년, 자치단체는 2023년부터 지원

5 필수업무종사자 보호·지원 제도 시행

가. 필수업무 종사자 보호 법률 제정

코로나19 확산으로 사회 전체에 큰 영향을 미치는 재난이 발생한 경우 사회유지를 위한 필수업무에 종사하면서도 안전, 처우 등이 열악한 '필수업무종사자'에 대한 보호 필요성이 부각되었고, 해외 주요 국가에서도 필수업무에 종사하는 이들을 위한 보호대책을 시행하고 있다.

우리나라에서도 2020년 10월, 고용부, 기재부, 행안부 등 11개 부처가 참여한 범정부 「필수노동자 보호를 위한 관계부처 TF」가 구성된 이래, 2020년 12월 14일 관계부처 합동 「코로나19 대응을 위한 필수노동자 보호·지원 대책」을 발표한 바 있고, 국회에서 「필수업무 종사자 보호·지원에 관한 법률」 제정안이 다수 발의되어, 5건의 제정안에 대한 공청회 ('21.3.12.) 등과 상임위 논의를 거쳐 마련된 대안이 국회를 통과, 2021년 5월 18일 공포, 2021년 11월 19일 시행되었다.

> **「필수업무 지정 및 종사자 보호·지원에 관한 법률」의 주요내용**
>
> 첫째, 필수업무는 재난 시 국민의 생명·신체의 보호, 사회기능의 유지에 필요한 업무로 필수업무 종사자는 필수업무를 수행하는 과정에서 타인의 사업을 위하여 노무를 제공하는 사람으로 정의
>
> 둘째, 필수업무 및 종사자의 범위, 지원계획의 수립, 실태조사 및 평가 등에 관한 사항을 심의하기 위하여 고용노동부 소속으로 필수업무 지정 및 종사자 지원위원회를 두도록 함
>
> 셋째, 지역별 필수업무 종사자 지원계획 및 주요 정책사항을 심의하기 위하여 시·도 및 시·군·구에 지역위원회를 둘 수 있도록 함
>
> 넷째, 고용노동부 장관은 필수업무 지정 및 종사자 지원위원회의 심의를 거쳐 필수업무 종사자의 보호와 지원을 위한 지원계획을 수립하도록 하고, 지원계획에는 필수업무 및 필수업무 종사자의 지정, 종사자 보호·지원을 위한 사항 등을 포함

나. 필수업무 종사자 보호 대책 추진

「필수업무 지정 및 종사자 보호·지원에 관한 법률」에 따라 2022년 1월 구성된 「필수업무 지정 및 종사자 지원위원회」는 2022년 2월 15일 첫 위원회 개최를 통해 위원회 구성 및 운영계획, 2022년 실태조사 계획 등을 심의하였다.

이후, 2022년 3월 경북 울진, 강원 삼척 등에서 발생한 대형 산불 재난과 관련하여 필수업무 종사자 지원계획 수립을 위해 2022년 4월 실태조사 실시 후 관계부처 협의를 거쳐 2022년 7월 「필수업무 지정 및 종사자 지원위원회」를 개최하여 보호·지원 필요 수준 및 직무수행 여건 등을 고려하여 산불 재난에 대해 보호·지원이 필요한 필수업무 종사자로 '특수진화대'를 지정하였다.

아울러, 동 위원회에서는 단계적 인력 확충, 정규직 전환, 초과근무수당 및 출동차량 지원, 특수건강진단 실시, 개인보호장비 확충, 고성능 진화차량 지원 등을 내용으로 필수업무 종사자인 '특수진화대'에 대한 지원계획을 수립하였고, 현재 소관 부처인 산림청에서 이를 이행 중에 있다.

2023년에는 유해화학물질 유출사고, 대규모 수질·해양오염, 해양선박사고, 지하철·고속철도 대형사고에 대한 실태조사를 실시하였으며, 2023년 12월 「필수업무 지정 및 종사자 지원위원회」를 개최하여 필수업무 종사자 지원계획 이행평가지침을 마련하고 '24년 실태조사 계획 등을 심의·의결하였다.

6 고용형태별 고용공시제 시행

가. 고용형태 공시제 도입배경

1997년 IMF 경제위기 극복과정에서 급속히 증가한 비정규직 근로자는 2011년 말 기준 전체 근로자의 34.2%(통계청, 노동계 49.4%)에 달하는 등 사회 양극화의 주요 원인이 되었다.

이에 대통령령으로 정하는 수 이상의 근로자를 사용하는 사업주에게 매년 근로자의 고용형태를 공시하도록 하여 기업의 자율적인 고용구조 개선을 유도하는 「고용정책 기본법」 개정안이 2012년 12월 국회를 통과하였다('12.5.30., 이한구 의원 대표 발의, 고용정책기본법 제15조의6 신설).

이후 「고용정책 기본법 시행령」 및 「고용정책 기본법 시행규칙」을 개정('13.6.19. 시행)하였고, 2014년 고용형태 공시를 처음으로 시행하였다.

나. 고용형태 공시 범위 확대(「고용정책 기본법 시행규칙」 개정)

제도의 실효성을 강화하기 위해 2017년 11월 「고용정책 기본법 시행규칙」을 개정하여 '소속 외 근로자'에 대해서는 수행하는 '주요 업무내용'도 공시하도록 하고 있다. 해당 규정은 2018년에는 상시근로자 3,000인 이상, 2019년에는 1,000인 이상 사업주에게 단계적으로 확대되었다. 그리고 2022년부터는 전체 공시대상 사업주(상시근로자 300인 이상)에게 적용되도록 시행규칙을 개정하였다.

다. 주요내용

1) 대상 사업주의 범위

상시 300인 이상의 근로자를 고용하는 사업주는 매년 근로자의 고용형태 현황을 공시하도록 규정하였다(「고용정책 기본법 시행령」 제26조의2).

2) 고용형태 공시 절차 및 공시 방법

매년 3월 31일을 기준으로 사업장 내에서 사용하는 ▲계약기간의 정함이 없는 근로자 ▲기간제 근로자 ▲단시간 근로자 ▲소속 외 근로자(파견, 용역, 사내하도급 등) 현황을 정해진 서식에 따라 4월 30일까지 고용노동부가 운영하는 워크넷(www.work.go.kr/gongsi)에 공시하여야 한다(「고용정책 기본법 시행규칙」 제4조).

※ 고용형태 공시제는 소속 근로자의 경우 전일제·단시간·기간제 등 근로 형태를 구분하나, 소속 외 근로자는 근로 형태 구분 없이 공시하고 있어, 공시 내용을 단순히 정규직·비정규직으로 구분하는 것은 적절치 않음

3) 고용형태 공시결과

2014년 최초 고용형태 공시 결과, 전체 사용근로자 4,330천 명 중 소속 근로자(직접고용 근로자)는 3,468천 명(80.1%), 소속 외 근로자는 861천 명(19.9%)으로 나타났다.

2021년 고용형태 공시 결과, 전체 사용근로자 5,014천 명 중 소속 근로자 4,130천 명(82.4%), 소속 외 근로자 884천 명(17.6%)으로 나타났다.

2022년 고용형태 공시 결과, 전체 사용근로자 5,266천 명 중 소속 근로자 4,305천 명(81.7%), 소속 외 근로자 961천 명(18.3%)으로 나타났다.

2023년 고용형태 공시 결과, 공시 기업은 3,887개 사로 전년 대비 200개소 증가하였다. 공시 기업이 공시한 전체 사용근로자는 5,577천 명으로 전년 대비 311천 명 증가하였다.

전체 사용근로자 중 소속 근로자는 4,566천 명(81.9%), 소속 외 근로자는 1,011천 명(18.1%)으로 나타났다. 특히 소속 외 근로자 비중은 전년 대비 0.2%p 감소한 것으로 나타났다.

기간정함 없는 근로자는 제조업(+37천 명), 건설업(+23천 명) 중심, 기간제 근로자는 건설업(+38천 명), 사업서비스업(+29천 명) 중심으로 증가하였다. 소속 외 근로자는 건설업(+52천 명) 중심으로 증가하였다.

표 7-④-4. 고용형태별 근로자 공시 현황 (단위: 천 명, %)

구분	전체 근로자 수(A=B+C)	소속 근로자(B=ⓐ+ⓑ)		기간없음(ⓐ)		기간제(ⓑ)		소속 외 근로자(C)
			단시간(①=②+③)		단시간(②)		단시간(③)	
2023년 (비율)	5,577 (100)	4,566 (81.9)	312 (6.8)	3,394 (74.3)	78 (2.3)	1,172 (25.7)	234 (20.0)	1,011 (18.1)
2022년 (비율)	5,266 (100)	4,305 (81.7)	294 (6.8)	3,249 (75.5)	90 (2.8)	1,056 (24.5)	204 (19.3)	901 (18.3)
2021년 (비율)	5,014 (100)	4,130 (82.4)	246 (6.0)	3,177 (77.0)	82 (2.6)	953 (23.0)	164 (17.2)	884 (17.6)

공공부문 비정규직 고용개선 추진

가. 추진배경

외환위기 이후 우리 사회는 비용절감과 탄력적 인력운용을 위해 비정규직이 증가하였고, 늘어난 비정규직은 저임금과 고용불안으로 사회양극화의 핵심적인 원인이 되었다. 공공부문도 예외는 아니었으나, 정부는 비정규직 문제의 심각성을 인지하고 이를 해소하기 위해 정부가 앞장서서 모범 사용자로서 공공부문에서 상시·지속적 업무에 종사하는 비정규직의 고용안정 및 처우개선과 관련한 정책을 추진하였다.

나. 비정규직 채용 사전심사제 운영

역대 정부에서는 공공부문에서 상시·지속적 업무에 종사하는 비정규직의 고용안정 및 처우개선과 관련한 정책을 계속 추진하였고, 비정규직 남용을 방지하기 위해 '18.5월 '공공부문 비정규직 채용 사전심사제 운영방안'을 마련하여 불가피성이 인정되는 경우에 한해 비정규직을 채용하도록 하였다.

또한, 2022년부터 비정규직 채용 사전심사제 운영실태를 자치단체 합동평가 지표에 반영하여 바람직한 인사관행 정착과 비정규직 남용을 방지하기 위한 노력을 전개하였다.

다. 민간위탁 근로자 근로조건 보호 추진

공공부문 민간위탁 종사자의 열악한 근로조건 및 고용불안 문제를 개선하기 위해 「민간위탁 노동자 근로조건 보호 가이드라인」을 마련('19.12월)하여 수탁기관 모집·공고에서부터 재계약에 이르기까지 위탁 단계별 구체적인 권고 기준을 제시하였다.

이에 따라, 위탁기관에서는 가이드라인 이행여부에 대해 매년 자율점검을 실시하고, 정부는 이행률이 낮은 기관 등을 대상으로 전문가 컨설팅을 제공하거나, 근로감독관이 실태점검을 실시하여 가이드라인이 현장에 안착되도록 노력하였다.

라. 용역근로자 근로조건 보호 추진

한편, 정부는 공공부문 청소·경비 등 단순노무 용역근로자의 근로조건을 보호하기 위해 2012년 '용역근로자 근로조건 보호지침'을 마련하여 예정가격 산정 시 시중노임단가 적용, 용역계약서에 근로조건 보호 내용을 명시하도록 하고, 발주기관의 관리·감독을 강화하도록 하였다.

이를 바탕으로 매년 정기점검 대상을 선정하여 보호지침 이행 여부 실태를 점검하고, 공공기관 경영평가 지표에 반영함으로써 공공부문 비정규직의 근로조건을 개선하기 위해 노력하였다.

마. 자회사 전환자 고용안정 및 처우개선 추진

정부의 정규직 전환 가이드라인은 정규직 전환방법으로 직접고용, 자회사, 제3섹터(사회적 기업 등)를 제시하면서, 구체적 방법은 기관별 노·사·전문가 협의회를 통해 개별기관의 특수성을 감안하여 결정토록 하였다. 정부는 자회사로 정규직 전환한 경우 자회사 근로자의 고용안정 및 처우개선과 함께 자회사가 전문적 업무수행 조직으로 기능할 수 있도록 「바람직한 자회사 설립·운영 모델안」('18.12월)과 「공공기관 자회사 운영 개선대책」('20.3월)을 마련하였다. 개선대책은 모델 안의 이행을 위해 필요한 자회사 안정성과 공공성의 확보, 독립성과 책임성의 조화, 공공기관 자회사 운영 인프라 조성 등 세부사항을 담고 있다.

이에 대한 후속 조치로 「공공기관 자회사 운영실태 평가」를 '20년부터 매년 실시하였고 그 결과를 기재부 주관 공공기관 경영평가 등에 반영토록 조치하였다. 「자회사 운영실태 평가」는 외부전문가로 구성된 평가위원회에서 독립적으로 평가하였고, 그 결과 모기관이 자회사 설립 및 위탁 근거를 정관에 명시하는 등 자회사의 안정적·독립적·전문적 운영을 위한 의미있는 노력들을 확인할 수 있었다.

제5절 공인노무사 제도개선 및 운영

가. 공인노무사의 업무

공인노무사제도는 1985년 7월 1일부터 시행되었으며 공인노무사 직무의 범위(공인노무사법 제2조)는 ① 노동관계 법령에 따른 신고·신청·보고·진술·청구(이의신청·심사청구 및 심판청구를 포함한다)·권리구제 등의 대행 또는 대리, ② 노동관계 법령에 따른 서류의 작성과 확인, ③ 노동관계 법령과 노무관리에 관한 상담·지도, ④ 사업이나 사업장에 대한 노무관리진단, ⑤ 노조법 제52조에 의한 사적(私的) 조정이나 중재, ⑥ 사회보험 관계 법령에 따른 신고·신청·보고·진술·청구(이의신청·심사청구 및 심판청구를 포함한다)·권리구제 등의 대행 또는 대리의 업무 등이다.

2008년 2월 28일부터 취약계층 근로자의 노동위원회 부당해고 구제신청 시 공인노무사가 이들을 무료로 조력 지원하는 무료법률 서비스지원사업을 실시하고 있으며, 지원대상을 지속적으로 확대하고 있다(근로자 월 평균임금 기준: ('08.3월)150만 원 미만 → ('10.7월)170만 원 미만 → ('14.11월)200만 원 미만 → ('17.7월)250만 원 미만 → ('22.1월)300만 원 미만).

2011년도에는 공인노무사가 대지급금(舊 체당금) 관련 업무에 대하여도 무료로 조력할 수 있도록 제도를 마련('12.1.1. 시행)하였으며, 그 지원 대상은 도산등사실인정을 위한 실질적인 요건을 갖춘 상시근로자 30명 미만 사업장에서 임금 또는 퇴직금을 지급받지 못하고 퇴직한 월평균 보수 350만 원 이하의 근로자이다.

나. 공인노무사 자격취득 현황

1985년 공인노무사제도가 도입된 이후 2023년 12월 말까지 7,806명의 공인노무사가 배출되었고, 이중 자격시험 합격자는 6,333명, 노동행정경력자는 1,473명이다.

표 7-⑤-1. 공인노무사 자격취득 현황
(단위: 명)

구 분	계	'85~'15년	'16년	'17년	'18년	'19년	'20년	'21년	'22년	'23년
계	7,806	4,708	287	288	329	340	346	458	608	442
시험합격자	6,333	3,618	249	254	300	303	343	320	551	395
노동행정경력자	1,473	1,090	38	34	29	37	3	138	57	47

* 코로나19 확산 방지를 위하여 「'20년 노동행정경력자 공인노무사 자격취득 연수과정」의 현장교육을 '21.2월에 실시함에 따라 '21년 노동행정경력자 중 78명이 '21년 자격취득자에 해당함

또한, 공인노무사 업무를 수행하기 위해서는 직무개시 등록을 해야 하는데 2023년 12월 말 현재 공인노무사 직무개시 등록을 하고 활동 중인 공인노무사는 4,887명으로 나타났다.

다. 공인노무사 자격시험 최소합격인원제도 운영

2008년 1월 1일부터 공인노무사 자격시험 최소합격인원제도를 도입하였다. 제2차 시험에서 매 과목 배점의 4할 이상, 전 과목 배점 합계의 6할 이상을 득점한 자가 최소합격인원에 이르지 못한 경우에는 매 과목 배점의 4할 이상을 득점한 자 중에서 전 과목 총득점의 고득점자순으로 추가하여 합격자를 결정한다. 최소합격인원은 2008년 200명, 2009년부터 2017년까지는 250명, 2018년부터 2023년까지는 300명으로 결정하였다.

표 7-⑤-2. 공인노무사 자격시험 합격자 현황
(단위: 명)

구 분	계	'85~'14년	'15년	'16년	'17년	'18년	'19년	'20년	'21년	'22년	'23년
최소합격인원		-	250	250	250	300	300	300	300	300	300
시험합격자	5,938	3,364	254	249	254	300	303	343	320	551	395

제6절 ▶ 기업복지제도 활성화

① 근로자퇴직급여제도 확충

가. 퇴직연금 도입 현황

'급속한 인구고령화'라는 사회경제적 환경 변화에 직면하여 근로자의 안정적인 노후소득보장을 위한 제도적 장치를 마련하여야 한다는 요구가 점점 높아지게 되었다. 이에 따라 2005년 12월부터 기존 퇴직금 제도를 퇴직급여제도(퇴직금 또는 퇴직연금)로 확대 개편한 퇴직연금제도가 도입되었다.

제도 시행 15년이 경과한 시점인 2022년 12월 말 기준으로 전체 도입사업장은 436,348개소이며, 도입대상 사업장* 중 427,757개 사업장이 퇴직연금제도를 도입하였다. 이는 퇴직급여제도 가입대상 근로자가 존재하는 사업장의 약 26.8%에 해당하고, 가입대상 근로자 기준으로는 약 53.3%가 퇴직연금제도에 가입하였다.

전체적으로 소규모 사업장의 도입률이 대규모 사업장에 비해 상대적으로 낮은 수준(전체 도입률 26.8%, 300인 이상 91.9%, 30인 미만 23.7%)이며, 이는 소규모 사업장의 자금사정 상 적립금 납입부담과 퇴직연금에 대한 인식부족 등에 기인한 것으로 보인다.

* 도입대상 사업장: 계속근로기간이 1년 이상인 근로자를 고용하고 있는 사업장

표 7-⑥-1. 퇴직연금제도 도입 현황 ('22년 12월 말 기준, 단위: 개소)

구 분	합 계	확정급여형 (DB)	확정기여형 (DC)	IRP 특례	DB·DC 병행
전체 도입 사업장 수	436,348	89,744	289,856	25,445	31,303
비율(%)	(100.0)	(20.6)	(66.4)	(5.8)	(7.2)

※ 개인형퇴직연금제도(IRP) 특례: 10인 미만 사업장에 적용되는 특례로서, 사용자의 부담금 납부, 적립금 운용이 DC와 유사하나, 사용자의 규약 작성·신고 의무 및 교육의무가 면제됨

표 7-⑥-2. 사업장 규모별 퇴직연금 도입 현황
(단위: 개소)

사 업 장	5인 미만	5~9인	10~29인	30~49인	50~99인	100~299인	300인 이상
① 도입사업장 수	92,172	130,569	133,514	29,648	23,496	13,241	5,117
② 도입대상 사업장 수	874,426	396,649	233,115	40,605	29,111	15,175	5,568
도입률(①/②)(%)	10.5	32.9	57.3	73.0	80.7	87.3	91.9

※ 2022년 12월 말 기준, 통계청 통계

나. 제도개선 추진

1) 근로자퇴직급여 제도개선

2005년 퇴직연금제도가 도입된 이후 근로자의 퇴직급여 수급권 보호 강화를 위해 2008년 11월 제출된 개정법안이 국회 통과되어 2011년 7월 25일 공포되고 2012년 7월 26일부터 시행되었다.

근로자퇴직급여 보장법 전면개정 이후에도 급속한 노령화가 지속되고 국민의 노후생활에 대한 불안감이 증폭되면서 연금제도에 대한 관심이 더욱 증가하는 등 정책환경이 변화함에 따라 근로자 노후생활 보장의 중추적 기능을 강화하기 위한 제도개선 필요성이 제기되었다.

2015년 퇴직연금 상품운용 규제 완화(확정기여형퇴직연금제도 및 개인형퇴직연금제도의 경우 위험자산 총 투자한도를 근로자별 적립금의 100의 40에서 100의 70으로 상향조정), 근로자의 안정적 노후생활 보장과 함께 긴급한 생활 자금의 필요성을 고려하여 퇴직금 중간정산 사유를 확대하는 등 제도개선을 추진하였다.

2017년에는 자영업자, 단시간 근로자, 지역연금가입자 등도 개인형 퇴직연금제도에 가입할 수 있도록 하여 단시간·기간제 근로자 등 모든 근로자에게 노후소득 확보의 기회를 부여하고 본인 납입액에 대한 세제 혜택을 제공하였다.

2018년에는 근로시간 단축입법 시행에 따른 근로시간 감소로 퇴직급여액이 줄어드는 것을 방지하기 위하여 사용자의 책무 규정을 신설하였다. 또한, 일정 요건을 갖춘 TDF(Target Date Fund)에 대한 투자 한도를 기존 적립금의 70%에서 100%로 확대하고, 저축은행 예·적금을 원리금보장상품 운용방법에 편입하였다.

가입자가 사전에 지정한 운용방법(원리금보장상품의 종류·비중·위험도 등)에 따라 최적의 상품이 제공될 수 있도록 적립금 운용방법도 개선하였다.

2019년에는 퇴직연금 적립금의 중도인출 남용으로 인한 노후소득재원 고갈 방지를 위해 근로자의 중도인출 사유를 엄격히 제한하고, 사용자의 적립금 재정검증이행 의무를 엄격히 준수하도록 하여 퇴직연금의 적립을 강화하였다. 또한, 퇴직연금사업자가 합리적 이유 없이 원리금보장형 퇴직연금상품 금리를 차등하여 제공하지 않도록 하는 등 근로자의 수급권 보호를 위한 제도개선을 하였다.

2020년에는 코로나19 등으로 경제적 어려움을 겪고 있는 근로자의 생활 안정에 이바지하기 위하여 수급권 담보제공 사유에 사업주의 휴업 실시로 임금이 감소하거나 「재난 및 안전관리 기본법」에 따른 재난으로 피해를 입는 경우를 추가하고, 적립금 중도인출 사유에 퇴직연금 담보대출 원리금을 상환하기 위한 경우를 추가하였다.

2021년에는 퇴직연금제도 도입에 어려움을 겪고 있는 영세·중소기업(상시근로자 30명 이하)의 퇴직연금제도 도입을 지원하기 위해 근로복지공단에서 중소기업퇴직연금기금제도를 운영할 수 있게 되었다. 제도의 합리적인 운영과 주요사항의 심의·의결을 위해 근로복지공단에 노·사·정 및 전문가로 구성되는 중소기업퇴직연금기금제도 운영위원회를 두고, 국가는 사용자 및 가입자부담금 또는 기금제도 운영에 따른 비용 일부를 예산의 범위에서 지원할 수 있도록 하였다. 2023년도 12월 기준, 지원 사업장은 13,685개소, 근로자는 65,123명, 적립금은 4,734억 원에 이르고 있으며 기금 운용수익률은 6.97%를 기록하는 등 양적·질적 성장을 거두었다.

확정급여형퇴직연금제도(DB)를 도입한 300명 이상 사업장을 대상으로 적립금 운용목적 및 방법, 목표수익률 설정, 운용성과 평가 등이 포함된 적립금운용계획서 작성을 의무화하였으며, 이를 심의하기 위한 적립금운용위원회를 구성하도록 하였다. 또한, 확정급여형 퇴직연금제도(DB)의 최소적립금 충족 여부에 대한 고지의무를 위반한 퇴직연금사업자 및 적립금 부족을 해소(최소적립금 대비 부족분 비율의 1/3 이상)하지 않은 사용자에 대한 제재규정(1천만 원 이하의 과태료)을 마련하여 근로자의 수급권 보호를 한층 더 강화하였다. 사용자가 퇴직연금 가입자 교육을 위탁할 수 있는 대상을 현행 퇴직연금사업자 이외에 전문 교육기관으로 확대하였고, 퇴직금도 퇴직연금과 같이 개인형퇴직연금계정(IRP)으로 지급하도록 하여 일시금 수령으로 퇴직금을 모두 소진하는 상황을 예방하였다.

2022년에는 퇴직연금사업자가 운용관리업무, 자산관리업무 등의 수행에 따라 사용자 및 가입자로부터 받는 수수료를 업무수행에 따라 발생되는 비용과 적립금의 운용 손익 등을 고려하여 합리적으로 정하도록 하였다.

2023년에는 확정기여형(DC형) 퇴직연금제도·개인형 퇴직연금제도(IRP)에서 가입자(근로자)의 운용지시가 없을 때 가입자가 사전에 정해 놓은 방법으로 퇴직연금을 운용하는 제도인 사전지정운용제도가 7월부터 본격 시행되었다. 2023년도 12월 기준, 41개 금융기관이 정부로부터 승인받은 306개 사전지정운용제도 상품 중 300개 상품이 판매 중이며, 적립금액은 12조 5,520억 원 수준이고, 지정 가입자 수는 479만 명에 달하였다. 제도 도입의 주된 목적이 퇴직연금 수익률 제고인 만큼 정부는 안정적인 수익 실현이 가능하도록 보다 내실 있게 제도를 관리·운영해 나갈 예정이다.

2) 퇴직연금제도 발전을 위한 연구수행

노후소득보장 체계의 강화가 더욱 중요해지고 있음에도 국민연금 역할은 축소되고 있는 상황에서 근로자가 가입하는 보편적 제도로서 퇴직급여제도를 개선하여 국민연금을 보완하면서 근로자 노후소득을 보장할 수 있도록 정책연구를 수행하였다. 주요내용은 근로자 수급권 보장을 강화하기 위해 퇴직급여의 연금수령 촉진 방안, 중소기업 및 저소득 근로자 사각지대 해소 및 지원 방안, 퇴직급여 지급 보장 문제, 가입자 교육 활성화 방안, 근로자 수급권 보장 강화를 위한 금융기관 역할 강화 및 경쟁유도 방안, 퇴직연금의 새로운 운영 방식인 기금형 퇴직연금제도 도입 방안을 연구하였다.

2017년부터 가입자가 퇴직연금사업자를 합리적으로 선택할 수 있도록 정보를 제공하고 퇴직연금사업자 간 자율적 경쟁 및 서비스 개선 유도를 위해 퇴직연금사업자 성과 및 역량평가를 수행하였다. 전문가 등으로 구성된 연구포럼에서 논의된 내용, 연구용역 결과는 퇴직연금 제도개선 및 법령개정안 마련에 활용하였다. 2018년에는 퇴직연금의 노후소득 보장 기능 강화 방안, 퇴직연금을 활용한 노후소득격차 해소방안 등에 관하여 연구하였다.

2019년에는 퇴직연금의 목표소득대체율에 대한 세미나를 개최하고, 확정기여형퇴직연금제도의 사전지정운영방안 선정기준 및 절차에 관한 연구를 통해 법령 개정안 마련에 활용하였다. 2020년에는 사업자 간 자율경쟁 유도로 운영성과를 높이기 위해 퇴직연금사업자 등록요건 확대에 따른 법제 정비 방안 연구를 진행하였으며, 또한 현행 퇴직연금 감독 인프라 확충과 우리 제도의 특성을 반영한 퇴직연금감독 체계 개선안 마련을 위해 퇴직연금제도 감독체계 효율화 방안 연구를 진행하였다. 2021년에는 퇴직연금제도가 근로자의 노후소득보장에서 중추적 역할을 다할 수 있도록 퇴직연금제도 운영체계의 효율성을 높이는 방안 마련을 위해 국내외 사례를 연구하였다. 2023년에는 퇴직연금제도의 연금자산형성 지원 측면으로 소득대체율 제고를 위해 "보장성"을 강화하고 효과적인 노후소득보장을 위해 "연금성"을 강화하는 퇴직연금제도와 관련한 제도적 개편방안을 연구하였다.

다. 퇴직연금제도 확산 지원

사업장에서 퇴직급여제도를 선택할 수 있으며 퇴직연금제도를 설정하려면 개별 사업장에서 노사가 자율로 충분한 협의를 통하여 결정할 수 있다. 제도설정 단계부터 당사자들의 제도에 대한 인식이 필요하나 퇴직연금제도가 노사·금융·세제 등 여러 분야와 관련된 제도여서 교육 및 홍보가 무엇보다 중요하다. 또한, 근로자 노후소득 보장을 위한 장기플랜이라는 연금제도 성격상 도입 시점에서부터 합리적인 설계·운영이 중요하다.

이에 따라 정부에서는 퇴직연금제도의 조속한 정착을 도모하는 한편, 제도의 건전한 운영을 유도하기 위해 퇴직연금제도를 도입하고자 하는 사업장 노사에 대해 적극적 홍보, 무료 교육 및 컨설팅 지원 등 다양한 방안을 마련하여 추진하고 있다.

1) 퇴직연금제도 홍보

정부는 방송사, 신문사 등 언론기관 및 유관기관과 다층적 홍보를 추진하고 있다. 퇴직연금제도 도입 시행 초기인 2006년부터 퇴직연금제도 필요성에 대한 공감대 형성을 위해 TV, 라디오 공익광고, 무가지, 전광판 등 대중매체 활용, 리플릿 및 포스터 배포 등을 추진하였다.

또한, 그간 퇴직급여가 적용되지 않던 4인 이하 사업장도 2010년 12월 1일부터 퇴직급여제도가 확대 시행됨에 따라 이를 KBS TV 캠페인과 근로복지공단 고지 안내 등을 통해 집중 홍보하였고 2010년 말로 폐지되는 퇴직보험·신탁에 대한 처리와 퇴직연금으로의 전환방안에 대해 알리는 것도 주요 홍보사업으로 하였다.

2011년 이후에도 '퇴직연금 활성화 및 퇴직급여제도 확대적용 종합홍보'를 하면서 버스·지하철·라디오·서울시청 앞 및 서울역 앞 전광판 광고, 온라인 홍보, 언론, 제작물 배포를 하였다.

2015년부터 2016년까지는 실질적 퇴직연금 가입률 제고를 위한 사용자·근로자 대상 정책에 대해 집중 홍보하였다. 「근로자퇴직급여 보장법」 개정안 국회 통과 시 2016년부터 시행 예정인 퇴직연금제도 단계적 의무화·중소기업 퇴직연금 기금제도 대비 집중 홍보를 통한 퇴직연금제도 인지도 및 공감대 확보, 대표 홈페이지 전면 개편을 통해 퇴직연금제도 관련 정보에 대한 접근성을 제고하였다.

2017년에는 「근로자퇴직급여 보장법 시행령」 개정으로 이뤄진 개인형퇴직연금제도 대상 확대 및 퇴직연금제도 전반에 대한 홍보를 위해 동영상을 제작하고, 언론사 홈페이지와 고용노동부·정부·민간공공 매체를 통해 송출하였으며 카드뉴스 제작, 포스터 및 리플릿을 제작하고 이를 각종 기관에 비치하였다. 또한, 지하철 스크린도어, KTX 주요 역사 및 고속버스에서 퇴직연금제도 홍보 인쇄물을 게시하고 동영상을 송출하는 방식으로 홍보를 실시하였다.

2018년에는 근로자의 날 행사(마라톤 대회)와 연계하여 마라토너 번호판에 퇴직연금 홍보 문구 삽입, 안내책자 및 리플렛을 배포하는 생활밀착형 홍보를 하였다.

2021년에는 퇴직연금의 낮은 수익률에도 불구, 노후자산 운용에 대한 관심이 높아지는 시점에 맞춰 퇴직연금제도를 효과적으로 홍보하기 위해 자산운용전문가, 고용노동부의 퇴직연금업무 담당 부서장, 담당자가 직접 참여하는 영상 2편을 제작하여 유튜브를 통해 홍보하였다. 또한, 2022년 4월 중소퇴직연금기금제도가 시행됨에 따라 유동인구가 많은 서울역 옥외광고를 활용한 홍보로 중소퇴직연금기금제도의 초기 가입 확대 및 제도의 조기 안착을 도모하였다.

2022년에는 「근로자퇴직급여 보장법 시행령」이 두 차례 개정됨에 따라 홍보물, 질의회시집, 업무매뉴얼, 법령집 제작·배포를 통해 새로 도입된 제도를 적극적으로 홍보하였다.

2023년에는 퇴직연금제도에 대한 인지도를 제고하고, 제도 활성화에 대한 사회적 공감대를 확대하고자 노력하였다. 정부와 민간이 협력하여 퇴직연금 공익광고 및 다양한 온·오프라인 홍보콘텐츠를 제작하는 등 공동 캠페인을 실시하였다. 또한, 고용부·금감원·금융기관 20개사가 참여하여 "퇴직연금 알리기(I), 퇴직연금 돌려주기(R), 중소기업퇴직연금기금제도 가입 홍보하기(P)"를 내용으로 하는 IRP프로젝트 업무협약을 체결하였다.

2) 퇴직연금 교육사업 시행

퇴직연금제도 도입의 확산과 조속한 정착을 유도하기 위해서는 무엇보다도 제도 도입 및 운영주체인 노사 당사자의 제도에 대한 이해가 중요하다. 또한, 퇴직연금제도는 금융뿐만이 아니라 노무·세제·회계 및 연금계리 등 다방면에 걸친 복합적인 제도이며, 제도설계 및 운영단계에서 지속적으로 노사가 협의하여 진행하도록 되어 있어, 노무관리 능력이 취약하거나 금융관련 전문지식이 부족한 영세 사업장의 경우 근로자의 노후보장 차원에서 퇴직연금제도에 관심이 있더라도 실무적으로 제도 도입에 상당한 어려움을 겪을 수 있다.

이에 정부는 노사 등 도입당사자를 대상으로 한 퇴직연금제도 무료교육과 더불어 자체적인 제도설계 및 운영능력이 부족한 사업장을 대상으로 제도 도입 절차, 제도 설계 및 운영 전반에 걸쳐 무료로 교육을 지원하고 있다.

동 사업은 2006년도부터 지속되었으며 2021년 기준 총예산 2.23억 원을 재원으로 사업의 효율성을 위해 경쟁입찰을 통해 위탁사업자를 선정하여 수행하고 있다. 교육사업은 전국의 사업장, 노동조합, 사용자단체 등 각종 단체를 대상으로 교육수요를 발굴하여 퇴직연금제도의 중요성, 제도 개요 등 제도 전반적인 내용을 신청사업장에 직접 찾아가서 전달하는 방식으로 진행된다. 특히, 2017년부터는 100인 미만 사업장에 대한 도입지원 교육, 300인 미만 사업장에 대한 운영지원 교육을 실시하되 이 중 30인 미만 소규모사업장의 비율을 각각 50%, 30%로 할당하는 등 중소·영세사업장을 대상으로 교육을 집중 실시하였다. 더불어 퇴직연금제도 확산 및 법정 가입자교육 수요 확대에 대응하기 위한 전문강사 양성교육을 함께 실시하였다.

2019년에는 24천여 명을 대상으로 퇴직연금 도입에 필요한 교육을 실시하였고, 2020년, 2021년에는 코로나19 확산 상황을 감안하여 실적기준을 교육횟수로 변경하고 실시간 비대면교육과정과 퇴직연금 교육사이트를 개설하여 교육수요자의 접근성을 강화하였다.

2022년에는 장기화되는 코로나19 상황 등을 감안, 실시간 비대면 교육과정과 퇴직연금 교육사이트(https://rpedu2021.co.kr)를 개설하여 교육수요자의 접근성을 강화하였고, 강사의 전문성 제고를 위해 강사 지정 시 외부 전문가 평가 과정을 추가하여 강사를 선발하고 교육이수 시간을 확대(4 → 6시간)하였다.

2023년에는 전체 교육 횟수 307회 중 대면 교육을 305회 실시하여 교육 효과 향상에 노력하였고, 퇴직연금 교육사이트(lawedukcplaa.or.kr)를 통한 실시간 동영상 교육을 제공하여 교육 수요자의 접근성을 높이고, 동영상 교육 수강 후 질의응답·설문조사를 실시하여 교육 참여자들과 소통을 강화하였다.

표 7-⑥-3. 퇴직연금 교육사업 주요 추진실적

구 분	'17년	'18년	'19년	'20년	'21년	'22년	'23년
목표	10,200명	15,200명	16,000명	250회	250회	200회	200회
실적	10,777명	18,002명	24,951명	271회	279회	429회	307회

3) 퇴직연금연구센터 운영

「퇴직연금 활성화 대책」 발표('14.8.27.)에 따른 퇴직연금제도의 단계적 의무화, 중소기업 퇴직연금기금제도 도입 등 퇴직연금제도의 외연 확대에 대비한 제도 운영을 위해 연구·분석 기능 강화가 필요하여 퇴직연금연구센터의 퇴직연금 상품평가, 제도 운영· 국내외 제도 동향 분석 및 정책과제 연구를 통해 퇴직연금제도의 장·단기 정책수립을 지원하였다. 2018년에는 우리나라 특성을 고려한 퇴직연금 지급보장제도 설계·발전 방안, 퇴직연금 발전을 위한 세제분석과 개편 방안 연구 등을 실시하였고, 2019년에는 확정기여형퇴직 연금제도의 사전 지정운영방안 선정 기준 및 절차에 관한 연구, 퇴직연금포럼 등 퇴직연금제도 발전을 위한 조사 연구를 수행하였다.

2020년에는 주요국 퇴직연금 법령, 통계 등 제도에 대한 비교 연구·분석을 진행하였으며, 퇴직연금 적립금 운용규제 개선방안, 퇴직연금제도 연금 세제 개선방안 등에 대한 정책연구 포럼과 퇴직연금 디폴트옵션 적격상품 기준 및 운용방안, 중소기업퇴직연금 기금제도 도입 및 운영방안에 대한 학술세미나를 개최하였다.

2021년에는 퇴직연금 가입 기간 및 적립금액 증가와 운용수익률 제고를 위한 개선방안, 퇴직연금 가입자의 추가기여 장려방안 등에 관한 연구를 진행하였고, 퇴직연금 디폴트옵션 제도의 도입 및 실행 방안 논의 등 6차례의 퇴직연금 정책연구포럼을 운영하였다.

2022년에는 퇴직연금 취급실적 및 통계청 데이터 등을 활용하여 퇴직연금 취급실적 데이터 기초 통계분석을 하였고, 퇴직연금의 연금성 강화를 위한 세제지원 개편방안, 퇴직연금사업자 평가지표 개선방안 등에 관한 연구를 진행하였으며, 퇴직연금제도개선 관련 이슈에 관한 퇴직연금 정책연구포럼을 6차례 개최하였다.

2023년에는 사전지정운영제도 성과 평가기준 수립, 퇴직연금의 연금성 강화방안 타당성 연구, 확정급여형 도입 사업장 최소적립비율에 따른 개인형IRP 특성 연구 등을 진행하였으며, 퇴직연금 활성화를 위한 제도개선 및 법제화 방안 등 정책연구포럼 4차례와 국회 토론회 1차례를 개최하였다.

② 우리사주제도 운영 활성화

우리사주제도는 기업 또는 정부의 각종 정책적 지원을 통해 근로자가 자신이 근무하는 회사의 주식을 취득·보유할 수 있도록 하는 종업원주식소유제도로서 근로자의 복지증진을 위한 소득 보상적 차원에서 제한적으로 실시되었으나 자본 소유의 분산 및 부의 공정한 분배를 통해 자본 편중 현상을 개선하고 노사상생 발전을 위한 유용한 정책 수단으로서의 의미가 강조되고 있다.

2023년 말 우리사주조합은 총 3,723개소가 설립되었으며 예탁조합 수는 1,387개소, 예탁주식 수는 522백만 주이고 주식취득가는 11조 1천억 원에 이른다.

표 7-⑥-4. 연도별 우리사주조합 운영 현황

구 분	'13년	'14년	'15년	'16년	'17년	'18년	'19년	'20년	'21년	'22년	'23년
설립조합 수(개소)	3,043	2,706	2,832	2,971	3,059	3,184	3,269	3,379	3,518	3,626	3,723
예탁조합 수(개소)	1,028	991	1,051	1,126	1,178	1,247	1,268	1,289	1,331	1,344	1,387
예탁주식 수(백만 주)	431	424	418	555	452	529	539	559	636	574	522
주식취득가(조 원)	5.8	6.4	6.7	7.4	6.7	7.1	7.4	8.1	10.8	12.9	11.1

우리사주제도의 건전한 발전 및 활성화를 위해 추진한 주요 활동으로는 첫째, 근로자의 재산형성 및 노사협력 증진에 기여한 우수기업을 매년 선발하여 우리사주 대상을 시상하고 홍보하는 등 산업현장의 새로운 모델을 제시함으로써 우리사주제도의 저변을 확대하고자 노력하였다.

우리사주 대상은 ① 우리사주제도 도입 목적의 명확성 ② 최고 경영자의 의지 및 제도 확산 노력 ③ 회사의 지원정도 ④ 조합의 민주적 운영 ⑤ 우리사주제도 도입 목적달성을 위한 노력 정도 ⑥ 우리사주제도 도입효과 등 6개 부분에 대한 추진실적을 심사하여 선발하고, 「우리사주 대상」 기업으로 선정되면 증권담보 대출 및 우리사주 취득자금 대출 시 금리를 우대하는 등 다양한 혜택이 부여되고 있으며, 향후 점차적으로 지원 및 우대를 확대할 예정이다.

표 7-⑥-5. 연도별 우리사주대상 시상 현황

수상연도	분야	조합명	기업규모
2011년	고용노동부장관상	한국가스공사	대기업
		(주)정림건축종합건축사사무소	중소기업
2012년	고용노동부장관상	한겨레신문(주)	대기업
		(주)인텍플러스	중소기업
2013년	고용노동부장관상	(주)만도	대기업
		해성옵티스(주)	중소기업
2014년	고용노동부장관상	광동제약(주)	대기업
		(주)리노스	중소기업
2015년	고용노동부장관상	기아자동차(주)	대기업
		와이엔텍(주)	중소기업
2016년	고용노동부장관상	(주)비엔케이금융지주	대기업
		(주)한산리니어시스템	중소기업
2017년	고용노동부장관상	통화약품(주)	대기업
		(주)제넥신	중소기업
2018년	고용노동부장관상	주식회사 케이티앤지	대기업
		미원상사(주)	중소기업
2019년	고용노동부장관상	KB금융지주	대기업
		티웨이항공	중소기업
2020년	고용노동부장관상	주식회사 우리금융지주	대기업
		주식회사 디오	중소기업
2021년	고용노동부장관상	엔에이치투자증권 주식회사	대기업
		주식회사 야놀자	중소기업
2022년	고용노동부장관상	현대자동차(주)	대기업
		브릿지바이오테라퓨틱스(주)	중소기업
2023년	고용노동부장관상	대신증권(주)	대기업
		㈜브랜드엑스코퍼레이션	중소기업

둘째, 기업과 근로자가 성장의 과실을 공유하고, 노사가 장기적인 공동 목표 아래 상생할 수 있는 기반을 구축하기 위하여 고용노동부, 기획재정부, 금융위원회 등 관련부처 등으로 「우리사주 제도개선 TF」를 구성('14.7. ~ 12.)하여 비상장법인 우리사주 환매수제도 도입 등 우리사주제도 활성화를 위한 다양한 방안을 논의하였으며, 이를 2015년 2월 2일 발표하고 그 후속조치로 근로복지기본법령을 개정하였다.

1차 개정('15.7.20. 공포, '16.1.21. 시행) 시 우리사주 설립요건 완화(전체 근로자의 1/5 동의 → 2명 동의), 우리사주 취득 후 주가하락에 따른 손실을 보전하는 우리사주

손실보전거래와 예탁 중 대여 수익을 얻을 수 있는 대여제도 도입, 조합원이 1년 이상 3년 이내의 기간 동안 우리 사주 기금을 먼저 적립하고 나중에 우리사주 취득을 허용하는 우리사주 저축제도 도입, 중소기업 근로자가 우리 사주를 6년 이상 장기 보유할 경우 관련 근로소득세를 전액 감면하는 세제지원 확대 등 다각적으로 기반을 구축하였다.

2016년에는 제2차 법령 개정을 추진하여 회사의 우리사주조합기금 정기적 무상출연 근거 마련, 우리사주 수탁기관 업무 범위 확대, 비상장법인의 우리사주 환매수 의무화 제도 도입, 우리 사주조합을 통한 회사 인수 지원 근거를 마련하여 우리사주 제도 도입 및 활용을 촉진하고 근로자의 재산형성 및 기업의 경쟁력 확보에 기여하였다.

셋째, 2017년에는 근로복지기본법 개정에 따라 비상장법인 우리 사주 환매수 의무화 시행을 위한 적용대상 등을 구체화하였고, 2019년에는 우리 사주의 환매수 요청 대상이 되는 비상장법인의 규모를 근로복지기본법 시행령에 직접 규정하는 등 하위법령을 개정하였다.

③ 사내·공동근로복지기금 운영 활성화

근로자의 근로의욕을 고취하고 생산성을 증대시키기 위하여 근로자를 위한 복지제도의 일환으로 1983년에 도입된 사내근로복지기금제도는 노사가 협력하여 이익을 창출하고 그 이익금의 일부를 기금으로 출연하여 근로자의 복지사업을 수행하는 성과배분제도로서 경기변동에 따른 영향을 최소화하면서 복지사업을 안정적으로 수행하여 기업 내 참여복지 조성에 기여하여 왔다.

표 7-⑥-6. 연도별 사내·공동근로복지기금 운영 현황 (단위: 개소, 억 원, 천 명)

구 분	'19년			'20년			'21년			'22년		
	소계	사내	공동	소계	사내	공동	소계	사내	공동	소계	사내	공동
기금 수	1,722	1,651	71	1,980	1,784	196	2,078	1,816	262	2,684	2,247	437
기본재산	95,892	93,708	2,184	85,446	83,061	2,385	212,665	209,528	3,137	125,432	119,455	5,977
수혜대상 근로자 수	1,703	1,668	35	1,801	1,670	131	1,726	1,575	131	1,664	1,504	160

특히, 2010년에는 근로자복지기본법과 사내근로복지기금법을 근로복지기본법으로 통합하여 사내근로복지기금을 비롯한 근로복지제도 전반에 대해 국민의 접근성 및 이용을 강화하였고, 기업복지제도 확산을 위한 제도적 인프라를 구축하는 전기를 마련하였다. 또한 기간제·단시간·파견근로자 등을 우대할 수 있는 근거를 마련하고 사내근로복지기금의 사업범위에 수급업체 근로자 및 파견근로자의 복리후생 증진에 관한 사항을 추가하여 사내근로복지기금 수혜대상을 확대하는 등 사내근로복지기금의 활성화를 위한 제도개선도 병행하였다.

또한, 2011년에 파견근로자 및 수급회사 근로자를 위해 사내근로복지기금을 사용하는 경우 기본재산 중에서 사내근로복지기금사업에 사용할 수 있는 금액의 한도를 확대하는 근로복지기본법을 개정('12.8.2. 시행)하였고, 2012년도에는 동 개정법의 시행을 위한 수혜 범위 확대 기준 및 기금 사용한도 범위에 관한 세부사항을 정하여 근로복지기본법 시행령·시행규칙을 개정하였다.

2014년에는 「제3차 근로복지증진기본계획('12년 ~ '16년)」에 따라 중소기업 사내근로복지기금 사용한도를 확대(당해연도 출연금의 50%→80%)하여 중소기업 근로자의 근로복지 격차를 해소하고, 사내근로복지기금법인 설립인가 방식을 예외적 금지 방식으로 전환하여 기금법인 설립을 용이하게 하는 내용으로 근로복지기본법이 개정('14.1.29. 공포)되어 2014년 7월 29일부터 시행하고 있다.

2015년에는 법 개정을 통해 기업 간 또는 근로계층 간 근로복지 격차 완화를 위해 대기업이 협력중소기업의 근로자(또는 사내 파견근로자)에게 복지를 지원할 경우 그 비용의 일부를 정부가 보전해 주는 새로운 형태의 사내근로복지기금 지원사업을 시행하였다.

기존 사내근로복지기금제도는 상대적으로 복지수준이 높은 대기업 중심으로 운영하고 있고, 기업 단위로 설립하는 한계가 있어 둘 이상의 기업이 공동으로 근로복지기금을 설립할 수 있는 '공동근로복지기금제도'를 2016년 1월 도입하였다. 제도 활성화를 위해 공동근로복지기금 조성 출연금의 일부를 매칭 지원하고 있으며, 공동근로복지기금 출연 및 협력업체 사내근로복지기금 출연금을 손비로 인정하고, 기업소득환류세제 과세대상에서 제외하는 등 세제 지원방안도 마련하였다.

한편, 2017년에는 기존 사내근로복지기금법인의 누적된 기본재산 활용 근거를 마련하여 사내근로복지기금사업 활성화를 통한 근로자의 복지증진 및 대기업과 중소기업 간 복지격차 완화 방안을 마련하여 2018년 2월부터 시행하고 있다.

2019년에는 대기업과 중소기업 간 복지격차를 완화하기 위하여 공동근로복지기금제도의 운영상 미비점을 개선하고, 공동근로복지기금법인에 대한 재정적 지원을 강화하는 내용의 공동근로복지기금 활성화 대책을 발표하고, 이에 따라 근로복지기본법 시행령·시행규칙을 개정하여 재정지원 강화의 근거를 마련하였다.

2020년에는 공동근로복지기금 활성화 대책에 따라 공동근로복지기금에의 중간참여 및 탈퇴를 허용하고, 대기업(원청)의 사내근로복지기금이 협력업체 공동근로복지기금에 출연할 수 있도록 허용하는 등 공동근로복지기금제도의 운영상 나타난 미비점을 보완하는 내용으로 근로복지기본법을 일부 개정(법률 제17601호, '20.12.8. 공포, '21.6.9. 시행) 하였다.

2021년에는 일정 규모 이상의 사내근로복지기금법인에 재난·경영상 어려움이 발생하였을 경우 협력업체 근로자에게까지 수혜를 확대하면 기본재산의 일부를 사용할 수 있도록 확대하여 코로나19 등으로 어려움을 겪고 있는 중소 협력업체 근로자의 생계 안정 및 복지증진을 지원하였다.

2022년에는 공동근로복지기금 제도의 활성화를 도모하기 위하여 상생형지역일자리에 참여하는 중견기업들만으로 설립한 공동근로복지기금법인에 대해서도 사업주가 출연한 금액의 100분의 100에 해당하는 범위에서 지원할 수 있도록 하는 등 공동근로복지기금법인의 지원범위를 확대하였다.

2023년에는 조선업 이중구조 개선과 상생협력 촉진을 위한 공동근로복지기금 지원 확대(상생협약 체결한 경우 3년간 지원한도 상향 및 지원기간 연장)를 통해 대·중소기업간 복지격차 완화에 기여하였다.

제7절 근로복지진흥기금 사업 운영

근로자의 삶의 질을 향상시키고 국민경제의 균형 있는 발전에 기여하기 위해 1993년 12월에 제정된 중소기업근로자복지진흥법에 의거 근로복지진흥기금을 1994년 5월 1일 설치하였고, 1998년 2월에는 IMF 외환위기에 따른 고용대란을 극복하기 위해 고용정책기본법과 중소기업근로자복지진흥법을 개정하여 실업대책 추진 근거를 마련한 후 실업자 대부사업을 수행하여 실업대란 극복에 크게 기여한 바 있다.

또한, 2001년 8월에 중소기업근로자복지진흥법과 근로자의 생활향상과 고용안정에 관한 법률('97년 8월 제정)을 통·폐합하여 근로자복지기본법으로, 2010년에는 사내근로복지 기금법을 통합한 근로복지기본법에 의해 복지영역을 공공근로복지와 기업근로복지지원사업을 포괄하는 것으로 확대하여 현재 생활안정자금융자, 근로복지기금지원 등 근로자의 근로의욕 증진 및 삶의 질 향상을 위해 다양한 복지사업을 수행하고 있다.

가. 근로자복지지원

비금융지원사업으로 근로자 휴양콘도 지원 및 문화예술제 행사를 개최하여, 2023년 기준 전국 휴양시설 45개소(8개 업체)에서 7,876박의 휴양콘도 이용 기회를 부여하고, 음악, 연극, 미술 및 문학제 등을 개최하여 5,245명의 근로자에게 다양한 문화예술 활동 참여의 기회를 제공하였다.

구 분	근로자 문화예술제	근로자지원프로그램(EAP)	휴양콘도 지원
목적	근로자의 정서함양과 근로문화 예술 활동 저변 확대	근로자의 직무스트레스 등 업무 저해요인 해결을 지원하여 근로자 삶의 질 및 생산성 향상 도모	저임금근로자 및 가족들에게 휴양콘도 이용 기회를 제공, 여가 욕구 충족 및 건강한 노동력 재생산
연혁	1980년부터 실시	2009년부터 실시	1997년부터 실시
대상	• 근로자(해외파견근로자, 특수형태근로종사자, 산재근로자, 노무제공자 등 (산재로 요양 중이거나 산재 장해 등급을 받은 자) 및 실직일로부터 6개월 이내인 자) • 단, 기성전문가 및 현직 공무원, 금상 이상 수상자는 제외	• 상시근로자 수 300인 미만 중소기업 및 소속 노동자	• 주말: 모든 근로자 및 특수형태근로종사자 • 평일: 모든 근로자 및 특수형태근로종사자, 고용 및 산재보험 가입 사업주, 근로자를 사용하지 않는 1인 사업주, 사내동호회 또는 부서장 등

구 분	근로자 문화예술제	근로자지원프로그램(EAP)	휴양콘도 지원
기 타	분야별 행사 내용 • 음악: 독창, 중창, 합창(기성곡, 창작곡) • 연극: 단막극(기성극, 창작극) • 미술: 회화, 서예(캘리그라피), 공예, 사진, 디자인·공예 • 문학: 시, 단편소설(동화), 극작, 수필	• 온라인상담: 근로복지넷을 통해 게시판·희망드림톡·전화 / 비디오상담 • 오프라인상담: 근로복지넷 예약을 통해 근로자상담(개인)·기업상담(교육 및 특강)	• 이용가능지역: 설악·양평·경주·통영·제주 등 전국 45개 지역 693구좌 • 선정기준: 주말·성수기는 사업장 규모·소득에 따른 점수순, 평일은 선착순 • 이용횟수: 연령대별 차등 점수 제공후 이용일에 따른 점수 차감 • 사용료: 1박 기준 60,000원~292,000원(패밀리)

표 7-⑦-1. 근로자복지지원 실적 (단위: 명, 백만 원)

구 분		계	'01~'17	'18	'19	'20	'21	'22	'23
휴양콘도 지원	이용 건수	123,678	94,650	4,056	4,620	2,747	5,247	6,287	6,071
	이용 박수	162,680	125,880	4,953	5,586	3,416	6,870	8,099	7,876
근로자 문화예술제	인원	101,658	720,07	3,976	4,260	3,777	6,813	5,580	5,245
	금액	11,952	9,271	504	504	452	407	407	407
근로자지원 프로그램	지원 건수	134,543	59,715	11,060	13,976	11,261	11,382	12,639	14,510

나. 생활안정자금 융자

소득이 낮거나 임금이 감소한 근로자의 생활안정 지원을 위해 1996년 1월부터 근로자 생활안정자금 융자제도를 시행하고 있다. 근로자 생활안정자금 융자를 받을 수 있는 근로자는 결혼이나 의료비 지출 등으로 목돈이 필요하거나 임금감소로 생계에 곤란을 겪는 저소득 근로자 등으로, 소득이 3인 가구 기준 중위소득의 3분의 2 이하인 근로자이다. 지원대상 근로자는 신청일 현재 재직 중인 근로자로 융자 총 한도는 2종류 이상 융자 시 1인당 2천만 원이며 융자금액의 상환 조건은 1년 거치 3년 또는 1년 거치 4년 중 선택하여 상환 가능하다.

융자금에 대한 이자는 연 1.5%로 근로자 부담 완화를 위해 2019년 11월 1일부터 기존 2.5%에서 1.5%로 인하하였다.

2020년에는 더 많은 취약계층 근로자에게 융자지원을 위해 근로자에 한정되어 있던 융자대상자를 특수형태근로종사자 및 산재보험 가입 1인 사업주까지 확대하였다.

한편, 경기흐름 둔화 속에서 지속적인 물가상승 등으로 경제적 어려움을 겪고 있는 취약계층의 경제적 부담 경감을 위해 2022년 8월부터 5개월간('22.8.29.~12.31.) 한시적으로 융자금리를 인하(연 1.5% → 1.0%)하였다.

2021년에는 자녀양육비 융자를 신설하고, 융자대상자를 특수형태근로종사자 전체와 산재보험 가입 1인 자영업자까지 확대하는 등 제도 개선을 수행하였고, 저소득 근로자 등 24,801명에 대하여 143,946백만 원을 융자하였다. 2022년에는 시중 금리인상 등 지속적인 경제악화로 취약계층 생계안정 지원을 위해 융자사업의 규모를 확대하고, 고용 취약계층 생계지원을 위한 생계지원비 융자를 신설하는 등 적극적인 제도개선 및 홍보 등으로 저소득 근로자 41,639명에 대해 220,676백만 원을 융자하였다. 2023년에는 고금리·고물가 장기화로 경제적 부담이 큰 저소득 취약계층 근로자 생활안정을 위한 융자사업비를 대폭 증액하고, 융자신청방법을 다변화 하는 등 적극적인 제도개선을 통해 저소득 근로자 30,639명에 대해 165,030백만 원을 융자하였다.

표 7-⑦-2. 근로자생활안정자금융자 지원실적 (단위: 건, 백만 원)

구 분	'17년	'18년	'19년	'20년	'21년	'22년	'23년
융자지원 건수	16,230	15,032	15,503	31,743	24,801	41,639	30,639
융자금 지급액	96,845	94,999	99,051	206,647	143,946	220,676	165,030

다. 신용보증

보증·담보 여력이 없는 근로자의 생계보호를 위해 신용보증지원을 통해 정책자금을 원활히 융자받을 수 있도록 하고자 2002년 1월 1일부터 근로자 신용보증제도를 시행하고 있다.

표 7-⑦-3. 최근 5년간 신용보증 지원실적 (단위: 억 원)

구 분	'19년		'20년		'21년		'22년		'23년	
	건수	금액	건수	금액	건수	금액	건수	금액	건수	금액
신용보증 지원실적	24,057	1,503	50,322	3,221	49,614	3,522	54,704	3,091	51,289	3,068

라. 기업복지 상담

　기업복지 상담은 기업이 주요 기업복지제도를 쉽게 도입·운영할 수 있도록 전문상담사를 통해 현장상담을 무상지원하는 서비스이다. 2010년 4월 도입되어 선택적 복지, EAP, 사내(공동)근로복지기금제도, 퇴직연금 분야에 대해 상담을 지원하였다. 2020년에는 제도를 개편하여, '공동근로복지기금제도' 도입 활성화를 위한 상담지원에 집중함으로써 '20~'22년 동안 466개의 공동근로복지기금법인이 설립될 수 있도록 도입·운영 상담을 제공하였다.
　그 결과, 공동근로복지기금 설립의 양적 활성화가 달성됨에 따라 '22년을 끝으로 사업을 종료하였다.

▶ 제도 개편 후(2020년~) 지원실적 (단위: 개소)

구 분	계	기본 상담	심화 상담	도입 상담
'20년	465	296	103	66
'21년	417	222	148	47
'22년	355	182	154	19

▶ 제도 개편 전(~2019년) 지원실적 (단위: 개소)

구 분	계	기본 컨설팅	심화컨설팅						운영 컨설팅
			소계	퇴직연금	EAP	선택적 복지	사내·공동기금	우리사주	
'19년	1,972	966	1,006	-	221	160	625	-	44
'18년	2,432	1,325	1,062	-	359	251	452	-	45
'17년	2,858	1,780	1,024	-	382	267	375	-	54
'16년	3,306	2,336	963	-	251	498	214	-	7
'15년	3,023	2,373	650	-	159	313	178	-	-
'14년	2,820	2,317	503	-	182	186	127	8	-
13년	2,551	2,209	342	-	98	119	118	7	-
'12년	2,140	2,024	116	-	26	27	59	4	-
'11년	1,866	1,718	148	-	24	40	76	8	-
'10년	1,612	1,499	113	17	17	34	37	8	-

마. 근로복지기금 지원

대·중소기업 근로자간 복지격차 해소, 저소득 취약계층 근로자의 복지향상을 위해 근로복지기금 지원사업을 시행하고 있다. 사내근로복지기금 지원은 2015년부터 「협력업체 근로자 대상 복지사업을 시행하는 사내기금에 지출비용의 50%범위 내에서 매년 최대 2억 원 한도로 지원」하며, 공동근로복지기금 지원은 2016년부터 「중소기업을 포함한 둘 이상의 기업이 설립한 공동기금과 대기업 또는 지방자치단체로부터 출연금을 받은 중소기업 공동기금에 신청금액의 100%범위 내에서 최대 5년간 2~20억 원 한도로 차등 지원」하고 있다.

※ '15년 3월 사내근로복지기금지원, '16년 1월 공동근로복지기금지원 사업 시행

▶ 근로복지기금 지원 실적

(단위: 개소, 명, 백만 원)

구 분	사내근로복지기금 지원				공동근로복지기금 지원			
	기금 수	수혜 기업 수	수혜 근로자 수	지원금액	기금 수	수혜 기업 수	수혜 근로자 수	지원금액
2023년	12	115	20,564	795	86	1,081	184,123	18,272
2022년	19	195	23,469	959	75	923	182,664	14,983
2021년	19	181	20,724	1,053	177	1,115	206,355	20,175
2020년	18	257	34,447	1,312	62	1,030	146,176	15,726
2019년	40	416	48,982	2,399	31	244	12,783	1,433
2018년	35	279	44,098	2,351	19	339	12,686	1,244
2017년	33	408	32,448	1,963	11	153	9,554	925
2016년	26	205	12,695	1,322	8	213	6,802	870
2015년	16	147	4,807	210	-	-	-	-

제 8 장

건강하고 안전한 일터 조성

제1절 중대재해 예방
제2절 직업성 질병 예방
제3절 근로자 건강증진
제4절 노사 자율적 산재예방 활성화
제5절 산재예방 인프라 개선 및 산재취약 근로자 보호
제6절 산재보험의 사회안전망 역할 강화

제1절 중대재해 예방

1 사망사고 집중관리

우리나라 산재 사망사고 지표는 그간 각종 재해예방대책과 사업에도 불구하고 변화가 미비하였으나, 2019년 최초로 800명대에 진입하였고, 2023년에는 산재사고 사망자가 812명 발생하여 사고사망만인율 0.39‱은 기록하였다. 이는 1999년 사고사망 통계 작성 이후 최저치로 최초로 0.3‱대로 진입하였다.

2020년 1월 산업안전보건법 전면 개정, 2022년 1월 중대재해처벌법 시행 등 처벌을 강화하였으나, 8년째 만인율이 0.4~0.5‱ 수준에서 정체하고 있는 현 상황을 타개하기 위하여 기존 사고와 방식에서 탈피, 산업안전 패러다임을 자기규율 예방체계로 전환하는 「중대재해 감축 로드맵」을 2022년 11월에 발표하였다. 2026년까지 사고사망만인율을 OECD 평균 수준인 0.29‱로 감축하는 것을 목표로 위험성평가 중심의 자기규율 예방체계 확립, 중소기업 등 중대재해 취약분야 집중지원·관리, 참여와 협력을 통한 안전의식·문화 확산, 산업안전 거버넌스 재정비 등의 내용을 포함하고 있는 중대재해 감축 로드맵 수립은 우리나라가 산업안전 선진국으로 도약하기 위한 기틀을 마련한 것으로 평가된다.

2023년에는 위험성평가 중심의 자기규율 예방체계 확립을 위해 감독체계를 기존 적발·처벌 위주의 감독에서 노사가 함께 위험요인을 스스로 발굴·개선토록 지원하는 '위험성평가 특화점검'으로 전환하였다. '위험성평가 특화점검'은 사업장의 위험성평가 시행 여부 및 적정성 등을 위주로 점검하고 법 위반사항에 대해 즉시 행정사법조치 대신 시정조치를 우선하여 법령상 의무를 스스로 개선토록 계도하는 것으로, 사업장 내의 위험요소를 실질적으로 발굴·개선토록 하여 중대재해 예방에 기여했다고 평가할 수 있다. 2023년 전체 점검·감독 사업장 26,500여개소의 절반인 12,500여개소를 위험성평가 특화점검으로 실시하였다.

또한 효과적인 중대재해 감축을 위해 점검·감독 시에는 4대 필수점검항목(3대 사고유형 8대 위험요인*, 위험성평가, 안전보건관리체제, 재발방지대책)을 중점적으로 확인하였고, 50인(억) 미만 제조·건설업종 등 고위험사업장에 대한 3대 사고유형 8대 위험요인 점검을 한층 더 강화하기 위해 「현장점검의 날」 및 긴급 순회 점검 등을 지속 추진하였다. 이에 따라 2023년 3대 사고유형(추락, 끼임, 부딪힘)에 대한 사망사고는 전년 대비 61명(추락 36명, 끼임 2명, 부딪힘 23명) 감소하였다.

* [추락] 비계, 지붕, 사다리, 고소작업대, [끼임] 방호장치, 정비 중 운전정지(LOTO), [부딪힘] 혼재작업, 충돌방지장치

한편, 중대재해 발생 사업장에 대한 감독은 위험성평가 특화점검 후 개선결과에 대한 불시감독을 통해 사업장에서 개선 결과를 제대로 이행하는지, 추가 유해·위험요소는 없는지 엄격하게 확인하여 해당 사업장에서 더 이상 사망사고가 발생하지 않도록 하는 데 중점을 두고 실시하였다.

이 외에도 위험도가 높은 사업장에 대한 체계적인 관리를 위해 산업안전보건 관련 빅데이터 분석 결과를 기반으로 선정된 고위험사업장 80,251개소를 중심으로 위험성평가 특화점검 등을 실시하고, 공단·민간재해예방기관과의 연계·협업을 통해 고위험사업장의 55.2%(80,251개소 중 44,263개소)에 컨설팅·교육·기술지도 등 정부 지원 사업을 1회 이상 지원하였다.

표 8-①-1. 사고성 재해 집중관리 추진실적

구 분	사 업 추 진 내 용
교육지원	산재예방요율제 사업주교육(14,263명), 안전보건체계 구축 교육(132,572명), 산재취약계층교육(332,476명), 안전체험교육(5,819명) 등 723,361명
기술지원	총 284,360개소(안전보건공단 72,069개소, 민간재해예방기관 212,291개소)
재정지원	유해위험요인 시설개선 15,956개소(1,083.5억 원), 스마트 안전장비 1,132개소(125.7억 원), 안전투자 혁신사업 3,928개소(2,963.4억 원), 건강일터 조성지원 1,734개소(369.4억 원), 산재예방시설 융자 2,540개소(3,563억 원),
홍보지원	TV 캠페인 방송(3,445회), 라디오 캠페인(2,018회), 인터뷰 및 특집 등 언론보도(732회), 신문광고(73회), 생활매체 광고(10종), 온라인 매체 홍보(유튜브 등 4개 매체), 산업안전 전광판 홍보(연중) 40개소(200회 / 개소, 1일) 등

② 고위험 사업장 관리 강화

「중대재해처벌법」 제정('22.1.27. 시행)으로 기업단위의 안전보건관리체계 구축·이행 지원이 필요해짐에 따라 건설업 본사 감독을 통해 동 체계의 구축·이행 수준을 진단하고 개선 방향을 제시하는 한편, 유해위험방지계획서 심사·확인 및 기술지도 등으로 건설현장의 안전조치 수준을 강화하였다.

1) 주요 건설업체 사망사고 재발방지 감독

사망사고 발생 주요 종합건설업체 시공현장의 위험요인을 사전에 확인하고 개선을 유도하여 사망사고 재발방지를 지원하였다.

23년에는 '22년에이어 시공순위 1천위 이내 종합건설업체에 대해 사망사고 발생 현황에 따라 전국 주요 현장 및 본사에 대해 감독을 실시하였고, 감독 시 발견된 법 위반사항에 대해 법적 조치와 함께 즉시 개선하도록 하였다.

2) 건설업 유해·위험방지계획서 심사 및 확인

건설공사는 수시로 공정이 변화하면서 공정별로 새로운 유해 위험요인이 발생하는 특성이 있다. 교량·터널·굴착·초고층 공사 등은 다른 공사보다 위험요인이 많아 안전조치를 강화할 필요가 있다. 「산업안전보건법」에서는 깊이 10m 이상 굴착, 지간길이 50m 이상 교량공사, 높이 31m 이상 건축물공사 등 특정 위험공사는 공사 착공 전 유해·위험방지계획서를 제출하여 심사를 받아 적정한 경우에 공사를 진행토록 하고, 공사 중 계획서 이행여부를 주기적으로 확인받도록 규정하고 있으며, 사망사고 미발생 기업 등에 대해서는 자율적으로 심사·확인하도록 하고 있다.

또한, '22년에 유해·위험방지계획서 대상 건설현장의 사망사고 예방을 위해 법령에서 정한 이행 확인 결과 안전조치가 미흡한 현장의 행정조치(시행규칙 제48조)에 대한 업무처리 지침을 마련하였으며('22.6월부터 시행), '23년에는 주요 가시설물 구조검토 실시 여부 확인 등 지침 운영과정에서 나타난 미비점을 개선하여 해당 지침을 일부 개정하고 대상 현장에 대한 이행 확인을 강화하였다('23.9월부터 시행).

3) 중소규모 건설현장 기술지도

건설업 산업재해 예방을 위해 전담 안전관리자 선임의무가 없는 1억 원 이상 120억 원(토목공사는 150억 원) 미만의 건설현장에 대해서는 고용노동부 장관이 지정하는 건설재해예방전문지도기관으로부터 기술지도를 받도록 의무화하고 있다.

건설공사도급인이 계약관계에 있어 우월적인 지위를 통해 건설재해예방전문지도기관에 소극적인 지도를 요구하는 것을 개선하기 위해 건설공사발주자가 기술지도 계약을 건설재해예방전문지도기관과 직접 체결토록 관련 규정(산업안전보건법 제73조제1항)을 개정하였으며('22.8.18. 시행), 건설재해예방전문지도기관의 기술지도 수준 향상을 위해 227개 기관에 대하여 업무수행능력을 평가하여, 이중 우수기관(87개/S등급 22개, A등급 65개)에 민간위탁사업기관 선정 시 가점 등의 혜택을 부여하였으며, 불량기관(D등급/35개 기관)에 대해서는 지방관서를 통한 점검을 실시하였다.

또한, 현장 중심의 기술지도 성과평가가 이루어질 수 있도록 기술지도 결과를 이행하지 않는 현장은 매월 관할 지방고용노동관서(20억 원 이상) 및 안전공단 일선기관(20억 원 미만)으로 통보하도록 하여 지도·감독을 통해 개선이 이루어질 수 있도록 관리를 강화하였다.

아울러, 1~50억 원 건설현장 사망사고의 60% 이상을 차지하는 12가지 위험요인*을 선정하고 자율안전점검표를 제작·배포하면서 안전보건관리체제, 기술지도, 작업 전 안전점검(TBM), 재해조사 및 아차사고 신고제도 등 건설현장 안전보건관리 활동을 소개하였다. ('23.6월)

* (건축·구조물) 단부·개구부, 철골, 지붕, 비계·작업발판, 사다리, 달비계, 이동식비계, 거푸집동바리,
 (기계·장비) 굴착기, 고소작업대, 트럭, 이동식크레인

4) 초 소규모 건설현장 재해예방 기술지원

안전관리자 선임의무 및 재해예방 기술지도 의무가 없는 공사금액 1억 원 미만 소규모 건설현장은 안전기술 수준과 근로자의 안전의식이 취약하고, 자율적인 안전보건 관리가 사실상 어려워 추락재해가 다발하고 있다. 이들 현장에 대해서는 정부 차원의 재해예방 지원이 필요하다고 판단하여 한국산업안전보건공단에서 재해예방 전문지도기관 등에 기술지원 사업을 위탁, 2023년에 12만 개소(14만회) 건설현장(산재 미가입 현장 포함)에 대하여 추락사고 예방 등을 중심으로 기술지원을 실시하도록 하였다.

공사금액 1억 원 미만 건설공사 현장 사고사망자는 연간 100명 이상 발생하고 있어 그간의 사망사고 분석을 통해 주로 지붕, 사다리 등에서 추락 등 사고유형이 정형적이라는 점을 고려, 사망사고가 빈번한 고위험 현장(공장, 축사, 주택, 근생시설, 아파트, 관로설치)

및 고위험작업 (지붕, 외부도장, 철거, 인테리어, 리모델링, 옥상방수, 토목공사)에 집중하여 사망사고 다발 12대 위험요인을 중심으로 지원하였다.

5) 지붕공사 재해예방정책 강화

지붕공사 사망사고는 사계절 중 계절별로는 날씨가 따뜻해져 쌓인 눈이 녹아 공장과 축사의 지붕 개보수 작업이 집중되는 시기인 '봄'과 장마와 집중호우가 끝나고 건조해지는 '가을'에 주로 발생하고 있으며, 규모별로는 축사·공장·창고 지붕의 보수·교체 등 50억 원 미만 중소현장에서 발생하는 특성이 있다.

* 최근 3년('21~'23년)간 지붕공사 사망사고 109명 발생
△ 계절별: 가을(9~11월) 41명, 봄(3~5월) 26명, 여름(6~8월) 23명, 겨울(12~2월) 19명
△ 규모별: 1억 원 미만 73명, 1~50억 원 미만 34명, 50~120억 원 미만 1명, 120억 원 이상 1명

이에, 지붕공사 사망사고를 예방하기 위해 사고사례를 분석하여 안전기준을 정비했다. 지붕공사 사망사고는 지붕 위에서 넘어져 밖으로 떨어지거나 강도가 약한 부분을 밟고 밑으로 떨어져서 발생하므로, ① 지붕의 가장자리에 안전난간 설치, ② 슬레이트 위에 폭 30cm 이상의 발판 설치, ③ 채광창(skylight)에는 견고한 구조의 덮개를 설치하도록 하는 등의 안전기준(산업안전보건기준에 관한 규칙 제45조)을 개정하였다('21.11.19. 시행).

2023년 '봄(4~5월)'과 '가을(10~11월)' 동안 '공장·축사 등 지붕 수리 시 추락 위험주의보'를 발령하였으며, 농협·한국산업단지공단 등 관계기관과 협업을 통해 공장주·축산농가에서 자주 방문하는 전국 농·축협 지사무소와 산업단지공단 지역본부를 통해「지붕공사 안전작업 안내문」을 배포하고, 추락사고 예방 홍보 문구 등을 삽입한 안전스티커를 제작하여 승강통로, 지붕 출입구, 사료 포대 등에 부착하여 안전의식 개선을 위한 노력을 기울였다.

또한 매년 10명 이상의 사고사망자가 발생하는 축사·공장 지붕공사 중 채광창 파손 사고를 막기 위해 지자체 등과 협업을 통해 축사·공장 밀집지역을 드론항공촬영하여 지붕 노후도·파손 정도를 파악하고, 파악된 위험도에 따라 차등 관리할 수 있는 디지털 안전 선도모델을 개발 중이다.

6) 산업안전보건관리비 사용범위 확대

'23.10월 고시 개정은 「중대재해 감축 로드맵」에 따라 건설현장에서 '자기규율 예방체계'를 구축·이행하는 과정에서 중대재해 예방에 효과적인 품목을 현장 여건에 맞게 갖추도록 지원하기 위해 이루어졌으며 주요 사용범위 확대 품목은 다음과 같다.

① (CPR(심폐소생술) 교육비 신설) 인명사고 초기대응에 필수적인 심폐소생술 등 응급처치 교육을 실시하기 위해 소요되는 비용 허용
② (AED(자동심장충격기) 구입비 확대) 심정지 응급환자 심폐소생술에 필요한 자동심장충격기를 구비하는데 필요한 비용 허용
③ (스마트 안전시설·장비 사용 확대) 스마트 안전시설·장비 구입·임대비 사용되는 산업안전보건관리비 한도를 확대(20% → 40%, 단 총액의 10% 제한은 유지)하고, 「건설기술진흥법」 제62조의3에 따른 스마트 안전장비 외에 고용부 고시에 따라 지원하는 품목 또한 사용가능토록 확대
④ (공사종류 분류 전면개편) 「건설산업기본법」 등 건설 관련법령을 기초로 하여 ▲건축공사, ▲토목공사, ▲중건설공사, ▲특수건설공사로 전면 재분류 하였으며, 공사특성을 반영한 산업안전보건관리비 계상요율 적용

고용노동부는 고시 개정 이후, 건설현장의 자율적이고 기술적인 안전관리를 지원하기 위해 전국 지방고용노동관서에서 위험성평가 발굴 품목, 스마트(건설) 안전장비 등의 시설을 적극적으로 독려하며 부정 사용에 대해서는 엄중히 제재하는 등 건설현장에 안착될 수 있도록 노력하였다.

7) 건설현장 위험 기계·장비 표준 작업계획서 배포

매년 50억 원 이상 중·대규모 건설공사 사망사고의 약 1/3을 차지하는 건설현장 기계·장비는 중량물 인양(맞음·깔림), 적재물 상하차(맞음·깔림), 기계·장비 이동(부딪힘·끼임) 중 사고 발생 위험이 높다.

특히, 건설현장에서 사용 빈도가 높고 사고가 빈번한 굴착기, 고소작업대, 트럭, 이동식 크레인, 콘크리트펌프카, 항타기·항발기, 지게차, 로더, 롤러 등 위험 기계·장비 9종의 경우 전체 기계·장비 사망사고의 85% 이상을 차지하고 있어 각별한 주의가 필요하다.

이러한 건설기계·장비로 인한 사고 예방을 위해서는 안전검사 등을 통해 자체의 안전성을 확보하는 것뿐만 아니라, 각 기계·장비를 사용하는 목적 및 기계의 특성과 재해 유형을 고려해 안전한 작업방법과 절차를 정하고 이행하는 것이 중요하다.

건설현장 위험 기계·장비 표준 작업계획서는 안전관리에 실질적인 도움이 될 수 있도록 작업장소의 상태, 운행경로 및 작업방법 등 안전보건규칙상 작업계획서 작성 의무이행을 위한 기본 서식과 그간 사고사례 분석 결과에 따른 주요 재해유형별 안전조치, 자율안전점검표 및 핵심안전수칙 등을 수록했으며, 현장 여건에 맞게 수정하여 사용할 수 있도록 「고용노동부 홈페이지」 → 「정책자료실」을 통해 책자 및 각 기계·장비별 표준 서식을 배포했다('23.8월, '24.3월(개정) 배포).

8) 건설공사 붕괴사고 예방 안전기준 정비

건설공사 중 붕괴사고는 흔히 발생하지는 않지만, '22.1월 광주 아파트 붕괴사고(6명 사망), '22.10월 안성 물류창고 붕괴사고(3명 사망) 등 대규모 인명피해를 유발하는 사고가 지속되고 있다.

이처럼 잇달아 발생하는 붕괴사고의 재발을 방지하기 위해 핵심 안전기준을 신설, 또는 명확히 규정하고, 현실과 괴리가 있어 실제 현장에서 사실상 준수하기 어려운 규정은 합리적으로 개선하는 한편, 최근 기술·산업구조 변화에 맞도록 현행화도 병행했다.

우선, 기둥, 보, 바닥 등 주요구조부에 대한 설계, 시공방법을 변경하는 경우, 구조검토 등을 통한 안전성 평가 의무가 신설되었다('24.1.1. 시행).

또한, 그간 뚜렷한 안전기준이 없던 데크플레이트(강제 갑판)에 대해 ① 접합부 걸침길이 확보 및 고정, ② 추가 동바리 또는 수평연결재 설치 등 핵심 안전기준을 명확히 규정하고, 최근 기술·산업구조 변화를 반영하여 초고층 콘크리트 타설에 활용되고 있는 CPB에 대한 안전기준을 신설하는 한편, 현장에서 확인하기 어려운 동바리 강재의 재료별 세부 강도 기준을 삭제하고 한국산업표준에 따르도록 합리화했다('24.1.1. 시행).

아울러, 그간 습한 흙, 마른 흙 등 현실적으로 구분하기 어려운 기준으로 인해 법 준수에 어려움이 많았던 굴착면 기울기 기준은 현장의 의견을 반영하여 건축법 기준과 일치시키고, 건설기술진흥법에 따른 건설기준에 맞게 현장에서 작성한 설계도서상의 기준을 준수하는 것도 가능하도록 개선했다('24.1.1. 시행).

9) 데크플레이트 붕괴사고 예방 안전작업 안내서 배포

데크플레이트는 아연도금 강판, 선재 등의 강재를 요철·가공한 판형 부재로, 콘크리트 구조물의 바닥구조를 형성하는 바닥 거푸집이자 보 형식 동바리로 쓰이는데, 기존 합판 거푸집 대비 높은 강도를 확보해 지주 형식의 동바리 수가 현저히 줄어들어 우수한 시공성을 바탕으로 최근 全 건설현장에 광범위하게 사용되고 있다.

하지만 안타깝게도, 데크플레이트를 사용하는 현장에서 근로자가 2명 이상 사망하는 붕괴사고가 매년 지속적으로 발생하고 있다.

이에 고용노동부는 데크플레이트 하부에 동바리를 추가로 설치하도록 하는 등 붕괴사고 예방을 위한 핵심 안전조치를 안전보건규칙에 명시하였다('24.1.1. 시행).

이와 더불어 그간 데크플레이트 설치 시에는 동바리를 설치하지 않아도 된다는 소위 '무지보(無支保)' 공법이라는 업계의 인식을 고려, 추가 동바리 설치 의무 명확화에 따른 현장의 혼란이 없도록 해당 의무이행 방법에 대한 해석과 FAQ 등을 담은 '데크플레이트 붕괴사고 예방 안전작업 안내서'를 「고용노동부 홈페이지」 → 「정책자료실」을 통해 배포했다 ('23.12월 배포).

10) 발파 표준안전 작업지침 전부개정

발파 표준안전 작업지침은 산업안전보건법 제13조에 따른 안전 기술 및 작업환경에 관한 표준으로, 발파작업을 할 때 발생할 수 있는 산업재해 예방을 위해 사업주에게 지도·권고하는 내용을 담고 있다.

그런데 동 지침은 2000년대 이후 생산·취급이 중단된 '도화선발파' 규정이 그대로 남아있는 등 지난 30년간 주요 내용에 대한 개정이 이루어지지 않아 현실과 괴리가 있었다.

이에 업계 및 학계의 개정 요구를 수용해 기술 발달로 더 이상 현장에 쓰이지 않는 '도화선발파' 등 낡은 규정은 삭제하고, 정전기, 낙뢰 등에 취약한 전기발파에 비해 비교적 안전한 '비전기발파'를 비롯해 무선 통신 기술을 접목하여 안전하고 정교함을 높인 '전자발파' 등 신공법에 관한 안전기준을 신설했다('23.7.1. 전부개정).

고용노동부는 지난 '22.11월 「중대재해 감축 로드맵」에서 밝혔듯이, 앞으로도 기술 발전, 산업변화에 발맞추어 산업안전보건법령, 표준안전 작업지침 등을 현실에 맞게 지속적으로 정비할 계획이다.

11) 건설업체 산재예방실적평가 대상 확대 및 평가기준 재정비

건설업체의 자율적인 산업재해 예방 노력도를 평가하여 공공발주 건설공사 입찰·낙찰자 선정 시 가점을 부여하고 있었으나, 그 대상을 시공능력 1천위 이내 종합건설업체에 한정하고 있어 그 외 중·소업체(약 1.9만 개사)에 불리하게 작용하였다.

이에, 본 제도의 취지에 따라 평가 대상을 全 종합건설업체로 확대하고 평가기준을 재정비하여 모든 업체에 공평한 입찰·낙찰 가점 기회를 제공하고자 「건설업체의 산업재해예방활동 실적 평가기준」을 개정('23.8.31.)하였으며, 2024년도 건설업체 산재예방실적부터 적용되어 2025년 입찰·낙찰 시 반영된다.

아울러, 평가지표 개편을 통해 사업주가 시공현장을 방문하여 안전·보건활동의 이행을 확인하고 위험요인을 점검하는 등 적극적인 안전보건활동을 유도하고, 안전관리자 뿐만아니라 보건관리자의 정규직 채용을 장려하며, 대규모 현장을 보유한 업체는 시공능력에 따라 본사 안전·보건 전담자 수를 차등적으로 배치하도록 하여 체계적인 안전관리 시스템이 운영되도록 하는 한편, 대규모 현장이 없는 영세 건설업체는 본사 전담자 배치기준을 완화하여 작은 노력으로도 가점을 받을 수 있도록 배려하였다.

12) 기초안전보건교육 표준교재 배포

기초안전보건교육은 건설현장에서 일하기에 앞서 모든 건설일용근로자가 이수하여야 하는 4시간 교육과정으로 고용노동부와 안전보건공단이 지정한 전국 70여개 교육기관에서 운영하고 있다.

'22.8.18. 개정된 기초안전보건교육 내용에 따라 교재의 체계를 정비하면서 그간 기초안전보건교육에는 너무 많은 위험요인이 경중없이 나열되어 있다는 의견을 반영하여 건설현장 사망사고 12대 위험요인을 포함하여 대형사고를 발생시킬 수 있는 타워크레인, 항타기, 건설용리프트 등과 계절성 위험요인인 온열·한랭 질환 등 총 19가지 위험요인을 중심으로 개편하여 각 위험요인별 1페이지로 정리하여 사고사례를 만화로 표현하고 QR코드를 활용한 교육 영상을 제공하였으며, 간단한 퀴즈를 제시하여 위험요인별 핵심수칙을 효과적으로 익힐 수 있도록 구성하였다.

아울러, 건설현장의 시공절차에 관한 이해를 위하여 사망사고가 빈번한 아파트, 철골 등 건축공사와 도로, 관로 등 토목공사의 주요 작업단계와 작업별 위험요인을 소개하는 한편, 거푸집, 갱폼, 뿜칠 등 건설현장에서 자주 사용하는 용어에 대한 설명을 수록하여 건설업에 처음 종사하는 근로자가 건설현장을 쉽게 이해할 수 있도록 노력하였다.

가. 화학사고 고위험사업장 집중관리

산업안전보건법 제44조에 의거하여, 화재·폭발 및 독성물질 누출 등 중대산업사고 발생 가능성이 높은 원유 정제처리업 등 7개 업종(217개소)과 인화성 가스 및 액체 등 51개 화학물질을 기준량 이상 사용하는 사업장(1,997개소) 등 총 2,214개소를 공정안전관리(PSM) 대상으로 정해 대형사고 예방을 위해 집중적으로 관리해 오고 있다. 특히, 화학사고 예방에 보다 적극적으로 대응하고자 7개 권역별(수도권, 경남권, 경북권, 전남권, 전북권, 충남권, 충북권)로 중대산업사고 예방센터(이하 중방센터)를 설치·운영하고 있다.

표 8-①-2. 공정안전관리 대상 사업장 현황 ('23년 말 현재, 단위: 개소)

적용구분 센터별	총계	7개 화학업종								유해위험물질13) (규정량 이상)
		소계	원유 정제	석유 정제	석유 기초/ 합성 수지	질소 인산	복합 비료	농약 제조	화약 불꽃	
계	2,214	217	24	35	138	1	2	4	13	1,997
수도권센터	616	22	1	3	13	-	-	1	4	594
경남권센터	445	87	13	13	55	1	1	1	3	358
경북권센터	262	9	-	1	8	-	-	-	-	253
전남권센터	224	58	6	9	39	-	1	1	2	166
전북권센터	163	14	-	5	9	-	-	-	-	149
충남권센터	303	24	4	4	13	-	-	1	2	279
충북권센터	201	3	-	-	1	-	-	-	2	198

우선, PSM 대상사업장은 중대산업사고의 발생가능성이 큰 설비들을 체계적으로 관리하기 위해 관련된 도면 등 관련 자료를 문서화하고, 이를 토대로 공정 또는 설비상에 위험요소를 발굴·제거한 후에 안전한 공장 가동을 위한 안전운전계획 및 비상조치계획 마련 등 12개 요소에 대한 각각의 세부 추진계획이 포함된 공정안전보고서를 작성·제출토록 하여 적합성 여부를 심사받도록 하고 있다. 이에 따라 2023년에 한국산업안전보건공단에서 공정안전보고서 437건을 심사하고, 790건에 대해 공정안전보고서와 현장과의 일치 여부에 관해 확인하였다.

표 8-①-3. 공정안전보고서 심사·확인 및 점검실적

구 분	심사 건수	확인 건수	이행상태 점검
2017년	473	856	781개소
2018년	528	890	921개소
2019년	524	926	975개소
2020년	464	876	1,051개소
2021년	577	998	945개소
2022년	484	796	점검 286개소, 자율진단* 533개소
2023년	437	790	851개소

13) PSM대상 유해위험물질명: 인화성가스, 인화성액체, 메틸이소시아네이트, 포스겐, 아크릴로니트릴, 암모니아, 염소, 이산화황, 삼산화황, 이황화탄소, 시안화수소, 불화수소, 염화수소, 황화수소, 질산암모늄, 니트로글리세린, 트리니트로톨루엔, 수소, 산화에틸렌, 포스핀, 실란(Silane) 등 51종

아울러, 7개 권역별 중방센터에서 공정안전보고서 제출사업장에 대하여 공정안전관리 이행 여부를 평가하고 그 결과를 토대로 자율관리, 지도감독 강화 등 차등관리를 실시하고 있다. 2023년에는 P등급(우수), S등급(양호), M+등급(보통) 및 M-등급(불량) 4개 등급으로 구분하고, P등급(우수) 사업장 109개소는 4년에 1회 점검하고, S등급(양호) 사업장 773개소는 2년에 1회 이상 점검, M+등급(보통) 사업장 897개소는 2년에 1회 이상 점검 및 한국산업안전보건공단의 기술지도, M-등급(불량) 사업장 150개소는 1년에 1회 이상 점검과 2년 1회 이상 기술지도 등을 실시하였다.

또한, 한국산업안전보건공단에서는 중소규모 화재·폭발 취약 사업장 2,013개소를 선정하여 화학사고 사례 및 예방대책에 대한 안전관리책임자 교육 실시 및 화재·폭발 및 독성물질 누출 예방 기술지원 등의 기술지도를 실시하였다.

나. 위험작업 다수보유 제조업의 근원적 재해예방 강화

1) 안전보건개선계획 수립·명령

안전보건개선계획 수립·명령은 재해다발 또는 작업환경 불량사업장에 고용노동부장관(지방고용노동관서장)이 명령을 통해 사업주로 하여금 산업재해 예방을 위한 종합적인 개선조치를 하게 함으로써 근로자를 유해·위험요인으로부터 보호하기 위한 제도이다.

대상사업장은 ▲산업재해율이 같은 업종의 규모별 평균 재해율보다 높은 사업장 ▲유해인자의 노출기준을 초과한 사업장 ▲사업주가 안전·보건조치의무를 이행하지 아니하여 중대재해가 발생한 사업장 등으로, 2023년의 경우 137개 사업장에 대하여 안전보건개선계획 수립을 명령하여 개선하였다.

표 8-①-4. 안전보건개선계획 수립 대상 사업장

구 분	대 상	비 고
안전보건진단	■ 추락·붕괴, 화재·폭발, 유해하거나 위험한 물질의 누출 등 산업재해 발생의 위험이 현저히 높은 사업장	산안법 제47조
안전보건개선계획	■ 산업재해율이 같은 업종의 규모별 평균 산업재해율보다 높은 사업장 ■ 사업주가 필요한 안전조치 또는 보건조치를 이행하지 아니하여 중대재해가 발생한 사업장 ■ 대통령령으로 정하는 수 이상의 직업성 질병자가 발생한 사업장 ■ 제106조에 따른 유해인자의 노출기준을 초과한 사업장	산안법 제49조
	■ 단순한 시설을 가진 30인 미만 소규모 사업장, 공사 준공기한이 4개월 미만 남은 건설현장 등 개선계획 수립 명령이 적절하지 않은 사업장 제외	안전보건진단 명령 및 개선계획수립 명령 업무매뉴얼
진단을 받아 안전보건개선계획	■ 산업재해율이 같은 업종 평균 산업재해율의 2배 이상인 사업장 ■ 사업주가 필요한 안전조치 또는 보건조치를 이행하지 아니하여 중대재해가 발생한 사업장 ■ 직업성 질병자가 연간 2명 이상(상시근로자 1천 명 이상 사업장의 경우 3명 이상) 발생한 사업장 ■ 그 밖에 작업환경 불량, 화재·폭발 또는 누출 사고 등으로 사업장 주변까지 피해가 확산된 사업장으로서 고용노동부령으로 정하는 사업장(시행규칙 미규정)	산안법 시행령 제49조
	■ 사업장의 전년도 재해율이 같은 업종 규모별 평균재해율 보다 높은 사업장 중 법 위반 중대재해 발생 사업장	안전보건진단 명령 및 개선계획수립 명령 업무매뉴얼

2) 제조업 등 유해·위험방지계획서 제출

유해·위험방지계획서는 1982년 산업안전보건법 제정 시 제조업 사업장의 산업재해 예방을 위해 도입된 제도로서, 「기업활동 규제완화에 관한 특별조치법」으로 인해 적용이 면제(97.5.1. ~ 2008.12.31.) 되었다가 다시 시행(2009.1.1.)된 제도이다.

제조업 등 유해·위험방지계획서 제출 대상 사업장은 지속적으로 확대되어 2014년 9월 13일부터는 13개 업종에 해당되는 사업장으로서 전기 계약용량이 300kW 이상 사업장 또는 6개 제출 대상 설비를 보유한 사업장이 해당된다.

표 8-①-5. 제조업 등 유해·위험방지계획서 제출 현황

구 분	대 상 업 종(전기 계약용량 300kW이상)	대 상 설 비
최초 시행 ('82~'97.4.30.)	1. 화합물과 화학·석유·석탄·고무 및 플라스틱제품제조업 2. 제1차 금속산업 3. 조립금속제품·기계 및 장비제조업	1. 크랭크프레스기 및 액압프레스기 2. 용해로(용량 1톤 이상) 3. 화학설비 4. 건조설비 5. 아세틸렌용접장치 6. 가스집합용접장치
재시행 ('09.1.1.)	1. 금속가공제품(기계 및 가구 제외) 제조업 2. 비금속 광물제조업	1. 용해로(용량 3톤 이상) 2. 화학설비 3. 건조설비 4. 가스집합용접장치 5. 국소배기장치
확대 ('12.1.26.)	1. 금속가공제품(기계 및 가구 제외) 제조업 2. 비금속 광물 제조업 3. 기타 기계 및 장비제조업 4. 자동차 및 트레일러 제조업 5. 식료품 제조업 6. 고무제품 및 플라스틱제품 제조업 7. 목재 및 나무제품 제조업 8. 기타 제품 제조업 9. 1차 금속 제조업 10. 가구 제조업	1. 용해로(용량 3톤 이상) 2. 화학설비 3. 건조설비 4. 가스집합용접장치 5. 국소배기장치 6. 전체 환기설비, 밀폐설비
확대 ('14.9.13.)	1. 금속가공제품(기계 및 가구 제외) 제조업 2. 비금속 광물제조업 3. 기타 기계 및 장비 제조업 4. 자동차 및 트레일러 제조업 5. 식료품 제조업 6. 고무제품 및 플라스틱제품 제조업 7. 목재 및 나무제품 제조업 8. 기타 제품 제조업 9. 1차 금속 제조업 10. 가구 제조업 11. 화학물질 및 화학제품 제조업 12. 반도체 제조업 13. 전자부품 제조업	1. 용해로(용량 3톤 이상) 2. 화학설비 3. 건조설비 4. 가스집합용접장치 5. 국소배기장치 6. 전체 환기설비, 밀폐설비

제조업 등 유해·위험방지계획서 제출 대상 사업장은 제품의 생산 공정과 직접적으로 관련된 건설물·기계·기구 및 설비를 설치·이전하거나 주요 구조 부분을 변경하려는 경우 등에 해당 작업을 시작하기 15일 전까지 사업장 소재 관할 안전보건공단에 유해·위험방지계획서를 제출해야 한다. 안전보건공단은 사업주가 제출한 유해·위험방지계획서의 적합성을 검토하여 고용노동부 지방관서에 심사결과를 알리고, 지방관서에서는 심사결과가 부적절한 경우 공사착공 중지명령, 계획변경명령 등의 조치를 하고 있다.

표 8-①-6. 제조업 등 유해·위험방지계획서 제출 대상

구 분	제 출 대 상
대상업종	제품의 생산공정과 직접적으로 관련된 건설물·기계·기구 및 설비 등 전부를 설치·이전하거나 그 주요 구조 부분을 변경하려는 경우
대상설비	유해하거나 위험한 작업 또는 장소에서 사용하거나 건강장해를 방지하기 위하여 사용하는 기계·기구 및 설비로서 대통령령으로 정하는 기계·기구 및 설비를 설치·이전하거나 그 주요 구조 부분을 변경하려는 경우

표 8-①-7. 제조업 등 유해·위험방지계획서 제출 현황

구 분	유해·위험방지계획서 제출 사업장 수(개소)		
	2개 업종('11년) 10개 업종('12~'13년) 13개 업종('14년~)	5개 위험설비	계
2012년	282	477	759
2013년	949	743	1,692
2014년	1,260	869	2,129
2015년	1,593	879	2,472
2016년	1,789	932	2,721
2017년	1,816	1,020	2,836
2018년	1,811	934	2,745
2019년	1,668	758	2,426
2020년	1,861	945	2,806
2021년	2,266	1,214	3,480
2022년	1,898	921	2,819
2023년	1,662	1,034	2,696

다. 밀폐공간작업 질식재해예방 강화

밀폐공간이란 환기가 불충분하여 유해가스나 산소결핍에 의한 건강장해를 유발하거나 인화성물질로 인한 화재·폭발 등의 위험이 있는 장소를 말하며, 우물·수직갱·터널·맨홀·호퍼 등이 대표적인 밀폐공간에 해당된다.

이러한 밀폐공간에서의 질식사고는 산소결핍(산소농도 18% 미만) 상태 외에도 황화수소, 일산화탄소 등 유해화학물질에 노출됨으로써 발생하게 되는데 최근 5년간('19년 ~ '23년) 130명이 부상을 입고 60명이 사망하였다.

표 8-①-8. 밀폐공간 질식재해 발생 현황

구분	계	'19년	'20년	'21년	'22년	'23년
부상자	130	11	11	50	40	18
사망자	60	13	14	11	9	13

밀폐공간 질식재해 예방을 위해서는 작업 전 산소농도 측정, 환기 및 밀폐공간 보건작업 프로그램 수립·시행 등의 조치가 필수적이다.

이에 맨홀, 탱크 등 밀폐공간 보유 사업장에 대한 기획감독('23년 기준 211개소 감독) 및 기술지도를 실시하였다.

사전 예방활동 차원에서 한국산업안전보건공단의 작업환경실태조사('19년) 결과를 토대로 밀폐공간 보유사업장 및 폐수배출시설에 대한 실태조사(약 1만 개소)를 실시하여 위험관리 수준을 평가하였다. 전년도 실태조사 결과 고위험군으로 평가된 사업장에 대한 집중관리를 통해 위험도를 낮추는데도 노력하였으며, 가스농도측정기, 환기팬, 송기마스크 등 질식재해 예방장비 대여사업(2023년 1,749회), 질식재해 발생 경보(7회, 15,306개소), 기술자료 배포(2종, 21,743부) 등을 추진하였다.

③ 위험기계·기구 근원적 안전성 확보

가. 안전인증·안전검사제도의 시행

재해발생 위험성이 큰 위험기계·기구, 방호장치 및 보호구의 근원적 안전성 확보를 위한 안전인증 및 안전검사제도가 2009년 1월 1일부터 시행되었다. 안전인증은 제조·수입단계에서 안전성이 확인된 위험기계·기구 및 방호장치·보호구 제품이 생산·유통되도록 한 제도이며, 안전검사는 사업장에서 사용단계의 위험기계·기구의 안전성을 주기적인 검사를 통해 확인하도록 한 제도이다.

종전에는 1987년도부터 보호구·방호장치에 대한 성능검정제도가, 1991년도부터는 위험기계·기구에 대한 검사 제도가 도입·시행되어왔다. 그러나 제품 시료의 성능 시험만을 실시하여 기준에 적합한 경우 제조·사용 등을 허용한 검정 제도로는 제품의 지속적 안전성 확보에 한계가 있고, 위험기계·기구 검사의 경우 정부 주관의 정기검사와 사업주 주관의 자체검사가 대상이 일부 중복되고, 검사내용·방법 등이 유사하며, 제품의 위험도·노후화 정도와 무관하게 검사의 방법과 주기가 획일적인 검사를 시행함에 따라 사업주에게 부담을 가중시킨다는 지적이 제기되어 왔다.

이에 검사·검정제도를 근본적으로 개선하고자 2005년부터 검사·검정제도의 문제점을 개선하기 위하여 노·사·정·학계 등 관계자로 구성된 『검사·검정제도 개선 T/F』를 운영하면서 연구용역, 정책 이해관계자 설문조사 등을 거쳐 개선방안을 마련하였다. 공청회(4월)와 세미나(7월)를 거쳐 2006년 3월에 마련한 산업안전보건법 개정(안)을 2007년 7월 27일에 개정·공포(법률 제8562호)하였다. 2008년에는 그 하위법령인 시행령(대통령령 제20973호, '08.8.21.) 및 시행규칙(고용노동부령 제308호, '08.9.18.)을 개정·공포하였으며, 2009년 1월 1일부터 안전인증 및 안전검사 제도를 시행하게 되었다.

안전인증·안전검사 도입에 따른 주요 개선내용은 다음과 같다.

첫째, 제품 생산단계(사용 전)의 검사·검정제도를 「안전인증제」로 통합하여 제품 성능 이외에 업체의 기술능력·생산체계(품질관리시스템)를 함께 심사하도록 하였다. 안전인증을 받은 자는 제품에 안전인증 표시를 하도록 하고, 이를 임의로 변경·제거하지 못한다. 제조자는 안전인증을 받지 않은 경우 유사 표시를 할 수 없으며, 위반 시 고용노동부장관은 표시제거 등 필요한 조치를 명할 수 있다. 안전인증을 받지 않았거나 안전인증이 취소된 제품은 제조·수입·양도·대여·사용·진열할 수 없으며, 위반 시 고용노동부장관은 제품의 수거·파기를 명할 수 있도록 하였다.

둘째, 안전인증 대상에서 제외되는 위험기계·설비 및 방호장치·보호구 등으로서 생산기술이 보편화되어 제품의 시험만으로 안전관리가 가능한 제품을 제조·수입하는 자는 고용노동부장관이 정한 기준에 적합하다는 것을 확인·신고(자율안전 확인의 신고)한 후 생산하도록 하고, 이를 증명하는 서류를 보존하도록 하였다.

셋째, 사용 중인 기계·기구에 대하여는 종전의 정기검사와 자체검사를 통합하여「안전검사」로 변경하고, 기업 스스로 자율안전관리 능력이 있는 경우 안전검사를 대체하는 자율검사 프로그램 제도를 도입하였다. 즉, 위험기계·설비를 사용하는 사업주는 고용노동부장관이 실시하는 안전검사를 받도록 하고 안전검사를 받지 않거나, 합격이 취소된 기계·설비는 사용을 금지하되, 사업주가 근로자대표와 협의를 거쳐 검사 시기·방법 등을 포함한「자율검사 프로그램」을 마련하여 자율적으로 검사를 실시하는 경우는 안전검사를 면제하도록 하였다.

이상과 같은 안전인증 및 안전검사 제도의 시행을 위하여 관련 절차 및 기술 기준을 고용노동부 고시로서 제정('08년 12월)하였으며, 대상 물량의 확대 및 정부의 재해예방 행정력의 효율적 투입을 위한 민간역량 활용의 필요성을 고려하여, 한국산업안전보건공단 외에 법정 요건을 갖춘 민간 전문기관[14])에도 업무를 위탁, 원활한 제도 시행에 차질이 없도록 하였다.

또한, 2012년 1월 26일「산업안전보건법 시행령」개정을 통하여 재해발생 위험성이 큰 위험기계·기구의 근원적 안전성 확보를 위한 안전인증, 자율안전확인 신고 및 방호조치 대상을 2013년 3월 1일부터 〈표 8-①-10〉과 같이 확대·시행하였다.

2016년 2월 17일「산업안전 보건법 시행령」개정을 통하여 이동식 크레인 및 고소작업대를 안전검사 대상에 포함하였고, 2017년 10월 27일 같은 법 시행령 개정을 통하여 컨베이어 및 산업용 로봇을 안전검사 대상에 포함하였다.

2020년 1월 16일 같은 법 시행령 개정을 통하여 기계톱을 안전인증 대상에서 제외하고 산업용 로봇 방호장치를 안전인증 대상에 포함하였다. 또한 기압조절실과 산업용 로봇 안전매트, 잠수기를 자율안전확인대상기계에서 제외하고 화학설비 및 그 부속설비, 건조설비 및 그 부속설비를 안전검사 대상에서 제외하였다.

---

14) 민간 전문기관: 한국승강기안전공단, 대한산업안전협회, 한국안전기술협회

표 8-①-9. 안전인증·자율안전확인 신고·안전검사 대상

구분	안전인증 및 자율안전확인 신고	안전검사
위험 기계 기구	**안전인증 대상** ① 프레스 ② 전단기 및 절곡기 ③ 크레인 ④ 리프트 ⑤ 압력용기 ⑥ 롤러기 ⑦ 사출성형기 ⑧ 고소작업대 ⑨ 곤돌라 **자율안전확인 신고대상** ① 연삭기 또는 연마기 ② 산업용 로봇 ③ 혼합기 ④ 파쇄기 또는 분쇄기 ⑤ 식품가공용기계 ⑥ 컨베이어 ⑦ 자동차정비용 리프트 ⑧ 공작기계 ⑨ 고정형 목재가공용기계 ⑩ 인쇄기	① 프레스 ② 전단기 ③ 크레인(정격하중 2톤 미만인 것은 제외) ④ 리프트 ⑤ 압력용기 ⑥ 곤돌라 ⑦ 국소배기장치(이동식 제외) ⑧ 원심기(산업용에 한정) ⑨ 롤러기(밀폐형 제외) ⑩ 사출성형기(형체결력 294KN 미만은 제외) ⑪ 고소작업대 ⑫ 컨베이어 ⑬ 산업용 로봇
방호 장치	**안전인증 대상** ① 프레스 및 전단기 방호장치 ② 양중기용 과부하방지장치 ③ 보일러 압력방출용 안전밸브 ④ 압력용기 압력방출용 안전밸브 ⑤ 압력용기 압력방출용 파열판 ⑥ 절연용 방호구 및 활선작업용 기구 ⑦ 방폭구조 전기기계·기구 및 부품 ⑧ 가설기자재(파이프써포트 등) ⑨ 산업용 로봇 방호장치(안전매트 등) **자율안전확인 신고대상** ① 아세틸렌·가스집합 용접장치용 안전기 ② 교류아크용접기용 자동전격방지기 ③ 롤러기 급정지장치 ④ 연삭기 덮개 ⑤ 둥근톱 반발예방 및 날접촉예방장치 ⑥ 수동대패용 칼날접촉방지장치 ⑦ 가설기자재(보조지주 등)	
보호구	**안전인증 대상** ① 안전모(추락·감전 방지용) ② 안전화 ③ 안전장갑 ④ 방진마스크 ⑤ 방독마스크 ⑥ 송기마스크 ⑦ 보호복 ⑧ 안전대 ⑨ 보안경(차광 및 비산물 위험방지용) ⑩ 용접용 보안면 ⑪ 방음용 귀마개 또는 귀덮개 ⑫ 전동식호흡보호구 **자율안전확인 신고대상** ① 안전모(낙하·비래 방지용) ② 보안경(비산물 위험방지용) ③ 보안면(일반) ※ 안전인증대상 보호구 제외	

표 8-①-10. 위험기계·기구에 대한 안전인증·자율안전확인 신고·방호조치 대상 개정내용

구분	개정 전('13.3.1. 이전)	현 행
위험 기계 기구	**안전인증 대상** ① 프레스 ② 전단기 ③ 크레인 ④ 리프트 ⑤ 압력용기 ⑥ 롤러기 ⑦ 사출성형기 ⑧ 고소작업대	**안전인증 대상** ① 프레스 ② 전단기 및 절곡기 ③ 크레인 ④ 리프트 ⑤ 압력용기 ⑥ 롤러기 ⑦ 사출성형기 ⑧ 고소작업대 ⑨ 곤돌라
	자율안전확인 신고대상 ① 원심기 ② 공기압축기 ③ 곤돌라	**자율안전확인 신고대상** ① 연삭기 또는 연마기(휴대형 제외) ② 산업용 로봇 ③ 혼합기 ④ 파쇄기 또는 분쇄기 ⑤ 식품가공기계(파쇄·절단·혼합·제면기만 해당) ⑥ 컨베이어 ⑦ 자동차정비용 리프트 ⑧ 공작기계(선반, 드릴기, 평삭기, 형삭기, 밀링만 해당) ⑨ 고정형 목재가공기계(둥근톱, 대패, 루타기, 띠톱, 모떼기 기계만 해당) ⑩ 인쇄기
방호 조치 등	① 프레스 또는 전단기 ② 아세틸렌 용접장치 또는 가스집합 용접장치 ③ 방폭용 전기기계·기구 ④ 교류 아크용접기 ⑤ 크레인 ⑥ 승강기 ⑦ 곤돌라 ⑧ 리프트 ⑨ 압력용기 ⑩ 보일러 ⑪ 롤러기 ⑫ 연삭기 ⑬ 목재 가공용 둥근톱 ⑭ 동력식 수동대패 ⑮ 산업용 로봇 ⑯ 정전 및 활선작업에 필요한 절연용 기구 ⑰ 가설기자재	① 예초기 ② 원심기 ③ 공기압축기 ④ 금속절단기 ⑤ 지게차 ⑥ 포장기계(진공포장기, 랩핑기로 한정)

※ 동 표에는 방호장치 및 보호구에 대한 안전인증 및 자율안전확인 신고 대상 미포함

그림 8-①-1. 제조·유통단계의 검사·검정제도 개선

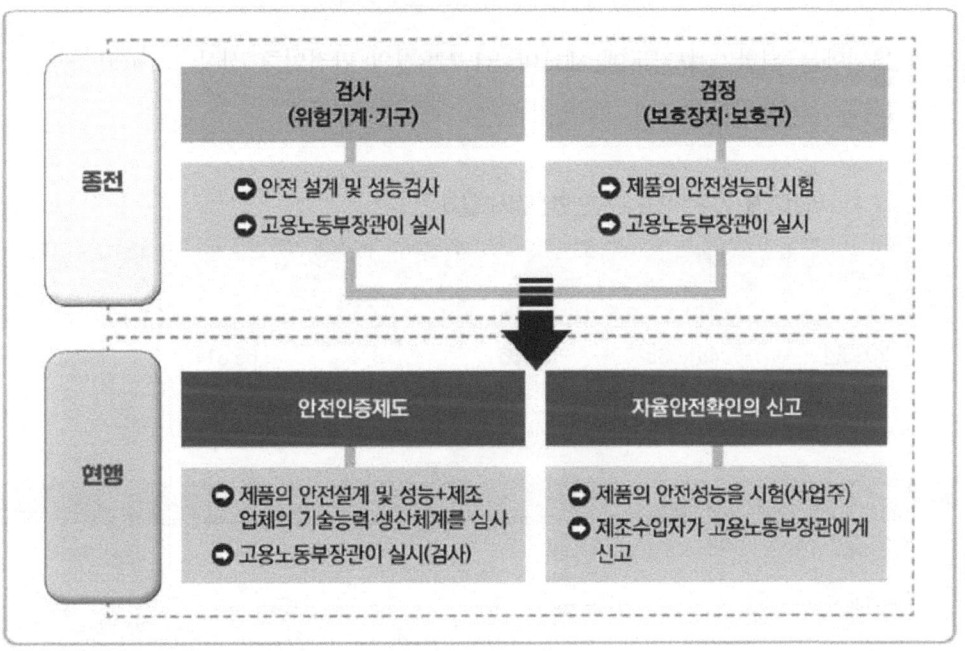

그림 8-①-2. 사용단계의 위험기계·기구 검사제도 개선

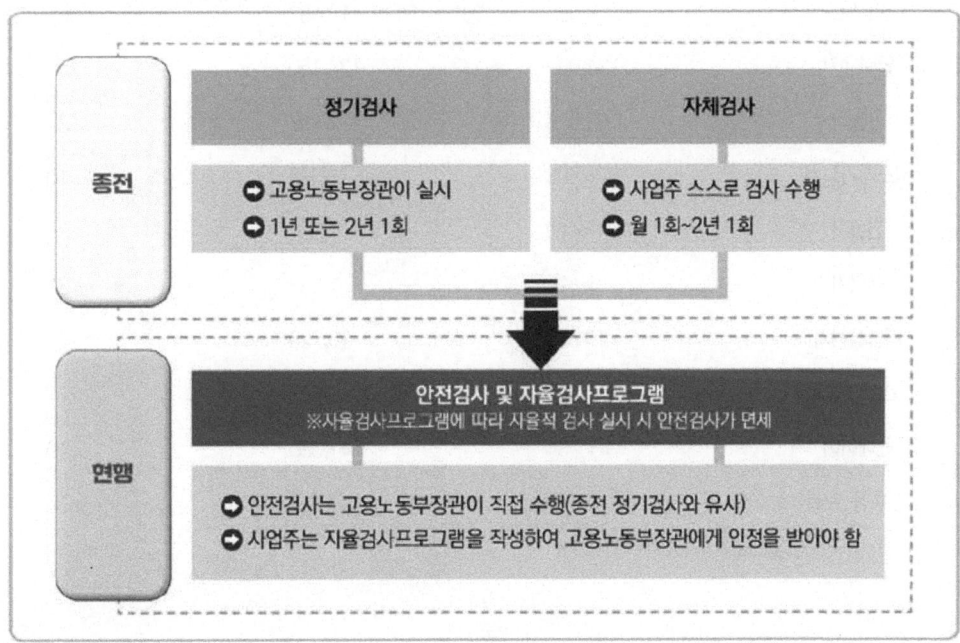

나. 위험기계·기구 안전인증 및 안전검사

2023년에는 위험기계·기구에 대하여 81,228건의 안전인증 심사 및 400,437건의 안전검사를 실시하였다.

표 8-①-11. 위험기계·기구 안전인증 및 안전검사 결과

(단위: 건)

구 분	계	안전인증			안전검사
		서면심사	기생심사	제품심사	
2023년	481,665	15,906	8	65,314	400,437

(단위: 건)

구 분	계	합격	불합격
계	400,437	392,980	7,457
프레스	35,569	34,894	675
전단기	4,089	4,026	63
크레인	120,087	110,251	3,836
리프트	18,993	18,432	561
압력용기	124,909	124,150	759
곤돌라	2,917	2,893	24
국소배기장치	808	798	10
원심기	1,410	1,374	36
롤러기	1,418	1,387	31
사출성형기	20,829	20,720	109
고소작업대	9,107	8,836	271
컨베이어	41,934	41,385	549
산업용 로봇	18,367	17,834	533

* 자료: 한국산업안전보건공단('23년)

다. 보호구 및 방호장치 안전인증

2023년에는 방폭용 전기기계·기구 등 방호장치 9종에 대해 5,701건의 안전인증 심사를 실시하고, 방진마스크·안전대 등 보호구 12종에 대해 2,062건의 안전인증 심사를 실시하였다.

표 8-①-12. 방호장치 안전인증 실적 (단위: 건)

계	프레스 및 전단기	과부하 방지장치	보일러 안전밸브	압력용기 안전밸브	압력용기용 파열판	절연방호구 및 활선기구	산업용로봇 방호장치	가설 기자재	방폭 기기
5,701	12	59	48	41	100	44	122	897	4,378

* 자료: 한국산업안전보건공단('23년)

표 8-①-13. 보호구 안전인증 실적 (단위: 건)

계	안전모	안전화	안전장갑	방진마스크	방독마스크	송기마스크	전동식 호흡보호구	보호복	안전대	보안경	보안면	방음보호구
2,062	35	1,069	35	228	44	9	26	153	257	138	43	25

* 자료: 한국산업안전보건공단('23년)

재해예방 재정·기술 지원

가. 클린사업장 조성지원(유해·위험요인 시설개선)

「유해위험요인 시설개선」사업은 기술·재정적 능력이 취약한 산재보험가입 50인 미만 사업장, 중소기업기본법에 따른 소기업 및 공사금액 50억 원 미만인 건설현장, 산업단지를 대상으로 유해·위험요인 개선을 통해 『안전하고 건강한 일터를 조성』하기 위한 사업이다.

표 8-①-14. 유해위험요인 시설개선 지원내용

구 분	사망사고 등 고위험 개선	추락방지 안전시설
지원 대상	• 상시근로자가 50인 미만인 사업장의 사업주(건설업 제외) • 중소기업기본법 시행령 제8조제1항 별표3에 따른 업종별 평균 매출액 등이 소기업 규모 기준 이하인 사업주 • 노동시장 이중구조 개선을 위한 상생 협약을 체결한 협력업체로서 중소기업기본법 시행령 제3조제1항 별표1에 따른 업종별 평균 매출액 등이 중소기업 규모 기준 이하인 사업주	• 산재보험에 가입하여 체납이 없는 공사금액 50억 원 미만 건설업
지원 조건	• 사망사고 예방품목 또는 고용노동부의 감독, 공단의 기술지원 결과 시급한 위험 요인을 개선할 경우	• 시스템비계, 안전방망 및 사다리형 작업발판 등을 임대·설치·구입하고자 하는 경우
최대 지원 금액 및 지원 비율	• 사업장 당 3,000만 원까지 ※ 각각 최대 1,000만 원 추가 지원 - 고용증가 사업장(고용인원 1명당 200만 원 범위 내에서 추가 지원) - 위험성평가 인정 사업장 - 강소기업으로 선정된 사업장 - 고위험업종 (산재보험료율 상위업종 등)	• 건설현장당 3,000만 원까지 (단, 같은 사업주의 건설현장은 연간 3개소*까지) * 공사금액 20억 원 미만은 2개소를 1개소로 산정
	• 공단 판단금액의 70% 또는 정액 ※ 이동식크레인·고소작업대, 굴착기, 로더, 타워크레인 등의 경우 동일설비 중복지원 불가	• 공단 판단금액의 50% ~ 60%까지 ※ 단, 공사금액 3억 원 미만은 65%, 3억 원 이상 20억 원 미만은 60%까지 지원

※ 2013년부터 건설현장 추락재해 예방을 위해 시스템비계 지원을 추가하고, 2016년부터 사망사고 등 위험요인을 신속히 개선하기 위한 사망사고 예방품목(고소작업대 등 방호장치는 '15년부터 지원), 고용노동부의 감독, 공단의 기술지원 결과 시급한 개선사항에 대해 연중 지원 추가

「유해위험요인 시설개선」사업의 지원절차는 사망사고 예방품목 또는 고용노동부 감독·점검, 공단 및 민간재해 예방기관의 기술지원 대상 사업장이 기술지원을 받고 클린사업에 참여 신청을 하면 한국산업안전보건공단의 안전보건전문가가 사업장의 유해·위험 요인에 대한 투자계획 수립 기술지원(투자컨설팅)을 실시하고, 사업주는 도출된 유해·위험 요인과 작업환경개선 필요 사항에 대하여 노·사 협의에 따라 시설개선 이행계획서 및 자금지원 신청서를 제출한다. 사업장에서 제출한 이행계획 및 자금지원 신청서는 공단에 구성된 클린사업 자금지원 결정심사 위원회를 통하여 지원여부를 결정한 후 사업주의 시설개선이 완료되면 시설개선에 소요된 자금을 지원하는 방식으로 운영된다.

또한, 지원 후 1~3년간 사후 기술지도를 통하여 지원된 시설에 대한 정상사용 여부를 점검하고, 유해·위험요인에 대한 추가 기술지원을 하고 있다. 자금지원 결정 심사위원회는 30개 지역별로 노·사·정 및 전문가 등 총 300여 명으로 구성되어 있다.

그림 8-①-3. 유해위험요인 시설개선 추진절차도

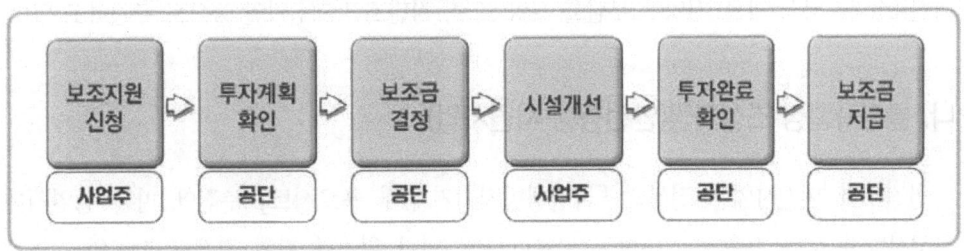

「유해위험요인 시설개선」사업은 2001년 10월부터 2023년 12월 말까지 총 18,994억 원의 재정을 투입하여 50인 미만 사업장의 약 6.9%인 201,154개 사업장을 지원하였다.

그 결과 작업환경 불량업체, 취약계층 근로자 고용업체, 재해다발 업종 등을 집중 지원함으로써 산업안전 분야의 양극화 해소에 일정 부분 기여한 것으로 평가받고 있다.

2023년에는 1,197억 원의 예산을 투입하여 15,956개 사업장을 유해위험요인 시설개선으로 지원하였으며 2021년~2022년에 지원한 29,146개 사업장은 기술지원을 겸한 사후관리를 실시하였다. 그간 클린사업의 성과·효과를 분석한 결과, 근로자 보호는 물론 기업경쟁력 강화에도 일정 부분 기여하고 있는 것으로 나타났다.

용역수행 결과

• 사업의 효과성 평가

구분	사업성과(사업장 1개소당, '13년 ~ '22년 평균)
재해자 감소	클린사업 지원 후 재해자 수 0.040명 감소 효과
고용의 변화	클린사업 지원 후 고용 1.036명 증가 효과

※ 2023년 재정지원사업 성과평가
 - 용역 수행기관: 부산가톨릭대학교 산학협력단
 - 용역 수행대상: 2013~2022년까지 지원사업장 72,292개소

이러한 유해위험요인 시설개선 사업의 성과를 지속적으로 향상시키기 위하여 그간 시행과정에서 제기된 개선요구 사항, 민원불편 사항, 재정사업 심층평가 결과 권고사항 및 관계 기관 지적사항 등을 토대로 제도 전반에 대한 개선방안을 검토하였다.

제도개선의 주요내용은 재정사업 성과평가 결과에 따른 기획재정부 권고사항, 클린사업 지원대상 및 방식 개선, 사업주 부담률 상향 조정, 지원조건 개선방안 등으로 추진하고 있다.

나. 클린사업장 조성지원(안전동행 지원사업)

안전투자 혁신사업은 정부의 「국민생명지키기 3대 프로젝트」 추진에 따른 산업재해 사고사망자 50% 감축에 기여하고 코로나19로 인한 위기를 기업 경쟁력 강화의 기회로 전환하기 위한 한국판 뉴딜정책의 일환으로 2021년부터 한시사업('21년~'23년)으로 추진되었고, 2024년부터 상시사업인 「안전동행 지원사업」으로 개편되었다.

안전동행 지원사업은 2024년 중대재해처벌법이 50인 미만으로 확대·시행됨에 따라 관계부처(산업부), 경제단체(중기중앙회) 등 이해관계자를 중심으로 동 사업을 지속 시행함이 필요하다는 의견을 지속적으로 제기하였고, 이에 2024년 산업안전보건분야 노동시장 이중구조 개선을 위해 지원대상 및 방식 등을 확대·강화하는 것으로 사업 추진방향이 설정되었다.

그림 8-①-4. 안전동행 지원사업 추진방향

지원대상 확대	사망사고 고위험 업종확대(3대→6대) 및 분리공정 지속 지원
이중구조 해소	원청의 상생의지 반영을 위해 정부와 원청이 공동지원

지원대상은 제조업 고위험 중소사업장으로서 산재보험에 가입된 50인 미만 사업장, 중소기업기본법에 따른 소기업 및 상생협약 등 원·하청 안전보건 상생지원에 참여한 협력업체(하청)로 뿌리공정(주조, 소성가공, 표면처리) 또는 고위험 6대 업종의 공정개선에 소요되는 비용의 50%(최대 1억 원), 원청(대기업 등)에서 매칭지원 또는 상생관련 기금 연계지원 등을 통해 지원받은 제조업 사외하청·중소기업의 공정개선에 소요되는 비용의 40%(최대 0.8억 원)를 지원한다.

표 8-①-15. 안전동행 지원사업 지원내용

지원대상	지원분야	예산규모	지원조건
산재보험에 가입한 50인 미만 사업장의 사업주	총계	3,220억 원	-
	• 대·중소기업 안전보건 수준 격차완화 (뿌리공정* 또는 고위험 6대** 제조업체)	2,900억 원	최대 1억 원 한도 (총 소요비용의 50%)
	• 원·하청 안전보건 상생지원 (원청에서 매칭지원 또는 상생관련 기금 연계지원 등을 통해 지원받은 제조업인 사외하청·중소기업)	320억 원	최대 0.8억 원 한도 (총 소요비용의 40%)

* 주조, 소성가공, 표면처리
** 기계기구·금속·비금속광물제품제조업(218**), 화학및고무제품제조업(209**), 식료품제조업(229**), 수제품및기타제품제조업(229**), 목재및종이제품제조업(204**), 금속제련업(219**)

사업운영은 온라인시스템(anto.kosha.or.kr)을 기반으로 운영 중이며 투자기업의 우선 선정 점수가 실시간으로 자동산정되고, 심사단계에서 평가주체를 달리 운영하는 시스템 구축을 통해 사업의 투명성과 공정성을 확보토록 하였다. 또한 재정여건이 취약한 50인 미만 사업장이 초기 투자비용을 마련하는 데 어려움이 없도록 자부담 납부방식에 금융 방식(리스·할부)을 도입하여 사업주의 자부담 방식 선택권을 확대하고 재정부담을 완화토록 조치하였다.

그림 8-①-5. 안전동행 지원사업 추진절차

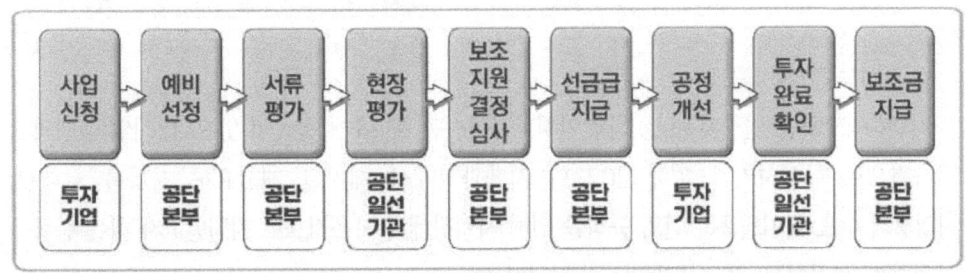

2021년부터 한시사업('21년~'23년)으로 시행된 안전투자 혁신사업의 2023년 추진 실적은 목표(3,198.8억 원) 대비 92.6%(2,963.3억 원)를 집행하였으며, 2023년 사업성과 연구용역 결과, 정부 및 민간투자를 통해 2조 8,517억 원 생산유발, 8,370명 고용유발 등 경제적 파급효과를 창출한 것으로 분석되었고, 투자기업 대상 설문조사 결과 전반적 만족도는 5점 만점에 4.20점으로 당 사업을 긍정적으로 평가하였다.

다. 클린사업장 조성지원(스마트 안전장비 보급확산)

「스마트 안전장비 보급확산」 사업은 새정부 국민안전 공약이행*과 소기업의 사고사망 감축을 위해 인공지능, 로봇공학, 정보통신, 사물인터넷, 센서기술 등 신기술을 활용하여 실질적인 재해예방 효과가 있는 안전보건장비를 재정·기수리적 능력이 취약한 50인 미만 사업장을 대상으로 보급·확산하기 위해 2023년부터 추진한 사업이다.

* 4차 산업혁명 기술을 산업재해 예방에 적극 활용하도록 지원 강화

지원대상은 산재보험에 가입된 50인 미만 사업장, 중소기업기본법 시행령 별표3에서 정한 업종별 평균매출액이 소기업 규모기준에 해당하는 기업 및 노동시장 이중구조 개선을 위한 상생협력 체결 협력업체 중 중소기업기본법 시행령 별표1에서 정한 중소기업 규모기준에 해당하는 기업을 대상으로 사업장 당 최대 3천만 원까지 지원하며, 사업 신청은 온라인 (clean.kosha.or.kr)을 통해 가능하다.

그림 8-①-6. 스마트 안전장비 보급확산 추진절차

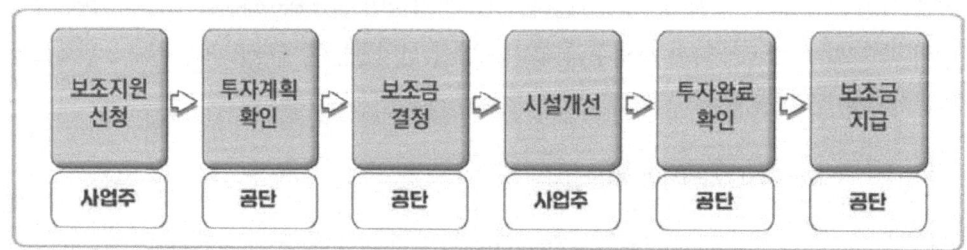

지원품목으로는 인공지능(AI)기반 인체감지시스템 등 31개 품목이 있으며, 사업의 성과를 지속적으로 향상시키기 위해 2023년 시행과정에서 제기된 개선요구 사항을 토대로, 사업장의 수요와 지원품목 간의 균형을 위해 사업장에서 자율적으로 지원받고자 하는 품목을 선택하여 신청하는 자율신청품목을 신설하였다.

2023년에는 250억 원의 예산을 투입하여 1,132개소 사업장에 스마트 안전장비 도입

비용을 지원하여, 최대 14,738백만 원 생산유발, 최대 5,370백만 원 부가가치유발 등 경제적 파급효과를 창출한 것으로 분석되었으며, 지원사업장 대상 설문조사 결과 전반적 만족도는 5점 만점에 4.22점으로 긍정적으로 평가하였다.

라. 클린사업장 조성지원(건강일터 조성지원)

「건강일터 조성지원」사업은 2023년부터 화학물질, 조리 부산물 등 각종 유해물질에 노출되는 근로자들의 건강을 보호하고 직업성 질병 예방에 기본이 되는 국소배기장치 등 환기장치와 신체적 피로, 직무스트레스 해소를 위한 근로자 휴게시설 설치비용을 지원하기 위해 추진되어, 2024년에는 근로자 휴게시설 설치지원은 종료하고 환기장치 설치비용을 지원하는 것으로 개편되었다.

지원대상은 산재보험의 적용을 받는 사업장의 사업주로서 가스, 증기, 미스트, 흄 또는 분진 등이 발산되는 실내작업장에서 가스 등의 발산 억제 조치가 필요한 사업장의 사업주를 대상으로 허가·관리대상 유해물질, 분진 등을 취급하는 사업장은 최대 5,000만 원, 조리 부산물로 인해 직업성 질병 발생 위험이 높은 사업장은 최대 2,500만 원까지 지원한다.

※ 50인 미만 사업장 우선지원, 50인 미만은 설치비용의 70%, 50인 이상은 50%를 지원

그림 8-①-7. 건강일터 조성지원 추진절차

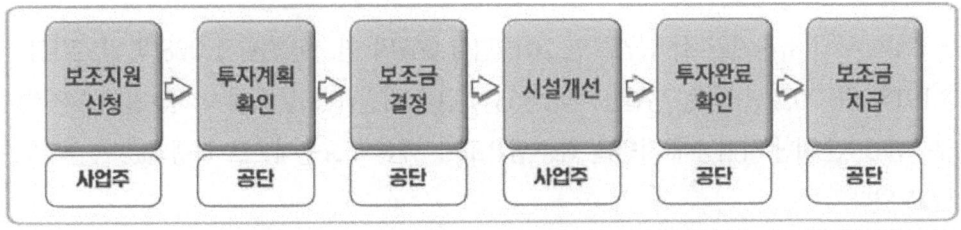

2023년 381억 원의 예산을 투입하여 1,734개소 사업장에 국소배기장치 등 설비비용을 지원하여 지원사업장에서의 급성중독 등으로 인한 직업성 질병 미발생, 사업 추진간 부정행위 사례가 발생하지 않는 등 사업이 추진되었다.

마. 산재예방시설자금 융자

산재예방시설의 개선을 통해 재해를 예방하고 기업의 자율적인 재해예방 투자를 촉진하기 위하여 1984년 산재예방시설자금 융자 제도를 도입·시행하였다.

산재예방시설 융자 사업은 근로자를 고용하고 산업재해보상보험에 가입한 사업 또는 사업장의 사업주를 대상으로 산재예방을 위한 시설 및 장비 설치 등에 소요되는 자금을 장기저리 조건으로 융자 지원하며, 융자 조건은 사업장당 10억 원 한도로 연리 1.5%, 3년 거치 7년 분할상환을 조건으로 금융기관을 통해 지원되고 있다.

재정여건이 열악하고 유해·위험도가 높은 사업장을 우선 지원함으로써 산재예방 효과 등을 높이고 있으며, 지원 이후 융자금으로 구입·취득한 산재예방 설비의 효율적인 사용지도 등을 위해 투자 완료 확인 다음 연도에 사후 기술지도 및 평가를 병행하여 실시하고 있다.

그림 8-①-8. 산재예방시설 융자지원사업 추진 체계도

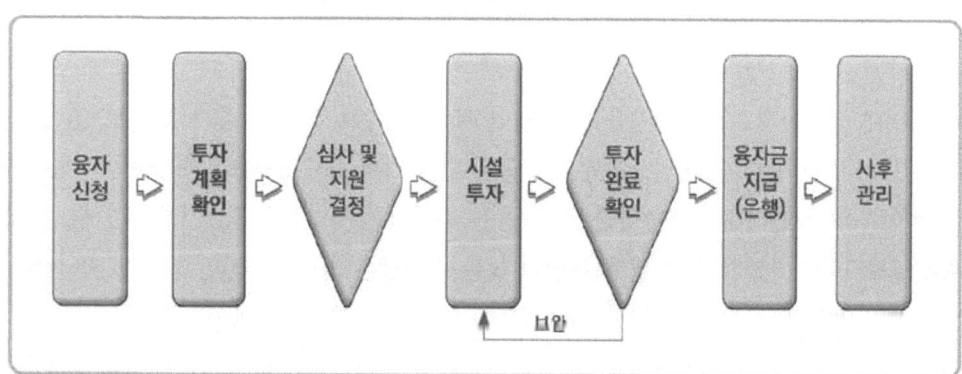

최근 5년간 융자지원 실적을 보면 2019년 1,067억 원, 2020년 1,028억 원, 2021년 3,191억 원, 2022년 및 2023년은 각 3,563억 원을 지원하였고, 특히 안전보건관리 역량이 부족한 50인 미만 사업장에 지원을 집중*함으로써, 예산이 효율적으로 집행되었다는 평가를 받고 있다.

* 최근 5년 전체 융자 지원사업장 중 50인 미만 사업장이 차지하는 비율은 92.7%임

표 8-①-16. 산재예방시설자금 융자지원 현황

사업명	지원대상	융자 대상품	재원	융자 조건
산업재해 예방시설 자금 융자	근로자를 고용하고 산재보험에 가입한 사업 또는 사업장의 사업주	• 안전·보건상의 조치에 필요한 산재예방 시설 및 장비 • 유해·위험기계·기구 방호장치 및 방호조치 • 방호조치가 완비된 유해·위험기계 등	3,563억 원	• 융자 한도: 사업장당 10억 원 한도 • 융자 금리: 연리 1.5% (고정금리) • 융자 기간: 3년 거치 7년 분할상환

2023년 실시한 사업성과 연구용역 결과를 살펴보면, 전년도 융자지원 사업장(2,691개소)의 지원 전후 1년간 재해율 비교 측정 시 재해율은 34.6% 감소하였다. 2013년부터 2022년까지 융자지원사업장의 성과분석·평가에서는 융자지원 이후 10년('13년~'22년) 동안 사업장당 평균 1.9명의 고용증가 효과가 발생한 것으로 나타났다.

⑤ 사업장 자율 안전보건관리체계 구축 지원

중대재해처벌법 시행('22.1.27.)에 따라 중소규모 사업장의 혼란을 막고 법 적용에 대응할 수 있도록 2022년도부터 안전보건관리체계 구축 컨설팅을 신설하였다.

안전보건관리체계는 기업의 여러 기능이 각각의 역할을 하면서 유기적으로 연결되어 근로자들의 안전을 확보하는 통합된 조직체를 의미하는 것으로, 안전보건관리체계 구축 컨설팅은 민간전문기관 및 안전보건공단에서 사업장을 3~7회 방문하여 안전보건 리더십 등 의사결정 사항, 안전보건 조직·인력·예산, 유해·위험요인을 파악·개선하는 위험성평가, 점검·평가 등 사업장의 안전보건관리체계 구축에 필요한 사항을 지도하는 사업이다.

2022년도에는 중대재해처벌법의 적용 대상이었던 50인 이상 사업장 4,000개소를 지원하였다. 2023년도는 2024년에 법 확대적용에 대비하여 지원 규모를 대폭 확대하고, 5인 이상 50인 미만 사업장(시공능력평가액 순위 200위 초과 종합건설업체·전문건설업체)을 중심으로 16,000개소를 지원하였다.

2023년도에는 컨설팅을 수행하는 민간전문기관의 컨설턴트를 대상으로 사업의 개요와 중요성, 컨설팅 수행내용 및 방법 등에 대한 기본 사항을 체계적으로 교육하여, 신규교육(35시간) 1,007명, 보수교육(8시간) 524명, 총 1,531명이 컨설팅 수행을 시작하기 전에 컨설턴트 교육을 이수하도록 하였다.

또한, 컨설팅 기간 중 안전보건공단 광역본부장, 지방고용노동청 산재예방지도과장 등으로 구성된 지역운영위원회를 권역별로 정례화하여 우수사례 발표, 컨설팅 수행기관의 건의사항 청취, 컨설팅 노하우 공유 등을 통해 진행상황을 점검·관리하고 기관별 컨설턴트의 컨설팅 수행 능력 제고를 도모하였다.

그 결과 2023년 컨설팅을 받은 사업장(2,000개소)을 대상으로 실시한 설문조사(컨설팅 효과와 내용의 충분성 등 25개 항목)에서 '경영책임자 안전의식 향상에 도움(95.8%), 산업재해 예방에 도움(95.2%) 등 전반적인 사업 만족도가 높은 것으로 나타났고, 중소기업중앙회

자체 설문조사(500개소, '23.6월) 결과에서도 가장 도움이 된 지원사업으로 '체계구축 컨설팅'을 응답하였다.

2022년에 이어 2023년에도 권역별 지역운영위원회에서 발표된 우수사례를 포함하여 전국에서 안전보건관리체계를 선제적으로 구축·이행한 사업장 35개소의 사례를 발굴하여 「안전보건관리체계 구축 우수사례집」을 발간(2024.1월)하였다. 우수사례를 통해 중소규모 사업장에도 경영자가 의지를 갖고 근로자 참여를 유도한다면 큰 비용을 들이지 않더라도 중대재해를 예방할 수 있다는 것을 알리고, 각 우수사례 사업장을 컨설팅한 민간전문기관이 어떠한 점을 중점적으로 지도하였는지를 수록하여 향후 컨설팅에도 도움이 될 수 있도록 하였다.

2023. 12. 7.에는 안전보건관리체계 구축·이행의 현장 확산을 위해 우수사례 발표대회를 개최하였다. 우수사례 발표대회는 민간전문기관으로부터 컨설팅을 받은 사업장 중 신청을 받아 1차 서류 및 2차 현장심사를 거쳐 예선을 통과한 사업장을 대상으로 최종 본선이 진행되었다. 본선 발표대회에서는 최우수상(장관상, 1개소), 우수상(공단 이사장상, 3개소)을 장관이 직접 선정하였다. 4개 기업의 안전보건관리체계 구축 상세 내용은 보도자료와 고용노동부 누리집, 안전보건공단 누리집 등을 통해 공개하여 여러 중소기업에 안전보건관리체계 구축 모범사례가 널리 전파되도록 하였다.

가. 사고유형별 안전관리 지원

봄·가을철, 채광창 및 슬레이트 등 지붕공사와 달비계 작업 시 사망사고가 연이어 발생하여 사고예방을 위해 유관기관과의 협업, 언론홍보, 취약시기 집중지도 등을 진행하였다.

농협·한국산업단지공단 등 관계기관과 협업을 통해 공장주·축산농가에서 자주 방문하는 전국 농·축협 지사무소와 산업단지공단 지역본부를 통해「지붕공사 안전작업 안내문」을 배포하고, 추락사고 예방 홍보 문구 등을 삽입한 안전스티커를 제작하여 승강통로, 지붕 출입구, 사료 포대 등에 부착하여 안전의식 개선을 위해 노력하였다.

더불어 지붕·달비계 사망사고가 집중되는 봄, 가을철에 집중 순찰을 추진하여 사망사고 감소에 기여하였다.

◎ 건설업, '21~'23년 지붕공사·달비계 작업 사망사고 현황 (단위: 명)

구 분		계	봄(3~5월)	여름(6~8월)	가을(9~11월)	겨울(12~2월)
지붕공사	계	109	36	23	41	19
	'21년	47	10	10	20	7
	'22년	31	10	5	12	4
	'23년	31	6	8	9	8
달비계	계	36	16	6	12	2
	'21년	15	7	3	4	1
	'22년	11	2	3	5	1
	'23년	10	7	0	3	0

제2절 직업성 질병 예방

1. 화학물질 관리

화학물질은 현대 인간 생활을 영위함에 있어 없어서는 안 될 중요한 요소이나, 제조·수입·유통·사용·폐기 등 모든 단계에서 근로자 직업병 또는 국민이나 환경에 돌이킬 수 없는 위해를 미칠 수 있는 물질이기도 하다. 화학물질의 안전성을 확보하기 위해서는 화학물질의 유해성과 위험성을 정확히 알고 안전하게 취급하는 것이 무엇보다 중요하다. 산업안전보건법에서는 화학물질 취급 근로자 등의 건강보호 및 안전을 위해 신규화학물질 유해성·위험성 조사, 물질안전보건자료(MSDS) 작성·제출 및 게시, 화학물질 경고표시 부착 등을 규정하고 있다.

가. 신규화학물질 유해성·위험성 조사

신규화학물질을 제조 또는 수입하고자 하는 사업주는 화학물질에 의한 근로자의 건강장해를 예방하기 위하여 제조·수입 30일(제조·수입량이 100킬로그램 이상 1톤 미만인 경우는 14일) 전까지 유해성·위험성 조사보고서를 고용노동부장관에게 제출해야 한다.

1991년 신규화학물질 유해성·위험성 조사제도가 시행된 이후, 고용노동부는 '23년말까지 신규화학물질 11,319종의 신규화학물질의 명칭, 유해성·위험성, 조치사항 등을 공표한 바 있다. 2023년에는 신규화학물질 240종을 공표하였고, 이 중 90종의 화학물질에서 급성독성, 생식독성 등 유해성·위험성이 확인하였으며, 해당물질을 취급하는 근로자의 건강보호를 위해 보호구 지급, 환기장치 설치 등 예방조치를 하도록 한 바 있다.

그리고 고용노동부는 「신규화학물질의 유해성·위험성 조사 등에 관한 고시」를 개정('24.1.9. 시행)하여 신규화학물질의 유해성 및 위험성 조사 대상이 되는 고분자화합물의 단량체 함량 기준을 '화학물질을 취급하는 근로자에게 직접적인 영향을 미치는 '잔류' 단량체량으로 변경했다. 이를 통해 신규화학물질 유해성 및 위험성 조사 대상이 되는 고분자화합물 기준을 합리화하고, 환경부의 신규화학물질 등록 대상 고분자화합물의 단량체 함량 적용 기준과의 차이로 발생했던 산업현장의 혼란도 해소될 것으로 기대된다.

나. 화학물질 분류·표지 등에 관한 세계조화시스템(GHS) 적용

화학물질의 분류·표지 등의 형식이 국가마다 서로 달라 동일 화학물질임에도 각기 다른 유해·위험군으로 분류하거나 각기 다른 방식으로 경고 표지를 부착하고, 개별 국가 내에서도 서로 다른 법령이 존재하는 등 정보전달에 있어 혼선이 야기되었다. 이에 UN에서는 화학물질 분류·표지 및 물질안전보건자료에 관한 기준을 국제적으로 통일할 필요성을 인식하고 1992년 화학물질 분류·표지 등에 관한 세계조화 시스템(Globally Harmonized System, GHS)을 제안하였다.

이에 고용노동부는 관계부처 회의를 거쳐 GHS에 따라 산업안전보건법령을 개정('06. 9.25.)하고, 「화학물질의 분류·표시 및 물질안전보건자료에 관한 기준」(고용노동부 고시)을 9차례('06.12.12., '08.1.10., '08.6.27., '09.10.26., '12.1.26., '13.8.14., '16.4.16., '20.11.12., '23.2.15.) 개정하였다.

동 법령 및 고시 개정의 주요내용은 첫째, 화학물질의 유해성·위험성 분류를 16종에서 29종으로 세분화하였으며, 둘째, 급성독성·발암성 등 유해성·위험성을 표시하는 그림문자를 바꾸고, 셋째, 필요한 조치사항을 명확히 알 수 있는 유해·위험 및 예방조치 문구를 경고표지 요소로 변경하였고, 넷째, 유해성·위험성별 한계농도를 고려하여 혼합물 내 구성 화학물질의 작성원칙을 마련하였다.

다. 물질안전보건자료(MSDS) 정보전달체계 개선

물질안전보건자료(Material Safety Data Sheet)는 화학물질 취급근로자 보호를 위하여 화학물질의 명칭, 유해성·위험성, 취급 주의사항 등을 기재한 일종의 '화학물질 취급설명서'로서 16개 항목의 유해·위험성 정보[15]를 담고 있다. ILO 협약에 따라 1995년 제도 도입 이후 운영과정에서 MSDS 항목의 작성이 부실하거나, 기재된 유해성 정보가 어렵고 분량이 많아 사업장에서 실질적인 활용이 미흡하다는 문제가 제기되어 왔다.

이에 따라 관련부처 TF('07년 4회)와 실무 TF('08년 7회)를 통해 1) MSDS의 신뢰성 제고, 2) 화학물질 유해정보의 활용도 제고, 3) MSDS 작성지원시스템 확충, 4) 유해·위험 정보 확산을 위한 지원강화 등의 내용을 포함하는 『화학물질 안전보건정보 신뢰성 및 전달체계 개선대책』('08년 12월)을 수립하였다.

---

[15] 화학제품과 회사에 관한 정보, 유해성·위험성, 구성성분의 명칭 및 함유량, 응급조치요령, 폭발·화재 시 대처방법, 누출사고 시 대처방법, 취급 및 저장방법, 노출방지 및 개인보호구, 물리화학적 특성, 안정성 및 반응성, 독성에 관한 정보, 환경에 미치는 영향, 폐기 시 주의 사항, 운송에 필요한 정보, 법적규제 현황, 그 밖의 참고사항

동 대책의 일환으로 2009년에 5,000종, 2010년에 1,800종 화학물질의 MSDS를 최신화하고(이후 '11년 ~ '21년 매년 1,000 ~ 3,000종 최신화, '23.12월 기준 20,577종 MSDS DB 구축), 31종 화학물질에 대한 유해등급별 대책정보를 제공하였으며, 특히 유해성이 높은 30종의 화학물질을 취급하는 사업장 15,000개소에 MSDS의 주요내용을 알기 쉽게 요약한 유해성 정보지를 개발·배포하였다.

한편, 화학물질 관련 정보를 생산·입수할 수 있는 화학물질 양도·제공자 이외에 화학물질을 단순히 취급하는 사업주에게까지 MSDS 작성·제공 의무를 포괄적으로 부여하는 것이 불합리하다는 내·외부 문제 제기에 따라 2010년에 고용노동부, 공단, 관련 전문가 및 노사단체 관계자로 구성된 MSDS 제도개선 TF를 운영(8회)하였다. TF 논의 결과에 따라 MSDS 및 경고표시 관련 의무주체를 화학물질 양도·제공자와 화학물질 취급 사업주로 구분하여 명확화·합리화하고 MSDS 기재내용 변경의 주체 및 MSDS 제출·변경 명령 대상자를 화학물질 양도·제공자로 규정하는 내용의 산업안전보건법 개정을 추진하여 2012년 1월부터 시행하였다.

그럼에도 불구하고 MSDS 양도·제공의 사각지대 발생, 영업비밀 남용 문제 지적 등 사회적 이슈가 지속적으로 발생하여 2019년 1월 산업안전보건법 전부개정을 통하여 MSDS 관련 제도를 대폭 개선하였다. 이에 'MSDS 제출' 및 'MSDS 비공개 정보 사전승인'을 도입하였으며 관련 제도는 준비기간을 거쳐 2021년 1월부터 시행되고 있다.

그러나 수입 화학제품의 경우 국내 수입자가 해외제조자에게 화학물질 명칭 등의 정보를 받기 어려운 상황을 고려하여, 유해성·위험성이 없는 화학물질의 명칭 및 함유량을 적지 않아도 유해성·위험성 분류기준에 해당하는 화학물질이 없음을 확인하는 내용의 서류를 받아 제출하는 경우, 영업비밀과 관련하여 화학물질의 명칭 및 함유량을 비공개 승인신청을 할 수 있도록 2022.8.18. 시행규칙을 개정하여 제도를 보완하였다.

더불어 MSDS 제도의 현장 안착을 위해, 공정별 물질안전보건자료대상물질 관리요령을 서면 게시방식 이외에도 현장 내에 키오스크 등을 통해 작업공정별 관리요령을 근로자가 열람할 수 있도록 허용하고, '22.9.16. 전산장비 게시 인정 기준에 대한 지침을 시달하였다.

또한 OEM 위탁 생산 시, 수탁자뿐만 아니라 위탁자도 MSDS 제출 및 비공개승인 신청이 가능하도록 「화학물질의 분류·표시 및 물질안전보건자료에 관한 기준」 고용노동부 고시를 개정하고, 영업비밀 화학물질을 양도·제공 받아 이를 원료로 '해외'에서 다른 제품을 만들어 '수입'하는 경우 및 '혼합'뿐만 아니라 '물리적 성형, 소분' 등의 방식도 사용 가능토록 허용하는 시행규칙 개정 등 MSDS 제도가 현장에 잘 안착될 수 있도록 제도를 합리화하는 노력을 지속 추진하고 있다.

라. 화학물질 취급업체 점검

TCE(Trichloroethylene, 트리클로로에틸렌), DMF(Dimethylformamide, 디메틸포름아미드), n-Hexane(Normal hexane, 노말헥산) 등 유해화학물질로 인한 직업병 예방사업의 효과를 높이기 위해 한국산업안전보건공단을 통한 각종 지원사업과 더불어 유해화학물질 취급 사업장에 대한 지도·점검을 실시하였다.

2012년에는 개정·정비된 법령을 토대로 화학물질 제조·수입·사용사업장을 대상으로 물질안전보건자료 및 경고표시 제도의 의무 이행 실태를 684개소에 대해서 최초로 감독을 실시하여 위반 사업장 509개소에 대해 과태료 부과 조치를 하였다.

이후 2013년에는 화학물질 취급사업장 660개소 중 416개소, 2014년에는 594개소 중 402개소, 2015년에는 1,136개소 중 702개소, 2016년에는 898개소 중 549개소, 2017년에는 1,355개소 중 919개소, 2018년에는 493개소 중 482개소, 2019년에는 443개소 중 416개소, 2020년에는 610개소 중 246개소, 2021년에는 952개소 중 887개소에 과태료를 부과한 바 있다.

2022년 2월 유기용제 세척제로 인한 급성중독(트리클로로메탄 또는 클로로폼에 의한 급성 간염) 사고가 발생함에 따라 2022년에는 사업장 252개소 중 143개소, 2023년에는 220개소를 감독하여 법 위반사항이 발생한 89개소에 과태료를 부과하였다.

마. 화학물질 관리 강화

2000년대부터 발생한 원인미상 폐질환의 원인이 가습기살균제였음을 역학조사 및 동물실험 등을 통해 최종 규명('12년 2월, 질병관리본부)함에 따라 국회에서는 우리나라 화학물질 관리정책의 구조적 부실 등을 점검하기 위해 가습기살균제 국정조사 특별 위원회를 구성·운영('16.7.7.~10.4.)하였다. 흡입독성 연구를 통해 가습기살균제 성분인 PHMG·HCl('17년) 및 벤잘코늄클로라이드('18년)의 유해성을 밝혀 피해자 규명을 위한 증거자료 등에도 활용하였다.

그 결과, 산업안전보건법과 관련해서는 유해성·위험성 조사 및 MSDS 제도 운영에 대한 보완이 요구된 바, 유해성·위험성 조사과정에서 화학물질 명칭의 정보보호 요청 시 '총칭명'으로 공표토록 관련 규정을 즉시 개정('17.1.2. 시행)하고 'MSDS 제출' 및 'MSDS 비공개 정보 사전승인'을 도입하였으며, MSDS 이행실태 감독을 확대하는 등 화학물질 관리를 강화하고 있다.

바. 화학물질 관련 규제 강화

2022년 10월 산업안전보건기준에 관한 규칙 개정에 따라 관리대상 유해물질 8종[16]을 추가(이 중 7종은 특별관리물질로 지정)하여 총 181종, 특별관리물질 44종으로 확대되었으며, 경과규정을 두어 2023년 10월 19일부터 시행되었다.

추가된 관리대상유해물질은 우리나라의 출생아 수의 급격한 감소 문제에 대한 우려와 생식기능과 생식능력에 영향을 미치는 유해인자로부터 근로자 건강장해 예방 및 미래 건강한 인적자원의 확보 필요성이 대두되어 개정으로 이어졌다.

② 작업환경 관리

가. 작업환경 측정

작업환경 측정은 사업주가 작업과정에서 발생하는 유해인자에 근로자가 얼마나 노출되는지를 측정·평가하여 그 결과에 따라 작업환경개선 등 근로자 건강보호 대책을 마련하도록 하기 위한 제도이다. 작업환경 측정은 작업환경의 문제점을 파악하여 개선할 때와 직업성 질병에 걸린 근로자의 과거 노출수준의 판단을 위한 도구로도 활용되고 있다. 작업환경측정 결과 노출 기준을 초과하는 경우에는 시설개선계획, 건강진단 등 필요한 조치를 이행하여야 한다.

측정대상 사업장은 유기화합물, 금속류, 산·알칼리류, 가스류, 분진, 소음 등 작업환경 측정대상 유해인자(192종)에 노출되는 근로자가 있는 작업장이다.

---

16) 2-니트로톨루엔(특), 디부틸 프탈레이트(특), 벤조피렌(특), 사붕소산나트륨(무수물, 오수화물)(특), 산화붕소(특), 와파린(특), 포름아미드(특), 시클로헥실아민

표 8-②-1. 작업환경측정대상 유해인자(규칙 제186조제1항, [별표 21])

유기화합물(114종)	벤젠, 톨루엔, 노말헥산, DMF, TCE, 포름알데히드 등
금속류(24종)	납, 수은, 알루미늄, 카드뮴, 구리, 산화철 등
산 및 알칼리류(17종)	황산, 염산, 불산, 초산, 수산화나트륨, 시안화칼륨 등
가스류(15종)	염소, 암모니아, 일산화탄소, 아황산가스, 포스겐, 황화수소 등
금속가공유(1종)	
분진(7종)	광물성분진, 곡물분진, 면분진, 용접흄 등
물리적인자(2종)	8시간 시간 가중 평균 80dB(A) 이상의 소음, 고열
허가대상 유해물질(12종)	디클로로벤지딘, 베릴륨, 휘발성 콜타르피치 등

☞ 측정대상 유해인자(192종) 외의 유해인자에 대해서는 자율적으로 측정 가능

작업환경 측정은 작업장 또는 작업공정이 신규로 가동되거나 변경되는 등 대상 작업장이 된 날로부터 30일 이내에 실시하여야 하며, 최초 측정 이후 6개월에 1회 이상 정기적으로 측정하되, 측정결과에 따라 주기를 3개월에 1회로 단축(강화)하거나 1년에 1회로 연장(완화)할 수 있도록 하고 있다.

나. 작업환경측정분석능력 평가

작업환경측정결과는 작업환경관리를 위한 기초 자료로 국소배기장치 등 시설개선 및 직업병발생 원인조사를 위한 역학조사 등에 유용하게 활용되고 있으므로, 측정기관의 측정·분석능력 향상 및 측정결과의 신뢰성 확보가 절실히 요구되고 있다.

이에 따라 고용노동부는 지정측정기관을 대상으로 매년 2회 작업환경 측정 및 분석능력을 평가하고 있으며, 2023년 상반기에 유기용제 분야에 190개소가 정도관리에 참여하여 97.4%(185개소), 금속 분야에는 189개소가 참여하여 100%(189개소)가 적합한 것으로 나타났다. 2023년 하반기에는 유기용제 분야에 10개소가 정도관리에 참여하여 90.0%(9개소), 금속 분야 또한 10개소가 참여하여 90.0%(9개소)가 적합한 것으로 나타나 1992년 1회 정도관리 실시결과 나타난 유기용제 43.3%, 금속 51.7%보다 크게 향상되었다.

작업환경측정 및 분석능력 평가 결과는 매회 직전 실시결과를 포함하여 종합 판정하고, 불합격 시에는 차기 측정 및 분석능력 평가에 합격할 때까지 업무를 정지시키며, 자체 측정 및 분석능력 향상을 위한 프로그램을 지속 개발·보급하여 작업환경측정기관의 측정·분석능력을 향상시키고 있다.

다. 소규모 사업장 작업환경측정 지원

작업환경측정 대상사업장 중 소규모 사업장은 대기업의 유해·위험작업 하도급이 집중되어 작업환경이 열악한 반면, 사업장의 경제적 능력 부족과 안전보건에 관한 관심 부족 등으로 작업환경측정이 제대로 실시되지 않고 있다.

이에 따라 소규모 사업장에 대하여 작업환경측정을 통해 작업환경 내 유해요인을 적기에 해소하기 위해 정부에서 작업환경측정비용을 지원하여 2019년에는 50,387개소(179.1억 원), 2020년에는 47,810개소(179.1억 원), 2021년에는 49,259개소(179.1억 원), 2022년에는 66,807개소(251.3억 원), 2023년에는 75,419개소(310.6억 원)의 측정비용을 지원하였다.

라. 작업환경측정 이행 확행 지도17) 및 결과에 따른 작업환경개선지도

작업환경측정 실시 사업장은 꾸준히 증가하여 2004년도 상·하반기 평균 30,000여 개소에서 2022년도 79,000여 개소로, 2.6배 증가하였다.

표 8-②-2. 최근 5년간 작업환경측정 실시 현황

구분	'18년			'19년			'20년			'21년			'22년		
	상반기	하반기	*합계	상반기	하반기	*합계	상반기	하반기	*합계	상반기	하반기	*합계	상반기	하반기	*합계
실시 사업장 수	54,075	54,354	71,143	57,524	56,629	75,001	60,381	54,830	75,468	61,277	54,825	75,377	62,952	58,747	79,530
초과 사업장 수 (초과율,%)	6,364 (11.8)	6,238 (11.5)	8,119 (11.4)	6,252 (10.9)	6,382 (11.3)	8,137 (10.8)	6,636 (11.0)	6,480 (11.8)	8,400 (11.1)	6,395 (10.4)	6,284 (11.5)	7,978 (10.6)	6,463 (10.3)	6,666 (11.3)	8,371 (10.5)

* 합계 : 실 사업장 수 기준

노출기준 초과 사업장은 2009년 20% 수준에서 2022년 10% 수준으로 매년 줄어들고 있는 추세이다. 유해인자별로는 소음이 97.3%로 가장 많은 비중을 차지하고 있고, 유기화합물 2.1%, 분진 2.0%, 금속·고열 0.7% 순으로 나타나고 있다.

---

17) 사업주는 인체에 해로운 작업을 행하는 작업장에 대하여 정기적으로 작업환경을 측정·평가·개선하여 고용노동부 장관에게 보고하고, 그 결과를 5년간(석면 등 발암성물질은 30년간) 보존

표 8-②-3. 최근 5년간 작업환경측정 실시 결과

구분		실 사업장수	소음	분진	유기 화합물	산·알칼리	금속	허가 물질	고열	금속 가공유	가스상 물질	기타
2018	실시사업장수	71,143	53,574	33,413	33,332	13,051	40,566	472	3,487	14,981	5,936	12,290
	초과사업장수	8,119	7,852	146	208	4	62	1	64	6	4	37
	초과율(%)	(11.4)	(14.7)	(0.4)	(0.6)	(0.1)	(0.2)	(0.2)	(1.8)	(0.1)	(0.1)	(0.3)
2019	실시사업장수	75,001	55,714	36,205	34,915	13,585	43,263	468	3,793	15,764	6,491	13,668
	초과사업장수	8,137	7,850	162	220	3	63	0	43	11	5	40
	초과율(%)	(10.8)	(14.1)	(0.4)	(0.6)	(0.0)	(0.1)	(0.0)	(1.1)	(0.1)	(0.1)	(0.3)
2020	실시사업장수	75,468	55,366	36,978	34,869	13,770	43,975	471	3,818	15,977	7,170	14,971
	초과사업장수	8,400	8,184	160	163	1	48	1	38	4	3	36
	초과율(%)	(11.1)	(14.8)	(0.4)	(0.5)	(0.0)	(0.1)	(0.2)	(1.0)	(0.0)	(0.0)	(0.2)
2021	실시사업장수	75,377	54,780	37,444	34,797	14,023	44,101	471	3,874	15,553	7,358	16,167
	초과사업장수	7,978	7,785	130	142	4	46	0	48	6	6	42
	초과율(%)	(10.6)	(14.2)	(0.3)	(0.4)	(0.0)	(0.1)	(0.0)	(1.2)	(0.0)	(0.1)	(0.3)
2022	실시사업장수	79,530	58,157	40,670	36,414	14,721	46,487	514	4,042	15,957	7,987	18,251
	초과사업장수	8,371	8,148	171	176	5	59	0	58	5	3	42
	초과율(%)	(10.5)	(14.0)	(0.4)	(0.5)	(0.0)	(0.1)	(0.0)	(1.4)	(0.0)	(0.0)	(0.2)

*합계 : 실 사업장 수 기준

마. 화학물질 노출정보 알리미 서비스 제공

최근 화학물질 중독사고는 위험작업 외주화 등으로 인해 정보의 사각지대에 놓여있는 취약계층 근로자들에게 대부분 발생되고 있으며 산업의 고도화로 새로운 화학물질 사용에 따른 관리 사각지대는 지속적으로 증가할 것으로 예상되고 있다.

이에 따라 사업장에서 취급하는 미지의 화학물질의 종류 및 노출 수준을 해당 공정의 근로자가 스스로 확인할 수 있도록 「화학물질 노출정보 알리미」 시스템을 구축·운영하여 작업환경측정 제도에서 제외되는 비정형작업, 단시간 취급 화학물질 노출에 대한 정보(2023년 기준 12,256건)를 제공하는 등 노동자 알권리 보호에 기여하였다.

3 근로자 건강관리

가. 소규모 사업장 특수건강진단 비용 지원

특수건강진단 대상 사업장 중 소규모 사업장은 건강진단 실시에 따른 비용의 부담 등으로 건강진단을 기피하고, 실시하더라도 대상근로자를 누락 실시하는 등 건강진단의 신뢰성 측면에서 개선의 필요성이 지속적으로 제기되었다.

특수건강진단의 실시 및 질병 유소견자를 조기에 발견하고 제도의 신뢰성을 제고하기 위해 소규모 사업장의 특수건강진단 비용을 산업재해보상보험 및 예방 기금에서 지원하고 있다.

이에 따라 2009년 4월부터 한국산업안전보건공단을 통해 10인 미만 사업장 근로자 및 건설일용직 근로자에 대한 특수건강진단 비용지원신청을 받아 2017년에는 78,553명이 특수건강진단 비용 지원 혜택을 받았으며 총 56.43억 원이 소요되었다. 2018년부터는 20인 미만으로 지원대상을 확대하여 179,940명(130.8억 원), 2019년 274,794명(198.2억 원), 2020년 287,504명(198.2억 원), 2021년에는 313,544명(249.7억 원), 2022년부터는 30인 미만으로 지원대상을 확대하여 455,882명(307억 원)의 특수건강진단 비용을 지원하였다.

나. 근로자 건강관리카드 발급

장기간 잠복기를 거쳐 발병하는 석면 등 15종의 유해물질 제조·취급업무 종사자의 직업성질환을 조기에 발견하고 지속적인 건강관리가 가능하도록 건강관리 카드제도를 운영하여 왔다.

건강관리카드를 발급받은 근로자는 이직 등으로 당해 업무에 종사하지 않게 된 경우에도 정기적으로 무료로 건강진단을 받을 수 있도록 한국산업안전보건공단에서 건강진단 비용, 교통비 및 식비를 지원하고 있으며, 2023년까지 건강관리카드는 10,703명에게 발급되었다.

표 8-②-4. 건강관리카드 발급 현황

합계	니켈	벤젠	벤조트리클로라이드	벤지딘염산염	분진	석면	염화비닐	제철용 코우크스	카드뮴	크롬산, 중크롬산	비파괴 검사 (X-선)
10,703	423	1,893	29	230	1,641	2,181	515	1,218	22	2,170	381

석면에 의한 근로자 건강장해 예방

가. 석면의 유해성

석면은 광택성의 섬유모양 천연광물질로서 백석면, 청석면, 갈석면, 악티노라이트, 트레모라이트, 안소필라이트가 있으며, 인체에 노출되면 긴 잠복기(약 30년)를 거쳐 폐암, 악성중피종, 석면폐증 등 치명적인 질병을 유발할 수 있는 발암 물질이다.

석면은 내화성, 단열성, 내구성, 절연성, 유연성 등이 뛰어나고 가격이 저렴해 건축자재, 자동차 부품, 섬유제품 등에 이용되어왔다. 우리나라는 1930년대 중반에 최초의 석면광산이 개발되었고, 2차 대전 중 일본 군수물자 조달을 위해 석면생산을 시작하여 산업발달과 함께 그 생산량이 증가했다. 특히, 1970년대에서 1990년대까지 집중적으로 국내에서 생산·수입된 점 등을 감안할 때 향후 석면으로 인한 직업병이 급증할 가능성이 제기되고 있다.

표 8-②-5. **석면으로 인한 직업병 발생 현황**

연 도	계[명(%)]	'19년	'20년	'21년	'22년	'23년
계	579(100.0)	108	84	127	82	110
이환자	362(62.5)	68	54	82	38	71
사망자	217(37.5)	40	30	45	44	39

※ 출처: 산재요양 승인 현황(공식통계 기준)

나. 석면 제조·수입·사용 등의 금지

석면에 의한 건강장해를 근원적으로 예방하기 위해 1997년에 청석면, 갈석면, 2003년에 악티노라이트, 트레모라이트, 안소필라이트 등 백석면을 제외한 5종의 석면에 대해 제조·수입·사용 등을 금지한 바 있다. 이에 따라 석면 원재료 수입은 눈에 띄게 감소한 반면, 석면함유제품 수입이 상대적으로 증가하여 제품 취급에 의한 석면노출 문제가 대두되었다. 이에 2007년 1월 건축용 석면시멘트 제품 및 자동차용 석면마찰 제품의 사용 등을 금지한 것을 시작으로, 2008년도에는 석면 개스킷, 2009년에는 산업용 석면마찰제품, 2015년에는 군수용 및 화학공업용 일부 제품 등 그간 대체품 개발 시까지 적용이 유예되었던 제품을 포함한 모든 석면 함유제품[18]에 대하여 사용 등을 금지하였다.

---

18) 석면함유(중량)율이 1% 초과인 제품(석면함유제품의 제조·수입·양도·제공 또는 사용 금지에 관한 고시, 고용노동부 고시 제2020-14호 참고)

다. 석면 해체·제거 사업장 관리

위와 같이 석면함유제품의 제조·수입·사용 등의 금지정책에 석면함유제품의 생산·사용은 감소하였다 하더라도 이미 건축물이나 설비 등에 사용된 석면함유 자재를 해체·제거하는 과정에서는 여전히 건강을 위협할 수 있다. 이에 건축물이나 설비에 사용된 석면에 대한 해체·제거 시 고용노동부장관의 허가를 받도록 하였으며 2005년에는 115건, 2006년에는 749건, 2007년에는 1,933건, 2008년에는 11,114건으로 급증하였다.

이후 석면해체·제거작업의 안전성과 전문성을 제고하기 위해 일정 규모 이상의 건축물 또는 설비를 철거·해체하려는 경우에는 고용노동부장관으로부터 지정받은 석면조사 기관을 통해 석면함유 여부 등을 사전조사 하고, 조사 결과 일정기준 이상의 석면이 함유된 경우에는 일정 요건을 갖춘 등록업체를 통해 석면 해체·제거작업을 하도록 제도를 개선하고 2009년 8월 7일 시행에 들어갔다.

🚩 산업안전보건법 주요 개정내용

- 일정규모 이상*의 건축물 또는 설비의 경우 지정조사기관을 통해 사전 석면조사 실시
  - 건축물의 연면적 및 철거·해체하려는 부분의 합이 50㎡ 이상(주택의 경우 200㎡ 이상)
  - 설비의 경우 자재의 면적의 합이 15㎡ 이상 또는 부피의 합이 1㎥ 이상
    (파이프 보온재는 길이의 합이 80m 이상)*
- 조사결과 일정기준* 이상의 석면이 함유된 경우 등록된 석면해체·제거업자를 통해 작업
  - 건축물의 경우 석면이 1% 초과 함유된 면적의 합이 50㎡ 이상(주택의 경우 200㎡ 이상)
  - 1% 초과 함유된 분무재 및 내화피복재, 석면이 1% 초과 함유된 단열재 등 자재면적의 합이 15㎡ 이상 또는 부피의 합이 1㎥ 이상(파이프 보온재인 경우 1% 초과 함유된 보온재의 길이 합이 80m 이상)
- 등록한 석면해체·제거업자는 작업 전 신고 및 작업기준을 준수하고, 작업완료 후 석면농도 측정기준은 1㎤ 당 0.01개를 유지하여야 함.

석면해체·제거작업이 허가제에서 신고제로 전환된 이후 2009년 4,776건 이후 꾸준히 증가하여 2019년 17,494건, 2020년 17,480건, 2021년 19,495건, 2022년 17,533건, 2023년 16,453건이 신고되었다. 동 제도의 시행으로 2023년 12월 기준, 석면조사기관은 213개소가 지정받았고, 석면해체·제거업체는 3,246개소가 등록하였다.

등록된 석면조사기관(시행령 별표27)의 필수인력은 타 전문건설업 기관 등 중복으로 인력 등록을 할 수 없으며, 석면해체·제거업자 필수인력(시행령 별표28)의 필수인력은 석면해체 제거를 전담하는 기간동안 타 전문건설업 기관 업무 등을 중복하여 수행할 수 없다. 또한,

등록된 석면해체·제거업체에 대해서는 산업안전보건법 제121조제2항에 따라 "안전성 평가"를 실시하고 있으며, 2011년 시범평가를 실시하였고, 2012년부터 관련 고시*를 개정하여 본격적으로 시행하고 있다. 안전성 평가는 한국산업안전보건공단에서 2인 이상으로 평가반을 구성하여 '석면해체·제거작업기준의 준수 여부, 장비의 성능, 보유인력의 교육 이수, 능력개발 전산화 정도 및 관리시스템 등 기타' 등에 대해 평가를 수행하고 있다.

평가대상은 평가운영위원회에서 정한 평가대상 선정기준에 따라 공고일 이전 등록 기간이 1년 이상인 업체 중 전년도 3월 1일부터 해당 년도 2월 28일까지 고용노동부에 신고된 해체·제거작업 완료 실적이 1건 이상인 업체이며, 평가 결과에 따라 석면해체·제거업체를 5개 등급(S, A, B, C, D)으로 분류하여 결과를 공표하고 있다. 평가주기는 2년을 기본으로 하되 평가등급별로 차등하여 적용(S등급: 3년, A/B/C등급: 2년, D등급: 1년)하여 평가 하고 있다.

* 고용노동부 고시 제2022-09호 「석면조사 및 안전성 평가 등에 관한 고시」

또한, 석면 해체·제거업자는 작업 전 고용노동부장관에게 작업을 신고하고, 작업 시에는 산업안전보건기준에 관한 규칙의 작업기준을 준수토록 하며, 작업완료 후에는 작업장의 공기 중 석면농도가 일정 기준 이하가 되도록 하는 등의 체계적인 관리를 통해 석면으로부터 근로자의 건강장해를 예방하고 있다.

라. 석면 취급 근로자에 대한 건강관리

근로자를 석면해체·제거작업에 투입하거나 석면을 취급하게 하는 경우 사업주는 해당 근로자에 대해 16시간 이상의 특별 안전보건교육을 실시하여야 하며 해당 작업에 투입하더라도 건강상의 영향이 없는지 사전에 확인하기 위한 배치 전 건강진단을 실시하여야 한다. 또한, 석면을 취급하는 근로자에게는 1년에 1회 이상의 특수건강진단을 받도록 하여야 하며, 석면노출 정도에 따라 3개월~10년 이상 석면취급 업무에 종사한 전·현직 근로자는 국가에서 건강관리카드를 발급하고 매년 건강진단을 받도록 하여 직업병 이환을 방지토록 관리하고 있다.

5 진폐의 예방과 진폐근로자 보호

가. 진폐근로자 보호 등 사업 개선

그동안 진폐업무 중 산재보상업무는 근로복지공단, 진폐위로금 지급 등의 업무는 지방고용노동관서로 이원화되어 이를 일원화하여 민원인의 부담을 해소해야 한다는 문제제기가 있어왔다. 이에, 2007년 11월 30일 진폐의 예방과 진폐근로자의 보호 등에 관한 법률 시행령을 개정하여 2008년 1월 1일부터는 근로복지공단으로 진폐업무를 일원화하여 업무처리의 효율성을 제고하는 한편 민원인의 불편을 해소하였다.

따라서 2008년 1월 1일부터 고용노동부 본부는 ⅰ) 진폐의 예방과 진폐근로자의 보호 등에 관한 법률의 개정 및 운영, ⅱ) 에너지 및 자원사업 특별회계 예산편성 및 집행·결산 업무를, 고용노동부 지방고용노동관서는 진폐근로자에 대한 작업전환 권고·지시 업무를, 근로복지공단은 ⅰ) 장해·유족위로금 지급, ⅱ) 진폐근로자 자녀 장학금 지급, ⅲ) 진폐건강진단 실시, ⅳ) 건강관리수첩 발급업무 등을 위탁받아 실시하게 되었다.

2009년 8월 7일부터는 고용노동부가 수행하던 진폐관리구분 심사청구, 판정결과 통보 업무, 사업주 부담금 등의 징수 및 결손처분에 관한 사항을 근로복지공단이 위탁받아 실시하게 되었다. 또한, 2010년 11월 21일부터 진폐근로자에게 지급하던 장해위로금과 진폐근로자의 사후에 유족에게 지급하던 유족위로금을 통합하여 진폐근로자에게 진폐재해위로금을 지급하는 것으로 변경하였다.

표 8-②-6. 에너지 및 자원사업 특별회계 세출결산 요약

(단위: 백만 원, %)

사업명	'22년 예산현액	지출액	잔액(불용액)	집행률
계	89,132	89,127	5	99.9
진폐위로금	86,093	86,090	3	99.9
건강진단	1,954	1,954	0	100.0
건강진단지원금	1,085	1,083	2	99.8

나. 진폐예방 및 진폐근로자 보호사업 추진

8대 광업19)의 특정분진 작업에 종사한 진폐근로자의 생활안정 및 건강보호를 위해 에너지 및 자원사업 특별회계에서 예산을 확보하여 사업을 추진하고 있다.

2023년도 진폐예산은 891억 원으로 아래와 같이 사업을 전개하였다.

1) 진폐위로금 지급

진폐위로금은 장해위로금, 유족위로금과 진폐재해위로금으로 구분되는데, 장해위로금은 진폐로 인하여 산재보상보험법에 의한 장해급여의 대상이 된 자에게 장해일시금의 60%를 지급하고, 유족위로금은 산재보상보험법에 의한 유족급여의 대상이 된 자의 유족에게 유족일시금의 60%를 지급한다. 진폐재해위로금은 2010년 11월부터 신규로 진폐장해판정을 받은 자부터 적용되며 장해위로금과 유족위로금을 통합하여 215일분 ~ 1,040일분까지 지급한다.

2014년도는 사망자 장해등급 판정방법 변경, 요양 중 진폐환자에게도 장해위로금을 지급하도록 한 행정심판 취소 재결, 평균임금 산정지침 변경에 따른 평균임금 정정 신청의 증가로 진폐위로금이 급증하였다. 2017년도 개정법 시행 전 요양이 결정된 진폐근로자에게 구법에 따른 유족위로금 지급, 2018년도 요양 중인 진폐근로자에게 소멸시효 완성 항변 없이 장해급여 및 장해위로금 지급, 2019년도 시행규칙 개정 전 1형 무장해 판정자 장해급여 지급, 2020년도 진폐장해등급 제1급 규정이 없던 기간(2008. 7. 1. ~ 2010. 11. 20.) 중 심폐기능 고도장해(F3) 판정자의 장해등급 제1급 인정 등 행정지침을 변경하여 위로금 수혜대상과 지급액이 지속 증가하였다.

2023년 진폐위로금으로는 진폐근로자 및 유족 2,216명에게 860억 원을 지원하였고, 이 중 진폐재해위로금은 945명에 335억 원, 장해위로금은 806명에 224억 원, 유족위로금은 465명에 301억 원을 지원하여 진폐근로자와 그 유족의 생활안정에 기여하였다.

---

19) 8대 광업(석탄광업, 철광업, 텅스텐광업, 금·은광업, 연·이연광업, 규석채굴광업, 흑연광업, 활석광업) + 기타 광업 중 진폐로 인해 산재보험법에 따른 유족급여·장해급여를 지급받고 퇴직한 자가 있는 광업

2) 진폐 건강진단 실시

특정분진작업에 종사하고 있는 근로자의 진폐의 예방 및 건강관리를 위해 매년 정기적으로 건강진단을 실시하고, 광업에 1년 이상 종사하고 이직한 근로자가 신청하면 이직자 건강진단을 실시하고 있다.

정기·이직자 건강진단 결과 진폐의 소견이 있거나 의심되는 경우에는 정밀건강진단을 실시하며, 정밀진단기간 중의 생계안정을 위하여 진단수당 및 이송료(교통비 등)를 지급한다.

표 8-②-7. 진폐 건강진단 실적('23년) (단위: 명, 백만 원)

구 분	계	정 기 건강진단	이 직 자 건강진단	정 밀 건강진단	건강진단 부 대 비
실시 건수	15,430	920	5,281	4,611	4,618
지원금액	2,343	56	406	1,548	333

제3절 근로자 건강증진

1 작업관련성 질환 예방 강화

가. 작업관련성 질환 발생 현황

최근 노동인구의 고령화가 심화되고, 산업사회 구조 및 생활습관의 다변화, 사업장에서의 과로와 스트레스 증가 등은 근골격계질환 및 뇌심혈관질환 등 작업 관련성질환의 원인으로 작용하고 있다.

2023년 12월 기준 작업관련성 질환 발생자 수는 총 14,394명으로 전체 업무상 질병자 수 23,331명의 61.7%를 차지하였다. 작업관련성 질환의 종류별 분포를 보면 근골격계질환이 13,010명 발생하였으며, 이 중 신체부담작업에 의한 근골격계질환은 7,596명, 수근관증후군은 210명, 비사고성(작업 관련성) 요통은 2,272명, 사고성 요통은 2,932명이 발생하였다. 또한, 뇌심혈관질환은 899명이 발생하였으며, 그 중 사망자는 364명, 질병자는 535명이 발생하였다.

나. 근골격계질환 예방 기술지원

근골격계질환은 매년 증가하는 추세로 여전히 전체 업무상질병의 절반 이상을 차지하고 있다.

이에, 자동차및모터사이클수리업(822개소), 도소매및소비자용품수리업(608개소), 금속제품제조업및금속가공업(346개소) 등 근골격계질환 다발업종 사업장 4,556개소에 대해 유해요인조사 및 작업환경개선 등을 지원하고, 근골격계 부담작업 저감을 위한 물품(피로예방매트, 이동식대차, 근육테이핑, 입좌식의자, 작업발판)을 보급하여 근골격계질환 감소를 위해 노력하였다.

근골격계질환은 잦은 통증과 운동 제약 등으로 근로자의 삶의 질을 떨어뜨릴 뿐만 아니라 노동력 상실과 생산성 저하 등을 초래하는 만큼 개인의 안정과 국가 경제발전을 위하여 예방 기술지원을 강화해나갈 예정이다.

다. 과로사 고위험군 집중관리

장시간 근로, 연속 야간근로 등 노동환경의 변화와 고령화 등으로 인하여 소위 '과로사'로 불리는 뇌심혈관질환에 대한 예방 필요성이 증대되었다.

이에, 공모를 통해 전국 59개 건강진단 전문병원을 선정한 후 당뇨병·고혈압 등 기저질환 보유, 야간작업, 고령 등 뇌심혈관질환 고위험 근로자를 대상으로 심층건강진단 비용지원 사업을 추진하여 총 20,234명의 근로자에게 32억 7천여만 원의 검진비용을 지원하였다.

또한, 심층건강진단 결과, 추가 진료가 필요하다는 검진의사의 소견이 있는 근로자에 대해서는 총 3,797회(회당 2만 원) 추가 진료를 지원하였고, 검진병원에 방문하기 어려운 근로자는 근로자건강센터의 이동상담 등을 통하여 사후관리를 지속 추진하였다.

심층건강진단 검사항목

- (진찰) 문진 및 의사상담, 뇌심혈관질환 발병위험도 평가
- (계측검사) 신체계측, 혈압검사
- (혈액검사) 당화혈색소, 총콜레스테롤, HDL·LDL콜레스테롤, 신사구체여과율 등
- (소변검사) 요단백, 미량알부민
- (정밀검사) 경동맥 초음파, 관상동맥 비조영 CT, 심전도, 심장초음파

라. 감정노동자 보호사업 추진

2021년 10월 14일 산업안전보건법(제41조) 개정을 통해 업무와 관련하여 고객 등 제3자의 폭언 등에 노출되는 모든 근로자에 대하여 건강장해 발생(또는 현저한 우려) 시 조치* 및 조치요구 근로자에 대한 불리한 처우 금지가 이루어지도록 하였다.

* ① 업무의 일시적 중단 또는 전환, ② 근로기준법 제54조제1항에 따른 휴게시간의 연장, ③ 치료 및 상담지원, ④ 관할 수사기관 또는 법원에 증거물·증거서류 제출 등 폭언 등으로 인한 고소·고발 또는 손해배상 청구 등을 하는 데 필요한 지원

감정노동 보호조치 이행실태를 파악하고 사업주의 보호의무 안착을 위해 공공부문 전체 콜센터 411개소를 대상으로 감정노동 보호조치 이행 자율점검 및 컨설팅(94개소)을 실시하였고, 감정노동 노출 위험이 높은 콜센터 전화상담원, 돌봄종사자, 골프장 캐디, 유통업체 등을 대상으로 민간부문 감정노동 고위험업종 컨설팅(1,039개소)을 실시하였다. 2022년에는 직장인 마음건강 회복지원을 위한 '직장인 마음 쓰담쓰담' 홈페이지(www.mindkosha.or.kr)를 개편하여 지속적으로 운영하고 있다.

또한, 고객응대근로자(방문서비스) 중 가사근로자, 장애인 활동지원사, 방문학습지 교사 및 의료급여사례관리사 4개 직종에 대한 개인 및 조직 차원의 맞춤형 관리 방안을 제시하고 매뉴얼 마련을 위한 연구용역을 실시하였다.

마. 휴게시설 설치 지원

2022년 8월 18일부터 모든 사업장에 휴게시설 설치 의무화 제도가 시행되었고, 2023년에는 휴게시설 미설치 또는 설치·관리 위반 시 제재대상을 50인 미만 (20인 이상) 사업장까지 확대하였다.

이에 따라 2023년 말까지 특별지도 기간을 운영하여 어려운 경영사정 등으로 휴게시설을 미설치한 기업들이 휴게시설을 설치할 수 있도록 준비기간을 부여하였고, 휴게시설이 설치되지 않은 50인 미만 사업장 1,139개소의 휴게시설 설치비용을 지원(215억 원)하여 근로자의 휴게환경을 개선하였다.

또한, 50인 미만 사업장이 밀집된 산업단지, 지식산업센터를 중심으로 전국 48개 지방관서별로 안내 캠페인을 실시하고 휴게시설 설치의무 이행 실태조사(1,866개소)를 통해 제도 안착을 지원하였다.

바. 옥외근로자 마스크 제공

미세먼지로 인한 옥외노동자 건강보호를 위해 공사금액 50억 원 미만의 건설현장 및 상시근로자 수 50인 미만의 환경미화업, 건물관리업, 택배 및 퀵서비스업, 가스배관 설치 등 관련업 및 지정폐기물 수집운반업종 사업장의 옥외작업 근로자 290,833명에게 방진마스크 3,490,000개를 지원하였다.

특히, 미세먼지 농도가 높아지는 겨울철부터 봄철까지 고농도 시기('23.12.~'24.3.) 옥외노동자 건강보호를 위해 4개월 동안 옥외노동자 27,145명에게 마스크 542,912개를 집중 배포하고, 올바른 착용방법 등을 안내하여 정부의 미세먼지 계절관리제에 적극 대응하였다.

사. 폭염재난 대응 관리

매년 여름철에 반복되고 있는 폭염재해를 예방하기 위하여 '온열질환 3대 예방 수칙 가이드'를 제작하고, 온·오프라인을 활용하여 온열질환 예방수칙 이행을 위한 홍보를 집중적으로 펼쳤다. 건설현장 등 폭염에 취약한 사업장의 온열질환 예방수칙 이행여부에 대해 지도·점검(자율점검 122,829개소, 지도·점검 40,705개소)을 실시하였고, 폭염 최절정기인 8월에는 폭염대응체계를 최고수준으로 격상하여 장·차관 및 주요간부 현장점검, 중대재해 사이렌을 통한 폭염상황 및 대응요령 지속전파(68만회), 폭염예방 품목(이동식에어컨, 그늘막, 쿨타올 등 38,452개소) 및 건강관리 지원(찾아가는 건강관리서비스 11,791명) 등 가용가능한 인력·자원을 총동원하여 대응하였다. 또한 현행 산업안전보건법령을 적극 해석한 행정조치를 통해 폭염 취약시간대에는 사업주의 작업중지, 휴식부여 등을 적극 권고하였고 현장에서도 정부의 지도·권고를 수용도 높게 이행하였다.

② 소규모 사업장 보건관리 기술지원

보건관리자 선임의무가 없는 50인 미만 사업장 중 작업환경과 건강관리가 상대적으로 취약한 소규모 사업장에 대해 산업보건전문기관 등을 통해 보건지도, 교육 및 상담, 작업환경관리지원 등을 사업장 특성에 따른 다양한 형태로 지원하여 업무상 질병 감소에 기여하였다.

보건관리 기술지원사업은 고용노동부 지정 보건관리전문기관, 민법 제32조 및 비영리법인의 설립 및 감독에 관한 규칙 제4조에 따라 고용노동부장관의 설립허가를 받은 산업보건전문기관 등이 수행하고 있고 산업위생관리기사, 간호사 자격보유자 등 수행 요원이 작업환경관리, 작업관리, 건강관리와 함께 안전조치 이행여부 점검 등의 기술지도를 실시한다.

2023년에는 작업환경 및 건강관리 취약 소규모 사업장 22,363개소를 선정, 산업보건전문기관의 기술지원 수행요원(산업위생관리기사, 산업간호사 등)이 사업장을 방문(평균 3회)하여 보건지도, 건강상담 및 작업환경관리, 직업건강 이슈(지하 집수조 질식, 감정노동, 근골격계부담작업) 지도 등 기초적인 산업보건서비스를 지원하였다.

지원대상 기준

① 직업병 발생우려 사업장(화학물질 취급, 분진작업 등)
② 밀폐공간 보유 사업장
② 고객응대근로자 보유(중·소규모 병원 또는 호텔 등) 사업장
③ 근골격계질환 발생 위험업종(강선건조 또는 수리업, 위생 및 유사서비스업 등 10대 업종)
④ 기타 업무상질병 발생 위험 사업장
⑤ 사업장 보건관리 미흡 사업장

③ 근로자 건강센터 운영

보건관리자 선임의무가 없는 50인 미만 사업장의 근로자, 특수형태근로종사자 등 산재 취약계층에 대한 직업건강 서비스를 제공하여 산업보건 사각지대 근로자의 직업성 질병 예방을 위해 근로자 건강센터 23개소*를 운영하고 있다.

* 2011년 3개소(경기서부, 인천, 광주) / 2012년 2개소(대구, 경남) / 2013년 5개소(서울, 경기동부, 울산, 부천, 충남) / 2014년 5개소(경기남부, 대전, 부산, 경북북부, 전남동부) / 2015년 5개소 (서울서부, 경산, 강원, 전주, 제주) / 2016년 1개소(경기북부) / 2020년 2개소(충북, 전남서부)

근로자건강센터에서는 직종별 유해요인 관리를 통한 직업병 상담, 특수건강진단결과 사후관리 등 산업보건관리(건강관리, 작업관리, 작업환경관리) 서비스를 제공하였다.

2023년 이용자 수는 243,193명(상담건수 361,984건)으로, 상담내용별로 뇌심혈관질환 예방이 164,017건으로 가장 많았고, 근골격계질환 예방이 111,869건, 심리(직무스트레스 예방)상담 33,139건, 전문의 건강상담 31,127건, 근무환경(작업관리)상담 21,832건으로 나타났다.

또한, 기존 근로자건강센터 관할지역 내 원거리 산업단지 근로자의 지원을 위해 '분소(分所)' 22개소[20]를 설치·운영하여 직업건강서비스 수혜 범위를 확대하였고, '직업트라우마센터' 14개소[21]를 설치·운영하여 중대재해, 중대산업사고 등 충격적인 사고를 직·간접적으로 경험한 근로자 등 총 5,530명에게 심리상담 프로그램 제공하는 등 직장인 마음건강 회복지원 사업도 적극적으로 전개하고 있다.

향후 위험도, 요구도 및 지역적 형평성 등을 고려하여 산업보건 취약지역 중심으로 신규 센터를 확대해 나갈 예정이다.

---

20) 2016년 5개소(성남, 김포양촌, 서대구, 완주, 창원) / 2017년 16개소(평택, 남양주, 군포, 구미, 영천, 광주광산, 대구달성, 양산, 김포고촌, 서울중구, 서울성동, 울산북구, 인천부평, 춘천, 연동, 아산) / 2023년 1개소(거제)
21) 2018년 1개소(대구) / 2020년 7개소(인천, 부천, 경기서부, 경기동부, 경남, 광주, 대전) / 2021년 5개소(경기북부, 울산, 전주, 제주, 충남) / 2023년 1개소(거제)

제4절 노사 자율적 산재예방 활성화

1 대·중소기업 안전보건 상생협력 확산

가. 추진배경

중소 협력업체는 고위험 작업을 수행하는 경우가 많으며, 재해발생 빈도도 높다. 그런데, 협력업체는 모기업에 비해 안전·보건 투자 여력 및 정보가 부족하여 스스로의 힘으로 효과적인 재해예방 활동을 추진하기 어려운 것이 일반적이다. 이에 따라 역량있는 대기업(모기업)이 안전보건 관리 노하우를 중소 협력업체에게 전수하는 등 대기업이 선도하여 중소 협력업체와 자율적인 안전·보건 상생협력 노력을 하고, 정부는 이를 뒷받침하여 촉진할 필요가 있다.

이러한 산업현장의 현실을 고려하여 고용노동부는 2012년에 기술지원 위주의 「안전보건 공생협력 프로그램」을 도입하였고, 2023년에는 재정지원을 신규로 포함하여 「대·중소기업 안전보건 상생협력 사업」으로 확대·개편하였다.

나. 사업내용

100인 이상 모기업이 협력업체 및 협력관계가 없는 지역 중소기업의 산업재해 예방 역량을 향상시키기 위해 협력업체 등과 컨소시엄을 구성하여 모기업의 지식, 기술, 경험 전수 및 자원 지원 등 다양한 상생협력 활동(컨설팅, 교육, 캠페인, 안전보호구 등 물품 지원 등)을 수행하고, 그에 소요되는 비용을 정부가 모기업과 50:50으로 분담하여 매칭 지원한다.

상생협력 활동 중 안전보건 컨설팅은 협력업체당 3천만 원 한도, 교육·캠페인·물품 보급 등 안전보건활동은 컨소시엄당 2억 원 한도로 매칭 지원하며, 협력업체 등은 모기업에서 시행하는 상생협력 활동에 따라 민간 컨설팅 기관으로부터 위험성평가 실행력 강화 등 안전보건 컨설팅이나 교육 등을 일체 비용부담 없이 지원받는다.

이러한 상생협력 노력을 통해 협력업체 등은 효과적으로 안전보건관리체계를 구축·이행하여 산업재해 예방 역량을 향상시키고, 대기업은 협력업체 등의 중대재해 감축 등 안전한 일터 조성을 통해 지속 가능한 성장을 이룰 수 있어 대기업과 중소기업 모두 윈윈(WIN-WIN)할 수 있다.

그림 8-④-1. 추진절차

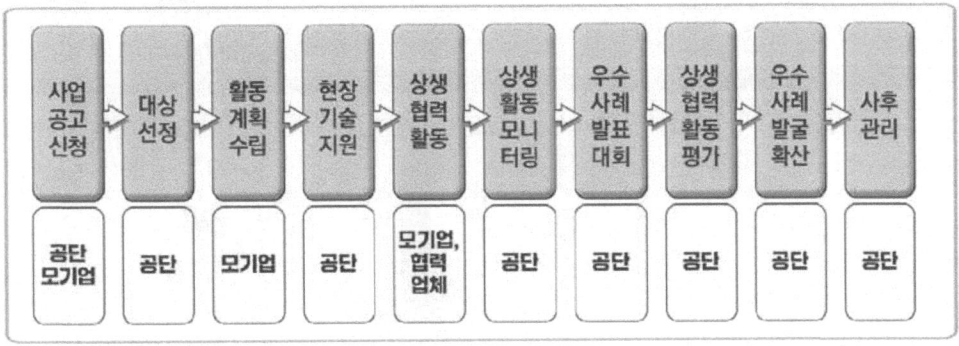

다. 추진경과

사업 개편 첫해인 2023년에는 모기업 329개소, 협력업체 3,844개소가 참여하여 안전보건공단으로부터 기술지원을 받고 모기업의 안전보건 노하우를 협력업체 및 지역 중소기업과 공유하였다. 이 중 협력업체 등 2,499개소가 모기업과 정부의 매칭 지원으로 혜택을 받았다.

2023년부터 협력업체 뿐만 아니라 모기업과 협력관계가 없는 지역 중소기업도 사업에 참여할 수 있도록 참여 대상을 확대하고 참여 사업장 선정 기준도 우대함으로써, 사외협력업체와 지역 중소기업의 참여 비중이 '22년에 비해 7.9 %p 증가('22년 기존 공생협력 프로그램 17.3 % → '23년 대·중소기업 안전보건 상생협력사업 25.2 %) 하는 등 모기업의 협력업체에 대한 안전보건 지원체계가 사내 협력업체 중심에서 사외 협력업체로 점차 확대되는 계기가 되었다.

또한, '23.11월 기준으로 사업에 참여한 협력업체 등의 사고사망만인율이 전년 동월 기준 0.15‱에서 40 %가 감소한 0.09 ‱로 나타났으며, 상생협력 활동이 '산재예방에 도움이 된다'는 응답은 95.0 %로 나타났다.

'대·중소기업 안전보건 상생협력 협약식'을 개최('23.4월)하고, '상생협력 우수사례 발표대회'를 개최('23.7월)하였으며 우수기업을 선정('23.12월)하고 우수사례집을 제작('23.12월) 전파하여 상생협력 활동 우수사례를 적극 발굴하고, 대·중소기업 간 상생협력을 통한 자율적인 안전보건활동 분위기가 산업 전반에 안착될 수 있도록 노력하였다.

그림 8-④-2. 대·중소기업 안전보건 상생협력 확산사례

사업 참여기업에게는 자율 실천기간 부여(일부 감독대상 미포함), 동반성장지수 가점 부여, 유해·위험요인 시설 개선·산재 예방시설 융자지원 우대 등 인센티브를 제공하고, 우수기업으로 선정된 사업장에게는 인센티브의 적용 기간을 연장하고 우수기업 선정서 수여 등 혜택을 추가하였다.

라. 향후계획

2024년에는 사업 참여요건을 개편하여 대기업의 협력업체 등에 대한 안전보건 투자를 확대하고, 사외협력업체와 지역 중소기업에 대한 정부의 매칭지원 비율을 50%에서 70%로 높여 상생협력 활동을 지역적으로 확산하며, 모기업의 사내 협력업체 중심의 안전보건 지원체계를 사외 협력업체로 더욱 확대하도록 지속적으로 유도할 계획이다.

또한, 우수 사업장에 대한 언론사 집중취재(신문, 지역방송 매체 활용) 및 지역별 상생협력포럼을 개최하여 우수사례를 적극 전파하고, 상생협력활동을 ESG 평가지표에 반영하는 등 인센티브를 강화하여 대·중소기업 간 자율적인 상생협력활동을 촉진할 계획이다.

② 산업안전보건교육 및 홍보

가. 산업안전보건교육

근로자의 안전보건 의식을 높이고 전문지식을 함양시켜 자율적인 재해예방 활동을 수행할 수 있도록 하기 위하여 업종별·재해형태별·지역별 실정에 맞는 다양한 산업안전보건 교육프로그램을 개발·운영하였다.

1) 규정(시행규칙) 정비

산업안전보건교육 운영과정에서 드러난 미비점을 보완하고 교육의 실효성 확보를 위해 교육시간 및 내용 등을 개선하는 것을 주요 내용으로 하는 산업안전보건법 시행규칙을 개정('23.9.27.)하였다.

① 보수교육 이수기간 확대

안전보건관리책임자 등 직무교육 대상자의 보수교육 이수기간을 신규교육을 이수한 날을 기준으로 전후 3개월(총 6개월)에서 전후 6개월(총 1년)으로 확대하였다.

② 안전보건교육 시간 정비

근로자 정기교육 주기를 매분기에서 매반기로 확대하였고, 1개월 이하 기간제 근로자 및 일용근로자의 채용 시 교육시간을 완화하였으며, 일용근로자가 채용 시 교육(특별교육)이수 후 1주일 동안 동일 사업장에서 동일 업무로 다시 종사하는 경우 해당교육을 면제하도록 하였다.

③ 교육중복 해결

시행령에 따라 보건에 관한 사항만 교육하는 사업에 대해 교육시간을 1/2로 감면하고 항만안전특별법에 따른 교육 이수 시 그 시간만큼의 해당 교육을 감면하도록 하였다.

④ 관리감독자 교육 분리

사업장 내의 산재예방 핵심인물인 관리감독자 교육을 일반 근로자 교육에서 분리하여 교육종류·시간, 교육내용 등을 별도로 규정함으로서 관리감독자의 중요성을 부각시키도록 하였다.

⑤ 안전보건교육 내용 정비

위험성평가의 활성화를 위해 근로자 및 관리감독자의 정기교육과 채용 시 교육 내용에 위험성평가에 관한 사항을 추가하였다.

2) 외국인 근로자 안전보건교육 개선

귀국 예정인 외국인 근로자 등을 현지 안전보건교육 강사로 양성하여 현지 고용허가센터에서 안전보건교육 시 활용하고 안전보건 동영상을 현지어로 제작하여 입국 전 현지 고용 허가센터에서 활용할 수 있는 방안을 마련하였다.

H-2 비자 취업교육 시 산업안전보건교육(3시간) 중 1시간을 고위험 업종 특화 사고사례 교육으로 편성하고 광역별로 외국인 근로자의 주업종을 파악하여 업종 맞춤형 교육을 실시하도록 하였다. 이와 함께 외국인 고용사업장을 대상으로 산재발생 현황, 업종·규모 등에 따른 위험도 분류 및 차등·밀착관리를 추진하고 위험성평가 컨설팅 시 우선 선정하도록 하였다.

또한, 외국인 근로자 지원센터 행사 시 안전보건교육 강사 지원, 외국어 안전보건콘텐츠 제공, 기업에서 양성한 외국인 근로자 강사 또는 안전보건공단 인력을 활용하여 해당 지역 내 소규모 사업장에 안전보건교육을 지원하도록 하였다.

3) 안전체험교육장 확충방안 마련

공공 안전체험교육장 부족을 해소할 수 있는 민간체험교육장 인정을 확대하고 근로자들에게 다양한 지역과 분야에서 교육을 체험할 수 있는 기회를 제공할 수 있는 방안을 마련하였다.

특정 업종에 특화된 체험장의 경우 특화 체험 장비가 한정되어 인정장비 기준을 충족하지 못하였던 부분을 조정(10종 → 5종)하고, 1년 단위의 심사로 인해 발생하는 민간기업 부담을 최소화하기 위하여 민간체험교육장 현장확인 수준 심사기준을 완화하는 등 안전체험교육 인정업무 처리규칙을 일부 개정안을 마련하였다. 민간기업 보안 문제를 해소하기 위해 MOU 체결 및 회원제 운영으로 지역 중소기업 체험교육을 실시하고 단계별로 개방을 허용하도록 하였다.

민간체험교육장이 인정신청 전 인정기준 충족 여부를 사전에 파악하고 개설할 수 있도록 공단이 사전 컨설팅을 실시하고, 매년 우수 민간체험교육장에 대해 고용노동부장관 포상(산재예방유공)을 수여할 수 있도록 하였다. 또한, 매년 산업안전보건강조주간 행사에 우수 사례 발표대회 및 세미나를 개최하여 안전체험교육장 발전 방향을 공유·확산할 수 있도록 하였다.

4) 산업안전보건교육 지원체계

산업안전보건법 제29조 [안전보건교육] 및 제32조 [안전보건관리책임자 등에 대한 직무교육]에 바탕을 두고 산업안전보건 교육과정을 지속적으로 개발·운영해 왔다.

특히, 2012년부터 건설일용근로자를 대상으로 하는 "건설업 기초안전보건교육" 제도를 시행하였고 사업장의 특성과 요구에 맞게 교육 대상을 경영층, 중간관리자, 근로자, 산재 취약계층 등으로 세분화하여 해당 대상에 맞는 다양한 교육과정을 개발·운영함으로써 교육효과 및 고객만족도를 극대화하고 있다.

5) 수요자 중심의 계층별 맞춤식 교육지원

① 경영층 교육과정

안전이 곧 기업의 경쟁력임을 보여주는 사례를 통해 경영층의 안전의식 제고와 투자를 적극 유도하고자 사업장 경영층을 대상으로 안전보건교육을 실시하였다. 경영과 안전, 업종별 재해요인 분석, 안전대책 등을 교육함으로써 재해감소와 사업장 자율안전 관리 정착에 기여하도록 하였다.

표 8-④-1. 경영층 대상 교육실적

구 분	'16년	'17년	'18년	'19년	'20년	'21년	'22년	'23년
경영층 대상 교육	75,021명	85,434명	70,635명	31,202명	104,352명	38,620명	31,083명	178,243명

* 2023년 인터넷 원격교육 포함

특히, 2014년부터 새로 도입된 산재예방요율제도에 따라 50인 미만 소규모 제조업 사업장의 사업주가 안전보건교육을 이수하고 사업장 자체 산재예방계획을 수립하여 인정을 받으면 산재보험료율을 인하해 주는 인센티브를 통하여 산재예방과 산재보험을 연계하는 재해예방사업방식의 변화를 도모하였다.

※ 징수법 개정('18.12.31.)으로 대상업종 확대: 50인 미만 임업 및 위생 및 유사서비스업 업종 추가

표 8-④-2. 산재예방요율제 사업주교육

구 분	'17년	'18년	'19년	'20년	'21년	'22년	'23년
산재예방요율제 사업주 교육	28,559명	30,264명	27,844명	16,704명	11,531명	12,173명	14,263명

② 중간관리층 교육과정

지역별 산업구조 및 재해발생 특성 등을 분석하여 각 지역의 실정에 맞는 기초 교육과정을 개발·운영하였다. 또한, 전국 7개 지역에 설치된 교육센터에서 중간관리층 대상 기초·실무 교육과정을 운영함으로써 지역사업장의 교육기회 확대를 위해 노력하였다.

표 8-④-3. 중간관리층 대상 교육실적

구 분	'16년	'17년	'18년	'19년	'20년	'21년	'22년	'23년
기본교육	46,293명	47,868명	37,571명	112,907명	80,826명	248,166명	187,873명	206,503명
실무교육	25,836명	12,201명	12,201명					

2018년부터 안전보건관리담당자 선임제도가 도입됨에 따라 안전보건관리담당자 양성을 위한 교육서비스를 제공하여 소규모 사업장 자율안전보건관리 체제 정착에 기여하였다.

표 8-④-4. 안전보건관리담당자 양성교육실적

구 분	'19년	'20년	'21년	'22년	'23년
안전보건관리담당자 양성교육	7,417명	코로나19 유예*		4,848명	3,115명

* 코로나19 유예로 인해 양성교육 일부(인터넷 교육시간) 이수 시 자격 한시적 인정

③ 근로자층 교육과정

안전보건에 관한 전문지식 부족으로 자체적으로 교육을 실시하기 어려운 소규모 사업장에 대해 사업장의 신청을 받아 안전보건교육 전문강사를 무료로 지원하는 등 교육지원을 실시하였다. 특히, 교육 장소, 강사 등 안전보건교육 여건이 미비하여 자체 교육이 어려운 소규모 제조업 사업장 및 건설현장의 근로자를 대상으로 시청각교육 장비가 완비된 이동안전교육 버스를 이용하여 직접 찾아가는 맞춤형 교육서비스를 실시하였다.

표 8-④-5. 근로자 대상 교육실적

구 분	'16년	'17년	'18년	'19년	'20년	'21년	'22년	'23년
근로자	222,225명	177,097명	180,226명	103,356명	176,524명	373,359명	374,580명	219,434명

특히, 장년근로자, 여성근로자, 외국인근로자, 예비산업인력 등 산재취약계층에 대하여 집중적으로 교육을 지원하였다. 장년·여성근로자가 다수 근무하는 사업장 및 직업계 고교, 한국폴리텍대학, 직업훈련기관 등 예비산업인력에 대한 교육지원 과정을 별도로 운영하고 있으며, 외국인근로자는 취업교육 실시기관과 협력을 통해 취업 전 안전교육을 지원하고, 민간 외국인근로자 지원단체와 연계하여 교육 지원을 하는 등 종합적이고 체계적인 교육지원 시스템을 구축하여 운영하고 있다.

표 8-④-6. 산재취약계층 대상 교육 실적

구 분	'16년	'17년	'18년	'19년	'20년	'21년	'22년	'23년
외국인근로자	54,783명	53,235명	40,394명	46,605명	18,266명	15,664명	12,431명	41,255명
장년근로자	56,320명	88,913명	96,778명	205,412명	32,022명	6,752명	8,351명	-
여성근로자	52,605명	45,927명	34,744명	72,281명	4,314명	6,045명	6,154명	-
예비산업인력	50,879명	59,953명	135,898명	103,780명	92,209명	17,635명	18,558명	71,787명

* 2023년은 장년, 여성근로자 대상 별도교육 미운영

④ 체험식 안전교육과정

근로자가 추락, 낙하 등의 위험상황을 직접 체험함으로써 현장의 위험요소를 인지하고, 안전하게 작업할 수 있도록 안전체험교육(안전체험교육장 전국 6개소)을 실시하였으며, 노후 교육장(중부) 시설 개선 추진 및 신규 안전체험교육장(익산)을 건립 중에 있다. 안전체험교육은 사업주, 관리감독자, 근로자 및 학생 등 일반 국민을 대상으로 안전대 매달리기, 안전모 충격시험, 인력운반, 화재소화 및 응급구호 등의 일반 안전체험과 추락방지망, 개구부 추락, 가설통로, 거푸집동바리 압축시험, 건설용리프트 등의 건설 안전체험 등 안전관련 시설물에 대한 직접체험 및 직접체험이 어려운 위험상황을 3D입체 영상으로 간접체험 할 수 있는 가상체험 코스를 동시 운영하여 안전의식 함양에 크게 기여하고 있다.

표 8-④-7. 안전체험교육 실적

구 분	'16년	'17년	'18년	'19년	'20년	'21년	'22년	'23년
안전체험교육	24,718명	24,971명	21,718명	15,107명	649명	23명	2,327명	5,819명

* 2020년부터 코로나19 감염병 예방을 위하여 체험교육 운영 제한

⑤ 안전보건 전문인력 양성과정

사업장의 안전·보건 관계자 및 관리감독자를 대상으로 업종별 특성에 맞는 안전·보건 관리업무의 전문성 제고를 위해 위험기계·기구, 작업공정 및 안전·보건관리 등 업무분야별로 총 56개의 전문화교육과정을 개설·운영하였다. 특히, 집합교육으로 인한 시간적·경제적 손실을 줄이고 관리감독자의 직무능력향상을 유도하기 위해 인터넷교육 과정도 개설·운영하고 있다. 또한, 컨베이어, 전단기, 크레인 등 사업장에서 유해·위험기계 등의 안전에 관한 성능검사를 담당하는 사람을 양성하는 검사원 양성과정을 개설·운영하는 등 안전보건 전문인력의 양성을 통해 산업재해를 예방하기 위한 노력을 하였다.

표 8-④-8. 안전보건 전문인력 양성교육 실적

구 분		'16년	'17년	'18년	'19년	'20년	'21년	'22년	'23년
합 계		62,860명	126,451명	167,754명	112,232명	95,832명	448,467명	303,500명	386,049명
양성교육과정		332명	298명	320명	304명	13명	27명	267명	255명
전문교육과정		10,318명	9,110명	9,382명	6,490명	2,033명	3,529명	6,083명	7,780명
통신교육과정	우편	2,814명	2,654명	1,701명	-	-	-	-	-
	인터넷	49,396명	114,389명	156,351명	105,438명	93,786명	444,911명	297,150명	378,014명

※ 2019년부터 통신교육과정을 인터넷으로만 운영

⑥ 안전보건관리책임자 등 선임자 직무교육

산업안전보건법에 따라 안전보건관리책임자 등으로 선임·채용된 사람을 대상으로 직무수행에 필요한 능력을 배양하고자 최초 선임된 사람에게는 신규교육을 실시하고, 신규교육 이수자에 대해 2년마다 보수교육을 하고 있다.

교육은 한국산업안전보건공단 이외에 총 35개 민간위탁 전문교육기관을 통해 실시하였다. 직무교육은 작업장의 다양한 유해·위험요인과 생산공정의 변화에 따른 안전보건조치 등에 대해 신속히 대응하고 지속적으로 안전보건에 관한 기술 및 최신 경향을 습득하기 위한 필수적인 교육이다.

표 8-④-9. 안전보건관리책임자 등에 대한 직무교육 현황('23년)

합계	안전보건관리책임자	안전관리자	보건관리자	재해예방 등 전문기관 종사자
72,716명	43,889명	18,248명	4,882명	5,697명

⑦ 건설업 기초·안전보건교육

건설업 일용근로자가 현장을 이동할 때마다 채용 시 안전보건교육을 반복적으로 이수하여야 하는 낭비적 요소를 제거하고, 등록된 교육기관을 통해 내실 있는 안전보건교육을 실시하도록 제도를 도입하여 운영하고 있다. 고령근로자 등 취약계층 근로자는 교육비용을 지원하고 있다. 또한, 기초안전보건교육의 수준향상을 위해 교육기관에 대한 수시점검 등 모니터링을 실시하고 있다.

표 8-④-10. 건설업 기초안전보건교육 현황

구분	합계*	'12~'14	'15년	'16년	'17년	'18년	'19년	'20년	'21년	'22년	'23년
이수인원	5,130,133명	1,450,708명	508,198명	480,445명	522,974명	389,145명	343,580명	320,107명	281,125명	347,966명	340,711명
(비용지원)	(1,028,527명)	(25,000명)	(175,000명)	(75,000명)	(75,000명)	(105,000명)	(105,000명)	(114,663명)	(113,966명)	(114,899명)	(125,000명)

* 2009년 ~ 2011년 건설업 기초안전·보건교육 제도 도입을 위한 시범 실시 인원(145,174명) 포함

나. 홍보

산재예방 홍보활동은 중대재해 감축 로드맵의 핵심 메시지를 연중 홍보 키워드로 선정하고, 시의성 있는 중점 홍보과제를 선정해 추진했다. 메시지 노출 효과를 높이기 위해 TV, 라디오 등 방송매체와 신문, KTX 객실 모니터 등 생활매체, SNS 등 뉴미디어 매체 간 연계를 강화한 홍보활동으로 시너지 효과를 높였으며, 사업주와 근로자를 메인 타깃, 일반국민을 서브 타깃으로 분류하여 타깃별 최적의 홍보매체를 선정, 산재예방 메시지를 전달하고자 했다.

특히 중대재해처벌법의 성공적인 현장 안착을 위해 '중대재해처벌법 바로알기' 사이트에서 각종 안내서, 가이드북, 교육 영상 등을 게시하였다.

1) 언론매체 홍보

언론매체 홍보활동은 TV, 라디오, 신문매체를 통해 노·사와 범국민에게 사망사고 예방 메시지를 전달했다. 우선, 작업 전 안전점검 및 온열질환 예방 등 TV 캠페인을 지상파 및 종편채널 등 방송매체를 통해 총 3,445회 방송했다.

라디오 홍보는 사업주 및 근로자를 타겟으로 하여 출퇴근 시간대에 중대재해 감축 로드맵, 위험성평가 제도 안내 등 라디오 캠페인을 제작, KBS, SBS, TBN, CBS 등의 매체를 활용하여 총 2,018회 방송했다. 캠페인 내용은 중대재해 감축을 위한 노사 협력 강조, 하절기

폭염재해 예방, 중대재해 집중점검 운영 안내 및 한파 대비 한랭질환 예방 등 일터에서 지켜야 할 안전수칙을 주요 내용으로 구성했다.

신문매체 홍보는 일간지와 전문지를 활용하여 안전보건체계 구축 지원 등 특집보도를 진행하였고 주요 안전보건 이슈에 대한 기고문 게재 등 총 732회에 걸쳐 다양한 정보를 제공하고 사회적 관심을 유도하였다. 이외에도 중대재해처벌법 시행 안내, 산업현장에서 반드시 지켜야 할 사망사고 예방수칙 등을 광고 문안으로 작성하여 일간지와 전문지를 통해 총 73회 신문광고를 진행했다.

2) 생활매체 홍보

생활 속에서 노·사와 범국민이 흔히 접할 수 있는 매체를 활용하여 안전보건 정보를 제공하고 산재예방의 중요성을 전파했다. 서울지역 및 주요 산업단지 인근 상업용 전광판, 다중이용시설(KTX 역사 내 이미지광고, 미디어 기둥 등) 등 생활주변 매체를 통해 중대재해 감축을 비롯한 일터와 생활 속에서 필요한 안전메시지를 전달했다.

공단에서 전국 주요 산업단지 인근지역(40개소)에 설치 운영 중인 산업안전보건 전광판을 통해 월별, 주제별 안전보건 정보와 안전 메시지를 소개하고 동영상 등 다양한 재해예방 콘텐츠의 안정적인 표출로 안전보건에 대한 정보를 접할 수 있도록 노력했다.

3) 온라인 매체 홍보

미디어 환경의 급속한 변화와 안전보건 정보의 사회적 요구수준 증대에 따라 매체 영향력과 접촉도가 급속도로 커지고 있는 블로그, SNS 등 온라인 매체를 통해 공유와 참여 중심의 안전보건정보 전달을 강화했다. 특히, 국민에게 낯설고 어려운 산업안전 보건 분야를 카드뉴스, 한 컷 이미지 등 시각적 효과를 강조한 비쥬얼 콘텐츠로 개발·보급하는 등 국민 누구나 안전보건 정보에 손쉽게 접근토록 했고 안전보건 메시지 확산 활동 참여를 위해 다양한 국민참여형 공모전(영상, 웹툰) 지속 운영 및 온라인 이벤트를 연중 진행함으로써 쌍방향 소통을 강화했다.

③ 산업안전보건문화 선진화

가. 산업안전보건문화 조성·확산 및 범국민의 안전의식 제고

정부는 중대재해 감축을 위한 방안으로 법·제도적 노력 외에도 안전문화에 주목하여 「중대재해 감축 로드맵」의 핵심 전략 중 하나로 '참여와 협력에 기반한 안전의식 제고 및 문화 정착'을 제시했다. 안전문화는 자칫 실체가 없는 것으로 여기기 쉽지만, 중대재해 감축과 자기규율 예방체계 구축을 위한 각종 법·제도적 노력의 기본 토대가 되는 핵심요소이다.

그러나, 우리나라는 '빨리빨리'를 강조하고 안전을 비용으로 생각하는 등, '안전불감증'이 아직 사회에 만연해있다. 이러한 안전의식을 높이고 우리 사회 전반에 안전문화를 정착시키고자 민·관합동 기구인 '안전문화 실천추진단(안실단)'이 2023년 3월 출범했다. 39개 지역에서 각 지역별 안실단이 활동 중이며, 지방고용노동관서, 안전공단 일선지사를 비롯하여 지자체, 지역 공공기관, 기업, 노·사단체 등 출범 첫 해에만 약 900여개에 달하는 단체가 참여했다.

1) 안전문화 노출하기 캠페인

안실단은 지역별 인구 밀집지와 사업장 내 주요 동선을 중심으로 안전문화 슬로건을 게시하여 많은 시민들이 이를 자연스럽게 접하고, 안전문화의 중요성을 다시 한 번 되새기도록 노력했다. 구내식당에는 '음식은 적당히, 안전은 충분히', 화장실에는 '안전에 정조준'과 같은 친근한 메시지를 부착하였고, 각종 지자체 모니터, 대중교통 등을 통해서도 안전 메시지를 전파했다.

2) 일상생활 제품을 활용한 기업 협업 홍보

지역 내 기업과의 협약을 통해 다양한 생산품에 안전문화 메시지를 부착하여 유통하는 방식으로도 안전문화의 중요성을 확산했다. C1소주(부산)에는 '술잔은 꺾어도 안전을 꺾을 수 없습니다.', 서울우유(서울)에는 '안전하고 건강한 일터, 행복한 대한민국'이라는 메시지를 삽입하여, 국민들이 일상에서 만나는 친숙한 제품에서도 안전 메시지를 접할 수 있도록 했다.

3) 지역 참여·밀착형 홍보

시민 참여에 기반한 안전문화 확산 활동을 위해 '산재예방 숏폼 공모전(부천)', '안전보건 사진 공모전(의정부)' 등을 진행했다. 많은 시민들이 직접 안전문화 홍보 영상 등을 제작하며 안전에 대해 관심을 제고했다. 지역 주민들이 주로 찾는 지역 축제도 안전문화 확산을 위한 기회로 활용했다. 대구 치맥페스티벌(대구), 정선 아리랑제(영월), 보령 머드축제(보령) 등 주요 지역 축제에 안전체험 부스를 설치하고 안전문화 홍보물 배포, VR체험교육 등을 실시했다.

또한, '23년은 전 국민의 안전보건에 대한 공감대를 확산하고자 기존의 '산업안전보건 강조주간'을 7월 '산업안전보건의 달'로 격상하여 시행하는 첫 해였다. 7월 첫째 주는 '산업안전보건의 날 기념식'을 시작으로, 국제안전보건전시회, 산업안전보건세미나 등 다양한 중앙 행사가 개최되었다. 전시회에서는 주요 정책 안내 홍보관을 비롯하여 선진 안전제품 및 기술을 체험해볼 수 있는 부스가 운영되었고, '중대재해 감축 로드맵' 4대 추진전략 중심의 다양한 안전보건 세미나도 개최되었다. 7월 둘째 주부터는 전국의 산업현장에서 '대·중소 상생 협력', '위험성평가 확산'을 주제로 다채로운 지역 단위 행사가 이어져, 안전한 일터에 대한 국민적 관심과 참여를 이끌어내었다.

기념식에서 진행한 산재예방 유공자 시상식에는 산업훈장을 받는 3명을 비롯하여 18명의 수상자가 참석했다. 사고유형을 분석하여 '10대 수칙'을 제정하고 월 2회 캠페인 및 안전결의 대회, 합동점검 등을 실시하여 산업재해를 최소화한 대원산업㈜ 김재덕 공장장이 동탑산업훈장을 받았고, 업종에 특화된 예방대책을 수립하고 안전 전담조직을 통해 안전보건매뉴얼 책자를 발행하는 등 중대재해예방 체계를 구축한 우지기업㈜ 송문현 대표이사가 철탑산업훈장을 받았다. 스마트 안전장비를 활용하여 사각지대와 위험요인을 제거하고, '위험작업 거부권 제도' 및 '안전신문고'와 같은 근로자 참여형 활동을 활성화한 포스코건설 이한철 현장소장은 석탑산업훈장을 받았다.

나. 현장점검의 날 운영

2019년 처음으로 산재 사고사망자가 800명대로 진입하였으나, 2020년대 들어 그 숫자는 등락을 반복하였다. 이에 중·소규모 건설·제조업 현장에서 발생하는 재래형 사고인 추락과 끼임 사망사고를 중점 점검하면서 시설과 의식을 개선 시켜야만 장기적 관점에서 산재 사망사고를 줄여 나갈 수 있다는 의견과 필요성이 대두되었다.

이에 정부는 현장에 3대 안전조치(추락사고 예방, 끼임사고 예방, 개인보호구 착용)를 정착시키겠다는 확고한 의지를 갖고 2021년 7월부터 매월 2·4주 수요일을 『3대 안전조치 현장점검의 날』로 지정하고, 전국 건설·제조 현장을 방문하여 일제 점검을 시작하였다.

* (산재보상 승인 기준 사망자 수) ▲964('17) → ▲971('18) → ▲855('19) → ▲882('20) → ▲828명('21년) → ▲874명('22년) → ▲812명('23년)

정부는 2022년 11월 「중대재해 감축 로드맵」을 발표하였고, 그에 따라 2023년에는 '3대 사고유형 8대 위험요인'의 점검을 한층 더 강화·확대한 결과, 26,215개 사업장에 대하여 현장점검을 실시하여, 안전조치가 갖춰지지 않은 17,490개소 사업장에 대해서 시정을 완료했다.

* 〈추락〉 비계, 지붕, 사다리, 고소작업대, 〈끼임〉 방호장치, 정비 중 운전정지(Lock Out, Tag Out), 〈부딪힘〉 혼재작업, 충돌방지장치

이에 더하여, 현장점검 시 사업장의 자기규율 예방체계에 도움이 될 수 있는 자료 배포, 위험성평가 도입 방법 및 중대재해 취약 분야 집중 지원·관리 방안에 대한 홍보를 병행하였다.

표 8-④-11. 2023년 『현장점검의 날』 운영실적

현장 점검의 날 운영실적	총계	건설				제조			
		소계	50억 미만	50억 이상	기타	소계	50인 미만	50인 이상	기타
점검대상(개소)	26,215	20,084	18,335	1,526	223	6,131	4,487	1,625	19
위반현황(개소)	17,490	13,537	12,466	995	76	3,953	2,926	1,020	7
위반비율(%)	66.7	67.4	68.0	65.2	34.1	64.5	65.2	62.8	36.8

「현장점검의 날」 시행 초기에는 기본적인 3대 안전조치를 준수하면 생산성 및 작업 편의성이 저해된다는 인식이 사업주와 근로자 사이에 많아 점검에 어려움이 있었으나 점검이 지속·반복되면서 이를 개선하려는 사업장의 노력도 많이 찾아볼 수 있었다.

하지만 2023년 현재도 여전히 10개 점검 현장 중 6개는 '3대 사고유형' 예방을 위한 안전조치를 준수하지 않고 있어 우려스러운 것은 사실이다.

이에, 정부는 앞으로도 『현장점검의 날』을 통하여 기본적인 안전조치만 하면 막을 수 있는 재래형 사고, 계절적 요인(해빙기, 폭염, 한파 등)에 의한 사고, 발생 원인이 유사하여 이에 대한 점검이 필요한 사고 등에 대하여 전국 산업안전보건 근로감독관과 한국산업안전보건공단 직원을 집중적으로 투입하여 현장 점검할 것이며, 이에 더하여 산재 사고사망자 감축을 위해 효율·효과적인 방법을 찾기 위해서도 부단히 노력할 것이다.

산재예방요율제

가. 추진배경

그간 지속적인 산재예방정책의 추진으로 재해율은 감소 추세를 나타내고 있으나, 50명 미만 소규모 사업장의 재해자 수가 차지하는 비율이 여전히 높아 이들 사업장의 자율적 산재예방활동을 강화할 수 있는 새로운 경제적 인센티브 제도가 요구되었다.

노·사 모두 사업주의 산재예방조치를 촉진하기 위한 일환으로써 예방요율제의 도입을 요구하여 2006년 12월 23일 노사정위원회에서 산재예방요율제를 도입하고, 그 대상 및 지표를 중장기적으로 검토해 나가기로 합의하였다.

이에 따라 산재예방요율제 도입방안에 대한 연구용역을 실시('09년)하고, 2011년에는 산재예방요율제 도입 TF22)구성·운영을 통해 기존 논의 자료에 대한 영역별 세부사항을 검토한 후 2011년 7월 5일 노·사·정 세미나를 개최하여 의견을 수렴하였다.

이후 「고용보험 및 산업재해보상보험의 보험료 징수에 관한 법률」 제15조 개정 ('13.6.4.)을 통하여 산재예방요율제 도입의 법적 기반을 마련한 후 시행령과 시행규칙의 개정을 통하여 법령 개정을 완료하였다('13.12.30.).

나. 주요내용

산재예방요율제는 산재예방사업과 산재보험체계를 연계하여 사업장의 자율적 산재예방 활동을 유도하기 위한 것으로 한국산업안전보건공단을 통해 위험성평가 인정을 받거나 사업주가 산재예방교육을 이수(4시간)하고 자체 산재예방계획서를 제출하여 인정받은 경우 당해 사업장의 산재보험료율을 할인해주는 제도이며 2014년 1월 1일부터 시행하고 있다.

적용 대상은 50인 미만 제조업 사업장에서 임업, 위생 및 유사서비스업, 하수도업 사업장으로 확대시행('19.4.16.)되었고, 위험성평가를 인정받은 경우 20%(3년), 사업주교육을 이수한 경우 10%(1년)의 보험료를 재해예방활동의 인정 기간만큼 일할 계산하여 할인받을 수 있다. 참여를 원하는 기업은 한국산업안전보건공단에 신청서를 제출하고 예방활동에 참여하면 된다.

---

22) 산재예방요율제 도입 TF: 김상호 교수, 윤조덕 박사 등 예방요율제 관련 연구진 및 고용노동부, 안전보건공단, 근로복지공단 관계자

산재예방요율제 개요

- 개념: 사업주가 위험성평가* 인정 또는 사업주 교육**을 인정받은 경우 당해 사업장의 산재보험요율을 할인해 주는 제도
  * 위험성평가: 사업주가 자체적으로 유해위험요인을 파악하고 이를 제거·감소시키기 위한 대책을 수립·실행하는 활동
  ** 사업주교육: 사업주가 고용노동부장관이 실시하는 교육을 이수하고 자체적으로 산재예방계획을 수립하는 활동
  *** 근로시간 단축: 사업주 고용노동부장관이 정하는 기준에 따라 1주간 근로시간을 52시간 이하로 단축 실시하여 지방고용노동관서로부터 '노동시간 단축 확인서'를 발급받는 것

- 적용대상: 50명 미만 제조업, 임업, 위생 및 유사서비스업 사업장, 하수도업 사업장

- 적용방법
  - 산재보험료율 할인율: 위험성평가 20%, 사업주교육 10%, 근로시간 단축 10%
    * 재해예방활동의 인정기간 만큼 일할 계산하여 산재보험료율 인하
  - 인정 유효기간: 위험성평가 3년, 사업주교육 1년, 근로시간 단축 2021.6.30.까지
    * 산재보험료율 할인은 인정일이 속한 연도의 다음 보험연도부터 적용
  - 업무 처리절차
    * 재해예방활동 신청(사업주) → 재해예방활동 수행(사업주) → 재해예방활동 이행여부 확인 및 인정(안전보건공단) → 보험료율에 반영(근로복지공단)

- 수행기관: 안전보건공단, 근로복지공단

다. 추진실적 및 성과

2023년 말 기준 한국산업안전보건공단으로부터 위험성 평가나 사업주교육 인정을 받아 산재예방요율 할인 혜택을 받고 있는 사업장은 13,636개소이며, 할인받은 산재보험료는 약 71억 원이다.

2023년 말 기준 한국산업안전보건공단으로부터 위험성 평가나 사업주교육 인정을 받아 산재예방요율 할인 혜택을 받고 있는 사업장은 21,873개소이며, 할인받은 산재보험료는 약 207억 원이다.

표 8-④-12. 산재예방요율제 인정사업장 현황 (단위: 개소)

인정 연도	계	위험성 평가	사업주 교육
계	248,658	30,050	218,608
2014년	27,153	3,172	23,981
2015년	30,872	2,742	28,130
2016년	32,215	3,416	28,799
2017년	31,231	3,942	27,289
2018년	32,306	2,683	29,623
2019년	30,361	2,808	27,553
2020년	18,472	2,375	16,097
2021년	13,490	2,105	11,385
2022년	15,458	3,343	12,115
2023년	17,100	3,464	13,636

표 8-④-13. 산재예방요율제 인정사업장 재해 현황 (단위: 명, %)

구 분	인정 사업장 수	'22년(인정 전)			'23년(인정 후)		
		근로자	재해자	재해율	근로자	재해자	재해율
사업주교육 인정	13,636	207,975	2,170	1.04	213,768	2,053	0.96

※ 재해율: 재해자 수 / 전체근로자 수 × 100

특히, 산재예방요율제 인정 사업장은 재해감소 효과는 물론, 산재보험료율을 인하 받아 산재보험료 절감 효과까지 얻고 있다.

한국산업안전보건공단은 기존 산재예방요율제 인정 사업장에 대해서는 사후심사를 통해 산재예방 활동이 유지될 수 있도록 지원하고, 위험성평가 컨설팅 지원을 강화하여 인정 사업장이 확대될 수 있도록 노력 중이며, 사업주 교육에 반복적으로 참여하는 사업주를 위해 교육과정도 차별화하여 운영하고 있다.

제5절 산재예방 인프라 개선 및 산재취약 근로자 보호

1 중대재해감축 로드맵 이행 추진단 신설

가. 추진배경

우리나라는 2022년도에 사고사망만인율은 0.43‰로 매년 800명 이상이 사고로 사망하였으며, 지속적인 노력에도 불구하고 사고사망만인율이 8년째 0.4~0.5‰를 유지하고 있었다.

이에, 고용노동부는 2022년 11월 30일 "안전하고 건강한 일터, 행복한 대한민국"을 만들기 위한 「중대재해 감축 로드맵」을 발표하였다. 주요내용은 사전예방에 초점을 맞춰 기업 스스로 위험요인을 발굴개선하는 위험성평가를 중심으로 「자기규율 예방체계」 구축을 지원하되, 중대재해 발생 시에는 엄중한 결과책임을 부과한다는 전략과, 중대재해가 다발하는 중소기업, 건설·제조업, 추락·끼임·부딪침, 하청 사고에 대해 집중 지원 및 특별 관리한다는 것이 로드맵의 핵심전략이다.

또한 로드맵은 고용노동부 뿐만 아니라 각 부처별로 핵심전략을 달성하기 위한 과제들로 구성되었다. 따라서 로드맵의 성공적 안착과 차질없는 이행을 위해서는 범국가적 차원의 역량을 결집하고 주요과제들을 원활한 추진하고 관리 하기 위한 조직 신설의 필요성이 점차 증대되었다.

나. 조직개편 내용

정부는 2023년 5월 19일 중대재해를 획기적으로 감축하여 산업안전 선진국으로 도약하기 위해 발표한 「중대재해 감축 로드맵」의 차질 없는 이행을 위하여 관계부처 합동으로 「중대재해 감축 로드맵 이행 추진단」을 설립하였다.

「중대재해 감축 로드맵 이행 추진단」은 추진단 단장 1명, 부단장 1명을 필두로 로드맵 이행총괄팀, 안전문화협력팀 2개팀 17명으로 조직하였고, 로드맵이행총괄팀은 로드맵 과제별 이행 점검·관리, 안전산업 육성, 스마트 안전장비 운영, 공동안전관리자 지원 사업등을 담당하고 인력은 고용부, 중기부, 산업부, 공정위 6명으로 구성하였으며, 안전문화협력팀은 안전의식개선 및 문화확산 관련 업무를 수행하며 고용부, 중기부, 국토부, 행안부, 교육부 등 11명으로 충원되었다.

다. 향후 계획

정부는 산업안전 컨트롤타워로서 산재 사망사고 감축이라는 당면과제에 대응하고, 관계부처 협업조직으로 설립된 중대재해 감축 로드맵 이행 추진단의 원활한 운영으로 우리나라가 산업안전 선진국으로 도약할 수 있는 발판이 되도록 최선을 다할 계획이다.

◉ 《기구》 1본부 2정책관 9과 1팀

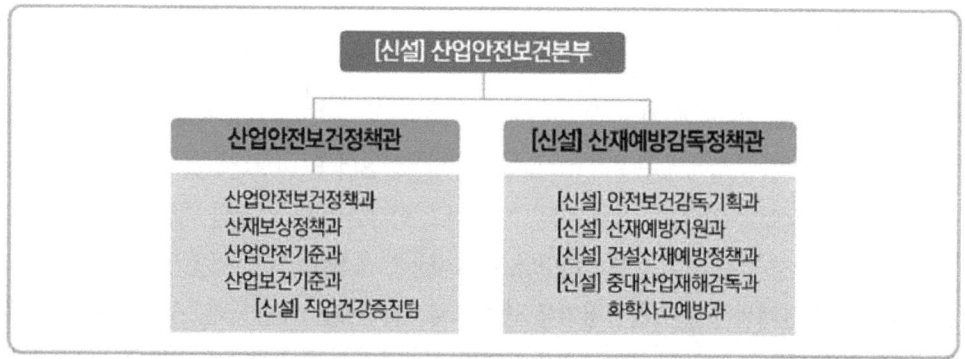

② 위험성평가 확산 추진

가. 추진배경

『위험성평가』제도는 IMF 이후 10년 이상 산업재해율이 0.7%대에서 정체되고 있는 상황을 획기적으로 타개하기 위하여 도입하였으며, 사업장 중심의 자율규제 방식으로 전환시키는 정책전환의 필요성에 따라 2009년 제도 도입 후 2010년부터 2012년까지 3년 동안 시범사업을 전국적으로 추진하여 2013년부터 본격 시행하였다.

나. 위험성평가 추진내용

위험성평가 실시 근거 마련을 위해『산업안전보건법』에 사업주의 의무사항으로 규정('13.6.12.)하였고, 위험성평가의 현장 실행력 강화를 위해『산업안전보건법』의 안전보건 관계자(안전보건관리책임자, 관리감독자 등) 직무에 위험성평가 업무를 추가('14.3.12.)하였다.

2020년에는『산업안전보건법』전면 개정('20.1.16.)을 통해 위험성평가의 제도 취지를 고려하여 위험성 결정의 의미 구체화 및 작업 근로자들의 위험성평가 참여 근거를 명시하였다.

'20년 『산업안전보건법』 전면 개정, '22년 『중대재해처벌법』 시행 등 중대재해 발생에 대한 처벌을 강화하였으나, 규제 일변도 정책만으로는 중대재해 감소가 실현되지 않았다. 이에 '22년 11월 정부는 산업안전 패러다임을 『자기규율 예방체계』로 전환하는 『중대재해 감축 로드맵』을 발표하였고, 4대 전략 중 하나로 위험성평가 중심의 『자기규율 예방체계』 확립을 내세웠다. 하지만 '13년에 도입된 제도는 다양한 활성화 노력에도 불구하고, 어렵고 힘들다는 인식 때문에 현장에서 제대로 작동하지 않는 문제점이 있어 현장 작동성을 개선해야만 하는 과제를 안고 있었다.

이에 '23.5월 사업주가 쉽고 간편하면서 사업장 특성에 맞는 위험성평가를 실시할 수 있도록 현장 작동성 강화와 확산에 중점을 두고 위험성평가 제도를 전면 개편하였다. 중소규모 사업장에서도 쉽고 간편하게 위험성평가를 할 수 있도록 기존의 빈도·강도법 외에 위험성 수준 3단계 판단법, 체크리스트법, 핵심요인 기술법 등을 도입하여 평가 방법을 다양화하고, 상시평가를 도입하여 사업장 규모·특성에 맞는 위험성평가가 가능토록 하였다. 이와 더불어 위험성평가 전 과정에 현장 근로자들이 참여하도록 하고, 위험성평가 결과는 모든 근로자가 공유토록 하여 근로자 참여권 보장 및 알 권리를 강화하였다.

위험성평가 제도 개편 이후 약 7개월 동안 개편 내용을 사업주와 근로자가 쉽게 알 수 있도록 전국 단위 업종·지역별 설명회(166회)를 개최하였다. 현장 실행 지원을 위해 위험성평가 안내서(5종)·작업 전 안전점검회의 가이드(2종)을 제작·배포하였고, '16~'21년에 발생한 사고사망 사례 4,432건을 분석한 고위험요인 정보도 공개하였다. 또한, 사업주의 관심 제고 및 동기부여를 위해 우수사례 발표대회(7월, 11월) 및 건설현장 TBM 우수활동 공모전(9월)을 개최하여 현장 확산 및 안착 분위기를 이어나갔다. 이외에 중소규모 사업장의 위험성평가 실행 지원을 위해 '13년에 구축한 위험성평가 시스템(KRAS)도 수요자 중심 UI/UX 변경, 새로운 위험성평가 방법 탑재 등의 고도화 작업을 추진하였다.

다. 위험성평가 성과

위험성평가 제도 전면 개편 이후 언론에서는 "단순화…실효성 높여", "위험성평가 단순·명확", "중소기업 위험성평가 개선 긍정적" 등 개편된 위험성평가를 긍정적인 시각으로 바라봤다.

개편 위험성평가 이후 현장의 위험성평가 인식 변화를 살펴보기 위해 『사업장 위험성평가 인식조사』('23.9~10월)를 실시하였다. 그 결과 사업장·현장의 85.2%가 위험성평가에 대해 개략적 내용 이상을 알고 있는 것으로 나타났고, 82.2%는 위험성평가가 산재예방이 도움이 된다고 응답하였다. 특히, 사업장·현장의 71.8%가 위험성평가를 실시한 적이 있다고 답하여 '19년 작업환경실태조사 시의 33.8%에 비해 2배 이상 증가한 것으로 나타났다.

한편 위험성평가를 실시하면서 근로자 참여 및 공유, 감소대책 수립·이행 등 핵심 절차를 모두 준수하는 사업장 비율은 57.7%로 나타나 내실 있는 위험성평가 실시 및 현장 안착을 위한 정책적 지원을 강화할 필요성이 있다고 보인다.

라. 향후 계획

'24.1.27.부터 5인 이상 사업장으로 「중대재해처벌법」이 확대 적용되어 중소규모 사업장의 내실있는 위험성평가 실시의 중요성이 더욱 높아졌다. 지난해 중소규모 사업장에서도 쉽고 간편하게 위험성평가를 실시할 수 있도록 개편하고, 현장 확산에 매진한 결과 사업장의 관심과 실시율은 높아져 위험성평가를 매개로 한 중대재해 감축 기반이 마련되었다. 하지만 여전히 근로자 참여 및 공유, 감소대책 수립·이행 등의 핵심 절차를 준수하지 않는 사업장도 상당수 있는 것으로 나타났다.

2024년에는 쉽고 간편하게 개편된 위험성평가가 현장에서 내실있게 실행될 수 있도록 상대적으로 위험도가 높은 고위험사업장을 중심으로 위험성평가 컨설팅을 지원하는 한편, '산업안전 대진단'을 통해 정부지원사업을 신청한 50인 미만 사업장에 대한 컨설팅·기술지도 등을 통해 위험성평가의 현장 안착에 더욱더 노력할 예정이다. 아울러, 중소규모 사업장의 위험성평가를 실무적으로 지원할 수 있도록 위험성평가 KIT도 제작·배포할 계획이다. 「중대재해처벌법」 확대 적용으로 중소규모 사업장의 안전보건관리체계 구축이 더욱 중요해진 상황에서 지난해 개편한 위험성평가가 제대로 작동하여 실질적인 재해감소로 이어질 수 있도록 현장 확산과 안착을 위한 다양한 정책적 노력을 지속해 나갈 것이다.

표 8-⑤-1. 위험성평가 컨설팅 및 인정 추진실적

년도	인정(개소)			컨설팅(개소)	교육(명)	
	인정심사	인 정	인정률(%)	실적	사업주	담당자
2019년	7,031	3,931	55.91	2,162	34,307	15,370
2020년	6,190	3,546	57.28	1,045	22,012	10,427
2021년	7,458	3,532	47.35	976	22,348	12,914
2022년	6,096	5,094	83.56	10,164	27,714	21,184
2023년	7,895	7,625	96.58	14,755	33,380	33,009

※ 사업주 교육은 산재예방요율제 사업주 교육을 포함하였으며, 담당자 교육은 민간기관에서 실시한 교육 포함

③ 산업안전보건법 제도

가. 산업안전보건법 시행령 개정(대통령령 제33597호, 2023.6.27. 공포)

고용노동부장관이 관계 기관에 제공 요청할 수 있는 자료에 환경부장관이 화학물질을 제조 또는 수입하려는 자로부터 받은 '화학물질확인 정보'를 추가하여 사업장에서의 화학물질 취급 현황 파악을 통한 화학물질 급성중독 사고를 방지할 수 있도록 하고, 유해위험방지계획서 사전 제출의무가 있는 사업주가 이를 위반할 경우 위반횟수에 관계없이 과태료를 동일하게 1천만 원 부과하도록 하던 것을, 위반횟수에 따라 1회 위반 시 3백만 원, 2회 위반 시 6백만 원으로 차등 부과하도록 하여 형평성을 제고하되, 고층 건축물이나 터널·댐 공사 등 일정 규모 이상의 건설공사는 과태료 기준 완화 대상에서 제외하는 한편,

소방안전관리자, 기술지도사, 보건교육사, 관세사 등 다른 국가자격의 경우처럼 산업안전지도사 및 산업보건지도사에 대해서도 자격증을 발급하여 그 국가자격을 관리하도록 하는 등 현행 제도의 운영상 나타난 일부 미비점을 개선·보완하였다.

나. 산업안전보건법 시행규칙 개정(부령 제393호, 2023.9.27. 공포)

물질안전보건자료대상물질 관련 비공개 승인 등에 대한 이의신청기간 등이 「산업안전보건법」에 상향 규정됨에 따라 관련 규정을 정비하고, 산업안전지도사 등의 자격증 발급 근거를 두는 내용으로 「산업안전보건법 시행령」(대통령령 제33597호, 2023. 6. 27. 공포, 9. 28. 시행)이 개정됨에 따라 산업안전지도사 등의 자격증 발급 신청서 및 자격증 서식을 신설하는 한편, 영업비밀과 관련된 물질안전보건자료대상물질 원료의 명칭·함유량을 비공개하고 대신 대체자료를 사용할 수 있도록 승인을 받은 경우 그 대체자료를 사용할 수 있는 자의 범위에 '비공개 승인된 물질안전보건자료대상물질을 원료로 국외에서 다른 물질안전보건자료대상물질을 제조하거나 이를 수입하는 자'를 추가하고, 근로자 등에 대한 안전보건교육의 주기·시간 및 내용을 정비하며, 석면 사용 금지가 정착된 2017년 7월 1일 이후 착공 신고된 신축 건축물에 대해서는 건축물대장만 제출하면 되도록 '기관석면조사 생략 확인 절차'를 간소화하고, 사업주가 유해물질에 중독된 사람 등의 근로를 제한하려는 경우이거나 근로가 제한되었다가 건강을 회복하여 다시 근로를 할 수 있게 하려는 경우에는 미리 의사의 의견을 듣도록 하였다.

다. 산업안전보건기준에 관한 규칙 개정(부령 제399호, 2023.11.14. 공포)

근로자 추락 방지 등을 위하여 설치하는 안전난간에 대해 난간기둥 간 간격이 25센티미터 이하이면 계단의 경우 중간 난간대를 설치하지 않을 수 있도록 하던 것에서, 계단뿐 아니라 모든 안전난간에 대하여 중간 난간대를 설치하지 않을 수 있도록 하고, 작업장이 있는 층에 피난층 또는 지상으로 통하는 직통계단을 설치한 경우에는 비상구 설치에 관한 거리 기준을 갖춘 것으로 보도록 하는 등 사업주가 부담하는 안전조치 의무를 근로자의 안전을 해치지 않는 범위에서 합리적으로 완화하는 한편,

붕괴사고로 인한 근로자 사상사고를 예방하기 위하여 사업주가 실시하는 안전성 평가 대상에 '구축물 등의 주요구조부에 대한 설계 및 시공 방법의 전부 또는 일부를 변경하는 경우'를 추가하고, 건축 시 콘크리트 타설작업에 사용되는 '거푸집동바리'를 '동바리'로 용어 정비하며, '거푸집 조립 시 안전조치의무'와 '동바리 조립 시 안전조치의무'를 각각 명확하게 구분하여 규정하고, '파이프 서포트, 강관틀, 시스템 동바리, 보 형식 동바리' 등 동바리 유형별로 안전조치의무를 규정하며, 굴착작업 시 안전조치의무를 작업 단계별로 구분하여 정하고, 구축물 등을 해체할 때의 준수사항을 마련하는 등 현행 제도의 운영상 나타난 일부 미비점을 개선·보완하였다.

중대재해처벌법 시행

가. 제정 배경 및 경과

현대중공업 아르곤 가스 질식 사망사고, 태안화력발전소 압사사고, 물류창고 건설현장 화재사고와 같은 산업재해로 인한 사망사고와 함께 가습기 살균제 사건 및 세월호 사건과 같은 시민재해로 인한 사망사고 발생 등이 사회적 문제로 지적되어 왔다.

이에 안전·보건 조치의무를 위반하여 중대산업재해와 중대시민재해가 발생한 경우, 사업주와 경영책임자 및 법인 등을 처벌함으로써 근로자를 포함한 종사자와 일반 시민의 안전권을 확보하고, 중대재해 사고를 사전에 방지하기 위한 중대재해처벌법 법률안이 국회에서 마련되어 2021년 1월 8일 국회 본회의에서 가결되었으며, 정부는 2021년 1월 26일 이를 공포하였다.

법률에서 위임된 사항을 규정하기 위해 관계부처 합동으로 중대재해처벌법 시행령안을 마련하였으며, 입법예고·간담회 등 이해관계자의 의견수렴과 국무회의를 거쳐 2021년 10월 5일 최종 공포하였다.

중대재해처벌법은 다부처 소관 법률(법무부, 고용부, 환경부, 국토부, 산업부, 공정위)로, 고용노동부는 이 중 중대산업재해 부분을 소관한다.

중대재해처벌법은 우선 상시 근로자가 50명 이상인 사업 또는 사업장(건설업의 경우 공사금액 50억 원 이상의 공사)을 대상으로 2022년 1월 27일부터 시행되었다(2024년 1월 27일부터 5명 이상 모든 사업 또는 사업장으로 확대 시행).

2022년 법 시행 후 2023년까지 총 510건의 중대재해처벌법 적용대상 중대산업재해 중 2023년 연말 기준 102건을 검찰에 송치하였다.

또한, 송치 여부와는 별개로 중대산업재해가 발생한 법인 또는 기관의 경영책임자 141명에 대하여 중대재해 재발 예방을 위한 안전보건교육을 실시하였다.

나. 주요내용(중대산업재해 부문)

● 중대재해처벌법

구분	내용
정의	■ (중대산업재해)「산업안전보건법」제2조제1호에 따른 산업재해 중 ① 사망자가 1명 이상, ② 동일한 사고로 6개월 이상 치료가 필요한 부상자가 2명 이상, ③ 동일한 유해요인으로 급성중독 등 직업성 질병자가 1년 이내에 3명 이상 발생 ■ (종사자) ①「근로기준법」상의 근로자, ② 도급, 용역, 위탁 등 계약의 형식에 관계없이 그 사업의 수행을 위하여 대가를 목적으로 노무를 제공하는 자, ③ 각 단계의 수급인 및 수급인과 ① 또는 ②의 관계가 있는 자 ■ (경영책임자등) 사업을 대표하고 사업을 총괄하는 권한과 책임이 있는 사람 또는 이에 준하여 안전보건에 관한 업무를 담당하는 사람
안전·보건 확보의무	■ 안전보건관리체계의 구축 및 그 이행에 관한 조치 ■ 재해 발생 시 재발방지 대책의 수립 및 그 이행에 관한 조치 ■ 중앙행정기관 등이 관계 법령에 따라 개선, 시정 등을 명한 사항의 이행에 관한 조치 ■ 안전·보건 관계 법령에 따른 의무이행에 필요한 관리상의 조치
처벌규정	■ (사망) 1년 이상의 징역 또는 10억 원 이하의 벌금(병과 가능) 　- 법인 또는 기관에는 50억 원 이하의 벌금 ■ (부상·질병) 7년 이하의 징역 또는 1억 원 이하의 벌금 　- 법인 또는 기관에는 10억 원 이하의 벌금
안전보건교육	■ 중대산업재해가 발생한 법인·기관의 경영책임자등은 안전보건교육 의무이수
공표	■ 안전 및 보건 확보의무를 위반하여 발생한 중대산업재해에 대해 발생사실 공표
정부의 지원 및 보고	■ 중대재해 예방을 위한 대책 수립·시행 ■ 사업주, 법인 및 기관에 대하여 중대재해 예방사업에 소요되는 비용 지원 가능 ■ 반기별로 국회 소관상임위원회에 보고
적용범위 및 시행시기	■ (적용제외) 상시 근로자 5명 미만인 사업 또는 사업장 ■ (시행시기) 2022년 1월 27일 　- 단, 상시 근로자가 50명 미만인 사업 또는 사업장(건설업의 경우 공사금액 50억 원 미만의 공사)은 2024년 1월 27일부터 시행

◐ 중대재해처벌법 시행령

구 분	내 용
직업성 질병의 범위	■ 염화비닐·수은·크롬·벤젠·톨루엔·카드뮴 등에 노출되어 발생한 중추신경계장해 등의 급성중독, 혈액전파성 질병, 산소결핍증 및 열사병 등
안전보건관리체계의 구축 및 이행에 관한 조치	■ 안전·보건 목표와 경영방침의 설정 ■ 안전·보건업무 총괄·관리 전담조직 ■ 유해·위험요인 확인·개선 절차 마련, 점검 및 필요한 조치 ■ 재해예방에 필요한 안전보건 인력·시설·장비 구비 및 유해·위험요인 개선에 필요한 예산 편성·집행 ■ 안전보건관리책임자등의 충실한 업무수행 지원 ■ 산업안전보건법에 따른 안전관리자, 보건관리자 등 배치 ■ 종사자 의견 청취 절차 마련, 청취 및 개선방안 마련·이행 여부 점검 ■ 중대산업재해 발생(급박한 상황 포함)시 조치 매뉴얼 마련 및 조치여부 점검 ■ 도급·용역·위탁 시 조치능력 및 기술에 관한 평가기준·절차 및 관리비용·업무수행 기간
안전·보건 관계 법령상 의무이행에 필요한 관리상의 조치	■ 안전·보건관계법령상 의무이행 여부를 점검하고 점검결과를 보고받아 법령상 의무가 이행될 수 있도록 조치 ■ 유해·위험작업에 관한 법령상 의무 교육 실시 여부를 점검하고 교육실시에 필요한 조치 실시
안전보건교육	■ (주요내용) 안전보건관리체계의 구축 등 안전·보건에 관한 경영방안, 중대산업재해 원인 분석과 재발방지 방안 ■ (주요절차) 교육기관, 교육일정을 고용노동부에서 교육대상자(중대산업재해 발생 기관·법인의 경영책임자)에게 통보, 연기요청 및 승인 여부 통보와 안전보건교육이수확인서의 발급요청 및 발급에 관한 절차 포함
공표	■ (주요내용) ▲해당 사업장의 명칭 ▲중대산업재해가 발생한 일시·장소 ▲중대산업재해를 입은 사람의 수 ▲중대산업재해의 내용과 그 원인 ▲해당 사업장에서 최근 5년 내 중대산업재해의 발생 여부

5 산재취약계층 근로자 보호

가. 외국인 근로자 안전보건관리 지원

외국인 근로자는 주로 유해·위험 요인이 많고 작업환경이 열악한 50인 미만 소규모 사업장에서 근무하고 있으나 낯선 환경과 언어소통의 장애 등으로 재해예방 지식·정보의 습득에 한계를 가지고 있어 산재 위험이 많은 실정이다.

표 8-⑤-2. 외국인 근로자 산업재해 현황

구 분	재해자 수(명)		
	총 계	부상자 및 질병이환자	사망자*
2012년	6,404	6,289	106
2013년	5,586	5,489	88
2014년	6,044	5,956	85
2015년	6,449	6,339	103
2016년	6,728	6,634	88
2017년	6,302	6,186	107
2018년	7,239	7,096	136
2019년	7,538	7,401	129
2020년	7,583	7,457	118
2021년	8,030	7,892	129
2022년	8,286	8,171	108
2023년	8,792	8,677	112

* 사망자 수에는 사업장 외 교통사고, 체육행사, 폭력행위, 사고발생일로부터 1년 경과 사고사망자, 통상 출퇴근 사망자 제외(다만, 운수업, 음식·숙박업의 사업장 외 교통사고는 포함). 재해자에는 제외되는 사고사망자가 모두 포함되어 있어 부상자 및 질병이환자, 사망자와 합한 수치와 총계는 일치하지 않음

이에 따라 외국인 근로자의 취업 전 안전보건교육을 실시하고 있으며, 취업 이후에도 민간위탁 기술지원, 외국인 고용사업장 적시 기술지원, 외국인 고용사업장 클린 및 융자지원 등을 통해 외국인 고용사업장의 안전보건 수준을 높일 수 있도록 지속적인 사업을 전개하고 있다. 또한, 언어소통의 어려움을 위해 16개국 언어로 「위기탈출 다국적 회화 앱」을 제공하여 근로자의 활용도를 높이고 있다.

표 8-⑤-3. 외국인 근로자 교육 및 고용사업주 교육실시 현황

구 분	'14년	'15년	'16년	'17년	'18년	'19년	'20년	'21년	'22년	'23년
외국인 근로자	59,608명	57,671명	54,783명	53,235명	40,394명	46,605명	18,266명	15,664명	12,431명	41,255명
고용 사업주	3,640명	2,325명	6,446명	4,485명	3,798명	2,378명	-	139명	895명	1,638명

※ '20년 고용사업주 교육은 코로나19로 미운영

추가로, 외국인 근로자 눈높이에 적합한 외국인 근로자용 안전보건 미디어를 개발하여 보급함으로써 점점 증가하고 있는 외국인 근로자들이 대한민국의 안전보건 수준을 이해하고 이에 적절하게 대응할 수 있도록 지원하고 있다.

표 8-⑤-4. 외국인 근로자 교육자료 제작·배포 실적

구 분	'14년	'15년	'16년	'17년	'18년	'19년	'20년	'21년	'22년	'23년
종 수	56	58	103	99	47	58	75	90	89	95
부 수	162,300	199,600	133,000	92,700	219,500	370,147	102,000	3,000	36,800	37,000

※ 보급자료: 교육책자, 포스터, 안전보건표지(스티커), 교안(PPT파일), 동영상, 애니메이션 등
※ 외국어: 영어, 중국어, 인도네시아어, 베트남어, 방글라데시어, 태국어, 스리랑카어, 몽골어, 네팔어, 우즈베키스탄어, 키르기스스탄어, 파키스탄어, 캄보디아어, 미얀마어, 라오스어, 동티모르어 등 16개국 언어

나. 고령·여성 근로자 관리지원

장년(55세 이상)근로자 경제 활동이 증가함에 따라, 장년근로자 재해자 수도 증가 추세에 있으며, 여성근로자 재해자 수는 감소하다 최근 증가하고 있는 추세이다.

표 8-⑤-5. 연도별 장년 및 여성근로자 재해자 수 현황

구 분	'20년		'21년		'22년		'23년	
	재해자 수	증감	재해자 수	증감	재해자 수	증감	재해자 수	증감
장년근로자 재해자 수	50,045명	508명↑ (1.0%)	58,185명	8,140명↑ (16.3%)	63,996명	5,811명↑ (10.0%)	68,907명	4,911명↑ (7.7%)
여성근로자 재해자 수	24,031명	1,387명↓ (5.5%)	27,913명	3,882명↑ (16.2%)	31,564명	3,651명↑ (13.1%)	34,783명	3,219명↑ (10.2%)

주: ( )는 전년대비 증감률

산업재해에 취약한 고령·여성근로자가 많이 근무하는 사업장을 대상으로 서비스업 직능단체, MOU 체결기관 등과 연계한 교육을 적극 추진하고 있으며, 공생협력 기술지원, 적시기술지도, 서비스업 집중기술지원 등을 통하여 장년·여성 근로자가 고용된 사업장에 대한 기술지원을 지속 지원하고 있다.

⑥ 산재예방 협력 거버넌스 구축

산재예방 및 산재 사각지대 해소를 위해 중앙부처 간, 중앙부처와 지방자치단체 간 협업을 지속적으로 강화하였다. 2021년 4월 29일 산업안전보건법 개정을 통해 지방자치단체장이 관할 지역 내 산재예방을 위해 자체계획을 수립하고, 교육, 홍보, 사업장 지도 등 필요한 조치를 하도록 하였고, 정부는 행정적·재정적 지원이 가능하도록 근거 규정을 마련하였다.

이에 따라 고용노동부는 지자체와 협업체계를 구축하고, 지자체가 지역 특성을 반영한 산재예방 활동을 할 수 있도록 적극 지원하고 있다. 고용노동 지방관서 - 광역지자체 단위 안전보건협의체를 구성하여 지역 안전보건 문제를 분석, 지역특성에 맞는 산재예방 사업을 기획·발굴하고 지역사회 안전문화를 확산하는 등 협업을 추진 중이며, 지자체의 산재예방 역량 강화를 위해 지역별 산재통계 현황을 제공(분기별)하고, '지자체 산재예방 매뉴얼*'을 제작·배포('21.12월)하였다.

또한 정부합동평가지표 중 '지자체 발주공사 안전관리 강화' 항목에 지자체 발주공사 현장점검 비율, 패트롤 점검연계 실적 등을 지표로 포함하여 고용노동부와 지자체의 합동점검을 강화하였으며, 중대재해감축 로드맵의 세부 추진과제로 「지역·업종별 특화 사업 공동발굴」을 선정하여, 지역안전보건협의체를 통한 지역특화 사업을 기획·발굴할 예정이다.

제6절 산재보험의 사회안전망 역할 강화

1 산재보험제도 개선

가. 적용확대 추진

1) 추진배경

산재보험법 도입 당시 적용대상은 상시 근로자 500인 이상의 광업 및 제조업으로 하고, 나머지 사업은 「근로기준법」에 따라 재해보상이 이루어지도록 하였다. 이후 적용 범위를 지속적으로 확대하여 2018년 7월 1일부터는 소규모 건설공사 및 상시근로자 1인 미만 사업장까지 적용이 확대되어, 근로자를 사용하는 모든 사업장에 적용되고 있다. 그러나 최근에는 고용형태가 다양해지면서 다수의 사업주나 고객에게 노무를 제공하는 직종이 증가하고 있어 이러한 종사자들에 대한 산재보험 적용 필요성이 제기되고 있다. 이에, 근로자뿐만 아니라 특수형태근로종사자, 중소기업사업주 등까지 산재보험 적용범위 확대를 추진하고 있다.

2) 추진성과

특수형태근로종사자는 「근로기준법」상 근로자로 인정되지 아니하여 그동안 산재보험의 보호를 받지 못하였으나, 2002년 5월 6일 노사정위원회 합의를 거쳐 2008년 7월 1일부터는 이들에 대한 산재보험 적용 특례 제도를 도입하여 최초 4개 직종(보험설계사, 콘크리트 믹서트럭 자차운전자, 학습지교사, 골프장캐디)에 특수형태근로종사자 방식으로 산재보험을 적용하였다. 이에 따라 사업주와 종사자는 보험료를 1/2씩 부담하도록 하고, 이 법의 적용제외를 원하는 종사자는 적용제외를 신청할 수 있도록 하였다. 최근 종사형태가 다양화됨에 따라 이와 유사한 영역이 증가하고 있으며, 특히 업무 특성상 재해발생의 위험성이 높은 택배·퀵서비스 사업은 종사자 규모가 급속히 증가하였다. 따라서 업무상 재해로부터 보호가 시급한 택배·퀵서비스기사의 산재보험 적용을 확대할 필요성이 있어 택배기사 및 전속성이 있는 퀵서비스 기사는 특수형태근로종사자의 범위에 추가하고, 전속성이 없는 퀵서비스기사는 중·소기업 사업주의 범위에 추가하는 방안을 추진, 「산업재해보상보험법시행령」을 개정

('11.12.30.)하여 2012년 5월 1일부터는 이들도 산재보험을 적용받을 수 있도록 하였다.

또한, 2011년 11월 예술인 복지법 제정에 따라 예술인에 대한 산재보험 적용을 확대 추진하였고, 예술인의 다양한 종사형태를 감안, 중·소기업사업주 방식(임의가입)으로 2012년 11월 18일부터 산재보험을 적용하고 있다.

2013년에는 특수형태근로종사자에 대한 산재보험 적용을 확대하기 위해 8개 직종에 대한 실태조사를 실시하고, 2014년에 노·사·정 논의기구를 구성하여 적용방안을 논의하는 한편, 직종별 종사자 및 사용자단체의 의견수렴 등을 진행하였다. 이를 통해 2014년 12월 비정규직 종합대책에 대출모집인, 신용카드 모집인 및 전속성이 있는 대리운전기사 등 3개 직종의 산재보험 적용확대 방안을 포함하여 발표하였다. 이들 3개 직종은 특수형태근로종사자 특례(전속성이 없는 대리운전기사는 중·소기업사업주 특례)를 통해 2016년 7월 1일부터 산재보험이 적용되었다.

2019년부터는 건설기계 특고의 산재보험 적용을 확대하여, 기존에는 레미콘 기사만 산재보험 적용대상이었던 것을 27종 모든 건설기계기사로 확대하였고, 2020년 7월부터 방문 판매원, 화물차주, 대여제품방문점검원, 가전제품설치기사, 방문교사 등 5개 직종으로 확대하였다. 2021년 7월 1일부터는 「소프트웨어 진흥법」 제2조제3호의 소프트웨어사업에서 노무를 제공하는 같은 조 제10호에 따른 소프트웨어기술자가 산재보험 적용 대상 특수형태근로종사자로 확대되었다.

무엇보다도 2021년 7월 1일부터 특수형태근로종사자의 산재보험 적용제외 신청 사유를 제한하였는데, "① 부상·질병, 임신·출산·육아로 1개월 이상 휴업하는 경우 ② 사업주의 귀책사유에 따라 1개월 이상 휴업하는 경우 ③ 그 밖에 제1호 또는 제2호에 준하는 사유로 대통령령으로 정하는 경우"이다.

한편, 2017년 3월부터 산재위험이 큰 소상공인 업종에 대한 실태조사를 실시하여 근로자를 사용하지 않는 중소기업 사업주는 기존의 여객자동차운송사업 등 6개 업종에서 2018년부터는 재해 위험에 취약한 1차금속 제품제조업 등 7개 제조업 및 자동차정비업, 2019년부터는 자영업 비중이 높은 음식점업, 소매업, 도매 및 상품중개업, 기타 개인서비스업에도 산재보험 적용을 확대하여 소상공인의 사회안전망 기능을 강화하였다.

2021년 6월부터는 300인 미만 근로자 사용 사업주뿐만 아니라, 사업주의 배우자 및 4촌 이내의 친족으로 노동자가 아닌 자도 산재보험에 가입할 수 있도록 확대하였다. 같은 해 7월 1일부터는 「소프트웨어 진흥법」 제2조제3호의 소프트웨어사업에서 노무를 제공하는 같은 조 제10호에 따른 소프트웨어기술자가 산재보험 적용 대상 특수형태근로종사자로 확대되었고, 특수형태근로종사자의 산재보험 적용제외 신청 사유를 제한하였는데, "① 부상·질병, 임신·출산·육아로 1개월 이상 휴업하는 경우 ② 사업주의 귀책사유에 따라 1개월 이상 휴업하는 경우 ③ 그 밖에 제1호 또는 제2호에 준하는 사유로 대통령령으로 정하는 경우"이다.

2022년 1월 1일부터 대학·연구기관 등이 수행하는 연구개발과제에 참여하는 학생연구자가 산재보험 적용대상이 되었다. 2022년 7월 1일부터 유통배송기사, 택배지·간선기사, 특정 품목(자동차, 곡물) 운송 화물차주도 특수형태근로종사자로서 산재보험을 적용하였고, 그간 전속성 요건으로 인해 산재보험을 적용받지 못했던 비전속·플랫폼종사자의 사회안전망 강화를 위해 산재보험 전속성 요건을 폐지하고 특고·플랫폼종사자를 노무제공자로 재정의하는 등 관련 법을 개정(2022년 6월 10일)하여 2023년 7월 1일부터 시행하였다.

2024년 1월 1일부터 방과후 강사, 보험설계사(신협·새마을금고 공제모집인)가 노무제공자로서 산재보험 적용대상으로 확대된다.

나. 요양·보상제도 개선

1) 현황

산재보험제도는 1964년 도입된 국내 최초의 사회보험으로서 재해근로자에게 요양급여, 휴업급여, 장해급여, 간병급여 등을 지급하고, 유족에게 유족급여 및 장례비를 지급하는 등 사회안전망 역할을 해왔다.

2023년도 보험급여는 전년동기 대비 8.95%(5,985억 원)가 증가한 7조 2,849억 원이 398,324명에게 지급되었다.

표 8-⑥-1. 연도별 보험급여 지급 현황 (단위: 명, 백만 원)

구 분		'16년	'17년	'18년	'19년	'20년	'21년	'22년	'23년
계	수급자	269,510	283,514	297,239	320,184	350,363	386,260	390,475	398,324
	금액	4,280,055	4,436,038	5,033,901	5,529,360	5,996,819	6,452,940	6,686,486	7,284,941
요양 급여	수급자	185,704	195,407	207,456	225,665	256,611	291,475	291,226	297,512
	금액	838,072	843,741	1,015,138	1,085,077	1,309,810	1,360,677	1,316,456	1,518,685
휴업 급여	수급자	111,811	110,979	125,162	137,309	138,675	153,252	161,509	169,728
	금액	876,672	921,179	1,107,405	1,319,085	1,413,340	1,583,963	1,693,399	1,864,777
장해 급여	수급자	93,383	93,407	96,493	101,942	103,768	108,780	112,002	115,515
	금액	1,772,503	1,832,568	1,998,758	2,157,725	2,257,947	2,434,528	2,544,826	2,699,536
유족 급여	수급자	25,949	27,272	28,843	30,328	31,846	33,425	35,100	36,393
	금액	538,713	589,255	656,438	710,174	761,244	821,770	885,043	944,683
상병 연금	수급자	4,643	4,400	4,192	3,943	3,800	3,646	3,509	3,231
	금액	158,877	152,640	154,101	148,720	146,043	143,921	137,078	143,857
장례 비	수급자	2,052	2,218	2,565	2,470	2,566	2,542	2,706	2,456
	금액	24,917	27,751	32,268	31,838	34,179	34,781	38,765	36,300
간병 급여	수급자	5,472	5,383	5,365	5,273	5,143	5,070	4,892	4,725
	금액	56,058	54,897	54,966	53,633	52,003	52,582	50,618	51,527
재활 급여	수급자	3,337	3,058	3,042	3,688	2,945	2,581	2,515	3,046
	금액	14,242	14,007	14,828	23,108	22,253	20,717	20,300	25,577

2) 제도개선 추진배경

산재보험제도는 1964년 도입된 국내 최초의 사회보험으로서 재해근로자에게 사회 안전망 역할을 해왔다. 그러나 산재보험 요양·보상 업무가 대부분 서류 중심으로 운영됨에 따라 산재환자에게 필요한 요양서비스를 제공하고, 사회복귀를 위한 재활 서비스를 활성화하기 위해서는 요양현장 중심의 찾아가는 서비스가 필요하다는 의견이 제기되었다. 이에 2005년 10월부터 『찾아가는 서비스』를 도입하고, 요양·보상·재활업무 프로세스를 현장의 고객 중심으로 개편하였다.

또한, 산재보험제도 전반에 걸친 제도개선을 위해 2006년 12월에 도출된 산재보험 제도 개선에 관한 노·사·정 합의내용을 반영하여 전면개정한 산재보험법을 2008년 7월 1일부터 시행하였으며, 2010년에는 진폐관련 보상제도를 개편하여 전면적인 연금제도를 도입하는 등 산재보험의 요양관리 및 보상제도의 합리화를 위해 지속적인 제도개선을 추진하였다.

이후, 업무상질병 판정제도의 전문성과 공정성을 제고하기 위해 2008년 7월 1일 업무상질병판정위원회 도입 등 제도개선이 이루어졌으나, 업무상 질병 승인율이 감소하고, 근로복지공단의 재해조사, 업무관련성평가 등의 업무절차와 인정기준에 내재 된 문제점 등에 대해 실질적인 개선 요구가 지속적으로 제기되어, 2010년 11월 노사정이 참여하는 「산재보험제도개선 TF」를 구성하여 2년간의 논의를 통해 업무상재해 판정 절차와 인정기준 개선방안을 도출하였다.

3) 추진내용

산재보험의 요양·보상업무의 프로세스를 현장 서비스 중심으로 개선하기 위해 2005년 10월 산재보험에 『찾아가는 서비스』를 도입하여 시행하였고, 공급자 위주의 서비스, 고객접점 분산, 치료 종결을 위한 수단이라는 부정적 인식 등 한계와 문제점을 극복하기 위하여 고객의 산재보험 접근성을 제고하였다. 선택과 집중을 통한 고객 중심 서비스로 전환하기 위해 2009년 4월부터 시범 실시를 거쳐 2010년부터는 「맞춤형 서비스」로 확대 시행하였다. 2011년 5월부터는 요양·재활의 이원화에 따른 문제점을 해소하고 요양 초기 단계부터 조기 개입 및 요양에서 직업복귀까지 개인별 특성을 반영한 서비스를 연계하기 위해 집중서비스 대상 분류 및 운영체계를 개선한 「맞춤형 통합서비스」를 제공하고 있다.

그림 8-⑥-1. 요양·보상·재활업무 프로세스 발전단계

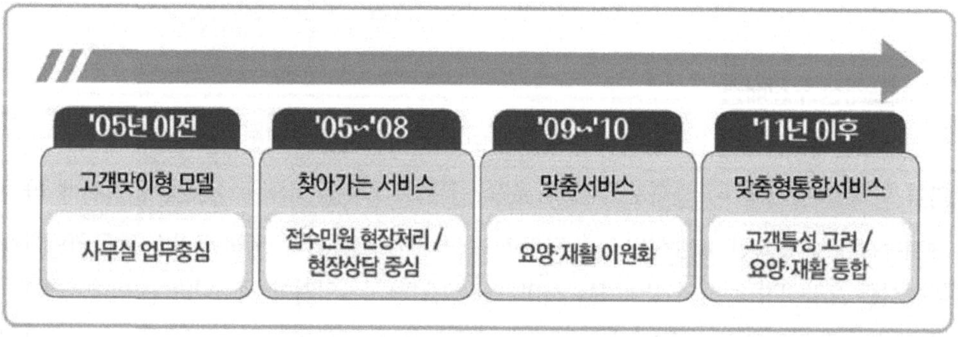

'05년 이전	'05~'08	'09~'10	'11년 이후
고객맞이형 모델	찾아가는 서비스	맞춤서비스	맞춤형통합서비스
사무실 업무중심	접수민원 현장처리 / 현장상담 중심	요양·재활 이원화	고객특성 고려 / 요양·재활 통합

또한, 산재보험제도 개선에 관한 노·사·정 합의내용에 따라, 2008년 7월 1일 시행된 개정 산재보험법에서 먼저 요양·재활 부문은 업무상질병 판정의 공정성·전문성·일관성을 위한 업무상질병 판정위원회 설치·운영, 요양급여 범위에 재활치료 명시, 간병의 현물화

근거 마련, 요양결정 전 건강보험 우선적용 및 의료비 대부제도 등을 도입하였다. 보험급여 체계 부문은 전체근로자의 임금평균액 증감률에 따른 일률적인 평균임금 증감제도 도입 및 만 60세 이후 소비자물가변동률 적용, 최고·최저 보상기준 금액의 명확한 기준설정, 부분휴업급여제도 도입, 저소득 근로자의 휴업급여 및 상병보상연금 상향 조정, 고령자에 대한 휴업급여 및 상병보상연금 지급률 조정, 재요양기간의 휴업급여 및 상병보상연금 지급기준 개선, 척추장해 및 흉터장해의 장해등급 판정 기준을 장해상태에 따른 형평성을 감안하여 개선, 장해 보상연금 선급금제도 개선 및 장해등급 재판정 제도 도입, 간병급여 지급대상 확대 및 기준 정비, 직업재활급여제도 도입, 요양신청 불승인으로 소송제기 시 요양급여 청구권에 따른 다른 보험급여 청구권의 소멸시효도 중단되도록 시효중단 효력 확장, 심사청구의 전문성·공정성을 위해 산재보험심사위원회 설치 등 요양·보상제도의 전반적인 부문에 걸쳐 제도개선을 실시하였다.

이후, 유족급여와 관련하여, 2012년 12월 법률개정을 통해 유족연금 수급자격으로 남편의 연령제한(만 60세 이상)을 삭제하고, 자녀 등의 연령제한을 종전의 만 18세 미만에서 만 19세 미만으로 상향하여 근로자 사망 시 유족연금의 수급자격을 합리적으로 개선하였다. 또한 2018년 12월 유족연금 수급자격자 자녀의 연령을 만 19세 미만에서 만 25세 미만으로 더욱 확대하여, 자녀 등의 생활보호 기능을 강화하였다.

또한, 2021년 5월에는 산재보험법을 개정하여 근로자가 업무상 사유로 사망하였다고 추정되는 경우 장례를 지내기 전이라도 장례비 최저금액을 미리 지급받을 수 있도록 장례비 선지급 제도를 신설하여 경제적 여력이 부족한 유족을 보호할 수 있는 기반을 마련하였다.

한편, 2010년 진폐관련 법령이 개정되어 진폐에 대한 장해급여, 휴업급여, 유족 일시금을 폐지하는 대신 진폐보상연금 및 진폐유족연금으로 단일화하여 진폐에 걸린 근로자에게 연금을 지급함으로써 생계를 보장하였고 그에 따른 후속 조치로 진폐고시임금, 진단수당, 전신해부비용 등도 고시되었다.

또한, 업무상질병 판정제도의 개선을 위하여 2010년 11월부터 노사가 참여한 「산재보험제도개선 T/F」를 구성하여 업무상질병 판정절차에 직업환경의학 전문의 참여 확대, 판정위원 확대, 현장조사 강화, 질병명 변경승인 절차보완 등 개선방안을 마련하였다. 2012년에는 뇌심혈관계질병, 근골격계질병, 직업성 암의 업무상질병 인정기준에 관한 논의를 통해 뇌심혈관질환의 만성과로 판단기준에 근로시간 개념 도입(12주간 주당 평균 60시간 또는 4주간 주당 평균 64시간을 초과하는 경우 업무관련성 강함), 단기 과로를 판단할 때 업무시간, 강도, 업무환경의 변화, 휴무시간 등 육체적·정신적 부담 가중 요인 및 개인적 요인을 종합적으로 고려한다는 원칙 구체화, 근골격계 질병이 신체부담 업무로 인해 자연경과적 변화가 악화된 경우도 업무상질병으로 인정한다는 취지 명시, 직업성 암의 발암물질 및 표적암종 확대(9개 물질, 9종류 암 → 23개 물질, 21종류 암) 등을 골자로 하는 개선안을 마련하여 2013년 7월 산재보험법 시행령을 개정하고 필요한 사항을 고시하였다.

개정된 업무상 재해 인정기준 운영을 위하여 그 후속조치로 뇌혈관질병 또는 심장질병 업무상 질병 조사 및 판정지침, 근골격계질병 업무상 질병 조사 및 판정지침 등을 노사정 논의를 거쳐 개정하여 시행하였고, 업무상 질병 인정기준이 대폭 확대됨에 따라 재해조사의 전문성 제고를 위해 업무상 질병 재해조사 매뉴얼을 마련하여 재해조사 업무에 활용하였다.

2014년에는 2013년 7월 1일 업무상 질병 인정기준 개정 시 새로 추가된 만성폐쇄성 폐질환에 대한 요양 및 장해기준을 마련하여 시행하였고, 재해조사의 전문성과 객관성 제고를 위하여 재해조사 품질 향상을 추진하였으며, 누구든지 업무상 질병 판정 이유를 쉽게 이해할 수 있도록 업무상 질병 판정서의 형식과 기재 내용 등을 개선하여 시행하였다.

2015년에는 현행 근골격계질병 재해조사 시트의 큰 틀은 유지하되 업무관련성 판단에 필요한 작업내용 조사, 작업 자세 측정 방법, 신체부담 점수 임계점의 정합성을 검증한 연구용역 결과를 반영하여 재해조사 시트를 개선하였다. 급증하는 광산근로자의 근골격계질병인 레이노증후군에 대해 판정기준, 요양기준, 장해급여 지급기준을 담은 업무처리지침도 마련하였다. 또한 석면질병의 업무상 재해 여부 판단을 진폐심사회의에서 통합 심의하였으나, 13명의 위원을 위촉하여 별도로 석면심사회의를 구성함으로써 석면에 의한 업무상 재해 심사의 공정성·전문성을 강화하였다.

2016년에는 감정노동자 보호·확대를 위해 정신질병에 고객 등에 의한 폭력 또는 폭언 등 정신적 충격과 스트레스에 의해 발병한 '적응장애, 우울병 에피소드'를 업무상 질병 인정기준에 추가하였고, 재해조사 시 감정노동 스트레스 평가표를 작성하여 스트레스와 이를 가중시킬 수 있는 조직적 요인을 조사하도록 지침을 개선하였다. 석면질병의 경우 석면 노출로 발생하는 석면폐증의 병형 및 심폐기능 판정기준과 요양 및 장해기준도 마련하였다. 또한, 복수 사업장에서 단시간 근로하는 근로자가 업무상 재해를 당한 경우 재해 사업장 이외 타 사업장의 임금도 평균임금 산정에 포함토록 하여 산재 근로자의 생활안정을 도모하였다.

2017년에는 근로자가 현장조사에 미참석한 경우 근로자가 현장조사 촬영영상을 확인할 수 있도록 조치하였으며, 판정위원회 심의과정에서 질병이 미확인될 경우 소위원회에서 세부적으로 재심의 하도록 하는 등 2016년 6월부터 2017년 1월까지 업무상질병 노사정 논의를 거쳐 도출한 과제에 대한 제도개선을 추진하였다. 2017년 12월 업무상질병판정위원회 심의 내실화 방안을 마련하여 판정결과에 대한 대외 신뢰도를 향상하였으며, 2018년 12월 시행규칙 개정을 통해 판정위원회 위원 수를 180명까지 확대하였다.

2018년 1월 1일 만성과로의 인정기준과 진폐근로자의 합병증 인정기준을 개선하였다. 만성과로는 과로기준 시간을 3단계로 확대하고, 교대근무 등 업무부담 가중요인을 명시하였으며, 야간근무는 신체적·정신적 부담이 가중되는 점을 고려하여 업무시간 산출 시 주간근무의 30%를 가산토록 하였다. 광업에 종사한 진폐근로자의 원발성 폐암만 진폐 합병증으로 인정하던 것을 업종과 관계없이 진폐 합병증으로 인정하도록 하였다.

또한 직업성 암 유해요인 중 '석면, 벤젠, 도장작업, 6가 크롬'의 노출 기준 등의 인정기준을 개선하였고, 업무상 질병의 보호대상에 임신 중인 근로자의 유산·사산 등을 명확하게 규정하여 보호를 강화하였다.

2018년 1월 1일 통상의 출퇴근재해 산재보상제도가 도입되어 대중교통, 자가용, 도보, 자전거 등 다양한 교통수단을 이용하여 출퇴근하던 중 발생한 사고도 산재보상 처리가 가능하도록 보호대상을 확대하였다. 이와 함께 산재 신청 시 장애요인으로 작용하던 보험가입자 확인제도를 폐지하여 재해근로자의 권리보호를 강화하였다.

2019년 1월 15일에는 산재보험법을 개정하면서 업무상질병 인정기준에 직장 내 괴롭힘, 고객의 폭언 등 업무상 정신적 스트레스가 원인이 되어 발생한 질병을 추가하여 업무로 인한 정신적 스트레스가 원인이 되어 질병이 발생한 경우에도 산업재해로 인정받을 수 있음을 명확히 하였다.

2019년 7월 1일 그간의 연구용역 결과를 토대로 발생빈도가 높은 근골격계 6대 상병에 대해 현장조사를 생략하는 지침을 마련하여 질병판단의 신속성과 일관성을 강화하였다. 아울러 2020년 1월 7일 산재보험법 시행령을 개정하여 자해행위에 따른 업무상 재해의 인정기준을 기존에는 업무상 사유로 인한 정신적 이상 상태에서 자해행위를 한 것이 "의학적으로 인정되는 경우"로 했지만 "상당인과관계가 인정되는 경우"로 완화하였다.

업무상 질병에 대한 재해조사 과정에 직업환경의학 전문의 등 전문가가 참여하도록 한 특별진찰은, 재해조사의 전문성·공정성 강화를 위하여 2017년 10월 도입되었으나 수행기관 및 특별진찰 대상이 제한적이어서 재해노동자 보호에 미흡하다는 지적이 있었다. 이에 따라 공단 소속병원이 없는 지역의 재해노동자 이동거리 단축 및 업무량 분산을 통한 처리기간 단축을 위해 2020년 5월부터 외부의료기관(녹색병원 등 5개 인증의료기관)으로 특별진찰 수행기관을 확대하였다. 2020년 11월 9일에는 특별진찰 대상을 상대적으로 작업환경이 열악하고 단순·반복적 업무 비중이 높은 50인 미만 제조업 전체업종과 장시간 서서 일하는 노동자에게 발생하는 하지정맥류까지 추가 확대함으로써 재해 노동자의 업무상질병에 대한 입증책임 부담을 완화하였다.

또한, 2019년 8월 그간 서울업무상질병판정위원회에서 통합하여 심의하던 정신질병('자살' 제외)을 지역 판정위원회로 분산하여 지역 근로자의 의견진술을 위한 접근성을 강화하였다. 2020년 1월 판정위원회 심의 건수 급증으로 심의가 지연됨에 따라 판정위원회 운영 개선에 대한 사회적 요구 증가로 지명회의주재자(준상임위원)를 전면 확대하는 등 제도개선으로 심의 신속성을 제고하였다.

2021년 2월 역학조사 등 전문기관 자문 결과, 업무관련성 높음 소견인 질병 및 업무관련성 특별진찰 결과 업무관련성 매우 높음 소견 질병은 판정위원회 심의를 제외하도록 시행규칙을 개정하여 질병 산재결정 기간 단축을 도모하였다. 2021년 3월 판정위원회 소위원회 의결권 부여 및 자살사건 지역 판정위원회 분산심의를 통해 심의기간 단축을 도모하였다.

2022년 1월 판정위원회 심의대상 질병에 대한 소속기관의 의학자문절차를 생략하고 2022년 5월 판정위원회 2개소(서울북부, 경남)를 신설하였으며, 2022년 7월 그간 공단 지침으로 운영하던 근골격계질병의 업무상 질병 인정기준을 고시화하면서 업무상 질병 판단에 대한 신속성을 제고하는데 기여하였다.

4) 향후 과제

근로자의 입증책임 부담 완화와 산재근로자의 보호를 위해 업무상질병 인정기준 의학자문위원회를 통해 유해요인과 질병 간의 인과관계를 주기적으로 분석·검토하여 업무상질병 인정기준을 구체화·세분화할 계획이다.

또한, 업무상 질병의 공정한 판정을 위해서는 판정의 기초가 되는 재해조사의 전문성과 객관성이 확보되어야 하므로 재해조사의 품질을 높일 수 있도록 재해조사 전문가 양성(산재보험 CIE) 등 재해조사 인력의 역량강화와 전문적인 재해조사가 가능하도록 하는 인프라 확충 등을 지속적으로 추진할 계획이다.

출퇴근 재해에 따른 산재노동자와 유족보호를 위해 산재신청 절차를 간소화하고, 산재보험에 대한 인식 개선과 사회적 공감대 확산을 위한 정책 홍보 등 출퇴근 재해 보상제도 활성화 노력도 지속적으로 추진할 계획이다.

더불어 유관기관과 재해정보 연계 확대를 통해 산재 신청의 편의성을 제고하고, 재해조사 업무 자동화 확대로 산재보상의 신속성 제고를 위한 노력도 지속적으로 추진할 계획이다.

다. 재활사업의 내실화

1) 추진배경 및 내용

산재보험은 업무상 재해를 입은 근로자의 신속·공정한 보상과 재활을 통한 사회 복귀를 촉진하는 데 있음에도 요양과 현금 위주의 보상에 치중되어 재활정책은 상대적으로 취약하였다. 그러나 1999년 12월 산재보험법 개정을 통해 재활사업 및 사회 복귀의 중요성을 산재보험법 목적에 규정하면서 본격적으로 사업을 추진하고 있다.

재활사업은 2001년 「산재근로자 재활사업 5개년 계획('01년~'05년)」을 수립하고, 재활스포츠 및 사회심리재활 등 새로운 재활서비스제도 등을 도입하면서 재활사업을 직업재활에서 사회심리재활사업까지로 확장하였다. 이후 「제1차 재활사업 중기 발전계획('06년~'08년)」을 수립·시행하면서 재활시설 확충을 위한 투자예산을 확대('05년 597억 원 → '08년 834억 원) 하였고, 직업재활급여의 법적근거를 마련하는 등 재활서비스 제공을 위한 인프라를 마련하였다.

이어 「제2차 재활사업 중기발전계획('09년~'11년)」을 수립하여 재해근로자가 급성기 치료 이후 전문직(재활상담 직원)을 통해 요양에서 취업까지 관리받도록 한 결과, 산재장해인의 직업복귀율[23]이 크게 향상('07년 49.9% → '11년 70.4%)되는 성과를 거두었다. 그러나 여전히 요양과 보상 중심의 정책과 관행이 지속되고 요양과 재활이 분리되어 산재근로자의 직업복귀와 연계되는 체계적인 재활서비스가 부족하다는 점이 개선과제로 제기되었다.

이에 제3차 재활사업 중기발전계획('12년~'14년)에서는 산재근로자가 제대로 치료받고, 직업·사회에 복귀할 수 있도록 재활업무 전반을 종합적으로 재설계하여 4개 추진전략, 12개 추진과제를 마련하였다. 그 결과, 요양단계부터 맞춤형 재활서비스를 연계·지원하는 체계를 구축하여 직업복귀율이 증가하는 등 괄목할 만한 성과를 거두었다.

제4차 재활사업 중기발전계획('15년~'17년)은 요양단계부터 치료·재활연계 지원체계를 발전시키고 직업재활지원체계 효율화 및 사회재활의 안정적 기반 조성, 인프라의 선진화를 통해 재활사업의 성과를 성장시킬 재활서비스 고도화를 목표로 산재근로자 개별특성에 맞는 재활서비스 전달체계와 선진 직업복귀지원 체계를 구축하였다.

---

23) 제2차 재활사업 중기발전계획 수립 당시에는 산재장해인 직업복귀율을 성과지표로 선정·관리하였으며, 직업복귀율 산정 시 취업인정 기준이 현재는 고용보험 피보험자격 취득자이나 당시에는 ILO 기준(조사 시점 이전 1주일간 1시간 이상 근로한 경우 취업으로 인정)으로 서로 달라 단순 비교는 곤란한 측면이 있다.

2018년에는 산재근로자가 제대로 치료받고 안정적으로 직업과 사회에 복귀할 수 있도록 재활에 대한 인식제고와 함께 지원제도 강화, 재활인프라 확충을 위한 제5차 산재보험 재활중기계획('18년~'22년)을 마련하여 시행하였다.

2019년에는 산재근로자 직업훈련비용 지급 상한 폐지, 사업주 원직복귀계획서 제출제도 시범운영(4개소), 근로복지공단 재취업지원 전담조직 '권역별 재활지원팀'(8개소)을 설치하였다.

2020년에는 원직복귀계획서 제출제도 시범운영기관 및 재활지원팀을 각각 2개소로 추가 확대하였고, 직장복귀지원 특별진찰 신설, 직장복귀지원금 상한금액 인상(월 30~60만 원 → 월 45~80만 원), 대체인력지원사업 확대(상시근로자 수 20인 미만 → 50인 미만) 등 재활서비스를 대폭 개선하였다.

2021년에는 권역별 재활지원팀 1개소 추가 설치, 지자체와 양방향 복지서비스 연계시스템 도입, 직업훈련 급여·예산 일원화로 직업훈련 지원기간 확대(장해판정일부터 1년 → 3년) 및 훈련수당 지원수준 강화(최저임금 50% → 100% 이내), 사업주 직장복귀계획서 제출제도 도입 등으로 산재근로자의 안정적인 직업복귀를 위한 제도를 정비하였다.

2022년에는 산재근로자의 온전한 직장·사회복귀를 위하여 '사람 중심·통합·스마트서비스' 3개의 전략방향·8전략과제·45실행과제를 선정하여 제6차 재활사업 중기 발전 계획('23년~'27년)을 수립하였다.

또한 산재근로자의 원직복귀 촉진을 위한 사업주 직장복귀계획서 제출제도를 첫 시행하여 사업주에게 직장복귀계획서 작성 안내, 직업복귀소견서 및 컨설팅 제공 등을 체계적으로 지원하였다. 빅데이터·AI기술 기반 산재근로자별 특성을 반영한 추천정보로 사회복귀 지원서비스 안내, 취업설명회 진행 등 메타버스 가상공간에서 원스톱 서비스를 제공하는 산재근로자 직업복귀 통합 지원시스템도 구축하였다.

2023년에는 산재근로자 직업복귀통합지원시스템을 개시('23.3.20.)하여, 맞춤 직업훈련 및 일자리 정보를 제공하였고, 또한 신체적 장애 등으로 불편한 산재근로자에 대하여는 메타버스 가상상담실을 통해 취업지원 상담을 실시하였다.

그림 8-⑥-2. 제6차 산재보험 재활사업 중기발전계획('23년 ~ '27년)

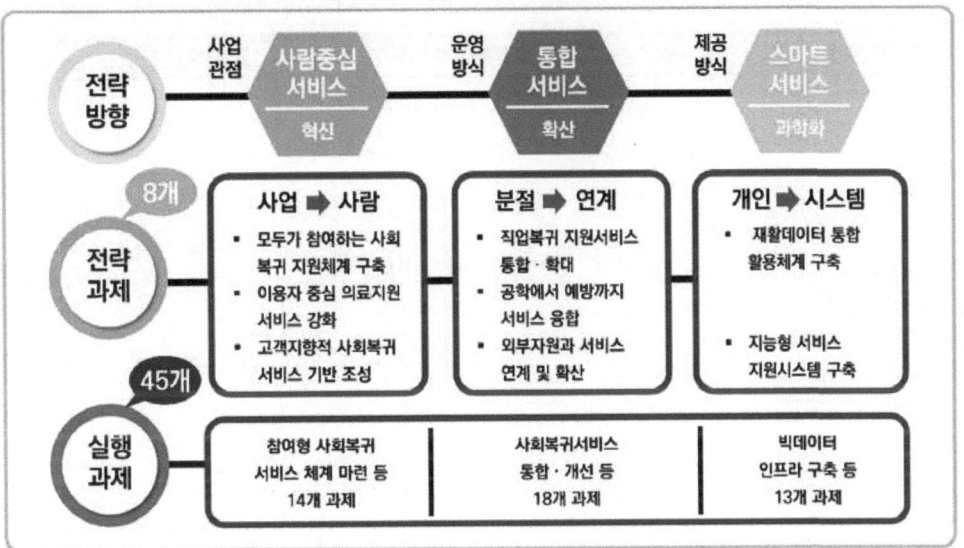

2) 추진성과

　제1차부터 제5차 산재보험 재활중기계획에 이르는 산재근로자 재활사업의 성과로는 첫째, 요양단계부터 맞춤형 재활지원서비스를 확립하여 사회·직업복귀를 촉진함으로써 산재근로자 직업복귀율이 2011년 50.1% 수준에서 2023년 70.6% 수준으로 상승하였다. 둘째, 근로복지공단 산재병원을 중심으로 전문 재활치료 프로그램 및 시범재활수가 개발(시범재활수가 '11년 26개 → '23년 238개(수가코드기준)) 등을 통해 산재의료재활 활성화의 기반을 마련하여 중증 산재장해인이 크게 감소[24]하는 성과를 나타냈다. 셋째, 요양종결 이후 안정적인 직업복귀 및 사회복귀를 위한 지원을 통해 재요양률이 감소('11년 2.93% → '23년 2.81%)하였고, 산재 근로자와 그 가족의 생활안정과 경제적 부담을 완화하였으며, 재활서비스 전달체계 효율화의 일환으로 양방향 모바일 시스템을 구축하여 산재근로자의 요구와 특성에 맞는 재활서비스를 선제적으로 연계하였다.

---

24) 중증 산재장해인(1급~7급)이 2011년 2,861명에서 2021년 2,247명으로 감소하였다.

그림 8-⑥-3. 맞춤형 통합서비스 운영체계 개선

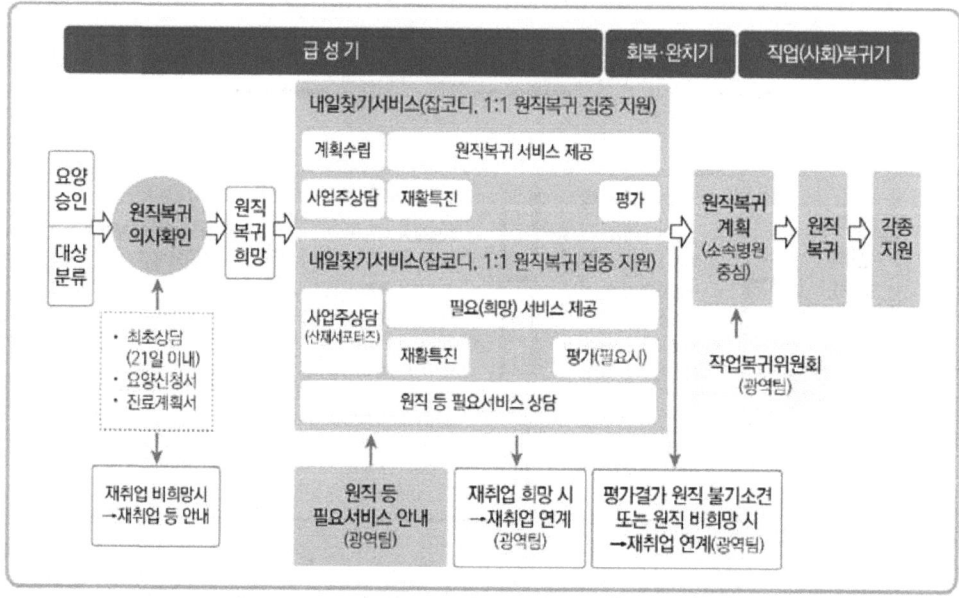

2016년에는 맞춤형통합서비스 운영체계를 내일찾기·맞춤지원과 일반서비스로 세분화하여 직업복귀 취약자에 대한 서비스 제공을 강화하였으며, 2018년에는 산재근로자 중증도 지수(상병상태에 따른 작업능력회복률을 나타내는 지수)와 사업장 특성을 반영하여 직업복귀 취약자 발굴을 더욱 정교화하였다.

또한, 소규모 영세사업장(상시근로자 수 20인 미만)의 원직장 복귀 촉진을 위해 요양 중인 산재근로자를 대신할 근로자를 신규로 고용하고 해당 산재근로자를 요양 종결 후 복귀 시킨 사업주에게 대체인력 임금의 일부를 지원하는 대체인력지원제도를 신규 도입하였다. 도입 첫해 산재근로자 1,078명이 원직장에 복귀하였을 뿐 아니라 대체인력 1,194명 중 60.4%인 721명은 산재근로자 복귀 후에도 계속 고용되어 산재근로자 직업복귀율 제고는 물론 신규 일자리 창출에도 기여하였다.

2017년에는 「사회보장급여의 이용·제공 및 수급권자 발굴에 관한 법률 시행령」 개정을 통해 산재 요양종결 후 직업 미복귀로 소득이 단절된 산재근로자의 정보를 보건복지부에서 운영하는 복지사각지대 발굴 시스템에 연계하여 사회취약계층 전락을 사전에 차단하는 등 사회안전망으로서의 역할을 강화하였다. 또한, 요양 종결된 산재근로자의 상병악화 및 재발방지를 위한 합병증 등 예방관리제의 지원대상을 기존 34개 상병에서 44개 상병으로 확대하였다.

2019년에는 산재병원 중심 사업주 원직복귀계획서 제출 지원제도를 시범 운영하고, 산재근로자 직업훈련 고도화와 취업 우수훈련직종 참여 독려를 위해 훈련비용 상한을 폐지하였으며, 근로복지공단 지역본부별 광역 재활지원팀을 설치하여 재취업지원 프로세스를 적극 개선하고 있다.

2021년에는 재활상담부터 서비스 이용까지 모바일시스템을 도입하여 모바일을 통한 사업 홍보·안내 및 사업주 지원금 신청·접수 체계를 완비하였으며, 선호 직업훈련과정, 취업률, 고용동향 등 정보를 정기적으로 제공하는 직업훈련 기상도를 도입해 맞춤 직업훈련을 제공하였다. 또한 공단과 협약을 맺은 스포츠기관에서만 이용할 수 있었던 재활스포츠 지원사업을 개선하여 협약 절차를 폐지하고 이용종목 제한도 폐지하여 산재근로자가 자유롭게 이용할 수 있도록 하였다.

2022년에는 공단 보유 데이터(고용·산재보험 정보 등)에서 산재근로자 특성 정보와 외부기관 구인 정보를 AI로 분석·매칭해 산재근로자 개인별 맞춤 직업훈련 및 일자리를 추천하여 필요시기마다 모바일을 통해 실시간 제공하고, 신체적 장애나 언어적 한계에 구애받지 않고 접근할 수 있는 메타버스 가상상담실을 구현해 상담서비스 등을 제공할 수 있는 산재근로자 직업복귀통합지원시스템을 구축하였다. 또한, 효과적인 심리안정 및 재활의욕 고취를 위해 사회재활 집단프로그램(희망찾기·사회적응)을 통합·일원화하여 시범운영하였으며 심리재활 통합제공기관을 '21년 6개소에서 '22년 12개소로 확대하여 고객접근 편의성을 제고하였다.

2023년에는 산재근로자 직업복귀통합지원시스템을 개시하여 57,917명에게 맞춤 직업훈련 및 일자리를 추천하여 제공하였으며, 산재근로자 4,601명이 메타버스 가상상담실을 방문하여 취업지원에 대한 상담을 제공받았다.

그림 8-⑥-4. 산재근로자 직업복귀 통합지원시스템 구축·운영

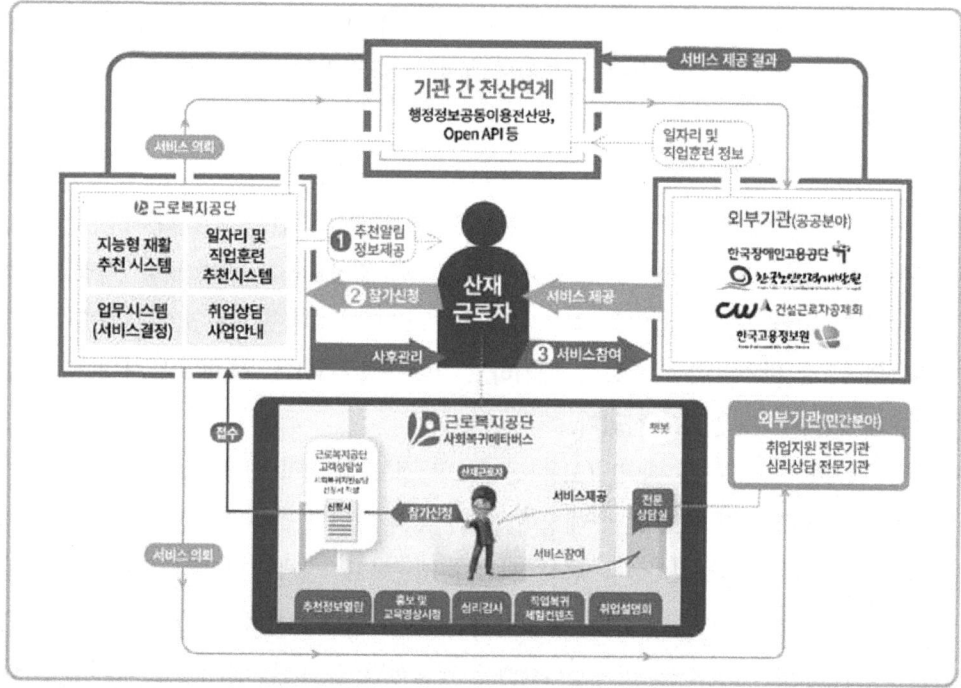

그 결과, 산재근로자 사회복귀기간(치료종결자의 평균요양기간)은 2010년 179.9일에서 2022년 161.7일까지 감소하였으며, 산재근로자 직업복귀율도 2010년 49.5%에서 2023년 70.6%까지 상승하여 선진국 수준의 직업복귀율 75% 달성에 한 걸음 더 다가섰다.

표 8-⑥-2. 사회복귀기간 및 직업복귀율
(단위: 일, %)

구 분	'13년	'14년	'15년	'16년	'17년	'18년	'19년	'20년	'21년	'22년	'23년
사회복귀기간(일)	159.4	160.5	163.1	165.2	169.0	161.5	163.0	170.3	165.1	161.7	161.7
산재근로자 직업복귀율(%)	51.6	53.9	56.8	61.9	64.3	65.3	68.5	71.5	67.3	69.2	70.6

* 신속한 재활서비스 제공을 위해 '21년부터 직업복귀 판단시점을 변경(6개월 → 3개월)하여 산정

3) 향후 과제

그간의 산재보험 재활사업 추진성과에도 불구하고 여전히 산재근로자 직업복귀에 대한 낮은 사회적 인식, 재활인프라 부족, 원직복귀율 정체 등 재활사업의 한계가 있었다. 이에 지속적인 재활사업의 내실 강화와 인프라 확충 및 재활서비스의 효과성을 제고하기 위하여

제6차 산재보험 재활중기계획('23년 ~ '27년)을 수립하여 차질 없이 추진하고 있다. 이에 따라 산재근로자가 제때 제대로 치료받고 안정적으로 사회와 직업에 복귀할 수 있도록 의료·직업·사회재활과 재활인프라를 아우르는 통합적 재활 로드맵을 실현할 계획이다.

라. 의료사업 활성화 추진

1) 추진배경 및 내용

산재환자가 직장과 사회로 신속히 복귀하려면 체계적이고 적극적인 의료·재활서비스 제공이 이루어져야 한다. 그러나 민간병원에서는 수익성이 저조한 산재환자의 재활치료를 기피하여, 재활 적기를 놓친 산재환자의 요양이 길어지고 잔존 장해가 심해지는 요인이 되었다. 업무상 질병 승인 증가로 인해 요양 중인 환자 수가 증가하고 있는 상황에서, 대형 민간병원은 수익성이 낮으며 요양 장기화의 원인이 되는 재활치료를 기피하고, 중소병원에서는 재활치료를 위한 인프라가 부족한 실정이다. 이에 더해 의료적 재활을 넘어 직업 및 사회복귀 촉진을 위한 재활치료는 그 기반이 매우 미흡한 실정이다.

2010년 4월 28일, 「한국산재의료원」이 근로복지공단으로 통합되면서, 산재환자의 직업·사회복귀 촉진에 선도적 역할을 수행하도록 병원의 역할과 기능을 재정립하게 되었다. 보험자 병원으로서 민간과 경쟁하는 구도가 아닌 상호보완적인 관계를 구축하고, 민간병원에서 수행하기 어려운 산재환자의 재활, 진폐환자 및 중증 장기요양환자 진료 등을 주요 역할과 기능으로 설정해 산재환자 중심으로 운영체계를 개편하게 된 것이다. 2012년에는 재활전문병원인 대구병원을 250병상 규모로 개원하며 산재의료사업의 재활사업 부문에 획기적 변화를 가져오게 되었다.

2019년 4월에는 산재병원의 접근성 한계를 해소하고 산재환자에게 더욱 가깝고 편리한 전문재활치료를 제공하기 위해 서울 영등포에 첫 번째 외래재활센터 서울의원을 개소하여 맞춤형 전문재활프로그램, 심리재활, 직업복귀를 앞둔 산재근로자 대상 직업재활프로그램 등 다양한 재활치료를 제공하고 있다. 또한, 2020년 12월에는 광주에 제2외래재활센터, 2022년 6월에는 부산에 제3외래재활센터를 개소하여 전문재활치료는 물론 업무관련성 특별진찰(소음성 난청 등 업무상질병에 대한 재해조사)까지 기능을 확대하였다. 앞으로도 접근성, 편리성 등을 고려하여 외래재활센터를 연차별로 추가 개소하고 외래재활센터의 기능을 점진적으로 확대해 나감으로써 산재근로자의 조기직업 및 사회복귀에 기여할 계획이다.

또한 2020년 1월부터는 산재의료 및 공공의료기관이 없는 울산광역시에 지역거점 「울산 산재전문 공공병원」 건립을 시작하여 '23년 착공하였다. 산재의료기관 본연의 기능 수행에서 나아가 산재의료 인프라를 활용한 지역 사회의 건강과 복지 향상에 기여할 수 있는 중요한 역할을 맡게 될 것으로 기대된다.

재활사업의 주요 기능인 의료재활, 직업재활, 사회재활 등이 산재병원을 통해 이루어지면서 산재병원의 요양·재활시스템을 산재환자 재활중심으로 개편하여 산재근로자의 직업 및 사회복귀 지원에 선도적 역할을 수행할 수 있는 기반을 마련하게 되었다.

만성기 환자에게도 재활치료계획을 수립하여 일상생활 적응훈련 등 재활서비스를 제공함으로써 가정과 사회로의 복귀지원을 강화하였다.

그림 8-⑥-5. 산재재활서비스 제공체계

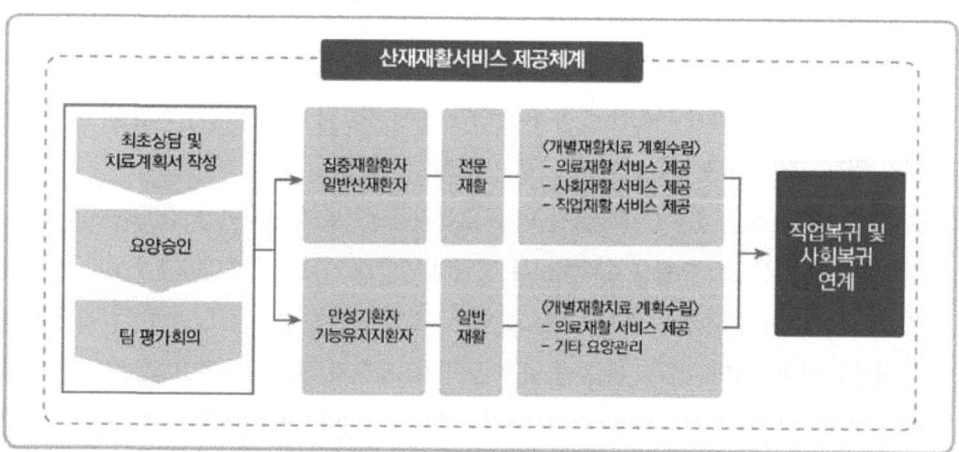

2) 추진성과

2011년에 재활서비스 전달체계 개선방안을 마련, 인천병원 등 7개 재활전문센터 역할 강화를 통해 일반 산재보험 의료기관과 차별성을 확보하고, 2012년에는 산재보험 재활사업 중기계획에 재활사업에 대한 산재병원의 역할이 구체화 되기 시작하였다.

2013년에는 산재환자에게 최적의 재활서비스를 제공하기 위해 뇌·척추질환에 대한 요양·재활가이드를 개발하여 산재보험 의료기관에 보급하였다.

2014년에는 재활전문센터를 조직 개편하여 인천병원 등 8개 산재병원에 의료재활·직업재활이 동시에 제공되는 통합재활서비스 체계를 구축, 의료재활은 물론 직업·사회복귀까지 지원하는 산재재활 롤 모델을 마련하였다. 2015년에는 서울대병원과 산재병원 재활전문센터 합동연구를 통해 표준화된 산재재활프로그램을 개발하였다. 2016년 9월에는 대구병원에 재활의학연구센터를 개소하여 연구기능을 강화하였으며, 서울대병원 합동연구 연계 및 산재의료 재활 질 향상도모 등 효율적 연구수행 기반 마련을 위해 2018년 1월부터 인천병원으로 이관하여 운영하고 있다. 2019년에는 기간생명윤리위원회(IRB)를 설립·운영 중이며, 소속 병원과의 협약 체결을 통해 연구윤리 강화 및 연구활성화를 위한 연구기반을 마련하였다.

그림 8-⑥-6. 재활의학연구센터 운영체계

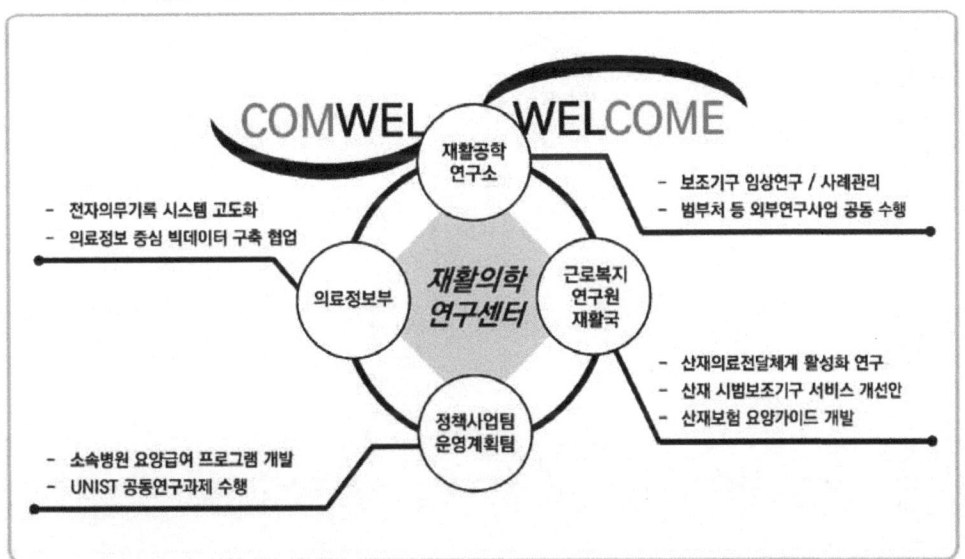

또한, 재활치료의 전문성을 제고하기 위하여 8개 재활전문센터를 중심으로 산재환자 조기 재활치료 및 통합의료재활서비스 제공, 전문재활치료 강화를 위해 2017년부터 2023년까지 총 188개의 시범재활수가를 개발하고 시범운영을 통한 효과성 검증을 통해 산재보험 수가화를 추진하여 민간에 보급 확산함으로써 산재근로자의 수혜 폭을 넓혔다. 산재환자의 직업복귀 지원을 위해 2013년 작업능력평가 및 작업능력강화 프로그램을 개발·적용하였다.

2019년 직장복귀지원프로그램 시범운영을 토대로 2022년부터는 '사업주 직장복귀계획서 제출제도' 시행에 발맞춰 병원 및 의원 10개소에서 원직복귀를 희망하는 산재환자를 대상으로 집중재활치료 → 기본직무분석 → 직업능력평가(필요시 작업능력강화훈련) → 직장복귀소견서 제공까지 보다 체계적인 직장복귀를 위해 노력하고 있다.

표 8-⑥-3. 재활프로그램 연구개발 현황

프로그램명	'13년	'14년	'15년	'16년	'17년	'18년	'19년	'20년	'21년	'22년
재활가이드	개발(본부) 시범운영 (인천, 안산, 창원, 대구)	개발(본부) 시범운영 (순천, 대전, 태백, 동해)								
어깨집중· 운전 재활프로그램				개발(본부) 시범운영 (인천, 안산, 대구, 대전)	운영확대 (인천, 안산, 창원, 대구, 순천, 대전, 태백, 동해)				평가추가 개발(인천) 시범운영 (인천, 대구, 안산)	
다학제 진료 및 교육·상담 프로그램				개발(본부)	운영확대 (인천, 안산, 창원, 대구, 순천, 대전, 태백, 동해)				추가개발(본부) (인천, 안산, 창원, 대구, 순천, 대전, 태백, 동해)	
집단교육 프로그램						운영확대 (인천, 안산, 창원, 대구, 순천, 대전, 태백, 동해)				
진폐(통원) 환자 호흡재활 프로그램	시범운영 (안산, 태백)	민간병원 보급	시범운영 (안산, 태백, 동해)	건강보험 급여화 (11월)						
근골격계 맞춤운동 (수중연계) 프로그램	시범운영 (인천, 대구)	직영병원 시행(인천, 대구)	시범운영 (인천, 안산, 창원, 대구, 순천, 대전, 태백, 동해)							
뇌손상 인지재활 프로그램							개발(인천) 시범수가운영 (인천, 안산, 창원, 대구, 순천, 대전, 태백, 동해)			
재활보조기구 집중재활 프로그램				개발(인천, 대구, 대전)	시범수가운영 (인천, 안산, 창원, 대구, 순천, 대전, 태백, 동해)				평가추가 개발(인천) 시범수가운영 (인천, 안산, 창원, 대구, 순천, 대전, 태백, 동해)	
일상생활 동작 및 직무지원 보조기구					시범수가운영 (인천, 안산, 창원, 대구, 순천, 대전, 태백, 동해)					

제8장 건강하고 안전한 일터 조성

프로그램명	추진일정									
	'13년	'14년	'15년	'16년	'17년	'18년	'19년	'20년	'21년	'22년
정신질병 치료프로그램 및 평가							개발(인천) 시범수가운영 (인천, 안산, 창원, 대전)			
작업능력평가 프로그램	시범운영 (창원, 대전)	운영강화 (인천, 안산, 창원, 대구, 대전)	운영강화 (인천, 안산, 창원, 대구, 순천, 대전)		운영확대 (인천, 안산, 창원, 대구, 순천, 대전, 태백, 동해)			평가추가 개발(인천) 시범수가운영 (인천, 안산, 창원, 대구, 순천, 대전, 동해)		평가추가 개발(인천) 시범수가운영 (인천, 안산, 창원, 대구, 순천, 대전, 동해)
작업능력강화 프로그램	시범운영 (인천, 안산, 창원, 대구, 순천)	시범운영 (대전)	운영강화 (인천, 안산, 창원, 대구, 대전)		운영확대 (인천, 안산, 창원, 대구, 순천, 대전, 동해)					
직장복귀 지원 프로그램					개발(안산), 시범수가운영 (인천, 안산, 창원, 대구, 순천, 대전, 동해)				추가개발(본부) 시범수가운영 (인천, 안산, 창원, 대구, 순천, 대전, 태백, 동해)	추가개발(본부) 시범수가운영 (인천, 안산, 창원, 대구, 순천, 대전, 동해)
간호·간병 통합서비스							개발(본부) 시범수가운영 (인천, 안산, 창원, 대구, 순천, 대전, 동해)			
진폐집중재활 프로그램								개발(태백) 시범수가운영 (태백)		
특별진찰 프로그램								개발(본부) 시범수가운영 (인천, 안산, 창원, 대구, 순천, 대전, 태백, 동해)		
사회재활 프로그램								개발(본부) 시범수가운영 (인천, 안산, 창원, 대구, 순천, 대전, 태백, 동해)		
재활스포츠 평가 및 프로그램									개발(본부) 시범수가운영 (인천, 안산, 창원, 대구, 순천, 대전, 태백, 동해)	

3) 향후 과제

산재병원이 산재보험시설로서 민간과 차별화된 역할과 기능을 수행하면서, 동시에 민간 병원과의 상호 보완적 관계를 구축해 나감으로써 산재근로자에게 최상의 산재 보험서비스를 제공해 나갈 필요가 있다. 그리고 산재병원의 요양 - 재활서비스체계 개선을 통해 산재근로자의 의료재활, 직업재활, 사회심리재활을 통합적으로 연계하여 원활한 직업 및 사회복귀 지원을 강화할 필요가 있다. 또한 지역 및 환자특성 등 의료환경 변화를 고려한 병원별 진료전문화와 기능 재편을 통해 산재근로자 맞춤형 전문재활치료 등 진료역량을 지속적으로 강화해 나가야 할 필요가 있다.

② 산재보험 재정 건전성 확보 및 운영 효율화

2001년부터 2004년까지 급증하던 산재보험급여 증가율은 2005년부터 5.8%로 둔화되었고, 이후 2008년 5.5%, 2009년 1.2%, 2010년 1.7%, 2011년 2.9%, 2012년 6.2%, 2013년 -1.5%, 2014년 3.5%, 2015년 3.9%, 2016년 4.9%, 2017년 3.6%로 증가추세를 유지했으며, 출퇴근재해 도입 및 적용범위 확대(소규모건설공사 및 상시 1인 미만 사업장) 후 2018년 13.5%, 2019년 9.8%, 2020년 8.5%, 2021년 7.6%, 2022년 3.2%로 증가율이 둔화하는 추세였으나, 2023년에는 진료비 수급자(전년 대비 10%) 및 평균지급액(전년 대비 10.2%) 증가로 요양급여액이 전년 대비 15.4% 증가하였고, 요양승인건 수 증가(전년 대비 6.6%)에 따른 휴업급여 수급자 수 증가로 휴업급여 지급액이 10.1% 증가하여 전체 보험급여 지급액은 전년 대비 9.0% 증가하였다.

장해보상연금 및 유족보상연금 등의 연금 역시 2007년까지 매년 증가율이 20% 이상 급증하였으나, 2008년 7월 산재보험법 전면 개정에 따른 제도 변화로 장해연금 지급액이 급격히 감소하여 2008년에는 증가율이 8.4%로 둔화되었다. 2009년부터는 연금수급자 누증 및 2010년 11월 진폐근로자 연금제도 도입 등으로 10%대의 증가율을 보이다가 2013년부터 증가패턴이 둔화되었으나, 2018년 8.0%, 2019년 6.0%, 2020년은 5.1%, 2021년 4.5%, 2022년 3.5%, 2023년 5.5%의 증가율을 보이고 있다.

표 8-⑥-4. 보험급여 및 연금 지급 현황 (단위: 억 원, %)

구 분	'15년	'16년	'17년	'18년	'19년	'20년	'21년	'22년	'23년
보험급여 (증감률)	4조0,791 (3.9)	4조2,801 (4.9)	4조4,360 (3.6)	5조339 (13.5)	5조5,294 (9.8)	5조9,968 (8.5)	6조4,529 (7.6)	6조6,865 (3.6)	7조2,849 (9.0)
연금 (증감률)	17,973 (5.0)	18,797 (4.6)	19,712 (4.9)	21,283 (8.0)	22,565 (6.0)	23,725 (5.1)	24,800 (4.5)	25,669 (3.5)	27,085 (5.5)

이러한 보험급여 및 연금의 누증과 함께 지난 2003년부터 2005년까지 3년간의 재정수지 적자로 인해, 장래 보험급여 지급을 위해 산재보험법에서 적립하도록 하고 있는 법정 책임준비금에 실제 적립금이 미치지 못하는 상황이 계속되었다.

이에 따라 2007년까지 적립금은 법정 책임준비금에 비해 3조 655억 원이 부족하게 되어 산재보험 재정상황은 취약한 실정이었고, 산재보험 재정의 안정화를 위하여 2004년(1.48%)부터 2007년(1.95%)까지 산재보험료율을 4년간 매년 약 10%대로 인상하였다. 2009년에는 1.80%로 2008년(1.95%)보다 7.7% 인하하였고, 2010년 1.80%, 2011년 1.77%, 2012년부터 2017년까지는 1.70%로 요율을 유지하였다. 2018년 1.80%, 2019년 1.65%, 2020년에는 1.56%로 인하하였고, 2021년부터 2023년까지 1.53%를 유지하였다.

표 8-⑥-5. 재정수지 및 보험료율 현황 (단위: 억 원, %)

구 분		'16년	'17년	'18년	'19년	'20년	'21년	'22년	'23년
재정수지	수입	71,135	72,895	79,951	80,673	82,878	95,277	90,474	102,775
	지출	51,473	53,078	59,509	64,496	70,770	80,083	84,126	90,753
	수지차	19,662	19,817	20,442	16,177	12,108	15,194	6,348	12,022
보험료율 (증감률)		1.70 (-)	1.70 (-)	1.80 (5.9)	1.65 (△8.3)	1.56 (△5.5)	1.53 (△1.9)	1.53 (-)	1.53 (-)

* 주: 산재보험료율은 전체 업종 평균요율이며, 임금총액에 대한 %임
** 주: 2018년도 요율부터 출퇴근재해 보험요율 1‰가 포함되었음

표 8-⑥-6. 산재보험 적립금 현황 (단위: 억 원, %)

구 분	'16년	'17년	'18년	'19년	'20년	'21년	'22년	'23년
법정 책임준비금	40,721	42,745	44,585	50,643	56,078	59,581	63,701	66,794
적립금 보유액	138,653	158,470	178,912	195,088	207,196	222,222	228,386	240,340

* 주: 2007년까지는 법정 책임준비금이 「연금지급액의 6년분 + 당해연도 보험급여 지급액 3월분」이었으나 2008년 7월 1일부터 산재보험법령 개정으로 인해 「전년도 보험급여 총액」으로 산정기준이 변경

또한 산재보험 적용 누락 사업장의 가입 촉진, 보험료 수납률 제고 등의 수입 확대 노력도 기울여 왔다. 이에 따라 보험료 수입은 2005년 3조 2,477억 원(수납률 83.4%)에서 2006년 3조 8,273억 원(85.6%), 2007년 4조 5,144억 원(88.2%), 2008년 4조 9,421억 원(89.8%)으로 증가하였다. 2009년에는 산재보험료율 인하(1.95%→1.80%)로 보험료 수입이 4조 8,158억 원 (90.8%)으로 감소하였다가, 2010년 4조 7,053억 원(90.9%), 2011년 4조 8,086억 원 (87.6%), 2012년 5조 5,124억 원(22.3%), 2013년 5조 4,398억 원(85.6%), 2014년 5조 8,006억 원(85.0%), 2015년 6조 658억 원(85.2%), 2016년 6조 2,881억 원(85.7%), 2017년 6조 4,342억 원(85.7%), 2018년 7조 3,528억 원(86.1%), 2019년 7조 5,458억 원 (86.2%), 2021년에는 7조 5,644억 원(86.3%), 2022년에는 8조 2,963억 원(87.1%), 2023년에는 9조 1,054억 원(87.9%)으로 전년대비 9.8% 증가하였다.

이와 함께, 2005년 10월부터 산재보험 「찾아가는 서비스」를 도입하여 산재 발생 초기 단계부터 직업 복귀에 이르는 전 단계에 걸쳐 산재환자에게 산재요양·재활 서비스를 적극적으로 추진하였으며, 산업현장에서 산업재해가 발생하지 않도록 산재예방사업도 지속해서 시행하였다.

이러한 노력에 따라 산재보험 재정수지는 2006년부터 2,471억 원의 흑자를 보이면서 적자에서 벗어났고, 2007년 8,297억 원 흑자를 달성한 데 이어 2008년 1조 1,141억 원, 2009년 1조 290억 원, 2010년 6,968억 원, 2011년 7,008억 원, 2012년 1조 2,015억 원, 2013년 1조 1,589억 원, 2014년 1조 6,571 억 원, 2015년 1조 6,623억 원, 2016년 1조 9,662억 원, 2017년 1조 9,817억 원, 2018년 2조 442억 원, 2019년 1조 6,177억 원, 2020년 1조 2,107억 원, 2021년에는 1조 5,194억 원의 지속적인 흑자를 기록하였고, 누적 적립금은 22조 2,222억 원에 이르게 되었다. 이는 계속적으로 증가하는 연금지급액에 대비한 장기적 재정추계에 따라 일정 적립금의 보유 필요에 기인하여 재정수지 흑자 기조가 유지되고 있는 것이다.

한편, 산재보험 재정 제도개선을 위해 2004년부터 법정 책임준비금 제도개선 방안 연구용역을 실시하는 등 고용노동부 내에 학계·전문가 등으로 구성된 「산재보험 발전위원회」를 운영하여 개선방안을 마련하였으며, 2006년에는 노사정위원회 「산재보험 제도 발전회원회」의 구성·운영을 통해 산재보험제도 전반에 걸쳐 제도 개선을 하기로 합의를 도출하였다.

이 중 보험재정 관련 주요내용은 다음과 같다. 재정운영방식은 현행 부과방식(1년분 기금지출＋적립금)을 유지하되, 책임준비금 산정기준을 현행 「연금급여 6년분과 다음해 보험급여 1/4」에서 「전년도 지급결정한 보험급여 총액」으로 변경하였고, 예방사업비 국고지원은 연차적으로 확대한다는 내용이다.

이러한, 노·사·정 합의사항을 토대로 2008년 7월에는 법정 책임준비금 산정방식 변경 등을 내용으로 하는 개정 산재보험법령 및 보험료징수법령을 시행하였고, 2012년 4월에는 장래 연금급여에 사용하기 위한 적립근거를 산재보험법령에 반영하였다. 이후 산재보험 장기재정추계 관련 연구용역을 실시하였고, 이를 토대로 적정 적립금의 규모 및 적립방식 마련 등의 노력을 지속하고 있다. 또한, 지속적으로 추진하고 있는 요양·재활·보상 등 전 분야의 제도 혁신과 아울러 산재보험 수납률 제고를 위한 노력을 지속적으로 실시함으로써 산재보험재정은 장기적으로 건실화될 것으로 전망된다.

제 9 장

국제노동협력 증진

제1절 국제 고용노동 외교의 추진
제2절 국제협력사업의 확대 및 내실화
제3절 고용노동분야 FTA 협상 적극 추진
제4절 외국인 투자기업, 해외진출기업 지원 강화
제5절 우수 외국인력 도입을 통한 중소기업 인력난 해소 지원

제1절 국제 고용노동 외교의 추진

① 국제기구 활동 참여 강화

가. ILO 총회 참가 및 활동

고용노동부 차관은 2023년 6월 스위스 제네바에서 개최된 제110차 ILO 총회 본회의 연설에서 노사 법치주의 확립 등 정부의 노동 개혁 추진 내용을 소개하고, 노사 모두 사회적 책임을 가지고 노동시장 약자가 소외되지 않도록 상생과 연대 정신을 회복하여야 한다는 메시지를 전달하였다. 또한 노동계(민주노총) 연설에 대응하여 파괴적 행동 등에 의존하여 문제를 해결하기보다는 대화와 타협을 통해 해결할 것을 강조하였다. 아울러 ILO 사무총장과의 양자 면담에서 노동개혁에 대한 지속적 지지와 격려를 요청하였다.

나. ILO 이사회 참가 및 활동

2023년 3월 제347차 ILO 이사회에 참석하여 ILO 국제노동기준국장 면담을 통해 우리 정부 지원으로 진행되는 플랫폼 경제 관련 연구에 대해 논의하고, 고용노동국장 면담을 통해 개발협력 사업을 활용한 ILO 내 한국 위상 강화 방안을 논의하였다.

2023년 6월 348차 ILO 이사회에 참석하여 2023-24년 신임 의장단을 선임하였고 제111차 총회 후속 조치 논의 및 러시아-우크라이나 침공 관련 결의안 채택 등 주요 의제 논의에 참여하였다.

다. OECD 회의 참가 및 활동

2023년 4월 3일, 4일 이틀간 개최된 제53차 OECD 고용작업반(WPE) 회의에서는 '23년판 OECD 고용전망(Employment Outlook) 초안을 검토하고 OECD 고용전망 향후 의제(안) 및 위원회 활동 사항에 대해 논의했으며, 제143차 고용노동사회위원회(ELSAC)는 4월 5일, 6일 이틀간 온·오프라인으로 진행되었으며 주로 인플레이션 시대의 임금과 사회적 대화, 녹색전환과 기술, 청년 지원을 위한 프로젝트 등에 대해 논의했다.

'23년 10월 10일, 11일 이틀간 프랑스 파리에서 개최된 제144차 고용노동사회위원회(ELSAC)에서는 녹색전환을 위한 노동·사회정책, 고위험 직종을 위한 연금제도, 장애인을 위한 인공지능과 노동시장 접근성 등에 대해 논의하였으며, 우리 대표단은 AI와 장애인 노동시장 접근성, 일본의 노동이주, 고용서비스의 민간 위탁에 혁신적 접근 관련 안건에 대해 우리나라 정책사례 등을 공유했다.

OECD LEED는 '23년 총 2차례 회의가 개최되었다. 5월 10일, 11일 양일간 이탈리아 토렌토에서 개최된 제82차 회의에서는 코로나19, 지진 등의 위기에 대응하는 각 지역의 다양한 사례를 공유하면서 국제환경의 변화에 대응하는 방안을 모색하였다. 또한, 이탈리아 토렌토 센터 20주년을 맞이하여 연구성과를 소개하고, 지역 개발을 위한 비즈니스 리더십 및 노동력 부족 해소방안 등을 고민하였다. 우리나라는 지역특성에 맞는 산업인력을 양성하기 위해 지방정부가 스스로 지역일자리 정책을 개발하고 필요한 지원을 강화하도록 자율권을 부여하는 정책을 소개하였다.

2023년 11월 7일과 8일 이틀에 걸쳐 프랑스 파리에서 개최된 제83차 회의에서는 전기차 배터리 및 인공지능 시장에서의 지역 인력 활용 방법, 취약계층의 고용 촉진을 위한 정책 공유, 지역 인력의 숙련기술 향상을 통한 지역경제 발전 방법 등을 논의하였다. 우리나라는 취업 취약계층의 숙련기술 향상을 위한 훈련과 청년 인재 유출 방지를 위해 지역거버넌스 주도의 지역수요를 반영한 정책 개발 및 실행노력을 소개하였다.

이 외에도 제50차 사적연금작업반(WPPP) 회의에 참여하여 주요 국가의 연금제도개혁 동향 공유 및 포용적 자산유동화(asset-backed) 연금제도를 위한 가이드 라인 등에 대하여 주요하게 논의하였으며, 확정기여형 연금제도 하에서 자산 배분 전략에 따른 성과 공유 및 고령자 은퇴소득 향상을 위한 주택지분유동화상품, 자산유동화 연금제도의 참여와 포용성 개선방안 등에 관해 활발히 의견을 교환하였다.

라. G20 고용노동장관회의 참가 및 활동

G20 고용노동장관회의는 '08년 글로벌 경제위기 이후 G20 차원의 고용노동 분야 협력방향 논의를 위해 창설되었으며, 2010년 미국에서 제1차 회의가 개최된 이후 매년 개최되고 있다. '23년 제14차 G20 고용노동장관회의는 7월 21일 인도 인도르에서 개최되었다.

이번 G20 고용노동장관회의에서는 "글로벌 직업능력 격차 해소", "긱(Gig)·플랫폼 종사자 사회보호", "지속 가능한 사회보장 재정"이라는 의제하에 각국의 정책적 노력을 공유하였다. 다만, 러시아의 우크라이나 침공에 관한 문안 합의 실패로 공동선언문은 미채택되었고 의장국 요약본(Chair's Summary)이 대체 발표되었다.

회의에서 우리나라는 수석대표 연설을 통해 한국 정부가 추진하고 있는 "취업 취약계층을 위한 공정한 기회제공", "약자 보호를 위한 사회안전망 확충"과 "상생과 연대를 위한 사회보험" 내용과 함께, 국정운영의 최우선 과제인 노동개혁에 대해서도 설명하였다.

아울러 적극적인 고용노동 외교를 위해 질베르 웅보 국제노동기구(ILO) 사무총장과 일본, 인도, 사우디, 방글라데시 장관, 인도네시아 차관과 각각 면담의 시간을 가졌다.

특히 국제노동기구 사무총장과의 면담에서 우리 측은 정부 노동개혁의 필요성과 당위성에 대해 적극 설명하고 한국의 유능한 청년의 국제노동기구 진출 및 공정한 전환, 공적개발원조(ODA) 등 개발협력 분야의 지속적 확대 필요성을 언급하였고, 국제노동기구 측은 한국과 더 많은 교류와 협력이 이루어지기를 희망한다고 밝혔다.

② ILO 협약 비준 및 이행 내실화

ILO는 설립 이후 2023년 12월 현재까지 총 191개 협약과 208개 권고를 채택하였다. ILO는 1998년 6월 제86차 총회에서 ILO 핵심협약의 비준 및 준수를 촉구하기 위한 '근로자 기본권선언'을 채택하고, 2019년 제108차 총회에서 채택한 'ILO 100주년 선언'에서 모든 회원국은 ILO 핵심협약 비준 및 이행을 위해 노력해야 함을 명시하는 등 회원국의 협약 비준 확산을 중대 과제로 추진해 왔다.

우리나라는 1991년 ILO 가입 이후 협약 비준을 계속 추진해 왔으며, 현재 32개 ILO 협약을 비준한 상태이다. 이 중 기본협약 관련해서는 '21년 ILO 3개 기본협약을 비준하였으며, '22년 ILO 총회에서 '안전하고 건강한 근로환경'이 노동기본권에 신규 포함됨에 따라 총 9개의 협약을 비준하였다.

다만 제105호 협약(강제노동철폐)만 유일하게 비준하지 않은 상황에서 고용노동부는 관련 연구용역과 관계부처 회의 등 지속적인 노력을 해오고 있다.

표 9-①-1. 우리나라 비준 ILO 협약: 32개('22.12월 현재)

협약번호 (채택년도)	협 약 명 주 요 내 용	비준일
제81호 (1947)	근로감독 협약 공업 및 상업부문 사업장에서 근로조건과 근로자 보호에 관한 법규정 집행을 보장하기 위한 근로감독 체계 제공	1992년 12월
제122호 (1964)	고용정책 협약 경제성장과 발전을 촉진하고 생활수준을 향상시키고 인력수요를 충족시키는 한편 실업 및 불완전 고용을 해소하기 위하여 완전 고용을 촉진하는 적극적인 정책 추진	1992년 12월
제142호 (1975)	인적자원 개발 협약 고용과 밀접하게 관계된 직업지도 및 직업능력개발에 관한 포괄적이고 조화된 정책과 프로그램을 채택하고, 특히 공공취업알선기관을 통하여 정책 시행	1994년 1월
제100호 (1951)	동등보수 협약 〈핵심협약〉 사용자가 근로자에게 직·간접적으로 혹은 현금·현물의 형태로 지불하는 최저임금, 급료, 그 밖의 모든 형태의 추가급여가 남녀차별 없이 동등 지불 의무	1997년 12월
제150호 (1978)	노동행정 협약 비준국은 적절히 조율된 효율적인 노동행정, 기능, 책임체계를 조직해야 함	1997년 12월
제160호 (1985)	노동통계 협약 회원국은 기본적인 노동통계를 정기적으로 수집·편집·출판하여야 함	1997년 12월
제111호 (1958)	차별(고용과 직업) 협약 〈핵심협약〉 직업능력개발·고용·특정직업에의 접근·고용계약과 조건 등에 있어 모든 형태의 차별을 철폐할 목적으로 국가정책을 결정·추진함으로써 기회와 처우의 평등을 촉진하여야 함	1998년 12월
제138호 (1973)	최저연령 협약 〈핵심협약〉 아동노동의 효율적인 철폐를 보장하고, 또한 취업의 최저연령을 연소자의 심신의 완전한 발달에 가장 적합한 수준까지 점진적으로 높일 것을 규정, 특히 취업 최저연령은 어떤 경우에도 15세 미만이어서는 안됨	1999년 1월
제144호 (1976)	삼자협의(국제노동기준) 협약 국제노동기구 관련 활동을 하는 데 있어 정부·사용자·근로자 대표 사이의 효율적인 협의를 보장하기 위한 절차적 조치를 취해야 함	1999년 11월
제159호 (1983)	직업재활과 고용(장애인) 협약 장애인과 일반 근로자 간의 동등한 기회원칙을 토대로 직업소개, 직업능력개발, 취업 및 기타 고용에 관련된 적절한 서비스를 장애인들에게 제공해야 함	1999년 11월
제19호 (1925)	균등대우(재해보상) 협약 산업재해 발생 시 내·외국인 근로자를 차별하지 않고 동등하게 보상하여야 함	2001년 3월
제156호 (1981)	가족부양 의무 근로자 협약 모든 근로자는 가족부양의 의무로 인하여 고용·승진 등 모든 경제활동에서 차별 금지	2001년 3월

협약번호 (채택년도)	협 약 명 주 요 내 용	비준일
제182호 (1999)	가혹한 형태의 아동노동 협약 〈핵심협약〉 18세 미만 아동에 대한 가혹한 노동을 금지함	2001년 3월
제26호 (1928)	최저임금의 결정제도 협약 임금이 예외적으로 낮은 산업에 종사하는 근로자를 보호하기 위하여 최저 임금제도 유지를 규정함	2001년 12월
제131호 (1970)	최저임금 결정 협약 부당한 저임금으로부터의 근로자 보호를 위한 최저임금제 시행을 규정함	2001년 12월
제88호 (1948)	고용서비스 협약 무료의 공공직업안정기관 유지를 규정함	2001년 12월
제135호 (1971)	근로자 대표 협약 근로자 대표에게 불이익을 주지 않을 것을 규정함	2001년 12월
제170호 (1990)	화학물질 협약 작업장에서의 화학물질 사용에 있어 안전유지를 위한 규정 및 사용자와 근로자 간 협력 등 규정	2003년 4월
제162호 (1986)	석면 협약 직업상 유해한 석면에 노출되는 근로자의 건강 보호에 관한 협약	2007년 4월
제185호 (2003)	선원신분증명 협약 신원신분증명서의 내용, 형태 및 유효한 신분증명서의 효력 등에 관한 협약	2007년 4월
제155호 (1981)	산업안전보건 협약 산재예방을 위해 산업안전보건 및 작업환경에 관한 국가정책 수립·시행 시 노사대표와 협의를 거칠 것 등	2008년 2월
제187호 (2006)	산업안전보건증진체계 협약 노사대표와의 협의에 의한 국가적 차원의 산재예방체제 구축, 산재예방 정책·프로그램을 통한 지속적 안전보건정책의 증진	2008년 2월
제2호 (1919)	실업 협약 공공고용서비스기관 및 자문위원회(노사대표 포함) 설치, 협약 비준국 간 자국 내 상대국 근로자에 대한 보험혜택 보장	2011년 11월
제47호 (1935)	주 40시간 협약 생활수준이 저하되지 않는 방식으로 주 40시간 근로원칙 승인	2011년 11월
제115호 (1960)	방사선 보호 협약 전리방사선으로부터 근로자를 보호	2011년 11월
제139호 (1974)	직업성 암 협약 작업상 노출이 금지되거나 승인 또는 통제되어야 하는 발암성 물질 및 인자를 정하여 관리	2011년 11월

협약번호 (채택년도)	협 약 명	비준일
	주 요 내 용	
MLC (2006)	해사노동협약('15년 1월 효력발생)	2014년 1월
	선원의 근로조건·거주설비·건강보호 및 복지 등에 관한 협약	
제29호 (1930)	강제노동 협약 〈핵심협약〉	2021년 4월
	모든 형태의 강제노동(처벌 위협 하에 강요된 또는 비자발적인 모든 노동) 금지	
제87호 (1948)	결사의 자유 및 단결권 보호 협약 〈핵심협약〉	2021년 4월
	노사의 자율적 단체 설립·가입 및 노사단체의 자유로운 활동, 대표자 선출 등 보장	
제98호 (1949)	단결권 및 단체교섭 협약 〈핵심협약〉	2021년 4월
	노사 간 자발적 교섭을 위한 국내 적합한 조치를 취할 것	

* 해사노동협약 비준에 따라 기 비준한 건강검진(선원) 협약(제73호), 관리자의 자격증명서 협약(제53호)은 자동 철회

③ 국제 고용노동 홍보활동 강화

고용노동부의 주요 정책을 정리한 한국의 영문 고용노동정책 「Employment and Labor Policy in Korea」을 발간하여 배포하였으며 영문 홈페이지에 영문 노동법령, 정책 보도자료, 노동 통계 등의 최신 정보를 제공하였다.

제2절 국제협력사업의 확대 및 내실화

개발협력사업 확대 노력

우리나라는 국제사회의 도움과 자립의지를 바탕으로 한국전쟁 직후 국민소득 67달러의 최빈국에서 단시간에 공여국으로 도약하는 등 20세기 대외원조의 대표적 성공사례이자 21세기 개도국이 가장 선호하는 발전 모델로 자리매김하였다.

국제사회에서 강화된 국가위상을 반영하여 글로벌 가치 이행을 위한 국제사회의 노력에 동참하기 위해 정부는 2010년 1월 1일 OECD 공여국 모임인 개발원조위원회(DAC)[25]에 가입하는 등 '선진 공여국'으로 자리매김하기 위한 노력을 지속적으로 전개하고 있다.

2010년 국제개발협력기본법을 제정하고 국제개발협력위원회를 중심으로 국제개발협력(ODA)을 체계화하고 주요 대외정책과의 연계를 강화하며 ODA 규모를 확대해오고 있다.

이에, 고용노동부도 2013년 개발협력지원팀을 신설하고 고용노동분야 ODA 사업을 강화하고 있다. 개발도상국에 직업훈련, 산업안전, 고용서비스 등 고용노동 분야 정책·제도 발전 경험을 전수하는 정책자문사업을 추진하고 있으며, 2017년부터는 우리나라의 공공고용 서비스 시스템 모델을 전수하는 고용서비스 전산망 구축사업, 직업기술교육훈련 역량강화, 산업안전보건 교육훈련 역량강화, 국가기술자격정보시스템 구축 등 사업을 다각화하며 협력수요에 부응해 나가고 있다. 특히, 개도국의 고용노동분야 정책제도 수립과 후속 인프라·시스템 구축사업을 단계적으로 연계하는 사업 개발로 시너지 효과와 지속가능성을 높이고 있다.

또한, ASEAN(동남아시아국가연합) 국가와의 정책교류를 활성화하는 사업 등을 통해 우리의 고용노동분야 정책모델 확산과 국가 간 협력기반을 강화하고 있다.

국제개발협력(ODA)을 통해 UN 지속가능발전목표(Sustainable Development Goals) 등 글로벌 가치 이행에 기여하고, 주요 대외정책과의 정합성 및 정책 시너지 효과를 높이는데 기여할 것으로 기대된다.

---

25) 세계 원조의 90% 이상을 제공하는 '원조 선진국 클럽'

② 국제기구와 사업 연계성 강화

우리 정부는 1991년 ILO 가입 후 12년 만인 2003년 10월, 고용노동부장관과 ILO 사무총장 간 『한·ILO 기술협력사업 MOU』를 체결함으로써 국제기구와의 협력사업을 본격적으로 수행하기 시작하였다.

『한·ILO협력사업』은 ILO의 '양질의 일자리' 목표 실현을 위해 개도국의 국제노동기준 이행 역량강화와 정책제도 개선을 목표로 하고 있으며, 특히 아태지역 개도국의 협력수요에 부응하며 우리의 선도적인 인적자원개발 경험과 지식을 전수하고 개도국의 노동행정, 산업안전, 사회보험 등 사회안전망 구축에도 기여하고 있다.

2022년 11월에는 베러워크 방글라데시, 글로벌 엑셀레이터 2개 사업에 대한 신규 사업 약정을 체결함으로써 2021년~2023년간 총 472만 불을 기여하여 ▲사회보장제도, ▲직업훈련, ▲산업안전, ▲노동기준, ▲사회연대경제, ▲고용서비스 등 총 9가지 프로젝트를 진행하기로 합의하였다.

한편, OECD와의 협력사업은 ILO와의 협력사업과는 달리 주로 고용정책에 대한 연구 사업을 중점 추진하고 있는데 우리 정부는 정책 효과성 제고와 정책역량강화를 위해 2004년부터 참여하고 있다. 그간 '장년근로자 연구' 사업('13~'18), '고용활성화 연구' 사업('15~'18), '청년투자 연구' 사업('17~'18), '내일을 위한 직업능력' 사업('18~'20), '고용형태에 따른 사회적 보호의 차이' 사업('20~'22) 등을 진행해 왔으며, 2022년부터 14만 유로 규모의 '사람과 일자리 연계-한국의 적극적 노동시장 정책 강화' 사업을 수행하고 있다.

또한, ASEAN(동남아시아국가연합)과의 협력을 강화하여 2013년 이래 ASEAN+3 직업능력개발 포럼을 매년 정례적으로 개최하고 있다. 2023년에는 "혁신적 인적자원개발을 위한 디지털 대전환"이라는 주제로 포럼을 개최하여 우리의 정책을 아세안 국가들과 공유하였다.

아울러 인·태 전략 기조 아래 우리나라의 인적자원개발 경험에 대한 ASEAN(동남아시아국가연합) 국가들의 협력수요가 증가하면서 우리 정부는 직업기술교육훈련분야 정책전문가 양성 및 훈련교사 역량강화를 지원하기 위한 협력사업을 수행하고 있다.

2023년에는 라오스·필리핀·캄보디아 등을 대상으로 직업기술교육훈련 교사 양성을 지원하고 있으며, 라오스·필리핀·인도네시아 등을 대상으로 직업능력개발 정책전문가 양성과정을 운영하여 아세안 국가에 우리 정부의 정책 경험을 공유하였다.

③ 양자 간 지원 확대 및 다양화

고용노동부는 베트남('04년 1월 최초, '13년 9월 재체결), 가봉('07년 12월), 남아공('08년 12월), 필리핀('09년 5월), 불가리아('10년 12월), 호주('14년 11월), 브라질('15년 4월), 몽골('18년 1월), 사우디('23년 7월) 등 총 11개국 노동부와 고용노동분야 포괄적 협력 MOU를 체결하였다.

이러한 협력 MOU를 토대로 우리의 정책제도·시스템 발전 경험을 전수하고 상호 협력을 강화하기 위한 양자협력사업을 강화해오고 있다.

2012년부터 추진해 온 개발도상국 정책자문사업을 통해 베트남의 고용법 제정, 몽골 인력수급전망 기법 전수(몽골 노동연구원 관련 직제 신설) 및 미얀마 산업안전보건법 제정, 라오스 기술시험 및 자격부령 제정, 페루 및 스리랑카 고용서비스 선진화를 위한 실행계획 수립 등 성과가 있었다. 2017년부터 3년 단위 중장기 사업으로 개편하여 사업의 지속가능성과 효과성을 높이고 있고, 2023년에는 캄보디아의 노동법·제도 개선 및 산업안전보건법 제정과 라오스 노동법 개정을 지원하고 있다.

아울러, 우리나라의 우수한 전자정부 시스템·모델을 전수하기 위해 2017년 베트남 공공고용서비스(PES) 전산망 구축 지원사업을 추진하였으며, 2018년에는 캄보디아와 몽골로 대상 국가를 확대하였고, 베트남의 국가기술자격정보시스템 구축을 지원하는 사업도 추진하였다.

개발도상국의 협력수요에 부응하며 양자 협력사업을 다변화하고 있는 가운데 2018년부터 개발도상국의 기능경기대회 역량강화 지원사업을 추진하고 있으며, 직업기술훈련 분야에 강점을 가진 우리나라의 경험과 기술을 개발도상국에 전수하여 숙련기술 촉진 및 기능인력 양성을 지원하고 있다. 개발도상국의 자체 기능경기시스템 구축 및 운영 역량강화를 통해 직업훈련의 품질 제고 및 숙련기술에 대한 사회적 인식을 높이는 데 기여하고 있다. 아울러, 2020년부터 산업안전보건 교육훈련 역량강화를 지원하는 사업을 통해 개발도상국의 안전보건 인식 제고 및 안전한 작업환경 구축을 도모하고 있다.

제3절 고용노동분야 FTA 협상 적극 추진

2023년 말 기준으로 체결된 22개 FTA 중 한·미, 한·EU, 한·페루, 한·튀르키예, 한·콜롬비아, 한·호주, 한·뉴질랜드, 한·캐나다, 한·중미, 한·영 FTA 등 10개 FTA에 별도의 노동章(Chapter)을 두고 있다. 또한 한·칠레 FTA 개선 협상, 한·메르코수르 TA 내에 노동章을 포함하여 협상을 진행 중에 있으며, 한·에콰도르 SECA 협상의 경우 2022년 11월 양국간 노동章 협정문에 최종 합의하였다.

노동章(Chapter)의 주요내용은 국제노동기준 준수(ILO 노동자 기본권 선언상의 노동기본권), 자국 노동법의 효과적인 집행, 무역·투자 촉진 목적의 노동기준 저하 금지, 정부 간 협의체 운영 및 노동분야 협력사업의 실시 등에 관한 것이다.

노동章은 환경분야와 함께 '무역과 지속가능발전章'의 형태로 반영되는 경우도 있으며 한·EU FTA가 그 대표적인 사례이다.

노동章은 정부 간 협의체(노동협의회)에서 그 이행을 점검하게 되며, 상호 관심분야에서 협력사업 및 정책제도 정보 교류 등을 추진할 수 있다.

정부 간 협의체를 통해 양국 간 대화와 협력 기반을 강화하고 있으며, 한·EU FTA의 경우 양국 간 대화 양측 노동계 및 경영계, 환경 NGO 등으로 구성되는 시민사회 대화기구인 시민 사회포럼을 매년 개최하여 양측 민간분야의 교류협력의 장을 별도로 마련하고 있다.

EU는 우리나라가 ILO 핵심협약 비준을 위해 노력할 의무와 ILO 노동자 기본권 선언상 노동기본권을 국내법과 관행에서 존중·증진·실현할 의무를 충분히 이행하지 않았다는 이유로 2018년 12월에는 정부 간 협의 개최를, 2019년 7월에는 전문가 패널 설치를 요청하였다. 2019년 12월 공식활동을 개시한 전문가 패널은 이해관계자의 의견 접수('20.1월), 우리와 EU의 서면 검토('20.2월) 및 심리('20.10월) 결과 등을 토대로 2021년 1월 전문가 패널 보고서를 발간하였다. 전문가 패널은 우리나라가 그간 ILO 핵심협약 비준을 위해 기울인 노력을 협정문 위반으로 볼 수는 없다고 판단했으나, 2020년 12월 개정 전의 일부 노조법 조항이 ILO의 결사의 자유 원칙에 부합하지 않는다고 보았다.

이후 양국은 정부 간 협의체인 한·EU FTA 무역과 지속가능발전위원회를 통해 전문가 패널의 권고 이행 여부에 대해 지속적으로 논의하고 있으며, 2023년 9월 제9차 무역과 지속가능발전위원회를 브뤼셀(화상)에서 개최하여 양국의 협력을 강화하고, 지속가능발전에 대한 서로의 생각과 연관 정책을 공유하였다.

한·미 FTA의 경우 노동협력 메커니즘 활동 및 노동章 이행 감독을 위하여 정부 간 협의체인 노동협의회를 규정하고 있다. 이에 따라 2022년 4월 제2차 한·미 FTA 노동협의회를 화상으로 개최하여 한·미 FTA 10주년을 기념하고 노동 기준 및 노동자 보호 관련 협력 강화를 위한 공동의 의지를 표명하였다. 또한 대중 공개세션을 개최하여 양국의 노동자, 사용자, 시민사회 단체, 일반 국민과 함께 한·미 FTA 노동장 이행 관련 사안을 논의하기 위한 기회를 마련하였다.

또한, 미국 주도로 한·일·호·뉴, 아세안 7개국(싱·태국·베·브루나이·말련·필·인니), 인도, 피지(총 14개국)가 참여하여 인도·태평양 지역의 개방적 경제협력체계 구축을 목표로 인도태평양경제프레임워크(IPEF, Indo-Pacific Economic Framework)가 2022년 5월 공식 출범하였다. 2022년 9월 IPEF 장관회의를 통해 4개 필러(무역, 공급망, 청정경제, 공정경제)의 각료선언문을 채택하고, 협상 개시 선언 후 2023년 11월 필러2(공급망), 필러3(청정경제), 필러4(공정경제) 협정 타결, 발효 및 이행 준비 중이다.

▶ IPEF 각료선언문 노동 관련 주요내용

구 분	주요 내용
필러1(무역)	• ILO 기본권선언의 노동권을 국내법에 채택·유지할 의무, 사업장의 노동법 위반 여부 검증, 이주노동자 보호, 근로자에 대한 폭력 방지, 공중의견제출 허용, 협력 의무 등
필러2(공급망)	• 핵심분야 필수 노동자 양성훈련에 대한 투자, 국제적으로 인정된 노동권 증진 관련 조항 마련
필러3(청정경제)	• 국제적으로 승인된 노동권을 존중(respect)하고 근로자 역량강화를 지원하는 공정한 전환 조항 마련
필러4(공정경제)	• 노동권 저하를 방지하는 반부패 조항 마련

제4절 외국인 투자기업, 해외진출기업 지원 강화

1 외국인 투자기업 노무관리 지원 확대

고용노동부는 외국인 투자기업을 대상으로 고용노동정책 정보를 전달하고 안정적인 노무관리를 지원하고자, 외국인 투자기업 실무자 간담회를 개최하여 외국인 투자기업의 애로사항을 청취함으로써 의견수렴 및 국내투자 확대 여건을 조성하고자 노력하고 있다.

이에 주한미국상공회의소, 주한유럽상공회의소 등 주한 외국상공회의소와의 정기적인 네트워크 구축을 위해 실무자 간담회를 지원함으로써 기관별 사업 현황을 공유하고 사업 방향성을 논의하여 효과적인 사업방향의 정립을 위해 함께 노력하고 있다. 2020년부터는 매년 서울재팬클럽(SJC) 노동위원회와의 간담회를 주최하여 국내 일본기업의 노무관리 애로사항 청취 및 지원방안을 논의하는 등 기업과 정부의 협력적 관계 구축에 힘썼다.

또한, 외국인 경영자 및 실무자들의 궁금점을 해소하고 인사노무관리에 도움을 주기 위해 변경된 고용노동정책과 노동법 등 최신 고용·노동 정보를 제공하는 세미나를 개최하고 전문자료를 정기적으로 발간하고 있다.

2023년에는 노사정 교류·협력 사업을 통해 국제노동기구(ILO) 및 아태지역·아프리카 등에 한국의 노동법·제도 및 노사관계 발전 경험을 공유하는 등 고용·노동분야 공공외교를 이행하고 관련 신규 ODA 사업을 발굴하였으며, 한일 정상회담('23.3월) 이후 분야별 양국 정부 간 긴밀한 협의 채널 복원·강화 계획 추진에 따라 일본국제노동재단(JILAF)과 정기교류를 4년만에 재개하여 공동 워크숍 개최 및 한-일 협력관계 강화를 위한 양해각서(MOU)를 체결(9월)하였다. 한-일 노동분야 교류를 통해 양국의 공동 현안에 대한 심도 있는 논의와 상호 우호 협력 증진을 도모함으로써 향후 경제외교 활성화에 기여하였다. 또한 EU, 미국 등 주요국의 노동·인권 실사 법제화에 대비하여 해외로 진출한 우리 중소·중견 기업의 ESG 경영확산을 위한 지속가능전략 세미나를 개최(3월, 9월)하여 인사노무 담당자의 ESG 역량 제고 및 기업 실정에 맞는 ESG 인프라 구축에 기여하였다.

② 해외진출기업 노사관계 안정 지원

1980년대 중반 이후 우리기업의 해외진출은 꾸준히 증가하고 있으나, 현지 문화 및 노동관계 법·제도, 관행에 대한 이해가 부족하여 일부 기업에서 노사 갈등이 발생하는 경우도 있다. 특히, 베트남, 인도네시아 등 신흥 투자대상국의 경우 섬유, 봉제 등 노동집약적 산업이 많고, 최근 노동법 및 관련 제도의 변화가 많아 구조적으로 노무관리상 어려움이 발생하기 쉬운 상황이다.

이에 고용노동부는 해외진출 예정기업과 이미 진출한 우리 기업을 대상으로 사전, 사후 노무관리지원서비스를 제공하여 기업들의 현지적응을 지원하고, 상생의 노사관계 형성을 통해 성공적인 기업 활동을 이뤄낼 수 있도록 노력하고 있다.

2023년에는 인도, 인도네시아에 진출하려는 우리 기업들을 대상으로 현지 문화, 노동법·제도 등에 대한 정보를 제공하기 위해 해외진출 예정 기업을 대상으로 설명회를 개최하였고, 旣 진출한 우리 기업의 노사관계 안정 및 합리적인 노무관리체계 구축을 지원하기 위해 베트남(호치민, 동나이성)과 캄보디아에서 현지 노무관리 세미나, 진출기업 간담회 등을 개최하였다.

또한, 국가별 최신법령을 반영하여 8개국(라오스, 캄보디아, 태국, 인도, 미얀마, 인도네시아, 베트남, 아랍에미리트)의 현지 노동시장 현황, 노동법·제도 등에 대한 이해를 높일 수 있는 노무관리 종합안내서 및 뉴스레터를 발간하고, 이중 현지 수요가 높은 3개국(베트남, 라오스, 캄보디아)에 대해서는 저자 직강 영상을 제작하여 게재하였다.

한편, 외교부·법무부·산업부와 유관기관 협의회를 개최하여 동남아시아 국가에 진출한 우리 기업의 노무관리·인권경영 지원 실적 및 계획을 점검하였다.

제5절 우수 외국인력 도입을 통한 중소기업 인력난 해소 지원

정부는 「외국인근로자의 고용 등에 관한 법률」에 따라, 인력난을 겪고 있는 중소기업에 적정규모의 외국인근로자를 공급하고, 내실 있는 체류지원 서비스를 통해 외국인근로자의 안정적인 근로여건을 조성하며 기업의 생산성 향상에 기여하고 있다. 고용허가제를 통해 입국하는 외국인근로자에 대한 정부의 지원노력과 국제기준에 부합하는 제도 운용은 16개 송출국에 대한 경제·사회적 기여뿐만 아니라, 국가 간 활발한 인적교류의 토대가 되고 있다.

외국인근로자 증가는 중소기업 인력난 해소, 지식·기술 전파, 다양성 증진 등 긍정적인 측면이 있으나, 국내 일자리 잠식, 임금 하락 등 부정적인 면도 상존한다. 이에 따라, 정부는 노동시장 수급상황을 고려한 적정규모의 우수한 외국인근로자 도입을 통해 중소기업의 인력난 해소와 국내 노동시장 보호가 조화를 이룰 수 있도록 노력하고 있다.

이를 위해, 기존 한국어시험 외에 근무경력·자격·훈련 및 직무기능수준 등을 평가하는 선발포인트제를 도입하여 양질의 외국인근로자를 선발·공급하였고, 체계적인 고용관리로 사업주 편익 증진 및 외국인근로자의 권익향상을 도모하였으며, 외국인근로자의 안정적 국내 적응을 위한 맞춤형 체류지원 서비스를 강화하는 등 다양한 정책을 추진하였다.

가. 국내 노동시장과 조화를 이루는 외국인근로자 공급

정부는 산업현장 인력난에 대응하여 E-9 도입규모 확대, 고용허가서 조기발급 및 신속입국, H-2 서비스업 허용 업종 결정방식 네거티브 전환, 사업장별 외국인근로자 고용한도 2배 상향, 신규 고용허가서 발급한도 폐지, 조선업 별도 쿼터 신설, E-9 허용업종 확대 등 원활한 외국인근로자 활용을 위한 규제개선을 적극 추진하였다.

첫째, 정부는 노동시장 인력 수급상황을 고려하여 2022년 말 외국인력정책위원회 결정을 통해 2023년 외국인근로자(E-9) 도입규모를 11만 명으로 정하였다('22년 6.9만 명 → '23년 11만 명). 이러한 도입규모 확대에도 불구하고 저출산·고령화에 따른 생산인구 감소 등 구조적 요인으로 외국인근로자 요구가 지속되어, 정부는 2023년 9월 외국인근로자(E-9) 신규입국 쿼터 규모를 12만 명(+1만 명)으로 확대하였다.

둘째, 매년 1·4·7·10월 4회 진행하던 신규 고용허가서 발급 절차를 예년보다 2개월 앞당겨 '22년 11월부터 진행하여 외국인근로자의 신속한 도입과 배치를 지원하였으며,

연말에는 5회차 신규 고용허가서 발급을 추가로 진행하여 현장 수요에 기민하게 대응하였다.

셋째, 관계부처 및 기관 간 협업을 통한 현장 실태조사 등을 통해 E-9 신규 허용 방안을 검토하며 현장 인력난에 적극 대응하였다. 특히, '23년 9월 신속 인력 투입이 필요한 중견·뿌리기업(비수도권)과 택배업·공항 지상조업의 상하차 직종 등에 신규 외국인근로자(E-9) 허용을 추진하였고, 이후 인력 부족이 심각한 음식점업, 임업과 광업('23년 11월)과 호텔콘도업('23년 12월) 등은 내국인 일자리에 미치는 영향 등을 종합 분석 검토하여 고용허용 업종을 추가 확대하기로 결정하였다.

넷째, 총 체류인원으로 관리하고 있는 방문취업동포(H-2)의 경우는 건설업, 음식숙박업 등에서의 내국인 일자리와의 충돌 가능성 및 방문취업동포 체류인원 수의 감소 등을 종합적으로 고려하여, 체류한도를 2022년과 동일한 수준인 250천 명으로 결정하였다. 또한, 방문취업동포(H-2) 인력에 대한 건설업 취업인정증 발급한도를 폐지하고, H-2 허용업종을 허용업종 지정(포지티브)방식에서 허용 제외업종 지정(네거티브) 방식으로 전환하여 활용 범위를 확대하였다.

다섯째, 업종, 규모 등에 따라 사업장별로 정해진 총 고용허용인원을 소진하여 외국인근로자를 추가로 고용하지 못하는 소규모 사업장의 애로 해소를 위해 사업장별 고용한도를 2배 상향하고, 50인 미만 제조업 사업장에 대한 고용허용인원 상향조치(20%)를 23년 연말까지 연장하였고, 총 고용허용인원 외에 이중 규제로 운영되던 사업장별 신규 발급한도를 폐지하였다('22.12.28. 외국인력정책위원회). 지역 인구 감소 및 인력활용 애로 완화를 위해 그간 동일 업종 내에서 전국적 이동이 가능했으나 앞으로는 일정한 권역과 업종 내에서 사업장 변경을 허용하기로 결정하였다.

또한, 사업주가 민원인이 외국인근로자의 예상 입국일을 가늠할 수 있도록 법무부와의 협력을 통해 법무부가 보유한 사증 발급 정보를 전산에 연계하여 사업주에게 제공하고, 재입국 특례 외국인근로자에 대한 인도권역을 확대하고, 인도 방식을 이원화(근로자 단독 이동 방식 추가)하여 사업주의 알권리 및 편익을 증진시켰다.

나. 기업 수요에 부응하는 양질의 외국인근로자 선발·도입

사업주에 알선되는 외국인근로자 구직자 명부는 선발포인트제 합격자를 중심으로 작성된다. 선발포인트제는 1차 한국어능력시험, 2차 기능시험 및 직무능력평가로 구성되며, 1차 시험에 합격한 자에 대해 2차 시험 응시 기회가 주어진다. 기업은 언어능력 외에도 다양한 요소를 고려하고 있고, 특히 숙련을 갖춘 외국인근로자에 대한 수요가 높아 관련

제도를 개선·운영하고 있다.

첫째, 외국인근로자의 한국 생활 부적응으로 인한 사업장 이탈 등 불법체류를 방지하기 위해 한국어시험 합격 점수를 연도별로 상향 조정하였다.

* 연도별 합격 기준(제조업): '19(47.5점) → '20(50점) → '21(50점) → '22(55점) → '23(55점)

둘째, 기업 수요에 부응하는 외국인근로자을 선발하기 위해 한국어시험 외에 근무경력, 국가자격, 훈련 이력 등 다양한 요소를 고려할 수 있도록 직무능력평가, 기능시험이 포함된 선발포인트제를 실시하고 있다.

* '16년 4개국(미얀마, 스리랑카, 태국, 방글라데시) → '19년 16개국 확대 시행

시행연도	'16년(4개국)	'17년(5개국)	'18년(4개국)	'19년(3개국)
시행국가	태국, 미얀마, 스리랑카, 방글라데시	필리핀, 인도네시아, 우즈베키스탄, 키르기스스탄, 라오스	캄보디아, 파키스탄, 몽골, 동티모르	네팔, 베트남, 중국

셋째, 기업에 숙련된 외국인근로자를 공급하고 근로자의 자진 귀국을 유도하기 위해 특별한국어능력시험을 운영하고 있다. 특별한국어능력시험은 외국인근로자 선발포인트제를 통해 선발되어 한국에 입국한 근로자가 체류기간이 만료되기 전에 귀국한 경우 응시자격이 되면 한국어능력시험을 통해 언어능력을 확인 후 재선발하는 제도이다.

넷째, 외국인근로자가 사업장변경을 했더라도 일정 요건을 갖춘 경우 재입국 특례 인정이 가능하도록 재입국 특례 대상을 확대하여 사업장에서 숙련 외국인근로자를 계속 고용할 수 있도록 지원하고, 사업장의 업무공백을 최소화하기 위해 재입국특례자에 대한 재입국 제한기간을 3개월에서 1개월로 단축하였다.

다. 취업활동기간 만료자에 대한 귀국지원 및 불법체류 예방 대책

취업활동기간 만료자의 불법체류·취업을 예방하기 위해 자진귀국 유도 홍보, 단계별 밀착 귀국지원 서비스, 사업장 지도·점검 강화, 송출국 귀국 촉진 노력 유도 등 불법체류를 예방하기 위하여 다양한 대책을 추진하였다.

또한, 취업활동기간 만료 예정 외국인근로자를 대상으로 단계별 귀국 컨설팅, 귀국 후 재정착 역량강화 프로그램을 운영하였고, 취업활동기간 만료자의 자진 귀국률, 불체율 등을 송출국별 도입규모 결정과 연계하여 각국의 불법체류 감소 노력을 유도하였다.

라. 외국인근로자의 체계적인 고용관리

외국인근로자가 사업장에 원활히 적응하여 기업경쟁력 제고에 기여할 수 있도록 사업장 지도·감독 등 고용관리 노력을 경주하였다.

첫째, 외국인근로자의 근로조건 보호 및 개선을 위하여 지방관서 고용허가제 담당자와 근로감독관이 합동으로 상·하반기 2차례에 걸쳐 3,005개소의 사업장을 점검하여, 불법고용 방지·임금체불 예방·최저임금 준수·주거환경 실태 등 외국인근로자의 권익을 보호하기 위한 노력(1,466개 사업장, 6,657건의 법 위반사항 시정조치 등)을 하였다.

둘째, 점수제 개편을 통해 산재은폐 또는 보고의무 위반 사업장에 대한 감점 상향(3점 → 5점), 위험성평가 인정 또는 안전보건경영시스템 인증 사업장 가점 확대(1.5점 → 3점) 등 외국인근로자 고용 사업주의 산업안전 의식제고를 통한 외국인근로자 근로조건 개선을 유도하였다.

셋째, 여성 외국인근로자 성폭력 예방 및 근절을 위해 성희롱·성폭력 예방교육 운영, 송출국 언어의 교육·홍보자료 배포, 사업주교육 온라인 방식 확대 등 다양한 대책을 추진하였다. 아울러, 산업안전 교육 동영상 자료를 송출국 사전취업교육에 활용할 수 있도록 배포하였다.

마. 맞춤형 체류지원 서비스 제공

외국인근로자들이 언어·문화적 차이 등으로 사업장 적응에 어려움이 있는 점을 고려하여 교육·상담 등 다양한 체류지원 서비스를 제공하였다.

첫째, 외국인근로자의 원활한 국내생활 적응을 위해 입국 전·후 취업교육 서비스를 제공하였다. 현지에서 근로계약 체결이 완료된 근로자는 입국 전에 송출국 지정기관에서 한국어·한국문화·성희롱 예방을 포함한 노동관계법 등 교육을 이수(45시간 이상)하고, 입국 후 사업장 배치 전에는 관계법령, 업종별 기초기능·산업안전교육 등(16시간)을 하여 외국인근로자의 사업장 적응력 향상을 위해 노력하였다.

둘째, 문화적 차이와 언어소통의 한계로 어려움을 겪고 있는 외국인근로자를 위한 고충상담, 한국어·생활법률·정보화교육 지원 등을 위해 외국인근로자 밀집 지역에 9개 거점센터와 중소도시에 35개 소지역센터 등 외국인노동자지원센터 44개소를 운영(이용실적 593,878건)하였다. 또한, 콜센터 기능을 갖춘 외국인력상담센터를 통해 사업주와 외국인근로자가 시간과 장소에 구애받지 않고, 노동문제·고충상담이 가능하도록 지원하였다(이용실적 406,443건).

셋째, 입국 3개월 이내 외국인근로자의 조기적응을 위한 입국초기 취업적응 모니터링(96,651명), 외국인근로자 및 사업주에 대한 사업장 애로해소 지원 컨설팅 등(85,508명)을 실시하고, 사업주를 대상으로 외국인 노무관리기법, 업종별 산업재해 예방법 등에 대한 교육(9,933명)도 실시하였다.

바. 외국인 전용보험 제도 운용의 합리화

외국인근로자의 불법체류를 예방하고, 임금 및 퇴직금 체불에 대비하며, 안정적인 귀국과 상해 및 사망 시 지원할 수 있도록 외국인 전용보험 제도를 마련·운영하고 있다.

첫째, 출국만기보험금 및 귀국보험금 중 소멸시효가 만료된 미청구 보험금을 찾아 줄 수 있도록 휴면보험금관리위원회를 운영하여 '미청구 보험금 찾아주기 사업'을 진행하고, 보험금을 미신청하고 출국한 외국인근로자에 대해서도 현지에서 보험금을 신청할 수 있도록 지속적으로 노력하였다.

둘째, 외국인근로자가 고용허가제 연계시스템 접속 시 휴면보험금 대상 자동알림 및 휴면보험금 신청의 불편을 해소하기 위해 무방문 보험금 신청이 가능하도록 휴면보험금 웹을 개발하여 외국인근로자의 수급권을 더욱 강화하였다.

셋째, 고용허가제 전체 16개국에 추가하여 중국 국적 동포(H-2)를 대상으로 자동환급제를 확대 시행하여 출국만기보험금 지급사유 발생 시 사전 등록된 현지 계좌로 자동환급받을 수 있도록 외국인근로자의 편의 제공을 위해 지속적으로 노력하였다.

넷째, 사용자 보험 가입 편의성 제고 및 외국인 근로자의 권익 보호를 위해 임금체불 보증보험 적용기간을 확대(3년 → 4년 10개월)하였다.

제 10 장

고용노동행정 역량강화

제1절 고용노동행정 혁신 및 조직역량 강화

제2절 현장 중심의 조직관리

제3절 고용노동행정의 성과 평가

제4절 규제혁신

제5절 고용노동분야 양성평등 정책 실현

제6절 고용노동행정 정보화 추진

제7절 홍보역량 강화

제1절 고용노동행정 혁신 및 조직역량 강화

1 정부혁신 추진

가. 정부혁신 실행계획 추진

「2023년 정부혁신 종합 추진계획」 추진방향에 맞춰 고용노동부 세부 실행과제 39건을 발굴하여 정부혁신 실행계획을 마련하고, 3대 추진 분야인 '모두가 편한 서비스 정부', '데이터 기반의 애자일 정부', '소통·협력하는 선제적 정부'에서 가시적인 성과를 거두기 위해 노력하였다.

첫째, 모두가 편한 서비스 정부에서 '고용24'를 통한 고용서비스를 통합 제공하였고, 산재보상 사각지대를 해소하기 위해 기업과 근로자가 중심이 되어 현장의 위험을 평가·제거하는 '위험성평가' 제도로 개편 시행, 자기규율 예방중심의 안전보건 정책을 강조하여 산업재해 사망사고 감소 및 산재보험 가입자 확대에 기여하였다.

둘째, 데이터 기반의 애자일 정부에서는 웹로그 분석을 통해 민원인의 온라인 민원 신청 포기 원인을 찾아, 육아휴직 급여, 구직촉진수당, 취업지원신청 등에서 민원 신청 중도이탈률이 감소하였으며, 노동시장 이중구조 개선을 위하여 '상생임금위원회' 운영하여 조선업·석유화학업·자동차업 상생협약을 체결하는 등 불공정한 격차를 해소하기 위해 노력하였다.

셋째, 소통·협력하는 선제적 정부에서는 AI 및 데이터 중심의 1:1 심층상담을 기반으로 구직자·기업에 대한 맞춤형 취업·채용지원 서비스를 대폭 확대하여 청년·저소득층 등 구직자, 기업에게 맞춤형 고용서비스를 제공하여 사회 문제를 예견하고 대비하는데 크게 기여하였다.

마지막으로 정부혁신 추진 동기부여 및 우수직원·기관의 사기진작을 위해 고용노동부 자체 우수사례 경진대회를 개최('23.7월)하여 총 14건에 대해 장관상과 포상금을 지급하였고, 이 중 '모든 정부 신청서를 고객 중심으로 바꿔 국민에게 시간과 비용을 돌려드리겠습니다.' '안전대 착용·체결 여부를 인식할 수 있는 AI 영상 분석 기술 개발·보급' 2건은 범부처 정부혁신 우수사례 경진대회에서 대통령상(금상), 총리상(은상)을 각각 수상하는 등 고용노동부가 범정부 경진대회에서 금·은을 모두 수상하는 큰 성과를 거두었다.

이러한 다양한 분야에서의 정부혁신 추진 노력 및 성과를 인정받아 2023년 중앙행정기관 정부혁신 부문 평가에서 "우수" 등급을 받았다.

나. 국민이 일상에서 체감하는 적극행정 구현

코로나 전개 양상에 따른 고용 불확실성이 상존하는 가운데 경기·민생 등 경제회복 및 구조전환을 위해 정책역량 결집이 필요하여 공직사회 내 적극행정 정착과 국민체감 확대를 위하여 추진사업 중 적극행정으로 성과를 창출한 사례*를 "주요성과"로 관리(총 44건 주요성과 제출, 3건 우수사례 선정)하고, 기관장이 참여하는 적극행정 현장소통 실시(10회), 기관장 참여 내부직원 적극행정 독려(17회), 대국민 홍보메시지(기고, 브리핑 등 64회) 등을 통해 적극행정을 대내·외로 전파하기 위해 노력하였다.

2023년 한 해 동안 적극행정위원회는 적극행정 우수사례를 발굴하고 장려하기 위한 상·하반기 적극행정 경진대회 주요 사례를 심의하고, 우수공무원 및 우수직원 선발, 사전컨설팅 안건 심의 등 총 5차례의 위원회를 개최하였다.

적극행정 활성화를 위해 '적극행정 우수사례 경진대회'를 연 2회(총 22개 사례 선정, 적극행정 개인 및 우수팀 시상) 개최하여 적극행정 우수사례를 발굴·홍보하고, 공적자를 적극행정 우수공무원(2023년 총 28명 선발)으로 선정해 장관상, 포상금, 인사상 인센티브 등을 지급하여 격려하였다.

다. 새로운 방식의 적극행정 국민참여

고용노동정책에 대한 국민 참여를 통해 국민체감도가 높은 정책을 발굴·추진하기 위해 일반 국민 15명으로 구성된 '적극행정 국민 파트너스'를 구성하여 운영하였다. 적극행정 국민 파트너스는 적극행정 우수사례 경진대회에서 국민심사를 담당하였으며, 주요 고용노동 정책에 대해 온라인 밴드를 운영하며 전파·공유하는 등 정부정책의 대국민 홍보·전파에 기여하였다.

정책 공급자인 공무원과 정책 수요자인 국민, 서비스 디자이너가 함께 참여해 공공서비스를 개발하고 개선방안을 마련하는 '서비스 디자인 기법'을 도입하여 2023년 4월부터 1개의 '국민정책디자인단'을 구성하였다.

이를 통해 장애친화적 환경조성을 위한 장애인 다수 고용업체 지원 방안을 발굴하는 등 중증 장애인 연계고용을 활성화 방안을 마련하였고, 이를 통해 중증 장애인 친화적 일자리를 확대하고, 장애인 다수고용업체는 대기업과 연계고용, 판로, 매출증대로 장애인 일자리를 더욱 확대하며, 대기업은 다수고용업체와 상생으로 장애인 고용 창출 및 ESG 경영을 실천할 수 있도록 개선하는 등 수요자 중심의 공공서비스로 업무를 개선하였다.

② 구성원 및 조직의 역량강화 지원

가. 역량강화 지원 프로그램 운영

직원들의 심리적·정서적 안정을 지원함으로써 업무성과 및 조직몰입도를 제고하기 위해 근로자지원프로그램(EAP)을 운영하여 499명에게 1,663회의 상담을 지원하였다. 또한 전 직원을 대상으로 온라인 스트레스 검사를 실시(5월)하여 전 직원의 33% 정도가 참여한 결과를 바탕으로 스트레스가 높은 지방관서(5개, 204명)에 대해 조직활성화 프로그램 등을 지원하였다.

조직의 역량강화를 지원하기 위해 협업 분위기 조성, 소통·공유 확산, 혁신마인드 함양, 팀워크 형성 등에 도움이 되는 조직문화혁신 프로그램(명사초청 특강, 지방관서 협업·소통 프로그램 등)을 마련하여 본부 및 지방관서에서 프로그램을 실시하였다(49회, 1,145명 참여).

정부혁신 과제의 핵심 역할을 수행하는 현장 직원들을 대상으로 참여형 토론방식의 교육을 추진하였으며(6개 과정, 393명), 적극행정 등에 대한 이해 제고를 위한 이러닝을 실시하였다(8,272명). 정부혁신 가치 확산을 위한 적극행정 특강을 온라인 방식으로 실시하였고, 장관 및 직원 81명이 참여하여 적극행정 우수사례 등을 공유하였다.

나. 조직문화 개선 및 소통 활성화

일하는 방식 혁신, 불합리한 조직문화 개선 등 조직 내 혁신활동 성과를 높이기 위해 입사 5년 미만 신규자를 중심으로 '제5기 새내기 소통 리더단'을 구성하였다. 직원들의 자발적인 참여로 본부 직원 10명, 지방 직원 17명 등 총 27명으로 구성되어 총 4회에 걸친 조직혁신을 위한 권역별 현장 간담회 및 아이디어 토론, 2030 정책자문단 간담회 참석 등을 통해 참신한 아이디어를 발굴하여 조직문화 혁신 연속 캠페인(포스터, 배너, 웹툰 제작 등) 시리즈를 이어가며 조직문화 쇄신에 기여하였다.

직원 간 소통과 협업, 업무처리 노하우 및 지식 공유를 장려하기 위해 매월 '지식달인' 및 '지식공유기여자' 143명을 선정하여 인센티브(모바일상품권)를 부여하였다.

다. 현장소통 실시

현장 중심 정책개발 여건 조성 및 일선 현장 애로사항 해소를 통한 구성원의 사기 진작을 위해 '본부-지방관서 간 현장소통'을 실시하였다. 본부 과장을 '지방관서별 현장소통관'으로 지정하고, 장·차관 11회, 실·국·과장 75회 등 총 86회 지방현장을 방문하여 총 533건의 건의·애로사항 청취하고 288건을 수용하여 직원 사기진작 및 본부-지방 간 일체감 형성에 기여하였다.

라. 직원 건강관리 증진 방안

올해 트라우마 전문상담을 도입하여, 특별민원 또는 사건조사 과정에서 대리외상 등으로 트라우마를 호소하는 직원을 대상으로 찾아가는 심리상담(총 65회, 691명), 트라우마 치유상담(총 88명, 539회), 정신건강의학과 진료비 지원(9명)을 진행하였고, 우리부 특성에 맞는 자살예방 교육 교안을 개발하여 총 50회 대면 교육을 진행하였다. 이는 잠재적 스트레스 위험군을 발굴하고, 상담제도에 이입, 정신건강의학과 진료로 이어질 수 있는 조직 내 정신건강관리 체계를 구축하였으며, 자살 예방에 대한 중요성과 인식을 확대할 수 있는 계기가 되었다.

직원의 스스로 건강을 관리할 수 있는 능력을 길러주고, 조직의 활성화를 유도하기 위하여 관서별 직원 건강관리 증진 프로그램을 기획하여 운동, 금연, 식이 관리, 만성질환 관리 등 총 77개 프로그램을 체험형 교육, 강연, 캠페인 등 다양한 방법으로 추진하였다. 또한 직원의 질병 조기발견과 치료를 위하여 일반건강검진 수검률 관리(전체 90.4%), 종합검진비(총 1,340명)와 정밀검진비(총 533명)을 지원하였으며, 이러한 직원 건강관리 방안을 통해 체계적인 건강관리 증진 내실화를 통해 건강 중심의 조직문화를 촉진하였다.

③ 고객과 소통하는 고용노동행정 추진

민원인과 직원의 만족도 향상을 위해 고객중심 행정문화 개선과 직원 사기진작 프로그램을 추진하였다. 고용노동정책에 대해 국민이 느끼는 만족도와 요구사항을 모니터링하고, 일반·전화 민원을 관리하여 국민의 불편·불만사항 해소를 위한 다양한 방안을 추진한 결과 고객만족도가 전년 대비 상승하였다. 직원들에게 안정적인 고용노동 행정서비스를 제공할 수 있는 환경을 마련하기 위해 2023.8월 중앙부처 최초로 '특별민원 직원보호반'을 출범하였고, 기관별 특별민원 대응팀 구성 및 특별민원 예방을 위해 모의훈련 영상 제작, 권역별 교육 및 워크숍 실시, 민원인 에티켓 배너 및 특별민원 대응 매뉴얼 배포 등 사전 예방활동을 강화하였다. 특별민원 발생 시 지방관서를 방문하여 법률지원, 심리상담 연계 지원 등 기관 차원에서 적극적으로 대응하도록 지원하였고, 전국 100개 고용센터에 보안실무관을 배치·관리하는 등 안전한 근무환경 제공과 직원보호를 위해 노력하였다.

또한, 직무스트레스 관리 프로그램 운영, 칭찬고래 선정, 업무처리 우수사례 선정 및 포상, 적극행정으로 발생할 수 있는 소송에 대한 직원 보호제도 운영 등 직원 사기진작 방안을 시행하였다.

정책 및 제도개선에 대한 국민의 창의적인 아이디어를 발굴하여 국민과의 소통을 강화하였고, 실업급여 분야에 온라인 민원 시스템의 민원인 이용 패턴을 분석하여 시스템 사용의 장애요인 발굴 및 개선과제를 도출·적용한 사례는 2023년 행정안전부 정부혁신 우수사례에서 금상(대통령상)을 수상하였다. 고용노동 관련 전화상담(1350) 및 인터넷 민원상담 서비스를 제공하는 고객상담센터의 효율적인 운영을 지원하였고, 고객 중심의 다양한 현장 의견 반영하여 상담서비스의 질을 향상시켰다.

국민이 체감할 수 있는 민원서비스를 제공하기 위해 노력한 결과, 행정안전부와 국민권익위원회가 공동으로 실시하는 2023년 민원서비스 종합평가에서 2022년 최우수등급인 '가'등급에 이어 2년 연속 최우수등급 '가'등급 획득 및 최우수기관으로 선정되어 대통령표창을 수상하였다.

가. 일반·전화민원 현황 및 민원관리

2023년 고용노동부에 접수된 일반 민원 건수는 2,453만 건으로 전년도 2,568만 건 대비 115만 건(4.5%)이 감소하였다.

2023년은 퇴직연금 사전지정운용제도(디폴트옵션) 전면시행('23.7월)으로 상반기 퇴직연금 규약 변경신고가 증가하여 근로기준 분야 민원 접수가 증가하였으나, 긴급고용정지원금(139만 건) 지급 종료, 고용보험(피보험자, 고용안정) 및 외국인 고용허가 분야 등의 민원 접수가 감소하면서 전반적인 민원 접수 건수는 전년대비 감소하였다.

일반적인 질의 민원은 고객상담센터에서 신속하게 처리할 수 있도록 하였고, 매월 지방관서의 민원 현황을 분석하여 민원 처리·응대가 적기에 될 수 있도록 환류 시스템을 구축·운영하였다.

2023년 고용노동부 전화 수신량은 3,457만 건으로 전년 3,618만 건 대비 161만 건(4.5%) 감소하였다. 고용노동부는 전화 응답률을 관리하기 위해 소속기관 평가지표 반영, 분기별 현장방문 컨설팅, 전화 응답률 우수기관 포상 등을 실시하였고, 전화를 통한 특별민원으로부터 직원을 보호하기 위해 사전고지 안내멘트 강화, 장시간·반복통화 대응 기능('23.9월)을 도입하였다. 향후에도 챗봇 도입, 전화 응답 시스템 개선 등 다양한 방식을 통해 민원인의 편의성을 제고하기 위한 노력을 기울여 나갈 예정이다.

나. 2023년 민원서비스 종합평가 최우수기관 선정

고용노동부는 행정안전부와 국민권익위원회가 공동으로 주관하는 2023년 민원서비스 종합평가에서 2023년 최우수기관으로 선정되어 대통령표창을 수상하였다.

민원서비스 종합평가는 행정기관의 민원서비스 수준을 높이고, 미흡한 민원처리 관행을 개선하기 위해 매년 행정안전부와 국민권익위원회가 중앙행정기관과 시·도 교육청, 광역·기초 지자체를 대상으로 1년 동안 추진한 민원서비스 실적을 평가하고 종합점수 순위에 따라 기관별 평가등급을 부여하는 평가로, 고용노동부는 2023년 장관급 기관 중 유일하게 최우수등급('가'등급, 총 5개 기관) 및 최우수기관으로 선정되었다.

특히, 민원제도 운영 분야에서 매우 우수한 수준인 '가'등급을 받았고, 국민신문고 처리 및 민원 만족도 분야에서는 전년 대비 9순위가 상승하는 등 중앙행정기관 평균 87.64점 보다 9.06점 높은 96.70점을 획득하여, 2022년 최우수등급 '가'등급에 이어 2년 연속 우수한 성과를 달성하였다.

앞으로도 고용노동부는 수요자 중심의 민원서비스를 제공하고, 민원처리 관행을 개선하여 국민이 만족할 수 있는 민원서비스를 제공하도록 지속적으로 노력할 예정이다.

다. 특별민원 대응 역량 강화

고용노동부는 욕설·폭행·성희롱 등 특별민원으로부터 직원들을 보호할 수 있는 체계를 마련하고, 직원들이 안정적으로 고용·노동행정 서비스를 제공할 수 있는 근무환경 마련을 위해 노력하였다.

2023년 8월 중앙부처 최초로 본부에 '특별민원 직원보호반'을 출범하여 특별민원의 피해를 받은 직원에 대해 법률 지원을 실시하였고, 민원인의 폭언·폭행이 발생한 지방관서는 즉시 현장을 방문하여 피해 직원 1대1 심층 상담과 소장 작성 지원 등 법률 자문과 심리안정 지원프로그램 참여 연계를 지원하였다.

또한, 특별민원 예방활동 강화를 위해 지방관서 권역별 특별민원 간담회 및 교육을 총 15회 실시하고, 우리 부 근무 여건을 고려하여 '특별민원 대응 종합 매뉴얼'을 개정하였으며, 특별민원 모의훈련 동영상을 제작·배포하였다.

특별민원이 발생한 지방관서를 직접 방문하여 법률상담 및 심리지원프로그램 연계 등 맞춤형 보호조치 강화와 더불어 소수 인력으로 구성되어 특별민원 발생 시 대응이 어려운 중형센터에 대해 고정형 강화유리·CCTV·비상벨 추가 설치 등 안전한 근무환경을 마련해 직원보호를 강화하였다.

아울러 특별민원으로부터 직원을 보호하기 위해 총 100명의 보안실무관을 고용센터에 배치하였고, 보안실무관의 특별민원 대응 역량 강화를 위해 '보안실무관 업무지침' 개정 및 보안조끼 등 근무복 배포, 보안실무관 직무능력향상교육과정 운영(2회), 보안실무관 권역별 워크숍(2회)을 개최하였다.

라. 고객중심의 행정문화, 이용 시스템 개선

고용노동부는 고객지원서비스에 대한 객관적이고 종합적인 수준을 측정하기 위해 매년 고용노동부의 민원인을 대상으로 고객만족도 조사를 실시하고 있다. 고객만족도 조사는 서비스환경, 서비스과정, 서비스결과, 사회적 만족도, 전반적 만족도 항목을 조사하고, 조사결과는 지방관서에 피드백하여 서비스 취약분야의 방안 마련을 위한 자료로 활용하고 있다. 2023년에는 고용노동부 민원 고객 18,800여 명을 대상으로 고객만족도 조사를 실시하였고, 고객만족도 종합점수는 90.5점으로 전년대비 0.6점이 상승하였다

또한, 온라인 민원 시스템의 민원인 이용 패턴을 분석하고, 시스템 사용에 있어 장애요인 발굴 및 개선과제 도출·적용하여 고객 지향적 온라인 민원 시스템 구축에 노력하였다. 2022년 11월 실업급여 분야에 시스템 개선과제를 도출·적용하여 적용 전 대비 온라인 시스템 이용

중도 이탈률 17.9% 감소, 실업급여 상담 전화 13.7% 감소 등 효과를 확인하였고, 동 사례는 2023년도 행정안전부 정부혁신 우수사례 경진대회에서 금상(대통령상)을 수상하였다.
  앞으로도 온라인 시스템에 대한 이용 패턴 분석 지원 및 현장의견 설문조사를 등을 통해 민원인의 온라인 접근성을 제고하는 노력을 계속할 예정이다.

마. 고객과 소통, 정책개선 강화 등 서비스 품질 개선

  고용노동부는 정책 및 제도개선에 대한 국민·공무원의 창의적인 아이디어를 발굴하여 국민과의 소통을 강화하고 있다. 2023년에는 국민신문고와 자체 제안통로를 통해 내·외부 고객으로부터 참신한 정책개선 아이디어를 접수하였고, 고용노동부 홈페이지에 임신기 근로시간 단축 기간을 쉽게 확인할 수 있는 계산기를 배포하는 등 10건의 우수제안을 선정하여 포상하였다. 채택된 제안은 고용노동부 정책에 반영하여 보다 나은 대국민 행정서비스 제공에 기여하였다.
  고객편의 민원서비스 제공을 위해 지방관서 고객지원실에 기초상담을 담당하는 고객지원관을 총 50명 배치하였으며, 상담 품질 향상을 위한 직무교육을 실시하였다.

바. 직무스트레스 관리 프로그램 운영 등 직원 사기 진작 추진

  내부고객 만족이 외부고객에 대한 서비스 향상으로 이어질 수 있도록 직원 직무스트레스 관리 프로그램 운영, 칭찬고래 선정, 공무수행 중 민·형사상 소송 등을 겪는 직원의 부담 완화를 위해 공무원 책임보험 가입을 하였다. 과중한 직무 부담, 특별민원 응대 등으로 정신적 스트레스를 겪고 있는 직원 312명을 대상으로 '내 삶의 활력을 찾는 힐링캠프' 및 '다비움 다채움 힐링캠프', '내면의 나를 찾아 떠나는 마음여행' 등 스트레스 관리 프로그램을 실시하여, 직원들에 대한 심리적 지원을 통해 궁극적으로 고객서비스 품질을 높이는 노력도 지속적으로 추진하였다.
  친절한 고객응대 및 적극적 업무처리 등으로 고객에게 칭찬받은 직원을 '칭찬고래'로 선정·포상함으로써 직원 사기진작과 칭찬문화를 확산시켰다. 2023년 칭찬고래로 선정된 지방관서 직원 66명에게는 장관 명의의 화환 및 포상금을 전달하였다.
  업무처리 우수사례 선정 및 포상을 통해 숨겨진 업무노하우를 발굴하고 직원들의 사기진작은 물론 사례 교육·공유를 통한 역량강화의 기회를 제공하였다. 2023년에는 '자원봉사자를 활용한 콜백서비스 실시를 통해 기관 전화수신률 향상' 등 15건의 우수사례를 발굴·포상하였으며, 업무 노하우를 공유하였다.

사. 고객상담센터 운영 지원

고용노동부 소속 책임운영기관인 고객상담센터는 독립성과 자율성을 기반으로 대국민을 위한 고용노동 관련 전화상담(1350) 및 인터넷 민원상담 서비스를 제공하고 있다.

고용노동부는 고객상담센터의 효율적인 운영과 성과에 대한 책임성 확보를 위해 고용·노동 분야에 학식과 경험이 풍부한 민간전문가 5명을 책임운영기관 운영심의회 위원으로 위촉하여, 기관 미션(친절하고 전문적인 고용노동 상담서비스 제공)을 달성할 수 있는 2023년 사업목표 설정, 자체 평가결과 심의 등 운영에 관한 중요사항에 대하여 심의·의결하였다. 또한, 자체평가단을 통하여 2022년 사업성과 지표(1350 응대율, 국민신문고 자체처리율, 고객만족도 등 핵심성과지표 포함 8개 분야)의 목표 달성을 위한 방안 및 노력도를 종합적으로 평가·환류함으로써 행정안전부에서 실시하는 책임운영기관 평가 결과 2년 연속 "A" 등급의 성과를 이루었다.

고용노동부의 정책변화, 외부 환경요인에 대한 전화 수신량 대응을 위해 '보이는 ARS, 챗봇, 유튜브 채널 운영, 카카오톡 채팅 시스템 구축' 등 상담 인프라를 다양화하였고, 상담과정 중 고객이 제기한 불편 및 건의사항(VOC)을 본부 사업부서에 현장의 소리로 전달하여 민원행정 및 제도개선에 활용할 수 있는 정책소통 역할을 체계화함으로써 고객 불편사항 개선(총 88건)에 따른 국민 편의성 증대라는 가시적인 성과를 거두었다.

제2절 현장 중심의 조직관리

　2023년에는 8회에 걸쳐 「고용노동부와 그 소속기관 직제 시행규칙」을 개정하였다.
　2023년 2월 28일 개정에서 본부 퇴직연금복지과에 퇴직연금 신규제도 도입 및 운영 관련한 인력 3명, 고용문화개선정책과에 가사근로자 제도 운영 인력 1명, 노동위원회에 고용상 성차별 등 시정업무 수행 인력 3명 등 7명을 증원하였고, 협업정원 성과평가 결과에 따라 건설현장 사망사고의 감축을 위해 본부 건설산재예방정책과에 증원한 국토교통부 한시정원 5급 1명을 정규정원으로 전환하고, 건설기능인력의 적정 임금 보장 및 고용 여건 개선을 위해 본부 고용서비스정책과에 증원한 국토교통부 한시정원 5급 1명은 감축하며, 국가유공자 취업 지원업무를 위해 본부 지역산업고용정책과에 증원한 국가보훈처 한시정원 5급 1명의 존속기한을 2년 연장하였다.
　2023년 4월 11일 개정에서는 정부의 핵심 국정과제인 노동개혁 추진을 위해 노동정책실에 노동개혁정책관을 신설하면서 공공노사정책관을 폐지하고, 노동정책실에 노동개혁총괄과를 신설하면서 공무원노사관계과 및 공공기관노사관계과를 공공노사관계과로 개편하고, 한시 조직으로 노동정책실에 노사관행개선과 및 임금근로시간정책과를 각각 신설하면서 이에 필요한 인력 5명, 6명을 각각 증원하고, 모성보호 지원업무를 위해 지방관서에 증원한 한시 정원 50명을 정규정원으로 전환하였고, 고용안정 업무를 위해 지방관서에 증원한 한시정원 53명 중 22명은 감축하면서 31명은 존속기한을 2년 연장하였고, 고용보험 피보험자의 이직 확인 업무 위해 지방관서에 증원한 한시정원 29명의 존속기한을 2년 연장하는 한편, 지방 고용노동관서에 두는 광역중대재해관리과의 명칭을 광역중대재해수사과로 변경하고, 인력 운영의 효율성을 높이기 위하여 지방관서 관리운영직군 정원 9급 1명을 행정직군 정원 9급 1명으로 전환하였다.
　2023년 6월 27일 개정에서는 노동분쟁의 신속한 해결을 위해 노동위원회에 증원한 한시정원 20명의 존속기한을 2년 연장하고, 본부 노동시장조사과장 및 건설산재예방정책과장을 개방형 직위에서 제외하며, 총액인건비제를 활용하여 고용노동부 직원에 대한 체계적 건강증진과 산업보건 관리를 위해 7급 1명을 임기제공무원 증원하면서 총액인건비제를 활용하여 증원한 본부 운영지원과 정원 7급 2명을 감축하는 한편, 총액인건비제를 활용하여 그간 직급을 상향 또는 하향 조정하여 운영해왔던 운영정원 256명의 존속기한을 설정하는 한편, 「강원특별자치도 설치 등에 관한 특별법」 시행(2023년 6월 11일)에 따라 강원특별자치도의 명칭을 지방관서 관할구역 등에 반영하였다.

2023년 7월 27일 개정에서는 정책 홍보 수요 증가 및 국민의 눈높이에 맞는 전략적 홍보·소통의 필요성 증대로 인하여 대변인 업무범위가 확대됨에 따라, 그 직위의 직무등급을 고위공무원단 나등급에서 가등급으로 상향 조정하였다.

2023년 8월 30일 개정에서는 「행정기관의 조직과 정원에 관한 통칙」과 「개방형 직위 및 공모 직위의 운영 등에 관한 규정」에서 개방형 직위를 훈령·예규 및 그 밖의 방법으로 정하도록 하고, 「공무원임용령」에서 기술직군의 명칭을 과학기술직군으로 변경하며, 「고용노동부와 그 소속기관 직제」에서 총액인건비제를 활용하여 자율적으로 증원할 수 있는 정원의 한도를 총정원의 7퍼센트에서 10퍼센트로 상향하는 내용 변경하는 등에 따른 개정사항을 각각 반영하였다.

2023년 10월 1일 개정에서는 평가대상 조직으로 설치한 지방관서 중부청·광주청 국민취업지원2과 2개 과를 평가결과에 따라 폐지하면서, 중부청·광주청 국민취업지원1과를 국민취업지원과로 개편하였다.

2023년 12월 1일 개정에서는 총액인건비제를 활용하여 설치한 자산운용팀, 디지털소통팀 및 국민취업지원기획팀의 존속기한을 각각 2년 연장하고, 총액인건비제를 활용하여 지방관서에 정원 40명을 8급에서 7급으로 상향 조정하였다.

2023년 12월 29일 개정에서는 정책홍보 기능 강화를 위해 홍보담당관을 신설하면서 4급 또는 5급 1명의 정원을 4급으로 직급을 상향조정하면서 총액인건비제를 활용하여 설치한 홍보기획팀을 폐지하고, 행정안전부 신설기구 평가결과에 따라 본부 고용지원정책관 등 3개 기구의 평가 기간을 1년 연장하며, 본부 산업안전보건본부 등 6개 기구와 지방관서 13개 건설산재지도과 등 19개 기구 평가 기간을 2년 연장하고, 「청년기본법 시행령」에서 청년정책 전문인력을 '별정직공무원'에서 '전문임기제공무원'으로 채용하도록 그 채용방식을 변경함에 따라 본부 청년정책 전문인력 별정직 6급 상당 1명을 감축하며, 행정안전부 신규인력 평가결과에 따라 평가대상 정원 1,399명 중 655명은 평가대상에서 제외하고, 30명을 감축하면서 714명에 대해서는 존속기한을 2024년 말까지로 연장하고, 국민취업지원제도 한시정원 542명에 대해 행정안전부 평가 결과를 반영하여 186명을 감축하면서 356명과 산업재해보상재심사위원회 한시정원 6명 등 362명에 대해서는 존속기한을 2025년 말까지로 연장하면서, 범정부 인력 통합활용을 위한 72명을 감축하는 한편, 「경상북도와 대구광역시 간 관할구역 변경에 관한 법률」, 「전북특별자치도 설치 등에 관한 특별법」 등 제정 법률에서 정한 행정구역 명칭 변경 사항을 지방관서 위치 및 관할구역 등에 반영하였다.

위와 같이 2023년에는 정부의 핵심 국정과제 노동개혁 추진과 함께 조직·인력 효율화에 집중하였다.

제3절 고용노동행정의 성과 평가

① 국정 성과를 높이기 위한 고용노동부 평가 추진

정부 업무평가는 국정운영의 능률성, 효과성 및 책임성을 확보하기 위하여 중앙행정기관, 지방자체단체, 공공기관 등이 행하는 정책 등을 평가하는 것을 말한다.

중앙행정기관 평가는 국무총리가 국정을 통합적으로 관리하기 위하여 정부업무평가위원회를 통하여 시행하는 '특정평가'와 중행정기관이 소관 정책 등에 대하여 일정 절차를 거쳐 스스로 수행하는 평가인 '자체평가'로 나뉜다.

'특정평가'는 국정과제 추진과 국정성과 창출을 위해 역점 추진하는 주요 정책을 중심으로 평가를 하고, '주요정책', '규제혁신', '정부혁신', '정책소통' 부문으로 평가한다.

2023년 국무조정실에서 실시한 특정평가 결과, 고용노동부는 노사법치의 확립 성과 등에서 우수한 평가를 받아 종합평가 '우수', 주요정책과제 평가 '보통', 규제혁신 평가 '우수', 정부혁신 평가 '우수', 정책소통 평가 '우수', 적극행정 평가 '보통'을 받았다.

'자체평가'는 주요정책, 재정사업, 행정관리역량(조직·인사 등) 부분에 대해서 평가하는 것으로서, '주요정책 부문'은 총 54개 과제를 선정하여 자체평가위원회를 통해서 정책의 계획(성과지표의 적절성), 이행계획의 충실성, 정책의 효과성, 정책 수립·집행의 반응성 등의 항목 등에 따라 평가를 실시했다. '재정사업 부문'는 예산, 기금이 투입되는 사업에 대하여 통합재정사업 평가지침에 따라 고용노동부 성과관리 대상 사업 중 47개 세부사업에 대하여 사업의 적정성, 집행의 효율성, 성과달성도 및 우수성, 환류 및 제도개선 노력 등에 따라 평가를 실시했다. '행정관리 역량 부문'은 조직관리, 인사관리, 정보화관리 등 3개 분야 27개 세부지표에 대한 기관 내부 관리능력 및 생산성 향상 노력 등의 평가를 실시했다.

② 성과 중심 조직문화 확산을 위한 성과계약 평가 실시

'성과계약'은 평가대상자와 평가자간에 성과목표 및 지표 등에 관하여 합의하고, 평가대상 기간 중 평가대상 공무원이 달성한 성과목표의 추진결과 등을 평가지표 또는 평가항목의 특성에 맞게 설정한 평가기준에 따라 평가하여 그 결과를 인사관리에 반영하는 제도이다.

고용노동부는 4,5급 이상 공무원을 대상으로 1년 단위로 성과계약을 체결하며, 조직과 개인의 성과관리를 연계함으로써 우리부 임무 실현 및 성과 제고에 기여하고, 객관적이고 공정한 성과평가 체계를 마련하고, 성과향상을 지원함으로써 성과중심 조직문화 및 직원의 능력발전을 도모하고 있다.

2023년 성과계약은 '업무추진성과', '행정관리', '직무수행능력'의 3개의 항목으로 구성했다. '업무추진성과'는 주요 관리과제(자체평가·기관평가 등)를 통해 부서·개인의 성과를 종합적으로 평가하고, '행정관리'는 직원 육성 및 소통 강화, 일하는 방식 개선 정도 등을 부서단위로 평가하며, '직무수행능력'은 평가자가 평가 대상자의 직무수행 능력과 관련된 능력, 태도 등을 종합적으로 평가했다.

성과계약 최종평가는 5개 등급(매우 우수, 우수, 보통, 미흡, 매우 미흡)으로 평가하고, 평가 등급에 따라 인원비율을 사전 배분하면서, 징계 처분을 받은 경우, 성과관리 책임을 소홀하게 이행한 경우 등은 '최하위 등급(매우 미흡)'을 부여하도록 규정하여 성과관리의 실효성을 높였다.

③ 부처 성과 창출과 연계한 소속기관 평가체계 운영 및 역량강화

2023년도 소속기관 평가는 48개 지방관서를 대상으로 각 기관이 수행하는 ① 주요업무에 대한 업무성과 영역, ② 행정서비스에 대한 고객만족도 영역(청렴 분야 포함), ③ 정부혁신 영역 등 3개 영역과 가점(민간경상보조금 투명성 강화)에 대해 실시하였다.

2023년도 소속기관 평가의 기본방향은 정책과 평가를 연계하되, 직원들의 평가 부담은 완화하고 인센티브는 확대하는 것으로 설정하였다.

이를 위해 평가대상 기간을 코로나19이전으로 환원(1월~11월)하고, 주요 정책과제인 노사협력·근로기준·산재예방의 배점은 확대하였다. 아울러, 평가 부담 완화를 위해 지표 수와 정성평가 비중을 축소하고, 우수기관에 대한 포상을 기존 5점에서 10점으로 확대하였다.

평가단위는 ① 청(대표지청)그룹, ② 청 자체, ③ 8개 권역 지청으로 구분하였고, 평가결과에 따른 그룹 간 성과급 비율을 차등 적용함으로써 조직성과와 성과급이 연계될 수 있도록 하였다.

평가방식은 본부가 지방관서 전부를 평가하되, 일부 정성지표는 본부와 청(대표지청)이 이원화하여 평가하는 방식을 취하였다. 평가결과 최우수 기관은 '부천지청', 우수기관은 '서울청', '울산지청', '서울동부지청', 우수 권역은 '서울권역'이 선정되었다.

제4절 규제혁신

1. 국민 불편·부담은 줄이고, 자율성은 확대하는 규제혁신 추진

정부는 규제혁신을 최우선 국정과제로 삼아 국가 역량을 총동원하여 규제혁신을 적극 추진하고 있다.

이에 따라 고용노동부는 실제 규제가 작동하는 현장에서 국민과 기업 등 수요자가 느끼는 불합리한 절차와 규율을 적극적으로 발굴하고, 노동시장 변화와 기술발전에 맞지 않는 낡고 중복적인 규제혁신을 통해, 국민의 활동을 제약하는 장애물을 제거하고, 국민과 기업의 자율성을 확대하는 등 노동시장 변화에 적극 대응하고자「고용·노동 규제혁신 TF(단장: 차관)」을 운영('22.6.~)하고 있으며, 이를 통해 규제혁신과제를 발굴하고 지속적인 추진상황을 점검함으로써 국민의 불필요한 불편·부담은 줄이고 기업의 일자리 창출 및 생산성 향상에 기여해 왔다.

구인난 등 산업현장의 어려움을 해소하기 위해 신속한 개선이 필요한 외국인력 활용과 산업안전분야 킬러규제를 선별하여 '노동시장 활력 제고를 위한 킬러규제 혁신방안'을 마련(8.24. 제4차 규제혁신 전략회의)·추진하였다. 이와 함께 고용노동 각 분야별 규제개선을 추진하여 국민과 산업현장의 불편·부담 등을 제거하는데 적극 노력하였다.

우선, 산업현장의 수요를 반영하여 외국인력 규모·고용한도·업종 대폭 확대를 통해 빈일자리 해소를 지원하였다. 도입 규모를 역대 최대로 확대('22년 6.9만 명 → '23년 12만 명)하고 인력활용에 가장 큰 제약요소인 사업장별 외국인력 고용한도를 2배 이상 확대함으로써 중소기업의 인력난 해소에 기여하고, 만성적 인력난을 겪고 있는 지방 뿌리산업 중견기업과 일부 서비스업도 고용허가제를 확대하였다.

산업안전분야 규제개선도 추진하였다. 기술 변화에 뒤처지는 낡은 규정은 현행화하고, 현장에 맞지 않은 규제는 합리적으로 개선하였다. 30년간 지속된 발파작업 기준을 현실에 맞게 재정비하고, 비상구 설치 관련 건축법령 준수 시 안전보건규칙의 설치기준을 충족한 것으로 인정하여 현장 혼선을 해소하였다. 구조검토 등을 통해 비계 안전성 확보 시 유연한 기둥 간격을 적용하는 것으로 개선하고, 이미 심사 완료된 동일 기계·설비의 이전·설치 시에는 유해위험방지계획서와 공정안전보고서 제출의무를 면제함으로써 서류제출 간소화로 산업현장의 부담을 완화하였다. 안전보건교육 규제도 개선하였다. 정기교육 주기를 완화(분기 → 반기)하고 일정 조건을 충족하면 모바일 원격교육과 화상회의를 통한 교육을 허용하도록 교육형태를 다양화하였으며, 타법에서 보건에 관한 교육을 의무적으로 실시한 경우 산안법상 의무 교육시간을 감면하는 등 중복 의무를 간소화하였다.

직업훈련 규제개선도 추진하였다. 연간 훈련계획 내에서 훈련과정을 자유롭게 편성·운영하는 자체훈련 탄력운영제를 정규사업화하고, 능력개발전담주치의 서비스 실시로 중소기업 훈련참여를 활성화하였다. 신소재, 바이오 등 신산업 분야 훈련과정을 확대하고 직무능력 정보를 통합·관리하는 직무능력은행제를 도입함으로써 기업의 자유로운 훈련 참여를 지원하고 근로자는 필요한 훈련과정을 폭넓게 선택할 수 있도록 자율성을 강화하였다.

임금체불 근로자, 취업취약계층, 노무제공자, 여성 등 노동시장 약자 보호를 위한 제도 개선을 지속 추진함으로써 취약계층 노동시장 진입과 사회안전망을 확대하였다.

체불사업주의 융자 신청 요건을 완화(가동 1년이상, 근로자수 300인 이하 사업장 → 가동 6개월 이상의 모든 사업장)하고 지원범위를 확대하여 체불근로자 권리구제를 강화하였다. 더 많은 취약계층이 안정적으로 생계를 유지하면서 충실히 구직활동에 전념할 수 있도록 청년연령을 확대하고 보장 강화(부양가족 지원), 수당 지급기준 완화 등 국민취업지원제도를 개선하였다. 업무상재해에 대한 사회안전망 강화를 위하여 노무제공자의 산재보험 적용 직종과 범위를 확대(14개 직종 → 18개 직종)하여 산재보험 사각지대를 대폭 해소하였다.

모성보호제도 강화를 위해 육아기 근로시간 단축제도 확대(만 8세 → 12세), 배우자 출산휴가 제도 활성화(분할사용 횟수 1 → 3회, 5일 → 10일), 부모육아휴직제도 확대(3+3 육아휴직제 → 6+6 육아휴직제) 등을 추진하여 여성의 경력단절 예방 및 제도의 실질적 사용 여건 조성을 위한 지원을 한층 강화하였다.

한편, 민원통합시스템을 구축하여 민원인의 편의를 확대하였다. 노동포털을 구축하여 접수부터 처리까지 온라인 실시간 확인, 체불임금 확인서 발급까지 원스톱 서비스 제공으로 신속한 권리구제를 강화하였다. 또한 9개 사이트로 분산(워크넷, 고용보험, 직업훈련 등)된 고용서비스를 한곳에서 신청·신고·조회 할 수 있도록 통합플랫폼을 구축(고용24)함으로써 정보연계로 각종 증빙서류 폐지 및 입력항목 축소, 지원금 사전심사로 업무시간 단축 등 민원 만족도를 제고하였다.

② 규제개혁신문고 건의과제의 체계적 처리

규제개혁신문고는 국민의 규제개선 의견을 직접 듣고 애로사항을 신속히 처리하기 위해 개설된 원스톱 규제 건의·처리 창구이다(국무조정실 운영).

규제개혁신문고 건의과제에 대해 처리담당자 실명제를 도입하여 국민의 눈높이에서 적극적으로 검토하였다. 2023년에는 고용노동부 소관 건의과제로 총 166건이 접수되어 모두 처리하였고, 이 중 35건을 (일부)수용하였다.

표 10-④-1. 규제개혁신문고 건의 처리 현황 (단위: 건수)

접수기간	접수	처리	(일부)수용	수용률
'21년(1.1.~12.31.)	63	63	13	21%
'22년(1.1.~12.31.)	168	168	26	15.5%
'23년(1.1.~12.31.)	166	166	35	21.1%

③ 신설·강화 규제에 대한 심사 강화

규제가 신설·강화되는 경우 불합리한 규제가 신설되지 않도록 사전 심사를 한층 강화하였다. 고용노동부는 전문가, 노사단체 관계자 등 외부 민간위원 12명을 포함하여 모두 16명으로 구성된 규제심사위원회를 운영하고 있다. 2023년에는 7차례의 규제심사위원회를 개최하여 21건의 신설·강화된 규제사무에 대해 심사를 실시하였다.

표 10-④-2. 2023년 규제심사 현황 (단위: 건)

연번	관련 법령	심사대상 규제사무
1	• 건설근로자의 고용개선 등에 관한 법률 시행규칙 • 산업안전보건기준에 관한 규칙	5
2	• 산업재해보상보험법 시행령 • 고용보험 및 산업재해보상보험의 보험료징수 등에 관한 법률 시행령, 시행규칙 • 사업장 위험성평가에 관한 지침	5
3	• 위험기계·기구 안전인증 고시 • 안전검사 절차에 관한 고시	2
4	• 남녀고용평등과 일·가정 양립 지원에 관한 법률 • 근로기준법	2
5	• 교원의 노동조합 설립 및 운영 등에 관한 법률 시행령	1
6	• 근로자퇴직급여 보장법 시행령 • 퇴직연금 수수료 부과에 관한 고시 • 직업안정법 시행령, 시행규칙	5
7	• 안전·보건에 관한 업무 수행시간의 기준 고시	1

제5절 고용노동분야 양성평등 정책 실현

고용노동부는 고용노동 정책의 성평등 관점 반영, 성차별 구조개선 등을 통한 성평등 가치 확립과 성평등 문화 확산을 진행하고 있다. 일자리 주무부처로서의 역할 수행과 함께 산업현장 미투운동에 대응하여 일자리 현장에서의 성차별·성폭력 문제에 대한 체계적·지속적 대응을 통해 성평등을 실현하기 위해 2019년 5월 7일 고용노동부 기획조정실 정책기획관 내에 전담조직으로서 양성평등정책담당관을 신설하였다.

양성평등정책담당관은 문화예술계, 직장, 학교 등 정책영역과 현장이 큰 관련이 있는 총 8개 부처에 설치된 것으로, 고용노동부를 비롯한 양성 평등 전담부서가 설치된 부처들은 관련 분야의 양성평등 의제를 발굴하고 소관 제도 및 정책의 성별 영향을 검토한다. 특히, 고용노동부는 전담조직 신설을 계기로 고용 노동 분야에서 수행 중인 정책과 사업을 양성평등에 기여하는 방향으로 지속 개선하고 있다.

고용노동부는 1987년 제정된 「남녀고용평등과 일·가정 양립 지원에 관한 법률」에 근거하여 고용에서의 기회 균등 및 차별 해소, 근로감독 등을 통한 작업장에서의 성차별·성희롱 문제를 중심으로 양성평등 이슈에 지속적인 대응과 함께, 「양성평등기본법」과 「여성폭력방지기본법」을 종합적으로 고려하여 보다 다양한 성인지적 정책 수립을 위해 노력하고 있다.

고용노동부는 부내 직원 개개인의 성인지 감수성 교육을 통해 성평등에 대한 이해를 높이고, 성희롱·성폭력 예방을 위한 교육 및 지속적인 관련 기관과의 거버넌스 활동을 통해 성평등한 조직문화를 확산함으로써 부내 성희롱·성폭력을 예방하고자 노력하고 있다. 근로감독과 산업안전을 담당하는 부처인 고용노동부에서 조직 내 성평등 인식의 확산을 통해 고용상 성차별·직장 내 성희롱을 근절하고 누구든지 성평등한 근로조건 하에서 근무할 수 있도록 고용노동 분야의 양성평등 추진기반을 조성하고자 노력하고 있다.

고용노동부 양성평등 추진기반 조성

가. 고용노동부 양성평등위원회 운영

전담조직의 신설 이후 2019년 11월 5일 『고용노동부 양성평등위원회 운영규정』을 훈령으로 제정하였고, 『고용노동부 양성평등위원회』를 정부위원장(고용노동부 차관)과 민간위원장의 공동체제로, 위촉직 민간위원을 포함하여 총 15명 이내의 위원으로 구성하였다. 위원회는 고용노동 분야 양성평등 정책의 발굴 및 시행, 양성평등 정책 이행관리, 성별영향평가 및 성인지 교육 등에 필요한 사항, 양성평등 정책의 성과 분석, 고용노동부 및 소속기관 성희롱·성폭력 등 근절을 위한 예방대책 및 제도 수립 등에 대해 심의하고 필요사항을 건의하기 위해 분기별로 운영되고 있다.

나. 고용노동분야 양성평등정책 지원

고용노동정책의 모든 단계에서 성평등 관점을 반영하기 위해 정책이 양성평등 관점으로 수립·집행·평가되는지 지속적으로 점검·개선하고 정책과제 발굴과 고용노동분야 양성평등 정책의 안정적 실행을 위해 2021년 회계연도부터 『고용노동분야 양성평등 정책지원』 사업을 신설하였다.

해당 사업은 기존의 모성보호제도나 일·가정 양립제도에 국한된 여성고용정책에서 벗어나, 직업훈련, 고용서비스, 산업안전 등 고용노동 분야 전반에 대한 성인지적·성평등적 관점을 적용할 프로세스의 구축을 도모하는 것을 목적으로 한다. 이를 위해 정책연구를 통해 과제를 발굴하고, 분야별 심층연구를 진행하기 위해 연구용역 외에도 정책포럼을 병행하였다. 특히, 전문가들이 함께하는 정책포럼에 부내 정책부서가 함께 참여함으로써 고용노동 정책에 양성평등 관점이 적극적으로 반영되도록 정책 공감대를 형성하였다.

② 성주류화 제도 운영을 통한 양성평등 실현

가. 성인지 예·결산 제도

성인지 예·결산 제도는 예산이 여성과 남성에게 미칠 영향을 미리 분석하여 이를 예산편성에 반영·집행하고, 결산 시 여성과 남성이 동등하게 예산의 수혜를 받고 예산이 성차별을 개선하는 방향으로 집행되었는지를 평가하여 다음연도 예산편성에 반영하는 제도를 말한다.

2023년도 성인지예산서상의 고용노동부 성평등 목표는 첫째, 평등하게 일할 권리와 기회의 보장이며, 하위 목표는 ① 고용의 평등성 제고 및 고용 현장의 성차별 개선, ② 노동시장 구조개선 및 여성의 경력유지·개발 지원이다. 둘째, 여성 대표성 제고 및 참여 활성화이고 하위 목표는 민간기업 등의 여성 대표성 제고이다. 셋째, 여성 폭력 근절과 여성 건강 증진이며, 하위 목표는 ① 여성폭력 근절 정책 추진기반 강화, ② 대상별 고용 활성화이다. 넷째, 일·생활 균형 사회기반 조성이며, 하위 목표는 ① 근로자의 모·부성권 보장, ② 돌봄의 사회적 책임 강화, ③ 기업의 가족친화경영 확산이고 다섯째, 여성근로자의 업무상 질병 예방 및 건강증진으로, 하위 목표는 여성 건강증진이다.

2023년도 성인지 대상 사업은 총 44개로 일반회계 및 지역균형발전특별회계, 고등·평생교육지원특별회계 19개와 고용보험기금, 장애인고용촉진 및 직업재활기금, 산업재해보상보험 및 예방기금, 근로복지진흥기금 25개로 구성되며, 예산은 총 6조 8,599억 원 중 6조 3,600억 원을 집행하여 92.7%의 집행률을 나타냈다.

고용격차 해소를 통해 여성이 평등하게 일할 권리와 기회의 보장을 2023년도 성평등 목표로 하여 추진한 결과, 총 60개의 성과목표 중 41개의 목표를 달성하였다.

표 10-⑤-1. 2023년 고용노동부 성인지예산 현황 (단위: 백만 원, %, 개)

구분	예산현액	지출액	집행률	사업수	성과목표수	달성	미달성	비고
계	6,859,901	6,360,011	92.7	44	60	41	19	
회계	1,428,000	1,267,740	88.8	19	23	17	6	
기금	5,431,901	5,092,271	93.7	25	37	24	13	

나. 성별영향평가 제도

성별영향평가의 목적은 정부 정책이 성별에 미치는 영향과 성차별의 발생 원인 등을 체계적·종합적으로 평가하여 합리적으로 개선함으로써 실질적인 성평등을 실현하고, 정책수요자의 성별 특성에 기반한 정책을 수립함으로써 국민의 만족도를 제고하는 것이다. 이는 「양성평등기본법」 제15조, 「성별영향평가법」 및 같은 법 시행령, 법제업무 운영규정 및 시행규칙에 근거하여 중앙행정기관과 지방자치단체에서 실시되고 있다.

성별영향평가의 대상은 사업의 수혜가 남녀 모두에게 미치는 사업으로서, ① 대상자와 수혜자의 성별 분포를 신뢰성 높은 통계로서 확인할 수 있고, ② 합리적인 방법으로 남성과 여성 간에 수혜의 격차가 존재하는지를 확인할 수 있는 사업을 그 대상으로 한다.

그간 제·개정되는 모든 법령에 대해 일반성별영향평가가 진행되었고, 예산사업에 대한 일반성별영향평가는 여성가족부에서 추천한 사업 중 일부를 제외하고 선정하는 방식으로 진행되었다. 그러나 양성평등정책담당관실이 설치되고, 점차 고용노동부 성평등 목표와의 관련성, 사업목적, 예산규모, 성별 수혜격차 가능성 등의 기준을 마련하여, 대상 예산사업을 선정하여 성별영향을 분석하고 개선과제를 이행하고 있다.

특히, 법령 및 사업 일반성별영향평가는 그 개선과제에 대한 이행현황의 모니터링을 지속적으로 실시하고 있는데, 23년 개선과제 19건 중 14건을 개선완료(73.7%) 하였다.

또한, 심층적인 성별영향평가를 위해 전문 연구기관에서 범부처 계획이나 정책에 대해 여성가족부가 주관하여 실시하고 있는 특정성별영향평가에도 적극적으로 협조하고 있고, 고용노동부에서는 이를 통해 발굴되는 개선과제를 꾸준히 이행하고 있다.

표 10-⑤-2. 2023년 일반성별영향평가 추진현황 (단위: 건수)

구분	평가실시	추진과제	개선과제 합계(A)	자체개선	개선수용	개선완료 건수(F)	%(F/A)
총계	79	78	19	15	4	14	73.7
법령	71	70	12	12	0	8	66.6
사업	8	8	7	3	4	6	85.7

한편, 성별영향평가제도를 좀 더 다양한 정책분야에 적용하기 위한 시도로서 「고용노동부 성평등 홍보물 가이드라인 ('20.9.)」, 「고용노동부 성평등 행정규칙 제·개정 가이드라인 ('21.7.)」, 「고용노동부 성평등 통계 작성·활용 가이드라인 ('23.9.)」을 새롭게 마련하여 고용노동부 및 산하기관에 성별영향평가 제도와 점검항목을 안내하고, 고용노동 분야의 성평등 정책역량을 강화하기 위한 노력을 기울이고 있다.

3 성희롱·성폭력 방지 및 성평등 문화 조성

가. 성희롱·성폭력 방지를 위한 교육과정 운영

고용노동부는 남녀고용평등법과 관련하여 성희롱 신고사건 담당감독관에게 즉각적이고 직접적인 도움이 될 수 있도록 성희롱 사건처리 방법 및 조사 시 유의점 등을 담은 교재를 개발하기 위해 다수의 심도 있는 연구를 부서 신설과 함께 새롭게 실시하였다. 이를 통해 성희롱 사건처리 경험이 많은 근로감독관들을 활용하여 업무에 실질적인 도움이 되는 교재를 개발하고, 직장 내 성희롱 예방을 위한 근로감독관의 역할, 성인지 감수성에 기반한 성희롱 사건의 이해, 성희롱 사건처리 단계별 가이드, 2차 피해 예방 등을 포함한 교육과정을 개설하여 운영하고 있다.

매년 성비위 근절과 성평등한 조직문화 조성을 위해 직원들이 체감할 수 있는 대상별 맞춤형 교육을 실시하고 있으며, 2023년에는 5급 신규 임용자 과정(1회), 7, 9급 신규임용자 기초소양과정(4회), 고충상담원 전문교육과정(4회), 신규 근로감독관 교육과정(3회), 근로감독 기본과정(3회), 권역별 수사기관 대상 2차 피해 방지 과정(3회)에 성인지 교과목을 운영하여 기관 내 성희롱·성폭력 방지 및 2차 피해 예방을 위해 노력하였다. 이와 더불어, 고용업무 종사자를 대상으로 성인지 교육콘텐츠를 개발하였고, 2024년부터 고용센터 직업상담원 등을 대상으로 성인지 교육을 실시할 계획이다. 이를 토대로 신규자·노동분야 중심의 성인지 교육에서 재직자·고용분야로 점차 확대해 나갈 예정이다.

또한, 고용노동부 직원의 성인지 역량 제고를 위하여 한국양성평등교육진흥원이 주관하는 「온라인 찾아가는 성인지 교육」(7월, 187명 이수) 참여, 권역별 성인지 대면교육(8회, 324명 이수) 실시, 성인지 교육 동영상 수강(연중) 등의 다양한 방법으로 교육을 실시하였다. 앞으로도 이러한 다양한 교육과정 운영 및 교육 콘텐츠 개발을 통해 성희롱·성폭력 예방 등 조치가 효과적으로 이루어질 수 있도록 최선의 노력을 다할 계획이다.

나. 성평등 조직문화 조성

고용노동부는 2019년 8월「고용노동부-산하기관 성평등 조직문화 협의회」를 신설하여 산하기관과의 양성평등 문화확산 및 성희롱 예방을 위해 노력하고 있다. 현재 이 협의회에는 고용노동부는 정책기획관이 위원장으로서, 근로복지공단, 한국산업안전보건공단, 한국산업인력공단, 한국장애인고용공단, 한국고용정보원, 학교법인한국폴리텍, 한국기술교육대학교, 노사발전재단, 건설근로자공제회, 한국사회적기업진흥원, 한국잡월드, 한국고용노동교육원 등 12개 산하기관의 성희롱 예방 총괄 부서장이 참여하고 있다.

한편, 협의회는 2022년부터 반기 1회 개최에서 분기 1회(연 4회) 개최로 확대 운영되고 있으며 공공기관 조직문화 개선방안, 성희롱 방지조치 현황 공유 등이 주로 논의되었다.

다. 민간고용평등상담실 운영 지원

고용상 성차별 및 직장 내 성희롱 등 피해자에 대한 신속한 권리구제를 위하여 2000년 민간단체 10개소를 선정하여「민간단체 고용평등상담실」을 시범 운영하였고 2018년부터 6개소를 추가하여 21개소를 운영하고 있다.

2023년도에는 19개 민간단체 고용평등상담실을 통하여 고용상 성차별, 직장 내 성희롱·모성보호 등 모두 9,533건(중복상담 포함)을 실시하여 이 중 5,064건은 권리구제 절차 등을 안내하였고, 1,322건은 상담실을 통해 직접 해결하였으며, 226건은 지방고용노동관서 등 행정기관에 이송하여 처리하였다.

표 10-⑤-3. '23년 민간단체 고용평등상담실 실적
(단위: 건)

상담건수					상담내용						조치내용		
계	전화상담	인터넷	방문상담	기타	계	고용상 성차별	직장 내 성희롱	모성보호	임금체불등 기타	직장내 괴롭힘	권리구제 절차안내 등 조언	직접 해결	이송 등
9,533	6,968	1,756	807	2	9,533	279	4,214	1,380	2,748	912	5,064	1,322	226

라. 남녀고용평등 강조기간 운영

1995년부터 매년 10월을 '남녀고용평등의 달'로 지정하고 각종 행사를 운영하였으며, 2001년부터 남녀고용평등법 시행일을 기념하여 4월 1일부터 4월 7일까지 1주간을 남녀고용평등 강조주간으로 설정·운영하였다. 2013년부터 남녀고용평등 강조주간을 5월 25일~5월 31일 남녀고용평등 강조기간으로 변경 운영(남녀고용평등과 일·가정 양립 지원에 관한 법률 시행규칙 2012.8.2. 개정)하였다. 동 행사기간에 남녀고용평등 강조기간 기념식을 개최하여 남녀고용평등 유공자 및 우수기업을 선정·포상하고, 정책세미나 개최, 남녀고용평등 의식 확산을 위한 우수사례 언론홍보 등 다양한 활동을 하였고, 같은 기간 지방고용노동관서에서도 자체 행사를 진행하였다.

2023년 남녀고용평등 유공 포상 규모는 총 36점으로 유공자 11점(산업훈장 1, 산업포장 1, 대통령표창 2, 국무총리표창 2, 장관표창 5), 우수기업 25점(남녀고용평등 분야 15, 적극적 고용개선조치 분야 10)을 포상하였다.

제6절 고용노동행정 정보화 추진

1 정보화 기반 조성

가. 연도별 지능정보사회 실행계획 수립·시행

정부는 지능정보화 기본법에 근거하여 국가정보화의 효율적·체계적 추진을 위해 3년마다 지능정보사회 종합계획을 수립하고 있다. 이에 따라 고용노동부도 매년 지능정보화 실행계획을 수립하여 시행함에 있어 대내외 정보화 정책환경 변화 등을 신속하게 반영하되, 정보화사업의 효과성·사업 간 중복성 등을 철저히 검증하여 예산손실 방지 노력을 하고 있다.

안정적이고 지속적인 고용노동행정 업무환경을 위해 노후화된 모바일 행정업무포털 서버를 클라우드로 이관하고 사용자 인증체계 다양화로 편의성 및 보안성을 높였다.

아울러, 근로감독행정 정보시스템(스마트 노사누리)은 노동행정포털 기능 고도화로 노동관계 법령을 처리하는 내부시스템을 개편하고 민원신청, 신고사건 처리 현황을 확인하는 노동포털시스템을 개통하는 등 정보격차를 최소화하는 디지털 노동행정 플랫폼 구축을 추진하였다.

또한, 모든 국민에게 생애주기 기반의 맞춤 고용서비스를 제공을 위해 행정 고용서비스가 분리되어 있는 행정시스템을 통합하여 원스톱 행정 기반 구축하였고, 대국민 지향적 '고용24'(민원신청 서비스 통합시스템) 구축을 단계적으로 추진하였다.

끝으로, 안정적이며 효율적인 고용노동행정 서비스의 지원과 정보보호를 위해 24시간 365일 사이버안전센터를 운영하여 고용노동부 및 산하기관 정보시스템에 대한 보안관제·사고대응·취약점검을 수행하고, 모의해킹, 해킹 메일 모의훈련 등을 통해 고도화되는 사이버 침해 위협에 선제적으로 대응하고 있다.

표 10-⑥-1. 연도별 주요 정보화 사업 집행액

사업명	집행액(백만 원)			비고
	2021년	2022년	2023년	
계	108,769	159,233	114,591	
고용노동행정(정보화)	22,485	28,009	25,205	고용노동부
노동위원회정보화 운영(정보화)	740	1,706	1,303	중앙노동위원회
한국산업인력공단(정보화)	6,474	5,739	5,732	한국산업인력공단
산재보험정보시스템 구축(정보화)	13,998	11,021	15,047	근로복지공단
고용보험적용부과정보시스템 구축(정보화)	7,338	23,881	5,678	근로복지공단
근로복지정보시스템(정보화)	3,344	17,769	5,552	근로복지공단
안전보건관리정보시스템 운영(정보화)	5,793	5,850	6,817	한국산업안전보건공단
장애인고용정보화	3,358	4,526	4,669	한국장애인고용공단
고용전산망 관리(정보화)	33,405	33,359	31,517	한국고용정보원
일자리정보플랫폼 기반 AI 고용서비스 지원	11,184	8,431	7,853	한국고용정보원
디지털 기반의 고용서비스 인프라 지원	650	18,942	5,218	한국고용정보원

※ 정보화사업 집행액에는 일반회계, 기금 포함

나. 정보화사업 평가

2006년 4월 국정운영의 능률성·효과성 및 책임성 향상을 목적으로 하는 「정부 업무평가 기본법」이 제정·시행되었다. 고용노동부는 국무총리실 주관으로 정부 업무의 성과관리 및 정부 업무평가에 관한 정책목표와 방향을 설정한 정부 업무평가 기본계획에 기초하여 연도별 시행 계획을 수립하고, 행정관리역량 평가를 받고 있다.

행정관리역량 평가는 조직, 인사, 정보화 부문에 대해 중앙행정기관의 행정관리 효율화 역량을 평가한다. 2023년도 정보화 부문은 디지털플랫폼 정부 구현·지원(9.19/10점), 디지털플랫폼 정부 통합적 관리체계강화(8.6/11점), 사이버 안전수준 강화(12.36/14점)로, 총 30.15점(35점 만점)으로 평가되었다.

향후에도 정보화 기반을 마련하고, 정보시스템 개선 등을 통하여 고용노동행정업무 효율성 제고 및 대국민서비스 증대를 위하여 최선을 다하고, 정보화사업의 효율적 수행과 성과지표 설정 및 성과관리, 예산 편성 및 집행에 만전을 기하여 나갈 것이다.

다. 정보기술아키텍처(EA) 운영

정보기술아키텍처(Enterprise Architecture)는 행정기관 정보시스템을 효율적으로 도입하기 위해 현재의 정보화 상황과 미래 모형을 표준화된 양식으로 관리하는 시스템이다.

신규 정보시스템에 대해서는 구축 단계부터 중복성·효율성을 검토하는 사전협의 제도를 강화하여 시스템 운영성과 측정 내실화, 구조개선 계획 확대, 진행상황 점검 등 이행상황을 확인하고, 전자정부 성과관리 수준을 측정하는 기초자료로 사용하고 있다.

2023년 전자정부 성과관리 수준진단 측정결과는 90.8점으로, 정보화사업 성과관리 (성과계획 수립, 사업별 성과지표 적정성, 종합 보고 등)를 적절하게 추진하였고, 특히 타 사업과의 유사·중복 및 시스템 연계·통합 필요성을 검토하여 중복투자 예방활동을 강화하였다.

다만, 일부 정보화사업과 관련한 세부정보를 서식에 맞춰 기한 내에 현행화하지 못한 사례가 발생하였다는 의견에 따라, 우리부 및 소속·산하기관에서 운영·추진하는 정보화사업의 등록 및 현황을 상시 모니터링할 계획이다.

표 10-⑥-2. 연도별 전자정부 성과관리 수준측정 결과
(단위: 점)

년도	종합	정보자원 관리수준	단계별 성과관리 이행수준	중복투자 예방
2021년	80.7	65.3	87.8	88.9
2022년	92.6	97.9	95.6	84.4
2023년	90.8	87.3	88.2	99.7

② 정보보안 및 개인정보 보호 강화

가. 개인정보보호 강화

고용노동부는 「고용정책기본법」, 「근로기준법」, 「임금채권보장법」 등을 근거로 개인정보를 수집·이용하고 있으며, 국민에게 고용·노동서비스를 제공하기 위해 워크넷·고용보험·노사누리 등 정보시스템에 접속하여 개인정보를 처리하고 있다.

고용노동부는 개인정보보호를 위해 개인정보 법령과 관련된 부처 훈령 등을 개정하고 업무 특성에 맞는 개인정보 수집 및 이용·제공 안내, 가명 정보 처리 가이드라인 등을 마련하여 활용하고 있다.

개인정보 침해사고 예방 및 대응을 위해 내·외부 교육 등을 통해 직원의 개인 정보보호 인식을 높이고, 유출사고 대응 매뉴얼을 제정하여 사고 발생 시 신속하게 대응하고 있으며, 소속·산하기관의 개인정보 처리실태 점검 등을 통해 관리·통제 체계를 마련하는 등 개인정보보호 수준을 높이기 위해 노력하고 있다.

전국 60여 개 소속기관의 원활한 개인정보보호 활동·관리를 위해 2018년 고용노동부 본부가 전 소속기관을 관리하는 체계에서 지방청·중앙노동위원회가 소속지청·지방노동위원회를 관리하는 체계로 변경하였다.

아울러 각 소속기관의 개인정보보호 담당자에게 권한과 책임을 부여하는 등의 관리체계를 변경하여, 격년 1회 실시하던 개인정보처리 실태점검을 2019년부터는 전체 소속·산하기관을 대상으로 매년 수행하고 있다.

특히, 12개 산하기관은 본부 주관의 간담회 개최, 개인정보보호 실태점검, 관리수준 진단 컨설팅 및 점검 등을 통해 개인정보보호를 위한 관리와 노력을 다하고 있다.

한편, 「고용노동사이버안전센터」를 통해 고용노동부 및 산하기관 웹사이트(1,363개)의 취약점 점검을 정기적으로 수행하여 취약점 공격으로 인한 개인정보 유출 등 사이버 침해사고를 선제적으로 방어하고, 대국민 홈페이지의 게시물 및 첨부파일에 대한 개인정보 노출 여부를 매월 점검하여 개인정보 유·노출 예방활동을 계속하고 있다.

그리고 업무용 PC의 개인정보 파일 일제 정비를 진행하여 업무용 PC에 있는 개인정보 파일을 삭제하고 있으며, 개인정보가 포함된 파일이 유출되더라도 유출된 개인정보 활용이 불가능하도록 개인정보 암호화 솔루션을 도입하여 업무용 PC에 있는 개인정보가 포함된 파일을 모두 암호화하고 있다.

고용노동부는 코로나19 확산에 따라 대면교육이 어려운 상황을 감안하여 영상회의, 동영상 교육 등 비대면 교육을 활성화하여 개인정보보호에 대한 인식을 높이기 위해 지속적으로 노력하였다.

본부 주관 하에 소속기관 및 수탁기관 직원에 대한 개인정보보호 교육을 실시하고 있으며, 교육 효과를 높이기 위해 전문가를 초청하여 개인정보보호의 중요성, 정부의 방향성, 다양한 실제 사례 공유 등 개인정보보호에 대한 이해를 돕기 위해 기존 법령 위주 교육이 아닌 사례 위주로 진행하고 있다. 또한, 개인정보보호위원회의 「내 정보 지킴이 캠페인」에 동참하고 부처 자체적으로 「개인정보 7대 불가사의」 캠페인을 실시하여 개인정보보호 캠페인의 상승 효과를 도모하였다.

고용노동부는 2023년에도 개인정보보호 활동을 꾸준히 진행할 것이며, 특히 개인정보

유출사고 방지를 위해 대규모 개인정보를 보유·처리하는 고용보험 시스템 등 8종을 집중관리시스템으로 선정하고, 접근 권한관리 등 안전조치 강화 계획을 2025년까지 단계적으로 추진할 계획이다.

끝으로, 사이버안전센터 등을 통해 소속·산하기관 등 유관기관과의 사이버침해사고 협업체계를 유지하고 개인정보보호 교육·홍보를 통해 개인정보보호 의식을 높이기 위해 노력할 것이다.

나. 정보보안 강화

고용노동부는 고용보험·고용안정·직업능력개발·산재보험전산망 등 4개 주요정보 통신기반시설을 포함한 대규모 전산망을 다수 보유하고 있으며, 해킹, DDoS(분산 서비스거부, Distributed Denial of Service) 공격 등 외부 사이버공격에 대한 신속한 탐지 및 방어를 위한 정보보안 강화에 노력하고 있다. 특히, 2009년 발생한 7.7. DDoS 공격 사건을 계기로 「고용노동 사이버 안전센터」를 구축('10년 12월)하여, 고용노동부 및 12개 산하기관의 정보시스템과 네트워크에 대해 365일 24시간 실시간 모니터링을 통해 침해사고 예방 및 대응 서비스를 제공하고 있다.

랜섬웨어·악성코드·APT(지능형 지속 위협, Advanced Persistent Thread) 공격 등 최신 정보보안 위협으로부터 신속하고 정확한 탐지 및 방어체계 구축을 위해 지능형 위협 대응체계를 구축하고, 이를 바탕으로 APT 공격에 대한 전문성을 확보하여 최신 보안 위협에 대응하였다.

이를 위해 첫째로 네트워크 보안을 강화하였다. 2018년~2020년에 걸쳐 소속기관 전체 업무망과 인터넷망을 분리하여 업무 PC 내 악성코드 유입 및 업무자료 유출 등을 방지하고, 2022년 국가융합망 전환을 통해 통신망 안정성을 향상하였다.

둘째로 각종 정보보안 시스템을 도입하여 침해사고 대응 역량을 제고하였다. 2022년에는 사이버 침해사고 종합관리시스템을 구축하고, 트래픽 복호화 시스템을 도입하여 잠재적인 사이버 위협요인을 제거하였다. 2023년에는 단말 위협 탐지 및 대응 시스템(EDR)을 구축하여 신·변종 랜섬웨어 등 지능형 사이버 위협에 대한 탐지·대응 능력을 강화하였다.

2024년에는 인공지능(AI) 기반으로 보안 전문가의 경험과 지식을 학습하고 이를 통해 각종 사이버공격에 대한 대응을 자동처리하여 사각지대를 최소화할 수 있는 보안관제 업무 자동화 시스템(SOAR)를 운영할 계획이다.

마지막으로 보안 실태 파악 및 분석을 통해 기관 실정에 맞춘 정보보안 조치를 수행하였다.

2023년 정보보안 관리수준 강화 컨설팅을 실시하여 고용노동부의 정보보안 관리수준을 체계적으로 분석하고, 부내 정보시스템 전반에 대한 잠재적인 정보보안 위협요인을 제거하였다.

표 10-⑥-3. 고용노동 사이버안전센터 사이버공격 유형별 침해 대응현황

구분	2021년	2022년	2023년
악성코드 감염	742	600	724
유해 S/W 사용	7	186	0
웹해킹 공격	203	485	484
비인가접근 시도	338	339	329
서비스거부 공격	1	1	3

③ 대국민 소통 및 정보서비스 제공 강화

가. 홈페이지를 통한 소통 및 정보제공 강화

고용노동부 홈페이지는 1997년 처음 구축한 이후, 국민이 보다 빠르고 편리하게 고용·노동 관련 정책 정보를 제공받고 정책에 쉽게 참여할 수 있도록 지속적으로 서비스 개선을 실시하여 왔다.

2012년에는 국민과의 소통을 강화하기 위해 SNS(트위터, 페이스북 등)를 연동하여 정보를 제공하고, 정보 검색을 보다 쉽고 정확하게 할 수 있도록 자동완성 기능과 연관 검색어 등을 제공하였다.

2013년에는 정책 대상자별 맞춤형 정보 제공으로 수요자 중심의 서비스를 강화하고 행정정보 사전공개 및 원문공개 실시로 공공정보의 개방·공유를 확대하였다.

2014년에는 홈페이지 이용자의 개인정보보호를 위한 본인 인증방식을 개선하고 2016년에는 보다 안정적인 서비스 제공을 위해 노후화된 홈페이지 운영 장비를 전면 교체하였다.

2017년에는 최신 웹표준 규격을 적용하고 반응형 웹으로 홈페이지를 개편하여 스마트폰 등 다양한 단말 접속 환경에서도 PC와 동일한 콘텐츠 및 서비스를 제공함으로써 2018년 방문자 수가 전년대비 11.8% 증가하였다.

2019년부터 2022년까지 홈페이지에서 사용 중인 플러그인을 전면 제거하고, 홈페이지에 게시되는 자료에 개인정보 및 욕설, 음란물 등의 내용을 사전에 철저히 차단할 수 있도록 웹필터 시스템을 업그레이드하여 개인정보 유·노출 사고를 예방 및 홈페이지 운영장비를 이중화하여 홈페이지 운영 안정성을 확보하고, 디자인 및 검색기능을 개편하여 국민이 고용노동부 정보를 좀 더 원활하게 확인·활용할 수 있도록 개선하였다.

2023년에는 "범정부 UI/UX 공통 가이드"를 적용하여 홈페이지 메뉴와 컨텐츠를 재정비하고, 검색기능도 국민들의 요구사항들을 반영하여 개선하였다.

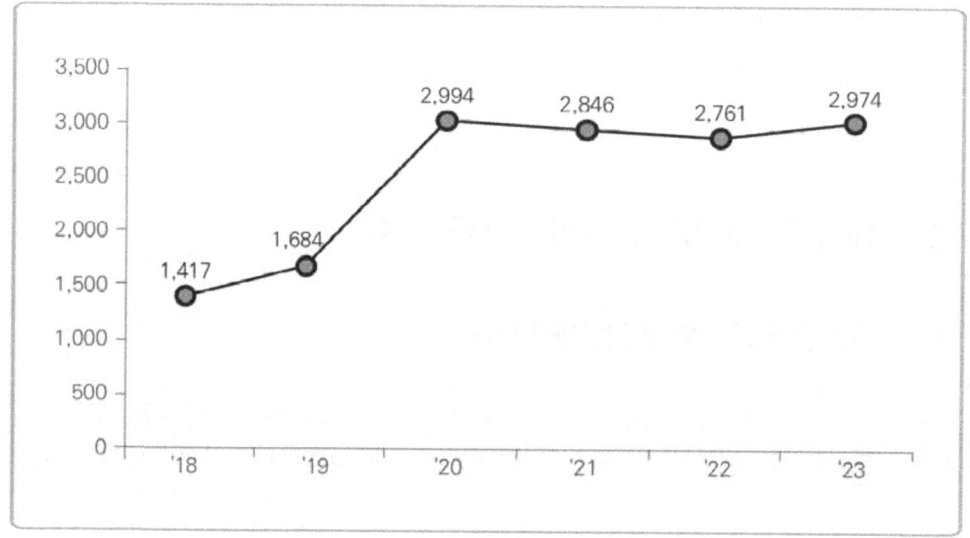

그림 10-⑥-1. 연도별 홈페이지 방문 수(연간) (단위: 만 명)

나. 신속하고 편리한 전자민원시스템

고용노동부 소관 민원을 직접 방문하지 않고 온라인을 통해 손쉽게 신청하고 민원접수 단계부터 종결단계까지 온라인으로 확인할 수 있도록 2002년 10월 전자민원 시스템을 도입하였다.

2017년에는 한국고용정보원과 민원통계 정합성 제고 및 기준 재정립작업을 진행하여 관서별 민원처리 및 유형별 통계 등 데이터 신뢰성을 향상시켰다.

2018년부터 2019년까지 웹 호환성 개선과 모바일 환경에서 신청가능한 민원서식을 추가하고, 노후장비를 교체하여 안정적인 서비스 기반을 마련하였고, 온라인 발급서식 개선 및 신고센터 기능개선 등을 통해 사용자 편의를 증대하였다.

2020년에는 UI/UX 개편사업을 통해 최신 웹 표준규격을 적용하여 접근성을 향상하고, 모바일환경에서도 각종 서비스를 편리하게 이용할 수 있도록 반응형 웹으로 개선하였다.

2021년에는 민원마당의 노후장비를 교체하고 서버를 분리 이관하여 안정적인 서비스를 제공하고, '간편인증' 등 3가지 로그인 수단을 추가로 제공하여 민원인의 편의성과 접근성을 증대하였다.

2023년에는 각 업무별 포털시스템(고용24 및 노동포털)이 구축되어 민원서비스를 직접 수행할 수 있는 기반이 마련되어, 그 기능을 단계적으로 이관하고 있다.

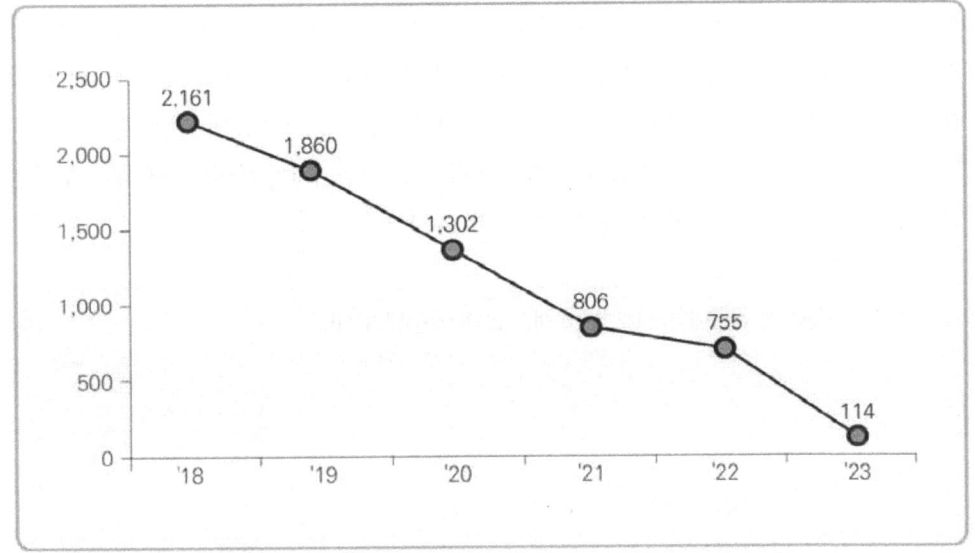

그림 10-⑥-2. 연도별 전자민원 접수건수(연간) (단위: 천 건)

다. 공공데이터 개방

고용노동부는 2013년부터 기관 홈페이지 및 공공데이터 포털을 통해 2023년까지 1,236건의 데이터를 개방하였다. 자격정보, 직업훈련 참여정보, 해외취업정보, 숙련기술정보 등 공공데이터를 활용하여 20건의 서비스를 제공 중이며, '23년 국가중점데이터 개방사업 참여를 통해 국민취업지원제도 정책정보, 대학일자리센터 및 구직자 취업역량 강화 정보 등 청년일자리 올인원 지원 서비스 데이터를 제공하였다. 공공데이터 관련 정책과정에 공공데이터 대국민 수요조사를 통해 국민 참여를 확대하였고, 대외 공공데이터 공유협업 강화를 위해 산하기관인 근로복지공단은 국민건강보험공단과 데이터 공동연구 업무협약을 체결('23.3.)하는 활동을 통해 사회문제를 해결하기 위해 노력하였다.

활용성이 높은 공공데이터 개방 확대를 위해 정형데이터 및 비정형데이터 134건을 발굴·개방하였고, 데이터 품질을 확보하고자 고용노동부 11개 정보시스템 DB에 대해 품질진단 및 오류데이터를 개선하였으며, 이외에도 산재예방 데이터 표준 확대 적용을 위해 기관 표준단어 사전을 구축하고 고용24 신규 도입 정보시스템에 대해서도 데이터 표준을 적용하였다.

또한, 공공데이터 개방에 대한 관련 담당자들의 이해 및 역량강화를 위해 공공데이터 제공 및 데이터품질 관리에 관한 온라인과 현장 실습 및 집합교육을 실시하였다.

아울러, 고용노동부 및 산하기관의 공공데이터를 활용하여 사회문제 해결 아이디어와 서비스 사업화 모델 발굴 및 민간기업 창업 지원을 위해 고용노동 공공데이터 활용 공모전을 (아이디어 기획 분야, 제품 및 서비스 개발 분야)을 산하기관과 공동으로 개최하였으며 총 111개 공모작 중 분야별 6점씩 총 12점에 대해 수상작을 선정하여 시상하였고, 아이디어 기획 최우수작은 '행정안전부 창업 경진대회 창업진흥원장상'으로 입상하였다. 우리 부와 산하기관은 매년 공공데이터 관심 촉진 및 데이터 경제 활성화를 위해 공모전을 진행하고 있다.

2024년에는 공공데이터 활용 증대를 위해 정형데이터 외 비정형 데이터들에 대해 추가로 개방할 데이터를 적극적으로 발굴하여 제공할 예정이다.

표 10-⑥-4. 고용노동 공공데이터 데이터셋 개방 현황(2023년 누계) (단위: 누적 건수)

기 관 명		공공데이터포털 개방 데이터셋		비 고
상위기관	소속·산하기관	2022년까지 누적	2023년 신규개방	
고용노동부	본부	170	194	
	근로복지공단	71	107	
	한국산업인력공단	281	304	
	한국산업안전보건공단	256	273	
	한국장애인고용공단	47	95	
	한국고용정보원	112	149	
	한국사회적기업진흥원	20	21	
	학교법인 한국폴리텍	15	16	
	한국기술교육대학교	109	55	
	한국잡월드	8	9	
	건설근로자공제회	11	11	
	노사발전재단	0	0	
	한국고용노동교육원	1	1	
합 계		1,101건	1,236건	

표 10-⑥-5. 공공데이터를 활용한 사회문제 해결을 위한 파트너십 구축 내역

기관명	상세 활동 내역
근로복지공단	• 건강보험공단과 데이터 공동연구 업무협약을 체결하고 직업병 유발 요인 파악 등 사회현안 공동연구 토대 마련 • 신용보증기금의 기업분석시스템(BASA)에 근로복지공단 보유 사업장 데이터를 제공하여 기업평가 등 협업데이터 생산 및 민간 개방을 위한 데이터 협력체계 구축 • '2023 미래내일 일경험사업' 참여로 경남대와 업무협약을 체결하여 근로복지공단 데이터를 활용한 재해조사 처리기간 단축방안' 마련 * AI기반 업무상 재해 처리지원 서비스, AI기반 업무상 질병판정서 추천서비스 개발
건설근로자공제회	• ㈜웍스메이트와 건설근로자 기능등급제 확산 및 활성화 업무협약을 체결하여 기능등급제 기반 일자리 알림 확대

표 10-⑥-6. OPEN API 개방 목록·건수('23년 신규 개방)

기관명	OPEN API 목록	건수
한국산업안전보건공단	• 안전보건법령 스마트 검색 • 국내재해사례 게시판 첨부파일 정보 조회서비스 • 국내재해사례 게시판 정보 조회서비스 • 사고사망 게시판 정보 조회서비스 • 가전제품설치 및 수리원 교육영상추천 조회서비스 • 택시기사 교육영상추천 조회서비스 • 대여제품 방문점검원 교육영상추천 조회서비스	7건
한국산업인력공단	• 실기시험 지참물 정보 • 등급별 종목시험 세부유형 • 국가자격 시험장별 시설목록 정보 • 국가자격 시험교시 과목 정보 • 지방기능경기대회 참가자 통계 • 지역별 직업진로교육 실시 현황 • 일학습병행 신기술 능력단위 정보 • 자격취득자 교육훈련시스템 2023 학습과정 정보 • NCS 직업기초_직무수행능력 영역별 항목리스트 • 자격취득자 교육 이수율 • 취업교육 접수일정	11건
한국장애인고용공단	• 장애인 표준사업장 실시간 조회 • 장애인 구인 실시간 현황	2건

4 고용노동행정 업무의 효율성 향상

가. 전자결재(온-나라) 시스템 운영

행정자치부가 정부업무를 체계적으로 분류하고, 문서의 생산부터 폐기까지 문서처리 전 과정을 전자화한 전자결재(온-나라)시스템을 개발하여 보급함에 따라, 고용노동부도 업무 수행의 효율성 및 문서 보관의 편의성 향상과 업무처리 과정의 투명성을 제고하기 위하여 이를 도입하였다.

2007년 고용노동부 본부에 시범 도입한 이후 2008년 지방관서까지 확대하였고, 2009년에는 업무시스템(노사누리〈근로감독행정〉·전자민원·고용보험 등)과 결재 연계를 통해 업무의 효율성을 높였다.

2012년 민간기관 등 대외로 보내지는 문서를 전자팩스로 신속히 발송할 수 있도록 기능을 추가함으로써 업무처리의 신속성에도 기여하였다.

2018년 온-나라 2.0으로 전환, 개방형 문서 포맷으로 문서를 생산하여 공공기록물의 보존성을 확보하고, 웹 표준 환경 준수 및 기관 간 공동결재·범정부적 자료 공유 등 부처 간 협업 기능을 강화하였다.

2022년 데이터 시대 행정문서 혁신을 위해 행정내부문서(기안문, 메모보고) 작성 시 키워드 및 문서요지 입력을 의무화하여 데이터 친화적 형태로 전환하였다.

2023년 신규 웹기안기를 도입여 지능형 검색을 지원함으로써 디지털 행정문서의 기반을 마련하였다.

표 10-⑥-7. 온-나라 시스템 활용실적
(단위: 건)

구 분	단위과제		문서	메모보고	일정	행정정보 시스템 연계
	과제	카드				
2020년	49,351	30,829	3,284,523	2,878	3,206,810	2,420,530
2021년	51,299	33,503	3,378,725	3,388	3,310,274	2,473,440
2022년	51,131	31,756	3,059,905	3,116	3,003,590	2,245,608
2023년	51,508	32,458	2,127,514	2,193	2,070,162	1,259,875

나. 지식관리시스템 운영

업무처리 과정에서 생성된 다양한 지식을 체계적으로 기록·관리하고 공유·활용하여 직원들의 행정역량을 강화하고 관리자의 정책 결정의 질을 높이기 위해 2002년 지식관리시스템(KMS, Knowledge Management System)을 도입하였다.

2007년 성과가 인정되어 안전행정부 주관 지식행정 우수기관 경진대회 최우수상인 대통령상을 수상하였으며, 2010년 업무처리를 하면서 많이 참고하는 질의회시 책자를 DB로 구축하고 검색이 편리하도록 분류하여 업무처리에 즉시 활용될 수 있도록 하였다.

2014년 규제개선 및 제도개선 제안방을 개설하여 직원과의 소통의 장을 마련하였으며, 2015년 질의회시시스템과 홈페이지를 연계하여 고용노동 분야 행정해석을 대국민에게 신속히 공개함으로써 노동현장 문제의 사전예방에 기여하였다.

2018년 표준 지식관리 시스템으로 전환함에 따라 고용노동부는 물론 다른 부처의 지식공유도 가능하게 되어 범정부적 협의가 필요한 국가적 이슈에 신속하게 대응할 수 있는 체계를 구축하였다.

2020년에는 지식공유 활성화 방안에 따라 지식의 분류체계를 정비하고 기존 지식을 재분류함으로써 사용자가 필요한 정보를 쉽게 찾고 업무에 활용할 수 있도록 개선하였다.

지식관리시스템은 법령정보, 판례 / 해석례, 주요 법률정보, 행정규칙, 업무지침, 질의회시, 업무매뉴얼 등 업무에 직접 필요한 핵심지식이 등록된 메뉴와 업무전문가에게 질의하는 지식SOS방 등으로 구성, 지식창고 역할을 충실히 수행하고 있으며 등록된 핵심지식은 2023년 말 현재 25,994건으로 고용노동행정 업무의 효율성 향상에 기여하고 있다.

표 10-⑥-8. 핵심지식 관리 현황 (단위: 건)

구 분	계	행정규칙	업무지침·업무매뉴얼 등	국회 / 예산자료	국제노동정책	질의회시
2020년	21,921	1,382	3,526	312	2,155	14,858
2021년	23,434	1,530	4,537	324	2,184	14,859
2022년	24,848	1,654	5,776	341	2,210	14,867
2023년	25,994	1,768	6,723	356	2,228	14,869

* 2020년 지식 재분류 및 현행화 작업으로 지식 정비

제7절 ▶ 홍보역량 강화

① 고용노동정책 대국민 홍보

장·차관은 간담회, 브리핑 및 설명회, 인터뷰 및 기고 등 연간 268회에 걸쳐 현장에서 국민과 적극적으로 소통했다. 고용노동부의 현안은 노·사 간 이견이 첨예한 사항이 많아 국민에게 제대로 알리기 위해서는 언론·노사정·학계 등 다양한 방면에서의 홍보가 중요했다. 이에 ▲출입기자단 간담회(2.27., 3.2., 3.9., 4.17., 5.8., 5.15., 5.24., 7.3., 8.10., 9.4., 9.13., 9.26., 10.10., 10.18., 12.19.) ▲언론사 부장 간담회(11.13.) ▲관훈클럽 토론회(2.16.) 등 48회의 간담회를 통해 미래세대를 위한 노동개혁, 약자 보호 정책, 글로벌 수준에 맞는 중대재해 감축 등에 대한 의견을 듣고 협조를 구했다.

▲노동조합 회계 투명성 강화 대책 보고 브리핑(2.20.) ▲노조회계 투명성 강화 및 불공정 채용 근절 관련 브리핑(4.20.) ▲상습체불 근절대책 발표(5.3.) ▲노조법 시행령 개정안 입법예고(6.15.) ▲노동조합 회계공시 제도 시행 브리핑(10.5.) ▲근로시간 관련 대국민 설문조사 결과 및 향후 정책 추진방향 발표(11.13.), ▲산재보험 세노 특정감사 중간결과 발표(12.20.) 등 정례브리핑(52회), 수시브리핑(43회), 정책설명회(30회) 등을 통해 주요 정책의 취지, 내용, 성과 등을 국민에게 설명하고, 국민의 관심을 제고하고자 노력하였다.

▲노사법치주의, 이중구조 해소 등 관련 인터뷰(1.29.) ▲근로시간 제도 개편, 노조회계 투명성 관련 인터뷰(3.7.) 포괄임금 오남용 근절대책 관련 인터뷰(6.20.) ▲고용허가제 개선안 관련 인터뷰(8.11.) ▲임금체불 근절 대책, 근로시간 제도 개편안 관련 인터뷰(9.26.) ▲노사법치, 노조회계 투명성 강화 관련 인터뷰(10.18.), ▲근로시간 설문조사 결과 및 개편방향, 노조법 개정안 관련 인터뷰(11.13.) 등 다양한 인터뷰(76회) 및 기고(19회)를 통해 대언론 스킨십 강화 및 다양한 매체를 활용하여 정책 취지를 적극 설명하였다.

주요 정책에 대한 국제사회 관심이 증가하고 외신홍보 여건이 다변화함에 따라 핵심 국정과제 중심의 외신홍보도 적극적으로 추진했다. 장관은 외신기자 정책토론회(3.9.) 및 외신기자 간담회(6.9., 11.3.)를 진행했다. 외신기자 정책토론회에서는 정부의 조선업 이중구조 해소, 근로시간 제도 개편 방안, 노조회계 투명성 강화를 설명하였고, VOA, 로이터통신, NHK, 도쿄신문, 아사히신문, 인민망, 중국신문사, 채널뉴스아시아 등 전세계 15개 매체 기자 19명이 참석했다. 정책토론회 이후 ▲S.Korean labour minister defends longer work week as helpful for mothers(로이터) 등 한국 고용노동 정책에 관심을 보인 후속보도도 이어졌다.

오보에 대해선 즉각 대응했다. 설명이 필요하거나 사실관계가 다른 기사 내용은 372회에 걸쳐 보도반박·설명자료를 작성하여 언론사에 배포함으로써 정부 정책 관련 잘못된 내용이 확산되지 않도록 했다.

이런 노력으로 2023년 전 부처 정부업무평가에서 '정책소통부문 우수기관'이라는 평가를 받았다.

② 뉴미디어 홍보 강화

스마트폰 보유율[26]이 97%에 이르는 등 모바일 활용이 대중화됨에 따라 다수 국민들이 SNS, 유튜브 등 뉴미디어를 활용한 소통을 활발하게 하고 있다.

이와 같은 환경에 대응하기 위하여 선제적으로 정책홍보 콘텐츠를 확산하고 적시에 온라인 이슈에 대응을 하는 등 정책고객과의 접점을 찾아 적극적으로 소통하기 위해 노력했다.

블로그, 페이스북, 트위터, 유튜브, 인스타그램 등 다양한 온라인 소통 채널을 운영하여 국민의 참여와 공감을 이끌어내는 창구로서의 역할을 하였을 뿐만 아니라, 사실이 아닌 언론보도 등 부정 이슈에 대해서는 '사실은 이렇습니다'라는 카드뉴스 형태의 콘텐츠를 제작(372건) 확산함으로써 국민들의 오해를 바로잡고 사실 관계를 명확히 전달하는데 기여하였다.

또, 칠곡할매, 은지·가비 등 유명 인플루언서와 협업, 다소 무겁고 어려울 수 있는 주제인 조직문화 개선(조회 117만회, 댓글 662개), 공정채용 문화 정착(조회 123만회, 댓글 1,359개) 영상을 제작하여 유튜브 등 온라인을 통해 확산함으로써 국민들의 공감과 신뢰를 이끌어내는데 큰 성과를 가져왔다.

이를 통해 국민들의 정책 반응도 크게 증가하였다. 유튜브 채널의 경우 2023년 조회수가 430만회 이상 증가하면서 2022년 조회수 대비 40%가량 크게 증가하였을 뿐만 아니라, 인스타그램 및 트위터 채널의 고객 반응도[27]도 증가하였다.

위와 같은 노력으로 고용노동부는 2023 대한민국 SNS 대상 '정부부처 최우수상 수상'과 정부업무평가에서 '정책소통부문 우수기관'으로 선정되는 등 대외적으로 뉴미디어 정책홍보 역량에 대한 좋은 평가를 받았다.

---

26) 출처: 2023 한국미디어 패널조사 주요결과(정보통신정책연구원)
27) 인스타그램 도달수 280%, 트위터 노출수 51%

참고자료

제도 소개 및 통계

Ⅰ. 고용노동경제 동향(패널통계 수록)
Ⅱ. 고용노동행정 주요대상
Ⅲ. 노동시장 및 고용서비스
Ⅳ. 직업능력개발
Ⅴ. 여성·장년·장애인 고용
Ⅵ. 고용보험·산재보험
Ⅶ. 노동조합 및 노사관계
Ⅷ. 근로조건 및 근로복지
Ⅸ. 산업안전보건

I. 고용노동경제 동향(패널통계 수록)

1 고용노동시장 동향

가. 총 인구 및 경제활동인구 등 현황

✔ 인구현황

- 2023년 현재 우리나라 총 인구는 51,713천 명('80년 38,124천 명의 약 1.36배)으로 전년보다 0.08% 증가
- 인구 추계에 의하면 총 인구는 2024년 51,751천 명으로 정점(Peak)에 도달한 후 감소세를 보이는 것으로 전망
- 인구성장률은 이후 10년간 연평균 -0.16% 수준, 이후 감소 속도가 빨라져 2072년에는 -1.31% 수준으로 전망

◉ 총 인구 및 인구성장률 추이

(단위: 천 명, %)

	1980년	1990년	2000년	2010년	2020년	2023년	2024년	2030년	2040년	2050년	2060년
총 인구	38,124	42,869	47,008	49,554	51,836	51,713	51,751	51,306	50,059	47,107	42,302
인구성장률[1]	(1.57)	(0.99)	(0.84)	(0.50)	(0.14)	(0.08)	(0.07)	(-0.15)	(-0.38)	(-0.82)	(-1.23)

주: 1) 인구성장률은 전년대비 인구증가율임
자료: 통계청 「장래인구추계」

◉ 총 인구 및 인구성장률 추이

(단위: 천 명, %)

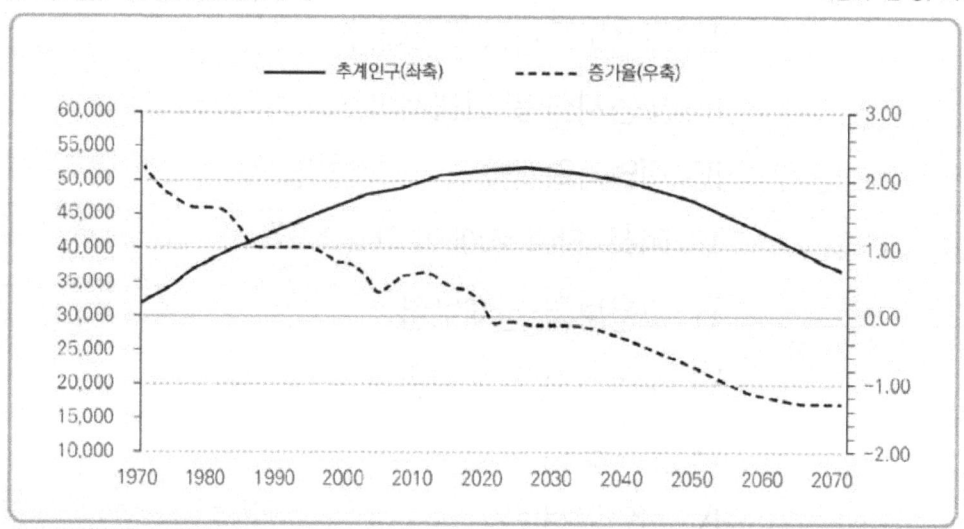

자료: 통계청, 「장래인구추계」

✅ 생산가능인구 현황

📍 연령별 인구

- 15~64세 인구는 2023년 36,572천 명(총 인구 중 70.7%)으로, 인구 고령화에 따라 2019년 37,628천 명으로 정점(Peak)에 도달한 후 2020년 이후 감소세

◉ 연령계층별 생산가능인구

(단위: 천 명, %)

구 분		1980년	1990년	2000년	2010년	2020년	2023년	2024년	2030년	2040년	2050년	2060년
15~64세 인구		23,717	29,701	33,702	36,209	37,379	36,572	36,328	34,166	29,029	24,448	20,687
총 인구대비 비중		(62.2)	(69.3)	(71.7)	(73.1)	(72.1)	(70.7)	(70.2)	(66.6)	(58.0)	(51.9)	(48.9)
연령별	15~24세	8,613	8,784	7,697	6,568	5,911	5,255	5,112	4,667	3,130	2,683	2,761
		(22.6)	(20.5)	(16.4)	(13.3)	(11.4)	(10.2)	(9.9)	(9.1)	(6.3)	(5.7)	(6.5)
	25~49세	11,812	16,148	19,816	20,677	19,078	18,462	18,299	17,077	14,954	11,337	9,105
		(31.0)	(37.7)	(42.2)	(41.7)	(36.8)	(35.7)	(35.4)	(33.3)	(29.9)	(24.1)	(21.5)
	50~64세	3,292	4,768	6,189	8,964	12,390	12,855	12,917	12,421	10,945	10,428	8,821
		(8.6)	(11.1)	(13.2)	(18.1)	(23.9)	(24.9)	(25.0)	(24.2)	(21.9)	(22.1)	(20.9)

주: ( )는 총 인구 대비 비중
자료: 통계청, 「장래인구추계」

◉ 연령별 생산가능인구 추이

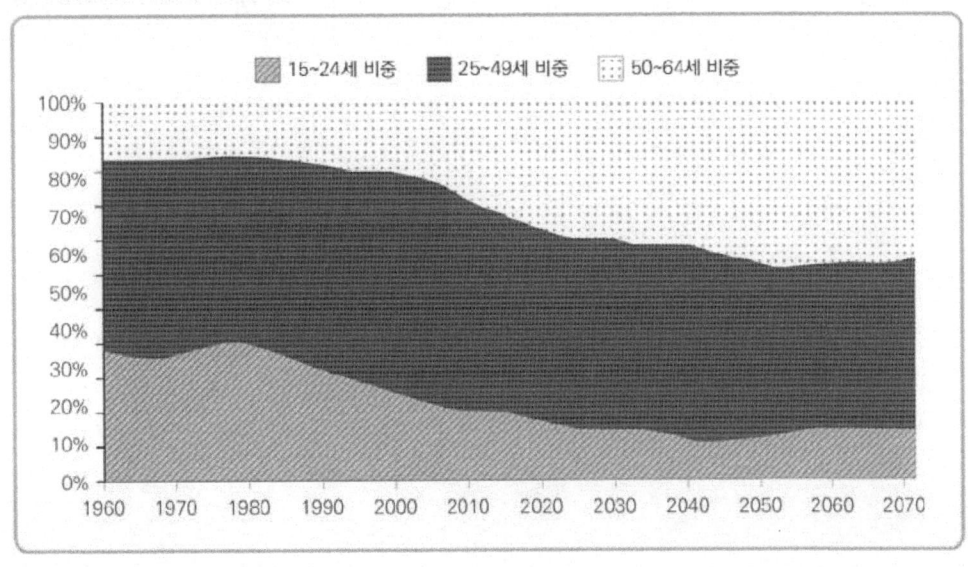

자료: 통계청, 「장래인구추계」

✓ 경제활동인구 현황

- 2023년 15세 이상 인구는 45,407천 명으로 전년대비 147천 명(0.3%) 증가
- 경제활동인구는 29,203천 명으로 전년대비 281천 명(1.0%) 증가
    - 남자는 16,386천 명으로 전년대비 10천 명(0.1%) 증가하였으며, 여자는 12,817천 명으로 271천 명(2.2%) 증가
- 비경제활동인구는 16,204천 명으로 전년대비 134천 명(-0.8%) 감소

◎ 15세 이상 인구 및 경제활동인구 (단위: 천 명, %, 전년대비)

	'21년	'22년	증감	증감률	'23년	증감	증감률
◦ 15세 이상 인구	45,080	45,260	180	0.0	45,407	147	0.3
남 자	22,198	22,273	74	0.0	22,362	89	0.4
여 자	22,882	22,988	106	0.0	23,045	58	0.3
경제활동인구	28,310	28,922	612	0.0	29,203	281	1.0
남 자	16,124	16,376	252	0.0	16,386	10	0.1
여 자	12,186	12,546	360	0.0	12,817	271	2.2
비경제활동인구	16,770	16,339	-432	0.0	16,204	-134	-0.8
남 자	6,074	5,897	-178	0.0	5,976	79	1.3
여 자	10,696	10,442	-254	0.0	10,228	-214	-2.0

자료: 통계청, 경제활동인구조사

나. 고용동향

✓ 취업자 동향

> 성별·연령별 취업자

(단위: 천 명, %, 전년대비)

	'22년			'23년			증감		
	인구	취업자	고용률	인구	취업자	고용률	인구	취업자	고용률
〈전 체〉	45,260	28,089	62.1	45,407	28,416	62.6	147	327	0.5%p
15~29세	8,567	3,996	46.6	8,390	3,899	46.5	-177	-98	-0.1%p
· 15~19세	2,245	179	8.0	2,258	163	7.2	13	-16	-0.8%p
· 20~29세	6,323	3,818	60.4	6,132	3,736	60.9	-190	-82	0.5%p
30~39세	6,860	5,303	77.3	6,787	5,357	78.9	-73	54	1.6%p
40~49세	8,084	6,314	78.1	7,963	6,260	78.6	-121	-54	0.5%p
50~59세	8,581	6,618	77.1	8,593	6,678	77.7	12	59	0.6%p
60세 이상	13,167	5,858	44.5	13,674	6,223	45.5	507	366	1.0%p
〈남 자〉	22,273	15,928	71.5	22,362	15,952	71.3	89	24	-0.2%p
15~19세	1,136	73	6.5	1,150	67	5.8	14	-6	-0.7%p
20~29세	3,148	1,823	57.9	3,057	1,786	58.4	-91	-36	0.5%p
30~39세	3,586	3,196	89.1	3,553	3,158	88.9	-33	-39	-0.2%p
40~49세	4,112	3,743	91.0	4,051	3,677	90.8	-61	-67	-0.2%p
50~59세	4,308	3,763	87.3	4,311	3,773	87.5	3	10	0.2%p
60세 이상	5,983	3,330	55.7	6,240	3,492	56.0	257	161	0.3%p
〈여 자〉	22,988	12,161	52.9	23,045	12,464	54.1	58	303	1.2%p
15~19세	1,109	105	9.5	1,108	96	8.6	-1	-10	-0.9%p
20~29세	3,175	1,995	62.8	3,075	1,950	63.4	-100	-45	0.6%p
30~39세	3,273	2,107	64.4	3,234	2,199	68.0	-40	92	3.6%p
40~49세	3,973	2,570	64.7	3,912	2,583	66.0	-61	13	1.3%p
50~59세	4,274	2,856	66.8	4,282	2,905	67.8	8	49	1.0%p
60세 이상	7,184	2,527	35.2	7,434	2,732	36.7	250	204	1.5%p

자료: 통계청, 경제활동인구조사

◈ 산업별 취업자

(단위: 천 명, %, 전년대비)

	'21년		'22년		'23년			
		구성비		구성비		구성비	증감	증감률
〈전 체〉	27,273	100.0	28,089	100.0	28,416	100.0	327	1.2
○ 농림어업	1,458	5.3	1,526	5.4	1,513	5.3	-13	-0.8
○ 제조업	4,368	16.0	4,503	16.0	4,461	15.7	-43	-0.9
○ 건설업	2,090	7.7	2,123	7.6	2,114	7.4	-9	-0.4
○ 도매 및 소매업	3,353	12.3	3,313	11.8	3,276	11.5	-37	-1.1
○ 운수 및 창고업	1,586	5.8	1,655	5.9	1,644	5.8	-11	-0.7
○ 숙박 및 음식점업	2,098	7.7	2,182	7.8	2,296	8.1	114	5.2
○ 정보통신업	901	3.3	981	3.5	1,037	3.7	57	5.8
○ 금융 및 보험업	800	2.9	774	2.8	782	2.8	9	1.1
○ 부동산업	531	1.9	552	2.0	534	1.9	-18	-3.3
○ 전문·과학 및 기술서비스업	1,219	4.5	1,288	4.6	1,357	4.8	70	5.4
○ 사업시설관리·사업지원 및 임대서비스업	1,397	5.1	1,423	5.1	1,431	5.0	8	0.6
○ 공공행정·국방 및 사회보장 행정	1,143	4.2	1,213	4.3	1,238	4.4	25	2.0
○ 교육서비스업	1,840	6.7	1,902	6.8	1,896	6.7	-6	-0.3
○ 보건업 및 사회복지서비스업	2,534	9.3	2,714	9.7	2,858	10.1	143	5.3
○ 예술·스포츠·여가관련서비스업	467	1.7	482	1.7	512	1.8	30	6.2
○ 협회 및 단체·수리 및 기타 개인서비스업	1,135	4.2	1,119	4.0	1,130	4.0	11	0.9
○ 기타1)	354	1.3	340	1.2	338	1.2	-2	-0.6

1) 기타는 광업, 전기·가스·증기공급업, 수도·하수폐기물처리·원료재생업, 가구 내 고용활동 및 자가소비, 국제 및 외국기관
자료: 통계청, 경제활동인구조사

● 직업별 취업자

(단위: 천 명, %, 전년대비)

	'21년		'22년				'23년			
		구성비		구성비	증감	증감률		구성비	증감	증감률
〈 전 체 〉	27,273	100.0	28,089	100.0	816	3.0	28,416	100.0	327	1.2
○ 관리자	393	1.4	436	1.6	43	11.0	475	1.7	39	8.9
○ 전문가 및 관련 종사자	5,585	20.5	5,885	21.0	300	5.4	6,168	21.7	283	4.8
○ 사무종사자	4,751	17.4	4,854	17.3	103	2.2	4,965	17.5	111	2.3
○ 서비스종사자	3,073	11.3	3,269	11.6	196	6.4	3,465	12.2	196	6.0
○ 판매종사자	2,766	10.1	2,681	9.5	-85	-3.1	2,621	9.2	-60	-2.3
○ 농림어업숙련종사자	1,396	5.1	1,463	5.2	67	4.8	1,481	5.2	18	1.3
○ 기능원 및 관련 기능종사자	2,406	8.8	2,403	8.6	-3	-0.1	2,311	8.1	-91	-3.8
○ 장치·기계조작 및 조립종사자	2,979	10.9	3,053	10.9	74	2.5	3,003	10.6	-49	-1.6
○ 단순노무종사자	3,925	14.4	4,045	14.4	120	3.1	3,927	13.8	-118	-2.9

자료: 통계청, 경제활동인구조사

● 종사상 지위별 취업자

(단위: 천 명, %, 전년대비)

	'21년		'22년				'23년			
		구성비		구성비	증감	증감률		구성비	증감	증감률
〈 전 체 〉	27,273	100.0	28,089	100.0	816	3.0	28,416	100.0	327	1.2
○ 임금근로자	20,753	76.1	21,502	76.5	749	3.6	21,828	76.8	327	1.5
- 상용근로자	14,887	54.6	15,692	55.9	805	5.4	16,170	56.9	478	3.0
- 임시근로자	4,634	17.0	4,678	16.7	43	0.9	4,617	16.2	-61	-1.3
- 일용근로자	1,231	4.5	1,132	4.0	-100	-8.1	1,042	3.7	-90	-8.0
○ 비임금근로자	6,520	23.9	6,588	23.5	68	1.0	6,588	23.2	0	0.0
- 자영업자	5,513	20.2	5,632	20.1	119	2.2	5,689	20.0	57	1.0
- 무급가족종사자	1,007	3.7	955	3.4	-52	-5.1	899	3.2	-56	-5.9

자료: 통계청, 경제활동인구조사

◉ 취업시간대별 취업자 및 1주당 평균 취업시간

(단위: 천 명, 시간, %, 전년대비)

	'21년		'22년				'23년			
		구성비		구성비	증감	증감률		구성비	증감	증감률
〈전 체〉	27,273	100.0	28,089	100.0	816	3.0	28,416	100.0	327	1.2
○ 36시간 미만	6,706	24.6	8,028	28.6	1,322	19.7	6,795	23.9	-1,233	-15.4
1~17시간	2,152	7.9	2,251	8.0	98	4.6	2,268	8.0	17	0.8
18~35시간	4,553	16.7	5,777	20.6	1,224	26.9	4,527	15.9	-1,250	-21.6
○ 36시간 이상	20,078	73.6	19,578	69.7	-499	-2.5	21,195	74.6	1,616	8.3
36~52시간	16,970	62.2	16,628	59.2	-342	-2.0	18,128	63.8	1,499	9.0
53시간 이상	3,108	11.4	2,950	10.5	-158	-5.1	3,067	10.8	117	4.0
○ 일시휴직	490	1.8	483	1.7	-6	-1.3	426	1.5	-57	-11.7
○ 주당 평균 취업시간	38.9 시간		38.3 시간		-0.6	-1.5	38.9 시간		0.6	1.6
- 제조업	41.7 시간		40.7 시간		-1.0	-2.4	41.5 시간		0.8	2.0
- 건설업	38.3 시간		38.1 시간		-0.2	-0.5	38.8 시간		0.7	1.8
- 도소매·숙박음식점업	41.7 시간		41.1 시간		-0.6	-1.4	41.5 시간		0.4	1.0

자료: 통계청, 경제활동인구조사

✓ 실업자 동향

◉ 실업자 및 실업률

(단위: 천 명, %, %p, 전년대비)

	'21년		'22년		증감	증감률	'23년		증감	증감률
〈전 체〉	1,037	(3.7)	833	(2.9)	-205	(-0.8p)	-19.7	787 (2.7)	-46 (-0.2p)	-5.5
남 자	576	(3.6)	447	(2.7)	-129	(-0.9p)	-22.4	434 (2.6)	-14 (-0.1p)	-3.0
여 자	461	(3.8)	385	(3.1)	-76	(-0.7p)	-16.4	353 (2.8)	-32 (-0.3p)	-8.4

자료: 통계청, 경제활동인구조사

◎ 연령계층별 실업자 및 실업률 (단위: 천 명, %, %p, 전년대비)

	'21년		'22년		증감		증감률	'23년		증감		증감률
〈전 체〉	1,037	(3.7)	833	(2.9)	-205	(-0.8p)	-19.7	787	(2.7)	-46	(-0.2p)	-5.5
15~29세	326	(7.8)	272	(6.4)	-53	(-1.4p)	-16.4	243	(5.9)	-30	(-0.5p)	-10.8
•15~19세	16	(8.7)	12	(6.5)	-4	(-2.2p)	-24.4	9	(5.5)	-3	(-1.0p)	-24.2
•20~24세	113	(8.5)	97	(7.1)	-16	(-1.4p)	-14.5	74	(5.8)	-23	(-1.3p)	-23.3
•25~29세	197	(7.3)	164	(6.0)	-33	(-1.3p)	-16.8	159	(5.9)	-4	(-0.1p)	-2.5
30~39세	177	(3.3)	149	(2.7)	-28	(-0.6p)	-16.0	143	(2.6)	-5	(-0.1p)	-3.5
40~49세	152	(2.4)	129	(2.0)	-24	(-0.4p)	-15.5	121	(1.9)	-8	(-0.1p)	-6
50~59세	170	(2.6)	113	(1.7)	-57	(-0.9p)	-33.4	116	(1.7)	3	(0.0p)	2.3
60세 이상	212	(3.8)	169	(2.8)	-43	(-1.0p)	-20.1	164	(2.6)	-6	(-0.2p)	-3.4

※ ( )는 실업률, 자료: 통계청, 경제활동인구조사

◎ 교육 정도별 실업자 및 실업률 (단위: 천 명, %, %p, 전년대비)

	'21년		'22년		증감		증감률	'23년		증감		증감률
〈전 체〉	1,037	(3.7)	833	(2.9)	-205	(-0.8p)	-19.7	787	(2.7)	-46	(-0.2p)	-5.5
중졸 이하	160	(4.1)	120	(3.1)	-40	(-1.0p)	-25.0	110	(3.0)	-10	(-0.1p)	-8.5
고 졸	423	(4.0)	336	(3.1)	-87	(-0.9p)	-20.5	299	(2.8)	-37	(-0.3p)	-11.1
대졸 이상	454	(3.3)	377	(2.6)	-78	(-0.7p)	-17.1	378	(2.6)	2	(0.0p)	0.4

※ ( )는 실업률
자료: 통계청, 경제활동인구조사

◎ 취업경험 유무별 실업자 (단위: 천 명, %, 전년대비)

	'21년	'22년	증감	증감률	'23년	증감	증감률
〈전 체〉	1,037	833	-205	-19.7	787	-46	-5.5
취업 무경험	60	52	-9	-14.2	48	-4	-7.4
취업 유경험	977	781	-196	-20.1	739	-42	-5.4
〈남 자〉	576	447	-129	-22.4	434	-14	-3.0
취업 무경험	36	27	-9	-25.1	28	1	4.4
취업 유경험	540	420	-120	-22.2	406	-15	-3.5
〈여 자〉	461	385	-76	-16.5	353	-32	-8.3
취업 무경험	24	24	1	2.1	19	-5	-20.2
취업 유경험	437	361	-76	-17.5	334	-27	-7.5

자료: 통계청, 경제활동인구조사

✓ 지역별 취업자 및 실업자

(단위: 천 명, %, %p)

구 분	취업자 '22년	'23년	증감	증감률	실업자 '22년	'23년	증감	증감률	실업률 '22년	'23년	증감
전국	28,089	28,416	327	1.2	833	787	-46	-5.5	2.9	2.7	-0.2
서울	5,113	5,174	60	1.2	181	146	-36	-19.6	3.4	2.7	-0.7
부산	1,679	1,691	13	0.8	51	55	4	7.0	3.0	3.1	0.1
대구	1,228	1,247	19	1.5	37	39	2	5.9	2.9	3.1	0.2
인천	1,614	1,655	41	2.6	56	54	-2	-3.2	3.3	3.2	-0.1
광주	750	769	19	2.5	22	20	-2	-10.3	2.9	2.5	-0.4
대전	794	797	4	0.4	19	23	4	18.7	2.4	2.8	0.4
울산	566	572	6	1.0	19	20	2	8.6	3.2	3.4	0.2
세종	197	208	11	5.5	4	4	0	7.5	2.0	2.0	0.0
경기	7,597	7,653	56	0.7	211	206	-5	-2.3	2.7	2.6	-0.1
강원	818	841	23	2.8	27	24	-3	-11.2	3.2	2.8	-0.4
충북	926	939	13	1.4	23	22	-1	-5.6	2.5	2.3	-0.2
충남	1,226	1,248	22	1.8	29	33	4	14.8	2.3	2.6	0.3
전북	968	983	15	1.5	24	25	1	5.4	2.4	2.5	0.1
전남	1,010	1,019	8	0.8	23	23	0	-0.9	2.2	2.2	0.0
경북	1,462	1,462	0	0.0	37	39	2	4.8	2.5	2.6	0.1
경남	1,740	1,760	20	1.1	59	45	-14	-24.3	3.3	2.5	-0.8
제주	402	401	-1	-0.1	9	8	-1	-12.5	2.1	1.9	-0.2

자료: 통계청, 경제활동인구조사

✓ 활동상태별 비경활 동향

(단위: 천 명, %, 전년대비)

	'21년		'22년	구성비	증감	증감률	'23년	구성비	증감	증감률
		구성비								
〈전 체〉	16,770	100.0	16,339	100.0	-432	-2.6	16,204	100.0	-134	-0.8
육 아	1,120	6.7	996	6.1	-125	-11.1	856	5.3	-140	-14.1
가 사	6,018	35.9	5,964	36.5	-53	-0.9	5,963	36.8	-1	0.0
통 학[1]	3,452	20.6	3,317	20.3	-135	-3.9	3,328	20.5	11	0.3
연 로	2,388	14.2	2,509	15.4	121	5.1	2,477	15.3	-31	-1.3
심신장애	448	2.7	445	2.7	-2	-0.5	474	2.9	28	6.3
그 외[2]	3,345	19.9	3,108	19.0	-237	-7.1	3,107	19.2	-1	0.0
- 쉬었음	2,398	14.3	2,277	13.9	-121	-5.1	2,351	14.5	74	3.3

1) 정규 교육기관 통학, 입시학원 통학, 취업을 위한 학원·기관 통학(고시학원, 직업훈련기관 등)
2) 통학 외 취업준비, 진학준비, 군입대대기, 쉬었음, 기타 등
자료: 통계청, 경제활동인구조사

✅ 경제활동상태 이행

- 2021년도 취업자 중 93.5%가 2022년에도 취업자로 남았으며, 실업자로 이동은 0.8%, 비경활로는 5.8% 이동함. 실업자는 52.8%가 2022년에 취업자가 되었으며, 비경제활동인구는 12.3%만이 취업자가 되고 상당수인 86.2%는 그대로 비경활인구로 남음

- 남성의 경우 2021년 취업자 중 95.5%가 2022년에 취업자 상태를 계속 유지한 반면, 여성은 90.6%만이 취업상태를 유지하였음. 또한, 남성 취업자 중 3.8%가 비경제활동인구로 이동한 반면, 여성 취업자 중 8.6%가 비경제활동인구로 이동함. 이는 취업 상태 변화에 있어서 여성의 취업지속 가능성이 남성에 비해 낮고, 취업에서 비경제활동 상태로 이행할 가능성이 높음을 의미함. 2021년 남성 실업자 중 53.2%가 취업자로 이동하고 34.0%가 비경제활동 상태로 이동한 반면, 여성 실업자 중 52.2%가 취업자로 이동하고, 34.3%가 비경제활동 상태로 이동함

▶ 24차년도('21년) → 25차년도('22년) 성별 경제활동상태 이행 (단위: %)

구분	'21년 \ '22년	취업자	실업자	비경제활동인구	계
전체	취업자	93.5	0.8	5.8	100.0
	실업자	52.8	13.1	34.1	100.0
	비경제활동인구	12.3	1.5	86.2	100.0
남성	취업자	95.5	0.7	3.8	100.0
	실업자	53.2	12.8	34.0	100.0
	비경제활동인구	14.5	2.3	83.2	100.0
여성	취업자	90.6	0.9	8.6	100.0
	실업자	52.2	13.5	34.3	100.0
	비경제활동인구	11.2	1.2	87.6	100.0

주: 2021년 자료 종단면 가중치 활용
자료: 한국노동패널조사(KLIPS), 통합표본 사용

✓ 구인인원, 채용인원 및 부족인원

- 2023년 1분기 중 구인인원은 1,392천 명, 채용인원은 1,225천 명, 미충원율은 12.0%로 전년동기 대비 1.6%p 하락하였으며, 2023.4.1일 기준 부족인원은 571천 명, 부족률은 3.1%로 전년동기대비 0.4%p 하락하였으며, 2023.2분기~2023.3분기 채용계획 인원은 571천 명으로 나타남

- 2023년 3분기 중 구인인원은 1,230천 명, 채용인원은 1,090천 명, 미충원율은 11.4%로 전년동기대비 3.8%p 하락하였으며, 2023.10.1일 기준 부족인원은 545천 명, 부족률은 2.9%로 전년동기대비 0.5%p 하락하였으며, 2023.4분기~2024.1분기 채용계획 인원은 560천 명으로 나타남

▶ 구인인원, 채용인원, 미충원율 및 부족률

(단위: 천 명, %)

구 분	구인인원	채용인원	미충원인원	미충원율	현 원	부족인원	부족률	채용계획인원
2021년 상반기	1,047	945	102	9.7	16,755	410	2.4	425
2021년 하반기	1,157	1,020	137	11.8	17,293	553	3.1	597
2022년 상반기	1,314	1,136	178	13.6	17,611	648	3.5	657
2022년 하반기	1,263	1,071	192	15.2	17,943	630	3.4	645
2023년 상반기	1,392	1,225	167	12.0	18,075	571	3.1	571
2023년 하반기	1,230	1,090	140	11.4	18,239	545	2.9	560

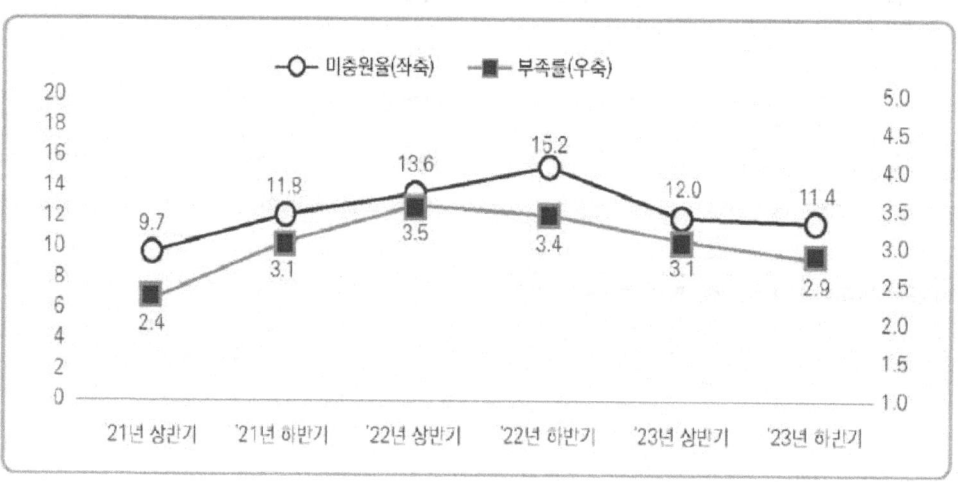

주: 미충원율 = 미충원인원 / 구인인원 × 100, 부족률 = 부족인원 / (현원 + 부족인원) × 100
자료: 고용노동부, 직종별사업체노동력조사('21년 이후: 종사자 1인 이상, '23년 이후: 잠정치)

✅ 비정규직 및 기간제근로자 현황

📍 비정규직 현황

- 2023년 8월 비정규직(8,122천 명) 비중은 전체 임금근로자(21,954천 명) 중 37.0%임
    - 병행조사로 기존에 없었던 고용예상기간 등 기간기준 강화에 따라 과거 조사에서 포착되지 않던 기간제근로자가 추가적으로 포착되어 2019년도 이후와 2018년도 이전 결과를 증감으로 비교하는 것은 부적절함
    - 기간제근로자(4,809천 명)는 전체 임금근로자의 21.9% (비정규직의 59.2%) 차지
    - 시간제근로자(3,873천 명)는 전체 임금근로자의 17.6% (비정규직의 47.7%) 차지
    - 파견근로자(221천 명)는 전체 임금근로자의 1.0% (비정규직의 2.7%) 차지

◆ 근로형태별 규모 및 비중

(단위: 천 명, %)

		'16년 8월	'17년 8월	'18년 8월	'19년 8월	'20년 8월	'21년 8월	'22년 8월	'23년 8월
임금근로자		19,743	20,006	20,045	20,559	20,446	20,992	21,724	21,954
		(100.0)	(100.0)	(100.0)	(100.0)	(100.0)	(100.0)	(100.0)	(100.0)
정규		13,262	13,428	13,431	13,078	13,020	12,927	13,568	13,832
		(67.2)	(67.1)	(67.0)	(63.6)	(63.7)	(61.6)	(62.5)	(63.0)
비정규		6,481	6,578	6,614	7,481	7,426	8,066	8,156	8,122
		(32.8)	(32.9)	(33.0)	(36.4)	(36.3)	(38.4)	(37.5)	(37.0)
	한시적 근로자	3,671	3,725	3,823	4,785	4,608	5,171	5,348	5,259
		(18.6)	(18.6)	(19.1)	(23.3)	(22.5)	(24.6)	(24.6)	(24.0)
	〈기간제〉	2,939	2,930	3,005	3,799	3,933	4,537	4,689	4,809
		(14.9)	(14.6)	(15.0)	(18.5)	(19.2)	(21.6)	(21.6)	(21.9)
	시간제	2,488	2,663	2,709	3,156	3,252	3,512	3,687	3,873
		(12.6)	(13.3)	(13.5)	(15.3)	(15.9)	(16.7)	(17.0)	(17.6)
	비전형	2,245	2,112	2,071	2,045	2,073	2,278	2,131	1,957
		(11.4)	(10.6)	(10.3)	(9.9)	(10.1)	(10.8)	(9.8)	(8.9)
	〈파견〉	201	188	189	182	164	211	189	221
		(1.0)	(0.9)	(0.9)	(0.9)	(0.8)	(1.0)	(0.9)	(1.0)

자료: 통계청, 경제활동인구조사 근로형태별부가조사

사업체(전체 근로자 5인 이상) 기간제근로자 현황

- 2023년 12월 마지막 영업일 기준 사업체 기간제근로자 수는 1,841천 명으로 전체 근로자 대비 11.6% 수준

사업체 규모별 기간제근로자 수
(단위: 명, %)

분기	전체 근로자			기간제근로자					
	전체	5~299인	300인 이상	전체		5~299인		300인 이상	
'22.6월ᵖ	15,553,076	11,819,146	3,733,931	1,956,811	(12.6)	1,165,229	(9.9)	791,583	(21.2)
12월ᵖ	15,639,603	11,901,760	3,737,844	1,860,722	(11.9)	1,106,233	(9.3)	754,489	(20.2)
'23.6월ᵖ	15,882,554	12,080,789	3,801,766	1,991,938	(12.5)	1,174,655	(9.7)	817,284	(21.5)
12월ᵖ	15,856,632	12,055,066	3,801,566	1,841,469	(11.6)	1,079,010	(9.0)	762,459	(20.1)

주: ( ) 당월 기준 기간제근로자 비율(당월 기준 기간제근로자 / 상용 + 임시일용 근로자), p: 잠정치
자료: 고용노동부, 사업체기간제근로자현황조사(전체 근로자 5인 이상 사업체)

- 2023년 6월 계약기간 만료자는 30.9천 명으로, 이 중 계약종료 비율은 67.2%, 정규직 전환 비율은 12.8%, 계속고용 비율은 19.9%로 나타남

- 2023년 12월 계약기간 만료자는 45.9천 명으로, 이 중 계약종료 비율은 75.8%, 정규직 전환 비율은 9.0%, 계속고용 비율은 15.1%로 나타남

계약기간 만료자 조치현황
(단위: 명, %)

분기		계약 만료자		계약종료		정규직 전환		계속고용		기타 (방침미정 등)	
'23.6월ᵖ	근속 전체	30,870	(100.0)	20,730	(67.2)	3,957	(12.8)	6,151	(19.9)	33	(0.1)
	5~299인	14,667	(100.0)	10,573	(72.1)	2,231	(15.2)	1,851	(12.6)	11	(0.1)
	300인 이상	16,203	(100.0)	10,156	(62.7)	1,726	(10.6)	4,300	(26.5)	22	(0.1)
12월ᵖ	근속 전체	45,902	(100.0)	34,776	(75.8)	4,149	(9.0)	6,938	(15.1)	39	(0.1)
	5~299인	23,430	(100.0)	18,331	(78.2)	2,819	(12.0)	2,280	(9.7)	0	(0.0)
	300인 이상	22,472	(100.0)	16,445	(73.2)	1,330	(5.9)	4,658	(20.7)	39	(0.2)

주: 기간제법 정규직 전환 대상자 중 기준 월 계약기간 만료자에 대한 조치현황임
    ( ) 조치항목별 비율(조치현황별 인원/계약기간 만료자), p: 잠정치
자료: 고용노동부, 사업체기간제근로자현황조사(전체 근로자 5인 이상 사업체)

② 근로실태 동향

가. 임금, 근로시간 동향

✓ 임금 현황

📍 총 괄

- 2023년도 상용근로자 1인 이상 전 산업(농림어업, 공공부문 제외) 사업체의 전체 근로자 1인당 연간 월평균 임금총액은 3,966천 원으로 전년대비 2.5% 증가

▶ 연도별 임금총액 추이 (단위: 천 원)

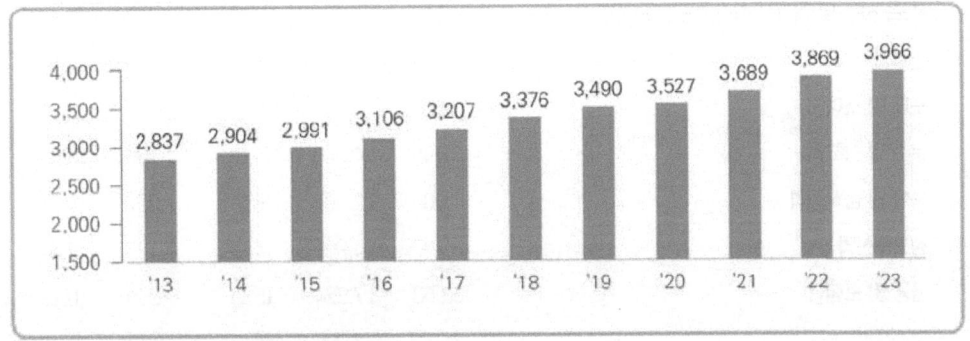

주: 전체 근로자(상용 + 임시·일용근로자) 대상임
자료: 고용노동부, 사업체노동력조사(상용 1인 이상 사업체)

- 소비자물가 상승분을 반영한 실질임금은 3,554천 원으로 전년(3,592천 원) 대비 1.1% 감소

▶ 내역별 임금총액 현황 (단위: 천 원, %)

구 분		'20년		'21년		'22년		'23년	
전체 임금총액		3,527	(1.1)	3,689	(4.6)	3,869	(4.9)	3,966	(2.5)
	상용임금총액	3,719	(0.4)	3,893	(4.7)	4,095	(5.2)	4,211	(2.8)
	정액급여	3,077	(2.2)	3,181	(3.4)	3,319	(4.3)	3,444	(3.8)
	초과급여	200	(-0.9)	208	(3.7)	220	(5.7)	227	(3.3)
	특별급여	441	(-9.9)	504	(14.3)	556	(10.4)	540	(-2.9)
	임시일용임금총액	1,636	(7.8)	1,700	(3.9)	1,747	(2.8)	1,785	(2.2)
실질임금총액		3,527	(0.5)	3,599	(2.0)	3,592	(-0.2)	3,554	(-1.1)
소비자물가지수		100.00	(0.5)	102.50	(2.5)	107.72	(5.1)	111.59	(3.6)

주: ( )는 전년대비 증감률임
자료: 고용노동부, 사업체노동력조사(상용 1인 이상 사업체)

산업별

- 전체 근로자의 1인당 임금총액은 금융 및 보험업(7,338천 원)이 가장 많고, 전기, 가스, 증기 및 공기조절 공급업(7,188천 원), 전문, 과학 및 기술서비스업(5,464천 원) 순으로 나타남

산업별 임금총액 현황

(단위: 천 원, %)

산 업(10차)	'21년	'22년		'23년	
전 산 업	3,689	3,869	(4.9)	3,966	(2.5)
광업	4,415	4,608	(4.4)	4,636	(0.6)
제조업	4,239	4,484	(5.8)	4,633	(3.3)
전기, 가스, 증기 및 공기조절 공급업	6,753	6,907	(2.3)	7,188	(4.1)
수도, 하수 및 폐기물 처리, 원료 재생업	4,094	4,168	(1.8)	4,297	(3.1)
건설업	3,106	3,229	(4.0)	3,359	(4.0)
도매 및 소매업	3,551	3,773	(6.3)	3,921	(3.9)
운수 및 창고업	3,795	4,040	(6.5)	4,185	(3.6)
숙박 및 음식점업	1,905	2,004	(5.2)	2,097	(4.7)
정보통신업	4,796	4,999	(4.2)	5,120	(2.4)
금융 및 보험업	6,963	7,324	(5.2)	7,338	(0.2)
부동산업	2,954	3,086	(4.5)	3,117	(1.0)
전문, 과학 및 기술서비스업	5,106	5,376	(5.3)	5,464	(1.6)
사업시설관리, 사업지원 및 임대 서비스업	2,492	2,584	(3.7)	2,687	(4.0)
교육서비스업	3,355	3,435	(2.4)	3,508	(2.1)
보건업 및 사회복지 서비스업	3,014	3,122	(3.6)	3,132	(0.3)
예술, 스포츠 및 여가 관련 서비스업	2,994	3,077	(2.8)	3,058	(-0.6)
협회 및 단체, 수리 및 기타 개인서비스업	2,700	2,832	(4.9)	3,009	(6.2)

주: ( )는 전년대비 증감률임
자료: 고용노동부, 사업체노동력조사(상용 1인 이상 사업체)

사업체 규모별

- 300인 이상 규모 사업체의 근로자 1인당 임금총액(6,071천 원)이 가장 많으며, 모든 규모에서 전년보다 증가하였음

🔹 사업체 규모별 임금총액 현황

(단위: 천 원, %)

구 분	'20년			'21년			'22년			'23년		
전 규 모	3,527	(1.1)	[157.9]	3,689	(4.6)	[160.9]	3,869	(4.9)	[160.7]	3,966	(2.5)	[160.5]
1~4인	2,234	(4.7)	[100.0]	2,293	(2.6)	[100.0]	2,408	(5.0)	[100.0]	2,471	(2.6)	[100.0]
5~9인	2,898	(2.7)	[129.7]	3,036	(4.8)	[132.4]	3,170	(4.4)	[131.6]	3,241	(2.3)	[131.2]
10~29인	3,396	(2.6)	[152.0]	3,494	(2.9)	[152.4]	3,617	(3.5)	[150.2]	3,728	(3.1)	[150.8]
30~99인	3,728	(1.2)	[166.9]	3,900	(4.6)	[170.1]	4,060	(4.1)	[168.6]	4,073	(0.3)	[164.8]
100~299인	4,072	(-0.0)	[182.3]	4,336	(6.5)	[189.1]	4,549	(4.9)	[188.9]	4,610	(1.3)	[186.5]
300인 이상	5,242	(-2.1)	[234.7]	5,582	(6.5)	[243.4]	5,922	(6.1)	[246.0]	6,071	(2.5)	[245.7]

주: 1) ( )는 전년대비 증감률임
    2) [ ]내는 1~4인 규모의 임금을 100으로 했을 때 연간 월평균 임금총액 수준
자료: 고용노동부, 사업체노동력조사(상용 1인 이상 사업체)

📍 고용형태별

- 2023년 6월 기준 월 임금총액은 전체 근로자[28] 3,640천 원이며, 정규직근로자 4,280천 원, 비정규직근로자 1,876천 원으로 나타남
  - 시간당 임금총액은 전체 근로자 22,878원, 정규직근로자 24,799원, 비정규직근로자 17,586원 (정규직 대비 70.9%)

    ※ 월 임금총액 = 정액급여 + 초과급여 + (전년도 연간특별급여/12)
    ※ 연간특별급여는 월간 변동성이 커서 연간으로 조사되어야 하나, 동 조사는 매년 6월 기준 조사이므로 당해연도 연간특별급여를 조사할 수 없어 전년도 연간특별급여를 조사하고 이를 12월로 나누어 당해연도 월 임금에 합산함

🔹 고용형태별 임금수준

(단위: 천 원, %)

| 구 분 | 월 임금총액 | 월 급여액 | 정액급여 | | 초과급여 | 전년도 연간특별급여/12 | 전년도 연간특별급여 | 시간당 임금총액 | 시간당 정액급여 |
			평균	중위수					
전체	3,640	3,267	3,085	2,583	182	373	4,480	22,878	20,485
정규직근로자	4,280	3,787	3,568	2,958	220	493	5,916	24,799	21,676
비정규직근로자	1,876	1,832	1,753	1,483	79	44	522	17,586	17,204
(정규직 대비 비율)	(43.8)	(48.4)	(49.1)	(50.1)	(36.0)	(8.8)	(8.8)	(70.9)	(79.4)
파견·용역근로자	2,338	2,310	2,210	2,150	100	28	330	13,952	13,599
일일근로자	1,771	1,771	1,755	1,109	15	0	0	21,907	21,875
단시간근로자	1,049	1,040	1,025	906	14	10	117	15,741	15,622
기간제근로자	3,002	2,865	2,643	2,232	222	137	1,646	17,972	16,886
비기간제 한시적근로자	1,556	1,549	1,511	1,365	39	7	80	12,971	12,835
재택/가내근로자	1,617	1,590	1,548	1,247	41	27	328	14,523	14,246

주: 1) ( )는 정규직 대비 비정규직근로자의 임금 비율
    2) 정규직과 비정규직 간 임금 비교는 고용형태에 따른 근로시간을 고려한 '시간당 임금'을 활용하는 것이 적절함
자료: 고용노동부, 고용형태별근로실태조사('23.6월), 근로자 1인 이상(특고 제외)

---

[28] 특수형태근로종사자는 대부분 근로시간, 사회보험 가입여부 등이 파악되지 않아 분석에서 제외

성별

- 시간당 임금총액은 남성 26,042원, 여성 18,502원(남성의 71.0%)
    - 남성의 경우 비정규직근로자는 정규직근로자(27,695원)의 73.4%인 20,337원, 여성의 경우 비정규직근로자는 정규직근로자(20,205원)의 74.0%인 14,944원
- 성별 시간당 임금총액 차이는 전체 근로자 7,540원, 정규직근로자 7,491원, 비정규직근로자 5,393원으로 나타남
    - 고용형태별 성별 차이를 살펴보면, 일일근로자(9,239원)가 가장 크고, 정규직근로자(7,491원) 순으로 나타남

성별 시간당 임금총액

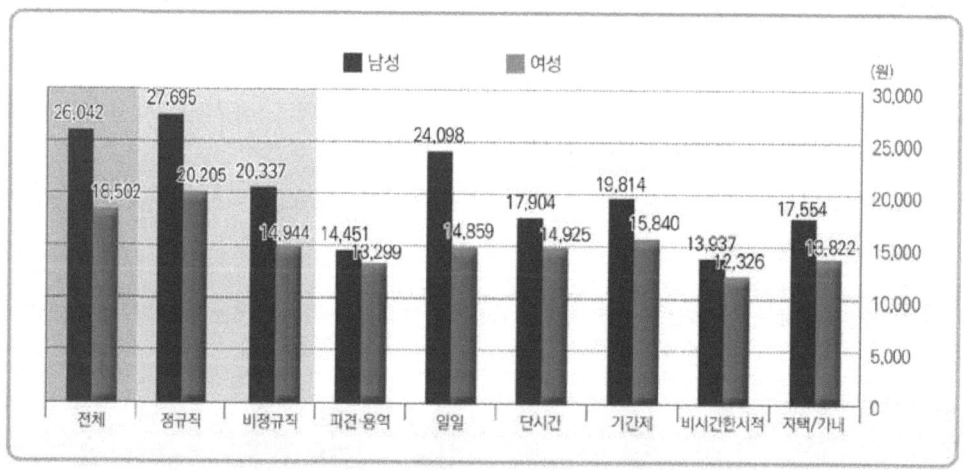

(단위: 원, %)

	전체	남성	여성		남녀 간 차이
전 체	22,878	26,042	18,502	[71.0]	7,540
정규직근로자	24,799	27,695	20,205	[73.0]	7,491
비정규직근로자	17,586	20,337	14,944	[73.5]	5,393
(정규직 대비 비율)	(70.9)	(73.4)	(74.0)		
파견·용역근로자	13,952	14,451	13,299	[92.0]	1,152
일일근로자	21,907	24,098	14,859	[61.7]	9,239
단시간근로자	15,741	17,904	14,925	[83.4]	2,979
기간제근로자	17,972	19,814	15,840	[79.9]	3,975
비기간제 한시적근로자	12,971	13,937	12,326	[88.4]	1,611
재택 / 가내근로자	14,523	17,554	13,822	[78.7]	3,733

주: 1) ( )는 정규직 대비 비정규직근로자의 시간당 임금총액 비율
　　2) [ ]는 남성 대비 여성의 시간당 임금총액 비율
자료: 고용노동부, 고용형태별근로실태조사('23.6월), 근로자 1인 이상(특고 제외)

학력별

- 시간당 임금총액을 학력별로 보면, 학력이 높을수록 시간당 임금총액이 많아짐
    - 정규직 대비 비정규직 수준은 학력이 높을수록 낮아져(대학원졸 제외), 대졸은 정규직 대비 68.7% 수준으로 가장 낮음

학력별 시간당 임금총액

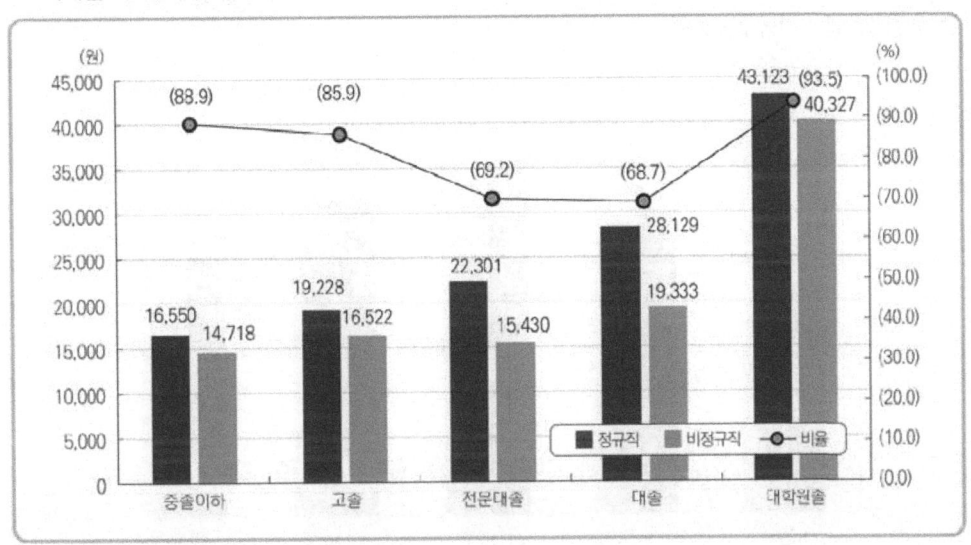

(단위: 원, %)

학력별		전체 근로자	정규직근로자	비정규직근로자	
전 체		22,878	24,799	17,586	(70.9)
	중졸이하	15,379	16,550	14,718	(88.9)
	고 졸	18,142	19,228	16,522	(85.9)
	전문대졸	21,100	22,301	15,430	(69.2)
	대 졸	26,980	28,129	19,333	(68.7)
	대학원졸	42,609	43,123	40,327	(93.5)

주: ( )는 정규직 대비 비정규직근로자의 시간당 임금총액 비율
자료: 고용노동부, 고용형태별근로실태조사('23.6월), 근로자 1인 이상(특고 제외)

연령별

- 연령이 높을수록 시간당 임금총액이 많아지다가 40대를 정점으로 낮아짐
  - 정규직 및 비정규직 모두 40대(정규직 28,132원, 비정규직 20,326원)에서 가장 많음
  - 정규직 대비 비정규직의 시간당 임금총액 수준은 60세 이상이 82.2%로 가장 높고, 40대(72.3%)가 가장 낮음

연령계층별 시간당 임금총액

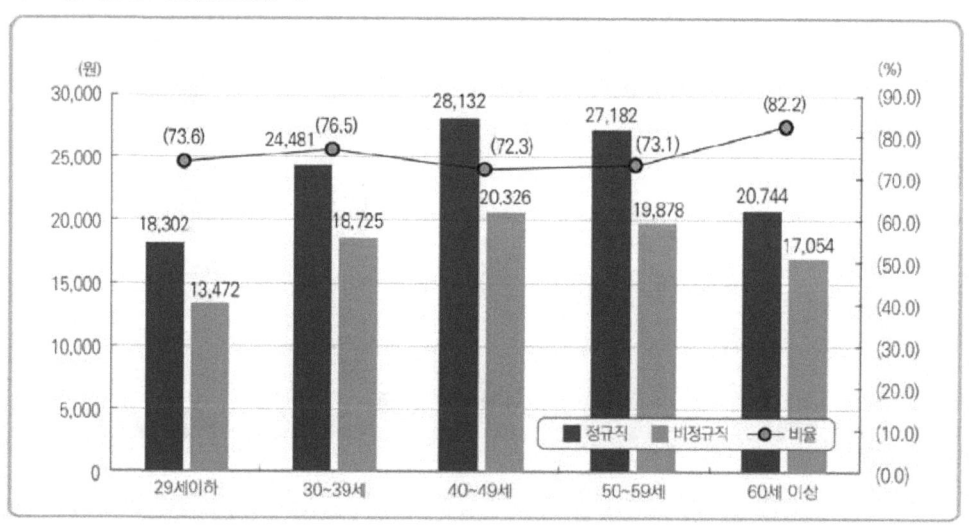

(단위: 원, %)

연령계층별	전체 근로자	정규직근로자	비정규직근로자	
전 체	22,878	24,799	17,586	(70.9)
29세 이하	16,625	18,302	13,472	(73.6)
30~39세	23,580	24,481	18,725	(76.5)
40~49세	26,818	28,132	20,326	(72.3)
50~59세	25,374	27,182	19,878	(73.1)
60세 이상	18,876	20,744	17,054	(82.2)

주: ( )는 정규직 대비 비정규직근로자의 시간당 임금총액 비율
자료: 고용노동부, 고용형태별근로실태조사('23.6월), 근로자 1인 이상(특고 제외)

근로시간 동향

총괄

- 2023년도 상용근로자 1인 이상 전 산업(농림어업, 공공부문 제외) 사업체의 전체 근로자 1인당 연간 월평균 근로시간은 156.2시간으로 2022년(158.7시간)보다 2.5시간(-1.6%) 감소

연도별 근로시간 추이 (단위: 시간)

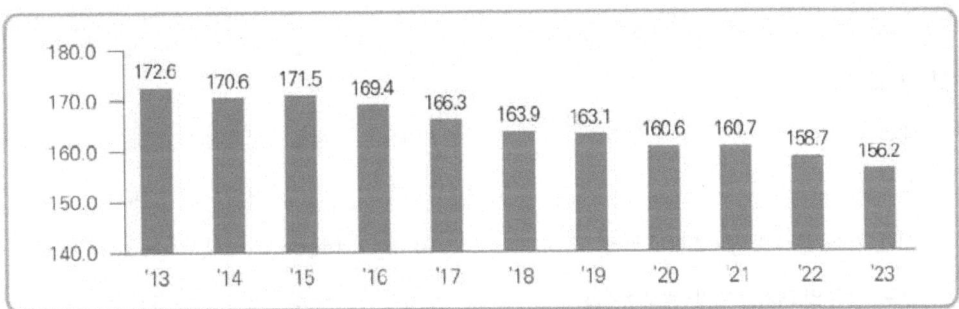

주: 전체 근로자(상용+임시·일용근로자) 대상임
자료: 고용노동부, 사업체노동력조사(상용 1인 이상 사업체)

- 상용근로자 1인당 연간 월평균 근로시간은 163.6시간으로 전년보다 0.9% 감소

근로일수 및 내역별 근로시간 현황 (단위: 일, 시간, %)

구 분		'20년		'21년		'22년		'23년	
전체근로일 수		19.7	(-1.5)	19.8	(0.5)	19.6	(-1.0)	19.4	(-1.0)
전체 총 근로시간		160.6	(-1.5)	160.7	(0.1)	158.7	(-1.2)	156.2	(-1.6)
상용 총 근로시간		166.9	(-2.0)	167.0	(0.1)	165.1	(-1.1)	163.6	(-0.9)
	소정 실근로시간	158.6	(-1.7)	158.7	(0.1)	156.8	(-1.2)	155.6	(-0.8)
	초과근로시간	8.3	(-8.8)	8.3	(0.0)	8.3	(0.0)	8.0	(-3.6)
임시일용 총 근로시간		97.6	(1.7)	99.0	(1.4)	98.1	(-0.9)	90.0	(-8.3)

주: ( )는 전년대비 증감률임
자료: 고용노동부, 사업체노동력조사(상용 1인 이상 사업체)

산업별

- 연간 월평균 근로시간이 긴 산업은 제조업(170.5시간), 수도,하수 및 폐기물처리,원료 재생업(170.0시간) 순으로 나타남
- 연간 월평균 근로시간이 짧은 산업은 건설업(128.7시간), 교육서비스업(135.9시간) 순으로 나타남

산업별 근로시간 현황

(단위: 시간, %)

산 업(10차)	'21년	'22년		'23년	
전 산 업	160.7	158.7	(-1.2)	156.2	(-1.6)
광업	179.9	174.8	(-2.8)	168.5	(-3.6)
제조업	173.5	171.1	(-1.4)	170.5	(-0.4)
전기, 가스, 증기 및 공기조절 공급업	161.6	158.6	(-1.9)	160.0	(0.9)
수도, 하수 및 폐기물 처리, 원료재생업	176.9	174.4	(-1.4)	170.0	(-2.5)
건설업	135.9	134.3	(-1.2)	128.7	(-4.2)
도매 및 소매업	163.8	162.3	(-0.9)	159.2	(-1.9)
운수 및 창고업	160.2	160.6	(0.2)	160.6	(0.0)
숙박 및 음식점업	148.4	146.5	(-1.3)	138.8	(-5.3)
정보통신업	164.1	162.7	(-0.9)	162.2	(-0.3)
금융 및 보험업	161.9	159.8	(-1.3)	159.3	(-0.3)
부동산업	171.8	169.4	(-1.4)	167.5	(-1.1)
전문, 과학 및 기술서비스업	161.6	160.3	(-0.8)	158.8	(-0.9)
사업시설관리, 사업지원 및 임대 서비스업	162.1	159.8	(-1.4)	158.2	(-1.0)
교육서비스업	137.2	136.1	(-0.8)	135.9	(-0.1)
보건업 및 사회복지 서비스업	158.3	155.3	(-1.9)	150.7	(-3.0)
예술, 스포츠 및 여가 관련 서비스업	152.7	150.8	(-1.2)	148.2	(-1.7)
협회 및 단체, 수리 및 기타 개인서비스업	162.4	160.3	(-1.3)	160.3	(0.0)

주: ( )는 전년대비 증감률임
자료: 고용노동부, 사업체노동력조사(상용 1인 이상 사업체)

📍 사업체 규모별

- 1~4인 규모 사업체의 연간 월평균 근로시간(145.1시간)이 가장 짧으며, 300인 이상을 제외한 모든 규모에서 전년보다 감소하였음

▶ 사업체 규모별 근로시간 현황

(단위: 시간, %)

구 분	'20년		'21년		'22년		'23년	
전 규 모	160.6	(-1.5)	160.7	(0.1)	158.7	(-1.2)	156.2	(-1.6)
1 ~ 4인	152.1	(-2.6)	152.5	(0.3)	150.8	(-1.1)	145.1	(-3.8)
5 ~ 9인	155.3	(-1.6)	155.4	(0.1)	153.2	(-1.4)	152.4	(-0.5)
10 ~ 29인	162.3	(-1.1)	162.6	(0.2)	159.9	(-1.7)	156.6	(-2.1)
30 ~ 99인	167.1	(-1.1)	167.1	(0.0)	164.9	(-1.3)	162.2	(-1.6)
100~299인	165.9	(-2.2)	166.9	(0.6)	165.6	(-0.8)	164.2	(-0.8)
300인 이상	162.8	(-0.8)	162.3	(-0.3)	160.4	(-1.2)	160.5	(0.1)

주: ( )는 전년대비 증감률임
자료: 고용노동부, 사업체노동력조사(상용 1인 이상 사업체)

▶ 사업체 규모별 근로시간 추이

(단위: 시간)

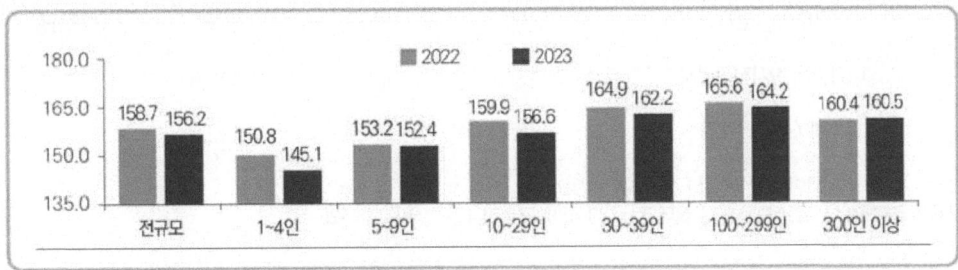

자료: 고용노동부, 사업체노동력조사(상용 1인 이상 사업체)

고용형태별

- 2023년 6월 기준 전체 근로자의 총 근로시간은 157.6시간이며, 정규직근로자는 174.5시간, 비정규직근로자는 111.0시간(정규직 대비 63.6%)으로 나타남
    - 총 근로시간을 고용형태별로 보면, 정규직근로자(174.5시간), 파견·용역근로자(170.9시간), 기간제근로자(169.7시간) 순으로 나타남

    ※ 총 근로시간 = 소정 실근로시간 + 초과근로시간

고용형태별 근로시간

(단위: 일, 시간, %)

고용형태별	총 근로일수	총 근로시간	소정실근로시간	초과근로시간
전 체	20.0	157.6	150.3	7.4
정규직근로자	21.2	174.5	165.9	8.6
비정규직근로자	16.7	111.0	107.2	3.8
(정규직 대비 비율)	(78.8)	(63.6)	(64.6)	(44.1)
파견·용역근로자	19.8	170.9	166.7	4.2
일일근로자	10.5	80.0	79.6	0.5
단시간근로자	17.2	74.0	73.1	0.9
기간제근로자	20.4	169.7	158.9	10.8
비기간제 한시적근로자	17.7	118.5	116.6	1.9
재택 / 가내근로자	18.2	114.7	112.6	2.1

주: ( )는 정규직 대비 비정규직근로자의 수준(비율)
자료: 고용노동부, 고용형태별근로실태조사('23.6월), 근로자 1인 이상(특고 제외)

성별

- 총 근로시간을 성별로 보면, 남성 164.4시간, 여성 148.2시간으로 나타남
  - 남성은 정규직근로자 177.1시간, 비정규직근로자 120.5시간(정규직 대비 68.0%)이며, 여성은 정규직근로자 170.4시간, 비정규직근로자 101.8시간(정규직 대비 59.8%)
  - 고용형태별로 성별 차이를 살펴보면, 파견·용역근로자가 남성(185.5시간)과 여성(151.7시간)의 차이가 크게 나타남

성별 총 근로시간

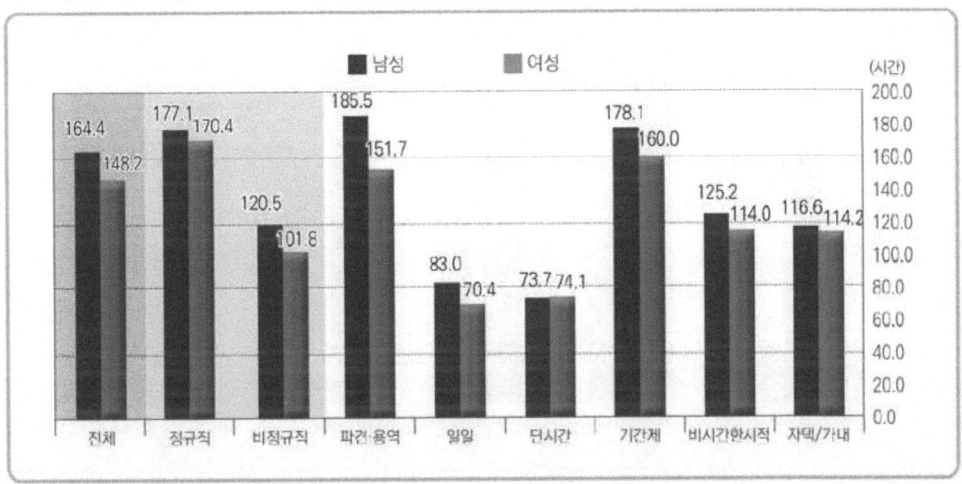

(단위: 시간, %)

	전체	남성	여성		남녀 간 차이
전 체	157.6	164.4	148.2	[90.2]	16.2
정규직근로자	174.5	177.1	170.4	[96.2]	6.7
비정규직근로자	111.0	120.5	101.8	[84.5]	18.6
(정규직 대비 비율)	(63.6)	(68.0)	(59.8)		
파견·용역근로자	170.9	185.5	151.7	[81.8]	33.8
일일근로자	80.0	83.0	70.4	[84.8]	12.6
단시간근로자	74.0	73.7	74.1	[100.6]	-0.4
기간제근로자	169.7	178.1	160.0	[89.8]	18.1
비기간제 한시적근로자	118.5	125.2	114.0	[91.1]	11.2
재택/가내근로자	114.7	116.6	114.2	[98.0]	2.3

주: 1) ( )는 정규직 대비 비정규직근로자의 총 근로시간 비율
    2) [ ]는 남성 대비 여성의 총 근로시간 비율
자료: 고용노동부, 고용형태별근로실태조사('23.6월), 근로자 1인 이상(특고 제외)

◉ **학력별**

- 정규직은 학력이 높을수록 총 근로시간이 줄어드는 경향을 보임(중졸 이하 제외)
  - 정규직은 고졸(178.7시간), 중졸 이하(176.3시간)에서, 비정규직은 대졸(126.1시간), 전문대졸(120.1시간)에서 근로시간이 길게 나타남
  - 정규직 대비 비정규직의 총 근로시간 수준은 대졸(73.6%), 전문대졸(68.5%)에서 높게 나타남

◈ **학력별 총 근로시간**

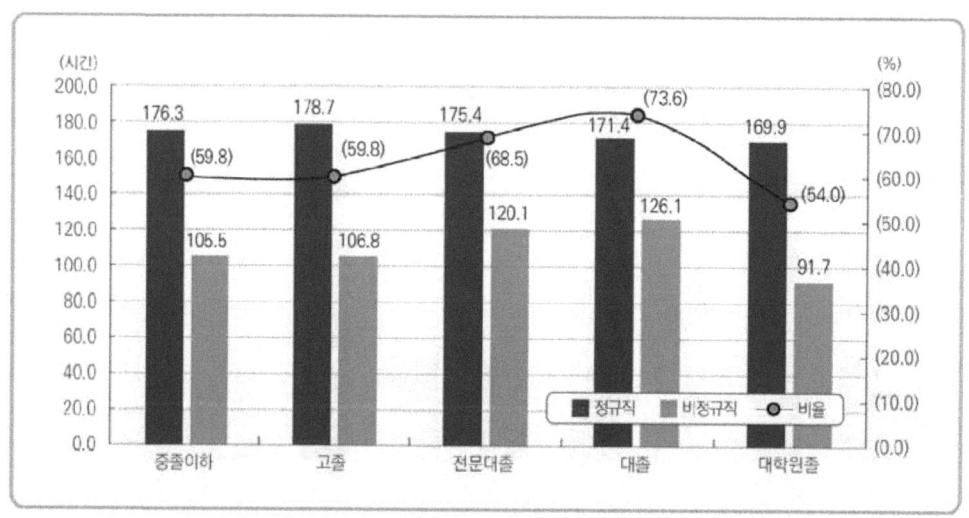

(단위: 시간, %)

학력별	전체 근로자	정규직근로자	비정규직근로자	
전 체	157.6	174.5	111.0	(63.6)
중졸 이하	131.1	176.3	105.5	(59.8)
고 졸	149.9	178.7	106.8	(59.8)
전문대졸	165.7	175.4	120.1	(68.5)
대 졸	165.5	171.4	126.1	(73.6)
대학원졸	155.5	169.9	91.7	(54.0)

주: ( )는 정규직 대비 비정규직근로자의 총 근로시간 비율
자료: 고용노동부, 고용형태별근로실태조사('23.6월), 근로자 1인 이상(특고 제외)

📍 연령별

- 전체 근로자의 총 근로시간은 60세 이상(139.0시간)이 가장 짧고, 30대(168.2시간)가 가장 길게 나타남
  - 정규직근로자는 60세 이상(170.9시간)을 제외하고는 연령별로 총 근로시간이 유사, 비정규직근로자는 30대(131.4시간)가 가장 길고 29세 이하(105.8시간)가 가장 짧음
  - 정규직 대비 비정규직의 총 근로시간 비율은 모든 연령층에서 60~70%대 수준이며, 30대(75.1%)가 가장 높음

▶ 연령계층별 총 근로시간

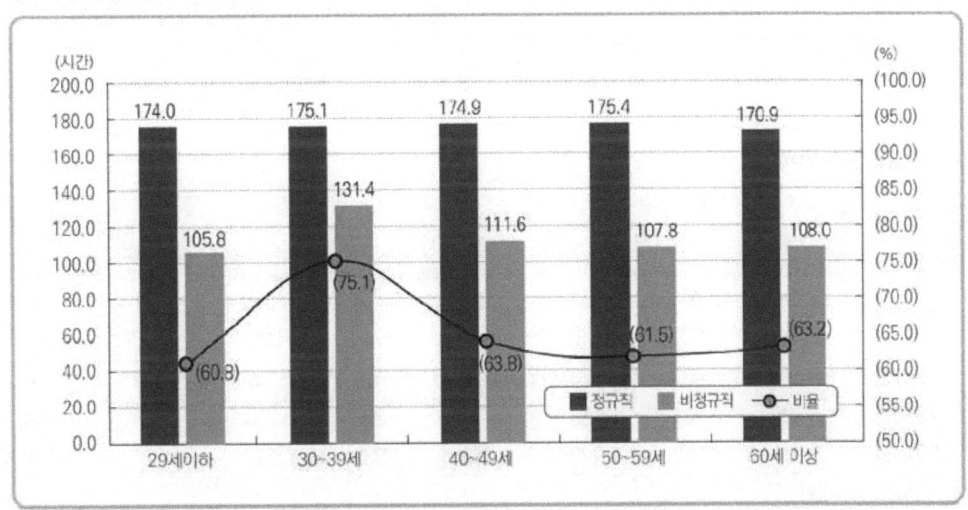

(단위: 시간, %)

연령계층별	전체 근로자	정규직근로자	비정규직근로자	
전 체	157.6	174.5	111.0	(63.6)
29 세 이하	150.3	174.0	105.8	(60.8)
30 ~ 39 세	168.2	175.1	131.4	(75.1)
40 ~ 49 세	164.3	174.9	111.6	(63.8)
50 ~ 59 세	158.7	175.4	107.8	(61.5)
60 세 이상	139.0	170.9	108.0	(63.2)

주: ( )는 정규직 대비 비정규직근로자의 총 근로시간 비율
자료: 고용노동부, 고용형태별근로실태조사('23.6월), 근로자 1인 이상(특고 제외)

나. 노동비용 동향

☑ 기업체 노동비용 동향

◉ 총 괄

- 2022 회계연도의 상용근로자 10인 이상 기업체의 상용근로자 1인당 월평균 노동비용[29]은 6,016천 원으로 2021년(5,850천 원)보다 2.8%(165천 원) 증가하였음
  - 직접노동비용은 4,764천 원으로 전년대비 3.0% 증가하였고, 간접노동비용은 1,252천 원으로 전년대비 2.3% 증가하였음
    * 직접노동비용: 정액급여 및 초과급여, 상여금 및 성과급 등 임금
    * 간접노동비용: 퇴직급여 등의 비용, 법정 노동비용, 법정 외 복지비용, 교육훈련비용, 채용관련비용 등

◉ 연도별 노동비용

(단위: 천 원, %)

구분 (회계연도)	노동비용 총액	직접노동 비용	간접노동 비용	퇴직급여 등의 비용	법정 노동비용	법정 외 복지비용	교육훈련 비용	채용관련 비용
2022년	6,016 (100.0)	4,764 (79.2)	1,252 (20.8)	529 (8.8)	444 (7.4)	250 (4.1)	21 (0.3)	8 (0.1)
2021년	5,850	4,627	1,224	529	421	249	18	6
2020년	5,408	4,284	1,125	472	398	234	16	5
2019년	5,341	4,252	1,090	456	382	224	22	6

주: ( )내는 구성비임
자료: 고용노동부, 기업체노동비용조사

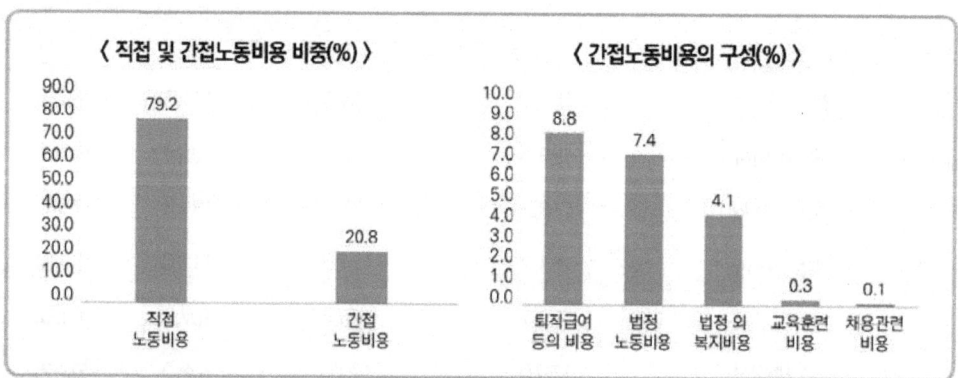

자료: 고용노동부, 「기업체노동비용조사(2022 회계연도)」

---

29) 노동비용의 내역별 항목 구성
- 노동비용은 크게 '직접노동비용'과 '간접노동비용'으로 구분되며, '직접노동비용'은 정액·초과급여, 상여금 등 임금으로 구성되며, '간접노동비용'은 퇴직급여 등의 비용, 법정 노동비용(4대보험 등), 법정 외 복지비용(주거, 건강보건, 식사비용 등) 및 채용, 교육훈련비로 구성됨

산업별

- 2022 회계연도 산업별 노동비용은 「금융 및 보험업」(11,198천 원)이 가장 높고, 「전기, 가스, 증기 및 공기조절 공급업」(9,614천 원), 「제조업」(6,840천 원) 순으로 나타남
    - 직접노동비용은 「금융 및 보험업」이 8,464천 원으로 가장 높고, 「사업시설관리, 사업지원 및 임대 서비스업」이 2,614천 원으로 가장 낮음
    - 간접노동비용은 「금융 및 보험업」이 2,734천 원으로 가장 높고, 「사업시설관리, 사업지원 및 임대 서비스업」이 532천 원으로 가장 낮음

산업별 노동비용
(단위: 천 원)

구 분	2022년 노동비용총액		직접노동비용		간접노동비용	
전산업	6,016	(100.0)	4,764	(79.2)	1,252	(20.8)
B. 광업	5,889	(100.0)	4,718	(80.1)	1,171	(19.9)
C. 제조업	6,840	(100.0)	5,355	(78.3)	1,485	(21.7)
D. 전기, 가스, 증기 및 공기조절 공급업	9,614	(100.0)	7,531	(78.3)	2,083	(21.7)
E. 수도, 하수 및 폐기물 처리, 원료재생업	5,288	(100.0)	4,359	(82.4)	929	(17.6)
F. 건설업	5,798	(100.0)	4,553	(78.5)	1,245	(21.5)
G. 도매 및 소매업	5,349	(100.0)	4,333	(81.0)	1,016	(19.0)
H. 운수 및 창고업	4,899	(100.0)	3,914	(79.9)	985	(20.1)
I. 숙박 및 음식점업	3,538	(100.0)	2,835	(80.1)	703	(19.9)
J. 정보통신업	6,756	(100.0)	5,359	(79.3)	1,396	(20.7)
K. 금융 및 보험업	11,198	(100.0)	8,464	(75.6)	2,734	(24.4)
L. 부동산업	4,166	(100.0)	3,439	(82.5)	727	(17.5)
M. 전문, 과학 및 기술서비스업	5,342	(100.0)	4,446	(83.2)	896	(16.8)
N. 사업시설관리, 사업지원 및 임대 서비스업	3,146	(100.0)	2,614	(83.1)	532	(16.9)
R. 예술, 스포츠 및 여가 관련 서비스업	5,194	(100.0)	4,069	(78.3)	1,125	(21.7)
S. 협회 및 단체, 수리 및 기타 개인서비스업	4,707	(100.0)	3,902	(82.9)	805	(17.1)

주: ( )내는 구성비
자료: 고용노동부, 「기업체노동비용조사(2022 회계연도)」

규모별

- 노동비용총액은 '300인 미만'이 4,830천 원으로 '300인 이상' 7,608천 원의 63.5% 수준임

규모별 내역별 노동비용

(단위: 천 원)

구 분	'20년 노동비용총액	직접노동비용	간접노동비용	'21년 노동비용총액	직접노동비용	간접노동비용	'22년 노동비용총액	직접노동비용	간접노동비용
전 규모	5,408	4,284	1,125	5,850	4,627	1,224	6,016	4,764	1,252
300인 미만	4,556	3,717	839	4,795	3,907	888	4,830	3,975	855
10~29인	4,299	3,578	721	4,491	3,724	767	4,564	3,816	748
30~99인	4,601	3,754	846	4,865	3,952	912	4,797	3,946	851
100~299인	4,791	3,828	963	5,062	4,066	997	5,216	4,218	998
300인 이상	6,477	4,994	1,483	7,129	5,498	1,632	7,608	5,823	1,785
300~499인	5,069	4,053	1,017	5,716	4,563	1,153	5,825	4,586	1,239
500~999인	5,409	4,227	1,182	5,891	4,638	1,253	5,947	4,696	1,251
1,000인 이상	7,082	5,413	1,669	7,794	5,949	1,846	8,428	6,385	2,044

자료: 고용노동부, 「기업체노동비용조사(2022 회계연도)」

단위노동비용 동향

- 2023년 비농전산업 시간당 단위노동비용지수는 105.3으로 전년대비 2.3% 상승
  - 2023년 제조업 시간당 단위노동비용지수는 110.2으로 전년대비 7.4% 상승

단위노동비용지수 및 증가율 추이

(단위: 2020 = 100, %)

	'22p				'23p				
	1/4	2/4	3/4	4/4	1/4	2/4	3/4	4/4	연간
비농전산업	112.5	94.8	105.1	100.2	114.4	98.8	107.4	101.1	105.3
	(4.2)	(0.1)	(1.4)	(3.9)	(1.8)	(4.2)	(2.1)	(0.8)	(2.3)
제조업	112.3	88.5	105.0	105.5	127.6	99.1	110.4	105.0	110.2
	(5.9)	(0.5)	(5.8)	(12.1)	(13.6)	(12.0)	(5.1)	(-0.5)	(7.4)

주: ( )은 전년동기 대비 증감률
1) 시간당 단위노동비용 = 시간당 명목임금/노동생산성
2) 시간당 명목임금 = 1인당 명목임금/총 근로시간
3) p는 잠정치
자료: 한국생산성본부

다. 노동분배 동향

📍 지니계수

- 2022년 균등화 처분가능소득 기준 지니계수는 0.324로 전년대비 0.005 하락
  * 지니계수: 소득분배 상태를 측정하는 대표적인 지표('0'이면 완전 평등, '1'이면 완전 불평등을 의미)

▶ 지니계수 추이(처분가능소득 기준)*

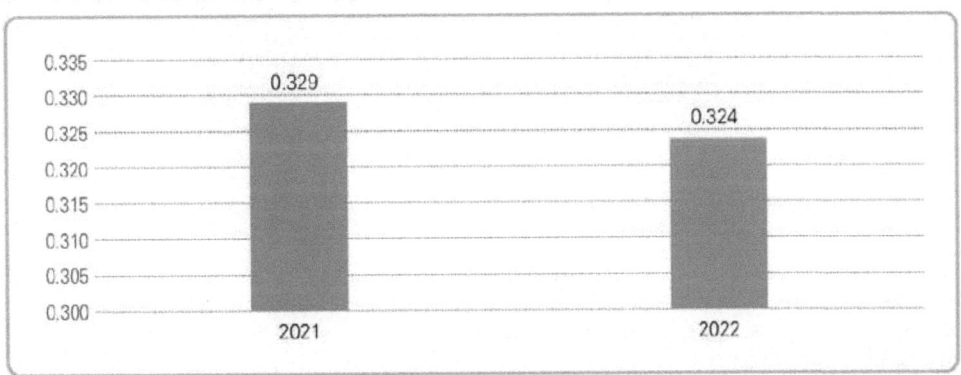

주: 처분가능소득(시장소득 + 공적이전소득 - 공적이전지출)
자료: 통계청, 가계금융복지조사

📍 소득 5분위 배율

- 2022년 소득 5분위 배율은 5.76배로 2021년 5.83배보다 0.07배p 감소
  * 소득 5분위 배율: 상위 20%(5분위)의 소득을 하위 20%(1분위)의 소득으로 나눈 값으로 계층 간 소득격차를 나타냄

▶ 5분위 배율 추이(가처분소득 기준)*

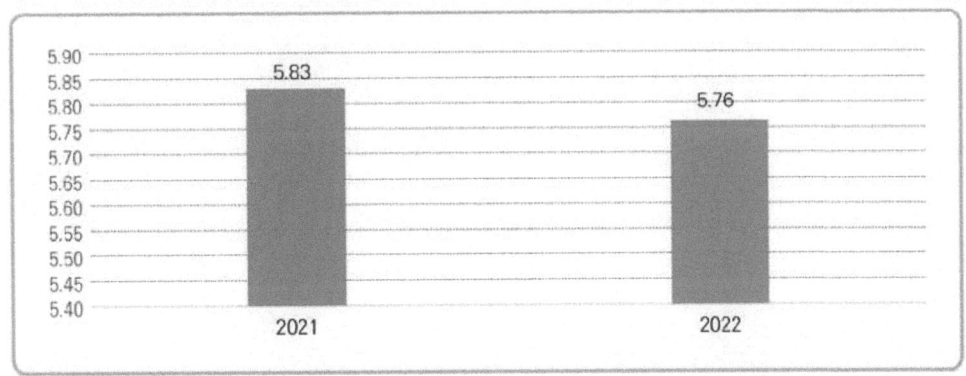

주: 처분가능소득(시장소득 + 공적이전소득 - 공적이전지출)
자료: 통계청, 가계금융복지조사

📍 상대적 빈곤율

- 2022년 상대적빈곤율은 14.9%로 전년(14.8%) 대비 0.1%p 상승
  * 상대적빈곤율: 균등화 처분가능소득의 중위소득의 50% 이하에 속한 인구 비율

❯ 상대적 빈곤율 추이(가처분소득 기준)*

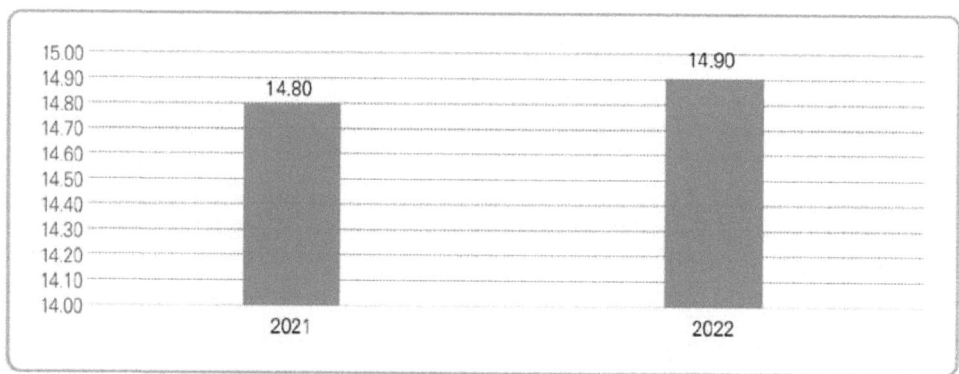

주: 처분가능소득(시장소득 + 공적이전소득 - 공적이전지출)
자료: 통계청, 가계금융복지조사

❯ 소득분배지표 추이

	시장소득			처분가능소득		
	지니계수	소득5분위 배율	상대적 빈곤율	지니계수	소득5분위 배율	상대적 빈곤율
2021년	0.405	11.52	21.1	0.329	5.83	14.8
2022년	0.396	10.99	20.2	0.324	5.76	14.9

자료: 통계청, 가계금융복지조사

라. 노동생산성 동향

◎ 총괄

- 2023년 전산업 부가가치기준 노동생산성지수는 108.2(2020=100)로 전년대비 3.2% 증가하여 지난해보다 노동생산성지수 증가율 확대('21년 3.2% → '22년 1.9%)
    - 산출량지수(불변GDP지수)는 전년대비 1.7% 증가하였고, 노동투입량은 1.5% 감소
        * 부가가치기준 노동생산성지수: 산출량지수(불변GDP지수) ÷ 노동투입량지수

◎ 전산업 노동생산성지수 및 증가율 추이

(단위: 2020=100, 전년(동기)대비 증가율(%))

	'21	'22	'23ᵖ	'22				'23ᵖ			
				1/4	2/4	3/4	4/4	1/4	2/4	3/4	4/4
전산업 노동생산성	103.2	104.9	108.2	104.7	104.1	104.1	106.5	102.7	107.2	107.7	115.3
	(3.2)	(1.6)	(3.2)	(1.8)	(2.7)	(0.4)	(1.7)	(-2.0)	(3.0)	(3.5)	(8.3)
산출량지수 (불변GDP 지수)	104.4	107.7	109.5	102.2	107.9	108.1	112.6	103.4	109.1	110.0	115.7
	(4.4)	(3.2)	(1.7)	(3.4)	(3.6)	(3.9)	(1.9)	(1.2)	(1.1)	(1.8)	(2.7)
노동투입량	101.2	102.7	101.2	97.6	103.6	103.9	105.8	100.7	101.7	102.2	100.3
	(1.2)	(1.5)	(-1.5)	(1.6)	(0.9)	(3.5)	(0.2)	(3.2)	(-1.8)	(-1.7)	(-5.2)

주1) p는 잠정치
 2) ( )는 전년(동기)비 증가율임
자료: 한국생산성본부

◎ 제조업

- 2023년 제조업의 부가가치기준 노동생산성지수는 108.9(2020=100)로 전년대비 0.6% 증가로 지난해보다 노동생산성지수 증감율 축소
    - 제조업 산출량지수(불변GDP지수)는 전년대비 1.0% 증가하였고, 노동투입은 0.41% 증가

◆ 제조업의 노동생산성지수 및 증가율 추이   (단위: 2020=100, %)

	'21	'22	'23ᵖ	'22				'23ᵖ			
				1/4	2/4	3/4	4/4	1/4	2/4	3/4	4/4
제조업 노동생산성	106.8	108.3	108.9	108.1	107.3	111	106.7	99.6	106.9	112.2	117
	(6.8)	(1.4)	(0.6)	(3.4)	(3.2)	(1.7)	(-2.5)	(-7.9)	(-0.4)	(1.1)	(9.6)
산출량지수 (불변GDP 지수)	107.1	108.6	109.7	104.0	109.0	110.7	110.9	100.5	108.2	112.1	118.2
	(7.1)	(1.5)	(1.0)	(3.1)	(2.7)	(3.0)	(-2.6)	(-3.3)	(-0.8)	(1.3)	(6.6)
노동투입량	100.2	100.3	100.8	96.1	101.7	99.7	103.9	100.9	101.2	99.9	101
	(0.2)	(0.1)	(0.4)	(-0.3)	(-0.5)	(1.3)	(-0.1)	(5.0)	(-0.4)	(0.2)	(-2.8)

주1) p는 잠정치
2) ( )는 전년(동기)비 증가율임
자료: 한국생산성본부

서비스업

- 2023년 서비스업 부가가치기준 노동생산성지수는 109.0(2020=100)로 전년대비 3.5% 증가로 노동생산성지수 증가율 확대

  부가가치는 전년대비 2.0% 증가하였고, 노동투입량은 전년대비 1.5% 감소

◆ 서비스업의 노동생산성지수 및 증가율 추이   (단위: 2020=100, %)

	'21	'22	'23ᵖ	'22				'23ᵖ			
				1/4	2/4	3/4	4/4	1/4	2/4	3/4	4/4
서비스업 노동생산성	103.7	105.2	109.0	106.3	104.2	103.5	107.0	106.3	107.6	107.2	114.9
	(3.7)	(1.5)	(3.5)	(0.3)	(2.0)	(0.3)	(3.2)	(0.0)	(3.3)	(3.5)	(7.4)
산출량지수 (불변GDP 지수)	103.8	108.3	110.5	103.5	107.8	108.2	113.5	107.1	109.8	110.1	114.8
	(3.8)	(4.3)	(2.0)	(4.2)	(4.6)	(4.5)	(3.9)	(3.4)	(1.9)	(1.8)	(1.1)
노동투입량	100.1	102.9	101.4	97.4	103.5	104.5	106.1	100.8	102.0	102.8	99.9
	(0.1)	(2.7)	(-1.5)	(3.9)	(2.5)	(4.1)	(0.6)	(3.4)	(-1.4)	(-1.7)	(-5.9)

주1) p는 잠정치
2) ( )는 전년(동기)비 증가율임
자료: 한국생산성본부

장애인 의무고용동향

(단위: 명, %)

연도	정부 부문(공무원)			민간 부문(민간기업 및 공공기관)		
	적용인원	고용인원	고용률	적용인원	고용인원	고용률
1991년	256,403	1,698	0.66	2,170,898	8,764	0.40
1995년	291,325	2,565	0.88	2,238,490	9,582	0.43
2000년	274,702	4,065	1.48	1,976,996	14,434	0.73
2005년	305,067	6,853	2.25	3,695,595	55,009	1.49
2006년	812,656	12,219	1.50	4,989,132	67,261	1.35
2007년	822,590	13,142	1.60	4,985,075	76,404	1.53
2008년	824,164	14,468	1.76	5,211,786	89,664	1.72
2009년	822,749	16,232	1.97	5,268,806	97,821	1.86
2010년	821,794	17,207	2.40	5,482,549	105,013	2.21
2011년	824,067	18,141	2.52	5,837,659	110,453	2.24
2012년	831,469	18,725	2.57	6,107,134	117,668	2.30
2013년	836,367	19,275	2.63	6,393,658	127,598	2.41
2014년	846,270	19,553	2.65	6,459,346	131,514	2.48
2015년	850,270	20,711	2.80	6,587,604	136,164	2.53
2016년	852,554	20,850	2.81	6,723,259	139,370	2.58
2017년	861,388	21,531	2.88	6,776,297	145,300	2.67
2018년	885,727	21,207	2.78	6,962,131	148,837	2.70
2019년	902,101	22,211	2.86	7,138,987	157,936	2.83
2020년	910,478	23,463	3.00	7,173,521	164,552	2.96
2021년	931,368	23,668	2.97	7,341,525	167,175	2.96
2022년	954,759	23,856	2.93	7,578,716	171,541	2.98
2023년	968,828	23,558	2.86	7,794,098	179,018	3.06

※ 2006년도부터 정부부문의 장애인 고용의무 적용제외 직종을 공안직군·검사·경찰·군인·소방·경호공무원에 한정하고, 민간부문의 업종별 적용제외율을 폐지하는 것으로 법이 개정됨
※ 2010년부터 장애인고용률은 중증장애인 2배수제 적용(고용인원은 중증장애인 2배수제 미적용 순인원)

II. 고용노동행정 주요대상

① 산업별 행정대상

('22년 12월 31일 기준) (단위: 개소, 명, %)

구 분	사업체 수	구성비	종사자 수	구성비	사업체당 종사자 수
전 산 업	2,099,955	(100.0)	18,835,715	(100.0)	9.0
농업, 임업 및 어업	7,025	(0.3)	50,485	(0.3)	7.2
광업	1,015	(0.0)	12,541	(0.1)	12.4
제조업	317,666	(15.1)	3,919,575	(20.8)	12.3
전기, 가스, 증기 및 공기조절 공급업	1,813	(0.1)	68,747	(0.4)	37.9
수도, 하수 및 폐기물 처리, 원료재생업	9,212	(0.4)	109,293	(0.6)	11.9
건설업	126,038	(6.0)	1,493,648	(7.9)	11.9
도매 및 소매업	455,953	(21.7)	2,367,559	(12.6)	5.2
운수 및 창고업	46,379	(2.2)	768,218	(4.1)	16.6
숙박 및 음식점업	339,206	(16.2)	1,559,284	(8.3)	4.6
정보통신업	56,766	(2.7)	747,573	(4.0)	13.2
금융 및 보험업	40,526	(1.9)	706,747	(3.8)	17.4
부동산업	97,505	(4.6)	450,544	(2.4)	4.6
전문, 과학 및 기술 서비스업	114,424	(5.4)	1,289,870	(6.8)	11.3
사업시설 관리, 사업지원 및 임대 서비스업	56,609	(2.7)	1,218,199	(6.5)	21.5
교육 서비스업	91,879	(4.4)	875,107	(4.6)	9.5
보건업 및 사회복지 서비스업	149,866	(7.1)	2,369,394	(12.6)	15.8
예술, 스포츠 및 여가관련 서비스업	43,698	(2.1)	293,559	(1.6)	6.7
협회 및 단체, 수리 및 기타 개인 서비스업	144,375	(6.9)	535,372	(2.8)	3.7

※ 주: 1) 산업분류는 한국표준산업분류 10차 개정
    2) 공공부문(공무원 재직기관)은 제외됨
    3) 일정한 물리적 장소가 없는 사업체는 제외됨
    4) 자영업자 또는 자영업자 및 무급가족종사자로만 구성된 사업체는 제외됨
    5) 산업대분류 중 O. 공공행정, 국방 및 사회보장 행정, T. 가구 내 고용활동 및 달리 분류되지 않은 자가소비 생산활동, U. 국제 및 외국기관은 제외됨
※ 모든 통계자료의 구성비는 각각 반올림되었으므로 세목의 합계가 총계와 일치하지 않을 수 있음
※ 자료: 고용노동부, 사업체노동실태현황

사업규모별 행정대상

('22년 12월 31일 기준) (단위: 개소, 명, %)

구 분	사업체 수	구성비	종사자 수	구성비
전 체	2,099,955	(100.0)	18,835,715	(100.0)
1~4인	1,325,282	(63.1)	3,342,816	(17.7)
5~9인	445,037	(21.2)	2,838,790	(15.1)
10~29인	243,096	(11.6)	3,789,251	(20.1)
30~49인	42,071	(2.0)	1,578,188	(8.4)
50~99인	26,831	(1.3)	1,824,474	(9.7)
100~299인	13,743	(0.7)	2,189,524	(11.6)
300~499인	2,005	(0.1)	757,514	(4.0)
500~999인	1,191	(0.1)	823,756	(4.4)
1,000인 이상	699	(0.0)	1,691,402	(9.0)

※ 규모기준은 종사자 수 기준
※ 자료: 고용노동부, 사업체노동실태현황

③ 시·도별 행정대상

('22년 12월 31일 기준) (단위: 개소, 명, %)

구 분	사업체 수	구성비	종사자 수	구성비	사업체당 종사자 수
전 국	2,099,955	(100.0)	18,835,715	(100.0)	9.0
수도권	1,097,698	(52.3)	10,259,445	(54.5)	9.3
8대도시	939,472	(44.7)	9,004,817	(47.8)	9.6
서 울	442,207	(21.1)	4,668,912	(24.8)	10.6
부 산	138,259	(6.6)	1,150,981	(6.1)	8.3
대 구	89,701	(4.3)	726,011	(3.9)	8.1
인 천	104,275	(5.0)	917,914	(4.9)	8.8
광 주	58,768	(2.8)	498,655	(2.6)	8.5
대 전	55,906	(2.7)	516,163	(2.7)	9.2
울 산	37,844	(1.8)	425,615	(2.3)	11.2
세 종	12,512	(0.6)	100,566	(0.5)	8.0
경 기	551,216	(26.2)	4,672,619	(24.8)	8.5
강 원	62,459	(3.0)	477,258	(2.5)	7.6
충 북	64,531	(3.1)	611,405	(3.2)	9.5
충 남	85,015	(4.0)	794,687	(4.2)	9.3
전 북	68,183	(3.2)	526,859	(2.8)	7.7
전 남	71,633	(3.4)	570,376	(3.0)	8.0
경 북	99,571	(4.7)	877,766	(4.7)	8.8
경 남	127,411	(6.1)	1,091,067	(5.8)	8.6
제 주	30,464	(1.5)	208,861	(1.1)	6.9

※ 자료: 고용노동부, 사업체노동실태현황

④ 지방고용노동관서별 행정대상

('22년 12월 31일 기준) (단위: 개소, 명, %)

구 분	사업체 수	구성비	종사자 수	구성비	사업체당 종사자 수
전 국	2,099,955	(100.0)	18,835,715	(100.0)	9.0
서울청 소계	442,207	(21.1)	4,668,912	(24.8)	10.6
서울청 본청	94,247	(4.5)	1,080,847	(5.7)	11.5
서울강남	58,787	(2.8)	728,513	(3.9)	12.4
서울동부	72,975	(3.5)	732,245	(3.9)	10.0
서울서부	49,818	(2.4)	502,304	(2.7)	10.1
서울남부	59,329	(2.8)	696,214	(3.7)	11.7
서울북부	43,131	(2.1)	342,781	(1.8)	7.9
서울관악	63,920	(3.0)	586,008	(3.1)	9.2
중부청 소계	717,950	(34.2)	6,067,791	(32.2)	8.5
중부청 본청	57,834	(2.8)	531,176	(2.8)	9.2
인천북부	46,441	(2.2)	386,738	(2.1)	8.3
부 천	55,968	(2.7)	404,721	(2.1)	7.2
의 정 부	71,245	(3.4)	487,106	(2.6)	6.8
고 양	60,762	(2.9)	459,103	(2.4)	7.6
경 기	125,549	(6.0)	1,195,187	(6.3)	9.5
성 남	90,025	(4.3)	831,074	(4.4)	9.2
안 양	53,925	(2.6)	466,772	(2.5)	8.7
안 산	54,787	(2.6)	446,523	(2.4)	8.2
평 택	36,667	(1.7)	370,564	(2.0)	10.1
강 원	20,014	(1.0)	143,732	(0.8)	7.2
강 릉	19,277	(0.9)	132,154	(0.7)	6.9
원 주	16,200	(0.8)	142,905	(0.8)	8.8
태 백	4,584	(0.2)	34,132	(0.2)	7.4
영 월	4,672	(0.2)	35,904	(0.2)	7.7

구 분		사업체 수	구성비	종사자 수	구성비	사업체당 종사자 수
부산청 소계		303,514	(14.5)	2,667,663	(14.2)	8.8
	부산청 본청	59,911	(2.9)	528,345	(2.8)	8.8
	부산동부	45,175	(2.2)	365,288	(1.9)	8.1
	부산북부	33,173	(1.6)	257,348	(1.4)	7.8
	창 원	45,329	(2.2)	417,802	(2.2)	9.2
	울 산	37,844	(1.8)	425,615	(2.3)	11.2
	양 산	42,541	(2.0)	346,687	(1.8)	8.1
	진 주	26,327	(1.3)	203,578	(1.1)	7.7
	통 영	13,214	(0.6)	123,000	(0.7)	9.3
대구청 소계		189,272	(9.0)	1,603,777	(8.5)	8.5
	대구청 본청	66,234	(3.2)	521,407	(2.8)	7.9
	대구서부	51,368	(2.4)	433,769	(2.3)	8.4
	포 항	31,807	(1.5)	290,585	(1.5)	9.1
	구 미	19,896	(0.9)	213,198	(1.1)	10.7
	영 주	10,325	(0.5)	74,947	(0.4)	7.3
	안 동	9,642	(0.5)	69,871	(0.4)	7.2
광주청 소계		229,048	(10.9)	1,804,751	(9.6)	7.9
	광주청 본청	106,293	(5.1)	841,743	(4.5)	7.9
	전 주	40,416	(1.9)	305,554	(1.6)	7.6
	익 산	13,938	(0.7)	114,568	(0.6)	8.2
	군 산	13,829	(0.7)	106,737	(0.6)	7.7
	목 포	23,596	(1.1)	159,162	(0.8)	6.7
	여 수	30,976	(1.5)	276,987	(1.5)	8.9
대전청 소계		217,964	(10.4)	2,022,821	(10.7)	9.3
	대전청 본청	80,871	(3.9)	713,251	(3.8)	8.8
	청 주	41,950	(2.0)	408,367	(2.2)	9.7
	천 안	51,940	(2.5)	521,086	(2.8)	10.0
	충 주	22,581	(1.1)	203,038	(1.1)	9.0
	보 령	12,644	(0.6)	96,414	(0.5)	7.6
	서 산	7,978	(0.4)	80,665	(0.4)	10.1

※ 자료: 고용노동부, 사업체노동실태현황, 광주청(제주 포함)

III. 노동시장 및 고용서비스

1. 고용안정사업 지원요건 및 지급실적

● 사업의 목적

- 고용안정지원사업은 기업이 ❶근로자를 신규로 고용하거나, ❷재직 근로자의 고용안정을 위한 조치를 하거나, ❸경기 변동·산업구조의 변화 등으로 고용 조정이 불가피한 상태에서도 근로자를 감원하지 않고 고용유지하는 경우 고용보험에서 사업주에게 지원금을 지원하여 근로자의 고용기회를 확대하고 고용을 안정시키기 위한 사업이다.

● 사업내용

- 「고용창출장려금」은 취약계층 고용, 청년 추가고용, 일자리 함께하기 제도 도입 등을 통해 일자리를 창출한 사업주의 인건비를 지원
    1) 고용촉진장려금: 고용노동부장관이 고시한 취업지원프로그램(국민취업지원제도 등)을 이수하고 직업안정기관 등에 구직등록한 실업자를 근로계약기간의 정함이 없는 근로자로 고용한 경우, 1인당 연 360만 원 ~ 연 720만 원 지원
    2) 일자리 함께하기: 교대제 개편, 실 근로시간 단축을 도입하고 새로 만든 일자리에 실업자를 고용하여 근로자 수가 증가한 경우, ①고용증가 근로자 1인당 연 480만 원 ~ 연 960만 원의 증가근로자 인건비 지원, ②사업주가 근로시간 단축으로 임금이 감소한 재직근로자의 임금을 보전하기 위해 보전한 임금의 80% 범위 내에서 근로자 1인당 최대 40만 원 한도 지원
    3) 국내복귀기업 지원: 산업부 장관이 지정한 국내복귀기업으로 지정일 후 5년 이내인 우선지원대상기업과 중견기업에서 신규로 근로자를 채용하여 근로자 수가 증가한 경우, 증가근로자 수 1인당 연 360만 원 ~ 연 720만 원 지원
    4) 신중년 적합직무 고용지원: 만 50세 이상 실업자를 신중년 적합직무에 신규고용한 경우, 1인당 연 480만 원 ~ 연 960만 원 지원
    5) 청년채용특별장려금: 5인 이상 중소·중견기업(성장유망업종, 벤처기업 등은 5인 미만도 가능)이 청년 정규직을 신규채용하여 6개월(최소고용유지기간) 이상 고용유지한 사업주에게 신규고용 청년 근로자 증가 1명당 연 900만 원 지원
    6) 청년추가고용장려금: 만15세 이상 34세 이하 청년을 정규직으로 신규채용한 5인 이상 중소·중견기업에 1인당 연 최대 900만 원 지원

- 「고용안정장려금」은 근로시간 단축·유연근무제 등을 도입하여 근로자의 일·생활 균형을 지원하거나, 고용이 불안정한 기간제 근로자 등을 정규직으로 전환 또는 재고용하여 고용을 안정시키는 사업주에게 인건비·간접노무비 등을 지원
    1) 워라밸일자리 장려금: 전일제 근로자가 필요한 때(임신, 육아, 가족돌봄, 본인질병, 은퇴준비, 학업 등)에 근로시간을 단축하여 근무할 수 있도록 허용하는 우선지원대상기업·중견기업 사업주에게 단축근로자 1인당 간접노무비 월 30만 원, 임금감소액 보전금 월 20만 원 지원
    2) 출산육아기 고용안정장려금: 근로자에게 육아휴직 또는 육아기 근로시간 단축을 허용한 사업주에게 근로자 1인당 월 30~40만 원 지원, 근로자에게 출산전후휴가, 유산·사산 휴가, 육아휴직 또는 육아기 근로시간 단축을 30일 이상 부여하거나 허용하고 대체인력을 고용한 사업주에게 대체인력 지원금으로 월 80~120만 원 지원
    3) 일·가정 양립 환경개선 지원: 선택근무제·원격근무제·재택근무제를 도입·확대하여 소속 근로자가 활용토록 하는 우선지원대상기업 및 중견기업의 사업주에게 유연근무제 활용근로자 1인당 간접노무비 월 최대 30만 원, 재택·원격근무 인프라 구축비 최대 2천만 원 지원
    4) 정규직 전환 지원: 6개월 이상 고용되고, 계속 근로한 총 기간이 2년 이내인 기간제·파견·사내하도급 근로자 또는 6개월 이상 상시적으로 노무를 제공한 특수형태업무종사자를 정규직으로 전환하거나 직접고용한 우선지원대상기업 및 중견기업의 사업주에게 전환근로자 1인당 임금증가액 보전금 및 장려금 등 월 최대 50만 원 지원
- 「고용유지지원금」은 경기변동·사업구조의 변화에 따라 생산량 감소·재고량 증가 등으로 고용조정이 불가피하게 된 사업주가 휴업·휴직 등의 고용유지조치를 하여 근로자를 감원하지 않은 경우 사업주가 부담한 휴업·휴직수당의 2/3(대규모 기업 1/2~2/3) 지원

◉ 사업추진실적(2023년)

구분	당초예산 (백만 원)	예산현액 (백만 원)	추진실적		
			사업장	인원	집행액
고용창출장려금	368,765	368,765	22,412	40,448	173,951
고용안정장려금	199,518	211,632	36,966	69,497	209,488
고용유지지원금	197,374	197,374	6,204	61,176	126,956

② 지역·산업맞춤형 일자리창출 지원사업 개요 및 실적

◉ 현황

- (연혁) 2006년 도입, 2023년 97개 자치단체 총 132개 사업, 1,337억 원 지원
    * 사업 수(지원액): 20년 428개(1,373억 원) → '21년 511개(1,634억 원) → '22년 511개(1,218억 원)

- (내용) 자치단체와 지역 내 고용관련 비영리법인·단체가 컨소시엄으로 참여하여 지역특성에 적합한 일자리 사업을 제안하면, 고용노동부에서 선정·지원
    * (근거) 고용정책기본법 제6조(국가와 지방자치단체의 시책)

(단위: 백만 원)

구분	'19년	'20년	'21년	'22년	'23년
본 예산 (예산 현액)	108,300	153,022 (151,522)	178,029 (179,544)	132,667 (132,667)	147,504

- (예산) 2023년 1,475억 원(균특회계)

◉ 업무추진 체계

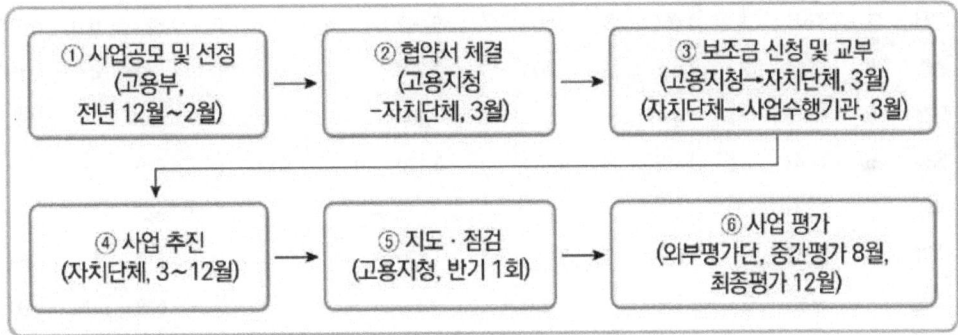

① 사업공모 및 선정 (고용부, 전년 12월~2월) → ② 협약서 체결 (고용지청-자치단체, 3월) → ③ 보조금 신청 및 교부 (고용지청→자치단체, 3월) (자치단체→사업수행기관, 3월)
④ 사업 추진 (자치단체, 3~12월) → ⑤ 지도·점검 (고용지청, 반기 1회) → ⑥ 사업 평가 (외부평가단, 중간평가 8월, 최종평가 12월)

◉ 자치단체 대응자금 부담비율

〈광역자치단체〉

재정자주도(%)	50 미만	50 이상 70 미만	70 이상
국고보조율(%)	90	80	70

〈기초자치단체〉

재정자주도(%)	60 미만	60 이상 70 미만	70 이상
국고보조율(%)	90	80	70

지역산업맞춤형 일자리창출 지원사업 실적

- 2023년도 취업 실적
(단위: 명, 백만 원)

훈련 (A)	고용 서비스 (B)	장려금 (C)	기업 지원 (D)	일자리창출 (총계) (A+B+C+D)
5,003	17,845	10,616	5,071	35,564

- 2023년도 사업 선정 현황
(단위: 건, 백만 원)

자치단체	합계		지역혁신 프로젝트		고용안정 선제대응 패키지		플러스사업		희망센터·고용위기 종합지원센터		지역 인자위 지원		공시제 인센티브	
	건	지원액	건	지원액	건	지원액	건	지원액	건	지원액	건	지원액	건	지원액
합계	132	133,685	33	27,041	30	47,140	22	37,310	4	7,000	17	11,004	62	4,190
서울	10	2,395	2	1,010	-	-	1	318	-	-	1	702	7	365
부산	7	10,633	2	2,285	3	5,560	2	2,000	-	-	1	673	2	115
대구	4	2,938	2	2,162	-	-	-	-	-	-	1	641	2	135
인천	11	8,521	1	1,036	3	3,560	2	3,047	-	-	1	673	6	205
광주	8	7,796	2	1,535	3	4,000	1	1,294	-	-	1	652	4	315
대전	6	4,475	2	2,438	-	-	2	1,194	-	-	1	658	2	185
울산	5	11,643	2	1,498	3	5,200	1	3,120	1	1,200	1	625	-	-
세종	2	1,393	1	860	-	-	-	-	-	-	1	533	-	-
경기	10	6,012	2	693	3	3,100	1	1,120	-	-	1	714	6	385
강원	7	3,606	2	1,778	-	-	1	800	-	-	1	628	4	400
충북	9	9,943	3	1,785	3	4,100	1	3,000	-	-	1	668	5	390
충남	8	4,831	1	729	3	2,400	2	825	-	-	1	677	3	200
전북	12	11,138	3	1,761	3	4,000	2	3,000	1	1,400	1	617	6	360
전남	13	8,496	3	2,567	-	-	2	3,542	1	1,000	1	667	8	720
경북	9	16,836	2	2,497	3	7,860	2	5,600	-	-	1	644	4	235
경남	8	20,613	1	1,200	3	7,360	1	7,800	1	3,400	1	673	3	180
제주	3	2,416	2	1,207	-	-	1	650	-	-	1	559	-	-

③ 사회적기업 지원 개요 및 현황

가. 사회적기업 인증 및 현황

1) 인증 현황

> ▶ 2023년 12월 현재 총 6,769개소가 신청하여 4,593개소 인증(인증률 67.9%)
>   → 이 중 3,737개 사회적기업이 활동 중

- 2007년 7월부터 2023년 12월 현재까지 활동 중인 사회적기업의 수는 3,737개소

    - 사회적목적 실현 유형별로는 일자리제공형(2,488개), 사회서비스제공형(310개), 지역사회 공헌형(346개), 혼합형(206개), 기타(창의혁신)형(387개)이며

    - 조직형태는 상법상회사(2,331개), 협동조합(333개), 사회적협동조합(326개), 민법상 법인(310개), 농업회사법인(189개), 영농조합법인(116개), 사회복지법인(74개), 비영리 민간단체(57개), 기타법인 및 단체(1개)

    - 분야별로는 교육(383개), 문화·예술(355개), 청소(299개), 사회복지(158개), 환경(140개), 간병가사(106개), 관광·운동(89개), 보육(12개), 보건(22개), 문화재(6개), 산림보전(23개), 고용(14개), 기타(2,130개)임

서울	부산	대구	인천	광주	대전	울산	경기	강원	충북	충남	전북	전남	경북	경남	제주	세종
615	178	136	216	158	122	120	655	207	160	153	215	209	267	200	95	31
(16.5%)	(4.8%)	(3.6%)	(5.8%)	(4.2%)	(3.3%)	(3.2%)	(17.5%)	(5.8%)	(4.3%)	(4.1%)	(5.8%)	(5.6%)	(7.1%)	(5.4%)	(2.5%)	(0.8%)

- 사회적기업의 근로자수는 2023년 말 기준 70,321명이며, 이 중 취약계층 근로자수는 29,551명

    - 일반근로자(26,058명), 고령자(9,570명), 장애인(2,950명), 저소득자(2,192명), 성매매피해자·북한이탈주민 등 44,263명임

    ※ 10인 미만(2,301개소), 10~30인 미만(942개소), 30~100인 미만(386개소), 100인 이상(108개소)

- 사회적기업이 제공하는 사회서비스 수혜인원은 2022년 말 기준 6,734,113명이며, 이 중 취약계층 수혜인원은 4,888,724명

나. 사회적기업 지원 내용 및 실적

2) 사회적기업 지원내용 및 2023년 지원실적

📍 경영 지원

- 사회적기업의 설립(인증) 및 운영에 필요한 경영·세무·노무·회계 등 경영컨설팅 및 정보 제공 등 지원
    - 예비 및 인증 사회적기업 대상 기초컨설팅 제공(358개소), 사회적기업 대상 전문컨설팅 제공(172개소)

📍 금융 지원

- 사회적기업 대상 투자(정부 출자 모태펀드 운용) 및 크라우드펀딩 조성 지원
    - 모태펀드 투자조합 결성액 : ('11, 1호) 42억 원, ('12, 2호) 40억 원, ('13, 3호) 60억 원, ('15, 4호) 40억 원, ('18, 5호) 108억 원, ('20, 6호) 58억 원, ('21, 7호) 60억 원, ('22, 8호) 60억 원, ('23, 9호) 100억 원
    - 2023년 크라우드펀딩 투자자 3,376명 통해 펀딩금액 10.5억 원 조성, 총 160개 프로젝트 성공(성공률 68.1%)
- 주요 정책자금 안내자료 제작 및 설명회 개최
    - 2023년에 중소기업 정책자금을 통해 1,056억 원, 사회적경제기업 특례보증을 통해 184억 원, 사회적기업 나눔보증을 통해 586.6억 원 지원

📍 공공기관의 우선구매

- 사회적기업이 생산하는 생산품이나 서비스의 우선구매를 촉진해야 하는 등 사회적기업에 보호된 시장 제공(2022년 공공기관 사회적기업제품 구매실적 2조 106억 원)

📍 세제 지원

- 사회적기업에 법인세·소득세 3년간 100%, 그 후 2년간 50% 감면
- 내국법인이 사회적기업에 기부하는 경우 지정기부금으로 인정(기부금의 손금산입으로 소득공제 혜택 부여)하여 법인 소득의 10% 범위 내에서 손금 산입 처리
- 사회적기업이 고유업무 수행을 위해 지출하는 기부금의 20% 범위 내에서 손금 산입 처리
- 사회적기업에 취득세·재산세 등의 지방세 감면
- 사회적기업이 직접 제공하는 의료보건 및 교육용역에 대해 부가가치세 면제

④ 국민취업지원제도(한국형 실업부조) 사업 현황

가. 사업개요

- 고용보험 등 기존 고용안전망의 사각지대에 있는 저소득 구직자·청년·경력단절여성 등 취업취약계층 대상 취업지원, 소득지원을 함께 제공하는 한국형 실업부조('21.1.1. 시행)

나. 취업지원 대상 및 지원내용

구분	연령	소득	재산
I 유형	15~69세	중위소득 60%↓ (청년: 중위소득 120%↓)	4억 원 이하 (청년: 5억 원 이하)
II 유형		중위소득 100%↓ (청년: 소득 무관)	무관

* 청년은 15세 이상 34세 이하(병역의무 이행기간 가산, 최대 3년)임
* I 유형은 취업경험(2년 이내 100일 또는 800시간 이상)이 없는 경우 예산 상황에 따라 선별 지원 가능

- 개인별 역량·의지에 따른 직업훈련·일경험·복지 프로그램 연계 등 취업지원서비스 제공
  * (취업지원) 직업훈련, 일경험, 복지프로그램(생계, 의료, 금융, 돌봄서비스 등) 연계
    (구직활동지원) 동행면접, 이력서·면접 컨설팅, 일자리정보 제공, 채용박람회, 취업알선 등

- 구직촉진수당(I 유형) 300~540만 원(50~90만 원[*]×6개월), 취업활동비용(II 유형) 지원
  * 기본 50만 원 + 부양가족(18세 이하, 70세 이상, 중증장애인) 1인당 10만 원 추가지원

- 개인별 취업활동계획(IAP)에 따른 구직활동 의무 부여 → 미이행 시 수당 지급 중단

다. 2023년 실적

(단위: 명)

합계	I 유형	II 유형
298,677	228,929	69,748

⑤ 외국인력 도입제도 개요 및 현황

가. 제도 개요

◉ 의의

- 고용허가제는 국내 인력을 구하지 못한 중소기업이 정부의 허가를 얻어 외국인근로자를 합법적으로 고용할 수 있으며, 기존의 산업연수제와는 달리 외국인근로자의 도입·관리를 정부와 공공기관(한국산업인력공단)에서 직접 담당

◉ 주요 특징

① 내국인 근로자를 고용하지 못한 기업에 외국인근로자를 고용할 수 있도록 허가함으로써 국내 노동시장 잠식을 방지(보충성 원칙)

② 외국인력 도입·알선 등의 과정에서 각종 비리와 브로커 개입 등의 문제를 차단하기 위해 공공부문이 직접 관리(투명성 원칙)

③ 국적, 신체조건, 학력, 한국어 능력 등을 충족하는 적격자를 사업주가 직접 선정하여 고용할 수 있어 사업주의 근로자 선택권 보장(시장수요 존중 원칙)

④ 외국인근로자가 국내 정주화하지 않도록 제도 설계(단기순환의 원칙)

⑤ 외국인근로자에 대해 합리적인 이유 없는 부당한 차별을 금지하고 내국인근로자와 동일한 노동관계법을 적용하는 등 외국인근로자의 기본적 인권 보장(차별금지 원칙)

참고자료

● 선정·도입절차

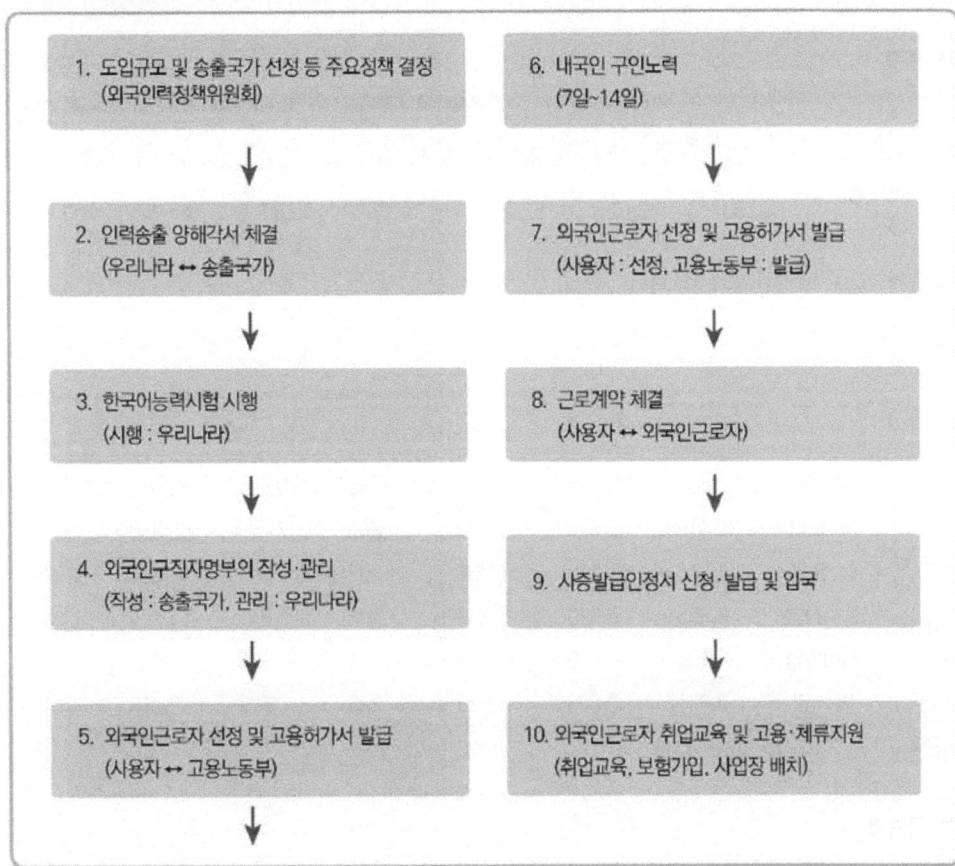

● 고용절차

〈 일반외국인근로자(E-9) 〉
1. 내국인 구인노력 → 2. 외국인 고용허가 신청 → 3. 고용허가서 발급 → 4. 근로계약 체결 → 5. 사증발급인정서 발급 → 6. 외국인근로자 입국 및 취업교육 → 7. 사업장 배치, 사업장 고용 및 체류지원

〈 외국국적동포(H-2) 〉
1. 내국인 구인노력 → 2. 특례고용가능확인서 발급 → 3. 근로계약 체결 → 4. 근로개시 신고

519

나. 도입현황

◉ 총괄

(단위: 명)

구 분	2017년 12월	2018년 12월	2019년 12월	2020년 12월	2021년 12월	2022년 12월	2023년 12월
일반고용 허가제	50,837	53,855	51,365	6,688	10,501	88,012	100,148

자료출처: 한국고용정보원, EPS 시스템

◉ 업종

(단위: 명)

구 분	연도별	2017년	2018년	2019년	2020년	2021년	2022년	2023년
일반고용허가제	총 계	50,837	53,855	51,365	6,688	10,501	88,012	100,148
	제조업	39,415	43,695	40,208	4,806	7,455	68,350	79,108
	건설업	1,846	1,405	1,651	207	595	1,657	2,323
	농축산업	6,855	5,820	5,887	1,388	1,841	11,664	11,979
	서비스업	100	90	99	1	18	125	265
	어 업	2,621	2,845	3,520	286	592	6,216	6,473

자료출처: 한국고용정보원, EPS 시스템

◉ 국가별

(단위: 명)

구 분	연도별	2017년	2018년	2019년	2020년	2021년	2022년	2023년
일반고용허가제	소 계	50,837	53,855	51,365	6,688	10,501	88,012	100,148
	필리핀	4,299	4,766	4,575	409	251	7,307	6,563
	태 국	5,776	6,195	5,236	627	2,928	5,158	7,280
	인 니	3,717	6,923	6,202	641	173	11,545	11,570
	스리랑카	3,435	3,414	3,579	500	1,108	6,639	6,412
	베트남	5,864	3,744	6,471	260	957	8,909	10,901
	몽 골	1,398	793	785	63	176	914	851
	캄보디아	7,647	6,626	7,773	2,172	3,477	10,438	12,453
	네 팔	7,476	8,404	7,088	955	387	14,495	19,738
	기 타	26,348	28,020	24,517	4,188	1,431	22,607	24,380

자료출처: 한국고용정보원, EPS 시스템

Ⅳ 직업능력개발

① 직업능력개발사업 추진체계

📍 직업능력개발제도 경과

직업능력개발제도는 과거 제조업의 기술·기능인력 양성체제로 출발하여, 우리 경제의 성장 단계 및 글로벌 산업환경 변화에 따라 확대 및 혁신

- 1970년대(직업능력개발 태동기): 공공 훈련기관을 통한 기능공 양성
- 1980년대(직업능력개발 성장기): 기간산업의 다기능 기술·기능인력 양성 및 재직자 향상 훈련
- 1990년대(직업능력개발 전환기): 모든 근로자의 생애단계별 직업능력향상 지원
- 2000년대(직업능력개발 혁신기): 지원대상·방식개편 등을 통한 직업능력개발 체제의 효율성 강화
- 2007년: 평생직업능력개발체제 확립 등 직업능력개발의 중장기 정책방안 마련 등 직업능력개발체제 기반 마련
- 2008년: 직업능력개발계좌제 시범운영 등 수요자 중심의 직업능력개발체제 기반 구축
- 2009년: 직업능력개발계좌제 전국 확대 등 시장친화적 직업능력개발체제 구축
- 2010년: 미래 대비·수요자 중심의 직업능력개발
- 2011년: 신성장 동력 분야 인력양성
- 2012년: 미래산업분야 인력양성 기반 확충
- 2013년: 능력중심 사회 만들기를 위한 여건 조성
- 2014년: 현장 맞춤형 인력양성 기반 확충 및 공감대 형성
- 2015년: 일학습병행제 및 NCS 확산을 통한 능력중심사회의 제도적 기반 마련
- 2016년: 4차 산업혁명 대비 선도인력 양성
- 2017년: 혁신과 포용적 성장을 위한 직업능력개발 기반 마련
- 2018년: 중소기업 재직자 훈련참여 활성화 방안 마련
- 2019년: 직업능력개발 혁신방안 마련
- 2020년: 국민내일배움카드 시행
- 2021년: 국민 평생 직업능력 개발 지원방안 마련 및 디지털 핵심 실무인재 양성 사업 본격 추진
- 2022년: 중장년 새출발 카운슬링 사업 도입 및 산업구조변화대응 등 특화훈련 신규 사업 추진

📍 1995년 고용보험제도 도입으로 모든 기업·근로자에 대해 노동시장 단계별로 평생 능력개발을 지원할 수 있는 체계 구축

▶ 노동시장 단계별 직업능력개발 지원체계

단계	정규교육시기	노동시장진입시기	재직시기	실업시기
대상	• 중도탈락자 • 비진학청소년	• 미취업자(청년실업자) • 비경활자(여성, 고령자 등)	• 근로자	• 실업자
종류	• 기능사양성과정 • 신규실업자훈련	• 신규실업자훈련	• 재직자훈련	• 전직실업자훈련

자료: 교육인적자원부(교육통계연보), 통계청 연간고용동향

📍 평생능력개발에 대한 수요가 증가함에 따라 직업능력개발에 대한 정부의 재정 투자를 확대 중

▶ 연도별 직업능력개발 재정투자 추이 (단위: 억 원)

구 분	'14년	'15년	'16년	'17년	'18년	'19년	'20	'21년	'22년	'23년
전 체	17,849	21,170	23,453	23,928	25,843	24,283	26,012	28,816	27,373	31,044
고용보험기금 (근로자복지 진흥기금포함)	14,617	17,391	19,686	19,787	20,819	19,039	20,311	20,057	10,363	12,081
일반회계 (농특, 광특, 지특, 고특 포함)	3,232	3,779	3,766	4,141	5,024	5,244	5,701	8,759	17,010	18,963

직업능력개발사업 분류

- 직업능력개발사업(국민 평생 직업능력 개발법 제2조)
  - 직능사업: 직업능력개발훈련 + 훈련과정·매체개발 + 조사·연구 등
- 직업능력개발훈련 종류

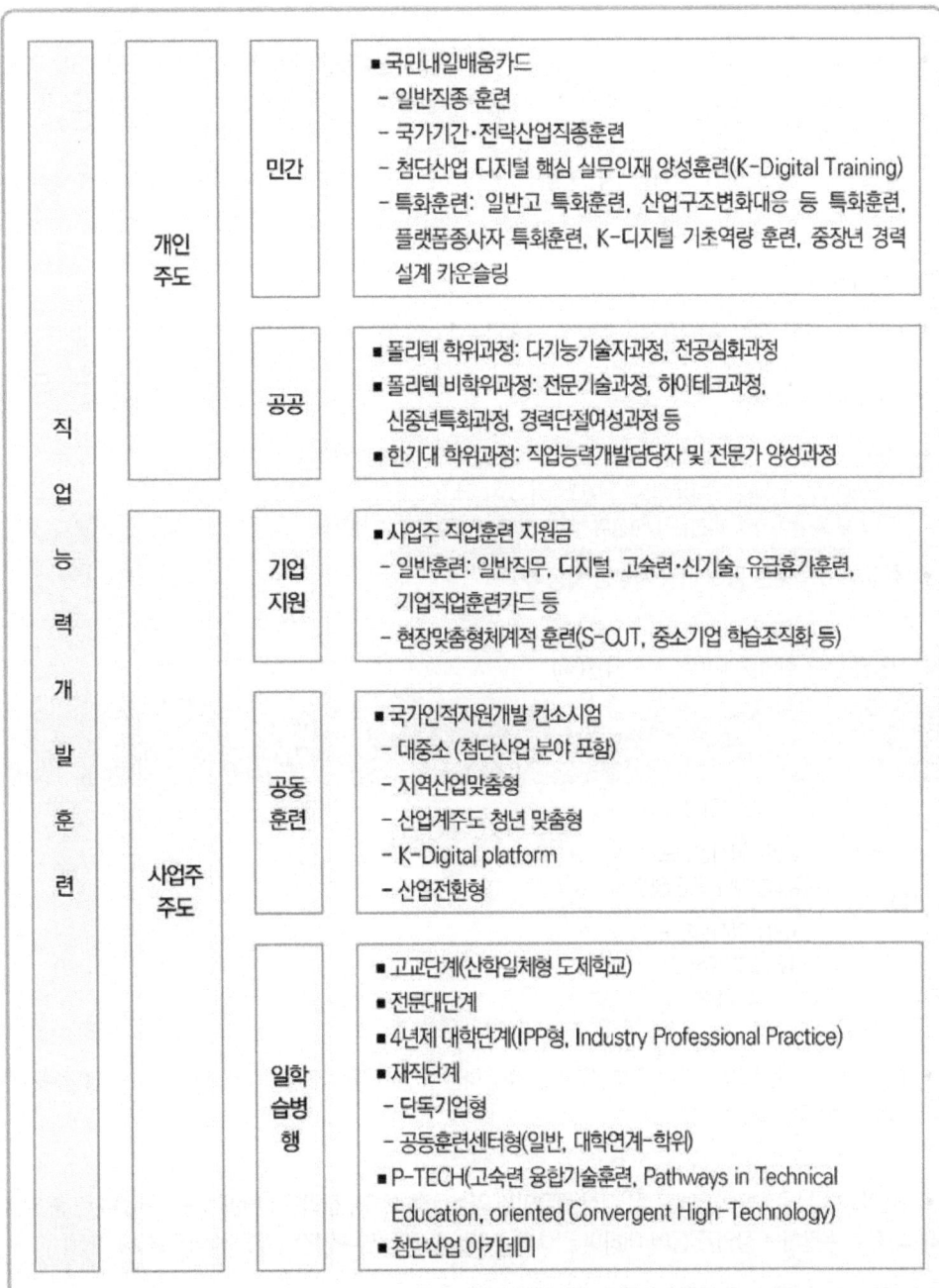

② 직업능력개발사업 소개

가. 국민내일배움카드

◉ 지원대상

- 공무원, 사립학교 교직원, 고소득 자영업자·대규모기업 근로자, 특수형태근로종사자*, 만 75세 이상, 졸업예정자 이외 고등학교 재학생, 졸업까지 남은 수업연한이 2년을 초과하는 대학재학생 등을 제외한 모든 국민

    * 연매출 1억 5천만 원 이상 자영업자, 월 임금(소득) 300만 원 이상 대규모 기업 근로자(만 45세 미만)·특수형태근로종사자

◉ 지원내용

- (훈련비) 실업·재직 등 경제활동 상태와 관계없이 1인당 5년간 300~500만 원 한도 내 훈련비 지급

    * 국가직종 훈련과정, 일반고 특화과정, 첨단산업 디지털 핵심 실무인재 양성과정(KDT)은 훈련비가 계좌 한도 금액을 넘더라도 전액 지원

- 300만 원 우선 지원 후 소득수준, 고용형태 등에 따라 최대 200만 원 추가 지급

    * 200만 원 추가지원: 취약계층(기초생활수급자, 차상위계층, 한부모가족, 북한이탈주민 등)
    * 100만 원 추가지원: 비정규직, 고용위기지역 및 특별고용지원업종 대상자

- 취업률, 소득수준 등에 따라 자부담 차등 부과

◉ 직종별 평균 취업률에 따른 자부담률(%)

구분		직종 평균 취업률				
		70% 이상	60~70%	50~60%	40~50%	40% 미만
대상	일반훈련생	15	25	35	45	55
	국민취업지원제도 2유형 중 청년 및 중장년	15	25	30	40	50
	국민취업지원제도 1유형 및 2유형 중 특정계층	0	0	0	0	20

- (훈련장려금) 총 140시간 이상 훈련과정을 수강하는 실업자 등에게 월 최대 116천 원* 지급(단위기간 1개월 출석률 80% 이상)

    * 국가기간 전략산업직종 훈련과정의 경우 월 최대 20만 원('22.8월~)

- (특별훈련수당) 첨단산업 디지털 핵심 실무인재 양성과정(KDT), 산업구조변화대응 등 특화훈련 중 일부 과정을 수강하는 실업자 등에 대하여 월 최대 20만 원 지급(단위기간 1개월 출석률 80% 이상)

나. 사업주 직업훈련지원금

◉ 훈련구분
- 사업주가 피보험자, 채용예정자 그리고 직업안정기관에 구직등록한 자를 대상으로 실시하는 직업능력개발훈련과정으로 훈련실시 주체에 따라 자체훈련·위탁훈련으로, 그 내용과 대상에 따라 양성훈련·향상훈련·전직훈련으로 구분하고, 훈련실시 방법에 따라 집체훈련·현장훈련·원격훈련(인터넷·우편·스마트 훈련방식)·혼합훈련으로 구분한다.

◉ 지원내용

> ◈ 훈련비: NCS 직종별 훈련비용 기준단가에 훈련시간과 훈련수료인원, 기업규모별 지원율*을 곱해 산출한 금액
>   * 자체·집체훈련의 경우: 우선지원대상 100%, 1,000인 미만 60%, 1,000인 이상 40%
>
> ◈ 식비 및 기숙사비: 1일 평균 5시간 이상 훈련을 실시하고 식사 및 기숙사를 제공하는 경우 식비는 1일 3,300원까지, 숙식비는 1일 14,000원(1월 330,000원)까지 지원
>
> ◈ 훈련수당: 구직자, 채용예정자에게 월평균 120시간 이상의 양성훈련을 1개월 이상 실시하고 훈련수당을 지급한 경우 월 20만 원 한도 지원

다. 중소기업 및 비정규직근로자 특화훈련

1) 국가인적자원개발컨소시엄

지원항목	지원내용
시설·장비비	연간 최대 15억 원까지 소요비용의 80% 이내에서 지원, 참여 7년째부터 매년 훈련실적 및 성과 등을 평가하여 차등지원
인건비 및 일반운영비	사업운영에 필요한 전담인력 인건비(80%) 및 일반운영비(100%)를 연간 4억 원 이내로 지원하고 매년 성과평가 결과에 따라 차등지원
프로그램개발비	연간 1억 원 이내 지원

2) 중소기업학습조직화 지원

유형	지원내용	지원금

학습조 활동지원	• 근로자의 학습모임을 위한 학습 활동비 지원
	 - 학습주제: 직무와 관련하여 근로자의 직무능력 향상에 도움이 되는 문제해결 중심의 주제
	  ※ 외국어 및 사무능력향상 과정 제외
	 - 학습조 수: (신규, 장학) 최대 4개,
	  (계속-일반) 최대 6개,
	  (계속-우수) 최대 8개
	 - 구성인원: 5인 이상 10인 이하
	 - 운영기간: 사업기간 내 6개월 이상
	 - 학습활동: 학습조당 총 9회 이상
	 - 학습모임을 위한 운영비, 강사료, 교재구입비, 교재인쇄비, 재료비 등 지원
		• 학습조 활동비(조당)
		 - (신규, 장학) 120만 원 한도
		 - (계속-일반) 200만 원 한도
		 - (계속-우수) 280만 원 한도

	• 학습리더 및 학습조장 활동비
	 - 학습리더: 기업 당 1명
	 - 학습조장: 학습조당 1명
	 - 학습조 모임의 효율적 수행과 성과제고를 위해 CEO 관심제고, 지원금 관리 및 기타 행정업무 등 수행
		• 학습리더 및 학습조장 활동비
		 - 월 9만 원 한도(학습조장)
		 - 월 22.5만 원 한도(학습리더)
		  * 학습리더는 학습조장 수당을 중복 지급 할 수 없음
		  ※ 기업이 지원금으로 지급한 금액의 100분의 90지원
		  * 부가세는 기업 부담(기업부담금과는 별도로 부담)

	• 학습조직화 활성화를 위한 교육 지원
	 - CEO 연수
	 - 학습리더 및 조장 역량교육
	  ※ 단, 공단에서 선정한 교육기관의 교육에 한함
		• 학습조직화 활성화를 위한 교육비
		 - 기업당 100만 원 한도
		  ※ 정부지원금 소진 이후에는 학습조 활동비 발생 시 기업 자체부담

우수학습 활동지원 (2·3년차 계속기업)	• 사내 학습조 경진대회 지원(기업주관)
	 - 지식제안, 지식마일리지 우수자 포상금
	 - 사내 학습조 경진대회 포상금
		• 사내학습조 경진대회 포상금
		 - 일반기업 90만 원 한도
		 - 우수기업 180만 원 한도
		  ※ 기업이 지원금으로 지급한 금액의 100분의 90지원
		  * 부가세는 기업 부담(기업부담금과는 별도로 부담)

학습 네트워크지원	• 학습조직화 지원기업의 네트워크 활동비 지원 - 학습조직화를 위한 컨설팅 프로그램 지원 - 학습조직화 학습리더 전담자 대회/워크숍 - 우수기업 현장방문 학습 지원	• 학습 네트워크 활동비 - 기업당 100만 원 한도 (단, 종료기업은 기업당 30만 원 한도)

유 형	지원내용	지원금
학습인프라 구축 지원 (2·3년차 계속기업)	• 학습모임을 위한 학습공간 구축 지원 - 근로자의 학습모임과 활동을 지원하기 위하여 별도로 학습공간을 구축할 경우 이에 소요되는 기자재 등 구입비용 지원 ※ 지원대상은 예산범위내 별도로 정함	• 학습공간 구축 지원 - 기업당 1,500만 원 한도 ※ 기업이 학습공간 구축비로 지급한 금액의 100분의 75지원 * 부가세는 기업 부담(기업부담금과는 별도로 부담)
외부전문가 지원	• 학습조직화를 위한 전문 코칭 및 컨설팅 지원 - 학습조직화에 필요한 기업진단, 학습기반 구축을 위한 CEO, 담당자 동기부여, 문제해결에 대한 피드백 등 외부전문가의 코칭 및 컨설팅 지원 - 직업능력개발훈련 연계 컨설팅 지원	• 외부전문가 지원 - 기업 자체적으로 현장전문가 위촉·활용(HRD 4U 인력풀을 활용한 매칭 또는 중소기업훈련 지원센터 활용 가능) - 기업당 250만 원 지원
총계 (지원한도)	• 기업 유형별로 총 지원 한도 설정	• (신규, 장학) 900만 원 이하 • (계속-일반) 2,000만 원 이하 • (계속-우수) 3,000만 원 이하

③ 직업능력개발사업 예산

(단위: 백만 원, 명)

사 업 명	'21년 집행액	'21년 인원	'22년 집행액	'22년 인원	'23년 집행액	'23년 인원
총 계	2,665,177	3,697,970	2,532,454	4,262,798	2,783,345	4,313,058
일반회계	721,421	371,439	922,960	405,488	782,808	604,374
○ 내일배움카드(일반)	154,862	27,852	322,799	92,593	460,033	270,005
○ 미래유망분야고졸인력양성	840	-	4,200	-	7,503	-
○ 한국산업인력공단출연	189,880	-	202,154	-	215,737	-
- 한국산업인력공단운영지원	137,156	-	140,673	-	155,099	-
- 직업능력개발인프라구축	22,201	-	24,803	-	25,753	-
- 숙련기술장려사업	24,049	-	30,939	-	29,153	-
- 한국산업인력공단(정보화)	6,474	-	5,739	-	5,732	-
○ 한국폴리텍대학출연	236,216	14,954	243,780	13,539	(고특회계)	-
- 한국폴리텍대학운영지원	210,357	14,954	214,813	13,539	(고특회계)	-
- 한국폴리텍대학운영지원 (BTL 정부지급금)	25,859	-	28,967	-	(고특회계)	-
○ 한국기술교육대학교출연	117,996	325,939	129,978	296,820	80,226	330,923
- 직업능력개발담당자양성 및 훈련매체개발	79,783	325,939	86,560	296,820	80,226	330,923
- 한국기술교육대학교운영지원	35,010	-	40,082	-	(고특회계)	-
- 한국기술교육대학교운영지원 (BTL정부지급금)	3,203	-	3,336	-	(고특회계)	-
○ 고용보험미적용자 등 능력개발지원	366	2,694	348	2,536	289	3,446
○ 직업능력개발심사평가	21,080	-	19,520	-	18,825	-
○ 기본경비(직업능력정책국, 총액)	30	-	27	-	34	-
○ 기본경비(직업능력정책국, 비총액)	151	-	154	-	161	-
특별회계	96	-	99	-	361,596	12,790
○ (균특) 내일배움카드운영지원	96	-	99	-	102	-
○ (고특) 한국폴리텍대학운영지원	(일반회계)	-	(일반회계)	-	273,527	12,790
○ (고특) 한국폴리텍대학운영지원 (BTL 정부지급금)	(일반회계)	-	(일반회계)	-	34,765	-

참고자료

사업명	'21년 집행액	'21년 인원	'22년 집행액	'22년 인원	'23년 집행액	'23년 인원
○ (고특) 한국기술교육대학교운영지원	(일반회계)	-	(일반회계)	-	49,683	-
○ (고특) 한국기술교육대학교운영지원 (BTL정부지급금)	(일반회계)	-	(일반회계)	-	3,519	-
고용보험기금	**1,943,660**	**3,326,531**	**1,609,395**	**3,857,310**	**1,638,941**	**3,695,894**
○ 사업주직업훈련지원금	284,803	2,158,463	303,279	2,889,889	398,365	2,763,511
○ 내일배움카드(고보)	987,042	1,030,039	755,679	847,474	655,434	804,936
○ 중소기업능력개발지원	99,086	62,478	131,650	63,811	144,287	67,068
- 국가인적자원개발컨소시엄지원	99,086	62,478 (전략형)	131,650	63,811 (전략형)	144,287	67,068 (전략형)
○ 한국산업인력공단 능력개발사업지원	324,649	32,662	310,549	31,565	308,196	31,625
- 중견·중소기업현장훈련지원	11,523	-	11,121	-	11,121	-
- 외국인력고용지원	2,318	-	2,597	-	2,467	-
- 산업현장일학습병행지원	310,808	32,662	296,831	31,565	294,608	31,625
○ 한국폴리텍대학 능력개발사업지원	73,656	12,988	53,082	13,731	52,284	14,143
- 기능인력양성 및 장비확충(폴리텍)	73,656	12,988	53,082	13,731	52,284	14,143
○ 능력개발융자지원(융자)	173,005	29,901	53,848	10,840	78,953	14,611
- 직업훈련생계비대부(융자)	173,005	29,901	53,848	10,840	78,953	14,611
○ 기타(운영비, 직능원)	1,419	-	1,308	-	1,422	-

* 2021년부터 '직업능력개발심사평가', '직업능력개발 인프라 구축', '숙련기술장려사업' 사업은 고용보험기금에서 일반회계로 이관
* 2023년부터 '한국폴리텍대학운영지원', '한국폴리텍대학운영지원(BTL 정부지급금)', '한국기술교육대학교운영지원', '한국기술교육대학교운영지원(BTL정부지급금)' 사업은 일반회계에서 고등·평생교육지원특별회계로 이관
* '직업능력개발담당자양성 및 훈련매체개발' 인원은 직업훈련교원 및 HRD담당자 양성, 직업훈련교원 재·향상연수, 평생능력개발 온라인훈련 포함
* 인원은 훈련시작일자 연인원 기준으로 고용정보통합분석시스템(EIS)에서 추출
* 공란은 별도의 실적이 관리되지 않음

4 직업능력개발사업 현황

● 재직자 직업능력개발

• 사업주 직업능력개발훈련 지원절차

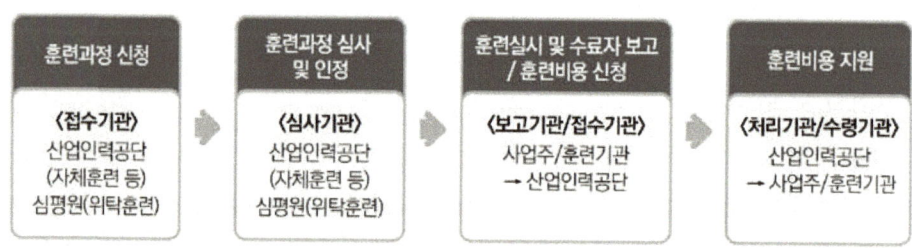

• 국민내일배움카드 지원절차

• 재직자 직업능력개발 실적
  - 2023년 12월 말 기준 재직자를 위한 훈련지원 사업장 수는 전체 고용보험 가입사업장 2,579,905개소의 5.2%인 134,328개소이며, 재직자 수혜인원은 전체 피보험자 15,199,534명의 19.3%인 2,932,765명인 것으로 나타났다.

▶ 2023년 재직자 직업능력개발 사업 추진실적

(단위: 개소, 명, 건)

구 분	고용보험 가입 사업장	피보험자 수	지원사업장	수혜인원(건수)
지원실적	2,579,905	15,199,534	134,328	2,932,765

※ 재직자훈련 실적 = 사업주직업훈련지원, 국가인적자원개발컨소시엄훈련(대중소공동훈련, 지역·산업맞춤형, 산업계주도 청년맞춤형, K-디지털 플랫폼, 산업전환공동훈련 포함), 일학습병행, 국민내일배움카드(재직자) 합계
※ 지원사업장은 규모세분류에 따른 비용사업장 수임
※ 수혜인원은 기금결재일자 지급연인원 수 기준임

• 사업보험료 납입금액 대비 훈련지원금을 의미하는 훈련비지원율을 살펴보면 300인 이상 사업체는 4.0%인 반면, 300인 미만 사업체는 28.5%로 높은 지원율을 보였다.

참고자료

● 기업 규모별 재직자 훈련비 지원실적

('23.12월 기준, 단위: 억 원, %)

구 분	계	300인 미만	300인 이상	기타
납부보험료(A)	38,695	14,534	24,161	-
지원금(B)	6,326	4,138	977	1,211
훈련비지원율(B/A)	16.3	28.5	4.0	-

※ 재직자훈련 실적 = 사업주직업훈련지원, 국가인적자원개발컨소시엄훈련(대중소공동훈련, 지역·산업맞춤형, 산업계주도 청년맞춤형, K-디지털 플랫폼, 산업전환공동훈련 포함), 일학습병행, 국민내일배움카드(재직자) 합계
※ 기타는 국민내일배움카드(재직자)로 사업장 규모가 구분되지 않음
※ 지원금은 기금결재일자 총 지급금액 기준임

♥ 국민내일배움카드 직업능력개발

- 국민내일배움카드 지원절차

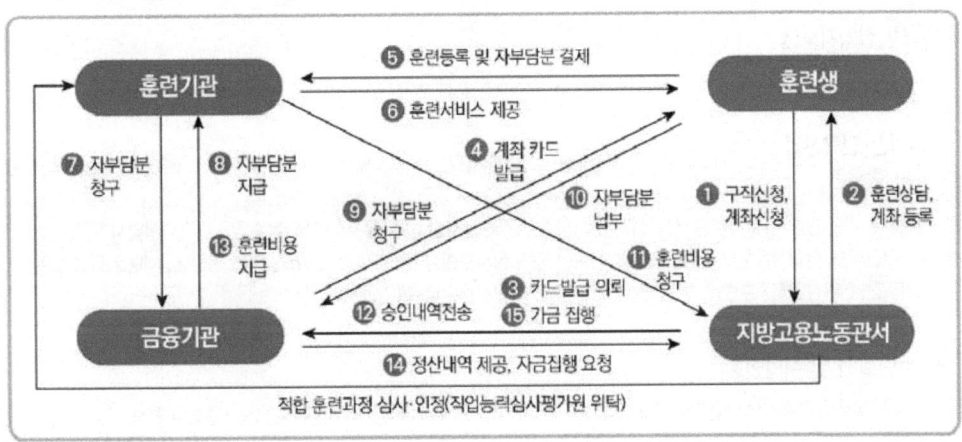

- 국가기간·전략산업직종훈련 지원절차

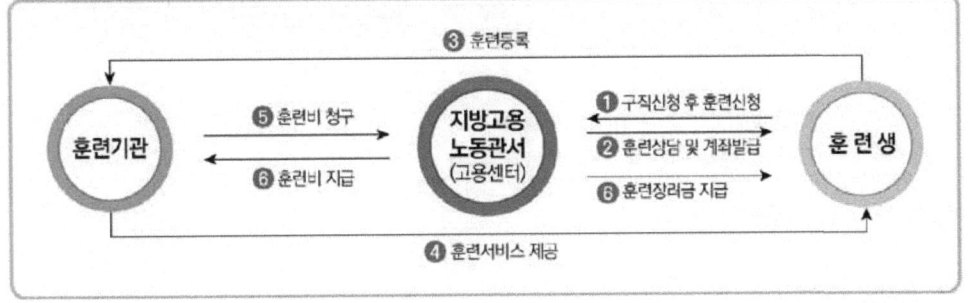

- 실시현황
  - 2023년도 실업자 직업능력개발은 656천 명에 대하여 훈련을 실시하였다.

연도별 실업자 직업능력개발 실시인원

(단위: 천 명)

구 분	'17년	'18년	'19년	'20년	'21년	'22년	'23년
훈련인원	251	239	212	427	669	580	656

- 실업자 직업능력개발 사업별 실시현황을 살펴보면 일반직종 훈련 592천 명, 국가기간·전략산업직종훈련 64천 명이 훈련을 실시하였다.

실업자 직업능력개발 사업별 실시현황

(단위: 명)

구 분		'17년	'18년	'19년	'20년	'21년	'22년	'23년
국민내일배움카드(실업자)	전직 실업자훈련	147,885	142,350	125,434	355,513	588,466	513,459	591,645
	신규 실업자훈련	31,019	30,939	26,528				
지역실업자훈련		372	283	258	-	-	-	-
국가기간·전략산업 직종훈련		71,450	65,663	60,262	71,593	80,997	66,304	64,175

※ 자료산출 기준: 전직실업자훈련, 신규실업자훈련은 훈련을 실시한 순수 실시훈련생 수(순인원), 지역실업자훈련, 국가기간·전략산업직종훈련은 훈련과정에 참여한 중복 실시훈련생 수(연인원), 2020년부터 국민내일배움카드(실업자), 국가기간·전략산업직종훈련은 훈련과정에 참여한 중복 실시훈련생 수(연인원)

- 훈련실시 및 취업현황
  - 2023년도 훈련실시인원 655,820명, 2023년도 취업률은 미확정(2024년 7월 마감 확정)

연도별 훈련실시자 취업률

(단위: %)

구 분	'16년	'17년	'18년	'19년	'20년	'21년	'22년
취업률	55.0	54.3	56.0	55.5	54.2	54.1	51.6

※ 내일배움카드(신규+전직), 국가기간·전략산업직종 총괄
※ 해당연도 종료과정의 취업률은 익년 7월 말 기준으로 실적 산출
   취업률 산식: 수료 후 취업인원/수료인원(고용보험 미가입자 포함)
※ 자료산출 기준: 훈련종료일자 순인원 기준

- 훈련생 구성비율

  2023년 훈련생 구성비는 남성이 30.4%, 여성이 69.6%를 차지하였고, 연령별로는 29세 이하와 50세 이상이 32.4%로 가장 높았으며, 40세~49세가 18.3%, 30세~39세가 16.9%를 차지하였다.

◎ 훈련생 구성현황

(단위: 명, %)

구분	성별			연령별			
	소계	남성	여성	29세 이하	30~39	40~49	50세 이상
2017년	250,726	95,327	155,399	125,137	46,347	37,848	42,054
	100.0	38.0	62.0	49.8	18.4	15.1	16.7
2018년	239,235	91,947	147,288	123,043	39,628	33,351	43,792
	100.0	38.4	61.6	51.3	16.5	13.9	18.3
2019년	212,160	80,874	131,286	103,055	34,750	30,777	44,069
	100.0	38.1	61.9	48.5	16.3	14.5	20.7
2020년	427,106	150,196	276,910	178,666	73,431	70,117	104,892
	100.0	35.2	64.8	41.8	17.2	16.4	24.6
2021년	669,463	214,945	454,518	250,371	117,055	116,718	185,319
	100.0	32.1	67.9	37.4	17.5	17.4	27.7
2022년	579,763	183,980	395,783	214,986	96,956	98,818	169,003
	100.0	31.7	68.3	37.1	16.7	17.0	29.2
2023년	655,820	199,455	456,365	212,309	111,030	120,261	212,220
	100.0	30.4	69.6	32.4	16.9	18.3	32.4

※ 내일배움카드(신규+전직), 국가기간·전략산업직종훈련, 지역실업자 총괄
※ 익년 1월 마감통계 기준. 연령별은 훈련시작일자 기준 만 연령으로 구간변동이 있을 경우 성별 합계와 불일치할 수 있음

5 공공직업능력개발 현황

한국폴리텍대학 기술·기능인력 양성현황 실적-2년제 학위(다기능기술자)과정 (단위: 명)

학과 \ 연도	'13년 실적	'14년 실적	'15년 실적	'16년 실적	'17년 실적	'18년 실적	'19년 실적	'20년 실적	'21년 실적	'22년 실적	'23년 실적
계	6,231	6,567	6,928	7,179	7,047	6,982	6,698	6,896	6,682	6,594	6,271
3D프린팅융합디자인과							40	50		7	12
AI로봇자동화과											
AI소프트웨어과											
AI융합소프트웨어과											46
AI자동화과											
AI자동화시스템과											
AI융합과											
AI융합전자과											29
AI전자과											
AI정보통신과											
CAD&모델링과	58	55	53	55	39	44	37				
IoT소프트웨어과											
IT융합과										35	30
IT융합제어과							36	46	48	34	37
IT응용제어과		40	40	40	41	38	42	37	47		
i-패션디자인과										37	26
LCD반도체시스템과	70	73	76	1							
SG전기전자제어과	87	73	82	86	91	96					
건축과	16	17	15	25							
건축설계과			21	21	22	19	18	23	27	23	36
광전자과	39	42	42	65	54						
그린건축과					28	27	22	29	40	27	23
그린에너지설비과	77	85	116	107	116	92	108	119	86	93	86
금형가공시스템과											
금형디자인과	67	254	416	444	415	417	367	344	326	131	47
기계과											
기계시스템과	123	195	217	227	232	217	270	226	301	561	459
기계시스템디자인과											

참고자료

연도\학과	'13년 실적	'14년 실적	'15년 실적	'16년 실적	'17년 실적	'18년 실적	'19년 실적	'20년 실적	'21년 실적	'22년 실적	'23년 실적
기계시스템설계과								46	35		
기계설비보전과											
기계품질측정과									52		
나노측정과	92	84	82	74	68	33	52	61	23	23	25
나노응용기계과						51	22				
녹색산업설비과	56	42	53	55	55	60	48	47	53	55	43
니트디자인과	15										
디스플레이전자과		35	45								
디지털디스플레이전자과	42										
디지털방송과	46	46	48	44	59	50	45	52	43	58	
디지털전자과	40										
디지털정보과	27	28	2								
디지털콘텐츠과	52	51	50	46	93	97	57	58	57	65	53
로봇IT과											16
로봇기계과											18
데이터분석과						15	5	17	25	26	25
로봇자동화과	61	80	96	113	108	82	75	75			15
로봇전자과											17
멀티미디어과	23										
메카트로닉스과	264	373	392	507	575	469	428	495	407	405	394
모바일정보통신과					59	64	53	50	65	9	1
미디어콘텐츠과	42	87	65	76	25	22	22	23	26	26	25
바이오나노소재과			17	16	18	29	33	41	30	32	42
바이오배양공정과	39	29	28	29	28	32	32	26	33	29	34
바이오생명정보과	36	26	31	30	28	31	26	27	34	31	41
바이오식품분석과	32	35	23	27	28	36	25	31	23	37	42
바이오의약분석과										37	24
바이오품질관리과	29	34	26	30	26	29	27	37	28	30	28
반도체CAD과	47	56	47	47	31	22	31	56	53		
반도체공정장비과										31	36
반도체디스플레이과	19	18	24	22	29	33	29	25	28	29	30
반도체설계과										49	46
반도체소재응용과										50	45
반도체시스템과	49	59	61	60	44	69	72	67	56	64	49
반도체융합SW과										40	28

학과 \ 연도	'13년 실적	'14년 실적	'15년 실적	'16년 실적	'17년 실적	'18년 실적	'19년 실적	'20년 실적	'21년 실적	'22년 실적	'23년 실적
반도체장비설계과										33	42
반도체전기시스템과										52	62
반도체품질측정과										42	40
발전설비과						28	25	34	43	43	48
방송미디어과											50
방송영상과						23	19	28	33	25	23
빌딩자동화과	24	21	24								
산업디자인과	143	166	151	155	110	122	101	112	101	112	92
산업설비과					26	28	24	21	30	25	16
산업설비자동화	365	378	463	499	447	445	391	423	442	422	381
산업융합디자인과					43	35					
산업잠수과	25	18	33	31	26	26	23	21	26	28	26
스마트금형과											64
생명의약분석과			25	35	28	25	24	29	32		
생활제품디자인과										8	
소프트웨어융합디자인과											
스마트IoT과											
스마트기계정비과										62	33
스마트로봇자동화과									66	54	56
스마트소프트웨어과			24	23	16	29	55	82	65	25	37
스마트시스템제어과				37	58	48	49	61	48	2	
스마트융합금형과										57	52
스마트융합설비과											
스마트융합제어과							54	51	40	47	35
스마트자동화과											47
스마트자동화										49	
스마트자동화시스템과							19	28	21	31	22
스마트재료과											
스마트전기과		158	251	276	256	244	240	307	297	275	280
스마트전기자동차과											30
스마트전기전자과		93	93	81	85	91	80				
스마트전자과		76	77	139	144	144	193	182	185	173	137
스마트전자제어과									28		
스마트정보통신과		17	16	14	14	19				67	68
스마트제어과											
스마트제품디자인과								20	21	22	16
스마트패션디자인과											30

연도 학과	'13년 실적	'14년 실적	'15년 실적	'16년 실적	'17년 실적	'18년 실적	'19년 실적	'20년 실적	'21년 실적	'22년 실적	'23년 실적
스마트팩토리과							23	29	28	57	63
스마트패션소재과										13	13
스마트팩토리ICT융합과											43
스마트표면처리과										12	19
스마트환경시스템과										32	28
시각디자인과	20				53	73	67	86	77	89	72
시스템제어정비과	40	48	46	2							
신소재응용과	201	209	224	247	232	219	235	226	202	182	152
에너지산업설비과											
에너지환경과	23	21	26	27	29	28	34	29	26		
영상그래픽과	31	26	26	25	22	16	28	20	14	21	26
영상디자인과							24	27	27	29	30
영상매체과	24	24	23	23	21						
유비쿼터스시스템과	30	28	25	30	21						
유비쿼터스통신과	78	96	95	84	2						
융합기계과											
융합디자인과							12	16	33	17	15
의료공학과									1	16	13
의료정보과						21	22	23	25	34	26
의생명정보과					23						
의생명동물과	25	30									
인공지능소프트웨어과											
인터넷미디어과	43										
자동제어시스템과											
자동차과	268	235	284	295	279	277	281	302	289	290	281
자동차금형과	16										
자동차기계과	20	41	48	65	54	60	44	52	44	47	28
자동차융합기계과											
자동화시스템과	275	235	256	250	255	257	221	217	192	177	168
지능기계시스템과											
전기계측제어과	333	168									
전기과	314	305	415	472	456	400	442	409	500	448	498
전기에너지과		102	111	109	122	118	140	117	118	94	99
전기에너지시스템과	65	56	55	53	59	74	57	76	57	51	56
전기전자제어과							116	122	119	87	92
전자과	187	66	78	70	61	111	62	49	57	59	36
정보보안과											

학과 \ 연도	'13년 실적	'14년 실적	'15년 실적	'16년 실적	'17년 실적	'18년 실적	'19년 실적	'20년 실적	'21년 실적	'22년 실적	'23년 실적
정보통신과						98	90	99	84	57	73
전자정보통신과		55	51	55	49	63	32	52	62	57	57
정보통신시스템과	241	260	296	278	359	295	201	210	155	171	82
정보통신홈네트워크과	44										
조선기계과	21	18	23	25							
조선선체의장과	21	17									
조선설계과	17	14	15	15							
조선전기제어과	9	15	23								
조선해양설비과	24	17									
주얼리디자인과	58	53	50	52	47	48	34	41	39	34	28
커뮤니케이션디자인과	51	70	68	64	16						
컴퓨터응용금형과	285	156									
컴퓨터응용기계과	616	636	613	632	604	627	507	495	472	289	275
컴퓨터응용기계설계과	130	126	143	174	180	177	184	176	155	138	124
컴퓨터정보과	138	86	97	87	89	98	90	74	101	69	3
텍스타일디자인과									13		
텍스타일컬러디자인과	27	22	18	25		21	18	24			
통신전자과	48	47	54	35	23	9	10	18			
패브릭디자인과	19										
패션디자인과	70	77	77	76	81	90	56	72	71	19	
패션마케팅과	22	19	21	30	25	28	22	13	23	15	
패션메이킹과	66	81	88	86	32	22	26	20			
패션산업과					24	23	19	25	19	23	23
패션소재과		24	18	16	21	15	20	26	22		
하이테크소재과		19	19	22	16	15	12				
헬스케어전자과							21	27			
항공기계과	61	55	48	69	58	51	58	46	49	68	73
항공메카트로닉스과	58	55	65	47	54	52	53	63	52	53	51
항공전기전자정비과											66
항공전기과	27	28									
항공전기제어과									64	51	
항공전자과	30	33	26	20	35	36	32	19	38	36	
항공정보통신과	19	23									
항공정비과	31	27	25	27	26	26	32	32	30	31	63
항공제어시스템과			53	55	54	53	54	57			

※ 양성실적은 연도별 2월 졸업생 수 기준임

📍 전문기술(하이테크포함)과정 (단위: 명)

연도 학과	'13년 실적	'14년 실적	'15년 실적	'16년 실적	'17년 실적	'18년 실적	'19년 실적	'20년 실적	'21년 실적	'22년 실적	'23년 실적
계	5,336	5,445	4,942	5,123	5,528	4,771	4,667	4,582	4,244	4,092	3,687
AI소프트웨어과	·	·	·	·	·	·	·	·	·	·	·
AI융합과										18	28
AI융합기계과											6
AI융합전자과	·	·	·	·	·	·	·	·	·	·	·
AI자동화과											18
AI전자과											18
IoT소프트웨어과											6
AI엔지니어링과										19	17
CAD&모델링과	20	29	30	30	26	26	18	·	·	·	·
3D제품설계과								20	20	16	
ICT산업설비과								38	45	35	
ICT응용제어과					18						
IoT정보보안과								19	18	16	19
IT융합과										6	
IT융합제어과						25	20	17	20	11	6
SW융합시스템진단과											10
LCD반도체시스템과	28	28									
LED응용전자과	77	86	59	27							
SG전기전자제어과	26	27	31	29	29						
VR미디어콘텐츠과								17	18	18	18
건축과					28	20	28	22	18	13	16
건축시공과	23	24	28	27							
관광산업과	25	25	27	29							
광고디자인과	138	141	53	84	83	79	81	71	71	63	54
광고문화콘텐츠과			56								
광전자과	54	61	64	53							
귀금속모델링과									21	18	16
그린반도체설계과	·	·	·	·	·	·	·	·	·	·	·
그린반도체시스템과	·	·	·	·	·	·	·	·	·	·	·

학과 \ 연도	'13년 실적	'14년 실적	'15년 실적	'16년 실적	'17년 실적	'18년 실적	'19년 실적	'20년 실적	'21년 실적	'22년 실적	'23년 실적
그린에너지기계과	23	20	29	27	24	·	·	·	·	·	·
그린에너지설비과	30	26	28	29	28	56	59	53	49	49	43
글로벌마케팅과	·	·	·	·	·	·	12	14	17	23	16
금형가공시스템과	·	·	·	·	·	·	·	·	·	·	55
금형디자인과	82	89	61	86	85	64	49	52	10	·	·
기계시스템과	19	48	53	102	123	78	72	57	88	63	102
기계시스템디자인과	·	·	·	·	·	·	·	·	·	·	8
농생명바이오시스템과	·	·	·	·	·	·	·	·	·	·	·
냉동기계과	62	·	·	·	·	·	·	·	·	·	·
데이터분석과	·	·	·	·	·	·	·	·	18	18	19
데이터융합SW과	·	·	·	·	22	17	34	45	31	54	38
도장과	54	57	·	·	·	·	·	·	·	·	·
드론운용정비과	·	·	·	·	·	·	16	·	·	·	·
드론전자과	·	·	·	·	·	·	43	34	26	30	15
로봇시스템과	·	·	·	·	·	·	·	·	·	·	41
디스플레이인쇄과	54	58	26	57	·	·	·	·	·	·	·
디스플레이전자과	21	27	·	·	·	·	·	·	·	·	·
디자인모델링과	28	29	·	·	·	·	·	·	·	·	·
디지털융합제어과	·	·	·	·	·	·	·	·	·	·	·
디지털전자제어과	25	·	·	·	·	·	·	·	·	·	·
디지털콘텐츠과	·	·	·	·	40	·	·	·	·	·	·
로봇전자과	·	·	·	·	·	·	·	·	52	46	·
로봇특수용접과	·	·	·	·	·	·	·	·	24	38	29
멀티미디어과	28	22	24	29	·	·	·	·	·	·	·
메카트로닉스과	·	·	28	21	45	50	61	40	24	23	17
메타버스콘텐츠과	·	·	·	·	·	·	·	·	·	·	·
모바일정보통신과	·	·	·	21	16	13	13	20	·	·	·
모바일콘텐츠과	28	29	29	27	·	·	·	·	·	·	·
미디어콘텐츠과	26	24	27	27	25	23	26	29	28	21	20
바이오융합시스템과	·	·	·	·	·	·	·	·	19	·	·
바이오의약시스템과	·	·	·	·	·	·	·	·	·	18	20
반도체시스템과	·	·	·	·	·	·	·	11	·	·	·

연도 학과	'13년 실적	'14년 실적	'15년 실적	'16년 실적	'17년 실적	'18년 실적	'19년 실적	'20년 실적	'21년 실적	'22년 실적	'23년 실적
반도체소재응용과										15	15
반도체표면처리과				27	28	11	16	15			
발전설비과		84	84	83	89	54	56	60	53	26	53
비파괴검사과	30	32	30						20	25	
사이버보안과											
산업디자인과	52	57	79	74	45	34	18	17	10	9	7
산업설비과	795	798	697	699	633	495	435	395	354	307	174
산업설비자동화과	84	89	59	53	78	79	57	83	33	32	21
생명의료시스템과					24	17	32	21	19	17	19
생명정보시스템과				14	11	15	20	20	19	18	20
생산자동화과	113	112	113	55	57	50					
석유화학공정과									20	106	80
소방시스템과											
소프트웨어융합과											
소프트웨어융합디자인과											19
설비진단과				28	32	28	24	24			
수자원관리과	29	32	20	19	21	28	29				
스마트금융과							18	23	17	23	22
스마트금형과										6	5
스마트기계설계제작과											26
스마트로봇자동화과										10	
스마트물류과									6	14	15
스마트설비과											
스마트소프트웨어과						17	20	22	25	22	22
스마트승강기시스템과										19	18
스마트융합설비과											14
스마트융용기계과											33
스마트융합금형과									44	30	
스마트융합제어과									18	6	
스마트자동차과								15	70	68	59
스마트자동화과							20	32	69	62	94
스마트제조기계설계과											

학과 \ 연도	'13년 실적	'14년 실적	'15년 실적	'16년 실적	'17년 실적	'18년 실적	'19년 실적	'20년 실적	'21년 실적	'22년 실적	'23년 실적
스마트재료과	·	·	·	·	·	·	·	·	·	·	14
스마트자동화시스템과							21	17	14		
스마트전기과	·	93	214	264	251	227	217	236	216	220	195
스마트전기자동차과										50	73
스마트전기에너지과							21	20	18	15	17
스마트전기자동화과									10		
스마트전기전자과	52	58	27	61	54	50					
스마트전자과	·	·	26	150	178	128	170	153	88	81	59
스마트전자제어과	·	79	83	81	51	47	42	44	36	22	20
스마트정보통신과									15	22	13
스마트제어과											20
스마트제품디자인과							19	27	17	14	
스마트패션디자인과										12	16
스마트패션소재과										10	15
스마트팩토리과									19	13	26
스마트표면처리과									28	15	10
시각디자인과											18
시각정보디자인과	·	·	·	26	25	22	27	28	24	26	·
신소재응용과	28	31	28	31	77	25	15				
신재생전기에너지과	47	53	56	57	61	54	54	59	46	50	·
신제품개발과			29	28	27	29	20				
실내건축디자인과	24	23	24	22	24	21	25	23	21	19	25
에너지설비과	·	·	·	·	·	51	47	52	70	78	47
에너지화학공정과								47	95	71	75
영상디자인과	·	·	·	·	·	27	21	32	28	29	20
외식조리과								46	19	29	21
융합기계과											15
융합산업설비과											79
유비쿼터스통신과	27	26									
융합디자인과					27	24	25	27	23	26	·
응용소프트웨어과				21							
의료공학과	·	·	·	·	·	54	51	46	44	45	35

학과 \ 연도	'13년 실적	'14년 실적	'15년 실적	'16년 실적	'17년 실적	'18년 실적	'19년 실적	'20년 실적	'21년 실적	'22년 실적	'23년 실적
이차전지시스템과											
이차전지융합과											22
인공지능소프트웨어과											18
인공지능과											
인공지능SW융합과											
의용공학과	57	60	58	57	54						
인쇄디자인과					48	41	35	38	20		
임베디드시스템과					21	13	35	17	16	17	24
자동제어시스템과											26
자동차과	480	473	423	478	490	454	396	331	241	202	152
자동차기계과							10				
자동차도장과							32	27	27	24	17
자동화기계정비과											42
자동화과	54	55	57								
자동화시스템과	78	83	85	167	251	278	334	311	257	220	95
전기과	124	140	150	147	159	135	131	150	137	135	130
전기시스템제어과											52
전기에너지과									14	17	18
전기에너지시스템과	24	28	27	29	23	15	21	36	38	42	44
전기자동차과											
전기전자제어과						19	25	23	34	29	24
전기제어과	648	569	325	325	415	399	397	413	350	328	311
전기통신과								14	12	12	
전자과					56	28	25	27	23	26	8
전자기술과					50	29					
전자정보통신과					20	23	16	21	15	13	
전자제어과					26	29	25	29	26	27	20
전자통신과	214	157	133	33	28	30	27				
전통식품조리학과	49	52									
정보보안과					29	17	18	20	23	22	24
정보통신ICT과								27	27	25	24
제철화학품질검사과											22

학과 \ 연도	'13년 실적	'14년 실적	'15년 실적	'16년 실적	'17년 실적	'18년 실적	'19년 실적	'20년 실적	'21년 실적	'22년 실적	'23년 실적
주얼리가죽공예과	·	·	·	·	·	·	·	·	·	·	23
정보통신과	·	·	·	·	·	·	9	·	·	·	·
정보통신시스템과	·	·	24	18	62	47	49	57	32	20	·
증강현실시스템과	·	·	·	·	·	·	·	·	17	20	21
지능형기계과	·	·	·	·	·	·	·	·	24	23	21
조리과	·	·	53	52	45	46	41	·	·	·	·
주얼리디자인과	52	54	50	52	26	46	43	43	19	22	·
천연염색산업과	·	·	·	·	·	·	·	·	·	22	9
출판편집디자인과	31	30	43	51	48	44	44	40	43	47	43
칼라응용도장과	·	·	58	56	52	·	·	·	·	·	·
컬러응용도장과	·	·	·	·	·	40	·	·	·	·	·
컴퓨터응용기계과	1,127	1,086	979	908	902	696	616	600	475	390	184
컴퓨터응용기계설계과	29	30	58	62	58	53	58	58	23	15	11
컴퓨터정보과	·	·	·	·	·	·	17	·	·	·	·
콘텐츠디자인과	29	29	27	26	56	52	52	55	48	27	21
탄소융합신소재과	·	·	·	·	·	·	·	·	·	12	13
태양광전기제어과	42	43	45	52	·	·	·	·	·	·	·
특수용접과	60	57	32	58	62	60	29	29	28	26	28
패션디자인과	·	·	·	·	16	18	14	21	18	·	·
패션마케팅과	·	·	·	·	11	11	·	·	·	·	·
표면기술응용과	·	·	28	·	·	·	·	·	·	·	·
표면처리과	86	82	65	54	57	36	33	34	·	·	·
하이테크소재과	·	·	·	·	·	·	7	11	17	·	·
항공MRO과	·	·	·	·	·	·	·	·	·	16	18
해양설비과	·	·	·	·	54	47	51	·	·	·	·
호텔관광과	·	·	·	·	24	27	25	27	25	21	22

※ 양성실적은 연도별 2월 졸업생 수 기준임

● 기능장과정

(단위: 명)

학과 \ 연도	'13년 실적	'14년 실적	'15년 실적	'16년 실적	'17년 실적	'18년 실적	'19년 실적	'20년 실적	'21년 실적	'22년 실적	'23년 실적
계	242	250	235	235	233	176	168	200	167	168	185
기계시스템과	22	25	21	22	25	21	37	58	55	56	33
스마트자동차과											20
자동차과	106	122	110	110	111	57	62	73	56	50	55
전기과	45	45	44	41	43	37	30	43	36	44	36
전기에너지시스템과	23	20	17	18	23	22	19	26	20	18	22
지능기계시스템과											19
컴퓨터응용기계과	46	38	43	44	31	39	20				

※ 양성실적은 연도별 2월 졸업생 수 기준임

📍 **한국기술교육대학교 직업능력개발훈련교사 및 담당자 정규·양성과정(연도별, 학과별) 실적**

(단위: 명)

연도/학과		계	기계공학	메카트로닉스	전기전자통신	컴퓨터	디자인·건축	에너지신소재화학	산업경영	고용서비스
2000	실적	2,740	500	638	843	-	356	234	169	-
2001	실적	3,261	517	713	965	-	406	314	346	-
2002	실적	3,736	585	722	1,107	-	441	379	502	-
2003	실적	4,137	559	817	1,058	189	451	425	638	-
2004	실적	4,526	602	869	1,059	322	462	472	740	-
2005	실적	5,053	681	916	1,121	460	497	502	876	-
2006	실적	5,146	699	906	1,047	586	463	514	931	-
2007	실적	5,398	756	905	1,087	674	479	520	977	-
2008	실적	5,511	777	906	1,100	699	486	520	1,023	-
2009	실적	5,631	831	926	1,130	736	488	521	999	-
2010	실적	5,685	872	947	939	939	505	523	960	-
2011	실적	5,714	915	937	938	892	541	523	968	-
2012	실적	4,164	637	653	676	651	434	384	729	-
2013	실적	4,228	654	660	674	666	415	422	737	-
2014	실적	4,497	699	720	728	679	447	505	719	-
2015	실적	4,437	700	714	744	668	399	506	706	-
2016	실적	4,209	672	675	721	652	419	465	605	-
2017	실적	4,193	693	696	694	643	400	486	581	-
2018	실적	4,045	666	659	672	594	390	476	588	-
2019	실적	4,021	622	686	656	597	407	469	584	-
2020	실적	3,847	597	648	611	577	397	456	561	-
2021	실적	3,743	574	608	637	595	390	406	533	-
2022	실적	3,761	596	589	622	607	378	413	522	36
2023	실적	3,750	557	623	619	642	369	399	480	61

한국기술교육대학교 능력개발교육원 연수실적

(단위: 명)

교육훈련과정		기간	교육훈련실적				계
			'98~'20	'21	'22	'23	
총 계			300,724	90,380	91,822	83,010	565,997
직업훈련교원 교직향상교육	소 계		195,457	72,634	70,500	60,656	401,492
	교직훈련과정	4주	15,957	1,298	1,201	1,351	19,919
	신중년 교직훈련과정	6주	934	509	560	529	2,518
	향상훈련과정	2주	3,244	239	212	210	3,914
	교직분야 보수교육	2일	62,519	70,588	68,527	58,566	262,338
	직업능력개발 훈련교사 NCS활용연수	2일	112,803	-	-	-	112,803
직업훈련교원 전공향상교육	소 계		105,267	17,746	21,322	22,231	164,382
	전공)분야 보수교육 (전공+신기술)	2일	95,223	16,836	20,430	21,448	151,780
	직업계고 현장직무훈련	2주~ 6개월	8,981	891	873	752	11,463
	교원신기술 향상연수	1주	373	-	-	13	386
	해외전문가 초빙	1주	479	10	9	9	514
	스타훈련 교사운영	-	211	9	10	9	239
K-DT 강사 아카데미 ('23년부터)		3주~ 10주	-	-	-	123	123

6 국가기술자격제도

가. 국가기술자격제도의 개념 및 기능

국가기술자격제도란 '국가가 산업현장에서의 직무수행에 필요한 지식이나 기술(skill)의 습득정도를 일정한 기준과 절차에 따라 평가·인정하는 제도'를 말한다.

국가기술자격은 근로자 또는 근로자가 되려는 자의 직무수행능력의 수준(level)과 분야(type)를 객관적으로 나타내주는 신호(signal)로서 기능을 하고 있으며, 이는 구직자와 구인자 간에 직무수행 능력에 대한 평가가 달라 스킬 미스매치(Skill Mismatch)가 발생하는 문제 해소에 도움을 주고 있다. 예를 들어, 구직자는 자신의 직무수행능력을 과대평가하고, 구인자는 구직자의 직무수행능력을 과소평가하는 것을 해소하는 것이다.

둘째로, 기업의 인사관리를 위한 선별기능을 하고 있다. 기업이 근로자의 인사관리(채용, 승진, 전보, 보수 등)를 함에 있어 국가기술자격을 선별장치(screening device)로 활용하고 있다. 특히, 자체적인 인사관리 인프라가 부족한 중소기업의 경우 근속 연수나 학력중심의 인사관리에서 능력중심의 인사관리로 전환함에 있어 국가기술자격을 활용하고 있다.

셋째로, 근로자의 직업능력개발 촉진 및 경력경로개발 지원기능을 하고 있다. 기업에서의 보상과 연결되는 국가기술자격의 취득을 위하여 근로자가 직업훈련을 통해 직무수행 능력을 습득·향상토록 유인(guide)하는 기능이다. 즉 근로자가 국가기술자격의 수직적 등급체계를 통해 경력을 개발할 수 있도록 지원하는 기능을 한다. 특히, 별도의 경력경로개발이 어려운 중소기업의 경우 국가기술자격을 소속 근로자의 경력경로 개발에 활용할 수 있다. 이는 재직근로자에 대한 미래비전(경력경로 구축) 부족이 중소기업 근무 기피의 원인 중 하나로 작용하는 문제를 해소하는 데도 도움을 준다.

나. 국가기술자격제도의 구성

국가기술자격의 틀(framework)은 직무수행능력을 평가하기 위해 어떤 분야에 어느 수준의 능력을 평가하고자 하는지를 정하는 것이다. 등급체계(직무수행능력 수준의 수직적 위계, skill level), 분류체계(직무수행의 횡적 분야, skill type), 종목의 신설·통합·폐지, 시험 응시요건, 국가와 민간의 역할을 구분한다.

● 국가기술자격의 틀

skill level					
	기술사				
	기능장				
	기사	-----▶	종목(용접기사)		
	산업기사				
	기능사				
		기계제작	용접	전기	········ skill type

※ 2021년 기준 5등급(level), 26개 직무분야, 546종목 운영 중

    또한, 검정의 운영은 평가분야 및 수준별로 이루어진 자격종목에 대한 시험을 실시하고 자격 취득자를 배출하는 것이다. 자격종목별 시험문제의 출제·시험시행·채점, 합격자에 대한 관리(증서 발급 등) 등이다.
    자격의 활용은 취득한 자격이 국내·외 노동시장에서 활용되도록 하는 장치이다. 국내에서의 활용(국가기술자격취득자의 의무고용, 면허취득요건 등), 국외에서의 활용(국가 간 협약을 통한 자격상호인정 등) 및 불법적인 자격활용에 대한 모니터링 등을 말한다.
    자격제도 인프라는 자격의 틀, 검정의 운영 등 국가기술자격제도의 운영에 토대가 되는 것으로 산업현장의 기술 변화, 노동시장의 수요변화 등 주변 환경의 변화를 파악하여 피드백하는 것을 말한다. 국가직무능력표준(산업현장의 직업수행능력 요소를 표준화한 것), 각종 자격통계, 자격 정보체계(Q-Net) 등을 말한다.

다. 국가기술자격제도 관리·운영 현황

    1973년부터 1980년대까지 국가기술자격제도를 확립·강화하여 기술자격 통합관리를 시도함으로써 부처별로 분산 관리되던 기술·기능분야 자격을 체계화하여 왔다. 1990년대에 들어와서는 1997년 자격기본법 제정을 통해 민간자격의 신설·관리·운영을 법적으로 명시하고, 우수민간자격에 대한 국가공인제도를 도입하여 국가자격에 준하는 공신력을 인정하는 등 국가기술자격제도가 관장하던 분야와 관리기능에 대한 국가와 민간의 역할분담을 시도하였다.
    또한, 2000년대에는 자격검정업무 민간위탁 확대의 법적 근거를 마련하고, 기술자격제도 심의위원회를 국가기술자격정책심의위원회로 확대개편하였다. 산업계 중심의 전문위원회를 구성하고, 산업수요 변화에 따라 자격종목의 정비를 계속 추진하는 등 산업구조의 고도화와 수요자 참여확대에 부응하기 위해 국가기술자격제도를 개편하였다.

국가기술자격제도를 중장기적 비전과 계획에 따라 체계적으로 운영하기 위해 수립한 「제3차 국가기술자격제도발전 기본계획('13년~'17년)」에 따라 국가기술자격을 통한 현장 맞춤형 기술인재 배출과 열린고용, 사회통합 및 평생능력개발 촉진을 위해 노력하였다.

또한 지난 제3차 기본계획의 발전적 개선과 4차 산업혁명 도래에 따른 직업능력과 노동시장 변화에 맞춰 자격제도 차원의 적극적인 대응을 위해 「제4차 국가기술자격제도발전 기본계획('18~'22)」을 수립하였다. 제4차 기본계획에서는 '실무능력 중심의 자격 취득 혁신', '현장성 제고를 통한 신호기능 확보', '자격의 사회적 위상 강화', '제도발전을 위한 인프라 정비' 등 4개 분야를 중점과제로 선정하여 이행을 추진 중이다.

1) 자격의 유형

우리나라의 자격제도는 시행주체별로 국가자격과 민간자격으로 구분할 수 있다. 국가자격은 「국가기술자격법」에 의한 국가기술자격과 개별 법령상의 국가전문자격으로 구분할 수 있고, 민간자격은 등록자격과 국가가 공신력을 인정한 공인자격, 그리고 기업이 소속 근로자의 특정기술 습득수준을 인증하기 위한 사업 내 자격으로 구분할 수 있다.

◎ 우리나라 자격의 유형('23.12.31. 기준)

구 분		종목 수	관련법	관계부처	자격종류(예)
국가자격	국가기술자격	548개	국가기술자격법 (고용노동부)	부처·청·위원회	기술사·기능장·기사·산업기사·기능사, (서비스)1·2·3등급
	국가전문자격	205개 (직종)	개별법령 (부처·청·위원회)	부처·청·위원회	변호사(변호사법) 의사(의료법), 공인노무사 등
민간자격	공인자격*	95개 (직종)	자격기본법 (교육부, 고용부)	부처·청·위원회	신용관리사, 실용한자, 인터넷정보검색사, TEPS 등
	등록자격*	51,830개	자격기본법 (교육부, 고용부)	부처·청·위원회	병원코디네이터, 결혼상담사, 증권분석사 등
	사업주자격	244개	고용보험법 (고용노동부)	고용노동부	디지털마스터, 고객상담사 등

* 한국직업능력연구원 위탁 시행

그중 국가기술자격은 2023년 12월 말 기준 총 548개 종목으로 운영되며, 크게 기술·기능 분야 515개 종목과 서비스 분야 33개 종목으로 구분된다. 기술·기능 분야는 기술사·기능장·기사·산업기사·기능사의 5등급으로 구성되며, 서비스 분야는 단일등급 또는 1~3등급으로 구성된다.

● 우리나라 국가기술자격 등급 체제('22.12.31. 기준)

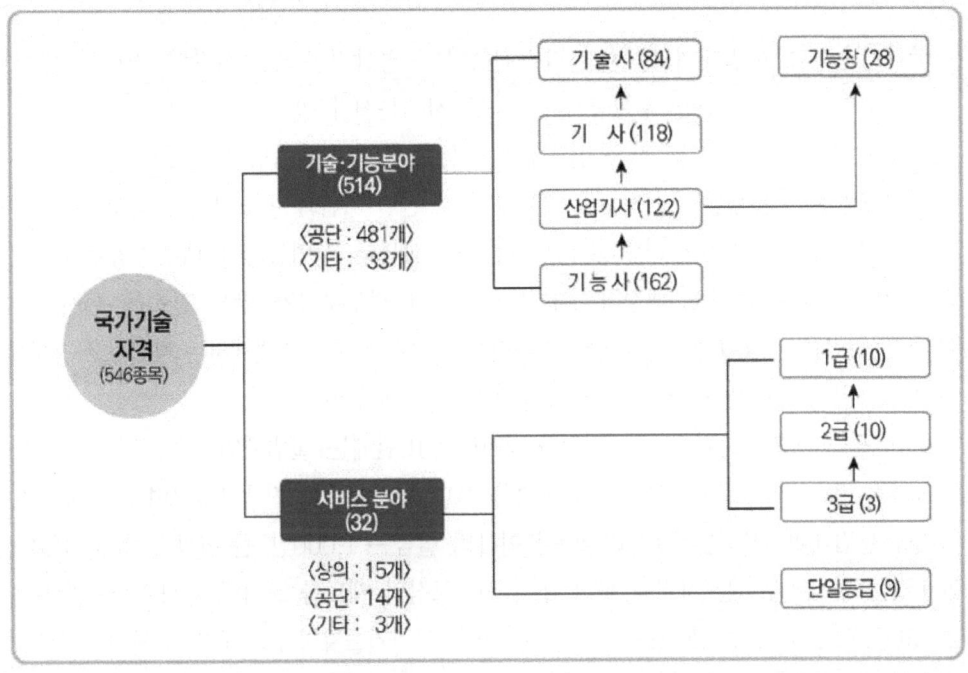

2023년의 경우 기술사 1,376명, 기능장 7,646명, 기사 145,304명, 산업기사 59,554명, 기능사 381,561명, 서비스 분야 130,014명 등 총 725,455명이 자격검정에 합격하였고, 1975년부터 2023년까지 국가기술자격을 취득한 총 인원은 33,434,707명이다.

분야별 국가기술자격취득자 비율은 기술·기능 분야 57.1%, 서비스 분야 42.9%를 차지한다. 기술·기능 분야 자격취득자의 등급별 분포는 기술사 0.3%, 기능장 0.4%, 기사 13.3%, 산업기사 12.1%, 기능사 73.9%이다.

2) 국가기술자격의 운영체계

국가기술자격제도 관리체계를 보면 제도 총괄관리(국가기술자격법 등 법령개정, 제도설계, 국가기술자격 정책심의회 운영 등)는 고용노동부가 담당하고, 소관 산업 관련 자격활용(의무고용, 채용우대, 면허 등), 종목의 신설·통합·폐지 등은 종목별 소관부처가 담당하고 있다.

국가기술자격의 주요 부처는 국토교통부(116), 고용노동부(98), 산업통상자원부(97), 과학기술정보통신부(65), 해양수산부(22), 식품의약품안전처(22), 환경부(23), 농촌진흥청(17), 농림축산식품부(15), 보건복지부(13) 등이다.

라. 국가기술자격 대여 단속

국가기술자격 불법대여로 인해 자격취득자의 정상적인 고용시장이 침해를 받고, 무자격자의 난립으로 인한 부실공사 등 각종 사회문제가 발생함에 따라 고용노동부는 불법대여 적발사례 분석 및 각종 실태조사를 통해 자격증 단속방안을 마련하였다.

그 일환으로 고용부는 주기적으로 정부부처 및 관련 기관과 협조체계를 구축하여 정부 합동 일제단속을 실시한다. 지난 2019년에는 국토교통부, 산업통상자원부, 해양수산부 등 최근 2년간 자격 대여로 행정처분이 발생한 9개 정부부처와 함께 단속을 실시했다. 한국산업인력공단, 대한상공회의소 및 기술인·공사협회 등 유관기관에서는 자진신고 창구를 운영하고 일제 단속을 안내하는 등 지원 업무를 수행하였다.

또한 관련 국가기술자격법령 개정을 통해 2010년에는 불법대여 의심 자료 확보와 단속권을 명료화함으로써 정부 일제 단속을 보다 효과적으로 진행하였으며 2014년에는 자격증 불법대여 벌칙을 강화(500만 원 이하의 벌금 → 1,000만 원 이하의 벌금)하였다. 2015년 1월 1일부터는 자격증 불법 대여 신고포상금 제도를 도입하여 시행하고 있으며 2016년 1월 27일 법 개정('16.4.28. 시행)을 통해 국가기술자격 1회 대여 시 자격을 취소할 수 있도록 하였다.

◆ 〈참고〉 국가기술자격의 취소 및 정지기준(국가기술자격법 시행규칙 별표18)

위반행위	근거법조항	행정처분기준
1. 거짓이나 그 밖의 부정한 방법으로 국가기술자격을 취득한 경우	법 제16조 제1항제1호	자격취소
2. 법 제15조제1항을 위반하여 업무를 성실히 수행하지 않거나 품위를 손상시켜 다음 각 목의 구분에 따라 공익을 해치거나 다른 사람에게 손해를 입힌 경우 가. 다른 사람에게 손해를 입혀 금고 이상의 형을 선고받고 그 형이 확정된 경우 나. 다른 사람에게 손해를 입혀 벌금 이하의 형을 선고받고 그 형이 확정된 경우 다. 그 밖에 업무를 성실히 수행하지 않거나 품위를 손상시켜 공익을 해치거나 다른 사람에게 손해를 입힌 경우	법 제16조 제1항제2호	자격취소 자격정지 2년 자격정지 1년
3. 법 제15조제2항을 위반하여 국가기술자격증을 다른 사람에게 빌려준 경우	법 제16조 제1항제3호	자격취소

한편, 자격취득자 및 검정 응시자에게 국가 및 민간자격에 대한 체계적인 자격정보를 제공하기 위해 자격정보망(Q-Net)에 국가자격 및 공인민간자격 등의 수행직무, 자격취득 후 진로·전망 등에 대한 정보를 확충하였다. 자격관련 훈련과정 등 질적정보 제공을 위해 '자격정보망(Q-Net)'에서 자격종목별로 훈련정보(HRD-Net)와 취업정보(Work-Net)를 One-Stop으로 제공하기 위한 정보연계를 구축·운영중이다.

주무부처별·등급별 종목 현황('23.12.31. 기준)

(단위: 종목)

직무분야별 \ 등급별	총계	기술·기능분야					서비스분야			
		기술사	기능장	기사	산업기사	기능사	1급	2급	3급	단일
총 계	548(13)	84(2)	29	118(4)	121(3)	163(3)	10	10	3	10(1)
1. 식품의약품안전처	22(4)	1(1)	2	1(2)	8	10(1)	-	-	-	-
2. 통계청	3	-	-	1	-	-	1	1	-	-
3. 과학기술정보통신부	65(1)	21	1	15(1)	14	13	-	-	-	1
4. 국방부	3	-	-	1	1	1	-	-	-	-
5. 행정안전부	4	-	-	2	1	1	-	-	-	-
6. 경찰청	6	1	-	2	2	1	-	-	-	-
7. 소방청	10	1	1	3	4	1	-	-	-	-
8. 문화체육관광부	15	-	1	1	2	4	1	1	-	5
9. 농림축산식품부	14	2	-	5	3	4	-	-	-	-
10. 농촌진흥청	17	3	-	5	4	5	-	-	-	-
11. 산림청	10	1	-	3	2	4	-	-	-	-
12. 산업통상자원부	99(4)	12	5	30	24(3)	25(1)	1	1	-	1
13. 보건복지부	13(1)	-	2	1	1	7	1	1	-	(1)
14. 환경부	23(2)	7(1)	-	9(1)	6	1	-	-	-	-
15. 기상청	3	1	-	2	-	-	-	-	-	-
16. 고용노동부	99	6	11	10	20	36	5	5	3	3
17. 국토교통부	118	23	5	20	24	46	-	-	-	-
18. 해양수산부	22(1)	5	1	7	5	4(1)	-	-	-	-
19. 공정거래위원회	2	-	-	-	-	-	1	1	-	-

* ( )는 공동소관 종목으로 타 부처 종목으로 집계된 종목 수
 - 토양환경기술사·기사: 농림축산식품부, 환경부
 - 국제의료관광코디네이터: 보건복지부, 문화체육관광부
 - 전자계산기제어산업기사, 사무자동화산업기사: 과학기술정보통신부, 산업통상자원부
 - 수산제조기술사·기사: 해양수산부, 식품의약품안전처
 - 식육가공기사·식육처리기능사: 농림축산식품부, 식품의약품안전처
 - 컨테이너크레인운전기능사: 국토교통부(항만구역 외), 해양수산부(항만구역 내)
 - 3D프린터운용기능사·3D프린터개발산업기사: 산업통상자원부, 과학기술정보통신부
 - 빅데이터분석기사: 통계청, 과학기술정보통신부

검정형 국가기술자격 응시 및 취득현황

(단위: 명)

구분 등급	자격취득자 총인원 수*	2023년 실적('23년 1월 1일~12월 31일)		
		응시	합격	합격률(%)
총계	31,791,493	3,981,888	725,455	18.2%
기술사	58,252	28,777	1,376	4.8%
기능장	86,447	46,774	7,646	16.3%
기사	2,447,650	899,935	145,304	16.1%
산업기사	1,945,687	371,785	59,554	16%
기능사 (기능사보 포함)	12,937,467	1,698,466	381,561	22.5%
서비스분야	14,315,990	936,151	130,014	13.9%

* 자격취득자 총인원 수: 1975년~2022년 12월 31일 합격자 수 누계(1인 복수자격자 포함)

과정평가형 국가기술자격 응시 현황

(단위: 명)

구분 등급	내부 평가	외부 평가현황		
	교육·훈련생 수	응시	합격	합격률(%)
총계	83,460	68,563	44,213	64.5%
기사	3,866	3,661	2,523	68.9%
산업기사	45,437	38,241	22,440	58.7%
기능사	29,917	22,646	16,865	74.5%
서비스분야	4,240	4,015	2,385	59.4%

* 과정평가형 국가기술자격은 2015년부터 시행, 2023년 12월 31일 기준 누계

숙련기술장려사업

● 대한민국명장·우수숙련기술자·숙련기술장려모범사업체 등 선정현황 (단위: 명)

구분	대한민국명장	우수숙련기술자	숙련기술전수자	숙련기술장려 모범사업체	기능한국인
계	695	700	145	77	202
1986년~ 1990년	26			-	
1991년	41			14	
1992년	24			3	
1993년	17			8	
1994년	23			2	
1995년	28		7	2	
1996년	29		9	4	
1997년	27		7	4	
1998년	27		8	1	
1999년	21		5	2	
2000년	34		6	2	
2001년	29		5	4	
2002년	25		5	4	
2003년	22		6	1	
2004년	22		6	3	
2005년	23		5	3	
2006년	17		5	1	5
2007년	12		5	1	12
2008년	14		5	0	9
2009년	12		4	0	10
2010년	21		5	0	12
2011년	24	22	3	0	12
2012년	26	49	4	1	12
2013년	23	50	4	1	10
2014년	17	50	6	1	12
2015년	17	50	8	1	12
2016년	11	50	4	1	12
2017년	11	47	1	4	12
2018년	7	66	2	2	12
2019년	6	59	1	1	12
2020년	13	46	4	3	12
2021년	11	53	4	0	12
2022년	19	81	6	3	12
2023년	16	77	5	0	12

지방기능경기대회 현황

(단위: 개, 명)

연도	실시직종	참가인원	입상자 계	1위	2위	3위	명장부 입상자
계	2,651	307096	76456	25,869 (134+a)	25,749 (112+b)	24,838 (76+c)	(348)
1966~1985년	732	54,126	10,648	3,567	3,548	3,533	
1986년	51(2)	4,197 (55)	1,037	351 (a)	349 (b)	337 (c)	(26)
1987년	54(6)	5,190 (210)	1,172	404 (33)	395 (27)	373 (13)	(73)
1988년	62(12)	5,435 (395)	1,289	454 (49)	430 (37)	405 (28)	(114)
1989년	58(9)	5,131 (395)	1,282	443 (33)	433 (27)	406 (17)	(77)
1990년	58	4,865 (169)	1,203	408 (19)	408 (21)	387 (18)	(58)
1991년	39	4,269	1,103	376	370	357	
1992년	46	4,859	1,271	426	428	417	
1993년	46	5,111	1,292	432	437	423	
1994년	48	5,556	1,435	483	483	469	
1995년	46	5,947	1,488	499	502	487	
1996년	46	6,182	1,493	501	503	489	
1997년	47	6,376	1,532	517	516	499	
1998년	49	6,779	1,665	558	566	541	
1999년	51	7,441	1,788	603	601	584	
2000년	51	7,442	1,836	600	625	611	
2001년	52	7,346	1,875	642	638	595	
2002년	52	7,366	1,893	653	639	601	
2003년	52	7,448	1,933	671	658	604	
2004년	52	7,705	1,941	654	655	632	
2005년	53	7,861	2,007	674	675	658	
2006년	49	6,791	1,848	620	621	607	
2007년	50	7,183	1,888	638	635	615	
2008년	50	7,877	1,930	649	651	630	
2009년	55	8,905	2,166	727	728	711	
2010년	56	9,878	2,225	747	750	728	
2011년	48	9,034	1,958	658	658	642	
2012년	48	8,825	1,929	647	651	631	
2013년	48	8,468	1,951	656	660	635	
2014년	48	8,352	1,967	662	658	647	
2015년	49	8,271	2,014	672	681	661	
2016년	49	7,593	2,004	671	670	663	
2017년	50	6,755	1,997	676	668	653	
2018년	50	6,172	1,953	660	656	637	
2019년	50	5,758	1,943	658	650	635	
2020년	50	5,530	1,880	650	636	594	
2021년	53	5,357	1,927	672	652	603	
2022년	53	4,986	1,900	666	652	582	
2023년	50	4729	1793	624	613	556	

전국기능경기대회 현황

(단위: 개, 명)

연도	대회별	실시직종	참가인원	입상자 (명장부) 계	1위	2위	3위	개최장소
계		2,652	78,621	10,206(85)	2,808(27)	3,377(30)	4,031(28)	
1966~1985년	1-20	733	15,301	2,192	742	717	733	시·도
1986년	21	51(2)	1,321(23)	145(3)	53(1)	48(1)	44(1)	대구
1987년	22	54(6)	1,355(78)	155(11)	55(3)	50(4)	50(4)	수원
1988년	23	62(12)	1,493(121)	179(25)	61(9)	57(9)	61(7)	대전
1989년	24	58(9)	1,446(133)	171(23)	58(7)	56(8)	57(8)	창원
1990년	25	58	1,321(112)	176(23)	57(7)	59(8)	60(8)	부산
1991년	26	39	937	120	43	36	41	서울
1992년	27	46	1,084	141	48	47	46	광주
1993년	28	46	1,147	145	47	46	52	구미
1994년	29	48	1,319	140	48	48	44	전주
1995년	30	46	1,344	142	46	47	49	인천
1996년	31	46	1,383	139	49	46	44	청주
1997년	32	47	1,398	141	48	45	48	대구
1998년	33	49	1,562	151	52	46	53	춘천
1999년	34	51	1,658	161	54	51	56	수원
2000년	35	51	1,741	159	56	48	55	울산
2001년	36	52	1,769	156	56	50	50	서울
2002년	37	52	1,853	162	54	50	58	전남
2003년	38	52	1,805	159	54	50	55	부산
2004년	39	52	1,828	163	53	53	57	전주
2005년	40	53	1,863	161	54	55	52	대전
2006년	41	49	1,745	154	53	47	54	경남
2007년	42	50	1,796	168	60	50	58	충남
2008년	43	50	1,833	265	51	87	127	경북
2009년	44	55	2,097	295	57	98	140	광주
2010년	45	56	2,151	312	59	104	149	인천
2011년	46	48	1,896	272	51	89	132	충북
2012년	47	48	1,876	271	51	90	130	대구
2013년	48	48	1,884	275	51	91	133	강원
2014년	49	48	1,884	276	51	92	133	경기
2015년	50	49	1,928	285	53	97	135	울산
2016년	51	49	1,916	282	53	93	136	서울
2017년	52	50	1,901	282	54	94	134	제주
2018년	53	50	1,845	284	53	97	134	전남
2019년	54	50	1,847	288	63	95	140	부산
2020년	55	50	1,778	291	52	97	142	전북
2021년	56	53	1,828	319	73	121	125	대전
2022년	57	53	1,797	317	71	111	135	경남
2023년	58	50	1,691	312	64	119	129	충남

국제기능올림픽대회 참가 및 입상 현황

(단위: 개, 명)

연도	대회별	실시직종	참가인원	입상자 계	1위	2위	3위	개최장소
계			1,048	636	339	164	133	
1967년	16	32	9	5	2	1	2	스페인
1968년	17	28	15	8	4	4	-	스위스
1969년	18	28	17	8	2	5	1	벨기에
1970년	19	30	29	13	4	4	5	일본
1971년	20	31	26	11	3	8	-	스페인
1973년	21	33	18	12	6	4	2	서독
1975년	22	31	25	19	8	6	5	스페인
1977년	23	31	28	21	12	4	5	네덜란드
1978년	24	31	31	31	22	6	3	한국
1979년	25	33	33	23	17	5	1	아일랜드
1981년	26	33	31	24	15	6	3	미국
1983년	27	32	32	20	15	2	3	오스트리아
1985년	28	34	33	24	15	6	3	일본
1988년	29	34	34	21	12	6	3	호주
1989년	30	34	32	16	11	2	3	영국
1991년	31	34	32	18	13	2	3	네덜란드
1993년	32	35	32	20	12	3	5	대만
1995년	33	34	33	19	11	5	3	프랑스
1997년	34	37	35	18	11	3	4	스위스
1999년	35	41	36	17	8	7	2	캐나다
2001년	36	45	39	33	21	5	7	한국
2003년	37	42	39	25	11	6	8	스위스
2005년	38	39	39	18	3	8	7	핀란드
2007년	39	47	47	31	13	10	8	일본
2009년	40	45	45	27	16	5	6	캐나다
2011년	41	46	43	27	14	5	8	영국
2013년	42	46	41	26	15	5	6	독일
2015년	43	50	45	27	15	7	5	브라질
2017년	44	51	46	27	9	8	10	아랍에미리트
2019년	45	56	52	16	7	7	2	러시아
2022년	46	61	51	31	12	9	10	한국 등 15개국

V. 여성·장년·장애인 고용

1. 모성보호 지원제도

◉ 출산전후휴가 및 유산·사산휴가 제도

1) 적용범위: 1인 이상 전 사업장
2) 대상
   - 출산전후휴가: 임신 중의 근로자(근속시간·근로형태·직종 등에 관계 없이 부여)
   - 유산·사산휴가: 유산 또는 사산 근로자(근속시간·근로형태·직종 등에 관계 없이 부여)
3) 기간
   - 출산전후휴가: 출산전후를 통하여 90일(다태아 일 경우 120일), 출산 후 45일(다태아일 경우 60일) 보장(위반 시 2년 이하의 징역 또는 2천만 원 이하의 벌금)
   - 유산·사산휴가: 임신기간에 따라 차등(5일~90일) 부여(위반 시 2년 이하의 징역 또는 2천만 원 이하의 벌금)
4) 소득보장: 최초 60일 사업주 부담(유급), 최종 30일 국가재정 및 사회보험
   - 우선지원대상기업 근로자의 경우 90일분 지급(다태아일 경우 120일)
5) 신분보장
   - 휴가기간과 그 후 30일간 해고제한(위반 시 5년 이하의 징역 또는 5천만 원 이하의 벌금)
   - 휴가기간은 소정근로일수 계산 시 출근한 것으로 봄

◉ 출산전후휴가 급여 등 지원

1) 지원대상: 출산전후휴가 종료일 이전 고용보험에 180일 이상 가입된 근로자
2) 지원금액: 출산전후휴가 개시일 기준 통상임금 지급
3) 지원절차

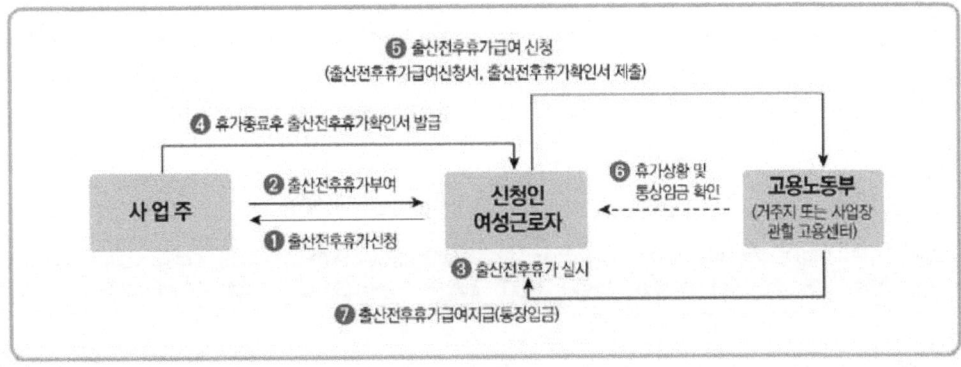

4) 지원현황

(단위: 명, 백만 원)

구 분	인 원	지급액	비 고
2004년	38,541	41,610	월 통상임금 지급 30일간 135만 원 한도
2005년	41,104	46,041	
2006년	48,972	90,886	월 통상임금 기준 - 우선지원대상기업: 90일간 - 대규모기업: 30일간
2007년	58,414	132,412	
2008년	68,610	166,631	
2009년	70,560	178,477	
2010년	75,742	192,564	
2011년	90,290	232,915	
2012년	93,394	241,900	
2013년	90,507	235,105	
2014년	88,756	236,845	
2015년	95,259	259,011	
2016년	90,467	248,034	
2017년	81,708	243,400	30일간 150만 원 한도
2018년	77,062	249,330	30일간 160만 원 한도
2019년	74,095	269,686	30일간 180만 원 한도
2020년	71,943	287,170	30일간 200만 원 한도
2021년	71,330	290,570	
2022년	73,387	302,825	
2023년	72,979	321,191	30일간 210만 원 한도

5) 고용평등 및 모성보호 지도·점검 현황

(단위: 개소, 건)

구분	'11년	'12년	'13년	'14년	'15년	'16년	'17년	'18년	'19년	'20년	'21년	'22년	'23년
점검 사업장	985	1,132	920	854	506	535	555	659	700	400	868	996	1,028
위반 사업장	853	1,107	898	697	394	436	492	555	683	368	814	953	1,017
총위반 건수	4,418	6,521	4,729	2,235	1,154	1,162	1,685	2,129	3,085	1,268	3,198	4,362	6,007
조치 내용	사법조치2 과태료 0	사법조치 2 과태료 4	사법조치 10 과태료 8	사법조치 9 과태료 23	사법조치 7 과태료 7	사법조치 8 과태료 7	사법조치 18 과태료 54	사법조치 14 과태료 84	사법처리 2 과태료 41	사법처리 6 과태료 6	사법처리 5 과태료 16	사법처리 1 과태료 22	사법처리 4 과태료 26

② 직장과 가정의 양립 지원제도

◉ 육아휴직 및 육아기 근로시간 단축제도

1) 적용범위: 1인 이상 전 사업장

2) 대상
   - 임신 중인 여성 근로자(육아휴직만 해당)
   - 만 8세 이하 또는 초등학교 2학년 이하의 자녀(입양한 자녀 포함)가 있는 남·녀 근로자 (당해 사업장 6개월 이상 근무를 요함)

3) 기간: 육아휴직 1년 이내, 육아기 근로시간 단축 1년 이내(육아휴직 미사용기간 가산 시 최대 2년)

4) 신분보장
   - 육아휴직 등을 이유로 한 해고, 기타 불이익 처우 금지 및 육아휴직 등 기간 중 해고 금지(위반 시 3년 이하의 징역 또는 3천만 원 이하의 벌금)
   - 휴직 등 종료 후 휴직 전과 동일한 또는 동등한 수준의 임금을 지급하는 업무로의 복귀(위반 시 500만 원 이하의 벌금)
   - 육아휴직기간은 근속기간에 포함

5) 육아휴직과 육아기 근로시간 단축의 사용형태
   - 육아휴직 2회 분할 사용(임신 중 육아휴직은 분할 횟수에 포함하지 않음)
   - 육아기 근로시간 단축 분할 사용(1회의 기간은 3개월 이상), 단축 후 근로시간이 주 15~35시간 범위 내에서 단축

6) 지원제도
   - 근로자에게 육아휴직급여 및 육아기 근로시간 단축급여 지원(해당 급여제도 참조)
   - 사용자에게 육아휴직 등 장려금 지원, 대체인력 채용 시 대체인력채용장려금 지원

◉ 육아휴직급여 지원

1) 지원대상: 육아휴직 개시일 이전에 피보험 단위기간이 180일 이상인 근로자가 「남녀고용평등과 일·가정 양립 지원에 관한 법률」 19조에 의해 육아휴직을 30일 이상 부여받은 경우

2) 지원금액: 육아휴직 기간 월 통상임금의 80%(상한 150만 원, 하한 70만 원)

3) 지원현황

(단위: 명, 백만 원)

구 분	인 원			지급액	비 고
	계	여성	남성		
2003년	6,816	6,712	104	10,576	월 30만 원
2004년	9,303	9,122	181	20,803	월 40만 원
2005년	10,700	10,492	208	28,242	
2006년	13,670	13,440	230	34,521	
2007년	21,185	20,875	310	60,989	월 50만 원
2008년	29,145	28,790	355	98,431	
2009년	35,400	34,898	502	139,724	
2010년	41,732	40,913	819	178,121	
2011년	58,134	56,732	1,402	276,261	통상임금의 40%
2012년	64,069	62,279	1,790	357,797	
2013년	69,616	67,323	2,293	420,248	
2014년	76,833	73,412	3,421	500,663	
2015년	87,323	82,452	4,871	619,666	
2016년	89,772	82,156	7,616	625,243	
2017년	90,110	78,068	12,042	680,430	3개월 통상임금 80% 9개월 통상임금 40%
2018년	99,198	81,533	17,665	839,083	
2019년	105,165	82,868	22,297	1,058,853	3개월 통상임금 80% 9개월 통상임금 50%
2020년	112,040	84,617	27,423	1,215,500	
2021년	110,555	81,514	29,041	1,297,525	
2022년	131,084	93,199	37,885	1,657,231	통상임금 80%
2023년	126,008	90,672	35,336	1,796,995	

📍 출산육아기 고용안정장려금

1) 지원대상
- 육아휴직, 육아기 근로시간 단축 지원금: 근로자에게 육아휴직 또는 육아기 근로시간 단축을 30일 이상 허용한 우선지원대상기업 사업주
- 대체인력 지원금: 근로자에게 출산전후휴가, 유산·사산 휴가, 육아기 근로시간 단축을 30일 이상 부여하거나 허용하고 출산전후휴가 등의 시작일 전 2개월이 되는 날 이후 새로 대체인력을 고용하여 30일 이상 계속 고용한 우선지원대상기업 사업주

2) 지원금액
- 육아휴직 지원금: 육아휴직을 허용한 우선지원대상기업 사업주에게 해당 근로자 1인당 월 30만 원을 1년 한도로 지급(만12개월 이내 자녀 대상 3개월 이상 연속하여 육아휴직을 허용한 경우에는 첫 3개월간 월 200만 원)
- 육아기 근로시간 단축 지원금: 육아기 근로시간 단축을 허용한 우선지원대상기업 사업주에게 해당 근로자 1인당 월 30만 원을 최대 2년간 지급(우선지원대상기업 사업장 내 첫 번째부터 세 번째 육아기 근로시간 단축허용 사례까지 1호~3호 인센티브로 월 10만 원 추가 지급)
- 대체인력 지원금: 대체인력 1인당 우선지원대상기업 사업주에게 월 80만 원(업무 인수인계기간은 월 120만 원)

3) 지원현황
(단위: 건, 개소, 명, 백만 원)

구 분	'11년	'12년	'13	'14년	'15년	'16년	'17년	'18년	'19년	'20년	'21년	'22년	'23년
연건수 (사업장수)	6,043 (4,988)	9,596 (8,262)	10,211 (8,493)	11,670 (9,927)	15,412 (12,693)	16,243 (13,619)	18,182 (14,900)	16,634 (12,851)	17,562 (14,199)	23,872 (17,036)	41,119 (22,974)	62,918 (24,265)	71,342 (30,151)
인 원	17,826	23,602	28,010	28,688	38,599	41,669	48,611	32,410	26,484	28,782	37,904	48,895	54,686
총지원금액	30,440	43,412	51,343	52,795	76,805	75,285	77,398	64,871	67,909	87,976	117,169	149,521	170,635

* 인재채움뱅크 제외

③ 직장어린이집 설립 및 운영지원

◉ 직장어린이집

1) 지원대상
   - 당해 사업장 근로자의 육아를 지원하기 위하여 직장어린이집을 설치·운영하는 사업주
     ※ 상시 여성근로자 300인 이상 또는 상시 근로자 500인 이상인 사업장은 의무적으로 설치

2) 지원내용
   - 시설전환비: 대규모 기업, 영아·장애아시설 여부에 따라 60~80% 차등지원(3억 원 한도, 공동설치 시 6억 원 한도)
   - 시설전환비 및 시설건립비(신축·증축·개축)·시설매입비: 우선지원대상기업(중소기업)이 단독 또는 공동으로 직장어린이집을 설치하는 경우 4~20억 원 한도로 소요비용의 90% 지원(시설 매입비는 40%)
   - 시설개보수비: 기존 노후화된 중소기업 직장어린이집을 대상으로 소요비용의 90% 지원(1억 원 한도)
   - 교재교구비: 기업규모, 영아·장애아 시설 여부에 따라 60~90% 차등 지원(70백만 원 한도)
     ※ 교체 시 3년마다 3천만 원 한도 지원
   - 보육교사, 시설장, 조리원 인건비: 1인당 월 60만 원 지원(우선지원대상기업은 월 120만 원 지원('16~'21), '22년 이후 138만 원까지 지원)
   - 중소기업(우선지원대상기업) 직장어린이집 운영비 지원: 어린이집 규모별로 200만 원 ~ 520만 원 지원
   - 융자: 보육시설 건축·매입·임차·전환·개보수 시 7억 원까지 융자(연리 1~2%, 3년 거치 4년 균등상환('14년~'19년))
     ※ '20년 7월 융자사업 중단
   - 세제 혜택: 영유아보육법에 따른 직장어린이집에서 교재로 사용하기 위한 표본 또는 참고품에 대해 면세하고 운영비는 사업소득의 각 과세기간의 총 수입금액에 대응하는 필요경비로 인정

지원현황

(단위: 개소, 백만 원)

구 분	시설전환 및 교재교구비		보육교사 인건비		융 자	
	사업장 수	지원금액	사업장 수	지원금액	사업장 수	지원금액
2007년	21	2,675	607	10,429	9	2,700
2008년	27	3,229	636	12,610	2	300
2009년	31	2,351	751	14,968	6	1,777
2010년	61	6,634	1,738	17,957	12	3,225
2011년	65	11,057	2,635	21,680	8	1,326
2012년	82	15,457	3,131	27,926	4	1,512
2013년	103	23,134	3,745	34,592	11	3,253
2014년	93	23,676	4,476	45,769	4	1,308
2015년	114	28,709	4,925	52,376	5	1,096
2016년	144	36,904	437	55,435	5	1,681
2017년	153	40,539	481	60,623	-	-
2018년	122	36,125	512	65,517	2	350
2019년	134	48,974	519	67,770	4	828
2020년	120	28,211	547	70,004	2	270
2021년	60	14,711	573	74,330	-	-
2022년	110	19,711	574	77,303	-	-
2023년	69	12,165	562	76,807	-	-

공공직장어린이집

1) 설립주체: 고용노동부(근로복지공단)

2) 설립지역: 직장어린이집을 설치하기 어려운 영세사업장의 근로자들을 위하여 공단지역 등 근로자 밀집지역에 설치·운영

3) 설립재원: 근로자복지진흥기금 및 고용보험기금('09년부터 고용보험기금으로 통합)

4) 설립현황
 - 24개소(안산, 창원, 서울 금천, 인천 서구, 대전, 대구, 동해, 광양, 천안, 청주, 부산, 수원, 정읍, 경주, 부천, 군포, 조치원, 울산, 진해, 포항, 인천 남동구, 제주, 군산, 고양) 운영

④ 적극적 고용개선조치 현황

◉ 의무적용대상 사업장 현황

(단위: 개소)

구 분	합 계	공공기관		민간기업	
		정부투자기관	정부산하기관	1,000인 이상	1,000인 미만
2007년	613	14	101	498	-
2008년	1,425	14	101	591	719
2009년	1,607	246		600	761
2010년	1,576	255		592	729
2011년	1,547	245		610	692
2012년	1,674	247		677	750
2013년	1,778	260		704	814
2014년	1,945	304		744	897
2015년	2,009	316		734	959
2016년	2,040	322		751	967
2017년	2,005	329		771	905

구 분	합 계	공공기관	지방공사 및 공단	민간기업	
				1,000인 이상	1,000인 미만
2018년	2,146	338	43	799	966
2019년	2,442	339	151	816	1,136
2020년	2,486	340	151	799	1,196
2021년	2,553	352	154	793	1,254
2022년	2,547	353	156	841	1,197
2023년	2,598	351	158	886	1,203

여성근로자 및 여성관리자 비율

구분		여성고용 비율(%)				여성관리자 비율(%)			
		전체	공공기관	지방공기업	민간기업	전체	공공기관	지방공기업	민간기업
2015년	계	37.41	36.42		37.59	19.37	15.94		20.01
	1,000명 이상	38.22	32.35		38.79	20.25	14.22		20.83
	1,000명 미만	36.87	37.60		36.68	18.79	16.44		19.39
2016년	계	37.79	37.31		37.88	20.09	16.44		20.77
	1,000명 이상	38.74	33.49		39.25	21.08	14.52		21.73
	1,000명 미만	37.15	38.45		36.82	19.41	17.01		20.03
2017년	계	37.80	38.27		37.71	20.39	16.47		21.16
	1,000명 이상	39.38	34.39		39.88	22.08	15.80		22.71
	1,000명 미만	36.64	39.46		35.85	19.15	16.68		19.84
2018년	계	38.18		38.55	26.07	38.40		20.56	17.28
	1,000명 이상	39.28		34.92	19.62	39.88		21.86	16.39
	1,000명 미만	37.40		39.66	27.32	37.17		19.66	17.55
2019년	계	37.38	39.92	30.70	37.45	19.76	18.79	7.21	20.90
	1,000인 이상	39.24	35.95	20.40	39.74	22.20	17.39	4.79	22.85
	1,000인 미만	36.28	41.23	31.20	35.81	18.31	19.25	7.33	19.50
2020년	계	37.69	41.71	30.97	37.51	20.92	20.69	8.46	21.91
	1,000인 이상	38.65	36.34	22.41	39.07	22.18	17.22	7.18	22.89
	1,000인 미만	37.14	43.65	31.45	36.46	20.21	21.94	8.53	21.25
2021년	계	37.78	42.70	30.83	37.46	21.30	21.53	9.46	22.15
	1,000인 이상	38.74	38.58	22.86	38.96	22.76	19.12	8.28	23.37
	1,000인 미만	37.26	44.20	31.39	36.51	20.50	22.41	9.55	21.37
2022년	계	38.05	43.61	31.37	37.60	21.75	22.40	10.68	22.48
	1,000인 이상	39.46	39.41	23.96	39.63	23.67	20.93	9.86	24.12
	1,000인 미만	37.22	45.13	31.83	36.17	20.62	22.93	10.73	21.33
2023년	계	38.28	44.52	31.88	37.71	22.11	24.28	11.70	22.54
	1,000인 이상	39.45	39.61	23.81	39.63	23.80	21.82	9.88	24.19
	1,000인 미만	37.55	46.32	32.48	36.30	21.07	25.19	11.83	21.32

5 장년 고용촉진지원 - 신중년 적합직무 고용장려금('24년도 신규지원 종료)

가. 사업개요

사업주가 만 50세 이상 구직자를 신중년 적합직무에 채용하면 우선지원대상기업은 월 80만 원, 중견기업은 월 40만 원씩 최대 1년간 인건비를 지원하는 이 사업은 2018년부터 시작되었다.

신중년 적합직무는 신중년의 특성 및 경력 등을 감안했을 때 신중년이 노동시장에 재진입하는데 적합한 직무로, 구직자·구인기업 수요조사 및 노사·관계부처·전문가 의견수렴을 토대로 경영·진단전문가, 노년플래너 등 74개의 적합직무를 마련하였다. 산업과 노동현장의 변화와 실제 수요를 반영하여 적합직무를 2019년 초 213개로 확대하였으며, 2021년 디지털·그린 분야 직무 29개를 추가로 발굴하여 적합직무 범위를 총 242개로 확대하였다.

2022년에는 2020년 이후 기타 직무로 선정된 직무를 심사하여 3개 직무를 정식 적합직무로 편입, 총 245개 직무를 운영하였다. 2023년에는 한국고용직업분류의 소분류에 따른 직무 중 50세 이상 비중이 높아 취업이 용이한 직무, 전문성·경험·노하우를 요구하지 않는 저숙련 직무, 학위, 면허, 전문자격 등 취득으로 취업이 가능하여 정부지원 필요성이 낮은 직무, 국가, 지자체, 공공기관의 직무 등 42개 직무를 제외한 모든 직무를 허용하여 지원대상을 확대하여 운영하고 있다.

나. 지원절차

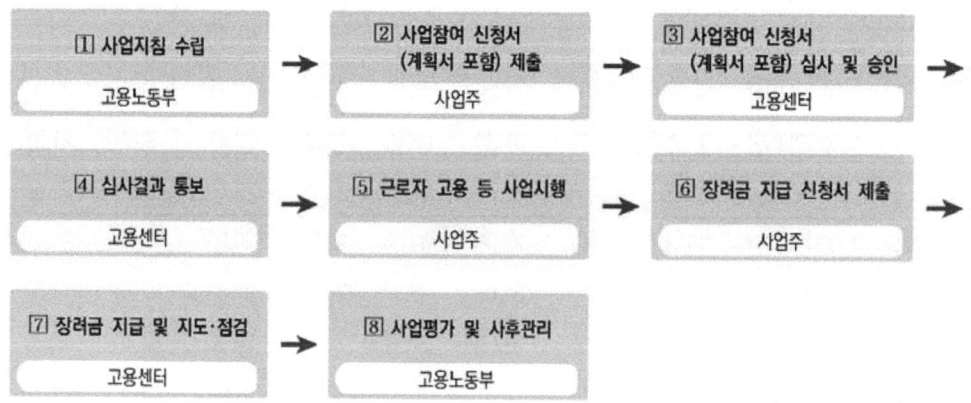

다. 신중년 적합직무 고용지원 대상에서 제외되는 직무

지원제외 사유	한국고용직업분류 소분류 코드 및 직무명			
① 50세 이상 비중이 높아 취업이 용이한 직무(19개)	011	의회의원·고위공무원 및 기업 고위임원	014	미용·여행·숙박·음식·경비· 청소관리자
	232	보육교사 및 기타 사회복지 종사자	233	성직자 및 기타 종교 종사자
	531	주방장 및 조리사	542	경비원
	550	돌봄 서비스 종사자 (요양보호사, 간병인, 육아도우미 등)	561	청소·방역 및 가사 서비스원
	562	검침·주차관리 및 기타 서비스 단순 종사자	622	자동차 운전원 (택시·버스·화물차·특수차 등)
	704	건설·채굴 기계 운전원	705	기타 건설 기능원(채굴포함) * 광원·채석원·석재절단원·철로설치 및 보수·기타 채굴·토목 종사원 등
	861	섬유 제조·가공 기계 조작원	862	패턴사, 재단사 및 재봉사
	863	의복 제조원 및 수선원	901	작물재배 종사자(조경원 포함)
	903	임업 종사자	904	어업 종사자
	905	농림·어업 단순 종사자		
② 전문성·경험· 노하우를 요구하지 않는 저숙련 직무 (10개)	523	숙박시설 서비스원 (도어맨·룸서비스맨·벨맨 등)	524	오락시설 서비스원 (노래방·PC방 등)
	532	식당 서비스원(음식 배달원 포함)	613	텔레마케터
	615	판매 종사자(가스충전·주유원 포함)	616	매장 계산원 및 매표원
	617	판촉 및 기타 판매 단순 종사자	624	택배원 및 기타 운송 종사자(납품원, 배달대행업체 배달원, 배송기사, 배송운전원, 퀵서비스배달원, 택배배달원·분류원, 우편물집배원, 선박승무원, 하역·적재종사원, 기타 배달원 등)
	706	건설·채굴 단순 종사자	890	제조 단순 종사자
③ 학위, 면허, 전문자격 등 취득으로 취업이 가능하여 정부지원 필요성이 낮은 직무 (9개)	023	회계·세무·감정 전문가	211	대학 교수 및 강사
	212	학교 교사	221	법률 전문가(변호사·변리사 등)
	301	의사, 한의사 및 치과의사	302	수의사
	303	약사 및 한약사	414	창작·공연 전문가(작가, 연극 제외)
	621	항공기·선박·철도 조종사 및 관제사		
④ 국가, 지자체, 공공기관의 직무(4개)	021	정부·공공행정 전문가	025	정부·공공행정 사무원
	240	경찰관, 소방관 및 교도관	250	군인

6 장애인고용촉진사업

사업체계도

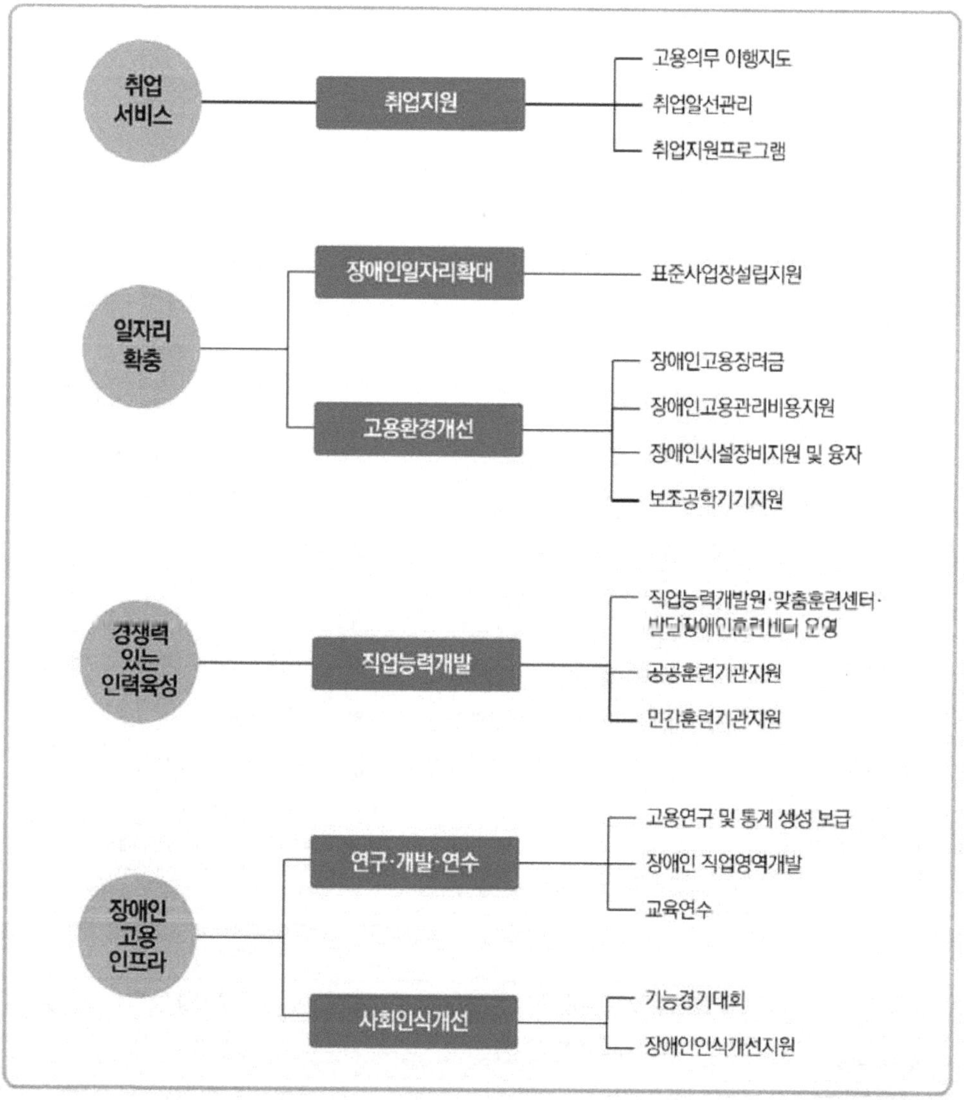

- **취업서비스** → 취업지원
  - 고용의무 이행지도
  - 취업알선관리
  - 취업지원프로그램

- **일자리 확충**
  - 장애인일자리확대
    - 표준사업장설립지원
  - 고용환경개선
    - 장애인고용장려금
    - 장애인고용관리비용지원
    - 장애인시설장비지원 및 융자
    - 보조공학기기지원

- **경쟁력 있는 인력육성** → 직업능력개발
  - 직업능력개발원·맞춤훈련센터·발달장애인훈련센터 운영
  - 공공훈련기관지원
  - 민간훈련기관지원

- **장애인 고용 인프라**
  - 연구·개발·연수
    - 고용연구 및 통계 생성 보급
    - 장애인 직업영역개발
    - 교육연수
  - 사회인식개선
    - 기능경기대회
    - 장애인인식개선지원

사업내용

구 분		사 업 내 용	사업추진 세부내용	사업추진 체계
	고용의무 이행지도	고용의무 사업체 중 의무고용률 미달사업체 이행지도, 고용현황 진단 및 컨설팅 후 고용지원 서비스 제공 등	- 고용의무 사업주 고용확대 지원 - 장애인 고용(채용)계획 실시상황 보고서 접수분석, 통계관리 - 장애인고용컨설팅 제공 - 장애인 고용의무 불이행 명단공표 사전예고 및 이행지도 - 장애인고용 우수사업주 선정 등	- 고용(채용)계획실시상황 보고서 접수 및 분석 → 컨설팅 등을 통한 이행지도 및 고용지원 - (미이행기업) 명단공표 사전예고 및 고용지원 → 장애인 고용의무 불이행 명단공표 및 후속조치 - (고용우수기업) 장애인 고용 우수사업주 선정 및 포상
취업지원	직무개발	- 산업별·장애 특성별 적합직무 개발 및 개발직무 보급·확산을 통한 장애인일자리 확대 ① 선도기업형: 장애인 고용을 선도할 수 있는 기업 선정, 기업별 직무발굴팀을 구성해 동종·유사 업체에 파급력 높은 직무를 개발 ② 현장중심형: 지역 기업 현장 수요를 반영한 적합 직무를 발굴해 지역 내 장애인 일자리 확산 ③ 고용모델형: 민간기업·유관기관의 자생적 신규 고용모델 개발·확산을 지원하는 사업	① 선도기업형(5개 직무개발) · 팝업북 제작가 · 메디컬가이드 · 기업살림지킴이 · 방방콕콕, 세스코 클린마스터 ② 현장중심형(17개 직무개발) · 디지털 인스트럭터, · 로스트볼 아티스트 · 인적자원관리사, 숲치유사 · 환경케어 서비스원 등 ③ 고용모델형(8개 직무개발) · 스마트 달벗 상담사 · 전통주 바리스타 · 도그워커, 사진굿즈제작가 등	① 참여기업 모집 → 컨설팅기관 공모 → 기업 및 기관 선정 → 워크샵 및 직무개발수행 → 취업연계 → 최종보고 ② 장애인 직무개발 계획서 접수 → 자문회의 적합성 판단 → 직무개발 추진 → 취업연계 → 최종보고 → 우수기관 선정 ③ 참여 기관·기업 공모 → 수행기관 선정 → 사업비 지원 → 직무개발 추진 → 중간점검 → 취업연계 → 최종보고 →우수기관 선정
	취업 알선 관리	· 장애인 취업알선 - 고용시장의 사회적 약자인 장애인에 대한 직업상담, 취업 알선을 통해 고용을 촉진하여 장애인의 사회진출을 유도	- 구직장애인 상담, 적합사업체 알선 (동행면접, 일자리정보 제공 등) - 구인사업장 발굴, 구인상담 및 현장방문을 통한 직무분석 등 기업의 요구사항을 파악하고 적합한 구직장애인 알선 - 취업 장애인이 안정적 직업생활을 유지할 수 있도록 취업 후 적응지도	장애인구인·구직신청 → 구인·구직상담 → 취업알선 → 취업 → 취업 후 적응지도

구 분		사 업 내 용	사업추진 세부내용	사업추진 체계
취업알선관리		• 직업능력평가 - 장애인의 개별 직업능력, 직업정보, 환경요건 등을 종합한 직업능력평가를 실시하여 입직활동 및 취업유지 지원 방안을 제시	- 면접조사평가, 신체능력평가, 심리사회평가, 현장평가 등 적합한 직업선택 및 재활서비스 방향을 제시하는 구직자 직업평가 실시 - 보조공학기기 지원, 근로지원인 지원 등 사업지원수준, 지원여부를 측정하는 사업지원평가 실시 - 지방노동관서의 장이 의뢰한 사업체 근로자의 작업능력을 측정하는 최저임금 적용제외인가 평가 실시	평가신청 → 직업능력평가 실시 → 결과통보 → 취업지원서비스 실시
취업지원	취업지원 프로그램	• 중증장애인 지원고용 - 독립적인 직업생활 영위가 어려운 중증장애인의 고용을 위해 직무수행에 필요한 기술과 직장적응을 현장에서 지도하여 취업으로 연계	- 사전훈련(6일 이내) 후, 직무지도원 배치하여 현장훈련 (3~7주, 필요시 최대 6개월) 실시 - 훈련생 취업 후, 적응지도가 필요한 경우 최대 12개월까지 직무지도원 배치하여 적응지도 실시 (6개월 +평가 후 6개월) * 훈련생수당·훈련준비금 40,000원/1회 (6일 이상 출석 시 지급) · 일비 18,000원/1일 * 사업체보조금: 19,340원/1인, 1일 * 직무지도원수당: (사업체근로자) 25천 원/1일 (소속기관 없는 일반인) 최저시급 비례	대상자(사업체) 발굴 및 선정 → 대상자 사전훈련 및 직무배치 → 현장훈련 → 취업 협의
		• 장애인 인턴제 - 고용률이 현저히 낮은 특정유형*의 중증장애인, 발달장애인, 만 50세 이상 장년장애인에게 인턴근무기회를 제공하고 정규직 전환을 지원 * 뇌병변, 정신, 신장, 언어, 호흡기, 뇌전증, 시각, 척수손상 또는 근육병증으로 운동기능 장애가 있는 지체장애(8개 유형)	- 인턴근무 약정(최대 6개월) - 인턴지원금 지원 임금의 80%(월 100만 원 한도) (매월 또는 일괄지급) - 정규직전환지원금 지원: 인턴수료 후 정규직 전환 시 6개월간 임금의 80% (월 80만 원 한도) (매월 또는 일괄지급)	인턴대상자 모집 및 선정 → 인턴약정 및 인턴실시 → 인턴지원금 지급 → 정규직전환 → 정규직 전환지원금 지급

구 분		사 업 내 용	사업추진 세부내용	사업추진 체계
취업지원	취업지원 프로그램	• 장애학생 취업지원 - 고등부 장애학생을 대상으로 진로설계·사회성훈련 등 개별 직업 진로지도를 하고 취업역량을 강화하여 졸업 후 사회진출 지원	- 진로설계(진로상담·직업평가)를 통해 개인별 맞춤형 진로계획수립 - 사회성훈련(사업체 현장견학, 직무훈련체험 등), 부모교육 등 취업준비 프로그램 지원	서비스 신청 및 대상자(장애학생) 선정 → 진로설계 실시 → 취업준비 프로그램(사회성훈련 등) 진행 → 취업지원 프로그램 및 알선 연계
		• 중증장애인 지역맞춤형 취업지원 - 중증장애인 동료지원가가 동료상담·자조모임 등 동료 지원활동을 통해 비경제활동 또는 실업상태 중증장애인의 취업의욕을 고취하여 경제활동 참여 촉진 지원	- 자치단체 위임(수행기관을 통해 사업진행, 보조율 50%), 기본운영비 89만 원, 연계 수당 20만 원, 참여자 1인당 1회 5천 원(최대 15회) 지원 - 동료지원가가 수행기관과 근로계약을 체결하며 근로시간은 월 최소 60시간, 최저임금 이상 임금 및 주휴수당 지급, 4대 사회보험 가입	자치단체 선정(수행기관 선정) 및 참여인원 배정(정부) → 사업비 교부 (자치단체) → 동료지원가 채용(수행기관) → 동료지원활동 실시(동료지원가, 참여자) → 취업지원 프로그램 연계(수행기관, 장애인공단 등) → 평가 및 정산(자치단체, 정부)
일자리 확대	표준 사업장 설립 지원	• 중증장애인의 일자리 창출을 위하여 장애인이 근로하기에 적합한 편의시설, 최저임금 이상 지급, 장애인을 다수 고용(최소 10명 이상)하고자 하는 사업주에게 작업시설, 장비 등 설치 비용 무상지원	- 신규장애인 고용인원에 따라 10억 원 한도로 실제 투자금액의 4분의 3에 해당하는 금액 지원 * 지원금 3천만 원당 1명 신규장애인고용 후 7년간 고용유지 의무	- 모집공고 → 신청 접수 → 현장확인조사 → 외부전문기관 평가 → 심사위원회 선정 → 약정 체결 및 담보제공 → 1차 지원금 지급 → 투자이행 → 2차 지원금 지급 → 사후관리
고용 환경 개선	장애인 고용 관리 비용 지원	• 장애인의 적정한 고용관리를 위하여 작업지원을 위촉·배치하는 경우 소요비용 지원	- 중증장애인근로자를 신규 고용하고 해당 사업장에 배치된 작업지도원으로 하여금 월 12시간 이상 작업지도 실시(대상 장애인 1인당 월 14만 원을 공단 평가 결과에 따라 최대 3년간 지원)	- 수급자격인정 신청 → 수급 자격인정서 발급 → 고용관리 비용신청 → 적격여부 검토 → 고용관리비용 지급
	근로 지원인 서비스	• 근로지원인이 중증장애인 근로자의 부수적인 업무수행을 지원	- 중증장애인이 담당 업무를 수행할 능력은 있으나 장애로 인하여 업무를 수행하는데 어려움을 겪는 경우 근로지원인이 부수적 업무수행을 도와줌 * 서비스단가: 9,860원/시간 (점역교정, 수화통역, 속기 11,832원/시간) * 장애인근로자 자부담: 300원 * 지원한도: 주 40시간, 1일 최대 8시간	- 신청 → 지원대상 선정·수행 기관 통보 → 근로지원인 배치 → 비용정산·지급

구 분		사 업 내 용	사업추진 세부내용	사업추진 체계
고용환경개선	중증장애인근로자 출·퇴근 비용지원	• 저소득 중증장애인 근로자에게 출·퇴근에 소요되는 교통비(월 5만 원 한도)를 지원하여 근로의욕 고취 및 안정적인 직업생활 유지 제고	- 지원대상: 최저임금 적용제외 인가자이거나 국민기초생활 수급자 또는 차상위계층인 중증장애인 근로자 - 지원내용: 월 5만 원 한도 내 출·퇴근 교통비 실비 지원	- 신청 → 접수 → 지원 결정 및 통보 → 교통비 사용카드 신청 및 발급 → 비용 정산 및 지원금 지급
	장애인 고용 장려금	• 장애인고용 촉진 및 안정 도모를 위하여 상시근로자 수 대비 의무고용률(민간 3.1%, 공기업 및 준정부 기관 3.8%)을 초과하여 장애인 근로자를 고용한 사업주에게 장애인 고용장려금 지급	- 지급인원: 해당월 초과고용 장애인 근로자 수 - 의무고용률(상시근로자 수 3.1/100, 3.8/100, 단수절상) - 지급금액: 월별 초과 고용 장애인 근로자 수에 지급단가인 35~90만 원을(중증, 경증, 여성, 남성에 따라 차등 지원) 곱한 금액	- 신청 → 서류검토 및 조사 → 지급금액 확정 → 장려금 지급
	장애인 신규 고용 장려금	• 장애인의 신규채용을 유도하기 위하여 2022년 이후 장애인을 신규로 고용하고 6개월 이상 고용유지한 5인 이상 50인 미만 사업주에게 장애인 신규고용장려금 지급	- 지급인원: 사업주별 최대 2명 - 지원기간: 장애인근로자 1인당 최장 1년 - 지급금액: 월별 지급단가 35~90만 원 (중증, 경증, 여성, 남성에 따라 차등 지원)	- 신청 → 서류검토 및 조사 → 지급금액 확정 → 장려금 지급
	장애인 고용시설 장비지원 및 융자	• 사업주 장애인고용에 필요한 작업시설, 편의시설, 부대시설의 설치·구입·수리 비용을 지원하여 장애인의 노동생산성 향상 및 고용안정 도모	• (무상지원) 장애인근로자를 2년간 고용하는 조건으로 장애인 1인당 1천만 원(중증 1천 500만 원), 사업주당 3억 원 한도로 지원 • (융자) 장애인 1인당 1억 원 이내 사업주당 15억 원 한도(중증장애인 25% 의무고용), 사업주대출금리에서 이자차액보전금리(5%) 공단 지원(2년 거치 3년 균등분할상환)	- 신청서 접수 → 서류 및 타당성 검토 → 지원결정 및 통보 → 사업체 투자진행 및 지원금 신청 → 투자 확인 및 무상지원금 지급 - 신청서 접수 → 서류 및 타당성 검토 → 심사·융자결정 및 통보 → 약정체결 및 선급금 대출 → 투자확인 및 융자금 지급
	보조 공학 기기 지원	• 장애인의 직업생활에 필요한 보조공학기기의 체계적 지원을 통한 고용촉진 및 고용안정 도모	- 장애인 1인당 1천5백만 원 (중증 2천만 원) 한도 ※ 한도내 본인부담금 최대 10% 부과 - 보조공학기기 구입·대여비용 지원, 맞춤 보조공학기기 지원 - 보조공학기기 박람회, 이동전시 등 통한 기기체험 및 보조공학기기 정보제공 - 홍보활동, 상설보조공학 전시장 운영, 연구개발 등	- 신청 → 상담·평가 → 지원결정 → 기기구매·맞춤업체 선정 → 기기이용·맞춤제작 및 이용 → 사후관리

구 분		사 업 내 용	사업추진 세부내용	사업추진 체계
직업 능력 개발	공단 직업능력 개발원 및 훈련센터 운영	• 장애인공단에서 직접 운영하는 직업능력개발원 및 훈련센터를 통하여 훈련 서비스를 제공하여 질 높은 고용 창출과 직업안정을 도모 - 5개 직업능력개발원 운영 (일산·부산·대구·대전·전남) - 9개 맞춤(디지털)훈련센터 운영 (맞춤 : 서울·전주·창원·제주 디지털:판교·구로·광주·인천· 천안아산·대구) - 19개 발달장애인훈련센터 운영 (서울·서울남부·경기북부·부산· 인천·대구·광주·대전·세종·울산· 경기·강원·충북·충남·전북·전남· 경북·경남·제주)	- 훈련기간 · 융복합훈련 : 1개월~24개월 · 일반훈련 : 1개월~24개월 · 특화훈련 : 1개월~24개월 · 맞춤훈련 : 1개월~12개월 · 재직근로자 직업능력향상훈련 : 3개월 이내 · 단기직무 프로그램: 1개월 미만 · 원격훈련(정부·공공부문) : 1개월~24개월 · 직업훈련준비과정 : 1개월~3개월 · 직업체험(발달센터) : 기초, 심화, 특별과정 운영 · 일배움과정: 10시간 이상 - (훈련수당) 훈련참여수당 20만 원, 훈련장려금 11.6만 원	- 신청 → 평가 → 훈련 → 취업알선 → 적응지도
	직업 능력 개발 지원	• 공공훈련기관 - 공공훈련기관 장애인 훈련생에 대한 훈련수당 지원 및 훈련교사에 대한 교사수당 지원	- (훈련수당) 훈련참여수당 20만 원, 훈련장려금 11.6만 원 - (교사수당) 월 10만 원 한도	- 훈련 → 훈련 수당 및 교사 수당 신청 → 확인 → 수당 지급 → 지도점검
		• 민간훈련기관 - 민간훈련기관 장애인 훈련생에 대한 훈련비, 훈련수당 등 지원	- (훈련수당) 훈련참여수당 20만 원 * 취성패 참여자는 28.4만 원 훈련장려금 11.6만 원 - (훈련비) 직종별 단가에 따라 지급	- 훈련기관지정 → 훈련실시 → 훈련비용신청 → 확인 → 훈련비용지급 → 지도점검

구 분		사 업 내 용	사업추진 세부내용	사업추진 체계
연구·개발·연수	고용연구 및 통계 생성·보급	• 우리나라 장애인고용상황에 적합한 고용정책 연구 및 사업 평가, 고용환경 분야의 장·단기적 대응방안 제시 및 장애인 노동시장의 종합데이터 생성 및 관리	- 고용연구과제(20과제) - 연구과제발표회(1회) - 학술지 발간(4회) - 세계장애동향 발간(6회) - 정책토론회 개최(3회) - 장애인경제활동실태조사(2회) - 장애인고용패널조사(1회) - 기업체장애인고용실태조사(1회) - 발달장애인 일과 삶 실태조사(1회) - 학술대회 개최(1회) - 장애인통계집(1회)	- 연구과제 선정 → 과제수행 → 연구결과 활용실적 점검 - 연구과제(공동) 공모 → 연구제안 모집 → 연구과제 발표 - 사업계획 → 실사업체 선정 → 표본설계 및 조사표개발 → 통계승인 → 시범조사 → 본조사 → 데이터검증 → 최종보고
	알기 쉬운 자료 개발	• 발달장애인 직업역량강화와 고용안정 및 확대를 위한 알기 쉬운 자료 개발	- 발달장애인 맞춤형 고용정보 3종 개발 • 발달장애인훈련센터, 발달장애인 다수 고용 사업장, 복지관 등 현장 관계자 및 관련 전문가 참여로 객관성 확보 • 발달장애 당사자 참여를 통해 자료의 적절성 검증 • 보이스아이, 동영상 수어 및 화면해설 등 유니버셜 디자인 적용	- 수요조사(설문조사, 현장 인터뷰) → 자료조사 및 내용 구성 → 전문가 자문 및 발달장애인 당사자 감수 → 자료 발간 및 홍보
	교육 연수 운영	• 근로지원인, 직무지도원 등 장애인고용 관련 전문인력을 양성하고, 장애인직업능력 평가도구 활용 교육 등 장애인고용 현장 종사자에게 전문지식을 보급	- 장애인고용 종사자 교육 - 사업체 임직원 교육 - 공단 임직원 교육	- 전년도 교육과정 고객만족도 및 현업적용도 조사 → 교육수요조사 → 교육계획 수립 → 교육·연수과정 진행
		• 근로지원인, 직무지도원, 취업코칭 운영자양성교육, 직업생활상담원 양성 교육 등 현장 종사자에게 고용관리기법 및 고용서비스 관련 전문지식 보급 및 전문인력 양성	- 외부 장애인고용 종사자 교육 - 사업체 임직원 교육 - 장애인 교육 - 공단 임직원 교육	- 전년도 교육과정 고객만족도 및 현업적용도 조사 → 교육수요부서 수요조사 → 차년도 교육 과정 계획 수립 → 교육·연수 실시

구 분	사 업 내 용	사업추진 세부내용	사업추진 체계
사회 인식 개선	기능 경기 대회	• 장애인의 기능향상 촉진 및 사회참여를 실현하고 사회와 기업의 장애인고용에 대한 관심 유도	- 지방장애인기능경기대회 • 전국 17개 시·도별 구분 개최 • 입상자 상금: 금상 50만 원, 은상 30만 원, 동상 20만 원 - 전국장애인기능경기대회 • 지방 및 발달대회 직종별 금상 입상자 출전 • 입상자 상금: 금상 12백만 원, 은상 8백만 원, 동상 4백만 원 - 발달장애인기능경기대회 • 4개 권역별 구분 개최 • 입상자 상금: 금상 50만 원, 은상 30만 원, 동상 20만 원 - 국제장애인기능올림픽대회 • 전국대회 입상자 중에서 대표 선수 선발 • 입상자 상금: 금상 6,720만 원, 은상 5,600만 원, 동상 3,920만 원 - 기능장려금 지원 • 국제대회 입상자에게 20년간 연 1회 지급	- 민간위탁 - 매년 9월경 한국장애인고용공단 본부 주관 - 민간위탁 - 개최국(4년마다 개최) • 2007년: 일본 • 2011년: 한국 • 2016년: 프랑스 • 2023년: 프랑스
	장애인 인식 개선 지원	• 민간단체의 교육강사 역량강화 홍보, 연구 및 문화·체험형 교육 지원을 통해 장애인 고용촉진 및 인식개선 도모	• 강사 역량강화 • 강사 아카데미 - 홍보·행사지원 • 지역맞춤형 캠페인 교육 자료 개발 및 교육기관 모니터링, 문화·체험형 교육 서비스	- 민간위탁

7 고용의무제도 개선

연 도	장애인 기준	고용주체 및 의무 고용률	고용 부담금	고용 장려금	사업주/ 장애인 지원	내 용
1991년	○					· 「장애인복지법」상 장애인 　- 지체장애인, 시각장애인, 청각장애인, 언어장애인, 정신지체인
		○				· 정부부문(국가 및 자치단체) 　- 노력의무 2% 부과 　- 공개채용 비율 2% 부과 　- 적용제외 직종 인정 · 민간부문 　- 상시 300인 이상 사업주 　- 의무고용 2% 부과(단, 1991년 1%, 1992년 1.6%) 　- 업종별 적용제외율 인정
			○			· 민간부문만 미고용 시 고용부담금 부과 　- 부담기초액 120천 원
				○		· 지원금 및 장려금 구분 지급 　- 지원금: 상시 300인 이상(부담금 납부대상 사업체), 부담기초액의 50% 　- 장려금: 상시 300인 미만, 부담기초액의 25%
1992년					○	· 고용지원자금 융자 실시 　- 작업·편의·부대시설 설치비용
1993년					○	· 자동차구입자금 융자 실시 　- 장애인근로자의 출·퇴근용 자동차구입자금
1994년				○		· 지원금과 장려금의 단가 일원화 　- 부담기초액의 80%
1995년			○			· 연계고용에 따른 부담금 감면제도 도입 　- 대상: 직업재활시설
				○		· 지원금과 장려금의 단가 상향 조정 　- 부담기초액의 100%
					○	· 고용시설 무상지원 실시
1996년					○	· 고용보조금 지급 　- 신규고용 후 6개월 이상 고용 유지하고 매월 최저임금액 이상의 임금을 지급한 경우, 중증장애인 3년(경증 2년)간 월 최저임금액의 90~50% 지급 · 장애인 복지공장 설립지원 실시 　- 공장설립 투자비용의 50%(50억 원 한도) 융자 　- 장애인용 작업장비 및 편의시설 설치비 무상지원(2억 원 한도)
1997년					○	· 고용관리비용 지원 실시 　- 수화통역사, 직무지도원, 직업생활상담원으로 구분
1998년					○	· 직업생활안정자금 융자 실시

연도	장애인 기준	고용 주체 및 의무 고용률	고용 부담금	고용 장려금	사업주/ 장애인 지원	내 용
1999년	O					• 국가유공 상이자(1~7급) 및 산재장해자(1~14급)까지 확대(3월 3일)
2000년		O				• 「장애인복지법」상 장애인 범주(10개) 확대 - 뇌병변장애인, 발달장애인, 정신장애인, 신장장애인, 심장장애인 추가

		O				• 정부부문(7월 1일)
						  - 노력규정에서 의무규정으로 전환
						  - 장애인공무원 수가 1만 명 미만인 경우 공개채용비율 5% 부과

			O			• 부담금 차등 징수
						  - 1% 미만 사업체: 253천 원
						  - 1% 이상 사업체: 216천 원
						• 연계고용 대상 시설 확대(7월 1일)
						  - 표준사업장 포함

				O		• 지원금 및 장려금을 장려금으로 제도 통합(7월 1일)
						  - 장애정도·성별에 따라 최저임금의 100%~175%까지 차등지급(4단계)
						  - 최저임금 미만자 임금의 75%(경증은 60%) 지급

					O	• 자영업창업자금융자·영업장소 전대 지원 실시
						  - 시설·장비구입비, 임차보증금 등 창업 소요비용 융자
						  - 담보능력이 없는 장애인은 영업장소를 전세하여 지원

2001년			O			• 부담금 차등 징수
						  - 1% 미만 사업체: 316천 원
						  - 1% 이상 사업체: 273천 원

				O		• 고용보조금 폐지

2002년				O		• 지급단가의 정액화 및 동결(8월 1일)
						  - 최저임금과 관계없이 정액화하여 동결조치
						  - 지급단가보다 낮은 임금을 받는 경우 지급한 임금만큼만 지급

					O	• 장애인표준사업장 지원 실시 - 장애인을 30% 이상(그중 중증장애인 50%)으로 고용하면서 편의 증진법에 의한 편의시설을 갖추고 최저임금 이상을 지급하는 사업장
2003년	O					• 산재장해자 10~14급 제외(3월 1일) • 「장애인복지법」상 장애인 범주(15개) 확대(7월 1일) - 호흡기장애인, 간장애인, 안면장애인, 장루·요루장애인, 간질장애인 추가
2004년		O				• 민간부문(1월 29일) - 대상 사업주 규모 확대(300인 → 50인)
			O			• 연계고용 대상 시설 확대(1월 29일) - 장애인 자립작업장 포함

				O		• 장려금 단가 축소(1월 1일)
						  - 지급단계를 3단계로 축소
						  - 지급단가를 지급임금의 75%로 제한
						  - 연 1회 지급에서 반기 지급으로 전환

					O	• 중증장애인특별한시지원금 지급
						  - 고용장려금 지급대상이 되는 중증장애인 근로자를 1인 이상 고용하는 사업주에게 지원금을 지급
						  - 2004년 100천 원, 2005년 75천 원, 2006년 50천 원

연 도	장애인 기준	고용 주체 및 의무 고용률	고용 부담금	고용 장려금	사업주/ 장애인 지원	내　용
2005년	○					• 산재장해자 1~9급 제외(1월 1일) 　- 고용된 산재장해자의 경우 2008년 말까지 인정
			○			• 1% 미만 인원에 대해 부담기초액의 50% 가산 • 중증장애인 고용 시 부담기초액의 50% 감액
					○	• 재택근무 지원 실시
2006년		○				• 정부부문 및 민간부문 적용제외(율) 폐지
			○			• 상시 200인~299인까지 부담금 부과대상 확대('07년 납부): 5년간 50% 감면 • 업종별 적용제외율 폐지에 따른 부담금 부과 특례('10년까지 단계적으로 축소하여 적용)
2007년	○					• 장애명칭 변경(10월 15일) 　- 정신지체인 → 지적장애인 　- 발달지체인 → 자폐성장애인
			○			• 상시 100인~199인까지 부담금 부과대상 확대('08년 납부): 5년간 50% 감면
2008년					○	• 자회사형 표준사업장에 대한 특례 적용 　- 고용의무사업주가 표준사업장을 실질적으로 지배(발행주식 총수 또는 출자총액의 50%를 초과소유)하고 있는 경우, 모회사의 장애인 의무고용인원으로 산입(경증 남성 장애인은 1/2로 계산)
2009년		○				• 정부부문(1월 1일) 　- 의무고용률 3%로 상향 조정 　- 공개채용비율 3%(장애인 공무원 수가 해당 정원의 3% 미만이면 6%) 부과
2010년		○	○	○		- 공기업 및 준정부기관 의무고용률 3%로 상향조정 - 민간기업 의무고용률 2.7%로 단계적 상향조정 　* 2010년 2.3%, 2012년 2.5%, 2014년 2.7% - 중증장애인 2배수제 도입 - 국가·자치단체 공무원 아닌 근로자 의무고용률 및 부담금 제도 적용 • 고용장려금 지급기준 개정(4월 1일) 　- 장애정도, 성별·근속기간에 따라 차등지급(1인당 월 15~50만 원) 　- 지급단가 월 임금액의 60% 이내로 제한 　- 최저임금 이상과 최저임금 적용제외 인가자만 지급 대상
2011년		○				• 장애인공무원 구분모집 예외(교사) 규정 폐지 　- 채용예정인원에 미달하는 인원은 장애인 교사로 채용('15년 시행) • 장애인 미고용 사업주는 고용부담금을 월 최저임금으로 부과
2012년		○			○	• 민간기업 의무고용률 2.5%로 상향 • 공공기관 의무고용률 특례 적용 확대 　- 기타공공기관, 지방공사·공단 2.5% → 3%('14년) • 장애인 고용부담금 차등부과 3단계 → 4단계('13년) • 표준사업장 중증장애인 의무고용인원 완화 　- 100인 미만: 상시근로자 수의 15%(동일) 　- 100인 이상 300인 미만: 상시근로자 수의 10% + 5명 　- 300인 초과: 상시근로자 수의 5% + 20명

연 도	장애인 기준	고용주체 및 의무고용률	고용부담금	고용장려금	사업주/장애인지원	내 용
2013년		○			○	• 민간기업 의무고용률 2.7%로 상향('14년) • 공공기관의 장애인표준사업장 생산품 우선구매제도 도입 - 공공기관은 총구매액의 0.3% 이상을 장애인표준사업장 생산품으로 구매, 구매계획 및 구매실적 제출
2014년		○	○			• 민간기업 의무고용률 단계적 상향조정 - 2015년~2016년 2.7%, 2017년~2018년 2.9%, 2019년 이후 3.1% • 장애인 고용부담금 차등부과 4단계 → 5단계('15년)
2015년		○		○		• 여성중증장애인 고용장려금 단가 인상 50만 원 → 60만 원('16년)

2016년		○				• 국가자치단체, 공공기관 의무고용률 단계적 상향조정
						  - 국가자치단체(공무원), 공공기관: 2017년~2018년 3.2%, 2019년 이후 3.4%
						  - 국가자치단체(근로자): 2017년~2018년 2.9%, 2019년 이후 3.4%
						• 국가자치단체 공무원 장애인고용부담금 부과
						  - 2020년 시행, 2021년 납부

2017년	○	○	○	○	○	• 장애인취업성공패키지 청년구직촉진수당 신설
						  - 청년(34세 미만)장애인 대상, 3개월간 30만 원, 최대 90만 원 지원
						• 민간기업 의무고용률 2.9%, 공공기관 의무고용률 3.2%로 상향
						• 부담기초액 가산율 10%, 20%, 30% → 2017년 가산율 6%, 20%, 40%
						• 사업주 융자방식을 이차보전방식에서 대하방식으로 변경
						  - 대출금리에서 4% 이자 지원(1년 거치 4년 분할상환 → 대출금리 1%)
						  (3년 거치 5년 분할상환)

2018년				○	○	• 장애학생 취업지원대상자 확대 - 기존 고등학교 2, 3학년 및 전공과 + 고등학교 1학년 • 남성중증장애인 고용장려금 단가인상 40만 원 → 50만 원 • 고용장려금 경증감액 및 6급 4년 한시 지원 폐지

2019년			○			• 부담기초액 상향조정: 94만 5천 원 → 1,048천 원
						  - 한 명도 고용하지 않은 100인 이상 사업주는 최저임금 월 환산액 1,745,150원
						  * 2019년도 부담기초액은 1,048,000원
						• 장애인 의무고용률 상향 적용
						  (공공) 국가자치단체 공무원과 근로자, 공공기관 3.4%
						  (민간) 민간기업 3.1%

2020년		○	○	○		• 여성 및 중증장애인 고용장려금 단가 인상
						  (중증여성 20만 원, 중증남성 10만 원, 경증여성 5만 원 인상)
						• 부담기초액 상향조정: 1,048천 원 → 1,078천 원
						  - 한명도 고용하지 않은 100인 이상 사업주는 최저임금 월 환산액 1,795,310원
						  * 2020년도 부담기초액은 1,078천 원

2021년		○	○	○		• 공공부문(국가자치단체 공무원·근로자, 공공기관) 의무고용률 단계적 상향조정
						  - 2022년~2023년 3.6%, 2024년 이후 3.8%
						• 부담기초액 상향조정: 1,078천 원 → 1,094천 원
						  - 한 명도 고용하지 않은 100인 이상 사업주는 최저임금 월 환산액 1,822,480원
						• 장애인 신규고용장려금 신설(2022년부터 3년 한시)
						  - 6개월 이상 고용을 유지한 소규모 사업주에게 고용장려금 지원

연 도	장애인 기준	고용주체 및 의무고용률	고용부담금	고용장려금	사업주/장애인 지원	내 용

2022년			○			· 부담기초액 상향조정: 1,094천 원 → 1,149천 원
						  - 한 명도 고용하지 않은 100인 이상 사업주는 최저임금 월 환산액 1,914,440원
						  * 2022년도 부담기초액은 1,149천 원
						· 장애인 신규고용장려금 신설(2022년부터 3년 한시)
						  - 6개월 이상 고용을 유지한 소규모 사업주에게 고용장려금 지원

2023년			○	○		· 부담기초액 상향조정: 1,149천 원 → 1,207천 원
						  - 한 명도 고용하지 않은 100인 이상 사업주는 최저임금 월 환산액 2,010,580원
						  * 2023년도 부담기초액은 1,207천 원
						· 고용장려금 단가 인상
						  (경증 5만 원, 중증 10만 원 인상)

8 장애인고용촉진 및 직업재활기금 운용

가. 운용수지

- 이월된 여유자금을 제외한 2023년도 수입액은 14,987억 원으로 전년도 13,893억 원 대비 1,094억 원(7.9%) 증가
- 여유자금 제외한 2023년도 지출액은 14,660억 원으로 전년도 13,725억 원 대비 935억 원(6.8%) 증가
- 여유자금을 제외한 2023년도 순 수지는 328억 원으로 나타났으며, 이는 부담기초액 인상 등에 따른 부담금 수입 증가에 기인

운용수지

(단위: 백만 원)

수 입			지 출		
구 분	계 획	실 적	구 분	계 획	실 적
계	1,900,474	2,095,985	계	1,900,474	2,095,985
부담금	747,106	829,580	장애인고용장려금	324,747	324,272
재산 수입	17,165	27,544	사업비	468,727	460,376
기타 수입	14,915	22,216	기금운영비	81,319	81,305
기금 간 거래	612,000	619,402	기금간거래	600,000	600,000
여유자금운용회수	509,288	597,244	여유자금운용	425,681	630,032

나. 수입결산 현황

- 2023년도 여유자금운용회수 중복계상분을 차감한 징수결정액은 21,279억 원으로, 주요내역은 법정부담금 8,524억 원, 재산수입 276억 원, 기금 간 거래 6,194억 원, 중복계상분 차감한 여유자금운용회수 5,972억 원
- 징수결정액 중 수납액은 20,960억 원(수납률 98.5%)으로, 주요내역은 법정부담금 8,296억 원(수납률 97.3%), 재산수입 275억 원(수납률 99.6%), 기금 간 거래 6,194억 원(수납률 100%), 중복계상분 차감한 여유자금운용회수 5,972억 원(수납률 100%)

◉ 수입결산 현황

(단위: 백만 원, %)

구 분	계획액	징수결정액 (A)	수납액 (B)	불납결손액 및 미수납액	수납률 (B/A)
계	1,900,474	2,127,938	2,095,986	31,952	98.5
부담금	747,106	852,413	829,580	22,833	97.3
재산 수입	17,165	27,551	27,544	7	100.0
기타 수입	14,915	31,328	22,216	9,112	70.9
기금 간 거래	612,000	619,402	619,402	-	100.0
여유자금운용회수*	509,288	597,244	597,244	-	100.0

* 중복계상분 차감

다. 지출결산 현황

- 여유자금을 제외한 2023년도 지출액은 14,660억 원으로, 2022년 지출액 13,725억 원 대비 935억 원(6.8%) 증가

- 지출액 중 고용장려금 3,243억 원 등을 포함한 사업비는 7,846억 원이며, 기금운영비는 813억 원, 내부지출은 6,000억 원, 여유자금운용은 6,300억 원임

- 지출 예산 중 사업비 집행 잔액 88억 원 불용 발생

◉ 지출결산 현황

(단위: 백만 원)

구 분	당초계획액	계획변경액	계획현액	지출액	불용액
계	1,900,474	-	1,900,474	2,095,985	8,839
[사 업 비]	766,464	27,010	793,474	784,648	8,826
고용장려금	297,747	27,000	324,747	324,272	475
사업비	468,717	10	468,727	460,376	8,351
[기금운영비]	81,319	-	81,319	81,305	14
[내부지출]	600,000	-	600,000	600,000	-
기금 간 거래	600,000	-	600,000	600,000	-
[여유자금운용]	452,691	△27,010	425,681	630,032	-

VI. 고용보험·산재보험

① 고용보험제도

가. 고용보험 적용·징수

◉ 적용범위

- 2004년 1월 1일부터는 일용근로자, 주 15시간 이상 시간제근로자 등 비정규직 근로자에게까지 고용보험 적용을 확대
- 건설공사의 경우 총 공사금액 2천만 원 이상으로 확대
- 2005년 1월 1일부터 건설업 관련 면허소지자는 총 공사금액에 제한 없이 고용보험 적용
- 이 외에도 2004년 1월부터 60세 이후에 신규로 고용되는 자, 국가·자치단체가 직접 시행하는 공공근로 종사자, 선원 등도 고용보험을 적용

◉ 2020년 12월 10일부터 문화용역예술계약을 체결하고 직접 노무를 제공하는 예술인에게도 고용보험 적용을 확대

◉ 2021년 7월 1일부터 근로자가 아니면서 자신이 아닌 다른 사람의 사업을 위해 노무를 제공하고 일정한 대가를 지급받는 특수형태근로종사자 등 노무제공자에게도 단계적으로 고용보험 적용

- 노무제공자 19개 직종*고용보험 단계적 적용
  * ('21.7.1.) ①보험설계사, ②학습지 방문강사, ③교육교구 방문강사, ④택배기사, ⑤대출모집인, ⑥신용카드 회원모집인, ⑦방문판매원, ⑧대여제품 방문점검원, ⑨가전제품 배송·설치기사, ⑩방과후학교강사(초·중등), ⑪건설기계조종사, ⑫화물차주(컨테이너, 시멘트, 철강재, 위험물질) ('22.1.1.) ⑬퀵서비스기사, ⑭대리운전기사 ('22.7.1.) ⑮화물차주(택배 지·간선기사, 특정품목운송차주, 유통배송기사), ⑯정보통신(IT) 소프트웨어 기술자, ⑰관광통역안내사, ⑱어린이 통학버스기사, ⑲골프장캐디

◎ 고용보험 적용범위 확대

보험 사업별	시기별 적용 대상										
	'95.7.1.	'97.7.1.	'98.1.1.	'98.3.1.	'98.7.1.	'98.10.1.	'04.1.1.	'05.1.1.	'06.1.1.	'20.12.10.	'21.7.1.
실업급여	30인 이상		10인 이상		5인 이상	1인 이상	일용근로자			예술인	노무제공자
고용안정 직업능력 개발	70인 이상		50인 이상		5인 이상	1인 이상	일용근로자		65세 이상		
건설업의 총공사금액	40억 원	44억 원	34억 원		3억 4천만 원	2천만 원	면허업자가 시공하는 모든 공사				

주: 건설업은 2사업(실업급여, 고용안정·직업능력개발사업)의 적용기준임
농업, 임업, 어업은 법인이 아닌 상시 4명 이하의 근로자를 사용하는 사업은 적용제외

적용제외

- 65세 이후에 고용(65세 전부터 피보험 자격을 유지하던 사람이 65세 이후에 계속하여 고용된 경우는 제외)되거나 자영업을 개시한 자
- 1월간의 소정근로시간이 60시간 미만인 자(1주간의 소정근로시간이 15시간 미만인 자를 포함)[1]
- 월보수 50만 원 미만인 예술인 및 월보수 80만 원 미만인 노무제공자(1개월 미만 단기 노무제공자·예술인은 제외)
- 외국인근로자[2]
- 국가공무원법 및 지방공무원법에 의한 공무원(별정직공무원, 임기제공무원 임의가입)
- 사립학교교직원연금법의 적용을 받는 자
- 별정우체국법에 의한 별정우체국 직원

주: 1) 일용근로자 또는 3월 이상 계속하여 근로를 제공하는 자는 1월간 소정근로시간이 60시간 미만(1주간 소정근로시간이 15시간 미만)이라도 고용보험 적용
2) 외국인근로자 중 거주 또는 영주의 자격을 갖고 있는 자 등 국내에서 취업활동을 할 수 있는 자는 고용보험 적용
※ 2012년 1월 22일부터 근로자를 사용하지 않거나 50인 미만 근로자를 사용하는 자영업자에 대하여 고용보험(임의 가입) 적용

◎ 고용보험료 징수

- 고용보험료는 고용안정·직업능력개발사업 보험료와 실업급여 보험료로 나뉘며, 고용안정·직업 능력개발사업 보험료는 사업주가 전액 부담, 실업급여 보험료는 사업주·근로자가 각 50%씩 부담
- 코로나19 고용위기로 인한 실업급여 지출 증가 및 고용유지 지원 확대 등으로 고용보험기금의 재정적자가 지속되었고 정부는 고용보험기금의 지속가능성 제고를 위해 노·사·전문가 의견수렴 및 고용보험위원회 의결 등을 거쳐 2021년 9월 재정건전화 방안을 마련하였으며 사업구조조정 등 지출효율화를 추진하면서 실업급여 보험료율도 2022년 7월부터 0.2%p 인상(2021년 12월 31일 보험료징수법 시행령 개정)
  * 예술인·노무제공자는 실업급여 계정 보험료만 부과하며 사업주 및 종사자가 각각 0.8%씩 부담

고용보험료율 변화추이

구분		'98.12.31.까지		'99.1.1. 이후		'03.1.1. 이후		'06.1.1. 이후		'11.4.1. 이후		'13.7.1. 이후		'19.10.1. 이후		'22.7.1. 이후	
		근로자	사업주	근로자	사업주	근로자	사업주	근로자	사업주	근로자	사업주	근로자	사업주	근로자	사업주	근로자	사업주
실업급여		0.3%	0.3%	0.5%	0.5%	0.45%	0.45%	0.45%	0.45%	0.55%	0.55%	0.65%	0.65%	0.8%	0.8%	0.9%	0.9%
고용안정			0.2%		0.3%		0.15%		-		-		-		-		-	
고용안정 직업능력 개발 사업	150인 미만 기업		0.1%		0.1%		0.1%		0.25%		0.25%		0.25%		0.25%		0.25%
	150인 이상 (우선지원대상기업)		0.3%		0.3%		0.3%		0.45%		0.45%		0.45%		0.45%		0.45%
	150인 이상~ 1000인 미만 기업		0.5%		0.5%		0.5%		0.65%		0.65%		0.65%		0.65%		0.65%
	1000인 이상 기업, 국가·자치단체 (직업훈련의무업체)		(0.05%)		0.7%		0.7%		0.85%		0.85%		0.85%		0.85%		0.85%

- 근로자가 부담하는 고용보험료는 자신의 보수총액에 실업급여의 보험료율(0.9%)을 곱한 금액으로 하고, 사업주가 부담하는 고용보험료는 그 사업에 종사하는 고용보험 가입자인 근로자의 개인별 보수총액에 고용안정·직업능력개발사업의 보험료율(사업장 규모별로 0.25% ~ 0.85%)을 곱한 금액과 실업급여의 보험료율(0.9%)을 곱한 금액을 합한 금액으로 산정되며, 2010년까지는 모든 업종에서 자진신고·납부제도가 시행되었으나, 2011년부터는 부과고지제도로 변경(건설·벌목업은 자진신고·납부제도 유지)되었고 4대 사회보험을 국민건강보험공단에서 통합징수하면서 매월 사업장별 보험료는 근로복지공단에서 산정·부과하되, 보험료 고지업무는 국민건강보험 공단에서 수행하고, 사업주는 국민건강보험공단에 고지된 보험료를 납부

- 2023년도 말 현재 고용보험료는 징수결정액 19조 7,132억 원을 징수결정하여, 17조 8,345억 원이 수납되었으며, 전년 동기 대비 징수결정액은 2조 2,812억 원, 수납액은 2조 1,156억 원이 증가
   * 수납률의 경우, 2011년 4대 사회보험 징수통합에 따라 보험료 징수제도가 자진납부제에서 부과·고지 제도로 변경되고, 보험료 납부기한이 익월 10일까지로 변경(연납, 분기납 → 월납)됨에 따라 연말기준의 징수현황으로 볼 때, 매년 12월분 보험료는 납부기한이 익년도 1월 10일까지로 징수결정만 되고 수납이 되지 않아 수납률이 2011년 이후 낮아짐

연도별 고용보험료 징수현황

(단위: 억 원, %)

구 분	징수결정액(A)	수납액(B)	수납률(B/A)
2023년 12월	197,132	178,345	90.5
2022년 12월	174,320	157,189	90.2
2021년 12월	150,779	135,564	89.9
2020년 12월	144,811	129,437	89.3
2019년 12월	125,850	111,135	88.3
2018년 12월	114,779	102,084	88.9
2017년 12월	107,372	95,297	88.8
2016년 12월	102,409	90,716	88.6
2015년 12월	97,286	86,005	88.4
2014년 12월	90,940	80,397	88.4
2013년 12월	79,319	69,894	88.1
2012년 12월	70,833	63,281	89.3
2011년 12월	57,260	50,717	88.6
2010년 12월	45,195	42,478	94.0
2009년 12월	45,046	42,165	93.6

※ 징수결정액과 수납액은 이월 및 당해연도 보험료, 가산금, 연체금을 모두 합한 금액임(직업훈련분담금 제외)

고용·산재보험료 징수 관련 고시

고시명	고시 내용		적용기간
2023년도 건설공사 노무 비율	노무 비율	27%	'23.1.1.~ '23.12.31.
	하도급 노무 비율	30%	
2023년도 벌목업 노무 비율	벌목재적량 1㎥당 10,763원		〃
근로자의 기준보수	보수 관련 자료가 없거나 불명확한 경우 등에 적용하기 위해 지역별·업종별로 기준보수를 고시		〃
자영업자 고용보험료 산정의 기초가 되는 보수액	구분	보수액(월)	'23.1.1.~ '25.12.31.
	1등급	1,820,000원	
	2등급	2,080,000원	
	3등급	2,340,000원	
	4등급	2,600,000원	
	5등급	2,860,000원	
	6등급	3,120,000원	
	7등급	3,380,000원	
	※ 고용안정·직업능력개발사업 및 실업급여에 임의 가입할 수 있는 자영업자의 보험료 산정을 위해 기준보수 고시		

고시명	구분	보수액(월)	평균임금(일)	적용기간
중소기업 사업주에 대한 산재보험료 및 보험급여 산정의 기초가 되는 보수액 및 평균임금	1등급	2,198,400원	73,280원	'22.1.1.~
	2등급	2,632,800원	87,760원	
	3등급	3,067,500원	102,250원	
	4등급	3,502,200원	116,740원	
	5등급	3,936,900원	131,230원	
	6등급	4,371,600원	145,720원	
	7등급	4,806,300원	160,210원	
	8등급	5,241,000원	174,700원	
	9등급	5,675,700원	189,190원	
	10등급	6,110,400원	203,680원	
	11등급	6,545,100원	218,170원	
	12등급	6,979,800원	232,660원	

고시명	고시내용			적용기간
2023년도 건설업 월평균 보수	4,647,165원 ※ 건설업의 상시근로자 수 산정을 위한 월평균 보수			'22.1.1.~
특수형태근로종사자에 대한 산재보험료 및 보험급여 산정의 기초가 되는 보수액 및 평균임금	직종	보수액(월)	평균임금(일)	'21.7.1.~ '22.12.31.
	생명보험설계사 등	2,582,500원	86,083원	
	손해보험설계사 등	2,401,300원	80,043원	
	건설기계조종사	2,479,444원	82,648원	
	학습지교사	1,016,300원	33,877원	
	골프장캐디	2,699,994원	90,000원	
	택배기사	2,420,000원	80,667원	
	퀵서비스기사	1,599,400원	53,313원	
	여신금융기관 대출모집인	2,083,300원	69,443원	
	대출모집법인 대출모집인	2,400,000원	80,000원	
	신용카드모집인	1,931,600원	64,387원	
	대리운전기사	1,537,500원	51,250원	
	방문판매원	1,597,500원	53,250원	
	대여제품방문점검원	1,392,000원	46,400원	
	가전제품설치기사	2,932,000원	97,733원	
	화물차주	4,310,000원	143,667원	
	소프트웨어 프리랜서	3,937,500원	131,250원	
건설업자가 아닌 자가 시공하는 건설공사의 총 공사금액 산정에 관한 규정	건설업자가 아닌 자가 시공하는 건설공사의 총 공사금액 산정에 관한 규정			'23.1.1.~
보험사무대행지원금 지급기준	30인 미만 중소사업주로부터 보험사무를 위탁받아 수행하는 대행기관에 대해 지급하는 지원금의 지급기준 고시			'22.1.1.~
예술인의 기준보수 및 보수액에서 제외하는 필요경비 고시	기준보수	800,000원		'22.1.1.~
	필요경비 공제율	분야별 차등 없이 25%		
예술인 및 노무제공자에 대한 고용보험료의 상한액 고시	월별보험료의 상한액	연간보험료의 상한액		'23.1.1.~
	550,880원	6,610,560원		
고용·산재정보통신망 이용에 관한 고시	고용·산재 정보통신망 이용 관련 대상업무 등에 관해 고시			'22.1.1.~

고시명	고시내용				적용기간
소득 확정이 어려운 직종의 노무제공자에 대한 고용보험료 산정의 기초가 되는 보수액 및 기초일액 고시	직종		보수액(월)	기초일액	'23.7.1.~ '24.6.30.
	건설기계조종사		2,479,444	82,648	
	화물차주	수출입 컨테이너·시멘트·철강·위험물	4,310,000	143,666	
		택배지·간선기사	3,150,000	105,000	
		특정품목 운송차주	4,830,000	161,000	
	골프장캐디		2,699,994	89,999	
노무제공자의 기준보수 및 보수액에서 제외하는 필요경비 고시	직종	경비율(%)	직종	경비율(%)	'23.7.1.~ '24.6.30.
	보험설계사	25.0	가전제품 배송·설치 기사	24.2	
	학습지 방문강사	22.0	방과후학교 강사	16.5	
	교육교구 방문강사	22.0	퀵서비스기사	27.4	
	택배기사	16.4	대리운전기사	28.1	
	대출모집인	27.5	화물차주 (유통배송기사)	30.3	
	신용카드 회원모집인	28.4	정보통신(IT) 소프트웨어 기술자	15.7	
	방문판매원	22.0	관광통역 안내사	25.6	
	대여제품 방문점검원	22.0	어린이 통학버스기사	29.3	

나. 실업급여제도

1) 제도 개요

● 의 의

- 고용보험 3대 사업의 하나로서 피보험자가 실직한 경우 자신의 능력과 적성에 맞는 새로운 직장을 구하는 기간 동안 실직자 및 그 가족의 생활안정을 도모하도록 소정의 급여를 지원하는 제도
    - 구인·구직 등 인력이동 상황에 대한 고용정책 정보를 제공
    - 불황 시에는 유효수요를 창출하여 고용을 증대시키고 호황 시에는 기금의 적립을 통해 유효수요를 억제하는 등 경기조절 및 소득재분배 기능

● 실업급여의 종류

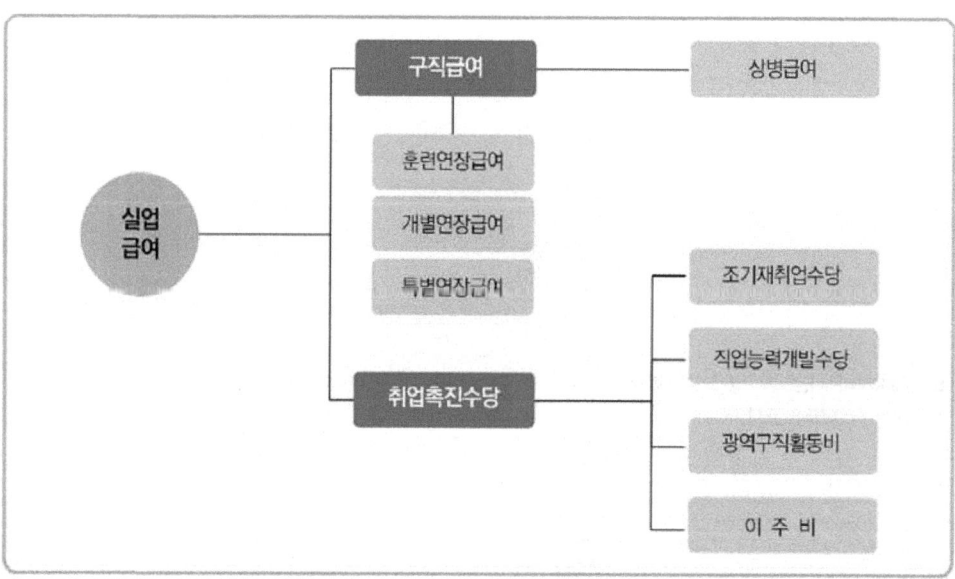

실업급여 종류별 요건 및 수급액

구 분		요 건	수 급 액

구직급여		• 이직일 이전 18개월간 피보험단위기간이 통산하여 180일 이상일 것
		• 근로의 의사와 능력이 있음에도 불구하고 취업하지 못한 상태에 있을 것
		  ※ 자발적 이직, 중대한 귀책사유로 해고된 경우는 제외
		• 적극적인 재취업활동을 할 것
		• 일용직 근로자의 경우 수급자격 인정신청일이 속한 달의 직전 달 초일부터 수급자격 인정신청일까지의 근로일 수의 합이 같은 기간 동안의 총 일수의 3분의 1 미만일 것
		• 건설일용근로자는 수급자격 신청일 이전 14일간 연속하여 근로내역이 없는 경우에도 신청 가능
		• 일용직 근로자의 경우 피보험단위기간 180일 중 다른 사업에서 수급자격의 제한 사유에 해당하는 사유로 이직한 사실이 있는 경우는 그 피보험단위기간 중 90일 이상을 일용직 근로자로 근로하였을 것
			• 이직 전 평균임금의 60%
			  - 최고/1일: 66,000원
			  - 최저/1일: 시간급 최저임금의 80%
			○ 연령, 피보험기간, 장애 유무에 따라 120~270일간 지급

	상병급여	• 실업신고를 한 이후 질병·부상·출산으로 실업의 인정을 받지 못한 날
		  - 출산의 경우는 출산일로부터 45일간 지급
			• 구직급여일액과 동일
			  - 7일 이상의 상병

	훈련연장급여	• 실업급여 수급자로서 직업안정기관의 장의 직업능력 개발훈련 지시에 따라 훈련을 수강하는 자	• 구직급여일액의 100%(최대 2년)
	개별연장급여	• 직업안정기관의 장의 직업소개에 3회 이상 응하였으나 취업되지 못하는 등 취직이 특히 곤란하고 생활이 어려운 수급자격자	• 구직급여일액의 70% - 60일 범위 내
	특별연장급여	• 실업급증 등으로 재취업이 특히 어렵다고 인정되는 경우 고용노동부장관이 고시한 기간 동안 실업급여의 수급이 종료된 자	• 구직급여일액의 70% - 60일 범위 내
취업촉진수당	조기재취업 수당	• 대기기간(실업신고일부터 7일)이 지난 후 안정된 직업에 12개월 이상 계속하여 고용된(사업을 영위한) 경우로서 잔여 급여일수가 1/2 이상인 경우 - 사업을 영위한 경우에는 1회 이상 자영업 준비활동으로 실업인정을 받아야 함	• 구직급여 미지급일 수의 1/2
	직업능력 개발수당	• 수급자격자가 직업안정기관의 장의 지시에 의한 직업능력개발훈련 등을 받는 경우	• 훈련기간 중의 교통비, 식대 등 - 7,530원/1일
	광역구직 활동비	• 직업안정기관의 소개에 의해 구직활동을 거주지에서 멀리 떨어진 지역(25km 이상)에서 할 경우	• 숙박료: 실비 • 운임: 실비(교통수단별 중등급 수준)
	이주비	• 취업하거나 직업안정기관의 장이 지시한 직업능력개발훈련 등을 받기 위해 주거를 이전할 필요가 있는 경우	• 5톤까지는 실비[5톤 초과: 5톤까지 실비+7.5톤까지(실비의 50%), 7.5톤 한도]

📍 구직급여

- **개념**: 실업급여의 핵심이 되는 급여로서 피보험자가 실직한 경우 120~270일 동안 평균 임금의 60%에 해당하는 급여를 지급하여 실직자 및 그 가족의 생활안정과 실직자의 능력·적성에 맞는 재취업을 지원

- **소정급여일수**

구분		피보험기간				
		1년 미만	1년 이상 3년 미만	3년 이상 5년 미만	5년 이상 10년 미만	10년 이상
이직일 현재 연령	50세 미만	120일	150일	180일	210일	240일
	50세 이상	120일	180일	210일	240일	270일

비고: 「장애인고용촉진 및 직업재활법」 제2조제1호에 따른 장애인은 50세 이상인 것으로 보고 위 표를 적용

2) 실업급여 신청 및 지급 현황

▶ **실업급여 신청 및 지급현황**

(단위: 명, 백만 원)

구분	신규 신청자	자격 인정자	지급자	초회 지급자	지급 종료자	실업인정 건 수	급여액		
							총 액	구직급여	취업촉진수당
1996년	10,133	9,914	7,308	7,308	969	27,031	10,459	9,986	473
1997년	51,017	50,312	48,677	40,426	28,931	260,665	78,732	76,155	2,577
1998년	438,465	434,199	412,600	376,383	251,517	2,480,448	799,154	783,881	15,273
1999년	327,954	325,220	462,635	303,332	404,517	2,440,410	936,185	913,948	22,237
2000년	260,574	258,727	303,631	225,739	286,609	1,743,144	470,793	445,909	24,884
2001년	349,148	347,303	374,286	315,211	263,344	2,743,568	845,109	787,960	57,149
2002년	299,215	297,109	362,895	276,113	297,819	2,476,771	839,319	778,232	61,087
2003년	379,600	375,561	433,798	344,281	310,876	2,965,339	1,030,304	950,424	79,880
2004년	471,542	467,730	589,611	470,761	495,697	3,781,280	1,448,306	1,333,410	114,896
2005년	565,753	562,524	696,544	546,917	539,734	4,207,599	1,751,974	1,608,714	143,260
2006년	612,667	609,691	767,314	598,623	595,230	3,423,871	2,074,004	1,839,823	234,181
2007년	687,765	685,024	854,400	673,243	663,938	3,538,383	2,434,032	2,123,494	310,538
2008년	838,783	835,140	990,061	789,053	750,816	3,948,154	2,865,256	2,473,518	391,737
2009년	1,073,989	1,068,389	1,301,132	1,050,612	1,037,988	5,205,740	4,116,404	3,598,974	517,430
2010년	978,575	973,026	1,238,665	957,267	1,008,713	4,915,719	3,686,530	3,487,575	198,955
2011년	906,423	902,360	1,202,066	889,097	901,130	4,520,607	3,561,353	3,346,591	214,763
2012년	901,589	898,054	1,187,247	887,637	907,946	4,482,808	3,676,666	3,442,031	234,635
2013년	921,678	918,421	1,209,587	905,784	925,695	4,568,173	3,881,921	3,622,005	259,916
2014년	974,150	969,841	1,251,201	942,946	944,735	4,869,875	4,152,544	3,976,839	175,705
2015년	955,184	949,699	1,271,180	935,148	958,800	4,916,383	4,544,113	4,382,259	161,854
2016년	957,888	953,003	1,277,685	938,502	942,089	4,935,607	4,892,144	4,686,203	205,942
2017년	944,069	939,311	1,272,223	924,789	937,849	4,980,736	5,239,358	5,024,838	214,520
2018년	1,066,911	1,061,963	1,390,597	1,042,502	1,012,212	5,605,096	6,684,709	6,454,869	229,841
2019년	1,147,900	1,143,165	1,526,023	1,128,881	1,107,048	6,220,968	8,382,026	8,091,734	290,292
2020년	1,371,733	1,364,296	1,783,204	1,353,853	1,210,693	8,514,506	12,176,941	11,855,625	321,316
2021년	1,288,709	1,281,672	1,866,032	1,272,193	1,336,840	8,656,621	12,505,305	12,062,473	442,832
2022년	1,202,023	1,196,641	1,727,958	1,182,023	1,211,201	7,878,102	11,378,522	10,910,504	468,018
2023년	1,251,818	1,246,837	1,768,191	1,241,345	1,236,839	8,075,632	11,775,474	11,307,120	468,354

※ 구직급여에 상병급여, 연장급여 포함

참고자료

신청현황

- 이직사유별

(단위: 명)

구 분	계	도산·폐업	고용조정 (정리해고)	권고사직	정년퇴직	계약만료	기 타
1996년	8,859	2,424	1,393	3,847		1,195	1,274
1997년	51,017	14,090	5,895	16,157		5,539	9,336
1998년	438,465	62,338	80,810	219,959		11,196	64,162
1999년	327,954	24,254	50,428	170,553		17,263	65,456
2000년	260,574	27,302	19,079	140,113	8,844	34,670	30,566
2001년	349,148	33,358	20,178	213,641	9,685	37,621	34,665
2002년	299,215	26,529	13,167	194,988	9,319	32,216	22,996
2003년	379,600	34,314	19,994	250,610	10,067	38,375	26,240
2004년	471,542	38,572	29,169	304,174	11,644	56,146	31,837
2005년	565,753	38,739	32,397	342,889	13,659	79,203	58,866
2006년	612,667	36,816	35,690	348,427	15,069	98,803	77,862
2007년	687,765	37,979	48,925	370,379	16,284	117,804	96,394
2008년	838,783	44,549	55,636	444,069	17,977	147,418	129,134
2009년	1,073,989	42,758	52,260	577,169	17,808	202,981	181,013
2010년	978,575	36,394	48,902	450,111	18,152	254,142	170,874
2011년	906,423	34,893	62,608	419,203	17,765	221,804	150,150
2012년	901,589	35,975	50,590	446,428	19,698	220,462	128,436
2013년	921,678	34,691	31,587	479,938	20,301	233,934	121,227
2014년	974,150	36,240	444,974	79,931	22,074	259,294	131,637
2015년	955,184	38,862	459,529	49,677	26,124	256,766	124,226
2016년	957,888	42,932	464,212	46,291	23,906	270,552	109,995
2017년	944,069	43,183	468,216	33,966	20,448	274,133	104,123
2018년	1,066,911	47,140	492,231	39,010	25,488	319,054	143,988
2019년	1,147,900	51,557	489,663	44,990	33,963	364,696	163,031
2020년	1,371,733	53,765	597,938	45,146	43,629	440,617	190,638
2021년	1,288,709	44,210	493,474	40,144	48,824	476,738	185,321
2022년	1,202,023	43,147	447,163	37,048	46,718	476,566	151,381
2023년	1,251,818	44,920	479,243	35,828	49,112	470,932	171,783

※ 2014년 2월 이직사유 분류코드 변경(경영상 필요 및 회사불황으로 인한 권고사직은 고용조정으로 분류, 근로자 개인의 귀책사유에 의한 권고사직은 권고사직으로 분류)

3) 실업급여 부정수급 예방 및 적발

◉ 의 의

- '실업급여 부정수급'이란 거짓이나 그 밖에 부정한 방법으로 실업급여를 받았거나 받으려 한 경우를 말함
- 부정수급을 예방하거나 적발하여 적정한 제재를 취하는 것은 고용보험제도의 올바른 적용과 건전한 재정운용을 위하여 매우 중요

◉ 부정행위 유형

구 분	유 형
수급자격신청	① 이직확인서 등의 위조, 변조 등 부정 사용 ② 피보험자격취득 및 상실의 허위신고(위장고용 포함) ③ 급여기초임금일액산정의 기초가 되는 임금액의 과다 기재 ④ 이직사유의 허위기재 및 진술(위장해고 포함) ⑤ 기준기간 연장사유의 허위기재 ⑥ 허위의 실업신고 ⑦ 각종 증명서 및 확인서 등의 위조 또는 허위기재 ⑧ 기타 부정한 방법으로 수급자격을 인정받거나 받으려 한 경우
실업인정	① 취업한 사실을 은닉한 채 계속 실업인정을 받는 경우 ② 자신의 근로에 의한 소득의 미신고 및 허위신고 ③ 구직활동 여부의 허위신고 ④ 확정된 취직 또는 자영업의 개시사실을 미신고한 경우 ⑤ 법령의 규정에 위반하여 대리인에 의해 실업인정을 받은 경우 ⑥ 허위의 증명서 등을 제출하여 실업인정을 받은 경우 ⑦ 실업인정일 변경사유의 허위신고 ⑧ 수급자격증의 부정사용 ⑨ 그밖에 부정한 방법으로 실업인정을 받거나 받으려 한 경우
기 타	① 취직촉진수당 수급을 위한 각종 허위신고 ② 상병급여 수급을 위한 각종 허위신고 ③ 미지급구직급여의 수급을 위한 각종 허위신고 ④ 구직급여 연장사유의 허위신고 ⑤ 수급기간 연장사유의 허위신고 ⑥ 그 밖에 위에 준하는 경우로서 부정수급행위가 객관적으로 인정되는 경우

📍 고용보험 부정수급 주요 추진실적

- 「부정수급 종합방지대책」 마련, 부정수급 자동경보시스템 구축('07년 7월), 부정수급조사 전담팀 설치(6개 고용노동청) 및 조사관(전국 153명) 배치, 추가 보완 및 실업급여 수급자의 2% 무작위 선정·조사('07년 12월)
- 부정수급 조사전담자 교육과정 신설·운영('08년 3월)
- 부정수급 제보자의 포상금 증액(부정수급액의 10% → 20%, 1인당 연간 300만 원 한도, '08년 4월)
- 실업급여 수급자 대상 부정수급 예방 교육 CD 제작·배포('08년 7월)
- 부정수급 자동경보시스템 사후경보 2개 항목 추가('09년 4월)
- 실업급여 부정행위 조사매뉴얼 제작·배포('09년 12월)
- 부정수급 제보자에 대한 포상금 증액(1인당 연간 300만 원 → 500만 원, '10년 2월)
- 6개 지방청에 부정수급조사과 설치('10년 7월)
- 부정수급 조사관 워크숍 개최('10년 10월)를 통한 협조체계 구축 및 일용근로자 피보험 자격 강화 등 고용보험 부정수급 방지보완대책 수립('10년 12월)
- 피보험자와 사업주가 공모형 부정수급 신고자에 대한 포상금 상한액 상향(500만 원 → 3,000만 원), 신고자 포상금 지급대상 기간 확대(1년 → 18개월)('11년 1월)
- 부정수급 조사관 월 5만 원 특정업무비 지급('11년 1월)
- 실업급여 부정수급 예방교육 CD 제작·배포('11년 4월)
- 실업급여 부정수급 조사매뉴얼(부정수급 조사관용) 제작·배포('11년 4월)
- 실업급여 부정수급 추가징수 차별화(2단계 → 4단계)('11년 9월)
- 일용근로자 피보험자격 소급신고 시 징구대상 기간 확대(6개월 이상 → 3개월 이상)('13.12월)
- 실업급여 부정수급 조사매뉴얼 제작·배포('14년 5월)
- 피보험자와 사업주 공모형 부정수급 신고자에 대한 포상금 상한액 상향(3,000만 원 → 5,000만 원) ('14년 7월)
- 부정수급 가능성을 점수화(scoring)하여 부정수급 의심자 체계적 관리(위험등급관리시스템 개발, '15년 5월)
- 부정수급 기획조사 사례집 및 실업급여 부정수급 조사매뉴얼 제작·배포('15년 8월)
- 연구용역 "부정수급 사례·유형별 프로파일링 및 기획조사 활용방안"실시('15년 5월~10월)
- 2016년 공공 빅데이터 분석사업-실업급여 부정수급 방지 분석 보고서('16년 12월)
- 고용보험수사관에게 특별사법경찰권한 부여('18년 4월)
- 고용보험수사관 집무규정 제정('18년 4월)
- 고용보험 부정수급 수사 실무('18년 4월) 및 부정수급 업무매뉴얼 제작·배포('18년 8월)
- 고용보험 부정수급 추가징수 강화(1배 → 최대 5배), 공모형 부정수급 처벌 명확화, 향후 지급 예정인 실업급여에 반환금·추가징수금 충당 의무 부과, 다회 실업급여 부정수급 시 수급자격 제한('20년 8월)

- 고용보험 부정수급 업무매뉴얼 제작·배포('20년 10월)
- 고용안정사업 가족관계유형 부정수급 자동경보시스템 신규 개시('20년 11월)
- 조기재취업수당 부정수급 사후자동경보시스템 신규 개시('21년 6월)
- 고용장려금 부정수급 자진신고기간 운영('21년 6월) 및 일제점검 실시('21년 9월)
- 실업급여 부정수급 자진신고기간 운영('21년 10월)
- 부정수급정보시스템-노사누리 정보 연계 완료('22년 1월)
- 고용보험 부정수급 업무 개편 방안 마련('22년 1월)
- 고용보험 부정수급 자진신고기간 운영('22년 7월)
- 고용보험수사관 집무규정 개정('22년 7월)
- 고용보험 부정수급 예방 오프라인(지하철) 홍보 실시('22년 11월)
- 고용보험 부정수급 업무매뉴얼 제작·배포('23년 2월)
- 고용보험 부정수급 자진신고기간 운영('23년 4월)
- 고용보험 부정수급 예방 온·오프라인(카카오톡 등, 지하철 등) 홍보 실시('23년 11월)

다. 고용보험 심사

◉ 제도개요

- 고용보험심사제도는 직업안정기관의 장이 행한 피보험자격의 취득·상실에 대한 확인, 실업급여, 육아휴직급여, 출산전후휴가급여에 관한 처분 등과 관련하여 권리와 이익의 침해를 당한 민원인을 보호하기 위한 제도적 장치로서 고용보험법에서 규정하고 있는 특별행정 심판제도임

◉ 심사처리절차

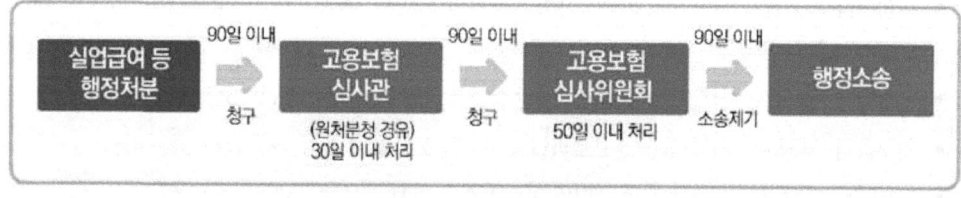

※ 구직자 취업촉진 및 생활안정지원에 관한 법률에 근거한 국민취업지원제도 처분에 이의가 있는 경우 고용보험심사관을 거쳐 고용보험심사위원회에 재심사청구 가능(고용보험심사위원회 30일 이내 처리)

심사(재심사)청구 및 처리현황

총괄

(단위: 건)

구분		청구	처리						이월
			계	취소	취소율	기각	각하	취하	
심사	누계	23,536	23,357	3,748	16.0	18,627	638	344	
	2023년	1,178	1,278	196	15.3	1,016	39	27	166
	2022년	1,080	947	140	14.8	778	11	18	266
	2021년	1,329	1,353	176	13.0	1,119	41	17	133
	2020년	1,243	1,204	103	8.6	1,055	29	17	157
	2019년	1,109	1,237	179	14.5	1,007	23	28	118
	2018년	1,189	1,030	189	18.3	807	21	13	246
	2017년	1,027	1,091	212	19.4	837	34	8	87
	2016년	1,143	1,070	172	16.1	866	29	3	151
	2015년	906	931	140	15.0	766	22	3	78
	2014년	1,128	1,267	221	17.4	978	57	11	116
	2013년	1,332	1,282	132	10.3	1,116	26	8	255
	2012년	1,022	1,301	216	16.6	1,052	27	6	205
	2011년	1,486	1,293	229	17.7	1,024	28	12	484
	2010년	1,170	962	178	18.5	756	19	9	291
	2009년	815	773	90	11.6	656	18	9	83
	2008년	588	596	84	14.1	487	17	8	41
	2007년	567	554	81	14.6	439	24	10	49
	2006년	617	610	101	16.6	479	13	17	36
	2005년	644	668	78	11.6	563	12	15	29
	2004년	607	587	111	18.9	433	19	24	53
	2003년	739	728	146	20.0	547	17	18	33
	2002년	367	356	113	31.7	226	7	10	22
	2001년	306	305	59	19.3	226	10	10	11
	2000년	320	344	75	21.8	233	28	8	10
	1999년	758	763	145	19.0	563	36	19	34
	1998년	641	604	32	5.3	534	24	14	39
재심사	누계	4,099	4,062	919	23.5	2,945	109	89	
	2023년	225	222	61	27.5	147	6	8	39
	2022년	169	168	46	27.4	107	7	8	36
	2020년	241	222	71	32.0	135	6	10	46
	2019년	184	177	72	40.6	94	3	8	27
	2018년	168	168	60	35.7	104	3	1	20
	2017년	203	202	38	18.8	151	11	2	20
	2016년	148	147	30	20.4	111	5	1	18
	2015년	152	151	24	15.9	123	3	1	17
	2014년	180	182	17	9.3	156	2	7	17
	2013년	193	182	16	8.8	157	7	2	19
	2012년	174	187	23	12.3	155	7	2	8
	2011년	277	265	41	15.5	220	2	2	21
	2010년	136	142	20	14.1	112	7	3	9
	2009년	114	104	19	18.3	82	2	1	15
	2008년	108	120	20	16.7	94	5	1	5
	2007년	84	79	21	26.6	57	-	1	17
	2006년	101	92	26	28.3	64	2	-	12
	2005년	108	111	31	27.9	77	2	1	4
	2004년	71	72	35	48.6	34	1	2	7
	2003년	144	142	34	23.9	104	0	4	8
	2002년	77	80	13	16.3	64	3	-	6
	2001년	70	62	22	35.5	40	0	0	9
	2000년	90	104	33	31.7	64	5	2	1
	1999년	206	219	58	26.5	149	8	4	15
	1998년	188	163	15	9.2	138	10	0	28

● 청구내용별 현황 (단위: 건)

구 분		계	피보험 자격	수급 자격	실업 인정	취업촉진 수당	육아 휴직	출산전 후휴가	부정 수급	국민 취업	기타
심사	누계	23,536	3,913	6,091	2,721	3,028	568	390	5,859	128	838
	2023년	1,178	291	334	88	240	17	3	152	50	3
	2022년	1,080	309	342	89	154	11	3	126	45	1
	2020년	1,243	524	251	102	114	52	10	182	-	8
	2019년	1,109	477	208	86	102	39	17	173	-	7
	2018년	1,189	431	233	143	123	56	14	181	-	8
	2017년	1,027	243	147	115	128	33	14	304	-	43
	2016년	1,143	127	167	134	113	30	8	504	-	60
	2015년	906	111	165	139	117	44	7	276	-	47
	2014년	1,128	86	213	223	181	113	11	244	-	57
	2013년	1,332	153	163	404	193	54	21	289	-	55
	2012년	1,022	150	172	137	225	15	14	243	-	66
	2011년	1,486	89	225	174	224	15	21	650	-	88
	2010년	1,170	151	346	101	136	9	24	333	-	70
	2009년	815	125	236	101	151	3	16	140	-	43
	2008년	588	42	150	67	85	8	17	187	-	32
	2007년	567	44	175	50	70	8	47	143	-	30
	2006년	617	12	226	54	70	5	43	193	-	14
	2005년	644	20	203	67	76	1	20	239	-	18
	2004년	607	16	225	39	103	2	21	178	-	23
	2003년	739	16	280	54	68	10	24	199	-	88
	2002년	367	16	148	19	31	3	26	118	-	6
	2001년	306	16	106	34	48	-	-	98	-	4
	2000년	320	15	104	38	21	-	-	127	-	15
	1999년	758	17	274	52	73	-	-	317	-	25
	1998년	641	6	522	26	21	-	-	57	-	9
재심사	누계	4,099	702	1,003	287	447	90	38	1,302	17	213
	2023년	225	57	38	10	61	4	1	32	9	13
	2022년	169	57	40	12	19	1	0	28	3	9
	2020년	241	114	48	10	25	11	0	29	-	4
	2019년	184	81	38	5	16	6	1	33	-	4
	2018년	168	53	35	4	14	6	-	52	-	4
	2017년	203	42	28	3	19	6	1	101	-	3
	2016년	148	22	21	6	14	5	-	72	-	8
	2015년	152	16	32	14	12	9	1	65	-	3
	2014년	180	17	30	24	25	17	3	61	-	3
	2013년	193	25	16	22	38	8	4	65	-	15
	2012년	174	14	20	8	30	-	1	89	-	12
	2011년	277	17	46	38	25	1	4	133	-	13
	2010년	136	11	41	10	13	2	3	48	-	8
	2009년	114	9	41	9	16	1	4	27	-	7
	2008년	108	20	27	4	17	-	4	31	-	5
	2007년	84	7	21	7	9	-	6	29	-	5
	2006년	101	3	25	6	12	-	1	52	-	2
	2005년	108	4	34	2	14	-	2	48	-	4
	2004년	71	1	34	2	9	-	1	19	-	5
	2003년	144	3	27	12	12	4	0	23	-	63
	2002년	77	4	17	2	7	1	-	44	-	2
	2001년	70	3	15	3	9	-	-	40	-	0
	2000년	90	2	21	9	4	-	-	49	-	5
	1999년	206	2	103	3	10	-	-	82	-	6
	1998년	188	2	162	7	0	-	-	13	-	4

● 지역별 청구현황: (단위: 건)

구 분		계	서울	중부	부산	대구	광주	대전
심사	누계	23,536	6,517	7,315	3,636	1,987	2,156	1,925
	2023년	1,178	246	530	152	75	85	90
	2022년	1,080	246	376	176	69	88	125
	2020년	1,243	325	389	204	86	136	103
	2019년	1,109	326	349	164	70	99	101
	2018년	1,189	333	385	205	63	110	93
	2017년	1,027	296	300	180	87	80	84
	2016년	1,143	318	367	210	87	75	86
	2015년	906	263	301	151	57	66	68
	2014년	1,128	302	368	166	93	100	99
	2013년	1,332	350	493	192	105	77	115
	2012년	1,022	299	402	107	68	63	83
	2011년	1,486	313	508	302	165	118	80
	2010년	1,170	340	329	200	163	76	62
	2009년	815	278	221	138	80	50	48
	2008년	588	205	119	117	44	55	48
	2007년	567	219	132	86	44	39	47
	2006년	617	238	108	71	74	66	60
	2005년	644	209	132	83	60	96	64
	2004년	607	171	171	75	66	69	55
	2003년	739	218	259	62	58	99	43
	2002년	367	105	132	26	38	37	29
	2001년	306	85	70	67	35	18	31
	2000년	320	93	75	57	46	29	20
	1999년	758	245	202	111	62	62	76
	1998년	641	168	117	58	90	164	44
재심사	누계	4,099	1,146	1,165	682	327	441	338
	2023년	225	42	114	22	13	15	19
	2022년	169	40	52	33	8	13	23
	2020년	241	61	76	30	34	23	17
	2019년	184	59	52	27	13	19	14
	2018년	168	44	56	33	12	15	8
	2017년	203	58	61	42	10	9	23
	2016년	148	45	40	31	14	10	8
	2015년	152	45	48	25	11	10	13
	2014년	180	54	57	23	16	10	20
	2013년	193	67	63	38	4	8	13
	2012년	174	52	54	27	9	18	14
	2011년	277	55	66	72	53	23	8
	2010년	136	36	41	20	21	9	9
	2009년	114	39	25	29	13	3	5
	2008년	108	44	22	20	11	8	3
	2007년	84	39	14	13	3	7	8
	2006년	101	41	12	19	7	5	17
	2005년	108	28	32	11	4	17	16
	2004년	71	23	24	6	6	8	4
	2003년	144	25	26	14	9	63	7
	2002년	77	20	44	2	4	4	3
	2001년	70	17	31	12	2	2	6
	2000년	90	23	26	15	11	9	6
	1999년	206	81	44	37	13	13	18
	1998년	188	47	19	12	10	95	5

라. 고용보험기금 운용

◉ 수 입
(단위: 백만 원, %)

구 분	2023년 결산 (A)	2022 결산 (B)	증 감 (A-B)	%
계	20,913,318	20,836,178	77,140	3.7
사회보장기여금	17,815,726	15,718,893	2,096,833	13.3
경상이전 수입	191,941	251,914	△59,973	△23.8
재산 수입	134,336	90,666	43,670	48.2
융자금 회수	98,927	100,600	△1,673	1.7
일반회계전입금	300,000	1,300,000	△1,000,000	△76.9
기금예수금	-	1,300,000	△1,300,000	△100.0
기타 잡수입 등	19	41	△22	△53.6
정부예금 회수	2,372,368	2,074,064	298,304	14.4

◉ 지 출
(단위: 백만 원, %)

구 분	2023년 결산 (A)	2022년 결산 (B)	증 감 (A-B)	%
계	20,913,318	20,836,178	77,140	3.7
고용안정·직업능력개발사업	2,639,792	3,848,138	△1,208,346	△31.4
실업급여 모성보호	14,133,060	13,579,638	553,422	4.1
고용보험운영	114,230	118,787	△4,557	△3.8
기금 간 거래(예수이자상환)	172,003	518,114	△346,111	△66.8
여유자금운용	3,854,233	2,771,501	1,082,732	39.1

② 산업재해보상보험제도

가. 산재보험 적용·징수

◉ 의 의

- 산재보험제도는 근로자의 업무상 재해와 관련하여 국가가 사업주로부터 소정의 보험료를 징수하여 그 기금(재원)으로 사업주를 대신하여 보상해주는 제도
  - 재해근로자에게는 치료와 생계, 사회복귀를 지원함으로써 재해근로자 및 그 가족의 생활안정을 도모
  - 사업주에게는 일시에 소요되는 과중한 보상비용을 분산시켜 정상적인 기업활동을 보장

◉ 운영주체

- 산재보험은 국가(고용노동부)가 사업주를 대위하여 관장하다가 1995년 5월 1일자로 근로복지공단에 집행업무를 위탁
  - 고용노동부는 제도개선, 보험료율의 결정 및 고시, 보험급여 기준의 결정, 보험기금의 관리운영 등 중요 정책업무 관장
  - 근로복지공단은 보험가입자 및 수급자 기록 관리, 보험료 등의 부과, 보험급여의 지급, 산재보험시설의 설치운영 등

◉ 산재보험 적용범위

- 산재보험제도 시행초기에는 광업, 제조업의 500인 이상 사업장을 적용대상으로 하였으나 그간 꾸준히 적용범위를 확대하여
  - 현재는 타 법령에 의하여 재해보상이 이루어지는 자 등 극히 예외적인 경우만 적용이 제외

◉ 사업내용

- 산재보험 사업은 보험사업과 근로복지사업으로 대별
  - 보험사업은 사업주로부터 보험료를 징수하여 근로자의 업무상 재해에 대해 보상을 행하는 사업
  - 복지사업은 보험시설의 설치·운영, 피재근로자의 재활 및 복지증진사업 등

◉ 산재보험료율

- 산재보험료율은 재해발생의 위험성, 경제활동의 동질성에 따라 분류된 업종별로 과거 3년간 보수 총액에 대한 보험급여의 비율을 기초로 하고 복지증진에 소요되는 비용 등 기타 사정을 고려하여 고용노동부 장관이 업종별로 구분하여 결정·고시
  - 2023년도 28개 업종, 보험료율 평균 1.53%(출퇴근요율 0.1% 포함), 최고 18.6%(석탄광업 및 채석업), 최저 0.7%(금융 및 보험업 등)

평균 보험료율

(단위: %)

구 분	'14년	'15년	'16년	'17년	'18년	'19년	'20년	'21년	'22년	'23년
평균보험료율	1.70	1.70	1.70	1.70	1.80	1.65	1.56	1.56	1.53	1.53
최고요율	34.0	34.0	34.0	32.3	28.25	226.5	186.3	186.3	186	186
최저요율	0.6	0.7	0.7	0.7	0.85	0.75	0.73	0.73	0.7	0.7

2023년도 산재보험료율

1. 2023년도 사업종류별 산재보험료율

(단위: 천분율)

사 업 종 류	요율	사 업 종 류	요율
1. 광업		**4. 건설업**	36
석탄광업 및 채석업	185	**5. 운수·창고·통신업**	
석회석·금속·비금속·기타광업	57	철도·항공·창고·운수관련서비스업	8
2. 제조업		육상 및 수상운수업	18
식료품 제조업	16	통신업	9
섬유 및 섬유제품 제조업	11	**6. 임업**	58
목재 및 종이제품 제조업	20	**7. 어업**	28
출판·인쇄·제본업	10	**8. 농업**	20
화학 및 고무제품 제조업	13	**9. 기타의 사업**	
의약품·화장품·연탄·석유제품 제조업	7	시설관리 및 사업지원 서비스업	8
기계기구·금속·비금속광물제품 제조업	13	기타의 각종사업	9
금속제련업	10	전문·보건·교육·여가관련 서비스업	6
전기기계기구·정밀기구·전자제품 제조업	6	도소매·음식·숙박업	8
선박건조 및 수리업	24	부동산 및 임대업	7
수제품 및 기타제품 제조업	12	국가 및 자치단체의 사업	9
3. 전기·가스·증기·수도사업	8	**0. 금융 및 보험업**	6

* 해외파견자: 14/1,000

2. 2023년도 통상적인 경로와 방법으로 출퇴근하는 중 발생한 재해에 관한 산재보험료율: 전 업종 1.0/1,000 동일

산재보험료율 등 적용·징수관련 고시

(단위: 천분율)

고시명(고시번호)	고 시 내 용			적용기간
2023년 산재보험료율 (제2022-82호, '22.12.29.)	2023년도에 적용할 사업종류별 요율			'23.1.1.~ '23.12.31.
건설공사 노무 비율 (제2021-122호, '21.12.31.)	노무 비율	27%		'22.1.1.~ '22.12.31.
	하도급 노무 비율	30%		
벌목업 노무 비율 (제2021-123호, '21.12.31.)	벌목재적량 1㎥당 10,716원			'22.1.1.~ '22.12.31.
중·소기업 사업주에 대한 산재보험료 및 보험급여 산정의 기초가 되는 보수액 및 평균임금 (제2022-92호, '22.12.30.)	구 분	보수액(월)	평균임금(일)	'23.1.1.~ '23.12.31.
	1등급	2,340,860	76,960	
	2등급	2,808,380	92,330	
	3등급	3,275,900	107,770	
	4등급	3,743,420	123,070	
	5등급	4,210,950	138,440	
	6등급	4,678,470	153,810	
	7등급	5,145,990	169,180	
	8등급	5,613,510	184,550	
	9등급	6,081,030	199,920	
	10등급	6,548,550	215,290	
	11등급	7,016,070	230,660	
	12등급	7,483,590	246,036	
소득확인이 어려운 직종의 노무제공자에 대한 산재보험료 및 보험급여 산정의 기초가 되는 월 보수액 및 평균보수 등 (제2023-29호, '23.6.30.)	직종	월 보수액	평균보수(일)	'23.7.1.~ '23.12.31.
	건설기계기사	2,479,444	82,648	
	건설현장 화물차주			
	골프장캐디	2,699,994	90,000	
노무제공자 직종별 산재보험료율 (제2023-27호, '23.6.30.)	직종	요율(‰)	직종	요율(‰)	'23.7.1.~ '24.12.31.
	보험설계사	5	건설기계기사	34	
	건설현장화물차주	34	방문강사	7	
	골프장캐디	5	택배기사	17	
	퀵서비스기사	17	대출모집인	5	
	신용카드모집인	5	대리운전 기사	18	
	방문판매원	8	대여제품방문점검원	7	
	가전제품 설치기사	7	화물차주	17	
	소프트웨어기술자	5	방과후강사	6	
	관광통역안내사	6	어린이통학버스기사	18	

605

📍 보험료

- 자진신고사업장(건설업, 벌목업)의 보험료는 당해 사업장의 1년간의 보수총액에 보험료율을 곱하여 산정하며, 자진신고·납부제도를 채택
- 부과고지사업장(건설업, 벌목업 제외)의 보험료는 근로자 월평균 보수의 합계액에 보험료율을 곱하여 산정하며, 매월 부과고지제를 채택

📍 연도별 산재보험료 징수현황

(단위: 억 원, 천 개소, %)

구 분	징수결정액(A)	수납액(B)	결손처분(C)	수납률(B/A)
2023년 12월	105,802	91,404	1,034	86.4
2022년 12월	97,624	83,341	1,237	85.4
2021년 12월	90,266	76,048	950	84.2
2020년 12월	85,764	71,523	1,022	83.4
2019년 12월	90,444	75,940	994	83.9
2018년 12월	88,484	74,071	842	83.7
2017년 12월	78,403	64,993	944	82.9
2016년 12월	77,003	63,635	1,236	82.6
2015년 12월	75,203	61,508	2,026	81.8
2014년 12월	71,848	58,632	670	81.6
2013년 12월	66,752	55,105	306	82.6
2012년 12월	65,897	55,851	78	84.8

※ 보험료, 가산금, 연체금, 급여징수금 기준

- 2023년도 산재보험료 징수실적은 징수결정액 10조5,802억 원 중 수납액은 9조 1,404억 원(수납률 86.4%)으로, 전년대비 징수결정액은 8,178억 원, 수납액은 8,063억 원 증가

❯ 연도별 산재보험 적용확대 현황

(단위: 개소, 천 명)

구 분	적용기준	사업장 수	근로자 수	적 용 업 종
1964년	500인 이상	64	81	• 광업, 제조업
1974년	16인 이상	17,551	1,517	• 광업, 제조업, 건설 • 전기, 가스, 위생서비스 • 운수, 보관 및 통신 • 기타의 사업
1982년	10인 이상	54,159	3,464	• 광업 및 제조업 중 고무화학·프라스틱·석탄·유제품제조업은 5인 이상
1984년	〃	64,704	4,385	• 농수산물위탁판매업 및 중개업 추가
1986년	〃	70,865	4,794	• 베니아판 제조업 등 14개 업종은 5인 이상 확대
1987년	〃	83,536	5,356	• 목재품제조업 등 20개 업종은 5인 이상 확대
1988년	5인 이상	101,445	5,744	• 섬유제품제조업 등 16개 업종은 5인 이상 확대(59개 업종)
1989년	〃	118,894	6,688	• 모든 사업(일부업종 제외)
1991년	〃	146,284	7,922	• 1991년 7월 1일부터 광업, 임업, 어업, 수렵업, 도·소매업, 부동산업 등 확대(10인 이상)
1992년	〃	154,820	7,058	• 1992년 7월 1일부터 농업, 임업, 수렵업, 도·소매업, 부동산업 등 확대(5인 이상)
1995년	〃	186,021	7,893	• 부동산임대 및 사업서비스업 중 연구개발업 • 교육서비스업 • 보건 및 사회복지사업 확대
1998년	〃	215,539	7,582	• 1998년 7월 1일 금융 및 보험업 확대
1999년	〃	249,405	7,441	
2000년	1인 이상	706,231	9,486	• 2000년 7월 1일 전 사업장 1인 이상 확대
2001년	〃	909,461	10,581	
2002년	〃	1,002,263	10,571	
2003년	〃	1,006,649	10,599	
2004년	〃	1,039,208	10,473	
2005년	〃	1,175,606	12,070	• 법인인 5인 미만 농·임·어업·수렵업 및 2,000만 원 미만 면허공사 적용 확대
2006년	〃	1,292,696	11,689	
2007년	〃	1,429,885	12,529	
2008년	〃	1,594,793	13,490	• 2008년 7월 1일 특수형태근로종사자 4개 직종 적용
2009년	〃	1,560,949	13,885	• 불도저, 굴삭기 등 건설기계자차기사 임의가입방식 적용

구 분	적용기준	사업장 수	근로자 수	적 용 업 종
2010년	1인 이상	1,608,361	14,199	
2011년	〃	1,738,196	14,362	
2012년	〃	1,825,296	15,548	• 2012년 5월 1일 특수형태근로종사자(택배기사, 전속 퀵서비스 기사), 임의가입방식(비전속 퀵서비스 기사) 적용 확대 • 2012년 11월 1일 임의가입방식(예술인) 적용 확대
2013년	〃	1,977,057	15,449	
2014년	〃	2,187,391	17,062	
2015년	〃	2,367,186	17,969	
2016년	〃	2,457,225	18,432	• 2016년 7월 1일 특수형태근로종사자(대출모집인, 신용카드 모집인, 전속 대리운전기사), 임의가입방식(비전속 대리운전기사) 적용 확대
2017년	〃	2,507,364	18,560	
2018년	〃	2,654,107	19,073	• 2018년 7월 1일 소규모사업(2천만 원 미만 공사, 상시 1인 미만) 적용 확대 • 2018년 9월 11일 현장실습생(고교·대학생) 적용 확대 • 2018년 12월 11일 중소기업사업주(도매 및 상품중개업, 기타 개인 서비스업, 음식점업) 적용 확대
2019년	〃	2,680,874	18,725	• 2019년 1월 1일 특수형태근로종사자(27종 건설기계 전체) 적용 확대
2020년	〃	2,719,308	18,975	• 2020년 7월 1일 특수형태근로종사자(방문판매원, 화물차주, 대여제품방문점검원, 가전제품설치기사, 방문교사) 적용 확대 • 2020년 1월 7일 중소기업 사업주 적용 범위 확대(근로자 50인 미만 → 300인 미만, 12개 업종 → 업종제한 폐지)
2021년	〃	2,876,635	19,379	• 2021년 6월 9일 가족종사자(중소기업 사업주의 배우자 또는 4촌 이내 친족) 적용 확대 • 2021년 7월 1일 특수형태근로종사자(소프트웨어 기술자) 적용 확대
2022년	〃	2,976,026	20,174	• 2022년 1월 1일 학생연구자 적용 확대 • 2022년 7월 1일 특수형태근로종사자 (화물차주(유통배송기사, 택배 지·간선기사, 자동차·곡물·곡물가루·사료 등)) 적용 확대
2023년	〃	2,945,136	20,637	• 2023년 7월 1일 노무제공자 산재보험 전속성 요건 폐지, 노무제공자(관광통역안내사, 어린이통학버스기사, 탁송기사·대리주차인(대리운전기사), 일반 화물차주(특정품목 화물차주), 건설현장 화물차주(살수차, 고소작업차, 카고크레인 기사))적용확대

나. 산재보험 급여

◉ 보험급여별

(단위: 명, 백만 원, %)

구 분	2022년 수급자 수	2022년 금액	2023년 수급자 수	2023년 금액	증감률 (급여액)
총 계	390,475	6,686,486	398,324	7,284,941	8.95
요양급여	291,226	1,316,456	297,512	1,518,685	15.36
휴업급여	161,509	1,693,399	169,728	1,864,777	10.12
장해급여	112,002	2,544,826	115,515	2,699,536	6.08
유족급여	35,100	885,043	36,393	944,683	6.74
상병연금	3,509	137,078	3,231	143,857	4.95
장례비	2,706	38,765	2,456	36,300	△6.36
간병급여	4,892	50,618	4,725	51,527	1.80
재활급여	2,515	20,300	3,046	25,577	26.00

※ 급여별 수급자 수 중복되어 급여별 수급자 수 합계와 총계 차이가 남

◉ 업종별

(단위: 명, 백만 원)

구 분	2022년 수급자 수	2022년 금액	2023년 수급자 수	2023년 금액
총 계	398,324	7,284,941	390,475	6,686,486
금융 및 보험업	2,285	50,965	2,165	47,822
광 업	27,896	649,810	29,070	690,751
제 조 업	112,755	2,261,637	110,469	2,065,877
전기가스 상수도업	627	17,711	605	15,736
건 설 업	96,501	2,309,543	94,217	2,114,917
운수 창고업	32,485	451,267	28,785	396,099
기타사업 (농·어·임업 포함)	127,008	1,544,007	125,971	1,355,284

※ 사업장 업종 변경 등의 이유로 수급자 수 중복되어 업종별 수급자 수 합계와 총계 차이가 남

다. 산재보험 재활 및 복지사업

📍 직업훈련 지원

(단위: 명, 백만 원, %)

구 분	선발인원	수료인원	취 업	취업률	중도탈락	총 지급액
2011년	3,661	2,083	1,108	53.2	300	7,677
2012년	3,223	2,372	953	40.2	328	12,823
2013년	3,535	1,964	897	45.7	330	15,277
2014년	2,212	1,707	924	54.1	138	10,825
2015년	2,294	1,560	850	54.5	160	9,694
2016년	2,206	1,434	805	56.1	160	10,315
2017년	1,694	1,597	917	57.4	89	9,633
2018년	2,485	1,588	937	59.0	121	10,906
2019년	2,764	1,998	1,204	60.3	117	11,297
2020년	2,210	1,900	1,169	61.5	101	19,991
2021년	1,710	1,771	869	49.1	74	17,747
2022년	1,779	1,491	778	52.2	67	16,638
2023년	1,910	1,503	712	47.4	60	19,447

📍 직장복귀 지원

(단위: 명, 백만 원)

구 분	계 획		실 적	
	인 원	금 액	인 원	금 액
2011년	2,876	8,832	3,285	8,700
2012년	2,766	7,211	2,598	6,811
2013년	2,879	6,871	2,440	6,858
2014년	2,798	6,524	2,438	7,327
2015년	2,448	5,885	1,998	6,195
2016년	2,384	6,098	1,703	5,072
2017년	1,814	6,273	1,699	5,437
2018년	1,387	4,597	1,618	5,079
2019년	1,399	4,856	1,549	4,856
2020년	1,417	3,655	1,092	3,655
2021년	1,297	7,146	1,082	4,136
2022년	909	3,089	1,015	3,938
2023년	904	3,666	1,445	6,211

📍 합병증 등 예방관리제

(단위: 건, 명, 백만 원)

구 분	신규 이용	총 이용자 수	진료비용 지급
2011년	16,045	33,163	37,314
2012년	18,194	34,612	37,407
2013년	18,392	36,109	39,269
2014년	19,681	39,167	42,641
2015년	19,920	41,051	44,045
2016년	20,046	41,550	44,396
2017년	16,326	41,426	48,419
2018년	15,156	39,775	49,527
2019년	16,857	41,506	55,653
2020년	16,526	42,306	50,832
2021년	17,563	42,835	53,278
2022년	17,769	40,362	53,277
2023년	18,891	42,835	53,279

※ 산재 요양종결 후 건강보험 지원 부문 제외

참고자료

● 생활안정자금 융자
(단위: 명, 백만 원)

구 분	계 획		실 적	
	인 원	예 산	인 원	지급액
2011년	1,300	13,000	1,489	11,590
2012년	1,488	18,795	1,776	16,249
2013년	1,488	19,153	1,589	15,012
2014년	1,516	19,153	1,889	17,932
2015년	1,516	19,153	1,969	19,148
2016년	1,274	16,901	1,765	16,388
2017년	1,305	16,501	1,742	16,498
2018년	1,052	13,293	1,433	13,272
2019년	1,052	13,293	1,462	13,251
2020년	1,474	13,672	1,459	13,635
2021년	1,677	15,555	1,588	15,481
2022년	1,696	15,644	1,580	15,636
2023년	1,696	15,644	1,637	15,617

● 대학학자금 융자
(단위: 명, 백만 원)

구 분	계 획		실 적	
	인 원	예 산	인 원	지급액
2010년	1,520	5,100	1,654	5,086
2011년	1,520	5,100	1,619	5,081
2012년	1,930	6,705	1,176	3,347
2013년	1,460	4,330	711	2,010
2014년	1,030	2,930	628	1,878

※ 2015년 사업 중단

● 창업점포 임대지원
(단위: 명, 백만 원)

구 분	계 획		실 적	
	인 원	금 액	인 원	금 액
2011년	100	7,185	60	4,838
2012년	95	6,826	57	3,226
2013년	60	4,311	39	2,365
2014년	46	2,758	29	1,960
2015년	40	2,400	30	2,206
2016년	28	2,140	13	1,040
2017년	26	2,040	15	740
2018년	19	1,540	22	1,405
2019년	-	270	-	200
2020년	-	183	-	50
2021년	2	100	-	-
2022년	2	100	-	-
2023년	2	100	-	-

※ 2019년부터 신규 지원 중단(기존 창업점포 이전, 보증금 인상분에 대해서만 지원)

라. 산재보험 심사 및 재심사청구 현황

◉ 제도개요

- 산재보험급여의 결정에 대하여 불복이 있는 자는 산업재해보상보험법 제103조에 따라 근로복지공단에 심사청구. 심사청구에 대한 결정에 불복이 있는 자는 동법 제106조에 따라 산업재해보상 보험재심사위원회에 재심사 청구

◉ 심사청구

(단위: 건, %)

연도	심사청구 건수	결정 건수	취소	기각	각하	기타	취소율
2017년	9,043	8,656	1,223	7,228	94	111	14.1
2018년	8,845	9,017	1,535	7,256	93	133	17.0
2019년	11,261	10,685	1,690	8,650	137	208	15.8
2020년	11,080	10,966	1,571	9,098	119	178	14.3
2021년	10,624	10,638	1,521	8,857	100	160	14.3
2022년	10,107	10,011	1,493	8,277	103	138	14.9
2023년	11,128	11,155	1,592	9,326	92	145	14.3

※ 처리내역 기타는 산재재심사위원회 이송, 취하

◉ 재심사청구

(단위: 건, %)

연도	재심사 청구 건수	재결 건수	취소	기각	각하	취소율
2017년	3,219	3,053	370	2,652	21	12.12
2018년	3,503	3,273	836	2,400	37	25.54
2019년	4,492	3,462	525	2,880	57	15.2
2020년	5,063	4,392	408	3,936	48	9.29
2021년	4,958	4,617	336	4,235	46	7.28
2022년	4,747	4,705	353	4,311	41	7.50
2023년	5,069	6,261	386	5,824	51	6.17

※ 연도별 재심사청구건수와 재결건수의 차이는 연도이월 등으로 인함

마. 산재보험기금 운용

📍 운용계획

- 수 입

(단위: 백만 원)

구 분	2024년 계획(A)	2023년 결산(B)	증(△)감(A-B)	%
계	20,295,013	14,967,779	5,327,234	35.6
보 험 료 수 입	9,418,508	9,105,419	313,089	3.4
관 유 물 대 여 료	804	779	25	3.2
기타민간이자수입 및 재산수입	992,051	788,626	203,425	25.8
벌 금	12	0	12	-
가 산 금	7,288	6,633	655	9.9
기 타 경 상 이 전 수 입	116,258	107,734	8,524	7.9
기 타 잡 수 입	13,278	10,758	2,520	23.4
관 유 물 매 각 대	0	0	0	-
융 자 원 금 회 수	189,869	153,922	35,947	23.4
여 유 자 금 회 수	7,889,483	2,660,272	5,229,211	196.6
일 반 회 계 전 입 금	21,300	20,000	1,300	6.5
공공기금예탁금회수	1,550,090	2,030,000	△479,910	△23.6
공자기금예탁 이자수입	96,072	83,636	12,436	14.9

- 지출

(단위: 백만 원)

구 분	2024년 계획(A)	2023년 결산(B)	증(△)감(A-B)	%
계	20,295,013	14,967,779	5,327,234	35.6
보 험 급 여	7,876,091	7,284,941	591,150	8.1
고 용 노 동 부 사 업	11,188	9,446	1,742	0
근 로 복 지 공 단 사 업	191,348	189,114	2,234	1.2
국민건강보험공단 사업	17,824	17,768	56	0.3
산 업 안 전 공 단 사 업	815,916	775,274	40,642	5.2
산 재 근 로 자 융 자	14,299	15,617	△1,318	△8.4
산 재 예 방 관 련 융 자	458,640	356,328	102,312	28.7
산재보험 및 예방 연구	570	613	△43	△7.0
기 금 관 리 비 등	436,366	426,232	10,134	2.4
공 자 기 금 예 탁 금	3,300,000	1,550,090	1,749,910	112.9
여 유 자 금 운 용	7,172,771	4,342,356	2,830,415	65.2

Ⅶ. 노동조합 및 노사관계

1. 노동조합 현황

- 2022년 말 기준, 노동조합은 6,005개, 조합원은 2,722천 명으로 노조 조직률은 13.1%이다. 전년도와 비교하여 노동조합이 1,100개 감소하였고 조합원 수는 210천 명이 감소하였다.

◎ 조합수 및 조합원 수 현황   (단위: 개소, 천 명)

구 분	'03년	'04년	'05년	'06년	'07년	'08년	'09년	'10년	'11년	'12년	'13년	'14년	'15년	'16년	'17년	'18년	'19년	'20년	'21년	'22년
조합수	6,257	6,017	5,971	5,889	5,099	4,886	4,689	4,420	5,120	5,177	5,305	5,445	5,794	6,164	6,239	5,868	6,156	6,564	7,105	6,005
조합원수	1,550	1,537	1,506	1,559	1,688	1,666	1,640	1,643	1,720	1,781	1,848	1,905	1,938	1,966	2,088	2,331	2,539	2,804	2,933	2,722

- 한국노총에 가입되어 있는 노동조합은 2,325개, 조합원은 1,121,819명으로 전체 조합 수의 38.7%이며, 조합원 수의 41.2%이다. 민주노총에 가입되어 있는 노동조합은 225개, 조합원은 1,099,805명으로 전체 조합 수의 3.7%, 조합원 수의 40.4%이다.

  한장노총(한국장애인노동조합총연맹, 22년 설립)에 가입되어 있는 노동조합은 7개, 조합원은 11,222명으로 전체조합수의 0.1%, 조합원 수 0.4%이다. 전국노총에 가입되어 있는 노동조합은 19개, 조합원은 3,792명으로 전체 조합 수의 0.3%, 조합원 수의 0.1%이다. 대한노총(舊 선진노총)에 가입되어 있는 노동조합은 5개, 조합원은 3,264명으로 전체 조합 수의 0.1%, 조합원 수의 0.1%이다.

  상급단체에 가입하지 않은 노동조합은 3,424개, 조합원은 482,582명으로 전체 조합 수의 57%, 조합원 수의 17.2%이다.

◎ 총연합단체별 조합 수 및 조합원 수 현황   (단위: 개소, 명, %)

구 분	노동조합 수(연합단체)	조합원 수	조합원 구성비
계	6,005	2,722,484	100.0
한국노총	2,325	1,121,819	41.2
민주노총	225	1,099,805	40.4
한장노총	7	11,222	0.4
전국노총	19	3,792	0.1
대한노총	5	3,264	0.1
미 가 입	3,424	482,582	17.7

- 한장노총(한국장애인노동조합총연맹)은 '22년 5월 설립
- 규모별 노조조직률은 조합원 300인 이상의 노동조합이 880개, 조합원 2,416천 명으로 전체 조합 수의 14.7%, 조합원 수의 88.8%이며, 조합원 30인 미만의 소규모 노동조합은 2,310개, 조합원 28천 명으로 전체 조합 수의 38.5%, 조합원 수의 1%를 차지하고 있는 것으로 나타났다.

◉ 노조규모별 조합 수 및 조합원 수 현황 (단위: 개소, 명, %)

구 분	30명 미만	30~99명	100~299명	300명 이상	총 계
노동조합 수	2,310 (38.5)	1,738 (28.9)	1,077 (17.9)	880 (14.7)	6,005 (100)
조합원 수	28,460 (1.0)	96,265 (3.5)	181,336 (6.7)	2,416,423 (88.8)	2,722,484 (100)

연도별 노동조합 조직현황

(단위: 개소, 명, %, '22년 12월 31일 기준)

연도별	노동조합 수			조합원 수			조직대상 근로자 (천 명)	조직률 (%)
	연합단체	단위노조	분회	계	남	여		
1970년	17	419	3,063	473,259	357,881	115,378	-	-
1971년	17	446	3,062	497,671	373,985	123,686	-	-
1972년	17	430	2,961	515,292	380,706	134,586	-	-
1973년	17	403	2,865	548,054	392,071	155,983	-	-
1974년	17	432	3,352	655,785	463,132	192,653	-	-
1975년	17	488	3,585	750,235	508,966	241,269	-	-
1976년	17	517	3,854	845,630	559,486	286,144	-	-
1977년	17	538	4,042	954,727	634,961	319,766	3,752	25.4
1978년	17	552	4,305	1,054,608	696,865	357,743	4,229	24.9
1979년	17	553	4,394	1,088,061	723,583	364,478	4,461	24.4
1980년	16	2,618	3,227	948,134	600,383	347,751	4,516	21.0
1981년	16	2,141	-	966,738	628,259	338,479	4,649	20.8
1982년	16	2,194	-	984,136	633,106	351,030	4,878	20.2
1983년	16	2,238	-	1,009,881	673,411	336,470	5,212	19.4
1984년	16	2,365	-	1,010,522	683,542	326,980	5,588	18.1
1985년	16	2,534	-	1,004,398	691,911	312,487	5,956	16.9
1986년	16	2,658	-	1,035,890	724,566	311,324	6,177	16.8
1987년 6월 30일	16	2,725	-	1,050,201	743,209	306,992	6,701	15.7
1987년	16	4,086	-	1,267,457	900,129	367,328	6,853	18.5
1988년 6월 30일	20	5,062	-	1,525,088	1,094,905	430,183	8,382	18.2
1988년	21	5,598	-	1,707,456	1,232,400	475,056	8,764	19.5
1989년 6월 30일	22	6,638	-	1,825,093	1,318,422	506,671	9,286	19.7
1989년	22	7,861	-	1,932,415	1,402,106	530,309	9,752	19.8
1990년	22	7,698	-	1,886,884	1,384,730	502,154	10,264	18.4
1991년	22	7,656	-	1,803,408	1,341,745	461,663	10,483	17.2
1992년	22	7,531	-	1,734,598	1,323,521	411,077	10,568	16.4
1993년	27	7,147	-	1,667,373	1,275,859	391,514	10,679	15.6
1994년	27	7,025	-	1,659,011	1,285,627	373,384	11,450	14.5
1995년	27	6,606	-	1,614,800	1,254,133	360,667	11,687	13.8
1996년	27	6,424	-	1,598,558	1,259,932	338,626	12,020	13.3
1997년	41	5,733	-	1,484,194	1,194,414	289,780	12,192	12.2
1998년	43	5,560	-	1,401,940	1,148,435	253,505	11,166	12.6
1999년	45	5,637	-	1,480,666	1,173,239	307,427	12,455	11.9
2000년	46	5,698	-	1,526,995	1,221,117	305,878	12,701	12.0
2001년	45	6,150	-	1,568,723	1,263,314	305,409	13,103	12.0
2002년	43	6,506	-	1,605,972	1,306,221	299,751	13,839	11.6
2003년	45	6,257	-	1,549,949	1,223,330	326,619	14,144	11.0
2004년	44	6,017	-	1,536,843	1,211,952	324,891	14,538	10.6
2005년	45	5,971	-	1,506,172	1,182,535	323,637	14,692	10.3
2006년	54	5,889	-	1,559,179	1,215,252	343,926	15,072	10.3
2007년	53	5,099	-	1,687,782	1,317,467	370,315	15,651	10.8
2008년	56	4,886	-	1,665,798	1,290,682	375,116	15,847	10.5
2009년	55	4,689	-	1,640,334	1,285,965	354,369	16,196	10.1
2010년	54	4,420	-	1,643,113	1,272,274	370,839	16,804	9.8
2011년	64	5,120	-	1,719,922	1,328,055	391,867	17,090	10.1
2012년	66	5,177	-	1,781,337	1,358,699	422,638	17,338	10.3
2013년	68	5,305	-	1,847,568	1,404,821	442,765	17,961	10.3
2014년	69	5,445	-	1,905,470	1,452,619	452,851	18,429	10.3
2015년	68	5,794	-	1,938,745	1,456,255	482,490	19,027	10.2
2016년	71	6,164	-	1,966,881	1,525,322	441,559	19,172	10.3
2017년	62	6,177	-	2,088,540	1,600,226	488,314	19,565	10.7
2018년	76	5,868	-	2,331,632	1,806,706	524,926	19,732	11.8
2019년	66	6,156	-	2,539,652	1,948,237	591,415	20,314	12.5
2020년	67	6,564	-	2,804,633	2,128,425	676,208	19,791	14.2
2021년	67	7,105	-	2,932,672	2,173,783	758,889	20,586	14.2
2022년	74	6,005	-	2,722,484	1,965,719	756,765	20,707	13.1

주1) 조직률 산정방식: 조합원 수 ÷ 조직대상근로자[임금근로자(상용, 임시, 일용) - 공무원(5급 이상, 6급 이하 중 사용자에 해당하는 자, 교원 중 교감 이상 관리자 제외)] × 100
주2) 연합단체는 전국규모 산별단위노조를 포함한 숫자임

노사분규 현황

♥ 총 괄

- 노동쟁의 조정신청 건수(노사분규 선행지수)는 1,114건으로 전년대비 5.9% 감소
- 노사분규 발생 건수는 223건으로 전년대비 68.9% 증가
- 근로손실일수는 355,222일로 전년대비 3.3% 증가
- 건당 분규지속일수는 9.4일로 전년대비 36.9% 감소
- 분규참가자 수는 78,946명으로 전년대비 17.6% 증가

(단위: 건, 천 명, 천일, 일, %)

구 분	'14년	'15년	'16년	'17년	'18년	'19년	'20년	'21년	'22년	'23년
노동쟁의 조정신청(건)	886	877	822	863	1,160	1,291	983	1,204	1,184	1,114
노사분규 발생건수(건)	111	105	120	101	134	141	105	119	132	223
분규참가자수(천 명)	133	77	226	129	81	85	68	51	67	79
근로손실일수(천일)	651	447	2,035	861	552	402	554	472	344	355
건당분규지속일수(일)	40.5	29.9	29.8	28.6	21.5	21.1	19.9	22.6	14.9	9.4

주1) ( )는 전체 분규 건수 대비 백분율
주2) 2006년부터 노사분규 산정방법 변경(사업장단위 → 교섭단위): ILO기준 등에 따라 금속노조, 보건의료노조 등 산별노조 파업에 다수의 사업장이 참가 시 종전에는 사업장 수대로 계상하였으나 2006년부터는 1건으로 계상

상급단체별

- 민주노총 소속 사업장의 노사분규가 200건으로 전체 노사분규 건수의 89.7%를 차지, 한국노총 소속 사업장의 노사분규는 14건으로 6.3% 차지

(단위: 건, %)

구분	계	무노조	한국노총	민주노총 소계	금속노조	화섬연맹	공공운수	보건노조	기타	상급단체 미가입	혼합
2023년	223 (100.0)	-	14 (6.3)	200 (89.7)	52 (23.3)	9 (4.0)	27 (12.1)	67 (30.1)	45 (20.2)	8 (3.6)	1 (0.4)
2022년	132 (100.0)		20 (15.2)	103 (78.0)	38 (28.8)	6 (4.5)	18 (13.6)	2 (1.6)	39 (29.5)	8 (6.1)	1 (0.8)
2021년	119 (100.0)	-	14 (11.3)	96 (80.7)	39 (32.8)	4 (5.7)	14 (11.8)	3 (2.5)	36 (30.3)	8 (6.7)	1 (0.8)
2020년	105 (100.0)		10 (9.5)	93 (88.6)	34 (32.4)	6 (5.7)	18 (20.6)	1 (3.5)	34 (17.1)	2 (2.0)	-
2019년	141 (100.0)	-	18 (12.8)	113 (80.1)	35 (24.8)	8 (5.7)	29 (20.6)	5 (3.5)	36 (25.5)	9 (6.4)	1 (0.7)
2018년	134 (100.0)		13 (9.7)	116 (86.6)	46 (34.3)	5 (3.7)	19 (14.2)	5 (3.7)	41 (30.6)	5 (3.7)	-
2017년	101 (100.0)	-	11 (10.9)	85 (84.1)	28 (27.7)	8 (7.9)	17 (16.8)	2 (2.0)	30 (29.7)	4 (4.0)	1 (1.0)
2016년	120 (100.0)	-	13 (10.8)	91 (75.8)	29 (24.2)	4 (3.3)	26 (21.7)	4 (3.3)	28 (23.3)	11 (9.2)	5 (4.2)
2015년	105 (100.0)		15 (14.3)	79 (75.2)	34 (32.4)	5 (4.7)	15 (14.3)	2 (1.9)	23 (21.9)	11 (10.5)	-
2014년	111 (100.0)	1 (0.9)	10 (9.0)	95 (85.6)	33 (29.8)	4 (3.6)	18 (16.2)	4 (3.6)	36 (32.4)	5 (4.5)	
2013년	72 (100.0)	-	8 (11.1)	59 (82.0)	20 (27.8)	- (0.0)	13 (18.0)	1 (1.4)	25 (34.7)	5 (6.9)	-

주: ( )는 전체 분규 건수 대비 백분율

발생원인별

- 임금협약 및 단체협약 관련 노사분규가 125건으로 전체 노사분규 건수의 56.0% 차지

(단위: 건)

구 분	'14년	'15년	'16년	'17년	'18년	'19년	'20년	'21년	'22년	'23년
계	111	105	120	101	134	141	105	119	132	223
임금협약 (임금인상)	28 (25.2)	45 (42.9)	37 (30.8)	36 (35.6)	14 (10.4)	48 (34.0)	26 (12.7)	56 (47.1)	41 (31.1)	86 (38.6)
단체협약	4 (3.6)	10 (9.5)	6 (5.0)	10 (9.9)	3 (2.2)	10 (7.1)	3 (2.9)	6 (5.0)	7 (5.3)	12 (5.4)
임·단협	74 (66.7)	47 (44.8)	76 (63.3)	55 (54.4)	117 (87.4)	83 (58.9)	76 (72.4)	57 (47.9)	84 (63.6)	125 (56.0)
기 타	5 (4.5)	3 (2.9)	1 (0.8)	0 (0.0)	0 (0.0)	0 (0.0)	0 (0.0)	0 (0.0)	0 (0.0)	0 (0.0)

주: 기타 건수에는 성과연봉제 반대 등

규모별

- 상시근로자 수 1,000인 이상 및 100인 미만 사업장의 노사분규는 114건으로 전체 노사분규 건수의 51.1% 차지, 100~499인 사업장의 노사분규는 88건으로 39.5%, 500~999인 사업장의 노사분규는 21건으로 9.4% 차지

(단위: 건)

구 분	'14년	'15년	'16년	'17년	'18년	'19년	'20년	'21년	'22년	'23년
계	111	105	120	101	134	141	105	119	132	223
50인 미만	11	16	16	18	15	18	20	21	25	29
50~99인	17	14	11	8	23	17	16	6	14	19
100~299인	24	34	20	22	31	27	24	31	29	55
300~499인	7	5	13	14	18	13	13	12	16	33
500~999인	13	10	13	10	21	20	5	13	19	21
1,000인 이상	39	26	47	29	26	46	27	36	29	66

업종별

- 사회·개인서비스업의 노사분규는 107건으로 48.0%, 제조업의 노사분규가 59건으로 전체 노사분규 건수의 26.5%를 차지, 운수·창고·통신업의 노사분규는 23건으로 10.3%, 기타사업의 노사분규는 19건으로 8.5% 차지

(단위: 건)

구 분	'14년	'15년	'16년	'17년	'18년	'19년	'20년	'21년	'22년	'23년
전업종	111	105	120	101	134	141	105	119	132	223
○ 제조업	45	47	40	45	55	52	40	51	52	59
- 화학공업	4	6	1	5	1	1	3	3	5	6
- 기계·금속	28	27	33	26	43	32	27	38	38	44
- 전기·전자	3	2	2	-	0	2	3	3	1	3
- 섬 유	-	-	-	-	0	0	1	0	0	0
- 기타 제조	10	12	4	14	11	17	6	7	8	6
○ 운수, 창고, 통신업	10	10	16	15	24	22	16	14	16	23
- 택 시	1	-	2	1	0	1	-	1	1	0
- 기타 운수	9	10	14	7	24	12	10	5	13	10
- 창고, 통신, 기타	-	-	-	7	0	9	6	8	2	13
○ 전기, 가스, 수도	-	-	1	-	0	1	-	0	2	7
○ 광 업	-	-	-	-	0	0	-	0	0	0
○ 기 타	56	48	63	41	55	66	49	44	62	134
- 금융, 보험, 부동산, 사업서비스	6	2	12	2	0	4	-	5	4	8
- 사회, 개인서비스	39	36	39	20	44	48	36	39	46	107
- 기타 사업	11	10	12	19	11	14	13	10	12	19

지역별(시도별)

- 수도권(서울·경기·인천)의 노사분규가 84건으로 전체 노사분규 건수의 37.7%를 차지, 부산·울산·경남의 노사분규는 50건으로 22.4%, 광주·전남·전북·제주의 노사분규는 37건으로 16.6%, 대전·충남·충북·세종의 노사분규는 34건으로 15.2%, 대구·경북의 노사분규는 14건으로 6.3% 차지

(단위: 건, %)

구 분	'14년	'15년	'16년	'17년	'18년	'19년	'20년	'21년	'22년	'23년
전국	111	105	120	101	134	141	105	119	132	223
서울	29 (26.1)	16 (15.2)	27 (22.5)	22 (21.7)	15 (11.2)	27 (19.2)	19 (18.1)	20 (16.8)	25 (18.9)	48 (21.5)
강원	5 (4.5)	5 (4.7)	6 (0.5)	5 (4.9)	6 (4.5)	9 (6.4)	3 (2.9)	4 (3.4)	1 (0.8)	5 (2.2)
부산	5 (4.5)	2 (1.9)	5 (4.2)	5 (4.9)	9 (6.7)	8 (5.7)	1 (1.0)	13 (10.9)	10 (7.6)	16 (7.2)
울산	11 (9.9)	13 (12.4)	8 (6.7)	7 (6.9)	3 (2.2)	8 (5.7)	10 (9.5)	4 (3.4)	11 (8.4)	17 (7.6)
경남	11 (9.9)	13 (12.4)	9 (7.5)	5 (4.9)	22 (16.4)	13 (9.2)	9 (8.6)	11 (9.2)	13 (9.8)	17 (7.6)
대구	4 (3.6)	4 (3.8)	2 (1.7)	6 (5.9)	8 (6.0)	12 (8.5)	5 (4.8)	4 (3.4)	8 (6.1)	5 (2.2)
경북	7 (6.3)	7 (6.7)	9 (7.5)	10 (9.9)	6 (4.5)	7 (5.0)	8 (7.6)	10 (8.4)	6 (4.5)	8 (3.6)
인천	2 (1.8)	2 (1.9)	3 (2.5)	5 (4.9)	1 (0.7)	5 (3.5)	4 (3.8)	3 (2.5)	2 (1.5)	10 (4.5)
경기	8 (7.2)	15 (14.3)	13 (10.8)	9 (8.9)	31 (23.3)	16 (11.3)	19 (18.1)	16 (13.4)	21 (15.9)	26 (11.7)
광주	6 (5.4)	6 (5.7)	1 (0.8)	2 (1.9)	10 (7.5)	5 (3.5)	2 (1.9)	2 (1.7)	2 (1.5)	16 (7.2)
전남	4 (3.6)	7 (6.7)	6 (5.0)	9 (8.9)	3 (2.2)	6 (4.3)	9 (8.6)	7 (5.9)	11 (8.4)	12 (5.4)
전북	4 (3.6)	2 (1.9)	11 (9.2)	6 (5.9)	5 (3.7)	6 (4.3)	4 (3.8)	5 (4.2)	4 (3.0)	9 (4.0)
제주	0 (0.0)	2 (1.9)	0	1 (0.9)	1 (0.7)	1 (0.7)	0	0	1 (0.8)	0 (0.0)
대전	1 (0.9)	4 (3.8)	9 (7.5)	1 (0.9)	4 (3.0)	5 (3.5)	2 (1.9)	9 (7.5)	2 (1.5)	14 (6.3)
충남	10 (9.0)	5 (4.7)	5 (4.2)	3 (2.9)	5 (3.7)	10 (7.1)	7 (6.7)	5 (4.2)	6 (4.5)	10 (4.5)
충북	4 (3.6)	1 (1.0)	6 (0.5)	5 (4.9)	4 (3.0)	3 (2.1)	3 (2.9)	4 (3.4)	4 (3.0)	7 (3.1)
세종		1 (1.0)	0	0	1 (0.7)	0 (0.0)	0	2 (1.7)	5 (3.8)	3 (1.4)

③ 부당노동행위 구제

- 정부는 노동조합 및 노동관계조정법에 따라 산업현장에서 발생하는 사용자의 부당노동 행위에 대하여 노동위원회를 통한 구제절차(제82조)와 함께 형사처벌제도(제90조)를 통해 정당한 노동조합 활동을 보호하고 있다.

- 2023년 지방고용노동관서에 부당노동행위로 신고된 사건은 592건으로 2022년과 비교하여 약 3.1% 감소하였다. 2023년도에 처리된 신고사건 중 47건(9.3%)은 부당노동행위가 인정되어 기소 의견으로 검찰에 송치되었고, 191건(37.7%)은 불기소 의견으로 송치되었으며, 나머지 269건(53.1%)은 행정 종결되었다.

부당노동행위 신고사건 접수·처리현황

(단위: 건)

구분	접수건수	처리건수					처리 중
		계	사법처리 (송치)			행정 종결	
			소계	기소	불기소		
2016년	663	663	497	127	370	166	0
2017년	758	758	575	157	418	183	0
2018년	1,052	1,052	798	241	557	254	0
2019년	850	850	593	142	451	257	0
2020년	821	821	543	106	437	278	0
2021년	784	784	493	101	392	291	0
2022년	611	603	383	67	316	220	8
2023년	592	507	238	47	191	269	85

- 2023년도 노동위원회에 부당노동행위 구제를 신청한 건수는 1,005건으로 이 중 823건을 처리하였다. 처리 사건 중 88건(10.7%)은 부당노동행위가 인정되어 구제명령을 하였고, 460건(55.9%)은 부당노동행위에 해당하지 아니하여 기각되었다. 그리고 266건(32.3%)은 당사자 간 합의로 취하 또는 화해되었고, 9건(1.1%)은 제척기간 도과 등으로 각하되었다.

◐ 부당노동행위 구제신청 접수·처리현황

(단위: 건)

구분	접수 건수	처리 건수					처리 중
		계	인정	기각	각하	화해·취하	
2018년	1,056	859	111	383	19	346	197
2019년	1,342	1,129	205	522	43	359	213
2020년	1,450	1,156	86	627	28	415	294
2021년	1,270	1,082	86	572	58	366	188
2022년	934	786	85	427	21	253	148
2023년	1,005	823	88	460	9	266	182

- 2023년도 부당노동행위 유형별 접수현황을 살펴보면 불이익 취급(1호)이 916건(91.1%), 지배·개입(4호) 44건(4.4%), 단체교섭 거부·해태(3호) 37건(3.7%), 불공정 고용계약(2호) 5건(0.5%), 보복적 불이익 대우(5호) 3건(0.3%) 순이다.

◐ 부당노동행위 유형별 접수현황

(단위: 건)

구분	계	1호	2호	3호	4호	5호
2018년	1,056	871	6	105	104	4
2019년	1,342	923	52	223	134	10
2020년	1,456	1,163	6	72	212	3
2021년	1,270	1,170	2	35	57	6
2022년	934	868	5	26	31	4
2023년	1,005	916	5	37	44	3

④ 노동쟁의 조정 제도

노동쟁의를 신속·공정하게 해결하여 쟁의행위로 인한 당사자의 손실을 최소화하고, 국민경제의 안정과 발전을 도모하기 위해 노동위원회의 조정 및 중재제도를 운영하고 있다.

◉ 조 정

- 조정(調停: Mediation)이란 중립적이고 공정한 제3자가 조정위원이 되어 노사 당사자 간의 의견을 충분히 듣고 상대방의 입장을 이해하여 타협이 이루어지도록 설득하는 것이며, 필요시 조정안을 제시하여 조속한 타결이 이루어지도록 지원하는 것이다.

- 근로조건에 관한 노사 간 교섭이 합의점을 찾지 못하여 당사자 일방이 노동위원회에 노동쟁의 조정을 신청한 때에는, 노동위원회는 지체 없이 조정을 개시해야 한다. 조정기간은 원칙적으로 일반사업은 10일, 공익사업은 15일 이내, 교원·공무원노동관계조정은 30일 이내이며, 당사자 간의 합의로 각 일반사업은 10일, 공익사업은 15일 이내, 공무원노동관계조정은 30일 이내에서 연장할 수 있고, 노동위원회에서 제시한 조정안을 노사가 받아들이면 조정이 성립되어 노동쟁의는 종결되며, 조정이 성립되지 않으면 노조는 정당한 쟁의행위(교원·공무원노조는 파업 금지)를 할 수 있다.

◉ 중 재

- 중재는 조정과 달리 관계 당사자를 구속하는 법률상 효력이 있는 처분임

- 노동쟁의가 발생한 경우 ① 노사 쌍방의 합의 또는 ② 단체협약에 근거하여 어느 일방으로부터 신청이 있는 경우, ③ 교원노동관계조정위원회에서 제시한 조정안을 당사자의 어느 한쪽이라도 거부한 경우, ④ 교원조정사건에서 중앙노동위원회 위원장이 직권으로 또는 고용노동부장관의 요청에 따라 중재에 회부한다는 결정을 한 경우, ⑤ 공무원노동관계조정위원회 전원회의에서 중재회부를 결정한 경우에 당해 사건은 중재에 회부된다. 노동쟁의가 중재에 회부되면 15일간 쟁의행위가 금지되며, 노동위원회가 내린 중재재정은 단체협약과 동일한 효력을 가지므로 당사자는 이에 따라야 한다.

◉ 긴급조정

- 쟁의행위가 공익사업에 관한 것이거나 그 규모가 크거나 성질이 특별한 것으로서 국민경제를 현저히 해할 우려가 있거나 국민의 일상생활을 위태롭게 할 위험이 현존하는 때 통상의 조정제도만으로 그 해결이 부적절한 경우 행하여지는 조정제도이다.

- 긴급조정은 쟁의행위가 행해지고 있어야 하며 이러한 쟁의행위가 ① 공익사업에 관한 것이거나 ② 그 규모가 크거나 ③ 그 성질이 특별한 것으로써 현저히 국민경제를 해하거나 국민의 일상생활을 위태롭게 할 위험이 현존하는 때에 결정할 수 있다.
- 고용노동부장관이 긴급조정을 결정할 때는 지체없이 공표함과 동시에 중앙노동위원회와 관계당사자에게 통고해야 하며, 긴급조정의 결정이 공표된 때에는 노동관계 당사자는 즉시 쟁의행위를 중지해야 하고, 공표일로부터 30일이 경과하지 아니하면 쟁의행위를 재개할 수 없으며, 긴급조정에 의한 조정안이 관계당사자에 의해 수락되거나 중재재정이 내려진 경우에는 단체협약과 동일한 효력이 발생한다.

📍 사적 조정·중재

- 노동쟁의에 대한 조정절차는 일반적으로 노동위원회에 의한 공적 조정절차를 거치게 되나 이를 반드시 강제하는 것은 아니다. 따라서 노사는 당사자의 합의에 의하거나 또는 단체협약에 근거하여 노동위원회가 아닌 사람이나 단체로부터도 사적 조정 또는 중재를 받을 수 있다. 또한, 노사당사자는 사적 조정 또는 중재가 진행되는 도중이라도 당사자 간 합의로 노동위원회에 조정 또는 중재를 신청할 수 있다.

노동쟁의 조정절차

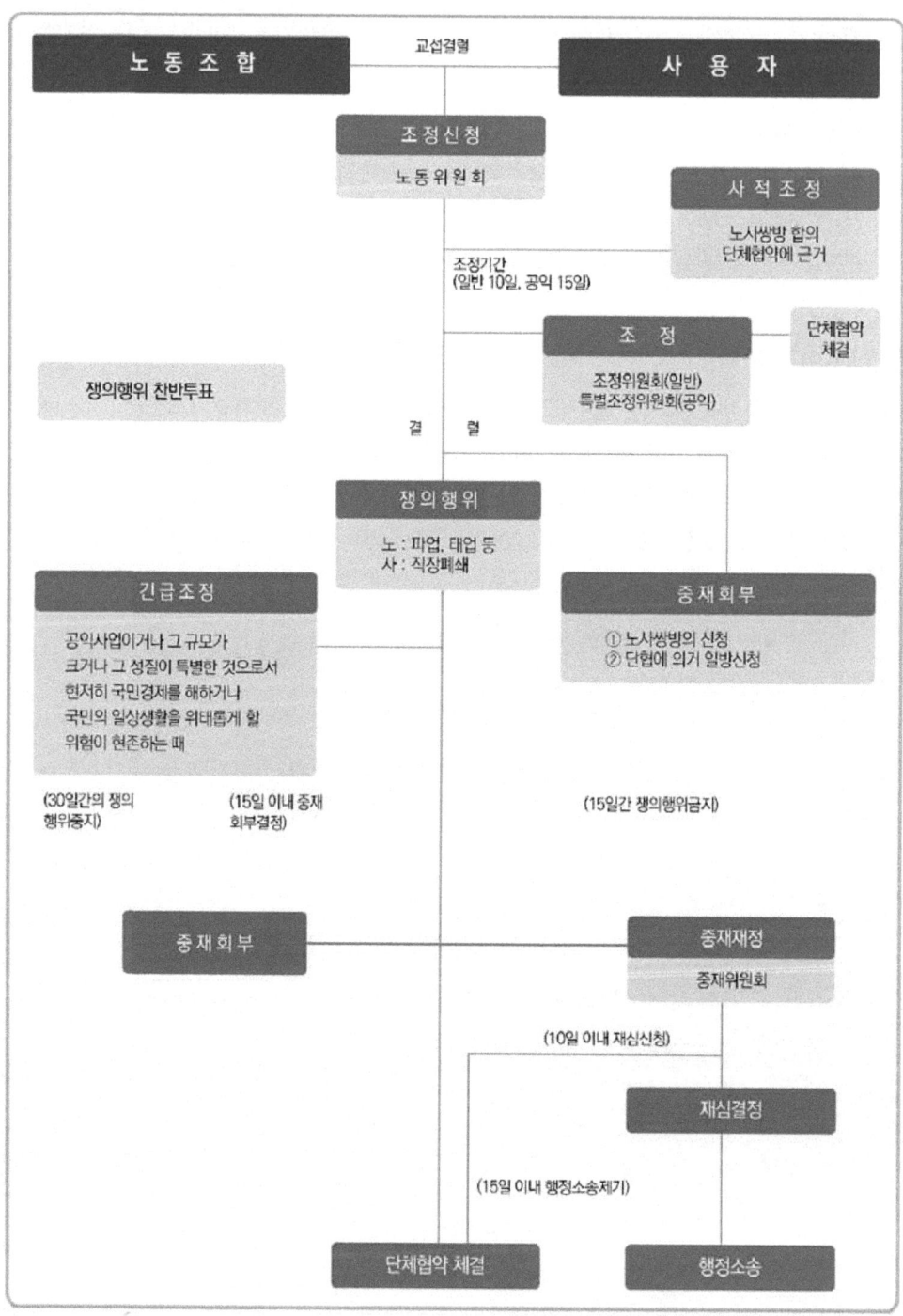

⑤ 필수유지업무 제도

필수유지업무제도는 노조법상 필수공익사업에서 쟁의행위 시에도 유지해야 할 필수유지업무에 대한 협정을 필수유지업무를 수행하는 노사 간 자율체결하거나 노동위원회에서 결정하는 제도로서 공익권과 쟁의행위권의 조화를 도모하고 있다.

'필수유지업무'는 필수공익사업의 업무 중 그 업무가 정지되거나 폐지되는 경우 공중의 생명·건강 또는 신체의 안전이나 공중의 일상생활을 현저히 위태롭게 하는 업무를 말하며 「노동조합 및 노동관계조정법 시행령」 제22조의2 별표1에서 정하고 있다.

📍 **필수유지업무협정 체결**
- 법령상의 필수유지업무 범위에서 노사 간 필수유지업무의 필요·최소한의 유지·운영수준, 대상직무, 필요인원 등을 필수유지업무협정으로 체결
- 서면으로 작성하여 노사관계 당사자 쌍방이 서명 또는 날인

📍 **노동위원회 결정**
- 노사 간에 필수유지업무협정이 체결되지 않을 경우, 일방 또는 쌍방이 노동위원회에 신청, 노동위원회가 결정

📍 **쟁의행위 시 필수유지업무 수행**
- 노동조합은 쟁의행위 개시 전까지 필수유지업무를 수행할 조합원 명단을 사용자에게 통보하여야 하며, 사용자는 이에 따라 조합원을 지명하여 필수유지업무를 유지·운영
  * 필수공익사업의 업무 중 필수유지업무의 정당한 유지·운영을 정지·폐지 또는 방해하는 행위를 쟁의행위 시 할 수 없도록 금지, 위반 시 3년 이하의 징역 또는 3천만 원 이하의 벌금 부과

▶ **필수공익사업별 필수유지업무 결정 현황(노동위원회)**   (단위: 건, 2023년 말 기준, 누계)

구분	계	철도	항공운수	수도	전기	가스	석유	병원	혈액	한국은행	통신
결정	121	15	12	-	44	9	-	39	1	-	1

* 상기 결정건수는 2008년부터 2023년까지 누적된 수치이며, 중복사업장이 포함되어 있음

⑥ 복수노조 창구단일화 제도

2011년 7월 1일부터 기업단위에서 복수 노동조합을 설립할 수 있도록 허용됨으로써 초기업단위 노동조합은 물론, 기업 단위에서 2개 이상의 노동조합을 자유롭게 설립할 수 있게 되었다.

📍 **교섭창구단일화 제도 도입**

- 사업 또는 사업장 내에서 사용자와 교섭하려면 모든 노동조합은 교섭창구를 단일화하여 교섭대표노동조합을 정하여야 함
  * 다만, 교섭대표노동조합을 자율적으로 결정하는 기한 내에 사용자가 교섭창구단일화 절차를 거치지 아니하기로 동의한 경우에는 개별교섭 가능

- 교섭창구단일화 기본단위는 사업 또는 사업장이나, 현격한 근로조건의 차이, 고용형태, 교섭관행 등을 종합적으로 고려하여 노동위원회의 결정으로 동일한 사업장 내 교섭단위를 분리하거나 분리된 교섭단위를 통합할 수 있음

📍 **교섭창구단일화 절차**

- 교섭창구 단일화는 노사 간 자율결정 원칙을 최대한 보장하면서 단계적으로 진행되도록 함
  - ① 자율적 단일화 → ② 과반수 노동조합 → ③ 공동교섭대표단(노사자율 → 안될 경우 노동위원회 결정)
  * 공동교섭대표단 구성에는 전체 조합원의 10% 이상인 노조만 참여

📍 **공정대표의무제도**

- 교섭창구단일화에 따라 발생할 수 있는 소수 노동조합에 대한 불합리한 차별을 방지하기 위해 공정대표의무 위반에 대해서는 노동위원회를 통해 시정할 수 있도록 하고 있음

⑦ 노사협의회

○ 목 적
- 열린 경영을 통해 비전과 목표를 공유, 신뢰의 파트너십을 기반으로 일터혁신을 위한 과제제안 및 실천방안을 강구함으로써 기업경쟁력 향상 및 근로자의 삶의 질 향상

○ 법적근거: 근로자참여 및 협력증진에 관한 법률

○ 설치대상
- (의무적 설치) 근로조건의 결정권이 있는 상시 30명 이상의 근로자를 사용하는 사업 또는 사업장
- (임의적 설치) 설치의무가 없는 사업장도 노사 자율로 노사협의회 설치 가능

○ 구성: 동수의 근로자·사용자 위원(각 3명 이상 10명 이내)

〈근로자위원 구성〉
- 과반수 노조가 있는 경우: 노조대표자와 노조에서 위촉하는 자
- 과반수 노조가 없는 경우: 근로자 과반수 참여로 직접·비밀·무기명투표에 의해 선출

〈사용자위원 구성〉
- 해당 사업의 대표자와 그 대표자가 위촉하는 자

○ 운 영
- 3개월마다 정기회의 개최(필요시 임시회의 개최), 노·사위원 각 과반수 출석 개의, 출석위원 2/3 이상 찬성 의결

○ 임 무
- 협의사항(법 제20조): 생산성 향상과 성과배분 등 17개 사항
- 의결사항(법 제21조): 근로자의 교육훈련 및 능력개발 기본계획의 수립 등 5개 사항
- 보고사항(법 제22조): 경영계획 전반 및 실적에 관한 사항 등 4개 사항

8 임금결정 현황

- 자료: 고용노동부 「임금결정현황조사」, 근로자 수 100인 이상 사업장 대상
- 사업장 수는 연초에 조사대상으로 결정된 사업장 수(10,232개사)에서 조사거부, 미제출 등 사유인 사업장을 제외(3,067개사)하고, 임금결정완료, 교섭 중, 교섭 미개시 사업장 수를 합한 것임
- 협약임금인상률: 실제 지급된 임금이 아니라 임금인상률(동결, 감액 포함) 결정 시 지급하기로 한 임금을 기준으로 하고(연장·야간·휴일근로수당 등 사후적으로 결정되는 임금은 제외), 조사 당해연도 월평균 임금총액의 전년대비 증가율이며, 사업장별 근로자 수를 가중평균하여 계산
- 임금결정률: 조사완료된 사업장 중 당해연도에 임금인상률(동결, 삭감 포함)을 결정한 사업장 비율

부문별
(단위: 개, %)

구분	사업장 수(A)	임금결정현황 제출		협약임금인상률	
		사업장 수(B)/	비율(B÷A)	임금총액	통상임금
총계	7,165	6,869	95.9	4.2	4.5
민간부문	6,871	6,591	95.9	4.4	4.7
공공부문	294	278	94.6	2.4	2.6

규모별
(단위: 개, %)

구분	사업장 수(A)	임금결정현황 제출		협약임금인상률	
		사업장 수(B) /	비율(B÷A)	임금총액	통상임금
총계	7,165	6,869	95.9	4.2	4.5
100인~299인	4,728	4,536	95.9	4.6	4.7
300인~499인	1,057	1,019	96.7	4.6	4.7
500인~999인	792	761	96.1	3.9	4.2
1,000인 이상	591	553	93.6	4.1	4.5

참고자료

● 업종별 (단위: 개, %)

구분	사업장 수(A)	임금결정현황 제출 사업장 수(B) / 비율(B÷A)		협약임금인상률	
		사업장 수(B)	비율(B÷A)	임금총액	통상임금
총계	7,165	6,869	95.9	4.2	4.5
광업	2	2	100	4.8	4.1
제조업	2,265	2,175	96	4.5	4.7
전기, 가스, 증기 및 공기 조절 공급업	31	30	96.8	3.8	4.5
수도, 하수 및 폐기물 처리, 원료 재생업	29	26	89.7	3.7	3.3
건설업	179	171	95.5	5.6	4.9
도매 및 소매업	418	410	98.1	5	5.2
운수 및 창고업	508	474	93.3	4.4	4.3
숙박 및 음식점업	87	85	97.7	4.5	4.7
정보통신업	507	478	94.3	4.4	5.8
금융 및 보험업	386	361	93.5	3.9	4.3
부동산업	112	109	97.3	3.6	3.3
전문, 과학 및 기술 서비스업	534	508	95.1	2.4	3.1
사업시설 관리, 사업지원 및 임대 서비스업	950	920	96.8	4.6	4.8
공공 행정, 국방 및 사회보장 행정	14	14	100	3.4	3.5
교육 서비스업	162	148	91.4	2.1	2.2
보건업 및 사회복지 서비스업	831	814	98	3.8	4.2
예술, 스포츠 및 여가관련 서비스업	73	69	94.5	3.3	3.4
협회 및 단체, 수리 및 기타 개인 서비스업	77	75	97.4	3.1	3.2

※ 한국표준산업분류상 대분류에 의한 구분

⑨ 경제사회노동위원회 운영

사회 양극화 해소, 좋은 일자리 창출, 미래 노동시장 변화와 고용형태의 다양화, 저출산·고령화시대 극복, 사회복지 확대 등 시대적 과제를 해결하기 위해 사회적 대화가 절실한 상황에, 2018년 1월 31일 노사정 대표들(한국노총 위원장, 민주노총 위원장, 한국경영자총협회 회장, 대한상공회의소 회장, 고용노동부장관, 노사정위원장)은 한자리에 모여 새로운 사회적 대화기구 필요성에 뜻을 모았다.

그 결과 2018년 4월 23일 노사정 대표는 '새로운 사회적 대화기구 개편방안'에 합의하여, 위원회의 명칭을 '경제사회발전노사정위원회'에서 '경제사회노동위원회'로 변경, 기존의 소외되었던 계층들의 목소리가 반영될 수 있도록 청년·여성·비정규직·중소기업·중견기업·소상공인의 참여보장, 의제별·업종별위원회 상설화, 현안 특별위원회 및 의제개발조정위원회 신설 등을 주요 내용으로, 2018년 6월 12일 경제사회발전 노사정위원회법을 경제사회노동위원회법으로 전부개정하였다.

경제사회노동위원회는 대통령 자문기구로서 사회 양극화를 해소하고 사회통합을 도모하며 국민경제의 균형 있는 발전에 기여하는 것을 목적으로, 합의문 등 위원회 소관 중요 사항을 심의·의결하는 본위원회, 본위원회에 상정할 의안을 검토·조정하는 운영위원회, 주요 노동의제 또는 업종 내 현안에 대한 해결방안을 모색하는 의제·업종별위원회, 청년·여성·비정규직·소상공인 등 사회 각 계층이 참여하여 의제를 개발하고 정책을 제안하는 계층별위원회, 긴급한 현안에 대응하기 위한 특별위원회로 구성·운영된다.

2023년 경제사회노동위원회는 노동계의 사회적 대화 중단 결정에도 불구하고, 당면한 노동 현안에 대해 논의하고 취약 노동자들의 목소리를 듣기 위한 소통 활동을 확대해나가는 등 다양한 업무를 수행하였으며, 「노사관계 제도·관행 개선 자문단」, 「노동시장 이중구조 개선 연구회」, 「초고령사회 계속고용 연구회」를 운영하여 사회적 대화의 전초로써 전문가 논의를 활발히 진행하였다.

	위원회명	구성 현황	주요 기능
의제	공무원노사관계위원회	'21.12.8. 발족 - 위원장 이승욱 등 14명	ILO 핵심협약 비준에 따른 공무원 노사관계 개선방안 논의(공무원 노동조합, 근무시간 면제)
	중대재해 예방을 위한 산업안전보건위원회	'21.12.17. 발족 - 위원장 강성규 등 15명	기업의 법 준수환경 조성 및 법제도 개선, 산재예방사업 효율성 제고, 중대재해 사고원인조사 강화, 안전문화 조성을 위한 노사참여 확대 방안 등 논의
계층	여성위원회	'20.8.4. 발족(1기) - 위원장 김지희 등 5명 '22.1.17. 발족(2기) - 위원장 정연실 등 5명	집단적 노사관계와 성평등, 여성노동자의 노조활동 침체원인, 여성노동자 집중 업종의 양질의 일자리 전환을 위한 제도화, 노동시장 차원의 성별 임금 불평등 조정 등 논의
	소상공인위원회	'20.11.26. 발족(1기) - 위원장 임원배 등 10명 '22.6.21. 발족(2기) - 위원장 김심희 등 10명	소상공인 정책의 현황·과제 등 검토, 탄소중립·디지털 전환 환경 하에서의 자생력 강화 방안, 고용역량·임금지불 능력 향상방안 등 논의
자문단	노사관계 제도·관행개선 자문단	'23.2.8. 발족 - 단장 조준모 등 10명	노조설립신고와 단체교섭 제도 개선, 노조의 민주적 운영 강화, 공정한 노사관계 질서 확립, 노사관계 대등성, 힘의 불균형 개선, 원·하청 상생협의 및 근로자 대표제 강화 등 논의
연구회	노동시장 이중구조 개선 연구회	'23.2.9. 발족 - 좌장 이철수 등 16명	노무제공자가 보편적으로 보장받아야 할 사항에 대한 제도적 기반 마련, 5인 미만 사업장의 근로기준법 단계적 적용 확대, 근로자 파견제도 문제 개선 등 논의 (사회적 약자 보호, 근로기준 현대화 분과위원회 운영)
	초고령사회 계속고용 연구회	'23.7.27. 발족 - 좌장 이영면 등 13명	초고령사회를 대비한 고령층 계속고용, 원활한 재취업, 직업훈련 등 논의

⑩ 노동위원회 운영

　노동위원회는 1953년 3월 8일 노동위원회법이 제정됨에 따라 노사관계에 있어서 발생하는 분쟁에 대한 조정·판정 등 행정서비스를 제공하기 위해 설치된 노·사·공익대표 3자 구성의 합의제 행정기관이다.

　노동위원회는 각 노동위원회의 업무량을 감안하여 근로자위원·사용자위원은 각 10인~50인 범위 안에서, 공익위원은 10인~70인 범위 안에서 대통령령에 따라 구성된다. 이 경우 근로자위원과 사용자위원은 동수로 구성된다.

　근로자·사용자위원은 노동조합과 사용자단체가 추천한 자 중에서 위촉하고 공익위원은 노동위원회위원장 및 노·사단체가 각각 추천한 자 중에서 노동조합과 사용자단체가 순차적으로 배제하고 남은 자를 중앙노동위원회 공익위원은 고용노동부장관의 제청으로 대통령이, 지방노동위원회 공익위원은 지방노동위원회위원장의 제청으로 중앙노동위원회위원장이 각각 위촉한다.

　노동위원회는 전원회의·심판위원회·조정위원회·특별조정위원회·중재위원회·교원노동관계조정위원회·공무원노동관계조정위원회·차별시정위원회 등 소관 분야에 따라 설치된 위원회의 회의를 통해 운영된다.

　노동위원회는 「노동위원회법」, 「근로기준법」, 「노동조합 및 노동관계조정법」, 「근로자참여 및 협력증진에 관한 법률」, 「교원의 노동조합 설립 및 운영 등에 관한 법률」, 「공무원의 노동조합 설립 및 운영 등에 관한 법률」, 「기간제 및 단시간근로자 보호 등에 관한 법률」, 「파견근로자 보호 등에 관한 법률」, 「산업현장 일학습병행 지원에 관한 법률」, 「남녀고용평등과 일·가정 양립 지원에 관한 법률」 등에 따라 다음과 같은 서비스를 제공한다.

참고자료

회의체	구성	업무
전원회의	소속 위원 전원	노동위원회의 운영 등 일반적인 사항의 결정과 행정관청에 대한 근로조건개선에 관한 권고, 노동위원회 규칙의 제·개정(중앙노동위원회에 한함)
심판위원회	심판담당공익위원 3인(위원장 또는 상임위원 1인 포함하여야 함)	「노동조합 및 노동관계조정법」, 「근로기준법」, 「근로자참여 및 협력 증진에 관한 법률」, 그 밖의 법률에 의해 노동위원회의 판정·의견·승인·인정 등을 받도록 규정된 사항
차별시정위원회	차별시정담당공익위원 3인(위원장 또는 상임위원 1인 포함하여야 함)	「기간제 및 단시간근로자 보호 등에 관한 법률」, 「파견근로자 보호 등에 관한 법률」, 「산업현장 일학습병행 지원에 관한 법률」, 「남녀고용평등과 일·가정 양립 지원에 관한 법률(22. 5. 19. 시행예정)」에 따른 차별시정과 관련된 사항
조정위원회	근로자위원·사용자위원 및 조정담당공익위원 3인	일반사업의 노동쟁의 조정
특별조정위원회	조정담당공익위원 3인	공익사업의 노동쟁의 조정 필수유지업무의 결정
중재위원회	조정담당공익위원 3인	긴급조정사건의 회부결정, 관계당사자 쌍방 또는 단체협약에 따른 일방의 신청에 의한 중재
교원노동관계조정위원회	중앙노동위원회위원장이 지명하는 조정담당공익위원 3인	교원의 노동쟁의 조정·중재
공무원노동관계조정위원회	공무원노동관계 조정·중재전담 공익위원 7인 이내	공무원의 노동관계 조정·중재

◉ 조정·심판 등 서비스 제공 현황

▶ 2023년 조정사건 처리현황 (단위: 건, %)

구분	신청	처리내역					행정지도	취하 등	처리 중
		합계	조정성립 + 조정불성립						
			소계	조정성립	조정불성립	(조정성립률)			
계	1,114	1,056	930	403	527	43.3	18	108	58
중노위	175	160	138	38	100	27.5	6	16	15
지노위	939	896	792	365	427	46.1	12	92	43

※ 조정성립은 노동위원회가 제시한 조정안을 수락하였거나 당사자 간 합의취하한 경우이며, 조정불성립은 노동위원회가 제시한 조정안을 거부하였거나 조정 중지된 경우임

2023년 복수노조 관련 사건 처리현황

(단위: 건)

구 분	접수	합계	처리 내역				화해·취하	처리 중
			소계	판정				
				인정	기각	각하		
계	753	701	359	171	158	30	342	52
교섭요구공고	230	224	74	52	17	5	150	6
교섭대표결정	167	160	112	30	77	5	48	7
교섭단위분리	147	140	79	43	19	17	61	7
공정대표의무	209	177	94	46	45	3	83	32

2023년 심판사건 처리현황

(단위: 건)

구 분	접수	합계	처리 내역				화해·취하	처리 중
			소계	판정				
				인정	기각	각하		
계	19,554	16,984	6,355	2,060	3,891	404	10,629	2,570
부당노동행위	1,005	823	557	88	460	9	266	182
부당해고 등	18,167	15,816	5,524	1,763	3,381	380	10,292	2,351
기 타 심 판	382	345	274	209	50	15	71	37

※ 기타심판사건은 단협해석 신청사건, 기준미달 휴업수당 승인 신청사건 등

2023년 차별시정 사건 처리현황

(단위: 건)

접수	계	처리 내역				취하	조정성립(중재)	처리 중
		소계	판정					
			시정명령	기각	각하			
223	178	100	58	39	3	51	27	45

연도별 행정소송 처리현황

(단위: 건, %)

구 분	중노위 판정 및 중재사건 (소송대상)	소송제기			소송제기율	승소	패 소			승소율	계류 중		
		계	근로자 제기	사용자 제기			계	근로자 승소	사용자 승소		행정법원	고등법원	대법원
2023년	1,736	539	284	255	30.5	325	75	38	37	81.3	824	262	78
2022년	1,709	548	270	278	32.0	355	90	39	51	79.8	724	315	91
2021년	1,789	567	287	280	31.7	299	74	25	49	80.2	791	366	105
2020년	1,724	593	301	292	34.4	255	56	21	35	82.0	709	305	70
2019년	1,746	639	265	374	36.6	273	52	13	39	84.0	656	137	80
2018년	1,398	488	201	287	34.9	312	61	19	42	83.6	438	141	80
2017년	1,417	449	201	248	31.7	297	103	27	76	74.3	421	153	99
2016년	1,423	457	183	274	32.1	241	62	23	39	79.5	410	164	90
2015년	1,388	415	186	229	29.9	285	66	26	40	81.2	305	154	52
2014년	1,304	384	211	173	29.4	246	59	16	43	80.7	357	151	76

공공부문 노동조합 현황

♥ 공무원 노동조합

- 2022년 말 기준, 공무원노동조합은 151개, 조합원은 331,068명으로 노동조합 가입 대상 공무원 50.1만여 명(현업공무원 및 교원인 공무원은 제외된 숫자임) 중 66.0%가 공무원 노동조합에 가입하고 있다.

◎ 전체 조합 수 및 조합원 수 현황

(연말기준, 단위: 개소, 명, %)

구 분	'14년	'15년	'16년	'17년	'18년	'19년	'20년	'21년	'22년
조합 수	125	144	150	155	147	142	142	151	151
조합원 수	184,260	192,831	198,505	203,558	261,997	297,221	317,694	351,830	331,068
조직률	61.6	64.1	65.5	66.5	81.6	85.2	87.8	70.9	66.0

* 출처: 「전국노동조합 조직현황」(고용노동부) (「노동조합 및 노동관계조정법」에 따라 노조 가입이 가능한 공무원은 본 통계에서 제외)

- 설립신고 기준 조직형태별 현황은 연합단체가 14개, 전국단위 노동조합은 8개 노조(151,319명)이며, 중앙행정기관은 3개 노조(44,632명), 자치단체는 97개 노조(100,160명), 교육청은 29개 노조(34,957명)로 나타났다.

◎ 조직형태별 조합 수 및 조합원 수 현황

(단위: 개소, 명)

구 분	합계	연합단체	전 국	행정부	자치단체	교육청
노동조합 수	151	14	8	3	97	29
조합원 수	331,068	-	151,319	44,632	100,160	34,957

* 출처: 「전국노동조합 조직현황」(고용노동부) (「노동조합 및 노동관계조정법」에 따라 노조 가입이 가능한 공무원은 본 통계에서 제외)

교원 노동조합

- 2022년 말 기준, 교원노동조합은 122개, 조합원 수는 119,915명으로 교원노동조합 가입 대상 567,669명의 21.1%가 노동조합에 가입하고 있다.

연도별 조합 및 조합원 수 현황

(단위: 개소, 명)

구 분	'14년	'15년	'16년	'17년	'18년	'19년	'20년	'21년	'22년
조합 수	10	10	10	12	15	23	95	126	122
조합원 수	60,120	60,284	7,291	7,096	9,261	14,716	93,865	105,383	119,915

* 출처: 「전국노동조합 조직현황」(고용노동부)

- 2022년 말 기준, 조직형태별 현황은 연합단체가 2개(교사노동조합연맹, 한국교수노동조합연맹), 전국단위는 22개(72,140명), 시·도단위는 23개(41,879명), 개별대학은 75개(5,896명)로 나타났다.

교원 노동조합 설립현황

('22년 12월 말 기준)

구 분	계	연 합	전 국	시·도	개별대학
조합 수	122	2	22	23	75
조합원(명)	119,915	-	72,140	41,879	5,896

* 출처: 「2022 전국노동조합 조직현황」(고용노동부, 2023.12)

공공기관 노동조합

- 2022년 말 기준 「공공기관 운영에 관한 법률」에 의한 중앙공공기관(공기업, 준정부기관, 기타공공기관) 및 「지방공기업법」에 의한 지방공기업(공사, 공단)에는 529개 기관에 총 526,593명의 근로자가 종사하며, 이 중 367,862명이 노동조합에 가입하여 조직률은 69.7%로 나타났다.

공공기관 근로자 수 및 조합원 수 현황

(단위: 개소, 명, %)

구 분	기관 수	근로자 수	유노조 기관 수	조합원 수	조직률
공공기관	529	526,593	449	373,272	70.8

* 출처: 알리오, 클린아이를 통한 실태조사

- 공공기관의 노동조합 현황을 다시 세분하여 보면 중앙공공기관 312개(노조 수 488개), 지방공기업 137개(노조 수 231개)이며 전체 조합원 수는 373,272명이다.

◎ 공공기관 노동조합 현황 (단위: 개소, 명, %)

구 분	총계	중앙공공기관	지방공기업
공공기관 수	529	370	159
유노조기관	449	312	137
근로자 수(A)	526,593	443,981	82,612
조합원 수(B)	373,272	316,326	56,946
조직률(B/A)	70.8	71.2	68.9

* 출처: 알리오, 클린아이를 통한 실태조사

- 총연합단체별 공공기관 소속 조합원 수 현황은 한국노총 소속 조합원 수 154,671명, 민주노총 소속 조합원 수 165,385명, 상급단체에 가입되지 않은 미가맹 조직의 조합원 수 53,216명이다.

◎ 총연합단체별 조합원 수 현황 (단위: 명, %)

구 분	합 계	한국노총	민주노총	기타(공공노총, 미가맹)
공공기관 (구성비)	373,272 (100.0)	154,671 (41.4)	165,385 (44.3)	53,216 (14.2)

* 출처: 알리오, 클린아이를 통한 실태조사

VIII. 근로조건 및 근로복지

1 근로감독관 직무

가. 「근로기준법」에 따른 근로감독관은 그의 관할 구역에서 발생하는 15개 법률에 규정된 범죄에 관하여 사법경찰관의 직무를 수행
(관련근거-사법경찰관리의 직무를 수행할 자와 그 직무범위에 관한 법률 제6조의2 제1항)

구 분	법률명
1	근로기준법
2	최저임금법
3	남녀고용평등과 일·가정 양립 지원에 관한 법률
4	임금채권보장법
5	산업안전보건법
6	진폐의 예방과 진폐근로자의 보호 등에 관한 법률
7	노동조합 및 노동관계조정법
8	교원의 노동조합 설립 및 운영 등에 관한 법률
9	근로자참여 및 협력증진에 관한 법률
10	근로복지기본법
11	건설근로자의 고용개선 등에 관한 법률
12	파견근로자보호 등에 관한 법률
13	근로자퇴직급여 보장법
14	공무원의 노동조합 설립 및 운영 등에 관한 법률
15	기간제 및 단시간근로자 보호 등에 관한 법률
16	고용상 연령차별금지 및 고령자고용촉진에 관한 법률
17	가사근로자의 고용개선 등에 관한 법률
18	중대재해 처벌 등에 관한 법률(제6조, 제7조만 해당)
19	산업재해보상보험법(제127조제3항제3호만 해당)

② 근로감독관 정원 현황

가. 2023년 고용노동부 근로감독관 전체 정원은 3,058명이며, 그 중 근로기준 분야는 2,260명, 산업안전 분야는 798명

(단위: 명)

2023년	합계	근로기준	산업안전
정원	3,058	2,260	798

③ 법정 근로조건 이행 확보

가. 신고사건 처리현황

(단위: 건)

구 분	접 수	처 리			처리 중
		처리 계	행정처리	사법처리	
2011년	303,293	305,657	224,327	81,330	39,228
2012년	320,582	323,133	236,382	86,751	40,336
2013년	329,261	334,007	244,844	89,163	39,513
2014년	331,370	336,308	248,680	87,628	37,737
2015년	341,704	343,731	259,611	84,120	40,439
2016년	363,291	366,361	279,698	86,663	42,379
2017년	372,330	374,006	294,525	79,481	45,767
2018년	390,736	399,207	318,153	81,054	45,926
2019년	403,023	417,708	335,764	81,944	40,258
2020년	364,355	380,138	313,462	66,676	32,178
2021년	314,308	322,994	271,119	51,875	29,761
2022년	305,519	310,805	267,987	42,818	29,684
2023년	371,116	370,653	326,805	43,848	35,518

* 사법처리에는 '불기소(공소권 없음 - 반의사불벌)' 의견 송치도 포함

나. 사업장 감독·점검 현황

1) 특별감독

(단위: 건)

구 분	감 독 사업체 (개소)	처분내용(개소)		법 위반 내용별 건수					
		사법 처리	행정 시정	계	금품청산	해고제한	근로시간 및 휴가	근로조건 미 명시	기타
2011년	20	13	4	85	20	1	8	6	50
2012년	202	37	5	167	46	-	35	16	70
2013년	50	10	21	100	14	-	4	9	73
2014년	7	6	1	51	9	-	6	3	33
2015년	12	8	0	60	9	-	10	4	37
2016년	27	16	4	128	38	-	10	3	77
2017년	101	100	0	315	89	-	2	4	220
2018년	12	8	0	61	11	-	4	3	43
2019년	35	35	0	115	11	-	5	3	96
2020년	5	3	0	31	5	-	1	4	21
2021년	9	9	0	85	18		7	10	50
2022년	11	16	0	30	10	0	1	1	18
2023년	5	31	0	45	12	-	6	5	22

주: 2007년 근로감독관집무규정 개정을 통해 사업장 근로감독의 종류를 '정기감독, 특별감독, 수시감독'으로 재정립 (이전까지는 예방점검, 정기감독, 특별감독, 특별조사로 구분)

2) 정기감독

(단위: 건)

구 분	감 독 사업체 (개소)	처분내용 (개소)		법 위반 내용별 건수					
		사법 처리	행정 시정	계	금품 청산	해고 제한	근로시간 및 휴가	근로조건 미 명시	기타
2011년	17,157	117	15,491	77,685	8,091	10	5,077	8,605	55,902
2012년	7,093	38	6,013	29,870	3,585	3	2,287	3,320	20,675
2013년	5,844	68	5,148	23,504	2,842	-	2,287	2,961	15,414
2014년	1,897	39	1,668	6,444	1,260	-	811	952	3,421
2015년	5,873	69	3,920	14,154	3,681	-	1,592	2,203	6,678
2016년	6,297	145	4,205	17,646	3,269	-	1,401	2,399	10,577
2017년	5,869	174	3,821	17,835	3,114	-	785	2,416	11,520
2018년	21,751	1,163	14.674	50,770	8,867	-	1,027	10,009	30,867
2019년	20,714	209	18,337	71,350	12,330		1,958	13,484	43,578
2020년	3,625	150	2,778	10,331	2,408	-	102	1,814	6,007
2021년	7,471	56	6,688	25,350	3,799		763	3,657	17,131
2022년	22,416	44	50,484	50,725	6,739	-	720	14164	29,102
2023년	22,151	69	67,185	67,358	13,010		860	19.661	33,827

3) 수시감독 (단위: 건)

구 분	감독 사업체 (개소)	처분내용 (개소)		법 위반 내용별 건수					
		사법 처리	행정 시정	계	금품 청산	해고 제한	근로시간 및 휴가	근로조건 미 명시	기타
2011년	6,511	37	4,570	21,349	2,445	1	1,996	2,689	14,218
2012년	14,424	188	11,031	36,927	4,959	-	3,915	5,623	22,430
2013년	7,386	98	6,462	20,357	2,044	1	1,694	2,751	13,867
2014년	14,985	165	8,658	22,325	3,219		2,138	3,504	13,464
2015년	13,651	145	5,294	12,756	2,967	-	1,074	3,445	5,270
2016년	15,770	485	9,762	31,621	6,940	-	2,569	6,741	15,371
2017년	16.604	2,058	9,694	28,031	8,615	-	1,935	8,543	8,938
2018년	4,319	190	3,376	19,178	3,525	-	1,338	2,310	1,977
2019년	4,666	112	3,836	18,203	3,383		1,091	2,363	11,366
2020년	2,110	69	1,068	5,063	1,730	-	163	776	2,394
2021년	3,711	136	2,501	10,268	2,418		658	1504	5688
2022년	4,753	154	15,397	15,666	2,551	-	671	2,432	10,012
2023년	5,964	483	31,695	32,423	6,172	-	1,074	4.723	20,454

임금체불 현황

(단위: 개소, 명, 억 원, %)

연도	임금체불이 확정된 신고 건수(근로자 수)	금액	지도해결* 건수(근로자 수)	금액	사법처리 건수(근로자 수)	금액
2011년	193,536 (278,494)	10,874	135,366 (188,098)	6,105	52,049 (80,585)	4,195
2012년	186,624 (284,755)	11,772	121,664 (172,003)	6,252	57,614 (101,420)	4,873
2013년	181,182 (266,508)	11,930	114,064 (157,644)	5,565	60,977 (100,198)	5,826
2014년	195,783 (292,558)	13,195	131,052 (176,209)	6,452	59,025 (107,615)	6,264
2015년	204,329 (295,677)	12,993	141,171 (178,926)	6,020	56,222 (105,608)	6,309
2016년	217,530 (325,430)	14,286	152,290 (198,392)	6,866	58,951 (114,262)	6,623
2017년	209,714 (326,661)	13,811	149,464 (203,902)	6,751	52,751 (108,436)	6,139
2018년	224,781 (351,531)	16,472	151,504 (203,243)	7,292	66,454 (133,614)	8,217
2019년	227,739 (344,977)	17,217	150,798 (203,374)	8,260	71,820 (132,645)	8,301
2020년	196,547 (294,312)	15,830	134,170 (181,113)	8,307	58,643 (106,863)	7,067
2021년	160,304 (247,005)	13,505	111,001 (157,782)	7,403	46,863 (84,759)	5,738
2022년	155,424 (237,501)	13,472	114,318 (161,193)	8,060	39,024 (72,265)	5,041
2023년	185,211 (275,432)	17,845	141,275 (196,866)	11,385	41,212 (73,208)	5,882

* 지도해결 = 청산 + 행정종결(반의사불벌) + 송치종결(반의사불벌)

⑤ 대지급금 제도

가. 제도 개요

◉ 목 적: 근로자가 기업의 도산 등으로 임금 등을 받지 못한 경우 국가가 사업주를 대신하여 지급함으로써 체불근로자의 생활안정 도모

◉ 개 념: 기업의 도산 등으로 인하여 근로자가 임금 등을 지급받지 못한 경우, 국가가 사업주를 대신해서 체불임금 등을 지급하는 제도

- 대지급금 지급사유
  - 도산대지급금: 기업의 도산
    · 재판상 도산:「채무자 회생 및 파산에 관한 법률」에 의한 파산의 선고 및 회생절차 개시의 결정
    · 사실상 도산: 상시근로자 300인 이하 사업주로서 지방고용노동관서장으로부터 도산 등 사실 인정을 받은 경우
    · 간이대지급금: 사업주가 근로자에게 미지급 임금 등을 지급하라는 법원의 확정판결이 있거나, 지방고용노동관서에서 발급한 체불확인서로 체불이 확인된 경우(재직자 포함)
- 대지급금의 지급보장 범위: 최종 3개월분의 임금·휴업수당·출산전후휴가기간 중 급여, 최종 3년간의 퇴직급여 등

- 도산대지급금 상한액

(단위: 만 원)

대지급금 종류 \ 퇴직 당시 연령	30세 미만	30세 이상 40세 미만	40세 이상 50세 미만	50세 이상 60세 미만	60세 이상
임금·퇴직급여 등	220	310	350	330	230
휴업수당	154	217	245	231	161
출산전후 휴가기간 중 급여	310				

* 임금, 휴업수당, 출산전후휴가기간 중 급여는 1월분, 퇴직급여 등은 1년 기준임
** 총 상한액은 2,100만 원

- 간이대지급금 상한액

(단위: 만 원)

항 목	상한액
임금(휴업수당, 출산전후휴가기간 중 급여)	700
퇴직급여 등	700

* 총 상한액은 1,000만 원(재직자는 700만 원)

📍 근거법령: 임금채권보장법 제7조

📍 재 원: 임금채권보장기금 설치·운용

- 소요재원은 전체 사업주로부터 의무적으로 징수되는 부담금과 사업주의 변제금으로 조성
  - 사업주부담금: 보수총액* × 부담금비율
  * 2010년 이전: 임금총액
  ※ 부담금 비율: 1998년 2/1,000, 1999년 0.3/1,000, 2000년 0.9/1,000, 2001년 0.5/1,000, 2003년 0.3/1,000, 2005년 0.4/1,000, 2010년 0.8/1,000, 2016년 0.6/1,000
  - 사업주 변제금은 대지급금 지급 이후 근로복지공단이 근로자들의 임금청구권을 대위 행사하여 회수

📍 대지급금 지급 현황

- 총괄

(단위: 개소, 명, 백만 원)

구분	계		
	사업체	인원	금액
계	168,783	1,539,703	6,924,083
2023년	18,112	131,177	686,905
2022년	15,858	107,444	636,864
2021년	17,227	106,926	546,571
2020년	18,020	110,177	579,690
2019년	16,730	100,085	459,880
2018년	15,055	92,376	373,998
2017년	14,198	92,700	372,421
2016년	15,434	95,982	368,710
2015년	8,451	62,255	297,895
2014년	2,816	50,152	263,209
2013년	2,665	44,741	223,919
2012년	2,515	48,650	232,319
2011년	2,541	50,230	235,552
1998~2010년	19,161	446,808	1,746,150

※ 출처: 근로복지공단(임금채권보장사업 추진현황, 2023.12월)

- 대지급금 지급대비 회수현황

(단위: 개소, 백만 원)

구 분	대지급금(A)	회수액(B)	소멸정리(C)	미수금(A-B-C)
계	6,924,082	2,139,484	1,455,239	3,329,359
2023년	686,905	148,132	193,096	345,677
2022년	536,864	153,240	150,099	233,525
2021년	546,571	148,248	140,344	257,979
2020년	579,690	122,483	11,917	445,290
2019년	459,880	114,216	52,973	292,691
2018년	373,998	97,938	44,792	231,268
2017년	372,421	95,723	5,211	271,487
2016년	368,710	102,616	61,499	204,595
2015년	297,895	102,573	120,345	74,977
2014년	263,209	83,261	115,966	63,982
1998년~2013년	2,437,939	971,054	558,997	907,888

나. 임금채권보장기금 운용

◉ 조 달
(단위: 백만 원)

구 분	'18년 결산	'19년 결산	'20년 결산	'21년 결산	'22년 결산	'23년 결산
계	813,742	827,130	1,051,845	844,279	775,395	975,222
법정부담금	322,002	337,988	335,436	346,381	380,275	408,272
가산금	125	119	95	116	120	115
기타경상이전수입	107,551	123,850	131,307	156,875	158,880	152,402
기타민간융자원금회수	3,737	5,333	6,285	9,387	16,112	20,797
일반회계전입금	82	82	82	82	0	82
기타이자수입	9,934	16,946	39,981	9,032	7,935	32,271
정부내부이자수입	4,727	4,074	2,443	2,003	2,063	3,316
여유자금회수	105,584	138,738	336,216	120,403	110,010	257,967
공공기금예탁금 회수	260,000	200,000	200,000	200,000	100,000	100,000

◉ 운 용
(단위: 백만 원)

구 분	'18년 결산	'19년 결산	'20년 결산	'21년 결산	'22년 결산	'23년 결산
계	813,742	827,130	1,051,845	844,279	775,395	975,222
대지급금	373,998	459,880	579,690	546,571	536,864	686,905
무료법률구조지원	25,384	28,204	28,204	26,112	14,057	13,293
대지급금 조력지원	150	121	61	53	40	45
체불청산지원융자(융자)	12,777	18,046	19,240	40,979	33,177	72,785
기금관리운영	90	92	94	99	100	112
임금채권보장제도 운영	1,045	1,081	1,067	1,122	1,103	1,105
근로복지공단출연금	13,335	11,729	12,018	12,478	15,001	18,060
여유자금운용	183,535	102,368	206,506	112,677	70,073	79,316
공자기금예탁	200,000	200,000	200,000	100,000	100,000	100,000
한국은행예탁	3,428	5,609	4,965	4,188	4,980	3,601

6 대지급금 조력지원 제도

- **개 요**: 상시근로자 30명 미만 사업장에서 도산 등으로 임금 또는 퇴직금을 받지 못하고 퇴직한 근로자가 공인노무사의 도움을 받아 대지급금을 받을 수 있는 제도('12.1.1. 시행)
  ※ 대지급금 관련 상담, 도산 입증자료 파악 및 작성, 도산관련 조사 참석 등

- **지원대상 및 요건**: 도산등사실인정을 위한 실질적인 요건을 갖춘 상시근로자 30명 미만 사업장에서 임금 또는 퇴직금을 지급받지 못하고 퇴직한 월평균 보수가 350만 원 이하인 퇴직근로자
  ※ 법원에 의한 재판상 도산(파산선고, 회생절차개시의 결정)의 경우 지원 제외

- **지원내용**: 조력지원 공인노무사에게 지원업무의 내용, 대지급금 지급 근로자의 수 등을 고려하여 사업장별 300만 원 한도로 지원
  ※ 도산등사실인정 90만 원, 불인정 45만 원, 대지급금 지급 1명당 6만 원

- **지원절차**

① 체불 근로자	지방고용노동관서를 통해 도산등사실인정 및 대지급금 관련 기본상담
② 지방고용노동관서	지원대상여부 확인 및 국선 공인노무사 추천
③ 공인노무사	도산등사실인정 기초조사 후 도산등사실인정 신청 및 입증자료 작성 등 대지급금 관련 서비스 지원
④ 지방고용노동관서	도산등사실인정신청서 조사 및 결과(인정·불인정) 통지
⑤ 공인노무사	대지급금 사실확인 신청 및 조력비용 지급 신청
⑥ 지방고용노동관서	대지급금 지급결정 및 국선공인노무사 조력지원 비용 지급

- **대지급금 조력지원 사업 지원현황** (단위: 개소, 명, 백만 원)

구분	지원 건수	근로자 수	금액
2023년	45	109	45
2022년	40	77	40
2021년	51	133	53
2020년	60	159	61
2019년	121	241	121
2018년	146	373	150
2017년	184	431	187

⑦ 체불청산지원 사업주 융자제도

가. 사업주 융자

● 개 요: 일시적 경영애로 등으로 체불이 발생한 경우 체불청산 의지가 있는 사업주에게 융자를 실시하여 근로자의 임금체불 청산을 지원하는 제도('12.8.2. 시행)

● 지원대상 및 요건
- (사업주) 6개월 이상 사업을 영위한 사업장으로서 일시적 경영상의 어려움 등*으로 체불이 발생하였으나, 체불청산 의지가 있는 가동 사업장* 매출액, 생산량, 재고량, 원자재 가격 변동 등으로 파악
- (근로자) 사업주의 융자금 지급사유 확인신청일 기준 6개월 이상 근무하고 1년 이내에 퇴직한 근로자 및 6개월 이상 재직 중인 근로자

● 융자금액 및 조건
- (금액) 사업주당 1.5억 원, 근로자당 1.5천만 원 한도
  * 융자는 사업주가 신청하나 융자금은 근로자에게 직접 지급
- (방식) 융자금액 및 신용등급에 따라 신용, 담보 등 별개('19.4.30.부터 개인기업의 경우 연대보증 방식 폐지)
  * 매출액, 생산량, 재고량, 원자재 가격 변동 등으로 파악
- (조건) 1년 또는 2년 거치, 3년 또는 4년 분기별 원금균등 분할상환(이자율 담보 연 2.2%, 신용·연대보증 연 3.7%)

● 지원절차
- 융자금 지급사유 확인신청(사업주) ⇒ 체불사실 및 체불금품 확인(지방고용노동관서) ⇒ 융자신청서 제출(사업주) ⇒ 융자심사(근로복지공단) ⇒ 융자대상자 결정 및 통보(근로복지 공단 → 금융기관) ⇒ 융자금 지급 및 상환(금융기관) ⇒ 채무불이행 시 채권양도(금융기관 → 근로복지공단) ⇒ 미수채권 회수(근로복지공단 → 체불사업주)

◉ 체불청산지원 사업주 융자사업 지원현황　　　　　　　　　　(단위: 개소, 명, 백만 원)

구분	지원 건수	근로자 수	금액
2023년	570	4,210	25,579
2022년	377	2,678	14,259
2021년	662	4,178	21,255
2020년	640	5,344	19,240
2019년	622	4,488	18,046
2018년	460	3,038	12,777
2017년	336	2,176	8,392

나. 근로자 융자

◉ 개 요: 사업주로부터 임금 등을 받지 못한 근로자의 생활안정을 위하여 생계에 필요한 비용을 근로자의 신청에 따라 융자

◉ 지원대상 및 요건
- (근로자) 가동 중인 체불사업장에 재직 중이거나, 퇴직 후 6개월 이내인 근로자
    * 신청일 이전 1년 동안 1개월분 이상 임금 등이 체불

◉ 융자금액 및 조건
- (금액) 근로자당 1천만 원 한도로 체불액의 범위 내에서 융자
- (방식) 별도의 담보제공 없이 근로복지공단의 '근로자신용보증지원제도' 이용(연 1.0%)
- (조건) 1년 거치 3년 또는 1년 거치 4년 원금균등분할상환 중 선택(이자율 1.5%)

◉ 지원절차
- 융자 및 신용보증 신청(근로자 → 근로복지공단) ⇒ 융자결정, 보증서 발행 및 은행 통보(근로복지공단) ⇒ 융자실행(기업은행)

체불근로자 생계비 융자사업 지원현황

(단위: 명, 백만 원)

구분	근로자 수	금액
2023년	5,910	47,207
2022년	3,080	18,918
2021년	3,884(2,842*)	26,906(19,724*)
2020년	3,860	23,688
2019년	2,131	13,980
2018년	1,902	11,946
2017년	1,798	10,943
2016년	1,574	8,702
'02 ~ '15년	79,142	372,090

* 근로복지진흥기금에서 지원해오다가 법 개정에 따라 '21.6.9.부터 임금채권보장기금에서 체불근로자 생계비 융자 시행 중

⑧ 무료법률구조 지원제도

📍 **목적**: 체불근로자가 사업주를 상대로 임금채권을 행사하기 위한 민사소송을 진행하는 경우 소송에 소요되는 비용을 지원함으로써 체불근로자의 권리를 보호

📍 **내용**: 체불근로자에 대한 실질적 권리구제를 강화하기 위하여 임금채권보장법 (제19조제7호)에 근거하여 체불근로자에게 법률구조사업을 지원
- 임금채권보장기금을 재원으로 대한법률구조공단을 통하여 체불근로자의 임금채권 확보를 위한 민사소송 절차에 소요되는 비용 일체를 지원

📍 **지원근거 및 추진경위**
- 지원근거: 임금채권보장법 제19조
- 추진경위
    - 2004년 3월 4일 대통령 업무보고 시 체불행정 혁신을 지시
      ※ 다른 조직 활용 방안도 강구
    - 2004년 8월 28일 『체불행정혁신방안 및 추진계획』 확정
      ※ 임금체불근로자에 대한 무료법률구조 지원 포함
    - 2004년 12월 15일 국정현안정책조정회의를 거쳐 2단계 서민생활 안정대책 마련
      ※ 체불근로자에 대한 무료법률구조 실시 포함
    - 2005년 3월 2일 임금채권보장법 개정
      ※ 임금채권보장기금으로 무료법률구조사업재원 지원근거 마련

📍 **사업추진체계 및 지원방식**
- 지원방식: 업무위탁, 출연(대한법률구조공단)
- 지원조건
    - 임금체불근로자(평균임금 400만 원 미만) 중 대한법률구조공단을 통해 임금체불과 관련 보전·본안·집행 등 무료법률구조를 받은 근로자들의 소요비용을 정산하여 출연
- 사업 시행 주체: 대한법률구조공단
- 지원절차
    임금체불 신고(근로자) ⇒ 임금체불 사건 조사 후 체불임금 등·사업주확인서 발급(지방고용노동관서) ⇒ 대한법률구조공단에 무료법률구조 신청(근로자) ⇒ 무료법률구조지원(대한법률구조공단)

무료법률구조사업 추진현황

(단위: 명, 건, 백만 원)

구 분	출연	총 계		본안 사건[1]		부대 사건[2]	
		인원 수 (건수)	금액	인원 수 (건수)	금액	인원 수 (건수)	금액
2023년	13,293	61,394 (44,813)	473,779	36,165 (24,549)	237,218	25,229 (20,264)	236,561
2022년	14,057	61,757 (43,078)	452,682	36,180 (23,823)	236,582	25,577 (19,255)	216,100
2021년	26,112	116,465 (77,668)	830,382	84,115 (53,674)	542,047	32,350 (23,994)	288,335
2020년	28,204	137,637 (90,174)	1,009,918	102,355 (65,283)	664,931	35,282 (24,891)	344,987
2019년	28,204	162,977 (106,249)	1,118,822	115,645 (73,663)	697,953	47,332 (32,586)	420,869
2018년	25,384	150,447 (95,137)	983,438	96,979 (59,270)	527,506	53,468 (35,867)	455,932
2017년	25,684	143,095 (90,151)	965,727	86,557 (52,217)	485,523	56,538 (37,934)	480,204
2016년	24,176	144,303 (89,759)	935,711	86,199 (52,477)	470,489	58,104 (37,282)	465,222
2015년	19,365	122,386 (73,244)	867,224	68,019 (40,836)	409,167	54,367 (32,408)	458,057

1) 재판을 통하여 사법상의 권리관계를 확정하는 소송으로, 소액심판사건 및 여타 민사사건을 포함함
 · 소액심판사건: 소가 3,000만 원 이하의 민사사건에 대한 간이재판
2) 확정된 사법상의 의무가 임의로 이행되지 않을 경우에 대비하여 채무자의 신청으로 국가의 강제력에 의하여 사법상의 이행의무를 실현하는 절차(보전처분 및 강제집행사건)
 · 보전처분: 가압류, 가처분
 · 강제집행사건: 압류된 재산을 경매, 환가 등을 통하여 이행의무를 실현하는 사건

⑨ 최저임금제도

가. 개요 및 도입경위

- 최저임금제도는 근로자가 받는 임금의 최저수준을 정하여 사용자로 하여금 그 수준 이상의 임금을 지급하도록 함으로써 근로자의 생활안정과 노동력의 질적 향상을 도모하기 위한 제도
- 우리나라의 경우 1953년에 근로기준법을 제정하면서 최저임금제도에 대한 법적 근거를 마련하였으나, 당시 경제 여건상 최저임금제도를 실시하는 것이 어렵다는 판단 하에 실제로 제도를 운영하지 않다가 근로자의 저임금 해소와 일정 수준 이상의 생활수준 보장을 위해 최저임금제도의 도입 필요성이 증가함에 따라 1986.12.31. 최저임금법을 제정하여 1988.1.1.부터 시행

나. 최저임금제도의 내용

◉ 적용대상

- 1988년에 최저임금을 처음 적용할 때는 10인 이상 제조업 사업장에만 적용하였으나 이후 적용대상을 점차 확대하여 2000.11.24.부터 근로자를 사용하는 모든 사업 또는 사업장에 적용

◉ 연도별 최저임금 적용대상 확대

시 기	1988년 1월 1일	1989년 1월 1일	1990년 1월 1일	1999년 9월 1일	2000년 11월 24일
대상규모	10인 이상	10인 이상	10인 이상	5인 이상	1인 이상
대상업종	제조업	광업, 건설업	모든 산업	모든 산업	모든 산업

- 최저임금법의 적용을 받는 근로자는 「근로기준법」 제2조에 따른 근로자를 의미하므로, 상용 근로자뿐만 아니라 일용·임시직 근로자까지 모두 포함

◉ 최저임금 결정방법(최저임금법 제8조~제10조)

- 근로자위원, 사용자위원, 공익위원 각 9명으로 구성된 최저임금위원회에서 매년 최저임금액을 심의·의결 후 정부에 제출하면 고용노동부장관이 결정 고시함
  - 고용노동부장관은 매년 3.31.까지 최저임금위원회에 최저임금 심의를 요청하며
  - 최저임금위원회는 심의요청을 받은 날로부터 90일 이내에 심의·의결하여 최저임금안을 고용노동부장관에게 제출함
  - 고용노동부장관은 최저임금위원회 최저임금안을 토대로 8월 5일까지 최저임금을 결정·고시함
    ※ 고용노동부장관은 최저임금위원회의 최저임금안에 따라 최저임금을 결정하기 어렵다고 판단되는 경우 20일 이내에 최저임금위원회에 10일 이상의 기간을 정하여 재심의 요청하되, 재의결(재적위원 과반수 이상 출석 2/3 이상 찬성) 시는 그에 따라 최저임금 결정
- 결정·고시된 최저임금은 다음년도 1.1.부터 12.31.까지 적용됨

📍 최저임금의 효력

- 사용자는 근로자에게 최저임금액 이상의 임금을 지급하여야 하고, 최저임금액에 미달하는 임금을 정한 근로조건은 그 부분에 한해 무효로 하며, 무효로 된 부분은 최저임금액과 동일한 임금을 지급하기로 하는 근로계약을 체결한 것으로 간주함(최저임금법 제6조제3항)
- 사용자는 최저임금을 이유로 종전의 임금수준을 낮출 수 없음(최저임금법 제6조제2항)

📍 최저임금 위반 시 제재

- 사용자가 근로자에게 최저임금 이상의 임금을 지급하지 않거나 최저임금을 이유로 종전의 임금을 저하시킬 경우에는 3년 이하의 징역 또는 2천만 원 이하 벌금에 처함(최저임금법 제28조)
- 사용자의 주지의무 및 보고의무 등 위반 시에는 100만 원 이하의 과태료를 부과(최저임금법 제31조)

📍 사용자의 주지의무 및 국가의 이행감독

- 사용자는 최저임금의 효력발생 전일까지 소속 근로자에게 새로운 최저임금액 및 효력발생일 등을 주지시켜야 함(최저임금법 제11조)
- 근로감독관은 최저임금의 이행을 감독하며, 최저임금법 위반 시 사업주에 대하여 사법경찰 관리의 직무를 수행함(최저임금법 제26조)

📍 최저임금적용제외 인가

- 근거: 최저임금법 제7조 및 같은법 시행령 제6조·시행규칙 제3조
- 적용제외 대상 및 인가기준
  ① 정신 또는 신체의 장애가 업무수행에 직접적으로 현저한 지장을 주는 것이 명백하다고 인정되는 사람
  - 정신 또는 신체 장애자로서 담당하는 업무를 수행함에 있어 그 정신 또는 신체의 장애로 인해 동일 또는 유사한 직종의 최저임금을 받는 다른 근로자 중 가장 낮은 근로 능력자의 평균작업능력에도 미치지 못하는 사람
    ※ 인가기간은 1년을 초과할 수 없음

다. 최저임금 현황(2024.1.1.~2024.12.31.)

시간급	일급(8시간 기준)	월 환산액
9,860원	78,880원	2,060,740원

※ 월 환산액은 주 소정근로 40시간을 근무할 경우, 월 환산 기준시간 수 209시간(주당 유급주휴 8시간 포함) 기준임
※ 수습사용 중에 있는 자로서 수습사용한 날부터 3월 이내인 자에 대해서는 시간급 최저임금액의 10% 감액 적용 가능(단순노무직종 종사자 제외, '18.3.20. 시행), 단, 1년 미만의 기간을 정하여 근로계약을 체결한 근로자는 제외

연 도	'08년	'09년	'10년	'11년	'12년	'13년	'14년	'15년	'16년	'17년	'18년	'19년	'20년	'21년	'22년	'23년	'24년
시급	3,770	4,000	4,110	4,320	4,580	4,860	5,210	5,580	6,030	6,470	7,530	8,350	8,590	8,720	9,160	9,620	9,860
인상률	8.3	6.1	2.75	5.1	6.0	6.1	7.2	7.1	8.1	7.3	16.4	10.9	2.9	1.5	5.05	5.0	2.5

라. 최저임금 적용을 위한 임금의 산정

📍 **최저임금의 산정범위**

- (원칙) ① 근로기준법 제2조제1항제5호*에 따른 임금으로서 ② 매월 1회 이상 정기적으로 지급되는 경우는 최저임금에 산입됨(최저임금법 제6조제4항 본문)
    * "임금"이란 사용자가 근로의 대가로 근로자에게 임금, 봉급, 그 밖의 어떠한 명칭으로든 지급하는 일체의 금품을 의미
    - 따라서 임금이 아니거나, 매월 지급되지 않는 임금은 최저임금에 산입되지 않음
- (예외) 매월 1회 이상 지급되는 임금이라도 아래에 해당하는 경우 최저임금에 산입되지 않음
    - 소정근로시간 또는 소정근로일 외에 대한 임금 중 아래의 임금(최저임금법 제6조제4항제1호 및 같은법 시행규칙 제2조제1항)
        ① 연장·휴일근로에 대한 임금 및 연장·야간·휴일가산수당
        ② 연차유급휴가 미사용수당
        ③ 법정 주휴일을 제외한 유급휴일(약정유급휴일 등)에 대한 임금
        ④ 그 밖에 ①부터 ③에 준하는 것으로 인정되는 임금
    - 통화 이외의 것으로 지급하는 복리후생비(최저임금법 제6조제4항제2호가목)
    - 2024년부터 매월 지급하는 상여금 및 식비, 숙박비, 교통비 등 근로자의 생활보조 또는 복리후생을 위한 성질의 임금은 최저임금에 전부 산입

◐ 상여금 및 복리후생비의 월 환산액 미산입 비율

연도	'19년	'20년	'21년	'22년	'23년	'24년~
상여금	25%	20%	15%	10%	5%	0%
복리후생비	7%	5%	3%	2%	1%	0%

- (택시근로자) 생산고에 따른 임금을 제외하고, 단체협약, 취업규칙, 근로계약에 정해진 지급 조건과 지급률에 따라 매월 1회 이상 지급하는 임금을 최저임금에 산입하며, 소정근로 외의 임금과 복리후생비는 산입하지 않음(최저임금법 제6조 및 같은법 시행령 제5조의3)

마. 최저임금 미달여부의 판단

- 최저임금 적용을 위한 임금에 산입하는 임금의 총액을 고시된 최저임금액과 같은 기준으로 환산하여 비교

> ① 시간급(시간단위로 정해진 임금): 시간급과 법정 최저시급과 직접 비교
> ② 일급(일단위로 정해진 임금): 일급을 1일의 소정근로시간 수로 나누어 시간급으로 환산 후 비교
> ③ 주급(주단위로 정해진 임금): 주급을 "1주의 최저임금 적용기준 시간 수(1주의 소정근로시간 수 + 1주의 법정 주휴시간 수)"로 나누어 시간급으로 환산 후 비교
> ④ 월급(월단위로 정해진 임금): 월급을 "1개월의 최저임금 적용기준 시간 수(1주의 최저임금적용기준 시간 수 × 365일 ÷ 7일 ÷ 12월)"로 나누어 시간급으로 환산 후 비교
> ⑤ 시간·일·주·월 이외의 단위로 정해진 임금의 경우: ①내지 ④의 기준에 준하여 비교
> ⑥ 생산고에 따른 임금 또는 기타 도급제로 정해진 임금: 임금 산정기간의 임금 총액을 그 임금 산정기간 동안의 총 근로시간으로 나누어 시간급으로 환산 후 비교

- 이 경우 법령, 단체협약 등에서 일정한 금액을 임금에서 공제하기로 한 때에는 공제 전 임금을 기준으로 비교
  - 소득세법 등에 의하여 근로소득세, 의료보험료 등을 임금에서 공제하는 경우 공제 전의 임금을 기준으로 판단

⑩ 기업복지활성화 제도

가. 퇴직연금제도

1) 도입배경

> ◆ 퇴직금제도는 1961년에 도입된 이후 50여 년이 경과, 그간 사회경제적 여건이 급변함에 따라
> - 사용자에게는 큰 부담이나, 근로자의 안정적인 노후생활 보장에는 별 도움이 되지 못하고 있음
>
> ◆ 노사에 불이익이 없도록 하면서 '노후소득 보장'이라는 당초 취지를 구현하기 위해 퇴직연금제도 도입 필요

※ 퇴직금제도: 근속연수 1년에 대하여 30일분 이상의 평균임금(약 1월분 임금)을 퇴직 시 일시금으로 지급(1년 이상 근속자 대상)

📍 **급속한 인구고령화와 노동시장의 여건 변화**

- 저출산·고령화의 급속한 진행으로 노인인구가 급격히 증가함에 따라 은퇴 후 노후소득 보장의 중요성은 증가하나, 근로자들의 노후대비책은 미흡함
  - ※ 우리나라는 2000년 고령화 사회(65세 이상 7%)에 진입한 이후 2017년 고령 사회(14%), 2025년 초고령 사회(20%)에 진입 예상('22년, 통계청)
  - ※ OECD, World Bank 등은 기업연금제도로 전환, 다층 노후소득 보장체계 구축 권고
- 근로자의 잦은 이직, 중간정산 등으로 퇴직금이 은퇴 이전에 소액 생활자금으로 소진되어 노후재원으로 활용되지 못하고 있음
  - ※ 중도인출 인원은 49,811명, 인출금액은 1조 7천억 원('22년)

📍 **기업도산 시 근로자의 수급권 보장이 미흡**

- 사업주가 퇴직금을 장부상으로만 적립함에 따라 기업이 도산하면 근로자는 '실업'과 '체불'이라는 이중 고통을 받게 됨

📍 **근로자 퇴직 시 기업의 일시금 부담이 가중, 예측 가능한 경영의 장애요인으로 작용**

2) 주요내용

가) 퇴직급여제도의 설정 및 운영

📍 **퇴직연금제도의 선택**

- 기존 퇴직금제 대신 퇴직연금제로 전환하고자 하는 사업주는 근로자대표의 동의를 얻어야 함
  ※ 근로자대표: 당해 사업에 근로자의 과반수로 조직된 노동조합이 있는 경우, 그 노동조합 없는 경우 근로자의 과반수

  - 퇴직연금제에 대한 근로자의 선호 및 우려 등을 감안하여 노사가 자율로 결정하도록 함

- 퇴직연금제를 선택한 경우 퇴직연금제의 형태(확정급여형 또는 확정기여형)로 결정해야 함
  ※ 확정급여형(Defined Benefit): 근로자의 연금급여가 사전에 확정되며, 사용자의 적립부담은 적립금 운용결과에 따라 변동
  ※ 확정기여형(Defined Contribution): 사용자의 부담금이 사전에 확정되고, 근로자의 연금급여는 적립금 운용결과에 따라 변동

  - 이는 사업장 여건 및 근로자의 선호가 다양하기 때문에 노사가 자율적으로 선택할 수 있도록 한 것임

🔹 **퇴직금제도와 퇴직연금제도 비교**

구 분	퇴직금	확정급여형	확정기여형
퇴직급여 형태	일시금	연금 또는 일시금	연금 또는 일시금
급여수준	근속연수 1년당 30일분의 평균 임금	일시금 기준으로 퇴직금과 동일	근로자 각자의 운용실적에 따라 변동
사용자 부담	근속연수 1년당 30일분의 평균 임금	퇴직금과 같음	연간 임금총액의 12분의 1 (연 1회 이상 납부)
적립방식과 수급권 보장	사내적립, 불안정, 도산위험에 취약	부분사외적립, 부분 보장, 도산 위험 존재	전액 사외적립, 보장
적립금의 운용	사용자	사용자	근로자
적합기업근로자	도산위험이 없는 기업, 장기근속 근로자	연공급(호봉제), 장기근속 근로자	연봉제, 체불위험이 있는 기업, 단기 근속 근로자

- 퇴직연금제도를 선택한 경우 「퇴직연금규약」을 작성하여 고용노동부장관에게 신고하여야 하며,
  ※ 퇴직연금규약은 개별 사업장의 퇴직연금제도의 설계서에 해당하는 것으로서 법정사항(법 제13조 및 제19조 각 호)을 모두 포함하여야 하며, 그 이외의 것 또는 법정수준을 상회하는 수준은 노사가 자유로이 정할 수 있음

  - 퇴직연금제 운영관련 업무(운용관리업무 및 자산관리업무)를 퇴직연금사업자(금융기관)에게 위탁하여야 함
  ※ 운용관리업무: 운용방법의 제시, 운용현황의 기록·보관·통지업무
  ※ 자산관리업무: 사용자로부터 부담금의 수령 및 보관·관리업무

◉ 퇴직연금 취급금융기관

- 퇴직연금을 취급하고자 하는 자는 일정한 요건을 갖춰 고용노동부장관(금감위에 위탁)에게 등록해야 함
  ※ 등록요건: 자본시장과 금융투자업에 관한 법률에 따른 투자매매업자, 투자중개업자 또는 집합투자업자, 보험업법 제2조제6호에 따른 보험회사, 은행법 제2조제1항제2호에 따른 은행, 신용협동조합법 제2조제2호에 따른 신용협동조합중앙회, 새마을금고법 제2조제3항에 따른 새마을 금고중앙회, 산업재해보상보험법 제10조에 따른 근로복지공단(근로복지공단의 퇴직연금사업 대상은 상시 30명 이하의 근로자를 사용하는 사업에 한함) 및 그 밖에 재무건전성 및 인적·물적 요건 등 대통령령으로 정하는 자

◉ 제도의 건전 운영을 위한 장치 마련

- 사용자 및 퇴직연금사업자에게 퇴직연금의 건전한 운영을 위한 일정한 책임 부과(퇴직연금사업자 감독업무는 금융위에 위탁)
- 위반 시 시정명령·제재(과태료부과·형사처벌)

나) 직장이동 시 통산할 수 있는 장치(개인형퇴직연금제도, IRP) 마련

- 이직 시 수령한 퇴직급여를 적립·축적하여 노후소득재원으로 활용할 수 있도록 한 통산 장치로서 퇴직연금 가입 근로자가 이직 시 퇴직급여를 가입자의 IRP계좌로 이전하고, 연금 수령 시점까지 적립된 퇴직급여를 과세 이연 혜택을 받으며 운영하다 일시금 또는 연금 수령

다) 4인 이하 사업장까지 확대 적용하여 사업장 규모에 따른 법정 복지격차 해소

- 2010년 12월 1일부터 상시 4인 이하 근로자를 사용하는 사업 또는 사업장에 대하여 퇴직 급여제도 시행
  - 다만, 사업주 부담이 급격히 증가하지 않도록 부담률도 낮게 시작하여 단계적으로 인상
  ※ 2010년 12월 1일부터 2012년 12월 31일, 기간에 대하여는 근로자퇴직급여 보장법에서 정하는 급여 및 부담금 수준의 100분의 50을, 2013년 1월 1일 이후 기간에 대하여는 100분의 100을 적용

3) 도입현황

- 도입 사업장 수: 총 436,348개소

(단위: 개소, %)

구 분	합 계	확정급여형 (DB)	확정기여형 (DC)	IRP 특례	DB·DC 병행
전체 도입사업장 수	436,348	89,744	289,856	25,445	31,303
비율(%)	(100.0)	(21.1)	(68.2)	(6.0)	(7.4)

* 2022년 12월 말 기준 통계청 통계

- 퇴직연금 가입 근로자 수: 총 6,948천 명
- 확정기여형 가입자 수 비중이 52.8%(3,667천 명)로 가장 큼

('22.12월 말 기준, 단위: 천 명, %)

구 분	합 계	DB형	DC형	IRP 특례	DB, DC 혼합형
근로자 수 (%)	6,837 (100)	3,083 (44.4)	3,667 (52.8)	62 (0.9)	135 (1.9)

* 2022년 12월 말 기준 통계청 통계

- 퇴직연금 적립금액: 335.9조 원

(단위: 조 원, %, %p)

구분	DB	비중	DC·IRP특례	비중	IRP	비중	합 계	비중
'22년말[A]	192.4	57.3	85.9	25.6	57.6	17.2	335.9	100.0
'21년말[B]	171.5	58.0	77.6	26.2	46.5	15.7	295.6	100.0
증감[A-B]	20.9	△0.7	8.3	△0.6	11.1	1.5	40.3	-
(증감률)[(A-B)/B]	12.2		10.8		23.9		13.6	

* 2022년 12월 말 기준 금융감독원

나. 우리사주제도 시행

📍 의 의
- 근로자로 하여금 자기회사의 주식을 취득·보유하게 함으로써 근로자의 재산형성, 협력적 노사관계 조성, 기업 생산성 향상 등을 도모하는 제도

📍 연 혁
- 1968년 자본시장육성에관한법률 제정, 발행주식총수의 10% 이내에서 근로자에게 우선배정 ('87년 20%까지 확대)
- 1997년 자본시장육성에관한법률 폐지, 증권거래법으로 이관
- 1999년 증권거래법 개정으로 의무예탁기간 단축[7년 → 3년 → 1년('00년부터)]
- 2001년 근로자복지기본법을 제정, 우리사주제도에 관한 일반적인 법적 근거 마련 무상출연 및 차입형 우리사주제도 도입
- 2005년 근로자복지기본법을 개정, 우리사주매수선택권 도입 등 제도개선 실시
- 2010년 근로자복지기본법과 사내근로복지기금법을 근로복지기본법으로 통합 수급업체 근로자 조합원 자격에 포함되도록 규정
- 2014년 근로복지기본법 개정, 우리사주 취득강요 금지
- 2015년 근로복지기본법 개정, 우리사주조합 설립요건 완화, 손실보전거래제도 및 대여제도 도입, 우리사주저축제도 도입
- 2016년 근로복지기본법 개정, 비상장법인 우리사주 환매수 의무화, 우리사주조합의 회사인수 지원, 우리사주 수탁기관 업무범위 확대 등
- 2017년 근로복지기본법 시행령 및 시행규칙 개정, 비상장법인 우리사주 환매수 의무화에 따른 적용대상 등 구체화, 우리사주 수탁기관의 업무지원 내용 규정 등

📍 운영체계

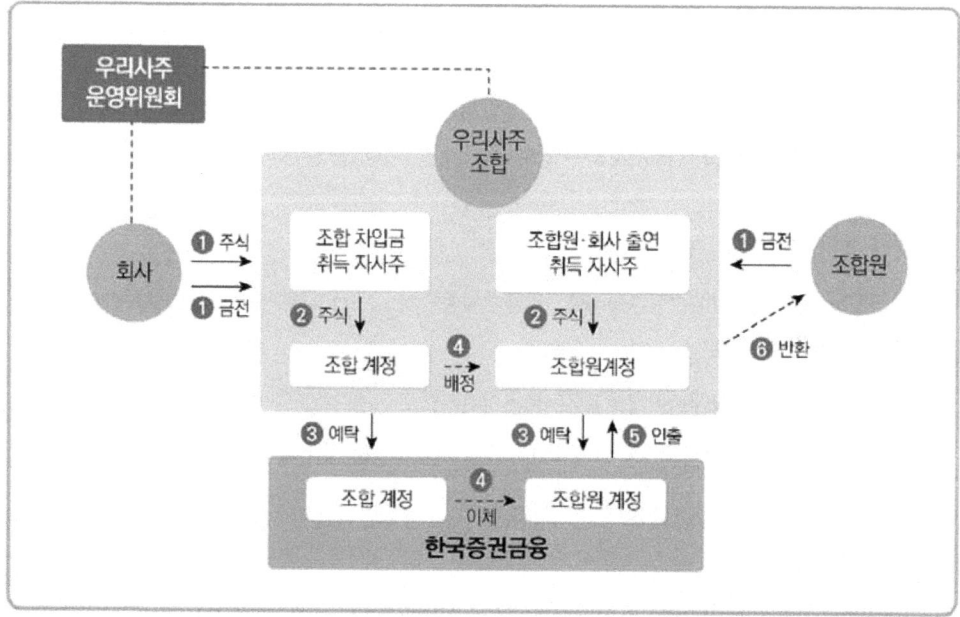

취 득 방 법		배 정 방 법
• 조합원출연	⇒	자사주 취득 즉시 조합원 개인별계정에 배정 후 1년간 의무예탁
• 회사·대주주 등의 무상 출연	⇒	자사주 취득 즉시 조합원에게 배정 후 4~8년 기간 중 출연자와 협의기간 동안 의무예탁(의결권, 배당금 개인귀속)
• 금융기관으로부터의 차입금	⇒	차입금 상환액의 범위 내에서 개인별계정에 배정 후 1년간 의무예탁

우리사주제도에 대한 세제지원

수혜자	혜택 종류		혜택 내용	근거 규정
조합원	출연금 소득공제		당해 연도 400만 원까지(단, 벤처기업 등의 조합원은 1,500만 원) 근로소득공제 → 인출시점에 근로소득으로 과세(과세이연) ■ 2년 미만 보유: 100% 과세 ■ 2년~4년 미만 보유: 50% 비과세 ■ 4년 이상 보유: 75% 비과세 ■ 6년 이상 보유: 100% 비과세(조특법 시행령상 중소기업) ※ 기간은 의무예탁기간 종료 후 경과기간임	■ 소득공제: 조세특례제한법 제88조의4 제1항 ■ 인출시점 과세: 조세특례제한법 제88조의4 제5,6,7항
	무상취득 주식 과세 이연	주주등 출연	배정시점에 과세하지 않고 인출시점에 과세	■ 조세특례제한법 제88조의4 제3,5,6항
		법인출연	일정금액은 배정시점에 과세하지 않고 인출시점에 과세 일정금액 초과분은 배정시점에 과세 ■ 일정금액: 배정주식의 매입가액등 기준으로 조합원별 직전연도 총급여액의 20% 또는 500만 원 중 큰 금액	■ 조세특례제한법 제88조의4 제4,5항
	배당소득 비과세		소득세법 시행령상 소액주주인 조합원이 배당지급 기준일 현재 증권금융에 예탁중으로 액면 1,800만 원 이하인 경우	■ 조세특례제한법 제88조의4 제9항 ■ 동법 시행령 제82조의4 제16항
	시가와 취득가의 차액 비과세		소득세법 시행령상 소액주주인 조합원이 취득한 주식의 취득가액과 시가의 차액에 대해 증여세 비과세	■ 상속세증여세법 제46조
			출자금액이 400만 원(단, 벤처기업 등의 조합원은 1,500만 원) 이하: 주식의 취득가액과 시가의 차액에 대해 근로소득세 비과세 출자금액이 4백만 원(단, 벤처기업 등의 조합원은 1,500만 원) 초과: 초과분은 취득가액이 기준가액보다 낮은 경우 배정시점에 근로소득으로 과세 ■ 기준가액: 시가의 70% 또는 액면가액(우선배정의 경우)	■ 조세특례제한법 제88조의4 제8항 ■ 동법 시행령 제82조의4 제9항
	주식 양도소득 비과세		1년 이상 예탁한 주식을 퇴직사유로 인출하여 조합에 양도하는 경우 액면 1,800만 원까지 양도소득 비과세 → 양도차액 3,000만 원 초과의 경우 초과액 양도소득 과세	■ 조세특례제한법 제88조의4 제14항
회사	출연금 손비인정		우리사주조합에 출연하는 자사주의 장부가액 또는 금품에 대해 손비인정	■ 법인세법시행령 제19조제16호
	조합운영비 지원액의 손비인정		지원하는 조합운영비는 전액 복리후생비로 손비 인정	■ 법인세법시행령 제45조
	조합원대여금 인정이자 익금불산입		조합원의 자사주 취득자금 저리 대출 또는 무이자 지원에 대해 인정이자 익금 불산입(근로자에게 상여 지급처리 안 함)	■ 법인세법시행규칙 제44조
기타	대주주·법인의 조합 기부금 소득공제		대주주·법인이 조합에 기부금을 지출하는 경우 소득금액의 30% 범위 내에서 소득공제	■ 조세특례제한법 제88조의4 제13항
	우리사주조합 비과세		우리사주조합기금에서 발생하거나 우리사주조합이 보유하고 있는 우리사주에서 발생하는 소득에 대해 전액 소득세 비과세	■ 조세특례제한법 제88조의4 제2항
			유증 또는 출연받은 금액에 대한 상속세 및 증여세 비과세	■ 상속세 및 증여세법 제12조, 제46조제4호

우리사주조합 설립현황

(단위: 개소, %)

구분	계		코스피 법인			코스닥 법인			기타 법인		
	결성 기업 수	결성률	기업 수	결성 기업 수	결성률	기업 수	결성 기업 수	결성률	기업 수	결성 기업 수	결성률
2023년	3,723	0.40	810	711	87.78	1,518	1,174	77.34	933,322	1,838	0.20
2022년	3,626	0.42	797	703	88.21	1,441	1,130	78.42	859,705	1,793	0.21
2021년	3,518	0.44	796	703	88.32	1,352	1,089	80.55	794,434	1,726	0.22
2020년	3,379	0.45	800	691	86.38	1,279	1,049	82.02	745,803	1,639	0.22
2019년	3,269	0.50	799	691	86.48	1,237	997	80.60	658,045	1,581	0.24
2018년	3,184	0.52	788	684	86.8	1,211	952	78.61	609,642	1,548	0.25
2017년	3,059	0.50	774	676	87.34	1,135	905	79.74	609,732	1,478	0.24

우리사주 예탁현황

(단위: 개소, 천주, %)

구분		예탁조합 수	예탁주식 수(A)	예탁조합기업총발행주 수(B)	지분율(A/B)
2023년	코스피	310	374,851	42,117,745	0.89
	코스닥	454	63,905	12,460,034	0.51
	기타	623	82,815	7,053,244	1.17
	계	1,387	521,571	61,631,022	0.85
2022년	코스피	304	429,183	40,236,018	1.07
	코스닥	435	60,827	11,686,178	0.52
	기타	605	83,792	7,087,107	1.18
	계	1,344	573,802	59,009,303	0.97
2021년	코스피	310	500,752	39,854,622	1.26
	코스닥	422	54,614	11,077,180	0.49
	기타	599	81,068	6,764,589	1.20
	계	1,331	636,435	57,696,391	1.10
2020년	코스피	296	419,413	37,160,381	1.13
	코스닥	403	52,884	10,652,651	0.50
	기타	590	86,328	6,764,379	1.28
	계	1,289	558,624	54,577,412	1.02
2019년	코스피	289	392,972	35,065,576	1.12
	코스닥	394	52,408	8,902,016	0.59
	기타	585	93,494	6,277,122	1.49
	계	1,268	538,874	50,244,714	1.07
2018년	코스피	292	395,398	32,382,805	1.22
	코스닥	385	58,895	8,652,844	0.68
	기타	570	75,165	5,706,567	1.32
	계	1,247	529,458	46,742,216	1.13

다. 사내·공동근로복지기금 설치·운용

◉ 의 의: 기업이 경영 이익의 일부를 사내근로복지기금에 출연하여 근로자의 생활안정 지원 등 복지증진을 도모하는 기업복지제도

◉ 연 혁
- 1983년 5월 6일 「근로의욕 향상을 위한 사내근로복지기금 설치·운영 준칙(소위 준칙 기금)」(고용노동부지침)을 제정, 기업에 사내근로복지기금의 설치를 권장
- 1991년 8월 10일, 사내근로복지기금법(법률 제4391호) 공포, 1992년 1월 1일부터 시행
- 2001년 제도 활성화 추진: 당해연도 출연금 사용한도 확대(30 → 50%), 대부사업 재원 변경(수익금 → 원금), 기금합병, 분할합병에 대한 처리기준 마련
- 2003년 선택적 근로복지제도 도입 및 도입 기업에 대한 출연금 사용 한도 확대(80%)
- 2010년 근로자복지기본법과 사내근로복지기금법을 근로복지기본법으로 통합 수급업체 근로자 조합원 자격에 포함되도록 규정
- 2012년 사내근로복지기금법인 혜택을 수급업체 및 파견근로자까지 확대('12.8.2. 시행)
- 2014년 중소기업 사내근로복지기금 사용한도 확대(당해연도 출연금의 50% → 80%, '14.7.29. 시행)
- 2015년 사내근로복지기금제도 지원 관련(소요비용의 50%, 최대 2억 원 한도, '15.3.1. 시행)
- 2016년 공동근로복지기금제도 도입('16.1.21. 시행)
- 2017년 사내근로복지기금의 직접 도급업체 소속 근로자 및 파견근로자에 대한 기본재산 활용 근거 마련('18.2.1. 시행)
- 2019년 공동근로복지기금 활성화 대책 발표('19.9.4. 공동근로복지기금제도 운영상 미비점 개선, 공동근로복지기금에 대한 재정지원 강화 등)
- 2020년 공동근로복지기금 제도 개선을 내용으로 하는 근로복지기본법 개정('21.6.9. 시행)
- 2023년 대·중소기업 복지격차 완화를 위한 사내근로복지기금법인 출연금 사용한도 확대 및 기본재산 사용범위 확대('24.1.1. 시행)

◉ 근거법령: 근로복지기본법, 민법, 각종 세법(조세특례제한법 등)

기금조성 및 용도·관리

구 분	내 용
기금조성	• 법인세 세전 순이익의 100분의 5 기준 임의출연
기금용도	• 주택 구입자금 보조 및 우리사주 구입비 지원(대부), 생활안정자금 대부, 장학금, 재난구호금, 체육·문화활동 및 근로자의 날 행사지원 등
기금관리	• 사내근로복지기금협의회(노·사위원 동수의 각 2인 이상 10인 이내)에서 출연금액, 임원선임(해임), 정관변경 등 중요의사 결정 • 노·사 동수의 임원(이사 각 3인 이내, 감사 각 1명)을 두어 사무집행 및 감사실시

지원대상: 사내·공동근로복지기금이 설치된 사업 소속 근로자, 직접 도급받는 업체 소속 근로자 또는 해당 사업에의 파견근로자

2022년도 기금조성 현황

(단위: 개소, 억 원, %)

구 분		계	299인 이하	300~499인	500~999인	1,000인 이상
기금법인 수	소계(a)	2,684	1,994	188	203	299
		(100.0)	(74.2)	(7)	(7.5)	(11.0)
	사내	2,247	1,599	176	196	276
		(100.0)	(71.3)	(7.7)	(8.6)	(12.2)
	공동	437	395	12	7	23
		(100.0)	(89.9)	(2.8)	(1.6)	(5.4)
업체 수(b)		1,995,751	1,991,933	1,981	1,130	707
설립률(a/b)		0.13	0.05	9.5	18	42.2
기본재산(c)		144,615	12,792	14,998	11,441	68,322
평균 기본재산(c/a)		53.8	11.7	80	56.3	228.5

근로복지사업 및 근로복지진흥기금의 운용

가. 근로복지사업

1) 근로자생활안정 지원사업

● 사업개요

구 분	근로자 장학금 지원	근로자 생활안정자금 융자	임금체불생계비 융자
목 적	저임금근로자 및 그 자녀의 교육비 부담 해소를 통해 실질소득증대 및 생활안정에 기여	저소득근로자의 일시 가계비 지출에 대한 융자를 통해 복지 향상 및 생활안정에 기여	임금체불근로자의 안정적 생계유지 지원 및 사업장의 안정적 고용유지에 기여
연 혁	1995년부터 실시 - 2009년 종료	1996년부터 실시	1999년부터 실시 - 2021.6월 종료
근거법령	근로복지기본법 제20조	근로복지기본법 제19조	근로복지기본법 제19조
지원대상	월평균 임금 170만 원 이하, 근속기간 3개월 이상 근로자 중 - 근로자 및 배우자 직전년도 월평균임금 합계액 259만 원 이하 - 신청근로자와 배우자에게 부과된 주택분 재산세 과세액 6만 원 이하 - 토지분 재산세 과세액 합계 10만 원 이하	3월 이상 근속 및 노무제공 중이며 직전년도 월 평균소득이 3인 가구 기준 중위소득의 3분의 2('23년 296만 원) 이하인 근로자, 특수형태근로종사자, 1인 자영업자 * 임금감소생계비(소액생계비): 소속 사업장에서 6(3)개월 이상 근속 중인 월평균 소득이 3인 가구 중위 소득의 2/3에 해당하는 금액의 70% 이하인 근로자('23년 207만 원)	융자신청일 이전 1년 기간 동안 1월분 이상 임금체불 되고 연간소득액(배우자 소득 합산)이 4인 가구 기준 중위 소득('20년 5,700만 원) 이하인 근로자 및 퇴직 후 6개월이 경과하지 아니한 자('19.9.18.~)
대부종류 (지원범위)	입학금·수업료 및 학교 운영비 전액 (교재대 제외)	의료비·혼례비·장례비·부모요양비, 자녀학자금, 자녀양육비, 임금감소생계비, 소액생계비	생계비
대부금액	수업료 등 평균 140만 원 지원	종류별 각 1,000만 원 한도 단, 혼례비 1,250만 원, 부모 요양비, 자녀학자금, 자녀양육비는 1자녀당 연 500만 원, 소액생계비 200만 원 한도, 2종류 이상 신청 시 총 2,000만 원 한도	임금체불액 범위 내 1인당 1,000만 원 한도
대부조건	고등학교 입학예정 또는 재학중인 자, 1세대당 1인	1년 거치 3년 또는 4년 원금균등분할상환(연리 1.5%) * 단, 소액생계비는 1년 거치, 1년 원금균등분할상환	1년 거치 3년 또는 4년 원금 균등분할상환(연리 1.5%)
지원기간	선발 당해연도 1년간 지급	-	-

669

지원현황

(단위: 명, 백만 원)

구 분		계	'06년~'17년	'18년	'19년	'20년	'21년	'22년	'23년
근로자 장학금	인원	63,394	63,394	-	-	-	-	-	-
	금액	79,429	79,429	-	-	-	-	-	-
생활안정 자금	인원	268,883	118,461	13,130	13,372	27,883	23,759	41,639	30,639
	금액	1,616,927	740,880	83,053	85,071	182,959	136,764	223,170	165,030
임금체불 생계비	인원	94,681	85,746	1,902	2,131	3,860	1,042	-	-
	금액	452,792	395,996	11,946	13,980	23,688	7,182	-	-

※ 2010년도부터 근로자생활안정자금 및 임금체불생계비 대부 예산통합 사용
※ 2021.6.9.부터 임금체불근로자에 대한 생계비 융자는 임금채권보장기금으로 이관

2) 30인 이하 사업장 퇴직연금사업 운영

공단 퇴직연금 사업개요

구분	계약형퇴직연금(DC)	중소기업퇴직연금기금
제도 개요	사용자가 금융기관에 적립한 부담금을 근로자가 직접 운용하여 퇴직급여로 지급	중소기업 사용자가 근로복지공단에 적립한 부담금을 하나의 기금으로 모아 전문적으로 운용하여 퇴직급여 지급
연혁	'10.12월부터 시작('12.7월 30인이하 확대)	'22.4월부터 시작
근거법령	근로자퇴직급여보장법 제26조	근로자퇴직급여보장법제23조의2, 3
근로복지공단 역할	퇴직연금사업자로서 운용관리업무 수행 ※ 규약작성·신고, 가입자교육, 적립금운용 현황의 기록·보관·통지 등	제도운영 전반에 관한 업무 수행 ※ 계약체결, 위원회 운영, 자산운용, 운영현황관리, 지원금·급여 지급 등
적용 대상	30인 이하 사업장	30인 이하 사업장
계약 주체	사용자 ↔ 근로복지공단(운용관리계약) 사용자 ↔ 퇴직연금사업자(자산관리계약)	사용자 ↔ 근로복지공단
수수료	0.24~0.38% ※ 운용관리수수료: 0.1% ※ 자산관리수수료: 0.14%~0.28%	0.2% ※ '23년 내 가입 시 5년간 면제
부담금	연간 임금총액의 1/12 이상	연간 임금총액의 1/12 이상
적립금 운용	근로자	근로복지공단 ※ 전담자산운용기관 위탁
재정 지원	없음	사용자부담금의 10%
수익률	1.18%('22.12월 기준)	2.45%('22.12월 말 기준)

2022년 말 누적가입자 및 적립금 현황

(단위: 명, 개소, 억 원, %)

구 분		2020년	2021년	2022년	증감
계약형 퇴직연금 (DC)	가입자 수	408,402	426,197	433,658	1.8
	사업장 수	84,819	88,475	92,192	4.2
	적립금	32,121	37,031	41,607	12.4
중소기업 퇴직연금 기금제도	가입자 수	-	-	9,272	-
	사업장 수	-	-	2,549	-
	적립금	-	-	325	-

3) 근로복지기금 지원사업

목 적

- 대기업의 중소 협력업체 근로자 복지지원을 촉진하여 대·중소기업 간 상생협력 지원
- 다수의 중소기업이 참여하는 공동근로복지기금 설립을 촉진하고 기금규모 확대 및 안정화를 통하여 중소기업 저소득 근로자 복지향상 도모
  * '16.1.21.(근로복지기본법 개정법 시행) 공동근로복지기금제도 및 지원사업 시행

근거법령: 근로복지기본법 제62조(기금법인의 사업), 제86조의2(공동근로복지기금의 조성), 제86조의5(공동기금제도의 촉진), 제91조(근로복지진흥기금의 용도)

사업개요

- 지원대상 및 수준

구 분	지원 대상	지원 한도
사내 근로복지 기금지원	협력업체 근로자의 복지후생 증진 사업을 하는 대기업(또는 원청) 등의 사내기금법인	지출비용의 50% 범위 내(매년 2억 원 한도)
	대기업(또는 원청)으로부터 출연금을 지원받은 중소기업 사내기금법인	출연금액의 50% 범위 내(매년 2억 원 한도)
공동 근로복지 기금지원	중소기업을 포함한 둘 이상의 기업이 설립한 공동기금법인	출연금액의 100% 범위 내 (설립일로부터 최대 5년간 누적 20억 원 한도) * 참여사업장 수 등에 따라 차등
	대기업(또는 원청)으로부터 출연금을 지원받은 중소기업 간 설립된 공동기금법인	출연금액의 100% 범위 내(매년 최대 10억 원 한도) * 참여사업장 수 등에 따라 차등 * 상생협약 체결 및 출연금 증액 시, 3년간 매년 최대 20억 원 한도
	지방자치단체로부터 출연금을 지원받은 중소기업 간 설립된 공동기금법인	출연금액의 100% 범위 내(3년간 매년 최대 6억 원 한도) * 참여사업장 수 등에 따라 차등 * 상생협약 체결 시 상생협약 체결한 해부터 3년간 매년 최대 6억 원 한도

2023년 말 지원실적

('15년 3월 사내근로복지기금지원, '16년 1월 공동근로복지기금지원사업 시행)

(단위: 개소, 명, 백만 원)

구 분	사내근로복지기금 지원				공동근로복지기금 지원			
	기금 수	수혜 기업 수	수혜 근로자 수	지원 금액	기금 수	수혜 기업 수	수혜 근로자 수	지원 금액
2023년	12	115	20,564	795	86	1,081	184,123	18,272
2022년	19	195	23,469	959	75	923	182,664	14,983
2021년	19	181	20,724	1,053	177	1,115	206,355	26,175
2020년	18	257	34,447	1,312	62	1,030	146,176	15,726
2019년	40	416	48,982	2,399	31	244	12,783	1,433
2018년	35	279	44,098	2,351	19	339	12,686	1,244
2017년	33	408	32,448	1,963	11	153	9,554	925
2016년	26	205	12,695	1,322	8	213	6,802	870
2015년	16	147	4,807	210	-	-	-	-

4) 근로자의 문화·휴양콘도 지원사업

사업개요

구 분	휴양콘도 지원	민간복지시설 이용지원	근로자 문화예술제
목 적	저임금근로자 및 가족들에게 휴양콘도 이용기회를 제공, 여가욕구 충족 및 건강한 노동력 재생산	저소득근로자가 민간의 다양한 복지시설을 이용하도록 지원	근로자의 정신문화 창달과 문화예술활동 저변 확산
연 혁	1997년부터 실시	2005년부터 실시 - 2008년 종료	1980년부터 실시
대 상	• 주말: 모든 근로자 및 특수형태근로종사자 • 평일: 모든 근로자 및 특수형태근로종사자, 고용 및 산재보험 가입사업주, 근로자를 사용하지 않는 1인 사업주, 사내동호회 또는 부서장 등	직전년도 말 기준 3월 이전부터 상시 50인 미만 사업장에 근속 중인 월평균 170만 원 이하인 근로자	• 근로자해외파견노동자, 특수형태근로종사자, 산재노동자, 플랫폼 노동자 등 (산재로 요양 중이거나 산재 장해 등급을 받은 자 및 실직일로부터 6개월 이내인 자 포함) • 단, 기성전문가 및 현직공무원, 금상 이상 수상자는 제외
기 타	• 이용가능지역: 설악·양평·지리산·수안보·경주·통영·제주 등 전국 44개 지역 693구좌 • 이용횟수: 연령대별 차등 점수 제공 후 이용일에 따른 점수 차감 • 사용료: 1박 기준 60,000원 ~ 292,000원	민간복지시설(숙박, 체육, 전시 및 공연시설) 이용 비용의 80% 지원 (연간 20만 원 한도)	분야별 행사 내용(4개 부문) • 미술: 회화, 서예, 공예, 사진, 디자인/공예 • 문학: 시, 단편소설, 희곡, 수필, 콩트, 단편 시나리오, 단편 드라마 • 연극: 단막극(기성극, 창작극) • 음악: 독창, 중창, 합창(기성곡, 창작곡)

참고자료

● 지원현황 (단위: 명, 백만 원)

구 분		계	'01년~'17년	'18년	'19년	'20년	'21년	'22년	'23년
휴양콘도 지원	이용건수	123,678	94,650	4,056	4,620	2,747	5,247	6,287	6,071
	이용박수	162,680	125,880	4,953	5,586	3,416	6,870	8,099	7,876
근로자 문화예술제	인원	101,658	72,007	3,976	4,260	3,777	6,813	5,580	5,245
	금액	11,952	9,271	504	504	452	407	407	407
근로자지원 프로그램	지원건수	134,543	59,715	11,060	13,976	11,261	11,382	12,639	14,510

5) 근로복지포털 서비스 운영

● 목 적: 저소득 근로자 및 중소기업의 복지전달체계 개선과 기업복지활성화 지원

● 근거법령: 근로복지기본법 제91조(기금의 용도), 근로자복지증진기본계획

● 사업개요

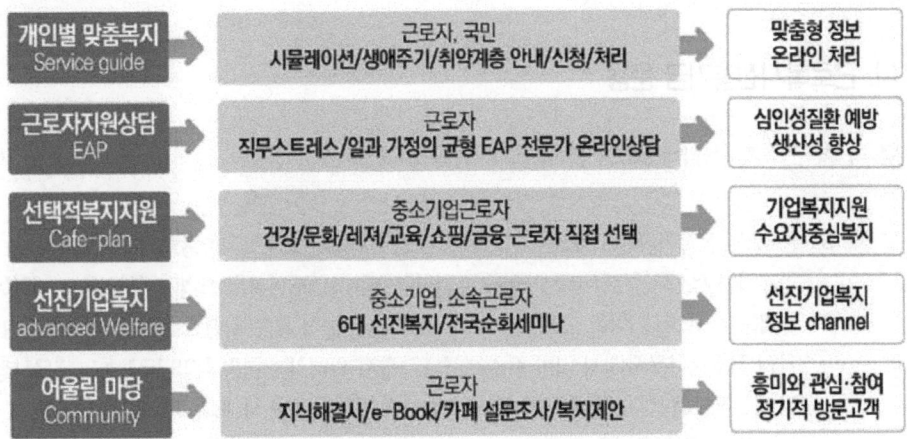

● 2023년 말 지원실적('09년 2월 2일 서비스 개시)

구 분	계획(A)	실적(B)	달성률(B/A)
포털 접속 건수(만 건)	366	420	114.8%
고객만족도	80.9	82.0	101.4%

6) 기업복지 상담('22년도 사업종료)

◉ 목 적: 기업이 공동근로복지기금제도를 쉽게 도입할 수 있도록 무료상담을 지원하여 기업규모 간 복지격차 완화 및 근로자의 삶의 질 향상을 도모

◉ 근거법령: 근로복지기본법 제91조(기금의 용도)

◉ 사업개요
- 지원대상: 근로복지넷(welfare.comwel.or.kr)에 가입한 기업회원
- 지원내용: 현장 상담
    ※ 현장 상담: 〈기본 상담〉 제도의 개념과 종류, 필요성 등을 안내(기업당 1회)
    〈심화 상담〉 실제 도입의사가 결정된 사업장을 대상으로 구체적인 도입방법과 제도 설계(기업당 1회)
    〈도입 상담〉 제도 도입을 결정한 기업을 대상으로 공동근로복지기금 설립까지 필요한 모든 절차에 대한 상담 지원

◉ 2022년 말 지원실적('10년 4월 서비스 개시)

(단위: 개소)

구 분	계획(A)	실적(B)	달성률(B/A)
도입상담	50	19	38%

나. 근로복지진흥기금 운용

◉ 목 적: 근로복지사업에 필요한 경비 확보를 위해 설치('94년 5월 1일)

◉ 개 요: 근로복지진흥기금은 1993년 12월 제정된 중소기업 근로자복지진흥법에 의거 설치되어 중소·영세기업 저소득근로자 복지사업을 수행하였으며, 1998년 4월 실업대책사업을 시행하여 IMF 실업대란 극복에 기여함. 2002년 1월 근로자복지기본법 제정·시행으로 사업대상을 중소·영세기업 저소득근로자에서 일반 저소득근로자까지 확대하는 한편 취약근로계층의 금융시장 접근성 제고를 통해 생활안정을 지원하고자 신용보증 지원사업을 시행함. 이후 근로자 복지기본법과 사내근로복지기금법을 통합하여 근로복지기본법으로 통합 규정('10년 12월 9일)

⑫ 공인노무사제도

◉ 도입배경
- 노동관계 업무의 원활한 운영을 꾀하고 사업 또는 사업장의 자율적인 노무관리를 통해 근로자의 복지증진과 기업의 건전한 발전을 도모하기 위해 공인노무사제도 도입

◉ 근거법령: 공인노무사법('84년 12월 31일 제정, '85년 7월 1일 시행)

◉ 공인노무사의 업무
- 노동관계 법령에 따라 관계 기관의 신고·신청·보고·진술·청구(이의신청, 심사청구 및 심판청구 등) 및 권리구제 등의 대행 또는 대리
- 노동관계 법령에 따른 서류의 작성과 확인
- 노동관계 법령과 노무관리에 관한 상담·지도
- 「근로기준법」을 적용받는 사업이나 사업장에 대한 노무관리 진단
- 「노동조합 및 노동관계조정법」 제52조에서 정한 사적 조정이나 중재
- 사회보험관계 법령에 따라 관계 기관의 신고·신청·보고·진술·청구(이의신청, 심사청구 및 심판청구 등) 및 권리 구제 등의 대행 또는 대리

◉ 공인노무사 자격취득 및 개업 현황

('23년 12월 31일 현재)

구 분	자격취득자	직무개시 등록 (개업노무사)	개업 비율
계	7,806	4,887	62.6%

공인노무사 자격취득 현황

(단위: 명)

연도	시험횟수	계	시험합격자	노동행정경력자
~1986	-	71	-	71
1987	제1회	114	111	3
1988	-	1	-	1
1989	제2회	37	28	9
1990	-	4	-	4
1991	제3회	36	31	5
1992	-	8	-	8
1993	제4회	32	18	14
1994	-	30	-	30
1995	제5회	164	42	122
1996	-	98	-	98
1997	제6회	44	43	1
1998	제7회	88	37	51
1999	제8회	129	103	26
2000	제9회	137	71	66
2001	제10회	203	201	2
2002	제11회	148	147	1
2003	제12회	61	61	0
2004	제13회	275	275	0
2005	제14회	184	140	44
2006	제15회	155	122	33
2007	제16회	273	229	44
2008	제17회	241	208	33
2009	제18회	290	247	43
2010	제19회	308	253	55
2011	제20회	309	244	65
2012	제21회	339	255	84
2013	제22회	314	251	63
2014	제23회	305	247	58
2015	제24회	314	254	60
2016	제25회	286	249	37
2017	제26회	287	254	33
2018	제27회	327	300	27
2019	제28회	340	303	37
2020	제29회	355	343	12
2021	제30회	458	320	138
2022	제31회	608	551	57
2023	제32회	442	395	47
합계		7,806	6,333	1,473

※ 2022년 12월 31일 현재. 시험합격자는 최종합격자 기준, 노동행정경력자는 자격취득일 기준으로 작성
※ 제1회 시험은 1986년 1차, 2차를 시행하고 3차는 1987년 2월 실시
※ 2008년부터 최소합격인원제도 실시('08년 200명, '09~'17년까지는 250명, '18~'23년(300명)

13 비정규직 규모 추이 및 임금수준

가. 비정규직 규모 추이

- 비경제활동 인구의 경제활동 참여 증가 등으로 임금근로자가 늘어나면서 비정규직 근로자가 지속적으로 증가하고 있으며, 그 비율은 2023년 37.0% 차지

(단위: 천 명, %)

구 분	'16.8.	'17.8.	'18.8.	'19.8	'20.8.	'21.8.	'22.8.	'23.8.
임금근로자	19,743	20,006	20,045	20,559	20,446	20,992	21,724	21,954
비정규직 규모	6,481	6,578	6,614	7,481	7,426	8,066	8,156	8,122
임금근로자 중 비율	32.8	32.9	33.0	36.4	36.3	38.4	37.5	37.0

※ '19년 이후 조사결과는 병행조사 효과로 미포착 기간제 규모가 반영되어 '19년 전후 비교 불가함

나. 임금수준

- 비정규직의 시간당 임금총액은 정규직의 70.9% 수준으로 전년(70.6%)에 비해 0.3%p 상승하여 정규직과 비정규직의 임금 격차 개선 추세 지속, 사회보험 가입률 및 복리후생은 정규직에 비해 낮은 수준이나 차이 축소

◉ 정규직 비정규직 시간당 임금 현황

(단위: 원, %)

구 분	'16.6.	'17.6.	'18.6.	'19.6.	'20.6.	'21.6.	'22.6.	'23.6.
전 체	16,709	17,381	19,522	20,573	19,316	19,806	22,651	22,878
정규직	18,212	18,835	21,203	22,193	20,731	21,230	24,409	24,799
비정규직	12,076	13,053	14,492	15,472	15,015	15,482	17,233	17,586
	(66.3)	(69.3)	(68.3)	(69.7)	(72.4)	(72.9)	(70.6)	(70.9)

* 자료: 고용형태별근로실태조사(고용노동부), 근로자 1인 이상(특고 제외)
** ( )는 정규직 대비 비정규직근로자의 시간당 상대임금 수준임

◉ 고용형태별 사회보험 가입률 및 상여금 지급(예정)률

구 분	고용보험	건강보험	국민연금	상여금
정규직	94.5 %	98.8 %	98.6 %	61.9 %
비정규직	81.4 %	71.7 %	68.5%	24.2 %

* 자료: 고용형태별근로실태조사('23.6월, 고용노동부), 근로자 1인 이상(특고 제외)

14 비정규직 차별시정제도

가. 개요 및 신청 현황

- 2007년 7월 「기간제법」과 「파견법」에서 비정규직에 대한 불합리한 차별시정을 위해 차별시정제도를 도입하여,
  - 기간제·단시간·파견근로자를 동종·유사업무에 종사하는 비교대상근로자에 비해 임금, 정기 상여금, 경영 성과금, 그 밖에 근로조건 및 복리후생 등에 관한 사항에 있어 합리적인 이유 없이 불리하게 처우하는 것을 금지

- 근로자는 차별적 처우가 발생한 사업장의 소재지를 관할하는 지방노동위원회에 차별적 처우가 있은 날로부터 6월 이내에 차별시정을 신청할 수 있으며, 차별적 처우에 해당한다고 판정하면 노동위원회는 사용자에게 시정명령

나. 차별시정 신청

- 차별시정 신청인과 피신청인

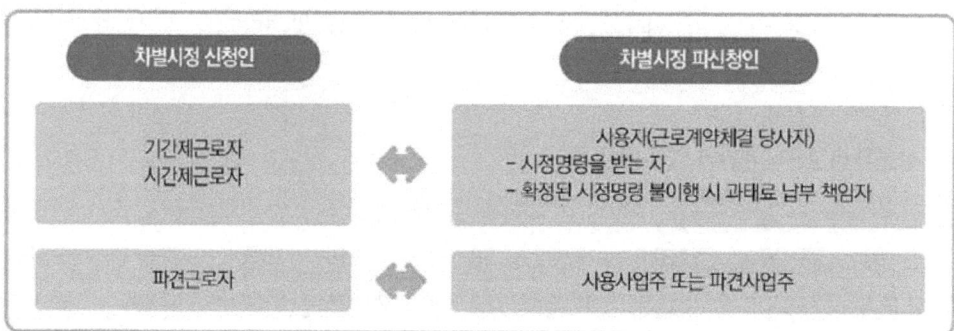

- (신청기간): 차별적 처우가 있은 날(계속되는 차별적 처우는 그 종료일)부터 6월 이내

- (신청방법): 사업장 관할 지방노동위원회에 신청서를 제출
  ※ 신청인의 성명·주소, 피신청인의 성명·주소, 신청일 등을 신청서에 기입하고 차별적 처우의 내용을 구체적으로 명시, 분쟁 시 입증책임은 사용자 부담

다. '차별적 처우'의 의미

> '차별적처우'라 함은 임금, 정기 상여금, 경영성과금, 그 밖에 근로조건 및 복리후생 등에 관한 사항에 있어서 합리적인 이유 없이 불리하게 처우하는 것(기간제법 제2조제3호)

- (불리한 처우) 사용자가 임금 등 차별이 금지되는 영역에서 기간제·단시간·파견근로자와 비교대상 근로자를 다르게 처우함으로써 해당 근로자에게 발생하는 불이익 전반을 의미
  - 불리한 처우가 있는지는 단순히 세부 지급항목별로 비교할 것이 아니라 비교가능한 항목을 하나의 범주로 묶어 비교하되, 실제 제공된 근로에 따라 지급된 급부(연장, 야간, 휴일근로 수당 등)는 제외
- (합리적 이유) 사용자가 기간제·단시간·파견근로자를 비교대상 근로자에 비해 불리하게 처우함에 합리적 이유가 있다면 당해 불리한 처우는 정당화됨
  - 비교대상 근로자와 다르게 처우할 필요성이 있는지, 다르게 처우할 필요성이 인정되는 경우에도 그 방법·정도 등이 적정한지를 종합적으로 고려
    * 판례는 ▲ 근속기간, ▲ 단기고용이라는 특성, ▲ 채용조건·기준·방법·절차, ▲업무의 범위·권한·책임, ▲노동시장의 수급상황 및 시장가치, ▲사용목적(수습·시용·직업훈련·인턴 등), ▲임금 및 근로조건의 결정 요소(직무, 능력, 기능, 기술, 자격, 경력, 학력, 근속연수, 책임, 업적, 실적 등)을 고려하여 개별 사안별로 판단

라. 비교대상 근로자

- (기간제근로자) 당해 사업 또는 사업장에서 동종 또는 유사한 업무에 종사하는 기간의 정함이 없는 근로계약을 체결한 근로자(기간제법 제8조제1항)
- (단시간근로자) 당해 사업 또는 사업장에서 동종 또는 유사한 업무에 종사하는 통상 근로자(기간제법 제8조제2항)
- (파견근로자) 비교대상 근로자는 사용사업주의 사업 내의 동종 또는 유사한 업무를 수행하는 근로자 (파견법 제21조제1항)
- (판단의 핵심 표지) 동종 또는 유사업무 종사 여부를 기준으로 판단하는바 판례는 주된 업무 내지 근로자가 실제 수행하는 업무를 기준으로 판단
  - 핵심요소에서 본질적 차이가 없으면 다른 요소에서 차이가 있더라도 동종·유사성을 인정

마. 시정명령 내용 및 범위

- 조정·중재, 시정명령의 내용에는 차별적 행위의 중지, 임금 등 근로조건의 개선(취업규칙, 단체협약 등의 제도개선 명령을 포함한다) 또는 적절한 배상 등이 포함될 수 있다(기간제법 제13조제1항).
- 노동위원회는 사용자의 차별적 처우에 명백한 고의가 인정되거나 차별적 처우가 반복되는 경우에는 손해액을 기준으로 3배를 넘지 아니하는 범위에서 배상을 명령할 수 있다(기간제법 제13조제2항).

- 조정·중재 또는 시정명령은 신청 당사자(신청인과 피신청인)에게만 효력을 미침
- 확정된 시정명령을 사업주가 이행하지 않을 경우 1억 원 이하의 과태료를 부과

차별시정 절차

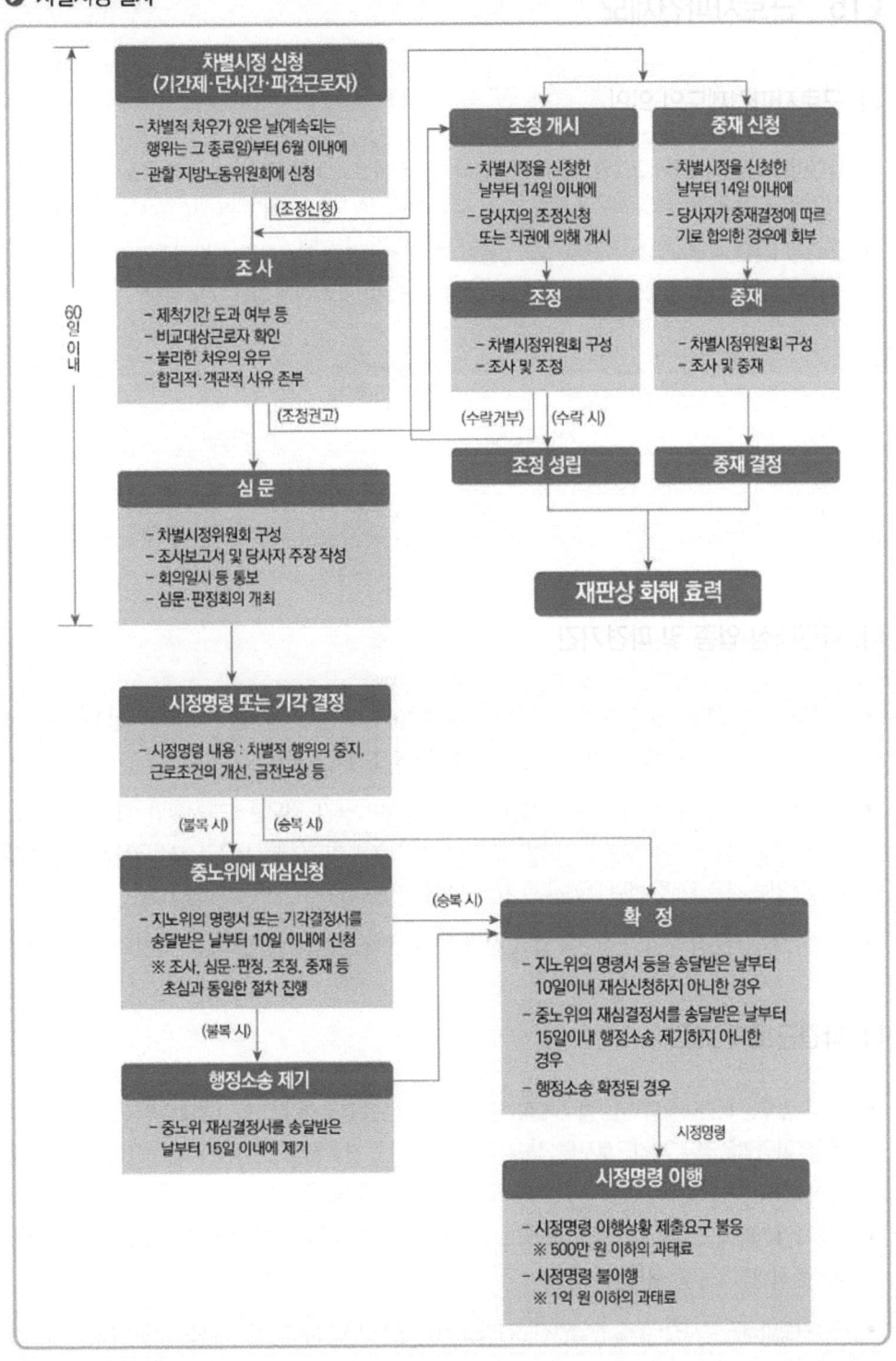

15 근로자파견제도

가. 근로자파견제도의 의의

- 파견법은 파견근로자의 고용안정과 복지증진에 이바지하고, 인력수급을 원활하게 함을 목적으로 함
  ※ 1998.2.20. 파견법 제정('98.7.1. 시행), 2006.12.21. 비정규직 보호법의 일환으로 파견법 개정(법률 제8076호)
- 근로자파견은 파견사업주가 근로자를 고용한 후 고용관계를 유지하면서 파견계약의 내용에 따라 사용사업주의 지휘·명령을 받아 사용사업주를 위한 근로에 종사하게 하는 것을 말함

나. 파견대상 업종 및 파견기간

- 파견대상은 사무지원·번역·조리·경비원 등 32개 업무이며, 파견기간은 1년 이내(파견사업주·사용사업주·파견근로자 3자 간 합의가 있는 경우 1년 범위 내에서 연장 가능)
- 파견대상이 아닌 업무에서는 출산·질병 등으로 결원이 생긴 경우는 그 사유가 해소될 때까지, 일시·간헐적으로 인력을 확보할 필요가 있는 경우는 3개월 이내(해당 사유가 해소되지 않고 3자 간 합의가 있는 경우 3개월 범위 내에서 한 차례만 연장 가능)에서 파견근로자 사용 가능
- 다만, 건설공사현장의 업무, 선원의 업무, 산업안전보건법상 유해·위험업무 등은 파견을 절대 금지함

다. 파견근로자 보호

- 사용사업주는 파견대상이 아닌 업무에 파견근로자를 사용한 경우, 무허가파견업체로부터 근로자파견의 역무를 제공받은 경우, 파견근로자를 2년을 초과하여 사용한 경우 해당 근로자를 직접 고용할 의무가 있음
  ※ 사용사업주의 직접고용의무 위반 시 제재: 3천만 원 이하의 과태료
- 사용사업주의 사업 내 같은 종류의 업무 또는 유사한 업무를 수행하는 근로자에 비해 파견근로자임을 이유로 차별적 처우를 해서는 아니 됨
- 근로기준법상 근로시간·휴게, 산업안전보건법상 건강진단 및 사업주의 안전보건조치 등은 사용사업주가 책임을 부담

라. 유사개념과의 구분

- 도급 및 용역
    - 도급 및 용역은 수급인이 직접 고용한 근로자를 수급인이 직접 지휘·명령하여 특정한 업무를 수행하는 것을 말함
    - 용역은 거래의 대상이 물품이 아닌 경비·청소 등 서비스
        ※ 파견은 사용사업주가 파견근로자에 대해 지휘·명령권을 가지고 있는 반면, 도급 및 용역은 도급인이 수급인 근로자에 대해 지휘·명령권을 갖고 있지 않음

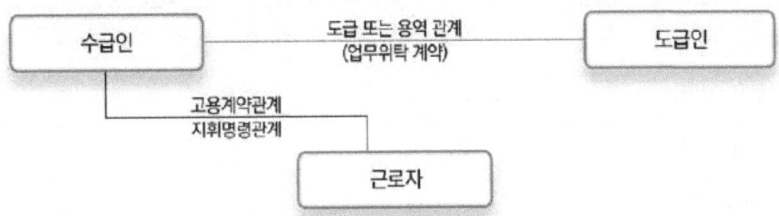

- 근로자 공급사업
    - 근로자 공급계약에 따라 근로자를 타인에게 사용하게 하는 것으로 국내 근로자 공급사업은 노동조합만이 가능(항운노조 등)
        ※ 파견은 파견사업주와 근로자 간에 고용계약관계가 있는 반면, 근로자 공급은 사실상 지배관계가 있는 점이 다름

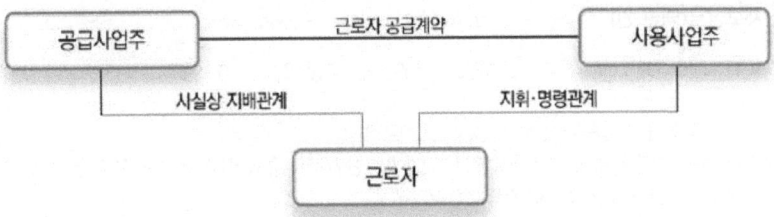

- 직업소개
    - 구인·구직 신청을 받아 구인자와 구직자 간에 고용계약의 성립을 알선하는 것을 말함
        ※ 파견은 파견사업주와 근로자 간에 고용계약관계가 있는 반면, 직업소개는 중개 역할만 할 뿐 고용계약관계는 존재하지 않음

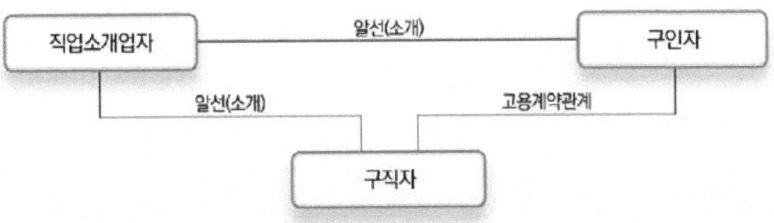

IX. 산업안전보건

1 산업재해 현황

● 산업재해 발생현황(총괄)

구 분	2023년	2022년	증 감	증감률(%)
사업장 수(개소)	2,945,136	2,976,026	-30,890	-1.0
근로자 수(명)	20,637,107	20,173,615	463,492	2.3
재해자 수(명)	136,796	130,348	6,448	4.9
재 해 율(%)	0.66	0.65	0.01	1.5
사망자 수(명)	2,016	2,223	-207	-9.3
사망만인율(‰)	0.98	1.10	-0.12	-10.9
업무상질병자 수(명)	23,331	23,134	197	0.9
근로손실일수(일)	63,845,877	60,701,773	3,144,104	5.2
산재보상금(백만 원)	7,284,941	6,686,486	598,455	9.0
경제적손실액(백만 원)	36,424,705	33,432,430	2,992,275	9.0

주: 1) 경제적손실액: 직접손실액(산재보상금)의 5배로 추정
   2) 재해자 수: 근로복지공단에 최초요양신청서를 제출한 재해자 중 요양승인을 받은 자(요양승인일 기준)와 지방고용노동관서의 산재 미보고 적발 사망자를 합산한 수임
     ※ 재해자 수에는 '18.1.1.부터 확대 적용된 「산업재해보상보험법」상의 통상 출퇴근 재해는 제외
   3) 사망자 수: 근로복지공단의 유족급여가 지급된 사망자와 지방고용노동관서의 산재 미보고 적발 사망자를 합산한 수임
     ※ 사망자 수에는 사업장 외 교통사고, 체육행사, 폭력행위, 사고발생일로부터 1년 경과 사고사망자, 통상 출퇴근 사망자는 제외(다만, 운수업, 음식숙박업의 사업장 외 교통사고 사망자는 포함)

📍 업종별 재해현황

(단위: 명, %, ‰, %p, ‰p)

구 분	2023년			2022년			증 감	
	근로자 수	재해자 수 (사망자)	재해율 (사망만인율)	근로자 수	재해자 수 (사망자)	재해율 (사망만인율)	재해자 수 (사망자)	재해율 (사망만인율)
총 계	20,637,107	136,796	0.66	20,173,615	130,348	0.65	6,448	0.01
		2,016	0.98		2,223	1.10	-207	-0.12
광 업	9,713	2,988	30.76	9,850	3,873	39.32	-885	-8.56
		427	439.62		453	459.90	-26	-20.28
제조업	4,006,893	32,967	0.82	3,988,609	31,554	0.79	1,413	0.03
		476	1.19		506	1.27	-30	-0.08
건설업	2,233,184	32,353	1.45	2,494,031	31,245	1.25	1,108	0.20
		486	2.18		539	2.16	-53	0.02
전기·가스 수도업	79,956	134	0.17	79,103	129	0.16	5	0.01
		3	0.38		3	0.38	0	0.00
운수·창고 통신업	1,120,705	14,937	1.33	1,071,768	12,468	1.16	2,469	0.17
		189	1.69		198	1.85	-9	-0.16
기타산업	13,186,656	53,417	0.41	12,530,254	51,079	0.41	2,338	0.00
		435	0.33		524	0.42	-89	-0.09

* 기타산업은 임업, 어업, 농업, 금융보험업, 기타의 사업임

📍 규모별 재해현황

(단위: 명, %, ‰, %p, ‰p)

구 분	2023년			2022년			증 감	
	근로자 수	재해자 수 (사망자)	재해율 (사망만인율)	근로자 수	재해자 수 (사망자)	재해율 (사망만인율)	재해자 수 (사망자)	재해율 (사망만인율)
총 계	20,637,107	136,796	0.66	20,173,615	130,348	0.65	6,448	0.01
		2,016	0.98		2,223	1.10	-207	-0.12
5인 미만	3,455,239	38,480	1.11	3,424,470	38,432	1.12	48	-0.01
		486	1.41		572	1.67	-86	-0.26
5인-49인	8,851,520	56,514	0.64	8,638,041	52,690	0.61	3,824	0.03
		755	0.85		800	0.93	-45	-0.08
50인-99인	2,130,269	10,696	0.50	2,056,397	9,958	0.48	738	0.02
		173	0.81		184	0.89	-11	-0.08
100인-299인	2,686,455	13,936	0.52	2,649,823	12,878	0.49	1,058	0.03
		264	0.98		256	0.97	8	0.01
300인-999인	1,841,218	8,443	0.46	1,796,243	8,138	0.45	305	0.01
		228	1.24		286	1.59	-58	-0.35
1,000인 이상	1,672,406	8,727	0.52	1,608,641	8,252	0.51	475	0.01
		110	0.66		125	0.78	-15	-0.12

지역(지방청)별 재해 현황

(단위: 명, %, ‰, %p, ‰p)

구 분	2023년			2022년			증 감	
	근로자 수	재해자 수 (사망자)	재해율 (사망만인율)	근로자 수	재해자 수 (사망자)	재해율 (사망만인율)	재해자 수 (사망자)	재해율 (사망만인율)
총계	20,637,107	136,796	0.66	20,173,615	130,348	0.65	6,448	0.01
		2,016	0.98		2,223	1.10	-207	-0.12
서울청	4,849,989	18,295	0.38	4,694,382	17,955	0.38	340	0.00
		199	0.41		273	0.58	-74	-0.17
중부청	6,686,266	50,379	0.75	6,593,636	48,939	0.74	1,440	0.01
		864	1.29		979	1.48	-115	-0.19
부산청	2,874,519	23,625	0.82	2,793,900	21,303	0.76	2,322	0.06
		291	1.01		271	0.97	20	0.04
대구청	1,783,359	12,647	0.71	1,749,284	12,117	0.69	530	0.02
		202	1.13		210	1.20	-8	-0.07
광주청	2,058,392	14,878	0.72	2,017,356	14,328	0.71	550	0.01
		206	1.00		215	1.07	-9	-0.07
대전청	2,384,582	16,972	0.71	2,325,057	15,706	0.68	1,266	0.03
		254	1.07		275	1.18	-21	-0.11

외국인 근로자 재해 현황

(단위: 명)

연 도	재해자	사망자
2023년	8,792	112
2022년	8,286	108
2021년	8,030	129

② 클린사업장 조성지원(유해위험요인 시설개선)

● **사업개요**
- 50인 미만 고위험 사업장의 각종 유해·위험요인을 개선하여 산업재해 및 직업병을 예방하기 위해 2001년 10월부터 추진

● **주요내용**
- 지원대상은 근로자 수 50인 미만 사업장(건설업종은 공사금액 50억 원 미만) 또는 중소기업기본법에 따른 소기업
- 지원금액은 사업장당 3,000만 원 지원(공단 판단금액의 70% 지원), 건설현장당 3,000만 원 지원 (정액으로 지원하되, 공사금액 20억 원 미만은 65%, 50억 원 미만은 50% 지원)
  ※ 고용증가 사업장, 위험성평가 인정사업장, 강소기업 선정 사업장, 고위험업종(산재보험료율 상위업종 등)은 각각 1,000만 원 추가지원(고용증가 사업장인 경우 1명당 200만 원 범위)
- 지원품목은 사망사고 고위험예방 품목 등 34종(건설업종은 시스템비계, 안전방망, 사다리형 작업발판 등 3종)

● **추진실적**

(단위: 개소, 억 원)

구 분	재 원	신 청 사업장 수	결정 사업장 수	자금지원 금액(억 원)	자금지원 사업장 수	비 고 (사업장 당 평균지원금액)
계	18,994	418,988	210,922	18,616	201,154	926만 원
2023년	1197	17,246	16,819	1,083	15,956	679만 원
2022년	1,197	14,837	14,216	1,096	13,617	805만 원
2021년	1,219	18,109	7,610	1,213	15,529	781만 원
2020년	1,683	43,061	34,454	1,683	26,635	632만 원
2019년	750	16,626	8,313	732	7,627	960만 원
2018년	666	16,078	7,948	666	6,952	959만 원
2017년	628	17,701	6,719	619	6,181	1,001만 원
2016년	754	21,761	6,379	754	6,566	1,148만 원
2015년	795	20,822	7,162	795	6,750	1,178만 원
2014년	894	18,919	7,986	894	7,581	1,179만 원
2013년	989	16,596	9,652	989	8,888	1,113만 원
2012년	720	15,109	7,916	720	7,596	947만 원
2011년	627	16,770	8,723	627	7,884	795만 원
2010년	570	8,756	5,073	521	4,882	1,067만 원
2009년	740	5,634	3,837	740	4,831	1,532만 원
2008년	1,000	32,640	10,818	1,004	9,794	1,025만 원
2007년	1,000	27,335	10,174	994	9,847	1,009만 원
2006년	1,000	20,491	7,834	1,000	9,508	1,052만 원
2005년	1,000	31,997	12,533	1,110	10,428	1,064만 원
2004년	700	15,179	6,763	563	5,236	1,075만 원
2003년	365	8,051	3,848	319	3,266	977만 원
2002년 12월~ 2001년 10월	500	15,270	6,145	494	5,600	875만 원

- 사업장 규모별 지원현황 (단위: 개소)

구분	계	5인 미만	5~10인 미만	10~30인 미만	30~50인 미만
계	201,154	89,154	54,740	47,404	9,856
2023년	15,956	6,062	4,092	4,888	914
2022년	13,617	5,687	4,577	2,915	438
2021년	15,529	5,950	4,635	4,230	714
2020년	26,635	11,033	7,102	6,998	1,502
2019년	7,627	3,199	2,482	1,683	263
2018년	6,952	3,847	2,022	936	147
2017년	6,181	3,592	1,823	681	85
2016년	6,566	3,297	2,065	974	230
2015년	6,750	3,034	2,519	999	198
2014년	7,581	4,021	2,390	964	206
2013년	8,888	4,634	2,422	1,554	278
2012년	7,596	3,471	2259	1,499	367
2011년	7,884	2,553	2,059	2,620	652
2010년	4,882	1,867	1,301	1,444	270
2009년	4,831	1,030	1,578	1,901	322
2008년	9,794	7,072	1,757	760	205
2007년	9,847	6,875	1,540	1,122	310
2006년	9,508	4,079	2,203	2,619	607
2005년	10,428	3,698	2,664	3,310	756
2004년	5,236	1,146	1,453	2,122	515
2003년	3,266	708	781	1,400	377
2002년 12월~2001년 10월	5,600	2,299	1,016	1,785	500

- 업종별 지원현황 (단위: 개소)

구분	클린(전체) 금액	클린(전체) 사업장 수*	클린인정 금액	클린인정 사업장 수	추락방지 금액	추락방지 사업장 수	고위험개선 금액	고위험개선 사업장 수
계	1,861,896	201,154	1,240,346	116,878	377,926	36,838	243,624	47,512
2023년	108,348	15,956	-	-	54,269	4,943	54,079	11,013
2022년	109,640	13,617	-	-	78,005	7,332	31,635	6,285
2021년	121,304	15,529	12,214	1,186	62,214	5,515	46,876	8,828
2020년	168,257	26,635	20,755	2,087	55,567	5,010	91,935	19,538
2019년	73,274	7,627	29,297	2,988	39,040	3,934	4,937	775
2018년	66,640	6,952	39,193	3,859	25,205	2,755	2,242	339
2017년	61,877	6,181	39,514	3,458	19,536	2,380	2,827	346
2016년	75,400	6,566	54,085	4,464	17,246	1,815	4,069	287
2015년	79,500	6,750	59,644	4,860	16,446	1,796	3,410	94
2014년	89,400	7,581	79,310	6,527	8,476	1,047	1,614	7
2013년	98,899	8,888	96,977	8,577	1,922	311		
2012년	72,000	7,596	72,000	7,596				
2011년	62,725	7,884	62,725	7,884				
2010년	52,098	4,882	52,098	4,882				
2009년	74,000	4,831	74,000	4,831				
2008년	100,448	9,794	100,448	9,794				
2007년	99,427	9,847	99,427	9,847				
2006년	100,000	9,508	100,000	9,508				
2005년	111,046	10,428	111,046	10,428				
2004년	56,266	5,236	56,266	5,236				
2003년	31,904	3,266	31,904	3,266				
2002년 12월~2001년 10월	49,443	5,600	49,443	5,600				

※ 사업 동시 진행에 따라 각 사업별 지원사업장 수 합계와 총 지원사업장 수 차이 발생

③ 클린사업장 조성지원(안전투자혁신사업)

♦ 사업개요
- 중소사업장에 대한 노후·위험공정 개선 지원을 통해 근원적 안전성을 확보하고 원·하청간 안전관리 수준 격차 완화 등을 통한 산업재해 예방분야 노동시장 이중구조를 개선하여 산재예방효과 제고

♦ 주요내용
- 지원대상: 산업재해보상보험에 가입한 상시근로자 50인 미만인 사업장의 사업주 또는 중소기업기본법에 따른 소기업 및 중소기업기본법에 따른 중소기업(원하청 상생 지원분야에 한함)
- 지원금액: 동일 사업주에 대해 최대 1억 원(격차완화) 또는 0.8억 원(상생지원) 한도 내에서 공단 판단금액의 50~40% 지원
- 지원내용: 뿌리공정* 또는 고위험 6대** 제조업종 사업장 및 원청(대기업 등)에서 매칭지원 또는 상생관련 기금 연계지원 등을 통해 지원받은 제조업인 사외하청·중소기업 사업장의 위험성이 높은 제조공정 개선에 필요한 기계·설비 등
    * 주조, 소성가공, 표면처리
    ** 기계기구·금속·비금속광물제품제조업(218), 화학및고무제품제조업(209), 식료품제조업(229), 수제품및기타제품제조업(229), 목재및종이제품제조업(204), 금속제련업(219)
- 지원절차: 참여신청 → 예비선정 → 서류·현장평가 → 보조지원 결정심사 → 선금 지급 → 공정개선 → 투자완료 확인 → 보조금 지급 → 사후관리

♦ 추진실적

(단위: 억 원, 대·개소)

구 분	지원분야	지원목표		결정		지급	
		재원	사업장 수	금액	사업장 수	금액	사업장 수
계	-	9,741	15,999	10,297.3	13,486	8,959.6	12,210
2023년	위험기계교체	970	2,081	609	1,131	729.2	1,347
	위험공정개선	2,229	2,229	2,260.7	2,432	2,234.2	2,581
2022년	위험기계교체	1,762	4,348	1,239.3	2,141	968.4	1,716
	위험공정개선	1,509	1,509	2,597.2	2,978	2,302.5	2,812
2021년	위험기계교체	2,350	4,911	2600.2	3,500	2,014.5	2,770
	위험공정개선	921	921	990.9	1,304	710.8	984

④ 클린사업장 조성지원(스마트 안전장비 보급·확산)

◉ 사업개요

- 재정·기술적 능력이 취약한 50인 미만 사업장을 대상으로 사고사망 감축을 위하여 신기술이 적용되어 재해예방효과가 확인된 스마트 안전장비의 보급·확산

◉ 주요내용

- 지원대상: 산업재해보상보험에 가입한 상시근로자 50인 미만인 사업장의 사업주 또는 중소기업기본법에 따른 소기업
- 지원금액: 사업장당 최대 3,000만 원 지원(공단 판단금액의 80% 지원)
- 지원품목: 인공지능(AI)기반 인체감지시스템 등 31개 품목

구 분	지원 품목
안전 (25종)	인공지능(AI)기반 인체감지시스템(2종), 고위험 기계설비 스마트 통합안전시스템(2종)
	이동형 위험설비 스마트 접근경보장치, 고소작업대 스마트 안전장치
	인공지능(AI) 스마트 크레인 충돌방지장치, 옵션: 흔들림 방지장치(2종)
	차량계 건설기계 및 하역운반기계 스마트 안전장치(4종), 스마트 안전장치 전동지게차(관리품목)
	이동식 크레인 스마트 통합전도방지시스템, 차량탑재형 고소작업대 스마트 통합전도방지시스템
	이삿짐 운반용 리프트 스마트 통합전도방지시스템, 화학사고예방 통합모니터링시스템(6종)
	전기안전 모니터링 시스템(2종), 이륜차 운전자 착용형 충돌보호 에어백조끼
보건 (6종)	스마트 밀폐공간 질식재해 예방장비, 근력보조슈트, 유해물질 통합안전관리시스템
	인간공학적 중량물 운반 보조장치, 스마트 안전보건 개인보호구 2종(방진마스크, 귀마개 등)

◉ 추진실적

(단위: 억 원, 대·개소)

구 분	지원목표		결정		지급	
	재원	사업장 수	금액	사업장 수	금액	사업장 수
2023년	250.0	960	370.8	3,616	125.7	1,132

클린사업장 조성지원(건강일터 조성지원)

♥ 사업개요
- 유해인자의 근로자 노출 방지를 위한 공학적 대책인 국소배기장치 등 환기장치 설치비용을 지원하여 급성중독 등 직업성 질환 예방

♥ 주요내용
- 지원대상: 가스, 증기, 미스트, 흄 분진 등으로 인한 건강장해 예방을 위해 밀폐설비나 국소배기장치 등 공학적 조치가 필요한 사업장
- 지원금액: 허가대상·관리대상 유해물질, 분진 등 취급사업장 최대 5,000만 원, 조리 부산물 최대 2,500만 원 지원(50인 미만은 설치비용 70%, 50인 이상은 50%)
- 지원품목: 인공지능(AI)기반 인체감지시스템 등 31개 품목

♥ 추진실적
(단위: 억 원, 대·개소)

구 분	지원목표		결정		지급	
	재원	사업장 수	금액	사업장 수	금액	사업장 수
2023년	381	6,961	498	2,189	369	1,734

산재예방시설자금 융자

◉ 사업 개요
- 사업장의 안전·보건시설 개선을 위하여 재해예방 시설 개선에 소요되는 자금을 장기저리로 융자하여 산재예방 및 작업환경개선에 기여

◉ 주요내용
- 지원대상: 근로자를 고용하고 산업재해보상보험에 가입한 사업 또는 사업장의 사업주
- 지원금액: 사업장당 10억 원 한도 내에서 소요자금의 100%를 지원하며, 연리 1.5%, 3년 거치 7년 분할상환 조건으로 지원
- 지원대상품목: 「산업안전보건기준에 관한 규칙」에 따라 사업주가 안전 또는 보건상의 조치를 이행하는데 필요한 산재예방 시설 및 장비 등
- 지원절차: 융자지원 신청 → 투자계획 확인 → 심사 및 지급 대상자 결정 → 시설 투자 → 투자 완료 확인 → 융자금 지급(은행) → 사후관리

◉ 추진실적

구분	재원(백만 원)	신청		결정		지급	
		신청 금액 (백만 원)	사업장 수 (개소)	결정 금액 (백만 원)	사업장 수 (개소)	지급 금액 (백만 원)	사업장 수 (개소)
계	3,149,895	4,153,927	32,546	3,831,425	31,585	2,959,078	24,411
2023년	356,328	449,396	2,979	403,378	2,624	356,327	2,540
2022년	356,328	475,476	3,305	456,366	3,267	356,327	2,691
2021년	322,758	445,122	3,261	431,652	3,248	319,050	2,525
2020년	102,758	162,577	1,145	156,694	1,137	102,758	840
2019년	106,654	161,744	874	149,869	848	106,654	662
2018년	122,794	172,166	941	166,022	941	122,758	723
2017년	166,276	243,612	1,246	222,251	1,216	166,054	950
2016년	176,350	244,330	1,354	185,802	1,068	174,531	1,055
2015년	175,000	232,720	1,131	217,298	1,082	175,000	936
2014년	100,160	133,883	960	128,084	958	100,160	769
2013년	90,160	112,782	1,055	104,237	1,038	86,332	815
2012년	89,067	114,410	949	107,679	949	89,066	861
2011년	98,963	133,630	1,257	119,363	1,236	93,811	954
2010년	83,034	120,657	1,051	107,659	1,051	76,188	712
2009년	86,163	121,755	962	108,601	961	79,646	728
2008년	95,000	138,886	1,168	126,452	1,168	88,399	826
2007년	105,064	134,467	1,187	125,595	1,187	93,978	885
2006년	95,461	81,376	817	74,966	817	88,107	948
2005년	80,000	137,936	1,803	129,410	1,803	79,999	1,040
2004년	83,284	132,257	1,855	117,925	1,855	76,257	980
2003년	134,028	115,266	1,629	109,272	1,591	62,698	940
2002년	124,265	89,479	1,617	82,850	1,540	64,978	1,031

7 안전·보건관리 기술지원 사업

가. 사고성 재해 집중관리

○ 사업개요
- 소규모 사업장에 안전보건공단, 민간재해예방기관의 안전관리 기술지원 등을 제공

○ 주요내용
- 사고사망자 다발 고위험요인 보유사업장에 안전공단이 위험요인 개선 등 관련 기술지도
- 안전관리자 선임 의무가 없는 소규모 사업장을 대상으로 민간재해예방전문기관을 통해 사고 발생 위험요인 개선 등 관련 기술지원을 제공하여 자율안전관리체제 구축 유도

○ 추진실적
- 안전보건공단 기술지도 72,069개소
  - 건설업 25,279개소, 제조업 34,877개소, 기타업종 11,913개소
- 민간재해예방전문기관 기술지원 212,291개소
  - 건설업 128,332개소, 제조업 56,036개소, 서비스업 27,923개소

나. 유해·위험방지계획서 심사 및 확인

○ 제조업 등

- 사업 개요
  - 생산설비 등을 설치·이전하는 대상업종 사업장 또는 대상설비를 설치·이전하려는 사업장 등에 대해 해당작업 시작 전 유해·위험방지계획서를 작성, 제출하게 함으로써 해당 설비 등으로 발생할 수 있는 유해·위험요인을 사전에 제거하여 안전성 확보

- 제출 대상

대상업종(전기 계약용량 300kW 이상)	대상설비
1. 금속가공제품(기계 및 가구 제외) 제조업(25***) 2. 비금속 광물제조업(23***) 3. 기타 기계 및 장비 제조업(29***) 4. 자동차 및 트레일러 제조업(30***) 5. 식료품 제조업(10***) 6. 고무제품 및 플라스틱제품 제조업(22***) 7. 목재 및 나무제품 제조업(16***) 8. 기타 제품 제조업(33***) 9. 1차 금속 제조업(24***) 10. 가구 제조업(32***) 11. 화학물질 및 화학제품 제조업(20***) 12. 반도체 제조업(261**) 13. 전자부품 제조업(262**)	1. 용해로(용량 3톤 이상) 2. 화학설비 3. 건조설비 4. 가스집합용접장치 5. 허가·관리대상 유해물질 및 분진작업 관련 설비

※ 세부내용은 제조업 유해·위험방지계획서 제출·심사·확인에 관한 고시(제2020-29호)에 따름

- 주요절차
    - 유해·위험방지계획서 제출 대상인 기계·기구 및 설비 등을 설치·이전 하거나 그 주요 구조부분을 변경하려는 사업주는 해당 작업을 시작하기 15일 전까지 산업안전보건공단에 유해·위험방지계획서를 제출하고 심사 및 확인을 받아야 함
    - 공단은 유해·위험방지계획서를 접수하고, 15일 이내에 사업주와 지방고용노동관서에 그 심사결과를 통보하며, 심사결과가 부적정인 경우 지방고용노동관서는 공사착공 중지명령 등의 조치를 하고, 사업주에게 계획서 보완·변경 제출 등을 하도록 하고 있음

건설업

- 사업 개요
    - 특정 공정을 가진 건설현장에 대해 착공 전 유해·위험방지계획서를 작성, 제출하게 함으로써 해당 공종 등으로 발생할 수 있는 유해·위험요인을 사전에 제거하여 안전성 확보

- 제출 대상

건축물 또는 시설 공사	그 외 공사

1. 지상높이 31미터 이상인 건축물 또는 인공구조물
2. 연면적 3만제곱미터 이상인 건축물
3. 연면적 5만제곱미터 이상인 시설로서 다음 어느 하나에 해당하는 시설
  1) 문화집회시설(전시장, 동물원,식물원 제외)
  2) 판매시설, 운수시설(고속철도 역사, 집배송시설 제외)
  3) 종교시설
  4) 의료시설 중 종합병원
  5) 숙박시설 중 관광숙박시설
  6) 지하도상가
  7) 냉동·냉장 창고시설
	1. 연면적 5천제곱미터 이상인 냉동·냉장 창고시설의 설비공사 및 단열공사
	2. 최대 지간길이(다리의 기둥과 기둥의 중심사이의 거리)가 50m 이상인 다리의 건설등 공사
	3. 터널의 건설등 공사
	4. 다목적댐, 발전용댐, 저수용량 2천만톤 이상의 용수 전용 댐 및 지방상수도 전용 댐의 건설등 공사
	5. 깊이 10m 이상인 굴착공사

  * 세부내용은 건설업 유해·위험방지계획서 심사·확인업무 처리에 관한 규칙(공단 내규) 등에 따름

- 유해위험방지계획서의 심사 및 확인
    1) 심사
        - (내용) 작업공종별 위험성평가(Risk Assessment) 기반 안전대책 수립의 적정성, 흙막이 지보공 및 거푸집 동바리 등 주요 가설공사에 대해 실효성 확보여부
        - (방법) 신기술·신공법 또는 붕괴·도괴, 화재·폭발 등 대형재해 위험이 있는 경우 심사 시 가능한 외부전문가를 자문위원으로 적극 활용, 공사금액 3,000억 원 이상의 대형공사 현장에 대해서는 심사위원 2명 이상으로 심사반 구성 심사
    2) 확인
        - (내용) 흙막이지보공, 거푸집동바리 설치 등 유해·위험방지계획서의 내용과 실제공사 내용의 부합 여부, 계획서 변경내용의 적정성 및 추가적인 유해·위험요인의 존재 여부 등에 대하여 확인
        - (방법) 법 규정에 의거 6월에 1회 이상 확인 실시, 향후 위험공정에 대한 안전대책 제시로 사전 위험요인 제거

추진실적

〈제조업 등〉   (단위: 건)

구분	'11년	'12년	'13년	'14년	'15년	'16년	'17년	'18년	'19년	'20년	'21년	'22년	'23년
심사	612	759	1,692	2,797	3,251	3,371	3,638	3,482	3,276	3,587	4,419	3,893	3,653
확인	611	899	1,898	3,252	3,936	4,162	4,964	4,871	4,704	5,065	6,300	5,459	5,162

〈건설업〉   (단위: 개소)

구분	'11년	'12년	'13년	'14년	'15년	'16년	'17년	'18년	'19년	'20년	'21년	'22년	'23년
심사	2,753	2,607	2,661	3,196	4,019	4,547	4,510	4,124	3,701	3,703	3,968	3,961	2,632
확인	7,326	7,603	8,165	8,775	10,378	11,174	11,195	13,263	17,091	15,468	16,447	17,757	17,373

다. 초소규모 건설현장 재해예방 기술지원(국고지원)

사업개요

- 안전관리자 선임 의무 및 재해예방 기술지도 의무가 없는 공사금액 1억 원 미만 건설현장에서는 단순 반복사고가 다발하고 있어 민간재해예방기관(재해예방전문지도기관 등)을 활용한 종합적인 안전·보건 기술지원을 통해 자율안전관리 능력 제고

주요 내용

- (지원내용) 소규모현장에서 쉽고 간편하게 위험요인을 발굴·평가할 수 있도록 현장 규모 특성에 맞는 12가지 핵심 위험요인 중심 체크리스트, OPS (One Point Sheet) 방식으로 지원
    * (12가지 핵심 위험요인) ① 지붕, ② 트럭, ③ 고소작업대, ④ 단부·개구부, ⑤ 사다리, ⑥ 굴착기, ⑦ 달비계, ⑧ 이동식비계, ⑨ 비계·발판, ⑩ 철골, ⑪ 사면·암반, ⑫ 이동식크레인
- (지원대상 1: 현장) 7개 고위험작업·현장
    - 고용부·공단에서 필요하다고 인정하거나, 건설공사발주자가 신청하여 공단에서 인정한 현장도 지도 대상에 포함

    > 〈7개 고위험 현장〉 ① 공장, ② 축사시설, ③ 주택, ④ 근생시설, ⑤ 창고시설, ⑥ 아파트, ⑦ 토목공사
    > 〈7개 고위험 작업〉 ① 지붕 개·보수, ② 외부도장, ③ 철거·해체, ④ 리모델링, ⑤ 인테리어, ⑥ 옥상방수, ⑦ 관로설치

- (지원대상 2: 본사) 지붕공사업종 등록 전문건설업체 본사
    - 본사 지원 물량(886개소, '23.12월) 전부를 지붕공사 업체에 집중하고, 해당 업체가 시공하는 공사금액 1억 원 미만 지붕공사 현장도 추가지원
- (지원물량) 14만 회(목표 사업장 수: 12만 개소)

◉ 추진실적

(단위: 개소)

구 분		'07년~'11년	'12년	'13년	'14년	'15년	'16년	'17년	'18년	'19년	'20년	'21년	'22년	'23년
실적	전체	68,688	150,387	150,366	152,674	58,201	59,061	56,814	60,675	60,161	50,765	50,113	112,792	128,332
	본사	3,095	-	12,818	30,607	15,220	12,334	11,503	13,745	9,308	10,361	10,541	1,882	886
	현장	65,593	150,387	137,548	122,067	42,981	46,727	45,311	46,930	50,853	40,404	39,572	110,910	127,446

라. 건설현장 취약시기 안전관리

◉ 개 요

- 건설업은 주로 옥외에서 작업이 이루어져 계절적·기상적 요인에 영향을 상대적으로 많이 받는 업종으로 시기별 위험성이 증대되는 취약요인에 대해 체계적으로 관리

◉ 주요 내용

- 취약시기 개념 및 위험요인

취약시기	개념 및 위험요인
해빙기	2월 말에서 4월 초, 최고기온이 영상으로 오르며 얼음이 녹아 풀리는 시기 (지면 동결·융해에 따른 절·성토, 흙막이지보공 등 붕괴위험)
장마철	6월 중순에서 7월 하순, 동아시아에서 습한 공기가 전선을 형성하여 남북으로 오르내리면서 많은 비를 내리는 시기(우수 침투로 인한 굴착면 무너짐, 집중호우로 인한 침수, 습한 환경으로 인한 감전 등 위험)
동절기	12월에서 2월 말, 최고기온이 영하로 떨어지는 겨울철 기간을 의미(난방, 절연기구 사용으로 인한 화재, 석탄연료 사용 콘크리트양생으로 인한 중독·질식, 한파로 인한 한랭질환 등 위험)

- (안전보건길잡이) 각 취약시기에 맞춰 기상정보, 위험요인, 사고사례, 안전보건대책, 자율안전보건 점검표 등을 담은 안전보건길잡이 및 OPS(One Point Sheet)를 제작하여 배포

- (취약시기 관리감독) 각 취약시기에 실시하는 점검·감독 시 주요 위험요인에 대한 안전수칙 준수여부 확인 및 안전주의 당부

8 위험기계 등의 안전인증·안전검사제도

◉ 안전인증/안전검사제도 개요

- **안전인증**: 안전인증 대상품의 안전성능과 제조(수입)자의 기술능력 및 생산체계를 안전 인증기관이 종합적으로 심사하여 적합할 경우 안전인증표시(KCs) 사용
- **자율안전확인신고**: 자율안전확인신고 대상품의 안전에 관한 성능이 안전기준에 적합함을 제조(수입)자가 스스로 확인하여 고용노동부장관에게 신고하고 안전인증표시(KCs) 사용
- **안전검사**: 안전검사기관이 안전검사대상품의 안전에 관한 성능이 사용단계에서 적합하게 유지되는지를 주기적으로 검사
- **자율검사프로그램인정**: 안전검사 대상품을 사용하는 사업주가 검사프로그램을 수립하여 고용노동부장관의 인정을 받아 자율적으로 검사를 실시하는 경우 안전검사 면제

◉ 안전인증/안전검사 대상품

구 분	대 상 품
안전인증	• 위험기계기구[9종] 프레스, 전단기 및 절곡기, 크레인, 리프트, 압력용기, 롤러기, 사출성형기, 고소작업대, 곤돌라 • 방호장치[9종] 프레스 및 전단기 방호장치, 양중기용 과부하방지장치, 보일러 압력방출용 안전밸브, 압력용기 압력방출용 안전밸브, 압력용기 압력방출용 파열판, 절연용 방호구 및 활선 작업용 기구, 방폭구조 전기기계기구 및 부품, 가설기자재, 산업용 로봇 방호장치 • 보호구[12종] 추락 및 감전위험방지용 안전모, 안전화, 안전장갑, 방진마스크, 방독마스크, 송기 마스크, 전동식 호흡보호구, 보호복, 안전대, 차량 및 비산물 위험방지용 보안경, 용접용 보안면, 방음용 귀마개 또는 귀덮개
자율안전 확인신고	• 위험기계기구[10종] 연삭기 또는 연마기, 산업용 로봇, 혼합기, 파쇄기 또는 분쇄기, 식품가공용 기계, 컨베이어, 자동차정비용 리프트, 공작기계, 고정형 목재가공용 기계, 인쇄기 • 방호장치[7종] 아세틸렌 용접장치용 또는 가스집합 용접장치용 안전기, 교류아크 용접기용 자동 전격방지기, 롤러기 급정지장치, 연삭기 덮개, 목재가공용 둥근톱 반발 예방장치와 날접촉 예방장치, 동력식 수동대패용 칼날 접촉방지장치, 가설기자재(안전인증 대상 제외) • 보호구[3종] 안전모(안전인증대상 제외), 보안경(안전인증대상 제외), 보안면(안전인증대상 제외)
안전검사· 자율검사 프로그램인정	• 위험기계기구[13종] 프레스, 전단기, 크레인, 리프트, 압력용기, 곤돌라, 국소배기장치, 원심기, 롤러기, 사출성형기, 고소작업대, 컨베이어, 산업용 로봇

📍 **처리절차**

[안전인증] 신청(제조자) → 서면심사 → 기술능력 및 생산체계심사 → 제품심사 → 안전인증서 발급

[자율안전확인신고] 자율안전확인 신고(제조자) → 자율안전확인 신고증명서 발급

[안전검사] 신청(사용자) → 안전검사 → 안전검사 합격증명서 발급

[자율검사프로그램인정] 신청(사용자) → 서류검토 → 현장확인 → 자율검사프로그램인정서 발급

📍 **안전인증 심사종류별 및 내용**

- 서면심사: 안전인증 대상품의 설계도면 및 기술문서가 안전인증기준에 적합한지 여부에 대한 심사
- 기술능력 및 생산체계심사: 형식별 제품심사 대상품의 안전성능을 지속적으로 유지·보증하기 위해 제조사업장에서 갖추어야 할 기술능력과 생산체계가 안전인증기준에 적합한지 여부에 대한 심사(제품 형식별 실시)
- 제품심사: 제품의 안전에 관한 성능이 안전인증기준에 적합한지에 대한 심사
    - 개별 제품심사: 모든 개별제품에 대해 실시하는 심사(크레인, 리프트, 압력용기, 곤돌라)
    - 형식별 제품심사: 제품의 형식별로 최초 완성품에 대해 실시하는 심사(프레스, 전단기, 호이스트 및 차량탑재용 크레인, 롤러기, 이삿짐 운반용 리프트, 사출성형기, 고소작업대, 방호장치, 보호구)

📍 **안전인증/안전검사 수행기관**

구 분		수 행 기 관
안전인증	위험기계기구	한국산업안전보건공단(전 품목), 대한산업안전협회(크레인, 리프트, 고소작업대, 곤돌라), 한국승강기안전공단(크레인, 리프트, 고소작업대, 곤돌라)
	방호장치	한국산업안전보건공단(전 품목), 한국산업기술시험원 및 한국가스안전공사 (방폭 전기 기계·기구)
	보호구	한국산업안전보건공단
자율안전확인신고		한국산업안전보건공단
안전검사		한국산업안전보건공단, 한국승강기안전공단, 대한산업안전협회, 한국안전기술협회
자율검사프로그램인정		한국산업안전보건공단

관련법령

구 분	법적근거	벌 칙
안전인증	산업안전보건법 제84조	산업안전보건법 제169조 (3년 이하의 징역 또는 3천만 원 이하의 벌금)
자율안전확인신고	산업안전보건법 제92조	산업안전보건법 제170조 (1년 이하의 징역 또는 1천만 원 이하의 벌금)
안전검사	산업안전보건법 제93조	산업안전보건법 제175조 (1천만 원 이하의 과태료)
자율검사프로그램인정	산업안전보건법 제98조	산업안전보건법 제175조 (1천만 원 이하의 과태료)

안전인증/안전검사 2023년 실적

(단위: 건)

구 분		계	위험기계·기구	방호장치·보호구
합계		489,428	481,665	7,763
안전인증	소계	88,991	81,228	7,763
	서면심사	19,859	15,906	3,953
	기술능력 및 생산체계심사	175	8	167
	제품심사	68,957	65,314	3,643
안전검사		400,437	400,437	-

위험기계·기구 안전인증 2023년 실적

(단위: 건)

구 분	합계	적합	부적합	부적합률(%)
계	81,228	80,253	975	1.20
프레스	737	701	36	4.88
전단기	620	600	20	3.23
절곡기	753	728	25	3.32
크레인	23,011	22,825	186	0.81
리프트	11,822	11,679	143	1.21
압력용기	35,333	34,916	417	1.18
롤러기	46	44	2	4.35
사출성형기	703	658	45	6.40
고소작업대	3,422	3,331	91	2.66
곤돌라	4,781	4,771	10	0.21

📍 방호장치·보호구 안전인증 2023년 실적

(단위: 건)

구 분	합 계	적 합	부적합	부적합률(%)
계	7,763	7,296	467	6.02
방호장치	1,323	1,172	151	11.41
방폭기기	4,378	4,263	115	2.63
보호구	2,062	1,861	201	9.75

📍 위험기계·기구 안전검사 2023년 실적

(단위: 건)

구 분	합 계	합 격	불합격	불합격률(%)
계	400,437	392,980	7,457	1.86
프레스	35,569	34,894	675	1.90
전단기	4,089	4,026	63	1.54
크레인	120,087	116,251	3,836	3.19
리프트	18,993	18,432	561	2.95
압력용기	124,909	124,150	759	0.61
곤돌라	2,917	2,893	24	0.82
국소배기장치	808	798	10	1.24
원심기	1,410	1,374	36	2.55
롤러기	1,418	1,387	31	2.19
사출성형기	20,829	20,720	109	0.52
고소작업대	9,107	8,836	271	2.98
컨베이어	41,934	41,385	549	1.31
산업용 로봇	18,367	17,834	533	2.90

9 건설업체 사고사망만인율 산정

♥ 개 요

- 건설업체에서 발생한 사고성 사망재해자를 기초로 사고사망만인율을 산정하여 입찰참가자격사전심사 등 공공발주 건설공사 입·낙찰자 선정심사시 가·감점 부여, 지도·감독 면제 및 강화로 사업주의 안전의식을 고취하고 기업 자율의 재해예방 활동 활성화

♥ 사고사망만인율 산정 기준

- 업체별 사고사망자 수와 공사실적액을 근거로 사고사망만인율 산출

  - 사고사망만인율(‰) = (사고사망자 수/상시근로자 수) × 10,000
  - 사고사망자 수 = 산정대상 연도 기간 동안 해당 업체가 시공하는 국내의 건설 현장(자체사업 건설현장 포함)에서 사고사망재해를 입은 근로자 수 합산
  - 상시근로자 수 = (연간 국내공사 실적액 × 노무비율) / (건설업 월 평균임금 × 12)

♥ 건설업체 사고사망자 발생현황 확인서 발급

- 종합건설업체를 대상으로 발급하던 사고사망자 발생현황 확인서를 전문건설업체까지 확대
  - (제공정보) 건설업체 사고사망자 수 및 사고사망만인율, 동종(종합 또는 전문) 건설업 평균 사고사망만인율, 국내공사 실적액 등
  - (발급방법) 안전보건공단 '건설안전 평가지표 홈페이지'(const.kosha.or.kr) 접속 및 온라인 발급

♥ 활 용

- 건설업체 3년간 가중평균 사고사망만인율 결과에 따라 입찰참가자격사전심사(PQ), 적격심사 및 종합심사낙찰제 입·낙찰 시 심사항목 가·감점(-1 ~ +2) 반영

  (1) 입찰참가자격사전심사(PQ) 배점 (-1 ~ +2)
  (2) 적격심사 배점 (-1 ~ +2)
  (3) 종합심사낙찰제 배점 (-0.8 ~ +0.8)

- 사고사망만인율 산정 결과에 따라 종합건설업체 실적액 감액 등

- 건설공사 계약 전 건설공사발주자 또는 원도급사가 계약하고자 하는 수급인 안전관리 적격여부 확인에 활용 등

⑩ 공정안전관리(PSM)제도

○ 개 요

- 화학공장의 화재·폭발·누출 등 중대산업사고를 예방하기 위해 노·사가 공정안전 보고서를 작성하여 심사·확인을 받고, 그 내용을 이행토록 하는 제도

▷ PSM 대상 사업장 수

('23년 말 현재, 단위: 개소)

적용구분 센터별	총계	7개 화학업종								유해위험물질30) (규정량 이상)
		소계	원유 정제	석유 정제	석유 기초/ 합성 수지	질소 인산	복합 비료	농약 제조	화약 불꽃	
계	2,214	217	24	35	138	1	2	4	13	1,997
수도권센터	616	22	1	3	13	-	-	1	4	594
경남권센터	445	87	13	13	55	1	1	1	3	358
경북권센터	262	9	-	1	8	-	-	-	-	253
전남권센터	224	58	6	9	39	-	1	1	2	166
전북권센터	163	14	-	5	9	-	-	-	-	149
충남권센터	303	24	4	4	13	-	-	1	2	279
충북권센터	201	3	-	-	1	-	-	-	2	198

※ 중대산업사고발생건 수 : 18건('03년) → 11건('04년) → 5건('05년) → 3건('06년) → 4건('07년) → 6건('08년) → 4건('09년) → 5건('10년) → 3건('11년) → 4건('12년) → 5건('13년) → 11건('14년) → 11건('15년) → 11건('16년) → 4건('17년) → 12건('18년) → 12건('19년) → 15건('20년) → 14건('21년) → 19건('22년) → 10건('23년)

○ PSM 사업장 차등관리 개요

- 2001년 1월 공정안전보고서 이행분위기 확산을 위해 시행
  - PSM심사 완료 업체의 공정안전보고서 이행수준을 평가하여 등급을 부여하고 차등관리

- P(우수) 등급은 등급 부여 후 1회 / 4년 점검

- S(양호) 등급은 등급 부여 후 1회 / 2년 점검

- M+(보통) 등급은 1회 / 2년 이행상태점검 및 기술지도

- M-(불량) 등급은 1회 / 1년 이행상태점검 및 1회 / 2년 기술지도

  ※ 2007년 1월 1일부터 M등급을 M+, M-등급으로 분류하여 총 4개 등급(P, S, M+, M-)으로 적용
  ※ 평가등급 : P등급(90점 이상), S등급(80~90점 미만), M+등급(70~80점 미만), M-등급(70점 미만)

---

30) PSM대상 유해위험물질명: 인화성가스, 인화성액체, 메틸이소시아네이트, 포스겐, 아크릴로니트릴, 암모니아, 염소, 이산화황, 삼산화황, 이황화탄소, 시안화수소, 불화수소, 염화수소, 황화수소, 질산암모늄, 니트로글리세린, 트리니트로톨루엔, 수소, 산화에틸렌, 포스핀, 실란(Silane) 등 51종

PSM 대상 사업장 등급분류 현황

('23년 말 현재)

등급별 사업장수	계	P등급	S등급	M등급			등급 미부여
				소계	M+등급	M-등급	
개소	2,214	109	773	1047	897	150	285

공정안전보고서 이행상태 평가

① 신규평가: 공정안전보고서 심사 완료 후 최초 평가
② 재 평 가: 등급조정을 목적으로 사업주가 요청시 또는 중대산업사고 발생 등의 경우
③ 정기평가: 매 4년마다 정기적인 평가

연도별 차등관리 사업장 수 변화

(단위: 개소)

연도별 등급별	'11년	'12년	'13년	'14년	'15년	'16년	'17년	'18년	'19년	'20년	'21년	'22년	'23년
계	904	941	1,026	1,066	1,148	1,376	1,717	1,831	1,956	2,048	2,145	2,163	2,214
P	116 (12.8%)	123 (13.1%)	116 (11.3%)	102 (9.6%)	104 (9.1%)	103 (7.5%)	110 (6.4%)	95 (5.2%)	80 (4.1%)	86 (4.2%)	86 (4%)	85 (4.3%)	109 (4.9%)
S	386 (42.7%)	392 (41.7%)	381 (37.1%)	395 (37.1%)	487 (42.4%)	532 (38.7%)	579 (33.7%)	605 (33.4%)	625 (31.9%)	690 (33.7%)	697 (32.5%)	713 (34.1%)	773 (34.9%)
M (M+,M-)	402 (44.5%)	426 (45.3%)	529 (51.6%)	569 (53.4%)	557 (48.5%)	741 (53.8%)	1,028 (59.9%)	1,131 (61.8%)	1,251 (64.0%)	1,272 (62.1%)	1,031 (48.1%)	1,071 (47.3%)	1,047 (47.3%)

사업장 관리 강화대책

- M등급 사업장(특히 M-등급의 경우)의 등급상승 노력을 촉진하기 위해 연간 집중 지도·점검, PSM 관계자 교육, 안전공단 기술지도 집중실시

- PSM 사업장에 대한 법 집행 및 기술지원체제 강화를 위해 주요 화학공단지역에 7개 「중대 산업사고 예방센터」를 설치·운영

- PSM 사업장의 개·보수작업 등 사고위험 징후를 분기별로 수집·분석하여 기술지도 및 감독·지도하는 위험경보제·돌발위험경보제를 실시('14.8월~)·운영

작업환경측정 실시 현황(2022년)

(단위: 개소)

구 분	측정 실시 사업장	노출기준 초과 사업장	유해인자별 초과									
			소음	분진	유기	산알칼리	금속	허가	고열	가공유	가스상	기타
계	79,530	8,148	171	176	5	59	0	58	5	3	42	42
상반기	62,952	6,463	6,316	107	121	1	34	0	32	4	2	30
하반기	58,747	6,666	6,539	121	84	4	39	0	30	1	1	24

* 계: 실 사업장 기준

⑫ 건강진단의 종류 및 실적(특수·임시건강진단)

● 근로자 건강진단 실시결과 종합

구 분			전체	요관찰자				유소견자			
				소계	일반질병 (C2)	야간작업 (CN)	직업병 (C1)	소계	일반질병 (D2)	야간작업 (DN)	직업병 (D1)
전체	발생자 (명, %)	2022년	1,320,846	998,083	386,189	445,653	166,241	322,763	66,393	233,022	23,348
			(100.0)	(75.6)	(29.2)	(33.7)	(12.6)	(24.4)	(5.0)	(17.6)	(1.8)
		2021년	1,178,040	895,189	325,807	425,786	143,596	282,851	59,213	207,164	16,474
			(100.0)	(76.0)	(27.7)	(36.1)	(12.2)	(24.0)	(5.0)	(17.6)	(1.4)
		증감	142,806	102,894	60,382	19,867	22,645	39,912	7,180	25,858	6,874
		증감률(%)	12.1	11.5	18.5	4.7	15.8	14.1	12.1	12.5	41.7
특수 건강 진단	발생자 (명, %)	2022년	1,320,694	997,980	386,124	445,652	166,204	322,714	66,381	233,020	23,313
			(100.0)	(75.6)	(29.2)	(33.7)	(12.6)	(24.4)	(5.0)	(17.6)	(1.8)
		2021년	1,177,852	895,058	325,797	425,786	143,475	282,794	59,202	207,164	16,428
			(100.0)	(76.0)	(27.7)	(36.1)	(12.2)	(24.0)	(5.0)	(17.6)	(1.4)
		증감	142,842	102,922	60,327	19,866	22,729	39,920	7,179	25,856	6,885
		증감률(%)	12.1	11.5	18.5	4.7	15.8	14.1	12.1	12.5	41.9
임시 건강 진단	발생자 (명, %)	2022년	152	103	65	1	37	49	12	2	35
			(100.0)	(67.8)	(42.8)	(0.7)	(24.3)	(32.2)	(7.9)	(1.3)	(23.0)
		2021년	188	131	10	-	121	57	11	-	46
			(100.0)	(73.6)	(5.6)	-	(68.0)	(26.4)	(6.2)	-	(25.8)
		증감	▽36	▽28	55	1	▽84	▽8	1	2	▽11
		증감률(%)	▽19.1	▽21.4	550.0	100	▽69.4	▽14.0	9.1	200	▽23.9

* (야간작업 건강관리구분 판정) 야간작업에 의한 건강영향은 직업병과 달리 '개인적 요인'과 '업무상 요인'이 함께 작용하여 발병하므로 직업병(C1, D1)과 일반질병(C2, D2) 구분은 하지 않으며, 다만 통계 코드 구분을 위해 Cn, Dn으로 명명
※ 최신 공식통계 기준임(전년도 건강진단 결과는 당해 12월 말 확정)

근로자 건강진단 실시 현황

구 분	사 업 장 [개소, 구성비(%)]			근 로 자 [명, 구성비(%)]		
	2022년	2021년	증감	2022년	2021년	증감
전 체	104,366 (100.0)	98,269 (100.0)	6,097	2,453,697 (100.0)	2,282,726 (100.0)	170,971
특 수 건강진단	104,343 (99.98)	98,258 (99.99)	6,085	2,453,466 (99.99)	2,281,990 (99.97)	171,476
야간작업	45,481	43,429	2,052	1,183,883	1,156,603	27,280
임 시 건강진단	23 (0.02)	11 (0.01)	12	231 (0.01)	736 (0.03)	▽505

특수건강진단 직업병 요관찰자 및 유소견자 질병 종류

구 분		전 체	진폐증 등	소음성 난청	유기화합물 중독	산, 알칼리, 가스상물질	금속·중금속 중독			기타 질환
							소 계	납	기타	
직업병 (건, %)	2022년	195,215 (100.0)	2,951 (1.5)	180,673 (92.6)	4,823 (2.5)	2,627 (1.3)	2,803 (1.4)	174 (0.1)	2,629 (1.3)	1,338 (0.7)
	2021년	166,753 (100.0)	2,970 (1.8)	149,675 (89.8)	5,387 (3.2)	2,878 (1.7)	4,146 (2.5)	156 (0.1)	3,990 (2.4)	1,697 (1.0)
	증감	28,462	▽19	30,998	▽564	▽251	▽1,343	18	▽1,361	▽359

※ 기타질환: 진동, 이상기압, 유해광선 등에 의한 건강장해

특수건강진단의 사후관리 조치 현황

구 분		전 체	정상 근무	건강 상담	보호구 착용	추적 검사	근무중 치료	근로시간 단축	작업 전환	근로금지 제한	기타
직업병 (건, %)	2022년	195,215 (100.0)	338 (0.2)	478 (0.2)	145,423 (74.5)	44,826 (23.0)	1,483 (0.8)	29 (0.0)	1,045 (0.5)	40 (0.0)	1,553 (0.8)
	2021년	166,753 (100.0)	4,452 (2.7)	848 (0.5)	119,642 (71.7)	37,881 (22.7)	873 (0.5)	40 (0.0)	893 (0.5)	29 (0.0)	2,095 (1.3)
	증감	28,462	▽4,114	▽370	25,781	6,945	610	▽11	152	11	▽542

📍 특수건강진단 일반질병 요관찰자 및 유소견자 질병 종류

구 분		전체	호흡기 질환	순환기 질환	소화기 질환	혈액 조혈기 질환(1)	신경 감각기 질환(2)	내분비 질환 등(3)	기타 질환(4)
일반질병 (건, %)	2022년	732,534	312,050	38,483	154,101	49,879	48,965	78,830	50,226
		(100.0)	(42.6)	(5.3)	(21.0)	(6.8)	(6.7)	(10.8)	(6.9)
	2021년	605,898	244,811	30,272	134,568	42,471	39,791	68,560	45,425
		(100.0)	(40.4)	(5.0)	(22.2)	(7.0)	(6.6)	(11.3)	(7.5)
	증감	126,636	67,239	8,211	19,533	7,408	9,174	10,270	4,801

(1) 혈액조혈기질환: 양성신생물 및 혈액질환과 면역장해
(2) 신경감각기질환: 눈, 눈 부속기, 귀 및 유양돌기의 질환, 정신 및 행동장해, 신경계의 질환
(3) 내분비질환 등: 내분비, 영양 및 대사산물
(4) 기타질환: 피부 및 피하조직의 질환, 근골격계 및 결합조직의 질환, 비뇨생식기계의 질환, 기타 증상 징후와 임상검사의 이상소견 등 다수
※ 1명의 유소견자가 2가지 이상 질병 판정을 받은 경우 각 판정별로 합산하였음

진폐건강진단 및 진폐위로금 지급현황

● 진폐관리구분판정 현황
- 흉부-x선 사진과 심폐기능 검사결과 등을 참고하여 진폐심사회의에서 진폐병형, 심폐기능 장해, 합병증 등을 고려하여 판정
- 진폐예방법에 의한 진폐관리구분판정 대상인 재직 진폐증자는 급격히 감소 중임

(단위: 명)

구분 구별	판정 건수	판정 결정자	진폐증					기타				재검
			합계	1종	2종	3종	4종	요양	판정 불능	의증	정상	
'08년	7,465	7,282	4,303	2,410	985	792	116	37	83	525	2,334	183
'09년	7,752	7,519	4,056	2,245	930	768	113	26	87	610	2,740	233
'10년	5,960	5,746	2,976	1,704	671	536	65	29	63	547	2,131	214
'11년	599	595	254	151	51	38	14	9	2	76	254	4
'12년	54	53	16	12	2	2	0	0	0	11	26	1
'13년	55	55	10	8	2	0	0	1	0	12	32	0
'14년	65	64	14	10	2	2	0	0	0	8	42	1
'15년	69	69	17	14	1	2	0	0	0	7	45	0
'16년	74	74	14	13	1	0	0	0	0	8	52	0
'17년	75	75	15	13	2	0	0	0	1	7	52	0
'18년	96	96	20	16	2	2	0	0	0	8	68	0
'19년	57	57	10	9	0	1	0	0	0	3	44	0
'20년	21	21	1	1	0	0	0	0	0	2	18	0
'21년	17	17	7	6	0	1	0	0	0	0	10	0
'22년	14	14	3	3	0	0	0	0	0	0	11	0
'23년	16	16	3	3	0	0	0	0	0	0	13	0

* 진폐관리구분판정은 이직자에게는 의미가 없고, 작업전환조치 등을 위해 재직자에게만 필요하므로 2010년 5월 20일 진폐예방법 개정 시 대상자를 재직자로 한정

진폐위로금 지급현황

- 장해 위로금: 2010년 11월 21일 이전에 장해급여의 대상이 된 퇴직 근로자(장해일시금의 60%)
- 유족 위로금: 2010년 11월 21일 이전에 장해판정을 받거나 요양중인 자로서 진폐로 사망하여 유족급여의 대상이 된 근로자의 유족(유족일시금의 60%)
- 진폐재해 위로금: 2010년 11월 21일부터 신규로 진폐장해판정을 받은 자부터 적용되며 장해 위로금과 유족위로금을 통합 지급(215일분~1,040일분)
- 작업전환수당: 진폐로 인해 작업전환되는 근로자(평균임금의 35~70일분)

연도별		계	장해 위로금	유족 위로금	진폐재해 위로금	작업전환수당
'10년	인원	1,266	709	557	-	-
	금액	40,266	10,141	30,125	-	-
'11년	인원	1,468	519	510	438	1
	금액	48,229	9,668	27,504	11,053	4
'12년	인원	1,069	248	396	425	-
	금액	38,595	5,140	22,631	10,824	-
'13년	인원	1,151	290	439	422	-
	금액	42,992	6,010	25,110	11,872	-
'14년	인원	1,599	491	521	587	-
	금액	58,427	11,777	28,826	17,824	-
'15년	인원	1,594	556	483	555	-
	금액	58,751	13,738	28,942	16,071	-
'16년	인원	1,814	602	563	649	-
	금액	67,802	15,261	33,928	18,613	-
'17년	인원	1,962	539	769	654	-
	금액	72,272	11,860	42,097	18,315	-
'18년	인원	2,791	1,594	650	547	-
	금액	78,244	30,562	34,531	13,151	-
'19년	인원	4,607	669	3,255	683	-
	금액	107,371	17,792	51,902	37,677	-
'20년	인원	2,827	1,605	631	591	-
	금액	86,642	34,371	33,890	18,381	-
'21년	인원	2,489	1,377	554	558	-
	금액	76,256	29,082	29,838	17,336	-
'22년	인원	2,832	1,448	552	832	-
	금액	88,636	25,197	35,248	28,191	-
'23년	인원	2,216	806	465	945	
	금액	86,090	22,365	30,246	33,479	

부록

I. 행정조직

II. 2023년도 제·개정 법령 주요내용

III. 2023년도 예산

IV. 2023년도 기금운용계획

V. 고용노동통계 일람표

VI. 주요 웹사이트

VII. 2023년도 주요 고용노동 일지

Ⅰ 행정조직

1 조직도

📍 본부: 3실·1본부·1대변인, 2국 12관, 51과 7팀('23년 12월말)

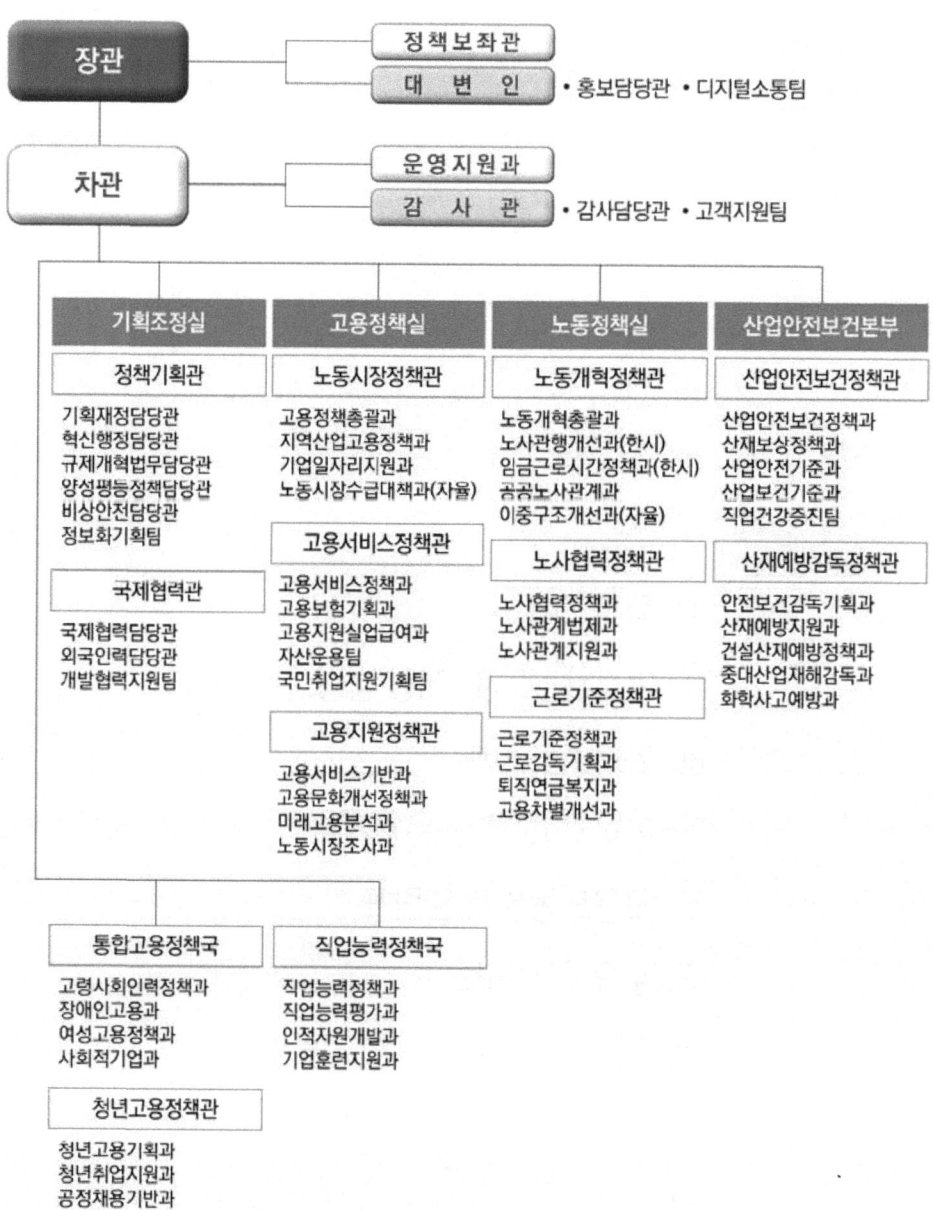

부록

● 소속기관

① 지방고용노동관서 : 48개(6개 청, 40개 지청, 2개 출장소^영월·서산)

* 고용센터, 지역협력팀, 근로개선지도팀, 산재예방지도팀(서산): 태백, 안동, 영주, 영월, 서산(2급지)
* 고용관리과(18): 서울강남, 서울동부, 서울서부, 서울남부, 서울북부, 서울관악, 의정부, 고양, 경기, 성남, 안산, 강원, 창원, 울산, 포항, 전주, 청주, 천안(미설치 기관은 지역협력과에서 업무수행)
* 노사상생지원과(2): 경기, 울산
* 근로문화개선지원과(6): 서울강남, 경기, 성남, 창원, 울산, 천안지청
* 근로개선지도과(13): 강원, 강릉, 원주, 부산북부, 진주, 통영, 구미, 익산, 군산, 목포, 여수, 충주, 보령
* 근로개선지도3과(12): 서울강남, 서울동부, 서울서부, 서울남부, 서울북부, 서울관악, 인천북부, 부천, 의정부, 고양, 성남, 안산
* 광역중대재해수사과(1): 경기
* 건설산재지도과(7): 경기, 성남, 의정부, 울산, 포항, 전주, 천안

② 노동위원회

- 중앙노동위원회

- 지방노동위원회

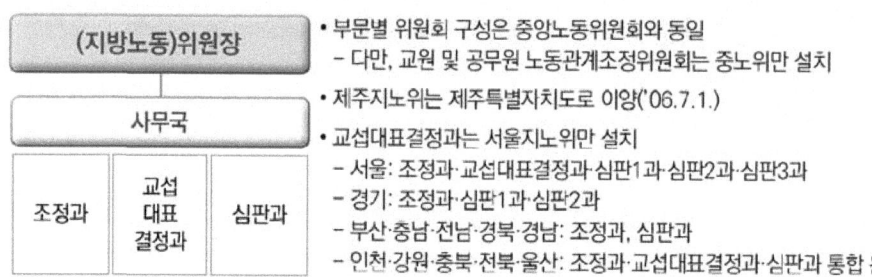

- 부문별 위원회 구성은 중앙노동위원회와 동일
  - 다만, 교원 및 공무원 노동관계조정위원회는 중노위만 설치
- 제주지노위는 제주특별자치도로 이양('06.7.1.)
- 교섭대표결정과는 서울지노위만 설치
  - 서울: 조정과·교섭대표결정과·심판1과·심판2과·심판3과
  - 경기: 조정과·심판1과·심판2과
  - 부산·충남·전남·경북·경남: 조정과, 심판과
  - 인천·강원·충북·전북·울산: 조정과·교섭대표결정과·심판과 통합 운영

③ 최저임금위원회 : 1사무국

④ 산업재해보상보험재심사위원회 : 1사무국

⑤ 고용노동부 고객상담센터(책임운영기관)
   * 3과 운영(기획지원과, 전화상담과, 인터넷상담과)

● 산하 공공기관

- 조직: 준정부기관 5개, 기타 공공기관 7개

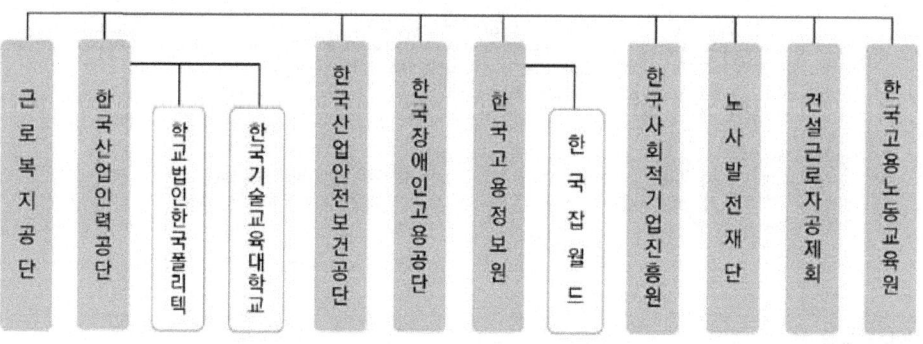

② 정원

(단위: 명)

직급별 \ 기관별	계	본부	지방고용 노동관서	노동 위원회	최저임금 위원회	산재재심사 위원회	고객상담 센터
총 계	8,198	660	7,052	383	10	34	59
정무직	3	2		1			
별정직	4	4					
일반직 소계	8,191	654	7,052	382	10	34	59
고위공무원	49	20	6	21	1	1	
3·4급	17	9	7	1			
4급	89	42	35	11		1	
4·5급	86	25	56	3	1		1
5급	655	262	333	54		3	3
6급	1,636	141	1,320	145	4	13	13
7급	2,384	128	2,112	91	2	15	36
8급	1,531	9	1,491	26	1		4
9급	1,731	12	1,686	29	1	1	2
연구관(사)	9	2	6	1			
전문경력관	4	4					

③ 소관 법령

합 계	법 률	대통령령	부 령
143	50	50	43

※ 공동법률·대통령령·부령을 포함한 통계임

실국명	법 률	대통령령	부 령
고용정책실 (17개 법률)	고용정책 기본법	같은 법 시행령	같은 법 시행규칙
	무역조정 지원 등에 관한 법률	같은 법 시행령	같은 법 시행규칙
	건설근로자의 고용개선 등에 관한 법률	같은 법 시행령	같은 법 시행규칙
	산업전환에 따른 고용안정 지원 등에 관한 법률	같은 법 시행령	
	직업안정법	같은 법 시행령	같은 법 시행규칙
	고용보험법	같은 법 시행령	같은 법 시행규칙
	고용보험·산업재해보상보험의 보험료 징수 등에 관한 법률	같은 법 시행령	같은 법 시행규칙
	고용보험·산업재해보상보험의 보험관계 성립신고 등의 촉진을 위한 특별조치법	-	-
	구직자 취업촉진 및 생활안정지원에 관한 법률	같은 법 시행령	같은 법 시행규칙
	가사근로자의 고용개선 등에 관한 법률	같은 법 시행령	같은 법 시행규칙
	고용상 연령차별 금지 및 고령자고용촉진에 관한 법률	같은 법 시행령	같은 법 시행규칙
	장애인고용촉진 및 직업재활법	같은 법 시행령	같은 법 시행규칙
	남녀고용평등과 일·가정 양립 지원에 관한 법률	같은 법 시행령	같은 법 시행규칙
	여성의 경제활동 촉진과 경력단절 예방법	같은 법 시행령	같은 법 시행규칙
	-	-	여성의 경제활동 실태조사 등에 관한 규칙
	사회적기업 육성법	같은 법 시행령	같은 법 시행규칙
	청년고용촉진 특별법	같은 법 시행령	-
	채용절차의 공정화에 관한 법률	같은 법 시행령	같은 법 시행규칙
	-	일자리위원회의 설치 및 운영에 관한 규정	-

실국명	법률	대통령령	부령
직업능력 정책국 (7개 법률)	국민 평생 직업능력 개발법	같은 법 시행령	같은 법 시행규칙
	국가기술자격법	같은 법 시행령	같은 법 시행규칙
	숙련기술장려법	같은 법 시행령	같은 법 시행규칙
	한국산업인력공단법	같은 법 시행령	-
	직업교육훈련 촉진법	같은 법 시행령	-
	자격기본법	같은 법 시행령	같은 법 시행규칙
	산업현장 일학습병행 지원에 관한 법률	같은 법 시행령	같은 법 시행규칙
노동정책실 (19개 법률)	노동조합 및 노동관계조정법	같은 법 시행령	같은 법 시행규칙
	노동위원회법	같은 법 시행령	같은 법 시행규칙
	근로자참여 및 협력증진에 관한 법률	같은 법 시행령	같은 법 시행규칙
	근로자의날 제정에 관한 법률	-	-
	노사관계 발전 지원에 관한 법률	같은 법 시행령	-
	경제사회노동위원회법	같은 법 시행령	-
	한국고용노동교육원법	같은 법 시행령	-
	근로기준법	같은 법 시행령	같은 법 시행규칙
	-	근로감독관규정	근로감독관증규칙
	최저임금법	같은 법 시행령	같은 법 시행규칙
	공인노무사법	같은 법 시행령	같은 법 시행규칙
	근로자퇴직급여 보장법	같은 법 시행령	같은 법 시행규칙
	근로복지기본법	같은 법 시행령	같은 법 시행규칙
	임금채권보장법	같은 법 시행령	같은 법 시행규칙

실국명	법률	대통령령	부령
노동정책실 (19개 법률)	기간제 및 단시간근로자 보호 등에 관한 법률	같은 법 시행령	같은 법 시행규칙
	파견근로자보호 등에 관한 법률	같은 법 시행령	같은 법 시행규칙
	필수업무 지정 및 종사자 보호·지원에 관한 법률	같은 법 시행령	-
	공휴일에 관한 법률	-	-
	공무원의 노동조합 설립 및 운영 등에 관한 법률	같은 법 시행령	같은 법 시행규칙
	교원의 노동조합 설립 및 운영 등에 관한 법률	같은 법 시행령	같은 법 시행규칙
산업안전 보건본부 (5개 법률)	산업안전보건법	같은 법 시행령	같은 법 시행규칙
	-	-	산업안전보건기준에 관한 규칙
	-	-	유해·위험작업의 취업제한에 관한 규칙
	중대재해 처벌 등에 관한 법률	같은 법 시행령	-
	산업재해보상보험법	같은 법 시행령	같은 법 시행규칙
	진폐의 예방과 진폐근로자의 보호 등에 관한 법률	같은 법 시행령	같은 법 시행규칙
	한국산업안전보건공단법	같은 법 시행령	-
기획조정실 (2개 법률)	외국인근로자의 고용 등에 관한 법률	같은 법 시행령	같은 법 시행규칙
	-	고용노동부와 그 소속기관 직제	고용노동부와 그 소속기관 직제 시행규칙
	-	-	고용노동부 소관 비영리법인의 설립 및 감독에 관한 규칙
	-	-	고용노동부 소관 비상대비자원 관리법 시행규칙
	파독 광부·간호사·간호조무사에 대한 지원 및 기념사업에 관한 법률	같은 법 시행령	-

II. 2023년도 제·개정 법령 주요내용

고용정책 기본법

법령명: 고용정책 기본법	
공포연월일: 2023.3.28.	시행연월일: 2023.9.29.
법령번호: 법률 제19312호	담당과: 고용정책총괄과

✱ 주요내용

- 고용노동부장관이 법무부장관으로부터 외국인등록 자료 중 체류자격과 체류기간에 관한 자료를 제공받아 외국인 구직자의 체류자격을 정확하게 확인할 수 있도록 함(제15조제2항·제3항 개정)

법령명: 고용정책 기본법 시행규칙	
공포연월일: 2023.12.5.	시행연월일: 2023.12.5.
법령번호: 고용노동부령 제402호	담당과: 고용정책총괄과

✱ 주요내용

- 상시 1천 명 이상의 근로자를 사용하는 사업주는 종전에는 '사업체 단위'의 고용형태 현황뿐만 아니라 '사업장별' 고용형태 현황도 공시해야 했으나, 앞으로는 '사업체 단위'의 고용형태 현황만 공시하도록 하여 해당 사업주의 공시 부담 감소(제5조제1항 개정, 별지 제2호 서식 삭제)

산업전환에 따른 근로자 고용안정 등에 관한 법령

법령명: 산업전환에 따른 근로자 고용안정 등에 관한 법률	
공포연월일: 2023.10.24.	시행연월일: 2024.4.25.
법령번호: 법률 제19760호	담당과: 지역산업고용정책과

★ 주요내용

- 탄소중립 및 디지털전환 등 산업구조의 변화에 따라 나타나는 기존 산업의 침체 및 일자리 위험에 대응하기 위하여 산업전환에 따른 고용안정 지원 기본계획을 수립하고, 산업·업종, 지역, 사업주, 근로자 등을 종합적으로 지원할 수 있는 체계를 구축하도록 규정

 ## 고용보험법령

법령명: 고용보험법 시행령	
공포연월일: 2023.6.27.	시행연월일: 2023.7.1.
법령번호: 대통령령 제33595호	담당과: 고용보험기획과

★ 주요내용

- 예술인·노무제공자의 고용보험 적용 최저연령 규정을 정비하고, 근로자·예술인·노무제공자 또는 자영업자 등 서로 다른 둘 이상의 피보험자격을 취득한 복수 피보험자격자에 대한 구직급여 수급요건을 명확히 하는 등의 내용으로 「고용보험법」이 개정(법률 제19210호, 2022. 12. 31. 공포, 2023. 7. 1. 시행)됨에 따라, 15세 미만 예술인·노무제공자의 고용보험 가입 절차, 둘 이상의 피보험자격 취득자의 구직급여 수급요건 등 법률에서 위임된 사항과 그 시행에 필요한 사항을 정하는 한편, 지역고용촉진 지원금의 지급 제한 기준을 강화하는 등 현행 제도의 운영상 나타난 일부 미비점을 개선·보완함

법령명: 고용보험법 시행령	
공포연월일: 2023.11.7.	시행연월일: 2023.11.7.
법령번호: 대통령령 제33845호	담당과: 고용보험기획과

★ 주요내용

- 고용보험위원회 위촉위원의 임기가 만료된 경우에도 후임위원이 위촉될 때까지 그 직무를 수행할 수 있도록 하여 고용보험위원회 업무의 연속성을 확보함

법령명: 고용보험법 시행령	
공포연월일: 2023.12.26.	시행연월일: 2024.1.1.
법령번호: 대통령령 제34048호	담당과: 고용보험기획과

✱ 주요내용

- 고용유지지원금 및 조기재취업 수당이 제도의 취지에 맞게 지급될 수 있도록 하기 위하여, 사업주의 '배우자와 직계존속·비속'을 고용유지지원금 지급 대상에서 제외하는 등 그 지급기준을 강화하고, 조기재취업 수당 지급 시점을 실업의 신고일부터 '7일'이 지난 후에서 '14일'이 지난 후로 늦추며, 조기재취업을 했더라도 '별정직·임기제 공무원이 아닌 공무원'으로 채용되거나 근로자 평균 근로소득 등을 고려하여 고용노동부장관이 고시하는 임금액 이상을 받는 경우에는 조기재취업 수당 지급 대상에서 제외함
- 고령자의 조기재취업과 부모 공동 육아휴직을 장려하기 위하여, 조기재취업 수당의 지급기준을 65세 이상인 사람에 대해서는 완화하고, 부모가 같이 또는 번갈아 육아휴직하는 경우 부모 중 한쪽만 육아휴직하는 경우보다 육아휴직 급여를 더 지급하도록 하는 특례 규정의 적용 대상을 '출생 후 12개월 이내의 자녀'에서 '출생 후 18개월 이내의 자녀'로 확대하며, 특례 적용 기간은 부모 공동 육아휴직 '세 번째 달까지'에서 '여섯 번째 달까지'로 늘리고, 늘린 기간에 대한 육아휴직 급여의 상한을 '350만 원(네 번째 달), 400만 원(다섯 번째 달), 450만 원(여섯 번째 달)'으로 정함

법령명: 고용보험법 시행규칙	
공포연월일: 2023.6.30.	시행연월일: 2023.7.1.
법령번호: 고용노동부령 제386호	담당과: 고용보험기획과

✱ 주요내용

- 예술인·노무제공자의 고용보험 적용 최저연령 규정을 정비하고, 외국인 중 문화예술용역 관련 계약 또는 노무제공계약을 체결한 경우에는 체류자격의 활동범위 및 체류기간 등을 고려하여 이 법의 전부 또는 일부를 적용하도록 하는 내용으로 「고용보험법」(법률 제19210호, 2022. 12. 31. 공포, 2023. 7. 1. 시행) 및 같은 법 시행령(대통령령 제33595호, 2023. 6. 27. 공포, 7. 1. 시행)이 개정됨에 따라, 외국인 예술인·노무제공자 및 15세 미만 예술인·노무제공자의 고용보험 가입·탈퇴 신청방법, 절차 등 법률 및 시행령에서 위임된 사항과 그 시행에 필요한 사항을 정함
- 거짓이나 그 밖의 부정한 방법으로 고용안정·직업능력개발 사업의 지원을 받은 부정행위자가 반환명령을 받은 금액 및 추가징수액 전액을 즉시 납부할 것을 확약서로 작성하여 직업안정기관의 장에게 제출한 경우에는 추가징수액에 100분의 60을 곱한 금액만을 추가징수액으로 하여 징수할 수 있도록 하는 등 현행 제도의 운영상 나타난 일부 미비점을 개선·보완함

법령명: 고용보험법 시행규칙	
공포연월일: 2023.7.14.	시행연월일: 2023.7.14.
법령번호: 고용노동부령 제389호	담당과: 고용보험기획과

★ 주요내용

- 고용보험료를 체납한 경우에는 고용안정·직업능력개발 사업의 지원을 제한하도록 하는 규정에 예외를 두어, 경영 악화 등으로 불가피하게 고용보험료를 체납한 자가 '체납한 고용보험료의 100분의 30 이상을 2023년 1월 1일부터 2023년 7월 31일까지의 기간에 내거나,' '체납한 고용보험료와 그 가산금 및 연체금에 대하여 분할 납부를 2023년 1월 1일부터 2023년 7월 31일까지의 기간에 신청하고, 분할 납부의 승인을 받은 날부터 3회 연속 분할 납부금을 연체 없이 전액 낸 경우'에는 예외적으로 고용안정·직업능력개발 사업의 지원을 받을 수 있도록 함

법령명: 고용보험법 시행규칙	
공포연월일: 2023.12.1.	시행연월일: 2023.12.1.
법령번호: 고용노동부령 제401호	담당과: 고용지원실업급여과

★ 주요내용

- 별지 제75호의4 서식의 1일 소정 근로시간 구분란을 신설함

법령명: 고용보험법 시행규칙	
공포연월일: 2023.12.29.	시행연월일: 2024.1.1.
법령번호: 고용노동부령 제406호	담당과: 고용보험기획과

★ 주요내용

- 고용유지지원금 제도의 취지에 맞게 사업주의 '배우자와 직계존속·비속'을 고용유지지원금 지급 대상에서 제외하고, 고령자의 조기재취업을 장려하기 위하여 조기재취업 수당의 지급기준을 65세 이상인 사람에 대해서는 완화하는 등의 내용으로 「고용보험법 시행령」이 개정(대통령령 제34048호, 2023. 12. 26. 공포, 2024. 1. 1. 시행)됨에 따라, 고용유지지원금의 지원 대상 근로자가 사업주의 '배우자와 직계존속·비속'인지 여부를 확인하기 위하여 담당 공무원이 행정정보 공동이용을 통하여 주민등록표 등본 또는 가족관계등록전산정보를 확인할 수 있도록 하고, 65세 이상인 사람은 조기재취업 수당 청구 시 고용되거나 사업을 영위할 것으로 인정받기 위한 서류로 근로계약서나 사업계획서 등을 제출하도록 함
- 고용유지지원금의 지원 대상이 되는 고용조정이 불가피하게 된 사업주인지 여부를 재고량·생산량이 아닌 객관적인 증명이 비교적 용이한 매출액 기준으로 판단하도록 하고, 사업주가 고용유지조치계획 신고를 하는 경우 고용조정이 불가피함을 증명하는 제출서류의 범위에 매출처별 세금계산서합계표를 추가하며, 직업훈련개발 훈련기관의 과도한 영업행위로 인한 불필요한 교육훈련 수요로 고용보험기금이 고갈되지 않도록 하기 위하여 사업주가 직업능력개발 훈련을 훈련기관에 위탁하여 실시한 경우에도 직업능력개발 훈련비용을 훈련기관이 아닌 사업주에게 직접 지급하도록 하는 등 현행 제도의 운영상 나타난 일부 미비점을 개선·보완함

고용보험 및 산업재해보상보험의 보험료징수 등에 관한 법령

법령명: 고용보험 및 산업재해보상보험의 보험료징수 등에 관한 법률

공포연월일: 2022.6.10.	시행연월일: 2023.1.1.
법령번호: 법률 제18919호	담당과: 고용보험기획과, 산재보상정책과

★ 주요내용

- 「산업재해보상보험법」이 개정되어 산업재해보상보험의 전속성 요건이 폐지됨에 따라 새로 산업재해보상보험의 적용을 받는 사람들의 노무제공 특성에 맞는 보험행정이 이루어지고, 실제 보수에 근거하여 보험료가 산정될 수 있도록 관련 사항을 정비하는 한편, 보험가입자가 보험료를 납부하지 아니하여 독촉하는 경우 납부의무자의 신청이 있으면 전자문서로 고지할 수 있는 법적 근거를 마련하고, 보험사무 대행기관의 인가 취소 사유를 법률에 명시하는 등 보험사무 대행기관에 관한 사항을 정비하려는 것임.

법령명: 고용보험 및 산업재해보상보험의 보험료징수 등에 관한 법률

공포연월일: 2022.12.31.	시행연월일: 2023.7.1.
법령번호: 법률 제19209호	담당과: 고용보험기획과, 산재보상정책과

★ 주요내용

- 월별보험료의 월 단위 부과, 무한책임사원·과점주주·사업양수인에 대한 제2차 납부의무 부여, 보험료의 고액·상습 체납자의 인적사항 공개기준 변경, 보험료 납부의무자의 보험료 완납사실 증명, 1건당 2천 원 미만의 소액 처리 근거, 예술인·노무제공자의 기준보수 적용 관련 사항 등을 규정하여 보험행정업무를 효율화하고 국민의 편익성을 제고하려는 것임.

법령명: 고용보험 및 산업재해보상보험의 보험료징수 등에 관한 법률 시행령

공포연월일: 2023.12.26.	시행연월일: 2024.1.1.
법령번호: 대통령령 제34049호	담당과: 고용보험기획과, 산재보상정책과

★ 주요내용

- 기업의 고용증가에 따른 보험료 부담을 완화하기 위해, 기업의 상시근로자수가 증가하여 고용안정·직업능력개발사업의 고용보험료율 중 다음 단계의 더 높은 요율을 적용받게 되는 경우에는 3년간 기존 요율을 적용하도록 하고, 노무제공자에 대한 고용보험료 지원 요건을 완화하기 위해 노무제공자의 월 보수액 신고를 하여 피보험자격 취득신고를 한 것으로 보는 경우에도 노무제공자와 그 사업주에 대한 고용보험료 지원을 할 수 있도록 하는 등 현행 제도의 운영상 나타난 일부 미비점을 개선·보완하려는 것임.

법령명: 고용보험 및 산업재해보상보험의 보험료징수 등에 관한 법률 시행령	
공포연월일: 2023.6.27.	시행연월일: 2023.7.1.
법령번호: 대통령령 제33594호	담당과: 고용보험기획과, 산재보상정책과

★ 주요내용

- 산업재해보상보험의 전속성 요건을 폐지하고, 기존 특수형태근로종사자 및 온라인 플랫폼 종사자 등을 포괄하는 개념으로 "노무제공자"의 정의를 신설하여 보다 폭넓게 산업재해보상보험의 적용을 받을 수 있도록 하며, 그 특성에 맞는 보험 적용·징수 체계와 급여·보상 제도를 마련하고, 그 밖에 사업 양수인에게 보험료 제2차 납부의무를 부과하며, 고액·상습체납자의 인적사항 공개기준을 낮추는 등의 내용으로「산업재해보상보험법」(법률 제18928호, 2022. 6. 10. 공포, 2023. 7. 1. 시행) 및「고용보험 및 산업재해보상보험의 보험료징수 등에 관한 법률」(법률 제18919호, 2022. 6. 10. 공포, 2023. 7. 1. 시행 및 법률 제19209호, 2022. 12. 31. 공포, 2023. 7. 1. 시행)이 개정됨에 따라, 노무제공자의 월 보수액 및 산재보험료 산정기준과 플랫폼 운영자의 월 보수액 신고 방법, 보험료 제2차 납부의무자인 양수인의 책임범위 및 고액·상습체납자의 납부능력 판단 기준 등 법률에서 위임된 사항과 그 시행에 필요한 사항을 정하려는 것임.

법령명: 고용보험 및 산업재해보상보험의 보험료징수 등에 관한 법률 시행령	
공포연월일: 2023.9.12.	시행연월일: 2023.9.22.
법령번호: 대통령령 제33713호	담당과: 고용보험기획과, 산재보상정책과

★ 주요내용

- 예술인 복지법 시행령 일부개정에 따른 개정

법령명: 고용보험 및 산업재해보상보험의 보험료징수 등에 관한 법률 시행령	
공포연월일: 2023.12.26.	시행연월일: 2024.1.1.
법령번호: 대통령령 제34049호	담당과: 고용보험기획과, 산재보상정책과

★ 주요내용

- 기업의 고용증가에 따른 보험료 부담을 완화하기 위해, 기업의 상시근로자수가 증가하여 고용안정·직업능력개발사업의 고용보험료율 중 다음 단계의 더 높은 요율을 적용받게 되는 경우에는 3년간 기존 요율을 적용하도록 하고, 노무제공자에 대한 고용보험료 지원 요건을 완화하기 위해 노무제공자의 월 보수액 신고를 하여 피보험자격 취득신고를 한 것으로 보는 경우에도 노무제공자와 그 사업주에 대한 고용보험료 지원을 할 수 있도록 하는 등 현행 제도의 운영상 나타난 일부 미비점을 개선·보완하려는 것임.

법령명: 고용보험 및 산업재해보상보험의 보험료징수 등에 관한 법률 시행규칙	
공포연월일: 2022.12.30.	시행연월일: 2023.1.1.
법령번호: 고용노동부령 제374호	담당과: 고용보험기획과, 산재보상정책과

✱ 주요내용

- 고용·산재보험 납부의무자의 신청이 있는 경우에는 미납된 고용·산재 보험료 징수금의 독촉을 전자문서로 할 수 있도록 하고, 근로복지공단은 노무제공플랫폼사업자가 보험사무에 관한 의무를 이행하는 비용의 일부를 지원할 수 있도록 하는 등의 내용으로 「고용보험 및 산업재해보상보험의 보험료징수 등에 관한 법률」이 개정(법률 제18919호, 2022. 6. 10. 공포, 2023. 1. 1. 시행)됨에 따라, 전자문서 독촉의 신청방법·절차 등을 정하고, 노무제공플랫폼사업자의 보험사무 이행지원금 지급 신청방법·절차 등에 관하여 필요한 사항을 정하는 한편, 고용·산재정보통신망 이용 방법을 개선하는 등 현행 제도의 운영상 나타난 일부 미비점을 개선·보완하려는 것임.

법령명: 고용보험 및 산업재해보상보험의 보험료징수 등에 관한 법률 시행규칙	
공포연월일: 2023.6.30.	시행연월일: 2023.7.1.
법령번호: 고용노동부령 제385호	담당과: 고용보험기획과, 산재보상정책과

✱ 주요내용

- 산업재해보상보험의 전속성 요건을 폐지하여 산재보험 노무제공자의 사업주가 산재보험의 당연 가입자가 되도록 하고, 기존 특수형태근로종사자 및 온라인 플랫폼 종사자 등을 포괄하는 개념으로 "산재보험 노무제공자"의 정의를 신설하여 보다 폭넓게 산업재해보상보험의 적용을 받을 수 있도록 하며, 그 특성에 맞는 보험 적용·징수 체계와 급여·보상 제도를 마련하는 등의 내용으로 「고용보험 및 산업재해보상보험의 보험료징수 등에 관한 법률」(법률 제18919호, 2022. 6. 10. 공포, 2023. 7. 1. 시행 및 법률 제19209호, 2022. 12. 31. 공포, 2023. 7. 1. 시행) 및 같은 법 시행령(대통령령 제33594호, 2023. 6. 27. 공포, 7. 1. 시행)이 개정됨에 따라, 특수형태근로종사자를 산재보험 노무제공자로 용어를 정비하고, 산재보험 노무제공자의 휴업 신고 및 월 보수액 신고·정정신고에 필요한 서식 등을 정하며, 사업주나 온라인 플랫폼 운영자가 산재보험 노무제공자, 온라인 플랫폼 이용 사업자 및 플랫폼 종사자가 납부해야 할 산재보험료를 원천공제한 경우 공제계산서를 발급하도록 하며, 온라인 플랫폼 이용 사업자의 플랫폼 이용 개시 신고, 월 보수액 신고·정정신고 및 온라인 플랫폼 운영자의 보험사무 지원금 신청에 관한 서식 및 절차 등 법률 및 시행령에서 위임된 사항과 그 시행에 필요한 사항을 정하려는 것임.

구직자 취업촉진 및 생활안정지원에 관한 법률

법령명: 구직자 취업촉진 및 생활안정지원에 관한 법률	
공포연월일: 2023.8.8.	시행연월일: 2023.8.8. / 2024.2.9.
법령번호: 법률 제19610호	담당과: 국민취업지원기획팀

✱ 주요내용

- 취업지원서비스 및 구직촉진수당 수급 요건이 완화되는 청년의 연령을 18세 이상 34세 이하에서 15세 이상 34세 이하로 하고, 병역의무를 이행한 사람에 대해서는 대통령령으로 정하는 바에 따라 병역의무 이행기간을 가산한 연령까지 수급 요건을 완화하며, 취업지원서비스 및 구직촉진수당 수급자격자의 취업지원 유예 횟수 제한을 삭제하고, 수급자가 신고한 소득이 구직촉진수당의 월 단위 지급액을 초과한 경우 구직촉진수당을 정지하지 않고 감액하여 지급할 수 있도록 하는 한편,
부정수급에 따른 반환금 및 추가징수금을 분할 납부할 수 있게 하고, 구직촉진수당 등을 반환하거나 추가징수금을 납부하여야 하는 사람이 지급받을 구직촉진수당 등이 있는 경우에는 이를 반환금 또는 추가징수금에 충당할 수 있도록 하며, 고용노동부장관이 취업지원을 필요로 하는 국민에게 적극적으로 구직활동 및 생계안정을 위한 지원을 제공하기 위하여 필요한 경우 근로장려금을 환급받으려는 자의 동의를 받아 국세청장에게 근로장려금을 환급받은 사람의 휴대전화번호, 전자우편주소에 관한 정보의 제공을 요청할 수 있도록 하는 등 현행 제도의 운영상 나타난 일부 미비점을 개선·보완함.

법령명: 구직자 취업촉진 및 생활안정지원에 관한 법률 시행령	
공포연월일: 2024.2.6.	시행연월일: 2024.2.9.
법령번호: 대통령령 제34195호	담당과: 국민취업지원기획팀

✱ 주요내용

- 구직촉진수당 수급 요건이 완화되는 청년의 연령을 '18세 이상 34세 이하'에서 '15세 이상 34세 이하'로 하고, 병역의무를 이행한 사람에 대해서는 병역의무 이행기간을 가산한 연령까지 수급 요건을 완화하도록 하며, 수급자가 신고한 소득이 구직촉진수당의 월 단위 지급액을 초과한 경우 구직촉진수당을 정지하지 않고 감액하여 지급할 수 있는 근거를 마련하고, 구직촉진수당 등의 부정수급에 따라 수급자가 반환하여야 할 반환금 및 추가징수금이 있는 경우 이를 수급자에게 장래 지급하여야 할 구직촉진수당 등으로 충당할 수 있도록 하는 등의 내용으로 「구직자 취업촉진 및 생활안정지원에 관한 법률」이 개정(법률 제19610호, 2023. 8. 8. 공포, 2024. 2. 9. 시행)됨에 따라, 가산하는 병역의무 이행기간을 「병역법」 등에 따른 병역의무에 따른 복무기간 중 3년의 범위에서 실제 복무한 기간으로 하고, 구직촉진수당 수급자에게 발생한 소득이 구직촉진수당을 초과하면서 기준금액*을 초과하지 않는 경우에는 기준금액에서 소득을 뺀 금액을 구직촉진수당으로 지급하도록 하는 등 감액 및 지급 정지 기준을 마련하며, 구직촉진수당 등을 반환하거나 추가징수금을 납부해야 하는 경우 충당할 수 있는 금액기준을 정하는 등 법률에서 위임된 사항과 그 시행에 필요한 사항을 정하려는 것임.

    * 구직촉진수당 월지급액에 2를 곱한 금액이 1인 가구 기준 중위소득 100분의 60을 초과하는 경우는 월지급액에 2를 곱한 금액. 그 이하인 경우는 1인 가구 기준 중위소득 100분의 60에 해당하는 금액

법령명: 구직자 취업촉진 및 생활안정지원에 관한 법률 시행규칙	
공포연월일: 2024.2.13.	시행연월일: 2024.2.13.
법령번호: 고용노동부령 제410호	담당과: 국민취업지원기획팀

✱ 주요내용

- 구직촉진수당 수급 요건이 완화되는 청년의 연령을 '18세 이상 34세 이하'에서 '15세 이상 34세 이하'로 하고, 취업지원서비스 및 구직촉진수당 수급자격자의 취업지원 유예 횟수 제한을 삭제하며, 구직촉진수당 등의 지급에 관한 업무를 체신관서 또는 금융기관에 위탁할 수 있도록 하는 등의 내용으로 「구직자 취업촉진 및 생활안정지원에 관한 법률」(법률 제19610호, 2023. 8. 8. 공포, 2024. 2. 9. 시행) 및 같은 법 시행령(대통령령 제34195호, 2024. 2. 6. 공포, 2. 9. 시행)이 개정됨에 따라, 취업지원 신청서에 청년의 연령을 15세 이상 34세 이하로 명확히 하고, 취업지원 신청서, 취업지원 유예 신청서 등 법 시행을 위해 필요한 서식을 정비하며, 구직촉진수당 등의 지급업무 절차를 정하는 등 법률에서 위임된 사항과 그 시행에 필요한 사항을 정하려는 것임.

장애인고용촉진 및 직업재활법령

법령명: 장애인고용촉진 및 직업재활법	
공포연월일: 2022.1.11.	시행연월일: 2022.7.12.
법령번호: 법률 제18754호	담당과: 장애인고용과

✱ 주요내용

- 중증장애인 근로자에게 출퇴근에 소요되는 교통비를 지원할 수 있도록 함.
- 장애인 근로자 및 장애인 고용 사업주에게 직업생활에 필요한 작업 보조 공학기기·장비를 지원하는 한편 구입·사용에 드는 비용을 지원할 수 있도록 함.
- 자회사형 장애인 표준사업장이 장애인 표준사업장 인증기준에 미치지 못하는 경우 해당 기간이 속하는 월에는 장애인 표준사업장에 고용된 근로자 수를 장애인 표준사업장을 실질적으로 지배하고 있는 사업주의 근로자 수에 포함하지 아니하도록 함.
- 장애인 근로자 및 장애인 고용 사업주 등이 거짓 또는 그 밖의 부정한 방법으로 지원을 받은 경우에는 그 금액의 5배에 해당하는 금액의 범위에서 고용노동부령으로 정하는 금액을 추가로 징수할 수 있도록 함.

법령명: 장애인고용촉진 및 직업재활법 시행령	
공포연월일: 2023.9.26.	시행연월일: 2024.1.1.
법령번호: 대통령령 제33759호	담당과: 장애인고용과

✱ 주요내용

- 장애인 인식개선 교육내용 중 '장애의 정의 및 장애유형에 대한 이해'를 '장애에 대한 이해와 장애가 가지는 차이에 대한 존중'으로 변경.
- 장애인 고용 의무가 있는 국가 및 지방자치단체의 장과 사업주에게 앞으로는 '전년도 장애인 고용계획에 대한 실시상황'과 '해당 연도 고용계획'만 제출.

법령명: 장애인고용촉진 및 직업재활법 시행규칙	
공포연월일: 2023.9.26.	시행연월일: 2024.1.1.
법령번호: 고용노동부령 제403호	담당과: 장애인고용과

✱ 주요내용

- '해당 연도 고용계획에 대한 상반기 실시상황' 제출과 관련된 절차 규정 및 서식을 삭제함.
- 중증장애인 근로자 출퇴근 교통비 지원 신청서 상의 담당직원 확인사항에 국민기초생활수급자증명서 또는 차상위계층확인서를 추가함.
- 근로자뿐만 아니라 공무원도 근로지원인 서비스 신청을 할 수 있음을 명확히 규정함.

국민 평생 직업능력 개발법령

법령명: 국민 평생 직업능력 개발법	
공포연월일: 2023.1.3.	시행연월일: 2023.7.4.
법령번호: 법률 제19174호	담당과: 직업능력정책과

✱ 주요내용

- 직업능력개발훈련의 중점 훈련대상으로 「학교 밖 청소년 지원에 관한 법률」에 따른 학교 밖 청소년을 추가함.
- 고용노동부장관은 직무 수행에 요구되는 지식·기술·소양 등 직무능력에 관한 정보를 직업능력개발이나 취업 등에 활용하려는 국민의 신청이 있는 경우 개인별 직무능력에 관한 정보를 수집·관리하여 제공할 수 있도록 하고, 고용노동부장관이 「국가기술자격법」 등에 따른 자격취득 정보, 「직업교육훈련 촉진법」에 따른 직업교육훈련 정보 등을 포함하는 직무능력정보시스템을 구축·운영할 수 있도록 하며, 고용노동부장관이 「자격기본법」에 따른 국가직무능력표준 등을 고려하여 국민 개개인이 습득한 직무능력을 인정할 수 있도록 함.
- 직업능력개발훈련교사의 결격사유에 「성폭력범죄의 처벌 등에 관한 특례법」에 따른 성폭력범죄로 100만 원 이상의 벌금형을 선고받고 그 형이 확정된 후 2년이 지나지 아니한 경우를 추가함.

법령명: 국민 평생 직업능력 개발법 시행령	
공포연월일: 2023.1.10.	시행연월일: 2023.1.12.
법령번호: 대통령령 제33222호	담당과: 직업능력정책과

✱ 주요내용

- 지역별 인적자원개발위원회의 교육훈련 수요조사 등을 지원하는 전문연구기관의 지정 대상 및 그 운영 등에 필요한 사항을 대통령령으로 위임하는 등의 내용으로 「근로자직업능력 개발법」이 개정(법률 제18751호, 2022.1.11. 공포, 2023.1.12. 시행)됨에 따라, 고용노동부장관은 정부출연연구기관, 공공기관 및 대학 부설연구소 중에서 직업능력개발 관련 연구 수행에 필요한 전문인력과 전담조직을 갖춘 기관을 전문연구기관으로 지정할 수 있도록 하는 한편, 직업능력개발훈련교사의 자격기준을 명확히 함.

법령명: 국민 평생 직업능력 개발법 시행령	
공포연월일: 2023.6.27.	시행연월일: 2023.7.4.
법령번호: 대통령령 제33596호	담당과: 직업능력정책과

★ 주요내용

- 자신의 직무능력정보를 취업 등에 활용하려는 국민이 신청하면 그 직무능력정보를 수집·관리하여 제공할 수 있도록 하고, 이를 위한 직무능력정보시스템을 구축·운영할 수 있도록 하며, 개인별 직무능력정보를 바탕으로 개인이 습득한 직무능력을 인정하는 등의 내용으로 「국민 평생 직업능력 개발법」이 개정(법률 제19174호, 2023.1.3. 공포, 7.4. 시행)됨에 따라, 고용노동부장관은 신청인에게 자신의 직무능력정보를 관리할 수 있는 직무능력계좌를 발급해 주도록 하고, 고용보험 피보험자격의 취득 및 상실 등에 관한 정보 등을 직무능력정보시스템의 구축 대상 정보에 추가하며, 직무능력정보시스템을 이용하여 개인별 직무능력계좌의 발급, 직무능력정보의 수집·관리·제공, 직무능력의 인정 등의 업무를 할 수 있도록 하고, 직무능력정보시스템의 구축·운영에 관한 업무를 한국산업인력공단에 위탁하는 등 법률에서 위임된 사항과 그 시행에 필요한 사항을 정함.

법령명: 국민 평생 직업능력 개발법 시행규칙	
공포연월일: 2023.1.12.	시행연월일: 2023.1.12.
법령번호: 고용노동부령 제376호	담당과: 직업능력정책과

★ 주요내용

- 고의 또는 중대한 과실로 훈련에 중대한 지장을 준 직업능력개발훈련교사 등에 대하여 직업능력개발훈련과정 관련 강의를 제한할 수 있도록 하고, 거짓 또는 부정한 방법으로 직업능력개발훈련 관련 지원을 받은 자에 대한 부정수급액 추가징수 기준을 부정수급액의 금액에 상관없이 부정수급액의 5배 이하의 금액을 추가징수할 수 있도록 하는 등의 내용으로 「근로자직업능력 개발법」이 개정(법률 제18751호, 2022.1.11. 공포, 2023.1.12. 시행)됨에 따라, 직업능력개발훈련교사 등의 행위로 인하여 직업능력개발훈련을 위탁받은 기관 등이 받은 처분의 정도에 따라 강의 제한 기간을 1년 또는 2년으로 정하고, 거짓 또는 부정한 방법으로 지원을 받아 반환명령을 받은 경우 부정수급액의 1배부터 5배까지 추가징수할 수 있는 기준을 마련하는 등 법률에서 위임된 사항과 그 시행에 필요한 사항을 정함.

법령명: 국민 평생 직업능력 개발법 시행규칙	
공포연월일: 2023.7.4.	시행연월일: 2023.7.4.
법령번호: 고용노동부령 제387호	담당과: 직업능력정책과

※ 주요내용

- 자신의 직무능력정보를 취업 등에 활용하려는 국민에게 직무능력계좌를 발급하여 개인별로 직무능력정보를 수집·관리하여 제공할 수 있도록 하고, 이를 위한 직무능력정보시스템을 구축·운영할 수 있도록 하며, 국가직무능력표준 등을 고려하여 국민 개개인이 습득한 직무능력을 인정할 수 있도록 하는 등의 내용으로 「국민 평생 직업능력 개발법」(법률 제19174호, 2023.1.3. 공포, 7.4. 시행) 및 같은 법 시행령(대통령령 제33596호, 2023.6.27. 공포, 7.4. 시행)이 개정됨에 따라, 직무능력계좌 및 직무능력 인정서를 발급받으려는 사람은 직무능력정보시스템을 통해 발급을 신청하도록 하고, 직무능력의 인정기준 및 인정 취소에 관한 기준을 정하며, 대학에서 운영하는 교과 중 국가직무능력표준에 기반하는 교과가 있는 경우 이를 국가직무능력표준 교과로 인정하는 절차 및 서식을 정하는 등 법률 및 시행령에서 위임된 사항과 그 시행에 필요한 사항을 정함.

8 국가기술자격법령

법령명: 국가기술자격법 시행령	
공포연월일: 2023.9.26.	시행연월일: 2024.1.1.
법령번호: 대통령령 제33760호	담당과: 직업능력평가과

※ 주요내용

- 데이터 분석 산업현장에서 요구되는 인력 수요에 대응하기 위하여 서비스 분야 국가기술자격 종목에 경영정보시각화능력을 신설하고, 해당 자격의 검정 기준을 정하려는 것임.

법령명: 국가기술자격법 시행규칙	
공포연월일: 2023.11.14.	시행연월일: 2024.1.1.
법령번호: 고용노동부령 제398호	담당과: 직업능력평가과

※ 주요내용

- 국가기술자격에 대한 산업현장의 수요를 반영하여 경영정보시각화능력 등 3개 종목을 신설하고, 전자부품장착산업기사 등 3개 종목을 폐지하며, 국가기술자격 종목의 직무 유사성 등을 고려하여 전자계산기기사 등 일부 종목을 통합하거나 명칭을 변경하고, 산업현장의 직무에 맞게 사회조사분석사1급 등 47개 종목의 시험과목을 변경하는 한편, 국가기술자격 검정시험의 응시자격 증명서류에 대한 심사 기준일을 '해당 회차의 마지막 필기시험일'로 개정하여 통일하는 등 현행 제도의 운영상 나타난 일부 미비점을 개선·보완하려는 것임.

⑨ 숙련기술장려법령

법령명: 숙련기술장려법	
공포연월일: 2023.7.18.	시행연월일: 2023.7.18.
법령번호: 법률 제19559호	담당과: 직업능력평가과

✱ 주요내용

- 숙련기술인에 대한 국민 인식의 제고와 숙련기술인의 사회적·경제적 지위 향상을 위하여 매년 9월 9일을 숙련기술인의 날로 정함

⑩ 노동조합 및 노동관계조정법

법령명: 노동조합 및 노동관계조정법 시행규칙	
공포연월일: 2023.12.29.	시행연월일: 2024.1.1.
법령번호: 고용노동부령 제405호	담당과: 노사관계법제과

✱ 주요내용

- 노동조합 설립 신고서, 노동조합현황정기통보서 및 노동단체카드 서식에서 노동조합 대표자나 임원의 주민등록번호 기재란을 생년월일 기재란으로 변경하여 불필요한 정보 수집을 줄이도록 하고, 노동조합이 매년 조합원 수를 행정관청에 통보할 때 연합단체인 노동조합은 구성단체별로 조합원 수를 통보하고, 둘 이상의 사업 또는 사업장의 근로자로 구성된 단위노동조합은 사업 또는 사업장별로 조합원 수를 통보해야 하는데, 관련 서식인 노동조합현황정기통보서에는 이를 명확하게 구분하여 기재할 수 있는 란이 없어 연합단체인 노동조합과 단위노동조합이 작성해야 하는 사항을 구분하여 기재할 수 있도록 해당 서식을 정비하는 등 현행 제도의 운영상 나타난 일부 미비점을 개선·보완하려는 것임

노동조합 및 노동관계조정법 시행령

법령명: 노동조합 및 노동관계조정법 시행령	
공포연월일: 2023.9.26.	시행연월일: 2023.10.1. / 2024.1.1.
법령번호: 대통령령 제33758호	담당과: 노사관행개선과

★ 주요내용

- 노동조합법 제25조에 따른 회계감사원을 재무·회계 관련 업무에 종사한 경력이 있거나 전문지식 또는 경험이 풍부한 사람 등으로 하고, 회계 투명성 제고를 위해 필요한 경우나 조합원 또는 대의원의 3분의 1 이상이 요구하는 경우 등은 조합원이 아닌 공인회계사나 회계법인으로 하여금 회계감사를 할 수 있도록 함(제11조의7, 회계감사원의 자격요건)
- 노동조합법 제26조에 따른 결산결과와 운영상황은 특별한 사정이 없는 한 회계연도 종료 후 2개월 이내에 게시판에 공고하는 등 전체 조합원이 쉽게 알 수 있는 방법으로 공표 하도록 함(제11조의8, 결산결과와 운영상황의 공표 시기 등)
- 노동조합이 결산결과를 공표할 수 있도록 고용노동부가 노동조합 회계 공시시스템을 구축·운영할 수 있도록 함(제11조의9, 공시시스템을 통한 결산결과 공표)

근로자참여 및 협력증진에 관한 법률

법령명: 근로자참여 및 협력증진에 관한 법률 시행규칙	
공포연월일: 2023.6.8.	시행연월일: 2023.6.8.
법령번호: 고용노동부령 제381호	담당과: 노사관계법제과

★ 주요내용

- 노사협의회가 협의회규정을 제정하거나 변경한 경우 관할 지방고용노동관서의 장에게 제출해야 하는 '제정·변경 협의회규정 제출서'의 기재항목 중 제출인의 생년월일, 노동조합의 대표자 성명 등 노사협의회와 관련이 없는 사항은 삭제하고, 사업 및 사업장의 상시 근로자 수, 노사협의회의 명칭·소재지·대표자명과 고충처리위원 수 등의 항목을 추가하며, 협의회규정 변경 시에는 신·구조문대비표를 첨부하도록 하려는 것임

근로자퇴직급여 보장법

법령명: 근로자퇴직급여 보장법 시행령	
공포연월일: 2023.12.12.	시행연월일: 2023.12.12.
법령번호: 대통령령 제33953호	담당과: 퇴직연금복지과

★ 주요내용

- 중소기업퇴직연금기금제도 관련 국가 지원범위에 "가입자부담금"도 규정하여 근로자 재정지원 근거를 명확히 하고 신청절차·환수조치 등 근거 마련
- 최소적립 의무 미이행에 대한 과태료 규정이 시행('22.4월)됨에 따라 불필요하게 된 재정안정화계획서 작성·통보 의무 등을 폐지
- 고용노동부장관이 근로복지공단에 위탁할 수 있는 권한의 범위에 "연구사업·퇴직연금사업자 평가" 등 퇴직연금 연구센터 사업내용 추가
- 퇴직연금제도 모집인 교육비, 검정시험의 수수료 부과 근거 마련

근로복지기본법

법령명: 근로복지기본법	
공포연월일: 2022.6.10.	시행연월일: 2023.6.11.
법령번호: 법률 제18926호	담당과: 디지털노동대응TF

★ 주요내용

- 「지방자치분권 및 지방행정체제개편에 관한 특별법」에 따른 자치분권위원회의 심의·의결 결과를 반영하여 지방자치단체가 관할 구역에서 지방자치단체의 예산으로만 근로복지사업을 추진하는 경우에는 고용노동부장관과의 협의를 거치지 아니할 수 있도록 함
- 현행법에 규정된 용어인 "대차대조표"를 기업회계기준에 맞추어 "재무상태표"로 변경

법령명: 근로복지기본법 시행령	
공포연월일: 2023.9.27.	시행연월일: 2024.1.1.
법령번호: 대통령령 제33776호	담당과: 디지털노동대응TF

★ 주요내용

- 대·중소기업 복지 격차 완화를 통한 상생의 노동시장 구축을 위하여 사내근로복지기금법인이 그 기금에서 출연금 및 기본재산 중 일부를 '해당 사업으로부터 직접 도급받는 업체의 소속 근로자 및 해당 사업에의 파견근로자'의 복리후생 증진에 사용하는 경우 그 출연금 및 기본재산을 사용할 수 있는 상한을 각각 사업주 등이 해당 기금에 출연하는 금액의 "100분의 80"에서 "100분의 90"까지, 해당 기금의 기본재산 총액의 "100분의 20"에서 "100분의 30"까지 상향 조정

 임금채권보장법령

법령명: 임금채권보장법 시행규칙	
공포연월일: 2023.3.8.	시행연월일: 2023.7.1.
법령번호: 고용노동부령 제378호	담당과: 퇴직연금복지과

★ 주요내용

- 대지급금 관련업무 지원 공인노무사 제도(조력지원 제도)의 지원제도의 지원요건을 상시근로자수 30인 미만 사업장으로 확대하고, 소득요건(350만 원 이하) 기준을 전체 상시근로자의 월평균보수에서 "지원신청 근로자 본인"의 월평균보수로 개정하여 제도 개선(제8조의2, 제8조의3)
- 도산등사실인정 요건을 충족하는 경우 지원대상에 해당하는 것으로 규정된 조항을 "도산등사실인정 신청 시 지원"하는 것으로 변경하여 불합리한 규정을 정비(제8조의2)
- 사업주가 대지급금보다 체불청산지원 사업주 융자제도를 통해 체불을 자기 책임하에 해결할 수 있도록 지원대상 사업장의 상시근로자수 제한을 없애고, 사업가동기간을 1년 이상에서 6개월 이상으로 완화하여 제도 확대(제8조의6)
- 체불청산지원 사업주 융자의 한도를 사업주당 1억 원에서 1억5천만 원으로 상향(근로자 1인당 1천만 원→1천5백만 원)하고, 융자기간을 1년 거치, 2년 분할상환에서 1년 또는 2년 거치, 3년 또는 4년 분할상환으로 확대(제8조의9, 제8조의10)

공휴일에 관한 법률

법령명: 공휴일에 관한 법률	
공포연월일: 2021.7.7.	시행연월일: 2022.1.1.
법령번호: 법률 제18291호	담당과: 고용부 임금근로시간정책과, 인사처 복무과

✱ 주요내용

- 공휴일을 지정함으로써 사회 각 분야의 공휴일 운영에 통일성을 기하는 것을 목적으로 함(제1조).
- 공휴일은 국경일, 1월 1일, 설날 등으로 규정(제2조).
- 공휴일이 토요일이나 일요일, 다른 공휴일과 겹칠 경우에는 대체공휴일로 지정하여 운영할 수 있고, 대체공휴일의 지정 및 운영에 관한 사항은 「관공서의 공휴일에 관한 규정」으로 정함(제3조).
- 공휴일과 대체공휴일의 적용은 「국가공무원법」, 「근로기준법」 등 관계 법령에서 정하는 바에 따름(제4조).

공무원의 노동조합 설립 및 운영 등에 관한 법령

법령명: 공무원의 노동조합 설립 및 운영 등에 관한 법률 시행령	
공포연월일: 2023.12.5.	시행연월일: 2023.12.11.
법령번호: 대통령령 제33903호	담당과: 공공노사관계과

✱ 주요내용

- 공무원의 정당한 노조활동을 보장하기 위하여 공무원에 대해서도 근무시간 면제 제도를 도입하는 등의 내용으로 「공무원의 노동조합 설립 및 운영 등에 관한 법률」이 개정(법률 제18922호, 2022. 6. 10. 공포, 2023. 12. 11. 시행)됨에 따라, 근무시간 면제 제도의 도입을 위한 근무시간 면제 절차, 근무시간 면제자 확정 및 변경 절차, 근무시간 면제 시간 사용 절차, 근무시간 면제 사용 정보의 공개 방법 등을 정하는 등 법률에서 위임된 사항과 그 시행에 필요한 사항을 정하려는 것임.

법령명: 공무원의 노동조합 설립 및 운영 등에 관한 법률 시행규칙	
공포연월일: 2023.12.29.	시행연월일: 2024.1.1.
법령번호: 고용노동부령 제407호	담당과: 공공노사관계과

✱ 주요내용

- 노동조합이 매년 조합원 수를 행정관청에 통보할 때 연합단체인 노동조합과 단위노동조합이 작성해야 하는 사항을 구분하여 통보해야 하는데, 관련 서식인 노동조합 현황 정기 통보서에는 이를 명확하게 구분하여 기재할 수 있는 란이 없어 연합단체인 노동조합과 단위노동조합이 작성해야 하는 사항을 구분하여 기재할 수 있도록 해당 서식을 정비하는 등 현행 제도의 운영상 나타난 일부 미비점을 개선·보완하려는 것임.

18 교원의 노동조합 설립 및 운영 등에 관한 법령

법령명: 교원의 노동조합 설립 및 운영 등에 관한 법률 시행령	
공포연월일: 2023.12.5.	시행연월일: 2023.12.11.
법령번호: 대통령령 제33904호	담당과: 공공노사관계과

✱ 주요내용

- 교원의 정당한 노조활동을 보장하기 위하여 교원에 대해서도 근무시간 면제 제도를 도입하고, 교원이 노동위원회에 부당노동행위 구제신청을 한 경우 교원소청심사위원회에 소청심사를 청구할 수 없도록 한 규정을 삭제하는 등의 내용으로 「교원의 노동조합 설립 및 운영 등에 관한 법률」이 개정(법률 제18924호, 2022. 6. 10. 공포, 2023. 12. 11. 시행)됨에 따라, 근무시간 면제 제도의 도입을 위한 근무시간 면제 절차, 근무시간 면제자 확정 및 변경 절차, 근무시간 면제 시간 사용 절차, 근무시간 면제 사용 정보의 공개 방법 등을 정하고, 교원이 노동위원회에 부당노동행위 구제신청을 한 경우 노동위원회가 교원소청심사위원회에 구제신청 접수 사실을 통보하도록 하는 규정을 삭제하는 등 법률에서 위임된 사항과 그 시행에 필요한 사항을 정하려는 것임.

산업안전보건법령

법령명: 산업안전보건법 시행령	
공포연월일: 2023.6.27.	시행연월일: 2023.6.27.
법령번호: 대통령령 제33597호	담당과: 산업안전보건정책과

✱ 주요내용

- 화학사고 예방 및 대응을 위한 정보 협조(제8조의2)
  고용노동부장관이 관계 기관에 제공 요청할 수 있는 자료에 환경부장관이 화학물질을 제조 또는 수입하려는 자로부터 받은 '화학물질확인 정보'를 추가하여 사업장에서의 화학물질 취급 현황 파악을 통한 화학물질 급성중독 사고를 방지할 수 있도록 함
- 유해위험방지계획서 과태료의 부과기준 개선(별표 35)
  유해위험방지계획서 사전 제출의무가 있는 사업주가 이를 위반할 경우 위반횟수에 관계없이 과태료를 동일하게 1천만 원 부과하도록 하던 것을, 위반횟수에 따라 1회 위반 시 3백만 원, 2회 위반 시 6백만 원으로 차등 부과하도록 하여 형평성을 제고하되, 고층 건축물이나 터널·댐 공사 등 일정 규모 이상의 건설공사는 과태료 기준 완화 대상에서 제외함
- 산업안전·보건지도사 자격증 발급 및 위임근거 신설(제105조, 제115조, 제117조, '23.9.28. 시행)
  소방안전관리자, 기술지도사, 보건교육사, 관세사 등 다른 국가자격의 경우처럼 산업안전지도사 및 산업보건지도사에 대해서도 자격증을 발급하여 그 국가자격을 관리하도록 함

법령명: 산업안전보건법 시행규칙	
공포연월일: 2023.9.27.	시행연월일: 2023.9.27.
법령번호: 고용노동부령 제393호	담당과: 산업안전보건정책과

✱ 주요내용

- 물질안전보건자료대상물질 관련 비공개 승인 등에 대한 이의신청기간 등이 「산업안전보건법」에 상향 규정됨에 따라 관련 규정을 정비하고, 산업안전지도사 등의 자격증 발급 근거를 두는 내용으로 「산업안전보건법 시행령」(대통령령 제33597호, 2023. 6. 27. 공포, 9. 28. 시행)이 개정됨에 따라 산업안전지도사 등의 자격증 발급 신청서 및 자격증 서식을 신설하는 한편,
- 영업비밀과 관련된 물질안전보건자료대상물질 원료의 명칭·함유량을 비공개하고 대신 대체자료를 사용할 수 있도록 승인을 받은 경우 그 대체자료를 사용할 수 있는 자의 범위에 '비공개 승인된 물질안전보건자료대상물질을 원료로 국외에서 다른 물질안전보건자료대상물질을 제조하거나 이를 수입하는 자'를 추가하고, 근로자 등에 대한 안전보건교육의 주기·시간 및 내용을 정비하며, 석면 사용 금지가 정착된 2017년 7월 1일 이후 착공 신고된 신축 건축물에 대해서는 건축물대장만 제출하면 되도록 '기관석면조사 생략 확인 절차'를 간소화하고, 사업주가 유해물질에 중독된 사람 등의 근로를 제한하려는 경우이거나 근로가 제한되었다가 건강을 회복하여 다시 근로를 할 수 있게 하려는 경우에는 미리 의사의 의견을 듣도록 함

법령명: 산업안전보건기준에 관한 규칙	
공포연월일: 2023.11.14.	시행연월일: 2023.11.14.
법령번호: 고용노동부령 제399호	담당과: 산업안전보건정책과

✱ 주요내용

- 근로자 추락 방지 등을 위하여 설치하는 안전난간에 대해 난간기둥 간 간격이 25센티미터 이하이면 계단의 경우 중간 난간대를 설치하지 않을 수 있도록 하던 것에서, 계단뿐 아니라 모든 안전난간에 대하여 중간 난간대를 설치하지 않을 수 있도록 하고, 작업장이 있는 층에 피난층 또는 지상으로 통하는 직통계단을 설치한 경우에는 비상구 설치에 관한 거리 기준을 갖춘 것으로 보도록 하는 등 사업주가 부담하는 안전조치 의무를 근로자의 안전을 해치지 않는 범위에서 합리적으로 완화하는 한편,
- 붕괴사고로 인한 근로자 사상사고를 예방하기 위하여 사업주가 실시하는 안전성 평가 대상에 '구축물 등의 주요구조부에 대한 설계 및 시공 방법의 전부 또는 일부를 변경하는 경우'를 추가하고, 건축 시 콘크리트 타설작업에 사용되는 '거푸집동바리'를 '동바리'로 용어 정비하며, '거푸집 조립 시 안전조치의무'와 '동바리 조립 시 안전조치의무'를 각각 명확하게 구분하여 규정하고, '파이프 서포트, 강관틀, 시스템 동바리, 보 형식 동바리' 등 동바리 유형별로 안전조치의무를 규정하며, 굴착작업 시 안전조치의무를 작업 단계별로 구분하여 정하고, 구축물 등을 해체할 때의 준수사항을 마련함

⑳ 산업재해보상보험법령

법령명: 산업재해보상보험법	
공포연월일: 2022.1.11.	시행연월일: 2023.1.12.
법령번호: 법률 제18753호	담당과: 산재보상정책과

✱ 주요내용

- 현행법에 따르면 특수형태근로종사자가 산업재해보상보험을 적용받기 위해서는 '특정 사업에의 전속성' 요건을 충족하여야 하는데, 배달앱 등 온라인 플랫폼 등을 통해 복수의 사업에 노무를 제공하는 경우에는 이러한 요건을 충족하지 못하여 산업재해 보호의 사각지대가 발생하고 있음.
- 또한 특수형태근로종사자가 '특정 사업에의 전속성' 요건을 충족하더라도, 주된 사업장 외의 보조사업장에서 업무상 재해를 입은 경우에는 산업재해보상보험이 적용되지 않는 상황임.
- 이에 산업재해보상보험의 전속성 요건을 폐지하고, 기존 특수형태근로종사자 및 온라인 플랫폼 종사자 등을 포괄하는 개념으로 "노무제공자"의 정의를 신설하여 산업재해보상보험의 적용을 받을 수 있도록 하며, 이로 인하여 새롭게 보험의 적용을 받는 사람들의 노무제공 특성에 맞는 보험적용·징수체계와 급여·보상제도를 마련함으로써 산업재해보상보험을 통한 보호 범위를 보다 확대하려는 것임.

법령명: 산업재해보상보험법 시행령	
공포연월일: 2023. 6. 27.	시행연월일: 2023.7.1.
법령번호: 대통령령 제33593호	담당과: 산재보상정책과

주요내용

- 산업재해보상보험의 보호 범위를 확대하기 위하여 종전의 특수형태근로종사자 및 온라인 플랫폼 종사자 등을 포괄하는 개념으로 노무제공자의 정의를 신설하여 산업재해보상보험의 적용을 받도록 하고, 산업재해보상보험의 전속성 요건을 폐지하여 주된 사업장뿐 아니라 노무를 제공하는 모든 사업장에서 산업재해보상보험에 각각 가입하도록 하는 등의 내용으로 「산업재해보상보험법」이 개정(법률 제18928호, 2022. 6. 10. 공포, 2023. 7. 1. 시행)됨에 따라, 산업재해보상보험에서의 노무제공자의 범위, 노무제공자의 평균보수 산정사유 발생일 등 법률에서 위임된 사항과 그 시행에 필요한 사항을 정하려는 것임.

법령명: 산업재해보상보험법 시행규칙	
공포연월일: 2023.6.30.	시행연월일: 2023.7.1.
법령번호: 고용노동부령 제384호	담당과: 산재보상정책과

주요내용

- 산업재해보상보험의 보호 범위를 확대하기 위하여 종전의 특수형태근로종사자 및 온라인 플랫폼 종사자 등을 포괄하는 개념으로 노무제공자의 정의를 신설하여 산업재해보상보험의 적용을 받도록 하고, 화물자동차를 운전하는 사람을 노무제공자로 정하는 등의 내용으로 「산업재해보상보험법」(법률 제18928호, 2022. 6. 10. 공포, 2023. 7. 1. 시행) 및 같은 법 시행령(대통령령 제33593호, 2023. 6. 27. 공포, 2023. 7. 1. 시행)이 개정됨에 따라, 근로자와 노무제공 특성이 다른 노무제공자도 부분휴업급여를 받을 수 있도록 하기 위해 근로시간 관련 서류를 부분휴업급여 청구 시 제출서류에서 삭제하고, 살수차류, 굴절식·직진식 카고크레인류 및 고소작업자동차류를 운전하는 사람을 노무제공자에 포함시키며, 노무제공자가 평균보수 산정기간 동안 보수 외에 근로자로서 지급받은 임금이 있는 경우 그 임금을 평균보수에 산정하는 절차를 정하고, 노무제공자의 보험급여 지급 등에 관하여는 근로자에 대한 규정을 준용하도록 하는 등 법률 및 시행령에서 위임된 사항과 그 시행에 필요한 사항을 정하려는 것임.

외국인근로자의 고용 등에 관한 법령

법령명: 외국인근로자의 고용 등에 관한 법률	
공포연월일: 2022.6.10.	시행연월일: 2022.12.11.
법령번호: 법률 제18929호	담당과: 외국인력담당관

✱ 주요내용

- 「산업안전보건법」을 위반하여 외국인근로자를 사망에 이르게 한 사용자에 대하여 고용허가를 제한할 수 있도록 하고, 외국인 취업교육기관의 지정 및 지정취소에 관한 주요사항 규정

III 2023년도 예산

1 세입

(단위: 억 원)

회 계 별	2023 예산(A)	2024 예산(B)	증 감 (B-A)	%
합 계	2,504	3,423	918	36.7
○ 일반회계	2,339	3,235	896	38.3
• 기타재산 수입	12	19	7	58.3
• 벌금, 몰수금및과태료	447	499	52	11.6
• 위약금및가산금	3	3	-	-
• 기타경상이전수입	1,876	2,713	837	44.6
• 기타 수입	1	2	1	100.0
○ 지역균형발전특별회계	165	187	22	13.3
• 기타재산 수입	6	8	2	33.3
• 기타경상이전수입	159	179	20	12.6

2 세출

● 총 괄

(단위: 억 원)

회 계 별	2023 예산(A)	2024 예산(B)	증감 (B-A)	%
합 계	66,741	58,151	△8,590	△12.9
○ 일반회계	59,193	51,306	△7,887	△13.3
○ 에너지및자원사업특별회계	891	896	4	0.5
○ 지역균형발전특별회계	3,002	1,839	△1,164	△38.8
○ 고등·평생교육지원특별회계	3,654	4,111	456	12.5

* 총지출 기준

📍 프로그램별 내역

(단위: 억 원)

구 분	2023 예산(A)	2024 예산(B)	증감 (B-A)	%
합 계	66,741	58,151	△8,590	△12.9
○ 고용창출	22,078	16,879	△5,199	△23.5
- 일반회계	19,520	15,316	△4,204	△21.5
- 지역균형발전특별회계	2,558	1,563	△995	△38.9
○ 직업능력개발	12,075	13,435	1,360	11.3
- 일반회계	8,421	9,324	904	10.7
- 고등·평생교육지원특별회계	3,654	4,111	456	12.5
○ 고용안전망확충사업	23,426	18,162	△5,264	△22.5
- 일반회계	23,426	18,162	△5,264	△22.5
○ 고용평등증진사업	660	962	301	45.6
- 일반회계	403	835	432	107.0
- 지역균형발전특별회계	257	127	△130	△50.8
○ 노사정책사업	531	608	77	14.6
- 일반회계	531	608	77	14.6
○ 근로조건보호및복지증진사업	632	623	△8	△1.3
- 일반회계	632	623	△8	△1.3
○ 산업재해예방사업	938	918	△19	△2.0
- 일반회계	46	23	△23	△50.7
- 에너지및자원사업특별회계	891	896	4	0.5
○ 고용노동행정지원	6,119	6,288	170	2.8
- 일반회계	5,932	6,139	208	3.5
- 지역균형발전특별회계	187	149	△38	△20.4
○ 소속책임운영기관운영	283	275	△7	△2.6
- 일반회계	283	275	△7	△2.6

Ⅳ. 2023년도 기금운용계획

● 정부관리기금

(단위: 백만 원)

기 금 별	2023계획		2024계획 (B)	증감 (B-A)	%
	당초(A)	최종(수정)			
기금총계	43,965,674	43,965,674	47,187,294	3,221,620	7.3
(일반지출)	(28,276,425)	(29,094,542)	(27,867,377)	(△409,048)	(△1.4)
고용보험기금	21,679,991	21,679,991	23,413,642	1,733,651	8.0
(일반지출)	(16,910,684)	(17,509,571)	(16,405,832)	(△504,852)	(△3.0)
산업재해 보상보험및예방기금	19,056,193	19,056,193	20,295,013	1,238,820	6.5
(일반지출)	(9,640,569)	(9,641,345)	(9,822,242)	(181,673)	(1.9)
임금채권보장기금	1,900,474	1,900,474	2,004,757	104,283	5.5
(일반지출)	(847,783)	(874,793)	(905,348)	(57,565)	(6.8)
장애인고용 촉진및직업재활기금	916,927	916,927	972,809	55,882	6.1
(일반지출)	(635,650)	(802,584)	(543,133)	(△92,517)	(△14.6)
근로복지진흥기금	412,089	412,089	501,073	88,984	21.6
(일반지출)	(241,739)	(266,249)	(190,822)	(△50,917)	(△21.1)

V. 고용노동통계 일람표

조사명		조사주기	조사항목/내용
임금결정 현황조사		연	• 부문별(민간/공공), 규모별, 업종별 임금결정현황 • 협약임금인상률(임금총액, 통상임금 기준), 임금결정진도율
최저임금 적용효과에 관한 설문 조사		연	• 최저임금이 기업경영과 고용에 미치는 효과 및 최저임금 수준의 만족도
장애인의무 고용현황(보고)		연	• 장애인의무고용현황 • 민간기업의 규모별 고용률
고령자 고용현황(보고)		연	• 고령자 수, 고령자, 고용률 등 고령자 고용현황 • 정년제도 운영현황
우선고용직종 고용현황(보고)		연	• 기관별 우선고용직종 고용현황
외국인 고용허가제 현황(보고)		월	• 외국인근로자 구인·구직 신청 건수 • 고용허가서 발급 건수 • 근로계약체결 건수 • 사증발급인정서 발급 건수 • 입국자 및 취업자 수
고령자인재은행 취업알선실적 (보고)		연	• 연령별, 고용형태별, 고용기간별, 직종별, 고령자 구인·구직자 수, 취업알선·취업자 수
고용보험 및 워크넷 통계(보고)		월	• 고용보험 피험자 수, 취득 및 상실자 수, 구직급여신청 및 지급자 수, 구인·구직 현황
사업체노동력조사		월	• (고용)사업체 종사자 수, 노동이동(입·이직), 빈 일자리 수 (근로실태) 임금 및 근로시간
부가조사	시도별 임금 및 근로시간	연	• 시도별 임금 및 근로시간
	임금체계, 정년제, 임금피크제 현황	연	• 기본급 체계, 정년제, 유연근무제, 임금피크제 등 도입 현황
직종별사업체노동력조사		반기	• 현원, 부족인원 및 채용계획인원, 구인인원 및 채용인원
지역별사업체노동력조사		반기	• 시·군·구별 종사자 수, 노동이동(입·이직), 빈 일자리 수
고용형태별근로실태조사		연	• 정규직/비정규직 등 고용형태 및 직종에 따른 근로실태 (임금, 근로시간, 사회보험현황 등)
사업체기간제근로자현황조사		반기	• 기간제근로자 수 및 기간제법 정규직 전환 대상자의 계약기간 만료자 조치현황
기업체노동비용조사		연	• 기업체의 직·간접 노동비용 (임금, 퇴직급여, 법정노동·법정외복지비용 등)
사업체노동실태 현황(가공)		연	• 사업체 수 및 종사자 수

조사명	조사주기	조사항목/내용
사업종류별 보험 적용 및 징수 상황(보고)	월	• 고용보험적용 현황 • 고용보험료 징수·체납·결손현황 • 산재보험적용, 보험료 수납현황 • 산재보험 임의가입 사업장·근로자 현황
직업능력개발 사업현황(보고)	연	• 실업자 훈련실시 현황 • 재직자 훈련실시 현황 • 기능인력 양성훈련실시 현황
국가기술자격 현황(보고)	연	• 국가기술자격 취득자 현황 • 검정형 국가기술자격 시험 및 취득자 현황 • 과정평가형 국가기술자격 평가 및 취득자 현황
전국노동조합조직 현황(보고)	연	• 노동조합 수, 조합원 수 및 노동조합 조직률 현황
노사분규 현황(보고)	연	• 노사분규발생·해결·진행 및 분규 참가자 수, 근로손실 일수현황
개정규정적용특례신고 실적(보고)	연	• 개정규정적용특례 현황 • 개정규정적용특례 개선 현황
근로자파견사업(보고)	반기	• 파견사업체 및 사용사업체 수, 파견근로자 등 근로자파견사업 현황 • 파견기간별, 파견사유별 근로자 현황 • 파견근로자 임금
사업장감독 현황(보고)	부정기	• 사업장감독 실시업체 수, 법위반업체 수, 위반 건수, 시정 완료업체 수, 사법처리, 행정처분 건수 등 사업장 감독실적 • 예방점검 현황
사내하도급 불법파견조사·조치현황(보고)	부정기	• 원·하청대상 사업장 수 현황 • 불법파견 사업장 수, 법 위반 건수, 법 위반 조치내역 현황
근로자건강진단 실시상황 보고	연	• 건강진단 실시사업장 현황 • 건강진단 실시근로자 현황 • 질병발생 현황 • 사후관리조치 현황
산업재해현황(보고)	월	• 업종별, 규모별, 지역별, 발생형태별, 입사근속기간별, 연령별, 요일별, 시간별, 요양기간별, 휴업기간별, 산업별 등 산업재해현황
산재보험급여 지급상황 보고	월	• 급여별·업종별 보험급여 지급현황 • 산재보험 지정 의료기관 현황 • 요양기간별 요양환자 현황 • 중소기업 사업주 보상 현황
고용보험 심사청구 및 재심사 청구 처리 현황(보고)	연	• 심사 및 재심사 청구 처리 현황 • 심사 및 재심사 청구 내용
조정·심판 사건통계(보고)	월	• 조정사건 처리 현황 • 심판사건 처리 현황
사업체 임금실태분석(가공)	연	• 근로자 임금수준 및 최저임금 적용 영향률 • 최저임금 수혜근로자 수 및 영향률 • 근로자 임금실태

VI. 주요 웹사이트

고용노동부 홈페이지	https://www.moel.go.kr
고용노동부 민원마당	https://minwon.moel.go.kr
고용노동부 노동포털(감독과)	https://labor.moel.go.kr
고용노동통계	http://laborstat.moel.go.kr
e-고용노동지표	http://eboard.moel.go.kr
임금직무정보보시스템	https://www.wage.go.kr
고용24	https://www.work24.go.kr
고용보험	https://www.ei.go.kr
워크넷	https://www.work.go.kr
고용복지플러스센터	https://www.workplus.go.kr
국민취업지원제도	https://www.kua.go.kr
직업능력개발 포털	https://www.hrd.go.kr
외국인고용관리	https://www.eps.go.kr
가사랑	https://www.gasarang.go.kr
중앙노동위원회	http://www.nlrc.go.kr
산업재해보상보험재심사위원회	http://www.iaciac.go.kr
최저임금위원회	http://www.minimumwage.go.kr
고용보험심사위원회	https://eiac.ei.go.kr
고용노동부 고객상담센터	https://1350.moel.go.kr/home
근로복지공단	https://www.comwel.or.kr/
두루누리 사회보험	http://insurancesupport.or.kr
한국산업인력공단	https://www.hrdkorea.or.kr
국가직무능력표준	https://www.ncs.go.kr
HRD4U	https://www.hrd4u.or.kr
한국산업안전보건공단	https://www.kosha.or.kr
한국장애인고용공단	https://www.kead.or.kr
장애인고용포털	https://www.worktogether.or.kr
한국고용정보원	https://www.keis.or.kr
한국폴리텍대학	https://www.kopo.ac.kr
한국기술교육대학교	https://www.koreatech.ac.kr
한국기술교육대학교 스마트직업훈련플랫폼	https://www.step.or.kr
한국기술교육대학교 직업능력심사평가원	https://www.ksqa.or.kr
한국고용노동교육원	https://www.keli.kr
건설근로자공제회	https://www.cw.or.kr
노사발전재단	https://www.nosa.or.kr
적극적 고용개선조치	https://www.aa-net.or.kr
한국사회적기업진흥원	https://www.socialenterprise.or.kr
한국잡월드	https://www.koreajobworld.or.kr

* 고용보험, 워크넷, 국민취업지원제도, 직업능력개발포털은 '24년 하반기 중 고용24로 통합예정

Ⅶ 2023년도 주요 고용노동 일지

1 노동시장정책관

일 자	제 목	주 요 내 용
1월 1일	• 무급휴업휴직고용유지지원금 지급규정 개정 • 고용창출장려금·고용안정장려금 신청 및 지급에 관한 규정 개정	• 무급고용유지지원금 지원조건 조정 • 고용창출장려금 지급요건 등 일부 변경
1월 27일	• 2023년 제1차 고용정책심의회	• 고용정책 기본계획(안) • 고령자 고용촉진 기본계획(안) • 고용서비스 고도화 방안(안) • 재학생 맞춤형 고용서비스 추진계획(안) • 청년 일경험 활성화 방안(안) • '23년 고용영향평가 대상과제 선정(안)
5월 3일	• 2023 제2차 고용정책심의회	• 국민취업지원제도 부양가족수당 지급기준 변경(안) • 고용정책심의회 전문위원회 '22년도 활동실적 보고
6월 22일	• 2023 제3차 고용정책심의회	• 특별고용지원업종 지정기간 연장 검토(안)
7월 13일	• 2023 제4차 고용정책심의회	• 재정지원 일자리사업 평가 및 개선방안(안)
8월 2일	• 2023 전국 지방자치단체 일자리 대상	• 지역일자리 목표 공시제 및 지역산업맞춤형 일자리 창출 사업 추진실적 우수 자치단체 선정·시상
8월 21일	• 고용보험법 일부개정안 발의 (임이자의원 발의)	• 고용유지지원제도 관련 규정 (지원유형 및 지원기준 등 정비)
8월 31일	• 2023 제5차 고용정책심의회	• 제4차 사회적기업 기본계획
9월 4일	• 2023 대한민국 일자리 으뜸기업 인증식 및 일자리창출 유공자 정부포상	• 일자리를 많이 늘리고 일자리 질을 개선한 으뜸기업 100개 사 선정·시상 • 좋은 일자리 창출에 선도적 역할을 한 유공자 선정·시상
11월 27일	• 무급휴업휴직고용유지지원금 지급규정 개정 • 고용창출장려금 고용안정장려금의 신청 및 지급에 관한 규정 일부 개정	• 고용24 개시와 관련 조치 반영 무급고용유지지원금 지원서식 및 규정 정비 • 고용촉진장려금 지원대상 취업지원프로그램 정비 (일반고특화과정 근거 규정 현행화, 경력단절여성 지원 대상 명확화 등) • 민원서식 정비(통합서식→개별서식 분리 등)
12월 21일	• 2023 제6차 고용정책심의회	• 고용위기지역 지정기간 연장 검토 • 특별고용지원업종 지정기간 연장 검토
12월 26일	• 고용보험법 시행령 일부개정	• 고용유지지원제도 관련 규정 개정 (고용조정제한기준 추가, 지원제외 대상 추가등)
12월 29일	• 고용보험법 시행규칙 일부개정	• 고용유지지원제도 관련 규정 개정 (지원대상 사업주 판단기준 정비, 관련 서식 개정)
12월 29일	• 거제 고용위기지역 지정기간 연장 • 택시운송업 특별고용지원업종 지정기간 연장	• 거제('24.1.1. ~ '24.6.30.) • 택시운송업('24.1.1. ~ '24.6.30.)

② 고용서비스정책관

일 자	제 목	주 요 내 용
1월 11일~12일 〈서면심의〉	• 제1차 자산운용위원회	• 차기 주간운용사 선정 기준·절차(안) 심의
1월 17일~18일 〈서면심의〉	• 제2차 자산운용위원회	• 차기 주간운용사 선정 절차 및 기준(안) 심의
2월 24일	• 제1차 고용보험위원회	• 고용보험법 등 하위법령 개정(안) 심의 • '22회계연도 고용보험기금 결산(안) 심의 • 고용보험위원회 운영세칙 개정(안) 심의 • 농·어업분야 고용보험 제도개선 방안 보고 • '22년 고용보험기금 여유자산 운용성과 보고 • '23년 고용보험기금 운용계획 보고
3월 10일	• 제3차 자산운용위원회	• 2022년 자산운용성과 보고 • 고용보험기금 2023년 연간 자산운용계획(안) 심의 • 산재보험기금 2023년 연간 자산운용계획(안) 심의
3월 30일	• 제1차 리스크관리위원회	• 고용·산재보험기금 리스크관리 현황 보고 • 해외부동산 투자현황 점검 보고 • 고용보험기금 '23년 시장위험 한도 설정(안) 심의 • 산재보험기금 '23년 시장위험 한도 설정(안) 심의
3월 30일	• 제1차 성과평가위원회	• 2022년 고용·산재보험기금 주간운용사 성과평가 시행계획 보고 • 주간운용사 정성지표 평가 및 성과평가 최종결과 확정 심의 • 주간운용사 성과보수 의결(안) 심의 • 자산운용 현황 및 성과 보고
3월 30일~31일 〈서면심의〉	• 제4차 자산운용위원회	• 자산운용 현황 및 운용성과 보고 • 고용보험기금 2/4분기 자산운용계획(안) 심의 • 산재보험기금 2/4분기 자산운용계획(안) 심의
5월 17일	• 제2차 리스크관리위원회	• SVB사태 이후 금융 리스크 점검과 대응계획 보고 • 대체투자자산 공정가치평가 검증결과 심의
5월 26일	• 제2차 고용보험위원회	• '24년 고용보험기금운용계획(안) 심의 • '23년 고용보험사업 평가결과 심의 • '23년 여유자금 운용 현황 및 연간 자산배분 계획 보고

일자	제목	주요내용
6월 2일	• 제2차 성과평가위원회	• 자산운용 현황 및 성과 보고 • 해외부동산 리스크관리 현황 보고 • 차기 주간운용사 우선협상대상기관 선정 결과 보고 • 고용·산재보험기금 주간운용사 성과평가 개선방안 심의 • 고용보험기금 성과평가규정 개정(안) 심의 • 산재보험기금 성과평가규정 개정(안) 심의
6월 21일	• 제5차 자산운용위원회	• 자산운용 현황 및 운용성과 보고 • 고용보험기금 3/4분기 자산운용계획(안) 심의 • 산재보험기금 3/4분기 자산운용계획(안) 심의 • 고용·산재보험기금 주간운용사 우선협상대상기관 협상결과 보고
7월 4일	• 제3차 리스크관리위원회	• 리스크관리 현황 보고 • 위기상황 대응전략 개정(안) 심의 • 고용·산재보험기금 주간운용사 선정 결과 보고 • 2022회계연도 기금 자산운용평가부문 평가결과 보고
7월 18일	• 제3차 성과평가위원회	• 22회계연도 기금운용(자산운용부문) 평가 결과 보고 • 고용·산재보험기금 제3기 주간운용사 선정 결과 보고 • '23년 상반기 주간운용사 성과보수 의결(안) 심의
7월 24일~26일 〈서면심의〉	• 제3차 고용보험위원회	• 2023년 고용보험기금운용계획 변경(안) 심의
8월 31일	• 제4차 리스크관리위원회	• 리스크관리 현황 보고 • 해외부동산 주요 리스크 점검 보고 • 최근 금융시장의 특이 현상 점검 보고 • 한미 금리 역전 심화에 따른 리스크 점검 보고 • 하반기 글로벌 은행권 리스크 점검 보고
9월 1일	• 제4차 고용보험위원회	• 고용보험법 및 하위법령 등 개정(안) 심의
9월 21일	• 제5차 고용보험위원회	• 고용보험법 및 보험료징수법 하위법령 개정(안) 심의
9월 21일	• 제6차 자산운용위원회	• 자산운용 현황 및 운용성과 보고 • 고용보험기금 4/4분기 자산운용계획(안) 심의 • 산재보험기금 4/4분기 자산운용계획(안) 심의 • 고용·산재보험기금 대체투자 운용 현황 보고
10월 16일	• 제5차 리스크관리위원회	• 고용보험기금 해외부동산 추가출자 검토(안) 심의
10월 17일~18일 〈서면심의〉	• 제6차 고용보험위원회	• 2023년 고용보험기금운용계획 변경(안) 심의

일 자	제 목	주 요 내 용
11월 29일	• 제4차 성과평가위원회	• 자산운용 현황 및 성과 보고 • 고용·산재보험기금 제3기 주간운용사 사업계획 보고
11월 30일~ 12월 1일 〈서면심의〉	• 제7차 고용보험위원회	• 2023년 고용보험기금운용계획 변경(안) 심의 • 고용산재보험료징수법 관련 고시 개정(안) 심의 • 농어업분야 제도개선 관련 고용보험법 등 하위법령 개정(안) 심의
12월 20일~21일 〈서면심의〉	• 제8차 고용보험위원회	• 2023년 고용보험기금운용계획 변경(안) 심의
12월 22일	• 제7차 자산운용위원회	• 자산운용 현황 및 운용성과 보고 • 고용보험기금 1/4분기 자산운용계획(안) 심의 • 산재보험기금 1/4분기 자산운용계획(안) 심의
12월 26일	• 제6차 리스크관리위원회	• 리스크관리 현황 보고 • '23년 공정가치평가 결과 및 검증계획 심의 • 대체투자 리스크관리 현황 보고

고용지원정책관

일 자	제 목	주 요 내 용
1월 2일 ~31일	• 2022년 12월 기준 사업체노동력조사 실시	• 사업체 종사자 수, 빈 일자리, 노동이동 및 임금, 근로시간 등 조사
1월 2일 ~31일	• 2022년 하반기 사업체기간제근로자현황조사 실시	• 상시근로자 5인 이상 사업체의 계약기간 만료 기간제근로자 조치현황 조사
1월 10일	• 고용행정통계로 본 노동시장 동향 보고 ('22.12월 기준)	• 고용보험 피험자 수, 취득 및 상실자 수, 구직급여 신청 및 지급자 수, 구인구직 현황 등 보고
1월 31일	• 2022년 12월 기준 사업체노동력조사 결과 발표	• 종사자 1인 이상 사업체의 전국 및 시도별 고용동향 (종사자 수, 노동이동 등), 상용근로자 1인 이상 사업체 임금근로자의 임금, 근로시간 등 공표
2월 1일~28일	• 2023년 1월 기준 사업체노동력조사 실시	• 사업체 종사자 수, 빈 일자리, 노동이동 및 임금, 근로시간 등 조사
2월 13일	• 고용행정통계로 본 노동시장 동향 보고 ('23.1월 기준)	• 고용보험 피험자 수, 취득 및 상실자 수, 구직급여 신청 및 지급자 수, 구인구직 현황 등 보고
2월 28일	• 2023년 1월 기준 사업체노동력조사 및 2022년 10월 기준 지역별사업체노동력조사 결과 발표	• 종사자 1인 이상 사업체의 전국 및 시도별 고용동향 (종사자 수, 노동이동 등), 상용근로자 1인 이상 사업체 임금근로자의 임금, 근로시간 등 공표 • 종사자 1인 이상 사업체의 시군구별 고용동향 (종사자 수, 빈 일자리, 노동이동 등) 공표
3월 2일~31일	• 2023년 2월 기준 사업체노동력조사 실시	• 사업체 종사자 수, 빈 일자리, 노동이동 및 임금, 근로시간 등 조사
3월 13일	• 고용행정통계로 본 노동시장 동향 보고 ('23년 2월 기준)	• 고용보험 피험자 수, 취득 및 상실자 수, 구직급여 신청 및 지급자 수, 구인구직 현황 등 보고
3월 30일	• 2023년 2월 기준 사업체노동력조사 결과 발표	• 종사자 1인 이상 사업체의 전국 및 시도별 고용동향 (종사자 수, 노동이동 등), 상용근로자 1인 이상 사업체 임금근로자의 임금, 근로시간 등 공표
3월 31일	• 2021년 12월 기준 사업체노동실태현황 결과 발표	• 「전국사업체조사(통계청)」자료를 활용하여 일정한 물리적 장소가 없는 사업체, 공무원 재직기관, 자영업주, 무급가족 종사자로만 구성된 사업체 등을 제외하여 작성·공표(사업체 및 종사자 수)
4월 1일 ~28일	• 2023년 3월 기준 사업체노동력조사 실시	• 사업체 종사자 수, 빈 일자리, 노동이동 및 임금, 근로시간 등 조사
4월 1일 ~5월 31일	• 2023년 상반기 직종별사업체노동력조사 실시	• 종사자 1인 이상 직종별 구인·채용인원, 부족인원, 미충원인원, 인력부족률, 채용계획인원 등 조사

일자	제목	주요내용
4월 10일	• 고용행정통계로 본 노동시장 동향 보고 ('23년 3월 기준)	• 고용보험 피험자 수, 취득 및 상실자 수, 구직급여 신청 및 지급자 수, 구인구직 현황 등 보고
4월 27일	• 2023년 3월 기준 사업체노동력조사 결과 발표	• 종사자 1인 이상 사업체의 전국 및 시도별 고용동향 (종사자 수, 노동이동 등), 상용근로자 1인 이상 사업체 임금근로자의 임금, 근로시간 등 공표
5월 2일 ~31일	• 2023년 4월 기준 사업체노동력조사 실시	• 사업체 종사자 수, 빈 일자리, 노동이동 및 임금, 근로시간 등 조사
5월 2일 ~6월 16일	• 2023년 상반기 지역별사업체노동력조사 실시	• 종사자 1인 이상 사업체의 시군구별 종사자 수, 빈 일자리, 노동이동 등 조사
5월 8일 ~7월 7일	• 2023년 4월 기준 시도별 임금 및 근로시간조사 실시	• 상용근로자 5인 이상 사업체의 시도별 임금, 근로시간 등 조사
5월 8일	• 고용행정통계로 본 노동시장 동향 보고 ('23년 4월 기준)	• 고용보험 피험자 수, 취득 및 상실자 수, 구직급여 신청 및 지급자 수, 구인구직 현황 등 보고
5월 22일 ~6월 30일	• 2022 회계연도 기준 기업체노동비용조사 실시	• 상용근로자 10인 이상 회사법인 기업체의 임금, 퇴직급여, 법정노동비용, 법정 외 복지비용 등 조사
5월 23일	• 2022.6월 기준 고용형태별근로실태 조사 결과 발표	• 근로자 1인 이상(특고 포함) 고용형태별 임금 및 근로시간 등
5월 31일	• 2023년 4월 기준 사업체노동력조사 결과 발표	• 종사자 1인 이상 사업체의 전국 및 시도별 고용동향 (종사자 수, 노동이동 등), 상용근로자 1인 이상 사업체 임금근로자의 임금, 근로시간 등 공표
6월 1일 ~30일	• 2023년 5월 기준 사업체노동력조사 실시	• 사업체 종사자 수, 빈 일자리, 노동이동 및 임금, 근로시간 등 조사
6월 12일	• 고용행정통계로 본 노동시장 동향 보고 ('23년 5월 기준)	• 고용보험 피험자 수, 취득 및 상실자 수, 구직급여 신청 및 지급자 수, 구인구직 현황 등 보고
6월 29일	• 2023년 상반기 직종별사업체노동력조사 결과 발표	• 종사자 1인 이상 사업체 직종별 구인·채용인원, 미충원 인원, 부족인원, 인력부족률, 채용계획인원 등 공표
6월 29일	• 2023년 5월 기준 사업체노동력조사 결과 발표	• 종사자 1인 이상 사업체의 전국 및 시도별 고용동향 (종사자 수, 노동이동 등), 상용근로자 1인 이상 사업체 임금근로자의 임금, 근로시간 등 공표
7월 3일~31일	• 2023년 6월 기준 사업체노동력조사 실시	• 사업체 종사자 수, 빈 일자리, 노동이동 및 임금, 근로시간 등 조사
7월 3일~31일	• 2023년 상반기 사업체기간제근로자현황조사 실시	• 상시근로자 5인 이상 사업체의 계약기간 만료 기간제근로자 조치현황 조사
7월 3일 ~8월 22일	• 2023년 6월 기준 사업체노동력조사 부가조사 실시	• 상용 1인 이상 사업체의 임금 운영체계, 연봉제, 정년제 및 임금피크제 도입 여부 등 조사

일자	제목	주요내용
7월 3일 ~9월 27일	• 2023.6월 기준 고용형태별근로실태조사 실시	• 근로자 1인 이상(특고 포함) 고용형태별 임금 및 근로시간 등
7월 10일	• 고용행정통계로 본 노동시장 동향 보고 ('23년 6월 기준)	• 고용보험 피험자 수, 취득 및 상실자 수, 구직급여 신청 및 지급자 수, 구인구직 현황 등 보고
7월 31일 ~10월 6일	• 일·가정 양립 실태조사 실시	• 기업들의 모성보호 및 일·생활 균형 제도 활용 실태 등에 대한 2022년 기준 일·가정 양립 실태 조사
7월 31일	• 2023년 6월 기준 사업체노동력조사 결과 발표	• 종사자 1인 이상 사업체의 전국 및 시도별 고용동향 (종사자 수, 노동이동 등), 상용근로자 1인 이상 사업체 임금근로자의 임금, 근로시간 등 공표
8월 1일 ~31일	• 2023년 7월 기준 사업체노동력조사 실시	• 사업체 종사자 수, 빈 일자리, 노동이동 및 임금, 근로시간 등 조사
8월 7일	• 고용행정통계로 본 노동시장 동향 보고 ('23년 7월 기준)	• 고용보험 피험자 수, 취득 및 상실자 수, 구직급여 신청 및 지급자 수, 구인구직 현황 등 보고
8월 31일	• 2023년 7월 기준 사업체노동력조사 및 2023년 4월 기준 지역별사업체노동력조사 결과 발표	• 종사자 1인 이상 사업체의 전국 및 시도별 고용동향 (종사자 수, 노동이동 등), 상용근로자 1인 이상 사업체 임금근로자의 임금, 근로시간 등 공표 • 종사자 1인 이상 사업체의 시·군·구별 고용동향 (종사자 수, 빈 일자리, 노동이동 등) 공표
9월 1일 ~27일	• 2023년 8월 기준 사업체노동력조사 실시	• 사업체 종사자 수, 빈 일자리, 노동이동 및 임금, 근로시간 등 조사
9월 11일	• 고용행정통계로 본 노동시장 동향 보고 ('23년 8월 기준)	• 고용보험 피험자 수, 취득 및 상실자 수, 구직급여 신청 및 지급자 수, 구인구직 현황 등 보고
9월 27일	• 2023년 8월 기준 사업체노동력조사 및 2023년 4월 기준 시도별 임금·근로시간조사 결과 발표	• 종사자 1인 이상 사업체의 전국 및 시도별 고용동향 (종사자 수, 노동이동 등), 상용근로자 1인 이상 사업체 임금근로자의 임금, 근로시간 등 공표 • 상용근로자 5인 이상 사업체 상용근로자의 시도별 임금, 근로시간 등 공표
10월 4일 ~31일	• 2023년 9월 기준 사업체노동력조사 실시	• 사업체 종사자 수, 빈 일자리, 노동이동 및 임금, 근로시간 등 조사
10월 4일 ~11월 30일	• 2023년 하반기 직종별사업체노동력조사 실시	• 종사자 1인 이상 직종별 구인·채용인원, 부족인원, 미충원인원, 인력부족률, 채용계획인원 등 조사
10월 10일	• 고용행정통계로 본 노동시장 동향보고 ('23년 9월 기준)	• 고용보험 피험자 수, 취득 및 상실자 수, 구직급여 신청 및 지급자 수, 구인구직 현황 등 보고
10월 31일	• 2023년 9월 기준 사업체노동력조사 결과 발표	• 종사자 1인 이상 사업체의 전국 및 시도별 고용동향 (종사자 수, 노동이동 등), 상용근로자 1인 이상 사업체 임금근로자의 임금, 근로시간 등 공표

일 자	제 목	주 요 내 용
11월 1일 ~30일	• 2023년 10월 기준 사업체노동력조사 실시	• 사업체 종사자 수, 빈 일자리, 노동이동 및 임금, 근로시간 등 조사
11월 1일 ~12월 21일	• 2023년 하반기 지역별사업체노동력조사 실시	• 종사자 1인 이상 사업체의 시군구별 종사자 수, 빈 일자리, 노동이동 등 조사
11월 13일	• 고용행정통계로 본 노동시장 동향 보고 ('23년 10월 기준)	• 고용보험 피험자 수, 취득 및 상실자 수, 구직급여 신청 및 지급자 수, 구인구직 현황 등 보고
11월 29일	• 2023년 10월 기준 사업체노동력조사 결과 발표	• 종사자 1인 이상 사업체의 전국 및 시도별 고용동향 (종사자 수, 노동이동 등), 상용근로자 1인 이상 사업체 임금근로자의 임금, 근로시간 등 공표
12월 1일~29일	• 2023년 11월 기준 사업체노동력조사 실시	• 사업체 종사자 수, 빈 일자리, 노동이동 및 임금, 근로시간 등 조사
12월 11일	• 고용행정통계로 본 노동시장 동향 보고 ('23년 11월 기준)	• 고용보험 피험자 수, 취득 및 상실자 수, 구직급여 신청 및 지급자 수, 구인구직 현황 등 보고
12월 21일	• 2022 회계연도 기준 기업체노동비용조사 결과 발표	• 상용근로자 10인 이상 회사법인 기업체의 임금, 퇴직급여, 법정노동비용, 법정 외 복지비용 등 공표
12월 28일	• 2023년 하반기 직종별사업체노동력조사 결과 발표	• 종사자 1인 이상 사업체 직종별 구인·채용인원, 미충원 인원, 부족인원, 인력부족률, 채용계획인원 등 공표
12월 28일	• 2023년 11월 기준 사업체노동력조사 결과 발표	• 종사자 1인 이상 사업체의 전국 및 시도별 고용동향 (종사자 수, 노동이동 등), 상용근로자 1인 이상 사업체 임금근로자의 임금, 근로시간 등 공표

청년고용정책관

일자	제목	주요내용
1월 4일	• '23년도 청년일자리 도약장려금 사업설명회	• '23년 청년일자리 도약장려금 주요내용 및 지방관서, 운영기관 설명
2월 20일	• 2030자문단 정례회의	• 2030자문단 성과보고회 및 '23년 추진방향
2월 23일	• 재학생 맞춤형 고용서비스 사업 협약식	• 재학생 맞춤형 고용서비스 사업 협약 서울과학기술대학교
2월 27일	• 상반기 청년도전지원사업 신규 운영기관 워크숍	• 청년도전지원사업 주요내용 및 지방관서, 운영기관 설명
3월 8일	• 청년고용포럼 개최	• 청년고용 정책방향 및 추진방향 • 청년고용동향 발표
3월 17일	• 청년도약 멤버십 가입증서 수여식	• 청년도약 멤버쉽 카카오 가입증서 수여식
4월 5일	• 청년고용포럼 개최	• 직업계고 취업활성화 정책의 문제와 개선방향 • 직업계고 취업지원 현황과 제언 • 일반고 직업교육 위탁과정 실태 및 발전방안 • 고졸 및 재학생 대상 고용노동부 사업 현황
5월 10일	• 청년고용포럼 개최	• 청년의 취업 및 창업과 근로현황 • 뉴노멀시대, HR변화와 MZ 세대가 선호하는 기업 • Z세대가 생각하는 일의 진짜 의미 • 우리나라 청년니트의 현황과 과제
5월 30일	• 미래내일 일경험 사업 발대식	• 청년과 기업이 참여하여 직무역량 향상과 우수인재 탐색 기회 제공
6월 7일	• 청년고용포럼 개최	• 청년친화형 기업, ESG 지원 • LG Aimers 소개자료 및 1,2기 결과 공유 • 청년일경험 지원사업 현황 및 성과관리 방안 • 드림버스 컴퍼니 사례발표
7월 5일	• 청년고용포럼 개최	• 공정채용법 국민 설문조사 결과 • 채용을 둘러싼 법적 쟁점과 공정채용법(안)의 주요내용
7월 12일	• 청년도전지원사업 현장 간담회	• 청년도전지원사업 서울청년센터 은평오랑 현장 간담회
8월 30일	• 청년일자리도약장려금 현장 간담회	• 청년일자리도약장려금 현장 대구지역 간담회
9월 5일	• 청년고용관련 현장 간담회	• 청년고용관련 현장 서울 및 경기 간담회

일 자	제 목	주 요 내 용
9월 6일	•청년고용포럼 개최	•국내외 청년온보딩 프로그램 사례 •대학정책 변화에 따른 대학일자리 플러스센터 기능 강화 방안
9월 13일	•청년인턴 정책홍보 아이디어 경진대회 시상식	•다양한 일경험 기회를 제공하고 국정에 폭 넓게 참여할 수 있도록 청년인턴 참여 수기 공모
9월 19일	•대학일자리플러스센터 참여자 수기 공모전 시상식	•취업 정보가 필요한 청년들을 위해 다양한 취업준비 및 성공사례를 공유
10월 18일	•일경험 우수기업 현장방문	•SK하이닉스 일경험 우수기업 현장방문
10월 19일	•청년도전지원사업 현장 간담회	•청년도전지원사업 청주지역 현장 간담회
11월 1일	•공정채용 우수사례 경진대회 시상식	•기업의 다양한 취업 우수사례 및 성공사례를 공유
11월 2일	•ESG 멤버십 가입식 및 참여 수기 공모전 시상식	•청년친화형 기업 ESG지원 청년도약 ESG 멤버십 가입식 및 참여 수기 공모전 시상식
11월 21일	•청년고용포럼 개최	•청년 일경험 지원사업 성과관리 방안 •재학생 맞춤형 고용서비스 성과 평가 계획
12월 6일	•일경험 컨퍼런스	•모범 사례 공유 및 현장 중심의 제도 발전 방향 모색
12월 12일	•대학일자리플러스센터 현장방문	•대학일자리플러스센터 동의대학교 현장방문
12월 15일	•2030자문단 정책제안 발표회	•2030자문단 정책제안 발표회 및 정례회의

⑤ 통합고용정책국

일자	제목	주요내용
〈고령자고용 촉진〉		
1월 1일	• 고령자 고용안정지원금 지급 규정 (고시) 개정	• (공통) 지원 제외 요건에 중대 산업재해 등으로 명단 공표 중인 사업주 추가, 월 소정근로시간 60시간 미만자 삭제 • (계속고용장려금) 지원 제외 대상자 요건 중 '최저임금 미만자'를 '월 평균 보수 110만 원 미만자'로 변경 • (고령자 고용지원금) 지원대상자 요건 중 신규 채용자 삭제('23.7.1.부터 적용)
〈여성고용정책〉		
1월 1일	• 출산전후휴가 급여 및 배우자 출산휴가급여 상한액 인상	• 출산전후휴가 급여 상한액 200만 원 → 210만 원으로 인상 • 배우자 출산휴가급여 상한액 382,770원 → 401,910원으로 인상
1월 1일	• 직장어린이집 보육교사 등 인건비 및 우선지원 대상기업 운영비 지원에 관한 규정 일부 개정	• 중소기업 근로자 영유아 비율 50% 유지 의무 미준수 시에도 인건비·운영비 차등지원
7월 1일	• 기간제·파견근로자 출산전후휴가급여 등 상당액 지원대상에 유산·사산휴가 추가	• 기간제·파견근로자가 유산·사산휴가기간 중 계약만료되는 경우 잔여 휴가기간에 대해 법정 유산·사산휴가급여 상당액 지급
5월 25일	• 적극적 고용개선조치 미이행 사업장 명단 공표	• 적극적 고용개선조치 미이행 사업장 43개사 공표
5월 31일	• 직장어린이집 설치의무 미이행 등 사업장 명단 공표	• 직장어린이집 설치의무 미이행 등 사업장 명단 공표
11월 5일	• 적극적 고용개선조치 운영결과 공고	• 적극적 고용개선조치 운영결과 공고
12월 26일	• 육아휴직 급여 제도 개편을 위한 「고용보험법 시행령」 개정	• 생후 18개월 이내 자녀를 대상으로 부모가 동시에 또는 순차적으로 육아휴직 사용 시, 부모 각각의 첫 6개월간 육아휴직급여를 통상임금의 100%(상한 200~450만 원)로 상향하여 지급하는 '6+6 부모육아휴직제' 신설(2024. 1. 1. 시행)

일 자	제 목	주 요 내 용
<장애인고용 촉진>		
3월 22일 ~ 3월 25일	국제장애인기능올림픽대회	• 프랑스 메스에서 개최, 총 31명이 입상하여(금18, 은4, 동9) 7연속 종합우승 1위 달성
4월 24일	장애인고용촉진대회	• 장애인고용촉진 유공 포상(30점): 정부포상, 장관 표창 • 주제영상 상영, 축하공연 등
4월 26일	장애인 의무고용현황 공표	• 2022년 말 기준 장애인 의무고용현황 통계 확정 (전체 3.12%, 공무원 2.93%, 비공무원 6.16%, 공공기관 3.84%, 민간기업 2.91%)
5월 15일	장애인 의무고용현황 공표	• 2022년 말 기준 장애인 의무고용현황 통계 발표 및 확정
5월 26일 ~5월 27일	2023년 제18회 대한민국 보조공학기기 박람회	• 보조공학기기 소개 및 정보 교류의 장을 마련하여 관련 산업을 도모하기 위해 박람회 개최 (관계자, 사전등록 및 현장등록 등을 통한 참여인원 총 8,157명)
6월 16일 ~ 6월 30일	발달장애인기능경기대회	• 전국 4개 권역(수도권, 중부권, 호남권, 영남권) 개최, 수상자 중 16명이 전국대회 진출
6월 28일 ~ 6월30일	지방장애인기능경기대회	• 전국 17개 시도에서 개최, 총 26개 직종의 수상자 325명이 전국대회 진출
9월 19일 ~ 9월 22일	제40회 전국장애인기능경기대회	• 경주에서 개최, 총 39개의 직종에 383명 참가 • 입상 및 장려상 총 124명(입상자:109명, 장려상:15명)
9월 26일	「장애인고용촉진 및 직업재활법 시행령」 개정	• 제5조의2 ② 개정(2024. 1. 1. 시행) - 1.장애의 정의 및 장애유형에 대한 이해 → 장애에 대한 이해와 장애가 가지는 차이에 대한 존중
<사회적기업>		
1월	재정지원 사업 공고	• 사업개발비 지원사업 및 일자리창출사업 심사기준 SVI 지표활용 • 일자리창출사업 지원비율 * 예비 50%(취약계층 고용 시 70%) * 인증 40%(취약계층 고용 시 70%)

일자	제목	주요내용
2월~10월	• 기업-사회적기업 협력모델 개발 지원	• SK그룹: 사회적기업이 창출한 사회적성과를 측정, 평가하여 인센티브 지급 • 현대자동차그룹: 사회적기업가 창업교육, 사업화 자금, 네트워킹 등 지원 • LG전자·LG화학: 친환경 사회적기업 대상 금융지원, 공간지원, 성장지원, 인재육성 등 • 우리은행: 소셜벤처 경연대회, 사회적기업가 등 지원 • 하나금융그룹: 하나 파워온 혁신기업 인턴십 지원
2월~12월	• 사회적기업 육성사업 창업팀 육성	• 총 820팀을 지원하여 '23년 762팀이 창업 성공, 340팀이 (예비)사회적기업 진입
2월~12월	• 사회적기업 육성전문위원회 실시	• 사회적기업 육성전문위원회를 개최하여 요건에 맞는 사회적 기업을 인증 - '23년 총 6,769개소가 인증을 신청하여 4,593개소 인증, 이 중 3,737개소 활동
3월~12월	• 사회적기업 경영컨설팅 지원	• 기초경영지원 358개소 지원('23년) • 전문컨설팅 172개소 지원('23년)
4월	• 공공기관 사회적기업 제품 2021년 구매실적 및 2022년 구매계획 공고	• 공공기관의 사회적기업 제품 구매실적 및 계획 공고 - 2022년 실적 2조 106억 원, 2023년 계획 2조 2,226억 원
6월~11월	• 크라우드 펀딩	• 사회적경제기업의 자금조달 경로 다각화를 위한 온라인 '크라우드 펀딩 플랫폼' 페이지 개설 - 160개 프로젝트 개설, 1048백만 원 펀딩 유치
7월 1일 ~7월 7일	• 사회적기업 주간행사	• 사회적기업의 날(7.1.)을 맞아 사회적기업 주간 행사 개최 - 사회적기업의 날 기념식, 정책포럼, 사회적기업 유공포상 및 현장방문 등을 통해 사회적기업 인식 확산 - 사회적기업 등 사회적경제 통합 박람회 개최
9월 30일	• 소셜벤처 경연대회 개최	• 창의적인 사회적경제기업 모델을 발굴, 사업화 지원과 연계하기 위한 소셜벤처 경연대회 개최 - 4개 부문, 총 1,030팀 참가, 최종 35개팀 입상

⑥ 직업능력정책국

일 자	제 목	주 요 내 용
1월 1일	• 국민내일배움카드 운영규정 개정	• 아프간 특별 기여자, 차상위계층 등 취약계층 훈련비 지원 강화 등
1월 13일	• 중장년 경력설계 카운슬링 운영기관(훈련기관 유형) 선정	• 훈련기관 유형 20개소 선정
1월 31일	• 「일학습병행 외부평가 응시 및 자격증 발급수수료」 고시 일부 개정	• 일학습병행 18개 직종(19개 종목) 신설에 따른 평가 응시 수수료 개정 고시
2월 2일	• 능력개발전담주치의 발대식	• 공단 23개 사무소, 135명
2월 28일	• K-디지털 트레이닝 '23년 상반기 공모 1차 선정	• 기존 참여기관 대상 선정심사 → 83개 훈련과정, 7,698명 훈련규모 선정
3월 8일	• 중장년 경력설계 카운슬링 운영기관 선정	• 민간 컨설팅 기관 12개소 선정
4월 14일	• '23년 상반기 K-디지털 기초역량훈련 훈련과정 선정	• 24개 기관, 79개 과정 선정
4월 21일	• 「일학습병행 직종 및 직종별 교육훈련기준」 고시 일부 개정	• 일학습병행 6개 직종(6개 종목) 신설 • 10개 직종(11개 종목)의 능력단위, 훈련시간 조정 등 교육훈련기준 개선
4월 28일	• K-디지털 트레이닝 '23년 상반기 공모 2차 선정	• 신규 참여기관 대상 선정심사 → 37개 훈련과정, 1,987명 훈련규모 선정
5월 3일	• 미래유망분야 고졸인력 양성사업 협약식	• 23개학과(22개교)

일 자	제 목	주 요 내 용
6월 1일	• 국민내일배움카드 운영규정 개정	• 지원 대상 확대(생계급여 조건 부과 유예자) 및 K-디지털 트레이닝 단기과정 신설, 중장년 경력설계 카운슬링 전액 지원 근거 마련
6월 29일	• '23년 K-디지털 트레이닝 단기 심화과정 선정	• 9개 훈련과정, 607명 훈련규모 선정
8월 21일	• 일학습병행 체험 박람회 (8.21. 및 11.28.)	• 1차(8.21.) 서울·경기권 2,500여 명 참여, 2차(11.28.) 부산·경상권 1,500여 명 참여
8월 31일	• K-디지털 트레이닝 '23년 하반기 공모 1차 선정	• 기존 참여기관 대상 선정심사 → 85개 훈련과정, 7,122명 훈련규모 선정
9월 12~26일	• 우수사례 경진대회	• 컨소시엄(9.12.~13.), 사업주(9.25.), 일학습병행(9.26.)
9월 26일	• K-디지털 트레이닝 '23년 하반기 공모 2차 선정	• 기존 참여기관 대상 선정심사 → 107개 훈련과정, 7,969명 훈련규모 선정
9월 27일	• '23년 하반기 K-디지털 기초역량훈련 훈련과정 선정	• 21개 기관, 65개 과정 선정
10월 12일	• 산업구조변화대응 등 특화훈련 운영기관 2차 선정 결과 공고	• 산업별 인적자원개발위원회(ISC) 3개소 선정
10월 23일	• 국민내일배움카드 운영규정 개정	• 취약계층 지원 강화를 위한 계좌한도 추가지원 대상 변경 및 국가기간·전략산업훈련 직종 신설, 가사근로자의 훈련비 자부담율 완화 등
10월 31일	• 외국인 직업훈련 활성화를 위한 현장간담회 개최	• 6개 조선사 현장간담회를 통한 애로사항 수렴
11월 30일	• HD현대중공업 산업전환 공동훈련센터 개소식	• 국가인적자원개발컨소시엄

⑦ 노동개혁정책관

일 자	제 목	주 요 내 용
1월 26일	• 노사 부조리 온라인 신고센터 운영 개시	• 노사 부조리 온라인 신고센터 운영 개시
2월 2일	• 상생임금위원회 발족식 및 킥오프 회의	• 임금의 공정성 확보와 격차 해소를 위한 사회적 대화모델로서「상생임금위원회」 발족 및 향후 운영방안 논의(이후 총 9차 회의까지 진행)
2월 27일	• 조선업 상생협약 체결	• 조선업 원하청 5社 간의 인력난 해소 및 생산성 제고 등을 추진하기 위한 상생협약 체결·이행
3월 21일	• 노동의 미래 포럼 발대식	• 청년 등 미래세대 의견 수렴을 위한 포럼 발족, 발대식 개최 및 노동개혁 방향 등 발제·토론 (12월 29일까지 5차례)
5월 11일	• 건설현장 노사관계 불법행위 감독 발표	• 50개 건설현장 대상 사용자의 부당노동행위, 위법한 단체협약, 집단 임금체불 등 감독계획(5.12.~6.30.) 발표
5월 17일	• 공무원·교원·공공기관 단체협약 및 노조규약 실태확인결과 발표	• 공무원·교원·공공기관 등 공공부문의 불법·불합리한 단체협약 및 규약에 대한 실태조사 및 시정지도
9월 26일	• 석유화학산업 상생협력 확산을 위한 공동선언식	• 롯데케미칼과 협력사들의 상생협력 의지 표명 및 상생방안 논의를 위한 협의체 운영계획 발표
10월 1일	• 노동조합 회계공시제도 시행	• 조합원과 국민의 신뢰를 높이기 위한 노동조합 회계공시제도 시행
11월 2일	• 근로시간면제제도 운영 점검 중간결과 발표	• 약 200개 사업장에 대한 근로시간면제제도 기획감독 중간결과 발표(39개소 적발·시정)
11월 13일	• 포괄임금 오남용 의심사업장 감독결과 발표	• 포괄임금 오남용 의심사업장 103개소에 대한 기획감독 결과 발표(수당미지급 64개소, 연장한도위반 52개소 적발·시정)
11월 20일	• 자동차산업 상생협력 확산을 위한 공동선언식	• 현대차·기아와 협력사의 상생협력 의지 표명 및 상생방안 논의를 위한 협의체 운영계획 발표

노사협력정책관

일자	제목	주요내용
2월 23일	• 취약·핵심사업장 선정 및 지도방안 통보	• 분규 가능성이 높은 사업장에 대한 교섭 주선 등 지원을 통한 노사분규 예방 및 완화
3월~	• 지역 노사민정 협력 활성화 지원사업 신청 지자체 선정 및 지원	• 지역 노사민정 협력 활성화 지원사업 및 지역 노사민정 협의회 인프라 구축 및 인식확산 등 지원 * 68개 지자체(광역 17, 기초 51개) 1,402백만 원
4월~	• 노동단체 및 비영리법인 지원사업 선정·지원	• 합리적 노사관계 형성을 위한 지원사업 실시 * 노동단체: 22개소, 802백만 원 지원 * 비영리법인: 26개소, 1,130백만 원 지원
4월~	• 노사상생형 지역일자리 컨설팅 지원사업 신청 지자체 선정 및 지원	• 노사상생형 지역일자리 컨설팅 지원 (10개 지자체, 15.4억 원 지원) • 현장자문단, 권역별 간담회·일자리 모델 마련 등 사업수행 지원
5월 24일	• 근로자의 날 정부포상 전수식	• 노동자의 삶의 질 개선에 기여한 188명에 대해 산업훈장·포장, 대통령 표창 등 수여
6월 8일	• 근로자참여 및 협력 증진에 관한 법률, 시행규칙 개정(시행일: '23.6.8.)	• 협의회 규정 제정·변경한 경우 제출인의 생년월일 및 노동조합 대표자 성명 등 노사협의회와 관련 없는 항목 삭제 • 사업 및 사업장의 상시 근로자 수, 노사협의회 명칭, 소재지, 대표자명과 고충처리위원 수 추가 • 협의회규정 변경 시 신·구조문 대비표 첨부
~8월	• 일터혁신 컨설팅 지원대상사업장 선정 완료	• 총 6차례에 걸쳐 지원기업 선정 완료(총 1,565개사)
12월 1일	• 일터혁신 컨퍼런스 개최	• 일터혁신 우수기업(13개소)·컨설턴트(15명) 시상, 우수사례 발표(3개소) 및 토론
12월 29일	• 노사문화 유공 등 시상식	• 노사문화 유공자(40점) 및 지역 노사민정협력 분야(16점), 우수지자체(16개소), 노사문화 대상 (10개소)
12월 29일	• 노동조합 및 노동관계조정법 시행규칙 개정(시행일: '24.1.1.)	• 노동조합 설립 신고서, 노동조합현황정기통보서 등에 노동조합 대표자나 임원의 주민등록번호 기재를 생년월일 기재로 변경 • 노동조합이 조합원 수를 행정관청에 통보 서식에 연합단체인 노동조합과 단위노동조합이 작성해야 하는 사항을 구분하여 기재토록 함

⑨ 근로기준정책관

일자	제목	주요내용
1월1일	• 「신고사건 장기 지연처리 방지 지침」 시달	• 국정과제인 '임금체불 신속해결 등 취약근로자 보호 강화'를 위해 신고사건의 신속한 해결을 위한 부서장의 역할, 사례별 처리방안 제시 등 지침시행
1월2일	• 설 대비 체불예방 및 청산계획 추진	• 체불임금청산 집중지도기간(1.2.~1.20.) 운영 - 지방관서 '체불청산 기동반' 운영을 통한 체불예방 및 신속한 청산 지도 - 고액·집단체불 현장에는 반드시 기관장 또는 부서장이 직접 현장 지도 - 건설현장 500개소 임금체불 예방 현장 지도 - 대지급금 처리기간 단축 등 신속 지원
1월18일	• 2023년 사업장 근로감독 종합계획 수립 및 실시	• 노사 법치주의 확립을 통한 공정한 노동시장 구축을 위반 분야별 감독계획 수립 시달
3~8월	• 농·수협 등 지역금융기관 기획감독	• 113개소 감독 실시, 괴롭힘·성희롱, 임금체불, 비정규직·성차별 등 763건 위반사항 적발 조치
3월30일	• 「장애인 인권보호를 위한 신고사건 처리지침」 시달	• 발달장애 등 근로자의 수사인권 보호강화를 위해 진술조력, 신뢰관계인 동석 등 수사 시 권리보장 및 주의사항 등 지침 시행
4월12일	• 근로자종합복지관 운영실태 확인 결과 발표	• 전국의 102개 근로자종합복지관 운영실태 확인('23.2.28~3.8) 결과 발표
5월3일	• 「상습체불 근절대책」 발표	• 신용제재·정부지원 제한 등 경제적 제재 강화 및 체불 감독강화, 사업주 융자제도 활성화·, 모바일·온라인 기반의 노동행정 서비스 구축 등
7월13일	• 체불사업주 명단공개 및 신용제재	• 악의·상습적인 임금체불사업주의 명단을 공개하고 금융거래 신용제재를 통한 임금체불 예방 - 명단공개 172명, 신용제재 308명 조치
8월4일	• 2024년 적용 최저임금 고시	• 최저임금위원회 심의 결과에 따라 2.5% 인상한 시간급 9,860원으로 고시

일 자	제 목	주 요 내 용
9~11월	• 임금체불 근절 기획감독	• 131개소 감독 실시, 91억 원 체불임금 적발 등 총 737건 위반(69개사, 148건 즉시 사법처리 등)
9월4일	• 추석 대비 체불예방 및 청산계획 추진	• 체불임금청산 집중지도기간(9.4.~9.27.) 운영 - 지방관서 '체불청산 기동반' 운영을 통한 체불예방 및 신속한 청산 지도 - 고액·집단체불 현장에는 반드시 기관장 또는 부서장이 직접 현장 지도 - 건설현장 500개소 임금체불 예방 현장 지도 - 대지급금 처리기간 단축, 체불청산지원 융자 금리 인하 등 지원 강화
12월8일	• 「기간제·단시간·파견근로자 차별예방 및 자율개선 가이드라인」 발표	• 「기간제·단시간·파견근로자 차별 예방 및 자율 개선 가이드라인」을 발표하고 차별개선 우수사례 시상 및 차별예방 캠페인 추진
12월11일	• 중소기업퇴직연금제도 확산 업무협약 체결	• 「고용부-공단-소상공인연합회연합회」 공동 업무협약 체결을 통해 중소기업퇴직연금기금제도 재정지원확대, 제도 확산을 위한 협업 강화
12월18일	• 필수업무 지정 및 종사자 지원위원회 개최	• 필수업무 종사자 지원계획 이행평가지침 마련, '24년 실태조사 계획 심의·의결 등
12월	• 2023년 올해의 근로감독관 선발	• 2023년 탁월한 실적을 보인 '올해의 근로감독관' 10명 선정 및 표창

⑩ 산업안전보건본부

일 자	제 목	주 요 내 용
1월 4일	• 기초안전보건교육 표준교재 전면개정	• 기초안전보건교육 내용 개편에 따라 건설공사 시공절차, 건설현장 용어, 건설현장 사망사고 다발 주요 위험요인, CPR 등 긴급조치를 수록
1월 17일	• 초소규모 건설공사 무료 기술지도 안내	• 지붕공사 등 7대 고위험 현장, 사망사고 다발 핵심 12대 요인 중심 기술지원 개편
1월 19일	• '22년 재해조사 대상 사망사고 발생 현황 발표	• '22년 한 해 동안 사업주가 산업안전보건법상 안전보건 조치의무를 이행하지 않아 발생한 산재사망사고 분석 발표
1월 25일	• 2023년 민간재해예방기관 평가결과 공표	• 12개 분야 1,341개 기관 평가, 128개 기관 최우수 등급 부여
2월 20일	• 「산업재해예방시설자금 융자금 지원사업 및 보조금 지급사업 운영규정」 개정	• 보조금 지급사업 지원대상 확대 - 상시근로자수 50인 이상이라도 중소기업기본법에 따른 '소기업 규모 기준'에 해당할 경우 지원대상 포함 • 스마트 안전장비 지원사업, 건강일터 조성지원사업 근거규정 마련 • 고위험 예방품목 신속지원 대상 및 품목확대, 융자금 및 보조금 취소 및 환수 규정 정비 등
2월 20일	• '중대재해 사이렌' 운영	• 현장의 기업관계자 등에게 전국의 중대재해 발생 상황을 알리고 계절·시기별 위험요인 등 각종 산업안전 관련 정보 제공
3월 2일	• 봄철 공장, 축사 등 지붕수리 추락주의보	• 3~5월 지붕공사 사망사고 다발 • 안전보건지킴이 순찰, 전국 농·축협에 지붕공사 작업 안내문 배포 등
3~12월	• 산재보험 사업주 컨설팅 지원사업	• 산재노동자의 원직장 복귀 촉진을 위한 사업주 직장복귀계획서 제출제도 안내 및 맞춤 컨설팅 지원
5월 2일	• 계절적 위험요인 산재예방 매뉴얼 발간	• 태풍·폭우·폭염 등으로 인한 재해예방을 위해 상황관리 및 대응절차에 관한 매뉴얼 최초로 발간
5월 11일	• '중대재해처벌법 질의회시집' 발간	• 중대재해처벌법 제정 후 제기된 법령 해석 빈발질의와 핵심쟁점 등으로 구성
5월 22일	• 사업장 위험성평가에 관한 지침 전면 개편	• 현장에서 실질적으로 작동할 수 있도록 상시평가 도입 • 위험성평가 기법 다양화(기존 빈도·강도법 → 위험수준 3단계 판단법, 체크리스트법, 핵심요인 기술법 등 추가) • 근로자의 참여 보장 등

일 자	제 목	주 요 내 용
6월 10일	• 특수형태근로종사자 및 플랫폼종사자에 대한 산재보험 사각지대 해소	• 산재보험 전속성 기준을 폐지하고 노무제공자로 재정의하는 법 개정(2023.7.1. 시행)
6월 14일	• 건설현장 안전수칙, 잘 보이게 게시하세요!	• 기존에 글씨만 있던 법령요지 형태에서 주제별 핵심 제도를 중심으로 보기 쉽게 수록한 건설공사 표준 산업안전보건법령 요지 배포
1월~7월	• 클린사업장 조성지원사업 홍보 (유해위험요인 시설개선)	• 국내 주요 일간지를 통한 신문광고 실시 - 15개사 • 홍보자료(X-배너, OPS) 제작·배포, 공단 전광판 및 홈페이지, 유관기관 협조를 통한 온·오프라인 홍보 - 지자체, 대한건설협회, 대한전문건설협회 등 • 2023년 국제안전보건전시회 홍보부스 및 이벤트존 운영을 통해 대국민 홍보 실시
1월~7월	• 클린사업장 조성지원사업 홍보 (안전동행 지원사업)	• 국내 주요 일간지를 통한 신문광고 및 보도자료 배포 • 리플렛, 카드뉴스 등 홍보자료, 공단 전광판 및 홈페이지, 유관기관 협조를 통한 온·오프라인 홍보 - 한국산업용리프트공업협동조합 등 관련 협회 회원사 • 위험성평가 인정 사업장 대상 안내공문 발송, 위험성평가 지원시스템에 사업 안내자료 게시
7월	• 위험성평가 우수사례 발표대회	• 위험성평가 제도의 현장 확산 분위기를 이어가기 위해 산업안전보건의 달 행사 기간 중 우수사례 발굴·시상
7월 1일	• 노무제공자 산재보험 적용 확대	• 노무제공자의 적용확대(14→18개 직종) 및 전속성 요건을 폐지하는 개정 산재보험법 시행
7월 1일	• 발파 표준안전 작업지침 전부개정	• 지난 30년간 주요 내용에 개정이 이루어지지 않아 현실과 괴리가 있던 발파작업 안전 기술 지침에 대해 관련 업계 및 학계의 의견을 수렴, 전자발파 등 신기술 반영 및 현행화 등을 위한 전부개정
7월 4일	• 이동식 산업용 로봇 안전가이드 배포	• 안전기준이 없는 이동식 산업용 로봇의 안전한 사용을 유도하기 위해 안전조치 방법, 사용예시 등을 포함한 안전가이드 마련·배포
8월	• 폭염대비 근로자 건강보호 특별대응지침 시행	• 장관 등 주요간부 434회, 전국 지방관서·안전공단· 민간기관 등 40,705개소 현장점검 실시 • 폭염상황 및 대응요령 지속 전파 (중대재해사이렌 68만여회) • 폭염대응시설(이동식에어컨, 그늘막 등 38,452개소) 및 찾아가는 건강관리 서비스 11,791명 지원 • 폭염 취약시간대 사업주 작업중지, 휴식부여 등 적극권고

일 자	제 목	주 요 내 용
8월 18일	• 50인 미만 사업장에 대한 휴게시설 설치 의무 확대 (산업안전보건법 제128조의2)	• 휴게시설 설치 의무화 제도('22.8.18.시행) 미준수 시 과태료 부과범위 확대 ('22.8.18) 50인 이상 사업장(공사금액 50억 이상) → ('23.8.18) 20인 이상 사업장(공사금액 50억 이상)
8월 18일	• 건설현장 위험 기계·장비 표준 작업계획서 배포	• 그간 작업계획서 작성 등 기계·장비 안전관리에 어려움을 겪는 중소 건설업체의 산업재해 예방 활동을 지원하기 위해 작업계획서 표준 서식 배포
9월 1일	• 「안전검사절차에 관한 고시」 개정 • 「안전검사 고시」 개정	• 안전인증 대상 고소작업대 과상승방지장치의 구체적재질·설치방법 등 제작 및 안전기준 강화 • 적재하중 0.5톤 미만의 산업용 리프트 안전검사 대상 확대, 낙하방지장치 설치기준 강화 등
10월 12일	• 「제조업 등 유해·위험방지계획서 제출·심사·확인에 관한 고시」 개정	• 주요 구조부분 변경 제출 대상 전기정격용량 산정 시 단위공장 내 심사 완료된 설비와 같은 모델의 설비 제외
11월 7일	• '중대재해 사고백서' 발간	• 주요 중대재해 사고에 대하여 재해원인, 기업의 작업환경, 조직문화, 안전보건관리체계 등 사고를 초래한 전반적인 상황을 쉽고 구체적으로 전달
12월 29일	• 산업재해발생건수 등 공표	• 2023년 산업재해발생건수 등 공표 사업장을 고용노동부 홈페이지 및 관보에 게재 - 중대재해, 사망자, 산재 미보고, 중대산업사고 발생 사업장 등 안전보건관리가 소홀했던 494곳 공표
12월 29일	• 2023년도 산재보험료율 고시	• 2023년도 사업종류별 산재보험료율 고시 - 평균 요율: 1.53% - 최고·최저: 18.6%(석탄광업), 0.7%(금융 및 보험업 등) * 출퇴근재해 요율 0.1/100 포함
12월 30일	• 2023년도 산재보험 관련 고시 개정	• 중소기업사업주에 대한 산재보험료 및 보험급여 산정의 기초가 되는 보수액 및 평균임금 고시 • 전체근로자의 임금평균액의 증감률 및 소비자물가 변동률 고시 • 산업재해보상보험 요양급여 산정기준 고시 • 최고·최저 보상기준금액 고시 • 장례비 최고·최저 금액 고시 • 진폐고시임금 고시 • 무급종사자에 대한 산재보험료 및 보험급여 산정의 기초가 되는 보수액 및 평균임금
12월	• 건강손상 자녀 영향을 미치는 유해인자 선정	• 화학(17종), 약물, 물리(2종), 생물(9종), 기타 자문기관을 통해 시간적·의학적으로 인과관계가 있음이 증명되는 유해인자를 선정

일 자	제 목	주 요 내 용
1월~12월	• 소규모 사업장 안전관리 기술지원	• 안전관리 취약 소규모 제조업, 건설업, 서비스업 사업장 212,291개소 선정 및 지원
1월~12월	• 건설현장 취약시기(해빙기, 장마철, 동절기) 안전보건 길잡이 배포	• 해빙기(3~4월), 장마철(6월~8월), 동절기(12~2월) 시기별 안전보건길잡이 및 핵심안전수칙 배포
1월~12월	• 안전보건관리체계 구축 컨설팅	• 컨설팅: 1.6만 개소
1월~12월	• 대·중소기업 안전보건 상생협력 사업	• 대기업 329개사 및 협력업체 3,844개 참여 • 위험성평가 기법 전수 컨설팅, 교육, 캠페인, 안전보건 물품 보급 등 다양한 상생협력 활동 지원
1월~12월	• 휴게시설 설치비용 지원	• 소규모사업장, 산업단지 휴게시설 설치·비품구입 비용 지원 - 1,139개 사업장(개별 940, 공동 199개소), 215.2억 지원
1월~12월	• 근골격계질환 예방 기술지원	• 기술지원: 4,556개소 • 근골격계부담작업 개선품목 지원: 테이핑(17,042개), 이동식대차(4,319개), 입좌식의자(2,736개), 피로예방매트(3,971개), 작업발판(1,161개)
1월~12월	• 소규모 사업장 보건관리 지원	• 작업환경 및 건강관리 취약 소규모 사업장 22,363개소를 선정 및 지원
1월~12월	• 과로사(뇌심혈관질환 사망) 고위험군 집중관리	• 당뇨병·고혈압 등 기저질환 보유, 야간작업, 고령 등 고위험군 근로자 대상 심층건강진단 지원: 20,234명
1월~12월	• 근로자건강센터 운영	• 소규모 사업장(50인 미만) 산업보건서비스 제공 - 전국 23개소, 분소 22개소 운영 중 - '23년 243,193명(상담건수 361,984건) 이용
1월~12월	• 소규모 사업장 작업환경측정 비용 지원	• 근로자 수 50인 미만 소규모 사업장의 작업환경 측정비용 지원 - 75,419개소(310.6억 원) 지원
1월~12월	• 소규모 사업장 특수건강진단 비용 지원	• 근로자 수 50인 미만 소규모 사업장 및 건설일용직 근로자 특수건강진단 비용 지원 - 514,682명(310억 원) 지원
1월~12월	• 작업환경측정 실시	• 측정실시 사업장 79,530개소 중 노출기준 초과 사업장은 8,371개소
1월~12월	• 효율적 직업복귀지원 서비스 조성	• 데이터 기반의 직업훈련 및 일자리정보 추천 등 직업복귀 통합지원시스템 운영 - 정보추천 건수 57,917건, 가상상담실에서 상담 및 서비스에 8,384명 참여
3월~12월	• 클린사업조성지원(건강일터조성지원)	• 유해화학물질, 조리흄 등 발생 사업장 국소배기장치 등 설비비용 지원 - 595개소(154.2억 원) 지원

⑫ 국제협력관

일 자	제 목	주 요 내 용
3월 13일~27일	• 제347차 ILO 이사회	• 플랫폼 경제에서의 양질의 일자리 관련 규제 공백 분석 및 '25년 총회 기준설정위 안건으로 상정, 추후 총회 안건, 사회정의를 위한 글로벌 연합 등 논의
4월 3일~4일	• OECD 고용작업반 회의	• OECD 고용전망 초안 거모 및 향후 의제 논의
4월 5일~6일	• 제143차 고용노동사회위원회(ELSAC)	• 인플레이션 시대의 임금과 사회적 대화, 녹색전환과 기술, 청년지원을 위한 프로젝트 논의
4월 24일	• 제37차 외국인력정책위원회	• 조선업 쿼터 신설, 건설업 재입국 특례 적용, 건설업 등 내국인 구인노력 기간 단축
6월 5일~6월 16일	• 제111차 ILO 총회 및 제348차 ILO 이사회	• 총회 본회의 연설 및 분과위원회 참석, 안건 논의 및 대응, ILO 주요 인사 면담 등 • 이사회 의장단 선출, 제111차 총회 후속 조치, 결사의 자유 위원회 진정 심의 결과 등 논의
7월 5일	• 제38차 외국인력정책위원회	• 사업장 변경제도 개선, 숙소비 결정기준 및 주거환경 개선
7월 21일	• 제14차 G20 고용노동장관 회의	• 글로벌 직업능력 격차 해소, 긱(Gig)·플랫폼 종사자 사회보호, 재정 등의 중요성을 강조하고 각국의 정책적 노력 공유
9월 1일	• 제39차 외국인력정책위원회	• 2023년 외국인력 신규입국 쿼터 확대, 사업장별 고용한도 개선
9월 6일	• 제9차 한-EU FTA 무역과 지속가능 발전 위원회(CTSD)	• 한-EU FTA 무역과 지속가능발전章 이행강화방안 및 전문가 패널 명부 갱신, 전문가 패널 보고서 후속조치 논의
10월 10일~11일	• 제144차 고용노동사회위원회(ELSAC)	• 녹색전환을 위한 노동·사회정책, 고위험 직종을 위한 염금제도, 장애인을 위한 인공지능, 노동시장 접근성 논의
10월 30일~11월 9일	• 제349차 ILO 이사회	• 단체교섭권 증진과 이행을 위한 통합 전략, 개별국 협약 위반 사례(벨리루스, 방글라데시 등), 사회정의를 위한 글로벌 연합 경과, 향후 총회 의제 등 논의
11월 27일	• 제40차 외국인력정책위원회	• 2024년 외국인력 도입규모, 고용허가제 신규 업·직종 허용 등
12월 29일	• 제41차 외국인력정책위원회	• 호텔·콘도업 고용허가제 신규 허용, 고용허가제 신규 송출국 추가 지정

고용노동백서 2024

초판 인쇄 2025년 06월 24일
초판 발행 2025년 06월 27일

저 자 고용노동부
발행인 김갑용

발행처 진한엠앤비
주소 서울시 서대문구 독립문로 14길 66 205호(냉천동 260)
전화 02) 364 - 8491(대) / 팩스 02) 319 - 3537
홈페이지주소 http://www.jinhanbook.co.kr
등록번호 제25100-2016-000019호 (등록일자 : 1993년 05월 25일)
ⓒ2025 jinhan M&B INC, Printed in Korea

ISBN 979-11-290-6033-4 (93330)   [정가 68,000원]

☞ 이 책에 담긴 내용의 무단 전재 및 복제 행위를 금합니다.
☞ 잘못 만들어진 책자는 구입처에서 교환해 드립니다.
☞ 본 도서는 [공공데이터 제공 및 이용 활성화에 관한 법률]을 근거로 출판되었습니다.